(KOMPENDIUM) AutoCAD 2011

**Unser Online-Tipp
für noch mehr Wissen …**

informit.de

**Aktuelles Fachwissen rund um die Uhr
– zum Probelesen, Downloaden oder
auch auf Papier.**

www.informit.de

AutoCAD 2011 und LT 2011

Zeichnungen, 3D-Modelle, Layouts und Parametrik

WERNER SOMMER

Markt+Technik

(KOMPENDIUM)

Bibliografische Information der Deutschen Nationalbibliothek

Die Deutsche Nationalbibliothek verzeichnet diese Publikation in der Deutschen Nationalbibliografie; detaillierte bibliografische Daten sind im Internet über <http://dnb.d-nb.de> abrufbar.

Die Informationen in diesem Buch werden ohne Rücksicht auf einen eventuellen Patentschutz veröffentlicht. Warennamen werden ohne Gewährleistung der freien Verwendbarkeit benutzt. Bei der Zusammenstellung von Texten und Abbildungen wurde mit größter Sorgfalt vorgegangen. Trotzdem können Fehler nicht vollständig ausgeschlossen werden. Verlag, Herausgeber und Autoren können für fehlerhafte Angaben und deren Folgen weder eine juristische Verantwortung noch irgendeine Haftung übernehmen.
Für Verbesserungsvorschläge und Hinweise auf Fehler sind Verlag und Herausgeber dankbar.

Alle Rechte vorbehalten, auch die der fotomechanischen Wiedergabe und der Speicherung in elektronischen Medien. Die gewerbliche Nutzung der in diesem Produkt gezeigten Modelle und Arbeiten ist nicht zulässig.

Fast alle Hardware- und Softwarebezeichnungen und weitere Stichworte und sonstige Angaben, die in diesem Buch verwendet werden, sind als eingetragene Marken geschützt. Da es nicht möglich ist, in allen Fällen zeitnah zu ermitteln, ob ein Markenschutz besteht, wird das Symbol ® in diesem Buch nicht verwendet.

10 9 8 7 6 5 4 3 2 1
13 12 11

ISBN 978-3-8272-4669-1

© 2011 by Markt + Technik Verlag,
ein Imprint der Pearson Education Deutschland GmbH,
Martin-Kollar-Straße 10–12, D-81829 München/Germany
Alle Rechte vorbehalten
Covergestaltung: Marco Lindenbeck, webwo GmbH, mlindenbeck@webwo.de
Lektorat: Brigitte Bauer-Schiewek, bbauer@pearson.de
Korrektorat: Martina Gradias
Herstellung: Elisabeth Prümm, epruemm@pearson.de
Satz: Reemers Publishing Services GmbH, Krefeld
Druck und Verarbeitung: Kösel, Krugzell (www.KoeselBuch.de)
Printed in Germany

Überblick

Vorwort 19

Teil 1   Der Start mit AutoCAD 2011/LT 2011   23

Kapitel 1	Einführung	25
Kapitel 2	Die Bedienelemente	31
Kapitel 3	Zeichentechniken	79
Kapitel 4	Grundeinstellungen für eine neue Zeichnung	137
Kapitel 5	Zeichnen und Editieren	173
Kapitel 6	Schraffieren, Bemaßen und Beschriften	225

Teil 2   Befehle, Befehle, Befehle ...   257

Kapitel 7	Noch mehr Zeichen- und Editierbefehle	259
Kapitel 8	Weitere Schraffur-Funktionen, gefüllte Flächen, Umgrenzungen und Regionen	313
Kapitel 9	Bemaßungen und Stile	341
Kapitel 10	Texte, Schriftfelder und Tabellen	395
Kapitel 11	Blöcke, Attribute, externe Referenzen und Gruppen	449
Kapitel 12	Bilder, DWF-, DGN- und PDF-Dateien	515
Kapitel 13	Änderungen, Design-Center, Werkzeugpaletten und der Aktionsrekorder	539
Kapitel 14	Die Windows-Funktionen	589
Kapitel 15	Plotten, Plotter- und Plotstil-Manager	605
Kapitel 16	Layouts im Papierbereich	645
Kapitel 17	Parametrisches Zeichnen	689
Kapitel 18	Datenaustausch, Dienstprogramme und Internet-Funktionen	709
Kapitel 19	Zeichnungsstandards	753

Teil 3 Abheben in die dritte Dimension — 767

Kapitel 20 3D-Modellieren, -Editieren und -Präsentieren 769
Kapitel 21 Flächen und Volumen erstellen und bearbeiten 829
Kapitel 22 Netz- und Flächenmodellierung 885
Kapitel 23 Rendern von 3D-Modellen 925

Teil 4 AutoCAD intern — 983

Kapitel 24 Dynamische Blöcke 985
Kapitel 25 Werkzeugpaletten, Werkzeugkästen, Menüs und Multifunktionsleiste 1013
Kapitel 26 Plansätze 1053

Teil 5 Anhang und Referenz — 1069

Anhang A Installation und Optionen 1071
Anhang B Zusatzprogramme 1105
Anhang C Befehle und Systemvariablen 1125

Stichwortverzeichnis 1129

Inhalt

Vorwort 19

Teil 1 Der Start mit AutoCAD 2011/LT 2011 — 23

Kapitel 1 Einführung 25
1.1 Die Gliederung 25
1.2 AutoCAD oder AutoCAD LT? 26
1.3 Die Konventionen in diesem Buch 27
1.4 CD und DVD zum Buch 27
1.5 Hard- und Softwarevoraussetzungen 29

Kapitel 2 Die Bedienelemente 31
2.1 AutoCAD starten 31
2.2 Der AutoCAD-Bildschirm 31
2.3 Eine Zeichnung öffnen 38
2.4 Menüleiste, Menübrowser, Werkzeugkästen und Funktionsleisten 40
2.5 Die Multifunktionsleiste und die Paletten 46
2.6 Die Arbeitsbereiche 51
2.7 Befehlszeilenfenster und Textfenster 53
2.8 Befehle und Optionen 54
2.9 Zoom- und Pan-Befehle 58
2.10 Übersichtsfenster und Bildlaufleisten 63
2.11 Tastenbelegung der Maus 65
2.12 Das Navigationsrad und die Navigationsleiste 66
2.13 Mehrere Zeichnungen geöffnet 69

| | 2.14 | Die Hilfe in AutoCAD | 73 |
| | 2.15 | AutoCAD beenden | 77 |

Kapitel 3 Zeichentechniken ... 79

	3.1	Eine neue Zeichnung beginnen	79
	3.2	Linien, Kreise und Rechtecke zeichnen	81
	3.3	Freihandzeichnen	88
	3.4	Das Koordinatensystem und die Koordinatenformate	90
	3.5	Limiten, Papierformat und Maßstab	94
	3.6	Mit Koordinaten zeichnen	98
	3.7	Orthogonales Zeichnen	101
	3.8	Mit Abstands- und Winkelangaben zeichnen	101
	3.9	Befehle zurücknehmen	103
	3.10	Objekte löschen und Objektwahl	104
	3.11	Mit Fang und Raster zeichnen	113
	3.12	Der Polare Fang	115
	3.13	Mit dem Objektfang zeichnen	119
	3.14	Relativpunkte und Objektfang	129
	3.15	Objektfangspuren	130
	3.16	Temporärer Spurpunkt	133
	3.17	Mit Punktfiltern zeichnen	134

Kapitel 4 Grundeinstellungen für eine neue Zeichnung ... 137

	4.1	Layer, Farben, Linientypen und Linienstärken	137
	4.2	Linientypen und Linientypenfaktoren	150
	4.3	Die aktuelle Farbe	153
	4.4	Die aktuelle Linienstärke	154
	4.5	Die aktuelle Transparenz	155
	4.6	Die Zeichnung speichern	156
	4.7	Layerfilter	159
	4.8	Layer- und Objekteigenschaften ändern	165
	4.9	Layer-Werkzeuge	170

Kapitel 5	**Zeichnen und Editieren**		173
	5.1	Mit einer Vorlage starten	173
	5.2	Zeichnen der Konturen	176
	5.3	Versetzen von Objekten	178
	5.4	Stutzen und Dehnen	180
	5.5	Abrunden und Fasen von Objekten	185
	5.6	Zeichenübung	188
	5.7	Konstruktionslinie und Strahl	189
	5.8	Zeichnen von Bögen	193
	5.9	Benutzerkoordinatensysteme BKS	197
	5.10	Objekte kopieren	205
	5.11	Objekte drehen	207
	5.12	Objekte schieben	209
	5.13	Objekte spiegeln	209
	5.14	Objekte skalieren	212
	5.15	Objekte strecken	213
	5.16	Mittellinien zeichnen	215
	5.17	Ausschnitte in der Zeichnung speichern	217
	5.18	Neuzeichnen und Regenerieren	222
	5.19	Bildschirm bereinigen	223
Kapitel 6	**Schraffieren, Bemaßen und Beschriften**		225
	6.1	Flächen schraffieren	225
	6.2	Ausmessen und Abfragen	230
	6.3	Die Zeichnung bemaßen	237
	6.4	Einfache lineare Maße	238
	6.5	Zusammengesetzte Maße	242
	6.6	Radius- und Durchmessermaße	244
	6.7	Winkelmaße	245
	6.8	Beschriften der Zeichnung	247
	6.9	Textänderungen	255

Teil 2 Befehle, Befehle, Befehle ... 257

Kapitel 7 Noch mehr Zeichen- und Editierbefehle 259
- 7.1 Zeichnen von Polylinien 259
- 7.2 Polylinien editieren 264
- 7.3 Splines zeichnen und editieren 272
- 7.4 Ellipse, Polygon, Ring und Spirale 275
- 7.5 Skizzieren 279
- 7.6 Revisionsmarkierungen 281
- 7.7 Zeichnen mit komplexen Linientypen 283
- 7.8 Multilinien zeichnen und editieren 284
- 7.9 Zeichnen von Doppellinien 292
- 7.10 Punkte, Messen und Teilen 295
- 7.11 Objekte brechen und verbinden 298
- 7.12 Regelmäßige Anordnungen 300
- 7.13 Isometrisches Zeichnen 306
- 7.14 Der Taschenrechner 308

Kapitel 8 Weitere Schraffur-Funktionen, gefüllte Flächen, Umgrenzungen und Regionen 313
- 8.1 Weitere Schraffur-Funktionen 313
- 8.2 Gefüllte Flächen und Farbverläufe 325
- 8.3 Andere gefüllte Flächen 328
- 8.4 Darstellung gefüllter Flächen 328
- 8.5 Zeichnungsreihenfolge 329
- 8.6 Umgrenzung 332
- 8.7 Regionen erstellen 334
- 8.8 Regionen analysieren 335
- 8.9 Regionen verknüpfen 336
- 8.10 2D-Konstruktionen aus Regionen 338

Kapitel 9   **Bemaßungen und Stile** 341

     9.1   Koordinatenbemaßung.. 341
     9.2   Bogenlängen und verkürzte Radiusbemaßung 343
     9.3   Schnellbemaßung 345
     9.4   Form- und Lagetoleranzen sowie Prüfmaße..................... 348
     9.5   Mittellinien an Kreisen und Bögen 351
     9.6   Einstellung der Bemaßungsvariablen 353
     9.7   Bemaßungsparameter in Dialogfeldern.......................... 354
     9.8   Bemaßungsstile... 368
     9.9   Objekte mit Bemaßung editieren 375
     9.10   Editierbefehle für Maße 377
     9.11   Multi-Führungslinien... 383
     9.12   Multi-Führungslinien-Stil... 387

Kapitel 10   **Texte, Schriftfelder und Tabellen**...................................... 395

     10.1   Textabsätze 395
     10.2   Textstile... 407
     10.3   Textänderungen... 410
     10.4   Rechtschreibprüfung 411
     10.5   Suchen und ersetzen 414
     10.6   Schriftfelder 417
     10.7   Tabellen und Tabellenstile 421
     10.8   Datenverknüpfungen 433
     10.9   Beschriftungsobjekte 438

Kapitel 11   **Blöcke, Attribute, externe Referenzen und Gruppen** 449

     11.1   Eigenschaften von Blöcken 449
     11.2   Blöcke erstellen.. 450
     11.3   Blöcke exportieren.. 454
     11.4   Blöcke einfügen 457
     11.5   Attribute erstellen und ändern 462

11.6	Attributeingabe	467
11.7	Attributwerte ändern	469
11.8	Datenextraktion für Attribute	476
11.9	Externe Referenzen zuordnen	486
11.10	Benannte Objekte in externen Referenzen	495
11.11	Externe Referenzen binden	496
11.12	Benannte Objekte binden	497
11.13	Blöcke und externe Referenzen zuschneiden	498
11.14	Blöcke und externe Referenzen bearbeiten	502
11.15	Gruppen in AutoCAD	507
11.16	Gruppen in AutoCAD LT	510

Kapitel 12 Bilder, DWF-, DGN- und PDF-Dateien . . . 515

12.1	Bilddateien zuordnen	515
12.2	Bilder bearbeiten	522
12.3	Beispiele für Bilder in Zeichnungen	526
12.4	DWF-Dateien unterlegen	529
12.5	DGN-Dateien unterlegen	532
12.6	PDF-Dateien unterlegen	534
12.7	Punktwolken in Zeichnungen	536

Kapitel 13 Änderungen, Design-Center, Werkzeugpaletten und der Aktionsrekorder . . . 539

13.1	Das Schnelleigenschaften-Fenster	539
13.2	Der Objekteigenschaften-Manager	542
13.3	Änderungen im Kontextmenü	547
13.4	Schnellauswahl und ähnliche Objekte auswählen	549
13.5	Objekteigenschaften übertragen	554
13.6	Mit Griffen editieren	557
13.7	Objekte umbenennen	563
13.8	Das AutoCAD-Design-Center	564
13.9	Funktionen im AutoCAD-Design-Center	569
13.10	Im AutoCAD-Design-Center suchen	574

13.11	Die Werkzeugpaletten	576
13.12	Der Aktionsrekorder	581

Kapitel 14 Die Windows-Funktionen ... 589

14.1	Zeichnungseigenschaften	589
14.2	Zwischen Zeichnungsfenstern kopieren	591
14.3	Drag-and-Drop	593
14.4	Die Zwischenablage in AutoCAD	593
14.5	Verknüpfen und Einbetten (OLE)	596
14.6	Partielles Öffnen	602

Kapitel 15 Plotten, Plotter- und Plotstil-Manager ... 605

15.1	Das Zeichnungslayout	605
15.2	Plotten der Zeichnung	608
15.3	Weitere Plot-Befehle	618
15.4	Der Plotter-Manager	619
15.5	Benutzerspezifische Papiergrößen	628
15.6	Plotstiltabellen	633
15.7	Plotstiltabellen bearbeiten	636
15.8	Plotstile beim Zeichnen	640
15.9	Plotstile konvertieren	642

Kapitel 16 Layouts im Papierbereich ... 645

16.1	Ansichtsfenster im Modellbereich	645
16.2	Modellbereich, Papierbereich, Layouts	650
16.3	Ansichtsfenster im Layout	657
16.4	Papier- und Modellbereich im Layout	662
16.5	Sichtbarkeit in den Ansichtsfenstern	672
16.6	Mit assoziativen Maßen bemaßen	675
16.7	Ohne assoziative Maße bemaßen	677
16.8	Beschriftungsobjekte in Ansichtsfenstern	681
16.9	Layerfilter und Ausschnitte beim Erstellen von Layouts	685

Kapitel 17 Parametrisches Zeichnen 689

- 17.1 Geometrische Abhängigkeiten automatisch vergeben 689
- 17.2 Geometrische Abhängigkeiten manuell vergeben 691
- 17.3 Abhängigkeiten beim Zeichnen vergeben 693
- 17.4 Geometrische Abhängigkeiten anzeigen und bearbeiten 694
- 17.5 Bemaßungsabhängigkeiten 698
- 17.6 Anzeige und Arten von Bemaßungsabhängigkeiten 700
- 17.7 Der Parameter-Manager 705

Kapitel 18 Datenaustausch, Dienstprogramme und Internet-Funktionen 709

- 18.1 Austausch mit AutoCAD 709
- 18.2 Austausch im DXF-Format 711
- 18.3 Optionen beim Speichern 713
- 18.4 Nicht vorhandene Zeichensätze 714
- 18.5 Weitere Austauschformate 716
- 18.6 PDF-Ausgabe 721
- 18.7 Im DWF-Format publizieren 723
- 18.8 Markierungen erstellen und einlesen 731
- 18.9 Elektronisches Plotten 734
- 18.10 Datenextraktion von Geometriedaten 735
- 18.11 Zeichnungen mit Kennwort schützen 737
- 18.12 Zeichnungen wiederherstellen und prüfen 738
- 18.13 Hyperlinks in der Zeichnung 741
- 18.14 Zeichnung als E-Mail-Anhang 744
- 18.15 Zeichnungen im Web publizieren 748

Kapitel 19 Zeichnungsstandards 753

- 19.1 Layerstatus verwalten 753
- 19.2 Abgestimmte Layer 757
- 19.3 Layer konvertieren 759
- 19.4 Standard speichern 763

19.5	Standard mit Zeichnung verknüpfen	764
19.6	Zeichnung auf Standard prüfen	765

Teil 3 Abheben in die dritte Dimension 767

Kapitel 20 3D-Modellieren, -Editieren und -Präsentieren 769

20.1	3D-Techniken	771
20.2	3D-Koordinatenformate	773
20.3	Zeichnen mit Objekthöhe und Erhebung	774
20.4	Das erste 3D-Modell	777
20.5	Der Ansichtspunkt	780
20.6	3D-Editierfunktionen	783
20.7	Benutzerkoordinatensysteme im Raum	788
20.8	Verdecken und Schattieren	793
20.9	Ansichtsfenster im Modellbereich	795
20.10	Layout von 3D-Modellen	797
20.11	3D-Darstellungen in AutoCAD	798
20.12	Navigieren mit ViewCube, Navigationsrad, 3D-Orbit und Navigationsleiste	807
20.13	Polarfang in z-Richtung	820
20.14	3D-Editierbefehle	821

Kapitel 21 Flächen und Volumen erstellen und bearbeiten 829

21.1	Grundkörper erstellen	830
21.2	Flächen und Volumen aus Konturen	833
21.3	Volumen bearbeiten	844
21.4	Griffe an Volumenkörpern	851
21.5	Arbeiten mit den Gizmo-Werkzeugen	854
21.6	Weitere Hilfsmittel	857
21.7	Bearbeiten von Volumenkörpern	858
21.8	3D-Konstruktionen mit Volumen	865
21.9	Ansichten und Schnitte	870

21.10	Zeichnungen von Volumen erstellen	876
21.11	3D-Druck	883

Kapitel 22   Netz- und Flächenmodellierung — 885

22.1	Grundkörper erstellen	885
22.2	Oberflächen aus Drähten erstellen	889
22.3	Netzmodelle konvertieren	893
22.4	Arbeiten mit dem Gizmo-Werkzeugen	895
22.5	Weitere Bearbeitungsfunktionen für Netze	899
22.6	Als Volumen weiterbearbeiten	903
22.7	Flächen aus Konturen modellieren	906
22.8	Flächen bearbeiten	908
22.9	Der 3D-Objektfang	916
22.10	Nurbs-Flächen und Kontrollscheitelpunkte	918
22.11	Analyse von 3D-Objekten	921

Kapitel 23   Rendern von 3D-Modellen — 925

23.1	Rendern von 3D-Modellen	925
23.2	Rendern mit Hintergrund	933
23.3	Rendern im Nebel	939
23.4	Materialien	940
23.5	Materialien erstellen und bearbeiten	944
23.6	Arbeiten mit Kameras	952
23.7	Lichter und Schatten	955
23.8	Animationen in AutoCAD	970
23.9	Präsentationen mit ShowMotion	976

Teil 4 AutoCAD intern 983

Kapitel 24 Dynamische Blöcke 985
- 24.1 Der Blockeditor für dynamische Blöcke 985
- 24.2 Dynamische Blöcke: Verschiebung und Drehung 988
- 24.3 Dynamische Blöcke: Sichtbarkeit 990
- 24.4 Dynamische Blöcke: Streckung und Spiegelung 993
- 24.5 Dynamische Blöcke: Abfragetabelle 996
- 24.6 Dynamische Blöcke: Skalieren 998
- 24.7 Dynamische Blöcke: Anordnung 1001
- 24.8 Dynamische Blöcke und Parametrik 1002

Kapitel 25 Werkzeugpaletten, Werkzeugkästen, Menüs und Multifunktionsleiste 1013
- 25.1 Werkzeugpaletten 1013
- 25.2 Werkzeugkästen 1021
- 25.3 Werkzeugkästen anlegen und ändern 1025
- 25.4 Schnellzugriff-Werkzeugkasten 1032
- 25.5 Die komplette Benutzeroberfläche 1033
- 25.6 Anpassungsdateien 1035
- 25.7 Arbeitsbereiche 1040
- 25.8 Menüleiste 1042
- 25.9 Multifunktionsleisten-Gruppen und -Register 1044
- 25.10 Schnelleigenschaften und mausabhängige QuickInfos 1047
- 25.11 Sonstiges 1049

Kapitel 26 Plansätze 1053
- 26.1 Manager für Plansatzunterlagen 1053
- 26.2 Arbeiten mit Plansätzen 1055
- 26.3 Erstellen eines neuen Plansatzes 1065

Teil 5 Anhang und Referenz 1069

Anhang A Installation und Optionen 1071
- A.1 Installieren von AutoCAD/AutoCAD LT 1071
- A.2 Der erste Start von AutoCAD/AutoCAD LT 1074
- A.3 Optionen beim Start von AutoCAD 1076
- A.4 Optionen in AutoCAD 1078
- A.5 Dynamische Eingabe konfigurieren 1102
- A.6 Dokumente und Einstellungen 1103

Anhang B Zusatzprogramme 1105
- B.1 Stapelweise Standardsprüfung 1105
- B.2 Der Referenzmanager 1108
- B.3 Benutzerdefinierte Einstellungen migrieren 1111
- B.4 Autodesk Design Review 1113
- B.5 Weitere Zusatzprogramme 1118
- B.6 AutoCAD Express Tools 1119

Anhang C Befehle und Systemvariablen 1125
- C.1 Befehle verwenden 1125
- C.2 Befehle im Hilfe-Fenster 1126
- C.3 Systemvariablen 1128

Stichwortverzeichnis 1129

Vorwort

Kaum eine technische Zeichnung wird heute noch am Reißbrett erstellt. In allen technischen Berufen, in der Architektur, der Vermessungstechnik – kurz überall dort, wo Zeichnungen erstellt werden, wo geplant, entwickelt und konstruiert wird, sind CAD-Programme zum selbstverständlichen Werkzeug geworden. Ob eine einfache Fertigungsskizze, ein Schemaplan, ein Einrichtungsplan, eine Konstruktionszeichnung oder ein Grundriss eines Gebäudes gezeichnet werden soll, mit CAD geht es präziser, Änderungen werden einfacher und gehen viel schneller als »von Hand«. Zudem lässt sich jede Zeichnung bei neuen, aber ähnlichen Aufgabenstellungen wiederverwenden. Einmal investierte Arbeit kann so mehrfach genutzt werden.

Aber die CAD-Welt befindet sich im Wandel. Die klassischen CAD-Systeme werden vielfach nur als »elektronische Zeichenbretter« benutzt. 3D-CAD-Programme sind im Vormarsch und revolutionieren die Arbeitsweise aufs Neue. Nicht die Zeichnung steht im Vordergrund, sondern das Modellieren eines Produkts. Die Zeichnung entsteht danach quasi auf Knopfdruck.

Trotzdem werden sehr viele CAD-Zeichnungen heute noch klassisch in 2D erstellt und hier ist AutoCAD mit seinen zahlreichen Zusatzprogrammen der Marktführer. Durch die konsequent offene Architektur mit ihren integrierten Software-Schnittstellen entstand eine ganze Software-Industrie rund um AutoCAD. Das Programm wurde zur Basissoftware für die unterschiedlichsten Branchenapplikationen. Das heißt aber nicht, dass AutoCAD ein reines 2D-Programm ist. Seit dem in AutoCAD 2007 wesentlich verbesserten Volumenmodellierer lassen sich 3D-Modelle deutlich komfortabler und einfacher erstellen und im Layout Zeichnungen davon ableiten. Mit den neuen Funktionen zur Netzmodellierung in AutoCAD 2010 können Sie jetzt auch freie Formen erstellen. Das Render-Modul sorgt für fotorealistische Darstellungen der 3D-Modelle.

Doch nicht nur am oberen Ende der Leistungsskala entwickelt sich der Markt weiter. Überall dort, wo Skizzen, einfache 2D-Zeichnungen, technische Illustrationen, Handbücher, Einrichtungspläne oder Schemazeichnungen erstellt werden, besteht ein Bedarf an preiswerten CAD-Systemen. So war es nur konsequent, dass Autodesk Anfang 1992 AutoCAD LT vorstellte. Dabei handelt es sich um einen Ableger von AutoCAD, der fast alle Funktionen für 2D-Zeichnungen vom großen Bruder mitbekommen hat. Sogar einfache 3D-Zeichnungen lassen sich damit erstellen und 3D-Zeichnungen aus AutoCAD können zumindest angezeigt und in bestimmten Grenzen auch bearbeitet werden.

AutoCAD LT sieht AutoCAD zum Verwechseln ähnlich und ist dateikompatibel mit der Vollversion. Die gleiche Bedienoberfläche und die gleichen Werkzeugkästen machen einen später eventuell erforderlichen Umstieg auf die Vollversion leicht. Deshalb beschreibt dieses Buch beide Versionen. Wo es Unterschiede gibt, finden Sie immer entsprechende Hinweise.

Vorwort

Seit April 2010 sind die neuen Versionen auf dem Markt: AutoCAD 2011 und AutoCAD LT 2011. Das vorliegende Kompendium zu den beiden Programmen wendet sich sowohl an AutoCAD-Neulinge als auch an erfahrene CAD-Anwender, die sich in das Programm einarbeiten wollen. In den ersten Kapiteln des Buchs finden Sie den Einstieg in das Programm. An einem überschaubaren Beispiel, das von Anfang an geplant und gezeichnet wird, lernen Sie die elementaren Zeichen- und Konstruktionstechniken von AutoCAD kennen.

Seit den 2009er-Versionen wurde die Bedienbarkeit des Programms noch einmal deutlich verbessert. Die neue Multifunktionsleiste, das Schnelleigenschaften-Fenster und die erweiterten QuickInfos machen das Zeichnen mit AutoCAD einfacher denn je. Diese Werkzeuge werden im ersten Teil des Buchs ausführlich beschrieben. Auch wenn Sie schon mit Vorgängerversionen gearbeitet haben, finden Sie hier wertvolle Anregungen, die Ihnen Ihre weitere Arbeit mit AutoCAD vereinfachen können.

In den folgenden Kapiteln können alle weiteren Befehle an vorbereiteten Beispielzeichnungen geübt werden. Der fortgeschrittene Anwender findet hier Tipps und Tricks für den effektiven Einsatz des Programms.

Ausführlich werden die 3D-Funktionen von AutoCAD 2011 behandelt. Sie lernen, wie Sie mit Erhebung und Objekthöhe zeichnen und wie Sie Volumenkörper sowie Netz- und Flächenmodelle erstellen. Sowohl die Echtzeitschattierung als auch die fotorealistische Darstellung von 3D-Modellen sind beschrieben. Für die Anwender von AutoCAD LT 2011 gibt es in diesem Teil die meisten Einschränkungen der Programmfunktionen gegenüber der Vollversion.

Neu seit den 2010er-Versionen ist, dass Sie jetzt Zeichnungen mit geometrischen Abhängigkeiten versehen und parametrisch bemaßen können. Die Parametertabelle ist in der Zeichnung hinterlegt. So lassen sich Zeichnungsobjekte wesentlich bequemer ändern, ohne dass geometrische Bezüge verloren gehen. Außerdem lassen sich sehr einfach Varianten erstellen. Selbstverständlich werden auch diese Funktionen ausführlich beschrieben.

Datenaustausch ist in der CAD-Branche ein wichtiges Thema. Welche Schnittstellen AutoCAD zur Verfügung stellt und wie Sie Daten und Zeichnungen mit anderen Windows-Anwendungen austauschen, wird Ihnen ebenfalls in diesem Buch erläutert. Mit diesen Möglichkeiten wird AutoCAD immer interessanter für den Einsatz in der technischen Dokumentation und bei der Erstellung von Handbüchern und Bedienungsanleitungen. Vorhandene CAD-Zeichnungen finden so mehrfache Verwendung. Unter diesem Aspekt ist die Standardisierung und Konvertierung von Zeichnungen ein wichtiges Thema. AutoCAD gibt Ihnen dafür neue Werkzeuge, die ebenfalls in diesem Buch beschrieben sind.

Zeichnungen im Internet weltweit zur Verfügung zu stellen, ist mit AutoCAD kein Problem. Bauteile, Baugruppen und komplette Zeichnungen direkt aus dem Internet in die aktuelle Zeichnung zu übernehmen – auch das ist möglich.

AutoCAD stellt dem versierten Anwender zudem eine ganze Reihe von Möglichkeiten zur Verfügung, das Programm den individuellen Anforderungen anzupassen. Werkzeugkästen können selbst zusammengestellt, Menüs können geändert und angepasst werden. Auch darauf wird in diesem Kompendium detailliert eingegangen.

Zahlreiche Übungen erleichtern den Einstieg in dieses vielseitige Programm. Auf der beiliegenden CD finden Sie vorbereitete Übungsbeispiele, die in den einzelnen Kapiteln des Buchs beschrieben sind. Anhand dieser Beispiele können die gelernten Befehle und Funktionen ausprobiert und geübt werden. Zur Kontrolle sind die Lösungen der Aufgaben ebenfalls gespeichert. Die DVD enthält eine voll funktionsfähige deutsche Version von AutoCAD 2011, die auf 30 Tage befristet lauffähig ist.

Ich wünsche Ihnen nun viel Spaß bei der Einarbeitung in AutoCAD 2011 oder AutoCAD LT 2011 und einen erfolgreichen Einsatz des Programms in Ihrer beruflichen Praxis.

Werner Sommer

Für die Unterstützung bei der Arbeit an diesem Buch bedanke ich mich bei meiner Frau Doris für ihre Beratung und die Korrekturarbeiten, der Firma Autodesk für die freundliche Unterstützung meiner Buchprojekte und meiner Lektorin beim Verlag Markt + Technik Brigitte Bauer-Schiewek für die ausgesprochen gute und erfolgreiche Zusammenarbeit.

Ich selbst und auch der Verlag freuen uns, wenn Sie uns unter autoren@mut.de Kritik und Anregungen zu diesem Buch schicken.

Zu den Symbolen am Rand

Anweisungen zur Ausführung von Zeichen- und Konstruktionsfunktionen oder Befehlen finden Sie hier.

Übungsanleitungen finden Sie bei diesem Symbol.

Hier finden Sie spezielle Tipps über einfachere oder erweiterte Möglichkeiten und schnellere Bedienung.

Neben diesem Symbol finden Sie spezielle Hinweise, um Fehler von vornherein zu vermeiden.

TEIL 1
Der Start mit AutoCAD 2011/LT 2011

25	Einführung	1
31	Die Bedienelemente	2
79	Zeichentechniken	3
137	Grundeinstellungen für eine neue Zeichnung	4
173	Zeichnen und Editieren	5
225	Schraffieren, Bemaßen und Beschriften	6

Kapitel 1
Einführung

1.1 Die Gliederung

Das vorliegende Buch gliedert sich in fünf Teile:

Teil 1: Der Start mit AutoCAD 2011/LT 2011

In diesem ersten Teil erfahren Sie alles über die Bedienelemente und die Befehlswahl in AutoCAD, wie man Zeichnungen sucht und öffnet und wie man mit mehreren Zeichnungen am Bildschirm umgeht. Sie arbeiten mit den wichtigsten Anzeigebefehlen und benutzen die Hilfe-Funktion. Sie lernen die Zeichentechniken von AutoCAD 2011/LT 2011 kennen. Dabei erfahren Sie alles über Koordinaten und Koordinatensysteme und lernen die Konstruktionsmethoden kennen. Außerdem lernen Sie, wie eine Zeichnung mithilfe der Layertechnik strukturiert wird.

Teil 2: Befehle, Befehle, Befehle ...

Kapitelweise erlernen Sie alle Befehle von AutoCAD. Anhand von Zeichnungsbeispielen bekommen Sie eine Vorstellung von der Funktion und den Einsatzmöglichkeiten der behandelten Befehle. Auch der Datenaustausch mit anderen Programmen und die Möglichkeiten von AutoCAD im Internet werden in diesem Teil vorgestellt. Wichtig für CAD-Administratoren sind hier auch die neuen Möglichkeiten zur Schaffung von CAD-Standards und zur Konvertierung von Zeichnungen.

Teil 3: Abheben in die dritte Dimension

Bis zu diesem Teil des Buchs haben Sie nur in zwei Dimensionen gearbeitet – das soll sich nun ändern. Sie erweitern Ihre Kenntnisse um das Räumliche, erstellen Oberflächen- und Volumenmodelle und setzen das Ergebnis mit den Render-Funktionen ins rechte Licht.

Teil 4: AutoCAD intern

Nichts ist so gut, dass es nicht noch verbessert werden könnte. AutoCAD ist ein offenes Programm. Sie lernen, welche Vorteile Ihnen die Parametrik und die Dynamischen Blöcke bringen, was Support-Dateien sind und wie Sie diese erweitern können und wie Sie die Multifunktionsleisten, die Werkzeugkästen, die Menüs, kurz gesagt alle Bedienelemente, entsprechend Ihren Vorstellungen ändern können.

Teil 5: Anhang und Referenz

In einem weiteren Kapitel lernen Sie, wie AutoCAD installiert wird und wie Sie es durch die entsprechenden Voreinstellungen und Konfigurationen optimal tunen. Außerdem finden Sie hier die mitgelieferten Zusatzprogramme beschrieben, auch die neuen Express Tools, mit denen Sie sich die Zeichenarbeit erheblich vereinfachen können. Mit den folgenden Befehlen zum Nachschlagen und der Zusammenstellung wichtigster Branchenapplikationen zu AutoCAD bekommen Sie einen Überblick über die vielfältigen Einsatzmöglichkeiten des Programms.

1.2 AutoCAD oder AutoCAD LT?

Es ist nicht möglich, CAD wie Maschinenschreiben zu lernen. Man lernt auf einer Schreibmaschine und kann dann auf jedem Modell schreiben. Man lernt aber nicht CAD allgemein, sondern die Bedienung eines CAD-Programms. In dem vorliegenden Kompendium ist es das Programm AutoCAD, entweder in der Vollversion oder in der LT-Version. Die aktuellen Programmversionen sind AutoCAD 2011 bzw. AutoCAD LT 2011 und auf diese beziehen sich die Beschreibungen in diesem Buch. Darüber hinaus geht es aber um grundlegende Zeichenfunktionen des Programms, die Sie auch in den früheren AutoCAD-Versionen finden. So können Sie das Buch mit Einschränkungen auch mit den Versionen 2000 bis 2010 von AutoCAD oder AutoCAD LT durcharbeiten. Und sollte es, wenn Sie dieses Buch in Händen halten, schon eine neuere Version von AutoCAD geben, werden Sie in dieser Version ebenfalls die grundlegenden Zeichenfunktionen finden, die Sie mithilfe dieser Ausgabe erlernen können.

Trotz vieler Gemeinsamkeiten zwischen AutoCAD 2011 und AutoCAD LT 2011 gibt es auch eine Menge Unterschiede. Überall, wo dies der Fall ist, finden Sie Symbole am Rand. Daran erkennen Sie schnell, dass diese Funktion nur in AutoCAD 2011 oder in AutoCAD LT 2011 vorhanden ist.

Diese Funktion gibt es nur in AutoCAD LT 2011.

Diese Funktion gibt es so nur in AutoCAD 2011.

Zudem sind die Menüs und Werkzeugkästen in beiden Programmen etwas unterschiedlich. Wo es Abweichungen gibt, ist dies im Buch vermerkt.

1.3 Die Konventionen in diesem Buch

Das Wichtigste, was Sie bei der Einarbeitung in ein CAD-Programm lernen müssen, ist, mit welchem Befehl welche Aufgabe ausgeführt werden kann. Doch was nützt der beste Befehl, wenn Sie ihn nicht finden. Deshalb wird für jeden neu eingeführten Befehl beschrieben, wo er zu finden ist, z. B.:

- Multifunktionsleiste: Symbol im Register START, Gruppe ZEICHNEN
- Menüleiste ZEICHNEN, Funktion SCHRAFFUR...
- Symbol im Werkzeugkasten ZEICHNEN

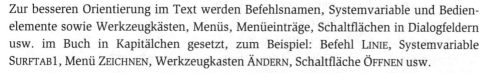

Zur besseren Orientierung im Text werden Befehlsnamen, Systemvariable und Bedienelemente sowie Werkzeugkästen, Menüs, Menüeinträge, Schaltflächen in Dialogfeldern usw. im Buch in Kapitälchen gesetzt, zum Beispiel: Befehl LINIE, Systemvariable SURFTAB1, Menü ZEICHNEN, Werkzeugkasten ÄNDERN, Schaltfläche ÖFFNEN usw.

Befehlsdialoge sind im Text in einer speziellen Schriftart gedruckt. Eingaben in diesen Dialogen, die Sie zu machen haben, und Erläuterungen dazu sind zudem fett gesetzt, zum Beispiel:

```
Befehl: Kreis
Zentrum für Kreis angeben oder
[3P/2P/Ttr(Tangente Tangente Radius)]: T für die Funktion Ttr eingeben
Punkt auf Objekt für erste Tangente des Kreises angeben: rechte Linie anklicken
Punkt auf Objekt für zweite Tangente des Kreises angeben: untere Linie anklicken
Radius für Kreis angeben: 20
```

Haben Sie den Befehl aus einem der Menüs oder aus einem Werkzeugkasten gewählt, wird der englische Befehlsname im Befehlszeilenfenster übernommen.

```
Befehl: _circle
Zentrum für Kreis angeben oder
[3P/2P/Ttr(Tangente Tangente Radius)]:
```

Aus Gründen der Übersichtlichkeit und Verständlichkeit wird abweichend davon im Buch immer der deutsche Befehlsname verwendet.

Übungsanleitungen sind im Text in der Standardschrift als Aufzählung gesetzt, zum Beispiel:

1. Wählen Sie den Befehl LAYER.
2. Klicken Sie im Dialogfeld für die Layersteuerung die Schaltfläche NEU an.

1.4 CD und DVD zum Buch

Auf der Übungs-CD, die dem Buch beiliegt, finden Sie alle Zeichnungen, Dateien und Bilder, die Sie benötigen, um die Übungen bearbeiten zu können. Auch alle Lösungen können Sie dort einsehen, um Ihr Ergebnis mit dieser Musterlösung zu vergleichen.

Die CD startet beim Einlegen automatisch. Sie startet Ihren Internetbrowser und mit den Links auf dem Startbildschirm können Sie die entsprechenden Funktionen wählen. Weitere Informationen zum Inhalt der CD finden Sie in der Datei *Readme.txt* auf der CD. Wenn Sie nur die Übungsbeispiele benötigen, können Sie diese auch manuell auf die Festplatte kopieren.

Übungsdateien für die Version 2011 auf die Festplatte kopieren

1. Legen Sie die Übungs-CD ein und folgen Sie den Anweisungen oder …
2. … starten Sie den Windows-Explorer.
3. Erstellen Sie auf Ihrer Festplatte einen Ordner *Aufgaben*.
4. Im Ordner *Aufgaben* auf der CD finden Sie alle Beispieldateien. Die Datei *Aufgaben.exe* enthält die Dateien in gepackter Form.
5. Kopieren Sie aus dem Ordner *Aufgaben* der CD nur die Datei *Aufgaben.exe* in den Ordner *Aufgaben* auf Ihrer Festplatte.
6. Starten Sie die Programmdatei *Aufgaben.exe* auf Ihrer Festplatte durch einen Doppelklick im Explorer. Die Beispieldateien werden entpackt.
7. Löschen Sie danach die Datei *Aufgaben.exe* auf der Festplatte wieder.

Arbeiten Sie noch mit früheren Versionen von AutoCAD oder AutoCAD LT, dann finden Sie auf der CD im Ordner \Aufgaben2000 ebenfalls eine Datei Aufgaben.exe. Diese Datei enthält die Übungsdateien im 2000er-Format in gepackter Form. Diese Übungsdateien können Sie verwenden, wenn Sie mit AutoCAD 2000/2000i/2002 oder AutoCAD LT 2000/2000i/2002 arbeiten. Steht Ihnen AutoCAD 2004/2005/2006 oder AutoCAD LT 2004/2005/2006 zur Verfügung, dann verwenden Sie die Datei Aufgaben.exe aus dem Ordner \Aufgaben2004. Hierin sind die Übungsdateien im 2004er-Format in gepackter Form gespeichert. Arbeiten Sie dagegen mit AutoCAD 2007/2008/2009 oder AutoCAD LT 2007/2008/2009, dann verwenden Sie die Datei Aufgaben.exe aus dem Ordner \Aufgaben2007 mit den Übungsdateien im 2007er-Format. Beachten Sie, dass in diesem Ordner die Zeichnungen nicht vorhanden sind, die sich auf Funktionen beziehen, die nur mit den neuen Versionen bearbeitet werden können.

Auf der DVD befindet sich eine voll funktionsfähige Version von AutoCAD 2011. Die Version ist auf 30 Tage begrenzt. Beachten Sie, dass die Zeit vom ersten Start des Programms an läuft. Eine weitere Installation nach Ablauf der Testzeit ist erfolglos. Danach muss das Programm gekauft werden, um weiter damit arbeiten zu können.

Installation der Testversion

Auf der DVD, die diesem Buch beiliegt, befinden sich zwei Installationspakete, eines für die 32-Bit- und eines für die 64-Bit-Version von AutoCAD 2011. Starten Sie die Installation per Doppelklick auf die Version, die Ihrem Betriebssystem entspricht. Die für die Installation erforderlichen Dateien werden in einen temporären Ordner entpackt und danach startet das eigentliche Installationsprogramm.

Die Installation der Testversion von AutoCAD 2011 erklärt sich durch die Benutzerführung. Weitere detaillierte Informationen zur Installation finden Sie im Anhang A.

1.5 Hard- und Softwarevoraussetzungen

Die Anforderungen an PC und Betriebssystem sind:

- Intel Pentium 4 mit mindestens 2,2 GHz bzw. Core 2 Duo, Core 2 Quad oder entsprechender AMD-Prozessor
- Windows XP (SP 2) oder Windows Professional X64 Edition, Microsoft Vista (alle Editionen, 32 oder 64 Bit), Windows 7 (alle Editionen, 32 oder 64 Bit)
- Sie bekommen mit AutoCAD 2011 und AutoCAD LT 2011 jeweils zwei Programm-DVD's, eine 32-Bit- und eine 64-Bit-Version für die entsprechenden Betriebssystemversionen. Verwenden Sie die DVD, die Ihrer Betriebssystem-Version entspricht.
- Arbeitsspeicher bei AutoCAD 2011/LT 2011 (32-Bit-Betriebssystem): mindestens 1 GB bei Windows XP bzw. 2GB bei Windows Vista und Windows 7
- Arbeitsspeicher bei AutoCAD 2011/LT 2011 (64-Bit-Betriebssystem): mindestens 2 GB bei Windows XP Professional X64 Edition, Windows Vista 64-Bit oder Windows 7 64-Bit
- Grafikkarte mit einer Auflösung von mindestens 1.024 x 768 oder höher, TrueColor-Unterstützung
- DVD-Laufwerk
- Microsoft Internet Explorer 6.0 (SP 1 oder höher)
- Maus, Trackball oder kompatibles Zeigegerät
- Bildschirm mit mindestens 19 Zoll Bildschirmdiagonale

Für effektives Arbeiten mit AutoCAD 2011 an umfangreichen 3D-Projekten sind die Mindestanforderungen jedoch nicht ausreichend. Hier sollte vor allem auf einen schnellen Prozessor, einen möglichst großen Arbeitsspeicher und eine OpenGL-fähige Grafikkarte mit mindestens 256 MB Speicher Wert gelegt werden.

AutoCAD 2011 beinhaltet alle Befehle zur effizienten Erstellung und Bearbeitung von Zeichnungen. Es ist aber ein branchenneutrales CAD-Programm. Mit den integrierten Programmiersprachen und den vorhandenen Software-Schnittstellen ist es möglich, die Funktionalität des Programms erheblich zu erweitern. Diese Möglichkeiten werden von Branchenapplikationen verwendet. Das sind spezielle Zusatzprogramme zu AutoCAD für Mechanik, Architektur, Innenarchitektur, Haustechnik, Büroeinrichtung, Elektrotechnik, Anlagenbau usw. In Teil 5 dieses Buchs (Anhang D, Branchenapplikationen und Autodesk-Produkte) finden Sie eine Zusammenstellung der wichtigsten deutschsprachigen Branchenapplikationen.

Hier findet sich eine weitere entscheidende Einschränkung von AutoCAD LT 2011. Die LT-Version hat keine Software-Schnittstellen und ist deshalb nur in engen Grenzen durch Branchenapplikationen erweiterbar. Außer Symbolbibliotheken und Erweiterungen mit eingeschränktem Funktionsumfang ist das Programm im Wesentlichen starr.

Kapitel 2
Die Bedienelemente

In einem ersten Rundgang lernen Sie, wie Sie die Bedienelemente von AutoCAD 2011/LT 2011 einsetzen.

2.1 AutoCAD starten

Haben Sie AutoCAD schon auf Ihrem Computer installiert? Falls nicht, finden Sie in Anhang A, Installation und Optionen, die Anleitung dazu.

AutoCAD starten

- Aus dem Menü START von Windows, die Funktion ALLE PROGRAMME, die Gruppe AUTODESK, darin die Gruppe AUTOCAD 2011 – DEUTSCH bzw. AUTOCAD LT 2011 – DEUTSCH und dort das Programm AUTOCAD 2011 bzw. AUTOCAD LT 2011 zum Start anklicken.

Bei der Installation wird zudem eine Verknüpfung auf dem Desktop erstellt. Mit einem Doppelklick auf das Symbol kann AutoCAD ebenfalls gestartet werden.

AutoCAD 2011 - Deutsch

AutoCAD LT 2011 - Deutsch

2.2 Der AutoCAD-Bildschirm

Nach dem Laden des Programms kommt der Zeichenbildschirm von AutoCAD auf den Bildschirm. Darüber liegt das Fenster VIDEOS FÜR ERSTE SCHRITTE. Mit den senkrecht angeordneten Schaltflächen auf der linken Seite können Sie sich Videos für die grundlegenden Bedienfunktionen anzeigen lassen. Wollen Sie dieses Fenster beim Start nicht mehr haben, entfernen Sie das Häkchen beim Text DIESES DIALOGFELD BEIM START ANZEIGEN in der unteren Zeile. Beim nächsten Start erscheint es nicht mehr. Wollen Sie sich danach die Funktionen ansehen, können Sie es bei den Hilfe-Funktionen aktivieren (siehe Kapitel 2.14).

Abbildung 2.1:
Der Startbildschirm mit dem Fenster Videos für erste Schritte

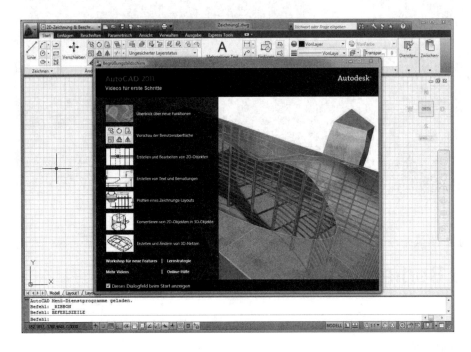

Je nachdem, welchen Arbeitsbereich Sie zuletzt gewählt haben, sieht der Zeichenbildschirm unterschiedlich aus (siehe Abbildung 2.2 bis 2.5). In jedem Fall wird eine neue Zeichnung *Zeichnung1.dwg* angelegt.

Abbildung 2.2:
AutoCAD bzw. AutoCAD LT mit dem Arbeitsbereich 2D-Zeichnung & Beschriftung

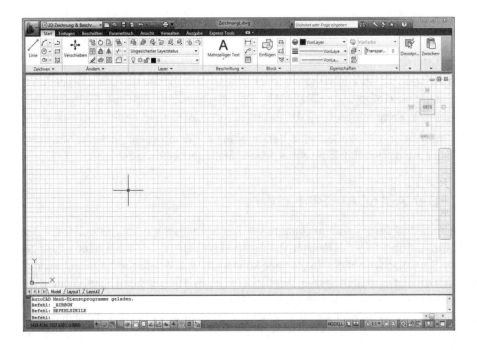

Der AutoCAD-Bildschirm

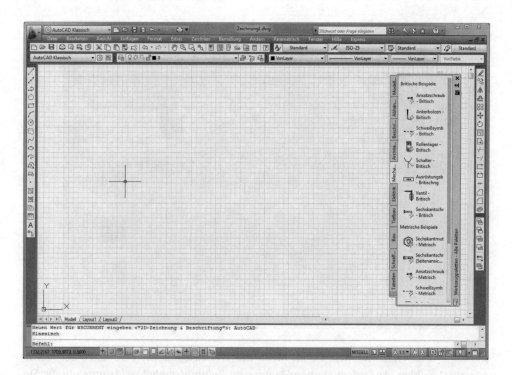

Abbildung 2.3:
AutoCAD bzw. AutoCAD LT mit dem Arbeitsbereich AutoCAD Klassisch bzw. AutoCAD LT Klassisch

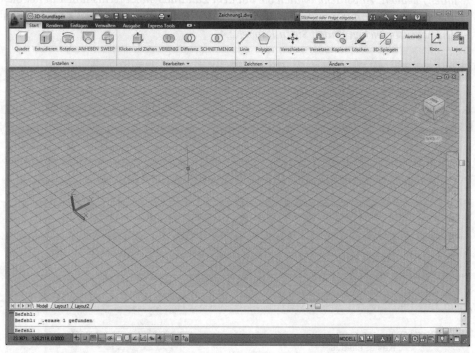

Abbildung 2.4:
AutoCAD mit dem Arbeitsbereich 3D-Grundlagen (in AutoCAD LT nicht verfügbar)

Abbildung 2.5:
AutoCAD mit dem Arbeitsbereich 3D-Modellierung (in AutoCAD LT nicht verfügbar)

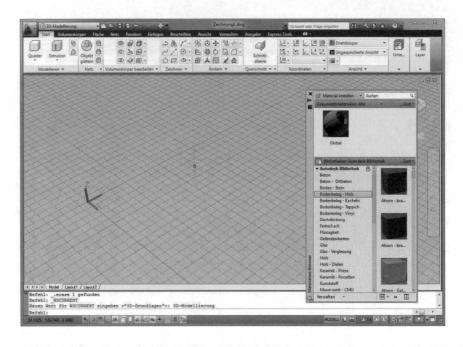

TIPP

- Den Arbeitsbereich können Sie im Menü des Werkzeugkastens SCHNELLZUGRIFF (siehe unten) wählen. Außerdem können Sie mit dem Zahnradsymbol rechts unten in der Statuszeile ein Menü mit den Arbeitsbereichen aktivieren (siehe Abbildung 2.6). Mehr zu den Arbeitsbereichen finden Sie in Kapitel 2.4.

Abbildung 2.6:
Auswahl des Arbeitsbereiches

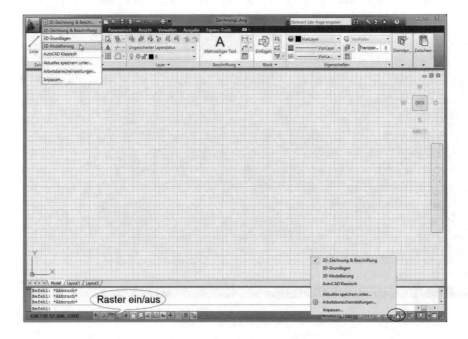

- *AutoCAD und AutoCAD LT starten standardmäßig mit einem dunklen Hintergrund. Um die Lesbarkeit im Buch zu verbessern, wurde bei den Abbildungen auf einen hellen Hintergrund umgestellt. Wie Sie dies bei Ihrem Programm machen können, finden Sie im Anhang A.4.*
- *Die Rasterlinien können Sie mit dem Symbol links in der Statusleiste ein- und ausschalten. Mehr zu den Funktionen von Raster und Fang finden Sie im Kapitel 3.11.*

Elemente des AutoCAD-Bildschirms

Folgende Elemente finden Sie am Bildschirm, je nach Wahl des Arbeitsbereiches (siehe Abbildungen 2.7 und 2.8).

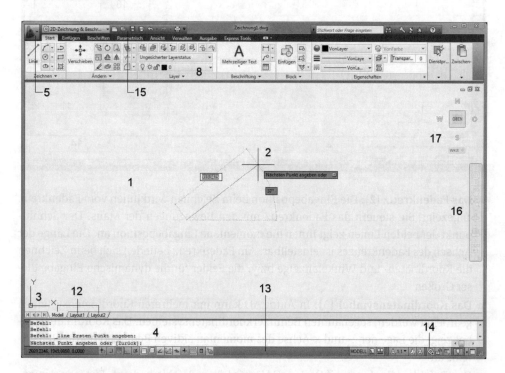

Abbildung 2.7: Der AutoCAD-Bildschirm beim Arbeitsbereich 2D-Zeichnung & Beschriftung

- **Die Zeichenfläche mit den Zeichnungsfenstern (1):** Den größten Teil des Bildschirms nimmt die Zeichenfläche mit den Zeichnungsfenstern ein. Sie können ein oder mehrere Zeichnungsfenster auf der Zeichenfläche geöffnet haben und diese überlappend, nebeneinander oder übereinander am Bildschirm anordnen. Außerdem können Sie ein Fenster maximieren, sodass es die ganze Zeichenfläche ausfüllt (siehe Abbildungen 2.5 und 2.6). Alles, was Sie während einer Sitzung erstellen, wird im jeweils aktiven Zeichnungsfenster dargestellt. Während des Zeichnens kann das Fenster gewechselt werden. Begonnene Befehle bleiben gespeichert und können fortgesetzt werden, wenn Sie das Fenster wieder aktivieren.

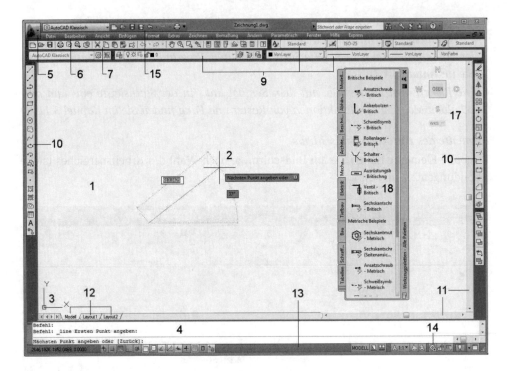

Abbildung 2.8:
Der AutoCAD-Bildschirm beim Arbeitsbereich AutoCAD Klassisch bzw. AutoCAD LT Klassisch

- **Das Fadenkreuz (2):** Die Eingabeposition beim Zeichnen wird Ihnen vom Fadenkreuz angezeigt. Sie steuern das Fadenkreuz mit den Bewegungen der Maus. Der Schnittpunkt der beiden Linien zeigt Ihnen die momentane Eingabeposition an. Die Länge der Achsen des Fadenkreuzes ist einstellbar. Am Fadenkreuz befinden sich beim Zeichnen die Koordinaten- und Winkelanzeige bzw. die Felder für die dynamische Eingabe dieser Größen.
- **Das Koordinatensymbol (3):** In AutoCAD kann mit mehreren Koordinatensystemen gearbeitet werden, sogenannten Benutzerkoordinatensystemen. Das Koordinatensymbol zeigt die Lage der x- und x-Achse des momentan aktiven Benutzerkoordinatensystems an.
- **Das Befehlszeilenfenster (4):** AutoCAD wird über Befehle bedient. Für jede Aktion, die Sie vornehmen – ob Sie eine Linie zeichnen oder den Bildausschnitt vergrößern wollen –, brauchen Sie einen Befehl. Den können Sie, wenn Sie seinen Namen wissen, auf der Tastatur eingeben. Normalerweise wählen Sie den gewünschten Befehl mit einer Funktion aus den Abrollmenüs oder einem Symbol aus einem Werkzeugkasten. Egal wo Sie gewählt haben, die Auswahl wird im Befehlszeilenfenster protokolliert. Das Befehlszeilenfenster können Sie wie einen Werkzeugkasten (siehe unten) in seiner Größe verändern und an eine beliebige Stelle des Bildschirms schieben.
- **Menübrowser (5):** Im Menübrowser können Sie die Befehle zum Öffnen, Speichern, Exportieren und Plotten von Zeichnungen wählen. Außerdem werden dort die geöffneten und die zuletzt bearbeiteten Zeichnungen mit der Voransicht angezeigt.

- **Menüleiste (6):** Wenn Sie die Menüzeile zuschalten, wie sie aus früheren Versionen von AutoCAD bekannt ist (siehe 2.4), finden Sie dort alle wichtigen Befehle und Funktionen von AutoCAD. Im Arbeitsbereich *AutoCAD klassisch* ist sie aktiviert.
- **Die Standard-Funktionsleiste (7):** Wichtige Befehle können Sie mit Werkzeugsymbolen in der STANDARD-FUNKTIONSLEISTE (unter der Menüzeile) anwählen. Die wichtigsten Symbole sind mit denen der Microsoft-Office-Programme identisch. Auch die STANDARD-FUNKTIONSLEISTE können Sie wie einen Werkzeugkasten aus- und einschalten, auf der Zeichenfläche verschieben oder am Rand festsetzen.
- **Die Multifunktionsleiste (8):** Die Multifunktionsleiste enthält verschiedene Register, die wiederum in Gruppen unterteilt sind. Sie ist standardmäßig über der Zeichenfläche angeordnet und das wichtigste Bedienelement.
- **Die Funktionsleisten Layer, Eigenschaften, Stile (9):** Wichtige Zeichnungseinstellungen lassen sich mit Symbolen und Abrollmenüs in weiteren Funktionsleisten neben und unter der STANDARD-FUNKTIONSLEISTE vornehmen.
- **Die Werkzeugkästen (10):** Alle Befehle können auch in Werkzeugkästen angewählt werden. Werkzeugkästen lassen sich bei Bedarf ein- und ausschalten und entweder am Rand der Zeichenfläche festsetzen (andocken) oder frei platzieren, doch dazu gleich mehr.
- **Die Bildlaufleisten (11):** Mit den Bildlaufleisten am unteren und rechten Rand jedes Zeichnungsfensters können Sie den Ausschnitt auf der Zeichenfläche verschieben. Sie sind nur im Arbeitsbereich *AutoCAD klassisch* aktiv. Die vielfältigen Navigationsfunktionen machen die Bildlaufleisten überflüssig.
- **Das Register Modell und die Layout-Register (12):** Links neben der unteren Bildlaufleiste haben Sie die Register für den Modellbereich und die verschiedenen Layouts in der Zeichnung.
- **Die Statuszeile (13):** Am unteren Bildschirmrand werden Ihnen verschiedene Statusinformationen der Zeichnung sowie die Zeichenhilfen angezeigt, die Sie dort ein- und ausschalten können.
- **Auswahlmenü Arbeitsbereiche (14):** Mit einem Symbol in der Statusleiste können Sie ein Menü aktivieren, aus dem sich die gespeicherten Arbeitsbereiche wählen lassen. Haben Sie eigene definiert, sind diese auch darin enthalten. Den Werkzeugkasten finden Sie nur auf der klassischen Oberfläche. Sie haben aber eine Taste in der Statusleiste, mit der Sie das Auswahlmenü für die Arbeitsbereiche ebenfalls aufrufen.
- **Werkzeugkasten Schnellzugriff (15):** Links oben neben dem Menübrowser befindet sich der Werkzeugkasten SCHNELLZUGRIFF mit den Funktionen zum Öffnen, Speichern und Drucken von Dateien sowie den Funktionen, um Befehle rückgängig zu machen. Außerdem lassen sich auch dort aus einem Menü die Arbeitsbereiche wechseln.
- **Navigationsleiste (16):** Die Navigationsleiste enthält Befehle für Zoom, Pan und für die 3D-Navigation. Sie ist im Arbeitsbereich *AutoCAD klassisch* nicht aktiviert.
- **ViewCube (17):** Der ViewCube erleichtert Ihnen die Navigation bei 3D-Modellen.
- **Werkzeugpaletten-Fenster (18):** Das Werkzeugpaletten-Fenster enthält Blöcke, Schraffurmuster, Lichter, Kameras, Befehle usw., die Sie per Drag and Drop in die

Zeichnung ziehen können. Es ist im Arbeitsbereich *AutoCAD klassisch* aktiv, kann aber auch in jedem anderen Arbeitsbereich zugeschaltet werden.

Die meisten Abbildungen des Bildschirms in diesem Buch zeigen die Darstellung des Arbeitsbereichs 2D-ZEICHNUNG UND BESCHRIFTUNG *(siehe Abbildungen 2.2 und 2.7). In den Kapiteln, bei denen es um die 3D-Modellierung geht, zeigen die Abbildungen des Bildschirms den Arbeitsbereich* 3D-MODELLIERUNG *(siehe Abbildung 2.5).*

2.3 Eine Zeichnung öffnen

Holen Sie zunächst eine gespeicherte Beispielzeichnung auf den Bildschirm, um die Funktionen der oben beschriebenen Elemente näher kennenzulernen.

Befehl Öffnen

Um eine bestehende Zeichnung auf den Bildschirm zu holen, verwenden Sie den Befehl ÖFFNEN. Wählen Sie den Befehl wie folgt:

- Eintippen des Befehlsnamens auf der Tastatur. Da Befehle immer auch durch Eintippen ihres Namens gestartet werden können, wird dies im Folgenden nicht mehr ausdrücklich erwähnt.

- Menübrowser, Menü ÖFFNEN >, Funktion ZEICHNUNG
- Menüleiste DATEI, Funktion ÖFFNEN...
- Symbol in der STANDARD-FUNKTIONSLEISTE
- Symbol im Werkzeugkasten SCHNELLZUGRIFF

Wenn Sie den Befehl ÖFFNEN wählen, wird Ihnen das Dialogfeld zur Dateiauswahl auf dem Bildschirm angezeigt (siehe Abbildung 2.9).

- **Suchen in:** Wählen Sie hier Laufwerk und Ordner, aus dem Sie die Zeichnung öffnen wollen.
- **Dateiliste:** In der Dateiliste finden Sie alle Dateien, die sich in diesem Ordner befinden. Mit einem Doppelklick auf ein Ordnersymbol öffnen Sie den Ordner und bekommen dessen Inhalt angezeigt.
- **Vorschau:** Markieren Sie eine Zeichnungsdatei, wird in diesem Feld die Vorschau der Zeichnung angezeigt.
- **Dateiname:** In dieses Feld wird der Dateiname der markierten Datei übernommen. Tragen Sie hier einen Dateinamen ein, wird diese Datei geöffnet, sofern sie im aktuellen Ordner existiert.
- **Dateityp:** Wählen Sie hier aus, welchen Dateityp Sie öffnen wollen. Zur Auswahl haben Sie *Zeichnung (*.dwg), Standards (*.dws), DXF (*.dxf)* und *Zeichnungsvorlage (*.dwt)*. Normalerweise ist dies *Zeichnung (*.dwg)* – der Dateityp für AutoCAD-Zeichnungsdateien.

Eine Zeichnung öffnen

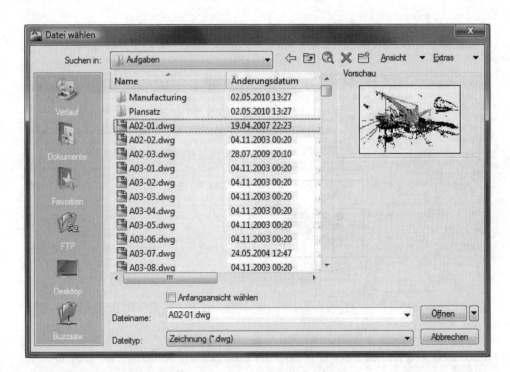

Abbildung 2.9:
Dialogfeld zum Öffnen einer Zeichnung

- **Anfangsansicht wählen:** Ist dieser Schalter ein, können Sie den Ausschnitt wählen, der auf dem Bildschirm angezeigt werden soll. Das ist nur dann sinnvoll, wenn Sie in der Zeichnung benannte Ausschnitte gespeichert haben (siehe Kapitel 5.17).
- **Öffnen:** Neben dieser Schaltfläche finden Sie einen Pfeil für ein Abrollmenü. Aus diesem können Sie wählen, wie die Zeichnung geöffnet werden soll: ÖFFNEN, SCHREIBGESCHÜTZT ÖFFNEN, PARTIELLES ÖFFNEN (siehe Kapitel 14.6) und SCHREIBGESCHÜTZTES PARTIELLES ÖFFNEN.
- **Ansicht:** Wählen Sie in diesem Abrollmenü, ob Sie in der Dateiliste nur die Dateinamen oder auch Details wie Dateigröße, Dateityp und letztes Änderungsdatum angezeigt haben wollen. Außerdem kann hier die Voransicht ein- und ausgeschaltet werden. Mit der Einstellung MINIATURANSICHTEN bekommen Sie statt einer Liste ein Voransichtsbild für jede Datei. Befindet sich ein Unterordner in der Liste, wird er mit einem Ordnersymbol gekennzeichnet. Enthält dieser ebenfalls Zeichnungen, werden diese auf dem Ordnersymbol angezeigt.

Zuletzt geöffnete Zeichnungen wählen

- *Haben Sie die Menüleiste eingeschaltet, finden Sie am unteren Ende des Menüs DATEI die letzten geöffneten Zeichnungen aufgelistet. Das können auch Dateien aus vorherigen Sitzungen sein. Einfaches Anklicken öffnet die Zeichnung.*
- *Im Menübrowser finden Sie rechts oben zwei Symbole, das linke davon ist für die zuletzt geöffneten Dokumente. Wenn Sie mit der Maus darauf klicken, werden auf der rechten Seite die zuletzt geöffneten Dokumente aufgelistet. Zeigen Sie auf ein Doku-*

TIPP

ment, bekommen Sie die Voransicht mit Informationen zu der Datei in einem Fenster angezeigt (siehe Abbildung 2.10). Klicken Sie eine Datei an, wird diese geöffnet.

Abbildung 2.10:
Zuletzt geöffnete Dokumente im Menübrowser

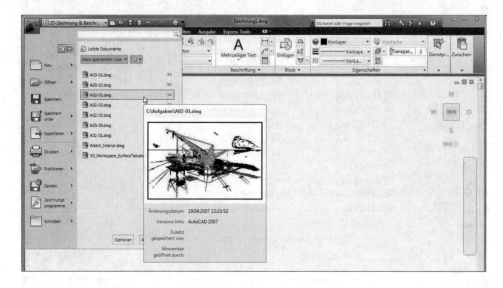

- Mit dem Abrollmenü links über der Liste lässt sich die Sortierung der Liste ändern: NACH GEORDNETER LISTE *(in der Reihenfolge, wie sie geöffnet wurden)*, NACH ZUGRIFFSDATUM, NACH GRÖSSE oder NACH TYP.
- Im Abrollmenü rechts über der Liste lässt sich wählen, wie die Dokumente im Menübrowser angezeigt werden sollen: als Symbole oder auch dort schon mit der Voransicht in verschiedenen Größen, ohne dass mit der Maus darauf gezeigt werden muss.

Öffnen einer Zeichnung
1. Wählen Sie den Befehl ÖFFNEN.
2. Suchen Sie im Ordner *Aufgaben* die Zeichnung *A02-01.dwg*.
3. Öffnen Sie die Datei.

2.4 Menüleiste, Menübrowser, Werkzeugkästen und Funktionsleisten

Wenn Sie bisher mit einer älteren Version von AutoCAD gearbeitet haben und auch noch keine Erfahrung mit der Microsoft Office 2007-Oberfläche haben, dann werden Sie nach dem ersten Start die Menüleiste vergeblich suchen. AutoCAD startet standardmäßig mit dem Arbeitsbereich 2D-ZEICHNUNG UND BESCHRIFTUNG und dort finden Sie keine Menüleiste. Sie haben als Ersatz aber die Multifunktionsleiste. Doch darin müssen Sie sich erst noch zurechtfinden. Schalten Sie jetzt nicht gleich auf die klassische Oberfläche zurück. Die neue Oberfläche hat gegenüber der klassischen viele Vorteile. Bevor Sie sich darin perfekt auskennen, können Sie sich die Menüleiste für alle Fälle zuschalten.

Menüleiste ein- und ausschalten

Die Menüleiste lässt sich zusätzlich in jedem Arbeitsbereich einschalten. Folgende Möglichkeiten haben Sie, um diese ein- bzw. auch wieder auszuschalten:

- Klick auf den Pfeil am rechten Rand des Werkzeugkastens SCHNELLZUGRIFF und den Eintrag MENÜLEISTE ANZEIGEN aus dem Menü wählen.
- Ist die Menüleiste eingeschaltet, lässt sie sich an derselben Stelle mit dem Eintrag MENÜLEISTE AUSBLENDEN ausschalten.
- MENUBAR auf der Tastatur eingeben und den entsprechenden Wert eingeben, 0 um die Leiste abzuschalten, und 1, um sie einzuschalten.

```
Befehl: MENUBAR
Neuen Wert für MENUBAR eingeben <0>: Wert eingeben
```

Menübrowser verwenden

Im Menübrowser finden Sie alle Funktionen zum Öffnen, Speichern, Plotten und Exportieren sowie diverse Hilfsprogramme:

- Mit einem Klick auf das große »A« in der linken oberen Ecke des Programmfensters wird der Menübrowser aktiviert.
- Links sind die Funktionen aufgelistet. Wenn Sie mit der Maus auf eine Funktion klicken, wird diese ausgeführt. Warten Sie ca. 0,5 Sekunden oder klicken Sie auf den Pfeil rechts neben dem Symbol, wird ein Menü auf der rechten Seite angezeigt. Darin befinden sich weitere Optionen für diese Funktion, die mit einem Klick aktiviert werden können (siehe Abbildung 2.11, links).
- In Abschnitt 2.3 haben Sie schon die Funktion kennengelernt, die Ihnen die zuletzt geöffneten Zeichnungen mit Voransicht anzeigt.
- Suchen Sie einen AutoCAD-Befehl, können Sie in dem Feld SUCHMENÜ ein Stichwort eingeben. Sie bekommen dann alle Befehle und Befehlsvarianten aufgelistet, in denen der Begriff vorkommt. Durch einen Klick auf einen Listeneintrag wird die Funktion ausgeführt (siehe Abbildung 2.11, rechts).
- Am unteren Rand können Sie mit dem Eintrag OPTIONEN das Dialogfeld für die Programmoptionen aktivieren (siehe Anhang A.4) oder das Programm beenden.

QuickInfo

- Wenn Sie mit der Maus auf einen Eintrag zeigen, wird nach ca. 0,5 Sekunden das Fenster mit dem QuickInfo angezeigt. Es enthält Erläuterungen zu der Funktion.
- Bleiben Sie ca. 1 Sekunde auf dem Eintrag, wird das Fenster bei manchen Funktionen vergrößert und die erweiterte QuickInfo angezeigt, unter Umständen sogar mit einer Grafik, die die Funktionsweise des Befehls näher erläutert (siehe Abbildung 2.12).
- Die QuickInfos werden nicht in den Menüs der Menüleiste angezeigt, jedoch in Werkzeugkästen und Funktionsleisten (siehe unten) sowie in den Gruppen der Multifunktionsleisten.

Kapitel 2 • Die Bedienelemente

Abbildung 2.11:
Wählen und suchen im Menübrowser

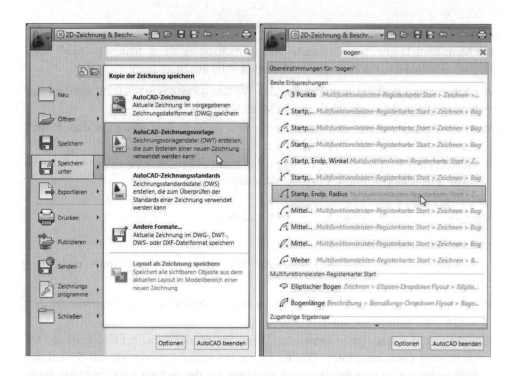

Abbildung 2.12:
Erweiterte QuickInfo

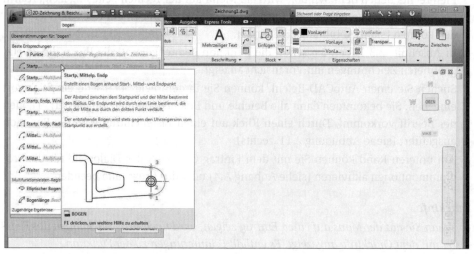

Werkzeugkasten Schnellzugriff

Den Werkzeugkasten SCHNELLZUGRIFF haben Sie immer zur Verfügung, egal welchen Arbeitsbereich Sie gewählt haben. Er enthält die elementaren Befehle zum Öffnen und Speichern von Zeichnungen, zum Drucken und zum Zurücknehmen und Wiederherstellen von Befehlen. Außerdem finden Sie darin ein Abrollmenü, in dem Sie den Arbeitsbereich wählen können. Seine Position lässt sich, im Gegensatz zu den anderen (siehe unten), nur begrenzt ändern. Sie können ihn nur über oder unter der Multifunktionsleiste platzieren. Mit einem Rechtsklick auf einem Symbol können Sie aus dem Kontextmenü eine dieser beiden Positionen wählen.

Werkzeugkästen und Funktionsleisten

Die anderen Werkzeugkästen und die STANDARD-FUNKTIONSLEISTE haben Sie erstmal nur im Arbeitsbereich *AutoCAD klassisch*. Sie lassen sich aber auch in den anderen Arbeitsbereichen aktivieren.

Sie lassen sich auf der Zeichenfläche platzieren oder am Rand verankern. Standardmäßig sind im Arbeitsbereich *AutoCAD klassisch* zu sehen: die STANDARD-FUNKTIONSLEISTE und die Funktionsleisten LAYER, EIGENSCHAFTEN und STILE, links an der Zeichenfläche der Werkzeugkasten ZEICHNEN (mit den wichtigsten Zeichenbefehlen) und rechts ÄNDERN (mit den wichtigsten Editierbefehlen) und ZEICHNUNGSREIHENFOLGE.

Werkzeugkästen im Kontextmenü wählen

Mit einem Rechtsklick auf ein beliebiges Symbol in einem Werkzeugkasten erscheint auf dem Bildschirm ein Kontextmenü mit der Liste der verfügbaren Werkzeugkästen. In diesem Menü können Sie den gewünschten Werkzeugkasten anklicken. Bereits eingeschaltete Werkzeugkästen sind mit einem Häkchen versehen und werden beim erneuten Anklicken ausgeschaltet.

Werkzeugkasten platzieren

Werkzeugkästen können Sie auf verschiedene Arten am Bildschirm anordnen: Sie können sie fest am Rand der Zeichenfläche verankern oder frei auf der Zeichenfläche platzieren (siehe Abbildung 2.13). An diesem Beispiel können Sie deutlich sehen, wie viel übersichtlicher und aufgeräumter der Bildschirm mit der Multifunktionsleiste ist. Schon deshalb ist die neue Oberfläche zu bevorzugen.

Frei platzierbare Werkzeugkästen können Sie verschieben, indem Sie auf den linken Balken klicken und mit gedrückter Maustaste den Werkzeugkasten an die gewünschte Stelle ziehen. Kommen Sie dabei in die Nähe des Bildschirmrandes, rastet der Werkzeugkasten automatisch ein. Er bleibt fest an dieser Position und lässt sich dann auch nicht mehr verschieben. Die Zeichenfläche verkleinert sich entsprechend, der Werkzeugkasten ist verankert. Wenn Sie die Taste [Strg] beim Verschieben drücken, wird das automatische Verankern verhindert.

Abbildung 2.13:
Werkzeugkästen verankert und frei platziert

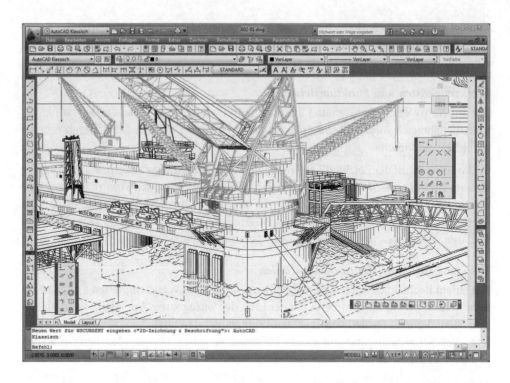

Ziehen Sie den linken, rechten oder unteren Rand eines frei platzierbaren Werkzeugkastens mit gedrückter Maustaste, ändert sich die Form. Durch einen Klick auf das Kreuz in der linken oberen Ecke wird ein Werkzeugkasten geschlossen. Er verschwindet von der Zeichenfläche. Bei einem verankerten Werkzeugkasten ist das nicht möglich. Sie müssen ihn zuerst wieder frei platzierbar machen. Klicken Sie dazu an den linken bzw. oberen Rand des Werkzeugkastens und ziehen Sie ihn mit gedrückter Maustaste auf die Zeichenfläche. Erst dann können Sie ihn ausschalten.

Flyout-Menüs

Hinter Symbolen, die in der rechten unteren Ecke das zusätzliche Symbol > haben, verbirgt sich ein Flyout-Menü. In der STANDARD-FUNKTIONSLEISTE sowie in verschiedenen anderen Werkzeugkästen finden Sie ein solches Flyout-Menü.

Halten Sie beim Anklicken die Maustaste gedrückt, wird das Flyout-Menü aktiviert. Mit gedrückter Maustaste können Sie auf das gewünschte Symbol fahren und dort die Maustaste loslassen. Dieser Befehl wird dann ausgeführt. Bei den Flyout-Menüs liegt immer das Symbol oben, das zuletzt gewählt wurde.

- *Schalten Sie die Funktionsleisten nicht aus.*
- *Schalten Sie zusätzliche Werkzeugkästen nur ein, wenn Sie sie brauchen, und schalten Sie sie anschließend wieder aus.*

- *Verankern Sie Werkzeugkästen nur dann, wenn Sie sie längere Zeit benötigen. Verwenden Sie den freien Platz neben den Funktionsleisten.*
- *Die Einstellungen werden gespeichert und sind beim nächsten Programmstart unverändert.*

Werkzeugkästen und Multifunktionsleiste

Wenn Sie mit der neuen Oberfläche mit der Multifunktionsleiste arbeiten und trotzdem noch einen der alten Werkzeugkästen einblenden wollen, dann ist dies ebenfalls möglich. Wählen Sie dazu:

- Multifunktionsleiste: Register ANSICHT, Flyout mit den verfügbaren Werkzeugkästen in der Gruppe FENSTER

In der Liste können Sie den gewünschten Werkzeugkasten wählen und diesen wie bei der klassischen Oberfläche auf der Zeichenfläche platzieren oder an den Rändern andocken.

Verankerungspositionen

Wollen Sie verhindern, dass die Anordnung der Werkzeugkästen geändert wird, dann können Sie das mit der Einstellung der VERANKERUNGSPOSITION. Im Kontextmenü für die Werkzeugkästen haben Sie in der vorletzten Zeile diesen Eintrag. In einem Untermenü können Sie wählen, welche Arten von Werkzeugkästen und Fenstern gesperrt werden sollen (siehe Abbildung 2.14).

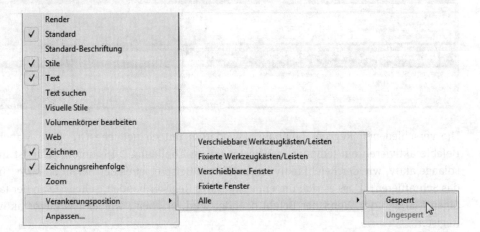

Abbildung 2.14: Verankerungspositionen festlegen

Sie können wählen, ob verschiebbare und fixierte Werkzeugkästen und Fenster vor Änderungen gesperrt werden sollen. Dies wird mit einem Häkchen gekennzeichnet. In einem weiteren Untermenü können Sie mit dem Eintrag ALLE wählen, ob alle Elemente gesperrt oder ungesperrt sein sollen.

Das gleiche Menü bekommen Sie auch mit einem Klick auf das Symbol mit dem Vorhängeschloss rechts unten in der Statusleiste.

2.5 Die Multifunktionsleiste und die Paletten

Die Multifunktionsleiste ersetzt seit AutoCAD 2009 den Befehls-Navigator, den es in AutoCAD 2007 und 2008 (dort auch in LT) gegeben hat. Sie ist in allen Arbeitsbereichen aktiv, außer bei *AutoCAD klassisch*, und standardmäßig am oberen Rand der Zeichenfläche angedockt. Sie können sie aber auch in jedem anderen Arbeitsbereich selbst ein- und ausschalten. Wählen Sie dazu:

- Menüleiste EXTRAS, Untermenü PALETTEN > , Funktion MULTIFUNKTIONSLEISTE
- Wenn die Menüleiste ausgeschaltet ist, tippen Sie MFLEISTE ein und sie wird eingeblendet.

INFO

Darstellung der Multifunktionsleiste

Standardmäßig ist die Multifunktionsleiste am oberen Rand der Zeichenfläche verankert. In der Registerleiste kann zwischen den einzelnen Registern umgeschaltet werden (siehe Abbildung 2.15).

Abbildung 2.15: Verschiedene Registerkarten der Multifunktionsleiste

Die verschiedenen Register beinhalten wiederum unterschiedliche Gruppen. Manche Befehle aktivieren ein temporäres Register (siehe Abbildung 2.15, unten). Das ist nur solange aktiv, wie der Befehl aktiv ist. In diesem Beispiel ist es der Befehl SCHRAFF (für das Schraffieren). Dass es sich um ein temporäres Register handelt, sehen Sie an der farbigen Markierung. Wenn der Befehl beendet wird, erscheint wieder das zuvor aktive Register.

Wird in der rechten Ecke am unteren Rand der Gruppe ein »↓«-Symbol angezeigt, können Sie mit einem Klick darauf ein entsprechendes Dialogfeld für die Einstellung der Funktionen dieser Gruppe auf den Bildschirm holen.

Die Gruppen lassen sich zum Teil erweitern. Das ist dann der Fall, wenn am unteren Rand der Gruppe neben der Bezeichnung ein »↓«-Symbol angezeigt wird. Klicken Sie auf den Rand, wird die Gruppe erweitert (siehe Abbildung 2.16). Wenn Sie mit der Maus aus dem Bereich herausgehen, wird der erweiterte Teil der Gruppe wieder ausgeblendet. Klicken Sie dagegen auf die Pin-Nadel unten links, bleibt die Gruppe erweitert, bis Sie erneut auf die Pin-Nadel klicken.

Abbildung 2.16:
Erweiterte Gruppe

Wenn Ihnen die Multifunktionsleiste zu viel Platz einnimmt, können Sie diese verkleinern, sodass nur noch ein Symbol für die Gruppe (siehe Abbildung 2.17, oben), der Gruppentitel (siehe Abbildung 2.17, zweites Bild von oben) oder nur die Registerleiste mit den Registerkarten angezeigt wird (siehe Abbildung 2.17, drittes Bild von oben). Mit dem Pfeil rechts in der Registerleiste können Sie auch die verschiedenen Darstellungsmöglichkeiten durchblättern oder Sie aktivieren das Abrollmenü mit dem kleineren Pfeil daneben und wählen daraus die gewünschte Einstellung (siehe Abbildung 2.17, unten). Belassen Sie die Einstellung DURCH ALLE WECHSELN, dann können Sie weiter mit dem Pfeil durchklicken.

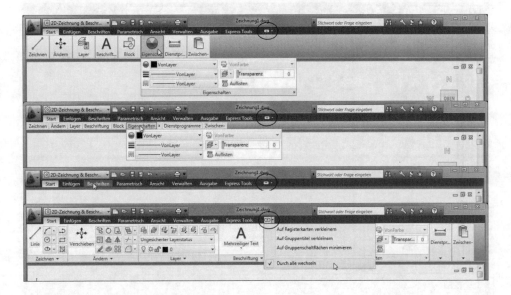

Abbildung 2.17:
Verschiedene Darstellungsarten der Multifunktionsleiste

Mit einem Rechtsklick in die Registerleiste bekommen Sie ein anderes Kontextmenü (siehe Abbildung 2.18). Mit dem Eintrag GRUPPENTITEL ANZEIGEN lässt sich die Beschriftung am unteren Ende der Gruppe ausschalten. Aus dem Kontextmenü lassen sich mit den Einträgen REGISTERKARTEN ANZEIGEN und GRUPPEN ANZEIGEN in weiteren Untermenüs auch nicht benötigte Register oder Gruppen aus- und wieder einschalten.

Abbildung 2.18:
Gruppentitel,
Register und
Gruppen ein- und
ausschalten

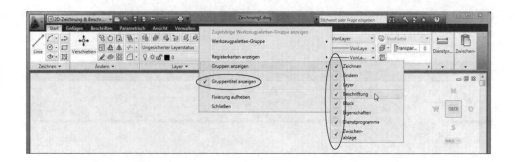

 Platzierung der Multifunktionsleiste

Wollen Sie die Multifunktionsleiste an einer anderen Stelle platzieren, wählen Sie aus dem Kontextmenü den Eintrag FIXIERUNG AUFHEBEN und Sie haben ein Fenster in vertikaler Form auf der Zeichenfläche. Die Registerleiste befindet sich links, senkrecht beschriftet, bzw. rechts, wenn sie rechts auf der Zeichenfläche platziert wird. Die Gruppen sind untereinander angeordnet und können mit den »→«-Symbolen erweitert werden. Der Gruppentitel wird senkrecht auf der anderen Seite angetragen (siehe Abbildung 2.19).

Abbildung 2.19:
Multifunktions-
leiste auf der
Zeichenfläche

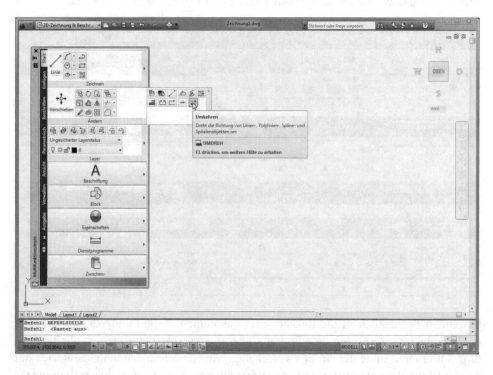

Mit der Schiebeleiste lassen sich die Gruppen durchblättern, falls sie nicht komplett im Fenster Platz haben. Schieben Sie die Multifunktionsleiste mit gedrückter Maustaste in der Titelleiste an den oberen oder unteren Rand der Zeichenfläche, rastet sie wieder ein und kann wie oben beschrieben wieder gelöst werden. Schieben Sie sie an den linken oder rechten Rand, rastet sie senkrecht ein (siehe Abbildung 2.20). In diesem Fall kann sie an der Titelleiste wieder auf die Zeichenfläche gezogen werden.

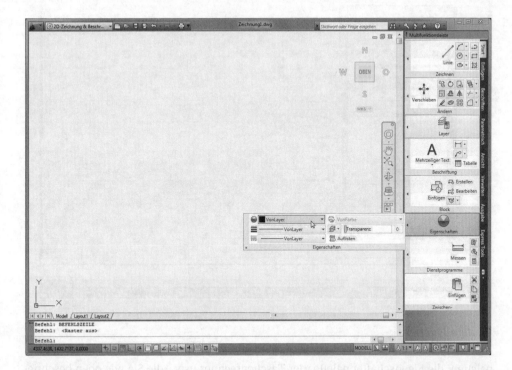

Abbildung 2.20:
Rechts fixierte Multifunktionsleiste

Mit dem Kreuz in der Titelleiste wird die Multifunktionsleiste ausgeschaltet und kann wie oben beschrieben im Menü wieder eingeschaltet werden. Liegt die Multifunktionsleiste auf der Zeichenfläche, können Sie mit einem Rechtsklick auf der Titelleiste ein Kontextmenü aktivieren, in dem Sie das Verhalten weiter steuern können (siehe Abbildung 2.21).

Folgende Einträge sind hier wichtig:

- **Fixieren zulassen:** Nur wenn dieser Eintrag angekreuzt ist, rastet die Multifunktionsleiste am Rand ein. Ansonsten bleibt er immer über der Zeichenfläche.
- **Anker Links < bzw. Anker Rechts >:** Wählen Sie eine dieser Einstellungen, wird die Multifunktionsleiste nur noch mit der Titelleiste links oder rechts angezeigt. Wenn Sie mit dem Mauszeiger auf die Leiste zeigen, wird sie eingeblendet. Wenn Sie wieder auf die Zeichenfläche zeigen, verschwindet sie wieder.
- **Automatisch ausblenden:** Auch bei dieser Auswahl wird die Multifunktionsleiste nur mit der Titelleiste angezeigt. In diesem Fall kann sie aber an einer beliebigen Stelle auf der Zeichenfläche als senkrechter Balken platziert werden. Wenn Sie mit der Maus darauf zeigen, wird sie eingeblendet. Beim Klicken auf der Zeichenfläche verschwindet sie auch hier wieder.

Abbildung 2.21:
Kontextmenü der Multifunktionsleiste

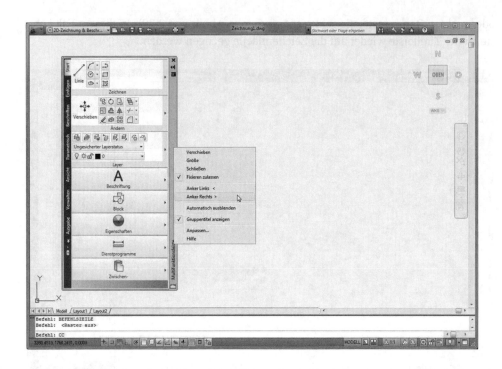

Weitere Paletten

Auf die gleiche Weise lassen sich auch die anderen Paletten platzieren: die Werkzeugpaletten, die Eigenschaftenpalette, der Taschenrechner usw., die Sie wie oben beschrieben aus- und einschalten können.

- Menüleiste EXTRAS, Untermenü PALETTEN >, Auswahl aus der Liste der Paletten
- Multifunktionsleiste: Register ANSICHT, Gruppe PALETTEN

Die meisten Paletten lassen sich transparent schalten, wenn sie auf der Zeichenfläche liegen. Bei der Multifunktionsleiste ist das allerdings nicht möglich. Bei transparenten Paletten ist die dahinter liegende Zeichnung durch die Palette sichtbar. In diesem Fall befindet sich im Kontextmenü (siehe Abbildung 2.21) zusätzlich der Eintrag TRANSPARENZ... Wählen Sie diesen, bekommen Sie ein Dialogfeld, in dem Sie die Transparenz einstellen können (siehe Abbildung 2.22).

- Am oberen Schieber stellen Sie ein, wie transparent die Palette sein soll, wenn sie nicht benutzt wird. Mit dem zweiten Schieber legen Sie fest, wie transparent die Palette sein soll, wenn Sie mit der Maus daraufzeigen. Es empfiehlt sich, hier auf undurchsichtig zu gehen. Damit wird die Palette besser lesbar, wenn Sie etwas in der Palette ändern wollen. Mit dem Schalter ZUR VORANSICHT KLICKEN werden beide Einstellungen angezeigt.
- Haben Sie den Schalter DIESE EINSTELLUNGEN AUF ALLE PALETTEN ANWENDEN aktiviert, wird die Einstellung auf alle Paletten übernommen, die eine Transparenz zulassen. Mit dem untersten Schalter kann die Transparenz generell ausgeschaltet werden.

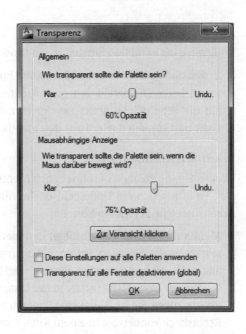

Abbildung 2.22:
Einstellung der Transparenz von Paletten

2.6 Die Arbeitsbereiche

Für unterschiedliche Aufgaben können Sie sich in AutoCAD auch unterschiedliche Arbeitsbereiche speichern. Wie schon beschrieben, sind drei Arbeitsbereiche (in Auto-CAD LT zwei) standardmäßig gespeichert. Diese Arbeitsbereiche können Sie bei Bedarf wieder abrufen.

Arbeitsbereich wechseln

Gespeicherte Arbeitsbereiche können Sie so wieder aufrufen:

- Menüleiste EXTRAS, Untermenü ARBEITSBEREICHE >, Auswahl des Arbeitsbereichs aus der oberen Liste
- Auswahl aus dem Abrollmenü im Werkzeugkasten ARBEITSBEREICHE
- Auswahl aus dem Abrollmenü im Werkzeugkasten SCHNELLZUGRIFF (siehe Abbildung 2.23, links)
- Auswahl aus dem Menü, das mit der Schaltleiste in der Statusleiste aktiviert werden kann (siehe Abbildung 2.23, rechts)

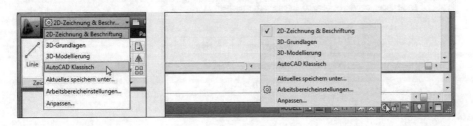

Abbildung 2.23:
Arbeitsbereich wählen

Arbeitsbereich speichern

Wollen Sie die aktuellen Einstellungen Ihres Bildschirms speichern, gehen Sie so vor:

- In den oben beschriebenen Menüs den Eintrag AKTUELLES SPEICHERN UNTER... wählen.
- Im nächsten Dialogfeld den gewünschten Namen des Arbeitsbereichs eintragen und auf die Schaltfläche SPEICHERN klicken. Die aktuellen Einstellungen werden gespeichert und können danach aus den Menüs gewählt werden.

 Arbeitsbereicheinstellungen

Klicken Sie in den oben beschriebenen Menüs auf den Eintrag ARBEITSBEREICHEINSTELLUNGEN. Es öffnet sich ein Dialogfeld (siehe Abbildung 2.24), in dem Sie die gespeicherten Arbeitsbereiche verwalten können.

- **Menüanzeige und -reihenfolge:** In dieser Liste finden Sie die gespeicherten Arbeitsbereiche. Ist das Häkchen vor dem Namen gesetzt, wird es in der Liste des Abrollmenüs angezeigt. Haben Sie einen Eintrag markiert, können Sie diesen mit der Schaltfläche NACH OBEN bzw. NACH UNTEN in der Liste verschieben. Mit der Schaltfläche TRENNLINIE HINZUF. fügen Sie im Menü eine Trennlinie vor dem markierten Eintrag ein. Mit einem Rechtsklick können Sie in einem Kontextmenü die Liste ebenfalls bearbeiten.
- **Mein Arbeitsbereich:** In diesem Abrollmenü können Sie den Vorgabearbeitsbereich wählen. Diesen können Sie mit dem rechten Symbol im Werkzeugkasten ARBEITSBEREICH aktivieren.

Abbildung 2.24: Verwaltung der Arbeitsbereiche

- **Beim Wechsel des Arbeitsbereichs:** Mit diesen Schaltern können Sie wählen, ob beim Wechsel zu einem neuen Arbeitsbereich die Änderungen, die Sie am vorher aktiven Arbeitsbereich vorgenommen haben, gespeichert werden sollen oder nicht. Bei der oberen Einstellung bleibt der ursprünglich gespeicherte Arbeitsbereich erhalten.

Arbeitsbereich beim Neustart
Wenn Sie AutoCAD beenden und das Programm neu starten, wird es mit dem Arbeitsbereich gestartet, der zuletzt aktiv war. Haben Sie Änderungen vorgenommen, bleiben diese erhalten, auch wenn sie nicht in einem Arbeitsbereich gespeichert wurden.

2.7 Befehlszeilenfenster und Textfenster

Am unteren Rand des Zeichenbildschirms von AutoCAD läuft in drei Zeilen der Befehlsdialog mit. Jede Ihrer Eingaben wird dort protokolliert, egal ob Sie den Befehl aus den Menüs wählen oder ihn eintippen.

Änderung des Befehlszeilenfensters
Das Befehlszeilenfenster kann ähnlich wie ein Werkzeugkasten auf dem Bildschirm platziert und in seiner Größe verändert werden. Standardmäßig ist es, wie schon erwähnt, am unteren Rand des Zeichenbildschirms verankert. Klicken Sie es mit der Maus am oberen Rand an und halten Sie die Maustaste fest, um das Fenster größer oder kleiner zu ziehen. Packen Sie es an einem anderen Rand, können Sie es in die Zeichenfläche ziehen. An den Rändern und in den Ecken lässt sich das Fenster jetzt mit gedrückter Maustaste größer oder kleiner ziehen. An der Titelleiste kann es verschoben werden. Sie können es auch am oberen Rand der Zeichenfläche andocken.

Befehlszeilenfenster transparent schalten
Haben Sie das Befehlszeilenfenster auf der Zeichenfläche, können Sie es transparent schalten, damit Sie die dahinter liegende Zeichnung sehen können. Klicken Sie dazu mit der rechten Maustaste in die Titelleiste und wählen aus dem Kontextmenü die Funktion TRANSPARENZ.

Umschalten auf das Textfenster
Zusätzlich kann auch ein Textfenster eingeblendet werden (siehe Abbildung 2.25). Hier sehen Sie den Befehlsdialog in einem größeren Fenster, das Sie auch formatfüllend vergrößern können. Es hat Schiebeleisten an der rechten Seite und rechts unten, mit denen es durchblättert werden kann. Sie schalten es mit der Funktionstaste an. Wenn Sie die Funktionstaste einmal drücken, kommt das Textfenster in den Vordergrund und verschwindet, wenn Sie wieder [F2] drücken. Bei manchen Befehlen wird das Textfenster automatisch aktiviert. Auch hier schalten Sie es mit [F2] wieder aus.

Abbildung 2.25:
AutoCAD-Bildschirm mit Textfenster

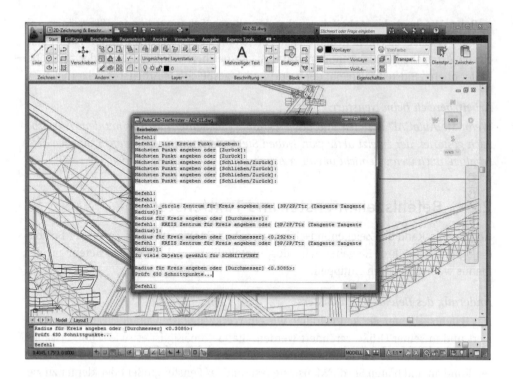

2.8 Befehle und Optionen

Alle Aktionen werden in AutoCAD mit Befehlen gestartet. Der Befehlsname wird eingetippt oder besser aus den Menüs gewählt.

INFO — *Befehlskürzel eingeben*

Bei der Eingabe auf der Tastatur können Sie den kompletten Befehlsnamen eintippen. Für die meisten Befehle sind Befehlskürzel definiert. Mit ihnen können Sie wichtige Befehle mit einem Buchstaben starten. So ist beispielsweise »L« das Kürzel für den Befehl LINIE, »B« für BOGEN oder »K« für KREIS. Für weniger häufig benötigte Befehle besteht das Kürzel aus zwei bis fünf Buchstaben, zum Beispiel »AR« für den Befehl ABRUNDEN oder »SPL« für den Befehl SPLINE.

INFO — *Englische oder deutsche Befehlsnamen eingeben*

Bei der Wahl aus den Menüs werden englische Befehlsnamen verwendet. Im Befehlszeilenfenster sehen Sie diese, wenn Sie einen Befehl gewählt haben. Der englische Name wird dort mit einem vorangestellten Unterstrich (_) angezeigt. Wenn Sie einen Befehl auf der Tastatur eintippen, können Sie ebenfalls den englischen Namen verwenden. Ob Sie den Befehl LINIE oder _LINE eintippen, das Ergebnis ist dasselbe. Obwohl in AutoCAD immer die englischen Befehlsnamen im Befehlszeilenfenster erscheinen, werden in diesem Buch aus Gründen der besseren Verständlichkeit die deutschen Namen eingesetzt.

Befehle und Optionen

Optionen wählen

Die meisten Befehle lassen verschiedene Möglichkeiten bei der Eingabe zu, die in AutoCAD »Optionen« genannt werden. Zunächst steht in der Befehlszeile der erwartete Eingabewert und dahinter werden in eckigen Klammern die möglichen Optionen aufgelistet.

Beim Befehl PLINIE, den Sie später kennenlernen werden, bekommen Sie beispielsweise eine besonders umfangreiche Optionsliste angezeigt:

```
Befehl: Plinie
Startpunkt angeben: Startpunkt eingeben
Aktuelle Linienbreite beträgt 0.0000
Nächsten Punkt angeben oder [Kreisbogen/Schließen/Halbbreite/sehnenLänge/Zurück/
Breite]:
```

Wenn Sie den Namen der Option eintippen, wird diese ausgeführt. Es reicht aber auch, wenn Sie den Buchstaben eintippen, der in der Liste bei der gewünschten Option großgeschrieben ist. Das ist in der Regel der erste Buchstabe. Es kann aber auch ein anderer Buchstabe sein: »K« für KREISBOGEN oder »L« für SEHNENLÄNGE. Bei noch längeren Optionslisten kann das Kürzel für die Option auch aus zwei oder mehr Buchstaben bestehen: »BR« für BREITE, »BE« für BEARBEITEN, »LÖ« für KURVE LÖSCHEN oder »LI« für LINIENTYP.

```
Befehl: Pedit
Polylinie wählen oder [mehrere Objekte]: Polylinie anklicken
Option eingeben [Schließen/Verbinden/BReite/BEarbeiten/kurve
Angleichen/Kurvenlinie/kurve Löschen/LInientyp /Richtung wechseln/Zurück]:
```

In manchen Fällen wird eine vorgegebene Option in spitzen Klammern angezeigt. Sie kann mit ⏎ ohne weitere Auswahl übernommen werden.

```
Befehl: Polygon
Anzahl Seiten eingeben <4>: Zahl der Seiten eingeben
Polygonmittelpunkt angeben oder [Seite]: Polygonmittelpunkt eingeben oder Option Seite
wählen
Option eingeben [Umkreis/Inkreis] <U>: Vorgabeoption Umkreis mit ⏎ übernehmen oder
Option I für Inkreis wählen
```

Wird bei einem Befehl ein Zahlenwert als Vorgabe angezeigt, kann dieser mit ⏎ bestätigt werden, wenn er unverändert übernommen werden soll, zum Beispiel:

```
Befehl: Limiten
Modellbereichlimiten zurücksetzen:
Linke untere Ecke angeben oder [Ein/Aus] <0.0000,0.0000>: ⏎
Obere rechte Ecke angeben <420.0000,297.0000>: ⏎
```

Auch die Optionen können mit ihren englischen Namen eingegeben werden, wenn der Unterstrich vorangestellt wird, zum Beispiel _W für die Option BREITE (englisch WIDTH).

Befehlsabbruch

Falsch angewählte Befehle lassen sich mit der Taste [Esc] abbrechen. AutoCAD kommt dann zur Befehlsanfrage (auch Befehlsprompt genannt) zurück.

```
Befehl:
```

In manchen Fällen muss zweimal hintereinander [Esc] eingegeben werden, um zur Befehlsanfrage zurückzukommen. Wird ein Befehl aus den Menüs gewählt, wird ein bereits laufender Befehl automatisch abgebrochen. Dadurch werden Fehlfunktionen ausgeschlossen und die [Esc]-Taste für den Abbruch überflüssig.

INFO *Optionen aus dem Kontextmenü wählen*
In AutoCAD lassen sich die Optionen auch bequem aus einem Kontextmenü am Bildschirm wählen. Wenn ein Befehl aktiv ist, können Sie mit der rechten Maustaste das Menü aktivieren. Darin finden Sie alle Optionen des Befehls, die Sie mit einem Mausklick anwählen können (siehe Abbildung 2.26). Der Eintrag EINGABE entspricht der Taste [↵] und der Eintrag ABBRECHEN der Taste [Esc]. Zudem können Sie die Befehle ZOOM und PAN aus dem Menü wählen (siehe Kapitel 2.9).

Abbildung 2.26: Kontextmenü mit den Optionen beim Befehl Kreis

INFO *Befehle mit vorgewählter Option in der Multifunktionsleiste*
Aus der Multifunktionsleiste können Sie die meisten Befehle schon mit der gewünschten Option wählen. Klicken Sie dazu auf den Pfeil neben dem Symbol und wählen Sie in dem Flyout (siehe Abbildung 2.27) die Funktion. Dadurch ersparen Sie sich zusätzliche Eingaben.

INFO *Befehle mit und ohne Dialogfelder*
Eine ganze Reihe von Befehlen wird in AutoCAD nicht im Befehlszeilenfenster, sondern in Dialogfeldern ausgeführt. Sie können aber auch ohne Dialogfeld ausgeführt werden, wenn dem Befehlsnamen ein »-« vorangestellt wird, z.B.: LAYER und -LAYER. Alle Anfragen laufen dann wieder im Befehlszeilenfenster ab. Für die normale Bedienung des Programms ist diese Variante viel zu umständlich. Für die Automatisierung bestimmter Abläufe mithilfe der Werkzeugkästen und Menüs sind aber gerade diese Varianten sinnvoll.

Befehle und Optionen

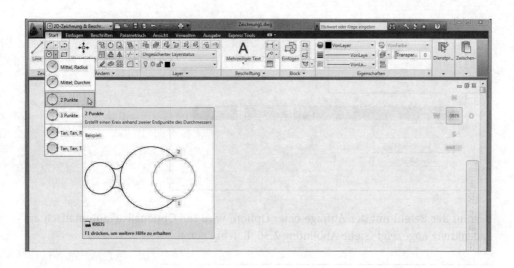

Abbildung 2.27: Befehl mit vorgewählter Option aus der Multifunktionsleiste

Dynamische Eingabe

Seit AutoCAD 2006 bzw. LT 2006 können alle relevanten Informationen zur Befehlseingabe am Fadenkreuz angezeigt werden, wenn die dynamische Eingabe aktiviert ist. Das Befehlszeilenfenster wird damit fast überflüssig und kann deshalb auch abgeschaltet werden. Die dynamische Eingabe können Sie wie folgt ein- und ausschalten:

- Symbol in der Statuszeile
- Mit der Funktionstaste F12

Anzeige bei der Koordinateneingabe: Wird eine Koordinate abgefragt, kann diese direkt am Fadenkreuz eingegeben werden (siehe Abbildung 2.28, Befehl LINIE). Alles zur Koordinateneingabe finden Sie in Kapitel 3.

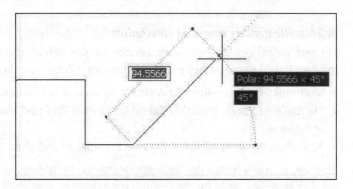

Abbildung 2.28: Koordinateneingabe am Fadenkreuz

Auswahl von Optionen: Gibt es alternativ dazu Befehlsoptionen, können Sie die Optionsliste mit der Taste ↓ aktivieren (siehe Abbildung 2.29, Befehl RECHTECK).

Abbildung 2.29:
Optionsauswahl am Fadenkreuz

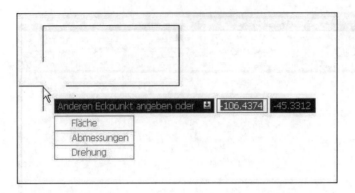

Beginnt der Befehl mit der Abfrage einer Option, wird die Optionsliste automatisch am Fadenkreuz angezeigt (siehe Abbildung 2.30, Befehl PEDIT).

Abbildung 2.30:
Optionsliste am Fadenkreuz

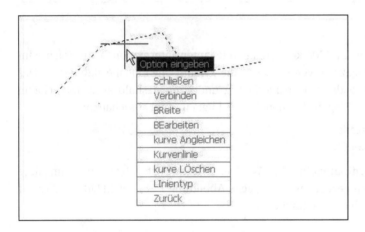

Befehlszeilenfenster aus- und einschalten

Mit dem Befehl BEFEHLSZEILEAUSBL können Sie das Befehlszeilenfenster ausblenden und mit dem Befehl BEFEHLSZEILE wieder einblenden. Wählen Sie dazu:

- Multifunktionsleiste: Register ANSICHT, Symbol in der Gruppe PALETTEN
- Menüleiste EXTRAS, Funktion BEFEHLSZEILE zum Ein- und Ausschalten des Befehlszeilenfensters.
- Tastenkombination [STRG] + [9] zum Ein- und Ausschalten des Befehlszeilenfensters.

Beim ersten Ausschalten des Befehlszeilenfensters erhalten Sie einen Warnhinweis, den Sie aber an dieser Stelle für die Zukunft unterdrücken können.

2.9   Zoom- und Pan-Befehle

In AutoCAD haben Sie eine ganze Reihe von Befehlen, um den Bildschirmausschnitt zu verändern. Alle diese Funktionen können Sie mit den Befehlen ZOOM und PAN ausführen.

Fast alle Optionen dieser Befehle arbeiten transparent, das heißt, sie können auch während der Arbeit an einem anderen Befehl ausgeführt werden, ohne diesen abzubrechen.

Echtzeit-Zoom-Funktion

Die flexibelste Methode, den Bildausschnitt zu verändern, ist die Echtzeitmethode mit kombinierter Zoom- und Pan-Funktion. Wählen Sie diese Variante des Befehls ZOOM:

- Multifunktionsleiste: Register ANSICHT, Gruppe NAVIGIEREN, Symbol in einem Flyout
- Menüleiste ANSICHT, Untermenü ZOOM >, Funktion ECHTZEIT
- Symbol in der STANDARD-FUNKTIONSLEISTE
- Funktion Zoom in allen Kontextmenüs auf der Zeichenfläche

Sie erhalten in der Zeichenfläche statt des bisherigen Fadenkreuzes ein Lupensymbol mit den Zeichen »+« und »-« (siehe Abbildung 2.31).

Abbildung 2.31:
Lupensymbol für Echtzeit-Zoom

Bewegen Sie das Symbol mit gedrückter Maustaste nach oben, vergrößern Sie die Anzeige kontinuierlich. Bewegen Sie es nach unten, wird sie verkleinert. Haben Sie die richtige Vergrößerung auf diese Weise eingestellt, drücken Sie die Tasten [Esc] oder [↵], der Befehl wird beendet und die momentane Vergrößerung übernommen. Drücken Sie dagegen die rechte Maustaste, erscheint ein Kontextmenü. Darin lassen sich weitere Funktionen anwählen (siehe Abbildung 2.32).

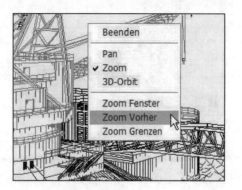

Abbildung 2.32:
Kontextmenü bei Echtzeit-Zoom oder -Pan

Wenn Sie in diesem Menü die Funktion PAN anklicken, können Sie Ihren Ausschnitt in Echtzeit verschieben. Dazu erhalten Sie auf der Zeichenfläche ein Handsymbol (siehe Abbildung 2.33).

Abbildung 2.33:
Handsymbol für
Echtzeit-Pan

Jetzt können Sie die Zeichnung mit gedrückter Maustaste in die gewünschte Richtung verschieben. Die Zeichnung wird kontinuierlich mitbewegt. Mit den Tasten `Esc` oder `↵` wird der Befehl beendet und der momentane Ausschnitt übernommen. Auch aus dieser Funktion kommen Sie mit der rechten Maustaste in das Kontextmenü (siehe Abbildung 2.32). Dort können Sie mit dem Eintrag ZOOM wieder zur Echtzeit-Zoom-Funktion wechseln.

Weitere Funktionen im Kontextmenü

- **Zoom Fenster:** Schaltet auf einen weiteren Modus um. Mit einem Fenstersymbol kann mit gedrückter Maustaste ein Fenster aufgezogen werden (siehe Abbildung 2.34). Der Ausschnitt in diesem Fenster wird formatfüllend auf dem Bildschirm dargestellt (siehe auch unten, Befehl ZOOM, Option FENSTER).

Abbildung 2.34:
Fenstersymbol für
Ausschnitt-
vergrößerung

- **Zoom Vorher:** Schaltet zu dem Ausschnitt zurück, der vor der Anwahl dieses Befehls auf dem Bildschirm war (siehe auch unten, Befehl ZOOM, Option VORHER).
- **Zoom Grenzen:** Bringt die komplette Zeichnung formatfüllend auf den Bildschirm (siehe auch unten, Befehl ZOOM, Option GRENZEN).

- **3D-Orbit:** Wahl des 3D-Ansichtspunkts bei 3D-Modellen, ebenfalls in Echtzeit und auf Wunsch auch schattiert (siehe Kapitel 20.9).
- **Beenden:** Beendet den Befehl.

Echtzeit-Pan-Funktion

Wollen Sie gleich mit der Pan-Funktion starten, müssen Sie nicht, wie oben beschrieben, den Umweg über die Zoom-Funktion gehen. Wählen Sie direkt den Befehl PAN:

- Multifunktionsleiste: Register ANSICHT, Symbol in der Gruppe NAVIGIEREN
- Menüleiste ANSICHT, Untermenü PAN >, Funktion ECHTZEIT
- Symbol in der STANDARD-FUNKTIONSLEISTE
- Funktion PAN in allen Kontextmenüs auf der Zeichenfläche

Sie starten mit der Pan-Funktion (Handsymbol) und können wie oben beschrieben auch zur Zoom-Funktion und zurück wechseln.

Weitere Optionen des Befehls Zoom

Neben diesen Echtzeitfunktionen gibt es noch eine Reihe weiterer Möglichkeiten, die Vergrößerung zu wählen. Es sind alles Optionen des Befehls ZOOM, die auch in der Optionsliste im Befehlszeilenfenster aufgelistet werden.

```
Befehl: Zoom
Fensterecke angeben, Skalierfaktor eingeben (nX oder nXP) oder
[Alles/Mitte/Dynamisch/Grenzen/Vorher/FAktor/Fenster] <Echtzeit>:
```

Diese Optionen des Befehls können Sie wie folgt auch direkt wählen:

- Multifunktionsleiste: Register ANSICHT, Gruppe NAVIGIEREN, Symbole in einem Flyout
- Menüleiste ANSICHT, Untermenü ZOOM >, Auswahl der gewünschten Zoom-Funktion
- Symbole und Flyout in der STANDARD-FUNKTIONSLEISTE
- Symbole im Werkzeugkasten ZOOM

Zoom Fenster: Zwei diagonale Eckpunkte eines Fensters werden abgefragt. Der Bereich in diesem Fenster wird formatfüllend auf die Zeichenfläche übernommen.

Zoom Vorher: Mit dieser Option kommen Sie zum vorherigen Ausschnitt zurück. Die letzten zehn Ausschnitte bleiben gespeichert und können so der Reihe nach zurückgeholt werden.

Zoom Faktor (im Menü Skalieren): Mit dieser Option können Sie einen Vergrößerungsfaktor für den Ausschnitt auf der Tastatur eingeben. Werte größer als 1 bewirken eine Vergrößerung und Werte kleiner als 1 eine Verkleinerung. Der Faktor bezieht sich:

- auf die Gesamtzeichnung, wie sie in den Limiten (siehe Kapitel 3.5) definiert ist.
- auf den momentanen Ausschnitt, wenn dem Wert X angehängt wird, z.B. 0.7X oder 1.5X.
- auf die Vergrößerung des Modells im Papierbereich (siehe Kapitel 16.3), wenn dem Zahlenwert XP angehängt wird.

Beachten Sie, dass Zahlenwerte in AutoCAD mit Punkt und nicht mit Komma geschrieben werden, also 0.8 und nicht 0,8.

Zoom + bzw. –: Die Optionen verkleinern bzw. vergrößern um den Faktor 0.5x bzw. 2x.

Zoom Mitte bzw. Mittelpunkt (Anzeige in den Menüs): Die Option MITTE arbeitet ähnlich wie die Option FAKTOR, nur dass Sie außer dem Vergrößerungsfaktor auch noch den Mittelpunkt des neuen Ausschnitts bestimmen können. Sie können aber auch statt des Vergrößerungsfaktors die Höhe des neuen Ausschnitts in Zeichnungseinheiten eingeben.

Zoom Alle bzw. Grenzen: Mit der Option ALLE erhalten Sie den Bereich innerhalb der Limiten (siehe Kapitel 3.5) auf dem Bildschirm. Wenn außerhalb der Limiten gezeichnet wurde, werden alle Objekte der Zeichnung, auch die außerhalb der Limiten, auf dem Bildschirm dargestellt. Die Option GRENZEN bringt alles formatfüllend, was Sie bis dahin gezeichnet haben, sei es nur ein Kreis oder eine Linie oder aber die komplette Zeichnung.

Mit den beiden Optionen können Sie kontrollieren, ob Objekte versehentlich außerhalb des Zeichenbereichs erstellt oder verschoben wurden. In diesem Fall kann es vorkommen, dass die Zeichnung klein in einer Ecke liegt und am Bildschirmrand ein winziges Objekt zu sehen ist.

Zoom Objekt: Mit der Option OBJEKT bekommen Sie ein oder mehrere gewählte Objekte formatfüllend auf den Bildschirm. Klicken Sie die Objekte an, bevor Sie den Befehl wählen, arbeitet der Befehl ohne Rückfrage. Haben Sie noch kein Objekt gewählt, kommt die Anfrage:

```
Objekte wählen:
```

Mit den Funktionen der Objektwahl (siehe Kapitel 3.10) können Sie die gewünschten Objekte wählen. Beenden Sie die Auswahl mit ⏎, kommen diese formatfüllend auf den Bildschirm.

Zoom Dynamisch: Mit dieser Option erhalten Sie einen speziellen Auswahlbildschirm, auf dem Sie Folgendes sehen und einstellen können (siehe Abbildung 2.35):

- die komplette Zeichnung
- ein gepunktetes bzw. gestricheltes Fenster in der Größe der Limiten (äußeres Fenster)
- ein gepunktetes Fenster, das die Größe des letzten Ausschnitts anzeigt (inneres Fenster)
- Das Einstellfenster, mit einem X markiert. Seine Lage kann mit der Maus verschoben werden. Klicken Sie die linke Maustaste, schaltet das Fenster um, es wird mit einem »->« am Rand markiert, und mit der Maus kann die Größe verändert werden. Klicken Sie wieder mit der linken Maustaste, schaltet das Fenster erneut um. Mit der ⏎-Taste wird der Ausschnitt im Fenster formatfüllend auf den Zeichenbildschirm übernommen. Sie können aber auch die rechte Maustaste drücken und aus dem Kontextmenü den Eintrag EINGABE wählen. Mit der Taste Esc wird der Befehl abgebrochen und der vorherige Ausschnitt wieder auf den Bildschirm geholt. Dasselbe passiert auch dann, wenn Sie mit der rechten Maustaste das Kontextmenü holen und dort die Funktion ABBRECHEN wählen.

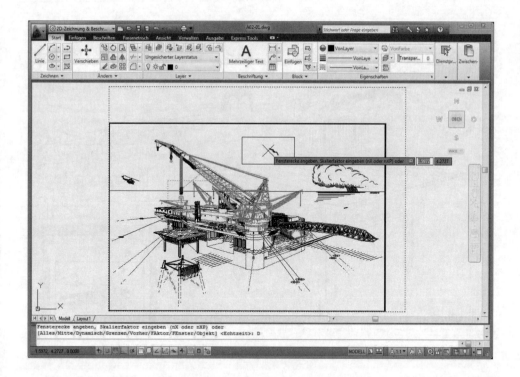

Abbildung 2.35:
Dynamische Funktion des Befehls Zoom

2.10 Übersichtsfenster und Bildlaufleisten

Wenn Sie an Details einer komplexen Zeichnung arbeiten, dann sollten Sie die Vergrößerung und den Zeichnungsausschnitt so oft wie nötig wechseln. Damit Sie aber die Gesamtzeichnung im Überblick behalten können, gibt es in AutoCAD das Übersichtsfenster. Darin wird die komplette Zeichnung dargestellt und Sie können dort auch den Bildausschnitt im Zeichnungsfenster verändern. Zur Orientierung ist zudem der momentane Bildausschnitt im Übersichtsfenster markiert (siehe Abbildung 2.36).

Übersichtsfenster ein- und ausschalten

Mit dem Befehl ÜFENSTER schalten Sie das Übersichtsfenster ein und aus. Sie finden den Befehl:

- Menüleiste ANSICHT, Funktion ÜBERSICHTSFENSTER
- ÜFENSTER eintippen

Abbildung 2.36:
Zeichnungsfenster mit Übersichtsfenster

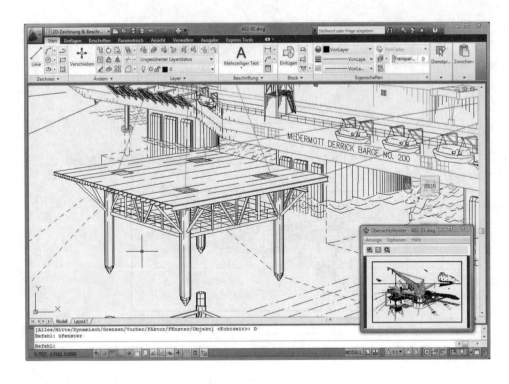

Bildausschnitt im Übersichtsfenster wählen

Das Übersichtsfenster ist eine eigenständige Windows-Anwendung mit eigenen Abrollmenüs, das sich auf dem Bildschirm verschieben und in der Größe verändern lässt. Folgende Funktionen können Sie im Übersichtsfenster ausführen.

Zoom und Pan im Übersichtsfenster: Im Übersichtsfenster können Sie die Echtzeit-Zoom- und -Pan-Funktionen ähnlich wie auf der Zeichenfläche ausführen. Zunächst ist im Übersichtsfenster die ganze Zeichnung sichtbar. Der Bereich, der gerade im Zeichnungsfenster zu sehen ist, ist mit einem Rahmen markiert. Klicken Sie ins Übersichtsfenster, wird der Rahmen für den neuen Ausschnitt an diese Stelle gesetzt und Sie können ihn mit der Maus an eine beliebige Stelle schieben. Die Zeichnung im Zeichnungsfenster wird dabei dynamisch mitgeführt wie bei der Pan-Funktion. In der Mitte des Rahmens erscheint dabei ein X. Klicken Sie mit der linken Maustaste auf einen Punkt im Übersichtsfenster, wechselt die Markierung und Sie bekommen das Zeichen ->. Jetzt können Sie das Fenster größer und kleiner ziehen. Dabei wird die Zeichnung im Zeichnungsfenster dynamisch vergrößert bzw. verkleinert wie bei der Zoom-Funktion. Klicken Sie erneut einen Punkt an, wird wieder zur Pan-Funktion umgeschaltet. Haben Sie den Ausschnitt festgelegt, drücken Sie die rechte Maustaste oder die Taste ⏎, dann wird der aktuelle Ausschnitt im Zeichnungsfenster fixiert.

Weitere Funktionen im Übersichtsfenster: In der Symbolleiste im Übersichtsfenster können Sie weitere Funktionen wählen (von links nach rechts):

- vergrößert die Darstellung im Übersichtsfenster
- verkleinert die Darstellung im Übersichtsfenster
- zeigt die komplette Zeichnung im Übersichtsfenster an

Menüs im Übersichtsfenster

Menü Anzeige: Damit kann der Ausschnitt im Übersichtsfenster verändert werden (siehe Symbole, oben).

Menü Optionen: Drei Einträge stehen in diesem Abrollmenü zur Auswahl. Ist AUTO-AFENSTER aktiviert, wird der Inhalt des Übersichtsfensters mit dem Wechsel eines Ansichtsfensters (siehe Kapitel 16) im Zeichnungsfenster sofort nachgeführt, ansonsten erst, wenn wieder in das Übersichtsfenster geklickt wird. Ist die Funktion DYNAMISCH AKTUALISIEREN aktiv, werden Änderungen im Zeichnungsfenster sofort ins Übersichtsfenster übernommen, ansonsten erst dann, wenn wieder ins Übersichtsfenster geklickt wird. Mit der Funktion ECHTZEIT-ZOOM wählen Sie, ob beim Arbeiten im Übersichtsfenster die Zeichnung im Zeichnungsfenster dynamisch mitgeführt wird oder ob sie erst dann aktualisiert wird, wenn Sie die rechte Maustaste drücken.

Pan-Funktionen mit den Bildlaufleisten

Sowohl am unteren Rand (im rechten Drittel) als auch am rechten Rand des Zeichnungsfensters können Bildlaufleisten eingeblendet werden. Diese lassen sich in den Optionen des Programms (siehe Anhang A.4) ein- bzw. ausschalten. Damit können Sie den Bildausschnitt verschieben. Folgende Möglichkeiten stehen Ihnen zur Verfügung:

- Klicken Sie auf einen der Pfeile am Ende der Bildlaufleisten, wird dieser Bereich weiter ins Fenster gerückt, die Zeichnung wird in die andere Richtung verschoben.
- Klicken Sie in die Bildlaufleiste zwischen Pfeil und Markierung, wird die Zeichnung im Fenster ebenfalls verschoben. Bei dieser Methode aber um ein größeres Stück.
- Ziehen Sie die Markierung in einer der Bildlaufleisten mit gedrückter Maustaste in eine Richtung, wird die Zeichnung dynamisch verschoben.

2.11 Tastenbelegung der Maus

Wie Sie schon bemerkt haben, können unterschiedliche Funktionen mit den Maustasten ausgeführt werden. In AutoCAD sind die Tasten wie folgt belegt:

- **Linke Maustaste:** »Pick«-Taste zur Auswahl der Befehle in Menüs und Werkzeugkästen sowie zur Eingabe von Punkten, Größen und Winkeln auf der Zeichenfläche.
- **Rechte Maustaste:** Aktivierung der Kontextmenüs für Befehlswiederholung, Abbruch, Befehlsoptionen usw. oder als Ersatz für die Taste ⏎. Drücken Sie diese Taste zusammen mit der Taste ⇧, erscheint das Kontextmenü für den Objektfang (siehe Kapitel 3.13).

Funktionen des Mausrads

In AutoCAD kann das Rad der Maus zum Zoomen verwendet werden. Wird es gedrückt, wird die sogenannte Radtaste betätigt.

- **Rad drehen:** Drehen Sie das Rad zu sich her, wird die Zeichnung auf dem Bildschirm verkleinert, drehen Sie es von sich weg, wird die Zeichnung vergrößert. Die Funktion des Rads lässt sich in den Grundeinstellungen des Programms (siehe Anhang A.4) umkehren.
- **Pan mit der Radtaste:** Wie die mittlere Maustaste kann auch das Rad für die Echtzeit-Pan-Funktion verwendet werden. Halten Sie das Rad gedrückt, erscheint die Hand im Zeichnungsfenster und Sie können den Ausschnitt in jede Richtung verschieben. Mit einem Doppelklick auf die Radtaste aktivieren Sie den Befehl ZOOM mit der Option GRENZEN.

- *Bei Radmäusen anderer Hersteller müssen eventuell die Einstellungen in der Windows-Systemsteuerung umgestellt werden, damit in AutoCAD die Zoom- und Pan-Funktionen wie beschrieben funktionieren.*
- *Mit der Systemvariablen ZOOMFACTOR können Sie die Empfindlichkeit des Rads einstellen. Tippen Sie den Namen der Variablen und Sie können den Wert ändern. Zulässige Werte sind Ganzzahlen zwischen 3 und 100. Je höher der Wert, desto größer ist die Änderung beim Drehen an der Radtaste.*
- *Mit der Systemvariablen MBUTTONPAN können Sie einstellen, ob die mittlere Maustaste mit der Pan-Funktion (Wert 1) belegt sein soll. Ist der Wert 0 eingestellt, liegt auf der mittleren Maustaste das Kontextmenü für den Objektfang (siehe Kapitel 3.13).*
- *Systemvariablen werden eingestellt, indem deren Name eingetippt wird. Der aktuelle Wert wird angezeigt und kann geändert werden.*

```
Befehl: Mbuttonpan
Neuen Wert für MBUTTONPAN eingeben <0>: 1
Befehl: Zoomfactor
Neuen Wert für ZOOMFACTOR eingeben <40>: 60
```

2.12 Das Navigationsrad und die Navigationsleiste

Eine weitere Möglichkeit, den Bildschirmausschnitt zu verändern, haben Sie mit dem Navigationsrad. Es eignet sich für die Navigation in Zeichnungen und in 3D-Modellen. In AutoCAD LT haben Sie nur die Funktionen für Zeichnungen. In diesem Abschnitt sind nur diese Möglichkeiten beschrieben. Mehr zur 3D-Navigation finden Sie in Kapitel 20.12.

Navigationsrad aktivieren

Das Navigationsrad können Sie wie folgt auf den Bildschirm holen:

- Menüleiste ANSICHT, Funktion STEERINGWHEELS
- Symbol in der Navigationsleiste (siehe unten)
- Funktion STEERINGWHEELS in allen Kontextmenüs auf der Zeichenfläche

Das Navigationsrad wird auf der Zeichenfläche am Mauszeiger angezeigt. In AutoCAD LT ist es auf die 2D-Funktionen reduziert (siehe Abbildung 2.37, links in AutoCAD und rechts in AutoCAD LT).

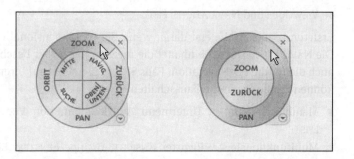

Abbildung 2.37:
Navigationsrad in AutoCAD und AutoCAD LT

2D-Funktionen im Navigationsrad

- Wenn Sie auf das Feld ZOOM klicken und die Maustaste gedrückt halten, können Sie wie mit der Echtzeit-Zoom-Funktion die Vergrößerung ändern. Das Zentrum der Vergrößerung entspricht der Position des Navigationsrads.
- Wenn Sie auf das Feld PAN klicken und die Maustaste gedrückt halten, können Sie wie mit der Echtzeit-Pan-Funktion den Ausschnitt verändern.
- Drücken Sie auf das Feld ZURÜCK, aktivieren Sie das Rückspulwerkzeug. Sie bekommen in Voransichtsbildern die zuletzt gewählten Ausschnitte angezeigt (siehe Abbildung 2.38). Fahren Sie mit gedrückter Maustaste zu dem Ausschnitt, den Sie haben wollen und lassen Sie die Maustaste dort los. Der Ausschnitt wird auf den Bildschirm geholt.
- Alle anderen Funktionen beziehen sich auf die Navigation in 3D-Modellen (siehe Kapitel 20.12).
- Beenden Sie das Navigationsrad mit einem Klick auf das Kreuz rechts oben bzw. mit den Tasten ⏎ oder ESC.

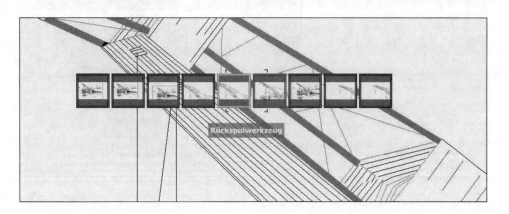

Abbildung 2.38:
Rückspulwerkzeug im Navigationsrad

Funktionen in der Navigationsleiste

Am rechten Rand der Zeichenfläche finden Sie zwei weitere Elemente, mit denen Sie in der Zeichnung und in 3D-Modellen navigieren können:

- VIEWCUBE und NAVIGATIONSLEISTE

Ersteren brauchen Sie erst dann, wenn Sie dreidimensional modellieren (siehe 20.12). Die NAVIGATIONSLEISTE beinhaltet die meisten der bisher beschriebenen Funktionen und auch die für die 3D-Navigation. Falls Sie die Elemente auf Ihrem Bildschirm nicht haben, können Sie sie so ein- und ausschalten:

- Menüleiste ANSICHT, Untermenü ANZEIGE, Funktion VIEWCUBE bzw. NAVIGATIONSLEISTE
- Multifunktionsleiste: Register ANSICHT, Gruppe FENSTER, Einträge im Auswahlmenü BENUTZEROBERFLÄCHE

Die Navigationsleiste ist transparent (siehe Abbildung 2.39, links), erst wenn Sie mit der Maus draufzeigen, wird sie ganz eingeblendet (siehe Abbildung 2.39, Mitte). Sie finden darin Symbole für die Funktion STEERINGWHEELS, die Funktion PAN, ein Flyout für die Zoom-Funktionen (siehe Abbildung 2.39, rechts), ein Flyout für die 3D-Navigation (siehe Kapitel 20.12) und für die ShowMotion-Funktion (siehe Kapitel 23.10).

Abbildung 2.39: Funktionen der Navigationsleiste

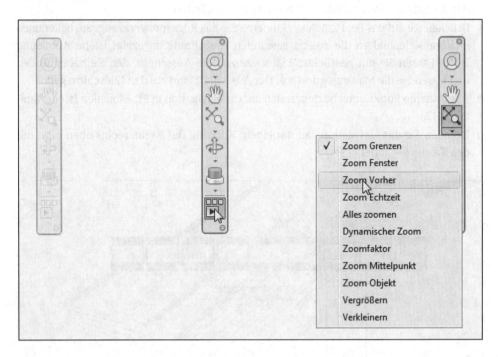

2.13 Mehrere Zeichnungen geöffnet

Wie in allen Windows-Programmen lassen sich auch in AutoCAD mehrere Zeichnungen in einer Sitzung öffnen. Wenn Sie AutoCAD gestartet haben, wird eine neue Zeichnung angelegt, die zunächst noch den Namen *Zeichnung1.dwg* erhält. Eine weitere erhält den Namen *Zeichnung2.dwg* usw. Erst beim Speichern werden die endgültigen Namen abgefragt. Sie können ein Zeichnungsfenster als Vollbild oder Teilbild schalten. Der Zeichnungsname der gerade aktiven Zeichnung wird in der Titelzeile des Programmfensters angezeigt.

Zeichnungsfenster Voll- und Teilbild
Sie können wie in Windows-Programmen auch in AutoCAD:
- Zeichnungsfenster minimieren, also zum Symbol herunterschalten.
- Zeichnungsfenster zum Teilbild schalten.
- Ein Zeichnungsfenster vom Teilbild wieder zum Vollbild schalten (maximieren).

Schalter zum Minimieren und Maximieren
- *Wird ein Zeichnungsfenster als Vollbild angezeigt, finden Sie die Schalter, mit denen Sie es wieder zum Teilbild schalten können, in der Menüleiste.*
- *Ist die Menüleiste ausgeschaltet, sind die Schalter transparent in der rechten oberen Ecke des Zeichnungsfensters.*

Weitere Zeichnungen öffnen
1. Schalten Sie Ihre Zeichnung als Teilbild.
2. Wählen Sie den Befehl ÖFFNEN wie oben beschrieben.
3. Klicken Sie im Dialogfeld ÖFFNEN die Zeichnung *A02-02.dwg* an. Drücken Sie die Taste ⇧, halten Sie sie gedrückt und klicken die Zeichnung *A02-03.dwg* an. Beide Zeichnungen werden markiert.
4. Klicken Sie dann auf die Schaltfläche ÖFFNEN und beide Zeichnungen werden geladen, jede in einem eigenen Zeichnungsfenster.

In verschiedenen Zeichnungsfenstern arbeiten
Um in mehreren Zeichnungsfenstern zu arbeiten, haben Sie folgende Möglichkeiten:
- Klicken Sie in ein Zeichnungsfenster oder in die dazugehörende Titelleiste, wird dieses zum aktuellen Zeichnungsfenster. Befehle, die Sie anwählen, werden in diesem Fenster ausgeführt.
- Wenn Sie das Fenster während der Arbeit an einem Befehl wechseln, bleibt dieser gespeichert. Wenn Sie später wieder zu diesem Fenster zurückwechseln, können Sie die Arbeit mit diesem Befehl nahtlos fortsetzen.
- Wollen Sie ein Fenster aktivieren, das im Moment von anderen verdeckt ist, wählen Sie in der Menüleiste das Menü FENSTER. Im unteren Teil des Menüs werden die Dateinamen der Zeichnungen angezeigt, die in den verschiedenen Fenstern geöffnet sind.

Das aktive Fenster ist mit einem Häkchen versehen. Klicken Sie einen anderen Namen an, kommt dieses Fenster in den Vordergrund und wird zum aktiven Fenster.

- *Dieselbe Auswahl haben Sie auch mit einem Symbol in der Multifunktionsleiste, Register* ANSICHT, *Gruppe* FENSTER. *Hier finden Sie die Dateinamen der geöffneten Zeichnungen ebenfalls in einem Menü.*
- *Mit der Tastenkombination* [Strg] + *können Sie die Zeichnungsfenster nacheinander aktivieren.*

Zeichnungsfenster anordnen

Im Menü FENSTER können Sie außerdem wählen, wie die Fenster am Bildschirm angeordnet werden. Standardmäßig ist der Modus Überlappend aktiv, die Fenster liegen übereinander, und die Ränder sind sichtbar. Sie können die Anordnung der Zeichnungsfenster in der Menüleiste, Menü FENSTER, bzw. mit Symbolen in der Multifunktionsleiste, Register ANSICHT, Gruppe FENSTER ändern:

- **Überlappend:** Zeichnungsfenster überlappend angeordnet (siehe Abbildung 2.40).
- **Untereinander:** Fenster horizontal auf der Arbeitsfläche anordnen.
- **Nebeneinander:** Fenster vertikal auf der Arbeitsfläche anordnen.

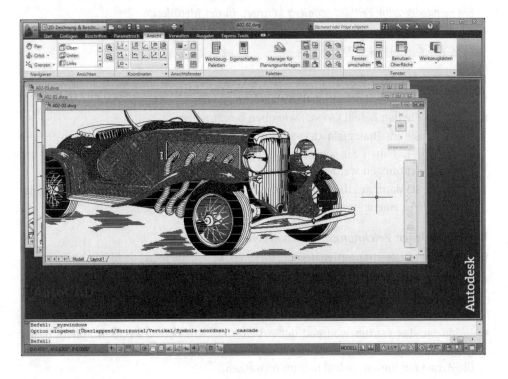

Abbildung 2.40: Zeichnungsfenster überlappend angeordnet

Mehrere Zeichnungen geöffnet

Geöffnete Dokumente mit der Schnellansicht Zeichnungen anzeigen

Haben Sie mehrere Zeichnungen geöffnet, können Sie sich diese auf verschiedene Arten in einer Voransicht anzeigen lassen, ohne sie alle nacheinander in den Vordergrund holen zu müssen:

- Symbol in der Statusleiste anklicken und die Zeichnungen werden in Voransichtsfenstern im unteren Teil der Zeichnungsfläche angezeigt (siehe Abbildung 2.41).

Abbildung 2.41:
Voransicht der geöffneten Zeichnungen

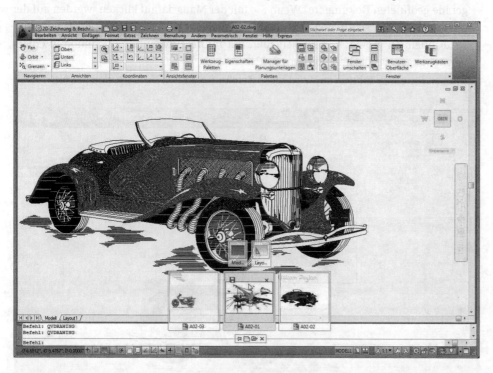

- Fahren Sie mit dem Cursor auf eine Zeichnung, wird diese markiert und die Layouts der Zeichnung (siehe Kapitel 16) angezeigt. Klicken Sie auf die Zeichnung, wird diese in den Vordergrund geholt. Mit den Symbolen am oberen Rand des Voransichtsbilds lässt sich die Zeichnung speichern bzw. schließen.
- Klicken Sie auf ein Layout, wird dieses Layout der Zeichnung in den Vordergrund geholt. Mit den Symbolen am oberen Rand des Voransichtsbilds des Layouts können Sie das Layout drucken bzw. publizieren (DWF-Datei erstellen).
- In der Symbolleiste unter den Voransichten kommen Sie zum Befehl Neu bzw. Öffnen. Mit dem Kreuz rechts in der Symbolleiste beenden Sie die Voransicht. Mit einem Klick auf die Zeichnungsfläche verschwindet die Voransicht ebenfalls.
- Klicken Sie auf die Pin-Nadel, bleiben die Voransichten geöffnet.

Kapitel 2 • Die Bedienelemente

 Geöffnete Dokumente im Menübrowser

Im Menübrowser können Sie sich die geöffneten Zeichnungen ebenfalls anzeigen lassen. Hier finden Sie rechts oben zwei Symbole, das linke davon ist für die zuletzt geöffneten Dokumente. Wenn Sie mit der Maus darauf klicken, werden auf der rechten Seite die zuletzt geöffneten Dokumente aufgelistet.

- Im Menübrowser finden Sie rechts oben zwei Symbole, das rechte davon ist für die gerade geöffneten Dokumente. Wenn Sie mit der Maus darauf klicken, werden auf der rechten Seite die geöffneten Dokumente aufgelistet. Zeigen Sie auf ein Dokument, wird Ihnen ein größeres Voransichtsbild mit Informationen zur Zeichnung in einem Fenster angezeigt (siehe Abbildung 2.42).
- Klicken Sie einen Eintrag an, wird diese Zeichnung in den Vordergrund geholt.

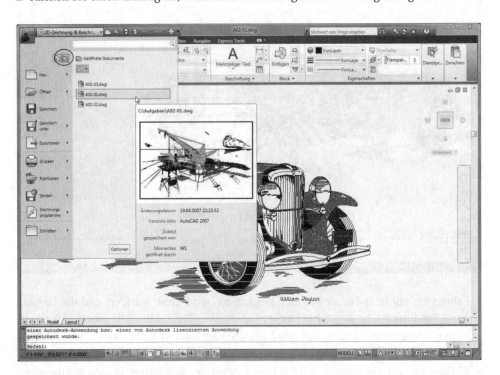

Abbildung 2.42: Geöffnete Dokumente im Menübrowser

- Im Abrollmenü über der Liste lässt sich wählen, wie die geöffneten Dokumente im Menübrowser angezeigt werden sollen: als Symbole oder auch dort schon mit der Voransicht in verschiedenen Größen, ohne dass mit der Maus darauf gezeigt werden muss.

 Zeichnungsfenster schließen

Wollen Sie die Arbeit an einer Zeichnung beenden, können Sie das Zeichnungsfenster schließen. Machen Sie das Zeichnungsfenster dazu zum aktiven Fenster. Schließen Sie es dann mit einer der folgenden Methoden:

- Menübrowser, Menü SCHLIESSEN >, Funktion AKTUELLE ZEICHNUNG oder ALLE ZEICHNUNGEN
- Menüleiste DATEI, Funktion SCHLIESSEN wählen.
- Kreuz in der rechten oberen Ecke des Zeichnungsfensters anklicken
- Tastenkombination [Strg] + [F4] drücken.

Wenn das Zeichnungsfenster nicht als Vollbild geschaltet ist:

- Menü des Zeichnungsfensters mit dem Symbol in der linken oberen Ecke aktivieren und dort die Funktion SCHLIESSEN wählen oder Doppelklick auf das Symbol,

Haben Sie seit dem Öffnen oder dem letzten Speichern Änderungen an der Zeichnung durchgeführt, erscheint ein Abfragefenster auf dem Bildschirm. Hier können Sie mit JA wählen, dass die Änderungen gespeichert werden. Klicken Sie NEIN an, gehen alle Änderungen seit dem letzten Speichern verloren. Mit der Schaltfläche ABBRECHEN wird der Vorgang abgebrochen. Das Zeichnungsfenster wird nicht geschlossen und die Zeichnung nicht gespeichert.

2.14 Die Hilfe in AutoCAD

In dem integrierten Hilfe-System finden Sie die komplette Dokumentation von AutoCAD. Aktivieren Sie die Hilfe:

- Taste [F1] drücken
- Menüleiste HILFE, Funktion HILFE
- Symbol in der STANDARD-FUNKTIONSLEISTE
- Symbol rechts oben am Programmfenster
- Schaltfläche HILFE in den meisten Dialogfeldern

Das Hilfe-Fenster erscheint auf dem Bildschirm. Wenn Sie gerade an einem Befehl arbeiten, sind darin die Erläuterungen zu diesem Befehl (siehe Abbildung 2.43) aufgeführt. In der linken Spalte finden Sie unter dem Eintrag SIEHE AUCH Verweise zu weiteren Einträgen im Hilfe-System.

Mit den Links oben rechts stehen Ihnen weitere Verzweigungen zur Verfügung:

- **Start:** Startseite des Hilfe-Systems mit dem kompletten Inhalt des Hilfe-Systems (siehe Abbildung 2.44)
- **Index:** Auswahl des Hilfe-Themas über den Index

Ist kein Befehl aktiv, sehen Sie die Startseite. Im linken Teil des Dialogfelds sehen Sie die Suchfunktionen für den Hilfetext. Folgende Möglichkeiten stehen Ihnen mit den Registern zur Verfügung:

- **Start:** Startseite des Hilfe-Systems
- **Index:** Auswahl des Hilfe-Themas über den Index
- **Suchen:** Auswahl des Hilfe-Themas über die Stichwortsuche

Abbildung 2.43:
Hilfe-Fenster am Beispiel des Befehls Kreis

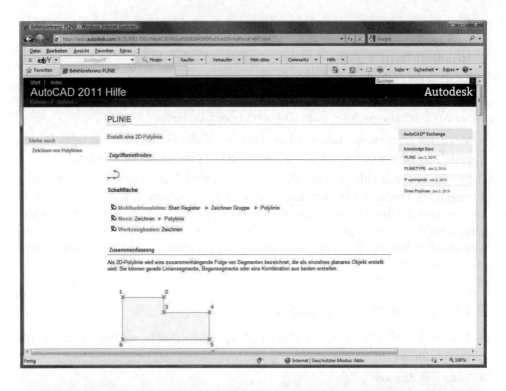

Abbildung 2.44:
Startseite des Hilfe-Systems

Die Hilfe in AutoCAD

- Das Hilfe-System ist im HTML-Format und wird in Ihrem Internetbrowser angezeigt.
- Hat Ihr PC eine Verbindung zum Internet, wird die Hilfe online abgerufen. Damit bekommen Sie immer den aktuellen Stand. Haben Sie keine Internetverbindung, wird die lokal gespeicherte Hilfe verwendet.

Begrüßungsbildschirm

Der Begrüßungsbildschirm erscheint beim Start von AutoCAD (siehe Abbildung 2.45). Entfernen Sie das Häkchen beim Text DIESES DIALOGFELD BEIM START ANZEIGEN in der unteren Zeile, erscheint er beim Start nicht mehr. Wollen Sie ihn aber trotzdem wieder haben, aktivieren Sie ihn:

- Menüleiste HILFE, Funktion BEGRÜSSUNGSBILDSCHIRM
- Pfeil neben dem Symbol rechts oben im Programmfenster, Funktion BEGRÜSSUNGSBILDSCHIRM aus dem Menü wählen

Darin können Sie vertonte Videosequenzen zu elementaren Programmfunktionen mit den Schaltflächen starten.

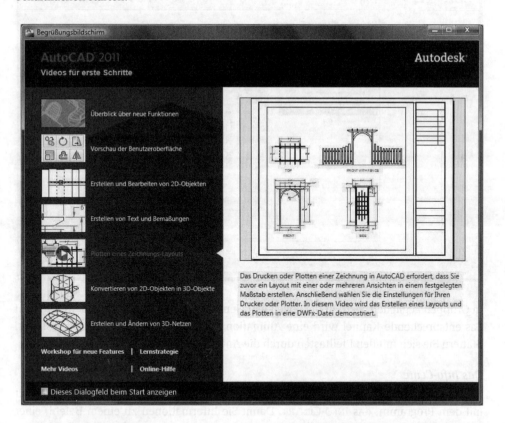

Abbildung 2.45:
Begrüßungsbildschirm mit Startleiste für Videosequenzen

Workshop für neue Features

Im Workshop für neue Features können Sie mit einer Reihe von Animationen die neuen Funktionen Ihres Programms kennenlernen. Aktivieren Sie das Startfenster des Workshops:

- Menüleiste HILFE, Funktion WORKSHOP FÜR NEUE FEATURES
- Pfeil neben dem Symbol rechts oben im Programmfenster, Funktion WORKSHOP FÜR NEUE FEATURES aus dem Menü wählen

Darin können Sie sich die neuen Funktionen erklären lassen. Wählen Sie im Abrollmenü die AutoCAD-Version aus, deren Neuigkeiten Sie angezeigt bekommen wollen (siehe Abbildung 2.46).

Abbildung 2.46: Auswahl der Funktionen im Workshop für neue Features

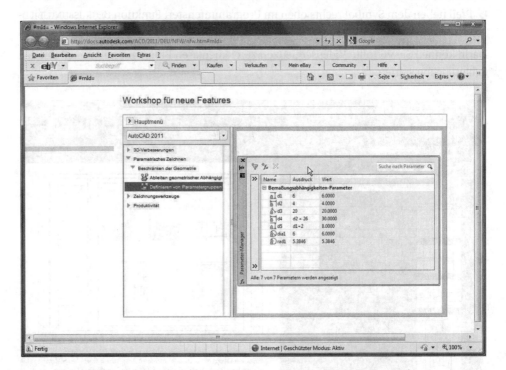

In Gruppen gegliedert werden die jeweiligen Neuerungen angezeigt. Mit einem Klick auf das entsprechende Kapitel wird eine Animation zur Erläuterung des Themas gestartet. Blättern Sie sich mit den Pfeiltasten durch die Animation.

 Das Info-Center

Rechts oben im Programmfenster finden Sie eine weitere Unterstützung bei der Arbeit mit dem Programm, das INFO-CENTER. Damit Sie Informationen zu einem Befehl, einer Funktion oder der Arbeitsweise in AutoCAD bekommen können, gehen Sie wie folgt vor:

- Geben Sie in dem Feld einen Begriff oder eine Frage ein.
- Klicken Sie auf das Symbol mit der Lupe rechts neben dem Eingabefeld.
- Eine Liste der Suchergebnisse mit den entsprechenden Kapiteln in der Online-Hilfe wird Ihnen angezeigt (siehe Abbildung 2.47).
- Klicken Sie einen Begriff an, wird das entsprechende Kapitel in der Online-Hilfe angezeigt und die Suchergebnisse verschwinden.

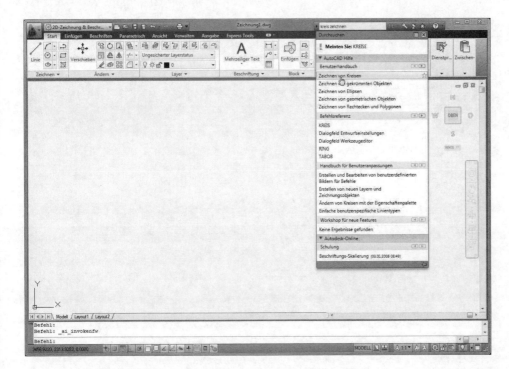

Abbildung 2.47:
Suchen im Info-Center

2.15 AutoCAD beenden

Wenn Sie fürs Erste genug haben, beenden Sie Ihre Arbeit mit AutoCAD. Verwenden Sie den Befehl QUIT.

Befehl Quit
Wählen Sie den Befehl:

- Menübrowser, Menü SCHLIESSEN >, Funktion AUTOCAD BEENDEN (rechts unten)
- Menüleiste DATEI, Funktion BEENDEN
- Symbol in der oberen rechten Ecke der Titelleiste des AutoCAD-Programmfensters
- Tastenkombination [Alt] + [F4]

Bei den Zeichnungen, an denen Sie Änderungen vorgenommen haben und sei es nur, dass Sie gezoomt haben, wird angefragt, ob die Änderungen gespeichert werden sollen.

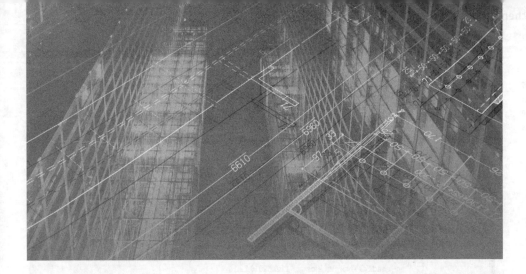

Kapitel 3
Zeichentechniken

In diesem Kapitel lernen Sie die Techniken kennen, mit denen Sie in AutoCAD präzise und maßstäblich zeichnen können. Damit Sie die Techniken erproben können, benötigen wir einige Zeichen- und Editierbefehle, die im Folgenden vorgestellt werden.

3.1 Eine neue Zeichnung beginnen

Starten Sie AutoCAD neu, wenn Sie das Programm am Ende des letzten Kapitels beendet haben.

Befehl Neu
Wenn Sie den Befehl NEU wählen, bekommen Sie ein Dialogfeld zur Auswahl der Vorlage, mit der Sie die neue Zeichnung beginnen können.

- Menübrowser, Menü NEU >, Funktion ZEICHNUNG
- Menüleiste DATEI, Funktion NEU ...
- Symbol im Werkzeugkasten SCHNELLZUGRIFF
- Symbol in der STANDARD-FUNKTIONSLEISTE

Eine Vorlage ist eine Zeichnungsdatei mit der Dateierweiterung *.dwt, die die Grundeinstellungen für die neue Zeichnung enthält. Im Dialogfeld werden die vorhandenen Vorlagen aus dem Vorlagenordner angezeigt (siehe Abbildung 3.1). Eine Vorlage enthält nur die Grundeinstellungen für das Zeichnen im metrischen Einheitensystem (die Vorlage *Acadiso.dwt* bzw. *Acadltiso.dwt*) und eine weitere für das britische Einheitensystem (Fuß und Zoll; die Vorlage *Acad.dwt* bzw. *Acadlt.dwt*). Arbeiten Sie mit AutoCAD an 3D-Modellen, verwenden Sie die Vorlage *Acadiso3D.dwt* bzw. *Acad3D.dwt*. Wie Sie eigene Vorlagen anlegen, erfahren Sie später.

Abbildung 3.1:
Auswahl der Vorlage für die neue Zeichnung

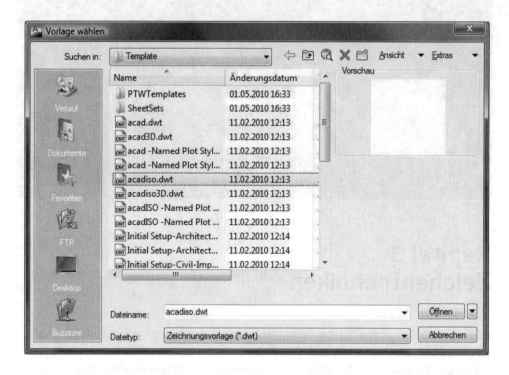

INFO

Startdialogfeld anzeigen

Haben Sie die Systemvariable STARTUP auf 1 eingestellt, erscheint beim Start von AutoCAD und beim Befehl NEU ein Dialogfeld mit verschiedenen Auswahlmöglichkeiten (siehe Abbildung 3.2).

In Systemvariablen werden die Einstellungen des Programms gespeichert. In den verschiedensten Dialogfeldern des Programms können diese verändert werden. Sie als Benutzer merken nichts davon, dass dadurch eine Systemvariable verändert wird. Sie können die Systemvariable aber auch ändern, indem Sie deren Namen auf der Tastatur eingeben. Das ist immer dann erforderlich, wenn die Einstellung nicht in einem Dialogfeld vorgenommen werden kann, so auch bei der Systemvariablen STARTUP.

```
Befehl: Startup
Neuen Wert für STARTUP eingeben <0>: 1
```

Der Wert der Variablen wird in den Zeichen < ... > angezeigt. Durch Eingabe eines neuen Werts verändern Sie die Einstellung.

Auch hier können Sie die gleichen Vorlagen aus der Liste des Vorlagenordners wählen, wenn Sie das dritte Symbol von links unter der Titelleiste des Fensters anklicken. Die Vorlage wird in dem Voransichtsfeld angezeigt, wenn sie schon Zeichnungsobjekte enthält. Mit der Schaltfläche DURCHSUCHEN kommen Sie zum gleichen Dialogfeld wie im ersten Fall (siehe Abbildung 3.1). In beiden Fällen markieren Sie die gewünschte Vorlage, klicken auf OK und die neue Zeichnung wird mit dieser Vorlage gestartet.

Linien, Kreise und Rechtecke zeichnen

Abbildung 3.2:
Auswahl der Vorlage aus dem Startdialogfeld

Abbildung 3.3:
Neue Zeichnungen ohne Vorlage beginnen

Haben Sie das zweite Symbol von links gewählt, können Sie direkt beginnen (siehe Abbildung 3.3). Es wird keine Vorlage verwendet. Sie können lediglich wählen, ob Sie mit englischen Einheiten (Fuß und Zoll) oder mit metrischen Einheiten beginnen wollen.

Direkt beginnen

1. Wählen Sie aus der Vorlagenliste die Vorlage *Acadiso.dwt* bzw. *Acadltiso.dwt*.
2. Sie erhalten ein leeres Zeichnungsfenster mit dem Zeichnungsnamen *Zeichnung1.dwg*, wenn Sie das Programm neu gestartet haben.

3.2 Linien, Kreise und Rechtecke zeichnen

Doch nun zu den ersten Zeichenbefehlen. Linien, Kreise und Rechtecke reichen uns zunächst einmal aus, um damit die Zeichentechniken in AutoCAD kennenzulernen.

Befehl Linie

Der elementarste Zeichenbefehl ist der Befehl LINIE. Mit ihm lassen sich einzelne Linien oder Linienzüge erstellen. Den Befehl LINIE finden Sie:

- Multifunktionsleiste: Symbol im Register START, Gruppe ZEICHNEN
- Menüleiste ZEICHNEN, Funktion LINIE
- Symbol im Werkzeugkasten ZEICHNEN

Wenn Sie den Befehl anwählen, erscheint im Befehlszeilenfenster der Befehlsdialog. Dort werden die Anfragen und die Optionen aufgelistet:

```
Befehl: Linie
Ersten Punkt angeben:
Nächsten Punkt angeben oder [Zurück]:
Nächsten Punkt angeben oder [Zurück]:
Nächsten Punkt angeben oder [Schließen/Zurück]:
Nächsten Punkt angeben oder [Schließen/Zurück]:
...
Nächsten Punkt angeben oder [Schließen/Zurück]:
```

Ist die dynamische Eingabe aktiv, was standardmäßig der Fall ist, werden die Koordinatenanfragen am Fadenkreuz angezeigt. An dieser Stelle können Sie auch die Optionsliste aktivieren. Nur wenn bei einer Eingabe Optionen zur Verfügung stehen, wird dies am Fadenkreuz angezeigt:

```
Nächsten Punkt eingeben oder  [↓]
```

Mit der Taste [↓] kann die Optionsliste eingeblendet und die entsprechende Option daraus ausgewählt werden (siehe Abbildung 3.4).

Abbildung 3.4: Optionsliste am Fadenkreuz

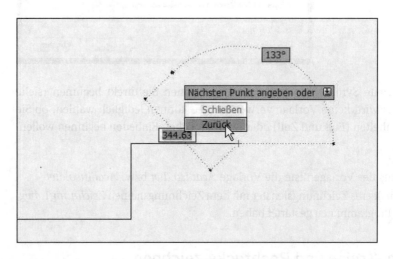

Sie können nun Punkte auf der Zeichenfläche anklicken oder deren Koordinaten auf der Tastatur eingeben. Über Koordinaten erfahren Sie in den nächsten Abschnitten mehr.

Die Punkte werden durch Linienzüge verbunden. Ist ein Punkt gesetzt, wird zum Fadenkreuz eine Linie gezogen, die sich mit der Stellung des Fadenkreuzes wie ein Gummiband verändert. Wenn Sie die erste Befehlsanfrage

`Ersten Punkt angeben:`

mit ⏎ bestätigen oder die rechte Maustaste drücken, wird der neue Linienzug am zuletzt gezeichneten Punkt angesetzt – aber nur dann, wenn in dieser Sitzung schon einmal gezeichnet wurde. Der beim Zeichnen zuletzt gewählte Punkt wird gespeichert. Es kann also passieren, dass Sie an einem Punkt ansetzen, den Sie schon vor einiger Zeit angewählt haben, aber zwischendurch keine Zeichenbefehle verwendet haben. Wenn Sie die Befehlsanfrage

`Nächsten Punkt angeben oder [Schließen/Zurück]:`

mit ⏎ bestätigen, wird der Befehl beendet und der Linienzug abgebrochen.

Der Befehl LINIE bietet Ihnen zwei Optionen:

- **Zurück:** Wenn Sie bei einer Punktanfrage diese Option wählen, wird der zuletzt eingegebene Punkt entfernt und mit ihm das letzte Liniensegment. Die Funktion kann mehrmals ausgeführt werden, bis alle Punkte entfernt sind und der Startpunkt wieder neu gesetzt werden kann.
- **Schließen:** Mit dieser Option wird der letzte Punkt mit dem Anfangspunkt des Linienzuges verbunden und der Befehl beendet. Das ist nur möglich, wenn mindestens drei Punkte eingegeben wurden. In der Befehlsanfrage wird diese Option deshalb ab der vierten Punktanfrage angezeigt.

- *Wie im letzten Kapitel schon beschrieben, können Sie die Optionen mit ihrem Kürzel eingeben. In der Regel ist das der Anfangsbuchstabe bzw. der oder die Großbuchstaben in der Optionsliste im Befehlszeilenfenster.*
- *Besser ist es, Sie haben die dynamische Eingabe aktiviert und wählen die Option direkt am Fadenkreuz mit der Maus aus der Liste aus. Drücken Sie dazu die Taste ↓ und wählen mit einem Mausklick.*
- *Eine weitere Möglichkeit steht Ihnen mit dem Kontextmenü zur Verfügung, das Sie mit der rechten Maustaste aktivieren können.*
- *Der Eintrag EINGABE im Menü entspricht der Taste ⏎, während der Eintrag ABBRECHEN der Taste Esc entspricht. Mit den Einträgen ZOOM und PAN können Sie diese Echtzeitfunktionen für den Bildausschnitt wählen. Mit dem Eintrag STEERINGWHEELS wird Ihnen das Navigationsrad am Cursor angezeigt, mit dem Sie die Anzeige ebenfalls ändern können. Der Eintrag LETZTE EINGABE > bringt ein Untermenü mit den letzten Koordinateneingaben auf den Bildschirm. Hieraus können Sie eine bereits verwendete Eingabe mit der Maus zur erneuten Verwendung anklicken. Die Auswahl des Eintrags TASCHENRECHNER lässt einen Taschenrechner auf dem Bildschirm erscheinen.*
- *In den Optionen (siehe Anhang A.4) können Sie die Funktion der rechten Maustaste einstellen. Sie können die rechte Maustaste abweichend von der Grundeinstellung mit*

⏎ belegen. Außerdem kann die rechte Maustaste zeitabhängig belegt werden. Ein kurzer Klick bewirkt ⏎ und ein längerer Klick bringt Ihnen das Kontextmenü.

Befehl Kreis

Kreise zeichnen Sie mit dem Befehl KREIS. Damit können Sie auf verschiedene Arten Kreise konstruieren (siehe Abbildung 3.5).

Den Befehl KREIS bekommen Sie in seiner Grundform, wenn Sie den Befehlsnamen auf der Tastatur eingeben oder aus dem Werkzeugkasten bzw. dem Tablett wählen. In diesem Fall geben Sie die Optionen für die Konstruktionsmethode vor. Sie können ihn aber auch im Abrollmenü gleich mit der gewünschten Option wählen.

- Multifunktionsleiste: Flyout im Register START, Gruppe ZEICHNEN
- Menü ZEICHNEN, Untermenü KREIS >, Funktionen für die Optionen des Befehls
- Symbol im Werkzeugkasten ZEICHNEN

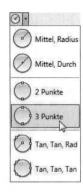

Der Befehl stellt die folgenden Anfragen:

```
Befehl: Kreis
Zentrum für Kreis angeben oder
[3P/2P/Ttr(Tangente Tangente Radius)]:
Radius für Kreis angeben oder [Durchmesser]:
```

Geben Sie den Mittelpunkt ein. Danach wird der Radius abgefragt. Er kann als Zahlenwert oder als Punktkoordinate eingegeben werden. Dann wird der Kreis so gezeichnet, dass er durch diesen Punkt läuft. Bis zur Festlegung des Radius wird der Kreis dem Fadenkreuz nachgezogen. Haben Sie den Befehl schon einmal benutzt, erscheint der letzte Radius als Vorgabe, den Sie mit ⏎ übernehmen können.

Verwenden Sie bei der Radiusanfrage die Option DURCHMESSER, wird auf die Durchmesseranfrage umgeschaltet.

```
Radius für Kreis angeben oder [Durchmesser] <12.00>: Durchmesser
Durchmesser für Kreis angeben <24.00>:
```

Weitere Optionen können Sie bei der ersten Anfrage wählen:

- **3P:** Mit der Option 3 PUNKTE können Sie einen Kreis durch Eingabe von drei Punkten zeichnen.

```
Zentrum für Kreis angeben oder
[3P/2P/Ttr (Tangente Tangente Radius)]: 3P
Ersten Punkt auf Kreis angeben:
Zweiten Punkt auf Kreis angeben:
Dritten Punkt auf Kreis angeben:
```

- **2P:** Die Option 2 PUNKTE zeichnet einen Kreis aus zwei Punkten. Die beiden Punkte sind Endpunkte der Durchmesserlinie.

```
Mittelpunkt für Kreis angeben oder
[3P/2P/Ttr (Tangente Tangente Radius)]: 2P
Ersten Endpunkt für Durchmesser des Kreises angeben:
Zweiten Endpunkt für Durchmesser des Kreises angeben:
```

Linien, Kreise und Rechtecke zeichnen

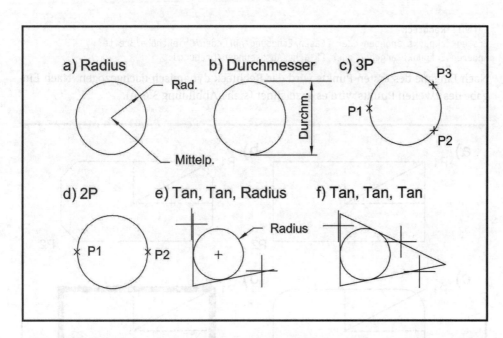

Abbildung 3.5: Verschiedene Methoden zum Zeichnen von Kreisen

- **TTR:** Mit der Option TTR werden zwei Objekte und ein Radius angefragt. Der Kreis wird tangential an die gewählten Objekte angelegt und mit dem eingegebenen Radius gezeichnet. Der Objektfang TANGENTE (siehe Kapitel 3.13) wird dabei automatisch aktiviert.

```
Mittelpunkt für Kreis angeben oder
[3P/2P/Ttr (Tangente Tangente Radius)]: Ttr
Punkt auf Objekt für erste Tangente des Kreises angeben:
Punkt auf Objekt für zweite Tangente des Kreises angeben:
Radius für Kreis angeben <5>:
```

Im Untermenü KREIS > des Menüs ZEICHNEN finden Sie noch eine weitere Funktion, die mit TAN, TAN, TAN bezeichnet ist. Dabei handelt es sich um eine Variante der Option 3 PUNKTE. Für alle drei Punkteingaben wird bei dieser Methode der Objektfang TANGENTE (siehe Kapitel 3.13) aktiviert. Damit können Sie zum Beispiel auf einfache Art einen Inkreis in ein Dreieck zeichnen.

Befehl Rechteck

Rechtecke und Quadrate können Sie mit dem Befehl LINIE oder PLINIE (siehe Kapitel 7.1) als geschlossenen Linienzug zeichnen. Einfacher haben Sie es jedoch mit dem Befehl RECHTECK. Die Angabe zweier diagonaler Eckpunkte reicht bei diesem Befehl aus, um das Rechteck zu zeichnen. Sie finden den Befehl:

- Multifunktionsleiste: Symbol im Register START, Gruppe ZEICHNEN
- Menüleiste ZEICHNEN, Funktion RECHTECK
- Symbol im Werkzeugkasten ZEICHNEN

```
Befehl: Rechteck
Ersten Eckpunkt angeben oder [Fasen/Erhebung/Abrunden/Objekthöhe/Breite]:
Anderen Eckpunkt angeben oder [Fläche/Abmessungen/Drehung]:
```

Nach Eingabe des ersten Punkts wird das Rechteck dynamisch nachgezogen. Nach Eingabe des zweiten Punkts wird es gezeichnet (siehe Abbildung 3.6, a).

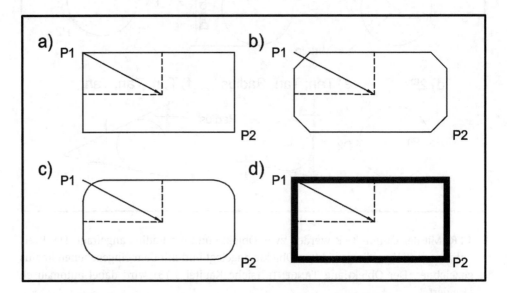

Abbildung 3.6:
Beispiele für Rechtecke

Statt der Eingabe des zweiten Punkts stehen Ihnen drei weitere Optionen zur Verfügung:

- **Fläche:** Legen Sie die Fläche des Rechtecks fest und wählen Sie dann, ob Sie die Länge oder Breite vorgeben wollen. Nachdem Sie diese Größe ebenfalls bestimmt haben, wird das Rechteck gezeichnet. Geben Sie die Größe negativ ein, wird das Rechteck entgegen der entsprechenden Achsrichtung gezeichnet.

```
Anderen Eckpunkt angeben oder [Fläche/Abmessungen/Drehung]: Fläche
Fläche des Rechtecks in aktuellen Einheiten angeben <100.0000>: Wert für Fläche
eingeben
Abmessungen des Rechtecks berechnen auf Grundlage der [Länge/Breite] <Länge>: Option
Länge oder Breite wählen z.B. Option Länge
Länge des Rechtecks eingeben <10.0000>:
```

- **Abmessungen:** Mit der Option ABMESSUNGEN geben Sie die Maße des Rechtecks vor:

```
Anderen Eckpunkt angeben oder [Fläche/Abmessungen/Drehung]: Abmessungen
Länge der Rechtecke angeben <0.0000>: Maß für Länge
Breite der Rechtecke angeben <0.0000>: Maß für Breite
Anderen Eckpunkt angeben oder [Fläche/Abmessungen/Drehung]: Seite anklicken
```

Geben Sie die Maße für die Länge und Breite des Rechtecks ein. Zuletzt klicken Sie in die Richtung, in die das Rechteck aufgebaut werden soll.

- **Drehung:** Wollen Sie ein gedrehtes Rechteck, wählen Sie diese Option:

```
Anderen Eckpunkt angeben oder [Fläche/Abmessungen/Drehung]: Drehung
Drehwinkel angeben oder [Punkte auswählen] <0>: Drehwinkel eingeben
Anderen Eckpunkt angeben oder [Fläche/Abmessungen/Drehung]:
```

Geben Sie den Drehwinkel ein. Danach können Sie den zweiten Eckpunkt für das Rechteck eingeben oder aber zusätzlich die Option FLÄCHE oder ABMESSUNGEN wählen und das Rechteck wie oben beschrieben zeichnen, diesmal aber unter dem angegebenen Drehwinkel. Bei der Abfrage des Drehwinkels steht Ihnen eine weitere Option zur Verfügung:

```
Drehwinkel angeben oder [Punkte auswählen] <0>: Option Punkt auswählen aktivieren
Erfordert gültigen numerischen Winkel, zweiten Punkt oder Optionstitel.
```

Klicken Sie einen zweiten Punkt in der Zeichnung an und das Rechteck wird an der Verbindungslinie vom ersten eingegebenen Punkt zu diesem Punkt gezeichnet.

Achtung: Die Drehung bleibt so lange gespeichert, bis Sie sie wieder ändern oder auf 0 setzen. Alle anderen danach gezeichneten Rechtecke haben diesen Drehwinkel.

Bei der Eingabe des ersten Eckpunkts stehen weitere Optionen zur Auswahl:

- **Fasen:** Mit dieser Option können Sie zwei Fasenabstände eingeben:

```
Ersten Eckpunkt angeben oder [Fasen/Erhebung/Abrunden/Objekthöhe/Breite]: Fasen
Ersten Fasenabstand für Rechtecke angeben <5.00>:
Zweiten Fasenabstand für Rechtecke angeben <5.00>:
Ersten Eckpunkt angeben oder [Fasen/Erhebung/Abrunden/Objekthöhe/Breite]:
```

Danach wird wieder die Optionsliste angezeigt, und Sie können eine weitere Option wählen oder die erste Ecke eingeben. Bei dem Rechteck sind alle Ecken gefast, wenn Sie hier Werte eingeben (siehe Abbildung 3.6, b).

- **Erhebung:** Eingabe einer Erhebung für das Rechteck (siehe Kapitel 20.3). Das Rechteck wird mit dieser Erhebung gezeichnet.
- **Abrunden:** Mit dieser Option kann ein Rundungsradius für die Ecken des Rechtecks eingegeben werden:

```
Ersten Eckpunkt angeben oder [Fasen/Erhebung/Abrunden/Objekthöhe/Breite]: Abrunden
Rundungsradius für Rechtecke angeben <2.00>:
Ersten Eckpunkt angeben oder [Fasen/Erhebung/Abrunden/Objekthöhe/Breite]:
```

Bei dem Rechteck werden alle Ecken mit dem eingegebenen Wert gerundet (siehe Abbildung 3.6, c).

- **Objekthöhe:** Eingabe einer Objekthöhe für das Rechteck (siehe Kapitel 20.3). Das Rechteck wird mit dieser Objekthöhe gezeichnet.
- **Breite:** Eingabe einer Linienbreite für das Rechteck.

```
Ersten Eckpunkt angeben oder [Fasen/Erhebung/Abrunden/Objekthöhe/Breite]: Breite
Linienbreite für Rechtecke angeben <0.00>:
Ersten Eckpunkt angeben oder [Fasen/Erhebung/Abrunden/Objekthöhe/Breite]:
```

Das Rechteck wird mit der eingegebenen Linienbreite gezeichnet (siehe Abbildung 3.6, d).

Wenn Sie bei einer vorherigen Verwendung des Befehls schon Werte für die Breite, Fase usw. eingestellt haben, bleiben diese gespeichert. Wird später ein weiteres Rechteck erstellt, hat es ebenfalls diese Einstellungen. Prüfen Sie also vorher nach, was eingestellt ist.

- *Beim Zeichnen kommt es häufig vor, dass Sie einen Befehl mehrmals hintereinander verwenden wollen. Sie müssen ihn dazu nicht jedes Mal neu aus dem Menü auswählen. Wenn Sie bei der Befehlsanfrage ⏎ oder die Leertaste drücken, wird der letzte Befehl wiederholt.*
- *Sie können an dieser Stelle aber auch mit der rechten Maustaste ein Kontextmenü auf den Bildschirm holen. Darin finden Sie an der obersten Stelle einen Eintrag für die Wiederholung des letzten Befehls (siehe Abbildung 3.7). Klicken Sie diesen an und der Befehl wird noch einmal ausgeführt. Haben Sie einen Befehl aus einem Abrollmenü mit einer bestimmten Option gewählt, so wird er auch im Kontextmenü zur Wiederholung mit dieser Option angezeigt.*

Abbildung 3.7: Kontextmenü mit Eintrag zur Befehlswiederholung

3.3 Freihandzeichnen

In den folgenden Abschnitten werden Sie sich mit den verschiedenen Zeichentechniken vertraut machen. Um die Wirkung der einzelnen Zeichenhilfen besser zu verstehen, werden Sie sie nacheinander an verschiedenen Beispielen kennenlernen.

Zeichenhilfen in der Statuszeile
In der Statuszeile am unteren Rand der Arbeitsfläche können Sie die verschiedenen Zeichenhilfen ein- und ausschalten (siehe Abbildung 3.8).

Freihandzeichnen

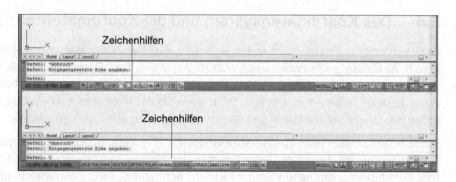

Abbildung 3.8:
Statuszeile mit den Tasten für die Zeichenhilfen

Klicken Sie auf ein Symbol, wird es farblich hervorgehoben und die entsprechende Funktion ist eingeschaltet. Ist die Funktion aus, wird das Symbol in der Hintergrundfarbe dargestellt. Mit einem Mausklick können Sie die Funktionen aus- und einschalten.

Mit einem Rechtsklick auf einem Symbol bekommen Sie ein Kontextmenü, in dem Sie unter anderen auch den Eintrag SYMBOLE VERWENDEN finden. Wenn davor ein Häkchen steht, werden Symbole in der Leiste angezeigt, falls nicht, werden Textfelder angezeigt (siehe Abbildung 3.8, unten). Mit einem Klick auf diesen Eintrag schalten Sie die Anzeige um.

Zeichnen ohne Zeichenhilfen

1. Schalten Sie zunächst alle Zeichenhilfen aus.
2. Erproben Sie die Zeichenbefehle, die Sie in Kapitel 3.2 kennengelernt haben. Zeichnen Sie Linien, Kreise und Rechtecke »frei Hand«.

In der Praxis zeichnen Sie nur in den seltensten Fällen »frei Hand«. Sie werden fast immer mit Koordinateneingabe oder mit Kombinationen von verschiedenen Zeichenhilfen arbeiten. Das Ergebnis würde sonst viel zu ungenau werden.

Elemente in der Statuszeile ein- und ausblenden

Die Elemente der Statusleiste lassen sich nach Bedarf ein- und ausblenden. Gehen Sie dazu wie folgt vor:

- Das Pfeilsymbol in der rechten Ecke der Statuszeile aktiviert ein Menü, wählen Sie darin den Eintrag STATUSUMSCHALTER und aktivieren oder deaktivieren das gewünschte Symbol (siehe Abbildung 3.9).

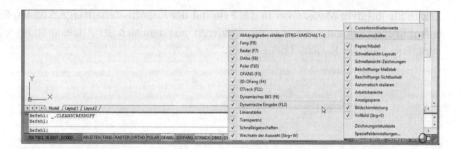

Abbildung 3.9:
Kontextmenü für die Elemente der Statuszeile

3.4 Das Koordinatensystem und die Koordinatenformate

Exakte technische Zeichnungen lassen sich nicht »frei Hand« zeichnen. Sie wollen eine genaue Abbildung eines realen Gegenstandes mit einem CAD-Programm erstellen, aus der Sie sämtliche Informationen entnehmen können. Deshalb ist es wichtig, schon vom ersten Entwurf an genau zu arbeiten. Doch wenn Sie das leere Blatt auf dem Bildschirm haben, wo fangen Sie an? Lineal und Bleistift stehen Ihnen nicht zur Verfügung.

Damit beim Zeichnen jeder Punkt seinen eindeutigen Platz erhält, liegt der Zeichnung ein Koordinatensystem zugrunde. Jeder Punkt in der Zeichnung ist durch seinen Abstand vom Koordinatenursprung in x- und y-Richtung bestimmt. Später, wenn wir uns mit den 3D-Möglichkeiten von AutoCAD befassen, kommt auch noch die z-Richtung dazu. Wenn Sie zweidimensional arbeiten, lassen Sie den z-Anteil weg. Aber nicht nur ein Koordinatensystem steht uns zur Verfügung. In AutoCAD wird unterschieden zwischen:

- **Weltkoordinatensystem:** Es gibt ein festes Koordinatensystem, in dem die Zeichnung liegt, das sogenannte **Weltkoordinatensystem (WKS)**.
- **Benutzerkoordinatensystem:** Zusätzlich lassen sich darin beliebig viele Koordinatensysteme frei im Raum definieren, sogenannte **Benutzerkoordinatensysteme (BKS)**. Damit ist es möglich, den Nullpunkt neu festzulegen oder bei der Konstruktion von 3D-Modellen eine Konstruktionsebene beliebig in den Raum zu legen. Doch bleiben wir zunächst einmal beim Weltkoordinatensystem.

Koordinatenanzeige in der Statuszeile

In der Statuszeile am unteren Bildschirmrand werden die absoluten Koordinaten des Fadenkreuzes in X, Y und Z angezeigt. Wenn Sie das Fadenkreuz im Zeichnungsfenster bewegen, sehen Sie, wie sich die Anzeige ändert. Wenn Sie mit der Maus auf die Anzeige klicken, bleibt die Anzeige stehen. Sie zeigt nur dann einen neuen Wert an, wenn Sie auf der Zeichenfläche beim Zeichnen einen Punkt anklicken. Klicken Sie wieder auf die Anzeige, läuft die Anzeige wieder mit. Beim Zeichnen kann die Koordinatenanzeige in drei verschiedenen Modi betrieben werden. Haben Sie einen Punkt eingegeben, wird die Position des Fadenkreuzes in absoluten Koordinaten mitlaufend angezeigt. Klicken Sie einmal auf die Anzeige, läuft die Anzeige in Polarkoordinaten (siehe weiter unten) mit und zeigt die relative Position zum zuletzt eingegebenen Punkt. Bei nochmaligem Klicken auf die Anzeige läuft die Koordinatenanzeige nicht mehr mit und zeigt nur die eingegebenen Punkte an.

Zeigen Sie mit dem Mauszeiger in das Feld mit der Koordinatenanzeige, können Sie mit einem Rechtsklick ein Kontextmenü aktivieren, aus dem sich der Anzeigemodus wählen lässt: Ein, Aus oder Relativ (siehe oben).

Das Koordinatensystem und die Koordinatenformate

Wahl der Einheiten, Befehl Einheit

Die Genauigkeit und das Einheitenformat, mit dem die Koordinaten in der Statuszeile angezeigt werden, kann mit dem Befehl EINHEIT eingestellt werden. Sie finden den Befehl:

- Menübrowser, Menü ZEICHNUNGSPROGRAMME >, Funktion EINHEITEN
- Menüleiste FORMAT, Funktion EINHEITEN...

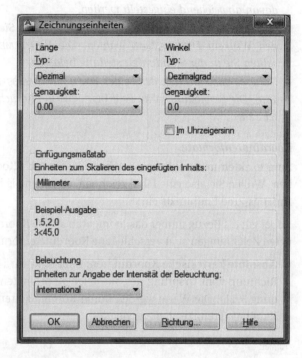

Abbildung 3.10:
Einstellung der Maßeinheiten

Die Einstellungen können Sie in einem Dialogfeld vornehmen (siehe Abbildung 3.10):

- **Länge, Typ:** In einem Abrollmenü können Sie für die Längenangaben zwischen den Formaten DEZIMAL und WISSENSCHAFTLICH (exponentiale Darstellung, zum Beispiel 1.50E+03) sowie ARCHITECTURAL, BRUCH oder ENGINEERING (Darstellung in Fuß und Zoll) wählen.
- **Länge, Genauigkeit:** Wählen Sie in einem weiteren Abrollmenü die Genauigkeit zwischen null bis acht Nachkommastellen.
- **Winkel, Typ:** Wählen Sie in dem Abrollmenü das Format für Winkel aus. Zur Verfügung stehen DEZIMALGRAD (Standardeinstellung), BOGENMASS, GRAD, GRAD/MIN/SEK und FELDMASS.
- **Winkel, Genauigkeit:** Wie bei den Längen können Sie auch für die Winkel die Genauigkeit zwischen null bis acht Nachkommastellen wählen.
- **Winkel, Im Uhrzeigersinn:** Normalerweise werden in AutoCAD Winkel im mathematischen Sinn entgegen dem Uhrzeigersinn gemessen. Klicken Sie diesen Schalter an, werden sie im Uhrzeigersinn gemessen.

- **Richtung ...:** Klicken Sie auf diese Schaltfläche, kommen Sie zu einem weiteren Dialogfeld, in dem Sie die 0°-Richtung für Winkel festlegen können. Standardmäßig ist *Osten* eingestellt. Sie können jeden Quadranten wählen oder einen beliebigen Winkel eintragen oder aus der Zeichnung abgreifen.

- *Die Einstellung der Einheitenformate wirkt sich außer auf die Koordinatenanzeige auch auf alle Abfrage- und Änderungsfunktionen aus. Die Bemaßung kann allerdings davon abweichend eingestellt werden.*
- *Für das Zeichnen in metrischen Einheiten sollten Sie bei den Längen* DEZIMAL *und bei den Winkeln* DEZIMALGRAD *wählen. Die* WINKELMESSRICHTUNG *und die* 0°-RICHTUNG *sollten Sie in der Standardeinstellung belassen.*
- *Näheres zur Funktion des Feldes* EINFÜGUNGSMASSSTAB *finden Sie in Kapitel 11.2 und 13.8. Die Einstellungen im Feld* BELEUCHTUNG *brauchen Sie beim Rendern (siehe Kapitel 22.8).*

Koordinatenformate

Zum exakten maßstäblichen Zeichnen lassen sich Koordinaten auf der Tastatur eingeben. Wollen Sie also eine Linie zeichnen, so geben Sie bei dem Befehl die Koordinate des Anfangs- und Endpunkts ein.

Dabei gilt als Bezug immer das momentan aktive Koordinatensystem. Bei zweidimensionalen Zeichnungen sind verschiedene Koordinatenformate möglich:

- **Absolute kartesische Koordinaten:** Ein Punkt wird durch seinen Abstand in x- und y-Richtung vom Ursprung des aktuellen Koordinatensystems angegeben (siehe Abbildung 3.11). Die Werte werden durch Komma getrennt, innerhalb einer Zahl wird ein Punkt als Trennzeichen verwendet.

Format:	X,Y
Beispiele:	100,150
	-22.5,35.7

- **Relative kartesische Koordinaten:** Ein Punkt wird durch seinen Abstand in x- und y-Richtung vom zuletzt eingegebenen Punkt im aktuellen Koordinatensystem angegeben (siehe Abbildung 3.11). Dem Zahlenpaar wird das Zeichen »@« (Taste [AltGr] + [Q] drücken) vorangestellt.

Format:	@dx,dy
Beispiele:	@10,20
	@15.5,-5.7

Das Koordinatensystem und die Koordinatenformate

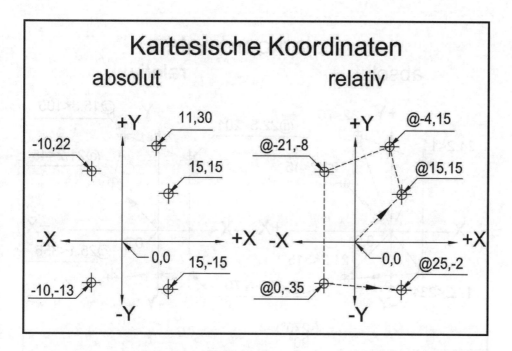

Abbildung 3.11:
Absolute und relative kartesische Koordinaten

- **Absolute polare Koordinaten:** Ein Punkt wird durch seinen Abstand und Winkel vom Ursprung des aktuellen Koordinatensystems angegeben (siehe Abbildung 3.12). Die Werte werden durch das Zeichen »<« getrennt.

Format:	A<W
Beispiele:	50<45
	82.75<-90

- **Relative polare Koordinaten:** Ein Punkt wird durch seinen Abstand und Winkel vom zuletzt eingegebenen Punkt im aktuellen Koordinatensystem angegeben (siehe Abbildung 3.12). Den Werten wird das Zeichen »@« (Taste AltGr + Q drücken) vorangestellt und sie werden durch das Zeichen »<« getrennt.

Format:	@A<W
Beispiele:	@20<135
	@45.25<-45

Abbildung 3.12:
Absolute und relative polare Koordinaten

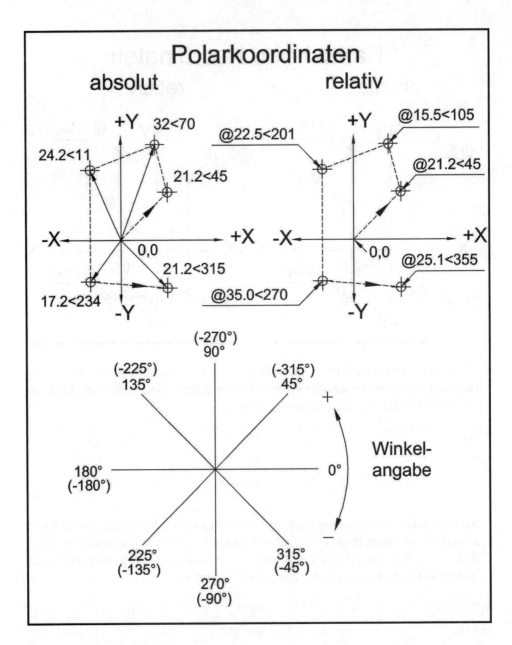

3.5 Limiten, Papierformat und Maßstab

Nun sind wir ja sehr eingeengt, wenn wir auf einem DIN-A3-Blatt zeichnen wollen. Der Gegenstand, den wir zeichnen wollen, darf maximal 420 mm breit und 297 mm hoch sein, und dann zeichnen wir schon bis zum äußersten Blattrand. Beim Zeichnen mit Bleistift und Papier multiplizieren Sie die Größen, die Sie zeichnen wollen, mit dem Maßstab und stellen Sie kleiner oder größer als in Wirklichkeit dar. Nachteilig ist dabei, dass Sie jedes Maß umrechnen müssen.

Regeln beim Zeichnen

Da Sie aber das Rechnen beim CAD-Zeichnen besser dem Computer überlassen sollten, gelten zwei wichtige Regeln:

- In AutoCAD wird immer 1:1 gezeichnet. Erst bei der Ausgabe der Zeichnung auf dem Drucker oder Plotter vergrößern oder verkleinern Sie die Zeichnung so, dass sie auf das gewünschte Papierformat passt. Sie vergrößern oder verkleinern den Zeichenbereich so, dass das zu zeichnende Teil in den Originalmaßen darauf Platz findet und rechnen die Maße nicht um. Sie haben ein virtuelles Zeichenblatt in Originalgröße.

Regel 1: Zeichnen Sie mit AutoCAD immer 1:1!

- Innerhalb von AutoCAD arbeiten Sie dimensionslos, es gibt nur Zeichnungseinheiten. Das können mm, cm, m, km oder Lichtjahre sein. Wie oben beschrieben, legen Sie erst beim Plotten fest, wie viel geplottete Millimeter einer Zeichnungseinheit entsprechen (siehe Kapitel 15).

Regel 2: Innerhalb von AutoCAD gibt es nur Zeichnungseinheiten!

Größe der Zeichnung

Bei den weiteren Überlegungen haben wir drei Größen zu berücksichtigen:

- **Die Zeichnungslimiten:** Durch die Abmessungen des zu zeichnenden Objekts können zwei Punkte ermittelt werden, ein linker unterer und ein rechter oberer. Innerhalb des Rechtecks, das sich aus diesen Punkten bildet, befindet sich die Zeichnung. Diese Punkte werden in AutoCAD »Limiten« genannt. Meist liegt die linke untere Limite bei 0,0. Da immer 1:1 gezeichnet wird, ergeben sich die Limiten aus der Größe des zu zeichnenden Objekts.

- **Papierformat und Plotmaßstab:** Eine dieser Größen ist meist gegeben und die andere resultiert daraus. Entweder wird ein Papierformat vorgegeben (oft durch Plotter oder Drucker begrenzt), und daraus resultiert ein bestimmter Maßstab, damit das Objekt dargestellt werden kann, oder eine Zeichnung soll in einem bestimmten Maßstab erstellt werden, und daraus ergibt sich das notwendige Papierformat.

Der Maßstab wird in AutoCAD also erst beim Plotten der Zeichnung erforderlich, der so angegeben wird:

- Geplottete Millimeter = Zeichnungseinheiten

Wenn also eine Zeichnung 1:50 auf das Papier kommen soll, entspricht ein geplotteter Millimeter 50 Zeichnungseinheiten.

Ermittlung der Limiten und des Plotmaßstabs

Die Größe der rechten oberen Limite errechnen Sie wie folgt, wenn davon ausgegangen wird, dass die linke untere Limite beim Punkt 0,0 liegt:

- Rechte obere Limite = Papiermaß/Plotmaßstab

Beim A3-Blatt im Maßstab 1:50 (= 0.02) ergibt sich:

X:	420/0.02 = 21000
Y:	297/0.02 = 14850

Aber bringen wir das Ganze etwas übersichtlicher in eine tabellarische Form (siehe Tabelle 3.1). Die Werte in der Tabelle entsprechen der rechten oberen Limite, wenn die linke untere bei 0,0 liegt. Bei den Limiten wurde mit dem vollen Papiermaß gerechnet, also ohne den nicht bedruckbaren Bereich zu berücksichtigen.

Tabelle 3.1: Limiten in Abhängigkeit von Maßstab und Papierformat

Maßstab	A4	A3	A2	A1	A0
10:1	29.70,21.00	42.00,29.70	59.40,42.00	84.00,59.40	118.80,84.00
5:1	59.40,42.00	84.00,59.40	118.80,84.00	168.00,118.80	237.60,168.00
1:1	297,210	420,297	594,420	840,594	1188,840
1:5	1485,1050	2100,1485	2970,2100	4200,2970	5945,4200
1:10	2970,2100	4200,2970	5940,4200	8400,5940	11880,8400
1:50	14850,1050	21000,14850	29700,21000	42000,29700	59450,42000
1:100	29700,21000	42000,29700	59400,42000	84000,59400	118800,84000

STOP

Da kein Drucker bis zum Rand drucken kann, muss der freie, nicht bedruckbare Rand abgezogen werden. Der ist aber bei jedem Drucker oder Plotter anders, deshalb sind in der Tabelle die vollen Papiermaße angegeben. Bei Plottern wird oft Papier im Überformat verwendet, sodass man bis zur Normgröße des Papiers plotten kann.

INFO

Wenn die Zeichnungseinheiten nicht Millimetern entsprechen

Wenn nicht in Millimetern, sondern in Zentimetern, Metern oder Kilometern gezeichnet wird, verändern sich die Limiten. Der Zeichenbereich verringert sich bei Zentimetern um den Faktor 10 und bei Metern um den Faktor 1.000. Außerdem ist der Plotmaßstab nicht mehr identisch mit dem Maßstab der Zeichnung auf dem Papier.

In der Tabelle 3.2 finden Sie die Korrekturwerte für Limiten und Plotmaßstab aufgelistet.

Tabelle 3.2: Korrekturwerte für Limiten und Plotmaßstab

Einheiten	Korrektur für Limiten	Korrektur für Plotmaßstab
µm	1 000	1 000
mm	1	1
cm	0,1	0,1
dm	0,01	0,01
m	0,001	0,001
km	0,000 001	0,000 001

Soll beispielsweise in Zentimetern gezeichnet werden und auf einem A4-Blatt im Maßstab 1:1 ausgegeben werden, dann liegt die rechte obere Limite bei 297,210 x 0.1, das ergibt 29.7,21 Zeichnungseinheiten (= cm). Der Plotmaßstab muss ebenfalls korrigiert werden, ein geplotteter Millimeter entspricht dann 1 x 0.1, das ergibt 0.1 Zeichnungseinheiten (= cm).

Noch ein Beispiel: Auf einem A3-Blatt wird in Metern gezeichnet, der Maßstab soll 1:50 sein. Die rechte obere Limite ist dann 21000,14850 x 0.001, das ergibt 21,14.85 (= m). Ein geplotteter Millimeter entspricht in diesem Fall 50 x 0.001, das ergibt 0.05 Zeichnungseinheiten (= m).

- Sie können einfach drauflos zeichnen und sich erst am Schluss um Plotmaßstab und Papierformat kümmern. Nur beim Bemaßen und Beschriften der Zeichnung sollte schon klar sein, in welchem Maßstab die Zeichnung geplottet werden soll.
- Die Schrifthöhe wird in Zeichnungseinheiten angegeben. Wird die Zeichnung beim Drucken vergrößert oder verkleinert, dann hat sie auf dem Papier die falsche Größe. Deshalb sind Schriftgröße, Größe der Maße und der Schraffurabstand abhängig vom Plotmaßstab und den Zeichnungseinheiten.
- Soll eine Zeichnung im Maßstab 1:100 geplottet werden, muss die Schrift, die 3,5 Millimeter groß auf dem Papier sein soll, 350 Zeichnungseinheiten in der Zeichnung sein. Entsprechen die Zeichnungseinheiten Metern, ist die Schrift in der Zeichnung 350 x 0.001, das ergibt 0.35 (= m).

Einstellung der Limiten, Befehl Limiten

Wie beschrieben, brauchen Sie sich beim Zeichnen zunächst nicht um die Abmessungen der Objekte und den Plotmaßstab zu kümmern. Zur Orientierung können Sie aber, sobald Sie den Überblick haben, die Limiten in der Zeichnung setzen, spätestens dann, wenn Sie den Zeichnungsrahmen erstellen. Mit dem Befehl LIMITEN können Sie die Limiten einstellen. Sie finden den Befehl nur in der Menüleiste, Sie können ihn aber auch eintippen:

- Menüleiste FORMAT, Funktion LIMITEN
- Befehl LIMITEN eintippen

```
Befehl: Limiten
Modellbereichlimiten zurücksetzen:
Linke untere Ecke angeben oder [Ein/Aus] <0.0000,0.0000>: Linke untere Limite eingeben
Obere rechte Ecke angeben <420.0000,297.0000>: Rechte obere Limite eingeben
```

Geben Sie die Koordinaten für die Punkte ein oder klicken Sie sie in der Zeichnung an. Zusätzlich stehen zwei Optionen zur Verfügung.

Ein bzw. Aus: Mit den Optionen kann die Limitenkontrolle aus- und eingeschaltet werden. Sie bewirkt beim Zeichnen, dass jede Eingabe überprüft und nicht angenommen wird, wenn sie außerhalb der Limiten liegt. Wenn die Limitenkontrolle ausgeschaltet ist, dienen die Limiten nur zur Orientierung. Damit Sie sich in dem praktisch unbegrenzten Zeichenraum zurechtfinden, können Sie den Bereich innerhalb der Limiten anzeigen oder plotten.

- *Die Änderung der Limiten ändert die Ansicht der Zeichnung nicht. Zur Orientierung sollten Sie nach einer Änderung der Limiten immer den Befehl ZOOM, Option ALLES verwenden. Damit haben Sie den kompletten Zeichenbereich auf dem Bildschirm.*
- *Das Raster (siehe Kapitel 3.11) wird nur innerhalb der Limiten angezeigt, es sei denn, es ist ein Benutzerkoordinatensystem aktiv (siehe Kapitel 5.9).*

3.6 Mit Koordinaten zeichnen

Mit den Zeichenbefehlen aus Kapitel 3.2 können Sie jetzt mit Eingabe von Koordinaten zeichnen.

Bei dieser Übung sollten Sie die dynamische Eingabe auf jeden Fall ausschalten, da diese standardmäßig so eingestellt ist, dass die zweite und jede weitere Koordinateneingabe in einer Befehlssequenz als relative Koordinate interpretiert wird. Damit Sie die Übungen nachvollziehen können, wird im Folgenden der Dialog in der Befehlszeile abgebildet. Die Taste DYN in der Statusleiste sollte nicht gedrückt sein. Falls sie gedrückt ist, klicken Sie auf diese Taste.

Zeichnen mit absoluten Koordinaten

1. Öffnen Sie die Zeichnung *A03-01.dwg* aus dem Ordner *Aufgaben*.
2. Zeichnen Sie den Linienzug mit absoluten kartesischen Koordinaten nach (siehe Abbildung 3.13).

```
Befehl: Linie
Ersten Punkt angeben: 20,15 eintippen
Nächsten Punkt angeben oder [Zurück]: 60,15 eintippen
..
..
Nächsten Punkt angeben oder [Schließen/Zurück]: S für die Option Schließen
```

3. Zeichnen Sie die Kreise. Geben Sie die Mittelpunkte mit absoluten kartesischen Koordinaten an (siehe Abbildung 3.13).

```
Befehl: Kreis
Zentrum für Kreis angeben oder
[3P/2P/Ttr (Tangente Tangente Radius)]: 40,35
Radius für Kreis angeben oder [Durchmesser]: 5
Befehl: Kreis
Zentrum für Kreis angeben oder [3P/2P/Ttr (Tangente Tangente Radius)]: 73.35,44.8
Radius für Kreis angeben oder [Durchmesser]: 5
```

Das Ergebnis sollte wie in Abbildung 3.13 aussehen. Die Lösung finden Sie auch im Ordner *Aufgaben*, Zeichnung *L03-01.dwg*.

Mit Koordinaten zeichnen

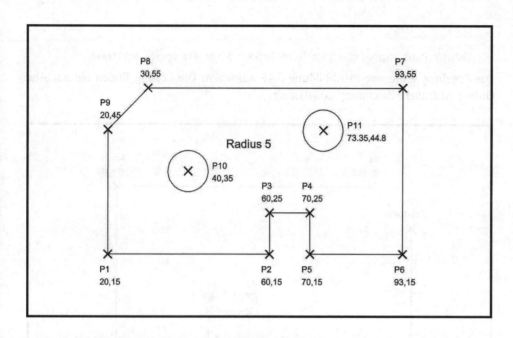

Abbildung 3.13:
Zeichnen mit absoluten kartesischen Koordinaten

Zeichnen mit relativen kartesischen Koordinaten

Öffnen Sie die Zeichnung *A03-02.dwg* aus dem Ordner *Aufgaben*.

4. Zeichnen Sie den Linienzug mit relativen kartesischen Koordinaten nach (siehe Abbildung 3.14).

   Befehl: **Linie**
   Ersten Punkt angeben: **20,15 eintippen, der erste Punkt mit absoluter Angabe**
   Nächsten Punkt angeben oder [Zurück]: **danach relativ @40,0 eintippen**
   ..
   ..
   Nächsten Punkt angeben oder [Schließen/Zurück]: **S für die Option Schließen**

Das Ergebnis sollte wie in Abbildung 3.14 aussehen. Die Lösung finden Sie auch im Ordner *Aufgaben*, Zeichnung *L03-02.dwg*.

Zeichnen mit relativen polaren Koordinaten

Jetzt können Sie auch die dynamische Eingabe verwenden. Schalten Sie diese ein, dann können Sie die Werte am Fadenkreuz eingeben. Ansonsten tippen Sie Werte in der Befehlszeile ein. Aber lassen Sie sie jetzt noch aus, wir gehen später noch darauf ein.

1. Öffnen Sie die Zeichnung *A03-03.dwg* aus dem Ordner *Aufgaben*.
2. Zeichnen Sie den Linienzug mit relativen polaren Koordinaten nach (siehe Abbildung 3.15).

   Befehl: **Linie**
   Ersten Punkt angeben: **20,15 eintippen, der erste Punkt mit absoluter Angabe**
   Nächsten Punkt angeben oder [Zurück]: **danach relativ polar @40<0 eintippen**

Nächsten Punkt angeben oder [Schließen/Zurück]: S für die Option Schließen

Das Ergebnis sollte wie in Abbildung 3.15 aussehen. Die Lösung finden Sie auch im Ordner *Aufgaben*, Zeichnung *L03-03.dwg*.

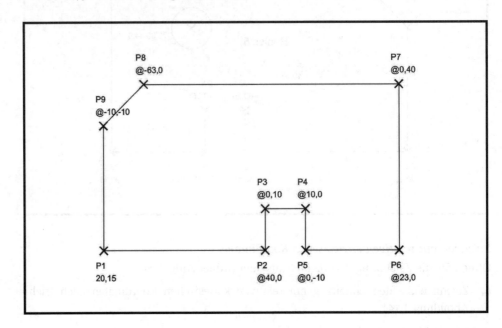

Abbildung 3.14: Zeichnen mit relativen kartesischen Koordinaten

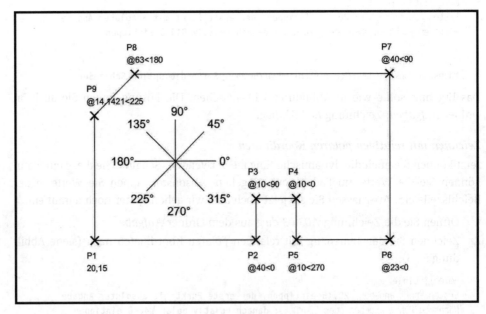

Abbildung 3.15: Zeichnen mit relativen polaren Koordinaten

3.7 Orthogonales Zeichnen

Eine Besonderheit bei technischen Zeichnungen ist, dass oft nur horizontal oder vertikal gezeichnet wird, wie auch bei unseren ersten Beispielen. In AutoCAD wird dem Rechnung getragen. Mit dem Ortho-Modus können Sie das orthogonale (rechtwinklige) Zeichnen vereinfachen.

Ortho-Modus einschalten

Den Ortho-Modus schalten Sie ein und aus mit:

- Schalter in der Statuszeile
- Taste F8 ein- und ausschalten

Wenn der Modus eingeschaltet ist, dann können Sie nur noch horizontal oder vertikal zeichnen, schieben, kopieren usw. Unabhängig von der exakten Stellung des Fadenkreuzes wird immer in der Richtung des nächsten rechten Winkels gezeichnet, wenn Sie einen Punkt auf der Zeichenfläche mit der Maustaste anklicken. Geben Sie jedoch Koordinatenwerte ein, gelten diese, auch wenn sich dadurch keine rechtwinkligen Linienzüge ergeben.

Ortho-Modus temporär zuschalten

- *Auch wenn der Ortho-Modus aus ist, können Sie exakt orthogonale Linien eingeben. Drücken Sie dazu die ⇧-Taste, während Sie das Fadenkreuz positionieren.*
- *Der Vorteil ist hier, dass der Ortho-Modus nur solange wirkt, wie Sie die ⇧-Taste drücken und diese nicht dauerhaft aktiv ist.*

3.8 Mit Abstands- und Winkelangaben zeichnen

Eine weitere Zeichenmethode lässt sich mit dem Ortho-Modus kombinieren, um schneller Konturen zeichnen zu können. Sie können beim Zeichnen nur den Abstand eingeben, den der nächste Punkt haben soll. Der Winkel ist nicht erforderlich, es wird in die Richtung gezeichnet, in der das Fadenkreuz steht. Das umständlich einzugebende @-Zeichen entfällt ebenfalls. Das führt natürlich nur zu sinnvollen Ergebnissen, wenn der Ortho-Modus oder der Polarfang (siehe unten) eingeschaltet sind.

Zeichnen mit Abstandsangaben

1. Öffnen Sie die Zeichnung *A03-04.dwg* aus dem Ordner *Aufgaben*.
2. Schalten Sie nur den Ortho-Modus in der Statuszeile ein.
3. Zeichnen Sie den Linienzug mit Abstandsangaben nach (siehe Abbildung 3.16).

```
Befehl: Linie
Ersten Punkt angeben: 20,15 eintippen, der erste Punkt mit absoluter Angabe
Nächsten Punkt angeben oder [Zurück]: Fadenkreuz nach rechts und 40 eintippen
Nächsten Punkt angeben oder [Zurück]: Fadenkreuz nach oben und 10 eintippen
..
```

```
Nächsten Punkt angeben oder [Schließen/Zurück]: Fadenkreuz nach links und 73 eintippen
Nächsten Punkt angeben oder [Schließen/Zurück]: S für Schließen
```

Das Ergebnis sollte wie in Abbildung 3.16 aussehen. Die Lösung finden Sie auch im Ordner *Aufgaben*, Zeichnung *L03-04.dwg*.

Abbildung 3.16:
Zeichnen mit Abstandsangaben

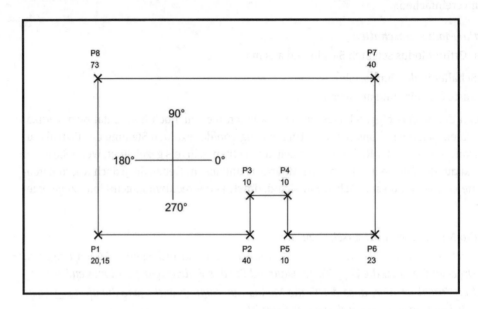

 Abstands- und Winkelangabe

Wollen Sie unter einem beliebigen Winkel zeichnen, kommen Sie mit der gerade gelernten Methode nicht weiter. Aber auch hierfür gibt es eine Lösung. Nehmen wir an, Sie wollen eine Linie zeichnen, die 100 lang sein und unter einem Winkel von 33° verlaufen soll. Gehen Sie dazu wie folgt vor:

```
Befehl: Linie Ersten Punkt angeben: Geben Sie einen beliebigen Startpunkt ein Nächsten
Punkt angeben oder [Zurück]: <33 für den gewünschten Winkel eingeben Winkel
überschreiben: 33 Nächsten Punkt angeben oder [Zurück]: Eine Linie mit 33° wird
angezeigt, Sie können nur noch einen Punkt auf dieser Linie anklicken. Wenn Sie einen
Abstand eintippen, z.B. die gewünschten 100, hat der neue Punkt diesen Abstand und den
Winkel zum ersten Punkt Nächsten Punkt angeben oder [Zurück]: ...
```

Diese Methode funktioniert unabhängig davon, ob der Ortho-Modus ein- oder ausgeschaltet ist.

  Bemaßungseingabe bei der dynamischen Eingabe

Haben Sie die dynamische Eingabe aktiviert und ist dort in den Einstellungen die Bemaßungseingabe aktiv (siehe Abbildung 3.17; Standardeinstellung und Konfiguration der dynamischen Eingabe, siehe Anhang A.5), gibt es eine weitere, noch effektivere Möglichkeit für die Eingabe der Werte beim Zeichnen und Editieren. Klicken Sie dazu auf die Taste DYN in der Statusleiste. Sie muss gedrückt sein.

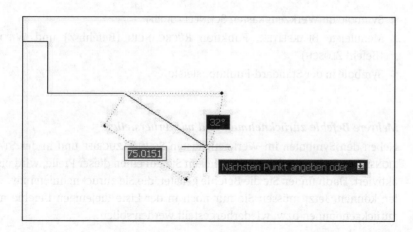

Abbildung 3.17:
Bemaßungseingabe bei der dynamischen Eingabe

In diesem Fall können Sie auch den Wert für die dynamisch bemaßte Strecke eingeben und mit der ⇥-Taste zur Eingabe des Winkelmaßes wechseln. Der Vorteil ist, dass Sie immer sehen, um welche Länge und um welchen Winkel es sich bei der Eingabe handelt. Sie können auch beliebig oft mit der ⇥-Taste zwischen den Eingaben wechseln. Mit der ↵-Taste beenden Sie die Eingabe und übernehmen die Werte.

Geben Sie die Länge ein und danach ein Komma, wird automatisch auf die Eingabe von relativen kartesischen Koordinaten umgeschaltet. Sie können den Abstand zum letzten Punkt in x- und y-Richtung eingeben. Sie können auch hier beliebig oft mit der ⇥-Taste zwischen den Eingaben wechseln und mit der ↵-Taste die Eingabe beenden und die Werte übernehmen.

3.9 Befehle zurücknehmen

»Nobody is perfect«, auch nicht beim Zeichnen mit AutoCAD. Es kommt immer wieder vor, dass Sie einen Befehl rückgängig machen müssen. Innerhalb des Befehls LINIE haben Sie die Option ZURÜCK schon kennengelernt. Es gibt aber auch die Befehle Z und ZLÖSCH, mit denen Sie komplette Befehle rückgängig machen oder wiederherstellen können.

Befehle zurücknehmen und wiederherstellen

Während die Option ZURÜCK im Befehl LINIE nur die Eingabe eines Punkts zurücknimmt, nimmt der Befehl Z einen kompletten Befehl zurück. Nachdem Sie einen Linienzug fertig gezeichnet haben, entfernt der Befehl Z den kompletten Linienzug. Trotzdem ist es kein Löschbefehl. War der letzte Befehl ein Zeichenbefehl, dann löscht Z zwar; war der letzte Befehl jedoch beispielsweise ein Löschbefehl, bringt Z die gelöschten Objekte zurück. Der Befehl ZLÖSCH wiederum macht die letzte Rücknahme rückgängig, also den letzten Befehl Z. Sie finden die Befehle:

- Symbole im Werkzeugkasten SCHNELLZUGRIFF
- Menüleiste BEARBEITEN, Funktion RÜCKGÄNGIG (Befehl Z) und WIEDERHERSTELLEN (Befehl ZLÖSCH)
- Symbole in der Standard-Funktionsleiste

Mehrere Befehle zurücknehmen und wiederherstellen

Neben den Symbolen im Werkzeugkasten SCHNELLZUGRIFF und in der STANDARD-FUNKTIONSLEISTE befinden sich Pfeile. Klicken Sie auf einen dieser Pfeile, wird ein Abrollmenü aktiviert. Darin finden Sie die Befehle gelistet, die Sie zurücknehmen bzw. wiederherstellen können. Jetzt müssen Sie nur noch in der Liste diejenigen Befehle markieren, die zurückgenommen bzw. wiederhergestellt werden sollen.

Ist kein Befehl aktiv, können Sie die Befehle aus dem Kontextmenü der rechten Maustaste aktivieren. Der Eintrag WIEDERHERSTELLEN *für den Befehl* ZLÖSCH *ist nur nach dem Befehl Z aktiv.*

3.10 Objekte löschen und Objektwahl

Wollen Sie ein Objekt wieder aus der Zeichnung entfernen, können Sie es zwar mit dem Befehl Z unmittelbar löschen. Aber was tun, wenn ein Fehler erst später auffällt? Es gibt daher auch einen Befehl zum gezielten Löschen von Objekten in der Zeichnung. Bei diesem Befehl brauchen Sie, wie bei den meisten Änderungsbefehlen, die Objektwahl. Deshalb sehen wir uns jetzt diese Funktion genauer an.

Zuerst noch eine Anmerkung: Sie können in AutoCAD immer nur ein Objekt im Gesamten löschen, kopieren, verschieben, drehen usw. Es geht also nicht, dass nur ein Teil einer Linie gelöscht wird, dazu müssten Sie sie vorher erst auftrennen. Damit Sie sofort sehen, was zusammengehörige Objekte sind, werden diese hervorgehoben dargestellt, wenn Sie sie mit dem Fadenkreuz überfahren. Überfahren Sie beispielsweise ein Rechteck, so werden alle vier Kanten markiert. Haben Sie das Rechteck aber aus einzelnen Linien gezeichnet, wird immer nur eine Kante markiert. So können Sie schnell kontrollieren, wie sich die Objekte zusammensetzen.

Befehl Löschen
Sie finden den Befehl LÖSCHEN:

- Multifunktionsleiste: Symbol im Register START, Gruppe ÄNDERN
- Menüleiste ÄNDERN, Funktion LÖSCHEN
- Menüleiste BEARBEITEN, Funktion LÖSCHEN
- Symbol im Werkzeugkasten ÄNDERN

Nach Anwahl des Befehls können Sie im Wiederholmodus die zu löschenden Objekte wählen.

Objekte löschen und Objektwahl

Objektwahl
1. Laden Sie die Zeichnung *A03-05.dwg* aus dem Ordner *Aufgaben*. Testen Sie die Funktionen der Objektwahl, die im Folgenden beschrieben werden, an dieser Zeichnung. Verwenden Sie dabei den Befehl LÖSCHEN.
2. Machen Sie das Löschen immer wieder mit dem Befehl Z rückgängig, um die nächsten Funktionen ebenfalls testen zu können.

Objekte wählen

Die meisten Editierbefehle, so auch der Befehl LÖSCHEN, erfordern als Erstes die Objektwahl. Damit legen Sie fest, für welche Objekte der Befehl gelten soll.

Objekte wählen:

Diese Anfrage bleibt im Wiederholmodus. Haben Sie ausgewählt, wird die Anfrage so lange gestellt, bis sie mit ⏎ abgeschlossen wird. Erst danach wird der Löschvorgang ausgeführt. Die gewählten Objekte werden in den sogenannten Auswahlsatz aufgenommen.

Bei der Objektwahl gibt es eine ganze Reihe von Möglichkeiten, die Ihnen jetzt vielleicht noch etwas überflüssig erscheinen. Aber je komplizierter die Editieraufgaben werden, desto schneller werden Sie diese Möglichkeiten schätzen lernen.

- Auswahl mit der Pickbox: Bei der Objektwahl erscheint zunächst die Pickbox auf dem Bildschirm, ein kleines Quadrat. Mit der Pickbox können Sie Objekte einzeln anklicken. Die Objektwahl bleibt im Wiederholmodus, bis Sie eine Anfrage mit ⏎ bestätigen.

Objekte wählen: Mit der Pickbox anklicken
1 gefunden

Wählen Sie noch einmal, wird aufsummiert:

Objekte wählen: Noch ein Objekt anklicken
1 gefunden, 2 gesamt

Hatten Sie das Objekt innerhalb dieses Auswahlvorganges schon einmal gewählt, dann wird angezeigt:

Objekte wählen: Ein Objekt noch einmal anklicken
1 gefunden (1 doppelt vorhanden), 2 gesamt

Hatten Sie das Pech, ein Objekt zu erwischen, das auf einem gesperrten Layer war (siehe Kapitel 4.1), erhalten Sie auch dazu eine Meldung:

Objekte wählen: Mit der Pickbox anklicken
1 gefunden, 2 gesamt
1 war auf einem gesperrten Layer.

Ausgewählte Objekte werden zur Kontrolle gestrichelt dargestellt.

- Auswahl mit verschiedenen Fenstern: Klicken Sie dagegen mit der Pickbox ins Leere, wird dieser Punkt automatisch als Eckpunkt eines Fensters genommen und Sie können die zweite, diagonal gegenüberliegende Ecke des Fensters anklicken.

```
Objekte wählen:
Entgegengesetzte Ecke angeben:
7 gefunden
```

Nun kommt es darauf an, in welche Richtung Sie das Fenster aufziehen. Wenn Sie von links nach rechts ziehen, werden nur die Objekte ausgewählt, die sich vollständig im Fenster befinden (siehe Abbildung 3.18). Diese Methode wird als Option FENSTER bezeichnet.

Ziehen Sie es umgekehrt auf, also von rechts nach links, dann werden die Objekte ausgewählt, die sich vollständig oder teilweise im Fenster befinden (siehe Abbildung 3.18). Diese Methode wird als Option KREUZEN bezeichnet.

Damit Sie sofort sehen, welche Methode gerade aktiv ist, haben die Fenster einen unterschiedlichen Rand und sind in verschiedenen Farben gefüllt. Ziehen Sie das Fenster von links nach rechts auf (Option FENSTER), ist der Fensterrand mit einer ausgezogenen Linie dargestellt und das Fenster mit transparenter blauer Farbe gefüllt. Wenn Sie dagegen von rechts nach links aufziehen (Option KREUZEN), ist der Fensterrand gestrichelt und das Fenster mit transparenter grüner Farbe gefüllt. Die Farben lassen sich in den Grundeinstellungen des Programms ändern (siehe Anhang A.4).

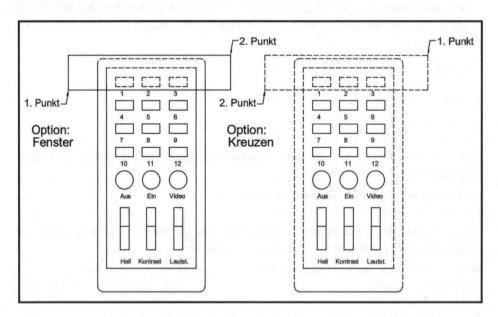

Abbildung 3.18: Objektwahl mit verschiedenen Fenstern

Wenn Sie die Systemvariable HIGHLIGHT (siehe Anhang C.3) versehentlich auf 0 gesetzt haben, werden die gewählten Objekte nicht hervorgehoben. In diesem Fall arbeiten Sie bei der Objektwahl im Blindflug. Stellen Sie die Variable wieder auf 1.

Spezielle Optionen

- **Fenster und Kreuzen:** Wenn Sie die Auswahl über die Optionen FENSTER oder KREUZEN vornehmen wollen, müssen Sie die Option vorgeben, egal in welcher Folge die Eckpunkte eingegeben werden.

```
Objekte wählen: F für Fenster oder K für Kreuzen
Erste Ecke angeben:
Entgegengesetzte Ecke angeben:
```

Wenn Sie eine Option gewählt haben, ist die Richtung, in der Sie das Fenster aufziehen, ohne Bedeutung.

- **Letztes Objekt**: Ganz ohne Pickbox und Fenster geht es auch. Sie können bei der Objektwahl mit der Option LETZTES das zuletzt gezeichnete Objekt auswählen.

- **Vorherige Objekte erneut wählen:** Wollen Sie einen Auswahlsatz für mehrere Editierbefehle verwenden, zum Beispiel für die Befehle SCHIEBEN und DREHEN, können Sie bei der zweiten Objektwahl die Option VORHER verwenden und Sie bekommen den gleichen Auswahlsatz noch einmal.

- **Alles auswählen:** Wollen Sie alles auf einmal anwählen, verwenden Sie die Option ALLE (ausgeschrieben, kein Kürzel möglich). Achtung: Damit werden auch die Objekte auf ausgeschalteten Layern gewählt, nicht aber die auf gefrorenen Layern (siehe Kapitel 4.1).

- **Auswahl mit dem Zaun:** Oft kommen Sie weder mit FENSTER noch mit KREUZEN zur richtigen Auswahl. Unter Umständen kann Ihnen dann die Auswahl mit der Option ZAUN weiterhelfen.

```
Objekte wählen: Z oder Zaun
Erster Zaunpunkt: Punkt setzen
Endpunkt der Linie angeben oder [Zurück]>: weiteren Punkt setzen
..
Endpunkt der Linie angeben oder [Zurück]>: Mit [↵] Zaun beenden
Objekte wählen:
```

Damit können Sie einen Linienzug in die Zeichnung legen. Alle Objekte, die davon geschnitten werden, kommen in die Auswahl (siehe Abbildung 3.19). Mit der Option ZURÜCK kann wie beim Linienbefehl ein Segment entfernt werden. Die Eingabe des Linienzugs kann mit [↵] beendet werden. Danach werden weitere Objekte angefragt.

- **Auswahl mit Polygonen:** Der Nachteil bei den Fenstermethoden ist, dass ein Fenster immer rechteckig ist. Oft ist die Auswahl mit einer der Polygonmethoden günstiger. Damit ziehen Sie ein Polygon auf. Alle Objekte, die im Polygon sind, werden mit der Methode FPOLYGON ausgewählt. Bei der Methode KPOLYGON werden auch diejenigen Objekte gewählt, die vom Polygon gekreuzt werden und sich nur teilweise im Polygon befinden (siehe Abbildung 3.20).

```
Objekte wählen: FP (FPolygon) bzw. KP (KPolygon)
Erster Punkt des Polygons: Polygoneckpunkt wählen
Endpunkt der Linie angeben oder [Zurück]: Polygoneckpunkt wählen
..
```

```
Endpunkt der Linie angeben oder [Zurück]: ⏎
Objekte wählen:
```

Abbildung 3.19:
Objektwahl mit dem Zaun

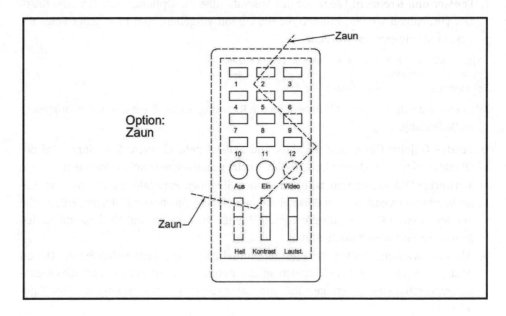

Jede Eingabe legt einen Polygonpunkt fest. So können Sie die gewünschten Objekte wie mit einem Lasso einfangen. Mit der Option ZURÜCK können Sie einen falsch gesetzten Punkt wieder entfernen, ohne das ganze Polygon neu aufziehen zu müssen.

Abbildung 3.20:
Objektwahl mit Polygonen

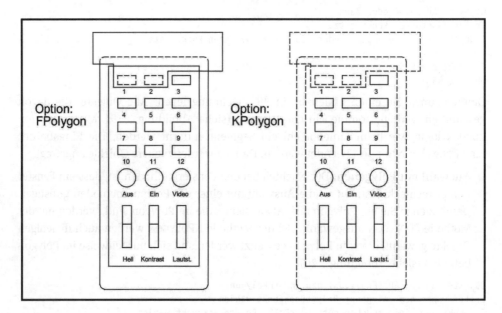

Objekte löschen und Objektwahl

- **Entfernen von gewählten Objekten:** Trotz aller Hilfsmittel kommt es vor, dass Sie Objekte falsch wählen. Es wäre schlecht, wenn Sie noch einmal von vorne anfangen müssten. Mit der Option ENTFERNEN können Sie in den Modus zum Entfernen von Objekten aus dem Auswahlsatz umschalten.

Objekte wählen: E für Entfernen
Objekte entfernen:

Auch in diesem Modus stehen Ihnen alle oben beschriebenen Auswahlmethoden zur Verfügung.

- **Erneutes Hinzufügen von Objekten:** Wenn Sie wieder zur Objektwahl zurückkommen wollen, wählen Sie die Option HINZUFÜGEN und Sie können weitere Objekte mit einer der obigen Methoden aussuchen:

Objekte entfernen: H für Hinzufügen
Objekte wählen:

Wenn Sie bei der Objektwahl die -Taste drücken, können Sie solange Objekte aus dem Auswahlsatz entfernen, wie Sie die Taste gedrückt halten. Dabei können Sie auch ein Fenster aufziehen. Das ist die schnellere Methode, ohne die Option ENTFERNEN wählen zu müssen.

Objektwahl beenden

Zum endgültigen Abschluss der Objektwahl geben Sie ⏎ auf die Anfrage ein. Der Befehl LÖSCHEN wird danach ohne weitere Anfragen ausgeführt. Die anderen Editierbefehle stellen weitere Anfragen.

Befehl Wahl

Mit dem Befehl WAHL wird eine Objektwahl ohne weitere Aktion ausgeführt. Alle oben genannten Methoden stehen Ihnen zur Verfügung. Sie können aber danach einen Editierbefehl anwählen und dort bei der Objektwahl die Option VORHER verwenden. Bei der normalen Zeichenarbeit ist dieser Befehl nicht sinnvoll, Sie können ihn aber in Makros oder in den Skript-Dateien (siehe Kapitel 23, 24.6 und 25) einsetzen. Deshalb finden Sie ihn auch nicht in den Menüs, er kann nur auf der Tastatur eingegeben werden.

Schnelles Löschen

Während die bisher beschriebenen Methoden für alle Editierbefehle mit Objektwahl gelten, gibt es beim Befehl LÖSCHEN noch weitere einfachere Möglichkeiten. Gehen Sie wie folgt vor:

- Klicken Sie ein Objekt an, ohne dass ein Befehl gewählt ist. Das Objekt bekommt sogenannte Griffe (siehe Kapitel 13.5).
- Sie können auch ein Fenster aufziehen, von links nach rechts oder von rechts nach links (siehe oben), sowie mit gedrückter ⇧-Taste wieder abwählen.
- Drücken Sie die Taste Entf und die Objekte werden gelöscht.
- Mit der rechten Maustaste erhalten Sie ein Kontextmenü mit der Funktion LÖSCHEN. Klicken Sie diese an, werden die markierten Objekte ebenfalls gelöscht.

Wechselnde Auswahl

Immer dann, wenn Objekte übereinander liegen, z. B. bei doppelten Linien, haben Sie es schwer, das richtige Objekt zu wählen. Hier hilft Ihnen die neue Funktion der wechselnden Auswahl.

- Schalter in der Statuszeile.

Haben Sie die Funktion eingeschaltet und Sie fahren mit dem Fadenkreuz an eine Stelle, an der sich Objekte überlappen, wird ein spezielles Symbol am Fadenkreuz angezeigt (siehe Abbildung 3.21, links). Klicken Sie auf die Stelle, bekommen Sie das Auswahlfenster (siehe Abbildung 3.21, rechts). Darin werden alle Objekte angezeigt, die sich unter dem Fadenkreuz befinden. Klicken Sie das gewünschte Objekt in der Liste an, wird es ausgewählt. In dem gezeigten Beispiel könnten Sie natürlich auch an anderer Stelle wählen, um das Problem zu umgehen. Liegen aber Linien, Bögen oder Kreise übereinander, dann ist diese Funktion sehr hilfreich.

Abbildung 3.21:
Auswahl bei überlappenden Objekten

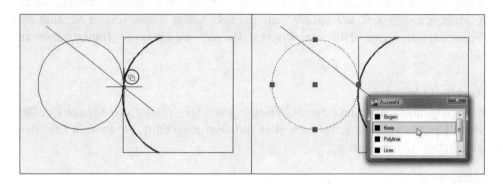

Auswahlmodi festlegen

Mit dem Befehl OPTIONEN können Sie in einem Dialogfeld mit mehreren Registern die Grundeinstellungen von AutoCAD festlegen. Dort finden Sie auch einen Bereich für die Einstellungen zur Objektwahl, die sogenannten Auswahlmodi. Sie finden den Befehl:

- Menübrowser, Schaltfläche AUTOCAD OPTIONEN
- Menüleiste EXTRAS, Funktion OPTIONEN...
- Rechtsklick im Befehlszeilenfenster und Auswahl der Funktion OPTIONEN... aus dem Kontextmenü

Wählen Sie das Register AUSWAHL für die Einstellung der Auswahlmodi. In Abbildung 3.22 sehen Sie die standardmäßigen Einstellungen, die Sie auch abändern können.

- **Objekt vor Befehl:** Wenn die Funktion OBJEKT VOR BEFEHL eingeschaltet ist, können Sie Objekte wählen, ohne dass Sie einen Editierbefehl gewählt haben. Wenn Sie dann den gewünschten Editierbefehl aktivieren, entfällt bei diesem die Objektwahl und der Befehl wird mit den vorher gewählten Objekten ausgeführt. Haben Sie vorher keine Objekte gewählt, läuft der Befehl wie oben beschrieben ab.

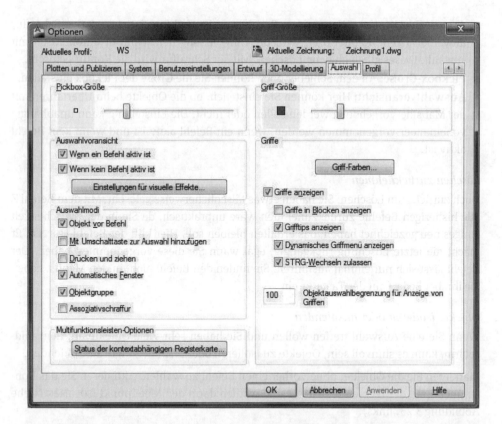

Abbildung 3.22:
Einstellung der Auswahlmodi

- **Mit Umschalttaste zur Auswahl hinzufügen:** Diese Einstellung ist für erfahrene AutoCAD-Anwender ungewohnt, aber in anderen Windows-Programmen üblich. Wenn MIT UMSCHALTTASTE ZUR AUSWAHL HINZUFÜGEN aktiviert ist, dann wird bei jeder Objektwahl ein neuer Auswahlsatz gebildet und der bisherige verworfen. Soll er erhalten bleiben und der neue hinzugefügt werden, muss während der weiteren Auswahl die ⇧ -Taste gedrückt werden.
- **Drücken und ziehen:** Ist der Schalter DRÜCKEN UND ZIEHEN aus, ziehen Sie bei der Objektwahl ein Fenster auf, indem Sie Eckpunkte anklicken. Ist er dagegen ein, müssen Sie das Fenster mit gedrückter Maustaste aufziehen und am anderen Eckpunkt loslassen.
- **Automatisches Fenster:** Ist AUTOMATISCHES FENSTER eingeschaltet, dann können Sie automatisch, wie oben beschrieben, Fenster aufziehen, von rechts nach links oder umgekehrt. Wenn der Schalter aus ist, funktioniert das automatische Fenster bei einem Mausklick ins Leere nicht.
- **Objektgruppe:** Ist der Schalter OBJEKTGRUPPE ein, reicht es aus, wenn Sie ein Objekt einer Gruppe wählen und die ganze Gruppe wird markiert. Ist der Schalter dagegen aus, können Sie die Objekte der Gruppe einzeln wählen. Wenn Sie jedoch die Option GRUPPE bei der Objektwahl verwenden und den Gruppennamen eingeben, werden unabhängig von der Schalterstellung alle Objekte der Gruppe gewählt (siehe Kapitel 11.15 und 11.16).

- **Assoziativschraffur:** Wenn dieser Schalter an ist und Sie eine assoziative Schraffur anwählen (siehe Kapitel 6.1), wird die Umgrenzung der Schraffur automatisch mit gewählt. Dieses gilt auch beim Löschen. Mit der Schraffur wird die Kontur gelöscht.
- **Pickbox-Größe:** An dem Schieber oben können Sie die Größe der Pickbox einstellen.
- **Auswahlvoransicht:** Hier können Sie einstellen, ob die Objekte beim Überfahren mit der Maus hervorgehoben werden sollen oder nicht. Die Einstellung kann unabhängig voneinander vorgenommen werden, wenn ein Befehl aktiv ist und wenn kein Befehl aktiv ist.

Löschen zurücknehmen

Doch zurück zum Löschen: Sie haben etwas fälschlicherweise gelöscht. Mit dem Befehl Z alle bisherigen Befehle zurückzunehmen wäre unpraktisch, da Sie in der Zwischenzeit einiges neu gezeichnet haben, das erhalten bleiben soll. Hier hilft der Befehl HOPPLA. Er macht die letzte Löschung rückgängig, egal wann Sie diese vorgenommen haben. Der Befehl lässt sich nur einmal ausführen. Sie finden den Befehl nicht in den Menüs, geben Sie ihn bei Bedarf auf der Tastatur ein.

Objekte isolieren oder ausblenden

Wenn Sie eine Auswahl treffen wollen und Sie haben sehr viele Objekte auf dem Bildschirm, kann es sinnvoll sein, Objekte zu isolieren oder nicht benötigte auszublenden.

Markieren Sie die Objekte, ohne vorher einen Befehl zu wählen. Aktivieren Sie das Kontextmenü mit der rechten Maustaste und wählen darin den Menüpunkt ISOLIEREN (siehe Abbildung 3.23, links).

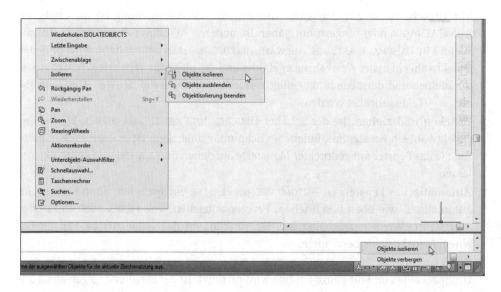

Abbildung 3.23: Objekte isolieren oder ausblenden

- **Objekte isolieren:** Nur noch die gewählten Objekte werden angezeigt, alle anderen werden ausgeblendet.

- **Objekte ausblenden:** Die gewählten Objekte werden ausgeblendet, alle anderen werden weiterhin angezeigt.
- **Objektisolierung beenden:** Alle Objekte werden wieder angezeigt.

Objekte isolieren oder ausblenden

- *Sie können das Menü auch aktivieren, wenn Sie noch keine Objekte markiert haben. Die Objekte können danach mit der Objektwahl bestimmt werden.*
- *Mit einem Klick auf die Glühlampe rechts unten in der Statuszeile bekommen Sie ebenfalls ein Menü, mit dem Sie Objekte isolieren und verbergen (ausblenden) können.*
- *Haben Sie Objekte ausgeblendet, wird die Glühlampe rechts gedimmt angezeigt.*
- *Haben Sie schon Objekte isoliert oder ausgeblendet, bekommen Sie mit einem Klick auf die Glühlampe im Menü auch die Möglichkeit, zusätzliche Objekte zu isolieren oder die Isolierung zu beenden.*
- *Diese Funktion hat nichts mit dem Ausblenden von Layern (siehe Kapitel 4.7) zu tun. Sie ist unabhängig vom Layer der Objekte.*

3.11 Mit Fang und Raster zeichnen

Die einfachste Möglichkeit ohne Koordinateneingabe, aber trotzdem präzise zu zeichnen, ist die Methode mit Fang und Raster. So können Sie der Zeichnung ein regelmäßiges Fangraster unterlegen. Diese Methode können Sie aber nur dann verwenden, wenn möglichst alle Punkte der Zeichnung auf diesem Fangraster liegen. Sie können aber bei aktivem Fangraster mit Koordinateneingabe zeichnen, diese hat Vorrang. Das Zeichnen mit Fang ist beim Erstellen von Schemaplänen, Organisationsdiagrammen und Ablaufdiagrammen sinnvoll, bei denen die Symbole in einem festen Fangraster erstellt wurden. Das Raster können Sie in jeder Zeichnung als Orientierungshilfe zuschalten.

Fang und Raster ein- und ausschalten

FANG und RASTER können Sie wie folgt ein- und ausschalten:

- Schalter in der Statuszeile
- Taste F9 ein- und ausschalten
- Schalter in der Statuszeile
- Taste F7 ein- und ausschalten

Befehl Zeicheinst

Mit dem Befehl ZEICHEINST können Sie die Zeichenhilfen (FANG und RASTER, POLARER FANG sowie OBJEKTFANG) einstellen. Den Befehl finden Sie:

- Menüleiste EXTRAS, Funktion ENTWURFSEINSTELLUNGEN…
- Rechtsklick auf die Tasten RASTER oder FANG in der Statusleiste und Funktion EINSTELLUNGEN… aus dem Kontextmenü wählen

Sie erhalten ein Dialogfeld mit verschiedenen Registern zur Einstellung aller Zeichenhilfen. Im Register FANG UND RASTER können Sie die Parameter für Fang und Raster einstellen (siehe Abbildung 3.24).

Abbildung 3.24:
Dialogfeld zur Einstellung von Fang und Raster

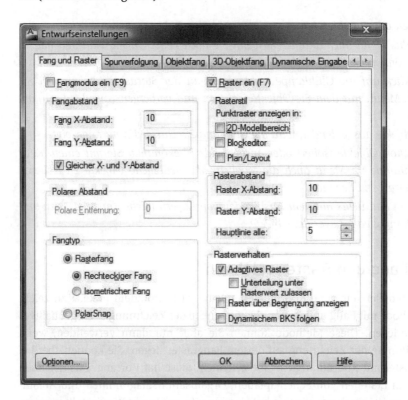

Raster: Im Feld RASTERSTIL können Sie wählen, ob Sie nur ein Punktraster haben wollen und in welchen Bereichen dies erscheinen soll. Haben Sie hier nichts gewählt, werden Rasterlinien in dem entsprechenden Bereich angezeigt (siehe Abbildung 3.25). Der Rasterabstand ist in x- und y-Richtung in den Feldern RASTER X-ABSTAND und RASTER Y-ABSTAND des Dialogfelds einstellbar. Im Feld HAUPTLINIE ALLE kann gewählt werden, ob das Raster dickere Linien enthalten soll. Im Beispiel wird jede fünfte Linie dicker angezeigt. Nur wenn der Schalter RASTER EIN (F7) eingeschaltet ist, wird das Raster auch auf dem Bildschirm sichtbar. Im Feld RASTERVERHALTEN können Sie das Verhalten des Rasters beeinflussen:

- **Adaptives Raster:** Wenn Sie zoomen und dabei das Bild verkleinern, würde das Raster zu dicht und wird deshalb abgeschaltet. Ist dieser Schalter ein, wird automatisch auf einen höheren Abstand umgeschaltet, der einem Vielfachen des eingestellten Wertes entspricht.
- **Unterteilung unter Rasterwert zulassen:** Zoomen Sie in die Zeichnung hinein, verschwindet das Raster, weil der Linienabstand zu groß wird. Ist dieser Schalter ein, wird automatisch auf einen geringeren Abstand umgeschaltet, der einem Bruchteil des eingestellten Wertes entspricht.

- **Raster über Begrenzung anzeigen:** Normalerweise wird das Raster nur innerhalb der Limiten angezeigt. Ist dieser Schalter ein, wird es überall angezeigt. Die Nulllinie von X und Y wird dabei verstärkt angezeigt.
- **Dynamischem BKS folgen:** Haben Sie das dynamische BKS aktiviert (siehe Kapitel 21.4), wird das Raster auch in der Ebene des dynamischen BKS angezeigt.

Fang: Im rechten Teil des Dialogfelds stellen Sie den Fang ein. Während das Raster nur der Orientierung dient, wird mit dem Fang das Fadenkreuz nur noch in festen Schritten über den Bildschirm geführt. Sie können den Fang im Dialogfeld mit dem Schalter FANG-MODUS EIN ein- und ausschalten und in den darunter liegenden Feldern X-ABSTAND und Y-ABSTAND den Fangwert verändern. Haben Sie den Schalter GLEICHER X- UND Y-ABSTAND ein, ändert sich bei der Eingabe eines Wertes der andere gleich mit. Ein unterschiedlicher Abstand in x- und y-Richtung ist hierbei nicht möglich.

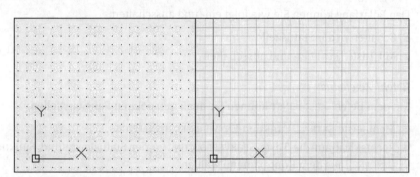

Abbildung 3.25: Punktraster und Rasterlinien

Fang und Raster isometrisch

In AutoCAD kann das Fangraster auch auf einen isometrischen Modus umgeschaltet werden. Damit haben Sie die Möglichkeit, auf einfache Art isometrische Darstellungen zu erzeugen. Im Feld FANGTYP stellen Sie ein, ob Sie den Fang rechteckig (siehe oben) oder isometrisch haben wollen. Mehr zum isometrischen Fang finden Sie in Kapitel 7.14. Zudem können Sie den Fangtyp auch auf den POLAREN FANG einstellen (siehe Kapitel 3.12).

Zeichnen mit Fang und Raster

1. Starten Sie eine neue Zeichnung.
2. Schalten Sie nur FANG und RASTER in der Statuszeile ein. Stellen Sie die Abstände mit dem Befehl ZEICHEINST ein.
3. Zeichnen Sie Linien, Kreise und Rechtecke auf Fangpunkten. Nehmen Sie auch den Ortho-Modus zu Hilfe.
4. Schließen Sie die Zeichnung und speichern Sie sie nicht.

3.12 Der Polare Fang

Mit dem Polarfang können Sie ein polares Fangraster definieren. Das Fadenkreuz rastet dann bei Zeichen- und Editierbefehlen in Winkelschritten und auf Wunsch auch in vorgegebenen Abständen. Dabei wird am Fadenkreuz ein gelbes Rechteck mit den polaren Koordinaten, das sogenannte Quick-Info, und ein Spurvektor in der Richtung des eingerasteten Winkels angezeigt.

Die Vorteile des Polarfangs gegenüber den bisher beschriebenen Methoden:

- Sie können ein beliebiges Winkelraster einstellen, nicht nur die orthogonalen Richtungen wie beim Ortho-Modus (siehe Kapitel 3.7 und 3.8), und Sie können bei diesen Winkeln auch mit Abstandseingabe zeichnen.
- Das polare Fangraster und der polare Fangwinkel beziehen sich immer auf den letzten Punkt, nicht wie beim einfachen Fang auf den Nullpunkt. Der polare Fangwinkel kann zudem so eingestellt werden, dass er sich immer auf das letzte Segment bezieht.

Polarfang ein- und ausschalten

Den Polarfang können Sie wie folgt ein- und ausschalten:

- Schalter in der Statuszeile
- Mit Taste F10 ein- und ausschalten

Befehl Zeicheinst

Mit dem Befehl ZEICHEINST können Sie auch den polaren Fang einstellen:

- Menüleiste EXTRAS, Funktion ENTWURFSEINSTELLUNGEN...
- Rechtsklick auf die Taste SPURVERFOLGUNG in der Statusleiste und Funktion EINSTELLUNGEN... aus dem Kontextmenü wählen

Sie erhalten wieder das vorherige Dialogfeld, diesmal aber mit dem aktiven Register SPURVERFOLGUNG (siehe Abbildung 3.26).

Folgende Einstellungen für den Polaren Fang sind möglich:

- **Spurverfolgung ein:** Mit dem Schalter können Sie den Polaren Fang ein- und ausschalten. Mit dem Polaren Fang wird der Ortho-Modus ausgeschaltet.
- **Polare Winkeleinstellungen, Inkrementwinkel:** Wählen Sie aus dem Abrollmenü den gewünschten Winkel aus oder tragen Sie einen Wert ein. Den Winkel erhalten Sie auch direkt aus dem Kontextmenü, ohne das Dialogfeld zu öffnen.
- **Zusätzliche Winkel:** Wollen Sie zusätzlich noch ganz bestimmte Winkel haben, auf denen das Fadenkreuz einrasten soll, dann klicken Sie diesen Schalter an. Werte nehmen Sie in die Liste auf, wenn Sie auf die Schaltfläche NEU klicken. Es wird ein leerer Eintrag erzeugt und Sie können einen Wert dafür eintragen. Mit der Schaltfläche LÖSCHEN wird der markierte Eintrag aus der Liste gelöscht.
- **Polare Winkelmessung:** In diesem Feld können Sie wählen, ob sich der Winkel des Polaren Fangs auf das Koordinatensystem oder das zuletzt gezeichnete Segment beziehen soll (siehe Abbildung 3.27).

Der Polare Fang

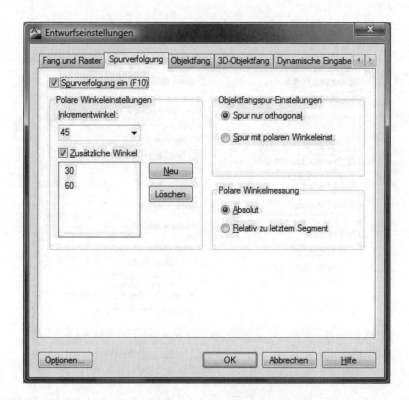

Abbildung 3.26:
Dialogfeld zur Einstellung des Polaren Fangs

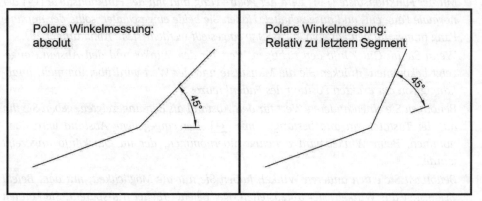

Abbildung 3.27:
Verschiedene Methoden der Polaren Winkelmessung

Zusätzlich zum Winkelraster können Sie auch den Fang (siehe Kapitel 3.11 und Abbildung 3.28) auf den Fangtyp POLARER FANG einstellen. Das Fadenkreuz rastet dann beim Zeichnen in Winkelrichtung in den festgelegten Fangabständen. Wählen Sie dazu das Register FANG UND RASTER des Befehls ZEICHEINST.

- **Polare Entfernung:** Die POLARE ENTFERNUNG gibt den Fangabstand in Winkelrichtung an, ausgehend vom letzten Punkt.
- **Fangtyp:** Schalten Sie in diesem Feld den Schalter POLARSNAP ein.
- **Fangmodus ein:** Der Schalter für den Fangmodus muss eingeschaltet sein.

Abbildung 3.28:
Fang auf polaren Abstand eingestellt

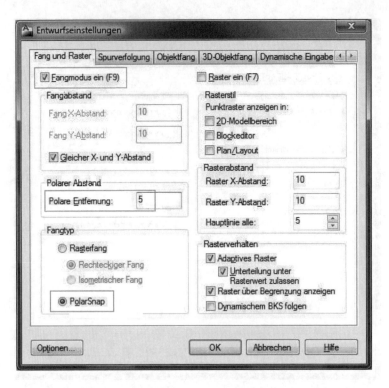

- *Mit der Funktionstaste* [F10] *wird der Polare Fang und mit der Funktionstaste* [F9] *der normale Fang ein- und ausgeschaltet. Haben Sie beide eingeschaltet, sollte der normale Fang immer auf den Fangtyp* POLARSNAP *eingestellt werden (siehe Abbildung 3.28).*
- *Wenn Sie im Quick-Info den richtigen Wert für den Winkel und den Abstand angezeigt bekommen, drücken Sie die Maustaste und der Wert wird übernommen, unabhängig von der exakten Position des Fadenkreuzes.*
- *Benötigen Sie einen anderen Wert für den Abstand als den angezeigten, geben Sie ihn auf der Tastatur ein und bestätigen mit* [↵]. *Der eingegebene Abstand wird übernommen. Beim Winkel wird derjenige übernommen, der im Quick-Info angezeigt wurde.*
- *Benötigen Sie einen anderen Winkel, haben Sie nur die Möglichkeit, mit dem Befehl* ZEICHEINST *das Winkelraster umzustellen. Der Befehl arbeitet transparent. Sie können ihn aufrufen, ohne den laufenden Befehl zu unterbrechen.*
- *Den Inkrementwinkel können Sie auch im Kontextmenü ändern, das Sie per Rechtsklick auf der Taste* SPURVERFOLGUNG *in der Statusleiste aktivieren können.*

Zeichnen mit dem Polaren Fang

1. Öffnen Sie die Zeichnung *A03-06.dwg* aus dem Ordner *Aufgaben*.
2. Schalten Sie den Polaren Fang und den normalen Fang ein und alle anderen Zeichenhilfen aus. Wählen Sie beim Polaren Fang einen Inkrementwinkel von 15° und keine zusätzlichen Winkel. Die POLARE WINKELMESSUNG stellen Sie auf ABSOLUT.

Wählen Sie im Register FANG UND RASTER den Polaren Fang und geben eine POLARE ENTFERNUNG von 5 ein.

3. Zeichnen Sie den Linienzug mit dem Polaren Fang nach (siehe Abbildung 3.29).

```
Befehl: Linie
Ersten Punkt angeben: 20,15 eintippen, der erste Punkt mit absoluter Angabe
Nächsten Punkt angeben oder [Zurück]: Fadenkreuz nach rechts bis im Quick-Info
 "Polar: 35<0" angezeigt wird und linke Maustaste drücken
Nächsten Punkt angeben oder [Zurück]: Fadenkreuz nach rechts oben bis im Quick-Info
 "Polar: 10<60" angezeigt wird und linke Maustaste drücken
..
Nächsten Punkt angeben oder [Schließen/Zurück]: Fadenkreuz nach links bis im Quick-
Info "Polar: 40<180" angezeigt wird und linke Maustaste drücken
Nächsten Punkt angeben oder [Schließen/Zurück]: S für die Option Schließen
```

Das Ergebnis sollte wie in Abbildung 3.29 aussehen. Die Lösung finden Sie auch im Ordner *Aufgaben*: die Zeichnung *L03-06.dwg*.

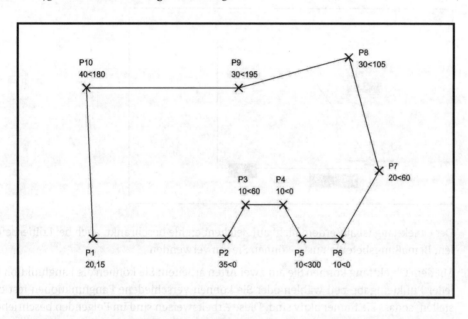

Abbildung 3.29:
Zeichnen mit dem Polaren Fang

3.13 Mit dem Objektfang zeichnen

Am häufigsten kommt es beim Zeichnen vor, dass Sie Punkte auf vorhandenen Objekten fangen müssen. Dafür haben Sie in AutoCAD den Objektfang.

Objektfang für Geometriepunkte

Bei jeder Punktanfrage innerhalb eines Befehls können Sie eine Objektfangfunktion wählen, zum Beispiel beim Befehl LINIE:

```
Befehl: Linie
Ersten Punkt angeben:
```

Wenn Sie beispielsweise eine Linie am Endpunkt einer bestehenden Linie ansetzen wollen, verwenden Sie den Objektfang ENDPUNKT:

Befehl: **Linie**
Ersten Punkt angeben: **END oder Endpunkt**

Wenn Sie jetzt über eine vorhandene Linie fahren und in die Nähe des Endpunkts kommen, wird das Symbol für den Endpunkt angezeigt. Klicken Sie dann auf die Pick-Taste, wird die Linie nicht an der Position des Fadenkreuzes angesetzt, sondern an dem Punkt, an dem das Symbol angezeigt wurde, also an dem Endpunkt der bestehenden Linie. Wenn Sie etwa eine Sekunde warten, wird in einem gelben Fenster das Quick-Info angezeigt (siehe Abbildung 3.30). Mit der ⌨-Taste können Sie die weiteren Fangpunkte auf dem Objekt oder einem Objekt im Fangbereich durchblättern. Wenn Sie die Pick-Taste drücken, wird der Punkt gewählt, an dem das Symbol angezeigt wird, egal wo sich das Fadenkreuz befindet.

Abbildung 3.30:
Anzeige des Fangsymbols und des Quick-Infos

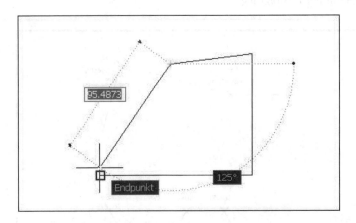

Der Objektfang ist außerdem nicht auf Zeichenbefehle beschränkt, auch bei Editierbefehlen, Bemaßungsbefehlen usw. können Sie ihn verwenden.

Mit dem Objektfang können Sie auf zwei Arten arbeiten: Sie können die Fangfunktion bei jeder Punkteingabe neu wählen oder Sie können verschiedene Fangfunktionen fest einstellen, sodass sie immer aktiv sind. Diese Arbeitsweisen sind im Folgenden beschrieben.

Objektfang für eine Punkteingabe verwenden

Sie können den Objektfang immer dann verwenden, wenn ein Punkt angefragt wird. Dann aktivieren Sie die Objektfangfunktion, die dann auch nur für diese eine Punkteingabe gilt. Wählen Sie die Fangfunktion nach einer der aufgeführten Methoden:

- Eintippen der Fangfunktion bzw. des Kürzels (meist die ersten drei Buchstaben der Funktion, siehe unten) bei der Punktanfrage – die umständlichste Methode
- Kontextmenü mit der rechten Maustaste zusammen mit der Taste ⇧ oder Strg (siehe Abbildung 3.31, links)

Mit dem Objektfang zeichnen

- Kontextmenü bei jeder Punktanfrage mit der rechten Maustaste, Untermenü FANG-ÜBERSCHREIBUNGEN (siehe Abbildung 3.31, rechts)
- Symbole im Werkzeugkasten OBJEKTFANG

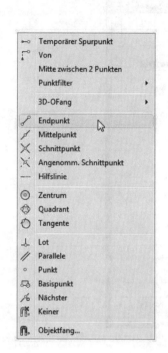
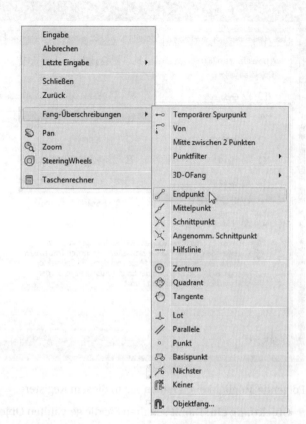

Abbildung 3.31:
Kontextmenüs mit den Objektfangfunktionen

Objektfang fest einstellen (AutoSnap)

Die bessere Methode ist die, dass Sie die Fangfunktionen fest einstellen – der sogenannte AutoSnap. Damit sparen Sie sich das ständige Anwählen von Fangfunktionen. Wählen Sie dazu den Befehl ZEICHEINST. Wenn Sie ihn nach einer der unten beschriebenen Methoden einstellen, erscheint das Dialogfeld gleich mit der richtigen Registerkarte auf dem Bildschirm.

- Rechtsklick auf die Taste in der Statuszeile und Auswahl der Funktion EINSTELLUNGEN... aus dem Kontextmenü
- Menüleiste EXTRAS, Funktion ENTWURFSEINSTELLUNGEN...
- Symbol im Werkzeugkasten OBJEKTFANG
- Kontextmenü Objektfang (siehe Abbildung 3.31), Funktion OBJEKTFANG...

Sie bekommen wieder das Dialogfeld des Befehls ZEICHEINST, diesmal mit dem Register OBJEKTFANG im Vordergrund (siehe Abbildung 3.32).

Abbildung 3.32:
Dialogfeld mit dem Register Objektfang

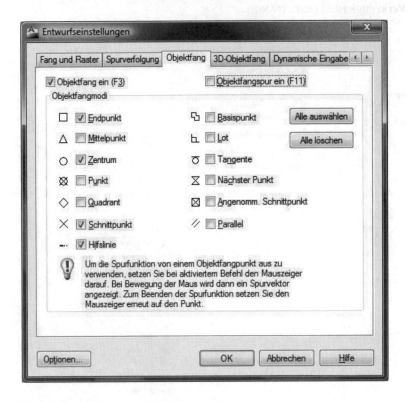

Folgende Möglichkeiten haben Sie in diesem Register:

- **Objektfang ein:** Damit schalten Sie die gewählten Objektfangfunktionen ein und aus.
- **Objektfangspur ein:** Damit schalten Sie die Objektfangspur ein und aus (siehe Kapitel 3.15). Schalten Sie diese Funktion zunächst noch aus.
- **Objektfangmodi:** In diesem Feld können Sie die gewünschten Objektfangmodi wählen. Die Wirkung der einzelnen Fangfunktionen finden Sie weiter unten beschrieben. Die Modi können Sie auch direkt aus dem Kontextmenü wählen, ohne das Dialogfeld öffnen zu müssen.
- **Alle auswählen:** Aktivierung aller Objektfangmodi.
- **Alle löschen:** Löschen aller Objektfangmodi.

Zeichnen mit dem Objektfang

- *Haben Sie den Objektfang einmal eingestellt, können Sie ihn mit einem Klick auf die Taste OFANG in der Statuszeile oder mit der Funktionstaste* F3 *ein- und ausschalten.*
- *Die Objektfangfunktionen können Sie auch im Kontextmenü fest einstellen, das Sie per Rechtsklick auf der Taste OFANG in der Statusleiste aktivieren können.*

Mit dem Objektfang zeichnen

- *Meist benötigen Sie mehrere Objektfangfunktionen beim Zeichnen. Stellen Sie nur diejenigen ein, die Sie häufig benötigen, beispielsweise ENDPUNKT und SCHNITTPUNKT bei der Bemaßung.*
- *Haben Sie eine oder mehrere Fangfunktionen fest eingestellt und brauchen eine andere Fangfunktion, wählen Sie die Fangfunktion nach einer der oben beschriebenen Methoden. Dann gilt der gewählte Objektfang für die eine Eingabe, für die folgenden gelten wieder die fest eingestellten Fangfunktionen.*
- *Haben Sie eine oder mehrere Fangfunktionen fest eingestellt und wollen einen Punkt ohne Objektfang eingeben, wählen Sie aus dem Kontextmenü für den Objektfang die Fangfunktion KEINER. Dann ist der fest eingestellte Objektfang für diese eine Eingabe nicht aktiv.*
- *Die Symbole, die an den Geometriepunkten angezeigt werden, entsprechen denen im Dialogfeld (siehe Abbildung 3.32).*

Einfache Objektfangmodi

Doch welche Fangfunktionen stehen in AutoCAD zur Verfügung? Schauen wir uns zunächst die einfachen Objektfangmodi an, die ohne Hilfslinien arbeiten (siehe Abbildung 3.34):

- **Endpunkt:** Fängt die Endpunkte einer Linie, eines Bogens oder eines Poliniensegments.

- **Mittelpunkt:** Fängt den Mittelpunkt einer Linie, eines Bogens oder eines Polliniensegments.

- **Schnittpunkt:** Fängt den Schnittpunkt zweier Zeichnungsobjekte. Befindet sich jedoch das Fadenkreuz in der Nähe eines Objekts, ohne dass sich dort ein Schnittpunkt befindet, erscheint das Schnittpunktsymbol und drei Punkte. Im Quick-Info wird dabei angezeigt: ERWEITERTER SCHNITTPUNKT (siehe Abbildung 3.33). Klicken Sie das Objekt an, wird nichts gefangen. Kommen Sie aber in die Nähe eines anderen Objekts, wird der virtuelle Schnittpunkt der beiden Objekte markiert (siehe Abbildung 3.33). Das ist der Punkt, bei dem sich die Verlängerungen der beiden Objekte treffen. Mit einem Mausklick wählen Sie den Punkt endgültig.

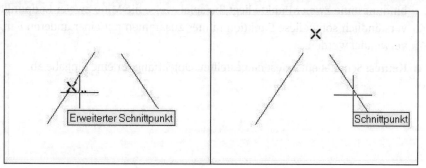

Abbildung 3.33: Virtuellen Schnittpunkt fangen

- **Angenommener Schnittpunkt:** Dieser Modus dient dem Arbeiten an 3D-Modellen. Sie können damit den in der momentanen Ansicht sichtbaren Schnittpunkt zweier Objekte fangen, die beliebig im Raum übereinander liegen. Dazu müssen beide Objekte angewählt werden. Der ermittelte Punkt liegt auf dem zuerst gewählten Objekt. Auch hier gibt es die Anzeige ERWEITERTER ANGENOMMENER SCHNITTPUNKT, wenn nur ein Objekt angewählt wird. Mit der Wahl eines zweiten Objekts kann dann der Punkt bestimmt werden, an dem sich die Objekte im Raum treffen (siehe oben SCHNITTPUNKT).

- **Zentrum:** Fängt den Mittelpunkt eines Kreises, eines Bogens oder eines Polylinienbogens. Beachten Sie, dass Sie die Kreis- oder Bogenlinie anfahren müssen, um das Symbol zu erhalten.

- **Quadrant:** Fängt den Quadrantenpunkt (0, 90, 180 oder 270 Grad) eines Kreises, Bogens oder einer Polylinie.

- **Tangente:** Fängt den Punkt an einem Kreis, einem Bogen oder einem Polylinienbogen, zu dem ein anderer Punkt die Tangente bildet.

- **Lot:** Fängt den Punkt auf einem Objekt, der von einem anderen Punkt aus einen rechten Winkel zu dem Objekt bildet. Fällt man das Lot auf eine Linie, muss sich der Punkt nicht unbedingt auf der Linie befinden, er kann auch auf der Verlängerung der Linie liegen.

- **Basispunkt:** Fängt den Basispunkt der Einfügung eines Blocks oder Symbols oder den Einfügepunkt eines Textes oder eines Attributs. Zu diesen Objekten erfahren Sie im Verlauf dieses Buches mehr.

- **Punkt:** Fängt ein Punktobjekt in der Zeichnung, das mit dem Befehl PUNKT gezeichnet wurde (siehe Kapitel 7.11).

- **Nächster:** Fängt den Punkt auf einem Objekt, der dem Fadenkreuz am nächsten liegt. Diesen Fangmodus verwenden Sie, wenn Sie eine Linie bis zu einem Objekt ziehen wollen, ohne dass sich dort ein Fangpunkt befindet.
- **Mitte zwischen 2 Punkten:** Diese Funktion finden Sie nur im Kontextmenü für die Objektfangfunktionen. Damit können Sie den Punkt fangen, der auf der Mitte der Verbindungslinie zweier Punkte liegt, beispielsweise die Mitte zweier Endpunkte. Selbstverständlich sollte diese Funktion immer zusammen mit einer anderen Fangfunktion verwendet werden.

- **Keiner:** Schaltet einen fest eingestellten Objektfang für eine Eingabe ab.

Mit dem Objektfang zeichnen

Zeichnen mit den einfachen Objektfangmodi

1. Öffnen Sie die Zeichnung *A03-07.dwg* im Ordner *Aufgaben* und schalten Sie die Zeichenhilfen bis auf den Objektfang aus.
2. Zeichnen Sie die Verbindungen wie in Abbildung 3.34. Stellen Sie mit dem Befehl ZEICHEINST die wichtigsten Objektfangfunktionen ein. Wählen Sie spezielle Fangfunktionen mit der Fangüberschreibung dazu.

Das Ergebnis sollte wie in Abbildung 3.34 aussehen. Die Lösung finden Sie auch im Ordner *Aufgaben*: die Zeichnung *L03-07.dwg*.

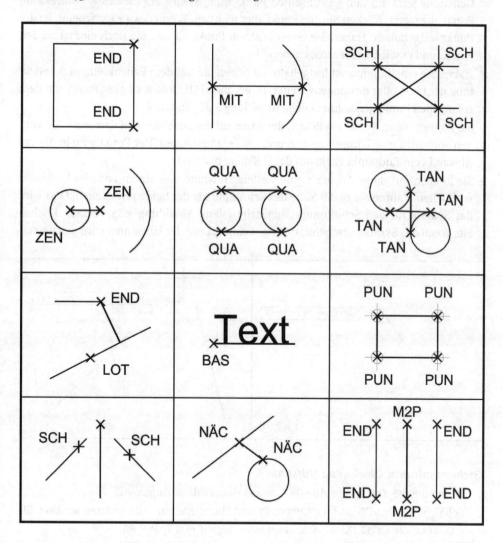

Abbildung 3.34: Einfache Objektfangmodi

Objektfangmodus Hilfslinie

Weitere Möglichkeiten haben Sie mit den Objektfangfunktionen, die mit Hilfslinien arbeiten. Das sind die Funktionen HILFSLINIE und PARALLEL.

Hilfslinie: Diese Funktion ist sehr vielseitig einsetzbar. Dazu muss aber zusätzlich mindestens der Objektfang ENDPUNKT aktiv sein. Gehen Sie dabei wie folgt vor:

- Fahren Sie den Endpunkt einer Linie oder eines Bogens mit dem Fadenkreuz an. Das Symbol für den Endpunkt wird angezeigt.
- Gehen Sie jetzt auf den gewünschten Punkt und es wird ein kleines »+« direkt am Punkt angezeigt. Klicken Sie den Punkt aber nicht an. Wenn das »+« erscheint, ist der Punkt festgehalten. Haben Sie einen falschen Punkt, fahren Sie noch einmal an den Punkt, und er wird wieder freigegeben.
- Haben Sie einen Endpunkt festgehalten, können Sie mit dem Fadenkreuz in der Richtung der Linie oder des Bogens weiterfahren. Eine Hilfslinie wird ausgehend von dem gefangenen Punkt gezeichnet (siehe Abbildung 3.35, links).
- Sie können einen Punkt anklicken, der dann auf der Hilfslinie platziert wird. Sie können aber auch eine Länge eingeben und mit ⏎ bestätigen. Der Punkt wird in diesem Abstand vom Endpunkt exakt auf der Hilfslinie platziert.
- Sie können auf diese Art auch eine weitere Hilfslinie von einem anderen Endpunkt wegziehen. Fahren Sie in die Nähe des Schnittpunkts der beiden Hilfslinien. Dort wird das Symbol für den Schnittpunkt angezeigt (siehe Abbildung 3.35, rechts). Klicken Sie, wenn das Symbol erscheint, und der Schnittpunkt der Hilfslinien wird gefangen.

Abbildung 3.35: Objektfang mit Hilfslinien

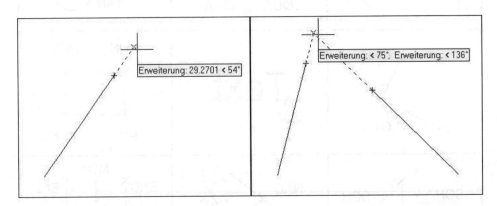

Zeichnen mit dem Objektfang Hilfslinie

1. Laden Sie die Zeichnung *A03-08.dwg* aus dem Ordner *Aufgaben*.
2. Schalten Sie den Objektfang ENDPUNKT und HILFSLINIE ein. Alle anderen schalten Sie aus, auch die OBJEKTFANGSPUR, diese schauen wir erst später an.
3. Zeichnen Sie die dritte Ansicht in Abbildung 3.36 mit den Hilfslinien.

Mit dem Objektfang zeichnen

```
Befehl: Linie
Ersten Punkt angeben: P1 und P2 anfahren und den Schnittpunkt der beiden Hilfslinien
anklicken
Nächsten Punkt angeben oder [Zurück]: P3 anfahren und den Schnittpunkt mit der
Hilfslinie anklicken
Nächsten Punkt angeben oder [Zurück]: Fadenkreuz nach rechts bewegen und 20 eintippen
Nächsten Punkt angeben oder [Schließen/Zurück]: Fadenkreuz nach unten bewegen und 10
eintippen
Nächsten Punkt angeben oder [Schließen/Zurück]: P4 anfahren und den Schnittpunkt mit
der Hilfslinie anklicken
Nächsten Punkt angeben oder [Schließen/Zurück]: P1 anfahren und den Schnittpunkt mit
der Hilfslinie anklicken
Nächsten Punkt angeben oder [Schließen/Zurück]: S für die Option Schließen
```

Eine Musterlösung finden Sie im Ordner *Aufgaben*: die Datei *L03-08.dwg*. Das hätten Sie auch mit den Objektfangspuren erledigen können, doch dazu mehr in Kapitel 3.15.

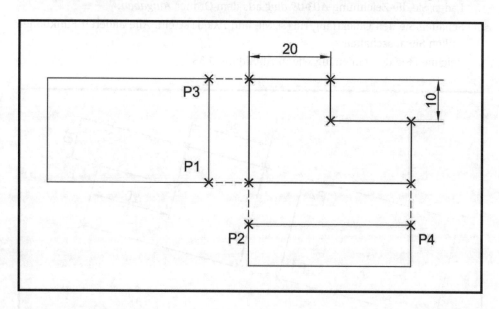

Abbildung 3.36:
Zeichnen mit dem Objektfang Hilfslinie

Objektfangfunktion Parallele

Die Objektfangfunktion PARALLELE arbeitet auch ohne zusätzlichen Objektfang. Sie können damit Parallelen zu Liniensegmenten erstellen.

Parallele: Mit dieser Funktion können Sie ein bestehendes Linienobjekt in der Zeichnung anfahren; das Symbol für die Parallelfunktion erscheint. Wenn Sie dann mit dem Fadenkreuz in Richtung der neu zu zeichnenden Linie fahren, erscheint eine Hilfslinie, wenn das neue Objekt parallel zum überfahrenen ist. Das Parallelsymbol erscheint auf dem überfahrenen Objekt (siehe Abbildung 3.37). Sie können dann einen Punkt auf der Hilfslinie angeben oder einen Abstand vom letzten Punkt eintippen.

Abbildung 3.37:
Zeichnen mit parallelen Hilfslinien

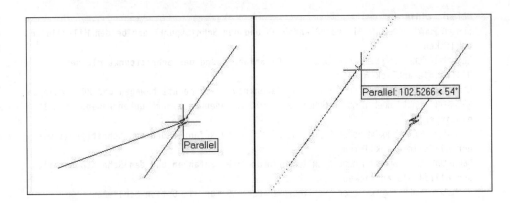

| STEP | ***Zeichnen mit dem Objektfang Parallele*** |

1. Laden Sie die Zeichnung *A03-09.dwg* aus dem Ordner *Aufgaben*.
2. Schalten Sie den Objektfang HILFSLINIE und PARALLEL ein. Alle anderen Funktionen sollten Sie ausschalten.
3. Zeichnen Sie den Linienzug wie in Abbildung 3.38.

Abbildung 3.38:
Parallelen zeichnen

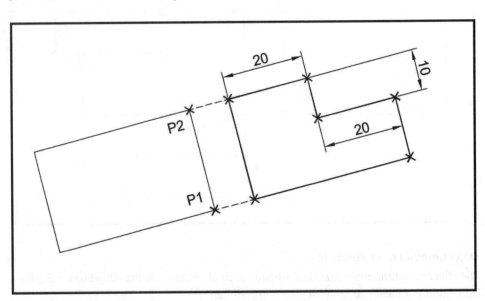

```
Befehl: Linie
Ersten Punkt angeben: P1 anfahren, in Linienrichtung wegfahren, wenn Hilfslinie
erscheint, 10 für den Abstand der zweiten Kontur eingeben
Nächsten Punkt angeben oder [Zurück]: Linie P1-P2 und danach P2 anfahren, danach in
Richtung der Parallele fahren und am Schnittpunkt der Hilfslinien klicken
Nächsten Punkt angeben oder [Zurück]: P2 anfahren, in Linienrichtung wegfahren,
20 auf der Tastatur eintippen
Nächsten Punkt angeben oder [Schließen/Zurück]: Linie P1-P2 anfahren, in
Linienrichtung wegfahren, 10 auf der Hilfslinie eintippen
```

Nächsten Punkt angeben oder [Schließen/Zurück]: **Vorletztes Segment anfahren, in
Linienrichtung wegfahren, 20 auf der Tastatur eintippen**
Nächsten Punkt angeben oder [Schließen/Zurück]: **Linie P1-P2 und danach P1 anfahren, am
Schnittpunkt der Hilfslinien klicken**
Nächsten Punkt angeben oder [Schließen/Zurück]: **S für die Option Schließen**

Die Lösung haben Sie in der Zeichnung *L03-09.dwg* im Ordner *Aufgaben*.

3.14 Relativpunkte und Objektfang

Eine weitere Funktion finden Sie in den Menüs des Objektfangs: die Funktion VONP. Diese benötigen Sie immer dann, wenn Sie nicht direkt einen Fangpunkt haben wollen, sondern einen Punkt in einem bestimmten Abstand von einem Fangpunkt.

Funktion Vonp

Wählen Sie die Funktion bei einer Punktanfrage. Sie finden Sie in den gleichen Menüs und Werkzeugkästen wie die Objektfangfunktionen. Gehen Sie bei dieser Funktion wie folgt vor:

- Wählen Sie bei der Punktanfrage eines Befehl VONP.
- Wählen Sie dann einen Punkt mit einer Objektfangfunktion.
- Danach geben Sie den Abstand von diesem Punkt als relative Koordinate ein.
- Haben Sie den polaren Fang eingestellt, können Sie auch in die entsprechende Richtung mit der Maus zeigen und den gewünschten Abstand eintippen.

Zeichnen mit Relativpunkten

1. Öffnen Sie die Zeichnung *A03-10.dwg* aus dem Ordner *Aufgaben*.
2. Konstruieren Sie die beiden Kreise in den vorgegebenen Abständen (siehe Abbildung 3.39). Schalten Sie nur den Objektfang ENDPUNKT und ZENTRUM ein.

   Befehl: **Kreis**
   Zentrum für Kreis angeben oder [3P/2P/Ttr (Tangente Tangente Radius)]: **Vonp aus dem
   Kontextmenü wählen**
   Basispunkt: **Linken unteren Endpunkt mit dem Objektfang Endpunkt einfangen**
   <Abstand>: **@20,25**
   Radius für Kreis angeben oder [Durchmesser]: **10**
   Befehl: **Kreis**

Das Ergebnis sollte wie in Abbildung 3.39 aussehen. Die Lösung finden Sie im Ordner *Aufgaben*: die Zeichnung *L03-10.dwg*.

Abbildung 3.39:
Zeichnen mit Relativpunkten

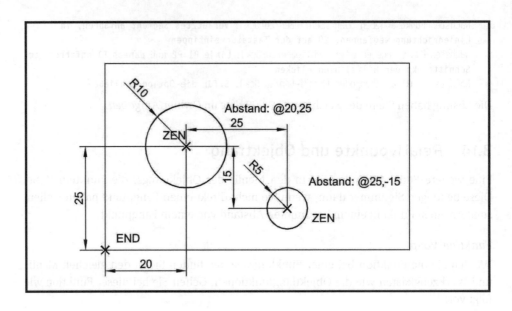

3.15 Objektfangspuren

Perfekt wird das Zeichnen mit den Objektfangspuren. Damit können Sie Objektfangpunkte abgreifen und davon orthogonale Hilfslinien oder Hilfslinien entlang der Winkel des Polaren Fangs wegziehen. Auf diesen Hilfslinien können Sie Abstände für neue Punkte eingeben oder, wenn Sie mehrere Hilfslinien wegziehen, die Schnittpunkte anklicken.

Objektfangspur aktivieren
Die Objektfangspuren können Sie auf folgende Arten aktivieren:

- Schalter in der Statuszeile zum Ein- und Ausschalten anklicken
- Funktionstaste F11 zum Ein- und Ausschalten drücken

Objektfangspur einstellen
Ob die Objektfangspuren nur orthogonale Hilfslinien erzeugen sollen oder ob Sie Hilfslinien entlang der Winkel des Polaren Fangs ziehen wollen, können Sie in dem Dialogfeld des Befehls ZEICHEINST im Register SPURVERFOLGUNG einstellen (siehe Polarer Fang, Abbildung 3.26). Wählen Sie die gewünschte Einstellung im Feld OBJEKTFANGSPUR-EINSTELLUNGEN rechts oben in dem Register.

Zeichnen mit den Objektfangspuren
Gehen Sie wie folgt vor (siehe auch Abbildung 3.40):

- Fahren Sie einen Objektfangpunkt mit dem Fadenkreuz an, bis das Symbol für den Endpunkt angezeigt wird.
- Gehen Sie dann direkt auf den Punkt, es wird ein »+« am Punkt angezeigt und der Punkt ist festgehalten. Klicken Sie ihn nicht an.

- Fahren Sie von dem Punkt orthogonal weg, wird eine Hilfslinie mitgezogen. Haben Sie eingestellt, dass die Objektfangspur auch auf den polaren Winkel angezeigt werden soll, können Sie auch in diesen Richtungen eine Hilfslinie mitziehen.
- Wenn Sie die Hilfslinie entfernen wollen, gehen Sie mit dem Fadenkreuz noch einmal auf den Punkt.
- Klicken Sie einen Punkt auf der Hilfslinie an oder geben Sie den Abstand an, den der neue Punkt vom gefangenen Punkt haben soll.
- Sie können auf diese Art auch eine weitere Hilfslinie von einem anderen Objektfangpunkt wegziehen und den Schnittpunkt der beiden Hilfslinien anklicken.

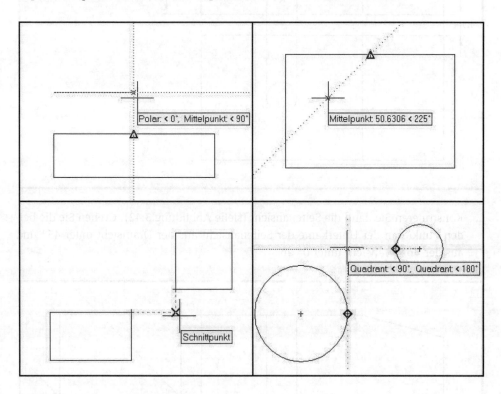

Abbildung 3.40:
Objektfangspuren ziehen

Zeichnen mit Objektfangspuren

1. Öffnen Sie die Zeichnung *A03-11.dwg* aus dem Ordner *Aufgaben*.
2. Schalten Sie die Objektfangfunktionen ENDPUNKT, SCHNITTPUNKT, QUADRANT und ZENTRUM sowie die Objektfangspuren an.
3. Setzen Sie den Polaren Fang auf 15° und schalten Sie ihn ein. Stellen Sie die Objektfangspur so ein, dass Sie auch bei den polaren Winkeln Hilfslinien ziehen.
4. In der Zeichnung bekommen Sie nur die Draufsicht auf den Bildschirm. Konstruieren Sie daraus die Vorderansicht und die Seitenansicht (siehe Abbildung 3.43).
5. Konstruieren Sie zunächst die Vorderansicht im Abstand von 5 (siehe Abbildung 3.41). Greifen Sie die Maße aus der Draufsicht ab. Lediglich den Abstand von 5 und die Höhe

von 20 müssen Sie eintippen. Bei der Schräge von 15° bekommen Sie eine Hilfslinie durch den Polaren Fang.

Abbildung 3.41:
Vorderansicht mit Objektfangspuren gezeichnet

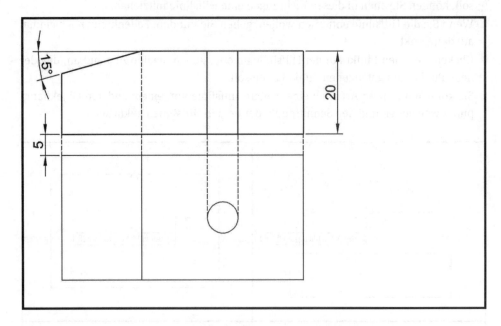

6. Konstruieren Sie dann die Seitenansicht (siehe Abbildung 3.42). Greifen Sie die beiden Punkte an der Unterkante der Seitenansicht aus der Draufsicht unter 45° und aus der Vorderansicht unter 0° ab.

Abbildung 3.42:
Seitenansicht mit Objektfangspuren gezeichnet

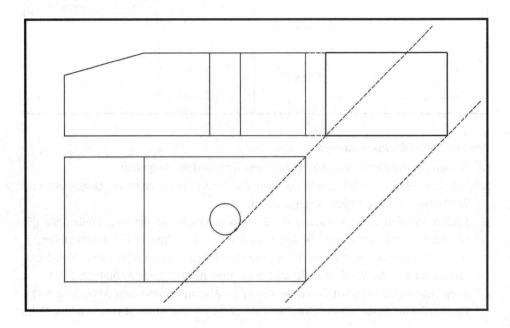

7. Um die senkrechten Linien in der Seitenansicht (siehe Abbildung 3.43) zeichnen zu können, müssen wir uns zuerst den temporären Spurpunkt ansehen (siehe Kapitel 3.16).

3.16 Temporärer Spurpunkt

Wenn Sie Hilfslinien ziehen, kommt es oft vor, dass Sie Punkte nicht direkt setzen können. Mit den temporären Spurpunkten können Sie Stützpunkte setzen und so die Objektfangspuren über mehrere Punkte hinweg ziehen.

Temporärer Spurpunkt

Den temporären Spurpunkt finden Sie in den gleichen Menüs und Werkzeugkästen wie die Objektfangfunktionen. Gehen Sie bei dieser Funktion wie folgt vor:

- Wählen Sie beispielsweise den Befehl LINIE. Wenn nach dem Startpunkt gefragt wird, klicken Sie die Funktion TEMPORÄRER SPURPUNKT an. Klicken Sie einen Punkt an. Der Punkt wird nicht als Startpunkt für die Linie genommen. Sie können von diesem Punkt wieder eine Hilfslinie wegziehen und einen weiteren Punkt anklicken oder einen Abstand eingeben. Erst dieser Punkt wird als Startpunkt genommen.
- Sie könnten aber auch noch einmal die Funktion TEMPORÄRER SPURPUNKT eingeben und wieder eine Hilfslinie ziehen und einen Punkt setzen. Auch dieser wird nicht genommen. So könnten Sie zu dem gewünschten Punkt mit einer ganzen Serie von Stützpunkten kommen.

Zeichnen mit temporären Spurpunkten

1. Zeichnen Sie in der Seitenansicht die senkrechten Linien ein (siehe Abbildung 3.43).
   Befehl: Linie
   Ersten Punkt angeben: Temporären Spurpunkt wählen
   Temporären Punkt für OTRACK angeben: P1 anklicken
   Ersten Punkt angeben: Temporären Spurpunkt wählen
   Temporären Punkt für OTRACK angeben: Hilfslinie waagrecht bis P2 ziehen und P2 anklicken
   Ersten Punkt angeben: Hilfslinie unter 45° bis zu P3 ziehen und P3 anklicken
   Nächsten Punkt angeben oder [Zurück]: P4 anklicken
   Nächsten Punkt angeben oder [Zurück]: ⏎

2. Machen Sie es bei der anderen Linie genauso.

Das Ergebnis sollte wie in Abbildung 3.43 aussehen. Falls nicht, finden Sie eine Lösung im Ordner *Aufgaben*: die Zeichnung *L03-11.dwg*.

Abbildung 3.43:
Senkrechte Linien in der Seitenansicht

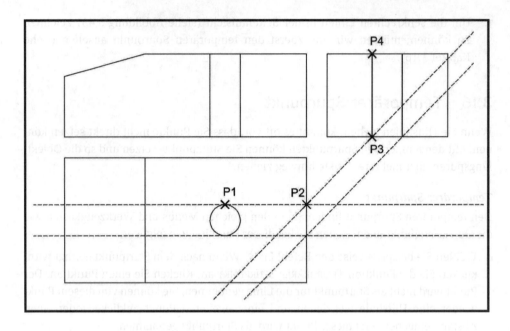

3.17 Mit Punktfiltern zeichnen

Wie Sie schon gesehen und auch geübt haben, können Sie Punkte aus einer Ansicht abgreifen und mit den Objektfangspuren in die andere Ansicht übertragen.

Eine weitere Methode ist das Zeichnen mit Punktfiltern. Obwohl diese durch die Objektfangspuren weitgehend überflüssig geworden ist. Bei der Konstruktion von 3D-Modellen brauchen Sie diese Methode. Wann können Sie Punktfilter verwenden? In der Praxis kommt es häufig vor, dass Sie in der Zeichnung einen neuen Punkt fangen wollen, von dem Sie keine Koordinate haben. Aber Sie haben einen anderen Punkt, der denselben x- oder auch y-Wert hat wie der gesuchte Punkt.

Das Prinzip der Punktfilter ist einfach, wenn es auch in der Praxis etwas Übung erfordert: Wird beim Zeichnen ein Punkt angefragt, geben Sie zuerst den Wert bzw. die Werte mit einem vorangestellten Punkt ein, den bzw. die Sie aus einem bekannten Punkt übernehmen, also filtern wollen, und wählen dann den Punkt, meistens mit dem Objektfang. Danach geben Sie den verbleibenden Wert bzw. die Werte ein, eventuell auch wieder mit dem Objektfang aus einer anderen Ansicht oder als numerische Koordinate.

Ein Beispiel: Sie wollen eine Linie beginnen, die 50 Einheiten in y-Richtung entfernt vom Mittelpunkt eines Kreises beginnen soll. Der Dialog sähe dann so aus:

```
Befehl: Linie
Ersten Punkt angeben: Punktfilter XZ wählen
XZ von Mit Objektfang Zentrum den Mittelpunkt fangen
(benötigt Y): @0,50
Nächsten Punkt angeben oder [Zurück]: usw.
```

Mit Punktfiltern zeichnen

Das ist fast dasselbe wie die Methode mit den Relativpunkten. Eine andere Anwendung: Sie suchen einen Punkt dessen x-Wert am Endpunkt einer Linie liegt und dessen y-Wert am Mittelpunkt einer anderen Linie liegt. Der Dialog könnte dann so aussehen:

```
Befehl: Linie
Ersten Punkt angeben: Punktfilter X wählen
X von Mit Objektfang Endpunkt den Punkt fangen
(benötigt YZ): Mit Objektfang Mittelpunkt den anderen Punkt fangen
Nächsten Punkt angeben oder [Zurück]: usw.
```

Punktfilter auswählen

Die Punktfilter können Sie auf der Tastatur bei der Punktanfrage eintippen:

```
Befehl: Linie
Ersten Punkt angeben: .X
```

- Kontextmenü mit der rechten Maustaste zusammen mit der Taste ⇧ oder Strg, Untermenü PUNKTFILTER (siehe Abbildung 3.44, links)
- Kontextmenü bei jeder Punktanfrage mit der rechten Maustaste, Untermenü FANG-ÜBERSCHREIBUNGEN, Untermenü PUNKTFILTER (siehe Abbildung 3.44, rechts)

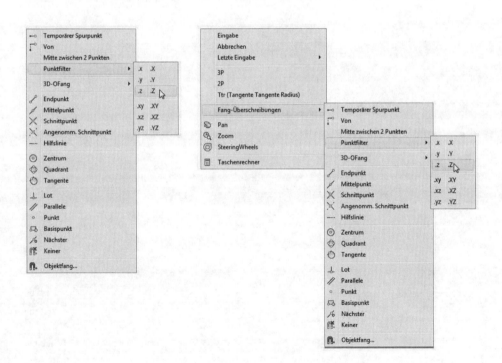

Abbildung 3.44:
Kontextmenü mit den Punktfiltern

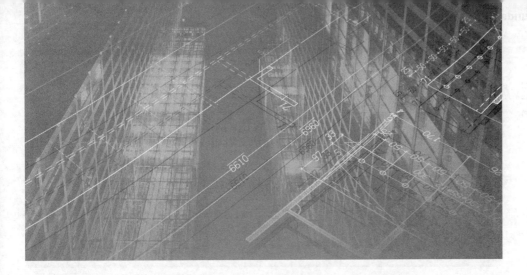

Kapitel 4
Grundeinstellungen für eine neue Zeichnung

In diesem Kapitel lernen Sie, eine Zeichnung mit Layern zu strukturieren, und wie Sie den Layern Linientypen, Farben und Linienstärken zuordnen und diese Einstellungen in einer Vorlage speichern können.

4.1 Layer, Farben, Linientypen und Linienstärken

In AutoCAD können Sie eine Zeichnung auf verschiedenen Ebenen erstellen, den sogenannten Layern. Darunter können Sie sich verschiedene plan aufeinanderliegende Folien vorstellen, die jeweils inhaltlich zusammengehörende Teile der Zeichnung enthalten. Beispielsweise werden sichtbare Kanten, Hilfslinien, Bemaßungen, Texte usw. jeweils auf verschiedene Layer gelegt.

Befehl Layer

Mit dem Befehl LAYER lassen sich alle Funktionen in einem Dialogfeld einstellen, dem LAYEREIGENSCHAFTEN-MANAGER. Wählen Sie den Befehl:

- Multifunktionsleiste: Symbol im Register START, Gruppe LAYER
- Menüleiste FORMAT, Funktion LAYER...
- Menüleiste EXTRAS, Untermenü PALETTEN, Funktion LAYER
- Symbol in der Funktionsleiste EIGENSCHAFTEN

Sie bekommen den LAYEREIGENSCHAFTEN-MANAGER auf den Bildschirm (siehe Abbildung 4.1).

Abbildung 4.1:
Layereigen-
schaften-Manager

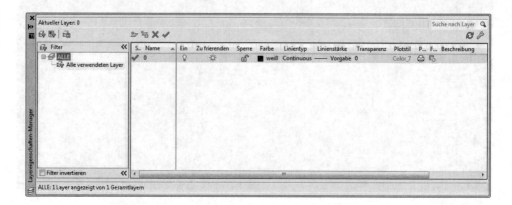

> **INFO**
>
> *Neuen Layer anlegen*
>
> Sehen wir uns zunächst nur die rechte Liste an. In der linken Strukturdarstellung finden Sie die Layereigenschaften- und Gruppenfilter. Die stellen wir erst einmal zurück, dazu später mehr. Bis jetzt ist nur der Layer *0* in der Liste. Er ist in jeder Zeichnung vorhanden und kann auch nicht gelöscht werden. Wie aber kommen Sie zu neuen Layern?

Klicken Sie auf das Symbol zum Anlegen eines neuen Layers und ein neuer Layer wird in die Liste eingefügt. In diesem Moment ist der Layername noch markiert und Sie können ihn mit dem gewünschten Namen überschreiben. Außerdem können Sie in der letzten Spalte eine Beschreibung für den Layer eintragen. Klicken Sie noch einmal auf das Symbol, wird ein weiterer Layer angelegt. Ändern Sie die Namen nicht, erhalten sie zunächst fortlaufend nummerierte Namen: *Layer1*, *Layer2* usw. Die neuen Layer werden in die Liste aufgenommen.

> **TIPP**
>
> *Eigenschaften des Layereigenschaften-Managers*
>
> - Der Layereigenschaften-Manager ist seit AutoCAD 2009 interaktiv, das heißt Änderungen werden sofort in die Zeichnung übernommen und müssen nicht erst bestätigt werden.
> - Der Layereigenschaften-Manager ist eine Palette, die sich auch horizontal oder vertikal andocken lässt. Außerdem kann das Fenster auch transparent geschaltet werden, wenn es auf der Zeichenfläche liegt. Dadurch werden Änderungen in der darunter liegenden Zeichnung sichtbar.

> **INFO**
>
> *Layer umbenennen*
>
> In der ersten Spalte der Liste wird der Layername angezeigt. Wenn Sie den Namen anklicken, wird er markiert. Wenn Sie einen Namen zweimal anklicken (kein Doppelklick, Pause dazwischen), können Sie den Namen überschreiben. Mit einem weiteren Klick können Sie den Cursor setzen und den Namen ändern.

Layer, Farben, Linientypen und Linienstärken

Neue Layer anlegen

1. Legen Sie neue Layer an. Holen Sie sich dazu den LAYEREIGENSCHAFTEN-MANAGER auf den Bildschirm.
2. Erstellen Sie acht neue Layer. Benennen Sie sie um in: *Gewinde, Hilfslinien, Kontur, Masse, Mittellinien, Schraffur, Schrift* und *Verdeckt* (siehe Abbildung 4.2).

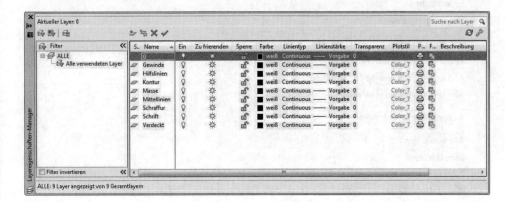

Abbildung 4.2: Neue Layer in der Liste

Layer zum aktuellen Layer machen

Ein Layer ist immer der aktuelle Layer. Auf diesem werden neue Objekte abgelegt. Der aktuelle Layer wird in einer Textzeile über der Layerliste angezeigt. Dies ist im Moment noch der Layer *0*, wie Sie in Abbildung 4.2 sehen.

Um einen anderen Layer zum aktuellen Layer zu machen, klicken Sie den Layer in der Liste an und er wird markiert. Klicken Sie dann auf das Symbol zum Setzen des aktuellen Layers, wird er in die Textzeile ganz oben übernommen. Sie können den aktuellen Layer aber auch einfacher wechseln, indem Sie den Layernamen in der Liste doppelt anklicken.

Kontextmenü in der Layerliste

Drücken Sie die rechte Maustaste in der Layerliste, bekommen Sie ein Kontextmenü, aus dem Sie die oben beschriebenen Funktionen ebenfalls wählen können (neuen Layer erstellen, Layer löschen usw. siehe Abbildung 4.3). Wollen Sie alle Layer markieren, wählen Sie den Eintrag ALLE AUSWÄHLEN und alle Layer werden markiert. Sie können alle Layer gemeinsam bearbeiten. Mit dem Eintrag ALLE LÖSCHEN werden die Markierungen wieder entfernt. Mit dem Eintrag ALLE AUSSER AKTUELLEN AUSWÄHLEN werden alle Layer außer dem aktuellen markiert. Klicken Sie den Eintrag AUSWAHL INVERTIEREN an, werden alle nicht markierten Layer markiert und bei allen markierten Layern wird die Markierung entfernt. Die restlichen Einträge beziehen sich auf die Layer in Ansichtsfenstern (siehe Kapitel 16.5) und die Layerfilter (siehe weiter unten in diesem Kapitel) sowie den Layerstatus (siehe Kapitel 19.1).

Abbildung 4.3:
Kontextmenü in der Layerliste

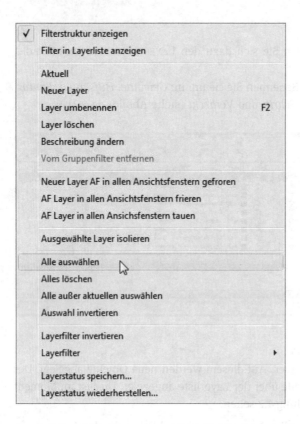

Layerstatus ändern

Layer lassen sich ein- und ausschalten und sind damit am Bildschirm sichtbar oder nicht. Sie lassen sich auch einfrieren und auftauen und sind damit ebenfalls sichtbar oder nicht. Wo liegt der Unterschied? Gefrorene Layer werden beim Bildaufbau nicht berücksichtigt. Der Bildaufbau erfolgt also wesentlich schneller, wenn Sie Layer, die längere Zeit nicht benötigt werden, einfrieren. Der Nachteil ist, dass beim Auftauen der komplette Bildschirm regeneriert werden muss, und das dauert bei sehr großen Zeichnungen einige Zeit. Beachten Sie: Bei kleineren Zeichnungen spielt es keine Rolle, ob Sie ausschalten oder einfrieren. Arbeiten Sie aber an sehr komplexen Zeichnungen, können Sie mit dem Einfrieren nicht benötigter Layer den Bildaufbau beschleunigen. Wollen Sie aber kurzfristig Objekte ausblenden, sollten Sie diese ausschalten.

Layer lassen sich sperren und entsperren. Objekte auf gesperrten Layern bleiben sichtbar, lassen sich aber nicht bearbeiten. Haben Sie Objekte, die Sie nicht verändern dürfen, dann sperren Sie den Layer, auf dem diese Objekte liegen. Ein Beispiel: Wollen Sie eine Wohnung oder ein Büro möblieren, dann sperren Sie den Layer mit dem Grundriss, damit Sie beim Verschieben der Möbel nicht versehentlich eine Wand verschieben.

Ein Layer kann plotbar oder nicht plotbar sein. Haben Sie Notizen und Hilfsgeometrien in der Zeichnung, die nicht geplottet werden sollen, dann schalten Sie die Layer, auf denen diese Objekte liegen, nicht plotbar.

Dies ist mithilfe der verschiedenen Symbole in der Layerliste möglich. Haben Sie einen oder mehrere Layer markiert, können Sie auf ein Symbol klicken und es wird für alle markierten Layer umgeschaltet.

Wenn kein Layer markiert ist, können Sie trotzdem einzelne Layer bearbeiten. Klicken Sie nur auf das entsprechende Symbol in der Liste und es wird umgeschaltet. Der Layer wird dabei markiert. Klicken Sie erneut auf das Symbol, wird erneut umgeschaltet. Die Symbole (von links nach rechts) haben folgende Funktionen:

– Glühlampe ein – Glühlampe aus	– Layer ein – Layer aus
– Sonne – Eiskristall	– Layer getaut – Layer gefroren
– Vorhängeschloss offen – Vorhängeschloss geschlossen	– Layer entsperrt – Layer gesperrt
In der letzten Spalte: – Druckersymbol – Druckersymbol ausgekreuzt	– Layer plotbar – Layer nicht plotbar

- Der aktuelle Layer kann zwar ausgeschaltet werden, was aber nicht sinnvoll ist, da dann gezeichnete Objekte nicht angezeigt werden. Falls Sie es trotzdem tun, erhalten Sie eine Warnung und die Funktion wird trotzdem ausgeführt.
- Den aktuellen Layer sollten Sie nicht sperren, da Zeichenfehler dann nicht mehr korrigiert werden können.
- Es ist nicht möglich, den aktuellen Layer einzufrieren.
- Mit einem Rechtsklick in der Überschriftenzeile der Layerliste können Sie in einem Kontextmenü wählen, welche Informationen in der Layerliste des Layereigenschaften-Managers angezeigt werden sollen.
- In der letzten Spalte der Layerliste befindet sich ein Beschreibungsfeld. Hier könnten Sie beispielsweise Bemerkungen über den Inhalt dieses Layers eintragen. Das Feld wird aber nur im Layereigenschaften-Manager angezeigt.
- Mit dem Schalter AKTUALISIEREN wird die Layerliste aktualisiert. Eventuell neu eingefügte Layer werden dabei alphabetisch sortiert.

Layerstatus in der Funktionsleiste und in der Multifunktionsleiste

Wenn Sie einen Layer ein- oder ausschalten oder den aktuellen Layer wechseln wollen, müssen Sie sich nicht jedes Mal das Dialogfeld auf den Bildschirm holen, das geht einfacher und schneller. In der Funktionsleiste LAYER haben Sie ein Abrollmenü. Im Textfeld werden der Name und der Status des aktuellen Layers angezeigt. Wenn Sie ins Namensfeld oder auf den Pfeil rechts davon klicken, wird das Abrollmenü ausgeklappt (siehe Abbildung 4.4).

Abbildung 4.4:
Abrollmenü zur Einstellung des Layerstatus

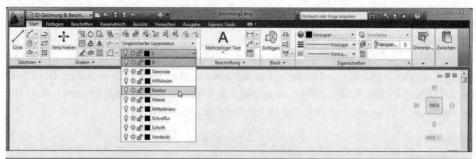

Klicken Sie auf einen anderen Layernamen, wird dieser zum aktuellen Layer, das Abrollmenü verschwindet und der neue aktuelle Layer wird in diesem Feld angezeigt.

Dieselben Symbole wie im LAYEREIGENSCHAFTEN-MANAGER finden Sie auch im Abrollmenü. Klicken Sie vor dem Layer, den Sie ändern wollen, auf ein Symbol, wird der Status umgeschaltet. Sie können auch nacheinander mehrere Symbole anklicken. Wenn Sie danach in die Zeichenfläche klicken, verschwindet das Abrollmenü wieder und die Layer werden entsprechend geschaltet.

 Layer löschen

Einen Layer können Sie nur dann löschen, wenn keine Objekte darauf gezeichnet wurden.

 Markieren Sie den Layer und klicken Sie auf das Symbol zum Löschen, der Layer wird gelöscht. Befinden sich Objekte auf dem Layer, erscheint eine Fehlermeldung, der Layer wird nicht gelöscht. Alle Objekte auf dem Layer müssen zuerst gelöscht werden. Die Layer *0, Defpoints* (wird beim Bemaßen automatisch vom Programm angelegt) und den aktuellen Layer können Sie nicht löschen. Auch Layer von externen Referenzen (siehe Kapitel 11.9) lassen sich nicht löschen. Sie erkennen es am Symbol vor dem Layernamen: Ist es hellgrau, kann der Layer gelöscht werden, ist es dunkel, können Sie diesen Layer nicht löschen.

Layer, Farben, Linientypen und Linienstärken

Layern Farben zuweisen

Einem Layer kann eine Farbe zugewiesen werden. Ist der Layer aktuell, wird mit der Farbe gezeichnet, die diesem Layer zugewiesen ist. Markieren Sie ein oder mehrere Layer im Dialogfeld. Klicken Sie dann auf das Farbfeld oder den Farbnamen in der Liste, wird ein weiteres Dialogfeld zur Farbauswahl (siehe Abbildung 4.5) angezeigt.

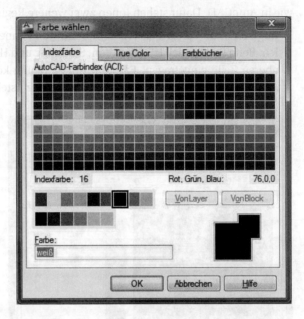

Abbildung 4.5: Dialogfeld zur Farbauswahl

In diesem Dialogfeld können Sie aus 255 Farben wählen. Die Farben 1 bis 7 sind Standardfarben, die auch mit dem Farbnamen angegeben werden können: 1 = Rot, 2 = Gelb, 3 = Grün, 4 = Cyan, 5 = Blau, 6 = Magenta und 7 = Weiß. Die Farbe 7, Weiß, wird bei schwarzem Bildschirmhintergrund weiß angezeigt, bei weißem Hintergrund jedoch schwarz.

Sie können eine Farbnummer oder den Namen einer Standardfarbe im untersten Feld des Dialogfelds eintragen (1 bis 255), und die zugehörige Farbe wird im Farbfeld daneben angezeigt. Wenn Sie dagegen ein Farbfeld aus der angezeigten Palette anklicken, wird die Farbnummer bzw. der Farbname eingetragen und im Farbfeld angezeigt. Durch Anklicken von OK kommen Sie wieder zum ursprünglichen Dialogfeld zurück, und die neue Farbe ist den markierten Layern zugeordnet.

Layern Farben zuweisen

1. Wählen Sie wieder den Befehl LAYER und Sie haben wieder das Dialogfeld auf dem Bildschirm.
2. Ändern Sie die Farben wie folgt (siehe Abbildung 4.11): *0*: Farbe 7 (Weiß), *Gewinde*: Farbe 2 (Gelb), *Hilfslinien*: Farbe 4 (Cyan), *Kontur*: Farbe 1 (Rot), *Masse*:

Farbe 3 (Grün), *Mittellinien*: Farbe 4 (Cyan), *Schraffur*: Farbe 5 (Blau), *Schrift*: Farbe 2 (Gelb) und *Verdeckt*: Farbe 6 (Magenta).

True-Color-Auswahl

In AutoCAD LT hatten Sie in den vorherigen Versionen nur die Auswahl aus den 255 Farben. Seit der Version 2009 haben Sie in LT die Auswahl aus dem vollen Farbspektrum wie in AutoCAD. Dafür stehen Ihnen zwei weitere Registerkarten zur Verfügung.

- **Register True Color:** Den True-Color-Farbton können Sie aus einem Farbwähler wählen. Beim Farbmodell HSL (Farbton, Sättigung und Helligkeit) werden die Werte in der oberen Zeile eingetragen. Farbton und Sättigung können Sie aber auch im Farbfeld anklicken und die Helligkeit am Schieberegler einstellen (siehe Abbildung 4.6).

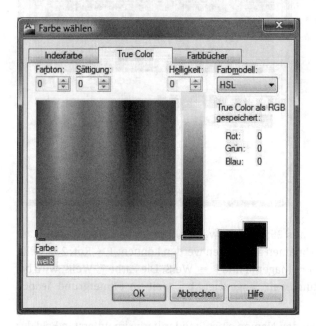

Abbildung 4.6: True-Color-Auswahl nach Farbmodell HSL

Beim Farbmodell RGB (Rot, Grün und Blau) können Sie den Farbton mit drei Schiebereglern aus den Grundfarben mischen, Farbwerte aber auch direkt eintragen (siehe Abbildung 4.7).

- **Register Farbbücher:** Der Farbton kann auch aus Farbbüchern gewählt werden. Es stehen die Pantone-Farbbücher aus der Drucktechnik und die RAL-Farbbücher aus der Lackiertechnik zur Auswahl (siehe Abbildung 4.8).

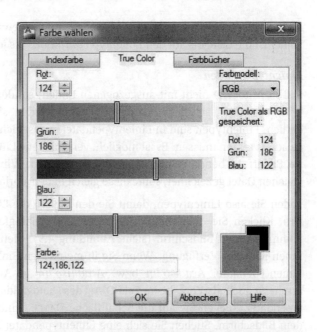

Abbildung 4.7:
True-Color-Auswahl nach Farbmodell RGB

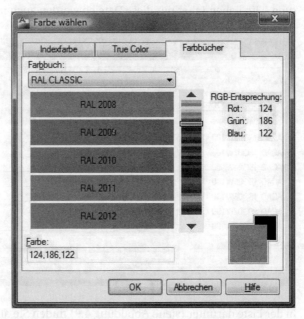

Abbildung 4.8:
True-Color-Auswahl nach Farbbüchern

Layern Linientypen zuweisen

So wie Sie einem Layer eine Farbe zugewiesen haben, können Sie ihm auch einen neuen Linientyp zuweisen. Ist der Layer aktuell, wird mit dem Linientyp gezeichnet, der mit diesem Layer verknüpft ist. Markieren Sie wieder einen oder auch mehrere Layer und klicken Sie auf den Linientypnamen. In einem weiteren Dialogfeld (siehe Abbildung 4.10) können Sie den Linientyp markieren, den Sie den angewählten Layern zuweisen wollen. Leider ist die Liste bis auf den Linientyp *Continuous* bis jetzt noch leer.

Linientypen laden

Soll in AutoCAD nicht mit ausgezogenen Linien, sondern mit strichpunktierten Mittellinien oder mit gestrichelten Linien gezeichnet werden, so sind andere Linientypen erforderlich. Linientypen sind in Linientypendateien gespeichert, die zuerst in die Zeichnung geladen werden müssen. Es ist möglich, verschiedene Linientypendateien anzulegen und bei Bedarf die benötigte in die Zeichnung zu laden. Wird normalerweise immer mit der gleichen Datei gezeichnet, sollte diese gleich in den Vorlagen geladen sein.

Laden Sie also Linientypen, damit Sie den Layern die Linientypen auch zuweisen können. Klicken Sie die Schaltfläche LADEN... im Dialogfeld an. Ein weiteres Dialogfeld kommt auf den Bildschirm (siehe Abbildung 4.9). Mehrere Linientypendateien stehen Ihnen jetzt zur Verfügung. Wenn Sie in metrischen Einheiten zeichnen, sollten Sie die Linientypendatei *Acadiso.lin* bzw. *Acadltiso.lin* in AutoCAD LT verwenden. Diese erscheint auch als Vorgabe im Feld DATEI des Dialogfelds. Wollen Sie eine andere Linientypendatei, klicken Sie auf die Schaltfläche DATEI... und der Dateiwähler erscheint auf dem Bildschirm. Suchen Sie sich eine Linientypendatei aus. Sie muss die Dateierweiterung *.lin* haben (aber nur diese Dateien werden auch im Fenster angezeigt).

Abbildung 4.9:
Dialogfeld zum Laden von Linientypen

In der Liste darunter (siehe Abbildung 4.9) finden Sie alle Linientypen, die in der Linientypendatei gespeichert sind. Markieren Sie die Linientypen, die Sie in Ihrer Zeichnung benötigen. Drücken Sie die rechte Maustaste in der Liste und es erscheint ein Kontextmenü mit den Einträgen ALLE AUSWÄHLEN und ALLE LÖSCHEN. Meist ist es sinnvoll, alle Linientypen aus der Datei in die Zeichnung zu laden. Mit OK werden die markierten Linientypen in die Zeichnung übernommen (siehe Abbildung 4.10) und können dann den entsprechenden Layern zugeordnet werden (siehe Abbildung 4.11).

Layer, Farben, Linientypen und Linienstärken

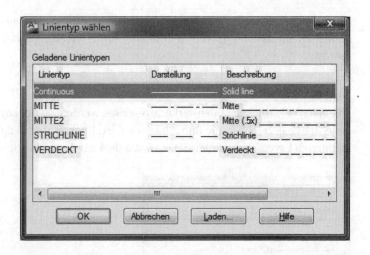

Abbildung 4.10:
Dialogfeld mit den geladenen Linientypen

Linientypen laden und zuweisen

1. Klicken Sie die Schaltfläche LADEN... an.
2. Markieren Sie die Linientypen, die Sie voraussichtlich benötigen, in der Datei *Acadiso.lin* bzw. *Acadltiso.lin* (in AutoCAD LT) und laden Sie sie in die Zeichnung. Nun haben Sie alle Linientypen in der Liste und Sie können sie den Layern zuordnen (siehe Abbildung 4.11).
3. Jetzt können Sie im Dialogfeld zur Layersteuerung einen Layer markieren, auf den Linientypnamen klicken und aus der Liste des folgenden Dialogfelds einen Linientyp für diesen Layer auswählen.
4. Weisen Sie dem Layer *Mittellinien* den Linientyp *MITTE* und dem Layer *Verdeckt* den Linientyp *VERDECKT* zu.
5. Alle anderen Layer belassen Sie beim Linientyp *Continuous* bzw. weisen ihnen diesen wieder zu, wenn Sie schon Änderungen vorgenommen haben.

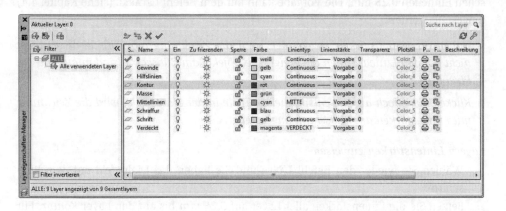

Abbildung 4.11:
Layern zugeordnete Farben und Linientypen

Beachten Sie, dass die meisten Linientypen dreifach vorkommen, zum Beispiel Mitte, Mitte2 mit Segmenten, die nur halb so lang sind, und MitteX2 mit doppelt so langen Segmenten.

 Layern Linienstärken zuweisen

Einem Layer kann eine Linienstärke zugewiesen werden. Ist der Layer aktuell, wird mit der Linienstärke gezeichnet, die ihm zugewiesen ist. Klicken Sie auf das Linienstärke-Feld des markierten Layers, bekommen Sie ein Dialogfeld zur Auswahl (siehe Abbildung 4.12).

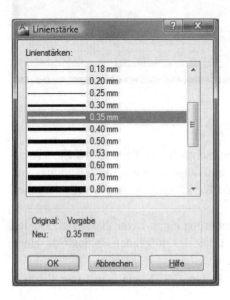

Abbildung 4.12: Dialogfeld zur Auswahl der Linienstärken

Markieren Sie eine Linienstärke und klicken Sie auf OK, dann wird diese Linienstärke diesem Layer zugeordnet. Die Vorgabe beträgt normalerweise bei Zeichnungen in metrischen Einheiten 0,25 mm. Die Vorgabe kann mit dem Befehl LSTÄRKE (siehe Kapitel 4.4) umgestellt werden.

 ■ *Haben Sie Linienstärken zugeordnet, wird die Zeichnung am Bildschirm trotzdem nicht mit den Linienstärken angezeigt. Die Objekte am Bildschirm sind immer nur ein Pixel breit.*

 ■ *Klicken Sie jedoch auf die entsprechende Taste in der Statuszeile, wird die Zeichnung mit Linienstärken am Bildschirm angezeigt.*

 Layern Linienstärken zuweisen

1. Wählen Sie wieder den Befehl LAYER und Sie haben das Dialogfeld auf dem Bildschirm.
2. Setzen Sie die Linienstärken aller Layer auf *0,25 mm* bis auf den Layer *Kontur*. Für diesen stellen Sie *0,35 mm* ein. Den Layer *0* müssen Sie nicht ändern.
3. Schalten Sie den Layer *Hilfslinien* als nicht plotbar.

Layer, Farben, Linientypen und Linienstärken

Layern Transparenz zuweisen

Einem Layer kann seit AutoCAD 2011 Transparenz zugewiesen werden. Ist der Layer aktuell, werden die Objekte mit der Transparenz dargestellt, die dem Layer zugewiesen ist. Darunter liegende Objekte werden so sichtbar. Das ist immer dann sichtbar, wenn Sie mit Schraffuren ausgefüllten Flächen arbeiten (siehe Kapitel 8.1). Klicken Sie auf das Transparenzfeld des markierten Layers, bekommen Sie ein Dialogfeld zur Einstellung der Transparenz (siehe Abbildung 4.13).

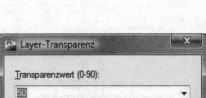

Abbildung 4.13: Dialogfeld zur Einstellung der Transparenz

Geben Sie einen Wert (Angabe in %) ein, der dann diesem Layer zugeordnet wird, und klicken Sie auf OK.

- *Haben Sie Layern eine Transparenz zugeordnet, wird die Zeichnung am Bildschirm unter Umständen trotzdem nicht transparent angezeigt.*
- *Klicken Sie jedoch auf die Taste in der Statuszeile, werden die entsprechenden Objekte transparent angezeigt.*
- *Beim Plotten (siehe Kapitel 15.2) können Sie wählen, ob die Objekte transparent (entsprechend den eingestellten Werten) oder deckend ausgedruckt werden sollen.*

Layer Transparenz zuweisen

1. Wählen Sie wieder den Befehl LAYER und Sie haben das Dialogfeld auf dem Bildschirm.
2. Setzen Sie die Transparenz des Layers *Schraffur* auf 50%.

Das Dialogfeld des Befehls LAYER sollte jetzt wie in Abbildung 4.14 aussehen. Sollte ein Layer *Defpoints* angezeigt werden, so ist dies ist ein Systemlayer, auf dem die Startpunkte von Maßen liegen. Er ist nur dann vorhanden, wenn Sie schon einmal ein Maß gesetzt haben. Er kann dann nicht mehr gelöscht werden.

Layern Plotstile zuordnen

Sie können in AutoCAD mit farbabhängigen oder benannten Plotstilen arbeiten. Das legen Sie beim Start einer neuen Zeichnung mit der Auswahl der Vorlage fest. Alles zu Plotstilen erfahren Sie in den Kapiteln 15.6 bis 15.9. Arbeiten Sie in einer Zeichnung mit benannten Plotstilen, können Sie einzelnen Objekten oder einem Layer einen Plotstil zuordnen.

Bei einer Zeichnung mit benannten Plotstilen werden Objekte eines Layers mit dem Plotstil geplottet, der dem Layer zugeordnet ist, auf dem das Objekt gezeichnet wurde. Klicken Sie im LAYEREIGENSCHAFTEN-MANAGER bei einem oder mehreren markierten Layern, erscheint ein Dialogfeld zur Auswahl eines Plotstils.

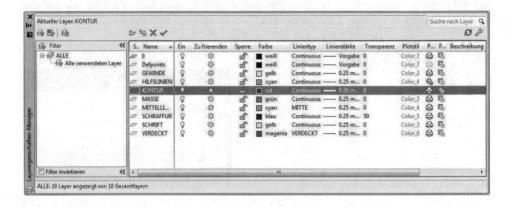

Abbildung 4.14:
Dialogfeld mit den aktuellen Layereinstellungen

4.2 Linientypen und Linientypenfaktoren

Wenn Sie konsequent mit der Layertechnik arbeiten, können Sie fast alle Einstellungen mit dem Befehl LAYER vornehmen. Brauchen Sie einen anderen Linientyp, legen Sie einen Layer an und ordnen diesem den gewünschten Linientyp zu. Trotzdem ist es in AutoCAD möglich, unabhängig vom Layer einen Linientyp zu wählen.

Befehl Linientyp

Mit dem Befehl LINIENTYP können Sie den aktuellen Linientyp wählen und Linientypen aus einer Linientypendatei laden. Den Befehl finden Sie:

- Multifunktionsleiste: Abrollmenü im Register START, Gruppe EIGENSCHAFTEN und Auswahl des Eintrags SONSTIGE...
- Menüleiste FORMAT, Funktion LINIENTYP...

In einem Dialogfeld können Sie den Linientyp wählen, mit dem gezeichnet werden soll, den aktuellen Linientyp (siehe Abbildung 4.15).

Wie bei den Layern können Sie hier den aktuellen Linientyp ändern. Markieren Sie einen Linientyp in der Liste und klicken auf die Schaltfläche AKTUELL, der Linientyp wird zum aktuellen Linientyp. Alle Objekte, die von jetzt an gezeichnet werden, werden mit diesem Linientyp gezeichnet.

Normalerweise sollten Sie den aktuellen Layer immer auf der Einstellung VonLayer belassen. Die Objekte werden mit dem Linientyp gezeichnet, der dem aktuellen Layer zugeordnet ist. Nur so erhält die Zeichnung eine eindeutige Struktur. Ist kein Layer vorhanden, dem dieser Linientyp zugeordnet ist, erzeugen Sie einen neuen Layer und weisen Sie diesem den

gewünschten Linientyp zu (siehe oben). Machen Sie diesen Layer zum aktuellen Layer. Nur so haben Sie eine eindeutige Zuordnung von Layer zu Linientyp.

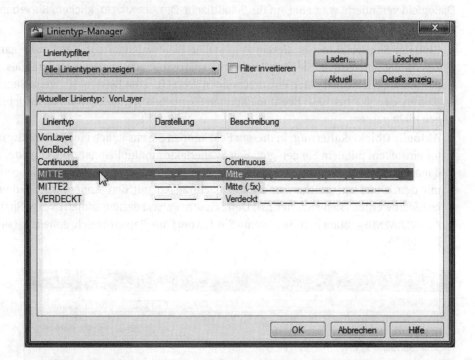

Abbildung 4.15:
Dialogfeld zur Wahl des aktuellen Linientyps

Linientypen laden und löschen

Mit der Schaltfläche LADEN... kommen Sie zum Dialogfenster LINIENTYPEN LADEN ODER NEU LADEN. Das Dialogfeld und die Funktionen sind mit denen des Befehls LAYER (siehe Abbildung 4.9 und Kapitel 4.1) identisch.

Linientypen können Sie in AutoCAD auch wieder aus der Zeichnung löschen. Markieren Sie einen oder mehrere Linientypen und klicken Sie auf LÖSCHEN. Nicht gelöscht werden können die Einträge *VonLayer*, *VonBlock*, *Continuous*, der aktuelle Linientyp, Linientypen von externen Referenzen und die, mit denen Objekte gezeichnet wurden, oder die Layern zugeordnet sind. Ein entsprechendes Warnfenster weist Sie darauf hin.

Skalierfaktor einstellen

Linientypen sind in der Linientypendatei in einem bestimmten Maßstab definiert. Werden sie in eine Zeichnung geladen, kann es sein, dass der Abstand der Strichelung der Linientypen nicht zu dieser Zeichnung passt. Ist er zu klein, sind die Segmente so eng beieinander, dass sie wie ausgezogene Linien erscheinen. Ist er zu groß, kann ein Segment schon die ganze Linie darstellen, gestrichelte Linien werden dann ebenfalls durchgezogen am Bildschirm dargestellt.

Den Faktor können Sie in der Zeichnung global einstellen, das heißt, er gilt für alle unterbrochenen Linien in dieser Zeichnung. Den globalen Skalierfaktor können Sie in diesem Dialogfeld verändern, wenn Sie auf die Schaltfläche DETAILS ANZEIG. klicken. Sie erhalten zusätzliche Einstellmöglichkeiten (siehe Abbildung 4.16).

- **Globaler Skalierfaktor:** In diesem Feld stellen Sie den Faktor ein, der für die ganze Zeichnung gilt. Wollen Sie Ihre Zeichnung später in einem anderen Maßstab als 1:1 plotten, tragen Sie hier einen entsprechenden Wert ein, zum Beispiel 10, wenn Sie 1:10 plotten, oder 0.1 bei 10:1. Eventuell können Sie noch korrigieren, wenn die Strichlängen nicht passen.
- **Aktuelle Objektskalierung:** In diesem Feld können Sie zusätzlich einen Korrekturfaktor einstellen, mit dem Sie den globalen Skalierfaktor multiplizieren. Alle Objekte, die danach gezeichnet werden, werden um diesen Faktor korrigiert. Dieser Faktor wird mit dem Objekt gespeichert und kann nachträglich mit den Änderungsfunktionen geändert werden (siehe Kapitel 13). Den Schalter PAPIERBEREICHSEINHEITEN ZUM SKALIEREN VERWENDEN brauchen Sie, wenn Sie Layouts im Papierbereich erstellen (siehe Kapitel 16).

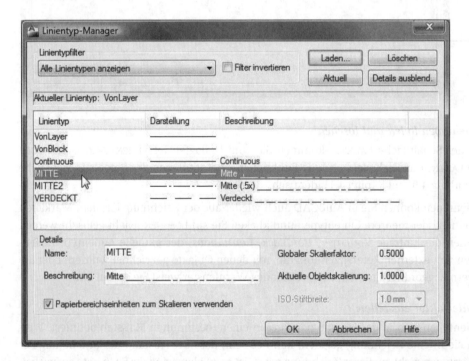

Abbildung 4.16: Dialogfeld mit erweiterten Funktionen

Außerdem haben Sie die Möglichkeit, den Namen und die Beschreibung des Linientyps zu ändern. Markieren Sie den Layer, den Sie ändern wollen, und bearbeiten Sie die Felder unter der Liste.

Mit der Schaltfläche DETAILS AUSBLEND. wird das Dialogfeld wieder in der vorherigen Form nur mit Liste angezeigt (siehe Abbildung 4.15).

Skalierfaktor einstellen
Stellen Sie den GLOBALEN SKALIERFAKTOR auf 0.5 ein.

Linientypen in der Multifunktionsleiste und in der Funktionsleiste Eigenschaften
- In der Multifunktionsleiste (Register START, Gruppe EIGENSCHAFTEN) und in der Funktionsleiste EIGENSCHAFTEN haben Sie jeweils ein Abrollmenü, aus dem Sie den aktuellen Linientyp wählen können.
- Belassen Sie auch hier die Einstellung auf VONLAYER. Der Layer soll den Linientyp bestimmen. Nur in seltenen Einzelfällen ist eine Ausnahme zulässig, beispielsweise wenn Sie nur ein Objekt mit einem speziellen Linientyp benötigen. Dann können Sie den Linientyp umstellen. Vergessen Sie aber nicht, ihn danach wieder auf VONLAYER zu setzen, denn sonst werden alle Objekte ab diesem Zeitpunkt so gezeichnet. In den Abrollmenüs finden Sie alle geladenen Linientypen. Mit dem Eintrag SONSTIGE... bekommen Sie das Dialogfeld für die Linientypen.

4.3 Die aktuelle Farbe

Wie Sie einen aktuellen Linientyp wählen, ist es zusätzlich möglich, eine aktuelle Farbe zu wählen. Alle neuen Objekte werden dann in dieser Farbe gezeichnet. Auch hier gilt: Lassen Sie die Farbe auf VONLAYER, dann wird mit der Farbe gezeichnet, die dem aktuellen Layer zugeordnet ist.

Befehl Farbe
Mit dem Befehl FARBE ändern Sie die aktuelle Zeichenfarbe. Sie finden den Befehl:

- Multifunktionsleiste: Abrollmenü im Register START, Gruppe EIGENSCHAFTEN und Auswahl des Eintrags FARBEN AUSWÄHLEN...
- Menüleiste FORMAT, Funktion FARBE...

In einem Dialogfeld (siehe Abbildungen 4.5 bis 4.8, Kapitel 4.1) können Sie die aktuelle Farbe wählen, mit der gezeichnet werden soll.

Klicken Sie ein Farbfeld an, wenn Sie die aktuelle Farbe wechseln wollen. Belassen Sie es aber besser bei VONLAYER und legen Sie einen neuen Layer an, wenn Sie eine neue Farbe in der Zeichnung benötigen. Diesem können Sie dann die gewünschte Farbe zuordnen.

Farbe in der Multifunktionsleiste und in der Funktionsleiste Eigenschaften
- In der Multifunktionsleiste (Register START, Gruppe EIGENSCHAFTEN) und in der Funktionsleiste EIGENSCHAFTEN können Sie die aktuelle Farbe in einem Abrollmenü wählen.
- Hier finden Sie VONLAYER, die Standardfarben sowie einen Eintrag FARBE AUSWÄHLEN..., mit dem Sie wieder zum Dialogfeld zur Farbwahl kommen (siehe Abbildung 4.5 bis 4.8).

4.4 Die aktuelle Linienstärke

Die aktuelle Linienstärke können Sie ebenfalls unabhängig vom Layer auf einen festen Wert setzen. Auch bei der Linienstärke sollten Sie immer mit der Einstellung VONLAYER zeichnen, also mit der Linienstärke, die dem aktuellen Layer zugeordnet ist.

Befehl Lstärke

Mit dem Befehl LSTÄRKE ändern Sie die aktuelle Linienstärke. Sie finden den Befehl:

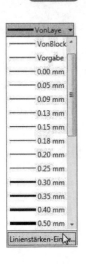

- Multifunktionsleiste: Abrollmenü im Register START, Gruppe EIGENSCHAFTEN und Auswahl des Eintrags LINIENSTÄRKEN-EINSTELLUNGEN...
- Menüleiste FORMAT, Funktion LINIENSTÄRKE...
- Rechtsklick auf die Taste LST in der Statuszeile und Auswahl der Funktion EINSTELLUNGEN... aus dem Kontextmenü

Sie bekommen das Dialogfeld für die Linienstärken (siehe Abbildung 4.17). Wählen Sie die aktuelle Linienstärke in der linken Liste, wenn Sie Änderungen vornehmen wollen. Dort finden Sie auch die Einstellungen VONLAYER und VORGABE. Weitere Einstellungen, die Sie in diesem Dialogfeld vornehmen können, sind:

- **Einheiten zum Auflisten:** Wählen Sie, ob Sie die Linienstärken in der Liste in Millimeter oder Zoll messen wollen.
- **Linienstärken anzeigen:** Ist der Schalter ein, werden die Linienstärken am Bildschirm angezeigt, ansonsten werden sie nur ein Pixel breit am Bildschirm dargestellt.
- **Vorgabe:** Haben Sie den Layern keine Linienstärke zugeordnet, dann gilt die Vorgabe, die Sie damit einstellen können. Standardmäßig ist eingestellt: 0,25 mm oder 0,01«.
- **Anzeigeskalierung anpassen:** An einem Schieberegler können Sie einstellen, wie deutlich die Linienstärken am Bildschirm angezeigt werden sollen.

Abbildung 4.17: Dialogfeld zur Wahl der Vorgabelinienstärke

Linienstärke in der Multifunktionsleiste und in der Funktionsleiste Eigenschaften
- *Ein weiteres Abrollmenü in der Multifunktionsleiste (Register START, Gruppe EIGENSCHAFTEN) und in der Funktionsleiste EIGENSCHAFTEN dient der Auswahl der aktuellen Linienstärke. Auch hier können Sie VONLAYER und VORGABE wählen.*

4.5 Die aktuelle Transparenz

Auch der aktuellen Transparenz können Sie unabhängig vom Layer einen festen Wert zuweisen. Normalerweise sollten Sie aber immer mit der Einstellung VONLAYER zeichnen, also mit der Transparenz, die dem aktuellen Layer zugeordnet ist.

Transparenz einstellen

Die Transparenz können Sie wie folgt einstellen und ändern:
- Multifunktionsleiste: Register START, Gruppe EIGENSCHAFTEN
- Menüleiste FORMAT, Funktion TRANSPARENZ

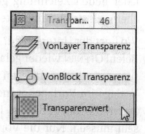

Abbildung 4.18: Einstellung der Transparenz

Folgende Möglichkeiten stehen Ihnen zur Verfügung:
- Stellen Sie am Schieberegler (siehe Abbildung 4.18) eine Transparenz ein oder tragen Sie einen Wert im Feld dahinter ein und alle danach erstellten Objekte werden mit diesem Transparenzwert gezeichnet. Das ist unabhängig davon, welcher Transparenzwert dem aktuellen Layer zugeordnet ist.
- Wählen Sie im Abrollmenü (siehe Abbildung 4.18) die Einstellung VONLAYER TRANSPARENZ, werden alle danach erstellten Objekte mit dem Transparenzwert gezeichnet, der dem aktuellen Layer zugeordnet ist.
- Wählen Sie die Funktion in der Menüleiste, können Sie im Befehlszeilenfenster den Transparenzwert eintragen:

Befehl: '_cetransparency
Neuen Wert für CETRANSPARENCY eingeben <VonLayer>: **Wert eingeben oder VonLayer**

- Der Wert für die Transparenz kann zwischen 0 und 90 variieren. Je höher der Wert ist, desto transparenter werden die Objekte dargestellt.
- Haben Sie schon gezeichnete Objekte angewählt, können Sie die Transparenz für diese Objekte am Schieberegler einstellen oder dahinter als Zahlenwert eintragen. Sie können dafür aber auch im Abrollmenü die Einstellung VONLAYER TRANSPARENZ aus-

wählen und die Objekte erhalten wieder die Transparenz, die ihrem Layer zugeordnet ist.

- *Haben Sie beim Zeichnen eine Transparenz zugeordnet, wird die Zeichnung am Bildschirm unter Umständen trotzdem nicht transparent angezeigt.*
- *Klicken Sie jedoch auf die Taste in der Statuszeile werden die entsprechenden Objekte transparent angezeigt.*
- *Beim Plotten (siehe Kapitel 15.2) können Sie wählen, ob die Objekte transparent (entsprechend den eingestellten Werten) oder deckend ausgedruckt werden sollen.*
- *Die Transparenz bereits gezeichneter Objekte können Sie auch mit den Änderungsfunktionen (siehe Kapitel 4.8 und 13.1 bis 13.3) ändern.*

4.6 Die Zeichnung speichern

Um Ihrer Zeichnung einen Namen zu geben, speichern Sie sie, auch wenn sie im Moment noch nichts enthält außer den Einstellungen. Trotzdem steckt Arbeit drin, die nicht bei jeder neuen Zeichnung gemacht werden muss. Sie können jetzt auf zwei Arten speichern: als Zeichnungsdatei oder als Zeichnungsvorlage.

Wo liegt der Unterschied? Eine Zeichnungsdatei (Dateierweiterung *.dwg) kann mit dem Befehl ÖFFNEN wieder geladen und weiter bearbeitet werden. Eine Vorlage (Dateierweiterung *.dwt) wird dagegen als Start für eine neue Zeichnung verwendet. Sie muss dazu als Vorlage im Vorlagenordner gespeichert werden. Sie können die Vorlage auch in einem anderen Ordner ablegen. Denken Sie aber daran, dass Sie dann immer den Ordner wechseln müssen. Nur die Vorlagen aus dem Vorlagenordner werden im Dialogfeld für eine neue Zeichnung aufgelistet.

Speichern der Zeichnung

Sie haben zwei Möglichkeiten: Sie speichern die Zeichnung unter ihrem bisherigen Namen oder unter einem neuen Namen. Das machen Sie mit dem Befehl KSICH (speichern unter dem bisherigen Namen) oder SICHALS (speichern unter einem neuen Namen). Zunächst der Befehl KSICH:

- Menübrowser, Funktion SPEICHERN
- Symbol Werkzeugkasten SCHNELLZUGRIFF
- Menüleiste DATEI, Funktion SPEICHERN
- Symbol in der STANDARD-FUNKTIONSLEISTE

Wurde die Zeichnung noch nie gespeichert, hat sie den Namen *ZeichnungX.dwg*. In diesem Fall erscheint auch beim Befehl KSICH das Dialogfeld zur Dateiwahl auf dem Bildschirm (siehe Abbildung 4.16). Wählen Sie das Verzeichnis und geben Sie den Namen ein, unter dem die Zeichnung gesichert werden soll. Hat die Zeichnung schon einen Namen, wird der Befehl ohne weitere Anfrage ausgeführt.

Die Zeichnung speichern

Mit dem Befehl SICHALS wird ein neuer Zeichnungsname angefragt. Den Befehl finden Sie:

- Menübrowser, Menü SPEICHERN UNTER, Funktion AutoCAD-ZEICHNUNG
- Menüleiste DATEI, Funktion SPEICHERN UNTER...

Sie bekommen das Dialogfeld zur Dateiauswahl (siehe Abbildung 4.19) auf den Bildschirm.

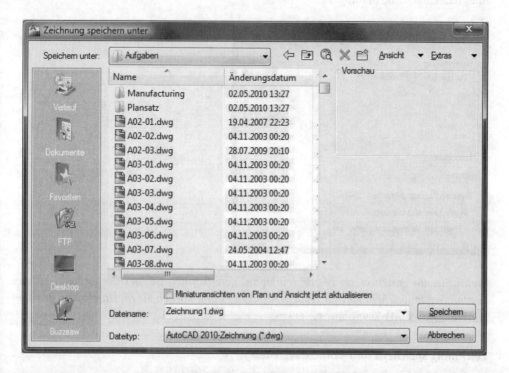

Abbildung 4.19: Dialogfenster zum Speichern

Der bisherige Name erscheint als Vorgabe und kann mit OK übernommen werden oder Sie geben einen neuen Namen ein. Sie können auch einen Namen aus der Dateiliste durch Anklicken wählen. Dann überschreiben Sie aber diese Datei, was Ihnen in einer Warnmeldung mitgeteilt wird. Selbstverständlich stehen Ihnen auch wieder alle Funktionen wie beim Öffnen von Zeichnungen zur Verfügung (siehe Kapitel 2.3). Sie können Laufwerke und Ordner wechseln, die Anzeige verändern, Ordner anlegen usw.

Im Abrollmenü DATEITYP kann eingestellt werden, wie gespeichert werden soll. Sie haben die Möglichkeit als *AutoCAD-2010-Zeichnung (*.dwg)* oder als Zeichnungsvorlage *AutoCAD-Zeichnungsvorlage (*.dwt)* zu speichern. AutoCAD 2010 und AutoCAD 2011 haben das gleiche Dateiformat. Wenn Sie Zeichnungsdateien mit Partnern austauschen, die noch mit älteren AutoCAD-Versionen oder anderen CAD-Programmen arbeiten, können Sie das entsprechende Format auch in diesem Abrollmenü wählen (siehe Kapitel 17).

Haben Sie *AutoCAD-Zeichnungsvorlage (*.dwt)* eingestellt, wird automatisch in den Vorlagenordner gewechselt. Sie können auch einen anderen Ordner wählen, was aber, wie oben schon erwähnt, nicht ratsam ist. Nachdem Sie auf OK geklickt haben, erscheint ein weiteres Dialogfeld, in dem Sie die Vorlagenbeschreibung eingeben können (siehe Abbildung 4.20). Den vorgegebenen Standardtext können Sie überschreiben. Im Abrollmenü legen Sie fest, ob Sie metrische oder britische Einheiten in dieser Vorlage haben wollen. Die beiden unteren Schalter legen fest, ob Sie eine Benachrichtigung haben wollen, wenn in einer Zeichnung neue Layer angelegt wurden, die mit dieser Vorlage begonnen wurden. Alles dazu finden Sie in Kapitel 19.

Abbildung 4.20:
Beschreibung der Vorlage

Wenn Sie die Funktion im Menübrowser wählen, können Sie bei der Anwahl schon bestimmen, in welchem Format gespeichert werden soll. Klicken Sie im Untermenü auf die Funktion AUTOCAD-ZEICHNUNGSVORLAGE.

Zeichnung speichern und Vorlage erstellen

1. Speichern Sie den momentanen Stand der Zeichnung ab.
2. Speichern Sie zudem den jetzigen Stand als Zeichnungsvorlage *Kompendium.dwt* im voreingestellten Vorlagenordner ab. Geben Sie eine Vorlagenbeschreibung ein.
3. Sie haben auch eine Vorlage *Kompendium.dwt* im Übungsordner.
4. Beenden Sie AutoCAD.

Backup-Dateien und automatische Speicherung

AutoCAD verwaltet neben der Zeichnungsdatei auch eine Sicherungsdatei, die sogenannte Backup-Datei. Sie hat den gleichen Namen wie die Zeichnung, aber die Dateierweiterung *.bak*. Beim Sichern wird die Zeichnungsdatei in die Backup-Datei kopiert und der aktuelle Stand gesichert. Wenn Sie jetzt weiterarbeiten, haben Sie den aktuellen Stand auf dem Bildschirm, den letzten Stand in der Zeichnungsdatei mit der Erweiterung *.dwg* und den vorletzten Stand in der Backup-Datei mit der Erweiterung *.bak*. Benennen Sie im Notfall die Backup-Datei in eine Zeichnungsdatei um und bearbeiten diese weiter.

Noch einen weiteren Rettungsring haben Sie beim Computerabsturz. Im Dialogfeld des Befehls OPTIONEN (siehe Anhang A.4) können Sie die automatische Speicherung aktivieren und das Zeitintervall für die Speicherung einstellen. Die Datei für die automatische Speicherung bekommt den Zeichnungsnamen und einen Zusatz. Die Dateierweiterung ist *.sv$. Falls Sie tatsächlich einmal auf die automatische Speicherungsdatei zurückgreifen müssen, dann benennen Sie diese Datei in eine Zeichnungsdatei um (Dateierweiterung *.dwg nicht vergessen). Wo die automatischen Sicherungsdateien gespeichert werden, können Sie ebenfalls mit dem Befehl OPTIONEN einstellen. Der Pfad ist in der Systemvariablen SAVEFILEPATH gespeichert, die Sie ebenfalls ändern können.

4.7 Layerfilter

Wenn Sie Änderungen an den Layern im LAYEREIGENSCHAFTEN-MANAGER vornehmen, haben Sie oft das Problem, dass Sie Layer suchen müssen. Haben Sie sehr viele Layer in Ihrer Zeichnung, kann es zweckmäßig sein, die Liste zu filtern, d.h. nur bestimmte Layer in der Liste anzuzeigen. Es gibt zwei Arten von Filtern:

- **Eigenschaftenfilter:** Filterung der Layer nach Name oder Eigenschaft, z.B.: Alle Layer, deren Name mit L beginnt und die nicht gesperrt sind, sollen in der Layerliste angezeigt werden.
- **Gruppenfilter:** Ein beliebiger Satz von Layern kann zu einer Gruppe zusammengefasst werden, die dann in der Layerliste angezeigt werden soll.

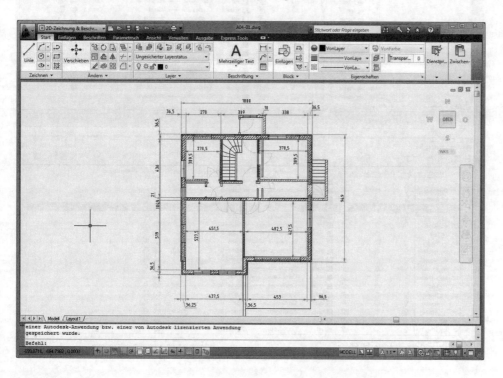

Abbildung 4.21:
Zeichnung mit Layerfiltern

Die Layer, die den Filterbedingungen entsprechen, lassen sich gruppenweise ein- und ausschalten, einfrieren und auftauen, sperren und entsperren sowie isolieren, d.h., alle anderen Layer werden mit Ausnahme der Gruppe gefroren. Am besten sehen Sie es sich an einem Beispiel an und laden die Zeichnung *A04-01.dwg* aus dem Ordner *Aufgaben* (siehe Abbildung 4.21). Die Zeichnung enthält die Grundrisse von drei Etagen (*ug*, *eg* und *og*) eines Hauses, die alle übereinander gezeichnet wurden. Das hat den Vorteil, dass immer die Kontrolle über Zeichenfehler besteht. Damit die Etagen aber auseinandergehalten werden können, wurden diese auf unterschiedlichen Layern gezeichnet. Der Etagenname wurde dem Layernamen vorangestellt, z.B. *ug_mauer*, *eg_mauer*, *og_mauer* usw. Um die Layer effektiv zu verwalten, helfen Ihnen die Layerfilter weiter.

Aktivieren Sie mit dem Befehl LAYER den LAYEREIGENSCHAFTEN-MANAGER. Dort sehen Sie im linken Feld die Liste der Filter, die in dieser Zeichnung definiert wurden (siehe Abbildung 4.22, oben). Mit den Pfeilen können Sie die Filterliste ein- und ausblenden (siehe Abbildung 4.22, unten). Wenn Sie also nie mit Filtern arbeiten, schalten Sie diese ab und Sie haben eine übersichtlichere Darstellung.

Abbildung 4.22: Layereigenschaften-Manager mit und ohne Filterstruktur

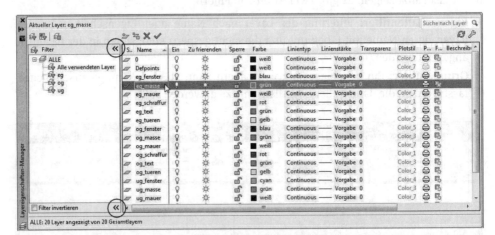

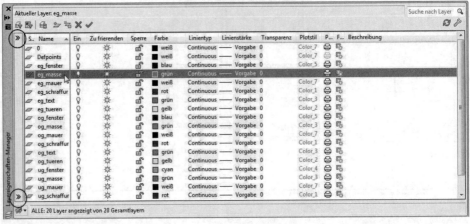

Layerfilter

Lassen Sie aber die Filterstruktur eingeschaltet. Mindestens zwei Auswahlmöglichkeiten haben Sie bei eingeschalteter Filterstruktur immer:

- **Alle:** Haben Sie diesen Eintrag in der Filterstruktur markiert, werden alle Layer in der Layerliste angezeigt.
- **Alle verwendeten Layer:** Ist dagegen dieser Eintrag markiert und der Schalter VERWENDETE LAYER ANZEIGEN (unten im Dialogfeld) ein, werden nur die Layer in der Layerliste angezeigt, auf denen auch Objekte gezeichnet wurden.
- **Filterliste in Layerliste anzeigen:** Mit einem Rechtsklick in der Layerliste können Sie in einem Kontextmenü wählen, ob die Filter auch in der Layerliste angezeigt werden sollen. Klicken Sie den Eintrag an und das Häkchen wird entfernt.
- **XRef:** Haben Sie externe Referenzen in der Zeichnung platziert (siehe Kapitel 11.9), werden diese mit einem eigenen Symbol in der Filterliste markiert. Unter diesem Symbol finden Sie die einzelnen zugeordneten Zeichnungen (siehe Abbildung 4.23). Klicken Sie auf das XRef-Symbol, erhalten Sie alle Layer von externen Referenzen. Klicken Sie auf eine Referenz, haben Sie nur die Layer dieser Referenz in der Liste.

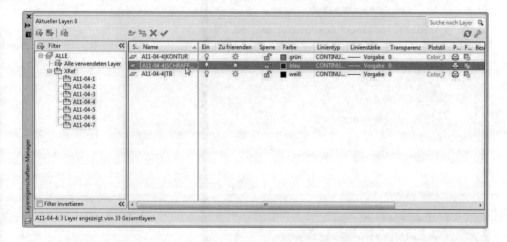

Abbildung 4.23:
Filterstruktur mit externen Referenzen

In der Zeichnung, die Sie gerade auf dem Bildschirm haben, wurden zusätzlich verschiedene Eigenschaftsfilter angelegt: *ug*, *eg* und *og*. Markieren Sie einen Eintrag, haben Sie in der Liste nur noch die Layer dieses Filters.

- **Filter invertieren:** Ist dieser Schalter aktiviert (unter dem Fenster mit der Filterstruktur), wird die Filterbedingung invertiert, d.h., wenn Sie sich alle verwendeten Layer anzeigen lassen und Sie schalten diesen Schalter zu, werden die nicht verwendeten Layer in der Liste angezeigt.
- **Layerliste auf Layer-Werkzeugkasten anwenden:** Diesen Schalter finden Sie in einem weiteren Dialogfeld (siehe Abbildung 4.24). Klicken Sie dazu auf das Symbol mit dem Schraubenschlüssel im LAYEREIGENSCHAFTEN-MANAGER. Der Schalter bewirkt, dass auch in den Abrollmenüs im Werkzeugkasten LAYER und in der Multifunktionsleiste nur die gefilterte Layerliste angezeigt wird.

- **Verwendete Layer anzeigen:** Ist der Schalter an, wird bei den Layern, die keine Objekte enthalten, in der ersten Spalte ein transparentes Symbol angezeigt, bei den anderen ein gefülltes. Eventuell müssen Sie die Anzeige mit dem entsprechenden Schalter aktualisieren. Zu den weiteren Einstellungen in diesem Dialogfeld später mehr.

Abbildung 4.24:
Einstellung für die Layeranzeige

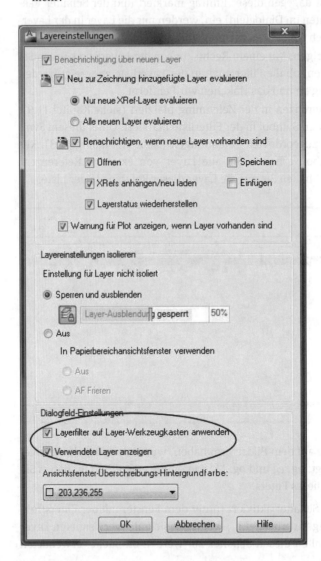

Mit einem Rechtsklick auf einem markierten Layerfilter öffnen Sie ein Kontextmenü (siehe Abbildung 4.25), aus dem Sie die Layer dieser Gruppe ein- oder ausschalten sowie einfrieren oder auftauen (Untermenü SICHTBARKEIT). So können Sie Geschosse ausschalten und einschalten. Markieren Sie den Eintrag ALLE, können Sie alle Layer wieder einschalten oder einfrieren usw. Genauso können Sie bestimmte Layer sperren und entsperren (Untermenü

SPERREN). Arbeiten Sie mit Ansichtsfenstern im Layout (siehe Kapitel 16), können Sie die Layer einer Gruppe im aktuellen Ansichtsfenster einfrieren und auftauen (Untermenü ANSICHTSFENSTER). Zudem können Sie Layer einer Gruppe isolieren, d.h., Sie frieren alle Layer bis auf die der markierten Gruppe ein. Diese Funktion können Sie auf Wunsch auch nur auf das aktuelle Ansichtsfenster im Layout beschränken. Außerdem stehen Ihnen Funktionen zum Umbenennen und Löschen von Filtern zur Verfügung.

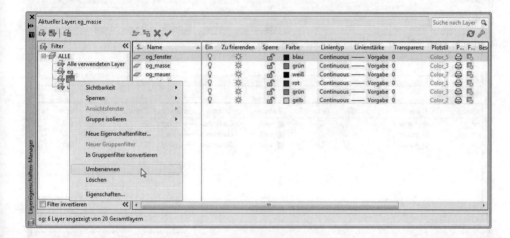

Abbildung 4.25:
Kontextmenü in der Filterliste

Rechts oben im Dialogfeld steht Ihnen noch ein Suchfeld zur Verfügung. Tragen Sie hier einen Wert ein, z.B. *masse*, werden Ihnen innerhalb der aktiven Gruppe alle Layer angezeigt, die mit *masse* enden, also *eg_masse*, *ug_masse* und *dg_masse*. Dieser Sucheintrag wird nicht gespeichert.

- **Neuen Eigenschaftenfilter anlegen:** Wollen Sie einen neuen Eigenschaftenfilter anlegen, klicken Sie auf das entsprechende Symbol. Ein weiteres Dialogfeld wird geöffnet, in dem Sie den Namen des Filters eintragen und die Bedingungen für den Filter wählen können. In Abbildung 4.26 wird der Eigenschaftenfilter *Mauern* definiert. Er beinhaltet nur Layer, auf denen sich Objekte befinden, deren Name mit *mauer* endet (Eintrag **mauer*), denen die Farbe *Weiß* und der Linientyp *Continuous* zugeordnet ist. In der Liste FILTERVORSCHAU werden die Layer angezeigt, auf die die Bedingung zutrifft. Mit OK wird der Filter gespeichert und in die Filterliste des LAYEREIGENSCHAFTEN-MANAGERS übernommen.

- **Neuen Gruppenfilter anlegen:** Wollen Sie Layer filtern, die sich nicht durch gemeinsame Eigenschaften identifizieren lassen, können Sie einen Gruppenfilter verwenden. Klicken Sie auf das entsprechende Symbol und der Filter wird angelegt. Das Symbol erscheint in der Filterliste und Sie können einen Namen eintragen. Klicken Sie dann auf Objekte in der Zeichnung, deren Layer in den Gruppenfilter aufgenommen werden soll. Markieren Sie dann den Gruppenfilter und aktivieren Sie mit der rechten Maustaste das Kontextmenü. Wählen Sie darin den Eintrag LAYER AUSWÄHLEN > und im Untermenü die Funktion HINZUFÜGEN (siehe Abbildung 4.27) und die Layer der gewählten Objekte werden dem Gruppenfilter hinzugefügt. Mit dem Eintrag ERSETZEN DURCH werden die bisherigen Layer des Gruppenfilters durch die Layer der neu gewählten Objekte ersetzt.

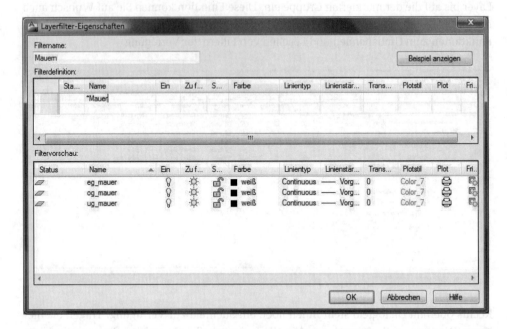

Abbildung 4.26:
Festlegung eines Eigenschaftenfilters

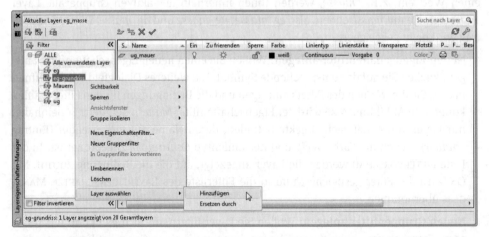

Abbildung 4.27:
Gruppenfilter anlegen und Layer hinzufügen

Mit Filtern arbeiten

1. Laden Sie die Zeichnung *A04-01.dwg* aus dem Ordner *Aufgaben*, falls Sie es nicht schon getan haben.
2. Schalten Sie die gefilterten Layer der verschiedenen Geschosse ein und aus, tauen und frieren oder isolieren Sie eine Gruppe.
3. Erstellen Sie einen neuen Eigenschaftenfilter, der alle Mauern enthält.

4. Erstellen Sie einen Gruppenfilter, in dem nur die Wände, Türen und Fenster des Erdgeschosses enthalten sind.

Die Zeichnung *L04-01.dwg* mit diesen Filtern finden Sie im Ordner *Aufgaben*.

4.8 Layer- und Objekteigenschaften ändern

Die Regel ist einfach: Neu gezeichnete Objekte kommen auf den aktuellen Layer, kopierte Objekte kommen auf den gleichen Layer wie das Original-Objekt. Das heißt, Sie müssen beim Zeichnen des Öfteren den Layer wechseln, das muss einfach und schnell gehen. Es kommt aber auch sehr oft vor, dass Objekte auf den falschen Layer geraten. Eine ganze Reihe von Werkzeugen steht Ihnen dafür zur Verfügung.

Maussensitive QuickInfos

Mit den maussensitiven QuickInfos bekommen Sie immer die aktuelle Information über das Objekt, auf dem sich das Fadenkreuz befindet (siehe Abbildung 4.28). Eine Änderung kann in dem Feld nicht vorgenommen werden. In den Programmoptionen lässt sich diese Funktion auch abschalten (siehe Abschnitt A.4).

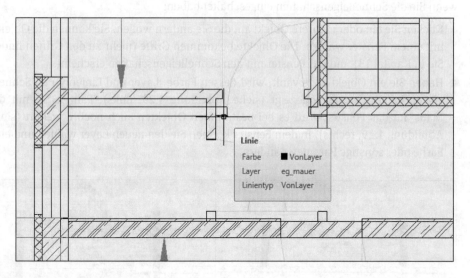

Abbildung 4.28: Maussensitive QuickInfo

Objekt-Layer setzen

Wissen Sie die Layernamen in einer fremden Zeichnung nicht und müssen darin Änderungen vornehmen, dann können Sie den aktuellen Layer einfach dadurch setzen, dass Sie ein Objekt anklicken, das auf dem gewünschten Layer ist. Diese Funktion finden Sie:

- Multifunktionsleiste: Symbol im Register START, Gruppe LAYER
- Menüleiste FORMAT, Untermenü LAYER-WERKZEUGE, Funktion OBJEKTLAYER ZUM AKTUELLEN MACHEN
- Symbol im Werkzeugkasten LAYER

Nach Auswahl der Funktion klicken Sie das Objekt, dessen Layer Sie zum aktuellen machen wollen, und der aktuelle Layer wird gesetzt.

```
Objekt wählen, dessen Layer der aktuelle Layer wird: Objekt in der Zeichnung wählen
KONTUR ist jetzt der aktuelle Layer.
```

Letzten Layer zum aktuellen machen

Wollen Sie den zuletzt verwendeten Layer wieder zum aktuellen machen, dann haben Sie auch dazu eine Funktion zur Verfügung:

- Multifunktionsleiste: Symbol im Register START, Gruppe LAYER
- Menüleiste FORMAT, Untermenü LAYER-WERKZEUGE, Funktion VORHERIGER LAYER
- Symbol im Werkzeugkasten LAYER

Die Funktion können Sie mehrfach anwählen. Sie kommen immer einen Schritt weiter zurück.

Schnelleigenschaften

Ein Objekt befindet sich auf dem falschen Layer, wie bringen Sie es am schnellsten auf den richtigen Layer? Ganz einfach, Sie brauchen dazu keinen Befehl, gehen Sie so vor, wenn Sie die Schnelleigenschaften eingeschaltet haben:

- Klicken Sie ein oder mehrere Objekt an, die Sie ändern wollen. Sie können die Objekte mit einem Fenster wählen. Die Objekte bekommen Griffe (mehr zu den Griffen finden Sie in Kapitel 13) und das Fenster mit den Schnelleigenschaften erscheint.
- Haben Sie ein Objekt angewählt, wird dessen Farbe, Layer und Linientyp im Schnelleigenschaften-Fenster angezeigt (siehe Abbildung 4.29, links). Fahren Sie mit der Maus auf das Fenster, wird es bei bestimmten Objekten auch noch erweitert (siehe Abbildung 4.29, rechts). In dem Fenster können Sie den neuen Layer wählen und eine Farbe oder sonstige Parameter ändern.

Abbildung 4.29: Schnelleigenschaften-Fenster

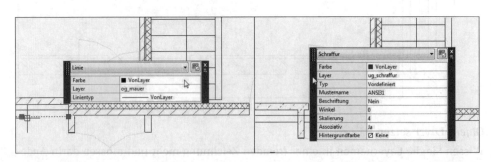

- Haben Sie mehrere Objekte angewählt, dann erscheint im oberen Feld der Eintrag *Alle* (siehe Abbildung 4.30, links). Hier können Sie Objekte auswählen und beispielsweise alle Linien auf einen bestimmten Layer bringen oder Kreise in einer bestimmten Farbe darstellen (siehe Abbildung 4.30, rechts).

Layer- und Objekteigenschaften ändern

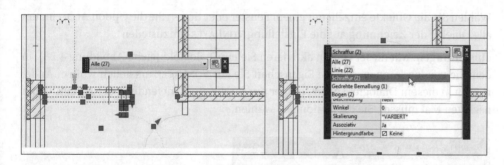

Abbildung 4.30:
Schnelleigenschaften-Fenster bei mehreren gewählten Objekten

- Mit der Taste [ESC] beenden Sie die Aktion und das Schnelleigenschaften-Fenster und die Griffe verschwinden von den Objekten.
- Das Schnelleigenschaften-Fenster können Sie mit der Taste S-EIG in der Statusleiste ein- und ausschalten.

Eigenschaften von Objekten ohne Schnelleigenschaften-Fenster ändern

- Falls Sie das Schnelleigenschaften-Fenster nicht haben wollen, gehen Sie so vor: Klicken Sie ein oder mehrere Objekt an, die Sie ändern wollen. Sie können die Objekte auch mit einem Fenster wählen. Die Objekte bekommen Griffe.
- In den Abrollmenüs, in denen Sie sonst den aktuellen Layer wählen, wird jetzt der Layer der gewählten Objekte angezeigt. Wird nichts angezeigt, befinden sich die Objekte auf unterschiedlichen Layern.
- Wählen Sie jetzt aus dem Abrollmenü den Layer, auf den die Objekte kommen sollen.
- Mit der Taste [ESC] beenden Sie die Aktion und die Griffe verschwinden von den Objekten. Der aktuelle Layer wird nicht geändert. Er wird wieder im Abrollmenü angezeigt.
- Auf die gleiche Art können Sie die weiteren Eigenschaften von Objekten ändern (Farbe, Linientyp, Linienstärke und Plotstil). Die Änderungen können Sie in den Abrollmenüs der Multifunktionsleiste (Register START, Gruppe EIGENSCHAFTEN) oder des Werkzeugkastens EIGENSCHAFTEN vornehmen. Wie schon mehrfach erwähnt, sollten Sie dies immer auf VONLAYER belassen. Also immer das Objekt beispielsweise auf den Layer mit der richtigen Farbe bringen, anstatt dessen Farbe zu ändern.

Alle Objekte auf VonLayer ändern

Bei einer Zeichnung aus einem anderen CAD-Programm kann es vorkommen, dass die Objekte nicht die Einstellung VONLAYER für Farbe, Linientyp usw. haben. Nun könnten Sie das mit der vorher beschriebenen Methode korrigieren. Das ist aufwendig und es funktioniert auch dann nicht, wenn Sie Blöcke (siehe Kapitel 11) gewählt haben. Schneller und sicherer geht es mit einer Funktion, bei der alle Objekte der Zeichnung geändert werden. Wählen Sie dazu:

- Menüleiste ÄNDERN, Funktion IN VONLAYER ÄNDERN

```
Befehl: Vonlayereinst
Aktuelle aktive Einstellungen:FarbeLinientyp Linienstärke Material Objekte wählen oder
[eInstellungen]:
```

Wählen Sie die Objekte einzeln mit einem Fenster oder tippen Sie die Option ALLE ein, um alle Objekte der Zeichnung auf die Einstellung VONLAYER umzustellen.

eInstellungen: Mit dieser Option aktivieren Sie ein Dialogfeld (siehe Abbildung 4.28), in dem Sie wählen können, welche Eigenschaft Sie auf VONLAYER umstellen wollen. Änderungen in diesem Dialogfeld gelten immer nur für die eine Anwendung des Befehls. Beim nächsten Mal müssen Sie die Option neu wählen.

Abbildung 4.31: Einstellungen für den Befehl Vonlayereinst

 Objekte im Objekteigenschaften-Manager ändern

Die aktuellen Einstellungen sowie die Eigenschaften von gewählten Objekten lassen sich auch im Objekteigenschaften-Manager ändern. Alles dazu finden Sie in Kapitel 13.1.

 Layer isolieren

Eine besonders hilfreiche Funktion steht Ihnen in der Multifunktionsleiste zur Verfügung: die Funktion LAYER ISOLIEREN. Sie finden diese:

- Multifunktionsleiste: Symbol im Register START, Gruppe LAYER
- Symbole im Werkzeugkasten LAYER II

Mit den beiden Symbolen rechts oben können Sie einen Layer isolieren (siehe Abbildung 4.29, linkes Symbol) und die Isolierung wieder aufheben (siehe Abbildung 4.32, rechtes Symbol). Beim Isolieren klicken Sie ein Objekt oder mehrere Objekte an.

```
Befehl: Layiso
Aktuelle Einstellung: Layer sperren, Fade=79
Objekte auf dem/den zu isolierenden Layer(n) auswählen oder [eInstellungen]: Ein oder
mehrere Objekte mit Fenster wählen
..
Objekte auf dem/den zu isolierenden Layer(n) auswählen oder [eInstellungen]: Weitere
Objekte wählen oder [↵] zum Beenden
2 Layer wurden isoliert. Layer og_masse ist aktuell.
```

Alle Layer, bis auf den des gewählten Objekts, werden gesperrt. So können Sie nur noch die Objekte bearbeiten, die sich auf dem isolierten Layer befinden. Die restlichen Objekte auf den gesperrten Layern werden gedimmt dargestellt (siehe Abbildung 4.32). Je weiter Sie den Schieberegler darunter nach rechts schieben, desto stärker wird gedimmt. Mit dem Symbol links vom Schieberegler kann das Dimmen ein- und ausgeschaltet werden. Der Layer bleibt jedoch weiter isoliert.

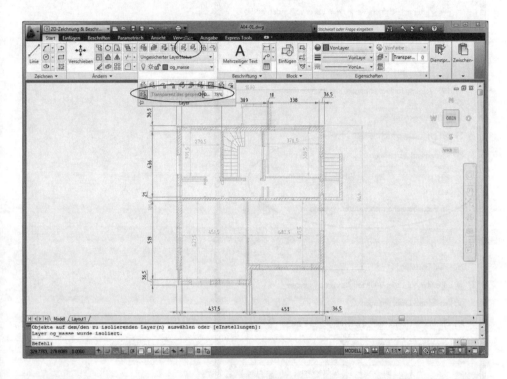

Abbildung 4.32:
Layer isoliert und der Rest gedimmt

Layer isolieren

- Kommen Sie mit dem Fadenkreuz in die Nähe eines Objekts, das auf einem gesperrten Layer liegt, wird ein Vorhängeschloss am Fadenkreuz angezeigt.
- In dem Abrollmenü über dem Schieberegler lassen sich die gespeicherten Filter aktivieren. In dem Abrollmenü für die Layer lassen sich dann nur noch die Layer dieses Filters wählen.
- Die Wirkung der Funktion LAYER ISOLIEREN kann im Dialogfeld LAYEREINSTELLUNGEN geändert werden (siehe Abbildung 4.33). Klicken Sie dazu auf das Symbol im LAYER-EIGENSCHAFTEN-MANAGER. Wählen Sie, ob beim Isolieren die anderen Layer gesperrt und eventuell ausgeblendet oder ausgeschaltet werden sollen.

Abbildung 4.33:
Einstellung für die Funktion Layer isolieren

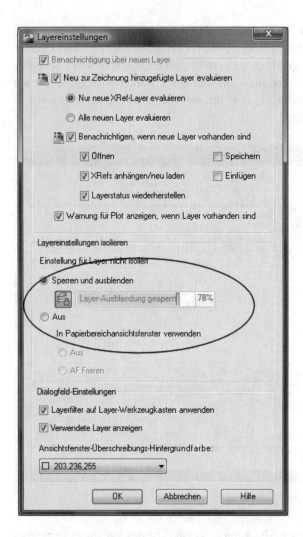

4.9 Layer-Werkzeuge

Eine Reihe nützlicher Funktionen für die Verwaltung von Layern, die es bis AutoCAD 2006 nur in den Express Tools gegeben hat, sind jetzt sowohl in AutoCAD als auch in AutoCAD LT integriert worden. Ein weiterer Vorteil ist, dass die Funktionen jetzt ins Deutsche übersetzt wurden, sowohl die Bezeichnung als auch der Befehlsdialog. Sie finden die Funktionen:

- Multifunktionsleiste, Symbol im Register START, Gruppe LAYER (teilweise im erweiterten Bereich)
- Menüleiste FORMAT, Untermenü LAYER WERKZEUGE >, Einträge für die einzelnen Funktionen
- Zum Teil auch als Symbole im Werkzeugkasten LAYER II

Layeranzeige: Sie erhalten ein Dialogfeld, in dem Sie die Layer markieren können, die in der Zeichnung angezeigt werden sollen (siehe Abbildung 4.34). Wenn Sie auf das Symbol links oben klicken und Objekte in der Zeichnung wählen, werden nur diese angezeigt und im Dialogfeld markiert. Haben Sie den Schalter BEIM BEENDEN WIEDERHERSTELLEN ausgeschaltet, wird dieser Layerstatus beibehalten. Ist der Schalter ein, wird der vorherige Zustand wiederhergestellt. Mit diesem Dialogfeld kann überprüft werden, ob sich die Objekte auf den richtigen Layern befinden.

Abbildung 4.34: Layeranzeige in der Zeichnung

Layerentsprechung: Wählen Sie Objekte und bestätigen die Auswahl. Klicken Sie auf ein anderes Objekt. Die Objekte kommen auf den gleichen Layer wie das danach gewählte Objekt.

Zum aktuellen Layer wechseln: Wählen Sie Objekte und bestätigen die Auswahl. Die Objekte kommen auf den aktuellen Layer.

Objekte auf neuen Layer kopieren: Wählen Sie Objekte und bestätigen die Auswahl. Geben Sie dann durch Klicken auf ein Objekt oder durch Eingabe des Namens einen neuen Layer vor. Danach wird der Kopierbefehl aktiviert (siehe Kapitel 5.10). Die Kopien kommen auf den zuvor gewählten Layer.

Layer im aktuellen Ansichtsfenster isolieren: Wählen Sie Objekte in einem Ansichtsfenster im Layout aus (siehe Kapitel 16). Der oder die Layer der Objekte werden in allen anderen Ansichtsfenstern des Layouts gefroren, außer in dem Fenster in dem sie gewählt wurden.

Layer deaktivieren: Wählen Sie Objekte aus. Die Layer dieser Objekte werden ausgeschaltet.

Alle Layer aktivieren: Schaltet alle Layer wieder ein.

Layer frieren: Wählen Sie Objekte aus. Die Layer dieser Objekte werden gefroren.

 Alle Layer tauen: Taut alle Layer wieder auf.

 Layer sperren: Wählen Sie ein Objekt aus. Der Layer dieses Objekts wird gesperrt.

 Sperrung von Layern aufheben: Wählen Sie ein Objekt aus. Der Layer dieses Objekts wird entsperrt.

 Layer zusammenführen: Wählen Sie Objekte und bestätigen die Auswahl. Geben Sie dann durch Klicken auf ein Objekt oder durch Eingabe des Namens einen neuen Layer vor. Die Objekte kommen alle auf den danach angeklickten Layer und die ursprünglichen werden gelöscht. Bevor der Vorgang ausgeführt wird, müssen Sie bestätigen.

 Layer löschen: Geben Sie durch Klicken auf ein Objekt oder durch Eingabe des Namens den zu löschenden Layer an. Der Layer und die darauf befindlichen Objekte werden gelöscht. Bevor der Vorgang ausgeführt wird, müssen Sie bestätigen.

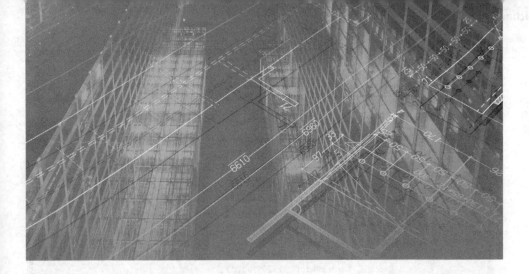

Kapitel 5
Zeichnen und Editieren

Nachdem Sie die Zeichentechniken kennengelernt und alle Voreinstellungen gemacht haben, wollen wir in diesem Kapitel endlich damit beginnen zu zeichnen.

5.1 Mit einer Vorlage starten

Im letzten Kapitel haben Sie einige Voreinstellungen gemacht, nun wollen wir eine Zeichnung mit einer Vorlage beginnen.

Start mit einer Vorlage
Wenn Sie mit dem Befehl NEU eine neue Zeichnung beginnen, haben Sie die Möglichkeit, eine Vorlage zu wählen (siehe Abbildung 5.1).

Die Vorlagen *Acad.dwt* und *Acadiso.dwt* bzw. *Acadlt.dwt* und *Acadltiso.dwt* sind Vorlagen im britischen und metrischen Einheitensystem ohne sonstige Voreinstellungen. Vorlagen sind normalerweise in einem speziellen Ordner abgelegt, den Sie in den Optionen (siehe Anhang A.4) einstellen können.

Wenn Sie eine Vorlage in einem Ordner abgelegt haben, können Sie einen anderen Ordner öffnen oder im Start-Dialogfeld auf die Schaltfläche DURCHSUCHEN... klicken. Sie können sich dann eine Vorlage aus einem beliebigen Ordner wählen.

Abbildung 5.1:
Start einer neuen Zeichnung mit einer Vorlage

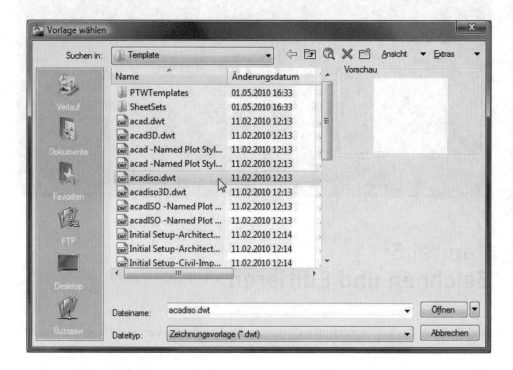

Starten mit einer Vorlage

1. Starten Sie mit dem Befehl Neu eine neue Zeichnung mit der Vorlage *Kompendium.dwt* aus dem Ordner *Aufgaben*.
2. Ihre Zeichnung hat jetzt allerdings noch keinen Namen (Name *Zeichnung1.dwg*). Speichern Sie die Zeichnung mit dem Befehl Sichals unter dem Namen *Z01.dwg* im Ordner *Aufgaben*. Überschreiben Sie eine eventuell vorhandene Datei gleichen Namens.

Die erste Zeichnung

Jetzt kann's losgehen. Die Zeichnung soll, wenn sie fertig ist, so aussehen wie in Abbildung 5.2. Es gibt also viel zu tun.

Sollten Sie zwischendurch überprüfen wollen, ob Sie auf dem richtigen Weg sind, die Lösung ist als Zeichnungsdatei *Z01-08.dwg* im Ordner *Aufgaben* der Übungs-CD gespeichert.

Mit einer Vorlage starten

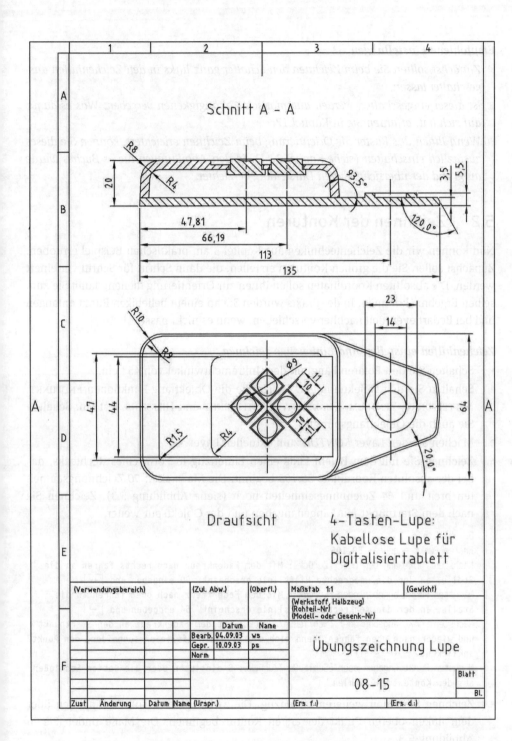

Abbildung 5.2:
Das Ergebnis –
die erste eigene
Zeichnung

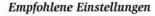

Empfohlene Einstellungen

- Zunächst sollten Sie beim Zeichnen den Schalter ganz links in den Zeichenhilfen ausgeschaltet lassen.
- Ist dieser eingeschaltet, werden automatisch Abhängigkeiten vergeben. Was es damit auf sich hat, erfahren Sie in Kapitel 17.

- Wenn Ihnen das Raster die Orientierung beim Zeichnen erleichtert, können Sie dieses zusätzlich einschalten (siehe Kapitel 3.11). In den Abbildungen dieses Buches wurde aufgrund der übersichtlicheren Darstellung verzichtet.

5.2 Zeichnen der Konturen

Nun können wir die Zeichentechniken aus Kapitel 3 am praktischen Beispiel erproben. Zunächst sollen Sie die groben Konturen erstellen, die dann Schritt für Schritt verfeinert werden. Die absoluten Koordinaten sollen Ihnen zur Orientierung dienen, damit Sie zum selben Ergebnis kommen. In der Praxis würden Sie an einem beliebigen Punkt anfangen und bei Bedarf eventuell nachher verschieben, wenn es nicht passt.

Zeichenhilfen einstellen und Linienzüge zeichnen

1. Schalten Sie den Polaren Fang mit dem Inkrementwinkel von 45° ein.
2. Schalten Sie den Objektfang ein. Stellen Sie die Objektfang-Funktionen ENDPUNKT, MITTELPUNKT, ZENTRUM, QUADRANT, SCHNITTPUNKT und HILFSLINIE fest ein. Schalten Sie auch die Objektfangspur zu.
3. Machen Sie den Layer *KONTUR* zum aktuellen Layer.
4. Zeichnen Sie mit dem Befehl LINIE einen Linienzug in Form eines Rechtecks, das bei der absoluten Koordinate *50,105* beginnt. Die Maße sind: *90* Zeichnungseinheiten breit und *64* Zeichnungseinheiten hoch (siehe Abbildung 5.3). Zeichnen Sie nach dem Startpunkt mit Längenangaben und der Objektspur weiter.

   ```
   Befehl:Linie
   Ersten Punkt angeben: 50,105
   Nächsten Punkt angeben oder [Zurück]: Mit dem Fadenkreuz nach rechts fahren an die
   Stelle, an der die waagrechte Hilfslinie erscheint, 90 eingeben und ↵
   Nächsten Punkt angeben oder [Zurück]: Mit dem Fadenkreuz nach oben fahren an die
   Stelle, an der die senkrechte Hilfslinie erscheint, 64 eingeben und ↵
   Nächsten Punkt angeben oder [Schließen/Zurück]: Mit dem Fadenkreuz an den Startpunkt
   und wieder nach oben fahren. Wenn sich die beiden Hilfslinien schneiden, den Punkt
   anklicken.
   Nächsten Punkt angeben oder [Schließen/Zurück]: S eintippen oder die Option Schließen
   aus dem Kontextmenü wählen
   ```

5. Zeichnen Sie einen weiteren Linienzug. Die zweite Kontur soll 56 Einheiten über dem linken oberen Punkt der ersten Kontur beginnen. Die Maße finden Sie in Abbildung 5.3.

6. Verwenden Sie für den ersten Punkt die Objektfangspur oder absolute Koordinaten, danach Längenangaben oder relative Koordinaten.

   Befehl:Linie
   Ersten Punkt angeben: Fahren Sie an den Punkt P1, gehen Sie danach nach oben, bis die senkrechte Hilfslinie erscheint, und tippen Sie 56 ein oder geben Sie die absolute Koordinate 50,225 ein.
   Nächsten Punkt angeben oder [Zurück]: Fahren Sie mit dem Fadenkreuz nach rechts, bis die waagrechte Hilfslinie erscheint und tippen Sie 135 ein.
   Nächsten Punkt angeben oder [Zurück]: Fahren Sie mit dem Fadenkreuz nach oben, bis die senkrechte Hilfslinie erscheint, und tippen Sie 3.5 ein.
   Nächsten Punkt angeben oder [Schließen/Zurück]: Fahren Sie an den Punkt P2, gehen Sie danach wieder nach oben, bis beide Hilfslinien erscheinen, und klicken Sie den Punkt an. Sie können auch die relative Koordinate @45<0 eintippen, ist aber umständlicher.
   Nächsten Punkt angeben oder [Schließen/Zurück]: @-1,16.5 eintippen.
   Nächsten Punkt angeben oder [Schließen/Zurück]: Fahren Sie mit dem Fadenkreuz nach links, bis die waagrechte Hilfslinie erscheint, und tippen Sie 88 ein.
   Nächsten Punkt angeben oder [Schließen/Zurück]: Option Schließen wählen.

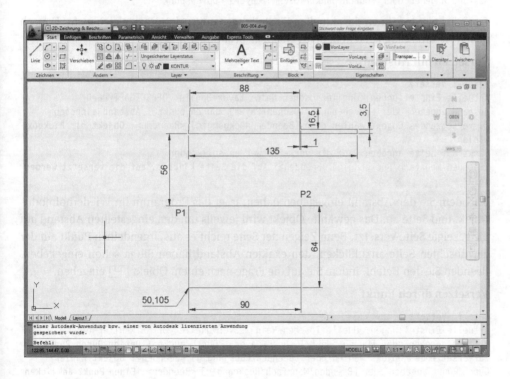

Abbildung 5.3:
Die ersten Konturen

5.3 Versetzen von Objekten

Das Zeichnen mit Koordinaten sollten Sie auf das Notwendigste beschränken. Meist ist es einfacher, durch Editierbefehle aus den bestehenden Objekten neue zu erzeugen.

Befehl Versetz

Ein einfaches, aber sehr wirksames Werkzeug, neue Objekte zu erzeugen, ist der Befehl VERSETZ. Sie können mit diesem Befehl Parallelen oder konzentrische Kreise bzw. Bögen erzeugen. Sie finden den Befehl:

- Multifunktionsleiste: Symbol im Register START, Gruppe ÄNDERN
- Menüleiste ÄNDERN, Funktion VERSETZEN
- Symbol im Werkzeugkasten ÄNDERN

Folgende Anfrage erscheint im Befehlszeilenfenster:

```
Befehl: Versetz
Aktuelle Einstellungen: Quelle löschen=Nein  Layer=Quelle  OFFSETGAPTYPE=0
Abstand angeben oder [Durch punkt/löschen/Layer] <Durch punkt>:
```

Zunächst werden Ihnen die aktuellen Einstellungen angezeigt. Dazu gleich mehr. Danach haben Sie zwei Möglichkeiten, den Versatz zu bestimmen:

Versetzen mit Abstand

```
Befehl: Versetz
Aktuelle Einstellungen: Quelle löschen=Nein  Layer=Quelle  OFFSETGAPTYPE=0
Abstand angeben oder [Durch punkt/löschen/Layer] <Durch punkt>: Abstand eingeben
Zu versetzendes Objekt wählen oder [Beenden/Rückgängig] <Beenden>: Objekt mit Pickbox
wählen
Punkt auf Seite angeben, auf die versetzt werden soll, oder
[Beenden/Mehrfach/Rückgängig] <Beenden>: Auf die Seite klicken, auf die versetzt werden
soll
```

Nachdem Sie den Abstand eingegeben haben, fragt das Programm im Wiederholmodus Objekt und Seite ab. Das gewählte Objekt wird jeweils um den eingestellten Abstand auf die gezeigte Seite versetzt. Beim Zeigen der Seite reicht es aus, irgendeinen Punkt auf der gewünschten Seite anzuklicken, den exakten Abstand haben Sie ja schon eingegeben. Beenden Sie den Befehl, indem Sie auf die Frage nach einem Objekt ⏎ eingeben.

Versetzen durch Punkt

```
Befehl: Versetz
Aktuelle Einstellungen: Quelle löschen=Nein  Layer=Quelle  OFFSETGAPTYPE=0
Abstand angeben oder [Durch punkt/löschen/Layer] <Durch punkt>: Option Durch Punkt
Zu versetzendes Objekt wählen oder [Beenden/Rückgängig] <Beenden>: Objekt wählen
Durch Punkt angeben oder [Beenden/Mehrfach/Rückgängig] <Beenden>: Einen Punkt anklicken
(Objektfang verwenden), der den Versatz bestimmen soll
```

Versetzen von Objekten

Bei dieser Methode geben Sie keinen Abstand vor. Sie wählen ein Objekt und einen Punkt, durch den die Parallele gehen soll. Auch hier können Sie im Wiederholmodus Objekte und Punkte wählen. Mit ⏎ auf die Anfrage nach einem Objekt beenden Sie den Befehl.

Bei beiden Methoden stehen Ihnen weitere Optionen zur Verfügung:

- **Mehrfach:** Der zweite Punkt kann im Wiederholmodus eingegeben werden. Mit jedem Klick wird eine neue Parallele im gewählten Abstand bzw. durch den gewählten Punkt erstellt.
- **Rückgängig:** Nimmt die zuletzt erzeugte Parallele zurück.
- **Beenden:** Beendet den Befehl, kann auch durch Eingabe von ⏎ ausgeführt werden.

Einstellungen beim Versetzen

Vor der ersten Anfrage werden die Einstellungen des Befehls angezeigt. Folgende Optionen stehen Ihnen hier zur Verfügung:

- **Löschen:** Beim Versetzen wird das Originalobjekt gelöscht, wenn diese Option aktiviert wird. Ansonsten bleibt das Original erhalten.

```
Aktuelle Einstellungen: Quelle löschen=Nein  Layer=Quelle  OFFSETGAPTYPE=0
Abstand angeben oder [Durch punkt/löschen/Layer] <Durch punkt>: Option löschen
Quellobjekt nach Versetzen löschen? [Ja/Nein] <Nein>: Ja oder Nein eingeben
```

- **Layer:** Mit dieser Option können Sie wählen, ob die erzeugten Objekte auf den gleichen Layer wie das Original (Option QUELLE) oder auf den aktuellen Layer kommen sollen (Option AKTUELL).

```
Aktuelle Einstellungen: Quelle löschen=Nein  Layer=Quelle  OFFSETGAPTYPE=0
Abstand angeben oder [Durch punkt/löschen/Layer] <Durch punkt>: Option Layer
Layeroption für versetzte Objekte eingeben [Aktuell/Quelle] <Aktuell>: Quelle oder
Aktuell wählen
```

Die gewählten Einstellungen bleiben gespeichert und gelten so lange, bis sie bei einer erneuten Wahl des Befehls geändert werden.

Erzeugen von Hilfskonstruktionen

1. Versetzen Sie die rechte Kante des unteren Rechtecks um 58 Einheiten nach innen (siehe Abbildung 5.4).
2. Jetzt soll mit einem neuen Abstand versetzt werden. Wählen Sie den Befehl VERSETZ neu an. Versetzen Sie die obere und untere Kante jeweils um 10 Einheiten nach innen (siehe Abbildung 5.4).

Abbildung 5.4:
Versetzen von Objekten

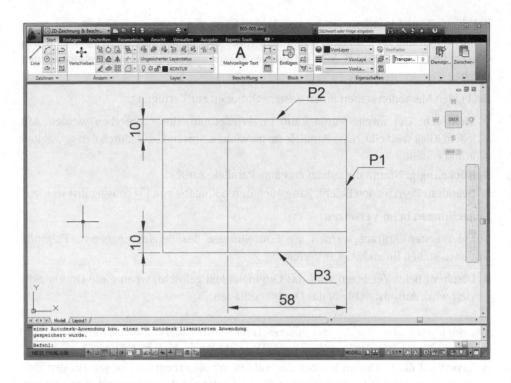

5.4 Stutzen und Dehnen

Nun haben Sie Hilfslinien erzeugt. Sie sollen aber so bearbeitet werden, dass daraus die gewünschte Kontur entsteht. Hier hilft stutzen und dehnen.

Stutzen von Objekten

In der Draufsicht sollen die versetzten Linien einen Einschnitt bilden. Mit dem Befehl STUTZEN sollen sie in die richtige Form gebracht werden.

- Multifunktionsleiste: Symbol in einem Flyout im Register START, Gruppe ÄNDERN (Flyout-Menü)
- Menüleiste ÄNDERN, Funktion STUTZEN
- Symbol im Werkzeugkasten ÄNDERN

Folgender Dialog erscheint im Befehlszeilenfenster:

```
Befehl: Stutzen
Aktuelle Einstellungen: Projektion=BKS Kante=Keine
Schnittkanten wählen ...
Objekte wählen oder <Alle wählen>:
Zu stutzendes Objekt wählen bzw. zum Dehnen mit der Umschalttaste wählen oder
[Zaun/KReuzen/Projektion/Kante/Löschen/ZUrück]:
```

Den Befehl können Sie auf zwei Arten verwenden.

- **Schnittkanten wählen:** Wählen Sie eine oder mehrere Schnittkanten und schließen Sie die Auswahl mit ⏎ ab. Die Schnittkanten sind die Kanten, an denen ein anderes Objekt abgeschnitten werden soll. Wählen Sie also hier nicht schon die Objekte, die Sie abschneiden wollen (siehe Abbildung 5.5, b). In vielen Fällen sind aber Schnittkanten auch gleichzeitig Objekte, die geschnitten werden sollen, so auch im Beispiel unten.

  Danach wählen Sie die Objekte, die gestutzt werden sollen. Wählen Sie auf der Seite, die entfernt werden soll (siehe Abbildung 5.5, a und b). Schneidet das gewählte Objekt die Schnittkante nicht, kommt die Meldung:

  ```
  Objekt schneidet keine Kante.
  ```

  Wählen Sie die Option ZURÜCK bei der Anfrage, machen Sie das letzte Stutzen rückgängig.

- **Alle wählen:** In vielen Fällen wollen Sie ein Objekt einfach an der nächsten Kante abschneiden. In diesem Fall müssen Sie diese nicht extra wählen. Drücken Sie auf die Frage nach der Schnittkante die ⏎-Taste und wählen Sie dann die zu stutzenden Objekte. Diese werden an der nächsten Schnittkante gestutzt (siehe Abbildung 5.5, a).

Zwei weitere Optionen stehen bei beiden Methoden zur Verfügung:

- **Projektion:** Objekte auf unterschiedlichen Höhen im Raum (siehe Kapitel 20) werden mit dieser Option in eine Ebene projiziert und an den projizierten Schnittkanten gestutzt. Mit der Option PROJEKTION kann die Projektionsebene gewählt werden.

  ```
  Zu stutzendes Objekt wählen bzw. zum Dehnen mit der
  Umschalttaste wählen oder [Projektion/Kante/Zurück]: P für Projektion
  Projektionsoption eingeben [Keine/BKS/Ansicht] <BKS>:
  ```

  Als Projektionsebene kann das aktuelle Benutzerkoordinatensystem (siehe weiter unten in diesem Kapitel) oder die momentane Ansichtsebene verwendet werden.

- **Kante:** Mit der Option KANTE können Sie wählen, ob nur die Objekte gestutzt werden sollen, die über die Schnittkante laufen (Modus NICHT DEHNEN), oder ob auch Objekte am virtuellen Schnittpunkt mit der Schnittkante abgetrennt werden sollen (Modus DEHNEN). Den Effekt beim Modus DEHNEN sehen Sie in Abbildung 5.5, c.

Zaun: Wählen Sie diese Option, können Sie mehrere zu stutzende Objekte mit einer temporären Auswahllinie, dem sogenannten Zaun, überfahren (siehe Kapitel 3.10). Alle Objekte, die der Zaun schneidet, werden gestutzt.

KReuzen: Mit dieser Option können Sie ein Fenster im Kreuzen-Modus aufziehen (siehe Kapitel 3.10). Alle Objekte, die das Fenster schneidet, werden gestutzt.

ZUrück: Damit nehmen Sie die letzte Stutzaktion zurück.

Klicken Sie ein zu stutzendes Objekt mit gedrückter ⇧-Taste an, wird es gedehnt (siehe unten Befehl DEHNEN). Die vorher gewählten Schnittkanten werden für diese Aktion als Grenzkanten zum Dehnen verwendet. Lassen Sie die ⇧-Taste wieder los, wird wieder gestutzt.

Abbildung 5.5:
Verschiedene Methoden beim Stutzen

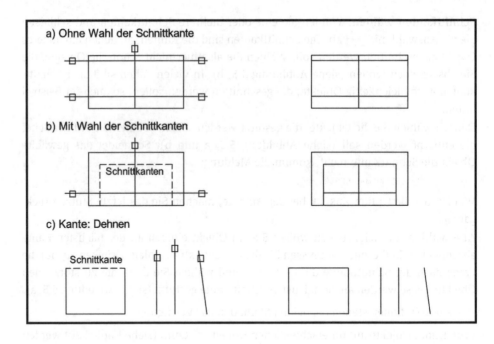

Stutzen von Hilfskonstruktionen

1. Stutzen Sie die Linien ohne Wahl der Schnittkanten zu einem Ausschnitt wie in Abbildung 5.6.

Abbildung 5.6:
Stutzen von Objekten

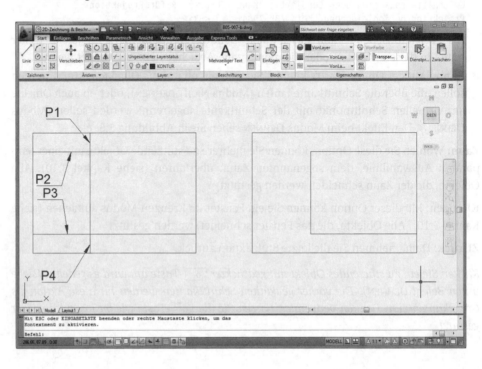

Dehnen von Objekten

In der Ansicht darüber soll eine Linie verlängert werden, und zwar bis zu einer anderen Kante. Ein Fall für den Befehl DEHNEN.

- Multifunktionsleiste: Symbol in einem Flyout im Register START, Gruppe ÄNDERN (Flyout-Menü)
- Menüleiste ÄNDERN, Funktion DEHNEN
- Symbol im Werkzeugkasten ÄNDERN

Der Dialog ist dem des Befehls STUTZEN ähnlich:

```
Befehl: Dehnen
Aktuelle Einstellungen: Projektion=BKS Kante=Keine
Grenzkanten wählen ...
Objekte wählen oder <Alle wählen>:
Zu dehnendes Objekt wählen bzw. zum Stutzen mit der Umschalttaste wählen oder
Zaun/KReuzen/Projektion/Kante/ZUrück]:
```

Diesen Befehl können Sie wie den Befehl STUTZEN verwenden:

- **Grenzkanten wählen:** Wie oben wählen Sie zuerst eine oder mehrere Grenzkanten und bestätigen diese mit der ⏎-Taste. Danach wählen Sie die zu dehnenden Objekte an der Seite, auf der die Grenzkante liegt, und sie werden bis zur Grenzkante verlängert (siehe Abbildung 5.8, a und b). Wenn Sie ein Objekt am falschen Ende wählen, erscheint die Meldung:

```
Objekt schneidet keine Kante.
```

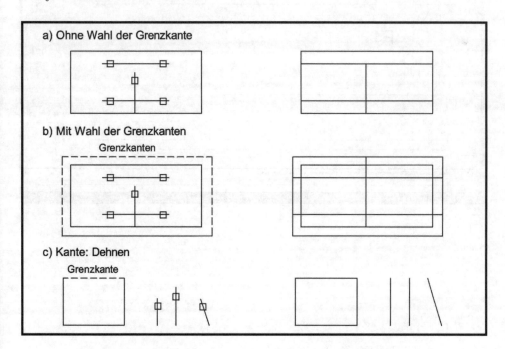

Abbildung 5.7: Verschiedene Methoden beim Dehnen

- **Alle wählen:** Wenn Sie keine Grenzkante wählen und ⏎ auf die Anfrage eingeben, können Sie die Objekte in dieser Richtung bis zur nächsten Kante verlängern (siehe Abbildung 5.7, a).

Dehnen lassen sich Linien, Bögen und Polylinien. Mit der Option ZURÜCK lässt sich die letzte Dehnung rückgängig machen. Die Optionen ZAUN, KREUZEN, PROJEKTION, KANTE und ZURÜCK sind wie beim Befehl STUTZEN (siehe Abbildung 5.7, c).

Auch hier gilt wie beim Stutzen: Klicken Sie ein zu dehnendes Objekt mit gedrückter *- Taste an, wird gestutzt (siehe oben). Lassen Sie die* ⇧*-Taste wieder los, wird gedehnt.*

Dehnen von Hilfskonstruktionen

1. Dehnen Sie die Linie in der oberen Schnittdarstellung bis zur linken Kante, diesmal mit Wahl der Grenzkante (siehe Abbildung 5.8).

Abbildung 5.8: Dehnen von Objekten

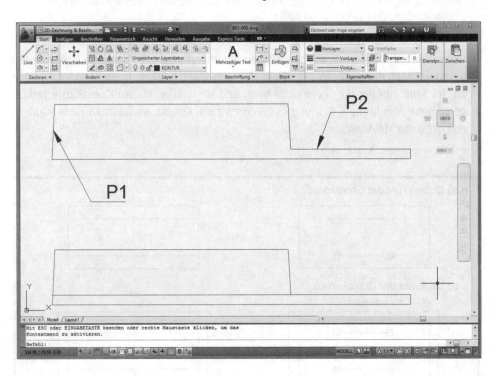

5.5 Abrunden und Fasen von Objekten

Objekte aus der Zeichnung können Sie mit zwei weiteren Befehlen sehr schnell in die richtige Form bringen: ABRUNDEN und FASE.

Abrunden von Objekten

Mit dem Befehl ABRUNDEN lassen sich Linien oder Bögen an ihrem Schnittpunkt mit einem einstellbaren Radius versehen. Die Originalobjekte können dabei am Schnittpunkt gestutzt oder in ihrer Form belassen werden.

- Multifunktionsleiste: Symbol in einem Flyout im Register START, Gruppe ÄNDERN
- Menüleiste ÄNDERN, Funktion ABRUNDEN
- Symbol im Werkzeugkasten ÄNDERN

Der Dialog des Befehls:

```
Befehl: Abrunden
Aktuelle Einstellungen: Modus = STUTZEN, Radius = 10.00
Erstes Objekt wählen oder [rÜckgängig/Polylinie/Radius/Stutzen/Mehrere]:
```

Zunächst wird Ihnen der Radius angezeigt. Das ist der Radius, der beim letzten Runden mit diesem Befehl verwendet wurde. Außerdem erscheint in der Anzeige ein Hinweis, ob der Stutzen-Modus aktiv ist oder nicht. Ist er eingeschaltet, werden die Objekte gekürzt. Ist er nicht aktiv, bleiben sie unverändert. Verwenden Sie den Befehl das erste Mal oder wollen Sie einen neuen Radius einsetzen, dann stellen Sie ihn zuerst mit der Option RADIUS ein. Abgerundet wird damit so lange, bis ein neuer eingestellt wird.

```
Aktuelle Einstellungen: Modus = STUTZEN, Radius = 10.00
Erstes Objekt wählen oder [rÜckgängig/Polylinie/Radius/Stutzen/Mehrere] Option Radius
Rundungsradius angeben <10.00>: Neuen Radius eingeben
```

Geben Sie den Rundungsradius ein und klicken Sie danach zwei Linien, Bögen oder Kreise an. Diese werden mit dem Radius verbunden.

```
Erstes Objekt wählen oder [rÜckgängig/Polylinie/Radius/Stutzen/Mehrere]:
Zweites Objekt wählen oder mit der Umschalt-Taste wählen, um Ecke anzuwenden:
```

Die Elemente werden, falls notwendig, am Schnittpunkt gekürzt oder bis zum Schnittpunkt hin verlängert bzw. unverändert belassen, wenn der Stutzen-Modus aus ist, und dann mit dem Bogen versehen.

Sie können auch mit dem Radius 0 abrunden. Was auf den ersten Blick sinnlos erscheint, zeigt sich als äußerst praktisches Werkzeug bei der Bearbeitung von Konturen. Sich überschneidende oder nicht treffende Linien werden an ihrem Schnittpunkt abgeschnitten bzw. bis zum Schnittpunkt verlängert. Der Stutzen-Modus muss dazu aktiviert sein. Damit Sie dazu nicht jedes Mal den Radius auf 0 umstellen müssen, können Sie beim Anklicken des zweiten Objekts die Taste ⏎ drücken. In diesem Fall wird mit 0 abgerundet, unabhängig von der Radiuseinstellung.

Bei der ersten Anfrage stehen Ihnen noch weitere Optionen zur Verfügung:

- **Rückgängig:** Diese Option macht die letzte Rundungsaktion rückgängig.

- **Polylinie:** Damit lassen sich alle Kanten einer Polylinie abrunden. Alles zu Polylinien finden Sie in Kapitel 7.1 und 7.2.
- **Stutzen:** Damit können Sie den Stutzen-Modus ein- und ausschalten. Ist er aus, werden die Originalobjekte unverändert gelassen.
- **Mehrere:** Haben Sie diese Option gewählt, bleibt der Befehl im Wiederholmodus und Sie können nacheinander mehrere Kanten anwählen, ohne den Befehl jedes Mal neu wählen zu müssen.

TIPP
- *Parallele Linien werden immer mit einem Halbkreis verrundet, egal welcher Radius eingestellt ist.*
- *Wählen Sie die sich überschneidenden Objekte immer an dem Teil des Objekts, der erhalten bleiben soll.*

STEP
Abrunden von Objekten
1. Bringen Sie verschiedene Radien an den beiden Ansichten an (siehe Abbildung 5.9). Lassen Sie den Stutzen-Modus für alle Aktionen aktiviert.

Abbildung 5.9: Abrunden und Erzeugung von Fasen

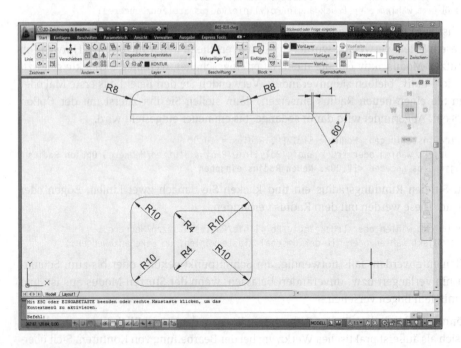

INFO
Fasen von Objekten
Genauso wie Sie abrunden, können Sie auch Kanten abschrägen. Mit dem Befehl FASE haben Sie diese Möglichkeit. Zu finden ist der Befehl:

- Multifunktionsleiste: Symbol in einem Flyout im Register START, Gruppe ÄNDERN
- Menüleiste ÄNDERN, Funktion FASEN
- Symbol im Werkzeugkasten ÄNDERN

Er arbeitet analog zum Befehl ABRUNDEN:

```
Befehl: Fase
(STUTZEN-Modus) Gegenwärtiger Fasenabst1 = 10.00, Abst2 = 10.00
Erste Linie wählen oder [rÜckgängig/Polylinie/Abstand/Winkel/Stutzen/METhode/
MEHrere]:
```

Fasen können Sie zwei Linien oder zwei Liniensegmente einer Polylinie. Der eingestellte erste Fasenabstand wird an der zuerst gewählten Linie abgetragen, der zweite Fasenabstand an der zweiten Linie. Überschneidungen und zu kurze Linien werden wie beim Befehl ABRUNDEN korrigiert, wenn der Stutzen-Modus aktiv ist. Ist der Stutzen-Modus aus, werden die ursprünglichen Objekte unverändert gelassen und es wird nur die Fase eingezeichnet. Sie haben verschiedene Optionen:

- **Abstand:** Wählen Sie diese Option, können Sie zwei Abstände für die Fase eingeben, den Abstand auf der ersten und den auf der zweiten Linie.

```
Erste Linie wählen oder [rÜckgängig/Polylinie/Abstand/Winkel/Stutzen/METhode/
MEHrere]: Option Abstand
Ersten Fasenabstand angeben <0.00>:
Zweiten Fasenabstand angeben <0.00>:
```

- **Winkel:** Mit der Option WINKEL geben Sie die Fasenlänge auf der ersten Linie und einen Fasenwinkel vor.

```
Erste Linie wählen oder [rÜckgängig/Polylinie/Abstand/Winkel/Stutzen/METhode/
MEHrere]: Option Winkel
Geben Sie die Fasenlänge auf der ersten Linie an <0.00>:
Geben Sie den Fasenwinkel von der ersten Linie aus berechnet an <0.00>:
```

- **Methode:** Mit der Option METHODE legen Sie fest, welche Werte im Befehlsdialog beim Start des Befehls angezeigt werden sollen: Fasenabstände oder Fasenlänge und -winkel.

```
Erste Linie wählen oder [rÜckgängig/Polylinie/Abstand/Winkel/Stutzen/METhode/
MEHrere]: Option Methode
Option für Modus STUTZEN eingeben[Abstand/Winkel] <Winkel>: Option eingeben
```

Wenn Sie danach den Befehl wieder anwählen, werden die aktuelle Fasenlänge und der aktuelle Fasenwinkel angezeigt:

```
Befehl: Fase
(STUTZEN-Modus) Gegenwärtige Fasenlänge = 20.00, Winkel = 45.0
Erste Linie wählen oder [rÜckgängig/Polylinie/Abstand/Winkel/Stutzen/METhode/
MEHrere]:
```

Alle anderen Optionen arbeiten analog zum Befehl ABRUNDEN. Nachdem Sie die Einstellungen vorgenommen haben, wählen Sie zwei zu fasende Linien:

```
Erste Linie wählen oder
[rÜckgängig/Polylinie/Abstand/Winkel/Stutzen/METhode/MEHrere]: Erste Linie wählen
Zweite Linie wählen oder mit der Umschalt-Taste wählen, um Ecke anzuwenden: Zweite
Linie wählen
```

Auch hier kann wie beim Befehl ABRUNDEN mit den Abständen 0 gearbeitet werden, um eine Kante zu erzeugen. Dazu muss die Taste ⏎ gedrückt werden.

- *Eingestellte Werte gelten bis zur Eingabe von neuen Werten.*
- *Parallele Linien können nicht gefast werden. Wählen Sie sich überschneidende Objekte immer am Teil des Objekts, das bleiben soll.*

Fasen von Objekten
1. Bringen Sie an der oberen Darstellung eine Fase an der vorderen Kante an (siehe Abbildung 5.9). Stellen Sie zunächst die Anzeigemethode auf die Winkelanzeige.
2. Stellen Sie dann einen Abstand von 1 ein und einen Winkel von 60°.

5.6 Zeichenübung

Mit den wenigen Befehlen, die Sie bis jetzt kennengelernt haben, lässt sich schon eine Menge erreichen. Bearbeiten Sie die beiden Ansichten nach den Vorgaben in den folgenden Anleitungen weiter.

Innenkontur durch Versetzen erstellen
1. Versetzen Sie die Kontur samt den Radien in der Schnittansicht um 4 Einheiten nach innen.
2. Da die senkrechten Linien leicht nach innen geneigt sind, ergibt sich am Detail 1 (siehe Abbildung 5.10) ein kleiner Überstand, den Sie mit dem Befehl STUTZEN beseitigen sollten. Zoomen Sie dazu weit genug in die Zeichnung hinein, um den Überstand anklicken zu können.
3. Den Überstand an Detail 2 können Sie ebenfalls mit dem Befehl STUTZEN beseitigen (siehe Abbildung 5.10).

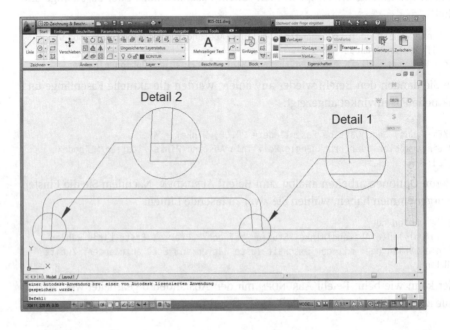

Abbildung 5.10: Versetzen und Korrigieren

Konstruktionslinie und Strahl

Draufsicht bearbeiten

1. Versetzen Sie die komplette Außenkontur um eine Einheit nach innen, da das Gehäuse konisch nach oben zuläuft. Versetzen Sie wie oben auch die Radien mit. Sie erhalten dann wieder eine geschlossene Kontur (siehe Abbildung 5.11).
2. Machen Sie dasselbe noch einmal mit einem Versatz von 8.5 Einheiten von der äußeren Kontur. Vergessen Sie die Bögen nicht.
3. Stutzen Sie die Kanten am Einschnitt (siehe Abbildung 5.11).

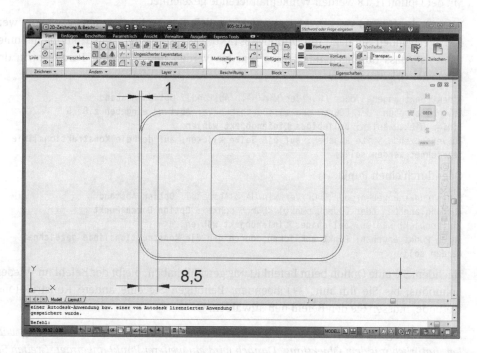

Abbildung 5.11: Versetzen und Korrigieren

5.7 Konstruktionslinie und Strahl

Eine Konstruktionsmethode wird mit den Objektfangspuren von AutoCAD fast überflüssig. Trotzdem, viele Konstrukteure stehen auf die Methode mit den Konstruktionslinien, weil sie der Arbeit am Reißbrett am nächsten kommt.

Konstruktionslinien mit dem Befehl Klinie

Mit dem Befehl KLINIE werden Konstruktionslinien horizontal, vertikal oder in einem Winkel durch einen Punkt oder durch zwei Punkte gezeichnet, die ohne Anfang und Ende über den gesamten Zeichenbereich laufen.

- Multifunktionsleiste: Symbol im Register START, Gruppe ZEICHNEN (erweiterter Bereich)
- Menüleiste ZEICHNEN, Funktion KONSTRUKTIONSLINIE
- Symbol im Werkzeugkasten ZEICHNEN

```
Befehl: Klinie
Einen Punkt angeben oder [HOr/Ver/Win/HAlb/Abstand]:
```

Jetzt können Sie einen Punkt eingeben, danach wird ein zweiter angefragt und durch beide eine Konstruktionslinie gezeichnet. Mit den Optionen HORIZONTAL, VERTIKAL und WINKEL werden horizontale und vertikale Konstruktionslinien unter einem bestimmten Winkel gezeichnet. Ein Punkt reicht zum Zeichnen. Bei den Konstruktionslinien im Winkel wird zuerst der Winkel angefragt und dann der Punkt, durch den die Linie laufen soll. Mit der Option HALB werden Winkelhalbierende gezeichnet.

Wie mit dem Befehl VERSETZ können auch parallele Konstruktionslinien gezeichnet werden. Verwenden Sie dazu die Option ABSTAND. Der Vorteil der Konstruktionslinienmethode ist, dass durchgehende Linien erzeugt werden und nicht nur Parallelen in der Länge der Originalobjekte.

```
Einen Punkt angeben oder [HOr/Ver/Win/HAlb/Abstand]: Option Abstand
Abstand angeben oder [Durch punkt] <Durch punkt>: Abstand eingeben z.B. 5
Linienobjekt wählen: beliebiges Linienobjekt wählen
Zu versetzende Seite angeben: auf die Seite klicken, auf der die Konstruktionslinie
gezeichnet werden soll
```

Oder durch einen Punkt:

```
Einen Punkt angeben oder [HOr/Ver/Win/HAlb/Abstand]: Option Abstand
Abstand angeben oder [Durch punkt] <Durch punkt>: Option Durch Punkt
Linienobjekt wählen: beliebiges Linienobjekt wählen
Durch Punkt angeben: Punkt anklicken, durch den die Konstruktionslinie gezeichnet
werden soll
```

Nachdem Sie eine Option beim Befehl KLINIE gewählt haben, bleibt der Befehl im Wiederholmodus, bis Sie ihn mit ⏎ beenden. Benötigen Sie eine andere Konstruktionsmethode, müssen Sie den Befehl neu anwählen.

Bei der Anfrage nach dem Abstand können Sie auch einen Punkt in der Zeichnung wählen, natürlich mit dem Objektfang. Danach wird ein weiterer Punkt angefragt. Greifen Sie auch diesen mit dem Objektfang ab. Die Distanz dieser beiden Punkte wird als Abstand verwendet. So können Sie die Abstände aus anderen Ansichten abgreifen, ohne die Werte zu wissen. Immer wenn eine Größe angefragt wird, können Sie diese auch an zwei Punkten in der Zeichnung abgreifen.

Hilfslinien mit dem Befehl Strahl

Der Befehl STRAHL erzeugt Strahlen, die von einem Punkt ausgehen und durch einen weiteren Punkt ins Unendliche gehen. Diese können ebenfalls für Hilfskonstruktionen verwendet werden. Sie finden den Befehl:

- Multifunktionsleiste: Symbol im Register START, Gruppe ZEICHNEN (erweiterter Bereich)
- Menüleiste ZEICHNEN, Funktion STRAHL

Konstruktionslinie und Strahl

```
Befehl: Strahl
Startpunkt angeben: Ursprungpunkt der Strahlen eingeben
Durch Punkt angeben: Punkt auf dem Strahl eingeben
Durch Punkt angeben: weiteren Punkt auf dem Strahl eingeben
Durch Punkt angeben: usw.
```

Damit können Sie eine Schar von Strahlen vom Startpunkt durch die danach eingegebenen Punkte zeichnen.

Vertiefung mit Konstruktionslinien zeichnen

1. Die Objektfangmodi ENDPUNKT und SCHNITTPUNKT haben Sie eingeschaltet. Falls nicht, schalten Sie diese jetzt wieder ein.
2. Ziehen Sie eine vertikale Konstruktionslinie am Ende des Einschnitts durch den Endpunkt *P1* (siehe Abbildung 5.12).
3. Ziehen Sie eine Konstruktionslinie im Abstand 2 von der Oberkante der Schnittansicht (*P2*).
4. Ziehen Sie eine weitere vertikale Konstruktionslinie durch den Punkt *P3*. Das ist der Punkt, an dem die horizontale Konstruktionslinie die Kontur schneidet.
5. Damit haben Sie alle Hilfslinien erzeugt. Den Rest machen Sie mit den Befehlen STUTZEN und DEHNEN. Korrigieren Sie den Schnitt und auch die Draufsicht wie in Abbildung 5.12.

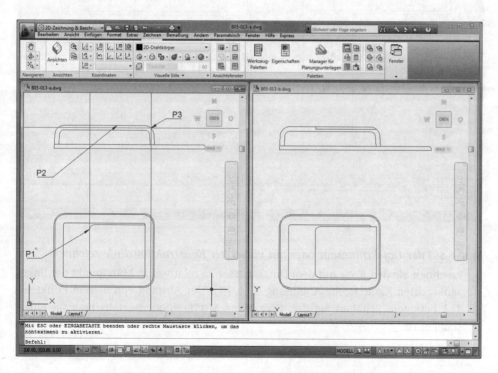

Abbildung 5.12: Konstruktionslinien zeichnen und Einschnitt erstellen

Vorderteil der Draufsicht

1. Zeichnen Sie eine Konstruktionslinie unter 70° durch das Zentrum des Bogens *B1* (siehe Abbildung 5.13). Der Objektfang ZENTRUM muss aktiv sein. Machen Sie dasselbe unten am Bogen *B2* mit 110°.
2. Wo die Konstruktionslinien die Bögen schneiden, setzen Sie wieder Konstruktionslinien: oben mit 160° und unten mit 20°.
3. Zeichnen Sie noch eine vertikale Konstruktionslinie durch den Punkt *P1*. Das Konstruktionsliniennetz sieht jetzt wie in Abbildung 5.13 aus.
4. Jetzt sind auch diese Hilfslinien komplett. Stutzen Sie die Hilfslinien zurecht und löschen Sie die überflüssigen, bis Sie die gleiche Zeichnung wie in Abbildung 5.13 haben.

Abbildung 5.13: Das Vorderteil mit Hilfslinien konstruiert

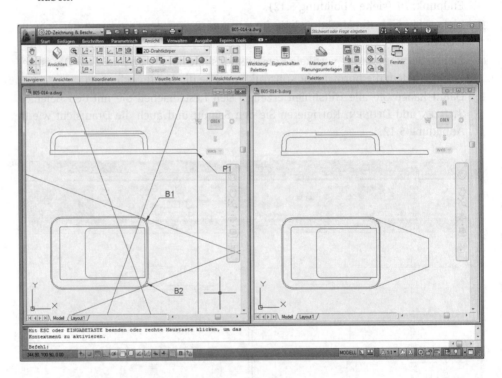

Kreise auf der Objektfangspur oder mit versetzter Konstruktionslinie zeichnen

1. Zeichnen Sie den Kreis mit dem Durchmesser 23 relativ zum Mittelpunkt der linken senkrechten Kante (siehe Abbildung 5.14, *P1*). Der Abstand von diesem Punkt soll 113 betragen. Schalten Sie den Objektfang MITTELPUNKT zu, falls er nicht eingeschaltet ist.

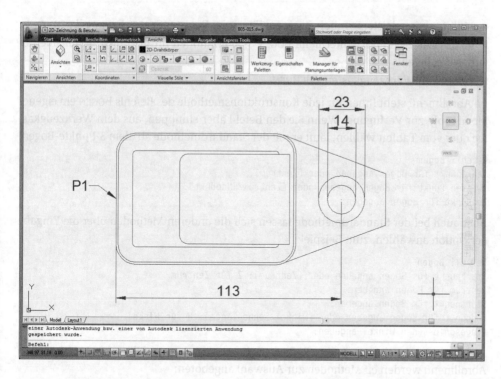

Abbildung 5.14:
Zeichnen der Kreise

2. Beim zweiten konzentrischen Kreis haben Sie es einfacher. Sie können das Zentrum des zweiten Kreises mit dem Objektfang ZENTRUM fangen. Einfacher ist es, wenn Sie einen konzentrischen Kreis mit dem Befehl VERSETZ im Abstand 4.5 erzeugen.

5.8 Zeichnen von Bögen

Meist ist es einfacher, einen Kreis zu zeichnen und diesen zu stutzen, wenn Sie einen Bogen benötigen. Sie können Bögen aber auch als Bögen in AutoCAD zeichnen, und das auf sehr unterschiedliche Arten.

Befehl Bogen

Zum Zeichnen von Bögen gibt es den Befehl BOGEN. Dabei ist es ähnlich wie beim Befehl KREIS: Den Befehl finden Sie in seiner Grundform im Werkzeugkasten. Die Optionen geben Sie dann auf der Tastatur ein. Im Abrollmenü haben Sie in einem Untermenü alle Konstruktionsmethoden übersichtlich aufgelistet, die mit diesem Befehl möglich sind. Wählen Sie diesen Befehl daher besser über das Abrollmenü. Sie finden den Befehl auch:

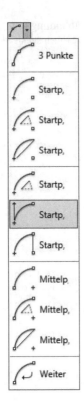

- Multifunktionsleiste: Symbole in einem Flyout im Register START, Gruppe ZEICHNEN
- Menüleiste ZEICHNEN, Untermenü BOGEN >, Funktionen für die Konstruktionsmethoden des Befehls
- Symbol im Werkzeugkasten ZEICHNEN

Im Abrollmenü steht Ihnen für jede Konstruktionsmethode des Befehls BOGEN ein eigener Menüpunkt zur Verfügung. Wenn Sie den Befehl aber eintippen, aus dem Werkzeugkasten oder vom Tablett wählen, läuft er mit der Standardmethode ab, dem 3-Punkte-Bogen:

```
Befehl: Bogen
Startpunkt für Bogen angeben oder [Zentrum]:
Zweiten Punkt für Bogen angeben oder [Zentrum/ENdpunkt]:
Endpunkt für Bogen angeben:
```

Aber auch bei der Standardmethode lassen sich die anderen Methoden über die Eingabe der Option anwählen, zum Beispiel:

```
Befehl: Bogen
Startpunkt für Bogen angeben oder [Zentrum]: Z für Zentrum
Zentrum für Bogen angeben:
Startpunkt für Bogen angeben:
Endpunkt für Bogen angeben oder [Winkel/Sehnenlänge]: W für Winkel
Eingeschlossenen Winkel angeben:
```

Auf diese Art ergeben sich eine Reihe von Kombinationen zur Eingabe der Werte. Im Abrollmenü werden elf Methoden zur Auswahl angeboten:

- **3 Punkte:** Standardmethode (siehe oben und Abbildung 5.15, a)
- **Startp, Mittelp, Endp:** Konstruktion aus Startpunkt, Mittelpunkt und Endpunkt. Der Bogen wird immer in der Vorzugsrichtung entgegen dem Uhrzeigersinn gezeichnet. Der Endpunkt muss nicht exakt bestimmt werden. Aus dem Punkt, den Sie eingeben, wird ein Gummiband vom Mittelpunkt gezogen. An dem Schnittpunkt des Bogens und des Gummibands wird der Endpunkt gesetzt (siehe Abbildung 5.15, b).
- **Startp, Mittelp, Winkel:** Konstruktion aus Startpunkt, Mittelpunkt und dem eingeschlossenen Winkel. Positive Winkel erzeugen einen Bogen entgegen dem Uhrzeigersinn, negative Winkel einen Bogen im Uhrzeigersinn (siehe Abbildung 5.15, c).
- **Startp, Mittelp, Sehnenlänge:** Konstruktion aus Startpunkt, Mittelpunkt und der Länge der Bogensehne. Der Bogen wird immer entgegen dem Uhrzeigersinn gezeichnet. Dabei können immer zwei Bögen entstehen. Wird die Sehnenlänge positiv eingegeben, erhält man den kleinen Bogen, bei Eingabe eines negativen Wertes wird der große Bogen gezeichnet (siehe Abbildung 5.15, d).
- **Startp, Endp, Winkel:** Konstruktion aus Startpunkt, Endpunkt und dem eingeschlossenen Winkel. Auch hier gilt wieder: Positive Winkel erzeugen einen Bogen entgegen dem Uhrzeigersinn, negative Winkel einen Bogen im Uhrzeigersinn (siehe Abbildung 5.15, e).
- **Startp, Endp, Richtung:** Konstruktion aus Startpunkt, Endpunkt und der Vorgabe einer Startrichtung. Das ist der Winkel, unter dem die Tangente am Startpunkt verläuft (siehe Abbildung 5.15, f).

- **Startp, Endp, Radius:** Konstruktion aus Startpunkt, Endpunkt und dem Radius des Bogens. Ein positiver Wert für den Radius erzeugt den kleinen Bogen, ein negativer Wert den großen. Der Bogen wird immer entgegen dem Uhrzeigersinn gezeichnet (siehe Abbildung 5.15, g).
- **Mittelp, Startp, Endpunkt:** Oft ist es bei der Bogenkonstruktion sinnvoller, mit dem Mittelpunkt zu beginnen, weil Sie diesen mit dem Objektfang leichter bekommen. Von dort aus können Sie die weiteren Punkte als relative Koordinaten oder relative Polarkoordinaten eingeben. Die Methode entspricht der ersten, aber die Eingabereihenfolge ist anders.

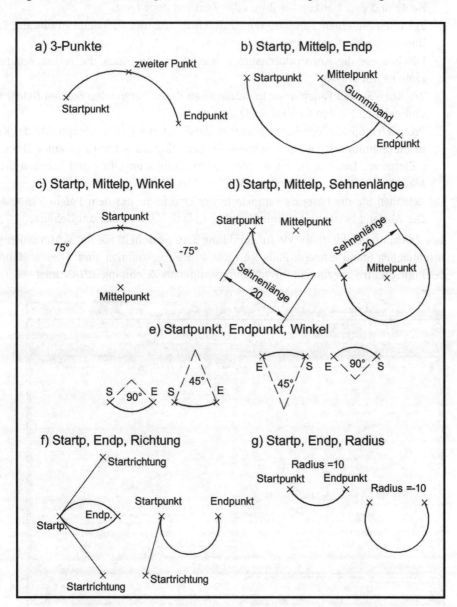

Abbildung 5.15: Konstruktionsmethoden für Bögen

- **Mittelp, Startp, Winkel:** wie oben, aber in anderer Eingabereihenfolge
- **Mittelp, Startp, Sehnenlänge:** wie oben, aber in anderer Eingabereihenfolge
- **Weiter:** Diese Konstruktionsmethode setzt einen Bogen an die zuletzt gezeichnete Linie oder den zuletzt gezeichneten Bogen tangential an. Sie müssen nur noch den Endpunkt für den Bogen eingeben.

Bogen zeichnen

1. Ziehen Sie eine senkrechte Konstruktionslinie im Abstand von 1.5 von der rechten Kante und eine horizontale durch das Zentrum der Kreise.
2. Zeichnen Sie einen 3-Punkte-Bogen durch *P1*, *P2* und *P3* (siehe Abbildung 5.16). Runden Sie die Kanten mit dem Radius 5.
3. Löschen Sie die Konstruktionslinien wieder heraus. Auch die rechte senkrechte Linie ist überflüssig.
4. Zeichnen Sie ein Fadenkreuz in den inneren Kreis. Verwenden Sie den Befehl LINIE und nehmen Sie den Objektfang QUADRANT.
5. Projizieren Sie mit vertikalen Konstruktionslinien die Quadrantenpunkte der Kreise in die Schnittdarstellung. Zeichnen Sie den Ring im Schnitt mit einer Höhe von 2 Einheiten. Denken Sie auch an die obere Verbindungslinie und brechen Sie das Material zur unteren Platte hin auf.
6. Zeichnen Sie die Fase als Parallele in der Draufsicht mit dem Befehl VERSETZ ein. Der Abstand beträgt eine Einheit. Stutzen Sie die Überstände am Gehäuse.

Ihre Zeichnung sollte dann wie in Abbildung 5.16 aussehen. Sie hat schon einen ganz ansehnlichen Stand erreicht. Falls Sie nicht so weit gekommen sind: Diesen Stand der Zeichnung finden Sie auch in Ihrem Übungsordner als Zeichnung *Z01-02.dwg*.

Abbildung 5.16: Bogen zeichnen und Vorderteil fertigstellen

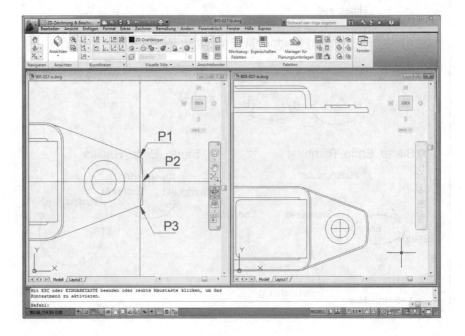

5.9 Benutzerkoordinatensysteme BKS

Wenn Sie irgendwo in einem Teil ohne Orientierungspunkte eine neue Kontur erstellen wollen, ist es unter Umständen hilfreich, den Koordinatennullpunkt und die Ausrichtung des Koordinatensystems zu ändern. In AutoCAD setzt man dazu in das feste Koordinatensystem, das sogenannte Weltkoordinatensystem, weitere Koordinatensysteme, sogenannte Benutzerkoordinatensysteme. Sie können:

- in beliebiger Anzahl erzeugt und
- mit Namen versehen und in der Zeichnung gespeichert werden.
- Ein Benutzerkoordinatensystem ist immer das aktuelle BKS.
- Koordinaten geben Sie in den Werten des aktuellen BKS ein. Auch die Koordinatenanzeige in der Statuszeile zeigt die Koordinaten im aktuellen BKS an.
- Wenn ein Benutzerkoordinatensystem aktiv ist und Sie trotzdem eine Koordinate im Weltkoordinatensystem eingeben wollen, setzen Sie dem Wert das Zeichen * voran, zum Beispiel:

```
Befehl: Linie
Ersten Punkt angeben: *100,50
Nächsten Punkt angeben oder [Zurück]: @*30<45 usw.
```

BKS erzeugen, sichern und holen

Alle Funktionen der Befehle für Koordinatensysteme finden Sie in den zwei Werkzeugkästen BKS und BKS II sowie im Register ANSICHT, Gruppe KOORDINATEN der Multifunktionsleiste (siehe Abbildung 5.17).

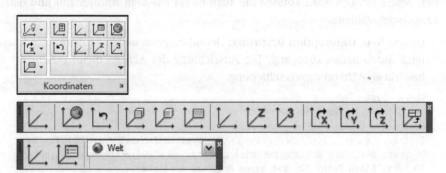

Abbildung 5.17: Multifunktionsleiste und Werkzeugkästen für die Benutzerkoordinationssysteme

Benutzerkoordinatensysteme benötigen Sie dann, wenn Sie 3D-Modelle erstellen. Sie sind aber auch bei 2D-Zeichnungen sehr nützlich. In diesem Kapitel werden Sie nur die Optionen kennenlernen, die Sie für 2D-Anwendungen benötigen. 3D-Modelle werden erst in Kapitel 20 behandelt.

Mit dem Befehl BKS lassen sich Benutzerkoordinatensysteme in der Zeichnung platzieren, speichern und gespeicherte wieder aktivieren.

- Multifunktionsleiste: Symbole im Register ANSICHT, Gruppe BKS.
- Menüleiste EXTRAS, Untermenü NEUES BKS >, Funktionen für die einzelnen Optionen des Befehls
- Symbole für die Optionen im Werkzeugkasten BKS bzw. BKS II.

Ein Symbol startet den Befehl mit der Standardmethode zur Definition eines BKS mit der Eingabe von 3 Punkten.

```
Befehl: BKS
Aktueller BKS-Name:  *WELT*
Ursprung des neuen BKS angeben oder
[FLäche/bENannt/Objekt/VOrher/ANsicht/Welt/X/Y/Z/ZAchse] <Welt>:
```

Klicken Sie einen Punkt in der Zeichnung an, wird dieser als Ursprung für ein neues Koordinatensystem genommen.

```
Ursprung des neuen BKS angeben oder
[FLäche/bENannt/Objekt/VOrher/ANsicht/Welt/X/Y/Z/ZAchse] <Welt>: Punkt in der
Zeichnung anklicken
Punkt auf X-Achse angeben oder <Akzeptieren>: Punkt auf der neuen x-Achse angeben oder
 ↵  falls die Ausrichtung nicht verändert werden soll
Punkt auf XY-Ebene angeben oder <Akzeptieren>: Punkt auf der neuen xy-Ebene angeben
oder  ↵  falls die Ausrichtung nicht verändert werden soll
```

Jetzt können Sie einen Punkt in der Zeichnung anklicken. Die x-Achse wird vom eingegebenen Ursprung zu diesem Punkt hin ausgerichtet. Mit der Eingabe von ↵ bleibt die vorherige Ausrichtung erhalten. Ebenso ist es mit der Lage der xy-Ebene. Mit dieser Methode können Sie ein neues BKS mit 3 Punkten beliebig im Raum ausrichten.

Den Befehl mit Optionen können Sie auch direkt aus dem Abrollmenü und den Werkzeugkästen wählen:

- **Option Neu, Unteroption Ursprung:** Definition eines neuen Benutzerkoordinatensystems durch neuen Ursprung. Die Ausrichtung der Achsen bleibt gleich, die Option bewirkt eine Ursprungsverschiebung.

```
Befehl: BKS
Aktueller BKS-Name:  *WELT*
Ursprung des neuen BKS angeben oder
[FLäche/bENannt/Objekt/VOrher/ANsicht/Welt/X/Y/Z/ZAchse] <Welt>: N für Neu
Ursprung des neuen BKS angeben oder [ZAchse/3punkt/OBjekt/Fläche/ANsicht/ X/Y/Z]
<0,0,0>: Einen Punkt für den neuen Ursprung anklicken
```

Weitere Anfragen werden nicht gestellt. Die Ausrichtung der Achsen bleibt erhalten.

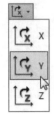

- **Option X, Y oder Z:** Drehung des BKS um eine Koordinatenachse. Bei 2D-Zeichnungen ist vor allem die Drehung um die z-Achse interessant.

```
Befehl: BKS
Aktueller BKS-Name:  *WELT*
Ursprung des neuen BKS angeben oder
[FLäche/bENannt/Objekt/VOrher/ANsicht/Welt/X/Y/Z/ZAchse] <Welt>: z.B. Z für Drehung
um z-Achse
Drehwinkel um z-Achse angeben <90>: Drehwinkel eingeben
```

Das Koordinatensystem wird um den Ursprung gedreht und das Fadenkreuz neu ausgerichtet. Die Null-Grad-Richtung ändert sich dabei.

- **Welt:** Aktivierung des Weltkoordinatensystems
- **Vorher:** Aktivierung des vorherigen Koordinatensystems. Die zehn letzten Benutzerkoordinatensysteme sind gespeichert.
- **Speichern:** Speichern des gerade aktuellen Benutzerkoordinatensystems unter einem Namen in der Zeichnung

```
Befehl: BKS
Aktueller BKS-Name:  *WELT*
Ursprung des neuen BKS angeben oder
[FLäche/bENannt/Objekt/VOrher/ANsicht/Welt/X/Y/Z/ZAchse] <Welt>: SP für Speichern
Namen zum Speichern des aktuellen BKS eingeben oder [?]: Name des neuen BKS
eingeben
```

Durch Eingabe von »?« werden alle schon gespeicherten BKS aufgelistet.

- **Holen:** Wiederherstellen eines bereits gespeicherten BKS. Den Namen des BKS müssen Sie eintippen. Wissen Sie ihn nicht mehr, können Sie mit »?« alle gespeicherten Koordinatensysteme auflisten.

```
Befehl: BKS
Aktueller BKS-Name:  *WELT*
Ursprung des neuen BKS angeben oder
[FLäche/bENannt/Objekt/VOrher/ANsicht/Welt/X/Y/Z/ZAchse] <Welt>: HO für Holen
Name des wiederherzustellenden BKS eingeben oder [?]: Name des BKS eingeben
```

- **Löschen:** Löschen eines bereits gesicherten BKS

Die letzten drei Optionen führen Sie später besser mit dem BKS-Manager aus (siehe unten). Sie sind mit dem Befehl BKS umständlicher und werden deshalb auch nicht in der Optionsliste aufgeführt. Die weiteren Optionen werden nur bei der 3D-Konstruktion gebraucht und auch dort behandelt.

BKS-Symbol

- *Das BKS-Symbol wird normalerweise am Ursprung angezeigt. Befindet sich der Ursprung außerhalb des Bildschirmausschnitts oder hat des vollständige Symbol keinen Platz mehr auf dem Bildschirm, wird es links unten angezeigt.*
- *Wenn sich die Achsen ein Stück überkreuzen befindet sich das Symbol am Ursprung. Treffen sie stumpf aufeinander, dann befindet sich das Symbol nicht am Ursprung, sondern links unten an der Zeichenfläche.*
- *Hat das Symbol am Ursprung ein kleines Quadrat, ist das Weltkoordinatensystem aktiv, falls nicht ist ein BKS gewählt.*

BKS-Symbol

Das Benutzerkoordinatensymbol können Sie mit dem Befehl BKSYMBOL ein- und ausschalten und wählen, ob es am Ursprung oder immer links unten angezeigt werden soll.

- Multifunktionsleiste: Symbole in einem Flyout im Register ANSICHT, Gruppe BKS
- Menüleiste ANSICHT, Untermenü ANZEIGE >, Untermenü BKS-SYMBOL >, Untermenü mit den einzelnen Optionen des Befehls

Mit einer weiteren Option des Befehls bekommen Sie ein Dialogfeld, mit dem Sie Form, Größe und Farbe des Benutzerkoordinatensymbols bestimmen können (siehe Abbildung 5.18).

- Multifunktionsleiste: Symbole im Register ANSICHT, Gruppe BKS.
- Menüleiste ANSICHT, Untermenü ANZEIGE >, Untermenü BKS-SYMBOL >, Funktion EIGENSCHAFTEN...

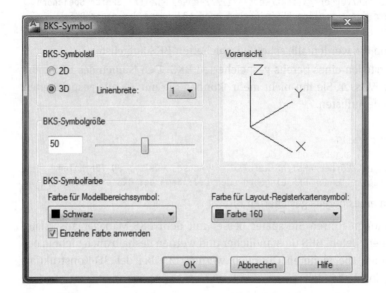

Abbildung 5.18: Form, Größe und Farbe des BKS-Symbols ändern

BKS-Symbolstil: Wählen Sie 2D, wenn Sie eine Darstellung des Koordinatensymbols wie in früheren AutoCAD-Versionen haben wollen. Bei der Einstellung 3D haben Sie eine neue Anzeige. Haben Sie den Schalter KEGEL ein, werden die Symbole an den Spitzen ebenfalls dreidimensional als Kegel angezeigt. Im Abrollmenü LINIENBREITE können Sie die Linienstärke des Symbols ändern.

BKS-Symbolgröße: Mit dem Schieberegler ändern Sie die Größe des Symbols.

BKS-Symbolfarbe: Sowohl die Farbe des Koordinatensymbols im Modellbereich als auch die des Symbols auf den Layouts kann in den Abrollmenüs gewählt werden.

BKS erzeugen und sichern
1. Erzeugen Sie ein neues BKS durch Ursprungsverschiebung (Option URSPRUNG). Der neue Ursprung soll 25 Einheiten rechts von der Mitte der mittleren Kante liegen (siehe Abbildung 5.19).

Benutzerkoordinatensysteme BKS

2. Drehen Sie das neue BKS 45° um die z-Achse.
3. Speichern Sie das BKS unter dem Namen *TASTEN*.
4. Ihr Fadenkreuz ist jetzt um 45° gedreht. Bewegen Sie Ihr Fadenkreuz in der Zeichnung und beachten Sie die Anzeige in der Funktionsleiste. Die x-Achse verläuft jetzt ebenfalls im Winkel von 45° und die y-Achse im Winkel von 135°. Der Nullpunkt liegt an der Stelle, die Sie gewählt haben.
5. Schalten Sie zurück zum Weltkoordinatensystem.
6. Holen Sie das gespeicherte BKS *TASTEN* zurück.

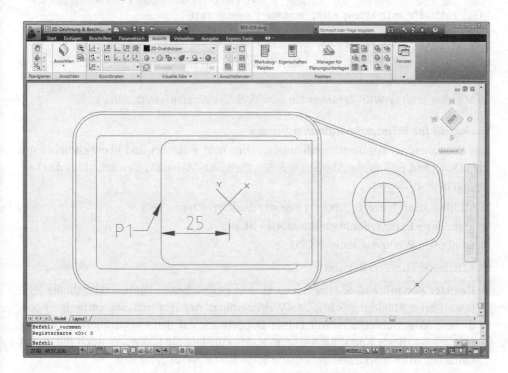

Abbildung 5.19:
Position des neuen Koordinatensystems TASTEN

Wechsel des Koordinatensystems

- *Arbeiten Sie in einer Zeichnung mit mehreren Benutzerkoordinatensystemen, die Sie häufig wechseln müssen, haben Sie in der Multifunktionsleiste ein Abrollmenü in dem Sie das aktuelle Benutzerkoordinatensystem schnell wechseln können. Sie finden dort das Weltkoordinatensystem, die gespeicherten Benutzerkoordinatensysteme und die orthogonalen Koordinatensysteme (siehe Kapitel 19).*
- *Arbeiten Sie mit der klassischen Oberfläche, dann können Sie den Werkzeugkasten BKS II zuschalten. Dort können Sie die gespeicherten Koordinatensysteme ebenfalls aus einem Abrollmenü wählen.*

- *Haben Sie den ViewCube eingeschaltet (Standard bei den Arbeitsbereichen mit der Multifunktionsleiste in AutoCAD), können Sie das BKS auch an der unteren Schaltfläche am ViewCube wechseln.*
- *Mit der Funktion* NEUES BKS *wird die Standardmethode zur Definition eines BKS mit der Eingabe von 3 Punkten gestartet (siehe oben):*

```
Ursprung des neuen BKS angeben oder
[FLäche/bENannt/Objekt/VOrher/ANsicht/Welt/X/Y/Z/ZAchse] <Welt>: Punkt in der
Zeichnung anklicken
Punkt auf x-Achse angeben oder <Akzeptieren>: Punkt auf der neuen x-Achse angeben oder
⏎, falls die Ausrichtung nicht verändert werden soll
Punkt auf XY-Ebene angeben oder <Akzeptieren>: Punkt auf der neuen xy-Ebene angeben
oder ⏎, falls die Ausrichtung nicht verändert werden soll
```

- *Geben Sie auf die beiden letzten Anfragen* ⏎ *ein, bekommen Sie nur eine Ursprungsverschiebung.*
- *Mit dem Eintrag* WKS *kommen Sie zum Weltkoordinatensystem zurück.*

Dialogfeld für Benutzerkoordinatensysteme

Das Verwalten der Benutzerkoordinatensysteme geht einfacher und übersichtlicher mit dem Dialogfeld BKS (siehe Abbildung 5.20), dem BKS-MANAGER. Der Befehl für das Dialogfeld heißt BKSMAN:

- Multifunktionsleiste: Symbol im Register ANSICHT, Gruppe BKS
- Menüleiste EXTRAS, Funktion BENANNTES BKS...
- Symbol im Werkzeugkasten BKS II

Das Dialogfeld hat drei Register:

- **Register Benannte BKS:** Hier finden Sie alle gespeicherten Benutzerkoordinatensysteme (siehe Abbildung 5.20), das Weltkoordinatensystem und das vorherige Koordinatensystem aufgelistet. Mit einem Doppelklick auf den entsprechenden Eintrag machen Sie dieses Koordinatensystem zum aktuellen. Sie können es auch mit einem einfachen Klick markieren und auf die Schaltfläche AKTUELL klicken.

  Wenn Sie ein Benutzerkoordinatensystem in der Liste markieren und auf die Schaltfläche DETAILS klicken, bekommen Sie ein weiteres Dialogfeld (siehe Abbildung 5.21). Dort können Sie im Abrollmenü RELATIV ZU ein anderes Koordinatensystem wählen. In der Liste erscheinen dann die Position und die Ausrichtung des markierten Koordinatensystems im Verhältnis zu dem im Abrollmenü ausgewählten.

- **Register Orthogonale BKS:** Dieses Register dient für die Ausrichtung des BKS an einem 3D-Modell. Dazu finden Sie im Kapitel 20.7 mehr.

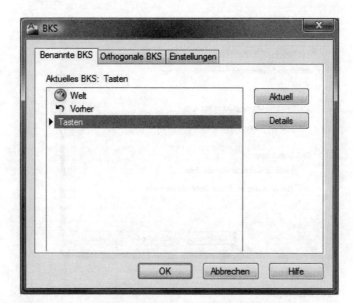

Abbildung 5.20:
Dialogfeld des BKS-Managers, Register Benannte BKS

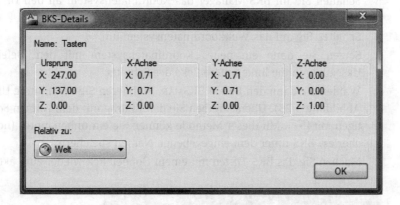

Abbildung 5.21:
Position und Ausrichtung von Koordinatensystemen

- **Register Einstellungen:** Im oberen Teil des Registers (siehe Abbildung 5.22) können Sie das Koordinatensymbol beeinflussen. Mit dem Schalter EIN können Sie es ein- und ausschalten. Haben Sie den Schalter AN BKS-URSPRUNGSPUNKT ANZEIGEN eingeschaltet, wird das Symbol am Koordinatenursprung angezeigt, sofern sich dieser im aktuellen Ausschnitt der Zeichnung befindet. Ist dieser Schalter aus, wird es immer links unten im Zeichnungsfenster angezeigt. Mit dem Schalter AUF ALLE AKTIVEN ANSICHTSFENSTER ANWENDEN bewirken Sie, dass Änderungen an der Anzeige des Symbols sich auf alle Ansichtsfenster auswirken oder nur auf das aktuelle. Zu Ansichtsfenstern erfahren Sie in den Kapiteln 16.1 und 16.3 mehr. Der Rest der Einstellungen in diesem Register ist erst bei 3D-Anwendungen interessant.

Abbildung 5.22:
Dialogfeld des BKS-Managers, Register Einstellungen

BKS-Manager

1. Schalten Sie im BKS-Manager das Koordinatensystem an den Ursprung, falls dies nicht schon der Fall ist.
2. Schalten Sie auf das Weltkoordinatensystem um.
3. Setzen Sie dann ein neues Koordinatensystem mit dem Befehl BKS, Option URSPRUNG an die linke untere Ecke des Schnitts.
4. Wählen Sie dann den Befehl BKSMAN. Markieren Sie den Eintrag UNBENANNT (siehe Abbildung 5.23). Überschreiben Sie den Eintrag mit dem Namen *Schnitt* und bestätigen mit ⏎. Mit dieser Methode können Sie ein unbenanntes (noch nicht gespeichertes) BKS unter dem eingegebenen Namen speichern.
5. Machen Sie das BKS *Tasten* mit einem Doppelklick wieder zum aktuellen BKS.

Abbildung 5.23:
BKS im BKS-Manager umbenennen und damit speichern

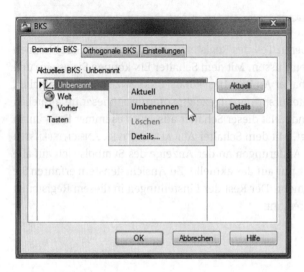

Tastenausschnitt und Taste zeichnen

1. Jetzt muss das Benutzerkoordinatensystem *Tasten* aktiv sein. Zoomen Sie den Bildteil wie in Abbildung 5.24.
2. Zeichnen Sie ein Quadrat. Nehmen Sie den Befehl RECHTECK, einen Befehl QUADRAT gibt es nicht.

   Befehl: **Rechteck**
   Ersten Eckpunkt angeben oder [Fasen/Erhebung/Abrunden/Objekthöhe/Breite]: **1,1**
   Anderen Eckpunkt angeben oder [Bemaßungen]: **@11,11**

3. Versetzen Sie die Kontur des Quadrats mit dem Befehl VERSETZ um 0.5 Einheiten nach innen. Hierbei wird die komplette Kontur ohne Überschneidungen an den Ecken auf einmal nach innen versetzt.
4. Zeichnen Sie einen Kreis in der Mitte des Quadrats. Ziehen Sie dazu Objektfangspuren von den Mitten der Seiten und klicken Sie am Schnittpunkt der Hilfslinien. Der Kreis soll einen Radius von 4.5 bekommen (siehe Abbildung 5.24).

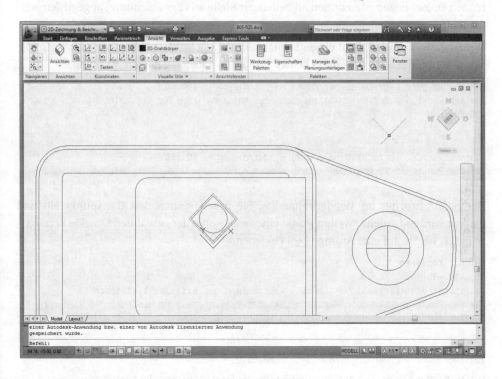

Abbildung 5.24:
Taste mit Tastenausschnitt

5.10 Objekte kopieren

Im Folgenden lernen Sie eine Reihe von Editierbefehlen kennen, die alle nach demselben Schema arbeiten. Zunächst den Befehl fürs Kopieren.

Kopieren von Objekten

Mit dem Befehl KOPIEREN lassen sich eine oder mehrere Kopien von Objekten erzeugen. Sie finden den Befehl:

- Multifunktionsleiste: Symbol im Register START, Gruppe ÄNDERN
- Menüleiste ÄNDERN, Funktion KOPIEREN
- Symbol im Werkzeugkasten ÄNDERN

```
Befehl: Kopieren
Objekte wählen:
Aktuelle Einstellungen: Kopiermodus = Mehrfach
Basispunkt oder [Verschiebung/mOdus] <Verschiebung>:
Zweiten Punkt der Verschiebung angeben oder <ersten Punkt der Verschiebung verwenden>:
```

Geben Sie einen Basispunkt ein bzw. fangen Sie einen Punkt mit dem Objektfang und danach einen zweiten Punkt. Die Kopie der gewählten Objekte wird um die Differenz der beiden Punkte verschoben. Weder Basispunkt noch Zielpunkt müssen auf dem zu kopierenden Objekt liegen, sie können an beliebiger Stelle aus der Zeichnung abgegriffen werden.

Wird der zweite Punkt nicht eingegeben, sondern ⏎, wird der erste Punkt als Verschiebung interpretiert. Die folgenden beiden Varianten haben die gleiche Wirkung:

```
Basispunkt oder [Verschiebung/mOdus] <Verschiebung>: 100,50
Zweiten Punkt der Verschiebung angeben oder <ersten Punkt der Verschiebung verwenden>: 150,200
```

und

```
Basispunkt oder [Verschiebung/mOdus] <Verschiebung>: 50,150
Zweiten Punkt der Verschiebung angeben oder <ersten Punkt der Verschiebung verwenden>: ⏎
```

Der Befehl arbeitet im Wiederholmodus. Sie geben einmal den Basispunkt ein und danach wird mit jedem zweiten Punkt eine neue Kopie der gewählten Objekte erzeugt – so lange, bis Sie auf eine Anfrage ⏎ eingeben.

```
Befehl: Kopieren
Objekte wählen:
Basispunkt oder [Verschiebung/mOdus] <Verschiebung>: Basispunkt eingeben
Zweiten Punkt angeben oder <ersten Punkt der Verschiebung verwenden>:
Zweiten Punkt angeben oder [Beenden/Rückgängig] <Beenden>:
.
.
Zweiten Punkt angeben oder [Beenden/Rückgängig] <Beenden>: ⏎
```

Rückgängig: Mit dieser Option machen Sie die letzte Kopie rückgängig.

Normalerweise können Sie mit dem Befehl mehrere Kopien erstellen. Jeder »zweite Punkt« erstellt eine weitere Kopie. Sie können den Befehl aber auch umstellen, sodass nur eine Kopie erzeugt wird. Wechseln Sie dazu den Modus:

Objekte drehen

```
Befehl: Kopieren Objekte wählen: Aktuelle Einstellungen: Kopiermodus = Mehrfach
Basispunkt oder [Verschiebung/mOdus] <Verschiebung>: Option Modus
Kopiermodusoption eingeben [Einzeln/Mehrfach] <Mehrfach>: Einzelmodus
Basispunkt oder [Verschiebung/mOdus/Mehrfach] <Verschiebung>:
```

Haben Sie den Einzelmodus gewählt, steht Ihnen die Option MEHRFACH zur Verfügung. Jetzt können Sie mit dieser Option bei Bedarf mehrfache Kopien erstellen, ohne dass Sie dazu den Modus wechseln müssen.

Punkteingabe beim Kopieren

- Wollen Sie beim Kopieren zwei Objekte passgenau aufeinander montieren, verwenden Sie für den Basispunkt und den zweiten Punkt den Objektfang. Aus den beiden Punkten wird ein Verschiebevektor gebildet, der auch an einer beliebigen Stelle der Zeichnung abgegriffen werden kann. Die Punkte müssen sich nicht auf dem Objekt befinden.
- Sie können auch mit der Abstandsangabe kopieren. Geben Sie den Basispunkt an einer beliebigen Stelle ein. Wenn Sie den Ortho-Modus oder den Polaren Fang eingeschaltet haben, fahren Sie in die gewünschte Richtung und tippen einen Abstand ein. Die Kopie wird um diesen Abstand verschoben erzeugt. Um die Richtung zu bekommen, können Sie auch die Objektfangspuren verwenden.

Kopieren mit Abstandsangabe

1. Wählen Sie den Befehl KOPIEREN und bei der Objektwahl die komplette Taste.
2. Kopieren Sie die Taste um 13 Einheiten nach links unten mit einer der oben beschrieben Methoden. Da Sie das BKS *Tasten* noch aktiviert haben, erfolgt die Kopie in negativer x-Richtung.

Jetzt haben Sie zunächst einmal zwei Tasten.

5.11 Objekte drehen

Mit dem Befehl DREHEN lassen sich Objekte um einen wählbaren Punkt in einem wählbaren Winkel drehen.

Befehl Drehen

Wählen Sie den Befehl:

- Multifunktionsleiste: Symbol im Register START, Gruppe ÄNDERN
- Menüleiste ÄNDERN, Funktion DREHEN
- Symbol im Werkzeugkasten ÄNDERN

```
Befehl: Drehen
Aktueller positiver Winkel in BKS:  ANGDIR=gegen den Uhrzeigersinn  ANGBASE=0.0
Objekte wählen:
Basispunkt angeben:
Drehwinkel angeben oder [Kopie/Bezug]<0>:
```

Zunächst zeigt der Befehl an, welche Winkelmessrichtung eingestellt ist. Danach können Sie in der üblichen Art die Objekte wählen. Mit dem Basispunkt wählen Sie den Drehpunkt. Danach können Sie den Drehwinkel als Zahlenwert eingeben oder dynamisch mit dem Fadenkreuz abgreifen.

Bezug: Außerdem steht Ihnen die Option BEZUG zur Verfügung. Wenn Sie diese anwählen, werden zwei Winkel erfragt:

```
Drehwinkel angeben oder [Bezug]: Option Bezug
Bezugswinkel angeben <0.0>:
Neuen Winkel angeben:
```

Geben Sie einen Winkel als Zahlenwert vor oder fangen Sie zwei Punkte in der Zeichnung mit dem Objektfang. Der eingegebene Wert oder der Winkel, der sich aus den beiden ermittelten Punkten bildet, ist der Bezugswinkel. Wenn Sie den neuen Winkel eingeben, werden die Objekte um die Differenz der beiden Winkel gedreht (siehe Abbildung 5.25).

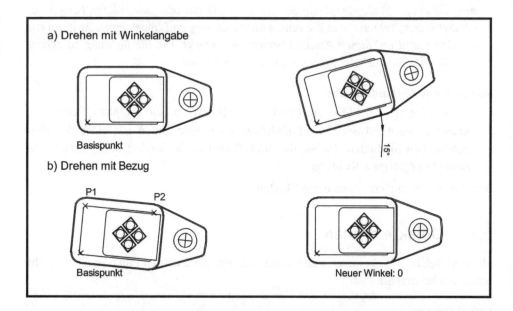

Abbildung 5.25: Drehen mit Winkelangabe oder Bezug

Kopie: Wenn Sie diese Option aktivieren, bleibt das Original unverändert und es wird eine gedrehte Kopie erstellt.

```
Drehwinkel angeben oder [Kopie/Bezug] <0>: Option Kopie
Kopie von ausgewählten Objekten wird gedreht.
Drehwinkel angeben oder [Kopie/Bezug] <0>:
```

Drehen der Tasten

1. Drehen Sie die beiden Tasten um den Nullpunkt um einen beliebigen Winkel, den Sie dynamisch mit dem Fadenkreuz zeigen.
2. Verwenden Sie dann den Befehl DREHEN mit der Option BEZUG und richten Sie die Tasten wieder so aus, wie sie waren.

5.12 Objekte schieben

Mit dem Befehl SCHIEBEN können Sie Objekte verschieben. Er arbeitet wie der Befehl KOPIEREN, nur dass keine Kopie dabei erzeugt wird.

Befehl Schieben

Wählen Sie den Befehl SCHIEBEN:

- Multifunktionsleiste: Symbol im Register START, Gruppe ÄNDERN
- Menüleiste ÄNDERN, Funktion SCHIEBEN
- Symbol im Werkzeugkasten ÄNDERN

```
Befehl: Schieben
Objekte wählen:
Basispunkt oder [Verschiebung] <Verschiebung>:
Zweiten Punkt der Verschiebung angeben oder <ersten Punkt der Verschiebung verwenden>:
```

Wie beim Befehl KOPIEREN können Sie eine Verschiebung oder zwei Punkte eingeben, um die neue Position der Objekte zu bestimmen.

Verschieben der Tasten

1. Schieben Sie die beiden Tasten um 5 Einheiten nach rechts.
2. Schieben Sie die Tasten wieder an die ursprüngliche Position zurück oder machen Sie den Befehl rückgängig.

5.13 Objekte spiegeln

Mit dem Befehl SPIEGELN können Sie Objekte der Zeichnung um eine Achse spiegeln. Die Spiegelachse muss nicht als Objekt in der Zeichnung vorhanden sein, zwei Punkte reichen aus.

Befehl Spiegeln

Sie finden den Befehl SPIEGELN:

- Multifunktionsleiste: Symbol im Register START, Gruppe ÄNDERN
- Menüleiste ÄNDERN, Funktion SPIEGELN
- Symbol im Werkzeugkasten ÄNDERN

```
Befehl: Spiegeln
Objekte wählen:
Ersten Punkt der Spiegelachse angeben:
Zweiten Punkt der Spiegelachse angeben:
Quellobjekte löschen? [Ja/Nein] <N>:
```

Wählen Sie die Objekte und die Spiegelachse durch zwei Punkte in der Zeichnung (siehe Abbildung 5.26). Bei der letzten Anfrage bestimmen Sie, ob das Original mit dem Spiegelbild erhalten bleiben soll oder ob nur das Spiegelbild in der Zeichnung bleiben soll.

Abbildung 5.26:
Spiegeln an verschiedenen Achsen

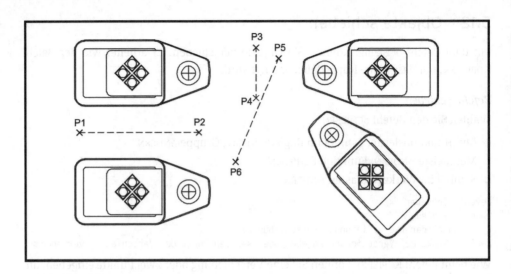

Die Systemvariable MIRRTEXT *legt fest, ob Texte mit gespiegelt werden sollen oder nicht. Ist sie 1, werden Texte gespiegelt (Standardeinstellung), bei 0 werden sie nicht gespiegelt.*

Spiegeln der Tasten

1. Spiegeln Sie die beiden Tasten nach unten. Wenn das BKS *Tasten* aktiv ist, ist die Spiegelachse die x-Achse. Wählen Sie den Befehl SPIEGELN und bei der Objektwahl die beiden Tasten.
2. Wählen Sie für den ersten Punkt der Spiegelachse den Nullpunkt und fahren Sie für den zweiten Punkt in Richtung der x-Achse weg und klicken einen Punkt, wenn die Hilfslinie erscheint.
3. Die Quellobjekte sollen nicht gelöscht werden, da Sie ja vier Tasten haben wollen. Das Ergebnis sehen Sie in Abbildung 5.27. Die letzten Aktionen hätten Sie auch mit dem Befehl REIHE erledigen können. Diesen finden Sie in Kapitel 7 beschrieben.

Zeichnen der Tasten im Schnitt

1. Bearbeiten Sie jetzt den Schnitt – eine Aufgabe, die komplizierter ist, als sie aussieht. Ziehen Sie Konstruktionslinien und stutzen diese oder arbeiten Sie mit den Objektfangspuren. Sie brauchen nur die Befehle KLINIE, STUTZEN, DEHNEN, und VERSETZ. Das gewünschte Ergebnis sehen Sie in Abbildung 5.28. Schalten Sie aber das Weltkoordinatensystem oder noch besser das BKS *Schnitt* aktiv.
2. Die Schraffur in der Abbildung soll Ihnen bei der Orientierung helfen. Wie man schraffiert, lernen Sie in den Kapiteln 6.1 und 8.2.
3. Die Maße, die Sie nicht aus der Draufsicht übertragen können, finden Sie in Abbildung 5.28.
4. Für die Mulden in den Tasten können Sie vertikale Konstruktionslinien in der Draufsicht durch die Quadrantenpunkte der Kreise legen. Verwenden Sie dann den Befehl BOGEN mit der Methode STARTP, ENDP, RADIUS.

Objekte spiegeln

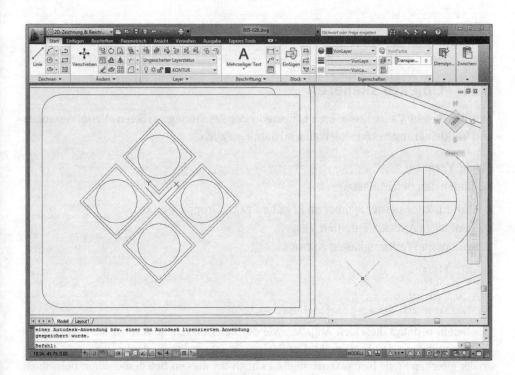

Abbildung 5.27:
Die fertigen vier Tasten

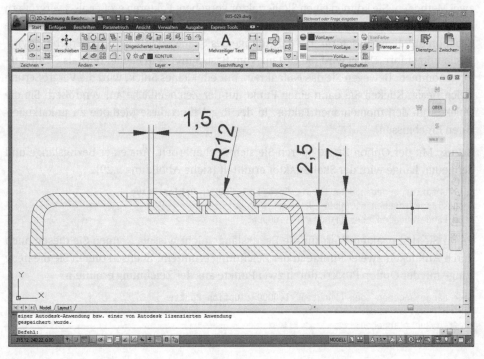

Abbildung 5.28:
Die Tasten in den Schnitt konstruieren

Falls Sie nicht weiterkommen, finden Sie den jetzigen Stand der Zeichnung auch in Ihrem Übungsordner unter *Z01-03.dwg*.

5.14 Objekte skalieren

Mit dem Befehl VARIA lassen sich Objekte in der Zeichnung skalieren. Vergrößerungen und Verkleinerungen von Objekten sind damit möglich.

Befehl Varia

Sie finden den Befehl VARIA:

- Multifunktionsleiste: Symbol im Register START, Gruppe ÄNDERN
- Menüleiste ÄNDERN, Funktion VARIA
- Symbol im Werkzeugkasten ÄNDERN

```
Befehl: Varia
Objekte wählen:
Basispunkt angeben:
Skalierfaktor angeben oder [Kopie/Bezug] <1.0000>:
```

Der Befehl benötigt dieselben Angaben wie der Befehl DREHEN. Wählen Sie zunächst die Objekte und dann den Basispunkt. Der Basispunkt ist der Punkt, der bei der Veränderung an der gleichen Stelle bleibt. Danach gibt es auch bei diesem Befehl die schon bekannten zwei Methoden. Sie können einen Skalierfaktor vorgeben. Faktoren größer als 1 vergrößern die Objekte, Faktoren kleiner als 1 verkleinern. Etwas irritierend wirkt dabei zunächst die Reaktion auf dem Bildschirm. Bei der Abfrage des Skalierfaktors wird das Ergebnis dynamisch mitgeführt. Dabei wird die Distanz vom Basispunkt zum Fadenkreuz als Skalierfaktor genommen. Bewegen Sie das Fadenkreuz nur ein kleines Stück, wird die Vergrößerung gleich riesig. Klicken Sie dann einen Punkt auf der Zeichenfläche an, vergrößern Sie die Objekte um den momentanen Faktor. In der Regel führt diese Methode zu unkalkulierbaren Ergebnissen.

Bezug: Mit der Option BEZUG sparen Sie sich Rechenarbeit. Aus einer Bezugslänge und der neuen Länge wird der Skalierfaktor ermittelt (siehe Abbildung 5.29).

```
Skalierfaktor angeben oder [Kopie/Bezug] <1.0000>: Option Bezug
Bezugslänge angeben <1.0000>:
Neue Länge angeben oder [Punkte] <1.0000>:
```

Wenn Sie den exakten Wert für die Bezugslänge nicht wissen, können Sie diesen auch durch Anklicken zweier Punkte in der Zeichnung ermitteln. Ebenso können Sie die neue Länge mit der Option PUNKTE durch zwei Punkte aus der Zeichnung ermitteln.

```
Neue Länge angeben oder [Punkte] <1.0000>: Option Punkte
Ersten Punkt angeben:
zweiten Punkt angeben:
```

Kopie: Wenn Sie bei der ersten Anfrage diese Option aktivieren, bleibt das Original unverändert und es wird eine skalierte Kopie erstellt. Der Befehl läuft danach genauso wie oben ab.

```
Skalierfaktor angeben oder [Kopie/Bezug] <0>: Option Kopie
Kopie von ausgewählten Objekten wird skaliert.
Skalierfaktor angeben oder [Kopie/Bezug] <1.0000>:
```

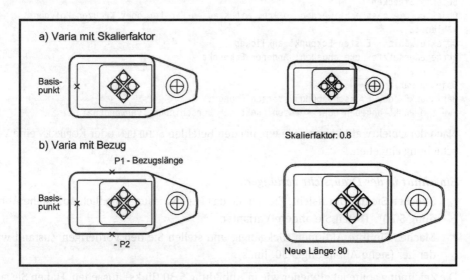

Abbildung 5.29:
Vergrößern und Verkleinern

5.15 Objekte strecken

Wollen Sie ein Maß in einer Zeichnung ändern, kann das oft eine Reihe von Änderungen mit sich bringen. Mit unseren jetzigen Befehlen kann das schnell sehr kompliziert werden. Soll beispielsweise der Einschnitt 5 mm länger werden und die restliche Geometrie mit korrigiert werden, haben Sie eine Menge zu schieben, zu stutzen und zu dehnen.

Befehl Strecken

Mit dem Befehl STRECKEN können Sie aber alles auf einmal machen. Den Befehl finden Sie:

- Multifunktionsleiste: Symbol im Register START, Gruppe ÄNDERN
- Menüleiste ÄNDERN, Funktion STRECKEN
- Symbol im Werkzeugkasten ÄNDERN

Der Befehl kombiniert verschiedene Befehle, unterscheidet sich aber bei der Objektwahl von den anderen Editierbefehlen. Sie müssen einmal die Option KREUZEN oder KPOLYGON bei der Objektwahl verwenden. Ziehen Sie bei diesem Befehl das Objektwahlfenster immer von rechts nach links auf, dann wird die Option KREUZEN automatisch aktiviert.

Die Regel ist einfach: Die Objekte, die bei der Option KREUZEN oder KPOLYGON ganz im Fenster sind, werden verschoben. Bei Objekten, die nur zum Teil im Fenster sind, wird der Geometriepunkt, der im Fenster ist, verschoben, die anderen Punkte bleiben an ihrem ursprünglichen Platz, und die Objekte werden gestreckt bzw. gestaucht. Wählen Sie beispielsweise das Fenster so, dass bei einer Linie oder einem Bogen ein Punkt im Fenster ist, dann wird nur dieser Endpunkt verschoben. Kreise können Sie damit nicht in der Größe verändern. Nehmen Sie den Mittelpunkt mit ins Fenster, wird der Kreis verschoben, sonst bleibt er, wo er ist. Der Befehlsablauf im Detail:

```
Befehl: Strecken
Objekte, die gestreckt werden sollen, mit Kreuzen-Fenster oder Kreuzen-Polygon
wählen...
Objekte wählen: Ersten Eckpunkt anklicken
Entgegengesetzte Ecke angeben: Anderen Eckpunkt
7 gefunden
Objekte wählen: ↵
Basispunkt oder [Verschiebung] <Verschiebung>:
Zweiten Punkt angeben oder <ersten Punkt der Verschiebung verwenden>:
```

Nach der Objektwahl können Sie wie bei den Befehlen SCHIEBEN oder KOPIEREN eine Verschiebung eingeben.

Einschnitt in der Draufsicht verlängern

1. Strecken Sie die Draufsicht. Ziehen Sie das Fenster unterschiedlich auf (siehe Abbildung 5.30). Testen Sie andere Varianten.
2. Machen Sie Ihre Aktionen rückgängig und stellen Sie den vorherigen Zustand wieder her (siehe Abbildung 5.30, links).

Die Zeichnung sollte jetzt wieder wie in Abbildung 5.30 (links) aussehen. Haben Sie sich ganz vertan, ist der jetzige Stand im Übungsordner als *Z01-03.dwg* gespeichert.

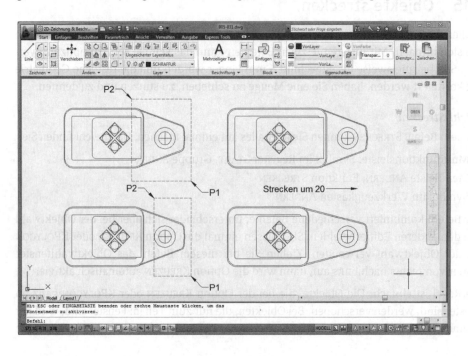

Abbildung 5.30: Strecken der Lupe

5.16 Mittellinien zeichnen

Mittellinien sind in AutoCAD normale, mit dem Befehl LINIE gezeichnete Linien. Sie werden lediglich auf einem anderen Layer gezeichnet, dem die gewünschten Eigenschaften (Farbe und Linientyp) zugeordnet sind. Sie wechseln also lediglich den Layer, bevor Sie die Mittellinien zeichnen. In Ihrer Vorlage haben Sie die Layer schon angelegt. Wechseln Sie also den Layer, machen Sie den Layer *Mittellinien* zum aktuellen Layer.

Mittellinien werden üblicherweise über die Kontur hinaus gezeichnet. Dort befindet sich aber kein Punkt, den Sie mit dem Objektfang abgreifen können. Was ist also zu tun? Zeichnen Sie die Mittellinien auf die Kontur und verlängern Sie danach die Linien mit dem Befehl LÄNGE (siehe unten).

Zeichnen der Mittellinien

1. Machen Sie, wie oben beschrieben, den Layer *Mittellinien* zum aktuellen Layer. Schalten Sie eventuell den Objektfang LOT zusätzlich ein.
2. Zeichnen Sie die Mittellinien wie in Abbildung 5.31 jeweils bis zur Körperkante.

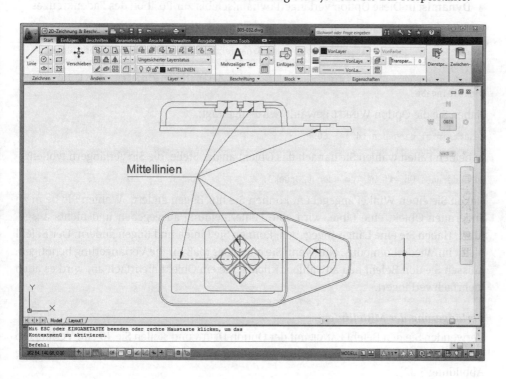

Abbildung 5.31: Mittellinien in den Ansichten

Befehl Länge

Oft kommt es vor, dass Linien bis zu einem Punkt gezeichnet werden können, weil sich dort ein Fangpunkt befindet. Sie sollten aber ein Stück darüber hinausragen, z. B. Mittellinien ein Stück über die Kontur. Mit dem Befehl LÄNGE kann nachträglich die Länge von Linien- und Bogensegmenten verändert werden.

- Multifunktionsleiste: Symbol im Register START, Gruppe ÄNDERN (erweiterter Bereich)
- Menüleiste ÄNDERN, Funktion LÄNGE

```
Befehl: Länge
Objekt wählen oder [DElta/Prozent/Gesamt/DYnamisch]:
```

Mit den Optionen wählen Sie, wie die Änderung eingegeben werden soll.

- **Delta:** Bei der Option DELTA kann ein Maß eingegeben werden, um das das Objekt verlängert werden soll.
- **Prozent:** Bei dieser Option kann um einen Prozentwert verlängert werden.
- **Gesamt:** Bei der Option GESAMT wird eine neue Gesamtlänge vorgegeben.
- **Dynamisch:** Diese Option verlängert dynamisch bis zur Position des Fadenkreuzes.

Bei allen Optionen kann auch auf die Winkeleingabe umgeschaltet werden:

```
Objekt wählen oder [DElta/Prozent/Gesamt/DYnamisch]: z.B. G für neue Gesamtlänge
eingeben
Gesamtlänge angeben oder [Winkel] <1.00)>: Neue Gesamtlänge eingeben oder W für die
Winkeleingabe
```

Haben Sie die Option WINKEL gewählt, wird angefragt:

```
Gesamtwinkel eingeben (40)>: 60
```

In beiden Fällen wählen Sie danach das Objekt an der Stelle, die Sie verlängern wollen:

```
Zu änderndes Objekt wählen oder [ZUrück]:
```

Haben Sie einen Winkel angegeben, können Sie nur Bögen ändern. Wählen Sie beim zu ändernden Objekt eine Linie, wird eine Fehlermeldung ausgegeben und nichts ausgeführt. Haben Sie eine Länge angegeben, können Sie Linien und Bögen ändern. Der Befehl bleibt im Wiederholmodus. Nur wenn Sie ein neues Maß für die Verlängerung benötigen, müssen Sie den Befehl neu anwählen. Klicken Sie ein Objekt mehrfach an, wird es auch mehrfach verlängert.

Verlängerung der Mittellinien

Verwenden Sie den Befehl LÄNGE mit der Option DELTA und stellen Sie *10* ein. Verlängern Sie alle Mittellinien auf beiden Seiten um diesen Wert (eventuell auch mehrfach, siehe Abbildung 5.32).

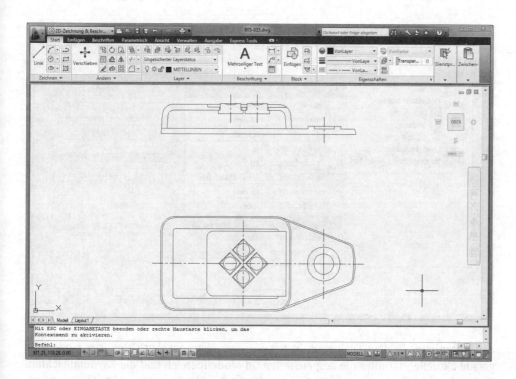

Abbildung 5.32:
Mittellinien mit korrektem Überstand

5.17 Ausschnitte in der Zeichnung speichern

Wenn Sie an einer komplexen Zeichnung arbeiten oder mehrere Ansichten in der Zeichnung haben, ist es erforderlich, immer wieder dieselben Ausschnitte auf den Bildschirm zu holen. Das können Sie mit den Zoom-Funktionen machen, das ist aber auf die Dauer zu umständlich. Sie haben aber die Möglichkeit, bestimmte Ausschnitte der Zeichnung unter einem Namen abzuspeichern und bei Bedarf wieder einzusetzen.

Bei der Erstellung von 3D-Modellen benötigen Sie zur Bearbeitung immer wieder bestimmte Ansichten. Auch hier ist diese Funktion sehr hilfreich.

Befehl Ausschnt

Mit dem Befehl AUSSCHNT erscheint ein Dialogfeld auf dem Bildschirm, mit dem Sie Ansichten definieren, speichern und wiederherstellen können. Sie finden den Befehl:

- Multifunktionsleiste: Symbol im Register ANSICHT, Gruppe ANSICHTEN
- Menü ANSICHT, Funktion BENANNTE ANSICHTEN...
- Symbol im Werkzeugkasten ANSICHT

Sie bekommen ein Dialogfeld mit der Liste der gespeicherten Ansichten, der Detailanzeige und den Schaltflächen mit den Funktionen (siehe Abbildung 5.33).

Abbildung 5.33:
Verwalten benannter Ansichten

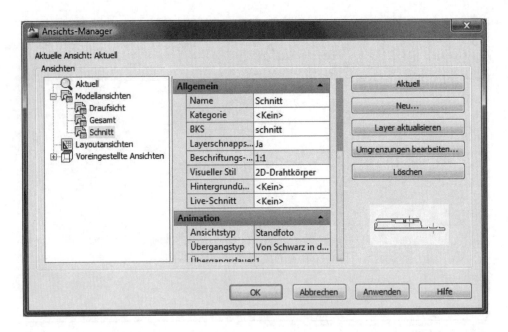

Ansichtenliste: In dem Dialogfeld haben Sie eine Liste der Ansichten, ganz oben die gerade aktuelle, darunter die gespeicherten im Modellbereich und die Layoutansichten. (siehe Kapitel 16). Darunter befinden sich die 3D-Standardansichten z. B. für die Draufsicht, die Vorder- und Seitenansicht und die -sometrien (dazu mehr in Kapitel 20 bis 22). Mit einem Klick auf das » + « oder »-« vor der entsprechenden Kategorie oder einem Doppelklick auf die Bezeichnung lässt sich die Liste ein- und ausblenden.

Detailanzeige: Markieren Sie eine Ansicht in der Liste, werden Ihnen in der Anzeige in der Mitte die Details zu dieser Ansicht angezeigt. Grau unterlegte Werte lassen sich nicht ändern, sondern nur die weißen. Das meiste darin bezieht sich allerdings auf Ansichten bei der 3D-Konstruktion und hat keine Auswirkungen auf das Arbeiten im klassischen 2D-Bereich. Sie sehen aber, welches Benutzerkoordinatensystem dem Ausschnitt zugeordnet ist, ob der Layerstatus mit gespeichert wurde, der sogenannte Layerschnappschuss, und ob Sie für den Ausschnitt eine perspektivische Ansicht gewählt haben (siehe Kapitel 20 bis 22, 3D-Modelle).

Rechts im Dialogfeld haben Sie eine Reihe von Schaltflächen:

- **Aktuell:** Der in der Liste markierte Ausschnitt wird zum aktuellen Ausschnitt. Das wird im Dialogfeld allerdings nicht angezeigt. Erst wenn Sie auf OK klicken, sehen Sie es in der Zeichnung. Klicken Sie auf ANWENDEN im Dialogfeld, wird die Auswahl ebenfalls übernommen, das Dialogfeld aber nicht beendet. Sie können auch durch einen Doppelklick in der Liste den Ausschnitt zum aktuellen machen.

- **Neu:** Klicken Sie auf die Schaltfläche NEU..., kommen Sie zu einem weiteren Dialogfeld. Dort können Sie neue Ansichten speichern (siehe Abbildung 5.34). Tragen Sie einen Namen im Feld ANSICHTSNAME ein. Haben Sie viele Ansichten in der Zeichnung, können Sie zudem eine Kategorie für die neue Ansicht festlegen. Tragen Sie einen Namen für die Kategoriebezeichnung im Feld ANSICHTSKATEG ein. Falls Sie in der Zeichnung schon Kategorienamen vergeben haben, können Sie einen vorhandenen aus dem Abrollmenü wählen. Beim Ansichtstyp belassen Sie es bei der Einstellung STANDFOTO. Die anderen Möglichkeiten sind für Animationen gedacht, dazu später mehr.

  Im unteren Teil des Dialogfensters interessiert uns zunächst nur das Register ANSICHTS-EIGENSCHAFTEN. Zum Register SHOT-EIGENSCHAFTEN später mehr (Kapitel 22.10).

  Kreuzen Sie an, was Sie sichern wollen: AKTUELLE ANZEIGE oder FENSTER DEFINIEREN. Beim Schalter AKTUELLE ANZEIGE wird der momentane Ausschnitt unter dem eingegebenen Namen gespeichert. Wenn Sie den Ausschnitt bestimmen wollen, klicken Sie FENSTER DEFINIEREN an. Mit dem Symbol rechts von dem Schalter kommen Sie zur Zeichnung und können mit zwei diagonalen Eckpunkten das Fenster für die neue Ansicht bestimmen (siehe Abbildung 5.35). Mit ⏎ kommen Sie wieder zum Dialogfeld und die Koordinaten für den neuen Ausschnitt sind gespeichert.

  Im Feld EINSTELLUNGEN haben Sie die Möglichkeit, das Benutzerkoordinatensystem zu wählen, das mit der Ansicht gespeichert wird. Wenn Sie nachher die Ansicht wechseln, wird das Benutzerkoordinatensystem gleich mit gewechselt. In dem Abrollmenü BKS können Sie wählen, welches Benutzerkoordinatensystem dem neuen Ausschnitt zugeordnet werden soll.

  Ist der Schalter LAYERSCHNAPPSCHUSS MIT ANSICHT SPEICHERN aktiviert, wird der Layerstatus mit in der Ansicht gespeichert. Haben Sie beispielsweise im Moment der Speicherung bestimmte Layer ausgeschaltet, wird dieser Zustand in der Ansicht gespeichert. Wechseln Sie später wieder zu der Ansicht und haben die Layer in der Zwischenzeit wieder eingeschaltet, wird die Zeichnung wieder im Zustand der Speicherung angezeigt, also mit den ausgeschalteten Layern. Hiermit haben Sie die Möglichkeit, nicht nur einen Zeichnungsausschnitt zu speichern, sondern auch einen bestimmten Anzeigestatus.

  Der Rest bezieht sich wieder auf die 3D-Konstruktion und hat im Moment noch keine Bedeutung für uns.

  Klicken Sie auf OK, wird die Ansicht gespeichert. Sie gelangen wieder in die Liste der Ansichten, in der die neue jetzt enthalten ist. Hier haben Sie noch zwei weitere Schaltflächen, um die Ausschnitte nachträglich zu bearbeiten.

- **Layer aktualisieren:** Klicken Sie auf diese Schaltfläche, wird der aktuelle Layerstatus in der markierten Ansicht gespeichert. So können Sie auch nachträglich für schon gespeicherte Ansichten den Layerstatus ändern.

Abbildung 5.34:
Dialogfeld um neue Ansichten zu speichern

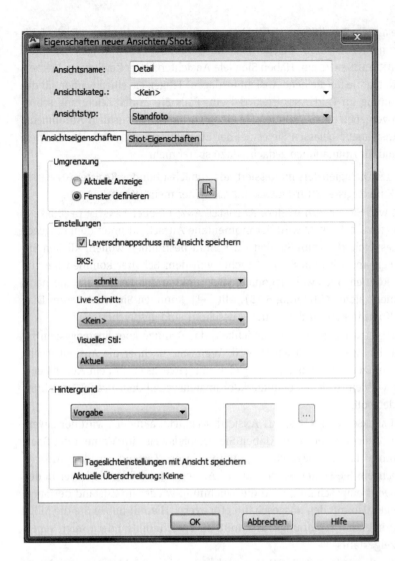

- **Umgrenzungen bearbeiten...:** Mit dieser Schaltfläche können Sie die Abmessungen der markierten Ansicht in der Zeichnung neu bestimmen. Die Zeichnung wird grau und der Bereich der Ansicht wird hervorgehoben dargestellt (siehe Abbildung 5.35). Jetzt können Sie ein neues Fenster aufziehen und die Markierung wird entsprechend geändert. Sind Sie immer noch nicht einverstanden, können Sie es noch mal versuchen, erst wenn Sie ⏎ eingeben, wird der neue Bereich übernommen und Sie kommen wieder zu der Ansichtenliste (siehe Abbildung 5.33).

Ausschnitte in der Zeichnung speichern

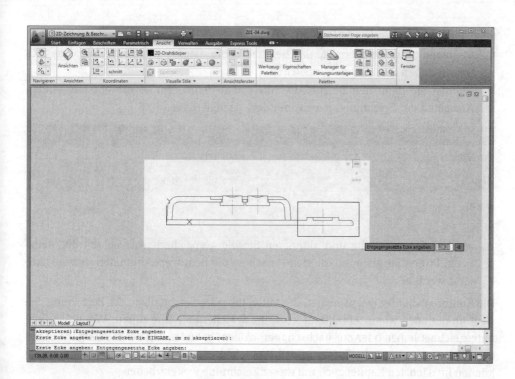

Abbildung 5.35:
Ansicht in der Zeichnung bestimmen

Im ersten Dialogfeld (siehe Abbildung 5.33) können Sie die vorgenommenen Änderungen mit OK oder ANWENDEN übernehmen. Im ersten Fall wird das Dialogfeld beendet und Sie kommen wieder zur Zeichnung. Im zweiten Fall bleibt es auf dem Bildschirm und Sie können weitere Änderungen vornehmen.

Ansichten aus Abrollmenü aktivieren

- *Die gespeicherten Ansichten sowie die Standardansichten lassen sich auch aus einem Abrollmenü der Multifunktionsleiste wählen (Register ANSICHT, Gruppe ANSICHTEN).*
- *Sie finden sie auch bei der klassischen Oberfläche im Werkzeugkasten ANSICHT. Hier können Sie aus dem Abrollmenü nur die gespeicherten Ansichten wählen, nicht die Standardansichten.*

Speichern und Wiederherstellen von Ansichten

1. Definieren und speichern Sie das Benutzerkoordinatensystem *Draufsicht*. Das BKS *Schnitt* haben Sie ja schon gespeichert.
2. Wählen Sie dann den Befehl AUSSCHNTT und definieren Sie die entsprechenden Ansichten der Zeichnung, jeweils mit dem dazugehörigen BKS:

Ausschnittname	BKS
Draufsicht	Draufsicht
Gesamt	WKS
Schnitt	Schnitt

3. Machen Sie die Probe und aktivieren Sie die gespeicherten Ansichten der Reihe nach. Prüfen Sie auch, ob mit den Ansichten die Benutzerkoordinatensysteme aktiviert werden.

Die Konturen sind fertig gezeichnet, die Mittellinien sind ebenfalls in der Zeichnung. Sie sieht immer noch wie in Abbildung 5.32 aus. Speichern Sie Ihre Arbeit. Wenn Sie nicht mitgezeichnet haben oder nur nachschauen wollen, befindet sich der momentane Stand der Zeichnung in Ihrem Aufgabenordner. Die Zeichnung hat den Namen *Z01-04.dwg*. Sie können im nächsten Kapitel auch mit dieser Zeichnung weiterarbeiten.

5.18 Neuzeichnen und Regenerieren

Haben Sie Konstruktionspunkte auf dem Bildschirm oder sind Objekte verschwunden, weil Sie darüber liegende Objekte gelöscht haben, dann müssen Sie den Bildschirm neu zeichnen lassen.

Befehl Neuzeich bzw. Neuzall

Mit dem Befehl NEUZEICH bekommen Sie alles wieder auf den Bildschirm, was Sie tatsächlich in der Zeichnung haben. Den Befehl finden Sie nicht in den Menüs. Stattdessen kann in den Menüs der Befehl NEUZALL gewählt werden. Der Befehl bewirkt dasselbe, nur dass er die Anzeige gleichzeitig in allen Ansichtsfenstern neu aufbaut. Bis jetzt haben wir nur in einem Ansichtsfenster gearbeitet, sodass beide Befehle die gleiche Wirkung haben. Sie finden diesen Befehl:

- Menü ANSICHT, Funktion NEUZEICHNEN

Beide Befehle werden ohne Anfragen ausgeführt.

Befehl Regen bzw. Regenall

Wenn Sie in die Zeichnung zoomen, kommt es vor, dass Kreise eckig dargestellt werden. Außerdem werden die Änderungen verschiedener Einstellungen erst sichtbar, wenn die Zeichnung regeneriert wird. Mit dem Befehl REGEN werden alle Objekte auf den aktuellen

Bildschirmausschnitt neu berechnet und mit der optimalen Genauigkeit dargestellt. Verwenden Sie den Befehl aber nur dann, wenn es unbedingt nötig ist, da er bei großen Zeichnungen viel Zeit in Anspruch nehmen kann. Auch hiervon gibt es eine Variante, die die Zeichnung in allen Ansichtsfenstern regeneriert: den Befehl REGENALL. Sie finden die Befehle:

- Menü ANSICHT, Funktion REGENERIEREN und ALLES REGENERIEREN

Beide Befehle werden ohne Anfragen ausgeführt.

5.19 Bildschirm bereinigen

Wenn Sie mitten in der Arbeit sind und sich einige Werkzeugkästen zugeschaltet haben, kann es Ihnen leicht passieren, dass der Platz für die Zeichnung knapp wird. Mit einem Befehl können Sie alle Werkzeugkästen beseitigen und später wieder zuschalten.

Befehl Bildschberein

Mit dem Befehl BILDSCHBEREIN schalten Sie alle Werkzeugkästen aus und AutoCAD wird über den kompletten Bildschirm angezeigt. Wählen Sie:

- Symbol ganz rechts unten in der Statusleiste
- Menü ANSICHT, Funktion VOLLBILD

Werkzeugkästen und Titelleiste verschwinden und die Zeichnung wird als Vollbild dargestellt (siehe Abbildung 5.36). Wählen Sie die Funktion erneut, kehren Sie zur vorherigen Darstellung zurück.

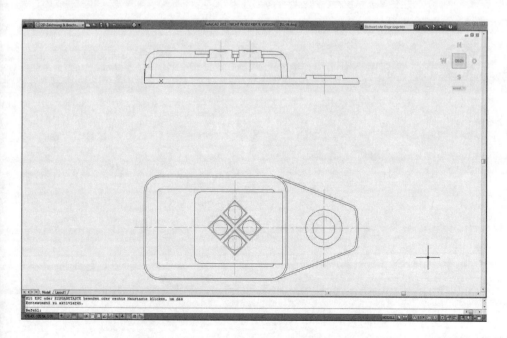

Abbildung 5.36:
Bildschirm bereinigt

Kapitel 6
Schraffieren, Bemaßen und Beschriften

Nach den wichtigsten Zeichen- und Editierfunktionen sollen Sie sich in diesem Kapitel vor allem mit dem Schraffieren, Bemaßen und Beschriften beschäftigen. Wenn Sie das letzte Kapitel durchgearbeitet haben, hat Ihre Zeichnung den Stand wie in Abbildung 5.32. Falls nicht, können Sie sich die Zeichnung *Z01-04.dwg* aus Ihrem Übungsordner *Aufgaben* holen. Darin ist dieser Stand gespeichert.

6.1 Flächen schraffieren

In technischen Zeichnungen müssen häufig Flächen schraffiert werden. In AutoCAD steht Ihnen dafür eine Schraffurmusterbibliothek mit den verschiedensten Mustern zur Verfügung. In 95 Prozent aller Fälle ist eine Schraffur mit nur wenigen Mausklicks und mit einer dynamischen Voransicht sehr schnell ausführbar. Arbeiten Sie dagegen mit der klassischen Oberfläche (Arbeitsbereich *AutoCAD klassisch*) wird die Schraffur umständlicher über ein Dialogfeld eingestellt. In diesem Kapitel soll der Normalfall behandelt werden. Spezielle Funktionen bei der Schraffur, gefüllte Flächen und das Dialogfeld zur Einstellung der Schraffur bei der klassischen Oberfläche finden Sie in Kapitel 8 beschrieben.

Befehl Gschraff
Schraffieren können Sie mit dem Befehl GSCHRAFF:

- Multifunktionsleiste: Symbol im Register START, Gruppe ZEICHNEN

Haben Sie den Befehl angewählt, bekommen Sie ein temporäres Register in der Multifunktionsleiste: SCHRAFFURERSTELLUNG. Für eine Standard-Schraffur wählen Sie nur das Schraffurmuster, den Winkel und den Maßstab für das Schraffurmuster und schon sehen Sie die Voransicht für die Schraffur, wenn Sie mit der Maus auf die zu schraffierende Fläche zeigen, zunächst noch ohne Klick (siehe Abbildung 6.1). Wenn Sie in die Fläche klicken, wird die Schraffur erzeugt und Sie können gleich in weitere Flächen klicken, die dann ebenfalls schraffiert werden. Beachten Sie aber, dass alle in einem Durchgang gewählten Schraffuren auch wieder nur gemeinsam geändert werden können, ein unterschiedliches Muster ist dann nicht möglich. In der Gruppe OPTIONEN kann allerdings eingestellt werden, dass für diesen Fall getrennte Schraffuren erstellt werden (siehe unten). Solange Sie den Befehl noch nicht abgeschlossen haben, können Sie die Parameter für die Schraffur noch ändern. Jede Änderung wird sofort in der Zeichnung dynamisch nachgeführt.

Klicken Sie auf die Schaltfläche SCHRAFFURERSTELLUNG SCHLIESSEN oder drücken eine der Tasten ⏎ oder ESC, wird die Schraffur übernommen.

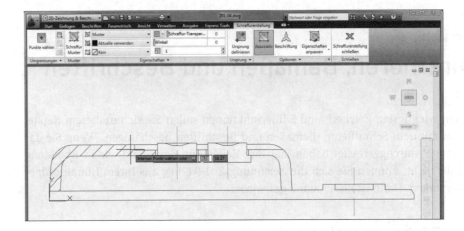

Abbildung 6.1:
Temporäres Register Schraffurerstellung und Voransicht der Schraffur

Klicken Sie die Schraffur erneut an (kein Doppelklick), bekommen Sie ein weiteres temporäres Register in der Multifunktionsleiste, das Register Schraffur-Editor, das aber weitgehend mit dem zur Erstellung der Schraffur identisch ist (siehe Abbildung 6.2). Auch hier wird jede Änderung dynamisch in der Zeichnung nachgeführt.

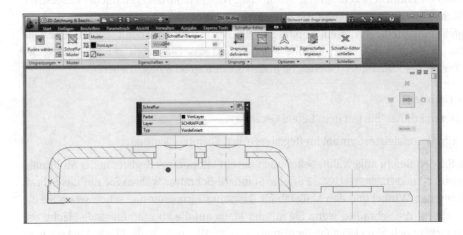

Abbildung 6.2:
Temporäres Register Schraffur-Editor und dynamische Änderungen an der Schraffur

Flächen schraffieren

Auch hier können Sie mit der Schaltfläche SCHRAFFUR-EDITOR SCHLIESSEN oder den Tasten ↵ oder ESC die Bearbeitung beenden.

Schraffur mit dem Befehl Schraffedit bearbeiten

Mit dem Befehl SCHRAFFEDIT lässt sich die Schraffur ebenfalls bearbeiten, dann aber mit dem Dialogfeld für die Schraffur-Einstellungen. Mehr dazu in Kapitel 8.1.

Basiseinstellung für die Schraffur

Folgende Parameter für die Schraffur müssen Sie auf jeden Fall einstellen:

- **Schraffurmuster:** In der Gruppe MUSTER des temporären Registers SCHRAFFUREINSTELLUNGEN bzw. SCHRAFFUR-EDITOR finden Sie alle Schraffurmuster, die Ihnen zur Verfügung stehen (siehe Abbildung 6.3).

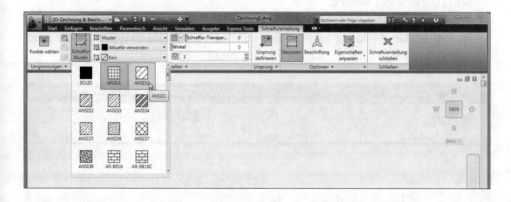

Abbildung 6.3:
Auswahl des Schraffurmusters

- **Winkel:** In der Gruppe EIGENSCHAFTEN stellen Sie im Feld WINKEL den Winkel des Schraffurmusters ein. Die Anzeige im Voransichtsfeld entspricht der 0°-Ausrichtung. Wenn Sie also beispielsweise *ANSI31* verwenden (Linienmuster unter 45°), dann werden bei einer Winkeleinstellung von 0° die Linien unter 45° erstellt und bei 90° haben die Linien 135°.

- **Schraffurmuster-Skalierung:** Ebenfalls in der Gruppe EIGENSCHAFTEN stellen Sie in diesem Feld die Skalierung des Schraffurmusters ein. Die verfügbaren Muster sind in unterschiedlichen Maßstäben erstellt und schraffiert werden muss in Zeichnungen mit unterschiedlichen Maßstäben, sodass Sie hier die entsprechenden Korrekturen vornehmen können.

- **Assoziativ:** Ist dieser Schalter in der Gruppe OPTIONEN aktiviert, wird die Schraffur assoziativ erstellt, das heißt, dass sie mit der Kontur verbunden ist. Wird die Kontur geändert, ändert sich die Schraffur mit.

Kapitel 6 • Schraffieren, Bemaßen und Beschriften

Separate Schraffuren erstellen: Ist dieser Schalter in der erweiterten Gruppe OPTIONEN aus, werden die Schraffuren, die in einem Durchgang in unterschiedlichen Flächen erstellt werden, als zusammenhängende Schraffur erstellt. Ist er eingeschaltet, sind die Teilflächen separate Objekte.

Die Schraffur wird auf dem aktuellen Layer und in der Farbe, die dem Layer zugeordnet ist, erstellt. Alle weiteren Auswahl- und Einstellmöglichkeiten finden Sie in Kapitel 8.1.

Schraffieren des Schnittes

1. Aktivieren Sie die Ansicht *Schnitt* und machen Sie den Layer *Schraffur* zum aktuellen Layer. Schalten Sie den Layer *Mittellinien* aus, denn sonst werden diese auch als Schraffurgrenzen erkannt. In diesem Fall müssten Sie die Schraffurfläche auf beiden Seiten der Mittellinien anwählen.
2. Wählen Sie den Befehl GSCHRAFF und stellen Sie das Muster *ANSI31* mit einem Skalierfaktor von *1* ein. Kontrollieren Sie die Optionen. Die Umgrenzung soll nach der Schraffur gelöscht werden.
3. Schraffieren Sie das Gehäuse mit dem Winkel 0°. Wählen Sie die drei Punkte *P1*, *P2* und *P3* (siehe Abbildung 6.4) für die Schraffur. Achten Sie darauf, dass die Assoziativschraffur gewählt ist. Lassen Sie die Schraffur erstellen.

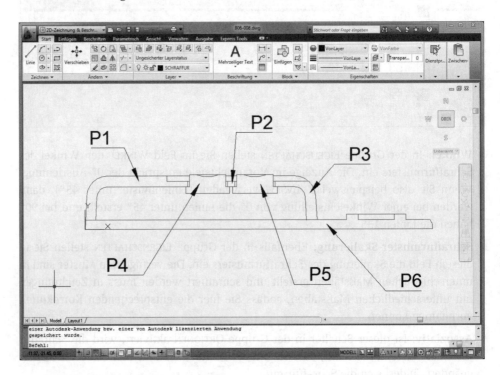

Abbildung 6.4: Zu schraffierende Flächen

4. Wählen Sie den Befehl GSCHRAFF erneut. Verwenden Sie das gleiche Muster und den gleichen Faktor, stellen Sie aber einen Winkel von 90° für das Muster ein.

Flächen schraffieren

Schraffieren Sie die Tasten mit diesen Parametern. Wählen Sie die Punkte *P4* und *P5* (siehe Abbildung 6.4).

5. Wählen Sie den Befehl GSCHRAFF noch einmal. Ändern Sie die Einstellungen nicht und wählen Sie den Punkt *P6* im Boden für die Schraffurfläche. Schalten Sie dann den Layer *Mittellinien* wieder ein.

Ändern der Schraffur

1. Markieren Sie die erstellten Schraffuren nacheinander und ändern Sie den Skalierfaktor auf *0.70*, damit die Schraffuren enger werden.
2. Die Schraffur ist fertig und sollte wie in Abbildung 6.5 aussehen.
3. Aktivieren Sie wieder die Ansicht *Gesamt*. Sichern Sie Ihre Zeichnung zwischendurch. Sie finden auch diesen Stand der Zeichnung im Ordner *Aufgaben* unter *Z01-05.dwg*.

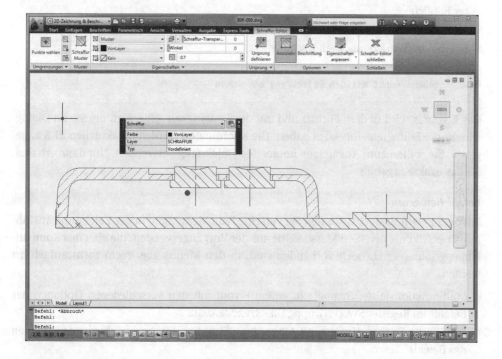

Abbildung 6.5:
Der schraffierte Schnitt

Ändern der Kontur

- Verändern Sie versuchsweise einmal Ihren Schnitt samt der Schraffur mit dem Befehl STRECKEN. Sie werden sehen, dass sich die Schraffur der neuen Kontur anpasst.
- Zeichnen Sie ebenfalls versuchsweise eine Linie durch eine Schraffur. Sie können die Schraffur mit dem Befehl STUTZEN an dieser Linie beenden. Machen Sie die Änderungen wieder rückgängig.

- *Ändern Sie die Konturelemente mit den Griffen (siehe Kapitel 13.6), folgt die Schraffur diesen Änderungen ebenfalls. Wenn Sie aber die Schraffurgrenze öffnen, wird die Schraffur nicht assoziativ, also unabhängig von der Kontur (siehe Kapitel 8.1).*

6.2 Ausmessen und Abfragen

Beim Erstellen einer Zeichnung kommt es immer wieder vor, dass Sie die Koordinaten eines Punkts oder einen Abstand benötigen oder dass Sie wissen möchten, auf welchem Layer ein Objekt erstellt wurde.

Koordinaten eines Punkts abfragen, Befehl Id

Mit dem Befehl ID werden die Koordinaten eines Punkts aufgelistet:

- Multifunktionsleiste: Symbol im Register START, Gruppe DIENSTPROGRAMME, erweiterter Bereich
- Menüleiste EXTRAS, Untermenü ABFRAGE >, Funktion ID PUNKT
- Symbol im Werkzeugkasten ABFRAGE

```
Befehl: Id
Punkt angeben: Punkt mit dem Objektfang anklicken
X=92.50    Y=120.00    Z=0.00
```

Das Ergebnis wird in dem Format und mit der Genauigkeit angezeigt, die Sie im Dialogfeld für die Einheiten eingestellt haben. Die Koordinaten werden im aktuellen BKS angegeben. Sie sollten zum Ausmessen immer den Objektfang verwenden. Nur dann erhalten Sie das exakte Ergebnis.

Befehl Bemgeom

Mit dem Befehl BEMGEOM können Sie verschiedene Messungen in der Zeichnung ausführen. Er ersetzt die diversen Messbefehle aus der Vorgängerversion, die aber aus Kompatibilitätsgründen auch noch vorhanden sind, in den Menüs aber nicht mehr aufgeführt werden.

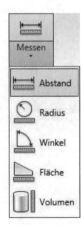

- Multifunktionsleiste: Symbole in einem Flyout mit den verschiedenen Optionen des Befehls im Register START, Gruppe DIENSTPROGRAMME
- Menüleiste EXTRAS, Untermenü ABFRAGE >, Funktion für die verschiedenen Optionen des Befehls
- Symbole in einem Flyout im Werkzeugkasten ABFRAGE
- Symbole im Werkzeugkasten MESSWERKZEUGE

Ausmessen und Abfragen

Abstand messen

Wenn Sie diese Option wählen, können Sie zwei Punkte in der Zeichnung anklicken. Außer dem direkten Abstand der beiden eingegebenen Punkte werden auch noch die Abstände entlang der Koordinatenachsen angezeigt. Der Winkel in der xy-Ebene ist der Winkel der Verbindung vom ersten zum zweiten Punkt, zur x-Achse entgegen dem Uhrzeigersinn gemessen. Die Werte werden in der Befehlszeile und in der Zeichnung angezeigt (siehe Abbildung 6.6, links).

```
Befehl: Bemgeom
Option eingeben [Abstand/Radius/Winkel/Fläche/Volumen] <Abstand>: _distance
Ersten Punkt angeben: Punkt in der Zeichnung anklicken
Zweiten Punkt angeben oder [Mehrere Punkte]: Zweiten Punkt in der Zeichnung anklicken
Abstand = 58.3095,  Winkel in XY-Ebene = 31,  Winkel von XY-Ebene = 0
Delta X = 50.0000,  Delta Y = 30.0000,   Delta Z = 0.0000
Option eingeben [Abstand/Radius/Winkel/Fläche/Volumen/eXit] <Abstand>:
```

Der Befehl bleibt im Wiederholmodus und Sie können nach Eingabe von ⏎ weitere Abstände messen oder aus dem Menü eine andere Messmethode wählen. Mit Auswahl von EXIT beenden Sie den Befehl. Wählen Sie die Option MEHRERE PUNKTE bei der Abfrage des zweiten Punktes, können Sie danach einen kompletten Linienzug abfahren, bis Sie mit ⏎ beenden. In diesem Fall wird nur die direkte Länge des Linienzugs angezeigt, keine X- und Y-Abstände und Winkel.

Radius messen

Mit dieser Option können Sie einen Radius in der Zeichnung messen. Klicken Sie diesen an, wird Ihnen das Ergebnis in der Befehlszeile und in der Zeichnung angezeigt (siehe Abbildung 6.6, rechts).

```
Befehl: Bemgeom
Option eingeben [Abstand/Radius/Winkel/Fläche/Volumen] <Abstand>: _radius
Bogen oder Kreis wählen: Objekt anklicken
Radius = 363.3499
Durchmesser = 726.6997
Option eingeben [Abstand/Radius/Winkel/Fläche/Volumen/eXit] <Radius>:
```

Auch hier können Sie wie oben beschrieben weiter messen oder beenden.

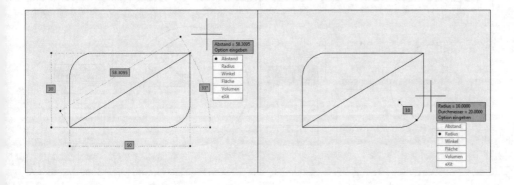

Abbildung 6.6: Abstand und Radius messen

Winkel messen

Mit dieser Option messen Sie einen Winkel in der Zeichnung. Das Ergebnis wird in der Befehlszeile und in der Zeichnung angezeigt (siehe Abbildung 6.7, unten links). Sie können dabei folgende Winkel messen:

- **Zwei Linien anklicken:** Der Winkel, den die Linien einschließen, wird gemessen (siehe Abbildung 6.7, oben links).
- **Bogen oder Kreis anklicken:** Der Winkel, den der Bogen einschließt, wird gemessen. Beim Kreis wird ein weiterer Punkt angefragt und der Winkel der beiden Punkte zueinander wird gemessen (siehe Abbildung 6.7, oben rechts und unten links).
- **Drei Punkte angeben:** Wenn Sie den Winkel messen wollen, der nicht von Objekten bestimmt wird, können Sie auch drei Punkte in der Zeichnung anklicken (Scheitel und zwei Winkelendpunkte) und der daraus resultierende Winkel wird gemessen (siehe Abbildung 6.7, unten rechts). Gehen Sie so vor:

```
Befehl: Bemgeom
Option eingeben [Abstand/Radius/Winkel/Fläche/Volumen] <Abstand>: _angle
Bogen, Kreis, Linie oder <Kontollpunkt angeben>: ↵ eingeben
Winkel-Scheitelpunkt angeben: Scheitelpunkt anklicken
Ersten Winkelendpunkt angeben: Ersten Winkelendpunkt anklicken
Zweiten Winkelendpunkt angeben: Zweiten Winkelendpunkt anklicken
Winkel = 45°
Option eingeben [Abstand/Radius/Winkel/Fläche/Volumen/eXit] <Winkel>:
```

Abbildung 6.7: Die verschiedenen Arten der Winkelmessung

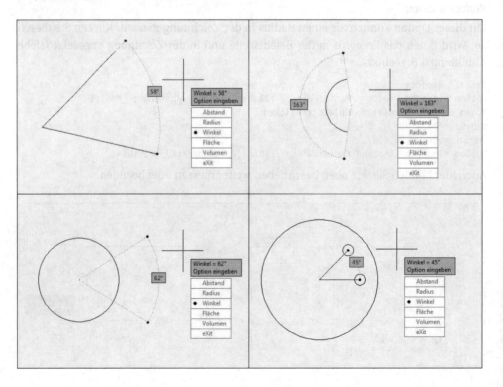

Ausmessen und Abfragen

Fläche messen

Mit dieser Option können Sie die Fläche, die Sie messen wollen, umfahren und alle Stützpunkte anklicken. Befinden sich Bögen in der Kontur, müssen Sie diese gesondert abgreifen. Außerdem können Sie die Fläche von geschlossenen Objekten messen und Flächen addieren oder subtrahieren. Gehen Sie hierzu wie folgt vor.

- **Polygonale Flächen:** Klicken Sie die Eckpunkte an. Die eingeschlossene Fläche wird zur Kontrolle farbig markiert. Wenn die Fläche komplett markiert ist, geben Sie ⏎ ein und das Ergebnis (Fläche und Umfang) wird in der Befehlszeile und in der Zeichnung angezeigt (siehe Abbildung 6.8, links). Falsch eingegebene Punkt lassen sich mit der Option ZURÜCK wieder zurücknehmen. Mit der Option LÄNGE können Sie einen Wert eingeben. Ein weiterer Stützpunkt mit dem eingegebenen Abstand in der Richtung des vorhergehenden Liniensegments wird gesetzt.

- **Polygonale Flächen mit Bogensegmenten:** Gehen Sie wie oben vor. Kommt ein Bogensegment, wechseln Sie mit der Option KREISBOGEN in den Bogenmodus. Zeichnen Sie den Kreisbogen wie beim Zeichnen von Bögen (siehe Kapitel 5.8 und 7.1) nach. Danach können Sie weitere Bögen nachzeichnen oder mit der Option LINIE wieder in den Linienmodus wechseln. So können Sie beliebig oft zwischen dem Linien- und dem Bogenmodus wechseln. Wenn Sie eine Punktanfrage mit ⏎ bestätigen, wird das Ergebnis in der Befehlszeile und in der Zeichnung angezeigt (siehe Abbildung 6.8, links).

```
Befehl: Bemgeom
Option eingeben [Abstand/Radius/Winkel/Fläche/Volumen] <Abstand>: _area
Ersten Eckpunkt angeben oder [Objekt/fläche Hinzufügen/fläche Abziehen/eXit]:
<Objekt>: Ersten Punkt anklicken
Nächsten Punkt angeben oder [Kreisbogen/Länge/ZUrück]: Nächsten Punkt anklicken
Nächsten Punkt angeben oder [Kreisbogen/Länge/ZUrück]: Option Kreisbogen
Endpunkt des Bogens angeben oder [Winkel/ZEntrum/Schließen/RIchtung/
LInie/RAdius/ZWeiter pt./ZUrück]: Endpunkt des Bogens angeben oder andere Option
zum Nachzeichnen des Bogens wählen
Endpunkt des Bogens angeben oder [Winkel/ZEntrum/Schließen/RIchtung/
LInie/RAdius/ZWeiter pt./ZUrück]: Weiteren Bogen abfahren oder mit der Option Linie
wieder in den Linienmodus wechseln
Nächsten Punkt angeben oder [Kreisbogen/Länge/ZUrück/Gesamt] <Gesamt>: Nächsten
Punkt anklicken
..
Nächsten Punkt angeben oder [Kreisbogen/Länge/ZUrück/Gesamt] <Gesamt>: Mit ⏎
Eingabe beenden
Fläche = 6123.4822, Umfang = 360.4539
Option eingeben [Abstand/Radius/Winkel/Fläche/Volumen/eXit] <Fläche>:
```

- **Objekte wählen:** Mit der Option OBJEKT können Sie Fläche und Umfang von Kreisen und Polylinien (siehe Kapitel 7.1) ermitteln.

```
Befehl: Bemgeom
Option eingeben [Abstand/Radius/Winkel/Fläche/Volumen] <Abstand>: _area
Ersten Eckpunkt angeben oder [Objekt/fläche Hinzufügen/fläche Abziehen/eXit]:
<Objekt>: Option Objekt wählen oder ⏎ eingeben
Objekte auswählen: Kreis oder geschlossene Polylinie anklicken
```

```
Fläche = 1442.5998, Kreisumfang = 134.6412
Option eingeben [Abstand/Radius/Winkel/Fläche/Volumen/eXit] <Fläche>:
```

- **Fläche hinzufügen/Fläche abziehen:** Mit diesen Optionen werden Zwischenergebnisse gebildet und in einem Speicher saldiert. Wichtig ist, dass vor jeder Fläche die entsprechende Option aktiviert wird. Diese Optionen lassen sich auch mit der Option OBJEKT kombinieren. Wollen Sie beispielsweise die Fläche einer Platte mit Bohrungen ermitteln (siehe Abbildung 6.8, rechts), dann gehen Sie so vor:

```
Befehl: Bemgeom
Option eingeben [Abstand/Radius/Winkel/Fläche/Volumen] <Abstand>: _area
Ersten Eckpunkt angeben oder [Objekt/fläche Hinzufügen/fläche Abziehen/eXit]:
<Objekt>: Option Fläche hinzufügen mit Eingabe von H wählen
Ersten Eckpunkt angeben oder [Objekt/fläche Abziehen/eXit]:: Punkt der äußeren
Fläche anklicken
(Modus ADDIEREN)Nächsten Punkt angeben oder [Kreisbogen/Länge/ZUrück]: Weiteren
Punkt anklicken
..
(Modus ADDIEREN)Nächsten Punkt angeben oder [Kreisbogen/Länge/ZUrück]: Eingabe mit
⏎ beenden und das Zwischenergebnis wird angezeigt
Fläche = 7251.3839, Umfang = 389.4948
Gesamtfläche = 7251.3839
Ersten Eckpunkt angeben oder [Objekt/fläche Abziehen/eXit]: Option Fläche Abziehen
mit Eingabe von A wählen
Ersten Eckpunkt angeben oder [Objekt/fläche Hinzufügen/eXit]: Option Objekt wählen
eingeben
(Modus SUBTRAHIEREN) Objekte auswählen: Zu subtrahierendes Objekt anklicken und
weiteres Zwischenergebnis wird angezeigt
Fläche = 251.0265, Kreisumfang = 56.1649
Gesamtfläche = 7000.3574
(Modus SUBTRAHIEREN) Objekte auswählen: Zu subtrahierendes Objekt anklicken und
weiteres Zwischenergebnis wird angezeigt
Fläche = 279.6931, Kreisumfang = 59.2851
Gesamtfläche = 6720.6643
(Modus SUBTRAHIEREN) Objekte auswählen: ⏎ um Eingabe abzuschließen, das
Endergebnis wird angezeigt
Fläche = 279.6931, Kreisumfang = 59.2851
Gesamtfläche = 6720.6643
Ersten Eckpunkt angeben oder [Objekt/fläche Hinzufügen/eXit]:
```

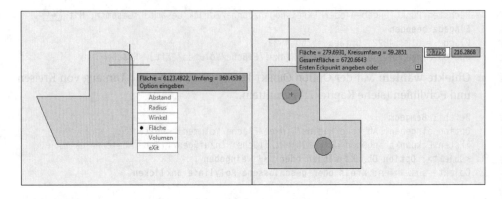

Abbildung 6.8: Messen von Flächen

So lässt sich beliebig oft zwischen den beiden Modi FLÄCHE HINZUFÜGEN und FLÄCHE ABZIEHEN umschalten und Sie erhalten die Zwischenergebnisse und das Gesamtergebnis. Der Nachteil ist nur, dass Sie bei einem Fehler wieder ganz von vorne anfangen müssen.

Volumen messen

Diese Option arbeitet wie die Option FLÄCHE. Nach Beenden der jeweiligen Aktion wird zusätzlich die Höhe abgefragt:

```
Befehl: Bemgeom
Option eingeben [Abstand/Radius/Winkel/Fläche/Volumen] <Abstand>: _volume
Ersten Eckpunkt angeben oder [Objekt/volumen Hinzufügen/
volumen Abziehen/eXit]: <Objekt>: Ersten Punkt anklicken
Nächsten Punkt angeben oder [Kreisbogen/Länge/ZUrück]: Nächster Punkt
..
Nächsten Punkt angeben oder [Kreisbogen/Länge/ZUrück/Gesamt] <Gesamt>: Mit ⏎ beenden
Höhe angeben: Wert für die Höhe eingeben
Volumen = 134756929.5701
Option eingeben [Abstand/Radius/Winkel/Fläche/Volumen/eXit] <Volumen>:
```

Die Option für Bogensegmente bei der Konturerfassung steht ebenfalls zur Verfügung. Auch können, wie bei der Flächenmessung, geschlossene Objekte direkt ermittelt werden. Die Funktionen zur Summierung und Differenz stehen Ihnen auch bei der Volumenmessung zur Verfügung.

Messen Sie in der Zeichnung

1. Machen Sie, falls nicht schon geschehen, das Weltkoordinatensystem zum aktuellen Koordinatensystem.
2. Messen Sie die Punkte in der Zeichnung mit dem Befehl ID.
3. Messen Sie die Abstände und Flächen.

Auflisten der Objektdaten, Befehl Liste

Weitere Informationen bringt Ihnen der Befehl LISTE. Neben den gespeicherten Geometriedaten wird auch der Layer angezeigt, auf dem das Objekt gezeichnet wurde. Da der Objekteigenschaften-Manager übersichtlicher ist, hat der Befehl keine Bedeutung mehr. Der Vollständigkeit halber:

- Multifunktionsleiste: Symbol im Register START, Gruppe EIGENSCHAFTEN
- Menüleiste EXTRAS, Untermenü ABFRAGE >, Funktion AUFLISTEN
- Symbol im Werkzeugkasten ABFRAGE

```
Befehl: Liste
Objekte wählen:
```

Sie können ein oder mehrere Objekte wählen, deren Daten Sie ansehen wollen. Nachdem Sie die Auswahl bestätigt haben, wird das Textfenster eingeblendet und die Daten aufgelistet. Haben Sie mehrere Objekte angewählt, wird die Liste angehalten, wenn der Bildschirm voll ist, und erst mit ⏎ fortgesetzt. Die Funktionstaste F2 schaltet wieder zum Grafikbildschirm um. Die Daten in der Liste unterscheiden sich je nach gewähltem Objekt. Im nachfolgenden Beispiel wurden eine Linie und ein Kreis in der Zeichnung gewählt:

```
Befehl: Liste
Objekte wählen:

        KREIS     Layer: "KONTUR"
        Bereich: Modellbereich
        Referenz: 405
        Zentrum Punkt, X= 85.00  Y= 90.00  Z= 0.00
        Radius    15.00Umfang    94.25Fläche   706.86

        LINIE     Layer: "KONTUR"
        Bereich: Modellbereich
        Referenz: 4DA
        von Punkt,  X= 137.00  Y= 110.00  Z= 0.00
        nach Punkt, X=  50.00  Y= 110.00  Z= 0.00
        Länge= -87.00, Winkel in XY-Ebene= 180
        Delta X= -87.00, Delta Y= 0.00, Delta Z= 0.00
```

Anzeige der Bearbeitungszeit, Befehl Zeit

Für die Projektabrechnung oder auch nur zur Information werden die Startzeit, die Bearbeitungszeit und eine Stoppuhr in der Zeichnung gespeichert. Diese Informationen können mit dem Befehl ZEIT abgerufen werden. Den Befehl finden Sie:

- Menüleiste EXTRAS, Untermenü ABFRAGE >, Funktion ZEIT

```
Befehl: Zeit
Aktuelle Zeit:  Freitag, 13. Mai 2005 um 21:25:03:300
Benötigte Zeit für diese Zeichnung:
  Erstellt:     Mittwoch, 11. Mai 2005 um 20:40:04:210
  Zuletzt nachgeführt: Freitag, 13. Mai 2005 um 21:12:02:370
  Gesamte Bearbeitungszeit: 0 Tage 04:22:28.840
  Benutzer-Stoppuhr (ein): 0 Tage 00:15:30.120
  Nächste automatische Speicherung in: <noch keine Änderungen>
Option eingeben [Darstellung/Ein/Aus/Zurückstellen]:
```

Mit den Optionen EIN, AUS und ZURÜCKSTELLEN können Sie die Stoppuhr einstellen. Die Option DARSTELLEN gibt die aktuellen Zeitinformationen erneut aus.

Zeichnungsstatus anzeigen, Befehl Status

Mit dem Befehl STATUS (nicht in AutoCAD LT) werden die Anzahl der Objekte in der aktuellen Zeichnung, die Zeichnungsgrenzen, verschiedene Zeichenmodi, die aktuellen Einstellungen usw. im Textfenster angezeigt. Mit F2 kommen Sie wieder in den Zeichenmodus zurück. Sie finden den Befehl:

- Menübrowser, Menü ZEICHNUNGSPROGRAMME >, Funktion STATUS
- Menüleiste EXTRAS, Untermenü ABFRAGE >, Funktion STATUS

Der Befehl wird ohne weitere Abfragen ausgeführt. Das Ergebnis in Form einer Liste erscheint im Textfenster.

```
Befehl: Status
334 Objekte in C:\Aufgaben\Z01-05.dwg
Modellbereichlimiten  X:   -0.00   Y:    -0.00    (Aus)
                      X:  420.01   Y:   297.01
Modellbereich benutzt X:   83.50   Y:   102.93
                      X:  331.00   Y:   251.50
Anzeige               X:   41.11   Y:    79.69
                      X:  377.79   Y:   266.28
Einfügebasis ist      X:    0.00   Y:     0.00   Z:   0.00
Fangwert ist          X:   10.00   Y:    10.00
Rasterwert ist        X:   10.00   Y:    10.00

Aktueller Bereich:      Modellbereich
Aktuelles Layout:       Model
Aktueller Layer:        "SCHRAFFUR"
Aktuelle Farbe:         VONLAYER -- 5 (blau)
Aktueller Linientyp:    VONLAYER -- "CONTINUOUS"
Aktuelle Linienstärke:  VONLAYER
Aktueller Plotstil:     VonLayer
Aktuelle Erhebung:      0.00  Objekthöhe:   0.00
Füllen ein  Raster aus  Ortho aus  Qtext aus  Fang aus  Tablett aus
Objektfangmodi:    Zentrum, Endpunkt, Schnittpunkt, Mittelpunkt, Quadrant, Hilfslinie
Freier Speicherplatz auf dwg-Laufwerk (C:): 253.6 MB
Freier Speicherplatz auf temp-Laufwerk (C:): 253.6 MB
Freier physischer Speicher: 24.1 MB (von 127.4M).
Freier Platz in der Auslagerungsdatei: 255.6 MB (von 333.6M).
```

6.3 Die Zeichnung bemaßen

Technische Zeichnungen werden in der Regel auch bemaßt. Da Sie die komplette Geometrie exakt erfasst haben, können Sie jedes gewünschte Maß genauso exakt aus der Zeichnung ermitteln und mit den Bemaßungsbefehlen von AutoCAD weitgehend automatisch in die Zeichnung eintragen. Die Bemaßungsfunktionen finden Sie in der Menüleiste unter BEMASSUNG und Sie können einen speziellen Werkzeugkasten für die Bemaßung einblenden. Auch in der Multifunktionsleiste haben Sie im Register BESCHRIFTEN eine Gruppe fürs Bemaßen, die Gruppe BEMASSUNGEN. Bemaßungen werden *assoziativ* erstellt, das heißt, sie werden als Block generiert. Wird danach das Objekt verändert, ändern sich das Maß und die Maßzahl mit. Wenn Sie z.B. ein Objekt mit dem Befehl VARIA um den Faktor 2 vergrößern, verdoppeln sich die Maßzahlen, aber Maßpfeile und Textgröße bleiben gleich. Voraussetzung ist, dass dies in den Optionen (siehe Anhang A.4) so eingestellt ist (Systemvariable DIMASSOC).

Bemaßungsstile

Beim Bemaßen gibt es keinen einheitlichen Standard, jede Branche hat ihre Eigenheiten und Normen. Bauzeichnungen werden anders als technische Zeichnungen bemaßt. Außerdem gibt es nationale Unterschiede, nicht nur, dass in den USA in Fuß und Zoll bemaßt wird, auch sonst sehen die Maße in einer amerikanischen technischen Zeichnung anders aus.

AutoCAD als weltweit verbreitetes, branchenübergreifendes Programm kann sich nicht auf eine Norm festlegen. Es ist offen und kann mit Bemaßungsvariablen an alle vorkommenden Fälle angepasst werden. Wenn Sie, wie in Kapitel 5.1 beschrieben, mit der richtigen Vorlage gestartet haben, sind auch alle Bemaßungsvariablen richtig. Falls dies nicht der Fall ist, können Sie jetzt mit der Zeichnung *Z01-05.dwg* weitermachen, dem Stand der Zeichnung nach dem Schraffieren. In den Kapiteln 9.6 bis 9.8 erfahren Sie, wie Sie solche Einstellungen selbst vornehmen können: die Profitipps für die Einstellung der Maße.

6.4   Einfache lineare Maße

Sie können ein einzelnes Maß setzen oder eine ganze Maßkette in Folge eingeben. Beginnen Sie mit den einzelnen.

Befehl Bemlinear

Mit dem Befehl BEMLINEAR erstellen Sie horizontale oder vertikale Maße. Sie finden den Befehl:

- Multifunktionsleiste: Symbol in einem Flyout im Register START, Gruppe BESCHRIFTUNG, Symbol in einem Flyout im Register BESCHRIFTEN, Gruppe BEMASSUNGEN
- Menüleiste BEMASSUNG, Funktion LINEAR
- Symbol im Werkzeugkasten BEMASSUNG

```
Befehl: Bemlinear
Anfangspunkt der ersten Hilfslinie angeben oder <Objekt wählen>:
```

Bei der ersten Anfrage entscheiden Sie, ob Sie zwei Punkte in der Zeichnung oder ein Objekt bemaßen wollen. Geben Sie den Anfangspunkt der Hilfslinie ein, wird danach ein weiterer Anfangspunkt angefragt:

```
Anfangspunkt der zweiten Hilfslinie angeben:
```

Geben Sie jedoch bei der ersten Anfrage ⏎ ein, wird auf die Objektwahl umgeschaltet. Wählen Sie ein Objekt, das bemaßt werden soll.

```
Anfangspunkt der ersten Hilfslinie angeben oder <Objekt wählen>: ⏎
Zu bemaßendes Objekt wählen:
```

Jetzt können Sie mit der Pickbox ein Objekt (LINIE, BOGEN oder KREIS) wählen. Das gewählte Objekt wird an seinen Endpunkten vermaßt. In beiden Fällen wird danach die Position der Maßlinie angefragt:

```
Position der Bemaßungslinie angeben oder
[Mtext/Text/Winkel/Horizontal/Vertikal/Drehen]:
```

Die Maßlinie können Sie frei platzieren. Beim Positionieren wird das Maß dynamisch mitgeführt. Wenn Sie dabei nach rechts oder links wegfahren, wird ein vertikales Maß gezeichnet. Fahren Sie nach oben oder unten, gibt es ein horizontales Maß.

Statt der Position der Maßlinie können Sie eine Option wählen: HORIZONTAL oder VERTIKAL, dann wird das Maß je nach Option horizontal oder vertikal gezeichnet, egal wo Sie

Einfache lineare Maße

die Maßlinie platziert haben. Bei der Option DREHEN können Sie einen Winkel für die Maßlinie eingeben:

```
Winkel der Bemaßungslinie <0>:
```

Haben Sie eine der Platzierungsoptionen gewählt, wird das Maß wieder dynamisch mitgeführt, jetzt nur mit der Ausrichtung, die Sie gewählt haben, horizontal oder vertikal. Die Optionsliste erscheint jetzt gekürzt:

```
Position der Bemaßungslinie angeben oder [Mtext/Text/Winkel]:
```

Klicken Sie einen Punkt an, durch den die Maßlinie gezeichnet werden soll. Der gemessene Wert wird im Befehlszeilenfenster angezeigt und das Maß mit diesem Wert in die Zeichnung eingetragen.

```
Maßtext = 91,5
```

Außer diesem Standardablauf stehen Ihnen noch drei weitere Optionen zur Verfügung:

- **MText:** Mit dieser Option aktivieren Sie den Texteditor. Das gemessene Maß wird in den Editor übernommen und dort blau markiert (siehe Abbildung 6.9) angezeigt. Sie können vor oder hinter dem Wert einen Zusatz eintragen, der dann ins Maß eingetragen wird. Sie können den Messwert auch löschen und einen anderen Wert eingeben, aber nur dann, wenn Sie nicht maßstäblich gezeichnet haben.

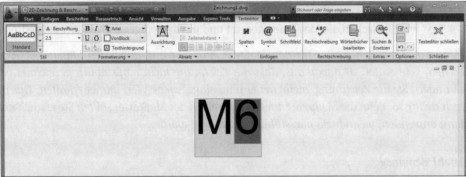
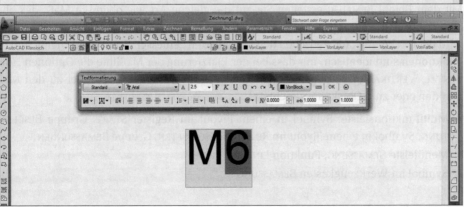

Abbildung 6.9:
Texteditor zur Korrektur des Maßtextes

Je nachdem, welchen Arbeitsbereich Sie gewählt haben, hat der Texteditor eine andere Bedienleiste. Beim Arbeitsbereich *2D-Zeichnung und Beschriftung* wie in Abbildung 6.9, oben, und bei *AutoCAD klassisch* wie in Abbildung 6.9, unten. Unabhängig davon können Sie aber auch im ersten Fall noch umschalten, doch dazu später mehr (siehe Kapitel 10.1).

Es kommt aber oft vor, dass Sie einen Zusatz zum gemessenen Maß benötigen: wenn beispielsweise 6 gemessen wurde, Sie aber in der Zeichnung den Text *M6*, ein vorangestelltes Durchmesserzeichen oder nachgestellte Einheiten haben wollen. *%%c* ist der Code für das Durchmesserzeichen, da Sie es nicht auf Ihrer Tastatur finden.

Sie können auch einen mehrzeiligen Text eingeben, der dann über die Maßlinie gesetzt wird. Klicken Sie nach der Änderung auf OK und klicken Sie die Position der Maßlinie an. Das Maß wird fertig gezeichnet.

- **Text:** Mit der Option TEXT wird wie oben das gemessene Maß angezeigt. Diesmal aber nicht mit eigenem Editor, sondern im Befehlszeilenfenster. Dort können Sie wie oben Änderungen eingeben:

  ```
  Maßtext eingeben <10>: Länge = <> mm
  ```

  Den Platzhalter für den gemessenen Text »< >« müssen Sie bei dieser Methode eintippen, sonst erscheint der gemessene Wert nicht in der Zeichnung.

- **Winkel:** Mit dieser Option geben Sie einen Winkel für den Maßtext ein.

  ```
  Winkel für Maßtext angeben: 45
  ```

Der Text wird zwischen die Maßlinien gesetzt und um den eingegebenen Winkel gedreht.

Wenn Sie einen Zahlenwert für den Maßtext eingeben und dabei den Platzhalter < > löschen, geht AutoCAD davon aus, dass die Zeichnung nicht maßstäblich gezeichnet ist. Verändern Sie die Zeichnung, bleibt der einmal eingegebene Wert immer erhalten. Das ist auch richtig so, denn die Methode zum Überschreiben des Maßtextes sollten Sie ja auch nur dann anwenden, wenn nicht maßstäblich gezeichnet wurde.

Befehl Bemausg

Mit dem Befehl BEMAUSG erstellen Sie auf die gleiche Art wie oben ein Maß, das aber parallel zu den Ausgangspunkten bzw. zum gewählten Objekt gezeichnet wird. Dabei wird der direkte Abstand zwischen den Endpunkten gemessen. Der Befehlsdialog und die Funktionen sind identisch, nur dass bei der Platzierung der Maßlinie die Optionen HORIZONTAL, VERTIKAL und DREHEN fehlen. Die Maßlinie wird immer parallel zu den Maßpunkten oder zum Objekt ausgerichtet:

- Multifunktionsleiste: Symbol in einem Flyout im Register START, Gruppe BESCHRIFTUNG, Symbol in einem Flyout im Register BESCHRIFTEN, Gruppe BEMASSUNGEN
- Menüleiste BEMASSUNG, Funktion LINEAR
- Symbol im Werkzeugkasten BEMASSUNG

Einfache lineare Maße

```
Befehl: Bemausg
Anfangspunkt der ersten Hilfslinie angeben oder <Objekt wählen>:
Anfangspunkt der zweiten Hilfslinie angeben:
Position der Bemaßungslinie angeben oder [Mtext/Text/Winkel]:
Maßtext = 70,7
```

Zeichnung mit einzelnen Linearmaßen versehen

1. Machen Sie den Layer *Masse* zum aktuellen Layer. Seit AutoCAD2006/LT 2006 werden Schraffurlinien nicht mehr vom Objektfang gefangen. Sie können auch mit eingeschaltetem Schraffurlayer bemaßen.
2. Meist brauchen Sie beim Bemaßen die Objektfangmodi SCHNITTPUNKT, ENDPUNKT, ZENTRUM und QUADRANT. Stellen Sie diese ein. Die Objektfangspuren sollten in AutoCAD ebenfalls eingeschaltet sein.
3. Erstellen Sie die horizontalen Maße an den Kreisen rechts von der Lupe (siehe Abbildung 6.10).
4. Zeichnen Sie die vertikalen Maße an der linken Seite der Lupe (siehe Abbildung 6.10).
5. Bemaßen Sie die Taste (siehe Abbildung 6.10) mit ausgerichteten Maßen.

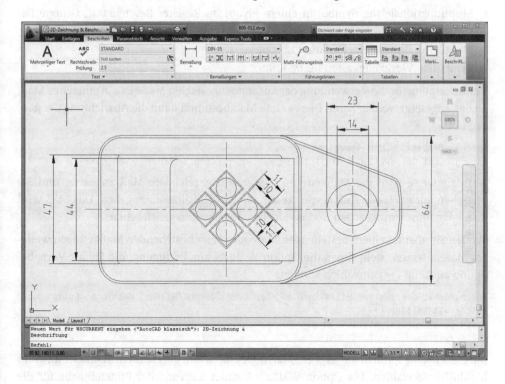

Abbildung 6.10: Zeichnen von einzelnen linearen Maßen

6.5 Zusammengesetzte Maße

Neben den einfachen Maßen können Sie in AutoCAD zusammengesetzte Maße weitgehend automatisch erstellen. Zwei Bemaßungsfunktionen stehen dafür zur Verfügung.

Befehl Bembasisl
Mit dem Befehl BEMBASISL erstellen Sie zusammengesetzte Maße, bei denen alle Maße auf eine Bezugskante hin ausgerichtet sind (Bezugsmaße):

- Multifunktionsleiste: Symbol in einem Flyout im Register BESCHRIFTEN, Gruppe BEMASSUNGEN
- Menüleiste BEMASSUNG, Funktion LINEAR
- Symbol im Werkzeugkasten BEMASSUNG

Befehl Bemweiter
Mit dem Befehl BEMWEITER erstellen Sie ein zusammengesetztes Maß, bei dem die Maße in einer Linie aneinandergereiht sind (Kettenmaß).

- Multifunktionsleiste: Symbol in einem Flyout im Register BESCHRIFTEN, Gruppe BEMASSUNGEN
- Menüleiste BEMASSUNG, Funktion LINEAR
- Symbol im Werkzeugkasten BEMASSUNG

Voraussetzung für die Verwendung der zusammengesetzten Maße ist ein einfaches Maß, an das angesetzt werden kann. Dieses erste Maß bestimmt dann die Ausrichtung der ganzen Kette.

```
Befehl: Bembasisl bzw. Bemweiter
Anfangspunkt der zweiten Hilfslinie angeben oder [Zurück/Wählen] <Wählen>:
```

Normalerweise wird die Maßkette an das zuletzt gezeichnete Maß angesetzt und Sie brauchen nur noch den Anfangspunkt der zweiten Hilfslinie einzugeben. Das Maß wird dabei dynamisch mitgezogen, sodass Sie die neue Position gleich sehen.

Wollen Sie aber an einem bestehenden Maß oder einer bestehenden Maßkette ein weiteres Maß ansetzen, steht Ihnen die Option WÄHLEN zur Verfügung, die Sie als Vorgabeoption auch mit ⏎ anwählen können.

```
Anfangspunkt der zweiten Hilfslinie angeben oder [Zurück/Wählen] <Wählen>: Option
Weiter wählen oder ⏎
Basis-Bemaßung wählen: bzw.
Weiterzuführende Bemaßung wählen:
```

Mit der Pickbox können Sie jetzt ein Maß oder eine schon gezeichnete Maßkette an einer Maßhilfslinie wählen. Die Option WÄHLEN können Sie vor jeder Punkteingabe für die zweite Hilfslinie wieder wählen und die weiteren Maße an ein anderes Maß ansetzen.

Beachten Sie, dass beim Befehl BEMBASISL die Maßhilfslinie an der Bezugskante gewählt werden muss, beim Befehl BEMWEITER die Maßhilfslinie, an der angesetzt werden soll. Danach wird wieder nach dem zweiten Ausgangspunkt gefragt.

```
Anfangspunkt der zweiten Hilfslinie angeben oder [Zurück/Wählen] <Wählen>:
```

Eine Position der Maßlinie brauchen Sie nicht einzugeben, sie ergibt sich aus dem vorhergehenden Maß. Auch der Abstand der Maßlinien beim Befehl BEMBASISL ergibt sich automatisch. Der Abstand der Maßlinien bei den Bezugsmaßen kann im Bemaßungsstil eingestellt werden.

Die Befehle bleiben im Wiederholmodus, bis Sie zweimal ⏎ eingeben, wenn ein Punkt angefragt wird. Haben Sie ein Maß versehentlich falsch platziert, können Sie es mit der Option ZURÜCK wieder entfernen.

Bezugsmaße erstellen

1. Erstellen Sie horizontale Bezugsmaße zur linken Kante des Schnitts (siehe Abbildung 6.11).
2. Erstellen Sie vertikale Bezugsmaße an der rechten Seite des Schnitts (siehe Abbildung 6.11). Setzen Sie der Vollständigkeit halber auch noch das einzelne vertikale Maß an die linke Seite.

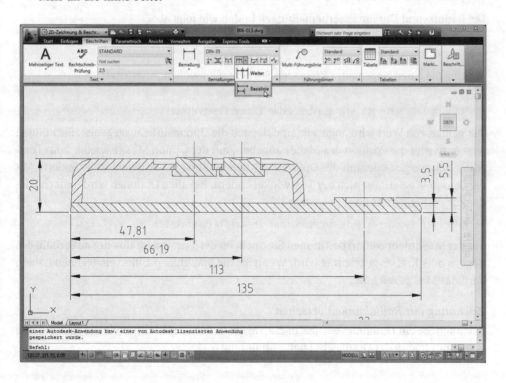

Abbildung 6.11: Bezugsmaße in der Zeichnung

6.6 Radius- und Durchmessermaße

Zwei weitere Bemaßungsbefehle gibt es für die Bemaßung von Radius und Durchmesser: BEMRADIUS und BEMDURCHM.

Befehl Bemradius

Den Befehl BEMRADIUS finden Sie:

- Multifunktionsleiste: Symbol in einem Flyout im Register START, Gruppe BESCHRIFTUNG; Symbol in einem Flyout im Register BESCHRIFTEN, Gruppe BEMASSUNGEN
- Menüleiste BEMASSUNG, Funktion LINEAR
- Symbol im Werkzeugkasten BEMASSUNG

Befehl Bemdurchm

Den Befehl BEMDURCHM finden Sie:

- Multifunktionsleiste: Symbol in einem Flyout im Register START, Gruppe BESCHRIFTUNG; Symbol in einem Flyout im Register BESCHRIFTEN, Gruppe BEMASSUNGEN
- Menüleiste BEMASSUNG, Funktion LINEAR
- Symbol im Werkzeugkasten BEMASSUNG

Die Radius- und Durchmesserbemaßungen laufen wie folgt ab:

```
Befehl: Bemradius bzw. Bemdurchm
Bogen oder Kreis wählen:
```

Wählen Sie einen Bogen oder Kreis, den Sie bemaßen wollen.

```
Maßtext = 8
Position der Bemaßungslinie angeben oder [Mtext/Text/Winkel]:
```

Der gemessene Wert wird angezeigt und danach die Optionsliste ausgegeben. Sie können jetzt entweder die Position des Maßes angeben, mit der Option MTEXT wieder zum Texteditor verzweigen oder mit der Option TEXT den Maßtext in der Befehlszeile ändern. Mit der Option WINKEL lässt sich der Textwinkel ändern. Bei allen Optionen wird danach wieder zur vorherigen Anfrage gewechselt.

```
Position der Bemaßungslinie angeben oder [Mtext/Text/Winkel]:
```

Mit der Maßlinienposition bestimmen Sie auch, ob der Text innerhalb oder außerhalb des Bogens oder Kreises gezeichnet wird. Wenn Sie die Maßlinienposition eingegeben haben, wird das Maß gezeichnet.

Zeichnung mit Radialmaßen versehen

Zeichnen Sie ein Durchmessermaß in die Tasten in der Draufsicht sowie die Radiusmaße im Schnitt und in der Draufsicht (siehe Abbildung 6.12).

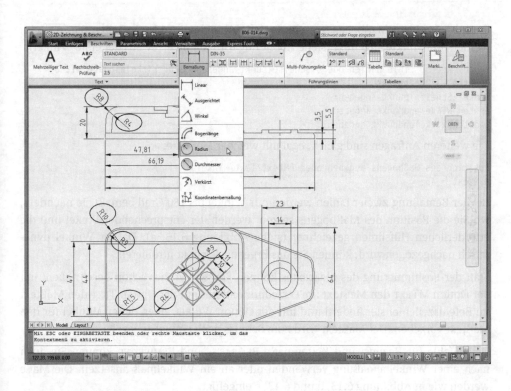

Abbildung 6.12:
Radius- und Durchmessermaße in der Zeichnung

6.7 Winkelmaße

Selbstverständlich können Sie in AutoCAD auch Winkel bemaßen. Mit dem Befehl BEM-WINKEL ist das auf verschiedene Arten möglich.

Befehl Bemwinkel

Wählen Sie den Befehl:

- Multifunktionsleiste: Symbol in einem Flyout im Register START, Gruppe BESCHRIFTUNG; Symbol in einem Flyout im Register BESCHRIFTEN, Gruppe BEMASSUNGEN
- Menüleiste BEMASSUNG, Funktion LINEAR
- Symbol im Werkzeugkasten BEMASSUNG

Sie können den Winkel zweier Linien zueinander, ein Segment am Kreis, einen Bogen oder den Winkel zweier Punkte in Bezug auf einen Scheitelpunkt bemaßen.

```
Befehl: Bemwinkel
Bogen, Kreis, Linie wählen oder <Scheitelpunkt angeben>:
```

Normalerweise wählen Sie jetzt eine Linie mit der Pickbox (siehe Abbildung 6.13, a).

```
Zweite Linie wählen:
```

Die zweite Linie wird angefragt. Haben Sie einen Bogen angewählt, wird dieser mit einem Maßbogen versehen. Kein weiterer Punkt wird angefragt (siehe Abbildung 6.13, b). Haben Sie einen Kreis gewählt, wird ein zweiter Punkt am Kreis abgefragt und die beiden

Punkte mit einem Maßbogen versehen (siehe Abbildung 6.13, c). Geben Sie ⏎ ein, werden drei Punkte angefragt (siehe Abbildung 6.13, d und e, jeweils der erste Winkel):

```
Bogen, Kreis, Linie wählen oder <Scheitelpunkt angeben>: Für Winkeleingabe mit 3
Punkten ⏎ eingeben
Winkel-Scheitelpunkt angeben:
Ersten Winkelendpunkt angeben:
Zweiten Winkelendpunkt angeben:
```

Die weiteren Anfragen sind gleich, egal mit welcher Methode:

```
Position des Maßbogens angeben oder [Mtext/Text/Winkel]:
Maßtext = 45
```

Bei der Bemaßung zweier Linien werden nur Winkel bis 180 Grad bemaßt. Je nachdem, wo Sie die Position des Maßbogens setzen, werden der entsprechende Winkel und die erforderlichen Hilfslinien gezeichnet (siehe Abbildung 6.13, a). Da der Winkel dynamisch nachgezogen wird, können Sie das Ergebnis leicht kontrollieren.

Statt der Positionierung des Maßtextes können Sie, wie vorher schon beschrieben, mit der Option MTEXT den Maßtext im Texteditor ändern, mit der Option TEXT den Maßtext im Befehlszeilenfenster ändern und mit der Option WINKEL einen neuen Winkel für den Maßtext vorgeben. Der Maßtext wird zum Schluss noch einmal angezeigt.

Die Befehle für Bezugs- und Kettenmaße BEMBASISL und BEMWEITER können Sie auch nach einer Winkelbemaßung verwenden oder an ein Winkelmaß ansetzen. Die Maße werden wie in Abbildung 6.13, d und 6.13, e eingefügt.

Abbildung 6.13: Möglichkeiten bei der Winkelbemaßung

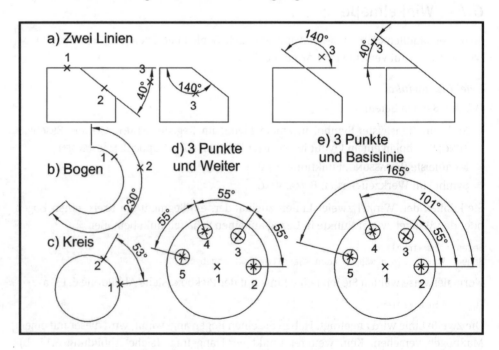

Beschriften der Zeichnung

Verschiedene Arten der Winkelbemaßung

1. Laden Sie die Zeichnung *A06-01.dwg* aus dem Ordner *Aufgaben*.
2. Bemaßen Sie wie in Abbildung 6.13.

Im Ordner *Aufgaben* finden Sie die Zeichnung *L06-01.dwg* als Musterlösung.

Winkel bemaßen

1. Bemaßen Sie die Fase an der Vorderseite der Lupe mit einem Winkelmaß sowie die Schrägen am Gehäuse (siehe Abbildung 6.14). Zoomen Sie an den entsprechenden Stellen in die Zeichnung hinein.
2. Sichern Sie die Zeichnung, sie sollte jetzt wie in Abbildung 6.14 aussehen.

Diesen Stand finden Sie auch in Ihrem Ordner *Aufgaben* unter *Z01-06.dwg*.

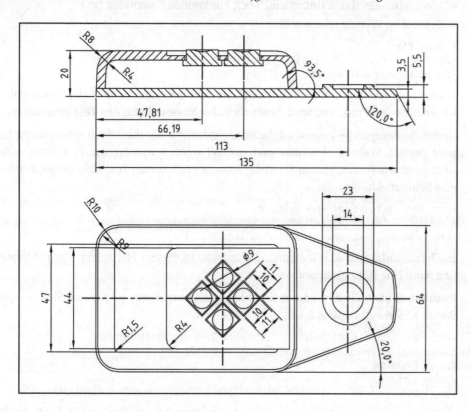

Abbildung 6.14:
Die bemaßte Zeichnung

6.8 Beschriften der Zeichnung

Nun soll die Zeichnung noch mit der Lupe beschriftet werden, bevor sie ausgeplottet wird. Laden Sie Ihre Zeichnung, falls Sie zwischendurch die Arbeit beendet haben.

Für Beschriftungen stehen in AutoCAD zwei Befehle zur Verfügung, die Befehle DTEXT und MTEXT. Mit dem Befehl DTEXT kann Text einzeilig und entgegen der Bezeichnung im

Menü auch mehrzeilig erfasst werden. Größere Textmengen geben Sie besser mit dem Befehl MTEXT ein. Alles zu diesem Befehl und den weiteren Textfunktionen finden Sie in Kapitel 10.

Arbeiten Sie also an Ihrer Zeichnung weiter. Wenn sie nicht komplett ist, können Sie aus dem Übungsordner die Zeichnung *Z01-06.dwg* verwenden.

Befehl Dtext

Mit dem Befehl DTEXT kann der Text interaktiv an beliebigen Stellen der Zeichnung eingegeben werden. Sie finden den Befehl:

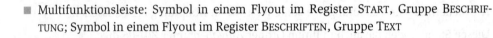

- Multifunktionsleiste: Symbol in einem Flyout im Register START, Gruppe BESCHRIFTUNG; Symbol in einem Flyout im Register BESCHRIFTEN, Gruppe TEXT
- Menüleiste ZEICHNEN, Untermenü TEXT, Funktionen EINZEILIGER TEXT
- Symbol im Werkzeugkasten TEXT

```
Befehl: Dtext
Aktueller Textstil: "Standard" Texthöhe: 2.50 Beschriftung: Nein
Startpunkt des Texts angeben oder [Position/Stil]:
```

Bei der ersten Anfrage des Befehls können Sie zwischen verschiedenen Optionen wählen. Geben Sie einen Punkt ein, wird dieser als linker Startpunkt für den Text genommen.

Geben Sie dagegen ⏎ ein, wird die neue Textzeile unter die zuletzt eingegebene Textzeile gesetzt. Position, Texthöhe und -winkel werden vom letzten Text ohne weitere Abfrage übernommen. Haben Sie in der Sitzung noch keinen Text eingegeben, erscheint eine Fehlermeldung:

```
Punkt oder Optionstitel wird benötigt.
Aktueller Textstil: "Standard" Texthöhe: 2.50 Beschriftung: Nein
Startpunkt des Texts angeben oder [Position/Stil]:
```

Die letzte Anfrage wird wiederholt. Sie müssen in diesem Fall zuerst einen Startpunkt und dann eine Höhe eingeben.

Position: Wollen Sie den Text nicht linksbündig ausrichten, verwenden Sie die Option POSITION (siehe Abbildung 6.15).

```
Aktueller Textstil: "Standard" Texthöhe: 2.50 Beschriftung: Nein
Startpunkt des Texts angeben oder [Position/Stil]:
Option Position
Option eingeben
[Ausrichten/Einpassen/Zentrieren/Mittel/Rechts/OL/OZ/OR/ML/MZ/MR/UL/UZ/UR]:
```

Jetzt können Sie zwischen den verschiedenen Ausrichtungsarten wählen. Soll der Text rechtsbündig oder zentriert platziert werden, wählen Sie die Optionen RECHTS oder ZENTRIEREN. Mit der Option MITTE wird die Textzeile um den geometrischen Mittelpunkt des Textes gesetzt.

Wenn Sie die Option AUSRICHTEN wählen, werden Start- und Endpunkt für den Text abgefragt. Der danach eingegebene Text wird in der Höhe so variiert, dass er zwischen die vorgegebenen Punkte passt. Bei der Option EINPASSEN wird dagegen der Text mit fester

Höhe und flexibler Buchstabenbreite zwischen die beiden Punkte gesetzt. Diese beiden Optionen sind mit Vorsicht zu verwenden, da die Schrift in der Höhe stark schwanken kann oder die unterschiedliche Buchstabenbreite zu Verzerrungen führen kann.

Die weiteren Optionen geben an, welcher Punkt für die erste Textzeile eingegeben werden soll:

OL:	oben links
OZ:	oben zentriert
OR:	oben rechts
ML:	Mitte links
MZ:	Mitte zentriert
MR:	Mitte rechts
UL:	unten links
UZ:	unten zentriert
UR:	unten rechts

Zum Beispiel:

`Ausrichten/Einpassen/Zentrieren/Mitte/Rechts/OL/OZ/OR/ML/MZ/MR/UL/UZ/UR:` **MR**
`Mittleren/rechten Punkt des Texts angeben:`

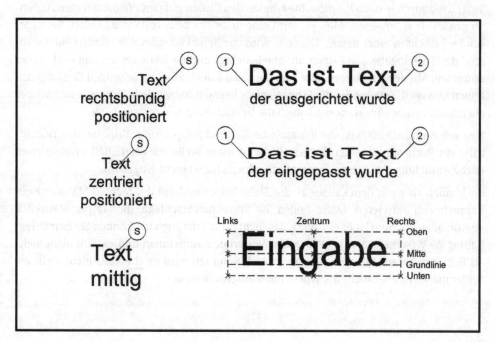

Abbildung 6.15:
Text an verschiedenen Positionen

Stil: Mit dieser Option können Sie einen Textstil wählen, der in der Zeichnung definiert ist. Der Textstil legt die Schrift und die Parameter für die Schrift fest. Mehr zum Textstil finden Sie in Kapitel 10.

```
Aktueller Textstil:  "STANDARD"  Texthöhe:  3.50
Startpunkt des Texts angeben oder [Position/Stil]:
Option Stil
Stilnamen eingeben oder [?] <STANDARD>:
```

Mit dieser Option machen Sie einen der vorhandenen Textstile zum neuen aktuellen Textstil. Der bisherige aktuelle Textstil wird in den Klammern angezeigt. Durch Eingabe von »?« werden die Textstile aufgelistet, die in der Zeichnung definiert sind. Haben Sie einen neuen Stil gewählt oder den aktuellen mit ↵ bestätigt, wird die erste Anfrage wiederholt. Danach werden Texthöhe, Einfügewinkel und der eigentliche Text abgefragt.

```
Höhe angeben <3.50>:
Drehwinkel des Texts angeben <0>:
Text eingeben:
```

Die Höhe wird nicht abgefragt, wenn Sie einen Textstil mit fester Höhe (siehe Kapitel 10) gewählt haben oder die Option AUSRICHTEN verwenden. In diesem Fall ist die Höhe variabel. Der Drehwinkel ist der Winkel der Textgrundlinie. Dieser ist nicht erforderlich, wenn Sie die Optionen AUSRICHTEN oder EINPASSEN gewählt haben, da er sich dann aus Start- und Endpunkt ergibt.

Die Texteingabe erfolgt dynamisch. Es wird ein Rahmen um den gerade bearbeiteten Text gezogen und Sie sehen die Ausrichtung und die Größe (z. B. bei ausgerichtetem Text) dynamisch je nach Eingabe. Sie können den Cursor mit den Pfeiltasten zum Ändern im ganzen Text bewegen. Mit ↵ wird eine neue Textzeile begonnen. Geben Sie dagegen ↵ direkt in einer neuen Zeile ein, wird der Befehl beendet. Sie können auch während der Texteingabe den Cursor an eine beliebige andere Stelle setzen und dort weiter schreiben. Mit den Pfeiltasten lässt sich der Cursor auch zu den vorherigen Eingabepositionen bewegen, solange Sie die Eingabe nicht beendet haben. Jede Textzeile ist nachher ein unabhängiges Objekt, deshalb auch die Bezeichnung »einzeiliger Text«.

Neu seit AutoCAD 2009 ist die dynamische Rechtschreibprüfung. Wird bei der Texteingabe ein Rechtschreibfehler festgestellt, wird diese Stelle rot gestrichelt unterstrichen (siehe Abbildung 6.16). Eine automatische Korrektur ist nicht eingebaut.

Sie können aber mit dem Cursor an die Stelle fahren und mit der rechten Maustaste ein Kontextmenü aktivieren. Darin finden Sie Korrekturvorschläge, die Sie per Mausklick übernehmen können. Ist es ein Wort, das nicht im Wörterbuch ist, können Sie es mit dem Eintrag ZU WÖRTERBUCH HINZUFÜGEN ins Wörterbuch aufnehmen und es wird nicht mehr als Fehler markiert. Mit dem Eintrag ALLES IGNORIEREN wird es ebenfalls nicht mehr als Fehler markiert, aber nicht ins Wörterbuch aufgenommen.

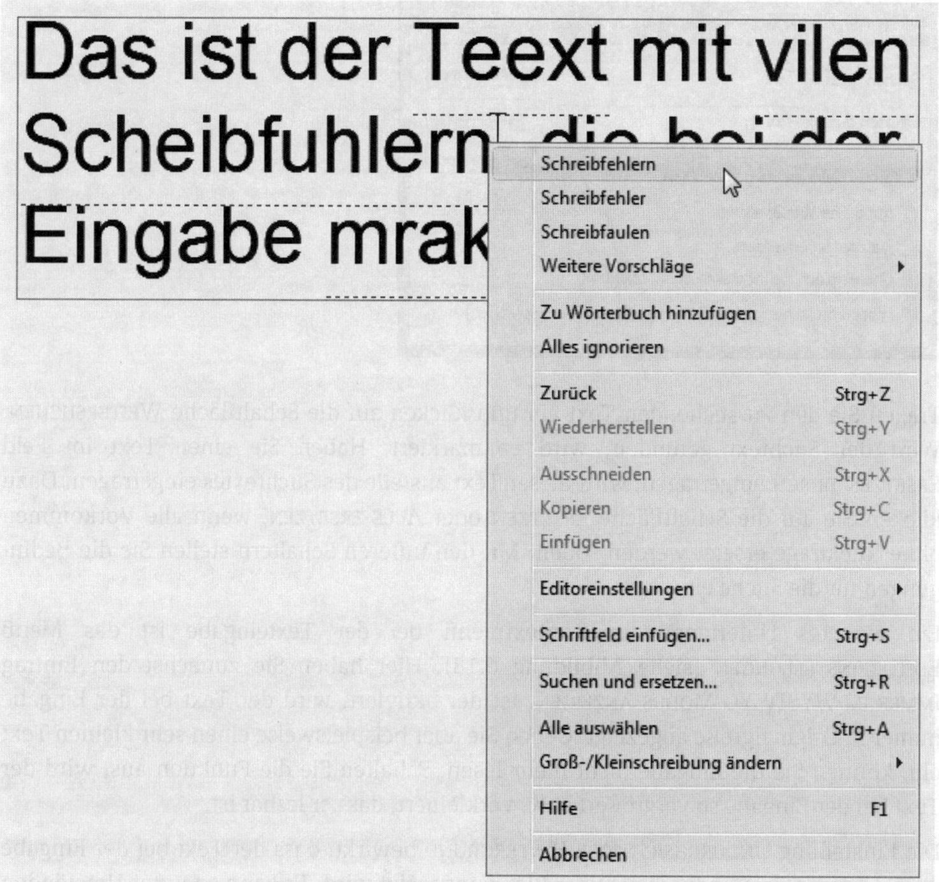

Abbildung 6.16:
Dynamische Rechtschreibprüfung bei der Texteingabe

Stehen Sie mit dem Cursor an einer Stelle, an der sich kein Eingabefehler befindet, ist das Kontextmenü um die Änderungsfunktionen (die ersten zwei Bereiche im Menü, siehe auch Abbildung 6.18) reduziert. Sie finden aber die Funktion ZURÜCK, um die letzte Änderung rückgängig zu machen, sowie Funktionen für die Zwischenablage. Sie können markierten Text ausschneiden oder kopieren und an einer anderen Cursorposition einfügen. Mit der Funktion SCHRIFTFELD EINFÜGEN... lässt sich ein Schriftfeld (siehe Kapitel 10.6) an der Cursorposition einfügen. ALLES AUSWÄHLEN markiert den gesamten Text.

Im Untermenü GROSS-/KLEINSCHREIBUNG ÄNDERN lässt sich wählen, dass der markierte Text komplett in Groß- bzw. Kleinbuchstaben geändert wird.

Mit der Funktion SUCHEN UND ERSETZEN... lässt sich im gerade eingegebenen Textbereich ein Wort suchen und durch ein anderes ersetzen (siehe Abbildung 6.17).

Abbildung 6.17:
Suchen und Ersetzen im Text

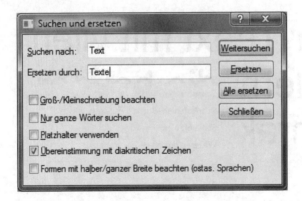

Tragen Sie den zu suchenden Text ein und klicken auf die Schaltfläche WEITERSUCHEN. Wird der Suchtext gefunden, wird er markiert. Haben Sie einen Text im Feld ERSETZEN DURCH eingetragen, wird dieser Text anstelle des Suchtextes eingetragen. Dazu klicken Sie auf die Schaltfläche ERSETZEN oder ALLE ERSETZEN, wenn alle Vorkommen ohne Rückfrage ersetzt werden sollen. Mit den unteren Schaltern stellen Sie die Bedingungen für die Suche ein.

Ein weiteres Untermenü im Kontextmenü bei der Texteingabe ist das Menü EDITOREINSTELLUNGEN (siehe Abbildung 6.18). Hier haben Sie zunächst den Eintrag IMMER IM WYSIWYG-MODUS ANZEIGEN. Ist der aktiviert, wird der Text bei der Eingabe immer in Originalgröße angezeigt. Geben Sie aber beispielsweise einen sehr kleinen Text ein, können Sie die Eingabe nicht mehr lesen. Schalten Sie die Funktion aus, wird der Text bei der Eingabe so vergrößert bzw. verkleinert, dass er lesbar ist.

Die Einstellung UNDURCHSICHTIGER HINTERGRUND bewirkt, dass der Text bei der Eingabe oder Änderung als undurchsichtiger Block angezeigt wird. Er kann so unter Umständen in einer komplexen Zeichnung besser lesbar sein. Ist der Text fertig bearbeitet, verschwindet der Hintergrund wieder.

Mit den anderen Einträgen können Sie die dynamische Rechtschreibprüfung ein- und ausschalten sowie die Bedingungen für diese einstellen, das verwendete Wörterbuch wählen und bearbeiten (siehe dazu auch Kapitel 10.4). Mit dem letzten Eintrag TEXTHERVORHEBUNGSFARBE... können Sie im Farbwähler die Farbe für die Textmarkierung bei der Eingabe oder Änderung wählen, nicht die Farbe des endgültigen Textes. Der ergibt sich aus dem aktuellen Layer.

Beschriften der Zeichnung

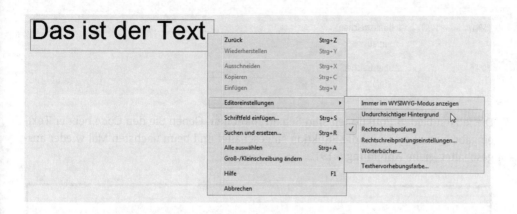

Abbildung 6.18:
Kontextmenü mit Untermenü für die Editoreinstellungen

Texteingabe statisch oder dynamisch

- Eine wichtige Variable steuert die Texteingabe: DTEXTED. Drei Einstellungen sind möglich:
- DTEXTED = 0: Der Text kann wie oben beschrieben dynamisch eingegeben werden. Ein Mausklick an einer anderen Stelle in der Zeichnung beendet die Texteingabe und übernimmt den Text in die Zeichnung.
- DTEXTED = 2: Der Text kann wie oben beschrieben dynamisch eingegeben werden. Ein Mausklick an einer anderen Stelle in der Zeichnung setzt die Texteingabe an dieser Stelle fort. Die Texteingabe wird erst durch Eingabe von zweimal ⏎ beendet.
- DTEXTED = 1: Hier haben Sie die statische Texteingabe wie in älteren AutoCAD-Versionen. Bei der Texteingabe in diesem Modus wird der Cursor an der gewählten Position angezeigt. Der Text wird aber zunächst immer linksbündig in der Zeichnung angezeigt. Erst wenn Sie die Texteingabe abschließen, wird er in seine endgültige Position gebracht. Wenn Sie bei der Textabfrage den Cursor mit dem Fadenkreuz an eine neue Stelle setzen, wird die Eingabe dort fortgesetzt. Mit ⏎ wird eine neue Textzeile begonnen. Geben Sie dagegen ⏎ direkt auf die Textanfrage ein, wird der Befehl beendet. Hier hat das Kontextmenü bei der Eingabe nur zwei Einträge: einen zum Einfügen eines Schriftfeldes (siehe Kapitel 10.6) und den anderen zum Abbrechen der Texteingabe.

Eingabe von Sonderzeichen

Das Sie nicht alle Zeichen auf der Tastatur finden, können Sie bestimmte Sonderzeichen nur über einen speziellen Code eingeben. Beginnen Sie diesen Code mit der Zeichenfolge %%. Es gilt:

%%d	Gradzeichen
%%c	Durchmesserzeichen
%%p	Plus/Minus (Zeichen für Toleranzangabe)
%%nnn	ASCII-Code für das gewünschte Sonderzeichen

253

%%u	Unterstreichen ein/aus
%%o	Überstreichen ein/aus

Die letzten beiden Funktionen sind Schaltfunktionen. Geben Sie den Code bei der Texteingabe einmal ein, wird die Funktion eingeschaltet und beim nächsten Mal wieder ausgeschaltet (siehe Abbildung 6.19).

Abbildung 6.19:
Text mit Sonder- und Steuerzeichen

```
Eingabe:     Geben Sie Sonderzeichen mit einem Code ein,
             zum Beispiel:
             %%c8mm
             Winkel 45%%d
             Länge 20mm%%p0.1
             Text %%uunterstrichen%%u und nicht
             Text %%oüberstrichen%%o und nicht

Text:        Geben Sie Sonderzeichen mit einem Code ein,
             zum Beispiel:
             Ø8mm
             Winkel 45°
             Länge 20mm±0.1
             Text unterstrichen und nicht
             Text überstrichen und nicht
```

STEP

Beschriftung der Zeichnung

1. Machen Sie den Layer *Schrift* zum aktuellen Layer.
2. Beschriften Sie die Zeichnung wie in Abbildung 6.20.
3. Geben Sie die verschiedenen Texte mit dem Befehl DTEXT in der Höhe 5 ein (siehe Abbildung 6.20).
4. Ihre Zeichnung sollte jetzt wie in Abbildung 6.20 aussehen. Falls nicht, finden Sie den Stand auch in dem Ordner *Aufgaben*, Zeichnung *Z01-07.dwg*.
5. Unsere Zeichnung ist vorerst fertig. In Kapitel 15.1 fügen Sie noch einen Zeichnungsrahmen ein und geben sie anschließend auf dem Plotter oder Drucker aus. Beenden Sie zunächst die Arbeit an diesem Projekt oder springen Sie zu diesem Kapitel, um die Zeichnung sofort zu plotten.

Textänderungen

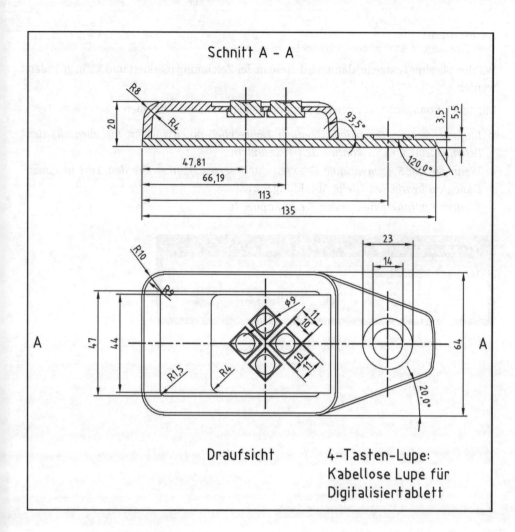

Abbildung 6.20:
Texte in der fertigen Zeichnung

6.9 Textänderungen

Texte sind normale AutoCAD-Zeichnungsobjekte, Sie können sie verschieben, drehen, skalieren usw. Jede Textzeile ist ein zusammenhängendes Objekt. Haben Sie einen Fehler in einer Zeile oder einem Textabsatz, können Sie den Text mit dem Befehl DDEDIT bearbeiten.

Befehl Ddedit

Mit dem Befehl DDEDIT können Sie den Text in Dialogfeldern bearbeiten:

- Menüleiste ÄNDERN, Untermenü OBJEKT >, Untermenü TEXT >, Funktionen BEARBEITEN...
- Symbol im Werkzeugkasten TEXT
- Oder nur ein Doppelklick auf das Textobjekt

```
Befehl: Ddedit
Anmerkungsobjekt wählen oder [Zurück]:
```

Wählen Sie eine Textzeile, dann wird diese in der Zeichnung markiert und kann geändert werden.

Mit der Option ZURÜCK können Sie Änderungen wieder zurücknehmen.

> **TIPP**
> - *Klicken Sie eine Textzeile mit einem Doppelklick an, aktivieren Sie ebenfalls den Befehl DDEDIT und Sie können den Text ändern.*
> - *Wenn Sie die Systemvariable DTEXTED auf 1 setzen, können Sie den Text in einem Dialogfeld bearbeiten (siehe Abbildung 6.21).*
> - *Weitere Textfunktionen finden Sie in Kapitel 10.*

Abbildung 6.21: Textänderung im Dialogfeld

Teil 2
Befehle, Befehle, Befehle …

259	Noch mehr Zeichen- und Editierbefehle	7
313	Weitere Schraffur-Funktionen, gefüllte Flächen, Umgrenzungen und Regionen	8
341	Bemaßungen und Stile	9
395	Texte, Schriftfelder und Tabellen	10
449	Blöcke, Attribute, externe Referenzen und Gruppen	11
515	Bilder, DWF-, DGN- und PDF-Dateien	12
539	Änderungen, Design-Center, Werkzeugpaletten und der Aktionsrekorder	13
589	Die Windows-Funktionen	14
605	Plotten, Plotter- und Plotstil-Manager	15
645	Layouts im Papierbereich	16
689	Parametrisches Zeichnen	17
709	Datenaustausch, Dienstprogramme und Internet-Funktionen	18
753	Zeichnungsstandards	19

Kapitel 7
Noch mehr Zeichen- und Editierbefehle

In diesem Teil des Buches lernen Sie die Befehle von AutoCAD kennen, die über die elementaren Funktionen aus dem ersten Teil dieses Buches hinausgehen. Zunächst werden die speziellen Zeichen- und Editierbefehle vorgestellt.

7.1 Zeichnen von Polylinien

Wenn Sie bisher mit dem Befehl LINIE einen Linienzug gezeichnet haben, wurde dieser als zusammenhängender Polygonzug gezeichnet. AutoCAD speichert aber die Segmente als einzelne Objekte.

Eigenschaften von Polylinien

Polylinien dagegen sind zusammenhängende Konturen, die aus Linien- und Bogensegmenten bestehen können. Aber das ist nicht die einzige Besonderheit von Polylinien:

- Polylinien können unabhängig von der Strichstärke zusätzlich mit einer beliebigen Breite gezeichnet werden.
- Jedem Segment einer Polylinie kann eine unterschiedliche Start- und Endbreite zugewiesen werden.
- Breite Polylinien können, je nach Einstellung des Füllmodus, gefüllt oder nicht gefüllt auf dem Bildschirm dargestellt und geplottet werden. Die Breite 0 bedeutet, dass mit der eingestellten Strichstärke oder der Strichstärke des Plotterstifts ausgegeben wird.
- Polylinien können offen oder geschlossen gezeichnet werden.
- Polylinien können wie alle anderen Objekte auch mit unterbrochenen Linientypen gezeichnet werden.

- Mit Polylinien lassen sich geschlossene Konturen zeichnen, die Sie dann auch insgesamt versetzen können. Die Befehle FASE und ABRUNDEN lassen sich auf alle Eckpunkte der Polylinie anwenden.
- Polylinien können Sie zwar mit den normalen Editierbefehlen bearbeiten, spezielle Operationen führen Sie aber besser mit dem Befehl PEDIT aus.
- Von geschlossenen Polylinien können Sie sich mit dem Befehl FLÄCHE, Option OBJEKT, den Umfang und die eingeschlossene Fläche anzeigen lassen.

Befehl Plinie

Polylinien können Sie mit dem Befehl PLINIE erstellen.

- Multifunktionsleiste: Symbol im Register START, Gruppe ZEICHNEN
- Menüleiste ZEICHNEN, Funktion POLYLINIE
- Symbol im Werkzeugkasten ZEICHNEN

```
Befehl: Plinie
Startpunkt angeben:
Aktuelle Linienbreite beträgt 0.00
Nächsten Punkt angeben oder [Kreisbogen/Schließen/
Halbbreite/sehnenLänge/Zurück/Breite]:
```

Zunächst wird der Startpunkt der Polylinie abgefragt. AutoCAD zeigt Ihnen daraufhin die aktuelle Linienbreite an. Sie stammt von der letzten Verwendung des Befehls bzw. ist 0, wenn noch keine Breite eingegeben wurde oder der Befehl PLINIE noch nicht verwendet wurde. Danach erscheint die Liste mit den möglichen Optionen des Befehls:

- **Nächsten Punkt:** Ohne eine weitere Option anzuwählen, können Sie Linienendpunkte eingeben und wie beim Befehl LINIE einen Linienzug zeichnen.
- **Kreisbogen:** Umschaltung in den Modus zum Zeichnen von Kreisbogensegmenten (siehe unten).
- **Schließen:** Schließen der Polylinie. Im Linienmodus wird ein Liniensegment zum Schließen verwendet. Sind Sie im Kreisbogenmodus, wird mit einem Kreisbogen geschlossen.
- **Halbbreite oder Breite:** Eingabe der Werte für die Anfangs- und Endbreite bzw. Halbbreite.

```
Startbreite angeben <0.00>:
Endbreite angeben <0.00>:
```

bzw.

```
Starthalbbreite angeben <0.00>:
Endhalbbreite angeben <0.00>:
```

Wird mit der Breite 0 gezeichnet, werden die Objekte mit der aktuellen Strichstärke gezeichnet. Breiten größer als null ergeben Bänder und ungleiche Breiten führen zu konischen Segmenten. Polylinien mit einer Breite werden ausgefüllt gezeichnet, wenn der Füllmodus (siehe unten) eingeschaltet ist (Standardeinstellung).

- **Sehnenlänge:** Bei der Sehnenlänge geben Sie nur die Länge des nächsten Segments vor. Es wird als Verlängerung an das letzte Segment angehängt.
- **Zurück:** Nimmt das zuletzt gezeichnete Segment zurück.

Kreisbogenmodus bei Polylinien

Haben Sie auf die Option KREISBOGEN umgeschaltet, können Sie so lange Bogensegmente anhängen, bis Sie wieder in den Linienmodus zurückschalten oder den Befehl beenden.

```
Nächsten Punkt angeben oder [Kreisbogen/Schließen/
Halbbreite/sehnenLänge/Zurück/Breite]: Option Kreisbogen
Endpunkt des Bogens angeben oder [Winkel/ZEntrum/Schließen/RIchtung/Halbbreite/
LInie/RAdius/zweiter Pkt/Zurück/Breite]:
```

Wie beim Befehl BOGEN können Sie auf die verschiedensten Arten Bögen an die Polylinie konstruieren. Mit den Optionen WINKEL, ZENTRUM, RADIUS, RICHTUNG und ZWEITER PKT geben Sie vor, welchen Wert Sie als nächsten zur Konstruktion eingeben möchten. Je nach der gewählten Option werden die restlichen Werte in einer weiteren Optionsliste angezeigt.

Geben Sie ohne die Wahl einer weiteren Option sofort den Endpunkt an, so wird der Bogen tangential an das letzte Segment angehängt.

Die Optionen BREITE, HALBBREITE und ZURÜCK entsprechen denen im Linienmodus. Ebenso die Option SCHLIESSEN, nur dass im Bogenmodus auch mit einem Bogen geschlossen wird. Mit der Option LINIE schalten Sie wieder in den Linienmodus des Befehls zurück.

Befehl Füllen

Mit dem Befehl FÜLLEN können Sie wählen, ob breite Polylinien gefüllt dargestellt werden sollen. Den Befehl finden Sie nicht in den Menüs, geben Sie ihn deswegen auf der Tastatur ein.

```
Befehl: Füllen
Modus eingeben [EIN/AUS] <Ein>:
```

Ist der Füllmodus aus, werden nur die Randlinien der Polylinien gezeichnet. Haben Sie umgestellt, wird die Zeichnung erst nach dem Befehl REGEN richtig angezeigt.

Zerlegen von Polylinien, Befehl Ursprung

Polylinien lassen sich mit dem Befehl URSPRUNG wieder in Linien- und Bogensegmente zerlegen. Haben Sie aber Breiten verwendet, gehen diese bei der Zerlegung verloren. Den Befehl finden Sie:

- Multifunktionsleiste: Symbol im Register START, Gruppe ÄNDERN
- Menüleiste ÄNDERN, Funktion URSPRUNG
- Symbol im Werkzeugkasten ÄNDERN

```
Befehl: Ursprung
Objekte wählen:
```

Ohne weitere Rückfragen werden Polylinien in ihre Segmente zerlegt. Blöcke, Bemaßungen und Schraffuren können Sie damit ebenfalls zerlegen.

Zeichnen verschiedener Polylinien

1. Zeichnen Sie Polylinien wie in Abbildung 7.1. Beginnen Sie eine neue Zeichnung.
2. Zeichnen Sie zuerst das Langloch:

   Befehl: **Plinie**
   Startpunkt angeben: **Startpunkt setzen**
   Aktuelle Linienbreite beträgt 0.00
   Nächsten Punkt angeben oder [Kreisbogen/Halbbreite/sehnenLänge/Zurück/Breite]:
   Nach rechts fahren und 50 eingeben, wenn die waagrechte Hilfslinie erscheint

3. Schalten Sie jetzt in den Kreisbogenmodus:

   Nächsten Punkt angeben oder [Kreisbogen/Schließen/
   Halbbreite/sehnenLänge/Zurück/Breite]: **K für Kreisbogen**
   Endpunkt des Bogens angeben oder [Winkel/ZEntrum/Schließen/RIchtung/Halbbreite/
   LInie/RAdius/zweiter Pkt/Zurück/Breite]: **Nach oben fahren und 25 eingeben, wenn
   die senkrechte Hilfslinie erscheint**

4. Schalten Sie wieder zurück in den Linienmodus:

   Endpunkt des Bogens angeben oder [Winkel/ZEntrum/Schließen/RIchtung/Halbbreite/
   LInie/RAdius/zweiter Pkt/Zurück/Breite]: **LI für Linie eingeben**
   Nächsten Punkt angeben oder [Kreisbogen/Schließen/
   Halbbreite/sehnenLänge/Zurück/Breite]: **Nach links fahren und 50 eingeben, wenn die
   waagrechte Hilfslinie erscheint**

5. Schalten Sie noch einmal in den Kreisbogenmodus, um damit die Kontur zu schließen:

   Nächsten Punkt angeben oder [Kreisbogen/Schließen/
   Halbbreite/sehnenLänge/Zurück/Breite]: **K für Kreisbogen**
   Endpunkt des Bogens angeben oder [Winkel/ZEntrum/Schließen/RIchtung/Halbbreite/
   LInie/RAdius/zweiter Pkt/Zurück/Breite]: **S für Schließen eingeben**

6. Zeichnen Sie jetzt das Bogenfenster:

   Befehl: **Plinie**
   Startpunkt angeben: **Startpunkt setzen**
   Aktuelle Linienbreite beträgt 0.00
   Nächsten Punkt angeben oder [Kreisbogen/Halbbreite/sehnenLänge/Zurück/Breite]:
   Nach oben fahren und 35 eingeben, wenn die senkrechte Hilfslinie erscheint

7. Schalten Sie jetzt in den Kreisbogenmodus:

   Nächsten Punkt angeben oder [Kreisbogen/Schließen/
   Halbbreite/sehnenLänge/Zurück/Breite]: **K für Kreisbogen**
   Endpunkt des Bogens angeben oder [Winkel/ZEntrum/Schließen/RIchtung/Halbbreite/
   LInie/RAdius/zweiter Pkt/Zurück/Breite]: **Nach rechts fahren und 20 eingeben, wenn
   die waagrechte Hilfslinie erscheint**
   Endpunkt des Bogens angeben oder [Winkel/ZEntrum/Schließen/RIchtung/Halbbreite/
   LInie/RAdius/zweiter Pkt/Zurück/Breite]: **RI für RIchtung**
   Tangentenrichtung für Startpunkt des Bogens angeben: **90 für 90° Richtung**
   Endpunkt des Bogens angeben: **Nach rechts fahren und 20 eingeben, wenn die
   waagrechte Hilfslinie erscheint**

8. Schalten Sie jetzt in den Linienmodus zurück:

   Endpunkt des Bogens angeben oder [Winkel/ZEntrum/Schließen/RIchtung/Halbbreite/
   LInie/RAdius/zweiter Pkt/Zurück/Breite]: **LI für Linie**
   Nächsten Punkt angeben oder [Kreisbogen/Schließen/
   Halbbreite/sehnenLänge/Zurück/Breite]: **Nach unten fahren und 35 eingeben, wenn die
   senkrechte Hilfslinie erscheint**

Zeichnen von Polylinien

```
Nächsten Punkt angeben oder [Kreisbogen/Schließen/
Halbbreite/sehnenLänge/Zurück/Breite]: S für Schließen
```

9. Zeichnen Sie jetzt den Doppelpfeil:

```
Befehl: Plinie
Von Punkt: Startpunkt eingeben
Aktuelle Linienbreite beträgt 0.00
Nächsten Punkt angeben oder [Kreisbogen/ Halbbreite/sehnenLänge/Zurück/Breite]: B
für Breite
Startbreite <0.00>: 0
Endbreite <0.00>: 10
Nächsten Punkt angeben oder [Kreisbogen/Schließen/
Halbbreite/sehnenLänge/Zurück/Breite]: Nach rechts fahren und 35 eingeben, wenn
die waagrechte Hilfslinie erscheint
Nächsten Punkt angeben oder [Kreisbogen/Schließen/
Halbbreite/sehnenLänge/Zurück/Breite]: B für Breite
Startbreite <10.00>: 3
Endbreite <10.00>: 3
Nächsten Punkt angeben oder [Kreisbogen/Schließen/
Halbbreite/sehnenLänge/Zurück/Breite]: Nach rechts fahren und 25 eingeben, wenn
die waagrechte Hilfslinie erscheint
Nächsten Punkt angeben oder [Kreisbogen/Schließen/
Halbbreite/sehnenLänge/Zurück/Breite]: B für Breite
Startbreite <3.00>: 10
Endbreite <3.00>: 0
Nächsten Punkt angeben oder [Kreisbogen/Schließen/
Halbbreite/sehnenLänge/Zurück/Breite]: Nach rechts fahren und 35 eingeben, wenn
die waagrechte Hilfslinie erscheint
Nächsten Punkt angeben oder [Kreisbogen/Schließen/
Halbbreite/sehnenLänge/Zurück/Breite]: ⏎
```

10. Erzeugen Sie einen Layer mit einem unterbrochenen Linientyp, machen Sie ihn zum aktuellen Layer und zeichnen Sie das Rechteck.

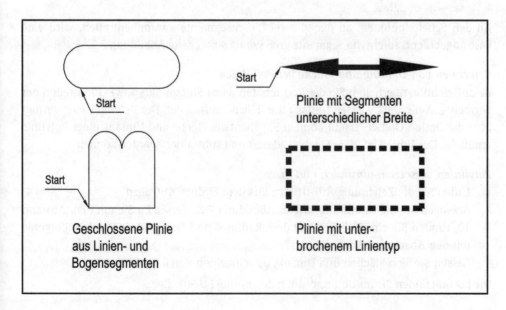

Abbildung 7.1:
Verschiedene Polylinien

7.2 Polylinien editieren

Polylinien lassen sich mit allen Editierbefehlen bearbeiten. Darüber hinaus besitzen aber einige Befehle besondere Optionen für Polylinien, und es gibt auch speziell für Polylinien den Befehl PEDIT.

INFO

Versetzen von Polylinien
Mit dem Befehl VERSETZ lassen sich Polylinien versetzen. Es entstehen im Gegensatz zu einzelnen Linien keine Überschneidungen und Lücken an den Ecken (siehe Abbildung 7.2).

INFO

Abrunden von Scheitelpunkten
Beim Befehl ABRUNDEN können Sie zwei Liniensegmente einer Polylinie wählen, die wie bei Linien miteinander verrundet werden. Außerdem hat der Befehl die Option POLYLINIE.

```
Befehl: Abrunden
Aktuelle Einstellungen: Modus = STUTZEN, Radius = 10.00
Erstes Objekt wählen oder [rückgängig/Polylinie/Radius/Stutzen]: Option Polylinie
2D-Polylinie wählen:
4 Linien wurden abgerundet
```

Alle Scheitelpunkte, an denen zwei Liniensegmente zusammentreffen, werden mit dem eingestellten Radius verrundet (siehe Abbildung 7.2).

INFO

Fasen von Scheitelpunkten
Ebenso ist es beim Befehl FASE, auch der hat die Option POLYLINIE.

```
Befehl: Fase
(STUTZEN-Modus) Gegenwärtiger Fasenabst1=10, Abst2=10
Erste Linie wählen oder [rückgängig/Polylinie/Abstand/Winkel/Stutzen/Methode]: Option
Polylinie
2D-Polylinie wählen:
4 Linien wurden gefast
```

An den Scheitelpunkten, an denen zwei Liniensegmente zusammentreffen, wird eine Fase angebracht, sofern die Segmente groß genug sind (siehe Abbildung 7.2).

INFO

Berechnen von Umfang und Fläche bei Polylinien
Beim Befehl LISTE erhalten Sie die Koordinaten jedes Stützpunkts sowie die Breiten der Segmente. Außerdem werden Umfang und Fläche aufgelistet. Der Befehl FLÄCHE verfügt über die Option OBJEKT. Damit können Sie ebenfalls Fläche und Umfang einer Polylinie ermitteln. Der Vorteil ist, dass Flächen addiert und subtrahiert werden können.

STEP

Polylinien versetzen, abrunden und fasen
1. Laden Sie die Zeichnung *A07-01.dwg* aus dem Ordner *Aufgaben*
2. Erzeugen Sie die Anordnung wie in Abbildung 7.2. Versetzen Sie mit dem Abstand 10, runden Sie eine Polylinie mit dem Radius 4 und fasen Sie eine andere Polylinie mit den Abständen 5.
3. Lassen Sie sich Flächen und Umfang der einzelnen Polylinien anzeigen.

Die Lösung finden Sie im Übungsordner: Zeichnung *L07-01.dwg*.

Polylinien editieren

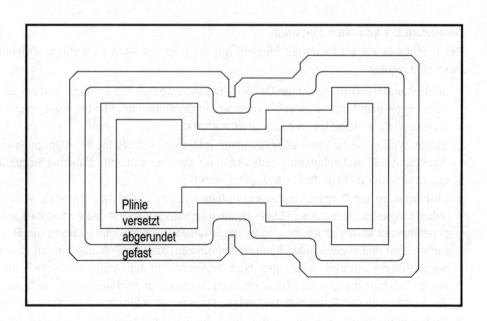

Abbildung 7.2:
Polylinie editieren –
versetzen, fasen
und abrunden

Befehl Pedit

Polylinien können Sie mit dem Befehl PEDIT bearbeiten.

- Multifunkionsleiste: Symbol im Register START, Gruppe ÄNDERN (erweiterter Bereich)
- Menüleiste ÄNDERN, Untermenü OBJEKT >, Funktion POLYLINIE
- Symbol im Werkzeugkasten ÄNDERN II

```
Befehl: Pedit
Polylinie wählen oder [mehrere Objekte]:
```

Sie können eine Polylinie oder eine 3D-Polylinie wählen. Haben Sie stattdessen eine Linie, einen Bogen oder einen Spline gewählt, erscheint die Anfrage:

```
Das gewählte Objekt ist keine Polylinie
Soll es in eine Polylinie verwandelt werden? <J>
```

Geben Sie JA ein, wird das Objekt in eine Polylinie mit einem einzelnen Segment umgewandelt. Bei Splines wird zusätzlich ein Wert für die Genauigkeit abgefragt, mit dem die Polylinie gebildet werden soll. Je höher Sie diesen wählen, desto mehr Stützpunkte bekommt die Polylinie.

Danach bzw. sofort, wenn Sie schon eine Polylinie gewählt haben, erscheint folgende Optionsliste:

```
Option eingeben [Schließen/Verbinden/BReite/BEarbeiten/kurve
Angleichen/Kurvenlinie/kurve LÖschen/LInientyp/Richtung wechseln/Zurück]:
```

Diese Liste wird nach jeder Aktion wieder angezeigt, bis Sie den Befehl mit ⏎ beenden.

Mit einem Doppelklick auf eine Polylinie kommen Sie sofort zum Editierbefehl. Wenn die dynamische Eingabe aktiv ist, wird auch gleich das Optionsmenü am Cursor angezeigt und Sie können die entsprechende Option per Mausklick wählen.

Bearbeiten der gesamten Polylinie

Der Befehl arbeitet auf mehreren Ebenen. Auf der obersten kann die gesamte Polylinie bearbeitet werden.

- **Schließen bzw. Öffnen:** Mit der Option SCHLIESSEN werden der Anfangs- und der Endpunkt mit einem Liniensegment verbunden. In der Optionsliste ist bei einer geschlossenen Polylinie diese Option durch ÖFFNEN ersetzt.
- **Breite:** Wollen Sie die Breite aller Segmente verändern, wählen Sie diese Option (siehe Abbildung 7.3) und geben eine neue Breite für alle Segmente ein. Einzelne Segmente lassen sich hier nicht ändern, dazu später mehr.
- **Linientyp:** Ist die Polylinie mit einem unterbrochenen Linientyp dargestellt, wird an jedem Scheitelpunkt mit einem Liniensegment begonnen. Das hat den Vorteil, dass jeder Scheitelpunkt in der Zeichnung eindeutig lokalisiert werden kann. Liegen die Stützpunkte aber dicht beieinander, kann es vorkommen, dass die Polylinie nur aus Liniensegmenten besteht und ausgezogen dargestellt wird. Mit der Option LINIENTYP können Sie die Polylinie mit gleichmäßig langen Liniensegmenten zeichnen lassen, auch wenn dann Lücken an den Eckpunkten entstehen. Dazu schalten Sie den Linientypmodus ein.
- **Richtung wechseln:** Mit der Polylinie wird eine Richtung gespeichert, nämlich die, in der die Polylinie gezeichnet wurde. Das ist dann wichtig, wenn die Polylinie beispielsweise eine Fräsbahn darstellt, denn diese soll ja in einer bestimmtem Richtung bearbeitet werden. Mit dieser Option lässt sich die Richtung nachträglich umkehren.

 Objekte mit einer Polylinie verbinden

Verbinden: Mit dieser Option lassen sich Linien- und Bogensegmente an eine bestehende Polylinie anhängen. Voraussetzung ist, dass sich die Segmente an den Eckpunkten treffen, aber nicht überschneiden.

```
Option eingeben [Schließen/Verbinden/BReite/BEarbeiten/ kurve
Angleichen/Kurvenlinie/kurve LÖschen/LInientyp/Richtung wechseln/Zurück]: Option
Verbinden
Objekte wählen: Wählen Sie die Objekte, die Sie mit der Polylinie verbinden wollen
4 Segment(e) der Polylinie hinzugefügt
```

Auch wenn Sie die Objekte mit einem Fenster wählen, können Sie das Fenster großzügig aufziehen. Es werden nur die Objekte mit der Polylinie verbunden, die an der Polylinie hängen. Mit dieser Methode können Sie auch Konturen zuerst aus Linien und Bögen zeichnen und dann in eine Polylinie umwandeln. Bei einer geschlossenen Polylinie wird die Option nicht angenommen.

 Polylinie mit Kurven angleichen

Kurve angleichen: Die Option ersetzt die Polylinie durch einen Kurvenzug aus Bogensegmenten. Alle Scheitelpunkte der Polylinie werden angefahren und die Bögen laufen tangential ineinander über (siehe Abbildung 7.3). Mit der Unteroption TANGENTE (siehe Editieren von Scheitelpunkten) kann die Richtung, mit der die Kurve durch den Scheitelpunkt läuft, in jedem Scheitelpunkt vorgegeben werden.

Kurvenlinie: Diese Option erzeugt dagegen eine Kurve, die die Polylinie interpoliert. Bei diesem Verfahren werden nur der Anfangs- und der Endpunkt angefahren. Alle anderen Punkte werden gemittelt (siehe Abbildung 7.3).

Kurve Löschen: Mit dieser Option wird die Kurve wieder entfernt und die ursprüngliche Polylinie wieder angezeigt.

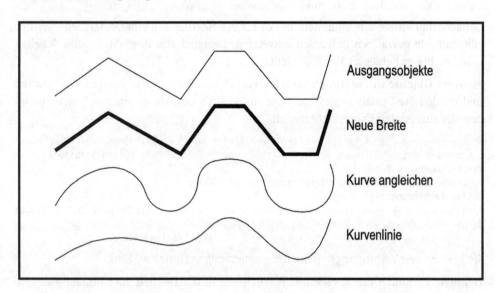

Abbildung 7.3:
Polylinie editieren – Breite ändern und Kurven erzeugen

- *Wenn Sie eine Freihandlinie in der Zeichnung benötigen, können Sie diese zuerst als Polylinie aus Liniensegmenten zeichnen. Setzen Sie die Punkte nicht zu eng. Nähern Sie die Polylinie dann durch eine Kurve mit der Option KURVENLINIE an. Klicken Sie die Kurve an und nehmen Sie die Polylinie an den Griffen und ziehen Sie die Kurve in die endgültige Form (siehe Objektgriffe, Kapitel 13.5).*
- *Wenn Sie die Systemvariable SPLFRAME auf 1 setzen, wird bei der Kurvenlinie die ursprüngliche Polylinie mit angezeigt. Der Wechsel wird allerdings erst nach dem nächsten Regenerieren der Zeichnung wirksam. Geben Sie also den Befehl REGEN ein.*

Polylinien, Breite verändern und Kurven erzeugen

1. Laden Sie die Zeichnung *A07-02.dwg* aus dem Ordner *Aufgaben*.
2. Verändern Sie die Breite und lassen Sie die Polylinie durch Kurven angleichen (siehe Abbildung 7.3). Ändern Sie die Systemvariable SPLFRAME und regenerieren Sie die Zeichnung.

Eine Musterlösung finden Sie im Ordner *Aufgaben* unter *L07-02.dwg*.

Mehrere Polylinien gleichzeitig bearbeiten

Wollen Sie mehrere Polylinien gleichzeitig bearbeiten, haben Sie bei der ersten Anfrage des Befehls eine Option, mit der Sie mehrere Objekte wählen können. Der Befehlsdialog läuft dann anders ab.

```
Befehl: Pedit
Polylinie wählen oder [mehrere Objekte]: O für die Auswahl von mehreren Objekten
Objekte wählen:
```

Haben Sie keine Polylinien gewählt, können Sie jetzt Linien, Bögen oder Splines (siehe 7.4) in Polylinien umwandeln.

```
Linien, Bogen und Splines in Polylinien umwandeln? [Ja/Nein]?
```

Danach können Sie alle Optionen, die es für die Bearbeitung einer einzelnen Polylinie gibt, auf alle gewählten Polylinien anwenden. Lediglich die Bearbeitung von Scheitelpunkten gibt es bei dieser Variante nicht.

Mehrere Objekte in Polylinien umwandeln: Haben Sie mehrere Polylinien angewählt und wählen die Option VERBINDEN, können Sie auch Objekte zu einer Polylinie verbinden, die sich an den Enden nicht treffen.

```
Option eingeben [Schließen/Öffnen/Verbinden/BReite/kurve Angleichen/Kurvenlinie/kurve
LÖschen/LInientyp/ Richtung wechseln/Richtung wechseln/Zurück]: Option Verbinden
Verbindungstyp = Dehnen
Fuzzy-Abstand eingeben oder [Verbindungstyp] <0.0000>:
Option Verbindungstyp
Verbindungstyp eingeben [Dehnen/Hinzufügen/Beides] <Dehnen>: Zum Beispiel Option Beides
Verbindungstyp = Beides (Dehnen oder Hinzufügen)
Fuzzy-Abstand eingeben oder [Verbindungstyp] <0.0000>: Abstand eingeben
```

Sie können den Verbindungstyp mit der gleichnamigen Option wählen.

Dehnen: Verbindet die ausgewählten Polylinien durch Dehnen oder Stutzen der Segmente auf die nächsten Endpunkte.

Hinzufügen: Verbindet die ausgewählten Polylinien durch Hinzufügen eines geraden Segments zwischen den nächstliegenden Endpunkten.

Beide: Verbindet die ausgewählten Polylinien wenn möglich durch Dehnen oder Stutzen. Ansonsten werden die Polylinien durch Hinzufügen eines geraden Segments zwischen den nächstliegenden Endpunkten verbunden.

Außerdem können Sie einen Abstand (Fuzzy-Abstand) vorgeben. Objekte, deren Endpunkte näher zusammenliegen, werden miteinander verbunden.

Diese Option des Befehls PEDIT *kann verwendet werden, wenn Schraffurgrenzen nicht geschlossen sind. Oft entstehen beim Import im DXF-Format Rundungsfehler. Die Kontur ist dann nicht geschlossen und die Konturermittlung beim Befehl* GSCHRAFF *geht schief. Hiermit können Sie Abhilfe schaffen.*

Scheitelpunkte editieren

Wenn Sie die Option BEARBEITEN anwählen, schalten Sie auf eine neue Ebene. Sie können jetzt einzelne Scheitelpunkte editieren.

```
Option eingeben [Schließen/Verbinden/BReite/BEarbeiten/kurve
Angleichen/Kurvenlinie/kurve LÖschen/LInientyp/ Richtung wechseln/Zurück]: Option
Bearbeiten
```

```
Bearbeitungsoption für Kontrollpunkt eingeben
[Nächster/Vorher/BRUch/Einfügen/Schieben/Regen/Linie/ Tangente/BREite/eXit] <N>:
```

- **Vorher und Nächster:** Am Startpunkt der Polylinie wird jetzt ein Markierungskreuz angezeigt, das mit den Optionen VORHER und NÄCHSTER über die Polylinie bewegt werden kann.
- **Schieben:** Mit dieser Option können Sie den markierten Scheitelpunkt verschieben (siehe Abbildung 7.4).
- **Einfügen:** Diese Option bewirkt, dass Sie nach dem Markierungskreuz einen neuen Scheitelpunkt für die Polylinien einfügen können.
- **Breite:** Start- und Endbreite für das nächste Segment lassen sich mit der Option BREITE ändern. Im Gegensatz zu der vorherigen Breitenfunktion lässt sich jedes Segment einzeln ändern.

```
Startbreite für nächstes Segment angeben <0.00>:
Endbreite für nächstes Segment angeben <2.00>:
```

- **Linie:** Mit der Option LINIE können Sie mehrere Punkte entfernen und durch eine gerade Linie verbinden.
- **Bruch:** Die Option BRUCH arbeitet genauso, nur dass die Segmente entfernt werden. Gehen Sie in beiden Fällen wie folgt vor:

```
Bearbeitungsoption für Kontrollpunkt eingeben
[Nächster/Vorher/BRUch/Einfügen/Schieben/Regen/Linie/Tangente/BREite/eXit] <N>:
Optionen Linie oder wählen
Option eingeben [Nächster/Vorher/Los/eXit] <N>: Markierungskreuz mit den Optionen
Nächster bzw. Vorher an die zweite Stelle bewegen
..
Option eingeben [Nächster/Vorher/Los/eXit] <N>: Die Option Los löst die Funktion
aus
Bearbeitungsoption für Kontrollpunkt eingeben
[Nächster/Vorher/BRUch/Einfügen/Schieben/Regen/Linie/Tangente/BREite/eXit] <N>:
```

Platzieren Sie das Markierungskreuz an der ersten Stelle, geben Sie dann die Option ein (LINIE oder BRUCH). Platzieren Sie das Kreuz an der anderen Stelle und wählen Sie dann die Funktion LOS. Die Funktion wird ausgeführt und wieder in die nächsthöhere Befehlsebene verzweigt.

- **Exit:** Die Option beendet den Modus Scheitelpunkte und verzweigt auf die obere Ebene des Befehls. Ein weiteres EXIT beendet den Befehl.

Scheitelpunkte editieren

1. Laden Sie die Zeichnung *A07-03.dwg* aus dem Ordner *Aufgaben*.
2. Verändern Sie die Polylinie, fügen Sie Scheitelpunkte ein, verbinden und verschieben Sie andere und brechen Sie die Polylinie (siehe Abbildung 7.4). Arbeiten Sie der Einfachheit halber ohne Koordinaten nur mit dem Fang.

Eine Lösung finden Sie im Ordner mit den Aufgaben: *L07-03.dwg*.

Abbildung 7.4:
Polylinie editieren, Scheitelpunkte verändern

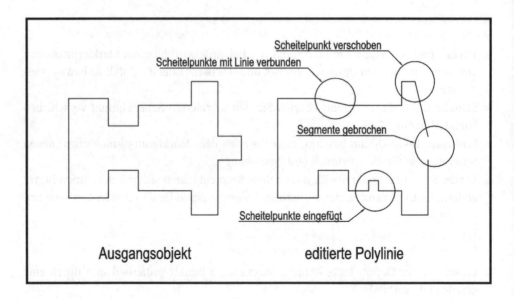

 Polylinie an Griffen bearbeiten

Einfacher geht das Bearbeiten von Polylinien mit den Griffen. Markieren Sie die Polylinie, bekommen Sie quadratische Griffe an den Scheitelpunkten und rechteckige an den Mittelpunkten der Segmente (siehe Abbildung 7.5). Zeigen Sie danach auf einen Griff, öffnen Sie ein Kontextmenü, aus dem Sie die Bearbeitungsfunktionen wählen können. Folgende Möglichkeiten haben Sie, wenn Sie auf einen Mittelgriff zeigen:

- **Strecken:** Verschieben des Mittelgriffs und anpassen anderer Segmente. Die neue Position kann angeklickt werden oder mit Koordinaten angegeben werden (siehe Abbildung 7.5, oben).
- **Scheitelpunkt hinzufügen:** Neuen Scheitelpunkt hinzufügen. Die Position des zusätzlichen Scheitelpunkts kann angeklickt werden oder mit Koordinaten angegeben werden (siehe Abbildung 7.5, Mitte).
- **In Bogen konvertieren:** Linien- in Bogensegment konvertieren. Die Position des Bogenmittelpunkts kann angeklickt werden oder mit Koordinaten angegeben werden (siehe Abbildung 7.5, unten).

Zeigen Sie auf einen Eckgriff, haben Sie ein ähnliches Menü mit den Funktionen:

- **Scheitelpunkt strecken und Scheitelpunkt hinzufügen:** Wie oben bei einem Mittelgriff.
- **Scheitelpunkt entfernen:** Der Scheitelpunkt wird entfernt und die benachbarten Scheitelpunkte werden durch ein Liniensegment miteinander verbunden (siehe Abbildung 7.6).

Polylinien editieren

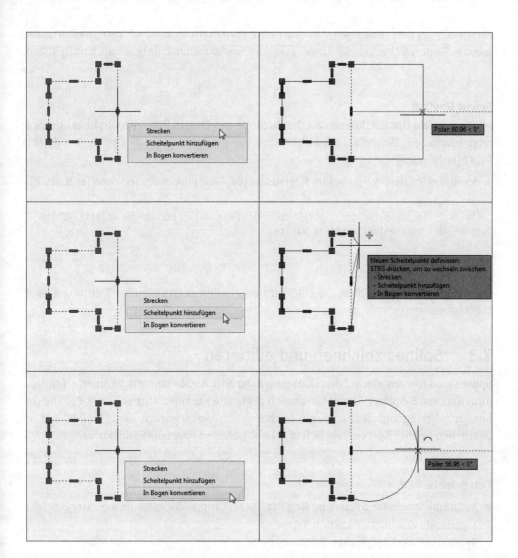

Abbildung 7.5:
Polylinie an einem Mittelgriff bearbeiten

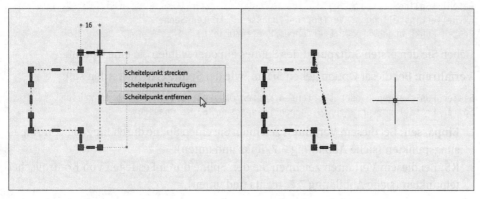

Abbildung 7.6:
Polylinie an einem Eckgriff bearbeiten

Haben Sie bei den vorherigen Aktionen eine Funktion aus dem Kontextmenü gewählt, können Sie durch Drücken der Taste `Strg` *die Funktionen nachträglich noch umschalten.*

Befehl Umdreh
Mit dem Befehl UMDREH können Sie die Richtung von Linien, Polylinien, Splines oder Spiralen umdrehen. Bei Polylinien haben Sie diese Funktion auch als Option des Befehls PEDIT (siehe oben).

- Multifunktionsleiste: Symbol im Register START, Gruppe ÄNDERN (erweiterter Bereich)

```
Befehl: Umdreh
Linie, Polylinie, Spline oder Spirale zur Richtungsumkehr auswählen: Objekte wählen
Objekte wählen: Eventuell weitere wählen
..
Objekte wählen: ↵
Objektrichtung wurde gewechselt.
```

Die Richtung aller gewählten Objekte wird umgekehrt, sofern Sie eine Richtung gespeichert haben.

7.3   Splines zeichnen und editieren

Splines sind Kurven, die auf den Funktionen der NURBS-Mathematik beruhen (Non-Uniform Rational B-Spline). Damit lassen sich geglättete Kurven zeichnen. Zwei Befehle stehen zur Verfügung: SPLINE zum Zeichnen von Splinekurven und SPLINEDIT zum Bearbeiten solcher Kurven. Der Befehl ELLIPSE generiert ebenfalls Splinekurven.

Befehl Spline
Den Befehl SPLINE wählen Sie:

- Multifunktionsleiste: Symbol im Register START, Gruppe ZEICHNEN (erweiterter Bereich)
- Menüleiste ZEICHNEN, Funktion SPLINE
- Symbol im Werkzeugkasten ZEICHNEN

```
Befehl: Spline
Aktuelle Einstellungen: Verfahren=Einpassen    Knoten=Sehne
Ersten Punkt angeben oder [Verfahren/Knoten/Objekt]:
```

Geben Sie den ersten Stützpunkt des Splines ein oder wählen Sie eine Option:

Verfahren: Bei dieser Option geben Sie an, wie der Spline erstellt werden soll:

```
Ersten Punkt angeben oder [Verfahren/Knoten/Objekt]: Option Verfahren wählen
Spline-Erstellungsverfahren eingeben [Einpassen/KS] <Einpassen>:
```

- **Einpassen:** Bei diesem Verfahren zeichnen Sie einen Spline durch Eingabe von Anpassungspunkten (siehe Abbildung 7.7, links und unten).
- **KS:** Bei diesem Verfahren zeichnen Sie den Spline durch Festlegen von Kontrollscheitelpunkten (siehe Abbildung 7.7, rechts und unten).

Objekt: Mit dieser Option, die Sie bei der ersten Anfrage wählen können, wandeln Sie eine mit dem Befehl PEDIT und der Option KURVENLINIE angeglichene Polylinie in einen Spline um.

Zeichnen des Splines mit dem Verfahren Einpassen

Beim Verfahren EINPASSEN geben Sie die Anpassungspunkte an (siehe Abbildung 7.7, links). Das sind die Punkte, durch die der Spline laufen soll.

```
Ersten Punkt angeben oder [Verfahren/Knoten/Objekt]: Punkt eingeben
Nächsten Punkt eingeben oder [Tangentialität starten/toLeranz]: Weitere Punkte
Nächsten Punkt eingeben oder [Tangentialität beenden/toLeranz/Zurück/Schließen]:
..
Nächsten Punkt eingeben oder [Tangentialität beenden/toLeranz/Zurück/Schließen]: Mit
 ⏎  beenden
```

Weitere Optionen und Unteroptionen stehen Ihnen zur Verfügung:

- **Knoten:** Beim Verfahren EINPASSEN können Sie, bevor Sie den ersten Punkt eingeben, die Option KNOTEN wählen. Damit wird der Verlauf des Splines durch die Anpassungspunkte beeinflusst.
- **Toleranz:** Mit der Option TOLERANZ bestimmen Sie die Genauigkeit, mit der der Spline an die eingegebenen Punkte angeglichen wird. Ist der Wert 0, geht der Spline durch die Punkte. Je höher der Wert ist, desto größer wird die Abweichung.
- **Tangentialität starten:** Nach Eingabe des ersten Punkts kann mit dieser Option die Starttangente bestimmt werden. Damit geben Sie die Richtung vor, mit der der Spline aus dem ersten Punkt herauslaufen soll.
- **Tangentialität beenden:** Beendet die Eingabe des Splines und Sie können danach die Endtangente angeben. Damit geben Sie die Richtung vor, mit der der Spline in den letzten Punkt hineinlaufen soll.
- **Zurück:** Nimmt das letzte Segment zurück. Diese Option kann mehrfach hintereinander verwendet werden.
- **Schließen:** Beendet die Anfrage und zeichnet einen geschlossenen Spline.

Zeichnen des Splines mit dem Verfahren KS

Beim Verfahren KS geben Sie die Kontrollscheitelpunkte an (siehe Abbildung 7.7, rechts). Das sind die Punkte, die den Verlauf des Splines bestimmen.

```
Ersten Punkt angeben oder [Verfahren/Grad/Objekt]:
Nächsten Punkt eingeben:
Nächsten Punkt eingeben oder [Schließen/Zurück]:
..
Nächsten Punkt eingeben oder [Schließen/Zurück]: Mit  ⏎  beenden
```

Weitere Optionen und Unteroptionen stehen Ihnen zur Verfügung:

- **Grad:** Haben Sie das Verfahren KS gewählt, legt der Grad die maximale Anzahl von Biegungen fest, die Sie in jedem Segment haben können. Der Gradwert kann 1, 2 oder 3 sein.

- **Zurück:** Nimmt das letzte Segment zurück. Diese Option kann mehrfach hintereinander verwendet werden.
- **Schließen:** Beendet die Anfrage und zeichnet einen geschlossenen Spline.

Abbildung 7.7: Verfahren beim Zeichnen von Splines

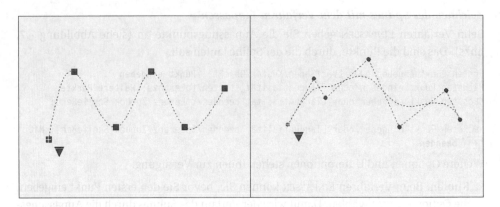

Befehl Splineedit

Splines können Sie mit dem Befehl SPLINEEDIT bearbeiten.

- Multifunktionsleiste: Symbol im Register START, Gruppe ÄNDERN (erweiterter Bereich)
- Menüleiste ÄNDERN, Untermenü OBJEKT >, Funktion SPLINE
- Symbol im Werkzeugkasten ÄNDERN II

```
Befehl: Splineedit
Spline wählen:
Option eingeben Schließen/Verbinden/Anpassungsdaten/sCheitelpunkt bearbeiten/
in Polylinie konvertieren/Umkehren/Zurück/eXit] <eXit>:
```

Folgende Optionen stehen Ihnen zur Verfügung:

- **Schließen bzw. Öffnen:** Mit diesen Optionen auf beiden Ebenen des Befehls können Sie den Spline schließen bzw. öffnen.
- **Verbinden:** Hiermit können Sie eine weitere offene Kurve mit dem gerade bearbeiteten Spline zu einem gemeinsamen verbinden. Bedingung ist, dass sie sich an den Endpunkten treffen.
- **Anpassungsdaten:** Mit dieser Option können Sie die Stützpunkte des Splines bearbeiten. Ähnlich wie bei Polylinien können Sie Stützpunkte hinzufügen, löschen und verschieben, den Spline schließen bzw. öffnen, den Spline bereinigen, Start- und Endtangente verändern und die Toleranz in den Stützpunkten verändern. Diese Optionen finden Sie in einer weiteren Unteroptionsliste.
- **Scheitelpunkte bearbeiten:** Mit dieser Option können Sie Scheitelpunkte des Splines bearbeiten verschieben, zusätzliche einfügen und vorhandene löschen, den Grad ändern usw. Diese Möglichkeiten finden Sie in einer weiteren Unteroptionsliste.
- **In Polylinie konvertieren:** Mit der letzten Option wird der gewählte Spline in eine Polylinie umgewandelt.

- **Umkehren:** Mit dieser Option werden die Stützpunkte in anderer Reihenfolge gespeichert. Das hat Einfluss auf die Bearbeitung; die Form des Splines ändert sich dadurch nicht.
- **Zurück:** Nimmt die letzte Aktion zurück.

Mit einem Doppelklick auf einen Spline kommen Sie sofort zum Editierbefehl. Wenn die dynamische Eingabe aktiv ist, wird auch gleich das Optionsmenü am Cursor angezeigt und Sie können die entsprechende Option per Mausklick wählen.

Spline an Griffen bearbeiten

Wie eine Polylinie lässt sich auch ein Spline an Griffen bearbeiten. Markieren Sie den Spline, bekommen Sie quadratische Griffe an den Scheitelpunkten. Je nachdem, nach welchem Verfahren er gezeichnet wurde, sind die Griffe auf dem Spline oder an den Kontrollpunkten (siehe 7.7 und 7.8). Zeigen Sie auf einen Griff, bekommen Sie ein Kontextmenü, aus dem Sie die Bearbeitungsfunktionen wählen können. Folgende Möglichkeiten haben Sie (siehe Abbildung 7.8).

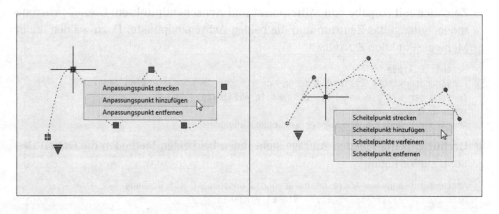

Abbildung 7.8:
Verschiedene Splines bearbeiten

Wie bei der Polylinie haben Sie Möglichkeiten, Anpassungs- oder Scheitelpunkte zu verschieben, hinzuzufügen oder zu entfernen. Bei einem Spline aus Kontrollscheitelpunkten lässt sich der Spline am gewählten Punkt verfeinern.

7.4 Ellipse, Polygon, Ring und Spirale

Zum Zeichnen von Ellipsen, Polygonen und Ringen gibt es spezielle Befehle. Dabei werden Polylinien bzw. Splines erzeugt.

Voreinstellung für Ellipsen

Mit dem Befehl ELLIPSE zeichnen Sie Ellipsen und Ellipsenbögen. Ist die Systemvariable PELLIPSE auf 0 gesetzt, werden Ellipsen mathematisch exakt gezeichnet. Setzen Sie diese dagegen auf 1, werden Ellipsen durch Polylinien angenähert. Geben Sie PELLIPSE auf der Tastatur ein, wenn Sie die Einstellung ändern wollen.

Befehl Ellipse

Den Befehl ELLIPSE finden Sie:

- Multifunktionsleiste: Symbole in einem Flyout im Register START, Gruppe ZEICHNEN
- Menüleiste ZEICHNEN, Untermenü ELLIPSE > , Funktionen für die Optionen
- Symbole im Werkzeugkasten ZEICHNEN

Sie haben zwei Konstruktionsmöglichkeiten (siehe Abbildung 7.9) für Ellipsen und eine für Ellipsenbögen.

- **Zeichnen mit Angabe einer Achse und der Exzentrität:** Bei dieser Methode werden die Endpunkte der Hauptachse und ein Endpunkt der zweiten Achse angefragt und damit die Ellipse gezeichnet. Sie finden diese Methode im Menü unter der Funktion ACHSE, ENDPUNKT.

```
Befehl: Ellipse
Achsenendpunkt der Ellipse angeben oder [Bogen/Zentrum]: z.B.: P1 in Abbildung 7.9
Anderen Endpunkt der Achse angeben: P2
Abstand zur anderen Achse oder [Drehung] angeben: P3
```

- **Zeichnen mit Angabe von Mittelpunkt und Achsenendpunkten:** Diese Zeichenmethode verlangt das Zentrum und die beiden Achsenendpunkte. Dazu wählen Sie im Menü die Funktion ZENTRUM.

```
Befehl: Ellipse
Achsenendpunkt der Ellipse angeben oder [Bogen/Zentrum]: Option Zentrum
Zentrum der Ellipse angeben: z.B. P4 in Abbildung 7.9
Achsenendpunkt angeben: P5
Abstand zur anderen Achse oder [Drehung] angeben: P6
```

- **Drehung:** Bei der letzten Anfrage steht Ihnen bei beiden Methoden die Option DREHUNG zur Verfügung.

```
Abstand zur anderen Achse oder [Drehung] angeben: D für Drehung
Drehung um Hauptachse angeben: Winkel eingeben
```

Geben Sie einen Winkel an. Die Ellipse, die dabei entsteht, entspricht dem Kreis, der bei Drehung um die Hauptachse in diesem Winkel entsteht.

Zeichnen von Ellipsenbögen

Zeichnen Sie die Ellipse wie vorher. Zu beachten ist, dass die Achsenmethode Vorgabe ist. Wollen Sie mit der Zentrumsmethode arbeiten, schalten Sie mit der Option ZENTRUM auf diese um. Nachdem die Parameter für die Ellipse festgelegt sind, geben Sie Start- und Endwinkel für den Bogen an. Für die Bogenfunktion haben Sie ein eigenes Symbol in der Multifunktionsleiste und in AutoCAD auch im Werkzeugkasten ZEICHNEN sowie einen Eintrag im Untermenü.

```
Befehl: Ellipse
Achsenendpunkt der Ellipse angeben oder [Bogen/Zentrum]: Option Bogen
Achsenendpunkt des elliptischen Bogens angeben oder [Zentrum]:
Anderen Endpunkt der Achse angeben:
```

Ellipse, Polygon, Ring und Spirale

```
Abstand zur anderen Achse oder [Drehung] angeben:

Startwinkel angeben oder [Parameter]:
Endwinkel angeben oder [Parameter/einGeschlossener winkel]:
```

Statt des Endwinkels kann auch der eingeschlossene Winkel angegeben werden. Die Option PARAMETER verlangt die gleiche Eingabe wie bei den Winkeln, der elliptische Bogen wird jedoch mithilfe einer parametrischen Vektorgleichung erzeugt.

Befehl Polygon

Mit dem Befehl POLYGON können Sie regelmäßige Vielecke mit drei bis 1.024 Seiten zeichnen. Wählen Sie den Befehl:

- Multifunktionsleiste: Symbol im Register START, Gruppe ZEICHNEN (erweiterter Bereich)
- Menüleiste ZEICHNEN, Funktion POLYGON
- Symbol im Werkzeugkasten ZEICHNEN

Zwei Konstruktionsmöglichkeiten stehen zur Verfügung, nachdem Sie die Zahl der Seiten angegeben haben:

Mittelpunkt und Kreisradius

```
Befehl: Polygon
Anzahl Seiten eingeben <4>: Anzahl Seiten eingeben
Polygonmittelpunkt angeben oder [Seite]: Punkt für Mittelpunkt eingeben
Option eingeben [Umkreis/Inkreis] <U>: Option Inkreis oder Umkreis wählen
Kreisradius angeben: Radius oder Punkt eingeben
```

Geben Sie die Anzahl der Seiten ein und dann einen Punkt für den Mittelpunkt des Polygons. Danach werden Sie nach dem Maß für das Polygon gefragt. Wollen Sie den eingeschlossenen Kreis als Maß vorgeben, dann wählen Sie die Option INKREIS (siehe Abbildung 7.9). Mit der Option UMKREIS geben Sie das Maß für den umschließenden Kreis an.

Bestimmung zweier Seitenendpunkte

```
Befehl: Polygon
Anzahl Seiten eingeben <4>: Anzahl Seiten eingeben
Polygonmittelpunkt angeben oder [Seite]: Option Seite
Ersten Endpunkt der Seite angeben:
Zweiten Endpunkt der Seite angeben:
```

Geben Sie zwei Punkte für eine Seite an. Das Polygon wird von dieser Seite, entgegen dem Uhrzeigersinn, aufgebaut (siehe Abbildung 7.9).

Befehl Ring

Mit dem Befehl RING können Sie Ringe mit einer vorgegebenen Wandstärke zeichnen. Wählen Sie den Befehl:

- Multifunktionsleiste: Symbol im Register START, Gruppe ZEICHNEN (erweiterter Bereich)
- Menüleiste ZEICHNEN, Funktion RING

```
Befehl: Ring
Innendurchmesser des Rings angeben <20.0000>:
```

```
Außendurchmesser des Rings angeben <20.0000>:
Ringmittelpunkt angeben oder <beenden>:
..
Ringmittelpunkt angeben oder <beenden>: ⏎
```

Der Befehl bleibt im Wiederholmodus und fragt weitere Mittelpunkte ab, bis Sie eine Eingabe nach dem Mittelpunkt mit ⏎ bestätigen.

Zeichnen von Spiralen

Mit dem Befehl SPIRALE lassen sich Spiralen zeichnen (nicht in AutoCAD LT). Diese lassen sich flach als 2D-Objekte erstellen (siehe Abbildung 7.9). Arbeiten Sie an 3D-Objekten, können Sie auch räumliche Spiralen z. B. als Pfad für eine Feder mit diesem Befehl generieren. Meist wird der Befehl dafür benötigt, er kann aber auch für 2D-Zeichnungen gut verwendet werden. Sie generieren damit ein eigenes Objekt, in AutoCAD HELIX genannt, das Sie aber bei Bedarf mit dem Befehl URSPRUNG in einen Spline zerlegen können. Sie finden den Befehl zum Zeichnen einer Spirale nur in AutoCAD und dort:

- Multifunktionsleiste: Symbol im Register START, Gruppe ZEICHNEN (erweiterter Bereich)
- Menüleiste ZEICHNEN, Funktion SPIRALE

Folgende Parameter können Sie festlegen:

```
Befehl: Spirale
Anzahl der Drehungen = 5.0000  Drehen=GUZ
Mittelpunkt der Basis angeben: Punkt eingeben
Basisradius angeben oder [Durchmesser] <10.0000>: Wert für den inneren Radius
Oberen Radius angeben oder [Durchmesser] <30.0000>: Wert für den äußeren Radius
Spiralenhöhe angeben oder [Achsenendpunkt/Drehungen/drehHöhe/dRehen] <0.0000>: 0 für
eine 2D-Spirale oder Option eingeben
```

Geben Sie den Mittelpunkt an, den inneren und den äußeren Radius bzw. bei einem 3D-Objekt den unteren Basisradius und den oberen Radius. Sie können bei beiden Anfragen auch mit der Option DURCHMESSER auf die Durchmessereingabe umschalten. Bei der letzten Angabe geben Sie die Spiralenhöhe ein. Bei einer flachen Spirale verwenden Sie 0.

Außerdem stehen Ihnen weitere Optionen zur Verfügung:

- **Achsenendpunkt:** Mit dem Achsenendpunkt definieren Sie die Länge und Ausrichtung der Spirale im Raum.
- **Drehungen:** Mit dieser Option geben Sie die Anzahl der Umdrehungen der Spirale vor.
- **drehHöhe:** Statt der Gesamthöhe lassen sich auch die Abstände zwischen zwei Umdrehungen eingeben. Verwenden Sie in diesem Fall diese Option. Für 2D-Spiralen ist auch dieser Wert 0. Wenn eine Drehhöhe angegeben wird, wird die Anzahl der Drehungen in der Spirale automatisch entsprechend korrigiert. Wenn die Anzahl der Drehungen für die Spirale bereits festgelegt wurde, können Sie für die Drehhöhe keinen Wert eingeben.
- **dRehen:** Die letzte Option dient dazu, die Drehrichtung der Spirale zu ändern: im Uhrzeigersinn (UZ) oder gegen den Uhrzeigersinn (GUZ).

Bei den letzen drei Optionen wird die Anfrage nach der Spiralenhöhe wiederholt.

Skizzieren

Zeichnen von Ellipsen, Polygonen, Ringen und Spiralen

1. Laden Sie die Zeichnung *A07-05.dwg* aus Ihrem Übungsordner.
2. Vervollständigen Sie die Zeichnung wie in Abbildung 7.9.

Eine Musterlösung finden Sie im Übungsordner unter *L07-05.dwg*.

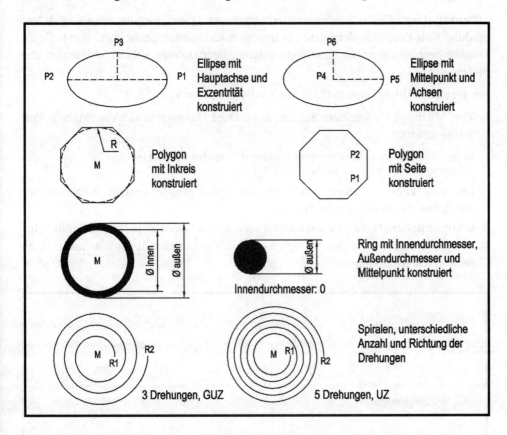

Abbildung 7.9: Ellipse, Polygon, Ring und Spirale

7.5 Skizzieren

Freihandlinien lassen sich mit dem Befehl SKIZZE zeichnen. Sie können sich aus Linien-, Polylinien- oder Splinesegmenten zusammensetzen.

Befehl Skizze

Sie finden den Befehl bei AutoCAD LT nicht in den Menüs. Bei AutoCAD ist er nur im Arbeitsbereich 3D-MODELLIERUNG in der Multifunktionsleiste. Tippen Sie ihn deshalb ein, wenn Sie ihn in einem anderen Arbeitsbereich benötigen.

```
Befehl: Skizze
Typ = Linien   Inkrement = 1.0000   Toleranz = 0.5000
Skizze angeben oder [Typ/Inkrement/toLeranz]:
```

Klicken Sie die gewünschte Stelle an und zeichnen Sie die Skizze. Beim nächsten Klick wird die Skizze unterbrochen aber der Befehl nicht beendet. Mit einem weiteren Klick können Sie das Zeichnen fortsetzen. Mit ⏎ wird die Skizze beendet und die gezeichneten Skizzen übernommen. Mit ESC wird die Eingabe beendet und alle Skizzenelemente verworfen.

. (Punkt): Haben Sie das Zeichnen unterbrochen, wird durch Eingabe eines ».« eine Verbindung vom Endpunkt der letzten Skizze zum Fadenkreuz gezeichnet. Wenn Sie die Eingabe beendet haben und die Skizzen schon übernommen haben, funktioniert dies nicht mehr.

Bei der ersten Abfrage stehen Ihnen weitere Optionen zur Verfügung:

- **Typ:** Mit dieser Option legen Sie fest, aus welchen Elementen sich die Skizze zusammensetzen soll:

```
Skizze angeben oder [Typ/Inkrement/toLeranz]: Option Typ wählen
Skizzentyp eingeben [Linien/Polylinie/Spline] <Linien>:
```

Die Skizze kann aus Linien, Polylinien oder Splines gebildet werden. Wählen Sie mit der Option den gewünschten Typ aus.

- **Inkrement:** Damit geben Sie das kleinste Segment der Skizze an (siehe Abbildung 7.10).
- **Toleranz:** Dieser Wert gibt bei Splines an, wie genau sich die Spline-Kurve an die gezeichnete Skizze anpasst.

Abbildung 7.10: Freihandlinien mit dem Befehl Skizze ungeglättet

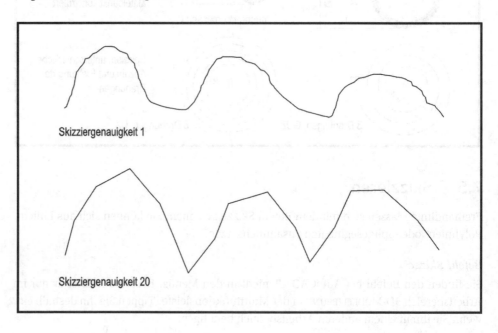

- *Schalten Sie beim Skizzieren den Ortho-Modus und den Fang aus, sonst bekommen Sie Treppen in Ihre Skizze.*
- *Zeichnen Sie möglichst keine Skizze aus Linien. Dadurch entstehen sehr viele einzelne Segmente. Wenn Sie Polylinien verwenden, können Sie nachher die Treppen mit dem Befehle PEDIT durch eine Kurvenlinie ersetzen und damit glätten.*
- *Die besten Ergebnisse erhalten Sie, wenn Sie die Genauigkeit nicht so hoch setzen und mit einem Spline oder einer Polylinie zeichnen. Die Polylinie sollten Sie dann glätten (siehe oben).*

Zeichnen von Skizzen

Starten Sie eine neue Zeichnung und zeichnen Sie Skizzen mit unterschiedlicher Skizziergenauigkeit. Testen Sie die verschiedenen Optionen des Befehls SKIZZE.

7.6 Revisionsmarkierungen

Wenn Sie eine Zeichnung kontrollieren, haben Sie die Möglichkeit, Fehler zu markieren. Zeichnen Sie einfach eine Wolke als Markierung um die Stelle. Dafür haben Sie einen speziellen Befehl.

Befehl Revwolke

Mit dem Befehl REVWOLKE können Sie wolkenförmige Markierungen in der Zeichnung anbringen. Dabei wird eine Polylinie erstellt. Sie finden den Befehl:

- Multifunktionsleiste: Symbol im Register START, Gruppe ZEICHNEN (erweiterter Bereich); Symbol im Register BESCHRIFTEN, Gruppe MARKIERUNG
- Menüleiste ZEICHNEN, Funktion REVISIONSWOLKE
- In AutoCAD LT: Menüleiste EXTRAS, Funktion REVISIONSWOLKE
- Symbol im Werkzeugkasten ZEICHNEN

Folgende Anfragen werden im Befehlszeilenfenster gestellt:

```
Befehl: Revwolke
Minimale Bogenlänge: 15   Maximale Bogenlänge: 15
Startpunkt angeben oder [Bogenlänge/Objekt/Stil] <Objekt>: Startpunkt anklicken
Führungs-Fadenkreuze entlang Wolkenpfad... Bereich umfahren
Revisionswolke abgeschlossen.
```

Zunächst werden die aktuellen Bogenlängen (minimale und maximale Bogenlänge) angezeigt. Bei der nächsten Anfrage kann ein Startpunkt eingegeben werden. Führen Sie jetzt das Fadenkreuz im Kreis. Dabei werden Bogensegmente aneinandergehängt. Kommen Sie wieder in die Nähe des Startpunkts, wird der Befehl beendet und die Wolke geschlossen (siehe Abbildung 7.8). Wollen Sie keine geschlossene Wolke, drücken Sie an einer beliebigen Stelle und die Wolke wird offen beendet. In diesem Fall kommt eine weitere Anfrage, in der Sie auf Wunsch die Bögen auch umdrehen können.

Richtung umkehren [Ja/Nein] <Nein>: **Wählen Sie Ja, wenn Sie die Bögen umkehren möchten, oder Nein bzw.** ⏎, **wenn Sie keine Änderungen vornehmen möchten** Revisionswolke abgeschlossen.

- **Bogenlänge:** Geben Sie diese Option zu Beginn ein, können Sie angeben, wie groß die Bögen mindestens und höchstens werden dürfen.

  Startpunkt angeben oder [Bogenlänge/Objekt] <Objekt>: **Option Bogenlänge wählen**
  Minimale Länge des Bogens angeben <15>: **Maximale Länge des Bogens angeben <0.5>:**
  Startpunkt angeben oder [Objekt] <Objekt>:

- **Objekt:** Mit dieser Option können Sie Linien, Kreise, Bögen oder Polylinien, also auch Rechtecke und Polygone, in eine Wolke umwandeln. Auch hier können Sie wählen, ob Sie die Bögen umkehren wollen.

  Startpunkt angeben oder [Bogenlänge/Objekt/Stil] <Objekt>: **Option Objekt wählen oder** ⏎
  Objekt wählen: **Objekt mit Pickbox wählen**
  Richtung umkehren [Ja/Nein] <Nein>: **Wählen Sie Ja, wenn Sie die Bögen umkehren möchten, oder Nein bzw.** ⏎, **wenn Sie keine Änderungen vornehmen möchten**
  Revisionswolke abgeschlossen.

- **Stil:** Sie können mit dieser Option zwischen einem normalen Stil und einem Kalligrafie-Stil wählen. Beim normalen Stil wird mit der Polylinienbreite 0 gezeichnet, beim Kalligrafie-Stil haben die Bögen eine unterschiedliche Start- und Endbreite, wodurch sich die Wolken besser in der Zeichnung abheben.

  Startpunkt angeben oder [Bogenlänge/Objekt/Stil] <Objekt>: **Option Stil wählen**
  Bogenstil wählen [Normal/Kalligraphie] <Kalligraphie>: **Stil wählen, z.B.: Kalligraphie**
  Bogenstil = Kalligraphie Startpunkt angeben oder [Bogenlänge/Objekt/Stil] <Objekt>: **Wolke zeichnen**

Befehl Revdate

Mit dem Befehl REVDATE können Sie in AutoCAD LT einen Block mit dem Namen, der Firma, dem Datum, der Uhrzeit und dem Dateinamen einfügen. Diese Funktion haben Sie in AutoCAD nicht. Dafür stehen Ihnen dort aber mit den Schriftfeldern (siehe Kapitel 10) wesentlich bessere Möglichkeiten zur Verfügung.

- Menü EXTRAS, Funktion ZEIT UND DATUM

Folgende Anfragen werden gestellt:

Befehl: **Revdate**
Einfügepunkt für Block eingeben <0,0>: **Einfügepunkt angeben**
Drehwinkel für Block eingeben (0 oder 90 Grad) <0>: **Drehwinkel eingeben**

Geben Sie den Einfügepunkt und den Drehwinkel für den Text an, wird dies in die Zeichnung eingetragen (siehe Abbildung 7.11).

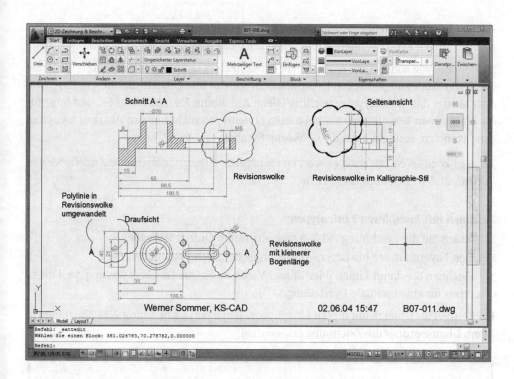

Abbildung 7.11:
Verschiedene Revisionswolken mit Zeit und Datum

Verwendung der Revisionsdaten

- Das Revisionsdatum ist ein Block mit Attributen (siehe Kapitel 12). Die Einträge können mit dem Befehl ATTEDIT (siehe Kapitel 12) oder einfacher noch per Doppelklick geändert werden. In einem Dialogfeld können Sie dann die Einträge korrigieren.
- Der Text wird mit dem Textstil Standard erstellt und auf dem Layer TITLE_BLOCK gezeichnet.
- Bei der ersten Verwendung des Befehls REVDATE wird der Block eingefügt, beim nächsten Mal werden nur die Werte aktualisiert.
- Es werden die Benutzerdaten eingetragen, die Sie bei der Installation angegeben haben. Diese können Sie auch im Befehl OPTIONEN ändern.

Platzierung von Revisionsdaten

Zeichnen Sie Revisionswolken und setzen Sie Zeit und Datum in der Zeichnung (wenn Sie mit AutoCAD LT arbeiten). Aktualisieren Sie die Daten.

7.7 Zeichnen mit komplexen Linientypen

In Linientypendateien lassen sich komplexe Linientypen definieren. Das sind Linientypen, die außer Liniensegmenten, Punkten und Pausen auch Texte oder Symbole enthalten können. In der Standard-Linientypendatei *Acadiso.lin* bzw. *Acltiso.lin* sind auch solche Linientypen definiert. Mit diesen Linientypen können Sie beispielsweise Versorgungsleitungen kennzeichnen, Grenzlinien zeichnen oder Isolationsschichten andeuten.

Sie können, wie sonst auch, einem Layer einen solchen Linientypen zuordnen. Wenn Sie den Layer dann zum aktuellen Layer machen, werden alle Objekte auf diesem Layer mit dem Muster des Linientyps gezeichnet (siehe Abbildung 7.9). Mit dem Skalierfaktor für die Linientypen beeinflussen Sie bei diesen Linientypen nicht nur den Abstand zwischen den Symbolen, sondern auch die Größe der Symbole.

Texte in komplexen Linientypen werden im aktuellen Textstil dargestellt. Ändern Sie den Textstil, ändern sich auch diese Texte.

Zeichnen mit komplexen Linientypen

1. Laden Sie die Zeichnung *A07-06.dwg* aus Ihrem Ordner *Aufgaben*.
2. Den Layern *Layer1* bis *Layer5* sind komplexe Linientypen zugeordnet.
3. Zeichnen Sie damit Linien oder Kreise. Variieren Sie die Objektskalierung der Linientypen für eine optimale Darstellung.

Ein Beispiel für Objekte mit diesen Linientypen sehen Sie in Abbildung 7.12. Sie finden in Ihrem Übungsordner die Zeichnung *L07-06.dwg*.

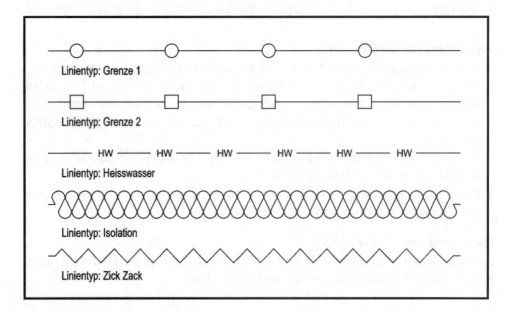

Abbildung 7.12: Objekte mit komplexen Linientypen

7.8 Multilinien zeichnen und editieren

In AutoCAD können Sie Multilinien definieren und zum Zeichnen verwenden. In AutoCAD LT gibt es diesen Befehl nicht, dafür als Ersatz die Doppellinien (siehe unten). Multilinien sind:

Multilinien zeichnen und editieren

- Spezielle Linienobjekte, die aus bis zu 16 parallelen Linienelementen bestehen können.
- Sie werden mit dem Befehl MLSTIL definiert,
- mit dem Befehl MLINIE gezeichnet und
- können mit dem Befehl MLEDIT bearbeitet werden.

Befehl Mlstil

Multilinien definieren Sie mit dem Befehl MLSTIL. Sie finden den Befehl:

- Menüleiste FORMAT, Funktion MULTILINIENSTIL...

In einem Dialogfeld (siehe Abbildung 7.13) können Sie neue Multilinienstile erstellen, ändern und in einer Multiliniendatei abspeichern.

In dem Dialogfeld finden Sie in der obersten Zeile den aktuellen Multilinienstil, den Sie in der Liste darunter aus den derzeit geladenen Multilinienstilen wählen können. STANDARD ist ein Stil mit zwei parallelen Linien, der in jeder Zeichnung vorhanden ist. Für den in der Liste markierten Stil wird im Feld BESCHREIBUNG ein beschreibender Text angezeigt, falls für diesen Stil einer eingegeben wurde. Im Voransichtsfeld sehen Sie die Voransicht des markierten Stils. Folgende Möglichkeiten haben Sie in diesem Dialogfeld:

- **Laden von Multilinienstilen:** Klicken Sie auf die Schaltfläche LADEN..., ein weiteres Dialogfeld erscheint (siehe Abbildung 7.14). Sie finden dort alle Multilinienstile, die sich in der gewählten Datei befinden. Standardmäßig ist die Datei *Acad.mln* gewählt. Sie enthält nur den Stil STANDARD. Mit der Schaltfläche DATEI... können Sie eine andere Multilinienstildatei wählen, in Abbildung 7.14 zum Beispiel die Datei *\Aufgaben\Multi.mln*.

Abbildung 7.13:
Dialogfeld für den Multilinienstil

Abbildung 7.14:
Laden von Multilinienstilen

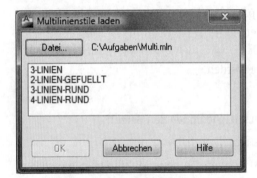

Laden einer Multilinienstildatei

1. Um mehr Anschauungsmaterial zu erhalten, laden Sie aus dem Ordner *Aufgaben* die Datei *Multi.mln*. Darin sind vier verschiedene Multilinienstile gespeichert.
2. Kicken Sie im ersten Dialogfeld (siehe Abbildung 7.13) auf die Schaltfläche LADEN... und im nächsten Dialogfeld auf die Schaltfläche DATEI... Wählen Sie die Datei *Multi.mln* im Ordner *Aufgaben*.
3. Markieren Sie einen Multilinienstil und klicken Sie auf OK (siehe Abbildung 7.14). Der Stil steht dann in der Liste des ersten Dialogfelds zur Verfügung. Laden Sie die anderen ebenfalls. Sie können immer nur einen Multilinienstil laden. Mehrere zu markieren und zu laden, ist nicht möglich.

- **Wechseln des aktuellen Multilinienstils:** Markieren Sie den gewünschten Multilinienstil in der Liste und klicken Sie auf die Schaltfläche AKTUELL oder klicken Sie ihn doppelt in der Liste an. Nachdem Sie die Stile aus der Datei in die Zeichnung geladen haben, stehen fünf zur Auswahl.
- **Hinzufügen eines neuen Multilinienstils:** Klicken Sie auf die Schaltfläche NEU... und Sie bekommen ein weiteres Dialogfeld (siehe Abbildung 7.15). Tragen Sie im Feld NEUER STILNAME einen neuen Namen ein. Wählen Sie im Abrollmenü ANFANGEN MIT einen Stil aus, der dem neu zu erzeugenden am nächsten kommt. Von diesem wird eine Kopie unter dem neuen Namen erzeugt und Sie können ihn dann abändern (siehe unten).

Abbildung 7.15:
Neuen Multilinienstil erzeugen

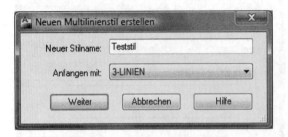

- **Speichern eines neuen bzw. geänderten Multilinienstils:** Mit der Schaltfläche SPEICHERN... speichern Sie den in der Liste markierten Stil in einer Multilinienstildatei.

Wählen Sie den Dateinamen im Dateiwähler. Sie können eine neue Multilinienstildatei anlegen oder den Stil in eine bereits bestehende Datei einfügen. Ist der Name des Stils in der Datei bereits vorhanden, wird er durch den neuen ohne Warnung überschrieben.

- **Umbenennen eines Multilinienstils:** Markieren Sie den Stil in der Liste, klicken Sie auf die Schaltfläche UMBENENNEN und geben Sie den Namen in der Liste neu ein.
- **Löschen eines Multilinienstils:** Markieren Sie den Stil in der Liste und klicken Sie auf die Schaltfläche LÖSCHEN. Der Stil wird in dieser Zeichnung gelöscht. Sie können einen Multilinienstil nur dann löschen, wenn er in der Zeichnung noch nicht verwendet wurde.
- **Ändern der Elementeigenschaften eines bestehenden Multilinienstils:** Sie können einen Multilinienstil nur dann ändern, wenn Sie ihn in der aktuellen Zeichnung noch nicht verwendet haben. Markieren Sie den Stil in der Liste, den Sie ändern wollen. Klicken Sie dann auf die Schaltfläche ÄNDERN... In einem weiteren Dialogfeld (siehe Abbildung 7.16) können Sie alle Änderungen vornehmen.

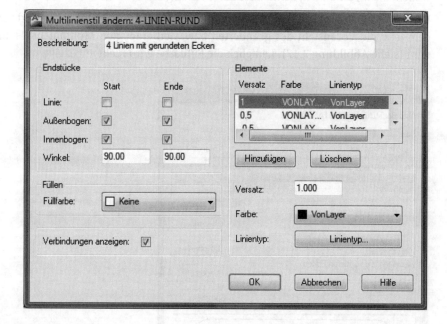

Abbildung 7.16: Zusammensetzung der Multilinie

In der obersten Zeile können Sie eine Beschreibung für den Stil eingeben bzw. ändern.

Im linken Teil des Dialogfelds, dem Feld ENDSTÜCKE, bearbeiten Sie die Abschlüsse der Multilinie. In den Schaltfeldern darunter stellen Sie ein, ob die Multilinien mit einer Linie am Start und am Ende abgeschlossen werden. Zusätzlich können die äußeren Linien mit einem Bogen verbunden werden. Hat die Multilinie mehr als drei Linienelemente, lassen sich auch die inneren mit einem Bogen verbinden. Außerdem können Sie den Winkel des Anfangs- und Endstücks einstellen. Wenn Sie im Abrollmenü FÜLLFARBE eine Farbe wählen, wird die Multilinie mit dieser Farbe gefüllt gezeichnet. Ist der Schalter VERBINDUNGEN ANZEIGEN eingeschaltet, werden an jedem Stützpunkt Trennlinien gezeichnet.

In der rechten Hälfte des Dialogfelds, dem Feld ELEMENTE, sind in der Liste alle Linienelemente enthalten, die der Stil enthält. Gespeichert ist der Abstand eines Linienelements von der Null-Linie. Die Null-Linie ist die Linie, an der die Multilinie beim Zeichnen platziert wird. Auf der Null-Linie muss sich kein Linienelement befinden. Jedem Linienelement lassen sich Linientyp und Farbe zuordnen. In der Regel ist *VONLAYER* eingestellt, davon kann auch abgewichen werden.

Mit der Schaltfläche HINZUFÜGEN wird ein neues Linienelement hinzugefügt. Es hat den Versatz zur Null-Linie, den Sie vorher im Feld VERSATZ eingetragen haben. Mit der Schaltfläche LÖSCHEN wird das markierte Linienelement gelöscht.

Ebenso können Sie die Farbe und den Linientyp des markierten Elements verändern. Klicken Sie dazu auf das Feld FARBE... oder LINIENTYP... und Sie können sich in weiteren Dialogfeldern die gewünschten Eigenschaften auswählen. Ist ein Linientyp, den Sie zuordnen wollen, nicht vorhanden, können Sie ihn im Dialogfeld noch laden.

Beenden Sie das Dialogfeld mit OK, kommen Sie wieder zum ersten Dialogfeld zurück, in dem jetzt die Voransicht des geänderten bzw. neu erzeugten Multilinienstils angezeigt wird (siehe Abbildung 7.17). Lediglich die Füllfarbe wird nicht angezeigt.

Abbildung 7.17: Voransicht des Multilinienstils

Multilinien zeichnen und editieren

Speichern eigener oder geänderter Multilinienstile

- Sie müssen Multilinienstile, die Sie in einer Zeichnung erstellt oder geändert haben, nicht speichern. Sie stehen aber dann nur in dieser Zeichnung zur Verfügung.
- Sie können diese auch später speichern, wenn Sie die Zeichnung neu laden. Die Stile sind auch dann noch in der Zeichnung vorhanden.
- Zeichnungen mit geladenen Multilinienstilen benötigen die Multiliniendatei nicht mehr zum Zeichnungsaufbau.

Definieren eigener Multilinienstile

1. Definieren Sie weitere Multilinienstile und speichern Sie diese in der Datei *Multi.mln* oder in einer neuen Datei ab.
2. Beginnen Sie eine neue Zeichnung und laden Sie diese Multilinienstile in die neue Zeichnung.

Befehl Mlinie

Mit dem Befehl MLINIE können Sie Multilinien zeichnen.

- Menü ZEICHNEN, Funktion MULTILINIE

```
Befehl: Mlinie
Aktuelle Einstellungen: Ausrichtung = Null, Maßstab = 1.00, Stil = STANDARD
Startpunkt angeben oder [Ausrichtung/Maßstab/Stil]:
Nächsten Punkt angeben:
Nächsten Punkt angeben oder [Zurück]:
Nächsten Punkt angeben oder [Schließen/Zurück]:
..
Nächsten Punkt angeben oder [Schließen/Zurück]: ⏎
```

Wenn Sie den Befehl gewählt haben, werden zunächst die Einstellungen des Befehls angezeigt. Danach erscheint die Optionsliste. Folgende Einstellungen können Sie darin vornehmen:

- **Ausrichtung:** Wahl des Punkts, an dem die Stützpunkte der Multilinie vorgegeben werden. Bei der Ausrichtung OBEN bzw. UNTEN geben Sie den oberen bzw. unteren Punkt vor, wenn Sie von links nach rechts zeichnen. Bei der Ausrichtung NULL geben Sie die Punkte auf der Null-Linie vor, die nicht zwangsläufig in der Mitte liegen muss und auf der sich auch nicht unbedingt ein Linienelement befinden muss.

```
Startpunkt angeben oder [Ausrichtung/Maßstab/Stil]: Option Ausrichten
Ausrichtungstyp eingeben [Oben/Null/Unten] <null>: z.B.: O für oben eingeben
```

- **Maßstab:** Mit dem Maßstab wird die Breite der Multilinie beeinflusst.

```
Startpunkt angeben oder [Ausrichtung/Maßstab/Stil]: Option Maßstab
Mlinienmaßstab eingeben <1.00>: z.B.: 10
```

Maßstab 1 zeichnet die Linie mit den definierten Abständen. Bei einem anderen Maßstab werden die Abstände mit dem Maßstab multipliziert. Eine Multilinie kann nur in einer einheitlichen Breite gezeichnet werden.

- **Stil:** Wechsel des Multilinienstils. Geben Sie einen anderen Stilnamen ein. Mit »?« können Sie sich alle Multilinienstile auflisten lassen, die in der Zeichnung definiert sind oder in die Zeichnung geladen wurden.

```
Startpunkt angeben oder [Ausrichtung/Maßstab/Stil]: Option Stil
Mlinienstilnamen eingeben oder  [?]: ? zum Auflisten
Geladene Mlinienstile:

        Name            Beschreibung
        ---------------- ---------------------------------------
STANDARD
3-LINIEN                 3 Linien mit gestrichelter Mittellinie
2-LINIEN-GEFUELLT        2 Linien gefüllt
3-LINIEN-RUND            3 Linien mit gerundeten Ecken
4-LINIEN-RUND            4 Linien mit gerundeten Ecken

Mlinienstilnamen eingeben oder  [?]: z.B.: 3-LINIEN
```

Multilinien zeichnen

1. Laden Sie die Multilinienstile aus *Multi.mln* im Ordner *Aufgaben*.
2. Zeichnen Sie Multilinien mit verschiedenen Multilinienstilen wie in Abbildung 7.18.

Abbildung 7.18: Multilinien mit verschiedenen Stilen gezeichnet

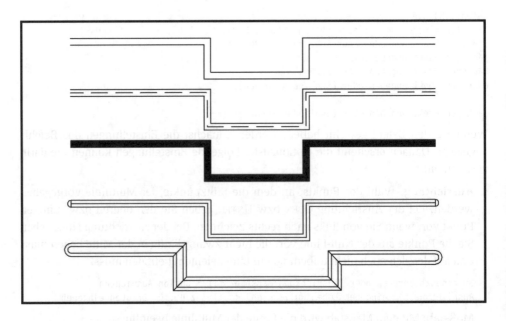

Befehl Mledit

Mit dem Befehl MLEDIT können Sie Kreuzungen von Multilinien bearbeiten und Stützpunkte einfügen und löschen.

- Menü ÄNDERN, Untermenü OBJEKT >, Funktion MULTILINIE BEARBEITEN...

Die einzelnen Funktionen können Sie aus einem Dialogfeld wählen (siehe Abbildung 7.19).

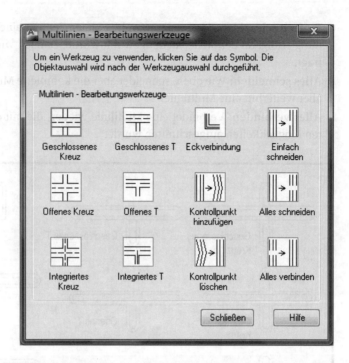

Abbildung 7.19:
Dialogfeld zum Editieren von Multilinien

Folgende Möglichkeiten stehen zur Verfügung (von oben nach unten und von links nach rechts):

- **Geschlossenes Kreuz:** Die zuerst gewählte Multilinie wird aufgetrennt, die zweite bleibt als durchgehende Linie erhalten.
- **Offenes Kreuz:** Die äußeren Elemente beider Multilinien werden aufgetrennt und eine Kreuzung gezeichnet. Die inneren Elemente der zuerst gewählten Multilinie werden aufgetrennt. Die zweite bleibt durchgehend.
- **Integriertes Kreuz:** Alle Elemente beider Multilinien werden aufgetrennt und eine Kreuzung gezeichnet.
- **Geschlossenes T:** Die zuerst gewählte Multilinie wird an der zweiten abgeschnitten. Die Stelle, an der die erste gewählt wurde, bleibt erhalten.
- **Offenes T:** Wie oben, aber die äußeren Linienelemente werden aufgetrennt und verbunden.
- **Integriertes T:** Wie oben, aber die inneren Linienelemente werden ebenfalls aufgetrennt und verbunden.
- **Eckverbindung:** Zeichnen einer Eckverbindung aus zwei Multilinien. Die Stellen, an denen die Multilinien angewählt wurden, bilden die neue Eckverbindung.
- **Kontrollpunkt hinzufügen:** Fügt einen neuen Kontrollpunkt an der gewählten Stelle hinzu.
- **Kontrollpunkt löschen:** Löscht den Kontrollpunkt, der der Stelle am nächsten liegt, an der die Multilinie gewählt wurde.

- **Einfach schneiden:** Trennt das gewählte Linienelement einer Multilinie auf. Die Trennung erfolgt an der Stelle, an der gewählt wurde. Danach wird der zweite Punkt angefragt.
- **Alles schneiden:** Wie oben, schneidet aber die komplette Multilinie. Das Objekt bleibt aber weiterhin eine Multilinie.
- **Alles verbinden:** Verbindet eine Multilinie wieder, die mit einer der oben aufgeführten Möglichkeiten aufgeschnitten wurde.

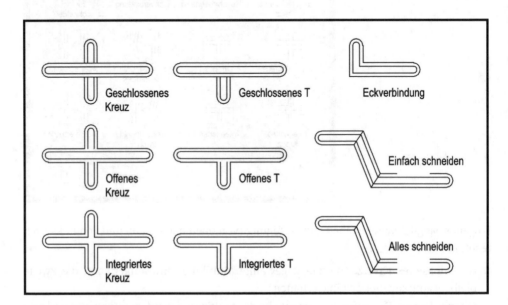

Abbildung 7.20: Editieren von Multilinien

Multilinien editieren

1. Laden Sie aus dem Ordner *Aufgaben* die Datei *A07-07.dwg*.
2. Bearbeiten Sie die Multilinien wie in Abbildung 7.20.

Eine Musterlösung finden Sie im gleichen Ordner unter *L07-07.dwg*.

7.9 Zeichnen von Doppellinien

Mit dem Befehl DLINIE lassen sich in AutoCAD LT Doppellinien zeichnen. Während der Befehl PLINIE spezielle Objekte erzeugt, entstehen beim Befehl DLINIE Linien und Bögen. Sie lassen sich allerdings nicht gefüllt darstellen. Zum Zeichnen von Wänden, Leitungen usw. sind sie aber gut geeignet, da jede Linie einzeln editiert werden kann. Geschlossene Gebilde lassen sich auch mit einer Schraffur füllen.

Da beim Zeichnen von Doppellinien je nach Einstellung andere Linien gefangen und aufgebrochen werden, wird der normale Objektfang während der Arbeit mit diesem Befehl deaktiviert und beim Beenden mit den gleichen Einstellungen wieder aktiviert.

Zeichnen von Doppellinien

Befehl Dlinie

Sie finden den Befehl:

- Menü ZEICHNEN, Funktion DOPPELLINIE

```
Befehl: Dlinie
Startpunkt angeben oder [BRUch/Abschluss/AChslinie/Fang/BREite]:
```

- **Breite:** Bevor Sie zeichnen, stellen Sie die Parameter für den Linienzug ein. Die Breite wählen Sie mit der gleichnamigen Option:

```
Startpunkt angeben oder [BRUch/Abschluss/AChslinie/Fang/BREite]: BRE oder Breite
Breite der Doppellinie angeben <1>:
```

- **Achslinie:** Zusätzlich legen Sie fest, welche Geometriepunkte Sie eingeben wollen, um den Doppellinienzug zu erstellen. Normalerweise werden die Mittelpunkte eingegeben und symmetrisch darum gezeichnet. Sie können aber auch die linke oder rechte Seite vorgeben. LINKS und RECHTS bezieht sich auf die Zeichenrichtung. Mit der Option ACHSLINIE legen Sie das fest. Mit den Unteroptionen LINKS, MITTE oder RECHTS können Sie die gewünschte Variante wählen. Außerdem können Sie einen Wert für den Versatz von der Mittellinie eingeben (negativ = Versatz nach links, positiv = Versatz nach rechts). Die Doppellinie wird dann mit diesen Punkten gezeichnet.

```
Startpunkt angeben oder [BRUch/Abschluss/AChslinie/Fang/BREite]: AC für Achslinie
Versatz von den Optionen Mitte- oder Vorsatzlinien-Position eingeben
[Links/Mitte/Rechts] <0>:
```

- **Bruch:** Mit der Option BRUCH legen Sie fest, ob die Doppellinie an eine andere Linie anschließen und diese aufbrechen soll. Wenn Sie beim Zeichnen in die Nähe eines anderen Objekts kommen, erfolgt dies automatisch, wenn Sie diese Option gewählt haben.

```
Startpunkt angeben oder [BRUch/Abschluss/AChslinie/Fang/BREite]: BRU für Bruch
Doppellinien an Start- und Endpunkten brechen [Aus/Ein] /<Ein>:
```

- **Fang:** Zusätzlich können Sie bestimmen, ob Objekte in der Nähe des eingegebenen Stützpunkts gefangen werden sollen. Der Fangwert legt fest, wie nahe Sie an dem zu fangenden Objekt klicken müssen.

```
Startpunkt angeben oder [BRUch/Abschluss/AChslinie/Fang/BREite]: F für Fang
Fanggröße oder Fang Ein/Aus einstellen [Größe/Aus/Ein] <Ein>:
```

- **Abschluss:** Der Abschluss einer Doppellinie wird normalerweise geschlossen gezeichnet, außer er wird an ein anderes Objekt angesetzt. Er kann aber auch immer geschlossen oder immer offen gezeichnet sein. Das stellen Sie mit der Option ABSCHLUSS ein.

```
Startpunkt angeben oder [BRUch/Abschluss/AChslinie/Fang/BREite]: AB für Abschluss
Option für Zeichnungsabschlüsse eingeben [Beide/Ende/Keine/Start/Auto] <Auto>:
```

Mit der Einstellung AUTO legen Sie fest, dass alle Start- und Endpunkte geschlossen werden, wenn sie nicht an anderen Objekten angesetzt wurden.

- **Punkte eingeben:** In den meisten Fällen können Sie Doppellinien mit den Standardeinstellungen zeichnen, lediglich die Breite muss individuell bestimmt werden. Beginnen können Sie, indem Sie einen Startpunkt eingeben oder versetzt zu einem bestehenden Punkt beginnen. Zum Setzen von Startpunkten in Serie benötigen Sie keine weitere Option:

```
Startpunkt angeben oder [BRUch/Abschluss/AChslinie/Fang/BREite]: Punkt eingeben
Nächsten Punkt angeben oder [BOgen/BRUch/Abschluss/Schließen/AChslinie/
Fang/Zurück/BREite]: Punkt eingeben usw.
```

Weitere Linienpunkte werden abgefragt, bis eine Punktanfrage mit [↵] abgeschlossen oder ein Segment gefangen wird. Alle Optionen, die Sie vorher eingestellt haben, lassen sich auch während des Zeichnens ändern.

- **Bogen:** Wenn der erste Punkt gesetzt ist, lässt sich auch in den Bogenmodus umschalten:

```
Startpunkt angeben oder [BRUch/Abschluss/AChslinie/Fang/BREite]: Punkt eingeben
Nächsten Punkt angeben oder [BOgen/BRUch/Abschluss/Schließen/AChslinie/
Fang/Zurück/BREite]: BO für Bogen
Zweiten Punkt angeben oder [BRUch/Abschluss/Mittelpunkt/Schließen/AChslinie/
Endpunkt/Linie/Fang/Zurück/BREite/]:
Endpunkt des Bogens angeben:
```

Geben Sie den zweiten Punkt und danach den Endpunkt ein oder wählen Sie die Option MITTELPUNKT oder ENDPUNKT. Bestimmen Sie diesen und machen Sie danach eine dritte Angabe, um den Bogen zu konstruieren (wie beim Polylinienbogen).

- **Linie:** Mit der Option LINIE schalten Sie wieder in den Linienmodus zurück.

```
BRUch/Abschluss/Mittelpunkt/Schließen/AChslinie/Endpunkt/Linie/Fang/
Zurück/BREite/<zweiter Punkt>: Linie
```

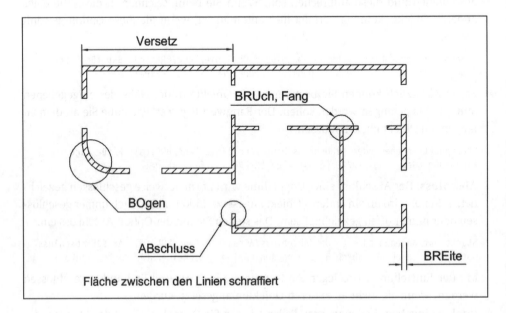

Abbildung 7.21: Doppellinien zeichnen

Zeichnen von Doppellinien
1. Beginnen Sie eine neue Zeichnung und zeichnen Sie Grundrisse mit dem Befehl DLINIE (siehe Abbildung 7.21).

7.10 Punkte, Messen und Teilen

In AutoCAD können Sie Punkte in die Zeichnung einfügen und diese später als Konstruktionspunkte verwenden. Mit dem Objektfang PUNKT lassen sie sich fangen. In technischen Zeichnungen wird dies jedoch selten benötigt, da in AutoCAD genügend Konstruktionshilfen zur Verfügung stehen, um auch ohne Konstruktionspunkte zum Ziel zu kommen. In der Vermessungstechnik werden sie aber benötigt.

Außerdem gibt es zwei Befehle, die beim Konstruieren sinnvoll eingesetzt werden können: MESSEN und TEILEN. Sie erzeugen automatisch Markierungen auf einem wählbaren Objekt. Als Markierungen können Sie Punkte oder Blöcke verwenden.

Befehl Punkt

Verwenden Sie den Befehl PUNKT, um Punkte in der Zeichnung zu setzen:

- Multifunktionsleiste: Symbol in einem Flyout, Register START, Gruppe ZEICHNEN (erweiterter Bereich)
- Menüleiste ZEICHNEN, Untermenü PUNKT >, Funktion EINZELNER PUNKT bzw. MEHRERE PUNKTE (Befehl PUNKT im Wiederholmodus)
- Symbol im Werkzeugkasten ZEICHNEN

Klicken Sie den Punkt in der Zeichnung an und der Punkt wird gesetzt. In der Anzeige erscheint er allerdings nur als Pixel und ist somit nur sehr schlecht sichtbar.

Befehl Ddptype

Damit Punkte in der Zeichnung sichtbar werden, können Sie ein anderes Symbol und die Symbolgröße einstellen. Wählen Sie den Befehl DDPTYPE:

- Multifunktionsleiste: Symbol im Register START, Gruppe DIENSTPROGRAMME (erweiterter Bereich)
- Menüleiste FORMAT, Funktion PUNKTSTIL...

Im Dialogfeld (siehe Abbildung 7.22) können Sie sich ein Symbol aussuchen, mit dem der Punkt dargestellt werden soll. Darunter stellen Sie die Punktgröße ein. Die Größe kann absolut in Zeichnungseinheiten oder proportional zum Bildschirm als Prozentwert angegeben werden.

Abbildung 7.22:
Einstellen des Punktstils

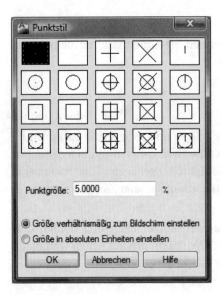

Befehl Messen

Punkte lassen sich aber auch automatisch in der Zeichnung setzen. Mit dem Befehl MESSEN lassen sich Markierungen in einem vorgegebenen Abstand auf einem Objekt anbringen. Sie finden den Befehl:

- Multifunktionsleiste: Symbol in einem Flyout, Register START, Gruppe ZEICHNEN (erweiterter Bereich)
- Menüleiste ZEICHNEN, Untermenü PUNKT >, Funktion MESSEN
- Symbol im Werkzeugkasten ZEICHNEN

```
Befehl: Messen
Objekt wählen, das gemessen werden soll:
Segmentlänge angeben oder [Block]: Länge eingeben
```

Bei der letzten Anfrage haben Sie die Möglichkeit, die Option BLOCK zu wählen. Sie können dann einen Block (siehe Kapitel 11) angeben, der statt eines Punkts eingefügt wird. Außerdem können Sie wählen, ob der eingefügte Block an Rundungen zum Mittelpunkt hin ausgerichtet werden soll oder ob er immer in der gleichen Lage eingefügt werden soll.

```
Segmentlänge angeben oder [Block]: Option Block
Namen des einzufügenden Blocks eingeben: Blocknamen eintippen
Soll der Block mit dem Objekt ausgerichtet werden? [Ja/Nein] <J>: J oder N eingeben
Segmentlänge angeben:
```

Die Messung wird auf der Seite begonnen, an der Sie das Objekt anwählen. Da sie in der Regel nicht aufgeht, ist das letzte Stück auf der gegenüberliegenden Seite kürzer. Bei Kreisen wird keine Markierung mehr angebracht, wenn ein kleineres Segment übrig bleiben würde (siehe Abbildung 7.23).

Punkte, Messen und Teilen

Befehl Teilen

Der Befehl TEILEN ist in der Bedienung mit dem Befehl MESSEN identisch. Statt der Segmentlänge geben Sie die Anzahl der Segmente ein. Die Markierungspunkte werden in gleichen Abständen gesetzt (siehe Abbildung 7.23).

- Multifunktionsleiste: Symbole in einem Flyout im Register START, Gruppe ÄNDERN (erweiterter Bereich)
- Menüleiste ZEICHNEN, Untermenü PUNKT >, Funktion TEILEN

Messen und Teilen von Objekten

1. Laden Sie die Zeichnung *A07-08.dwg* aus dem Ordner *Aufgaben*.
2. Bearbeiten Sie die Zeichnung wie in Abbildung 7.23 mit den Befehlen MESSEN und TEILEN.
3. Setzen Sie bei den oberen Beispielen Punktsymbole und verwenden Sie unten den Block *Schraube*.

Die Musterlösung finden Sie im selben Ordner als *L07-08.dwg*.

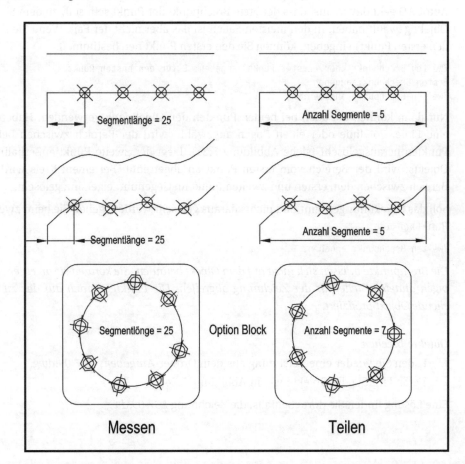

Abbildung 7.23: Messen und Teilen

7.11 Objekte brechen und verbinden

Mit dem Befehl BRUCH können Sie Linien, Kreise, Bögen und Polylinien an einer beliebigen Stelle trennen oder Teile daraus herauslöschen.

Befehl Bruch

Sie finden den Befehl BRUCH:

- Multifunktionsleiste: Symbole im Register START, Gruppe ÄNDERN (im erweiterten Bereich)
- Menüleiste ÄNDERN, Funktion BRECHEN
- Symbole im Werkzeugkasten ÄNDERN

```
Befehl: Bruch
Objekt wählen:
Zweiten Brechpunkt oder [Erster Punkt] angeben:
```

Bei der Objektwahl können Sie nur ein Objekt wählen. Die Auswahl mit den Fenstermethoden ist deshalb nicht möglich. Danach wird ein zweiter Brechpunkt verlangt, denn AutoCAD geht davon aus, dass der erste Brechpunkt der Punkt sein soll, an dem Sie das Objekt gewählt haben. In den meisten Fällen ist das aber nicht der Fall. Wenn Sie E (für den ersten Punkt) eingeben, können Sie den ersten Punkt neu bestimmen.

```
Zweiten Brechpunkt oder [Erster Punkt] angeben: E für den ersten Punkt
Ersten Brechpunkt angeben:
Zweiten Brechpunkt angeben:
```

Nur dann können Sie auch bei beiden Punkten den Objektfang verwenden. Haben Sie eine Linie, Polylinie oder einen Bogen angewählt, wird der Bereich zwischen beiden Punkten herausgelöscht (siehe Abbildung 7.21). Liegt der zweite Punkt außerhalb des Objekts, wird der Bereich vom ersten Punkt an abgetrennt. Bei einem Kreis wird der Bereich zwischen dem ersten und zweiten Punkt im Gegenuhrzeigersinn gelöscht.

Soll das Objekt nur getrennt und nichts daraus gelöscht werden, geben Sie beim zweiten Punkt »@« ein.

```
Zweiten Brechpunkt angeben: @
```

Die Brechpunkte müssen sich nicht auf dem Objekt befinden. Sie können sie an einer beliebigen anderen Stelle aus der Zeichnung abgreifen. Die Punkte werden auf das zu brechende Objekt projiziert.

Objekte brechen

1. Laden Sie wieder eine Zeichnung aus dem Ordner *Aufgaben*: *A07-09.dwg*.
2. Verändern Sie die Objekte wie in Abbildung 7.24.

Eine Lösung finden Sie dort ebenfalls, die Zeichnung *L07-09.dwg*.

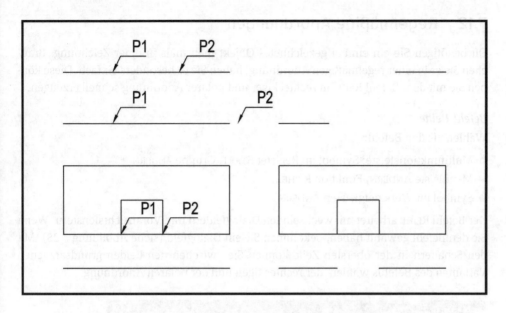

Abbildung 7.24:
Brechen von Objekten

Mit dem Befehl VERBINDEN können Sie Linien und Bögen miteinander verbinden. Dazu müssen die Liniensegmente fluchtend und die Bögen konzentrisch sein.

Befehl Verbinden

Sie finden den Befehl VERBINDEN wie folgt:

- Multifunktionsleiste: Symbol im Register START, Gruppe ÄNDERN (erweiterter Bereich)
- Menüleiste ÄNDERN, Funktion VERBINDEN
- Symbol im Werkzeugkasten ÄNDERN

```
Befehl: Verbinden
Quellobjekt auswählen:
Linien zum Verbinden mit Quelle auswählen: Quellobejekt anklicken
Linien zum Verbinden mit Quelle auswählen: Zu verbindende Objekte anklicken
Linien zum Verbinden mit Quelle auswählen: Weitere Objekte ⏎ zum Beenden
5 Linien verbunden mit Quelle
```

Klicken Sie das Quellobjekt an und die Objekte, die damit verbunden werden sollen. Linien müssen fluchtend sein, wenn sie verbunden werden sollen. Haben Sie als Quellobjekt einen Bogen gewählt, können Sie weitere konzentrische Bogensegmente hinzufügen. In diesem Fall steht aber auch noch eine weitere Option zur Verfügung.

```
Befehl: Verbinden
Quellobjekt auswählen: Bogen wählen
Bogen auswählen zum Verbinden mit Quelle oder [Schließen]: Option Schließen wählen
Bogen in Kreis konvertiert.
```

Schließen: Der Bogen wird zu einem Kreis geschlossen, es werden keine weiteren Objekte angefragt.

7.12 Regelmäßige Anordnungen

Oft benötigen Sie ein einmal gezeichnetes Objekt mehrmals in einer Zeichnung. Brauchen Sie es in einer regelmäßigen Anordnung, haben Sie es besonders einfach. Diese können Sie mit dem Befehl REIHE in rechteckiger und polarer Anordnung schnell erzeugen.

Befehl Reihe

Wählen Sie den Befehl:

- Multifunktionsleiste: Symbol im Register START, Gruppe ÄNDERN
- Menüleiste ÄNDERN, Funktion REIHE...
- Symbol im Werkzeugkasten ÄNDERN

Der Befehl REIHE arbeitet mit wechselnden Dialogfeldern und Voransichtsfenstern. Wenn Sie den Befehl gewählt haben, bekommen Sie ein Dialogfeld (siehe Abbildung 7.25). Mit den Schaltern in der obersten Zeile können Sie zwischen den beiden grundsätzlichen Varianten des Befehls wählen, der rechteckigen und der polaren Anordnung.

Abbildung 7.25:
Dialogfeld des
Befehls Reihe

Zunächst sollten Sie die Objekte für die Anordnung wählen. Klicken Sie dazu auf den Schalter ganz rechts in der obersten Zeile. Das Dialogfeld verschwindet und Sie können die Objekte in der Zeichnung wählen.

```
Objekte wählen:
```

Wählen Sie die Objekte wie üblich. Nach Abschluss der Objektwahl mit ⏎ erscheint das Dialogfeld wieder, und in der Zeile darunter wird angezeigt, wie viele Objekte Sie gewählt haben. Je nachdem, welchen Anordnungstyp Sie eingestellt haben, ändert sich der Inhalt des Dialogfelds.

Regelmäßige Anordnungen

Rechteckige Anordnungen

Mit dieser Variante erzeugen Sie eine matrixförmige Anordnung. Klicken Sie den Schalter RECHTECKIGE ANORDNUNG an und tragen Sie die Zahl der Zeilen und die Zahl der Spalten in das Dialogfeld ein.

Abstand und Richtung für Versatz: Tragen Sie hier den Zeilenabstand und den Spaltenabstand ein. Ein positiver Zeilenabstand baut die Anordnung nach oben auf, ein negativer nach unten. Beim Spaltenabstand bewirkt der positive Abstand, dass die Anordnung nach rechts aufgebaut wird, ein negativer Abstand baut die Anordnung nach links auf.

Statt der Eingabe können Sie diesen auch aus der Zeichnung abgreifen. Mit den Symbolen rechts neben den Eingabefeldern verschwindet das Dialogfeld und Sie können den entsprechenden Wert mit zwei Punkten aus der Zeichnung wählen. Sie haben ein Symbol für den Zeilenabstand und eines für den Spaltenabstand. Mit dem großen Symbol können Sie Zeilen- und Spaltenabstand gleichzeitig abgreifen. Geben Sie dazu zwei diagonale Eckpunkte eines Rechtecks an. Die Breite entspricht dann dem Spaltenabstand und die Höhe dem Zeilenabstand.

Soll die Anordnung waagrecht entlang den Achsrichtungen aufgebaut werden, belassen Sie den Winkel auf 0°. Stellen Sie einen anderen Winkel ein, bekommen die Grundlinien der Zeilen diesen Winkel. Die Spalten werden dazu um 90° gedreht aufgebaut.

Auch hier kommen Sie durch einen Klick auf das Symbol rechts vom Eingabefeld wieder zur Zeichnung und können den Winkel mit zwei Punkten aus der Zeichnung abgreifen.

Klicken Sie auf OK, wird die Anordnung in der Zeichnung aufgebaut. Bei allem, was Sie im Dialogfeld einstellen, wird sofort die Voransicht im Feld rechts angezeigt. Eine exakte Kontrolle ist es allerdings nicht. Die Form der Ausgangsobjekte und die Abstände werden nicht wiedergegeben. Diese erhalten Sie nur dann, wenn Sie auf die Schaltfläche VOR-ANSICHT < klicken. Das Dialogfeld verschwindet und die Anordnung wird in der Zeichnung aufgebaut. Sie bekommen die Meldung:

```
Auswählen oder ESC drücken, um zum Dialogfeld zurückzukehren, oder <Anordnung durch
Klicken mit der rechten Maustaste akzeptieren>:
```

Mit der rechten Maustaste oder durch Eingabe von ⏎ wird die Anordnung übernommen. Mit der linken Maustaste oder durch Eingabe von [Esc] kommen Sie wieder zum Dialogfeld und können die Parameter für die Anordnung noch einmal verändern.

Rechteckige Anordnung erzeugen

1. Laden Sie die Zeichnung *A07-10.dwg* aus dem Ordner *Aufgaben*.
2. Erzeugen Sie die Anordnung wie in Abbildung 7.27.
3. Wählen Sie die Objekte und stellen Sie das Dialogfeld wie in Abbildung 7.26 ein.

Falls es Ihnen wider Erwarten nicht gelungen ist, finden Sie die Lösung ebenfalls im Aufgabenordner als Zeichnung *L07-10.dwg*.

Abbildung 7.26:
Einstellung im Dialogfeld

Abbildung 7.27:
Rechteckige Anordnung

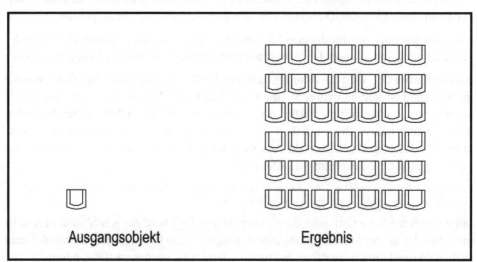

> **INFO**
>
> *Polare Anordnungen*
>
> Sollen die Objekte um einen Mittelpunkt angeordnet werden, wählen Sie die Option POLARE ANORDNUNG. Das Dialogfeld ändert sich (siehe Abbildung 7.28). Das prinzipielle Vorgehen gleicht dem der rechteckigen Anordnung. Wählen Sie zuerst die Objekte für die Anordnung.

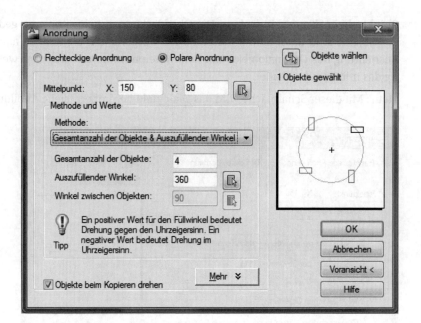

Abbildung 7.28:
Dialogfeld für die polare Anordnung

Mittelpunkt: Tragen Sie die x- und y-Koordinate für den Mittelpunkt der Anordnung ein oder klicken Sie auf das Symbol rechts daneben und bestimmen den Punkt in der Zeichnung. Das Dialogfeld verschwindet, bis Sie den Punkt gewählt haben. Die Koordinaten des gewählten Punkts werden ins Dialogfeld übernommen.

Methode: Im Abrollmenü METHODE können Sie wählen, wie Sie die Anordnung bestimmen wollen. Sie wählen damit die Größen, die Sie vorgeben wollen:

- GESAMTANZAHL DER OBJEKTE & AUSZUFÜLLENDER WINKEL: Bei dieser Methode geben Sie die Zahl der Objekte und den Winkel für die gesamte Anordnung vor. Das Ausgangsobjekt wird dabei mitgezählt. Positive Winkel bauen die Anordnung vom Ausgangsobjekt entgegen dem Uhrzeigersinn auf, negative im Uhrzeigersinn.
- GESAMTANZAHL DER OBJEKTE & WINKEL ZWISCHEN OBJEKTEN: Auch bei dieser Methode geben Sie die Zahl der Objekte vor. Statt eines Gesamtwinkels wird jetzt der Winkel zwischen den Objekten vorgegeben und damit ergibt sich der Gesamtwinkel. Der Winkel zwischen den Objekten muss hierbei immer positiv sein.
- AUSZUFÜLLENDER WINKEL & WINKEL ZWISCHEN DEN OBJEKTEN: Bei dieser Variante geben Sie den Winkel der gesamten Anordnung vor und den Winkel zwischen den einzelnen Objekten. Die Anzahl der Objekte in der Anordnung ergibt sich dann aus diesen Angaben. Auch hier kann mit dem Vorzeichen des Gesamtwinkels vorgegeben werden, ob gegen oder im Uhrzeigersinn aufgebaut werden soll.

In den Feldern unter dem Abrollmenü tragen Sie die Parameter ein. Es sind immer nur zwei Felder zugänglich. Welche das sind, ist davon abhängig, welche Methode Sie gewählt haben. Auch hier können Sie durch Klicken auf das entsprechende Symbol die Werte aus der Zeichnung abgreifen.

Objekte beim Kopieren drehen: Die Objekte können beim Kopieren gedreht werden. Die Objekte sind dann zum Mittelpunkt hin ausgerichtet. Sie können aber auch in der Ausrichtung des Originalobjekts um den Mittelpunkt herum gruppiert werden. Wählen Sie das mit diesem Schalter.

Mehr: Mit dieser Schaltfläche wird das Dialogfeld vergrößert (siehe Abbildung 7.29).

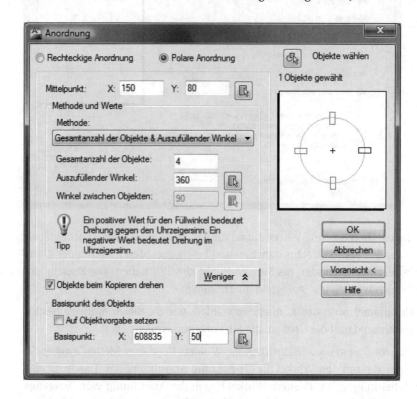

Abbildung 7.29: Dialogfeld für die polare Anordnung in erweiterter Form

Basispunkt des Objekts: Der Basispunkt des Objekts ist der Punkt auf dem Objekt der Anordnung, der auf dem Kreis platziert wird. Normalerweise ist dies der Mittelpunkt des Objekts. Diesen bekommen Sie auch dann, wenn Sie den Schalter AUF OBJEKTVORGABE SETZEN eingeschaltet haben. Soll dies nicht der Fall sein, können Sie die Koordinaten im Feld darunter eintragen oder mit dem Symbol rechts daneben in der Zeichnung anklicken.

Voransichtsbild und Voransicht in der Zeichnung sowie die Übernahme der Einstellungen funktionieren wie bei der rechteckigen Anordnung (siehe oben).

Polare Anordnung erzeugen

1. Laden Sie die Zeichnung *A07-11.dwg* aus dem Ordner *Aufgaben*.
2. Erstellen Sie das Zahnrad in Abbildung 7.31 aus den vorhandenen Objekten. Wählen Sie den einzelnen Zahn und erstellen daraus 36 Zähne um den Mittelpunkt des inneren Kreises. Stellen Sie das Dialogfeld wie in Abbildung 7.30 ein.

Regelmäßige Anordnungen

Abbildung 7.30:
Dialogfeld für die polare Anordnung des Zahnrads

Auch hierzu gibt es eine Lösung. Sie finden Sie im Aufgabenordner als Zeichnung *L07-11.dwg*.

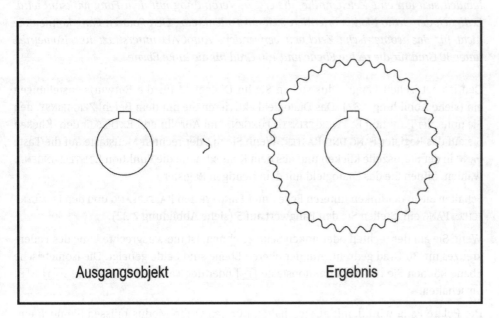

Abbildung 7.31:
Polare Anordnung beim Zahnrad

305

7.13 Isometrisches Zeichnen

Isometrische Darstellungen ermöglichen es, einen dreidimensionalen Gegenstand perspektivisch darzustellen. In AutoCAD wird das isometrische Zeichnen durch einen speziellen Fangmodus unterstützt. Damit erstellen Sie **kein** 3D-Modell; der Modus erstellt die Darstellungen als 2D-Zeichnungen. Sie können keine anderen Ansichten oder eine Draufsicht erzeugen. Wollen Sie das, müssen Sie mit den 3D-Funktionen arbeiten (siehe Kapitel 20 bis 22). Isometrische Darstellungen lassen sich auch nachträglich nicht in 3D-Modelle umwandeln.

Trotzdem kann es praktisch sein, in eine 2D-Konstruktionszeichnung eine isometrische Darstellung zur Illustration einzufügen, ohne gleich ein komplettes 3D-Modell zu erstellen. Es ist allerdings davon abzuraten, komplizierte Gegenstände isometrisch zu zeichnen.

Beim isometrischen Zeichnen geht man von verschiedenen Ebenen aus (siehe Abbildung 7.21). Das Fadenkreuz und das Fangraster werden in den einzelnen isometrischen Ebenen entsprechend verzerrt dargestellt, sodass die Linien einfacher unter den erforderlichen Winkeln gezeichnet werden können.

Das Weltkoordinatensystem wird nicht gewechselt. Wenn Sie die Koordinaten numerisch über die Tastatur eingeben, wird weiterhin in x- und y-Richtung des WKS gezeichnet. Es handelt sich um eine Zeichenhilfe, die erst in Verbindung mit dem Fang wirksam wird. Lediglich der Ortho-Modus orientiert sich am Fadenkreuz. Den Polaren Fang können Sie nicht für das isometrische Zeichnen verwenden. AutoCAD unterstützt nur Isometrien unter 30 Grad für die rechte Ebene und 150 Grad für die linke Ebene.

Den isometrischen Fangmodus stellen Sie im Dialogfeld für die Entwurfseinstellungen ein (siehe Abbildung 7.32). Das Dialogfeld aktivieren Sie mit dem Befehl ZEICHEINST, den Sie unter der Funktion ENTWURFSEINSTELLUNGEN... im Abrollmenü EXTRAS finden. Klicken Sie auf das Register FANG UND RASTER. Wenn Sie mit der rechten Maustaste auf die Taste FANG in der Statuszeile klicken und aus dem Kontextmenü die Funktion EINSTELLUNGEN... wählen, öffnen Sie das Dialogfeld mit dem richtigen Register.

Schalten Sie in der linken unteren Ecke unter FANGTYP den RASTERFANG und den ISOMETRISCHEN FANG ein. Stellen Sie den Fangwert auf 5 (siehe Abbildung 7.32).

Wenn Sie auf der rechten oder linken Seite zeichnen, ist die waagrechte Linie des Fadenkreuzes um 30 Grad gedreht. Auf der oberen Ebene sind beide geneigt. Die isometrische Ebene können Sie mit der Funktionstaste [F5] oder der Tastenkombination [Strg] + [E] umschalten.

Der Polare Fang wird damit ausgeschaltet, nur den Ortho-Modus müssen Sie noch einschalten. Klicken Sie auf die Taste ORTHO in der Statuszeile oder drücken Sie die Taste [F8].

Isometrisches Zeichnen

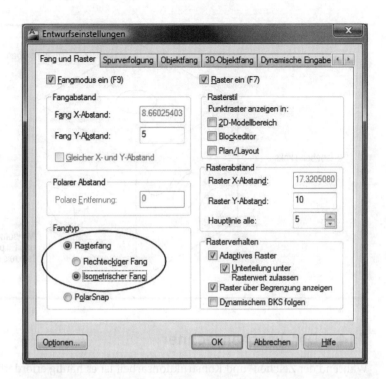

Abbildung 7.32:
Einstellung des isometrischen Fangs

Kreise in isometrischen Ansichten zeichnen

Wenn Sie Kreise in einer isometrischen Ebene zeichnen, erscheinen diese als Ellipsen. Da dies manuell nur sehr schwer zu realisieren ist, bietet der Befehl ELLIPSE im isometrischen Fangmodus die Option ISOKREIS an.

```
Befehl: Ellipse
Achsenendpunkt der Ellipse angeben oder [Bogen/Zentrum/ Isokreis]: Option Isokreis
Zentrum für Isokreis angeben:
Radius für Isokreis angeben oder [Durchmesser]:
```

Sie geben bei der Option ISOKREIS die Maße des entsprechenden Kreises ein und der Kreis wird so gedreht, dass er als Ellipse erscheint.

Zeichnen der isometrischen Ansicht eines Würfels

1. Laden Sie die Zeichnung *A07-12.dwg* aus dem Ordner *Aufgaben*.
2. Schalten Sie Raster und Fang auf 10 Einheiten, aktivieren Sie den isometrischen Fangmodus und den Ortho-Modus.
3. Zeichnen Sie den Würfel wie in Abbildung 7.33 in den drei isometrischen Ebenen. Der Würfel hat eine Kantenlänge von 100 Einheiten. Klicken Sie die Punkte auf der Zeichenfläche an und orientieren Sie sich an der Koordinatenanzeige.
4. Die Kreise sind schon gezeichnet. Löschen Sie diese und versuchen Sie es selbst mit Ellipsen und der Funktion ISOKREIS.

Eine Musterlösung finden Sie im selben Ordner: *L07-12.dwg*.

Abbildung 7.33:
Isometrisches Zeichnen

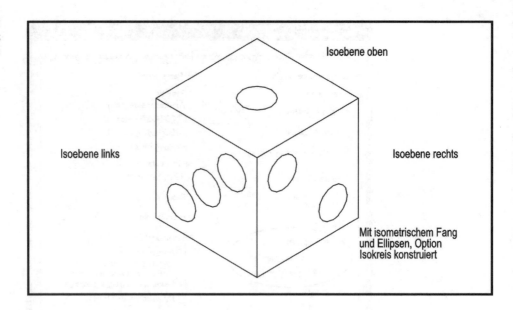

7.14 Der Taschenrechner

Während der Zeichen- und Konstruktionsarbeit ist es häufig erforderlich, Werte, Koordinaten, Abstände usw. zu messen und zu berechnen. In AutoCAD ist dazu ein Taschenrechner integriert, der an jeder Stelle im Befehlsdialog aktiviert werden kann.

Befehl Schnellkal

Mit dem Befehl SCHNELLKAL holen Sie sich den Taschenrechner auf den Bildschirm. Der Taschenrechner arbeitet transparent, das heißt, Sie müssen einen laufenden Befehl nicht unterbrechen, um den Taschenrechner zu benutzen. Wählen Sie den Befehl wie folgt:

- Multifunktionsleiste: Symbol im Register ANSICHT, Gruppe PALETTEN
- Menüleiste EXTRAS, Untermenü PALETTEN >, Funktion TASCHENRECHNER
- Symbol in der STANDARD-FUNKTIONSLEISTE
- In jedem Kontextmenü mit der rechten Maustaste auf der Zeichenfläche

Es erscheint ein Taschenrechner auf der Zeichenfläche (siehe Abbildung 7.34), mit dem Sie alle grundlegenden arithmetischen und trigonometrischen Funktionen ausführen können. Dazu können Sie die Tasten mit der Maus anklicken, was aber bei längeren Rechenoperationen sehr umständlich ist. Sie können selbstverständlich auch die Tastatur verwenden, sowohl für die Ziffern als auch für die Rechenoperationen, soweit diese auf der Tastatur vorhanden sind: +, -, *, /, = usw.

Der Taschenrechner

Abbildung 7.34:
Taschenrechner für arithmetische und trigonometrische Funktionen

In der Symbolleiste am oberen Rand finden Sie links drei Symbole, mit denen Sie die Anzeige verändern können. Das Symbol links löscht die Ergebniszeile des Taschenrechners. Das nächste Symbol löscht das Protokollfeld. Mit dem dritten Symbol von links können Sie die Ergebniszeile in die Befehlszeile einfügen. Das ist immer dann wichtig, wenn Sie ein Rechenergebnis als Wert beim Zeichnen benötigen. Beispielsweise soll der errechnete Wert als Radius für einen Kreis verwendet werden. Gehen Sie dann so vor:

- Zeichnen Sie den Kreis, bis der Radius angefragt wird.
- Wechseln Sie in den Taschenrechner und führen Sie die Berechnung durch. Klicken Sie auf das Symbol, das den Wert in die Befehlszeile einfügt.
- Klicken Sie auf die Zeichenfläche und Sie sind wieder im Zeichenmodus. Bestätigen Sie die Übernahme mit ⏎ und der Kreis wird mit dem errechneten Radius gezeichnet.

Im rechten Teil der Symbolleiste finden Sie Symbole, mit denen Sie Werte aus der Zeichnung heraus messen können. Der Taschenrechner verschwindet, bis Sie die erforderlichen Punkte in der Zeichnung angeklickt haben, und das Ergebnis der Messung wird in die Ergebniszeile eingefügt. Von links nach rechts haben die Symbole folgende Funktionen:

309

- Koordinate aus der Zeichnung ermitteln. In der Ergebniszeile steht der Wert in folgendem Format: [390,230,0], also x-, y- und z-Wert.
- Abstand zwischen zwei Punkten messen und in die Ergebniszeile übernehmen im Format 92.195444572929.
- Winkel zwischen zwei Punkten messen und in die Ergebniszeile übernehmen im Format 47.125.
- Schnittpunkt zweier nicht paralleler Linien ermitteln. Dazu klicken Sie die vier Endpunkte der Linien an. Die Koordinate wird in die Ergebniszeile übernommen im Format: [481.5,151.75,0].
- Hilfe-Funktion für den Taschenrechner.

Im unteren Teil des Taschenrechners haben Sie zwei weitere Felder für spezielle Funktionen (siehe Abbildung 7.35). In der Abbildung sehen Sie, dass die momentan nicht benötigten Eingabefelder für die Ziffern und die wissenschaftlichen Funktionen ausgeblendet sind. Das Aus- und Einblenden erfolgt mit den Pfeiltasten am rechten Rand der Titelzeile.

Abbildung 7.35: Einheitenkonvertierung und Variablen

Einheitenkonvertierung: In diesem Feld können Sie Längen, Flächen, Volumen und Winkel (wählbar im Menü EINHEITENTYP) von einem wählbaren Einheitensystem in ein anderes konvertieren. Gehen Sie beispielsweise so vor: Messen Sie einen Abstand in der Zeichnung, wählen Sie den Einheitentyp *Länge* und konvertieren Sie von *Millimeter* in *Zoll*. Der Wert aus der Ergebniszeile wird in das Feld ZU KONVERTIERENDER WERT übernommen und das Ergebnis wird im Feld KONVERTIERTER WERT angezeigt.

Variablen: In diesem Feld finden Sie vordefinierte Konstanten und Funktionen. Außerdem lassen sich dort weitere Funktionen definieren. Vordefiniert sind folgende Einträge:

```
Konstanten:
Phi     1.61803399Goldenes Verhältnis
Funktionen
dee     Abstand zwischen 2 Endpunkte
ile     Schnittpunkt zweier Linien definiert
            durch vier Endpunkte
mee     Mittelpunkt zwischen zwei Endpunkten
nee     Einheitenvektor in der XY-Ebene,
            lotrecht zu zwei Endpunkten
rad     Radius von Bogen oder Kreis
            ermitteln
vee     Vektor von zwei Endpunkten
vee1    Einheitenvektor von zwei Endpunkten
```

Funktionen können verwendet werden, um bestimmte Punkte in der Zeichnung auszuwerten bzw. um Werte aus der Zeichnung abzugreifen. Gehen Sie so vor, wenn Sie beispielsweise den Abstand zweier Endpunkte messen wollen:

- Ergebniszeile löschen und Funktion *dee* per Doppelklick wählen. In der Ergebniszeile steht dann *dist(end,end)*.
- Kopieren Sie den Wert in die Befehlszeile, klicken Sie in die Zeichenfläche und folgen Sie den Anweisungen in der Befehlszeile:

```
Befehl: >> Wählen Sie ein Objekt für den END -Fang: Objekt anklicken
Befehl: >> Wählen Sie ein Objekt für den END -Fang: Objekt anklicken
Befehl: 40
```

Ein weiteres Beispiel: Sie wollen den Mittelpunkt zwischen zwei Endpunkten ermitteln. Gehen Sie dazu so vor:

- Ergebniszeile löschen und Funktion *mee* per Doppelklick wählen. In der Ergebniszeile steht dann *(end+end)/2*.
- Kopieren Sie den Wert in die Befehlszeile, klicken Sie in die Zeichenfläche und folgen Sie den Anweisungen in der Befehlszeile:

```
Befehl: >> Wählen Sie ein Objekt für den END -Fang: Objekt anklicken
Befehl: >> Wählen Sie ein Objekt für den END -Fang: Objekt anklicken
Befehl: 425,180,0
```

Konstanten, Variablen und Funktionen lassen sich in diesem Feld auch neu definieren. Mit der Symbolleiste können Sie folgende Funktionen ausführen (von links nach rechts): neue Variable, Variable ändern, Variable löschen und Variable in Ergebniszeile kopieren.

Neue Variable: Haben Sie dieses Feld angeklickt, bekommen Sie ein Dialogfeld, in dem Sie die neue Variable definieren können (siehe Abbildung 7.36).

Abbildung 7.36:
Neue Variable definieren

Wählen Sie, ob es sich um eine Konstante oder eine Funktion handeln soll. Geben Sie im Feld NAME einen Namen ein und im Feld GRUPPIEREN MIT die Gruppe, unter der die Variable aufgelistet werden soll. Wenn Sie hier den Eintrag *Neu...* wählen, können Sie eine neue Gruppe von Variablen anlegen. Im Feld WERT ODER AUSDRUCK geben Sie den eigentlichen Ausdruck ein. Im Feld BESCHREIBUNG können Sie dann noch einen Kommentar für die neue Funktion verfassen.

Die Ausdrücke können Zahlen, Punkte, Vektoren und Formeln sowie Objektfangfunktionen enthalten. Alle Funktionen des Rechners finden Sie in der Datei *Befehl Kal.pdf* im Ordner *Dokumente* auf der Übungs-CD zu diesem Buch aufgelistet.

Kapitel 8
Weitere Schraffur-Funktionen, gefüllte Flächen, Umgrenzungen und Regionen

In diesem Kapitel werden Sie mehr über spezielle Schraffurfunktionen, Umgrenzungen und Regionen erfahren.

8.1 Weitere Schraffur-Funktionen

Die Basisfunktionen zum Schraffieren haben Sie bereits in Kapitel 6.1 kennengelernt. Es geht jedoch mehr, deshalb sollen an dieser Stelle die Schraffur-Funktionen noch einmal genauer betrachtet werden.

Befehl Gschraff

Schraffieren können Sie mit dem Befehl GSCHRAFF. Der Befehl ermittelt die Kontur der Schraffurfläche und erzeugt eine assoziative Schraffur. Wird die Kontur geändert, ändert sich die Schraffur mit.

- Multifunktionsleiste: Symbol im Register START, Gruppe ZEICHNEN
- Menüleiste ZEICHNEN, Funktion SCHRAFFUR...
- Symbol im Werkzeugkasten ZEICHNEN

Haben Sie den Befehl angewählt, bekommen Sie ein temporäres Register in der Multifunktionsleiste: SCHRAFFURERSTELLUNG (siehe Abbildung 8.1).

Kapitel 8 • **Weitere Schraffur-Funktionen, gefüllte Flächen, Umgrenzungen und Regionen**

Abbildung 8.1:
Temporäres Register für die Schraffurerstellung

Arbeiten Sie jedoch mit der klassischen Oberfläche, bekommen Sie ein Dialogfeld für die Schraffurerstellung, in dem Sie die Einstellungen analog dazu vornehmen können (siehe Abbildung 8.2).

Abbildung 8.2:
Dialogfeld für die Schraffur

314

Klicken Sie auf den Pfeil in der rechten unteren Ecke, dann wird das Dialogfeld erweitert und Sie kommen zu den weiteren Einstellmöglichkeiten (siehe Abbildung 8.3). Mit dem Pfeil in die andere Richtung lässt sich das Dialogfeld auch wieder verkleinern.

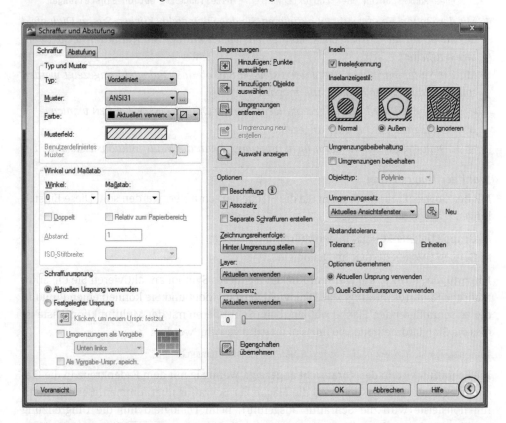

Abbildung 8.3:
Erweitertes Dialogfeld für die Schraffur

Vorteile beim Schraffieren mit der Multifunktionsleiste

- Der große Vorteil der neuen Oberfläche mit der Multifunktionsleiste zeigt sich deutlich beim Schraffur-Befehl. Die Schraffur wird dynamisch angezeigt. Jede Änderung an den Einstellungen wird sofort in der Zeichnung nachgeführt. Allein wegen dieser Funktion lohnt sich der Umstieg auf die neue Oberfläche auch für die AutoCAD-Anwender, die mit der alten Oberfläche groß geworden sind.
- Bei der klassischen Oberfläche mit dem Dialogfeld müssen Sie immer auf die Schaltfläche VORANSICHT klicken, um die Einstellungen zu kontrollieren. Das Dialogfeld verschwindet und Sie können die Zeichnung überprüfen. Dann erscheint die Meldung:

  Klicken oder ESC drücken, um zum Dialogfeld zurückzukehren oder <Rechtsklicken, um Schraffur zu akzeptieren>:

- Mit einem Mausklick oder [ESC] kommen Sie zum Dialogfeld zurück, mit [↵] oder Rechtsklick wird die Voransicht übernommen und der Befehl beendet.

- *Arbeiten Sie mit der Multifunktionsleiste und wollen das Dialogfeld haben, können Sie das bei der ersten Anfrage aktivieren:*
  ```
  Internen Punkt wählen oder [objekte Wählen/Einstellungen]: Option Einstellungen
  ```
- *Mit der Option EINSTELLUNGEN aktivieren Sie das Dialogfeld. Klicken Sie im Dialogfeld auf die Schaltfläche ABBRECHEN, können Sie wieder mit der Multifunktionsleiste dynamisch arbeiten.*
- *Mit der Systemvariablen HPDGLMODE steuern Sie, ob das Dialogfeld angezeigt werden soll. Folgende Einstellungen sind möglich*
  - *0: Dialogfeld wird nur angezeigt, wenn Sie die Option EINSTELLUNGEN wählen.*
  - *1: Dialogfeld wird immer angezeigt.*
  - *2. Dialogfeld wird nur dann nicht angezeig,t wenn die Multifunktionsleiste aktiv ist.*

Wahl der Umgrenzung

Mit der Umgrenzung bestimmen Sie die Fläche die schraffiert werden soll. Diese Einstellungen machen Sie:

- Gruppe UMGRENZUNGEN in der Multifunktionsleiste
- Bereich UMGRENZUNGEN im Dialogfeld

Hinzufügen, Punkte auswählen: Klicken Sie dieses Symbol an, aktivieren Sie die automatische Konturermittlung. Das Dialogfeld verschwindet und Sie können einen Punkt in der zu schraffierenden Fläche wählen. Beim Schraffieren mit der Multifunktionsleiste ist dies die Standardmethode, sie muss nicht extra gewählt werden.

```
Internen Punkt wählen oder [objekte Wählen/Einstellungen]:
```

Die Schraffur wird in der Voransicht angezeigt, wenn Sie mit dem Fadenkreuz in die Fläche fahren. Mit einem Klick wird die Fläche zur Schraffur übernommen. Bei der Multifunktionsleiste wird die Schraffur ausgeführt, beim Dialogfeld nur die Umgrenzung markiert. Ist jetzt schon alles in Ordnung wird die Schraffur mit ⏎ übernommen bzw. es erscheint wieder das Dialogfeld. Inseln werden bei der Voransicht erkannt und von der Schraffur ausgeschlossen. Klicken Sie in eine Insel, wird diese mitschraffiert. Es lassen sich auch mehrere nicht zusammenhängende Flächen wählen, die dann mit einem zusammenhängenden Muster schraffiert werden (siehe Abbildung 8.4, a). Bedingung für das Gelingen dieser Methode ist, dass die zu schraffierende Fläche von einer geschlossenen Kontur umrahmt ist (falls nicht, siehe unten). Zusätzlich haben Sie die Option OBJEKTE WÄHLEN. Damit können Sie Objekte mit der Pickbox anklicken. Diese werden dann ebenfalls zur Ermittlung der Schraffurgrenze verwendet.

Hinzufügen, Objekte auswählen: Klicken Sie dieses Symbol an oder haben Sie oben diese Option gewählt, können Sie die Konturen für die Schraffurgrenze mit der Objektwahl bestimmen.

```
Objekte wählen oder [interne punkte Auswählen/Einstellungen]:
```

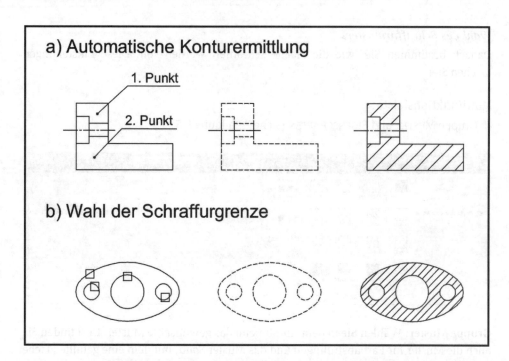

Abbildung 8.4:
Ermittlung der Umgrenzung

Dann gilt: Die zu schraffierende Fläche muss umschlossen sein und die Objekte, die die Umgrenzung bilden, dürfen sich nicht überschneiden, sonst treten Fehler auf. Eine automatische Konturerkennung wird nicht durchgeführt. Inseln müssen mit gewählt werden. Die Methode sollte nur dann verwendet werden, wenn die Grenze nur von einem einzelnen Objekt gebildet wird (siehe Abbildung 8.4, b). Auch hier haben Sie wieder die Optionen zur Umschaltung der Auswahlmethode.

Umgrenzungen entfernen: Mit diesem Symbol können Sie falsch gewählte Objekte wieder aus der Auswahl entfernen:

```
Zu entfernende Begrenzung wählen:
```

Auswahl anzeigen: Sind Sie sich nicht mehr sicher, was Sie schon gewählt haben, klicken Sie dieses Symbol an. Die Schraffurkontur wird in der Zeichnung gestrichelt angezeigt. Beim Arbeiten mit der Multifunktionsleiste finden Sie diese Funktion im erweiterten Bereich der Gruppe UMGRENZUNGEN, Symbol BEGRENZUNGSOBJEKTE ANZEIGEN.

Umgrenzung beibehalten: Ist dieser Schalter im Dialogfeld aktiviert (erweitertes Dialogfeld, Bereich UMGRENZUNGSBEIBEHALTUNG), wird die Umgrenzung der Schraffur beim Schraffieren nachgezeichnet. Im Abrollmenü können Sie wählen, ob die Grenze mit einer Polylinie nachgezeichnet werden soll oder die Schraffurfläche als Region erzeugt wird (siehe Kapitel 8.8). In der Multifunktionsleiste finden Sie diese Funktion in einem Abrollmenü im erweiterten Bereich der Gruppe UMGRENZUNGEN, Symbol BEGRENZUNGEN NICHT BEIBEHALTEN.

Wahl des Schraffurmusters

Danach bestimmen Sie, wie die Fläche schraffiert werden soll. Diese Einstellungen machen Sie:

Multifunktionsleiste:

- Gruppe MUSTER und EIGENSCHAFTEN (siehe Abbildung 8.5)

Abbildung 8.5:
Wahl des Musters und der Mustereigenschaften

Gruppe Muster: Wählen Sie in dem Abrollmenü das gewünschte Muster. Dort finden Sie auch die Muster für Farbabstufungen und das Muster *Solid*, mit dem eine gefüllte Fläche erstellt werden kann. Außerdem gibt es das Muster *User*, das ein einfaches oder gekreuztes Linienmuster erstellt.

Gruppe Eigenschaften, Abrollmenü Schraffurtyp: Hier können Sie den Schraffurtyp wählen:

- **Kompakt:** Schraffur als gefüllte Fläche (Abbildung 8.6, erste Reihe)
- **Abstufung:** Schraffur als Farbverlauf (zweite Reihe)
- **Muster:** Schraffur mit einem in der Bibliothek vordefinierten Muster (dritte Reihe)
- **Benutzerdefiniert:** Schraffur mit einem einfachen Linienmuster (vierte Reihe)

In der Gruppe MUSTER werden dann die Musterfelder gefiltert und nur noch die angezeigt, die der Auswahl entsprechen.

Abrollmenü Schraffurfarbe: Wahl der Schraffurfarbe, wenn sie von der Farbe des aktuellen Layers abweichen soll. Mit dem Eintrag FARBE AUSWÄHLEN… kommen Sie zum AutoCAD-Farbwähler.

Abrollmenü Hintergrundfarbe: Wird mit einem Muster oder benutzerdefiniert schraffiert, kann der Schraffur eine Hintergrundfarbe hinterlegt werden. Auch hier kommen Sie mit dem Eintrag FARBE AUSWÄHLEN… zum AutoCAD-Farbwähler.

Weitere Schraffur-Funktionen

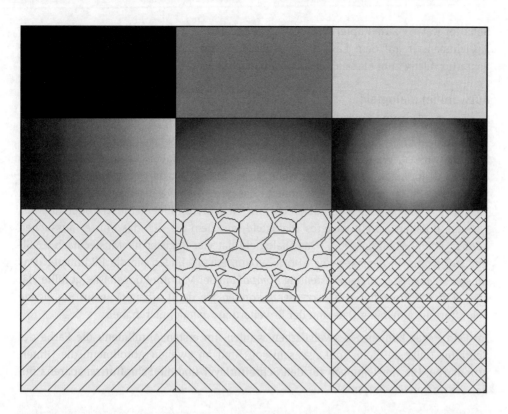

Abbildung 8.6:
Verschiedene Schraffurmuster-Typen und Muster

Einstellung Schraffurtransparenz: In einem Abrollmenü können Sie wählen, ob die Schraffur die Transparenz vom Layer erhalten soll (Einstellung *VonLayer*) oder einen eigenen Transparenzwert erhalten soll. Im letzten Fall kann die Transparenz an dem Schieberegler für die Schraffur eingestellt werden.

Schieberegler Winkel: Stellen Sie an dem Schieberegler den Winkel für das Schraffurmuster ein. Die Anzeige im Voransichtsfeld entspricht der 0°-Ausrichtung, also wenn Sie beispielsweise *ANSI31* verwenden (Linienmuster unter 45°), dann werden bei einer Winkeleinstellung von 0° die Linien unter 45° erstellt. Beim benutzerdefinierten Muster werden beim Winkel 0° auch Linien unter 0° erstellt.

Schieberegler Schraffur-Skalierung: In diesem Feld können Sie die Skalierung des Schraffurmusters einstellen. Die verfügbaren Muster sind in unterschiedlichen Maßstäben erstellt und schraffiert werden muss in Zeichnungen mit unterschiedlichen Maßstäben, sodass Sie hier die entsprechenden Korrekturen vornehmen können. Beim benutzerdefinierten Muster stellen Sie damit den Abstand zwischen den Linien ein.

Abrollmenü Layer: In diesem Abrollmenü im erweiterten Bereich können Sie einen Layer für die Schraffur auswählen, wenn die Schraffur nicht auf den aktuellen Layer kommen soll.

Schalter Doppelt: Dieser Schalter ist nur beim benutzerdefinierten Muster aktiv. Ist er ein, werden Linien erzeugt, die unter 90° gekreuzt sind.

Schalter Relativ zum Papierbereich: Dieser Schalter ist nur dann an, wenn Sie in einem Ansichtsfenster auf dem Layout schraffieren. Wenn dieser Schalter an ist, wird die Schraffur relativ zum Maßstab des Ansichtsfensters schraffiert.

Auswahl im Dialogfeld:

■ Bereiche TYP UND MUSTER, WINKEL UND MASSTAB sowie OPTIONEN im Dialogfeld

Im Dialogfeld finden Sie die oben beschriebenen Einstellmöglichkeiten in den Bereichen TYP UND MUSTER, WINKEL UND MASSTAB sowie OPTIONEN. Haben Sie im Abrollmenü TYP den Typ VORDEFINIERT eingestellt, können Sie ein Muster aus der Schraffurbibliothek verwenden. Sie können dann im Abrollmenü das gewünschte Muster auswählen. Klicken Sie auf das Symbol mit den Punkten rechts neben dem Abrollmenü MUSTER oder auf MUSTERFELD, erhalten Sie ein weiteres Dialogfeld, aus dem Sie sich das Muster aussuchen können (siehe Abbildung 8.7). Das Dialogfeld hat vier Register für Muster nach ANSI- und ISO-Norm. In dem Register ANDERE VORDEFINIERTE finden Sie die Bildmuster. Das Muster *Solid* entspricht der Einstellung *Kompakt* in der Multifunktionsleiste (gefüllte Fläche). Mit der Einstellung BENUTZERSPEZ. können Sie dann arbeiten, wenn Sie eigene Schraffurmuster in einer Datei mit der Erweiterung *.pat definiert haben.

Im Feld FARBE können Sie zwei Farben wählen, im ersten Abrollmenü die Farbe der Schraffur (falls sie nicht *VonLayer* sein soll) und im zweiten Abrollmenü die Hintergrundfarbe. Die Einstellungen für den Schraffurlayer und die Schraffurtransparenz finden Sie im Bereich OPTIONEN.

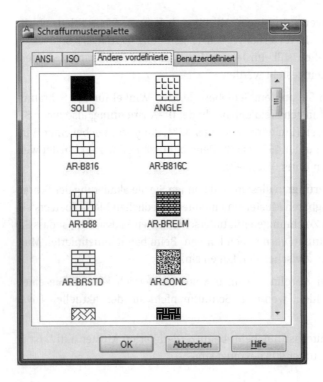

Abbildung 8.7:
Auswahl des Schraffurmusters im Dialogfeld

Wahl des Schraffurursprungs

Den Schraffurursprung können Sie als Vorgabe übernehmen oder manuell festlegen.

- Gruppe URSPRUNG in der Multifunktionsleiste
- Bereich SCHRAFFURURSPRUNG im Dialogfeld

Sie können wählen, an welchem Punkt in der Zeichnung die Schraffur ihren Ursprung haben soll. Bei normalen technischen Zeichnungen mit einfachen Linienmustern ist dies ohne Bedeutung und Sie müssen sich nicht weiter darum kümmern. Bei Bildmustern kann es wichtig sein, dass das Muster an einer bestimmten Stelle beginnt.

Klicken Sie auf dieses Symbol und bestimmen den Ursprung in der Zeichnung. Im erweiterten Bereich der Gruppe finden Sie weitere Schalter (im Dialogfeld in einem Abrollmenü), mit denen Sie den Ursprung auf die vier Eckpunkte oder das Zentrum der Schraffurfläche setzen können. Mit dem Schalter ganz rechts wird immer der gleiche vorgegebene Schraffurursprung verwendet. Haben Sie einen neuen Schraffurursprung definiert, können Sie den mit dem Schalter ALS VORGABEURSPRUNG SPEICHERN für weitere Schraffuren als Vorgabe verwenden. Alle Funktionen finden Sie auch im Dialogfeld.

Abbildung 8.8: Schraffuren mit verschiedenem Ursprung (unten links, oben rechts und Zentrum)

Wahl der Schraffuroptionen

Mit den Schraffuroptionen können Sie die Eigenschaften der Schraffur weiter beeinflussen:

- Gruppe OPTIONEN in der Multifunktionsleiste
- An verschiedenen Stellen im Dialogfeld

Assoziativ: Schraffuren werden als eigene Objekte generiert, deren einzelne Linien nicht editiert werden können. Sie können nur mit dem Befehl SCHRAFFEDIT bearbeitet werden. Außerdem ändert sich die Schraffur mit, wenn die Kontur verändert wird. Das ist aber nur dann der Fall, wenn der Schalter ASSOZIATIV eingeschaltet ist. Verändern Sie die Kontur zu stark (löschen einer Umgrenzungskante oder öffnen der Umgrenzung), dann kann aus einer assoziativen eine nicht assoziative Schraffur werden. Ist der Schalter ASSOZIATIV aus, wird die Schraffur als Objekt unabhängig von der Kontur erzeugt, das aber trotzdem zusammenhängend ist. Sie können die Schraffur dann an den Griffen wie eine Polylinie (siehe Kapitel 7.2 und Abbildung 8.9) ändern.

Abbildung 8.9:
Bearbeiten einer nicht assoziativen Schraffur

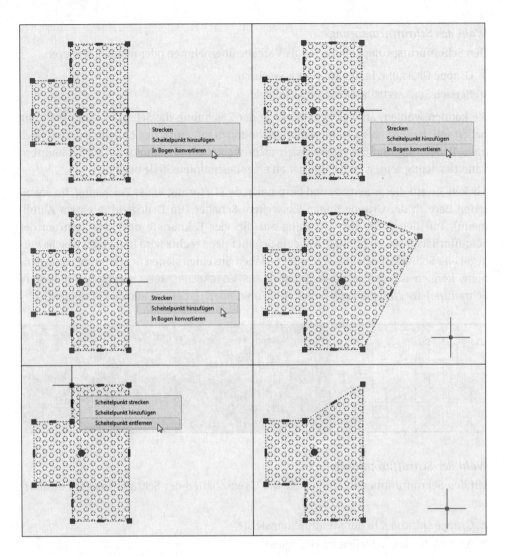

Beschriftung: Ist dieser Schalter an, wird die Schraffur als Beschriftungsobjekt erzeugt. Diese Objekte haben einen oder mehrere Maßstäbe gespeichert und passen sich Maßstabsänderungen an (siehe dazu Kapitel 10.9).

Eigenschaften anpassen: Haben Sie in der Zeichnung bereits eine Schraffur und wollen Sie einen weiteren Bereich mit denselben Parametern schraffieren, dann können Sie mit den Funktionen in diesem Flyout die Parameter einer wählbaren Schraffur übernehmen. Sie können außerdem wählen, ob der Schraffurursprung von der gewählten Schraffur mit übernommen werden soll (Funktion QUELL-SCHRAFFURURSPRUNG VERWENDEN) oder der aktuelle Ursprung verwendet werden soll (Funktion AKTUELLEN URSPRUNG VERWENDEN).

Separate Schraffuren erstellen: Sie können mehrere unabhängige Flächen in einem Durchgang schraffieren, indem Sie die Flächen oder Objekte nacheinander wählen. Die so erzeugte Schraffur ist dann ein Objekt in der Zeichnung und kann nicht einzeln bearbeitet werden. Aktivieren Sie aber den Schalter SEPARATE SCHRAFFUREN ERSTELLEN (im erweiterten Bereich der Multifunktionsleiste), ist jede Schraffurfläche ein separates Objekt. Bei der Editierung von bestehenden Schraffuren ist dieser Schalter in der Multifunktionsleiste mit SCHRAFFUREN TRENNEN bezeichnet.

Abstandstoleranz: Klicken Sie bei der Auswahl der Schraffurfläche in eine Fläche, deren umgrenzende Kontur nicht geschlossen ist, erscheint eine Fehlermeldung am Bildschirm. Bis AutoCAD 2004/LT 2004 hätten Sie jetzt suchen und alle Lücken schließen müssen. Nicht so seit AutoCAD 2005/LT 2005. Hier bekommen Sie zwar ebenfalls eine Fehlermeldung, aber mit Hinweisen wie Sie das Problem lösen können. Seit AutoCAD 2010 werden die offenen Stellen markiert (siehe Abbildung 8.10) und Sie sehen, wo nachgearbeitet werden sollte oder ob die Lücken ignoriert werden sollen. Wenn Sie einen Wert in Zeichnungseinheiten im Feld ABSTANDSTOLERANZ (im erweiterten Bereich der Multifunktionsleiste) eintragen oder am Schieberegler einstellen, werden Lücken die kleiner als dieser Wert sind ignoriert.

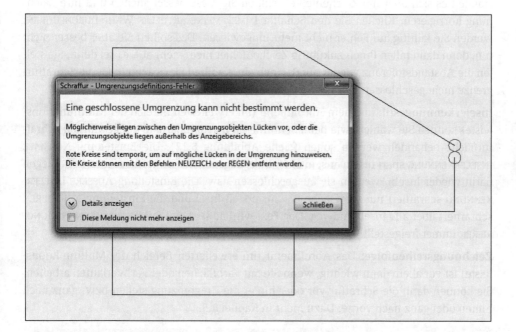

Abbildung 8.10: Meldung und Markierung bei nicht geschlossener Umgrenzung

Versuchen Sie es erneut und der Wert ist groß genug, bekommen Sie eine weitere Meldung (siehe Abbildung 8.11). Sie können aber jetzt den Fehler ignorieren, indem Sie auf SCHRAFFIEREN DIESER FLÄCHE FORTSETZEN klicken und die Schraffur wird korrekt ausgeführt. Die Lücke wird überbrückt, aber die Kontur nicht geschlossen.

Abbildung 8.11:
Warnung bei Lücken kleiner als die Abstandstoleranz

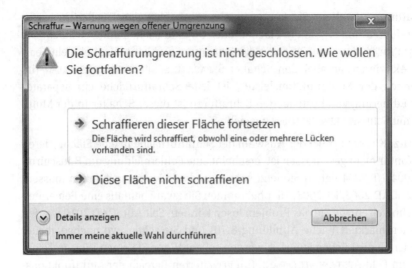

Haben Sie die Zeichnung von einem Fremdprogramm per DXF-Datei (siehe Kapitel 17.2) übernommen, können Sie damit Ungenauigkeiten bei der Datenübernahme korrigieren. Handelt es sich aber um Zeichenfehler, sollten Sie diese besser suchen und Ihre Zeichnung korrigieren. Klicken Sie den Schalter IMMER MEINE AKTUELLE WAHL DURCHFÜHREN, werden Sie künftig auf Fehler nicht mehr hingewiesen. Das sollten Sie aber besser nicht tun, denn dann fallen Ihnen zukünftig Zeichenfehler nicht mehr auf, es sei denn, Sie stellen die Abstandstoleranz wieder auf 0. Noch eines sollten Sie beachten: Ist die Schraffurgrenze nicht geschlossen, wird automatisch eine nicht assoziative Schraffur erstellt.

Inselerkennungsstil: In einem Abrollmenü (im erweiterten Bereich der Multifunktionsleiste) können Sie wählen, wie beim Schraffieren Inseln innerhalb der gewählten Schraffurfläche behandelt werden sollen (siehe Abbildung 8.12). Die Einstellung NORMALE INSELERKENNUNG spart Inseln aus, in einer Insel liegende Inseln werden schraffiert. Liegen darin wieder Inseln, werden sie ausgeschlossen usw. Die Einstellung ÄUSSERE INSELERKENNUNG schraffiert nur die Fläche bis zur ersten Insel und die Einstellung IGNORIEREN schraffiert über alle Inseln hinweg. Der Text wird außer beim Stil INSELERKENNUNG IGNORIEREN immer freigestellt.

Zeichnungsreihenfolge: Das Abrollmenü (im erweiterten Bereich der Multifunktionsleiste) ist vor allem dann wichtig, wenn Sie mit Farbflächen oder Farbverläufen arbeiten. Sie können dann die Schraffur vor oder hinter die Umgrenzung stellen bzw. ganz nach hinten oder ganz nach vorne. Dazu mehr in Kapitel 8.5.

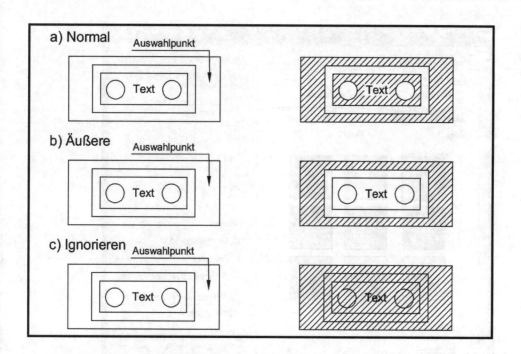

Abbildung 8.12: Auswirkung des Inselerkennungsstil

8.2 Gefüllte Flächen und Farbverläufe

In AutoCAD kann der Schraffur-Befehl auch zum Füllen von Flächen verwendet werden. Ein spezielles Schraffurmuster erzeugt gefüllte Flächen. Außerdem lassen sich mit der Schraffurfunktion auch Farbverläufe erzeugen.

Gefüllte Flächen

Sie haben in den Kapiteln 6.1 und 8.1 gesehen, wie Sie mit dem Befehl GSCHRAFF schraffieren. Lediglich ein anderes Muster müssen Sie verwenden, wenn Sie gefüllte Flächen erzeugen wollen. In der Gruppe EIGENSCHAFTEN der Multifunktionsleiste wählen Sie im Abrollmenü SCHRAFFURTYP den Typ *Kompakt*. Sie können auch den Typ *Muster* wählen und dann das Muster *Solid* verwenden, das Ergebnis ist dasselbe. Schraffieren Sie mit dem Dialogfeld, haben Sie den Typ *Kompakt* nicht. Da müssen Sie in jedem Fall das Muster *Solid* verwenden. Skalierfaktor und Winkel müssen nicht eingestellt werden, die Felder sind deshalb deaktiviert.

Schraffieren mit Farbverlauf

Farbverläufe sind eine Möglichkeit zur grafischen Überarbeitung von technischen Zeichnungen (siehe Abbildung 8.15). Die können Sie ebenfalls mit dem Schraffur-Befehl erstellen. In der Gruppe EIGENSCHAFTEN der Multifunktionsleiste wählen Sie im Abrollmenü SCHRAFFURTYP den Typ *Abstufung*. Sie können auch den Typ *Muster* verwenden und dann einen der Farbverläufe aus der Gruppe MUSTER wählen. Wenn Sie das Dialogfeld für die Schraffur verwenden, aktivieren Sie die Registerkarte ABSTUFUNG (siehe Abbildung 8.13).

Abbildung 8.13:
Dialogfeld zum Schraffieren, Register Abstufung

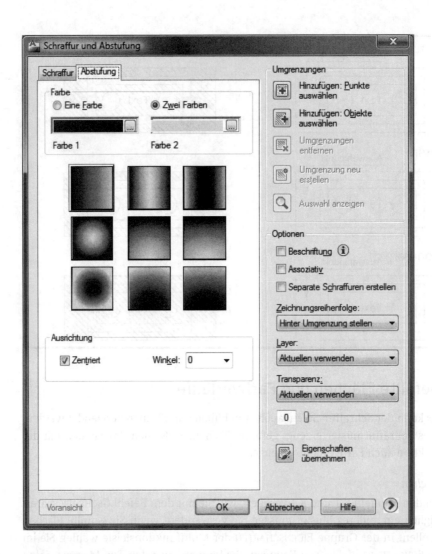

Befehl Abstuf

Dasselbe können Sie auch mit dem Befehl ABSTUF erreichen. Die Funktionen sind dieselben wie beim Schraffur-Befehl. Die entsprechenden Muster bzw. die Registerkarte im Dialogfeld sind dann schon vorgewählt. Sie finden den Befehl:

- Multifunktionsleiste: Symbol im Register START, Gruppe ZEICHNEN (erweiterter Bereich)
- Menüleiste ZEICHNEN, Funktion ABSTUFUNG...
- Symbol im Werkzeugkasten ZEICHNEN

In der Multifunktionsleiste wählen Sie den gewünschten Farbverlauf in der Gruppe MUSTER. Mit den Farbwählern in der Gruppe EIGENSCHAFTEN können Sie die beiden Grundfarben für den Verlauf wählen. Klicken Sie auf das Symbol vor der zweiten Farbe, wird diese deaktiviert, der Verlauf geht dann von der ersten Farbe zu einem helleren Ton dieser

Farbe. Am Schieberegler FÄRBUNG rechts daneben können Sie den Grad der Färbung einstellen. Je weiter der Regler nach rechts gestellt wird, desto heller wird der Farbton. Am Schieberegler darüber kann der Winkel des Farbverlaufs eingestellt werden. Ist der Schalter ZENTRIERT (Gruppe URSPRUNG) ein, bekommen Sie einen symmetrischen Verlauf. Wenn Sie diese Option ausgeschaltet haben, wird der Verlauf nach oben links verschoben, sodass der Eindruck entsteht, es würde sich links neben dem Objekt eine Lichtquelle befinden. Analog dazu können Sie die Einstellungen auch im Dialogfeld vornehmen (siehe Abbildung 8.13).

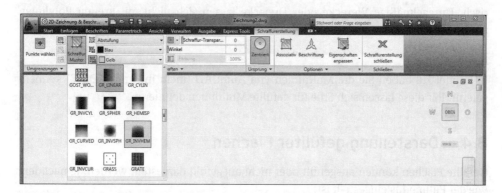

Abbildung 8.14:
Schraffieren mit Farbverläufen

Abbildung 8.15:
Farbverläufe in der Zeichnung

8.3 Andere gefüllte Flächen

Befehl Plinie

Wie Sie in Kapitel 7.1 schon gesehen haben, können Sie auch Polylinien als breite gefüllte Objekte zeichnen. Sie können für jedes Segment eine Start- und Endbreite eingeben. Dadurch erhalten Sie gefüllte Flächen. Um gefüllte Quadrate, Rechtecke oder Dreiecke zu erhalten, können Sie auch eine Polylinie zeichnen, die nur aus einem Segment besteht.

Bei der Polylinie wird die Mittellinie gezeichnet. Die Polylinie ist damit immer symmetrisch. Unregelmäßige Vierecke oder Dreiecke lassen sich nicht mit breiten Polylinien zeichnen.

Befehl Mlinie

In Kapitel 7.8 haben Sie die Multilinien von AutoCAD (nicht in AutoCAD LT) kennengelernt. Für diese lassen sich Stile für gefüllte Multilinien definieren.

8.4 Darstellung gefüllter Flächen

Gefüllte Flächen können ausgefüllt oder nicht ausgefüllt dargestellt werden, je nachdem wie der Füllmodus eingestellt ist.

Befehl Füllen

Mit dem Befehl FÜLLEN können Sie den Anzeigemodus von gefüllten Flächen umstellen. Tippen Sie den Befehl auf der Tastatur ein. Sie finden den Befehl nicht in den Menüs.

```
Befehl: Füllen
Modus eingeben [EIN/AUS] <Ein>:
```

Stellen Sie den Modus entsprechend ein.

Systemvariable Fillmode

Sie können den Modus auch mit einer Systemvariablen umstellen. Ob Sie den entsprechenden Befehl verwenden oder die Systemvariable direkt verändern, das Ergebnis ist dasselbe. Tippen Sie den Namen der Systemvariablen auf der Tastatur ein.

```
Befehl: Fillmode
Neuen Wert für FILLMODE eingeben <1>:
```

Geben Sie 0 für die ungefüllte Darstellung oder 1 für die gefüllte ein.

- *Wenn Sie den Füllmodus mit der Systemvariablen umschalten, werden erst beim nächsten Regenerieren alle Objekte im neuen Modus angezeigt. Verwenden Sie den Befehl REGEN, um die Objekte neu darzustellen.*
- *Der Füllmodus wirkt sich auch auf Schraffuren aus. Bei Flächen, die mit einem Linienmuster oder einem Muster aus der Schraffurbibliothek schraffiert wurden, wird mit dem Füllmodus die Schraffur ein- und ausgeschaltet.*

Wenn Sie Ihre Zeichnung nicht in der Draufsicht anzeigen, sondern von einem anderen Ansichtspunkt im Raum (siehe Kapitel 20.5), werden gefüllte Flächen nicht ausgefüllt dargestellt, auch wenn der Füllmodus eingeschaltet ist. Das gilt nicht für Schraffuren und mit dem Befehl GSCHRAFF erzeugte gefüllte Flächen. Sie werden aus jeder Perspektive angezeigt, wenn der Füllmodus eingeschaltet ist.

8.5 Zeichnungsreihenfolge

Gefüllte Flächen bringen aber ein weiteres Problem mit sich, wenn Sie eine Fläche mit einer Farbe unterlegen und auf dieser Fläche eine Beschriftung anbringen wollen. Die Beschriftung könnte also von der Füllung überdeckt werden. Sobald gefüllte Flächen verwendet werden, muss auch die Anzeigereihenfolge bestimmt werden. Diese Funktion ist außerdem wichtig, wenn Sie Bilddateien in der Zeichnung platzieren (siehe Kapitel 12). Auch hier müssen Sie bestimmen können, was oben und unten liegen soll.

Befehl Zeichreihenf

Mit dem Befehl ZEICHREIHENF können Sie die Lage der Objekte zueinander ändern und damit Objekte nach oben oder unten stellen.

- Multifunktionsleiste: Symbole in einem Flyout im Register START, Gruppe ÄNDERN
- Menüleiste EXTRAS, Untermenü ZEICHNUNGSREIHENFOLGE >, mit Funktionen für die einzelnen Optionen des Befehls
- Symbol im Werkzeugkasten ÄNDERN II
- Werkzeugkasten ZEICHNUNGSREIHENFOLGE, mit Symbolen für die einzelnen Optionen des Befehls
- Untermenü ZEICHNUNGSREIHENFOLGE im Kontextmenü bei markierten Objekten

```
Befehl: Zeichreihenf
Objekte wählen: Option für Objektreihenfolge eingeben
[üBer objekt/uNter objekt/Oben/Unten] <Unten>:
```

Mit den Optionen OBEN bzw. UNTER wird das Objekt über alle anderen bzw. unter alle anderen gelegt. Die Optionen ÜBER OBJEKT bzw. UNTER OBJEKT ordnen das gewählte Objekt über bzw. unter einem Referenzobjekt an. Bei einer weiteren Anfrage wählen Sie das Referenzobjekt.

```
üBer objekt/uNter objekt/Oben/<Unter>: z.B.: N für die Option uNter objekt
Referenzobjekt wählen: Objekt wählen, unter das das andere geschoben werden soll
```

Die Zeichenreihenfolge bleibt im Gegensatz zu früheren Versionen erhalten, wenn Sie die Objekte kopieren, verschieben, drehen usw. Auch müssen Sie nicht mehr immer wieder regenerieren, um die Objekte korrekt anzuzeigen.

Haben Sie ein Objekt markiert, finden Sie im Kontextmenü (mit der rechten Maustaste aktivieren) ein Untermenü mit den Optionen des Befehls ZEICHREIHENF. So können Sie diese auch ohne Befehlssuche schnell ändern.

Befehl Textnachvorne

Wollen Sie alle Texte und Bemaßungen auf einmal nach vorne stellen, verwenden Sie den Befehl TEXTNACHVORNE. Sie finden ihn wie folgt:

- Multifunktionsleiste: Symbole in einem Flyout im Register START, Gruppe ÄNDERN (siehe oben, Einträge nach der Trennlinie)
- Menüleiste EXTRAS, Untermenü ZEICHENREIHENFOLGE >, Untermenü TEXT UND BE-MASSUNGEN IN DEN VORDERGRUND STELLEN >, Untermenü mit Funktionen für die Optionen des Befehls

```
Befehl: Textnachvorne
Nach vorne bringen [Text/BEMaßungen/BEIde] <BEIde>:
```

Wählen Sie, ob Sie Texte, Bemaßungen oder beides in den Vordergrund bringen wollen.

Befehl Hatchtoback

Um die Schraffur in den Hintergrund zu bringen, können Sie den Befehl HATCHTOBACK verwenden. Sie finden ihn nur in der Multifunktionsleiste:

- Multifunktionsleiste: Symbol in einem Flyout im Register START, Gruppe ÄNDERN (siehe oben, letzter Eintrag)

Alle Schraffuren werden ohne weitere Anfragen in den Hintergrund gestellt.

Überdeckende Flächen

1. Öffnen Sie die Zeichnung *A08-02.dwg* aus Ihrem Übungsordner. Sie finden dort eine Zeichnung wie in Abbildung 8.16, links.
2. Schraffieren Sie die Ringe mit dem Muster *Solid*. Verwenden Sie beim linken Ring den Layer *Farbe1*, beim rechten Ring den Layer *Farbe2* und unten den Layer *Farbe3*. Stellen Sie dabei die Farbfläche gleich in den Hintergrund.
3. Schieben Sie die Objekte übereinander (siehe Abbildung 8.16, rechts). Die Objekte liegen jetzt in beliebiger Reihenfolge übereinander.
4. Sortieren Sie jetzt. Bringen Sie den linken Ring mit seiner Füllung mit dem Befehl ZEICHREIHENF ganz nach vorne, den unteren ganz nach hinten. Den rechten Ring platzieren Sie zwischen den beiden anderen Ringen. Platzieren Sie jetzt noch den Text mit dem Befehl TEXTNACHVORNE ganz oben. Das Ergebnis sollte wie in Abbildung 8.16, rechts aussehen.

Eine Lösung finden Sie im Ordner *Aufgaben: L08-02.dwg*.

Zeichnungsreihenfolge

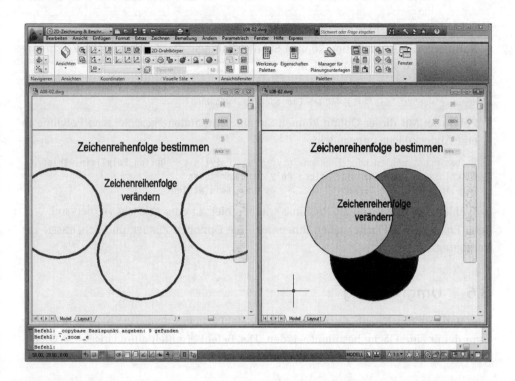

Abbildung 8.16:
Objekte anordnen

Befehl Abdecken

Mit dem Befehl ABDECKEN können Sie Teile der Zeichnung mit einer polygonalen Fläche in der Hintergrundfarbe abdecken. Die Fläche wird durch den Abdeckungsrahmen begrenzt, den Sie beispielsweise zum Bearbeiten aktivieren und zum Plotten deaktivieren können. Sie finden den Befehl:

- Multifunktionsleiste: Symbol im Register START, Gruppe ZEICHNEN (erweiterter Bereich), Symbol in einem Flyout im Register BESCHRIFTEN, Gruppe MARKIERUNG
- Menüleiste ZEICHNEN, Funktion ABDECKEN

```
Befehl: Abdecken
Ersten Punkt wählen oder [Rahmen/Polylinie] <Polylinie>: Punkt oder Option wählen
Nächsten Punkt angeben: Nächsten Punkt eingeben
Nächsten Punkt angeben oder [Zurück]: Nächsten Punkt eingeben
Nächsten Punkt angeben oder [Schließen/Zurück]: Nächsten Punkt eingeben
...
Nächsten Punkt angeben oder [Schließen/Zurück]:
```
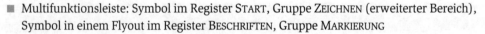 zum Beenden

Geben Sie nacheinander Stützpunkte für ein unregelmäßiges Vieleck ein und beenden Sie die Eingabe mit . Die Abdeckfläche wird erstellt und verdeckt die dahinter liegenden Objekte.

Außerdem stehen weitere Optionen zur Verfügung:

- **Rahmen:** Mit dieser Option können Sie den Rahmen aller Flächen in der Zeichnung aus- und auch wieder einblenden.

  `Ersten Punkt wählen oder [Rahmen/Polylinie] <Polylinie>:` `Option Rahmen wählen`
  `Modus eingeben [EIN/AUS] <AUS>:` `Ein oder Aus wählen`

- **Polylinie:** Mit dieser Option können Sie eine vorhandene geschlossene Polylinie in eine Abdeckfläche umwandeln.

  `Ersten Punkt wählen oder [Rahmen/Polylinie] <Polylinie>:` `Option Polylinie wählen`
  `Geschlossene Polylinie auswählen:` `Polylinie anklicken`
  `Polylinie löschen? [Ja/Nein] <Nein>:` `Ja oder Nein wählen`

Wählen Sie danach, ob die Polylinie erhalten bleiben oder gelöscht werden soll.

Beim Erstellen der Fläche stehen Ihnen auch die Optionen ZURÜCK und SCHLIESSEN zur Verfügung.

8.6 Umgrenzung

Eine Variante des Befehls GSCHRAFF ist der Befehl UMGRENZUNG. Wie bei der Schraffur kann damit eine Fläche bestimmt werden. Der Befehl ermittelt automatisch die Grenzkante, schraffiert die Fläche aber nicht, sondern zeichnet nur die Grenzkante nach.

Befehl Umgrenzung

Sie finden den Befehl:

- Multifunktionsleiste: Symbol im Register START, Gruppe ZEICHNEN (erweiterter Bereich)
- Menüleiste ZEICHNEN, Funktion UMGRENZUNG...

Die Einstellungen für den Befehl können Sie in einem Dialogfeld vornehmen (siehe Abbildung 8.17).

Abbildung 8.17:
Dialogfeld für die Umgrenzung

Sie können im Abrollmenü OBJEKTTYP wählen, ob Sie als Umgrenzung eine Polylinie oder eine Region (siehe Kapitel 8.7) haben wollen. Im Feld UMGRENZUNGSSATZ können Sie in einem weiteren Abrollmenü wählen, ob Sie alle Objekte im aktuellen Ansichtsfenster für die Erzeugung der Umgrenzung heranziehen wollen. Bei großen Zeichnungen kann es sinnvoll sein, die Einstellung VORHANDENER SATZ zu wählen.

Dazu müssen Sie aber zuerst die Objekte wählen, aus denen die Umgrenzung gebildet werden soll. Mit dem Symbol NEU rechts neben dem Abrollmenü können Sie die Objekte in der Zeichnung wählen.

Jetzt müssen Sie nur noch das obere Symbol PUNKTE AUSWÄHLEN anklicken. Das Dialogfeld verschwindet und Sie werden aufgefordert, einen Punkt zu wählen. Klicken Sie einen Punkt in der Fläche an, um die Sie die Umgrenzung haben wollen. Sie können auch Punkte in mehreren benachbarten Flächen anklicken. Damit erhalten Sie die Umgrenzung.

```
Internen Punkt wählen: Punkt in der Fläche anklicken
Internen Punkt wählen: eventuell Punkt in einer weiteren Fläche anklicken
...
Internen Punkt wählen: [↵]
UMGRENZUNG hat 1 Polylinie erstellt.
```

Die Umgrenzung wird auf dem aktuellen Layer gezeichnet.

- Den Befehl UMGRENZUNG können Sie zum Ausmessen von geschlossenen Flächen verwenden. Erstellen Sie für diesen Zweck eine Umgrenzung mit einer Polylinie. Mit den Befehlen LISTE oder BEMGEOM (siehe Kapitel 6.2) können Sie sich die Fläche anzeigen lassen, die von der Polylinie eingeschlossen ist.
- Sie können aber auch eine Region erzeugen (siehe Kapitel 8.7). Dann erhalten Sie mit dem Befehl MASSEIG noch weitergehende Informationen. Vor allem werden bei Regionen eingeschlossene Inseln bei der Flächenberechnung automatisch abgezogen.
- Benötigen Sie eine geschlossene Kontur für die NC-Bearbeitung, so können Sie diese schnell mit dem Befehl UMGRENZUNG erzeugen.

Umgrenzung für Flächenberechnung

1. Öffnen Sie die Zeichnung *A08-03.dwg* aus Ihrem Übungsordner. Sie enthält die Zeichnung aus Abbildung 8.18.
2. Lassen Sie sich mit dem Befehl UMGRENZUNG eine Polylinie um die gekennzeichnete Fläche zeichnen und ermitteln Sie mit dem Befehl FLÄCHE die Fläche unter der Polylinie.

   ```
   Befehl: Fläche
   Ersten Eckpunkt angeben oder [Objekt/Addieren/Subtrahieren]: O für Objekt
   Objekte auswählen: Umgrenzung anklicken
   Fläche = 7444.60, Umfang = 435.27
   ```
3. Löschen Sie die Polylinie wieder und lassen Sie sich eine neue zeichnen. Klicken Sie diesmal die drei gekennzeichneten Punkte an und Sie bekommen drei Regionen oder Polylinien. Messen Sie auch hiervon die Fläche. Verwenden Sie beim Befehl FLÄCHE die Option ADDIEREN zusammen mit der Option OBJEKT (siehe Kapitel 6.2).

Abbildung 8.18:
Umgrenzung zur Flächenberechnung

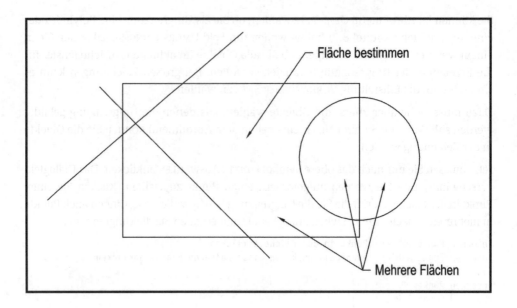

8.7 Regionen erstellen

Jedes geschlossene 2D-Objekt kann in eine Region umgewandelt werden. Das ist möglich mit einem geschlossenen Linienzug, einer geschlossenen Kontur aus Linien und Bögen, einer geschlossenen Polylinie aus Linien und Bogensegmenten (nicht mit 3D-Polylinien), einem Kreis, einem Polygon, einem geschlossenen Spline oder einer Ellipse.

Befehl Region

Regionen können Sie mit dem Befehl REGION erstellen. Sie finden ihn:

- Multifunktionsleiste: Symbol im Register START, Gruppe ZEICHNEN (erweiterter Bereich)
- Menüleiste ZEICHNEN, Funktion REGION
- Symbol im Werkzeugkasten ZEICHNEN

```
Befehl: Region
Objekte wählen: Objekte wählen
..
Objekte wählen: ↵
1 Kontur extrahiert. 1 Region erstellt.
```

Haben Sie eines oder mehrere der oben aufgeführten Objekte gewählt, werden diese in einzelne Regionen umgewandelt. Sie haben jetzt beispielsweise keinen Linienzug mehr, sondern eine zusammenhängende Region. Haben Sie Polylinien mit einer Breite gewählt, wird die Breite gelöscht. Die Mittellinie der Polylinie wird zur Kontur der Region.

Befehl Ursprung bei Regionen

Regionen können Sie mit dem Befehl URSPRUNG wieder zerlegen:

- Multifunktionsleiste: Symbol im Register START, Gruppe ÄNDERN
- Menüleiste ÄNDERN, Funktion URSPRUNG
- Symbol im Werkzeugkasten ÄNDERN

```
Befehl: Ursprung
Objekte wählen: Regionen wählen
```

Wählen Sie eine oder mehrere Regionen und sie werden wieder in ihre ursprünglichen Bestandteile zerlegt: Linien, Bögen, Kreise oder Splines. Eine Ausnahme bilden Regionen, die aus Polylinien erzeugt wurden. Da die Information, aus welchen Objekten die Polylinie erzeugt wurde, nicht in der Region gespeichert ist, werden solche Regionen in einzelne Liniensegmente und Bögen zerlegt.

8.8 Regionen analysieren

Ein Vorteil der Regionen ist, dass Sie wesentlich mehr Informationen abfragen können als über einfache Linienzüge oder Polylinien.

Befehl Liste bei Regionen

Mit dem Befehl LISTE (siehe Kapitel 6.2) können Sie die Informationen abfragen.

```
Befehl: Liste
Objekte wählen: eine oder mehrere Regionen wählen
Objekte wählen: ⏎
     REGION      Layer: 0
     Bereich: Modellbereich
     Referenz = FA
     Fläche: 12350.0000
     Umfang: 574.1421
Begrenzungsrahmen: Untere Begrenzung X=140, Y=80, Z=0
                   Obere Begrenzung X=290, Y=190, Z=0
```

Fläche und Umfang hätten Sie auch erhalten, wenn Sie die Objekte in eine Polylinie umgewandelt hätten. Bei einer Region haben Sie die Informationen in jedem Fall. Zusätzlich wird Ihnen der Begrenzungsrahmen angezeigt. Das sind die maximalen Abmessungen des Objekts: der linke untere Punkt und der rechte obere. Diese Informationen können Sie als Verpackungsmaß verwenden.

Befehl Masseig bei Regionen

Ein Befehl, der eigentlich für 3D-Volumenkörper gedacht ist (siehe Kapitel 21.6 bis 21.9), liefert noch weitergehende Informationen zu Regionen: der Befehl MASSEIG. Wählen Sie ihn:

- Menü EXTRAS, Untermenü ABFRAGE >, Funktion REGION-/MASSENEIGENSCHAFTEN
- Symbol im Werkzeugkasten ABFRAGE

```
Befehl: Masseig
Objekte wählen: eine oder mehrere Regionen wählen
Objekte wählen: [↵]
 ---------------    REGIONEN    ---------------
Fläche:              12350
Umfang:              574
Begrenzungsrahmen:   X: 140 -- 290
                     Y:  80 -- 190
Schwerpunkt:         X: 207
                     Y: 130
Trägheitsmomente:    X: 223084166
                     Y: 551925833
Deviationsmoment:    XY: 329674583
Trägheitsradien:     X: 134
                     Y: 211
Hauptträgheitsmomente und X-Y-Richtung um Schwerpunkt:
                     I:  8844174 entlang [0.90 -0.43]
                     J: 23208459 entlang [0.43 0.90]
In Datei schreiben ? [Ja/Nein]:
```

Sie bekommen mit diesem Befehl zusätzlich Informationen über Schwerpunkt und Trägheitsmomente angezeigt. Die Informationen können Sie zur weiteren Verwendung in eine Textdatei schreiben lassen. Geben Sie dazu auf die letzte Anfrage JA oder nur J ein.

8.9 Regionen verknüpfen

Der eigentliche Vorteil von Regionen liegt darin, dass Sie mit booleschen Operationen verknüpft werden können. Damit lässt sich in vielen Fällen einfacher konstruieren, und Fläche, Umfang, Schwerpunkt usw. erhält man gleich mit. Die Befehle sind identisch mit denen, die bei den Volumenkörpern verwendet werden (siehe Kapitel 21.7).

Befehl Vereinig

Mit dem Befehl VEREINIG machen Sie aus mehreren Regionen eine Gesamtregion (siehe Abbildung 8.19, a). Sie finden den Befehl:

- Multifunktionsleiste: nur im Arbeitsbereich *3D-Modellierung* in AutoCAD verfügbar
- Menü ÄNDERN, Untermenü VOLUMENKÖRPER BEARBEITEN > (REGION > in AutoCAD LT), Funktion VEREINIGUNG
- Symbol im Werkzeugkasten VOLUMENKÖRPER BEARBEITEN (nicht in AutoCAD LT)

```
Befehl: Vereinig
Objekte wählen: eine oder mehrere Regionen wählen
Objekte wählen: weitere Regionen wählen
..
Objekte wählen: [↵]
```

Regionen verknüpfen

Befehl Differenz

Der Befehl DIFFERENZ subtrahiert von einer oder mehreren Regionen einen zweiten Satz von Regionen (siehe Abbildung 8.19, b). Damit bringen Sie Aussparungen und Bohrungen an einer Region an.

- Multifunktionsleiste: nur im Arbeitsbereich *3D-Modellierung* in AutoCAD verfügbar
- Menü ÄNDERN, Untermenü VOLUMENKÖRPER BEARBEITEN > (REGION > in AutoCAD LT), Funktion DIFFERENZ
- Symbol im Werkzeugkasten VOLUMENKÖRPER BEARBEITEN (nicht in AutoCAD LT)

```
Befehl: Differenz
Volumenkörper oder Region, von denen subtrahiert werden soll, wählen...
Objekte wählen: eine oder mehrere Regionen wählen
..
Objekte wählen: [↵]
Volumenkörper oder Region für Subtraktion wählen...
Objekte wählen: eine oder mehrere Regionen wählen
..
Objekte wählen: [↵]
```

Befehl Schnittmenge

Mit dem Befehl SCHNITTMENGE bilden Sie die Region, die von überlagernden Regionen eingenommen wird. Herausfallende Teile einzelner Regionen werden entfernt (siehe Abbildung 8.19, c). Verwenden Sie den Befehl, wenn Sie eine Region auf eine maximale Ausdehnung begrenzen oder mit einer bestimmten Form ausstanzen wollen.

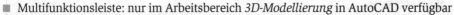

- Multifunktionsleiste: nur im Arbeitsbereich *3D-Modellierung* in AutoCAD verfügbar
- Menü ÄNDERN, Untermenü VOLUMENKÖRPER BEARBEITEN > (REGION > in AutoCAD LT), Funktion SCHNITTMENGE
- Symbol im Werkzeugkasten VOLUMENKÖRPER BEARBEITEN (nicht in AutoCAD LT)

```
Befehl: Schnittmenge
Objekte wählen: eine oder mehrere Regionen wählen
Objekte wählen: weitere Regionen wählen
..
Objekte wählen: [↵]
```

Verknüpfung von Regionen

1. Laden Sie die Zeichnung *A08-04.dwg* aus dem Ordner *Aufgaben*.
2. Machen Sie aus den Objekten Regionen und verknüpfen Sie Regionen wie in Abbildung 8.19.

Die Lösung finden Sie in Ihrem Übungsordner: *L08-04.dwg*.

- *Mit den Befehlen FASE und ABRUNDEN können die Ecken von Regionen nicht bearbeitet werden.*
- *Sie können Regionen als Geometrie für die Volumenkörperbefehle EXTRUSION und ROTATION verwenden (siehe Kapitel 21.6 bis 21.9).*

Abbildung 8.19:
Verknüpfung von Regionen

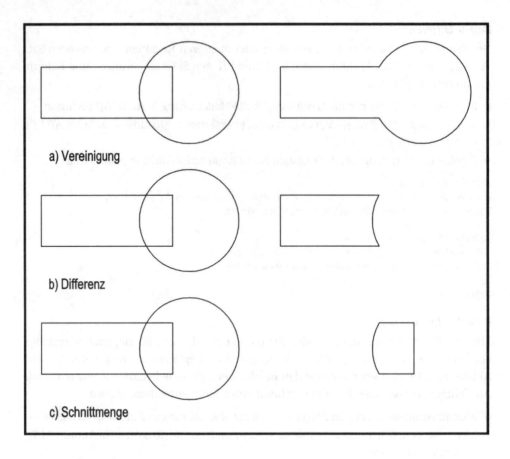

8.10 2D-Konstruktionen aus Regionen

Viele 2D-Konstruktionen lassen sich einfacher ausführen, wenn sie aus Regionen erstellt werden. Zwei Beispiele für diese Möglichkeiten:

Konstruktion eines Zahnrads

1. Laden Sie die Datei *A08-05.dwg* aus dem Ordner *Aufgaben* (siehe Abbildung 8.20). Darin finden Sie die Grundkontur für das Zahnrad.
2. Verwenden Sie den Befehl REIHE mit der Option POLAR und erzeugen Sie aus dem kleinen Kreis eine Anordnung von 16 Kreisen.
3. Wandeln Sie alle Objekte in Regionen um. Die Mittellinien werden nicht umgewandelt.
4. Subtrahieren Sie alle kleinen Kreise von dem großen Kreis und Sie haben ein Zahnrad. Subtrahieren Sie jetzt den Kreis und das Rechteck in der Mitte vom Zahnrad. Ihr Zahnrad sieht wie in Abbildung 8.21 aus. Sie haben eine Lösung im Übungsordner: *L08-05.dwg*.

5. Berechnen Sie Umfang und Fläche und ermitteln Sie den Schwerpunkt und die Trägheitsmomente. Zerlegen Sie das Zahnrad mit dem Befehl URSPRUNG, wenn Sie es weiter bearbeiten wollen.

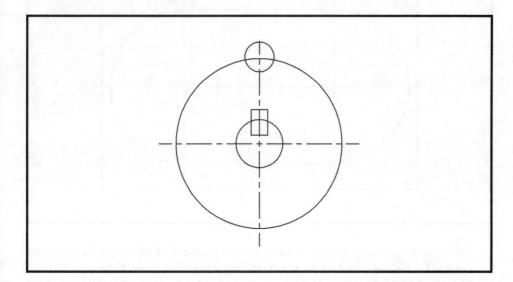

Abbildung 8.20:
Grundkonturen für ein Zahnrad

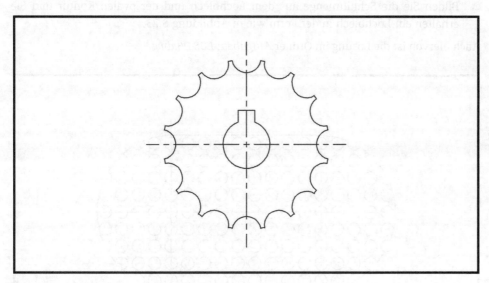

Abbildung 8.21:
Zahnrad aus Regionen

Zeichnen einer Platte aus Lochblech

1. Laden Sie jetzt aus dem Ordner *Aufgaben* die Zeichnung *A08-06.dwg* (siehe Abbildung 8.22), die Konturen für das Lochblech.
2. Verwenden Sie den Befehl REIHE mit der Option RECHTECK und erzeugen Sie aus dem kleinen Kreis eine Anordnung aus 11 Zeilen und 18 Spalten mit Abstand -10 bzw. 10. Wandeln Sie alle Objekte in Regionen um.

Abbildung 8.22:
Grundkonturen für das Lochblech

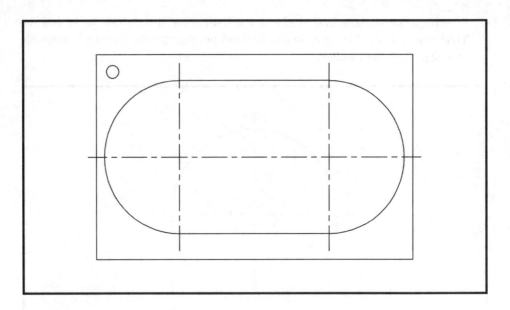

3. Subtrahieren Sie alle kleinen Kreise von dem Rechteck. Nun haben Sie ein rechteckiges Lochblech, aus dem Sie jede beliebige Form ausstanzen können.
4. Bilden Sie die Schnittmenge aus dem Lochblech und der ovalen Kontur und Sie erhalten ein Lochblech in der Form wie in Abbildung 8.23.

Auch hiervon ist die Lösung im Ordner *Aufgaben*: *L08-06.dwg*.

Abbildung 8.23:
Ausgestanztes Lochblech

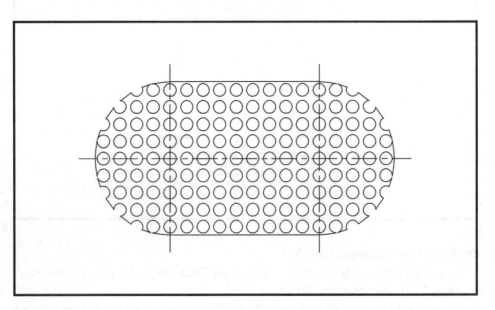

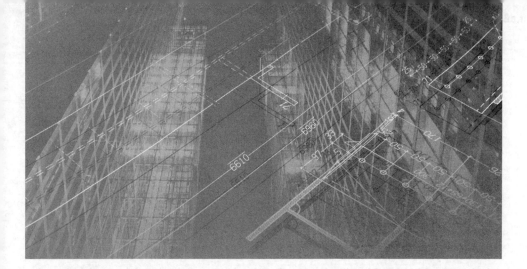

Kapitel 9
Bemaßungen und Stile

Nachdem Sie in Kapitel 6 die elementaren Bemaßungsbefehle kennengelernt haben, werden Sie sich in diesem Kapitel mit den restlichen beschäftigen. Außerdem erfahren Sie alles über Bemaßungsstile.

9.1 Koordinatenbemaßung

In AutoCAD steht Ihnen eine Funktion für die Koordinatenbemaßung zur Verfügung. Damit kann eine Koordinate, bezogen auf den Koordinatennullpunkt, auf einer Führungslinie in die Zeichnung eingetragen werden.

Befehl Bemordinate

Mit dem Befehl BEMORDINATE können Sie Koordinatenmaße in der Zeichnung platzieren. Sie finden den Befehl:

- Multifunktionsleiste: Symbol in einem Flyout im Register START, Gruppe BESCHRIFTUNG; Symbol in einem Flyout im Register BESCHRIFTEN, Gruppe BEMASSUNGEN
- Menüleiste BEMASSUNG, Funktion KOORDINATENBEMASSUNG
- Symbol im Werkzeugkasten BEMASSUNG

Voraussetzung ist, dass Sie das Benutzerkoordinatensystem setzen, denn die gewählten Punkte werden auf den Koordinatenursprung vermaßt.

```
Befehl: Bemordinate
Funktionsposition angeben: zu bemaßenden Punkt anklicken
Endpunkt der Führungslinie angeben oder [Xdaten/Ydaten/Mtext/Text/Winkel]: Position des
Maßtextes angeben
Maßtext = 100.00
```

341

Wählen Sie den zu bemaßenden Punkt mit dem Objektfang und klicken Sie einen Endpunkt für die Führungslinie an. Fahren Sie mit der Führungslinie nach rechts oder links, wird das y-Maß eingetragen. Wenn Sie nach oben oder unten wegfahren, wird das x-Maß gesetzt. Mit der Option XDATEN oder YDATEN wird das Maß als x- oder y-Koordinate eingetragen, egal wo Sie den Endpunkt der Führungslinie positionieren.

```
Endpunkt der Führungslinie angeben oder [Xdaten/Ydaten/Mtext/Text/Winkel]: z.B.:
Option Xdaten
Endpunkt der Führungslinie angeben oder [Xdaten/Ydaten/Mtext/Text/Winkel]: Position des
Maßtextes angeben
Maßtext = 100
```

Mit der Option MTEXT kann der Maßtext im Texteditor geändert werden und mit der Option TEXT im Befehlszeilenfenster. Bei der letzten Zeile handelt es sich um eine Anzeige. An der Stelle können Sie keine Änderung mehr vornehmen.

TIPP

Es ist sinnvoll, bei der Koordinatenbemaßung den Ortho-Modus bzw. besser noch den Polarfang einzustellen. Ansonsten ergibt sich ein Knick in der Führungslinie. Aus Platzgründen kann das zwar manchmal erforderlich sein, Sie können dann den Ortho-Modus mit der Funktionstaste F8 *oder den Polarfang mit der Funktionstaste* F10 *ausschalten.*

Abbildung 9.1:
Zeichnung mit Koordinatenbemaßung

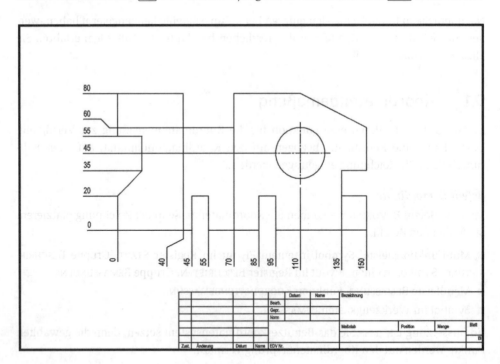

STEP

Zeichnung mit Koordinatenmaßen
1. Laden Sie die Zeichnung *A09-01.dwg* aus dem Ordner *Aufgaben*.
2. Setzen Sie ein Benutzerkoordinatensystem an die linke untere Ecke des Teils und schalten Sie den Ortho-Modus ein.

3. Bemaßen Sie die x-Koordinaten an der Unterseite und die y-Koordinaten an der linken Seite (siehe Abbildung 9.1). Wenn ein Maß keinen Platz hat, schalten Sie den Ortho-Modus zwischendurch aus.
4. Danach aktivieren Sie wieder das Weltkoordinatensystem.

Eine Lösung finden Sie auch im Ordner *Aufgaben*: *L09-01.dwg*.

9.2 Bogenlängen und verkürzte Radiusbemaßung

Zwei spezielle Befehle haben Sie noch für das Bemaßen von Bögen und Kreisen.

Befehl Bembogen

Mit dem Befehl BEMBOGEN können Sie die Länge eines Bogens oder Kreisabschnitts bemaßen. Sie finden den Befehl wie folgt:

- Multifunktionsleiste: Symbol in einem Flyout im Register START, Gruppe BESCHRIFTUNG; Symbol in einem Flyout im Register BESCHRIFTEN, Gruppe BEMASSUNGEN
- Menüleiste BEMASSUNG, Funktion BOGENLÄNGE
- Symbol im Werkzeugkasten BEMASSUNG

```
Befehl: Bembogen
Bogen- oder Polylinienbogensegment auswählen: Bogensegment anklicken
Position der Bogenlängenbemaßung angeben, oder
[Mtext/Text/Winkel/Partiell/Führung]: Position der Bemaßung oder Option wählen
Maßtext = 220.50
```

Der Befehl akzeptiert bei der Auswahl nur Bogensegmente. Klicken Sie den Bogen an und platzieren Sie das Maß (siehe Abbildung 9.2, oben links). Wie bei allen anderen Bemaßungsbefehlen stehen Ihnen die Optionen MTEXT (zur Bearbeitung des Textes im Texteditor), TEXT (zur Bearbeitung des Textes in der Befehlszeile) und WINKEL (zur Drehung des Textes im angegebenen Winkel) zur Verfügung. Zudem haben Sie zwei spezielle Optionen bei diesem Befehl:

- **Partiell:** Bemaßt nur einen Teil des Bogens. Dazu müssen Sie zwei Punkte auf dem Bogen mit dem Objektfang abgreifen können (siehe Abbildung 9.2, oben Mitte).

  ```
  Position der Bogenlängenbemaßung angeben, oder
  [Mtext/Text/Winkel/Partiell/Führung]: P für Partiell
  Ersten Punkt der Bogenlängenbemaßung angeben: Punkt fangen
  Zweiten Punkt der Bogenlängenbemaßung angeben: Zweiten Punkt fangen
  Position der Längenbemaßung festlegen, oder [Mtext/Text/Winkel/tEilweise]: Position
  bestimmen oder Option wählen
  Maßtext = 119.2
  ```

  Bei der letzten Abfrage bestimmen Sie die Position der Maßlinie. Außerdem erhalten Sie die gleichen Optionen wie oben. Mit der Option TEILWEISE können Sie die Punkte neu bestimmen.

- **Führung:** Mit dieser Option wird eine Führungslinie von der Maßlinie zum bemaßten Bogen gezeichnet (siehe Abbildung 9.2, oben rechts).

Befehl Bemverkürz

Wenn Sie einen Bogen oder Kreis mit einem relativ großen Radius bemaßen, kann es sehr störend sein, dass die Maßlinie bis zum Mittelpunkt gezogen wird. Mit dem Befehl BEM-VERKÜRZ können Sie dies verhindern und die Maßlinie nur bis zu einem wählbaren Punkt ziehen. Sie finden den Befehl wie folgt:

- Multifunktionsleiste: Symbol in einem Flyout im Register START, Gruppe BESCHRIFTUNG; Symbol in einem Flyout im Register BESCHRIFTEN, Gruppe BEMASSUNGEN
- Menüleiste BEMASSUNG, Funktion VERKÜRZT
- Symbol im Werkzeugkasten BEMASSUNG

```
Befehl: Bemverkürz
Bogen oder Kreis wählen: Objekt anklicken
Überschreibung der mittleren Position angeben: Länge der Maßlinie angeben
Maßtext = 265.00
Position der Bemaßungslinie angeben oder [Mtext/Text/Winkel]: Position angeben, an der
die Maßlinie auf den Bogen trifft
Verkürzungsposition angeben: Position der Knickstelle und des Textes angebem
```

Zunächst klicken Sie das zu bemaßende Objekt an, danach klicken Sie einen Punkt an, der die Länge der Maßlinie bestimmt. Jetzt benötigen Sie noch den Punkt, an dem die Maßlinie und der Pfeil auf das Objekt treffen, und die Stelle, an der der Knick gezeichnet und der Maßtext platziert wird (siehe Abbildung 9.2, unten). Wie bei den anderen Bemaßungsbefehlen haben Sie bei der vorletzten Abfrage wieder die Optionen MTEXT (zur Bearbeitung des Textes im Texteditor), TEXT (zur Bearbeitung des Textes in der Befehlszeile) und WINKEL (zur Drehung des Textes im angegebenen Winkel).

Bemaßen von Bögen

1. Zeichnen Sie Bögen wie in Abbildung 9.2.

Abbildung 9.2: Bogenbemaßung und verkürzte Radiusbemaßung

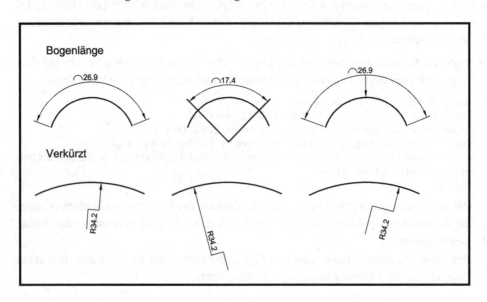

2. Bemaßen Sie mit dem Befehl BEMBOGEN und den verschiedenen Optionen wie im oberen Teil von Abbildung 9.2
3. Bemaßen Sie mit dem Befehl BEMVERKÜRZ wie im unteren Teil der Abbildung 9.2

9.3 Schnellbemaßung

Richtig komfortabel ist die Schnellbemaßung, doch leider kann sie nur selten verwendet werden. Damit können Sie ein komplettes Objekt auf einmal bemaßen. Diese Funktion steht in Ihnen nur in AutoCAD zur Verfügung.

Befehl Sbem

Mit dem Befehl SBEM können Sie mit verschiedenen Bemaßungsarten eine komplette Maßkette auf einmal erzeugen. Sie finden den Befehl:

- Multifunktionsleiste: Symbol im Register BESCHRIFTEN, Gruppe BEMASSUNGEN
- Menüleiste BEMASSUNG, Funktion SCHNELLBEMASSUNG
- Symbol im Werkzeugkasten BEMASSUNG

```
Befehl: Sbem
Geometrie für Bemaßung wählen: Fenster aufziehen oder Objekt anklicken
Geometrie für Bemaßung wählen: ⏎
Position der Bemaßungslinie angeben oder
[Ausgezogen/Versetzt/Basislinie/Koordinaten/Radius/
Durchmesser/bezugsPunkt/BEarbeiten/Einstellungen] <Ausgezogen>:
```

Wählen Sie die Geometrie, die Sie bemaßen wollen, indem Sie ein Fenster aufziehen und das komplette Teil auswählen. Sie können auch die Objekte, die Sie bemaßen wollen, einzeln anklicken oder nach dem Fenster weitere Punkte anklicken. Die Auswahl der zu bemaßenden Punkte beenden Sie mit ⏎. Bemaßt werden Endpunkte von Linien, Zentrumspunkte von Kreisen und Bögen, sowie die entsprechenden Punkte bei Polylinien.

Haben Sie alle Objekte gewählt, wird die Maßkette angezeigt und Sie können die Position der Bemaßungslinie bestimmen. Fahren Sie links oder rechts vom Teil weg, wird eine vertikale Maßkette erzeugt. Wenn Sie nach oben oder unten wegfahren, wird eine horizontale Maßkette erzeugt.

An dieser Stelle ist es noch möglich, die Bemaßungsart zu wechseln. Folgende Möglichkeiten stehen zur Auswahl (siehe Abbildung 9.3):

- **Ausgezogen:** Erstellt die Maße als Kettenmaß wie mit der Bemaßungsfunktion WEITER (siehe Abbildung 9.3, a).
- **Versetzt:** Erstellt die Maße symmetrisch von innen nach außen. Diese Form eignet sich für rotationssymmetrische Teile (siehe Abbildung 9.3, d).
- **Basislinie:** Erstellt die Maße als Bezugsmaß wie mit der Bemaßungsfunktion BASISLINIE (siehe Abbildung 9.3, b).
- **Koordinaten:** Erstellt die Maße als Koordinatenmaße wie mit der Bemaßungsfunktion BEMORDINATE (siehe Abbildung 9.3, c).

- **Radius:** Bemaßung nur der Radien von Kreisen und Bögen, die sich in der Auswahl befunden haben (siehe Abbildung 9.3, e).
- **Durchmesser:** Bemaßung nur der Durchmesser von Kreisen und Bögen, die sich in der Auswahl befunden haben (siehe Abbildung 9.3, f).

In allen diesen Fällen werden Sie nach der Wahl der Option wieder nach der Position der Bemaßungslinie gefragt.

```
Position der Bemaßungslinie angeben oder
[Ausgezogen/Versetzt/Basislinie/Koordinaten/Radius/Durchmesser/bezugsPunkt/
BEarbeiten] <Ausgezogen>:
```

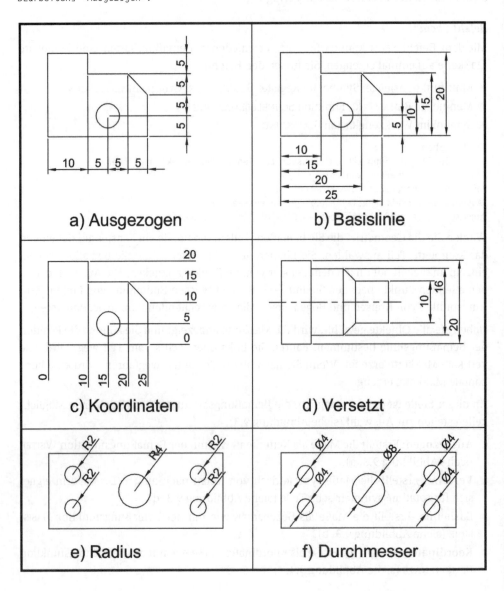

Abbildung 9.3: Verschiedene Bemaßungsarten bei der Schnellbemaßung

Schnellbemaßung

Auch jetzt wird das Maß dynamisch angezeigt. Wenn Sie falsch gewählt haben, können Sie durch die Wahl einer anderen Option die Bemaßungsart noch einmal wechseln. Bei Radius- und Durchmessermaßen bekommen Sie nichts angezeigt. Hier wählen Sie die Position der Bemaßungslinie mit der Pickbox an einem Kreis bzw. Bogen. Alle Maße werden dann in dieser Richtung gezeichnet.

> **TIPP**
> *Beachten Sie, dass alle gewählten Objekte bemaßt werden, auch die Endpunkte von Mittellinien. Bei der automatischen Auswahl mit dem Fenster, schalten Sie die Layer mit den nicht gewünschten Objekten aus oder klicken Sie die Objekte einzeln an.*

Mit zwei weiteren Optionen können Sie das Maß weiter beeinflussen:

- **Bezugspunkt:** Damit legen Sie den Bezugspunkt für die Bemaßungsart BASISLINIE fest sowie den Nullpunkt bei der Bemaßungsart KOORDINATEN.
- **Bearbeiten:** Haben Sie das komplette Teil mit einem Fenster gewählt, können Sie mit dieser Option die Punkte, die bemaßt werden sollen, bearbeiten. Alle ausgewählten Punkte werden in der Zeichnung mit einem Kreuz gekennzeichnet.

```
Position der Bemaßungslinie angeben oder
[Ausgezogen/Versetzt/Basislinie/Koordinaten/Radius/Durchmesser/
bezugsPunkt/BEarbeiten] <Ausgezogen>: Option Bearbeiten
Zu entfernenden Bemaßungspunkt kennzeichnen oder [Hinzufügen/eXit] <eXit>: Markierten
Punkt anklicken
Ein Bemaßungspunkt entfernt.
Zu entfernenden Bemaßungspunkt kennzeichnen oder [Hinzufügen/eXit] <eXit>:
```

Sie können jetzt nacheinander die Punkte anklicken, die nicht bemaßt werden sollen. Das Markierungskreuz wird dann entfernt. Wollen Sie nicht gewählte Punkte bemaßen, wählen Sie die Option HINZUFÜGEN.

```
Zu entfernenden Bemaßungspunkt kennzeichnen oder [Hinzufügen/eXit] <eXit>: Option
Hinzufügen
Hinzuzufügenden Bemaßungspunkt kennzeichnen oder [Entfernen/eXit] <eXit>: Nicht
markierten Punkt anklicken
Ein Bemaßungspunkt hinzugefügt.
Hinzuzufügenden Bemaßungspunkt kennzeichnen oder [Entfernen/eXit] <eXit>:
```

Klicken Sie Punkte an, die kein Kreuz haben, werden diese als Bemaßungspunkte genommen und mit einem Kreuz versehen. Sie können beliebig oft mit den Optionen HINZUFÜGEN und ENTFERNEN zwischen diesen beiden Modi umschalten. Mit der Option EXIT beenden Sie den Bearbeitungsmodus und gelangen wieder zur vorherigen Anfrage.

Wenn Sie die Position der Bemaßungslinie festgelegt haben, wird das komplette Maß gezeichnet.

Einstellungen: Damit legen Sie den Vorgabe-Objektfang für die Auswahl der zu bemaßenden Punkte fest. Folgende Anfrage erscheint:

```
Priorität der assoziativen Bemaßung [Endpunkt/Schnittpunkt]:
```

Wählen Sie die gewünschte Option.

- *Wenn Sie bei einer Schnellbemaßung bereits vorhandene Maße bei der Auswahl der Geometrie für die Bemaßung mitwählen, werden diese gelöscht und durch die neuen Maße ersetzt.*
- *Wenn Sie eine zweite Maßkette an einem Teil anbringen, müssen Sie das Fenster von links nach rechts aufziehen. Sonst wird die bereits vorhandene Maßkette entfernt.*
- *Sie können natürlich auch bewusst Maße bei der Auswahl mit aufnehmen, um diese zu entfernen, und andere aus der Auswahl entfernen, um diese in der Zeichnung zu lassen.*

Schnellbemaßungen erzeugen

1. Laden Sie die Zeichnung *A09-02.dwg* aus dem Ordner *Aufgaben*.
2. Bringen Sie die Schnellbemaßungen wie in Abbildung 9.2 an.
3. Beachten Sie, dass Sie bei a), b) und c) bei der Geometriewahl der zweiten Maßkette das Fenster richtig aufziehen.
4. Bei der Koordinatenbemaßung sollten Sie zuerst mit der Option BEZUGSPUNKT den Nullpunkt setzen.
5. Beachten Sie, dass bei d) die Mittellinie nicht in die Auswahl der Geometrie aufgenommen werden sollte.

Das Ergebnis sollte wie in Abbildung 9.2 aussehen. Das Muster finden Sie im Ordner *Aufgaben*: die Zeichnung *L09-02.dwg*.

9.4 Form- und Lagetoleranzen sowie Prüfmaße

Mit dem Befehl TOLERANZ können Sie Form- und Lagetoleranzen in die Zeichnung einbringen. In Maschinenbauzeichnungen werden solche Symbole verwendet, um Toleranzarten, Toleranzwerte und Bezugsbuchstaben kenntlich zu machen. Vorhandene Maße können mit dem Befehl PRÜFBEM als Prüfmaße gekennzeichnet werden.

Befehl Toleranz

Sie finden den Befehl TOLERANZ:

- Multifunktionsleiste: Symbol im Register BESCHRIFTEN, Gruppe BEMASSUNGEN (erweiterter Bereich)
- Menüleiste BEMASSUNG, Funktionen TOLERANZ...
- Symbol im Werkzeugkasten BEMASSUNG

Der Befehl arbeitet mit verschiedenen Dialogfeldern, in denen Sie die Symbole zusammenstellen können. Im ersten Dialogfeld geben Sie die Toleranzwerte ein (siehe Abbildung 9.4).

Form- und Lagetoleranzen sowie Prüfmaße

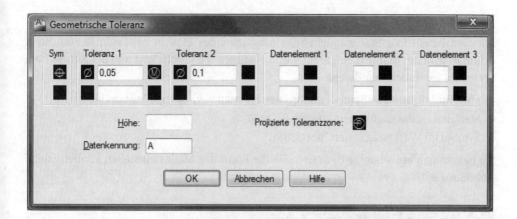

Abbildung 9.4:
Dialogfeld zur Eingabe der Toleranzwerte

Tragen Sie die Toleranzwerte ein. Klicken Sie auf das Feld SYM und wählen in einem weiteren Dialogfeld das Toleranzsymbol aus (siehe Abbildung 9.5).

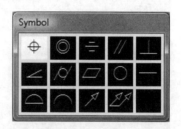

Abbildung 9.5:
Dialogfeld zur Auswahl des Toleranzsymbols

Klicken Sie im ersten Dialogfeld in das Feld hinter dem Toleranzwert, können Sie in einem weiteren Dialogfeld die Materialbedingung auswählen (siehe Abbildung 9.6).

Abbildung 9.6:
Dialogfeld zur Auswahl der Materialbedingung

Stellen Sie die Symbole im Dialogfeld zusammen, tragen Sie eine Toleranzhöhe und eine Kennung (z.B.: A, B oder C) ein und klicken Sie auf OK. Sie können das Symbol dann in der Zeichnung platzieren.

`Toleranzposition eingeben:`

Änderung von Toleranzsymbolen

Toleranzsymbole können Sie per Doppelklick ändern. Sie bekommen den Objekteigenschaften-Manager. Ändern Sie im Feld TEXTÜBERSCHREIBUNG den Inhalt. Leider wird der recht unleserlich mit vielen Sonderzeichen dargestellt. Wenn Sie auf das Symbol mit den drei Punkten am rechten Rand des Textfeldes klicken, bekommen Sie die gleichen Dialogfelder zum Ändern, die Sie auch schon beim Erstellen hatten.

Befehl Prüfbem

Mit dem Befehl PRÜFBEM wandeln Sie ein bestehendes Maß in ein Prüfmaß um. Beim Prüfmaß wird der Maßtext eingerahmt und eventuell mit einem Text und der Kontrollrate versehen. Sie finden den Befehl:

- Multifunktionsleiste: Symbol im Register BESCHRIFTEN, Gruppe BEMASSUNGEN
- Menüleiste BEMASSUNG, Funktionen PRÜFUNG...
- Symbol im Werkzeugkasten BEMASSUNG

Sie bekommen ein Dialogfeld, in dem Sie die Form des Maßes einstellen können (siehe Abbildung 9.7).

Abbildung 9.7: Form des Prüfmaßes festlegen

Im Feld FORM können Sie wählen, ob Sie den Maßtext mit runden Kanten, eckig oder überhaupt nicht eingerahmt haben wollen. Im Feld BESCHRIFTUNG/KONTROLLRATE schalten Sie einen Beschriftungstext vor dem Maßtext und die Kontrollrate nach dem Maßtext ein oder aus und tragen die entsprechenden Angaben ein.

Jetzt müssen Sie nur noch wählen, welches Maß diese Markierung bekommen soll. Klicken Sie auf das Symbol vor dem Text BEMASSUNGEN WÄHLEN und wählen Sie die Maße in der Zeichnung. Wenn Sie die Eingabe mit ↵ beenden, kommen Sie wieder zum Dialogfeld. Mit OK beenden Sie das Dialogfeld und führen die Aktion aus.

Haben Sie ein Maß gewählt, das schon Prüfmaß war, können Sie die Formatierung ändern. Wenn Sie in diesem Fall auf die Schaltfläche KONTROLLE ENTFERNEN klicken, wird die Markierung des Prümaßes entfernt.

Form- und Lagetoleranzen und Prüfmaße anbringen

1. Laden Sie die Zeichnung *A09-03.dwg* aus dem Ordner *Aufgaben*.
2. Bringen Sie Form- und Lagetoleranzen an und erzeugen Sie Prüfmaße wie in Abbildung 9.8.
3. Eine Lösung finden Sie auch in Ihrem Übungsordner: *L09-03.dwg*.

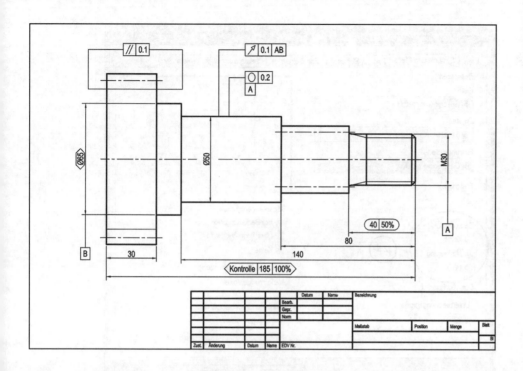

Abbildung 9.8:
Zeichnung mit Form- und Lagetoleranzen sowie Prüfmaßen

9.5 Mittellinien an Kreisen und Bögen

Bei den Bemaßungsbefehlen für Radius und Durchmesser werden bei Kreisen und Bögen automatisch Zentrumsmarkierungen gesetzt. Wie Sie in Kapitel 9.7 sehen werden, ist es möglich, den Bemaßungsstil so einzustellen, dass beim Bemaßen automatisch Mittellinien gezeichnet werden. Es gibt auch den Befehl BEMMITTELP, mit dem Kreise bzw. Bögen nicht bemaßt werden, sondern nur Mittelpunktmarkierungen oder Mittellinien gezeichnet werden, je nach Einstellung im Bemaßungsstil. Der Befehl befindet sich ebenfalls in den Menüs mit den Bemaßungsbefehlen, obwohl er selbst keine Bemaßung erzeugt.

Befehl Bemmittelp
Sie finden den Befehl BEMMITTELP:

- Multifunktionsleiste: Symbol im Register BESCHRIFTEN, Gruppe BEMASSUNGEN (erweiterter Bereich)
- Menüleiste BEMASSUNG, Funktionen ZENTRUMSMARKE
- Symbol im Werkzeugkasten BEMASSUNG

Aktivieren Sie vorher einen Layer, dem ein Linientyp mit Mittellinien zugeordnet ist. Im Bemaßungsstil muss im Register LINIEN UND PFEILE das Feld ZENTRUMSMARKEN FÜR KREISE auf LINIE gesetzt werden (siehe Kapitel 9.9). Der im Feld GRÖSSE eingestellte Wert legt die Größe des Zentrumkreuzes und den Überstand über die Kreislinie fest (siehe Abbildung 9.9).

Abbildung 9.9:
Register mit den Einstellungen für die Zentrumsmarke

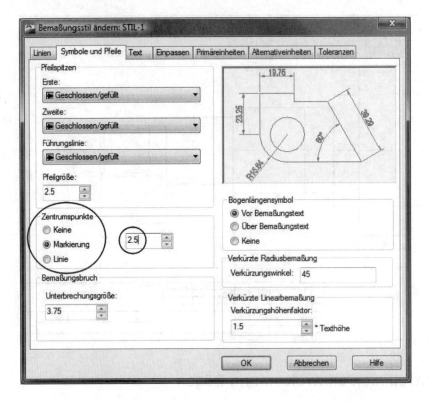

Abbildung 9.10:
Zeichnen von Mittellinien

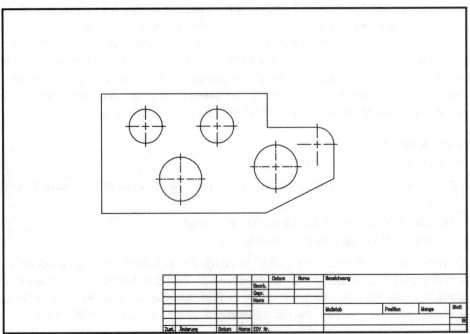

Mittellinien an Kreisen und Bögen

1. Laden Sie die Zeichnung *A09-04.dwg* aus Ihrem Übungsordner.
2. Bringen Sie die Mittellinien an den Kreisen und am Bogen wie in Abbildung 9.10 an. Verwenden Sie den Layer *Mitte*.

Eine Lösung ist ebenfalls im Übungsordner: *L09-04.dwg*.

9.6 Einstellung der Bemaßungsvariablen

Bis jetzt haben Sie bis auf wenige Ausnahmen bei der Bemaßung alles in der Standardeinstellung belassen. Jede Branche hat jedoch ihre speziellen Eigenheiten und Normen, an die sich ein CAD-Programm anpassen muss. In AutoCAD wird die Form der Maße von Bemaßungsvariablen gesteuert.

Änderung der Bemaßungsvariablen

Bemaßungsvariablen lassen sich auf verschiedene Arten verändern.

Änderung innerhalb eines Bemaßungsbefehls: Bemaßungsvariablen können innerhalb eines Bemaßungsbefehls, an beliebiger Stelle im Dialog, durch Eingabe des Namens geändert werden:

```
Befehl: Bemlinear
Anfangspunkt der ersten Hilfslinie angeben oder <Objekt wählen>: Punkt angeben
Anfangspunkt der zweiten Hilfslinie angeben: Name der Bemaßungsvariablen eingeben z.B.: Dimtxt
Neuen Wert für Bemaßungsvariable eingeben <3.50>: Neuen Wert eingeben oder ⏎ zum Bestätigen
Anfangspunkt der zweiten Hilfslinie angeben: Bemaßungsbefehl wird fortgesetzt
```

Der momentane Wert der Variablen wird angezeigt und kann durch einen neuen ersetzt oder mit ⏎ bestätigt werden.

Systemvariable ändern: Alle Bemaßungsvariablen sind auch als Systemvariablen vorhanden. Systemvariablen speichern alle wichtigen Zeichenmodi und Statusinformationen der Zeichnung, so auch die Bemaßungsvariablen. Zur Änderung brauchen Sie nur den Namen der Variablen auf der Tastatur einzugeben.

```
Befehl: Dimtxt
Neuer Wert für DIMTXT <3.50>:>: Neuen Wert eingeben oder ⏎ zum Bestätigen
```

Sie können auch den Befehl SETVAR verwenden und damit Bemaßungsvariable anzeigen und ändern.

```
Befehl: Setvar
Variablenname eingeben oder [?] <DIMTXT>: Variablenname eintippen z.B.: Dimtp
Neuen Wert für DIMTP eingeben <0.10>: Neuen Wert eingeben oder ⏎ zum Bestätigen
```

Die zuletzt geänderte Variable wird als Vorgabe angezeigt und kann mit ⏎ geändert werden. Sie können aber auch eine andere Variable eintippen. Mit der Eingabe von »?« können Sie sich alle oder eine Auswahl von Systemvariablen auflisten lassen. Alle Systemvariablen, die mit DIM beginnen, beziehen sich auf die Bemaßung, also können Sie sich mit der Eingabe von DIM* alle Bemaßungsvariablen auflisten lassen.

9.7 Bemaßungsparameter in Dialogfeldern

Da sich die vielen Namen der Bemaßungsvariablen niemand merken kann, wäre es mühsam, auf diese Art die richtige Form der Bemaßung einzustellen. In AutoCAD haben Sie deshalb eine weitere Möglichkeit, diese Variablen übersichtlich in Dialogfeldern einzustellen.

Befehl Bemstil

Mit dem Befehl BEMSTIL aktivieren Sie das Dialogfeld zur Einstellung der Bemaßungsparameter. Sie finden den Befehl:

- Multifunktionsleiste: Symbol im Register START, Gruppe BESCHRIFTUNG (erweiterter Bereich) und im Register BESCHRIFTEN, Gruppe BEMASSUNGEN (Pfeil rechts unten)
- Menüleiste FORMAT, Funktion BEMASSUNGSSTIL...
- Menüleiste BEMASSUNG, Funktion STIL...
- Symbol im Werkzeugkasten BEMASSUNG oder STILE

Wenn Sie den Befehl anwählen, erscheint ein Dialogfeld auf dem Bildschirm (siehe Abbildung 9.11), aus dem heraus wieder weitere Dialogfelder aufgerufen werden können.

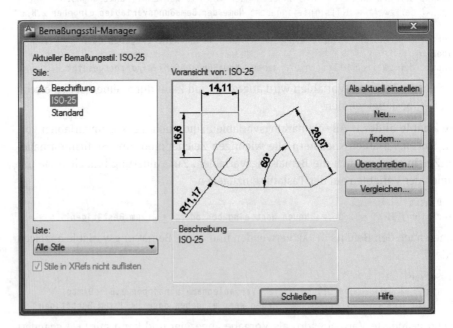

Abbildung 9.11: Dialogfeld für die Bemaßungsstile

Bemaßungsparameter in Dialogfeldern

Im linken Fenster STILE wählen Sie den Bemaßungsstil aus. Haben Sie eine neue Zeichnung begonnen, finden Sie hier die Stile, die in der Vorlage definiert sind, die Stile *ISO-25* und *Standard* sowie den Stil *Beschriftung*. Mehr zu Bemaßungsstilen finden Sie im nächsten Kapitel. Mit dem letzteren Stil hat es eine Besonderheit, auf die ebenfalls später noch ausführlicher eingegangen wird (siehe Kapitel 10.9). Im mittleren Fenster VORANSICHT sehen Sie die momentanen Einstellungen der Maße. Die Auswirkung jeder Änderung, die Sie im Folgenden vornehmen, können Sie in diesem Fenster sehen. Markieren Sie jetzt den Stil *ISO-25*.

Mit der Schaltfläche ÜBERSCHREIBEN... in der Leiste an der rechten Seite können Sie die aktuellen Einstellungen ändern. Bereits vorhandene Maße werden dann nicht geändert. Zum Testen der verschiedenen Einstellungen verwenden Sie diese Schaltfläche. Sie erhalten ein Dialogfeld mit sechs Registern für jede Komponente der Maße.

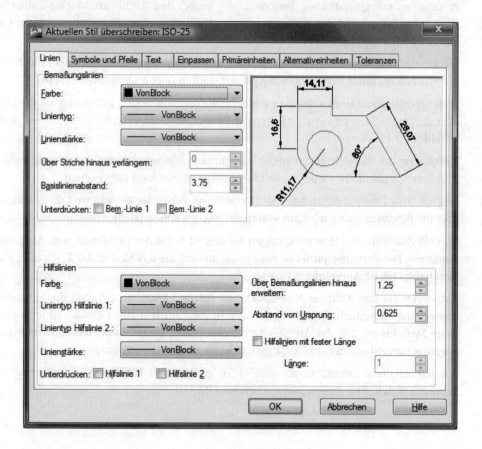

Abbildung 9.12:
Register für Linien und Pfeile

Register Linien

Im Register LINIEN finden Sie Einstellungen für Bemaßungslinien, Hilfslinien und Maßpfeile (siehe Abbildung 9.12).

Bemaßungslinien: Im linken oberen Bereich, dem Bereich BEMASSUNGSLINIEN, stellen Sie die Bemaßungslinien ein. Das ist die Linie auf der der Maßtext steht und die parallel zu der bemaßten Strecke gezeichnet wird. In den ersten beiden Abrollmenüs können Sie die Farbe und die Linienstärke wählen. Damit können Sie Vorgaben einstellen, die unabhängig vom aktuellen Layer sind. Standardmäßig ist *VonBlock* eingestellt. Da Maße in AutoCAD wie Blöcke eingefügt werden, hat das zur Folge, dass Maße in der aktuellen Farbe gezeichnet werden bzw. in der Farbe des aktuellen Layers.

Das Feld ÜBER STRICHE HINAUS VERLÄNGERN wird nur dann freigegeben, wenn Sie statt mit Pfeilspitzen mit Querstrichen bemaßen, wie es bei den Architekturmaßen üblich ist. Dann gibt dieser Wert die Verlängerung der Maßlinien über die Hilfslinien hinaus an (siehe Abbildung 9.13, a).

Die Einstellung BASISLINIENABSTAND gibt an, in welchem Abstand zueinander die Bemaßungslinien bei einer Basisbemaßung gesetzt werden (siehe Abbildung 9.13, b).

In der letzten Zeile finden Sie die zwei Schalter UNTERDRÜCKEN, mit denen Sie die linke oder die rechte Seite bzw. beide Seiten der Bemaßungslinie unterdrücken können (siehe Abbildung 9.13, c).

Hilfslinien: Im Bereich HILFSLINIEN, links unten, können Sie mit den oberen beiden Abrollmenüs ebenfalls wieder Farbe und Linienstärke wählen (siehe oben).

Im Feld ÜBER BEMASSUNGSLINIEN HINAUS ERWEITERN geben Sie an, wie weit die Hilfslinien über die Bemaßungslinien hinaus verlängert werden sollen (siehe Abbildung 9.13, d).

Im Feld ABSTAND VOM URSPRUNG tragen Sie den Abstand der Hilfslinien zum Ausgangspunkt ein. Der Ausgangspunkt ist der Punkt, an dem Sie das Maß in der Zeichnung platziert haben (siehe Abbildung 9.13, e).

Aktivieren Sie den Schalter HILFSLINIEN MIT FESTER LÄNGE, so erhalten die Hilfslinien immer eine einheitliche Länge, egal wie weit sie vom bemaßten Objekt entfernt sind. Diese Methode wird in der Architektur oft verwendet, wenn Maßketten an Grundrissen angebracht werden. Im Feld LÄNGE geben Sie die Länge der Hilfslinien an.

Mit den Schaltern UNTERDRÜCKEN wählen Sie, ob Sie beide Hilfslinien, nur eine oder gar keine am Maß haben wollen (siehe Abbildung 9.13, f).

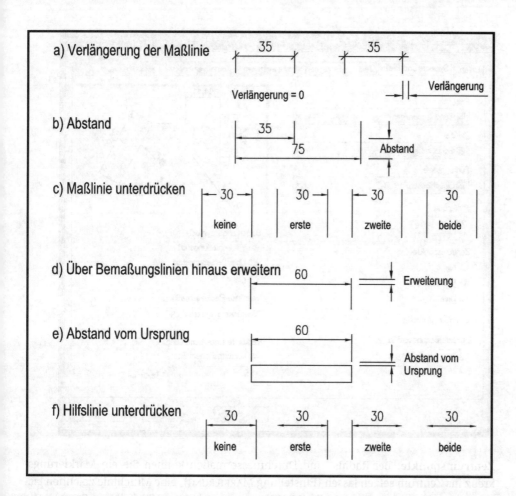

Abbildung 9.13:
Einstellung der Bemaßungslinien und Hilfslinien

Register Symbole und Pfeile

Im Register SYMBOLE UND PFEILE legen Sie die Symbole bzw. Pfeile fest, die Sie am Ende der Maßlinien haben wollen (siehe Abbildung 9.14).

Pfeilspitzen: Im rechten oberen Bereich, dem Bereich PFEILSPITZEN, finden Sie die Einstellungen für die Pfeilspitzen. In einem Abrollmenü können Sie das Symbol für den ersten und zweiten Maßpfeil sowie den Pfeil für die Führungslinie wählen. In Abbildung 9.15, a sind Beispiele dargestellt. Sie können mit gefüllten Pfeilen, Schrägstrichen, Punkten, offenen Pfeilen oder ohne Symbole bemaßen, auch für beide Seiten und die Führungslinie mit unterschiedlichen Symbolen. Mit der Einstellung BENUTZERSPEZIFISCHER PFEIL... können Sie für jede Pfeilspitze einen Block wählen, der an die Stelle des Pfeils gesetzt wird. Der Block muss in der Zeichnung definiert sein und kann in einem weiteren Dialogfeld aus einem Abrollmenü gewählt werden. Die PFEILGRÖSSE gibt die Länge der Pfeile, bei Schrägstrichen die Strichlänge, bei Punkten den Durchmesser und bei Blöcken den Einfügefaktor des Blocks an (siehe in Abbildung 9.15, b).

Abbildung 9.14:
Register für Symbole und Pfeile

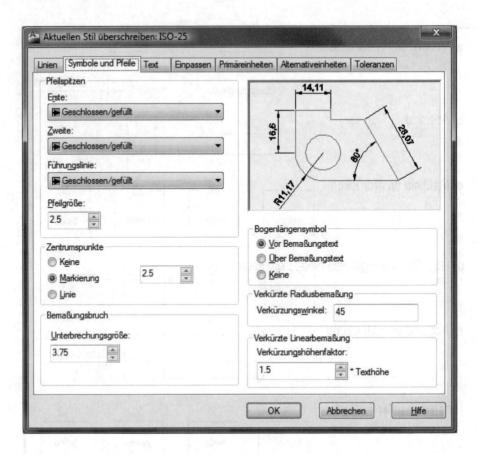

Zentrumspunkte: Bei Radius- und Durchmessermaßen können Sie ein Markierungskreuz ins Zentrum setzen lassen (Einstellung MARKIERUNG), eine Mittellinie zeichnen lassen (Einstellung LINIE) oder die Markierung ausschalten (Einstellung KEINE). Die Einstellung im Feld GRÖSSE gibt die Größe des Zentrumskreuzes und bei der Einstellung LINIE zusätzlich den Überstand über die Kreislinie an (siehe Abbildung 9.15, c und d).

Bemaßungsbruch: Überschneiden sich Maße, können Sie mit dem Befehl BEMBRUCH (siehe Kapitel 9.10) Maßlinien oder Maßhilfslinien auftrennen, um so die Maße besser lesbar zu machen. Mit dieser Einstellung steuern Sie, wie groß der Ausbruch sein soll (siehe Abbildung 9.15, e).

Bogenlängensymbol: Hier geben Sie an, wo bei der Bogenlängenbemaßung das Symbol gezeichnet werden soll: vor dem Text, über dem Text oder gar kein Symbol.

Verkürzte Radiusbemaßung: In diesem Feld können Sie eintragen, unter welchem Winkel die Maßlinie bei einer verkürzten Radiusbemaßung geknickt werden soll (siehe Abbildung 9.15, f).

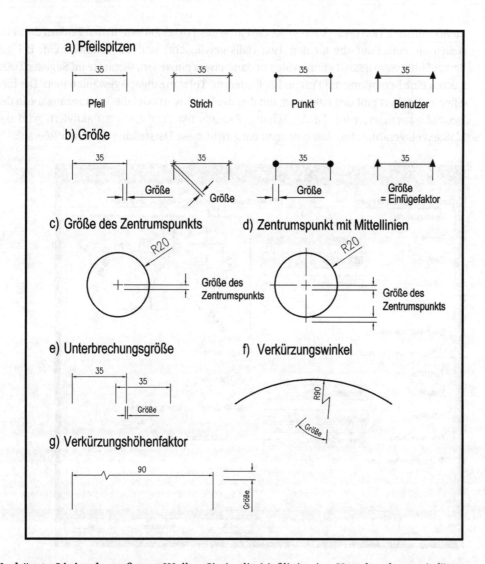

Abbildung 9.15:
Einstellung der Pfeilspitzen und Zentrumsmarken

Verkürzte Linearbemaßung: Wollen Sie in die Maßlinie eine Unterbrechung einfügen (siehe Kapitel 9.10), können Sie mit der Angabe steuern, wie groß das Symbol für die Unterbrechung sein soll (siehe Abbildung 9.15, g).

Register Text

Im Register TEXT stellen Sie den Maßtext ein (siehe Abbildung 9.16).

Textdarstellung: Wählen Sie im Abrollmenü TEXTSTIL aus, mit welchem Textstil die Maßtexte erstellt werden sollen. Mit dem Symbol rechts neben dem Abrollmenü können Sie zum Befehl STIL verzweigen (siehe Kapitel 6.8) und einen neuen Textstil erstellen. Beachten Sie: Wenn Sie einen Stil mit fester Texthöhe verwenden, ist der Maßtext immer in dieser Größe, egal welchen Wert Sie im Feld TEXTHÖHE einstellen.

Im Abrollmenü TEXTFARBE können Sie die Farbe des Textes ändern. In den Feldern darunter stellen Sie eine Füllfarbe für den Text (falls gewünscht) und die Texthöhe ein. Bei der BRUCH-HÖHENSKALIERUNG können Sie nur dann etwas einstellen, wenn Sie im Register TOLERANZEN eine Bemaßung mit Fuß und Zoll oder mit Toleranzangabe gewählt haben. Der hier eingestellte Wert gibt den Faktor an, um den der Bruchwert oder die Toleranzangabe in der Texthöhe korrigiert wird. Ist der Schalter RAHMEN UM TEXT ZEICHNEN aktiviert, wird der Maßtext eingerahmt. Im Maschinenbau entspricht diese Darstellung der Grundtoleranz.

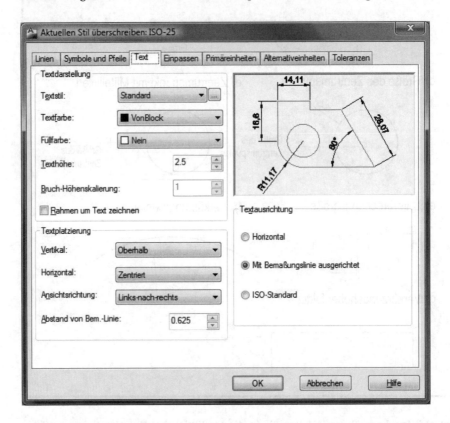

Abbildung 9.16: Register für den Maßtext

Textplatzierung: Im Abrollmenü VERTIKAL geben Sie an, ob der Maßtext oberhalb der Maßlinie sitzen oder ob die Maßlinie unterbrochen werden soll (siehe Abbildung 9.17, a). Bei der Platzierung HORIZONTAL können Sie das Maß in der Mitte platzieren oder an eine der Hilfslinien schieben wollen (siehe Abbildung 9.17, b).

Im Feld ABSTAND VON BEM.-LINIE tragen Sie ein, welchen Abstand der Text von der Bemaßungslinie haben soll, wenn er darüber gesetzt wird.

Textausrichtung: Im Feld rechts unten können Sie die Textausrichtung wählen. Bei der Einstellung HORIZONTAL wird der Maßtext immer horizontal gesetzt. Haben Sie MIT BEMASSUNGSLINIE AUSGERICHTET gewählt, wird der Text parallel mit der Maßlinie ausgerichtet. Bei ISO-STANDARD ist dies genauso, nur Radiusbemaßungen werden waagrecht ausgerichtet (siehe Abbildung 9.18).

Bemaßungsparameter in Dialogfeldern

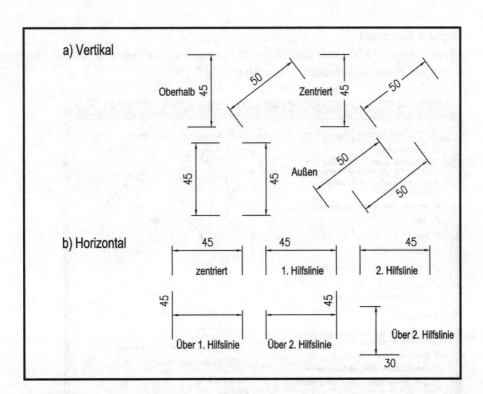

Abbildung 9.17:
Einstellung der Textplatzierung

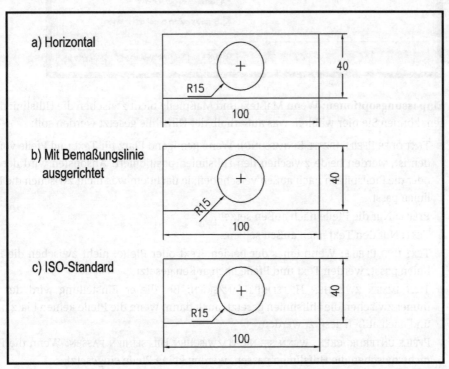

Abbildung 9.18:
Einstellung der Textausrichtung

Register Einpassen

Mit dem Register EINPASSEN steuern Sie die Position von Maßtext, Pfeilspitzen, Führungslinien und der Bemaßungslinie (siehe Abbildung 9.19).

Abbildung 9.19:
Register für das Einpassen

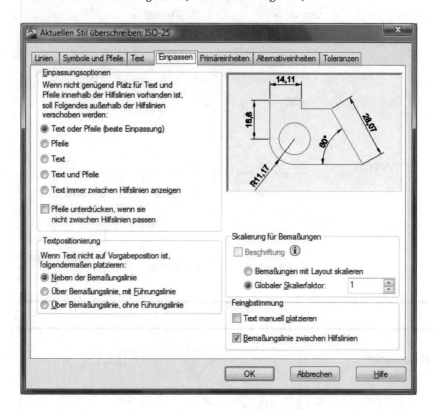

Einpassungsoptionen: Wenn Maßtext und Maßpfeile nicht zwischen die Hilfslinien passen, können Sie hier wählen, was außerhalb der Hilfslinie gesetzt werden soll:

- TEXT ODER PFEILE (BESTE EINPASSUNG): Wenn genügend Platz für Text und Pfeile vorhanden ist, werden beide zwischen den Hilfslinien positioniert. Ansonsten wird der Text oder die Pfeilspitzen nach außen verschoben, je nachdem was nicht zwischen die Hilfslinien passt.
- PFEILE: Nur die Pfeile nach außen setzen.
- TEXT: Nur den Text nach außen setzen.
- TEXT UND PFEILE: Wenn eines der beiden, Text oder Pfeile, nicht zwischen die Hilfslinien passt, werden Text und Pfeile nach außen gesetzt.
- TEXT IMMER ZWISCHEN HILFSLINIEN ANZEIGEN: Bei dieser Einstellung wird der Text immer zwischen die Hilfslinien gesetzt, auch dann, wenn die Pfeile keinen Platz haben und nach außen gesetzt werden.
- PFEILE UNTERDRÜCKEN, WENN SIE NICHT ZWISCHEN HILFSLINIEN PASSEN: Wenn die Pfeile nicht zwischen die Hilfslinien passen, werden keine Pfeile eingesetzt.

Textpositionierung: Diese Einstellung gibt an, was passieren soll, wenn Sie den Maßtext aus der Vorgabeposition verschieben:

- NEBEN DER BEMASSUNGSLINIE: Wenn Sie den Maßtext verschieben, wird die Bemaßungslinie mit verschoben.
- ÜBER DER BEMASSUNGSLINIE, MIT FÜHRUNGSLINIE: Wenn Sie den Maßtext verschieben, bleibt die Bemaßungslinie an der ursprünglichen Stelle. Der Maßtext wird mit einer Führungslinie an die Bemaßungslinie angehängt.
- ÜBER DER BEMASSUNGSLINIE, OHNE FÜHRUNGSLINIE: Wenn Sie den Text verschieben, bleibt die Bemaßungslinie an der Stelle. Der Maßtext wird ohne Führungslinie eingetragen.

Skalierung für Bemaßungen

- GLOBALER SKALIERFAKTOR: Mit dem globalen Skalierfaktor werden alle Größen in den Bemaßungseinstellungen multipliziert. Das hat den Vorteil, dass Sie beim Plotten in einem bestimmten Maßstab nicht alle Bemaßungseinstellungen ändern müssen, sondern nur diesen Faktor. Alle anderen Größen (Pfeilgrößen, Abstände, Verlängerungen usw.) werden mit diesem Faktor multipliziert.

In AutoCAD zeichnen Sie immer 1:1 in Originalmaßen. Ihr Zeichenblatt ist damit immer so groß wie das Original. Soll es auf ein Papierblatt, muss es beim Plotten verkleinert werden. Damit werden aber auch beispielsweise die Maßzahlen verkleinert. Soll also beispielsweise eine Zeichnung um den Faktor 100 beim Plotten verkleinert werden (Plot im Maßstab 1:100), muss der Maßtext nicht 3.5 hoch sein, sondern 350. Ebenso ist es mit den Pfeilspitzen und den Abständen. Stellen Sie aber nicht alle Größen um, sondern nur den globalen Skalierfaktor auf 100. Die Maße werden dann entsprechend vergrößert.

- BEMASSUNGEN MIT LAYOUT SKALIEREN: Haben Sie dagegen dieses Feld angekreuzt, werden die Maße in den Ansichtsfenstern des Papierbereichs so skaliert, dass die Maßgrößen (Texthöhe, Pfeillängen, Abstände usw.) auf dem Papier in der eingestellten Größe erscheinen. Weitere Informationen zu Layouts, Papierbereich und Ansichtsfenstern finden Sie in Kapitel 16.
- BESCHRIFTUNG: Neu seit der Version 2008 sind die Beschriftungsobjekte. Damit lassen sich Maße, Texte, Tabellen, Multi-Führungslinien usw. dem Maßstab anpassen. Mehr dazu finden Sie in Kapitel 10.9.

Feinabstimmung

- TEXT PLATZIEREN: Ist dieser Schalter ein, können Sie den Text beim Platzieren der Bemaßungslinie auf dieser verschieben.
- BEMASSUNGSLINIE ZWISCHEN HILFSLINIEN: Zeichnet auch dann Bemaßungslinien zwischen die Hilfslinien, wenn die Pfeile außerhalb platziert wurden.

Kapitel 9 • Bemaßungen und Stile

 Dialogfeld Primäreinheiten

In AutoCAD können Sie in einem oder zwei Einheitensystemen bemaßen. So ist es beispielsweise möglich, die Zeichnung in mm und Zoll zu bemaßen. In AutoCAD werden diese Einheiten als Primäreinheiten und Alternativeinheiten bezeichnet. Im Register PRIMÄREINHEITEN stellen Sie das Format für die primären Einheiten ein (siehe Abbildung 9.20).

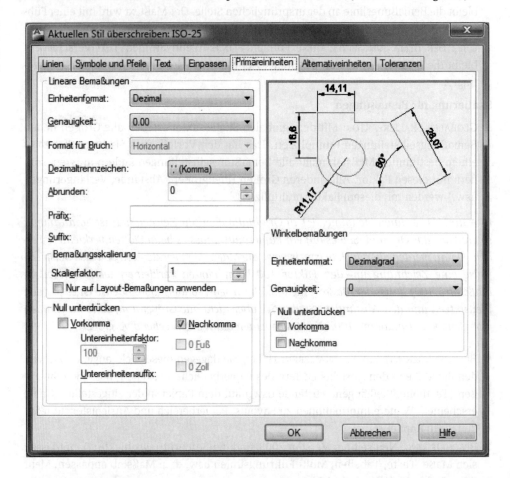

Abbildung 9.20: Register für das Format des Maßtextes der Primäreinheiten

Lineare Bemaßungen: Im Bereich links oben stellen Sie das Format für lineare Bemaßungen ein:

- EINHEITENFORMAT: Wählen Sie im Abrollmenü aus, in welchen Einheiten bemaßt werden soll, normalerweise DEZIMAL. Zur Auswahl steht auch die exponentielle Schreibweise (Einstellung: WISSENSCHAFTLICH) und diverse Formate in Fuß und Zoll. Die Einstellung WINDOWS-DESKTOP bewirkt, dass die Windows-Einstellungen auch für die Bemaßung gelten sollen.
- GENAUIGKEIT: Wählen Sie in diesem Abrollmenü die Genauigkeit, mit der lineare Bemaßungen erstellt werden sollen.

- FORMAT FÜR BRUCH: Für englisch/amerikanische Einheiten in Bruchdarstellung, z.B. 5½ Zoll, können Sie hier wählen, ob der Bruchstrich horizontal oder diagonal gezeichnet werden soll. Stellen Sie NICHT GESTAPELT ein, werden die Bruchzahlen in der gleichen Größe wie die Ganzzahlen geschrieben und der Bruchstrich diagonal gezeichnet.
- DEZIMALTRENNZEICHEN: Wählen Sie zwischen KOMMA, PUNKT oder LEERZEICHEN zur dezimalen Trennung.
- ABRUNDEN: Geben Sie hier einen Wert größer als 0 ein, wird das gemessene Maß auf ein Vielfaches dieses Werts gerundet (siehe Abbildung 9.23, d).
- PRÄFIX bzw. SUFFIX: Wollen Sie vor oder hinter jedem Maßtext Text haben, können Sie diese Texte hier eintragen: im Feld PRÄFIX den Text davor und im Feld SUFFIX den Text danach (siehe Abbildung 9.23, a).

Bemaßungsskalierung

- SKALIERFAKTOR: Das gemessene Maß wird mit diesem Faktor multipliziert. Haben Sie in der Zeichnung eine vergrößerte Kopie erzeugt, können Sie diese mit einem Skalierfaktor bemaßen (siehe Abbildung 9.23, e).
- NUR AUF LAYOUT-BEMASSUNGEN ANWENDEN: Ist dieser Schalter eingeschaltet, wird der eingestellte Skalierfaktor nur für die Bemaßung im Papierbereich verwendet. Damit kann der Maßstab in den Ansichtsfenstern um den Zoom-Faktor korrigiert werden. Weitere Informationen zu Papierbereich und Ansichtsfenstern finden Sie in Kapitel 16.

Null unterdrücken: Mit den Schaltern VORKOMMA und NACHKOMMA kann die Null vor dem Komma oder Nullen nach dem Komma ausgeschaltet werden. Ist beispielsweise eine Genauigkeit von vier Stellen eingestellt und Sie messen 0.5000, erscheint in der Zeichnung 0.5, wenn der Schalter NACHKOMMA aktiviert ist, .5000 beim Schalter VORKOMMA und .5, wenn beide eingeschaltet sind (siehe Abbildung 9.23, f). Die Schalter 0 FUSS und 0 ZOLL steuern das Format der Bemaßung, wenn Sie in Fuß und Zoll bemaßen. Außerdem können Sie dann noch den Faktor und das Suffix für die Untereinheiten einstellen. Arbeiten Sie im metrischen System, sind diese Funktionen nicht wählbar.

Winkelbemaßungen: Hier können Sie die Einstellungen für Winkelbemaßungen machen. Wählen Sie in den Abrollmenüs die Einheiten und die Genauigkeit und stellen Sie ein, was mit Nullen vor und nach dem Komma geschehen soll.

Dialogfeld Alternativeinheiten

Im Register ALTERNATIVEINHEITEN stellen Sie das Gleiche wie vorher ein, diesmal für die Alternativeinheiten, falls Sie diese benötigen (siehe Abbildung 9.21).

Wählen Sie mit dem Schalter ALTERNATIVEINHEITEN ANZEIGEN, ob Sie diese haben wollen oder nicht (siehe Abbildung 9.23, b).

Alternativeinheiten: In den Feldern darunter stellen Sie das Einheitenformat, die Genauigkeit, den Rundungsfaktor, Präfix und Suffix ein wie bei den Primäreinheiten.

- MULTIPLIKATOR FÜR ALT.EINHEITEN: Mit diesem Faktor legen Sie den Multiplikationsfaktor für die Alternativeinheiten fest; z.B. entspricht die Standardeinstellung 0.039370 dem Umrechnungsfaktor von Millimetern in Zoll.

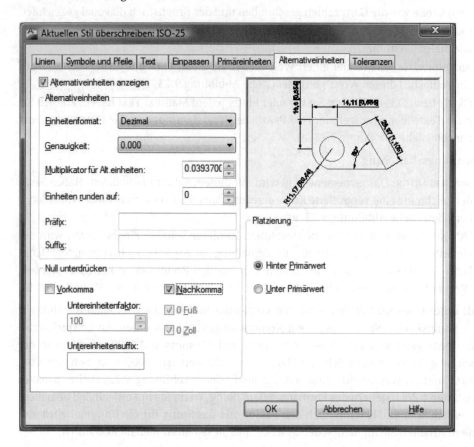

Abbildung 9.21:
Register für das Format des alternativen Maßtextes

Platzierung: Zusätzlich können Sie die Platzierung wählen, hinter oder unter dem Primärwert. Die Alternativeinheiten werden in [...] gesetzt.

Dialogfeld Toleranzen

Im Register TOLERANZEN können Sie Toleranzwerte hinter den Maßtext setzen und das Format und die Werte dafür wählen (siehe Abbildung 9.22).

Toleranzformat

- METHODE: Sie können hier wählen, ob Sie keine Toleranzangaben, symmetrische Toleranzen, Abweichungen in positiver und negativer Richtung, den oberen und unteren Grenzwert oder die Grundtoleranz (eingerahmter Maßtext) haben wollen (siehe Abbildung 9.23, c).

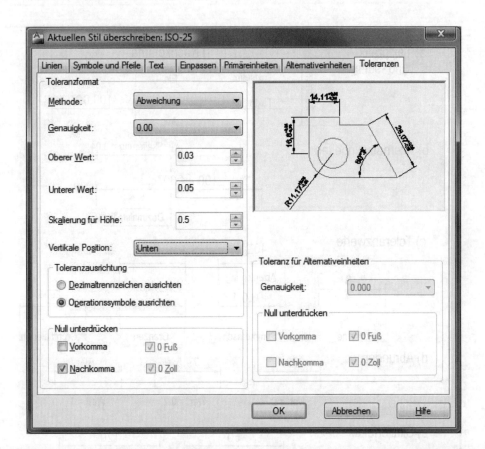

Abbildung 9.22:
Register für das Format und die Werte der Toleranzen

Darunter stellen Sie in einem Abrollmenü wie bei den Einheiten die Genauigkeit für die Toleranzwerte ein. Danach kommen die oberen und unteren Werte für die Abweichung. Haben Sie die symmetrische Toleranzmethode, wird der zweite Wert ignoriert. Im Feld SKALIERUNG FÜR HÖHE geben Sie ein, wie hoch der Text für die Toleranzen in Relation zum Maßtext sein soll. Die Einstellung im Feld VERTIKALE POSITION gibt an, wo die Toleranzen im Verhältnis zur Maßzahl stehen sollen. Im Feld TOLERANZAUSRICHTUNG können Sie wählen, wie übereinanderstehende Toleranzwerte ausgerichtet werden sollen.

Null unterdrücken: Geben Sie hier für die Toleranzen an, ob Sie die Null vor oder hinter dem Komma haben wollen.

Toleranz für die Alternativeinheiten: Haben Sie Alternativeinheiten, können Sie hier die Genauigkeit und die Behandlung der Nullen für die Toleranzen der Alternativeinheiten einstellen.

Abbildung 9.23:
Verschiedene Einstellungen für den Maßtext

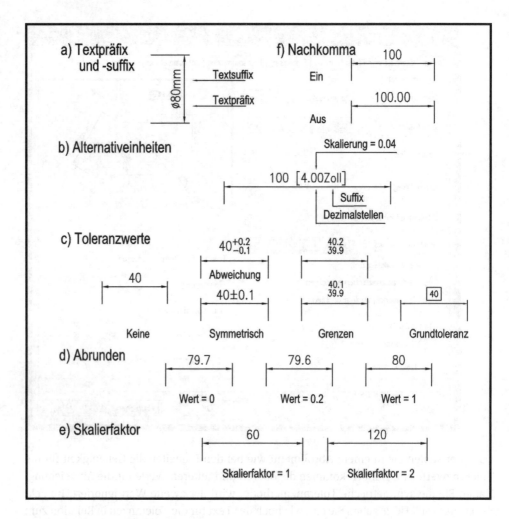

9.8 Bemaßungsstile

Wie Sie im vorigen Abschnitt gesehen haben, kann es sehr aufwendig sein, zwischen verschiedenen Bemaßungsformaten zu wechseln. Soll in einer Zeichnung mal mit Strichen, mit Pfeilen, mit und ohne Toleranzen bemaßt werden, erfordert jeder Wechsel der Bemaßungsart Umstellungen. Bemaßungsstile erleichtern hier die Arbeit.

Eigenschaften von Bemaßungsstilen

- Im Bemaßungsstil werden die Bemaßungsvariablen gespeichert.
- Bemaßungsstile werden in der Zeichnung gespeichert.
- Eine Zeichnung kann beliebig viele Bemaßungsstile enthalten.
- Innerhalb eines Bemaßungsstils lassen sich die einzelnen Bemaßungsarten gesondert einstellen. Es gibt einen übergeordneten Bemaßungsstil, der für alle Bemaßungsarten

gilt, und untergeordnete Stile, in denen Sie abweichende Einstellungen getrennt für Linear-, Radial-, Winkel-, Durchmesser- und Koordinatenbemaßungen sowie für Führungslinien einstellen können.

- Soll die Bemaßungsart gewechselt werden, muss nur ein anderer Bemaßungsstil zum aktuellen Stil gemacht werden.
- Wird ein Bemaßungsstil geändert, werden alle Maße, die damit erstellt wurden, an die neuen Einstellungen angepasst und ebenfalls geändert.

Erstellung eines neuen Bemaßungsstils

- Multifunktionsleiste: Symbol im Register START, Gruppe BESCHRIFTUNG (erweiterter Bereich) und im Register BESCHRIFTEN, Gruppe BEMASSUNGEN (Pfeil rechts unten)
- Menüleiste FORMAT, Funktion BEMASSUNGSSTIL...
- Menüleiste BEMASSUNG, Funktion STIL...
- Symbol im Werkzeugkasten BEMASSUNG oder STILE

Im Dialogfeld (siehe Abbildung 9.24) sehen Sie in der Liste STILE im linken Fenster alle Bemaßungsstile, die in dieser Zeichnung vorhanden sind. Einer, der Stil *ISO-25*, ist auch in einer neuen Zeichnung vorhanden, wenn Sie mit den metrischen Vorgabeeinstellungen gestartet haben.

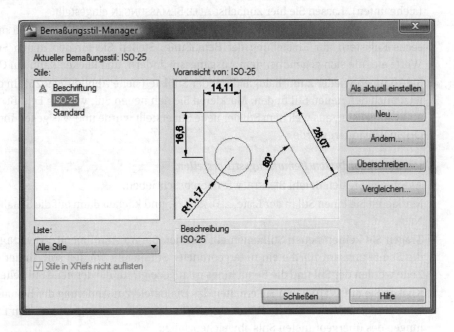

Abbildung 9.24: Dialogfeld zur Auswahl des Bemaßungsstils

Gehen Sie so vor:

- Markieren Sie den Bemaßungsstil, den Sie als Vorlage für den neuen Stil in der Zeichnung haben wollen. Klicken Sie auf die Schaltfläche NEU... und Sie erhalten ein weiteres Dialogfeld (siehe Abbildung 9.25).

Abbildung 9.25:
Neuen Bemaßungsstil wählen

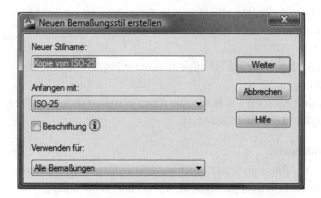

- Tragen Sie in der ersten Zeile, NEUER STILNAME, den Namen für den neuen Stil ein. Dort steht im Moment noch *Kopie von ISO-25*, überschreiben Sie diesen Eintrag mit einem sinnvollen Namen. In der zweiten Zeile, ANFANGEN MIT, sehen Sie den Stil, den Sie als Basis für den neuen Stil gewählt haben. Im Abrollmenü können Sie hier bei Bedarf auch einen anderen auswählen. Zu der Einstellung BESCHRIFTUNG später mehr (siehe Kapitel 9.11). Im letzten Abrollmenü, VERWENDEN FÜR, wählen Sie einen Stil für alle Bemaßungen oder einen untergeordneten Stil nur für bestimmte Bemaßungsarten (siehe unten). Lassen Sie hier zunächst ALLE BEMASSUNGEN eingestellt.
- Klicken Sie dann auf die Schaltfläche WEITER. Sie bekommen das Dialogfeld mit den sechs Registern zur Einstellung der Bemaßung. Stellen Sie für den neuen Stil alle Werte ein, die sich gegenüber dem Ausgangsstil ändern, und klicken dann auf OK.
- Sie kommen wieder zum Dialogfeld mit der Stilliste (siehe Abbildung 9.26), in der Sie jetzt auch den neuen Stil finden. Markieren Sie den neuen Stil, wird im Feld BESCHREIBUNG aufgelistet, aus welchem Stil der neue Stil erstellt wurde und was gegenüber dem Original geändert wurde.

INFO

Einen untergeordneten Bemaßungsstil erstellen

- Aktivieren Sie den Befehl BEMSTIL wie oben beschrieben.
- Markieren Sie einen Stil in der Liste, z. B. *ISO-25*, und klicken dann auf die Schaltfläche NEU...
- Tragen Sie keinen neuen Stilnamen ein, wählen Sie im Abrollmenü VERWENDEN FÜR die Bemaßungsart, für die ein untergeordneter Stil erstellt werden soll. In der ersten Zeile werden der Stil und die Bemaßungsart angezeigt, für die der neue Stil gelten soll.
- Klicken Sie auf WEITER und Sie erhalten das Dialogfeld zur Änderung der Bemaßungseinstellungen. Stellen Sie die Werte ein, die in dieser Bemaßungsart von den Einstellungen des übergeordneten Stils abweichen sollen.
- Wenn Sie das Dialogfeld beenden, kommen Sie wieder zum ersten Dialogfeld, und der untergeordnete Stil findet sich in der Liste unter dem zugehörigen übergeordneten Stil (siehe Abbildung 9.26). Wenn Sie mit diesem Stil bemaßen, werden automatisch bei den Radiusbemaßungen die geänderten Einstellungen verwendet.

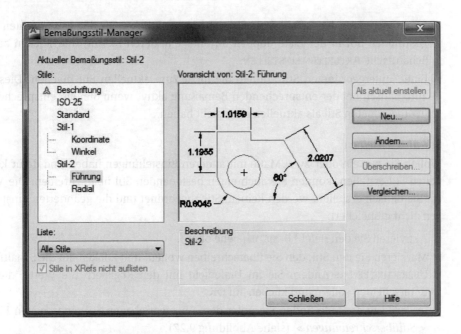

Abbildung 9.26:
Verschiedene Bemaßungsstile mit untergeordneten Stilen

Änderung eines Bemaßungsstils

- Aktivieren Sie den Befehl BEMSTIL wie oben beschrieben.
- Klicken Sie einen bereits bestehenden Bemaßungsstil in der Liste STILE an und er wird markiert.
- Klicken Sie dann auf die Schaltfläche ÄNDERN... und Sie erhalten wieder das Dialogfeld mit den sechs Registern. Ändern Sie den Stil nach Ihren Vorstellungen und klicken auf OK und anschließend auf SCHLIESSEN im ersten Dialogfeld. Der Stil ist geändert und gespeichert. Alle Maße, die mit diesem Stil erstellt wurden, werden in der Zeichnung entsprechend den neuen Einstellungen geändert.

Änderung eines untergeordneten Bemaßungsstils

Gehen Sie wie bei der Änderung eines übergeordneten Bemaßungsstils vor. Markieren Sie den untergeordneten Stil und klicken auf die Schaltfläche ÄNDERN... Führen Sie die Änderungen durch und beenden den Befehl. Alle Maße dieser Bemaßungsart werden den neuen Einstellungen angepasst.

Wechsel des Bemaßungsstils

Ein Stil ist immer der aktuelle Stil. Alle neuen Bemaßungen werden mit diesem Stil erstellt. Zum Wechseln des aktuellen Bemaßungsstils haben Sie mehrere Möglichkeiten:

- Wählen Sie im Abrollmenü der Werkzeugkästen BEMASSUNG oder STILE bzw. im Abrollmenü der Multifunktionsleiste, Register BESCHRIFTUNG, Gruppe BEMASSUNGEN, oder im Register START, Gruppe BESCHRIFTUNG (erweiterter Bereich), den neuen aktuellen Stil aus oder ...

- ... aktivieren Sie den Befehl BEMSTIL (siehe oben). Klicken Sie den gewünschten übergeordneten Stil in der Liste doppelt an oder markieren Sie ihn und klicken auf die Schaltfläche AKTUELLEN EINSTELLEN.
- Einen untergeordneten Stil können Sie nicht zum aktuellen Stil machen. Dieser ist automatisch bei der entsprechenden Bemaßung aktiv, wenn Sie den entsprechenden übergeordneten Stil als aktuellen eingestellt haben.

INFO

Stil überschreiben

Wollen Sie nur ein oder zwei Maße mit anderen Einstellungen haben und dafür keinen neuen Stil erstellen, können Sie auch einen bestehenden Stil überschreiben. Die Maße, die Sie danach erstellen, werden keinem Stil zugeordnet und die geänderten Einstellungen nicht gespeichert.

- Aktivieren Sie den Befehl BEMSTIL (siehe oben).
- Markieren Sie den Stil, den Sie überschreiben wollen, und klicken auf die Schaltfläche ÜBERSCHREIBEN.... Ändern Sie im Dialogfeld mit den Registern die Werte, die sich unterscheiden sollen, und klicken auf OK.
- In der Liste der Stile finden Sie unter dem überschriebenen Stil einen neuen Eintrag < *Stilüberschreibungen* > (siehe Abbildung 9.27).
- Klicken Sie auf SCHLIESSEN und bemaßen Sie. Diese Maße sind »stillos«. Wenn Sie später einen neuen Stil zum aktuellen Stil machen, werden diese Änderungen in den Bemaßungseinstellungen verworfen.

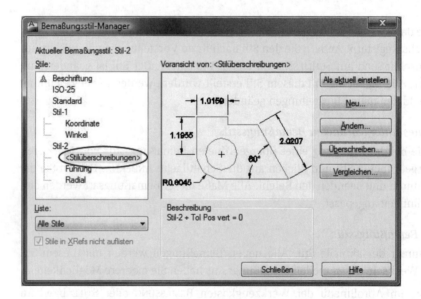

Abbildung 9.27: Bemaßungsstil überschrieben

INFO

Stil umbenennen oder löschen

Um einen Stil umzubenennen oder zu löschen:

- Aktivieren Sie den Befehl BEMSTIL (siehe oben).

Bemaßungsstile

- Markieren Sie den Stil und drücken Sie die rechte Maustaste, wählen Sie aus dem Kontextmenü die entsprechende Funktion.
- Sie können einen Stil nur dann löschen, wenn keine Bemaßungen damit erstellt wurden und wenn er keine untergeordneten Stile hat. In diesem Fall müssen Sie zuerst die untergeordneten Stile löschen.
- Sie können einen Stil auch markieren und die ⌈Entf⌉-Taste drücken; der Stil wird dann gelöscht.
- Einen Stil können Sie auch umbenennen, wenn Sie in den Namen in der Liste klicken und diesen bearbeiten.

Stile vergleichen

Wenn Sie wissen wollen, wie sich zwei Stile unterscheiden:

- Aktivieren Sie den Befehl BEMSTIL (siehe oben).
- Klicken Sie auf die Schaltfläche VERGLEICHEN...
- Wählen Sie im folgenden Dialogfeld in den beiden Abrollmenüs die Stile, die miteinander verglichen werden sollen (siehe Abbildung 9.28). In der Liste wird angezeigt, wie sich die Stile unterscheiden.

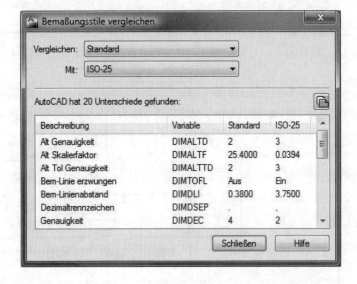

Abbildung 9.28:
Vergleich zweier Bemaßungsstile

- Mit dem Symbol über der Liste können Sie den Inhalt der Liste in die Windows-Zwischenablage kopieren.

Anzeige in der Stilliste

Wenn Sie sehr viele Stile in der Zeichnung haben, können Sie die Anzeige in der Liste reduzieren:

- Wählen Sie im Abrollmenü LISTE, ob Sie alle Stile anzeigen lassen wollen oder nur die, die in der Zeichnung schon verwendet wurden.

- Mit dem Schalter STILE IN XREFS NICHT AUFLISTEN können Sie die Stile ausblenden, die aus externen Referenzen (siehe Kapitel 11.11) in die Zeichnung gekommen sind.

Bemaßen mit Bemaßungsstilen

1. Laden Sie die Zeichnung *A09-05.dwg* aus dem Ordner *Aufgaben*.
2. Die Zeichnung enthält ein einfaches Teil (Abbildung 9.29, aber noch ohne Maße). In der Zeichnung sind verschiedene Bemaßungsstile definiert.
3. Bemaßen Sie das Teil entsprechend Abbildung 9.29, wenn auch ohne jeglichen Anspruch auf normgerechte Darstellung, aber zur Übung mit verschiedenen Bemaßungsarten. Aktivieren Sie den jeweils benötigten Bemaßungsstil. Erstellen Sie neue Bemaßungsstile für andere Toleranzwerte und bemaßen Sie auch mit diesen.

PASSUNG:	für die Bemaßung von Passungen
RAD-DUR:	für Radius- und Durchmessermaße
STANDARD:	für normale Maße
STRICH:	für Bemaßung mit Schrägstrichen
TOLERANZ-1:	für die Bemaßung mit Toleranzangaben

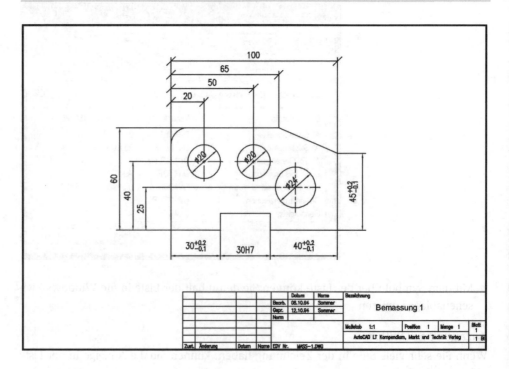

Abbildung 9.29: Bemaßung mit verschiedenen Bemaßungsstilen

Im Ordner *Aufgaben* finden Sie eine Beispiellösung: *L09-05.dwg*.

9.9 Objekte mit Bemaßung editieren

Maße können Sie sehr einfach mit den Griffen bearbeiten. Ein Maß erhält beim Anklicken fünf Griffe (siehe Kapitel 13.5):

- Je ein Griff an den Anfangspunkten der Maßhilfslinien. Damit lassen sich die Hilfslinien verschieben.
- Je ein Griff an den Endpunkten der Maßlinie. Damit kann die Maßlinie neu platziert werden.
- Ein Griff am Maßtext, der damit neu positioniert werden kann.

Voraussetzung dafür ist, dass die Bemaßungsvariable DIMASSOC entsprechend eingestellt ist:

- 0: erstellt aufgelöste Bemaßungen. Die einzelnen Elemente der Bemaßungen hängen nicht zusammen. Maßlinien, -hilfslinien, -bögen, Pfeilspitzen und der Maßtext sind separate Objekte.
- 1: erstellt zusammenhängende Bemaßungen, die sich mit den Griffen wie oben beschrieben ändern lassen. Bei den Editierbefehlen werden die Maße und der Maßtext aktualisiert, wenn die Definitionspunkte der Maße mitgewählt werden.
- 2: erstellt assoziative Bemaßungen. Es entstehen zusammenhängende Objekte, die an die bemaßte Geometrie gebunden sind. Wird die Geometrie geändert, ändern sich die Maße und der Maßtext auch dann, wenn die Definitionspunkte der Maße nicht mitgewählt werden.

Die Variable DIMASSOC wird nicht in einem Bemaßungsstil gespeichert. Mit dem Befehl OPTIONEN (siehe Anhang A.4) kann gewählt werden, ob neue Masse assoziativ erstellt werden sollen.

- *Sind die Maße assoziativ, ändern sich die Maße, wenn das bemaßte Objekt mit den Griffen bearbeitet wird ...,*
- *... wenn das bemaßte Objekt im Objekteigenschaften-Manager (siehe Kapitel 13.1) bearbeitet wird oder...*
- *... wenn das bemaßte Objekt mit Editierbefehlen bearbeitet wird.*
- *Die Assoziativität bleibt auch dann wirksam, wenn Objekte aus dem Modellbereich im Layout bemaßt werden (siehe Kapitel 16). Änderungen der bemaßten Objekte im Modellbereich verändern die Maße im Papierbereich des Layouts mit.*

Befehl Bemreassoz

Mit dem Befehl BEMREASSOZ können nicht assoziative Maße mit der Geometrie verknüpft werden und damit in assoziative Maße umgewandelt werden. Sie finden den Befehl:

- Multifunktionsleiste: Symbol im Register BESCHRIFTEN, Gruppe BEMASSUNGEN (erweiterter Bereich)
- Menüleiste BEMASSUNG, Funktion BEMASSUNG ERNEUT VERKNÜPFEN

Folgende Anfrage erscheint im Befehlszeilenfenster:

```
Befehl: Bemreassoz
Neu zu verknüpfende Bemaßungen wählen...
Objekte wählen:
Ersten Hilfslinienursprung festlegen, oder [Objekt wählen] <nächster>:
Zweiten Hilfslinienursprung festlegen <nächster>:
```

Wählen Sie zuerst ein oder mehrere Maße. Nacheinander werden die Definitionspunkte der gewählten Maße angezeigt, und es kann jeweils der Punkt an dem zu bemaßenden Objekt angeklickt werden, mit dem das Maß verknüpft werden soll.

Befehl Bementassoz

Mit dem Befehl BEMENTASSOZ können assoziative Maße von der Geometrie gelöst werden und damit in nicht assoziative Maße umgewandelt werden. Sie finden den Befehl nicht in den Menüs, deshalb:

- Auf der Tastatur eingeben

```
Befehl: Bementassoz
Bemaßungen wählen, deren Verknüpfungen aufgehoben werden sollen...
Objekte wählen:
Verknüpfung von 1 aufgehoben.
```

Die Assoziativität der gewählten Maße wird entfernt.

Objekte mit Bemaßung editieren

1. Laden Sie die Zeichnung *A09-06.dwg* aus dem Ordner *Aufgaben*.
2. Ändern Sie die Teile mit den angegebenen Editierbefehlen wie in Abbildung 9.30 ab.

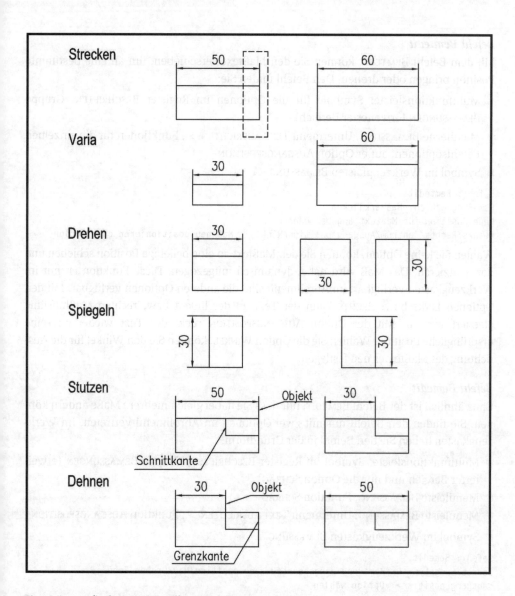

Abbildung 9.30:
Editierung von Objekten mit Bemaßung

Eine Lösung finden Sie im selben Ordner: *L09-06.dwg*.

9.10 Editierbefehle für Maße

Maße werden als zusammenhängende Einheiten erzeugt. Einzelne Bestandteile der Maße lassen sich nachträglich nicht mehr ändern, beispielsweise eine Hilfslinie löschen, die Maßpfeile vergrößern usw. Sollen trotzdem Änderungen vorgenommen werden, stehen spezielle Editierbefehle für Maße zur Verfügung. Sie finden diese im unteren Teil des Abrollmenüs BEMASSUNG.

Befehl Bemtedit

Mit dem Befehl BEMTEDIT können Sie den Maßtext verschieben, ihn an eine bestimmte Position bringen oder drehen. Den Befehl finden Sie:

- Multifunktionsleiste: Symbole für die Optionen im Register BESCHRIFTEN, Gruppe BEMASSUNGEN (erweiterter Bereich)
- Menüleiste BEMASSUNG, Untermenü TEXT AUSRICHTEN >, Funktionen für die einzelnen Befehlsoptionen, außer Option AUSGANGSPOSITION

- Symbol im Werkzeugkasten BEMASSUNG

```
Befehl: Bemtedit
Bemaßung wählen: Maß anklicken
Neue Position für Maßtext angeben oder
[Links/Rechts/Zentrum/Ausgangsposition/Winkel]: Maß neu positionieren oder Option
```

Wählen Sie keine Option, können Sie den Maßtext an eine beliebige Position schieben und dort platzieren. Das Maß wird dabei dynamisch mitgezogen. Diese Funktion ist nur im Werkzeugkasten verfügbar, im Abrollmenü sind die anderen Optionen verfügbar. Mit den Optionen LINKS bzw. RECHTS kann der Text an der linken bzw. rechten Maßhilfslinie platziert werden. Mit der Option AUSGANGSPOSITION rückt der Text wieder an seine ursprüngliche Position. Wählen Sie die Option WINKEL, können Sie den Winkel für die Ausrichtung des Maßtextes neu festlegen.

Befehl Bemedit

Ganz ähnlich ist der Befehl BEMEDIT, nur dass Sie dabei gleich mehrere Maße ändern können. Sie finden den Befehl nur mit zwei Optionen im Abrollmenü vertreten. Im Werkzeugkasten haben Sie den Befehl in der Grundform.

- Multifunktionsleiste: Symbol im Register BESCHRIFTEN, Gruppe BEMASSUNGEN (erweiterter Bereich und nur die Option SCHRÄG)
- Menüleiste BEMASSUNG, Funktion SCHRÄG
- Menüleiste BEMASSUNG, Untermenü TEXT AUSRICHTEN >, Funktion AUSGANGSPOSITION

- Symbol im Werkzeugkasten BEMASSUNG

```
Befehl: Bemedit
Bearbeitungstyp für Bemaßung eingeben [Ausgangsposition/Neu/Drehen/Schräg]
<Ausgangsposition>: Option wählen
```

Mit der Option SCHRÄG geben Sie einen Winkel für die Maßhilfslinien ein; das Maß wird unter diesem Winkel schräg gestellt. Mit der Option DREHEN kann ein neuer Winkel für die Ausrichtung des Maßtextes vorgegeben werden. Die Option AUSGANGSPOSITION bringt einen verschobenen Maßtext wieder an seine ursprüngliche Position. Erst nach der Auswahl der Option wählen Sie die Maße, auf die die Funktion angewandt werden soll.

```
Bearbeitungstyp für Bemaßung eingeben [Ausgangsposition/Neu/Drehen/Schräg]
<Ausgangsposition>: Option eingeben, z.B. S für Schräg
Objekte wählen: Zu ändernde Bemaßungen wählen

Objekte wählen: ⏎
Neigungswinkel eingeben (Eingabetaste drücken, wenn keiner): Neigungswinkel angeben
```

Alle gewählten Maße werden geändert. Da mit diesem Befehl gleich mehrere Maße auf einmal geändert werden können, erreicht man damit oft schneller das Ziel.

Mit der Option NEU kann dagegen der Maßtext selbst bearbeitet werden. Sie bekommen den Texteditor auf den Bildschirm und können den Text verändern. Das gemessene Maß steht mit seinem Platzhalter < > im Editor. Wollen Sie vor oder nach einem oder mehreren Maßen eine Zeichenfolge setzen, geben Sie es im Texteditor ein, z.B.: M< > oder < >mm. Klicken Sie auf OK und Sie können die Maße wählen, die so verändert werden sollen.

Sie können den Befehl verwenden, um ein Maß gezielt zu verändern. Wenn Sie nicht maßstäblich gezeichnet haben, lässt sich nachträglich für jedes Maß ein anderer Maßtext eintragen. Eine andere Verwendung ist die, wie oben beschrieben, dass Sie verschiedene Maße mit einem Zusatz versehen wollen. Sie können aber auch geänderte oder bei der Bemaßung überschriebene Maße neu ausmessen. Wählen Sie dazu diese Option, klicken Sie aber im Editorfenster ohne Änderung auf OK und wählen Sie die Maße an. Bei den gewählten Maßen wird der Originalmaßtext wieder eingesetzt.

Befehl Bemüberschr

Wollen Sie bei einem oder mehreren Maßen eine Bemaßungsvariable ändern, ohne dafür einen neuen Bemaßungsstil erstellen zu müssen, können Sie das mit dem Befehl BEM-ÜBERSCHR tun. Sie finden den Befehl:

- Multifunktionsleiste: Symbol im Register BESCHRIFTEN, Register BEMASSUNGEN (erweiterter Bereich)
- Menüleiste BEMASSUNG, Funktion ÜBERSCHREIBEN

```
Befehl: BemÜberschr
Zu überschreibenden Namen der Bemaßungsvariable eingeben oder
[Überschreibungen deaktivieren]: z.B.: Dimtxt
Neuen Wert für Bemaßungsvariable eingeben <3.50>: neuen Wert eingeben
Geben Sie eine zu überschreibende Bemaßungsvariable ein: weitere Variable eingeben oder
 ↵ , wenn keine weiteren geändert werden sollen
Objekte wählen: ein oder mehrere Maße wählen
```

Geben Sie eine Bemaßungsvariable ein und ihren neuen Wert. Wählen Sie dann eine weitere oder ↵ , wenn nur eine geändert werden soll. Danach wählen Sie die zu ändernden Maße aus. Alle gewählten Maße werden geändert.

Geben Sie dagegen bei der ersten Anfrage die Option ÜBERSCHREIBUNG DEAKTIVIEREN ein, werden die überschriebenen Variablen wieder auf die Werte des ursprünglichen Bemaßungsstils gesetzt.

Editierfunktion Aktualisieren

Mit dieser Funktion können Sie eines oder mehrere Maße auf die aktuellen Einstellungen der Bemaßungsvariablen oder auf den aktuellen Bemaßungsstil (wenn einer aktiv ist) setzen:

- Multifunktionsleiste: Symbol im Register BESCHRIFTEN, Gruppe BEMASSUNGEN
- Menüleiste BEMASSUNG, Funktion AKTUALISIEREN
- Symbol im Werkzeugkasten BEMASSUNG

Wählen Sie die Maße an, die Sie aktualisieren wollen.

Ddedit bei Maßen

In Kapitel 6.9 haben Sie den Befehl zur Änderung von Texten kennengelernt: DDEDIT. Diesen Befehl können Sie auch zur Änderung von Maßtexten verwenden. Wählen Sie den Befehl und klicken Sie ein Maß an. Das Maß wird im Texteditor (siehe Kapitel 6.9) am Bildschirm angezeigt. Ändern Sie die Klammern < > nicht, denn diese stehen für das gemessene Maß. Setzen Sie Text davor oder danach ein.

Ändern mit dem Objekteigenschaften-Manager

Haben Sie den OBJEKTEIGENSCHAFTEN-MANAGER (siehe Kapitel 13.1) auf dem Bildschirm und Sie klicken ein Maß an, können Sie alle Bemaßungseinstellungen auch darin ändern oder das Maß einem anderen Stil zuordnen. Ist der OBJEKTEIGENSCHAFTEN-MANAGER ausgeblendet und Sie klicken das Maß doppelt an, wird er aktiviert und das Maß kann darin bearbeitet werden.

Maße editieren

1. Laden Sie die Zeichnung *A09-07.dwg* aus dem Ordner *Aufgaben*.
2. Ändern Sie die Maße mit Editierbefehlen wie in Abbildung 9.31 ab.

Eine Musterlösung finden Sie ebenfalls im Ordner *Ausgaben*: *L09-07.dwg*.

Abbildung 9.31: Editierbefehle für Maße

Befehl Bemverklinie

Bemaßen Sie ein unterbrochenes Teil in nicht maßstäblicher Darstellung, können Sie mit dem Befehl BEMVERKLINIE auch das Maß unterbrochen darstellen (siehe Abbildung 9.32, oben). Sie finden den Befehl:

- Multifunktionsleiste: Symbol im Register BESCHRIFTEN, Gruppe BEMASSUNGEN
- Menüleiste BEMASSUNG, Funktion VERKÜRZT LINEAR
- Symbol im Werkzeugkasten BEMASSUNG

```
Befehl: Bemverklinie
Bemaßung auswählen, zu der die Verkürzung hinzugefügt werden soll, oder [Entfernen]:
Maß anklicken oder Option Entfernen wählen
Verkürzungsposition angeben (oder EINGABETASTE drücken): Position anklicken oder ⏎
```

Wählen Sie zunächst ein Maß mit der Pickbox (mehrere Maße können nicht gewählt werden) möglichst gleich an der Stelle, an der das Verkürzungssymbol eingefügt werden soll. Bei der zweiten Anfrage können Sie mit ⏎ das Symbol an der Stelle platzieren, an der Sie das Maß gewählt haben. Klicken Sie eine Position auf dem Maß an, wird das Symbol dort platziert, unabhängig davon, wo Sie es bei der ersten Anfrage angeklickt haben. Die Größe des Symbols ist im Bemaßungsstil definiert (siehe Kapitel 9.7).

Mit der Option ENTFERNEN bei der ersten Anfrage können Sie ein Maß anklicken und ein schon gezeichnetes Symbol wird wieder entfernt.

Befehl Bembruch

Überschneiden sich Maße, kann eine Zeichnung leicht unübersichtlich werden. Mit dem Befehl BEMBRUCH können Sie Maßlinien oder Maßhilfslinien unterbrechen und so für eine bessere Darstellung sorgen (siehe Abbildung 9.32, Mitte). Sie finden den Befehl:

- Multifunktionsleiste: Symbol im Register BESCHRIFTEN, Gruppe BEMASSUNGEN
- Menüleiste BEMASSUNG, Funktion BEMASSUNGSUNTERBRECHUNG
- Symbol im Werkzeugkasten BEMASSUNG

```
Befehl: Bembruch
Bemaßung wählen oder [Mehrere]: Maß anklicken oder Option Mehrere wählen
Objekt zum Bruch der Bemaßung wählen oder [Auto/Wiederherstellen/Manuell] <Auto>:
Option wählen oder ⏎
```

Klicken Sie ein Maß an, das unterbrochen werden soll. Bei der zweiten Anfrage können Sie ein Objekt wählen, an dem Maßlinie oder Maßhilfslinie unterbrochen werden soll. Das kann ein anderes Maß, ein Text, eine Linie oder ein anderes Geometrieobjekt sein. An dieser Stelle haben Sie weitere Optionen: Mit der Option AUTO wird ohne weitere Anfrage an jedem Objekt, das die Maßlinie oder Maßhilfslinie kreuzt, unterbrochen. Die Größe des Ausbruchs ist im Bemaßungsstil definiert (siehe Kapitel 9.7). Wählen Sie dagegen die Option MANUELL, können Sie die Position und die Größe des Ausbruchs manuell bestimmen. Die Option WIEDERHERSTELLEN entfernt Ausbrüche wieder und zeichnet Maßlinien oder Maßhilfslinien wieder durchgängig.

Wählen Sie bei der ersten Anfrage die Option MEHRERE, können mehrere Maße auf einmal gewählt werden.

```
Bemaßung wählen oder [Mehrere]: Option Mehrere wählen
Bemaßungen wählen: Mehrere Maße wählen
Option eingeben [Brechen/Wiederherstellen] <Brechen>: Option wählen
```

Die gewählten Maße können dann alle auf einmal mit der Option BRECHEN automatisch gebrochen werden. Mit der Option WIEDERHERSTELLEN werden alle Unterbrechungen entfernt.

- *Die Unterbrechungen sind assoziativ. Wird ein Maß verschoben, wandert die Unterbrechung mit.*
- *Wird das Objekt, das die Unterbrechung verursacht hat, aus dem Maß herausgeschoben, wird die Unterbrechung auch wieder entfernt. Schieben Sie es wieder auf das Maß, wird die Unterbrechung auch wieder angebracht.*
- *Nur danach neu erstellte Objekte werden nicht berücksichtigt. In diesem Fall müssten Sie die Unterbrechung neu anbringen.*

Befehl Bemplatz

Wenn Sie bemaßte Objekte ändern, kann es vorkommen, dass die Abstände der Maße zueinander nicht mehr stimmen. Mit dem Befehl BEMPLATZ können Maße neu angeordnet werden (siehe Abbildung 9.32, unten). Sie finden den Befehl:

- Multifunktionsleiste: Symbol im Register BESCHRIFTEN, Gruppe BEMASSUNGEN
- Menüleiste BEMASSUNG, Funktion BEMASSUNGSPLATZ
- Symbol im Werkzeugkasten BEMASSUNG

```
Befehl: Bemplatz
Basisbemaßung wählen: Erstes Maß wählen
Zu verteilende Bemaßungen wählen: Weitere Bemaßungen wählen
Wert eingeben oder [Auto] <Auto>: Abstand eingeben oder Option Auto wählen
```

Wählen Sie das Maß an, an dem die anderen ausgerichtet werden sollen. Danach wählen Sie die Maße, die an diesem ausgerichtet werden sollen. Zuletzt geben Sie den Abstand der Maße zueinander ein. Mit der Option AUTO wird der Abstand aus dem Bemaßungsstil verwendet (siehe Kapitel 9.7, BASISLINIENABSTAND im Register LINIEN).

Maße editieren

1. Laden Sie die Zeichnung *A09-08.dwg* aus dem Ordner *Aufgaben*.
2. Ändern Sie die Maße mit den entsprechenden Befehlen wie in Abbildung 9.32.
3. Eine Musterlösung finden Sie im gleichen Ordner in der Datei *A09-08.dwg*.

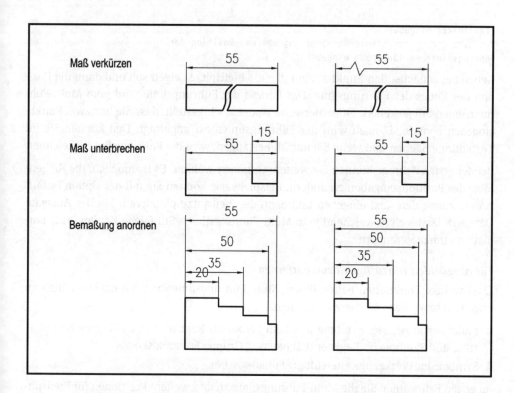

Abbildung 9.32:
Verkürzte Bemaßung, unterbrochenes Maß und Bemaßung anordnen

9.11 Multi-Führungslinien

Seit AutoCAD 2008 ist der vorherige Befehl SFÜHRUNG zum Zeichnen von Führungslinien komplett durch eine neue Serie von Befehlen ersetzt worden. Damit können Sie sogenannte Multi-Führungslinien zeichnen, bearbeiten, zusammenfassen und anordnen. Aus Gründen der Kompatibilität gibt es den alten Befehl SFÜHRUNG immer noch. Er wird aber in den Menüs und Werkzeugkästen nicht mehr aufgeführt. Auf der CD zu diesem Buch finden Sie im Ordner *Dokumente* die Datei *Führung-alt.pdf* mit der Beschreibung zu diesem Befehl. Hier im Buch werden nur noch die neuen Befehle beschrieben.

Multi-Führungslinien erstellen

Mit dem Befehl MFÜHRUNG erstellen Sie eine Multi-Führungslinie. Sie finden den Befehl:

- Multifunktionsleiste: Symbol in einem Flyout im Register START, Gruppe BESCHRIFTUNG und Symbol im Register BESCHRIFTEN, Gruppe FÜHRUNGSLINIEN
- Menüleiste BEMASSUNG, Funktion MULTI-FÜHRUNGSLINIE
- Symbol im Werkzeugkasten MULTI-FÜHRUNGSLINIE

Folgende Möglichkeiten haben Sie bei der Platzierung:

```
Befehl: MfÜhrung
Position für Führungslinienpfeilspitze angeben oder
[führungslinienVerlängerung zuerst/Inhalt zuerst/Optionen] <Optionen>: Position der
```

```
Pfeilspitze eingeben
Position der Führungslinienverlängerung wählen: Position der
Führungslinienverlängerung eingeben
```

Geben Sie zunächst den Punkt an, auf den die Pfeilspitze zeigen soll und dann die Position des Endes der Führungslinie. Das Format der Führungslinie wird vom Multi-Führungslinien-Stil gesteuert. Normalerweise ist der so eingestellt, dass Sie nur zwei Punkte eingeben können. Danach wird der Führungslinientext angefragt. Den können Sie im Texteditor eingeben und wenn Sie mit OK bestätigen, wird die Führungslinie gezeichnet.

Bei der ersten Anfrage können Sie weitere Optionen wählen. Es ist möglich, die Reihenfolge der Positionseingaben zu ändern. Beispielsweise können Sie mit der Option INHALT ZUERST zuerst den Text eingeben und dann die Pfeilspitze platzieren. Mit der Auswahl OPTIONEN lässt sich abweichend vom Multi-Führungslinien-Stil (siehe Kapitel 9.12) Format und Inhalt verändern.

Führungslinien hinzufügen bzw. entfernen

Zwei weitere Funktionen helfen Ihnen, Multi-Führungslinien um zusätzliche Linien zu erweitern bzw. diese wieder zu entfernen.

- Multifunktionsleiste: Symbole in einem Flyout im Register START, Gruppe BESCHRIFTUNG und Symbole im Register BESCHRIFTEN, Gruppe FÜHRUNGSLINIEN
- Symbole im Werkzeugkasten MULTI-FÜHRUNGSLINIE

Im ersten Fall wählen Sie die Multi-Führungslinie an und weitere Positionen für Pfeilspitzen. Es werden mehrere Führungslinien von einem Text weg gezeichnet. Wollen Sie mit der zweiten Funktion diese wieder entfernen, wählen Sie zuerst die Multi-Führungslinie an und danach die Führungslinien, die wieder entfernt werden sollen.

Wahl des Multi-Führungslinien-Stils

Format und Inhalt (Text, Block usw. am Ende der Führungslinie) wird im Multi-Führungslinien-Stil festgelegt. Wie bei den Bemaßungsstilen können Sie in der Zeichnung beliebig viele solcher Stile definieren, dazu später mehr. In einem Abrollmenü können Sie vor dem Platzieren den Stil wählen. Die danach gezeichneten Objekte werden mit diesem Stil erstellt. Sie finden das Abrollmenü:

- In der Multifunktionsleiste: Register START, Gruppe BESCHRIFTUNG (erweiterter Bereich), und im Register BESCHRIFTEN, Gruppe FÜHRUNGSLINIEN
- In den Werkzeugkästen MULTI-FÜHRUNGSLINIE und STILE

Wählen Sie den gewünschten Stil aus der Liste.

Multi-Führungslinien zeichnen

1. Laden Sie die Zeichnung *A09-09.dwg* aus dem Ordner *Aufgaben*.
2. Wählen Sie zuerst den Multi-Führungslinien-Stil *Standard*. Platzieren Sie die Führungslinien mit Text wie in Abbildung 9.33.

3. Fügen Sie bei den Schrauben eine zweite Führungslinie hinzu. Treiben Sie bei der Anordnung noch keinen Aufwand, wir wollen sie nachher ausrichten.
4. Wechseln Sie dann zum Multi-Führungslinien-Stil *Punkt* und setzen Sie die Multi-Führungslinien am rechten Rand (siehe Abbildung 9.33) mit fortlaufenden Nummern in einem Kreis.
5. Ein Beispiel haben Sie in der Zeichnung *L09-09.dwg* im Ordner *Aufgaben*.

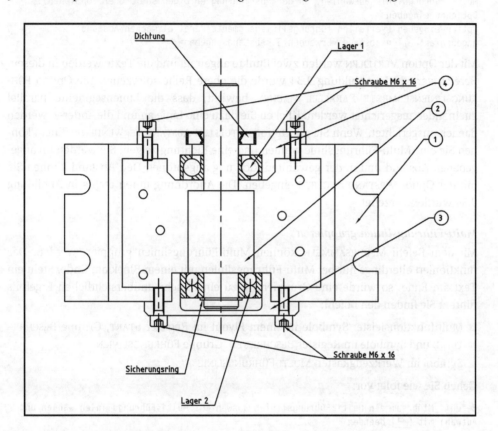

Abbildung 9.33:
Verschiedene Multi-Führungslinien

Multi-Führungslinien ausrichten

Mit zwei Funktionen können Sie Multi-Führungslinien ausrichten bzw. gruppieren. Zunächst der Befehl MFÜHRAUSR zum Ausrichten:

- Multifunktionsleiste: Symbole in einem Flyout im Register START, Gruppe BESCHRIFTUNG, und Symbole im Register BESCHRIFTEN, Gruppe FÜHRUNGSLINIEN
- Symbol im Werkzeugkasten MULTI-FÜHRUNGSLINIE

Gehen Sie wie folgt vor:

```
Befehl: Mführaus
Multi-Führungslinien auswählen: Multi-Führungslinien wählen und mit ⏎ beenden
Aktueller Modus: Abstand: 5.000000
Multi-Führungslinie auswählen, an der Ausrichtung erfolgen soll, oder [Optionen]:
```

Wählen Sie die Multi-Führungslinien an. Nach Beenden der Auswahl wird Ihnen angezeigt, welcher Ausrichtemodus aktiv ist. Je nach Vorwahl sind dann noch verschiedene Eingaben für die Ausrichtung erforderlich.

Ausrichtemodus: Mit Auswahl von OPTIONEN bekommen Sie die verschiedenen Ausrichtemodi aufgelistet:

```
Multi-Führungslinie auswählen, an der Ausrichtung erfolgen soll, oder [Optionen]:
Optionen eingeben
Option eingeben [Verteilen/führungsliniensegmente Parallel machen/Abstand
angeben/aktuellen abstand vErwenden/] <Abstand angeben>:
```

Mit der Option VERTEILEN werden zwei Punkte angefragt und die Texte werden in diesem Bereich verteilt. In Abbildung 9.34 wurde die obere Reihe so erzeugt. Die Option FÜHRUNGSLINIENSEGMENTE PARALLEL MACHEN bewirkt, dass die Liniensegmente parallel zueinander ausgerichtet werden. Klicken Sie dazu eine Linie an und die anderen werden danach ausgerichtet. Wenn Sie die Option AKTUELLEN ABSTAND VERWENDEN wählen, können Sie eine Multi-Führungslinie wählen und eine Richtung zeigen. Sie werden im angegebenen Abstand und in der gewählten Richtung angeordnet. Den Abstand können Sie mit der Option ABSTAND ANGEBEN eingeben. Die Anordnung unten rechts in Abbildung 9.34 wurde so erzeugt.

Multi-Führungslinien gruppieren

Mit dem Befehl MFÜHRSAMMELN können Multi-Führungslinien gruppiert werden. Das funktioniert allerdings nur bei Multi-Führungslinien mit einem Block am Ende. Steht ein Text am Ende, so würde eine Gruppierung zu einem sehr unübersichtlichen Ergebnis führen. Sie finden den Befehl:

- Multifunktionsleiste: Symbole in einem Flyout im Register START, Gruppe BESCHRIFTUNG, und Symbole im Register BESCHRIFTEN, Gruppe FÜHRUNGSLINIEN
- Symbol im Werkzeugkasten MULTI-FÜHRUNGSLINIE

Gehen Sie wie folgt vor:

```
Befehl: Mführsammeln Multi-Führungslinien auswählen: Multi-Führungslinien wählen und
Auswahl mit [↵] beenden
Abgerufene Position der Multi-Führungslinie angeben oder [Vertikal/Horizontal/Umbruch]
<Horizontal>:
```

Wählen Sie die Multi-Führungslinien und klicken Sie die Position an, an der die Anmerkungen platziert werden sollen. Mit den Optionen HORIZONTAL und VERTIKAL können Sie die entsprechende Ausrichtung wählen. Haben Sie die Option HORIZONTAL gewählt, können Sie mit der Option UMBRUCH außerdem wählen, ab welcher Breite die Zeile umbrochen werden soll und in einer Zeile darunter angeordnet wird. Bei der Umbruchbreite 0 erfolgt kein Umbruch. Die Anordnung oben rechts in Abbildung 9.34 wurde so erzeugt.

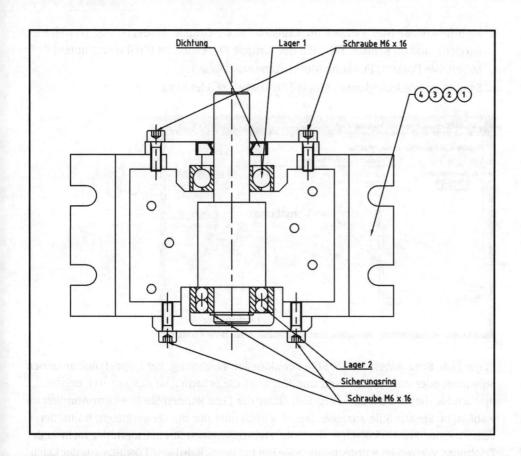

Abbildung 9.34:
Multi-Führungs-
linien angeordnet

Multi-Führungslinien anordnen

1. Bearbeiten Sie die Zeichnung aus der vorherigen Übung oder laden Sie die Zeichnung *L09-09.dwg* aus dem Ordner *Aufgaben*.
2. Ordnen Sie die Multi-Führungslinien wie in Abbildung 9.34 an. Eine Musterlösung haben Sie in der Datei *L09-10.dwg* im Ordner *Aufgaben*.

Griffe an Multi-Führungslinien

- Sie können die Multi-Führungslinien auch an den Griffen bearbeiten.
- Mit den unterschiedlichen Griffen können Sie die Pfeilspitze neu platzieren, den Inhalt verschieben oder die waagrechte Verlängerung ändern.

9.12 Multi-Führungslinien-Stil

Form und Inhalt der Multi-Führungslinien wird durch den Multi-Führungslinien-Stil festgelegt. Die Erstellung, Änderung und Verwaltung dieser Stile funktioniert ähnlich wie bei den Bemaßungsstilen. Mit dem Befehl MFÜHRUNGSSTIL aktivieren Sie das Dialogfeld des Multi-Führungslinien-Stil-Managers (siehe Abbildung 3.35).

Kapitel 9 • Bemaßungen und Stile

- Multifunktionsleiste: Symbol im Register START, Gruppe BESCHRIFTUNG (erweiterter Bereich), und im Register BESCHRIFTEN, Gruppe BEMASSUNGEN (Pfeil rechts unten)
- Menüleiste FORMAT, Funktion MULTI-FÜHRUNGSLINIEN-STIL...
- Symbol im Werkzeugkasten MULTI-FÜHRUNGSLINIE oder STILE

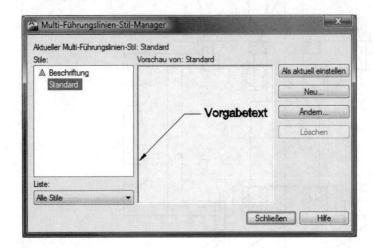

Abbildung 9.35: Multi-Führungs-linien-Stil-Manager

In der Liste STILE haben Sie die Stile der aktuellen Zeichnung. Per Doppelklick auf einen Stilnamen oder durch Markieren und Klick auf die Schaltfläche ALS AKTUELL EINSTELLEN machen Sie diesen zum aktuellen Stil. Unter der Liste können Sie in einem Abrollmenü wählen, ob Sie alle Stile anzeigen lassen wollen oder nur die verwendeten. Im mittleren Fenster sehen Sie die Vorschau des Stils. Haben Sie einen Stil markiert, der nicht in der Zeichnung verwendet wurde, können Sie ihn mit der Schaltfläche LÖSCHEN aus der Zeichnung entfernen. Mit der Schaltfläche ÄNDERN... können Sie den in der Liste markierten Stil in einem weiteren Dialogfeld mit drei Registern (siehe unten) ändern. Achtung: Es ändern sich alle Multi-Führungslinien, die mit diesem Stil erstellt wurden. Um keine Informationen zu verlieren, ändert sich aber **nicht** der Text oder Block am Ende der Führungslinie. Unabhängig vom Stil bleibt der Inhalt erhalten. Nur neu erstellte Objekte haben an dieser Stelle den neuen Inhalt.

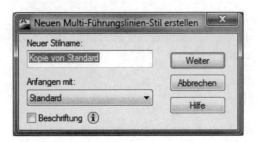

Abbildung 9.36: Neuen Stil anlegen

Mit der Schaltfläche NEU... können Sie einen neuen Stil erstellen. In einem Dialogfeld können Sie den Namen eingeben und in einem Abrollmenü wählen, mit welchem Stil Sie beginnen wollen (siehe Abbildung 9.36). Wählen Sie den, der dem neuen am ähnlichsten ist, dann müssen Sie nicht so viel ändern. Danach erscheint das Dialogfeld mit drei Registern (siehe unten) zum Erstellen bzw. Ändern von Multi-Führungslinien-Stilen.

Einstellungen im Multi-Führungslinien-Stil

Haben Sie einen Multi-Führungslinien-Stil zum Ändern angewählt oder erstellen Sie einen neuen, bekommen Sie das Dialogfeld mit den drei Registern (siehe Abbildung 3.37).

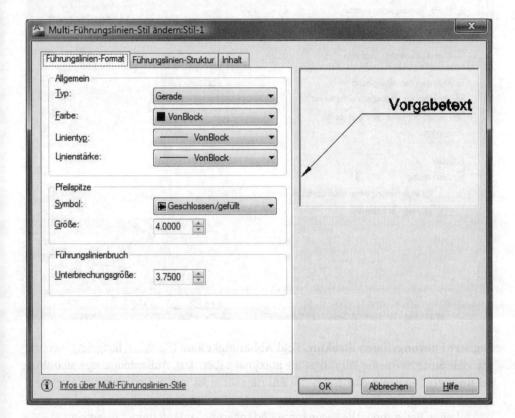

Abbildung 9.37:
Multi-Führungslinien-Stil, Register Führungslinien-Format

Register Führungslinien-Format, Feld Allgemein: Wählen Sie den Führungslinientyp, Gerade, Spline oder gar keine Führungslinie (siehe Abbildung 9.41, a), sowie deren Farbe, Linientyp und Linienstärke. Mit der Einstellung *VonBlock* gilt die des aktuellen Layers, auf dem die Führungslinie erstellt wird.

Register Führungslinien-Format, Feld Pfeilspitze: In einem Abrollmenü finden Sie die unterschiedlichsten Symbole: Pfeile, Punkte, Dreiecke, Schrägstriche und mehr (siehe Abbildung 9.41, b). Außerdem können Sie die Größe wählen.

Register Führungslinien-Format, Feld Führungslinienbruch: Multi-Führungslinien können wie Maße mit dem Befehl BEMBRUCH unterbrochen werden. Dieser Wert legt fest, wie weit die Führungslinie in diesem Fall aufgebrochen werden soll.

Im zweiten Register wird die Struktur der Multi-Führungslinie festgelegt (siehe Abbildung 9.38).

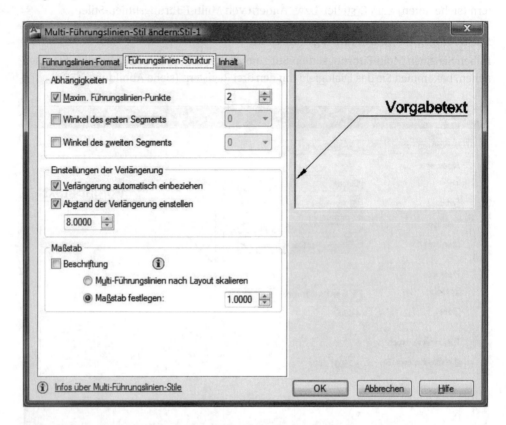

Abbildung 9.38:
Multi-Führungslinien-Stil, Register Führungslinien-Struktur

Register Führungslinien-Struktur, Feld Abhängigkeiten: Hier kann festgelegt werden, wie viele Stützpunkte die Führungslinie maximal haben darf. Außerdem lassen sich Winkel für zwei Segmente einstellen. Die Führungslinie kann dann so eingestellt werden, dass sie immer unter 45° verläuft. Wenn nur zwei Punkte gewählt wurden, ist der zweite Winkel ohne Bedeutung. Die sogenannte Verlängerung verläuft immer waagrecht.

Register Führungslinien-Struktur, Feld Einstellungen der Verlängerung: Die Verlängerung ist die waagrechte Linie am Ende der Führungslinie bis zum Beginn des Textes. Hier können Sie diese einschalten und die Länge einstellen.

Register Führungslinien-Struktur, Feld Maßstab: Im unteren Feld können Sie den Maßstab eingeben. Wie bei den Maßen haben Sie noch zwei andere Möglichkeiten. Wenn Sie mit dem Layout skalieren, werden die Größen so eingestellt, dass sie in Ansichtsfenstern im Layout auf dem Papier in der richtigen Größe erscheinen (mehr dazu in Kapitel 16). Wenn Sie die Einstellung BESCHRIFTUNG wählen, werden Multi-Führungslinien dem Maßstab angepasst. Mehr dazu finden Sie in Kapitel 10.9.

Das dritte Register kann unterschiedlich aussehen, je nachdem, was im oberen Abrollmenü gewählt wurde (siehe Abbildung 9.39, 40 und 41, c). Wurde *Mtext* gewählt (siehe Abbildung 9.39), wird ein Text an das Ende der Führungslinie gesetzt. Wählen Sie dagegen *Keine* wird nichts ans Ende gesetzt und das Register bleibt leer.

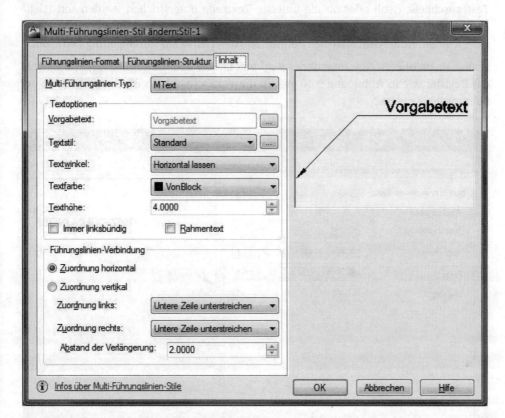

Abbildung 9.39:
Multi-Führungslinien-Stil, Register Inhalt, Einstellung MText

Register Inhalt, Feld Textoptionen: Im Feld VORGABETEXT kann im Texteditor ein Text eingegeben und formatiert werden, wenn Sie auf das Symbol mit den drei Punkten rechts vom Textfeld klicken. Dieser Text kann dann beim Platzieren der Führungslinie übernommen oder geändert werden. Darunter wählen Sie Textstil, Textwinkel, Textfarbe und die Texthöhe. Da der Text ja auch mehrzeilig sein kann, wird er linksbündig ausgerichtet, wenn die Führungslinie nach rechts zeigt, und rechtsbündig, wenn sie nach links zeigt. Haben Sie den Schalter IMMER LINKSBÜNDIG eingeschaltet, wird der Text immer linksbündig ausgerichtet. Ist der Schalter RAHMENTEXT aktiviert, wird um den Text ein Rahmen gezeichnet.

Register Inhalt, Feld Führungslinien-Verbindung: Hier stellen Sie ein, ob die Führungslinie horizontal gezeichnet werden soll (Einstellung ZUORDNUNG HORIZONTAL). Die andere Variante (Einstellung ZUORDNUNG VERTIKAL) zeichnet die Linie direkt ohne horizontales Segment. In beiden Fällen kann eingestellt werden, wo die Verlängerung an den Text anschließen soll oder ob die unterste Textzeile unterstrichen werden soll (siehe Abbildung 9.41, d). Das kann für Führungslinien nach rechts und links getrennt eingestellt werden. Außerdem lässt sich der Abstand des Textes zur Verlängerung einstellen.

Haben Sie im oberen Abrollmenü des Registers INHALT den Eintrag *Block* gewählt, sieht das Register wie in Abbildung 9.40 aus. In diesem Fall wird ein Block an das Ende der Führungslinie gesetzt.

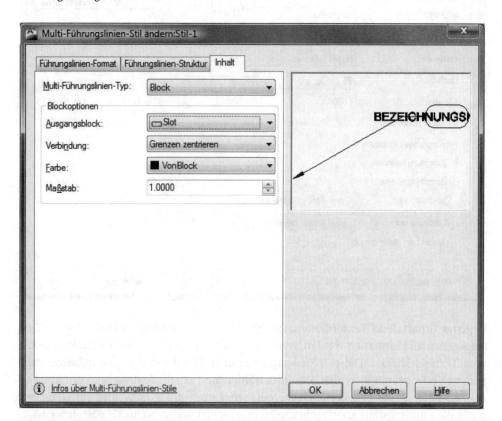

Abbildung 9.40: Multi-Führungslinien-Stil, Register Inhalt, Einstellung Block

Register Inhalt, Feld Blockoptionen: Im Abrollmenü kann ein Blocksymbol gewählt werden (Kreis, Quader usw. oder ein in der Zeichnung definierter Benutzerblock). Die Blöcke haben Attribute, deren Wert Sie beim Einfügen der Multi-Führungslinie ausfüllen können. Weiterhin wird hier eingestellt, wo die Verbindung anschließen soll und welche Farbe der Block haben soll.

Multi-Führungslinien-Stil

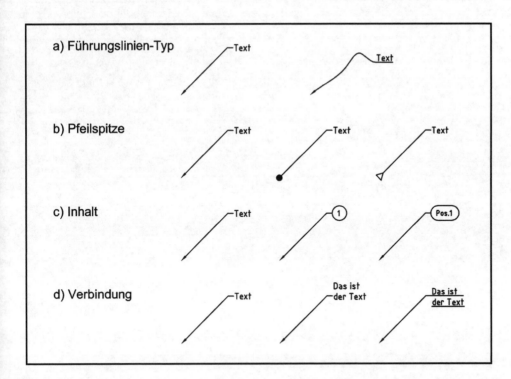

Abbildung 9.41: Beispiele für unterschiedliche Multi-Führungslinien-Stile

Kapitel 10
Texte, Schriftfelder und Tabellen

Den Textbefehl für einzeiligen Text haben Sie schon kennengelernt. Es gibt aber weitere Befehle für die Texteingabe, das Ändern und Prüfen von Text. Alles zu diesem Thema finden Sie in diesem Kapitel, dazu noch die Befehle für Schriftfelder und Tabellen.

10.1 Textabsätze

Meist geben Sie in technischen Zeichnungen kurze Texte bzw. nur einzelne Wörter oder gar nur Buchstaben ein, dafür eignet sich der Befehl DTEXT am besten. Den haben Sie bereits kennengelernt. Benötigen Sie aber mehr Text, beispielsweise in einer Bedienungsanleitung oder einem Datenblatt, sind Sie mit dem Textabsatz flexibler.

Befehl Mtext
Längere mehrzeilige Texte lassen sich mit dem Befehl MTEXT eingeben, in einem Texteditor bearbeiten und formatieren. Erst wenn der Text im Texteditor korrekt ist, übernehmen Sie ihn in die Zeichnung.

- Multifunktionsleiste: Symbol in einem Flyout im Register START, Gruppe BESCHRIFTUNG; Symbol in einem Flyout und im Register BESCHRIFTEN, Gruppe TEXT
- Menüleiste ZEICHNEN, Untermenü TEXT >, Funktion ABSATZTEXT...
- Symbol in den Werkzeugkästen ZEICHNEN und TEXT

```
Befehl: Mtext
Aktueller Textstil: "STANDARD"  Texthöhe: 5
Erste Ecke:
Gegenüberliegende Ecke oder [Höhe/Ausrichten/Zeilenabstand/Drehen/STil/
Breite/SPalten]:
```

Nachdem Sie den Befehl angewählt haben, werden zunächst der verwendete Textstil und die Texthöhe angezeigt. Wenn Sie bei der ersten Anfrage einen Punkt in der Zeichnung anklicken, können Sie ein Rechteck aufziehen, das den Bereich vorgibt, in dem der einzugebende Text platziert werden soll. Danach erscheint der Texteditor zur Eingabe des Textes (siehe unten). Statt der anderen Ecke können Sie auch Optionen wählen:

- **Höhe:** Mit der Option wählen Sie eine neue Texthöhe. Vorgabe ist die Höhe vom letzten Textbefehl.
- **Stil:** Ebenso ist es mit dieser Option. Übernehmen Sie den Stil von der letzten Eingabe oder wählen Sie einen neuen.
- **Drehen:** Geben Sie die Option DREHEN ein, können Sie einen Drehwinkel für das Textfenster vorgeben.
- **Ausrichten:** Mit der Option können Sie wie beim Befehl DTEXT den Punkt vorgeben, an dem der Textabsatz ausgerichtet werden soll.

```
Gegenüberliegende Ecke oder [Höhe/Ausrichten/Zeilenabstand/Drehen/STil/
Breite/SPalten]: A für Ausrichten
Ausrichtung angeben [OL/OZ/OR/ML/MZ/MR/UL/UZ/UR] <OL>: z.B.: MR für Mitte rechts
```

Die Abkürzungen geben an, wo der Basispunkt für den Text gesetzt und wie der Text ausgerichtet werden soll:

OL:	oben links
OZ:	oben zentriert
OR:	oben rechts
ML:	Mitte links
MZ:	Mitte zentriert
MR:	Mitte rechts
UL:	unten links
UZ:	unten zentriert
UR:	unten rechts

- **Zeilenabstand:** Legt den Zeilenabstand für den Textabsatz fest.

Nach den bisherigen Optionen wird die Anfrage wiederholt:

```
Gegenüberliegende Ecke oder [Höhe/Ausrichten/Zeilenabstand/Drehen/STil/
Breite/SPalten]:
```

Textabsätze

Wenn Sie die gegenüberliegende Ecke eingegeben haben, wird der Texteditor (siehe Abbildung 10.1) gestartet.

- **Breite:** Wenn Sie diese Option wählen, können Sie eine Breite für das Textfenster vorgeben. Die gegenüberliegende Ecke ist dann nicht mehr erforderlich, der Texteditor (siehe Abbildung 10.1) wird sofort gestartet.
- **Spalten:** Mit dieser Option können Sie den Text in Spalten setzen. Folgende Angaben sein dazu erforderlich:

```
Gegenüberliegende Ecke oder [Höhe/Ausrichten/Zeilenabstand/Drehen/STil/
Breite/SPalten]: Option Spalten wählen
Spaltentyp eingeben [Dynamisch/Statisch/Keine spalten] <Dynamisch>: Option Dynamisch
für dynamische Spalten
Spaltenbreite angeben: <75>:
Bundstegbreite angeben: <12.5>:
Spaltenhöhe angeben: <25>:
```

Haben Sie dynamische Spalten gewählt, können Sie die Spaltenbreite, die Bundstegbreite und die Spaltenhöhe angeben. Die Anzahl der Spalten ergibt sich aus der eingegebenen Textmenge, da die Spaltenhöhe ja fest vorgegeben ist. Haben Sie sich dagegen für statische Spalten entschieden, ändert sich die Abfrage:

```
Spaltentyp eingeben [Dynamisch/Statisch/Keine spalten] <Dynamisch>: Option Statisch für
statische Spalten
Gesamtbreite angeben: <200>:
Anzahl der Spalten angeben: <2>:
Bundstegbreite angeben: <12.5>:
Spaltenhöhe angeben: <25>:
```

In diesem Fall können Sie die Gesamtbreite und die Anzahl der Spalten eingeben.

Alle Eingaben, die Sie mit diesen Optionen vornehmen, können Sie später im Texteditor bei Bedarf noch korrigieren.

Eingabe im Texteditor

Im Texteditor (siehe Abbildung 10.1) können Sie Text erfassen, aus einer vorhandenen Datei übernehmen, formatieren und alle vorher gewählten Optionen noch verändern.

Je nachdem, welchen Arbeitsbereich Sie gewählt haben, hat der Texteditor eine andere Bedienleiste. Beim Arbeitsbereich *2D-Zeichnung und Beschriftung* wird ein temporäres Register in der Multifunktionsleiste eingeblendet, das solange aktiv ist, wie Sie den Text bearbeiten (siehe Abbildung 10.1, oben). Nach der Texteingabe wird es abgeschaltet und das zuletzt aktive wieder angezeigt.

Bei *AutoCAD klassisch* haben Sie über dem Texteingabefeld einen Werkzeugkasten (siehe Abbildung 10.1, unten). Unabhängig davon können Sie aber auch im ersten Fall zusätzlich noch den Werkzeugkasten einschalten, doch dazu später.

Abbildung 10.1:
Texteingabe im Editor

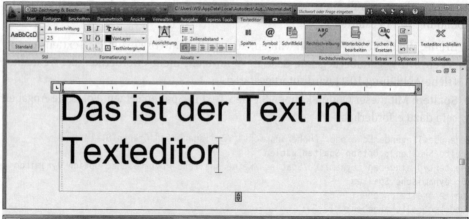

Geben Sie den Text ein. Der Zeilenumbruch wird automatisch vorgenommen, entsprechend der Breite, die Sie für den Textabschnitt eingegeben haben. Das Textfenster erweitert sich nach unten, wenn der Text länger wird.

Im Folgenden werden die Bedienelemente in der Multifunktionsleiste beschrieben. Die entsprechenden Funktionen finden Sie auch im Werkzeugkasten.

Formatieren im Texteditor
Von links nach rechts stehen Ihnen die folgenden Gruppen zur Verfügung:

Gruppe Stil:

- **Auswahlfeld für den Textstil:** Hier können Sie an den seitlichen Pfeiltasten die Textstile der Zeichnung durchblättern. Wenn Sie den Textstil ändern, wird der ganze Text in diesem Stil dargestellt. Eventuell abweichende Formatierungen, die Sie bereits vorgenommen haben, gehen verloren. Mit einer Warnmeldung werden Sie darauf hingewiesen.

- **Schalter für Beschriftungsobjekt:** Haben Sie diesen Schalter aktiviert, wird der Textabsatz als Beschriftungsobjekt behandelt, das heißt, er kann dann automatisch dem Maßstab angepasst werden. Mehr zu den Beschriftungsobjekten finden Sie in Kapitel 10.9.

- **Abrollmenü für die Texthöhe:** Der Text, den Sie markiert haben, wird mit der gewählten Höhe dargestellt. Den Wert für die Höhe können Sie aus dem Abrollmenü wählen oder eine Höhe in Zeichnungseinheiten eintragen.

Gruppe Formatierung:

- **Schriftschnitt:** In dieser Gruppe finden Sie zunächst die Symbole für die Formatierung der Schrift: fett (B), kursiv (I), unterstrichen (U) und überstrichen (O). Markieren Sie Text und klicken Sie die gewünschten Schalter an und der Text wird formatiert. Setzen Sie den Cursor an die Eingabeposition und klicken dann auf die Schalter, wird der neu eingegebene Text entsprechend formatiert. Das funktioniert unabhängig vom gewählten Textstil. Mit den unteren Schaltern wird markierter Text in Groß- bzw. Kleinbuchstaben umgewandelt.

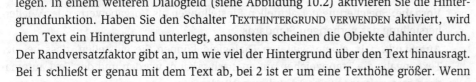

- **Abrollmenü für Schriftart und Schriftfarbe:** Rechts davon haben Sie das Abrollmenü für die Schriftart und die Schriftfarbe. Markierter oder neu eingegebener Text wird mit der gewählten Schrift und in der gewählten Farbe dargestellt.

- **Texthintergrund:** Mit dieser Funktion können Sie dem Text einen Hintergrund unterlegen. In einem weiteren Dialogfeld (siehe Abbildung 10.2) aktivieren Sie die Hintergrundfunktion. Haben Sie den Schalter TEXTHINTERGRUND VERWENDEN aktiviert, wird dem Text ein Hintergrund unterlegt, ansonsten scheinen die Objekte dahinter durch. Der Randversatzfaktor gibt an, um wie viel der Hintergrund über den Text hinausragt. Bei 1 schließt er genau mit dem Text ab, bei 2 ist er um eine Texthöhe größer. Wenn Sie den Schalter FARBE DES ZEICHNUNGSHINTERGRUNDS VERWENDEN aktiviert haben, wird der Zeichnungshintergrund als Texthintergrund verwendet. Der Text deckt dann nur die darunter liegenden Objekte ab. Haben Sie den Schalter aus, können Sie im Abrollmenü eine Hintergrundfarbe wählen.

Abbildung 10.2:
Dialogfeld für den Texthintergrund

- **Textgeometrie:** Mit den drei Abrollmenüs im erweiterten Bereich können Sie die Textgeometrie beeinflussen. Im ersten kann der Neigungswinkel der Schrift geändert werden, im zweiten der Zeichenabstand und im dritten der Breitenfaktor der Schrift.
- **Stapel:** Haben Sie Zeichen markiert, die mit den Zeichen »/«, »^« oder »#« getrennt sind, können Sie diese mit diesem Eintrag untereinander setzen (»stacking«). Ist der Text mit »/« getrennt, z.B. A/B, wird A über einen Bruchstrich gesetzt und B darunter. Wollen Sie keinen Bruchstrich verwenden, trennen Sie die Zeichen mit »^«, z.B. A^B. Soll ein Schrägstrich verwendet werden, nehmen Sie als Trennzeichen »#«, z.B. A#B. Haben Sie die Zeichen im Text markiert und klicken dann auf den Eintrag STAPEL, werden die Zeichen entsprechend formatiert. Klicken Sie noch mal darauf, wird der Stapel wieder aufgelöst. Haben Sie bereits gestapelten Text markiert, bekommen Sie mit einem Doppelklick darauf ein Dialogfeld, in dem Sie die Formatierung für den Stapel einstellen können (siehe Abbildung 10.3). Folgende Möglichkeiten haben Sie dort:
  - **Text:** Der obere und untere Text ist eintragen, kann aber im Dialogfeld noch geändert werden.
  - **Stil:** Das Trennzeichen kann hier noch geändert werden (Bruchstrich, Schrägstrich oder Toleranz, um die Zeichen ohne Bruchstrich übereinanderzusetzen).
  - **Position:** Hier können Sie die Position des Bruchstrichs ändern (oben, Zentrum oder unten).
  - **Textgröße:** Größe der übereinandergestellten Texte in % in Bezug zum normalen Text.
  - **Vorgabe:** Speicherung der aktuellen Einstellungen als Vorgabewerte oder Wiederherstellung des vorherigen Standards.
  - **AutoStack...:** In einem weiteren Dialogfeld können Sie einstellen, dass bei der Texteingabe die Trennzeichen automatisch erkannt werden und der Text automatisch gestapelt wird (siehe Abbildung 10.4).

Abbildung 10.3: Format für untereinandergestellte Zeichen

Textabsätze

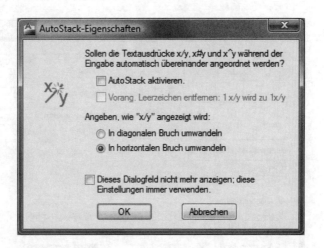

Abbildung 10.4:
AutoStack-Einstellungen

Gruppe Formatierung:

- **MText Ausrichtung:** In einem Abrollmenü können Sie wählen, wie der Text im Fenster (bzw. in den Spalten, siehe unten) ausgerichtet werden soll, z.B.: *Oben links, Mitte Zentriert, Unten zentriert* usw. Die Größe des Fensters können Sie auch nachträglich mit den Griffen ändern. Dazu muss aber der Texteditor beendet sein. Klicken Sie dann den Text einmal an und ziehen an den Griffen.

- **Nummerierung:** Aus dem Abrollmenü daneben lassen sich Aufzählungszeichen für die Absätze wählen: Buchstaben, nummeriert oder mit Punkten als Aufzählungszeichen usw.

- **Zeilenabstand:** Im nächsten Abrollmenü kann der Zeilenabstand eingestellt werden.

- **Absatzausrichtungen:** Mit weiteren Symbolen können Sie wählen, wie der Text im gerade markierten Absatz ausgerichtet werden soll: linksbündig, zentriert, rechtsbündig, als Blocksatz oder komplett über die Zeile verteilt. Der Schalter ganz links, stellt die Vorgabeeinstellung wieder her.

- **Absatzeinstellungen:** Mit dem Pfeil rechts unten in der Gruppe können Sie das Dialogfeld für die Absatzformatierung aktivieren (siehe Abbildung 10.5). Darin lassen sich alle Einstellungen für den gerade markierten Absatz vornehmen, die Sie von Textverarbeitungsprogrammen her kennen: Tabulatoren, Einrückungen, Absatzausrichtungen, Absatzabstände und Zeilenabstände.

- **Absatz verbinden:** Mit diesem Eintrag im erweiterten Bereich der Gruppe werden die markierten Absätze miteinander verbunden.

Abbildung 10.5:
Dialogfeld für die Absatzformatierung

Gruppe Einfügen:

- **Spalten:** Im ersten Abrollmenü können Sie wählen, ob der Text in Spalten gesetzt werden soll (dynamisch, statisch usw., siehe oben). Mit dem Eintrag SPALTENEINSTELLUNGEN... bekommen Sie ein Dialogfeld (siehe Abbildung 10.6), in dem Sie die Spalten maßlich bestimmen können. Die Spalten werden im Texteditor eingerahmt dargestellt (siehe Abbildung 10.7). Wenn Sie den Text eingeben, kommen Sie mit der Tastenkombination [Alt] + [↵] in die nächste Spalte. Die Spaltenhöhe lässt sich auch nachträglich an dem linken unteren Symbol verändern. Das geht auch dann, wenn die Spalten ausgeschaltet sind.

Abbildung 10.6:
Einstellung der Textspalten

Abbildung 10.7:
Absatztext in Spalten

- **Symbol:** Mit diesem Symbol aktivieren Sie ein Abrollmenü, das die Sonderzeichen enthält. Durch Auswahl eines Eintrags, wird das entsprechende Symbol an der Cursorposition eingefügt. Mit der Auswahl von SONSTIGE... rufen Sie das Dialogfeld der Windows-Zeichentabelle (siehe Abbildung 10.8) auf den Bildschirm. Um daraus Zeichen in den Texteditor zu übertragen, gehen Sie so vor:

  - Im oberen Abrollmenü gewünschte Schriftart wählen.
  - Buchstabe oder Sonderzeichen in der Tabelle markieren.
  - Mit der Schaltfläche AUSWÄHLEN in die untere Zeile übernehmen.
  - Mit der Schaltfläche KOPIEREN in die Zwischenablage kopieren.
  - Im Texteditor mit der Funktion EINFÜGEN an die Cursorposition setzen.

- **Schriftfeld:** Einfügen eines Schriftfeldes. Mehr dazu in Kapitel 10.6.

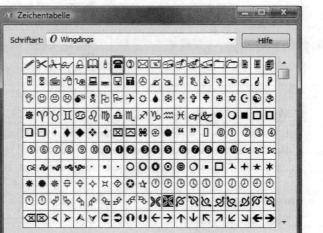

Abbildung 10.8:
Auswahl von Sonderzeichen

403

Gruppe Rechtschreibung:

- **Dynamische Rechtschreibprüfung:** Mit diesem Schalter können Sie die dynamische Rechtschreibprüfung ein- und ausschalten. Wird bei der Texteingabe ein Rechtschreibfehler festgestellt, wird diese Stelle rot gestrichelt unterstrichen (siehe Abbildung 10.9). Sie können mit dem Cursor an die Stelle fahren und mit der rechten Maustaste ein Kontextmenü aktivieren. Darin finden Sie Korrekturvorschläge, die Sie per Mausklick übernehmen können. Ist es ein Wort, das nicht im Wörterbuch ist, können Sie es mit dem Eintrag ZU WÖRTERBUCH HINZUFÜGEN ins Wörterbuch aufnehmen und es wird nicht mehr als Fehler markiert. Mit dem Eintrag ALLES IGNORIEREN wird es ebenfalls nicht mehr als Fehler markiert, aber nicht ins Wörterbuch aufgenommen.

Abbildung 10.9:
Dynamische Rechtschreibprüfung beim Absatztext

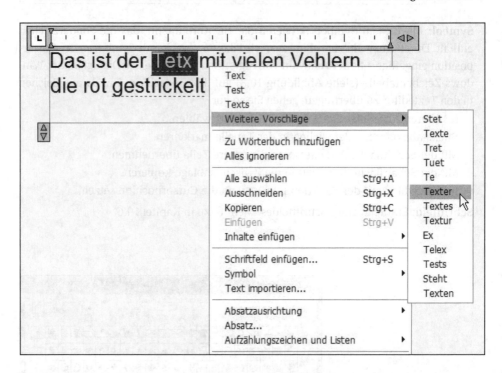

Wörterbücher bearbeiten

- **Wörterbücher bearbeiten:** Klicken Sie auf diesen Schalter, bekommen Sie ein Dialogfeld, in dem Sie das Wörterbuch bearbeiten können (siehe Kapitel 10.4).
- **Rechtschreibprüfungseinstellungen:** Mit dem Pfeil rechts unten in der Gruppe aktivieren Sie das Dialogfeld für die Einstellungen der Rechtschreibprüfung (siehe Kapitel 10.4).

Gruppe Extras:

- **Suchen und ersetzen…:** In einem weiteren Dialogfeld geben Sie den zu suchenden Text sowie den Ersatztext ein (siehe Abbildung 10.10). So können Sie im gesamten Absatztext einzelne Textstellen durch neue ersetzen.

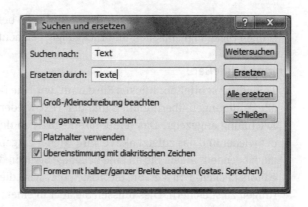

Abbildung 10.10:
Suchen und Ersetzen im Editor

- **Text importieren:** Mit diesem Eintrag im erweiterten Bereich der Palette können Sie Text aus einer Textdatei, einer formatierten Word-Datei oder einer RTF-Datei (Rich-Text-Format) mit allen Formatierungen an der Cursorposition in den Texteditor übernehmen.

- **AutoGROSS:** Haben Sie diese Funktion im erweiterten Bereich der Palette angewählt, entspricht dies der Umschalt-Feststelltaste ⌈CapsLock⌉ auf der Tastatur. Texte werden in Großbuchstaben umgewandelt. Wenn Sie die Umschalt-Taste ⌈⇧⌉ drücken, erhalten Sie Kleinbuchstaben.

Gruppe Optionen:

- **Einstellungen:** In einem weiteren Abrollmenü können Sie den nationalen Zeichensatz für die Texteingabe wählen, Formatierungen für einen Absatz oder den gesamten Text wieder entfernen und in einem weiteren Untermenü die Editor-Einstellungen wählen:
    - **Immer als WYSIWYG anzeigen:** Ist dieser Schalter an (WYSIWYG = What you see is what you get), wird der Text bei der Eingabe immer in Originalgröße angezeigt. Geben Sie aber beispielsweise einen sehr kleinen Text ein, können Sie die Eingabe nicht mehr lesen. Schalten Sie die Schalter aus, wird der Text bei der Eingabe so vergrößert bzw. verkleinert, dass er lesbar ist.
    - **Werkzeugkasten anzeigen:** Mit den nächsten drei Einträgen können Sie den Werkzeugkasten des Texteditors, die zweite Zeile des Werkzeugkastens sowie das Zeilenlineal ein- und ausschalten.
    - **Undurchsichtiger Hintergrund:** Dieser Eintrag bewirkt, dass der Text bei der Eingabe oder Änderung als undurchsichtiger Block angezeigt wird. Er kann so unter Umständen in einer komplexen Zeichnung besser lesbar sein. Ist der Text fertig bearbeitet, verschwindet der Hintergrund wieder.
    - **Texthervorhebungsfarbe...:** Damit können Sie im Farbwähler die Farbe für die Markierung des Textes bei der Änderung oder Formatierung wählen.

- **Zeilenlineal:** Mit diesem Schalter können Sie das Zeilenlineal im Texteditor ein- und ausschalten.

- **Rückgängig und Wiederherstellen:** Mit diesen beiden Symbolen können Sie Änderungen rückgängig machen und rückgängig gemachte Änderungen wiederherstellen.

Gruppe Schließen:

- **Texteditor schließen:** Klicken Sie darauf, wird die Bearbeitung im Texteditor beendet, alle Änderungen übernommen und der Text wieder in seiner originalen Größe in der Zeichnung angezeigt. Das temporäre Register in der Multifunktionsleiste verschwindet wieder und das zuletzt aktive wird wieder eingeblendet. Sie können den Texteditor auch beenden, indem Sie an eine beliebige Stelle in der Zeichnung außerhalb des Texteditors klicken. Drücken Sie die Taste [Esc] wird die Eingabe beendet, ohne die Änderungen zu speichern. Dies müssen Sie aber in einem Abfragefeld bestätigen.

Funktionen im Kontextmenü

Bei der Texteingabe können Sie weitere Funktionen aus einem Kontextmenü wählen, das Sie mit der rechten Maustaste aktivieren (siehe Abbildung 10.11). Im Wesentlichen sind das die Funktionen, die Sie auch mit den obigen Bedienelementen wählen konnten. Im oberen Teil finden Sie alle Funktionen, die die Windows-Zwischenablage betreffen.

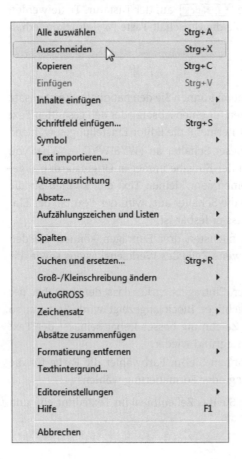

Abbildung 10.11: Funktionen im Kontextmenü

Textstile

Text formatieren

1. Beginnen Sie eine neue Zeichnung mit einer leeren Datei im metrischen Maßstab.
2. Wählen Sie den Befehl MTEXT. Ziehen Sie ein Fenster für den Text auf der Zeichnung auf. Importieren Sie aus Ihrem Ordner *Aufgaben* die Rich-Text-Format-Datei *Text.rtf* in Ihren Texteditor.
3. Formatieren Sie den importierten Text (siehe Abbildung 10.12). Testen Sie verschiedene Möglichkeiten. Suchen und ersetzen Sie einzelne Wörter und übernehmen Sie den Text in die Zeichnung.

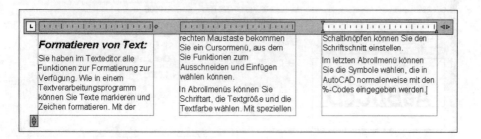

Abbildung 10.12: Text formatieren

Text ändern

- Haben Sie den Text platziert, können Sie ihn mit einem Doppelklick wieder in den Texteditor holen und weiter bearbeiten.
- Klicken Sie den Text in der Zeichnung einfach an, können Sie die Absatzbreite bzw. Spaltenbreite an den Griffen ändern. Ziehen Sie an den Griffen und der Text wird automatisch neu umbrochen.

10.2 Textstile

AutoCAD wird mit einer ganzen Reihe von Zeichensätzen geliefert. Darin ist die Geometrie der Schrift definiert. Zeichensätze sind Dateien, die Sie im Ordner *\Programme\AutoCAD 2010\Fonts* finden. Sie haben die Dateierweiterung *.shx*. Außerdem können Sie natürlich auch alle True-Type-Schriften von Windows in AutoCAD verwenden.

Befehl Stil

Aus einem Zeichensatz lassen sich in einer Zeichnung beliebig viele Textstile definieren. Der Textstil legt fest, mit welchen Parametern der Zeichensatz verwendet werden soll. Ein Textstil ist der aktuelle Textstil, mit dem beschriftet wird. Sie können mit der Option STIL der Befehle DTEXT und MTEXT den aktuellen Textstil wechseln. Mit dem Befehl STIL definieren Sie neue Textstile oder ändern vorhandene.

- Multifunktionsleiste: Symbol im Register START, Gruppe BESCHRIFTUNG (erweiterter Bereich), und im Register BESCHRIFTEN, Gruppe TEXT (Pfeil rechts unten)
- Menüleiste FORMAT, Funktion TEXTSTIL...
- Symbole in den Werkzeugkästen TEXT und STILE

Abbildung 10.13:
Textstil erstellen und ändern

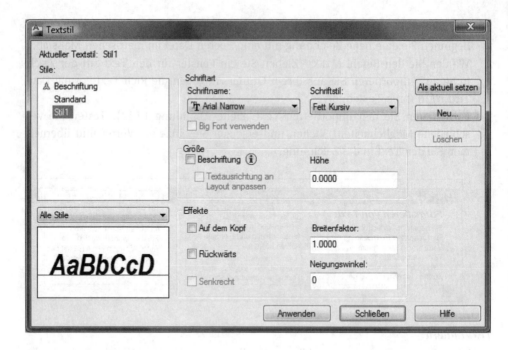

In einem Dialogfeld (siehe Abbildung 10.13) können Sie neue Stile definieren oder vorhandene ändern. Wenn Sie einen neuen Stil definieren wollen, klicken Sie auf die Schaltfläche NEU... und tragen in einem zusätzlichen Eingabefeld den neuen Stilnamen ein.

Wählen Sie dann aus dem Abrollmenü SCHRIFTNAME einen Zeichensatz für den Textstil aus. True-Type-Schriften sind meist in verschiedenen Schriftschnitten vorhanden: normal, kursiv, fett usw. Im Abrollmenü SCHRIFTSTIL können Sie wählen, in welchem Schriftschnitt Sie den Zeichensatz verwenden wollen.

Wenn Sie im Feld HÖHE eine Höhe für den Textstil eintragen, kann mit diesem Textstil nur mit dieser Höhe beschriftet werden. Bei den Befehlen DTEXT und MTEXT wird keine Höhe mehr abgefragt. Setzen Sie den Wert auf 0, kann bei jeder Anwahl der Befehle eine Höhe eingegeben werden. Ist der Schalter BIG FONT VERWENDEN angekreuzt, werden Schriften mit erweitertem Zeichensatz verwendet. Im unteren Teil des Dialogfeldes können Sie besondere Effekte für die Schrift einstellen: Der Textstil kann so eingestellt werden, dass die Schrift auf dem Kopf steht, rückwärts (in Spiegelschrift) oder senkrecht (Buchstabe unter Buchstabe) läuft. An den entsprechenden Schaltern im Feld EFFEKTE können Sie das einstellen. Mit einem BREITENFAKTOR unter 1 wird die Schrift zusammengedrückt – darüber gedehnt. Mit dem Neigungswinkel können Sie aus einer geraden eine kursive Schrift machen. Der Winkel gibt die Neigung zur Senkrechten nach rechts an. Sie sollten aber für kursive Schriften besser Zeichensätze verwenden, die schon kursiv definiert sind. Es ergibt ein besseres Schriftbild, als wenn Sie gerade Schriften neigen.

Im Feld VORANSICHT sehen Sie eine Schriftprobe des neuen Textstils. Wenn Sie im Feld darunter einen Text eingeben und auf die Schaltfläche VORANSICHT klicken, wird dieser Text in der Voransicht angezeigt.

Haben Sie alle Einstellungen für den neuen Stil gemacht, klicken Sie auf die Schaltfläche ANWENDEN und der neue Stil wird erzeugt.

Wollen Sie einen bestehenden Textstil ändern, wählen Sie diesen in der Liste (oben links), ändern die entsprechenden Einstellungen und klicken ebenfalls auf die Schaltfläche ANWENDEN.

Klicken Sie einen Stilnamen in der Liste STILE an, öffnen Sie mit der rechten Maustaste ein Kontextmenü. Darin finden Sie die Einträge UMBENENNEN und LÖSCHEN. Damit können Sie einen Stil umbenennen und löschen, aber nur dann, wenn er nicht in der Zeichnung verwendet wurde.

Beschriftung: Haben Sie für den Textstil den Schalter BESCHRIFTUNG eingeschaltet wird der Text, der mit diesem Stil erstellt wird als Beschriftungsobjekt behandelt, das heißt, er kann dann automatisch dem Maßstab angepasst werden. Mehr zu den Beschriftungsobjekten finden Sie in Kapitel 10.9.

Textausrichtung an Layout anpassen: Ist dieser Schalter an, kann der Text mit diesem Stil nur waagrecht eingegeben werden. Auch beim Drehen von Bereichen der Zeichnung bleibt der Text waagrecht.

Textstil wechseln

Wie schon beschrieben, können Sie den aktuellen Textstil mit der Option STIL der Befehle DTEXT und MTEXT wechseln. Weitere Möglichkeiten haben Sie im Abrollmenü im Werkzeugkasten STILE und in der Multifunktionsleiste, Register BESCHRIFTEN, Gruppe TEXT (siehe Abbildung 10.14), und Register START, Gruppe BESCHRIFTUNG (erweiterter Bereich). Dort finden Sie die Stile, die in der Zeichnung definiert sind und die Sie auch dort zum aktuellen Stil machen können.

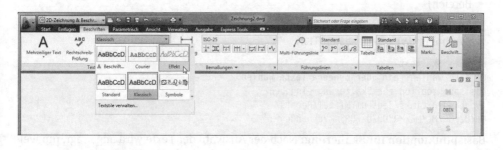

Abbildung 10.14: Wahl des Textstils aus der Multifunktionsleiste

Neuen Textstil definieren

Definieren Sie neue Textstile mit True-Type-Schriften und erstellen Sie Schriftproben.

10.3 Textänderungen

Texte sind normale AutoCAD-Zeichnungsobjekte, Sie können sie verschieben, drehen, skalieren usw. Jede Textzeile oder jeder Textabsatz ist jedoch ein zusammenhängendes Objekt. Fehler in einer Textzeile oder einem Textabsatz können Sie mit dem Befehl DDEDIT beheben.

Befehl Ddedit

Mit dem Befehl DDEDIT können Sie den Text in den Dialogfeldern bearbeiten, mit denen er erstellt wurde.

- Menüleiste ÄNDERN, Untermenü OBJEKT >, Untermenü TEXT >, Funktion BEARBEITEN...
- Symbol im Werkzeugkasten TEXT

```
Befehl: Ddedit
Anmerkungsobjekt wählen oder [Zurück]:
```

Wählen Sie eine Textzeile, die mit dem Befehl DTEXT erstellt wurde, können Sie diese an ihrer Position in der Zeichnung bearbeiten (siehe dazu auch die Tipps in Kapitel 6.10). Haben Sie einen Textabsatz, können Sie diesen auch wieder mit dem Texteditor bearbeiten. Mit der Option ZURÜCK nehmen Sie Änderungen wieder zurück.

Ändern per Doppelklick

- *Klicken Sie eine Textzeile oder einen Textabsatz mit einem Doppelklick an, aktivieren Sie ebenfalls den Befehl DDEDIT und Sie können den Text ändern.*

Befehl Skaltext

Mit dem Befehl SKALTEXT kann die Texthöhe mehrerer Textzeilen oder Textabsätze in der Zeichnung auf einmal geändert werden:

- Multifunktionsleiste: Symbol im Register BESCHRIFTEN, Gruppe TEXT (erweiterter Bereich)
- Menüleiste ÄNDERN, Untermenü OBJEKT >, Untermenü TEXT >, Funktion SKALIEREN
- Symbol im Werkzeugkasten TEXT

```
Befehl: Skaltext
Objekte wählen: ein oder mehrere Texte wählen
Basispunktoption für Skalierung eingeben
[Vorhanden/Links/Zentrum/MIttel/Rechts/
OL/OZ/OR/ML/MZ/MR/UL/UZ/UR] <Vorhanden>:
```

Basispunktoption für Skalierung: Nach der Auswahl der Texte wird angefragt, um welchen der Bezugspunkte die Texte skaliert werden sollen. Die Optionen entsprechen denen beim Befehl DTEXT bzw. MTEXT. Mit der Option VORHANDEN wird um die Punkte skaliert, mit denen die Texte eingegeben wurden.

```
Neue Modellhöhe festlegen oder [Papierhöhe/objekt Anpassen/Skalieren faktor] <1>:
```

Neue Modellhöhe: Danach wird die neue Texthöhe angefragt. Es kann ein Wert eingegeben werden oder eine der weiteren Optionen gewählt werden.

Papierhöhe: Damit wird die Texthöhe abhängig von der Beschriftungseigenschaft skaliert (siehe Kapitel 10.9).

Objekt anpassen: Die Texthöhe wird durch Anwahl eines vorhandenen Textes bestimmt. Die zu ändernden Texte werden auf die gleiche Höhe wie der angeklickte gesetzt.

Skalieren Faktor: Eingabe eines Skalierfaktors oder zweier Werte, die auch in der Zeichnung abgegriffen werden können. Der Text wird im Verhältnis der beiden Werte oder mit dem eingegebenen Faktor skaliert.

Befehl Zentrtextausr

Mit dem Befehl ZENTRTEXTAUSR können Sie den Basispunkt und die Textausrichtung von Texten ändern, ohne deren Position in der Zeichnung zu ändern.

- Multifunktionsleiste: Symbol im Register BESCHRIFTEN, Gruppe TEXT (erweiterter Bereich)
- Menüleiste ÄNDERN, Untermenü OBJEKT >, Untermenü TEXT >, Funktion AUSRICHTEN
- Symbol im Werkzeugkasten TEXT

```
Befehl: Zentrtextausr
Objekte wählen: ein oder mehrere Texte wählen
Ausrichtungsoption eingeben
[Links/Ausrichten/Einpassen/Zentrum/MIttel/
Rechts/OL/OZ/OR/ML/MZ/MR/UL/UZ/UR] <Links>:
```

Ausrichtungsoptionen: Nach der Objektwahl kann mit der entsprechenden Option der neue Basispunkt für die gewählten Texte eingegeben werden. Die Optionen entsprechen denen bei der Texteingabe.

10.4 Rechtschreibprüfung

AutoCAD hat eine Rechtschreibprüfung integriert, mit der Sie Ihre Texte auf Fehler prüfen können (einzelne Texte oder die ganze Zeichnung).

Rechtschreibprüfung

Die Prüfung führen Sie mit dem Befehl RECHTSCHREIBUNG durch.

- Multifunktionsleiste: Symbol im Register BESCHRIFTEN, Gruppe TEXT
- Menüleiste EXTRAS, Funktion RECHTSCHREIBUNG
- Symbol im Werkzeugkasten TEXT

Sie bekommen ein Dialogfeld (siehe Abbildung 10.15), in dem Sie zunächst in einem Abrollmenü wählen, ob Sie die ganze Zeichnung prüfen wollen, den aktiven Bereich (Modellbereich oder das aktive Layout) oder nur ausgewählte Objekte. Im letzten Fall können Sie auf das Symbol neben dem Abrollmenü klicken und die zu prüfenden Objekte in der Zeichnung wählen. Klicken Sie danach auf die Schaltfläche STARTEN und die Prüfung beginnt.

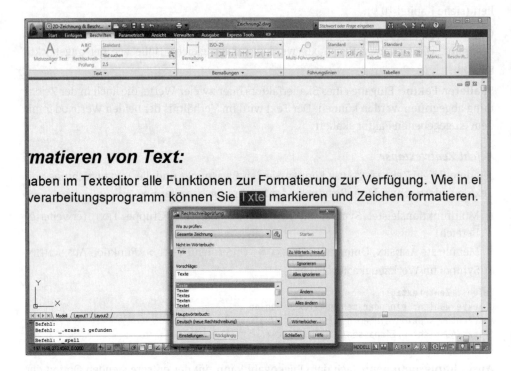

Abbildung 10.15: Dialogfeld der Rechtschreibprüfung

Wird ein fehlerhaftes oder dem Wörterbuch unbekanntes Wort gefunden, erscheint das Dialogfeld wieder mit dem entsprechenden Wort. Darunter werden die Vorschläge für die Korrektur aufgelistet. Mit der Schaltfläche ZU WÖRTERB. HINZUF. wird das Wort ins Benutzerwörterbuch aufgenommen. Klicken Sie auf IGNORIEREN, wird nicht korrigiert und weitergeprüft. Mit der Schaltfläche ALLES IGNORIEREN wird ebenfalls weitergeprüft und bei weiteren Vorkommen des Wortes nicht mehr angefragt. Mit der Schaltfläche ÄNDERN wird das Wort durch den markierten Vorschlag ersetzt, mit ALLES ÄNDERN werden alle Vorkommen korrigiert.

Einstellungen: Mit der Schaltfläche EINSTELLUNGEN... kommen Sie zu einem weiteren Dialogfeld, in dem Sie die Bedingungen für die Rechtschreibprüfung vorgeben können (siehe Abbildung 10.16).

Hier wählen Sie, was geprüft werden soll und welche Regeln für die Prüfung gelten sollen.

Wörterbücher: Mit der Schaltfläche WÖRTERBÜCHER... können Sie das Wörterbuch wählen, das Sie zur Prüfung verwenden wollen (siehe Abbildung 10.17).

Rechtschreibprüfung

Abbildung 10.16: Einstellungen für die Rechtschreibprüfung

Abbildung 10.17: Auswahl und Bearbeitung des Wörterbuchs

Im obersten Menü können Sie das Hauptwörterbuch wählen. Darunter wählen Sie das Benutzerwörterbuch. Jedes Wort, das Sie bei der Prüfung dem Wörterbuch hinzufügen, kommt in das aktuelle Benutzerwörterbuch. Wählen Sie dort den Eintrag *Benutzerdefinierte Wörterbücher verwalten...* und Sie bekommen ein weiteres Dialogfeld, in dem Sie benutzerdefinierte Wörterbücher hinzufügen, entfernen oder neu anlegen können.

Im unteren Teil des Dialogfelds (siehe Abbildung 10.17) lässt sich das benutzerdefinierte Wörterbuch bearbeiten. Tragen Sie ein Wort im Feld INHALT ein und klicken auf die Schaltfläche HINZUFÜGEN, kommt es ins Wörterbuch. Markieren Sie ein Wort in der Liste und klicken auf die Schaltfläche LÖSCHEN, wird aus dem Wörterbuch entfernt. Sollten Sie versehentlich ein fehlerhaftes Wort ins benutzerdefinierte Wörterbuch aufgenommen haben, können Sie es hier wieder löschen. Mit der Schaltfläche IMPORTIEREN... können Sie ein vorhandenes Wörterbuch importieren.

Text ändern und Rechtschreibung prüfen
1. Ändern Sie Ihren Text. Bauen Sie absichtlich Fehler ein.
2. Korrigieren Sie den Text mit der Rechtschreibprüfung.

10.5 Suchen und ersetzen

Wie in einem Textverarbeitungsprogramm können Sie alle Texte, Bemaßungen und Attribute in der Zeichnung nach einem bestimmten Text durchsuchen und diesen auf Wunsch auch automatisch ersetzen.

Befehl Suchen

Texte in der Zeichnung suchen und ersetzen können Sie mit dem Befehl SUCHEN.

- Menüleiste BEARBEITEN, Funktion SUCHEN
- Kontextmenü mit der rechten Maustaste, wenn kein Befehl aktiv ist, Funktion SUCHEN...
- Symbol im Werkzeugkasten TEXT

- Eingabefeld im Werkzeugkasten TEXT SUCHEN
- Multifunktionsleiste: Eingabefeld im Register BESCHRIFTEN, Gruppe TEXT

Wenn Sie den Befehl mit dem Symbol gewählt haben, kommen Sie zum Dialogfeld für die Suche (siehe Abbildung 10.18). Sie können aber auch gleich das zu suchende Wort in das Eingabefeld eintragen und die Suche mit ⏎ oder dem Symbol daneben starten.

Zunächst tragen Sie den zu suchenden Text ein, falls Sie ihn nicht schon im Eingabefeld eingetragen haben. In diesem Fall wird er übernommen. Die letzten Eingaben können Sie mit dem Pfeil in einem Abrollmenü auswählen. Falls Sie den Text durch einen neuen ersetzen wollen, tragen Sie diesen darunter ein. Auch hier können Sie die letzten Eingaben erneut aktivieren. Im Feld SUCHBEREICH können Sie wie bei der Rechtschreibprüfung wählen, wo gesucht werden soll: die ganze Zeichnung, den aktiven Bereich (Modellbereich oder das aktive Layout) oder nur ausgewählte Objekte. Im letzten Fall können Sie auf das Symbol neben dem Abrollmenü klicken und die zu prüfenden Objekte in der Zeichnung wählen.

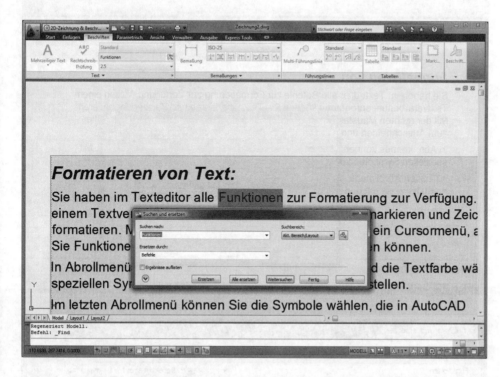

Abbildung 10.18:
Text suchen und ersetzen

Klicken Sie auf die Schaltfläche ERSETZEN, wird eine gefundene Übereinstimmung im Text markiert, klicken Sie erneut darauf, wird der Text ersetzt. Mit der Schaltfläche ALLE ERSETZEN werden alle Übereinstimmungen durch den neuen Text ohne Rückfrage ersetzt. Mit der Schaltfläche SUCHEN bzw. WEITERSUCHEN werden die Übereinstimmungen nur markiert, aber nicht ersetzt.

Ergebnisse auflisten: Nach der Prüfung können Sie auch den Schalter ERGEBNISSE AUFLISTEN setzen. Sie bekommen eine Liste der gefundenen Übereinstimmungen. Klicken Sie einen Eintrag in der Liste doppelt an, wird diese Textstelle in der Zeichnung markiert und Sie können jetzt auch noch ersetzen, wenn Sie vorher nur gesucht haben (siehe Abbildung 10.19).

Suchbedingungen: Klicken Sie auf den Pfeil links unten im Dialogfeld, wird es erweitert. Hier können Sie die Suchoptionen einstellen und wählen, welche Arten von Texten durchsucht werden sollen (siehe Abbildung 10.20). Ein weiterer Klick auf den jetzt umgekehrten Pfeil verkleinert das Dialogfeld wieder.

Abbildung 10.19:
Übereinstimmung in der Ergebnisliste

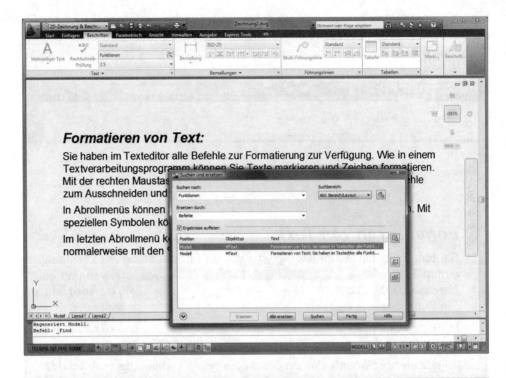

Abbildung 10.20:
Suchoptionen und Texttypen

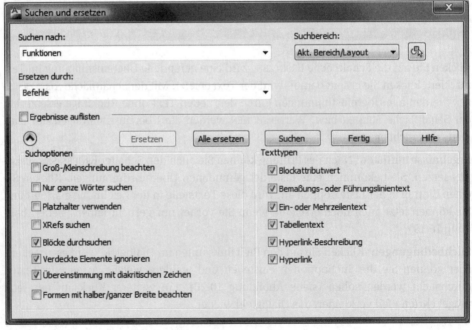

Text suchen und ersetzen
Durchsuchen Sie Ihren Text nach bestimmten Wörtern und lassen Sie diese ersetzen.

10.6 Schriftfelder

Hinter der unscheinbaren Funktion mit der etwas missverständlichen Bezeichnung »Schriftfelder« versteckt sich eine nützliche Funktion, mit der Sie Datenfelder in der Zeichnung als Textinformationen darstellen können und die automatisch aktualisiert werden, beispielsweise:

- der Name des Bearbeiters der Zeichnung,
- der Speicherort der Zeichnung,
- die Koordinaten einer Bohrung,
- die Fläche einer Umgrenzung in der Zeichnung usw.

Schriftfelder lassen sich als eigenständige Objekte in der Zeichnung oder innerhalb eines Textes bzw. Attributs platzieren.

Schriftfeld platzieren

Mit dem Befehl SCHRIFTFELD können Sie ein einzelnes Schriftfeld in der Zeichnung platzieren. Sie finden den Befehl:

- Multifunktionsleiste: Symbol im Register EINFÜGEN, Gruppe DATEN
- Menüleiste EINFÜGEN, Funktion SCHRIFTFELD...

Sie bekommen ein Dialogfeld, in dem Sie die Art des Schriftfelds aussuchen können (siehe Abbildung 10.21).

Schriftfeldkategorie: In diesem Abrollmenü können Sie die Kategorie des Schriftfelds wählen. Zur Auswahl stehen:

- ALLE: alle verfügbaren Schriftfelder
- ANDERE: Diesel-Ausdrücke und Werte von Systemvariablen
- DATUM UND UHRZEIT: aktuelles Datum, Erstelldatum, Plotdatum und Datum der letzten Speicherung
- DOKUMENT: Informationen zum aktuellen Dokument, wie Autor, Dateigröße, Dateiname und die Informationen, die in den Zeichnungseigenschaften gespeichert sind (siehe Kapitel 14.1)
- OBJEKTE: Name von benannten Objekten oder Informationen zu Zeichnungsobjekten, z. B. Fläche eines Kreises, Länge einer Linie usw.
- PLANSATZ: Informationen zu Plansätzen
- PLOT: Informationen zum Plot, z. B. Anmeldename, Papierformat, Plotmaßstab usw.
- VERKNÜPFT: Platzierung eines Hyperlinks

Abbildung 10.21:
Dialogfeld zum Einfügen von Schriftfeldern

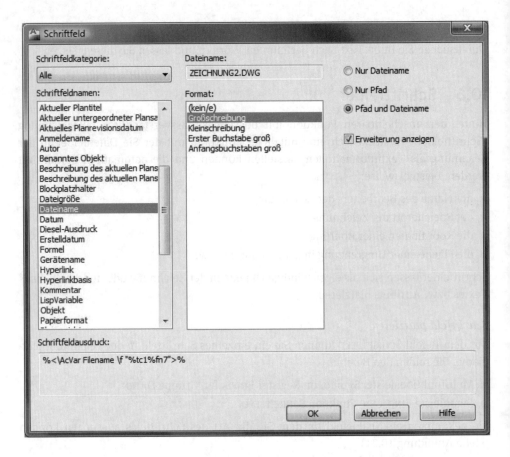

Schriftfeldnamen: Liste der Schriftfelder, die in dieser Kategorie verfügbar sind.

Schriftfeldausdruck: Verschlüsselung des Schriftfelds innerhalb eines Textes.

Der rechte Teil des Dialogfelds ist abhängig davon, welchen Typ von Schriftfeld Sie ausgesucht haben. In der Regel können Sie hier das Format wählen. Wollen Sie Informationen von Objekten oder benannten Objekten in ein Schriftfeld übernehmen, können Sie hier die Informationen auswählen.

Haben Sie das Schriftfeld und dessen Format gewählt und das Dialogfeld mit OK beendet, können Sie das Schriftfeld in der Zeichnung wie einen Text platzieren.

```
Befehl: Schriftfeld
MTEXT - Aktueller Textstil: "Still" Texthöhe: 2.5000 Startpunkt festlegen
oder[Höhe/Ausrichten]:
```

Das Schriftfeld wird mit dem aktuellen Textstil und der zuletzt verwendeten Höhe erstellt. Diese Informationen werden Ihnen angezeigt. Danach geben Sie den Startpunkt an oder ändern mit der Option HÖHE zuerst die Texthöhe. Außerdem können Sie mit der Option AUSRICHTEN den Aufhängepunkt des Schriftfeldes wie bei einem Textabsatz (siehe Kapitel 10.1) ändern. Haben Sie das Feld in der Zeichnung platziert, wird der Text des Schriftfelds zur Unterscheidung von einem normalen Text grau hinterlegt. Dieser Hintergrund erscheint nicht im Ausdruck. Hat das Schriftfeld noch keinen Wert, z.B. Plotdatum bei einer Zeichnung, die noch nicht geplottet wurde, werden Platzhalter angezeigt: ----. Ein Schriftfeld ist in der Zeichnung ein Absatztext. Mit einem Doppelklick auf das Schriftfeld öffnen Sie den Texteditor zur Änderung. Sie können es auch im OBJEKTEIGENSCHAFTEN-MANAGER ändern.

Schriftfelder aktualisieren

Die Inhalte von Schriftfeldern werden beim Öffnen und Speichern, vor dem Plotten und beim Regenerieren der Zeichnung aktualisiert. Wollen Sie außer der Reihe aktualisieren, machen Sie dies mit dem Befehl SCHRIFTFELDAKT, mit dem Sie gezielt einzelne Felder zur Aktualisierung wählen können. Sie finden den Befehl:

- Multifunktionsleiste: Symbol im Register EINFÜGEN, Gruppe DATEN
- Menüleiste EXTRAS, Funktion SCHRIFTFELDER AKTUALISIEREN

Wählen Sie danach die Schriftfelder, die aktualisiert werden sollen.

Schriftfeld in einem einzeiligen Text platzieren

Haben Sie den Befehl DTEXT gewählt und geben Sie den Text ein, so können Sie mit einem Rechtsklick ein Kontextmenü aktivieren und daraus mit der Funktion SCHRIFTFELD EINFÜGEN... den Befehl zur Eingabe eines Schriftfelds wählen. Das Feld, das Sie dann auswählen, wird an die aktuelle Cursorposition gesetzt.

Schriftfeld im Texteditor platzieren und ändern

Haben Sie den Befehl MTEXT gewählt, können Sie bei der Texteingabe ein Kontextmenü mit der rechten Maustaste aktivieren. Dort finden Sie jeweils den Eintrag SCHRIFTFELD EINFÜGEN..., mit dem Sie ein Schriftfeld an der aktuellen Cursorposition platzieren können.

Haben Sie ein bereits eingefügtes Schriftfeld markiert, finden Sie im Kontextmenü Funktionen zum Bearbeiten und Aktualisieren des Schriftfelds. Außerdem können Sie den aktuellen Wert bei Bedarf auch in Text konvertieren.

Schriftfelder in der Zeichnung platzieren

1. Öffnen Sie die Zeichnung *A10-01.dwg* aus dem Ordner *Aufgaben*.
2. Platzieren Sie Schriftfelder mit den Befehlen SCHRIFTFELD oder MTEXT (siehe Abbildung 10.22).
3. Bei der Platzierung des Schriftfelds für das Zentrum gehen Sie wie in Abbildung 10.23 vor. Wählen Sie bei SCHRIFTFELDKATEGORIE den Eintrag *Objekte*. Klicken Sie auf das eingekreiste Symbol, um den Kreis, dessen Daten Sie übernehmen wollen, in der Zeichnung zu wählen.

Abbildung 10.22:
Schriftfelder in der Zeichnung

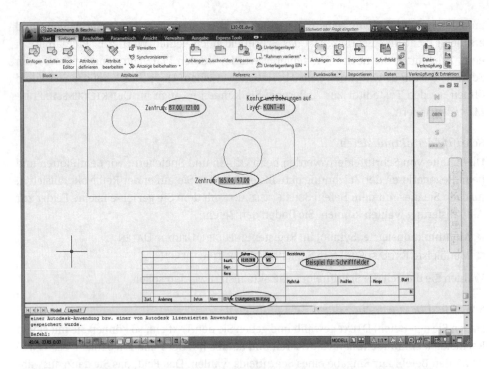

Abbildung 10.23:
Zentrumsdaten eines Kreises in das Schriftfeld übernehmen

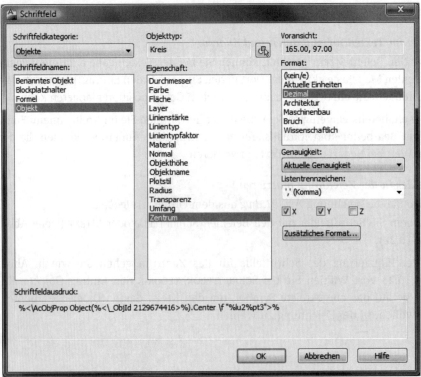

4. Wählen Sie die Daten aus den Zeichnungseigenschaften für den Zeichnungskopf. Bringen Sie die Informationen in die Zeichnung als Schriftfelder ein.
5. Ändern Sie die Position der Kreise, regenerieren Sie die Zeichnung und die Schriftfelder ändern sich mit.
6. Im Ordner *Aufgaben* finden Sie die Zeichnung *L10-01.dwg* mit Schriftfeldern.

Formatierung von numerischen Feldern

- Haben Sie Schriftfelder mit numerischen Werten eingefügt, haben Sie zusätzliche Elemente zur Formatierung (siehe Abbildung 10.23).
- Sie können das Trennzeichen für Listen wählen, also für die x-, y- und z-Koordinate und einzelne Koordinatenwerte abwählen.
- Mit der Schaltfläche ZUSÄTZLICHES FORMAT... kommen Sie zu einem weiteren Dialogfeld (siehe Abbildung 10.24), in dem Sie die Werte formatieren können.

Abbildung 10.24: Format für numerische Werte

10.7 Tabellen und Tabellenstile

In AutoCAD können Sie Tabellen in der Zeichnung platzieren und ausfüllen. Mit Tabellenstilen können Sie das Layout von Tabellen gestalten.

Kapitel 10 • Texte, Schriftfelder und Tabellen

Tabellen platzieren

Tabellen können Sie mit dem Befehl TABELLE in der Zeichnung platzieren. Danach wird automatisch der Texteditor gestartet (siehe Kapitel 10.1), mit dem Sie die Tabellen ausfüllen können. Wählen Sie den Befehl wie folgt:

- Multifunktionsleiste: Symbol im Register BESCHRIFTEN, Gruppe TABELLEN, und im Register START, Gruppe BESCHRIFTUNG
- Menüleiste ZEICHNEN, Funktion TABELLE...
- Symbol im Werkzeugkasten ZEICHNEN

In einem Dialogfeld können Sie die Geometrie der Tabelle definieren (siehe Abbildung 10.25).

Abbildung 10.25: Dialogfeld für die Tabellengeometrie

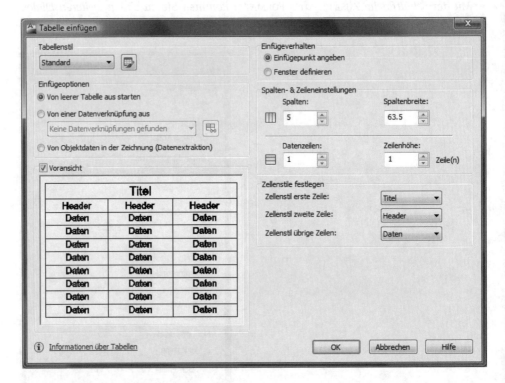

Wie Bemaßungsstile können Sie auch Tabellenstile in der Zeichnung definieren. Was ein Tabellenstil enthält und wie er erstellt wird, finden Sie weiter unten beschrieben. Links oben im Dialogfeld wählen Sie im Abrollmenü TABELLENSTIL den Tabellenstil, mit dem Sie die Tabelle erstellen wollen. Klicken Sie auf das Symbol rechts davon, kommen Sie zum Befehl TABELLENSTIL und können dort einen neuen Stil definieren (siehe unten). Die Texthöhe ist im Tabellenstil festgelegt und wird nur hier angezeigt. Darunter sehen Sie die Voransicht der Tabelle.

Einfügeoptionen: Hier wählen Sie, ob Sie mit einer leeren Tabelle beginnen wollen, die Sie in der Zeichnung ausfüllen, oder den Inhalt von einer externen Datenquelle einlesen wollen (Einstellung VON EINER DATENVERKNÜPFUNG AUS, siehe Kapitel 10.8). Außerdem haben Sie die Möglichkeit, Attribute oder Daten aus der Zeichnung in die Tabelle einzutragen (Einstellung VON OBJEKTDATEN IN DER ZEICHNUNG (DATENEXTRAKTION), siehe Kapitel 11.8 und 17.6).

Einfügeverhalten: Sie können für die Tabelle entweder einen Einfügepunkt vorgeben oder ein Fenster in der Zeichnung aufziehen. In diesem Feld wählen Sie mit den Schaltern, wie Sie die Tabelle einfügen wollen.

Spalten- & Zeileneinstellungen: In diesem Feld geben Sie die Spaltenanzahl und die Spaltenbreite vor. Eine Tabelle besteht in der Regel aus einer durchgehenden Zeile mit der Überschrift, einer Zeile mit den Spaltenüberschriften und den Datenzeilen. Die Zahl der gewünschten Datenzeilen können Sie darunter eintragen. Die Zeilenhöhe wird von der Texthöhe und der Umgrenzung bestimmt. Diese Werte werden im Tabellenstil festgelegt. Im Feld ZEILENHÖHE können Sie die Zeilen vergrößern, indem Sie eine ganze Zahl größer als 1 eintragen.

Haben Sie im Feld EINFÜGEVERHALTEN die Auswahl FENSTER DEFINIEREN gewählt (siehe oben), ändert sich das Dialogfeld (siehe Abbildung 10.26).

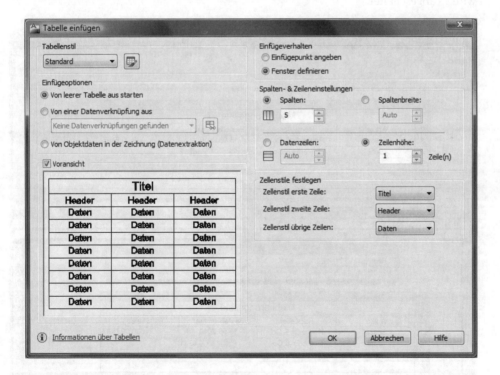

Abbildung 10.26: Tabelle mit Fenster definieren

Tragen Sie die Spaltenbreite und die Zeilenhöhe ein. Je nach Fenstergröße ändert sich dann die Zahl der Spalten und Zeilen. Sie können auch feste Zeilen- und Spaltenzahlen vorgeben. Dann ändern sich die Spaltenbreite und die Zeilenhöhe nach der Größe des aufgezogenen Fensters.

Zellenstile festlegen: In jedem Tabellenstil sind drei Zellenstile definiert: *Titel*, *Header* und *Daten*. Damit wird das Format der ersten Zeile (Tabellenüberschrift, Stil *Titel*), das Format der zweiten Zeile (Spaltenüberschrift, Stil *Header*) und das Format der übrigen Zeilen (Datenfelder, Stil *Daten*) festgelegt. Darüber hinaus lassen sich für einen Tabellenstil (siehe unten) weitere Zellenstile festlegen. Wollen Sie einen anderen Zellenstil für den entsprechenden Bereich haben, dann können Sie diesen in dem zugehörigen Abrollmenü auswählen.

Haben Sie alles eingestellt, klicken Sie auf die Schaltfläche OK und Sie können Ihre Tabelle in der Zeichnung platzieren. Danach wird der Texteditor aktiviert und Sie können den Tabellentext in die Felder eintragen und auf Wunsch auch unabhängig vom Tabellenstil formatieren. Mit der Taste ⇥ kommen Sie zum nächsten Feld bzw. mit der Tastenkombination ⇧ + ⇥ zum vorherigen. Außerdem können Sie sich mit den Pfeiltasten in der Tabelle bewegen.

Auch hier spielt der Arbeitsbereich wieder eine Rolle. Beim Arbeitsbereich *2D-Zeichnung und Beschriftung* wird ein temporäres Register in der Multifunktionsleiste eingeblendet, das so lange aktiv ist, wie Sie den Text bearbeiten (siehe Abbildung 10.27, oben). Danach wird es abgeschaltet.

Abbildung 10.27: Feldweise Eingabe im Texteditor

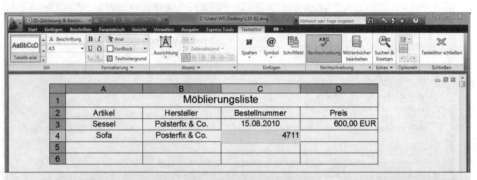

Bei *AutoCAD klassisch* haben Sie über dem Texteingabefeld einen Werkzeugkasten (siehe Abbildung 10.27, unten). Unabhängig davon können Sie aber auch im ersten Fall zusätzlich noch den Werkzeugkasten einschalten. Selbstverständlich lassen sich auch Schriftfelder in die Tabelle einfügen. Sie erhalten das gleiche Kontextmenü mit den gleichen Funktionen wie im Texteditor (siehe Kapitel 10.1).

Tabellen bearbeiten

Klicken Sie ein Feld in der Tabelle an, können Sie die Tabelle oder das markierte Feld bearbeiten. Auch hier spielt der Arbeitsbereich wieder eine Rolle. Wie oben erhalten Sie entweder ein temporäres Register in der Multifunktionsleiste (siehe Abbildung 10.28, oben) oder einen Werkzeugkasten (siehe Abbildung 10.28, unten). Im ersten Fall gibt es hier allerdings keine Möglichkeit, den Werkzeugkasten noch zusätzlich einzublenden.

Klicken Sie ein Feld doppelt an, können Sie den Inhalt des Feldes wie bei der Eingabe ändern (siehe Abbildung 10.26). Beides Mal können Sie mit den Tasten ⇥, ⇧ + ⇥ sowie den Pfeiltasten in der Tabelle navigieren.

Sind Sie im Modus für die Texteingabe und -formatierung, kommen Sie mit der Taste ESC in den Modus zur Tabellenbearbeitung. Ein weiteres ESC beendet die Bearbeitung ganz. Im Modus für die Tabellenbearbeitung können Sie auch mit der Maus ein Fenster aufziehen. Alle Felder, die vom Fenster geschnitten werden, können dann bearbeitet werden.

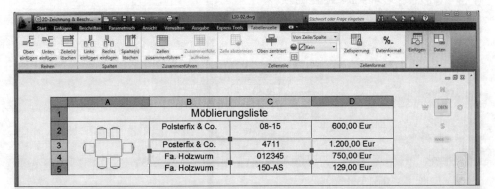

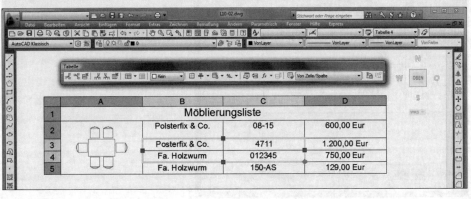

Abbildung 10.28: Bearbeitung der Tabelle

Modus: Tabellenfeld bearbeiten

In diesem Modus bekommen Sie eine Werkzeugleiste bzw. ein temporäres Register in der Multifunktionsleiste und mit einem Rechtsklick auf die Zelle ein Kontextmenü, in dem Sie die Funktionen ebenfalls finden.

Gruppe Reihen: In dieser Gruppe können Sie über oder unter dem markierten Feld eine neue Zeile einfügen. Mit dem rechten Feld löschen Sie die Zeile, in der sich das markierte Feld befindet.

Gruppe Spalten: Einfügen von Spalten rechts oder links der markierten Zelle und löschen der Spalte, in der sich das markierte Feld befindet.

Gruppe Zusammenführen, Zellen zusammenführen: Mit diesem Abrollmenü können markierte Zellen zu einer zusammengefasst werden. Sie können wählen, ob Sie alle markierten Zellen zusammenführen wollen oder ob sie zeilen- oder spaltenweise zusammengeführt werden sollen. Mit dem Feld rechts daneben lässt sich die Zusammenführung von Zellen wieder aufheben.

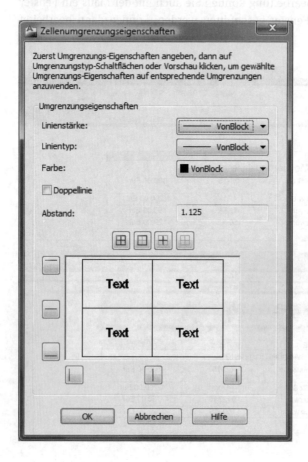

Abbildung 10.29: Festlegung der Zellenränder

Gruppe Zellenstile: Jede Tabelle wird mit einem Tabellenstil erstellt. Abweichend von diesem Stil lassen sich einzelne oder mehrere markierte Zellen formatieren. Mit dem Symbol ganz links in dieser Gruppe lassen sich Formatierungen von einer Zelle auf eine oder mehrere andere übertragen. Außerdem finden Sie hier ein Abrollmenü, in dem Sie die Ausrichtung der Daten in der Zelle bestimmen können. In einem weiteren Menü können Sie einen abweichenden Zellenstil (siehe unten) für markierte Zellen wählen. Darunter finden Sie ein Menü, aus dem Sie die Hintergrundfarbe der markierten Zellen wählen können. Mit einem weiteren Symbol rufen Sie ein Dialogfeld (siehe Abbildung 10.29) auf, in dem Sie die Ränder der markierten Zellen bestimmen können.

Gruppe Zellenformat: Im linken Abrollmenü lassen sich Zellen sperren und entsperren, und zwar getrennt nach Inhalt und Format. Im rechten Abrollmenü legen Sie das Datenformat für die Zelle fest.

Gruppe Einfügen: In dieser Gruppe finden Sie links ein Symbol, mit dem Sie einen Block in das markierte Feld setzen können. Sie bekommen ein Dialogfeld (siehe Abbildung 10.30), in dem die Einfügeparameter wählbar sind. Wählen Sie den Block im Abrollmenü NAME, wenn er in der Zeichnung definiert ist, oder klicken Sie auf die Schaltfläche DURCHSUCHEN... und wählen eine Zeichnungsdatei, die als Block eingefügt werden soll. Damit ist es möglich, grafische Symbole in die Tabelle einzufügen.

Abbildung 10.30: Block in Tabellenfeld einfügen

Mit dem nächsten Symbol fügen Sie ein Schriftfeld (siehe Kapitel 10.6) in das Tabellenfeld ein. Mit dem entsprechenden Dialogfeld (siehe Abbildung 10.21) wählen Sie das Feld aus. Mit dem nächsten Abrollmenü können Sie eine Formel in eine Zelle einfügen. Der Wert wird dann automatisch berechnet und aktualisiert. Im Abrollmenü stehen Ihnen Funktionen zur Bildung von Summen (SUM), Durchschnitten (AVERAGE) und zum Zählen von Feldern (COUNT) zur Verfügung:

= SUM(B4:B8)
= SUM(B3:E4)

= AVERAGE(B4:B8)

= AVERAGE(B3:E4)

= COUNT(B3:E4) usw.

Wählen Sie die Formel aus dem Menü und markieren den Bereich den Sie beispielsweise summieren wollen.

Gruppe Daten: Die beiden Symbole in dieser Gruppe sind für die Verknüpfung mit externen Datentabellen (siehe Kapitel 10.8).

Modus: Tabellentext bearbeiten

In diesem Modus steht die gleiche Werkzeugleiste wie bei der Eingabe von Absatztext zur Verfügung. Es sind allerdings nicht alle Formatierungsfunktionen wählbar. Geben Sie Texte oder Zahlenwerte ein und formatieren diese. Auch hier können Sie Formeln eingeben. Zeilen sind nummeriert und Spalten mit Buchstaben gekennzeichnet. Eine Formel beginnt immer mit einem »=« (Gleichheitszeichen). Geben Sie dieses ein, gefolgt von den Zellen und den Operationen, die Sie damit ausführen wollen:

= D4 + D5-D6/2

= (B3-B4)*2 usw.

Außerdem können mathematische und trigonometrische Funktionen verwendet werden:

= SIN(B5 + B6)

= LOG(E3) usw.

Der Tabellenstil

Der Tabellenstil legt das Aussehen der Tabelle fest: Schriftstil, Textfarbe, Hintergrundfarbe, Trennlinien usw. Dabei lassen sich die Daten, der Spaltenkopf und der Titel der Tabelle mit den Zellenstilen unterschiedlich formatieren. In einer Zeichnung können beliebig viele Tabellenstile definiert werden. Bei den Eigenschaften der Tabelle wird gespeichert, mit welchem Stil sie erstellt wurde. Ändern Sie einen Tabellenstil nachträglich, werden alle Tabellen geändert, die mit diesem Stil erstellt wurden. Mit dem Befehl TABELLENSTIL können Sie neue Stile erstellen oder bestehende ändern:

- Multifunktionsleiste: Symbol im Register BESCHRIFTEN, Gruppe TABELLE (Pfeil rechts unten), und im Register START, Gruppe BESCHRIFTUNG (erweiterter Bereich)
- Menüleiste FORMAT, Funktion TABELLENSTIL...
- Symbol im Werkzeugkasten STILE

Sie bekommen ein Dialogfeld, in dem Sie die Tabellenstile verwalten können (siehe Abbildung 10.31).

Tabellen und Tabellenstile

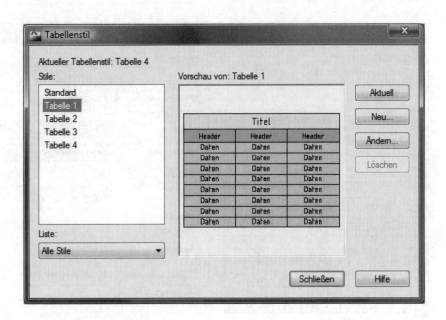

Abbildung 10.31:
Dialogfeld für den Tabellenstil

In der Liste STILE werden alle Tabellenstile der Zeichnung aufgelistet. Markieren Sie einen Stil und klicken auf die Schaltfläche AKTUELL oder klicken Sie ihn doppelt an, wird dieser zum aktuellen Tabellenstil. Alle neuen Tabellen werden mit diesem Stil erstellt. Klicken Sie die Schaltfläche LÖSCHEN an, wird der markierte Stil gelöscht, aber nur dann, wenn damit keine Tabellen erstellt wurden. Wollen Sie einen neuen Stil erstellen, dann klicken Sie auf die Schaltfläche NEU... Sie können in einem Dialogfeld den Namen für den neuen Stil eingeben (siehe Abbildung 10.32). Für den neuen Stil wird ein vorhandener kopiert, den Sie dann abändern können. Wählen Sie den Stil, der dem neuen am ähnlichsten ist.

Abbildung 10.32:
Dialogfeld für den Stilnamen

In einem Dialogfeld (siehe Abbildung 10.33) können Sie danach das Layout der Tabelle für diesen Stil festlegen.

Abbildung 10.33:
Dialogfeld für den Tabellenstil

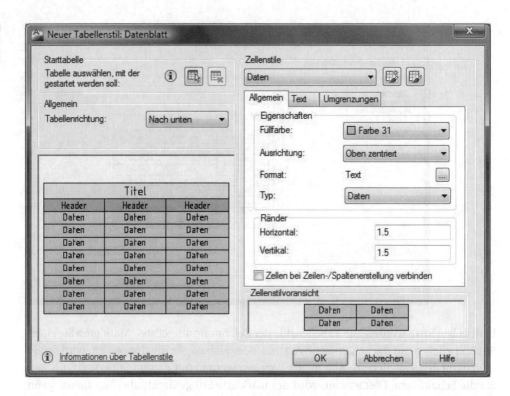

Starttabelle: Erstellen Sie einen neuen Stil, können Sie hier mit dem linken Symbol in der Zeichnung wählen, welche Tabelle Sie dafür als Vorlage verwenden wollen. Alle Formatierungen, die Sie in dieser Tabelle schon gemacht haben, und eventuell auch die eingegebenen Daten können Sie beim Einfügen der Tabelle übernehmen. Mit dem rechten Symbol trennen Sie die Verbindung wieder.

Allgemein: Hier wählen Sie die Ausrichtung der Tabelle. Soll der Titel oben stehen und die Tabelle nach unten angehängt werden oder umgekehrt, beide Möglichkeiten stehen zur Auswahl.

Zellenstile: In einem Abrollmenü können Sie die Zellenstile zur Formatierung auswählen: *Titel*, *Header* oder *Daten*. Damit wird das Format der ersten Zeile (Tabellenüberschrift, Stil *Titel*), das Format der zweiten Zeile (Spaltenüberschrift, Stil *Header*) und das Format der übrigen Zeilen (Datenfelder, Stil *Daten*) festgelegt. Weitere Zellenstile können Sie mit den Symbolen rechts davon im Tabellenstil definieren. Mit dem linken Symbol erstellen Sie eine Kopie eines vorhandenen Stils, den Sie dann entsprechend anpassen können, und mit dem rechten Symbol kommen Sie zu einem Dialogfeld, in dem Sie die Zellenstile verwalten können.

Formatierung der Zellenstile: Für die Formatierung des gewählten Zellenstils haben Sie im rechten Bereich des Dialogfelds drei Registerkarten zur Verfügung (siehe Abbildung 10.34).

Tabellen und Tabellenstile

Abbildung 10.34:
Formatierung der Zellenstile

Register Allgemein: Wählen Sie hier die Füllfarbe für die Zellen und die Textausrichtung (siehe Abbildung 10.34, links). Im Feld FORMAT wird das Datenformat angezeigt. Mit dem Symbol mit den drei Punkten lässt sich in einem weiteren Dialogfeld das Datenformat und eventuelle weitere Optionen wählen (siehe Abbildung 10.35). Beim Typ wird zwischen Datenfeldern und Bezeichnungsfeldern unterschieden. Im Feld RÄNDER geben Sie vor, wie groß der Rand um das Datenfeld sein soll. Mit der Standardeinstellung 1.5 wird die Randbreite auf das 0,5-Fache der Texthöhe gesetzt. Den Schalter ZELLEN BEI ZEILEN-/SPALTENERSTELLUNG VERBINDEN setzen Sie, wenn Sie wie beim Titel die Zellen verbinden wollen.

Abbildung 10.35:
Datenformat für Zellenstil auswählen

Register Text: Wählen Sie hier Textstil, Texthöhe, Textfarbe und den Textwinkel (siehe Abbildung 10.34, Mitte).

Register Umgrenzung: Wählen Sie hier die Umgrenzungen der Zellen: Linienstärke, Linientyp und Farbe (siehe Abbildung 10.34, rechts). Außerdem können Sie eine Doppellinie einstellen und den Abstand der einzelnen Linien zueinander. Darunter können Sie noch wählen, welche Randlinien Sie haben wollen.

Alle Formatierungen können Sie in Voransichtsfeldern überprüfen, eines für die gesamte Tabelle (links) und eines für die Zellen. Haben Sie alles eingestellt, können Sie den Tabellenstil mit OK übernehmen.

Änderungen an der Tabelle

- *Den Tabellenstil können Sie im Dialogfeld des Befehls* TABELLE *wählen.*
- *Sie können den Stil aber auch im Abrollmenu* STILE *des Werkzeugkastens* STILE *und in der Gruppe Tabellen, Register Beschriften der Multifunktionsleiste vorwählen.*
- *Markieren Sie eine Tabelle, können Sie in diesen Abrollmenüs einen neuen Stil für die Tabelle wählen. Die Tabelle wird dann entsprechend neu formatiert.*
- *Verschiedene Einstellungen einer Tabelle lassen sich auch im* OBJEKTEIGENSCHAFTEN-MANAGER *ändern.*
- *Wenn Sie die Tabelle am Rand anklicken (keine einzelnes Feld), öffnen Sie mit der rechten Maustaste ein Kontextmenü, in dem Sie die Formatierung der gesamten Tabelle ändern können, z.B.: Größe der Zeilen und Spalten insgesamt usw. Außerdem können Sie mit dem Eintrag* EXPORTIEREN... *den Inhalt in eine CSV-Datei schreiben, die dann in Excel geöffnet werden kann.*
- *Die Geometrie einer Tabelle kann auch mit den Griffen angepasst werden.*

Tabellen erstellen

1. Definieren Sie Tabellenstile und erstellen Sie damit unterschiedliche Tabellen. Ändern Sie anschließend die Tabellenstile und beachten Sie dabei, wie sich die damit erstellten Tabellen ändern.
2. Ändern Sie einzelne Felder in der Tabelle und fügen Sie beispielsweise Blöcke, Formeln oder spezielle Formatierungen ein.
3. In Abbildung 10.36 sehen Sie Beispiele für Tabellen in der Zeichnung. Diese Zeichnung finden Sie in Ihrem Ordner *Aufgaben*, die Zeichnung *L10-02.dwg*.

Abbildung 10.36: Verschiedene Tabellenarten mit unterschiedlichen Stilen erstellt

10.8 Datenverknüpfungen

Seit AutoCAD und LT 2008 haben Sie die Möglichkeit, eine Datenverknüpfung mit einer Excel-Tabelle herzustellen. Daten aus der Tabelle lassen sich direkt in die AutoCAD-Tabelle einfügen und in beiden Richtungen aktualisieren. Dazu muss eine Datenverknüpfung in der Zeichnung erstellt sein.

Datenverknüpfung erstellen

Eine Datenverknüpfung wird mit dem DATENVERKNÜPFUNGS-MANAGER erstellt, den Sie mit dem Befehl DATENVERKN starten. Der Befehl kann auch aus dem Dialogfeld für die Tabellen gestartet werden (siehe Abbildung 10.25). Sie finden den Befehl sonst:

- Multifunktionsleiste: Symbol im Register EINFÜGEN, Gruppe VERKNÜPFUNG & EXTRAKTION, und Register BESCHRIFTEN, Gruppe TABELLEN
- Menüleiste EXTRAS, Untermenü DATENVERKNÜFUNGEN >, Funktion DATENVERKNÜPFUNGS-MANAGER

Sie bekommen ein Dialogfeld auf den Bildschirm, in dem Sie die Verbindungen zu externen Tabellen verwalten können (siehe Abbildung 10.37).

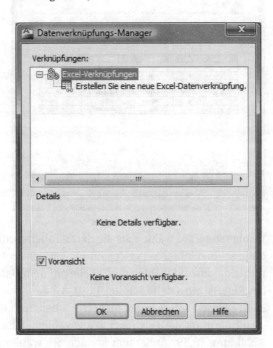

Abbildung 10.37: Datenverknüpfungs-Manager mit der Liste der Verbindungen

Es sind mehrere Verknüpfungen zur selben oder zu verschiedenen Excel-Tabellen in einer Zeichnung möglich, die in der Liste aufgeführt werden. Wenn Sie auf den Eintrag ERSTELLEN SIE EINE NEUE EXCEL-DATENVERKNÜPFUNG klicken, können Sie in einem Eingabefeld einen frei wählbaren Namen für die Verbindung eintragen. Danach erscheint ein weiteres Dialogfeld (siehe Abbildung 10.38).

Abbildung 10.38:
Datenverknüpfung mit Excel

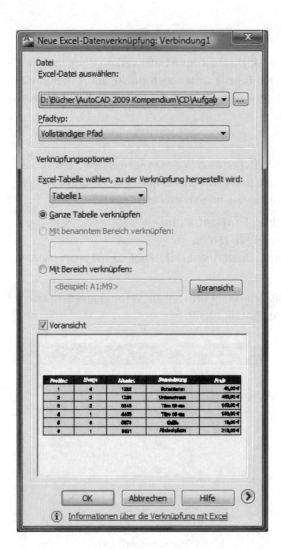

Im obersten Feld wählen Sie die Excel-Tabelle, entweder aus dem Abrollmenü, wenn Sie diese schon einmal in der Zeichnung verwendet haben, oder Sie klicken auf das Symbol rechts davon und wählen die Tabelle mit dem Dateiwähler aus. Darunter können Sie wie bei Referenzen (siehe Kapitel 11.9) wählen, wie der Pfad in der Verknüpfung gespeichert werden soll. Gibt es mehrere Tabellen in der Excel-Datei, können Sie im Abrollmenü darunter die gewünschte auswählen. Jetzt sehen Sie auch die Voransicht wie in Abbildung 10.39. Außerdem können Sie wählen, ob Sie die gesamte Tabelle oder nur einen Bereich daraus verknüpfen möchten. In diesem Fall tragen Sie den Bereich im Feld darunter ein, z. B.: *A1:F5* (Spalte A Zeile 1 bis Spalte F Zeile 5). Mit OK wird die Verknüpfung erstellt und Sie bekommen das vorherige Dialogfeld wieder (siehe Abbildung 10.37) mit der neuen Verknüpfung in der Liste. Mit einem Doppelklick können Sie die Verbindung noch einmal bearbeiten.

Erweiterte Optionen: Das Dialogfeld in Abbildung 10.38 lässt sich mit dem Pfeil unten rechts vergrößern (siehe Abbildung 10.39).

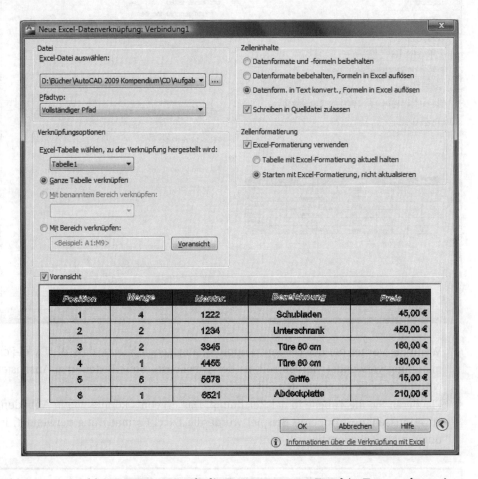

Abbildung 10.39:
Erweiterte Einstellungen zur Excel-Verknüpfung

Wählen Sie im Feld ZELLENINHALTE, ob die Datentypen aus Excel in Text umformatiert werden sollen und ob Sie das Schreiben von AutoCAD in Excel zulassen wollen. Die Formatierungen können Sie von Excel gleich in AutoCAD übernehmen, wenn Sie den Schalter EXCEL-FORMATIERUNG VERWENDEN aktiviert haben.

Tabellen mit Excel verknüpfen

1. Öffnen Sie wieder die Zeichnung *L10-02.dwg* aus dem Ordner *Aufgaben*.
2. Erstellen Sie eine Datenverknüpfung mit der Excel-Tabelle *L10-01.xls*, die ebenfalls im Ordner *Aufgaben* ist.
3. Erstellen Sie eine Tabelle mit dem Befehl TABELLE. Klicken Sie im Feld OPTIONEN EINSTELLEN die Möglichkeit VON EINER DATENVERKNÜPFUNG AUS und wählen Sie im Abrollmenü die Datenverknüpfung (siehe Abbildung 10.40). Haben Sie vorher keine erstellt, kommen Sie mit dem Symbol rechts daneben zum DATENVERKNÜPFUNGS-MANAGER.

Abbildung 10.40:
Tabelle aus Datenverknüpfung erstellen

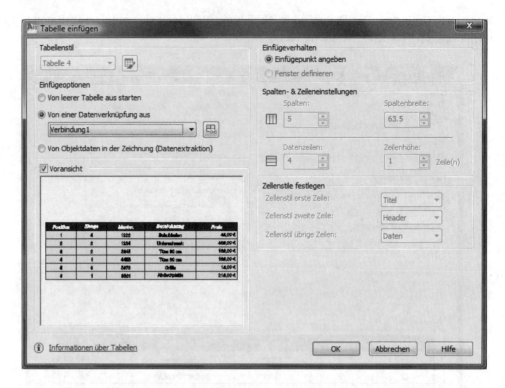

4. Wenn Sie vorher bei der Datenverknüpfung angegeben haben, dass die Excel-Formatierung verwendet werden soll, ist der Tabellenstil ohne Bedeutung. Ansonsten wird die Tabelle im gewählten Stil erstellt.
5. Platzieren Sie die Tabelle in der Zeichnung. Das Ergebnis könnte wie in Abbildung 10.41 aussehen. Im oberen Beispiel wurde die Excel-Formatierung verwendet, im unteren ein Tabellenstil.

Abbildung 10.41:
Tabellen in AutoCAD aus Excel-Datei

Position	Menge	Identnr.	Bezeichnung	Preis
1	4	1222	Schubladen	45,00 €
2	2	1234	Unterschrank	450,00 €
3	2	3345	Türe 60 cm	160,00 €
4	1	4455	Türe 80 cm	180,00 €
5	6	5678	Griffe	15,00 €
6	1	6521	Abdeckplatte	210,00 €

Position	Menge	Identnr.	Bezeichnung	Preis
1	4	1222	Schubladen	45,00 €
2	2	1234	Unterschrank	450,00 €
3	2	3345	Türe 60 cm	160,00 €
4	1	4455	Türe 80 cm	180,00 €
5	6	5678	Griffe	15,00 €
6	1	6521	Abdeckplatte	210,00 €

Datenverknüpfungen

Aktualisieren der Datenverknüpfung

Haben Sie die Excel-Tabelle geändert und gespeichert, bekommen Sie in AutoCAD eine Meldung in der Sprechblase, dass sich die Datenverknüpfung geändert hat (siehe Abbildung 10.42).

Abbildung 10.42: Meldung über geänderte Datenverknüpfung

Klicken Sie auf den Link TABELLE MIT DER DATENVERKNÜPFUNG AKTUALISIEREN: VERBINDUNG 1 und die Excel-Datei wird neu eingelesen und die Tabelle in der Zeichnung aktualisiert.

Sie können die Tabelle in der Zeichnung auch jederzeit manuell aktualisieren. Wählen Sie dazu:

- Multifunktionsleiste: Symbol im Register EINFÜGEN, Gruppe VERKNÜPFUNG & EXTRAKTION, und Register BESCHRIFTEN, Gruppe TABELLEN
- Menüleiste EXTRAS, Untermenü DATENVERKNÜFUNGEN >, Funktion DATENVERKNÜPFUNGEN AKTUALISIEREN

Die Excel-Datei wird neu eingelesen und die Tabelle in der Zeichnung aktualisiert.

Wollen Sie dagegen Felder der Tabelle in der Zeichnung ändern, müssen Sie zuerst die Sperrung der Felder aufheben. Tragen Sie dann neue Werte ein. danach können Sie auch in der umgekehrten Richtung aufgrund der geänderten Felder in der AutoCAD-Tabelle die Excel-Datei ändern. Wählen Sie:

- Multifunktionsleiste: Symbol im Register EINFÜGEN, Gruppe VERKNÜPFUNG & EXTRAKTION, und Register BESCHRIFTEN, Gruppe TABELLEN
- Menüleiste EXTRAS, Untermenü DATENVERKNÜFUNGEN >, Funktion DATENVERKNÜPFUNGEN:SCHREIBEN

Sie können eine oder mehrere Tabellen wählen und die verknüpften Excel-Dateien werden aktualisiert.

Datenverknüpfungen aktualisieren

1. Ändern Sie die Excel-Tabelle aus der vorherigen Übung und überprüfen Sie die Auswirkungen in der Tabelle in der AutoCAD-Zeichnung.
2. Ändern Sie die Tabelle in der AutoCAD-Zeichnung. Heben Sie zuerst eventuelle Sperrungen auf. Schreiben Sie die Änderungen in die Excel-Tabelle zurück und überprüfen Sie diese. Die Änderungen sollten in beiden Richtungen wirksam werden.

10.9 Beschriftungsobjekte

Was sind Beschriftungsobjekte? Über diesen Begriff sind Sie bestimmt im Laufe dieses Buches schon ein paar Mal gestolpert. Erinnern Sie sich, ganz zu Beginn unserer Zeichenversuche haben Sie erfahren, dass in AutoCAD immer in Originalgröße, also 1:1, gezeichnet wird. Beim Plotten wird die Zeichnung wieder auf das Papiermaß verkleinert oder der Maßstab wird im Ansichtsfenster gewählt, wenn Sie mit Layouts arbeiten.

Was passiert aber, wenn Sie einen Text in 3.5 Einheiten Höhe erstellen? Dann wollen Sie, dass der Text mit 3,5 mm Höhe auf dem Papier erscheinen soll. Plotten Sie die Zeichnung später im Maßstab 1:10, also 10-mal verkleinert, dann müssen Sie den Text am Modell mit 35 Einheiten Höhe erstellen. Spätestens wenn die eigentliche Zeichnung erstellt ist, müssen Sie wissen, wie die Zeichnung später geplottet werden soll. Aber nicht mehr seit AutoCAD 2008, wenn Sie mit Beschriftungsobjekten arbeiten. Sie können der Zeichnung einen Maßstab zuordnen und die Beschriftungsobjekte werden automatisch angepasst.

Wenn Sie im Layout mit Ansichtsfenstern in verschiedenen Maßstäben arbeiten, können Sie den einzelnen Beschriftungsobjekten unterschiedliche Maßstäbe zuordnen, ja sogar auch mehrere Maßstäbe. Sie erscheinen dann nur in dem Ansichtsfenster, dessen Maßstab ihnen zugeordnet ist. Doch zu der Sache mit den Ansichtsfenstern später mehr (siehe Kapitel 16).

Bleiben wir zunächst im Modellbereich, also in dem Bereich, in dem wir bis jetzt immer gearbeitet haben. Welche Objekte können als Beschriftungsobjekte erstellt werden:

- Text
- Bemaßungen
- Schraffuren
- Toleranzen
- Multi-Führungslinien
- Blöcke
- Attribute

Wo kann eingestellt werden, ob ein Objekt ein Beschriftungsobjekt ist oder nicht? Dazu haben Sie folgende Möglichkeiten: Beim Text geben Sie es im Textstil an (siehe Abbildung 10.43). Ein Textstil, der Beschriftungsobjekte erzeugt, ist mit einem vorangestellten Maßstabssymbol gekennzeichnet.

Beim Absatztext können Sie es bei der Texteingabe mit dem Symbol in der Werkzeugleiste oder aus dem Kontextmenü wählen (siehe Abbildung 10.44).

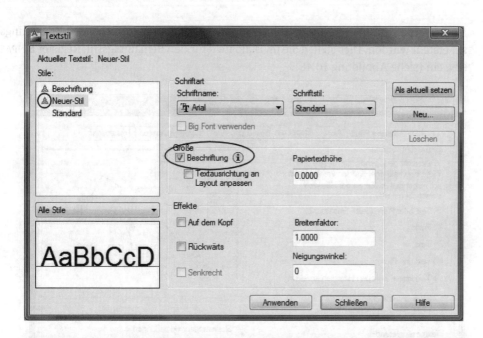

Abbildung 10.43:
Textstil zur Erzeugung von Beschriftungsobjekten

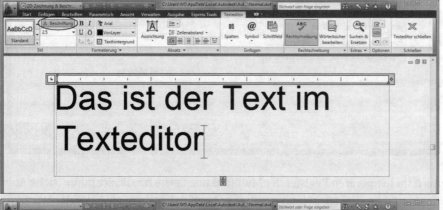

Abbildung 10.44:
Absatztext als Beschriftungsobjekt

Maße werden zum Beschriftungsobjekt, wenn sie mit dem entsprechenden Bemaßungsstil erstellt wurden. Dies stellen Sie im Dialogfeld für den Bemaßungsstil, Register EINPASSEN, ein (siehe Abbildung 10.45).

Abbildung 10.45:
Bemaßungsstil zur Erzeugung von Beschriftungsobjekten

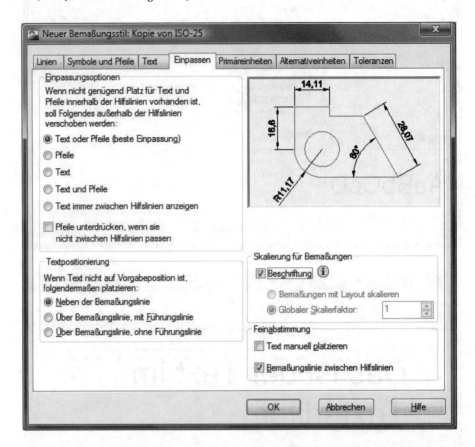

Auch im temporären Register der Multifunktionsleiste für die Schraffur (siehe Abbildung 10.46) und im Dialogfeld für die Schraffur beim Arbeitsbereich *AutoCAD klassisch* (siehe Abbildung 10.47) haben Sie einen Schalter, mit dem Sie die Schraffur als Beschriftungsobjekt generieren können.

Abbildung 10.46:
Schraffur als Beschriftungsobjekt

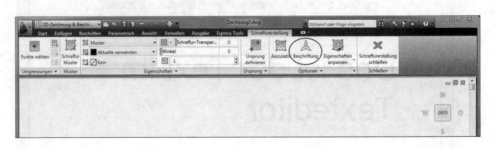

Beschriftungsobjekte

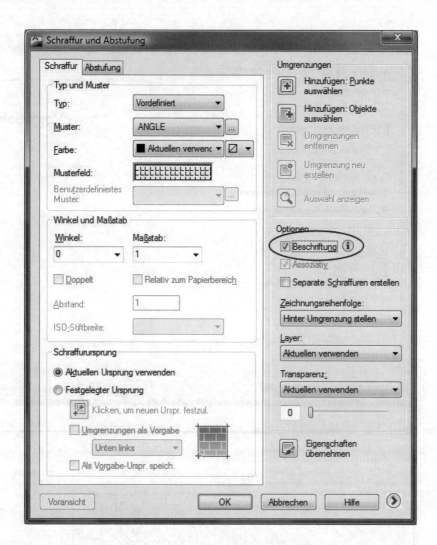

Abbildung 10.47:
Schraffur als Beschriftungsobjekt, Arbeitsbereich AutoCAD klassisch

Bei den Führungslinien stellen Sie es im Dialogfeld des Führungslinienstils ein (Register FÜHRUNGSLINIEN-STRUKTUR, siehe Abbildung 10.48). Führungslinien, die mit diesem Stil erzeugt wurden, sind Beschriftungsobjekte.

Blöcke und Attribute können ebenfalls als Beschriftungsobjekte erstellt werden. Alles zu diesen Objekten finden Sie im nächsten Kapitel.

Zeichnung mit Beschriftungsobjekten

Schauen wir uns die Beschriftungsobjekte an einem Beispiel an. Laden Sie dazu die Zeichnung *A10-03.dwg* aus dem Ordner *Aufgaben*. Die Zeichnung enthält verschiedene Beispiele mit Beschriftungsobjekten (siehe Abbildung 10.49). Maße, Texte, Schraffuren und Multi-Führungslinien sind als Beschriftungsobjekte erstellt worden.

Abbildung 10.48:
Führungslinienstil zur Erzeugung von Beschriftungsobjekten

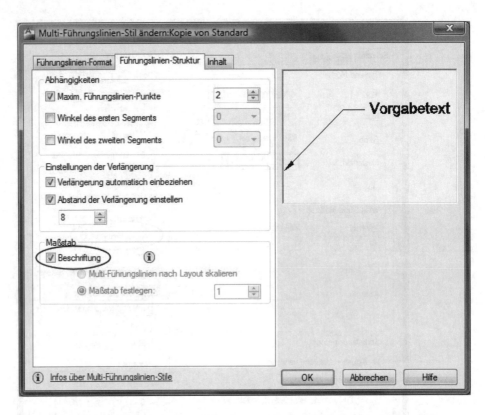

Abbildung 10.49:
Zeichnung mit Beschriftungsobjekten

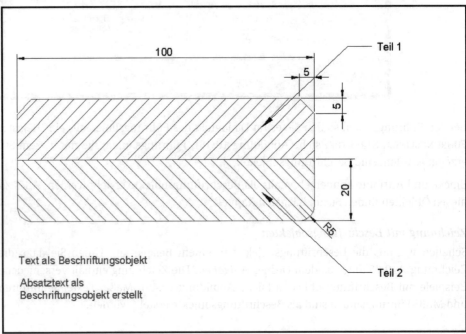

Beschriftungsobjekte

Sie bekommen es am Fadenkreuz angezeigt, ob es sich bei einem Objekt um ein Beschriftungsobjekt handelt. Ein kleines Maßstabssymbol wird in diesem Fall angezeigt. Auch in den Abrollmenüs für die Stile ist dieses Symbol vor den Stilnamen, wenn es ein Stil ist, der Beschriftungsobjekte erzeugt.

Beschriftungsmaßstab

Jedem Beschriftungsobjekt lassen sich ein oder mehrere Beschriftungsmaßstäbe zuordnen oder auch wieder löschen.

In der Zeichnung kann der Beschriftungsmaßstab eingestellt werden – das sollte der Maßstab sein, mit dem die Zeichnung geplottet wird. Ist dieser 1:1 werden die Beschriftungsobjekte so dargestellt, wie sie erstellt wurden. Ist er beispielsweise 1:2, werden die Beschriftungsobjekte doppelt so groß dargestellt, weil beim Plotten um den Faktor 2 verkleinert wird. Bei 2:1 sind die Beschriftungsobjekte halb so groß, da beim Plotten um den Faktor 2 vergrößert wird.

Den Beschriftungsmaßstab wechseln Sie wie folgt:

- In der Statusleiste wird der Beschriftungsmaßstab angezeigt. Mit dem Pfeil rechts davon können Sie ihn aus einem Kontextmenü ändern (siehe Abbildung 10.50)

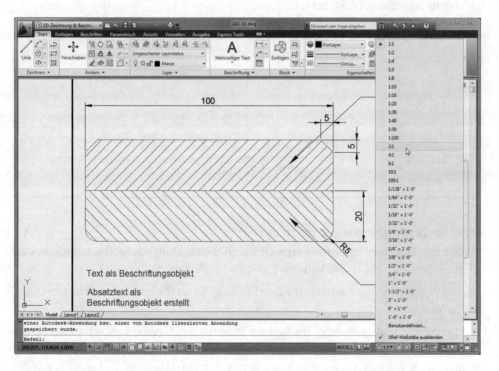

Abbildung 10.50: Menü für den Beschriftungsmaßstab

Zwei weitere Schalter in der Statusleiste sind dabei wichtig:

- Ist dieser Schalter aktiviert, wird allen Beschriftungsobjekten der neue Beschriftungsmaßstab hinzugefügt, wenn er in dem Menü geändert wird. Ist der Schalter aus, dann wird auch keiner hinzugefügt.

- Ist dieser Schalter aktiviert, werden Beschriftungsobjekte in allen Beschriftungsmaßstäben dargestellt. Ist er aus, werden sie nur in den Beschriftungsmaßstäben angezeigt, denen sie zugeordnet sind.

Beschriftungsmaßstäbe wechseln

1. Schalten Sie die beiden Schalter aus (grau dargestellt bzw. Lampe aus).
2. Wechseln Sie den Beschriftungsmaßstab auf 1:2 und 2:1. Die Beschriftungsobjekte werden nur beim Maßstab 1:1 dargestellt.
3. Schalten Sie den linken Schalter ein und wechseln Sie den Beschriftungsmaßstab. Die Beschriftungsobjekte werden immer in der gleichen Größe dargestellt.
4. Schalten Sie jetzt auch noch den rechten Schalter ein und wechseln Sie den Beschriftungsmaßstab. Die Beschriftungsobjekte werden doppelt so groß beim Maßstab 1:2 (siehe Abbildung 10.51, links) und halb so groß beim Maßstab 2:1 (siehe Abbildung 10.51, rechts).

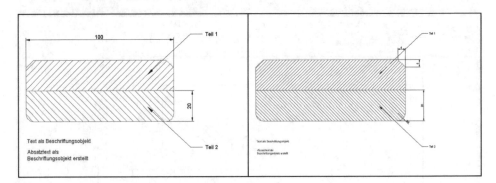

Abbildung 10.51: Zeichnung im Beschriftungsmaßstab 1:2 und 2:1

Objekten Beschriftungsmaßstäbe zuordnen

Wollen Sie einzelnen oder mehreren Objekten Beschriftungsmaßstäbe zuordnen oder diese auch wieder entfernen, haben Sie weitere Möglichkeiten.

Mit dieser Funktion wird der aktuelle Beschriftungsmaßstab einem oder mehreren Objekten hinzufügt:

- Multifunktionsleiste: Symbol im Register BESCHRIFTEN, Gruppe BESCHRIFTUNGS-SKALIERUNG
- Menüleiste ÄNDERN, Untermenü BESCHRIFTUNGSOBJEKT-MASSSTAB >, Funktion AKTUELLEN MASSSTAB HINZUFÜGEN

Mit der zweiten Funktion wird der aktuelle Beschriftungsmaßstab von einem oder mehreren Objekten entfernt. Wenn Sie aus der Multifunktionsleiste wählen, können Sie auch andere Maßstäbe entfernen und wieder hinzufügen:

- Multifunktionsleiste: Symbol im Register BESCHRIFTEN, Gruppe BESCHRIFTUNGS-SKALIERUNG
- Menüleiste ÄNDERN, Untermenü BESCHRIFTUNGSOBJEKT-MASSSTAB >, Funktion AKTUELLEN MASSSTAB LÖSCHEN

Besser und übersichtlicher geht es mit einem Dialogfeld. Das öffnen Sie mit der Auswahl:

- Multifunktionsleiste: Symbol im Register BESCHRIFTEN, Gruppe BESCHRIFTUNGS-SKALIERUNG
- Menüleiste ÄNDERN, Untermenü BESCHRIFTUNGSOBJEKT-MASSSTAB >, Funktion MASSSTÄBE HINZUFÜGEN/LÖSCHEN

Wählen Sie die Beschriftungsobjekte, die Sie bearbeiten wollen, und beenden die Auswahl mit ⏎. Danach bekommen Sie ein Dialogfeld (siehe Abbildung 10.52).

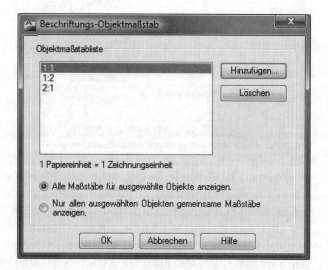

Abbildung 10.52:
Dialogfeld für Beschriftungsmaßstäbe

Sie sehen in der Liste, welche Beschriftungsmaßstäbe den Objekten zugeordnet sind. Haben Sie den Schalter ALLE MASSSTÄBE FÜR AUSGEWÄHLTE OBJEKTE ANZEIGEN aktiviert, wird jeder Maßstab angezeigt, der irgendeinem Objekt zugeordnet ist. Ist dagegen der Schalter NUR ALLEN AUSGEWÄHLTEN OBJEKTEN GEMEINSAME MASSSTÄBE ANZEIGEN aktiviert, werden nur die Maßstäbe angezeigt, die alle Objekte gemeinsam haben.

Mit der Schaltfläche HINZUFÜGEN... können Sie einen oder mehrere Maßstäbe aus einem weiteren Dialogfeld auswählen, sie werden allen gewählten Beschriftungsobjekten zugeordnet. Mit der Schaltfläche LÖSCHEN werden die in der Liste markierten Beschriftungsmaßstäbe von den gewählten Objekten entfernt.

Falls es Sie stört, dass Ihnen so viele Maßstäbe in der Liste zur Auswahl angeboten werden, können Sie die Liste auch bearbeiten und anders sortieren. Wählen Sie dazu den Befehl MSTABLISTEBEARB:

- Multifunktionsleiste: Symbol im Register BESCHRIFTEN, Gruppe BESCHRIFTUNGS-SKALIERUNG
- Menüleiste FORMAT, Funktion MASSSTABSLISTE...

Sie bekommen ein Dialogfeld (siehe Abbildung 10.53), in dem alle verfügbaren Maßstäbe aufgelistet werden.

Abbildung 10.53: Maßstabliste bearbeiten

In Abbildung 10.53 wurde die Liste auf wenige Maßstäbe reduziert. Die nicht benötigten können markiert und mit der Schaltfläche LÖSCHEN aus der Liste entfernt werden. Markieren Sie einen Eintrag, lässt er sich mit den Schaltflächen NACH OBEN bzw. NACH UNTEN in der Liste verschieben. Mit der Schaltfläche BEARBEITEN... können Sie den markierten Maßstab in einem weiteren Dialogfeld bearbeiten und mit der Schaltfläche HINZUFÜGEN... einen speziellen Maßstab hinzufügen (siehe Abbildung 10.54).

Abbildung 10.54: Neuen Maßstab erstellen

Mit der Schaltfläche ZURÜCKSETZEN bekommen Sie wieder die Standard-Maßstabsliste. Beachten Sie, dass die bearbeitete Maßstabsliste nur für die aktuelle Zeichnung gilt.

Positionen synchronisieren

Hat ein Beschriftungsobjekt mehrere Maßstäbe und Sie verschieben es in einer Maßstabsdarstellung, dann ist es in den anderen Maßstäben immer noch an der ursprünglichen Position. Mit dem Befehl BESCHRZURÜCK können Sie es in allen Maßstäben, die zu diesem Objekt gespeichert sind, an diese Position setzen. Wählen Sie den Befehl wie folgt:

- Multifunktionsleiste: Symbol im Register BESCHRIFTEN, Gruppe BESCHRIFTUNGS-SKALIERUNG
- Menüleiste ÄNDERN, Untermenü BESCHRIFTUNGSOBJEKT-MASSSTAB >, Funktion MEHRFACH-MASSSTAB-POSITIONEN SYNCHRONISIEREN

Wählen Sie die Objekte an, deren Positionen angepasst werden sollen, und die Funktion wird ausgeführt.

Beschriftungsmaßstäbe hinzufügen und löschen

1. Schalten Sie jetzt den linken Schalter in der Statusleiste aus, sodass nicht automatisch alle Beschriftungsobjekte angezeigt werden.
2. Im Beschriftungsmaßstab 1:1 sollen die Fase und die Rundung nicht bemaßt werden. Entfernen Sie also davon den Maßstab 1:1. Sie sieht dann wie in Abbildung 10.55, links, aus.
3. In Beschriftungsmaßstab 2:1 sollen nur diese beiden Maße erscheinen, aber die anderen nicht. Entfernen Sie also von den restlichen den Maßstab 2:1. Das Ergebnis sehen Sie in Abbildung 10.55, rechts.
4. Wechseln Sie im Menü aus der Statuszeile die Maßstäbe und Sie können zwischen beiden Darstellungen umschalten.
5. Diesen Stand haben Sie auch in der Zeichnung *L10-03.dwg* im Ordner *Aufgaben*.

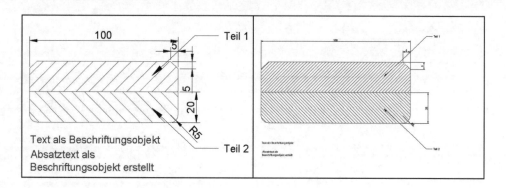

Abbildung 10.55: Unterschiedliche Beschriftungsobjekte in unterschiedlichen Maßstäben

So weit so gut: Sie können damit beispielsweise in einer bereits bemaßten Zeichnung den Maßstab der Beschriftungsobjekte umstellen und so die Zeichnung dem Plotmaßstab anpassen. Sie können aber auch eine Zeichnung in unterschiedlichen Maßstäben unterschiedlich bemaßen und beschriften und auch in unterschiedlichen Maßstäben plotten.

Aber richtig interessant wird es, wenn Sie mit Layouts im Papierbereich arbeiten. Wir kommen deshalb in Kapitel 16.8 noch einmal auf das Thema Beschriftungsobjekte zurück.

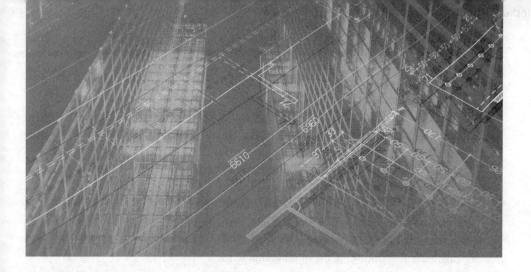

Kapitel 11
Blöcke, Attribute, externe Referenzen und Gruppen

Häufig benötigte Teile lassen sich in AutoCAD zu Blöcken zusammenfassen, die bei Bedarf auch in einer eigenen Zeichnungsdatei gespeichert werden können. Zeichnungsdateien können in andere Zeichnungen als Blöcke oder externe Referenzen eingefügt werden. Zudem lassen sich Objekte in der Zeichnung zu Gruppen zusammenfassen.

11.1 Eigenschaften von Blöcken

In der Zeichnung lassen sich beliebig viele Objekte zu einem Block zusammenfassen. Blöcke werden in der Zeichnung gespeichert, in der sie gebildet wurden, sie können aber auch in einer eigenständigen Zeichnungsdatei gespeichert werden. Blöcke lassen sich mit ihrem Namen in die Zeichnung einfügen und dabei skalieren und drehen.

Nach dem Einfügen können Blöcke wie ein Objekt editiert werden, zum Beispiel mit den Befehlen SCHIEBEN, DREHEN, KOPIEREN, VARIA, SPIEGELN usw. Der Aufbau des Blocks kann jedoch nicht verändert werden. Befehle wie STRECKEN, DEHNEN, STUTZEN, BRUCH, ABRUNDEN usw. lassen sich nicht auf Elemente eines Blocks anwenden.

Eigenschaften

- Kommen in einer Zeichnung Objekte häufiger vor, ist es sinnvoll, aus diesen einen Block zu bilden und ihn mehrmals einzufügen. Dabei wird die Geometrie nur einmal als Blockdefinition in der Zeichnung gespeichert. Überall dort, wo die Blöcke eingefügt sind, wird nur ein Verweis zum Block gespeichert, die sogenannte Blockreferenz. Das spart Speicherplatz und erhöht die Arbeitsgeschwindigkeit.

- Wurde ein Block mehrfach eingefügt und der Block ändert sich später, kann er durch eine einfache Neudefinition an allen Stellen durch den neuen Block ersetzt werden.
- Objekte, die zu einem Block zusammengefasst werden, können auf unterschiedlichen Layern liegen und unterschiedliche Farben, Linientypen, Strichstärken und Plotstile haben. Wird der Block eingefügt, kommen die Objekte mit ihren ursprünglichen Eigenschaften in die Zeichnung. Die Blockreferenz wird jedoch auf dem Layer abgelegt, der bei der Einfügung aktuell ist.
- Wird ein Block exportiert und in eine andere Zeichnung eingefügt, in der Layer, Linientypen oder Plotstile des Blocks nicht vorhanden sind, bringt der Block diese in die Zeichnung mit, in die er eingefügt wird. Gibt es dabei Differenzen, gelten die Festlegungen der Zeichnung, in die er eingefügt wird.
- Eine Ausnahme bildet der Layer *0*, der in jeder Zeichnung vorhanden ist. Objekte, die auf dem Layer *0* erstellt werden und zu einem Block zusammengefasst werden, kommen auf den Layer, der bei der Einfügung aktuell ist, und erhalten damit dessen Farbe, Linientyp usw.
- Eine weitere Ausnahme bildet die Einstellung *VonBlock*. Objekte, die mit dieser Einstellung für Farbe und Linientyp gezeichnet wurden und zu einem Block zusammengefasst wurden, werden beim Einfügen mit der aktuellen Farbe und dem aktuellen Linientyp gezeichnet.
- Ein Block kann neben normalen Zeichnungsobjekten auch andere Blöcke enthalten. Blöcke lassen sich auf diese Weise schachteln. Bei dieser Verschachtelung dürfen keine Eigenreferenzen vorkommen, das heißt, ein Block *XY* darf nicht den Block *XY* enthalten.
- Ein Block hat am Einfügepunkt einen Griff, an dem der Block verschoben werden kann. Ist der Schalter GRIFFE IN BLÖCKEN AKTIVIEREN im Dialogfeld zur Steuerung der Griffe eingeschaltet, erhalten Sie an den Geometriepunkten aller Objekte im Block Griffe. Sie können den Block zwar damit nicht verändern, aber andere Objekte mit Griffen auf die Griffe des Blocks ziehen (siehe Kapitel 13.5).
- Die Objekte eines Blocks können als Grenzkante bzw. Schnittkante für die Befehle DEHNEN bzw. STUTZEN verwendet werden.

11.2 Blöcke erstellen

Blöcke erstellen Sie mit dem Befehl BLOCK. Damit fassen Sie Objekte in der Zeichnung zu einem Block zusammen, der dann in dieser Zeichnung verwendet werden kann.

Befehl Block
Sie finden den Befehl:

- Multifunktionsleiste: Symbol im Register EINFÜGEN, Gruppe BLOCK, und im Register START, Gruppe BLOCK
- Menüleiste ZEICHNEN, Untermenü BLOCK >, Funktion ERSTELLEN...

Blöcke erstellen

- Menüleiste ÄNDERN, Untermenü OBJEKT >, Funktion BLOCKBESCHREIBUNG...
- Symbol im Werkzeugkasten ZEICHNEN

Sie bekommen ein Dialogfeld (siehe Abbildung 11.1).

Abbildung 11.1:
Dialogfeld zur Erstellung eines Blocks

Gehen Sie bei der Bildung eines neuen Blocks wie folgt vor:

1. Tragen Sie im Feld NAME ganz oben den Blocknamen ein. Beachten Sie die Regeln für die Namensvergabe (siehe oben). Rechts daneben befindet sich ein Voransichtsfenster, leider etwas zu klein. Haben Sie die Objekte für den Block gewählt (siehe unten), sehen Sie dort die Voransicht. Im Abrollmenü können Sie sich einen bereits vorhandenen Block auswählen. Auch dann sehen Sie dafür in dem Feld daneben die Voransicht. Geben Sie einen Namen ein, der in der Zeichnung schon verwendet wurde, oder wählen Sie aus dem Abrollmenü einen Eintrag aus und überschreiben Sie einen bereits vorhandenen Block. Zunächst passiert noch nichts. Erst wenn Sie alle Eingaben gemacht haben und mit OK das Dialogfeld beenden, erscheint die Warnmeldung, dass dieser Block bereits existiert, und die Frage, ob Sie ihn neu definieren wollen. Wenn Sie JA anklicken, wird der Block neu definiert. Alle Blöcke dieses Namens, die schon in die Zeichnung eingefügt sind, werden durch den neu definierten Block ersetzt.

2. Danach bestimmen Sie den Auswahlpunkt. Das ist der Punkt, an dem der Block später in der Zeichnung platziert wird. In den seltensten Fällen werden Sie die Koordinaten des Basispunkts wissen. Wenn aber doch, können Sie diese im Bereich BASISPUNKT für X, Y und Z eintragen. In den meisten Fällen wollen Sie aber den

Basispunkt in der Zeichnung mit dem Objektfang wählen. Klicken Sie auf das Symbol AUSWAHLPUNKT, das Dialogfeld verschwindet und Sie können den Basispunkt in der Zeichnung wählen. Sobald Sie ihn angeklickt haben, erscheint das Dialogfeld wieder, und die Koordinaten des Punkts werden in den Feldern angezeigt. Bei 2D-Zeichnungen hat die z-Koordinate den Wert 0.

Haben Sie den Schalter AM BILDSCHIRM BESTIMMEN aktiviert, können Sie den Basispunkt erst dann in der Zeichnung bestimmen, wenn Sie das Dialogfeld mit OK beendet haben.

3. Wählen Sie dann die Objekte, die Sie in diesen Block aufnehmen wollen. Klicken Sie auf das Symbol OBJEKTE WÄHLEN, die Objektwahl wird aktiviert und das Dialogfeld verschwindet wieder. Mit den üblichen Methoden suchen Sie sich die Objekte zusammen. Sobald Sie die Objektwahl mit ⏎ beendet haben, erscheint das Dialogfeld wieder auf dem Bildschirm und die Zahl der gewählten Objekte wird angezeigt.

Auch hier gibt es den Schalter AM BILDSCHIRM BESTIMMEN. Ist der aktiviert, können Sie die Objekte für den Block erst dann in der Zeichnung bestimmen, wenn Sie das Dialogfeld mit OK beendet haben.

4. Sie können die Objekte auch mit der Schnellauswahl aus der Zeichnung filtern. Klicken Sie dazu auf das Symbol rechts daneben. Wie die Schnellauswahl funktioniert, erfahren Sie in Kapitel 13.3.

Danach müssen Sie entscheiden, was mit den gewählten Objekten nach der Erzeugung des Blocks geschehen soll. Folgende Möglichkeiten haben Sie:

- **Beibehalten:** Die Objekte bleiben unverändert an der gleichen Stelle.
- **In Block konvertieren:** Die Objekte werden durch den neuen Block ersetzt. Das Aussehen der Zeichnung ändert sich nicht, aber statt der ursprünglichen Objekte haben Sie an dieser Stelle den neuen Block.
- **Löschen:** Die Objekte werden gelöscht. Die Methode verwenden Sie, wenn Sie den Block an einer anderen Stelle haben wollen.

In der Zeile darunter bekommen Sie eine Meldung, wie viel Objekte Sie gewählt haben, oder eine Warnung, wenn keine Objekte gewählt wurden.

Im Feld VERHALTEN lassen sich weitere Vorgaben für den Block eingeben. Haben Sie den Schalter EINHEITLICH SKALIEREN angewählt, können Sie den Block nicht mit unterschiedlichen x-, y- und z-Faktoren einfügen (siehe Kapitel 11.4). Ist der Schalter AUFLÖSEN ZULASSEN aktiviert, kann der Block mit dem Befehl URSPRUNG (siehe Kapitel 11.4) in seine Bestandteile zerlegt werden. Ist er aus, geht das nicht, außer Sie ändern die Blockdefinition.

Haben Sie den Schalter BESCHRIFTUNG aktiviert, dann wird der Block wie ein Beschriftungsobjekt behandelt (siehe Kapitel 10.9). Wie Bemaßungen, Multi-Führungslinien, Texte und Tabellen lassen sich solche Blöcke automatisch an den Maßstab anpassen bzw. nur in bestimmten Maßstäben anzeigen. Mit dem Schalter BLOCKAUSRICHTUNG AN LAYOUT ANPASSEN kann der Block nicht unter einem Winkel eingefügt und auch nachträglich nicht mehr gedreht werden.

Im Abrollmenü BLOCKEINHEITEN können Sie die Einheiten für den Block wählen. Fügen Sie den Block ein, wird der Block automatisch entsprechend seinen Einheiten skaliert eingefügt (siehe unten). Der Text, den Sie im Feld BESCHREIBUNG eingeben, dient der Anzeige im AutoCAD-Design-Center (siehe Kapitel 13.7).

Mit einem Klick auf die Schaltfläche HYPERLINK... öffnen Sie das Dialogfeld zum Einfügen eines Hyperlinks, in dem Sie einen Hyperlink mit dem Block verknüpfen können (siehe Kapitel 18.1).

Wenn Sie den Schalter IN BLOCKEDITOR ÖFFNEN eingeschaltet haben, wird der Block, nachdem Sie auf OK klicken, im Blockeditor geöffnet. Sie können darin einen dynamischen Block daraus machen, der nach dem Einfügen geändert werden kann. Alles dazu finden Sie in Kapitel 23.

Wie schon oben erwähnt, können Sie die Blockdefinition ändern, indem Sie den Befehl einfach erneut anwählen, den Namen des zu ändernden Blocks aus dem Abrollmenü wählen, die Einstellungen ändern und den Block mit OK neu erstellen. Der Block wird an allen Stellen, an denen er eingefügt wurde, durch den neuen ersetzt.

Einheiten von Zeichnungen und Blöcken: In Kapitel 3.4 haben Sie erfahren, dass es beim Zeichnen in AutoCAD keine physikalischen Einheiten gibt. Es existieren nur Zeichnungseinheiten, ob es sich dabei um Millimeter, Zentimeter oder Kilometer handelt, spielt beim Zeichnen keine Rolle. Erst beim Plotten wird der Maßstab festgelegt. Doch was passiert, wenn die Zeichnungseinheiten in der Zeichnung, in der Sie den Block definiert haben, und in der Zeichnung, in der Sie den Block einfügen, unterschiedlich sind? Entsprechen die Zeichnungseinheiten im Block Millimetern und in der Zeichnung, in der Sie den Block einfügen wollen, Metern, dann müssen Sie den Block mit dem Faktor 0.001 (1/1000) einfügen, damit er in der Zeichnung korrekt in Metern erscheint. Das macht AutoCAD für Sie automatisch, wenn Sie die Einheiten sowohl in der Zeichnung als auch bei der Blockdefinition richtig angeben. Beim Block machen Sie es im Dialogfeld (siehe oben und Abbildung 11.1) im Abrollmenü BLOCKEINHEIT. Bei der Zeichnung erledigen Sie es mit dem Befehl EINHEIT. Sie finden den Befehl:

- Menübrowser, Menü ZEICHNUNGSPROGRAMME >, Funktion EINHEITEN
- Menüleiste FORMAT, Funktion EINHEITEN...

Bestimmen Sie im Abrollmenü des Felds EINFÜGUNGSMASSSTAB, welchen Einheiten die Zeichnungseinheiten entsprechen sollen, und Blöcke werden automatisch skaliert.

Abbildung 11.2:
Einstellung des Einfügungsmaßstabs der Zeichnung

11.3 Blöcke exportieren

Um den Block in anderen Zeichnungen verwenden zu können, ist es erforderlich, aus dem Block eine Zeichnungsdatei zu erzeugen. Das erledigen Sie mit dem Befehl WBLOCK.

Befehl Wblock

Sie finden den Befehl nicht in den Menüs. Geben Sie ihn auf der Tastatur ein. Sie erhalten ein Dialogfeld (siehe Abbildung 11.3 und Abbildung 11.4). Folgende Aktionen können Sie damit ausführen:

Block in einer Zeichnungsdatei speichern: Haben Sie einen Block in der Zeichnung, den Sie in anderen Zeichnungen wieder benötigen, können Sie diesen in einer eigenen Zeichnungsdatei speichern. Klicken Sie dazu im Feld QUELLE den Schalter BLOCK an und wählen Sie im Abrollmenü den zu speichernden Block (siehe Abbildung 11.3). Der mittlere Teil des Dialogfelds ist dabei nicht aktiv. Im Feld ZIEL bestimmen Sie den Speicherort und den Dateinamen. Tragen Sie den Pfad und den Dateinamen im Feld DATEINAME UND PFAD ein. Bereits verwendete stehen im Abrollmenü zur Auswahl. Klicken Sie auf den Schalter rechts neben dem Abrollmenü, können Sie den Pfad und den Dateinamen im Dialogfeld für die Dateiauswahl bestimmen. Zuletzt wählen Sie im Abrollmenü EINHEITEN EINFÜGEN die Einheiten. Auch hier sind die Einheiten für die automatische Skalierung dieser Zeichnung beim Einfügen gedacht (siehe oben und Kapitel 13.7).

Blöcke exportieren

Abbildung 11.3:
Dialogfeld Befehl Wblock, Block speichern

Gesamte Zeichnung speichern: Die Zeichnung, an der Sie gerade arbeiten, wird bei dieser Einstellung komplett als Block unter dem gewählten Dateinamen gespeichert. Einen Unterschied zum Befehl SICHERN gibt es dabei: Wird die Zeichnung so gesichert, werden alle nicht verwendeten benannten Objekte aus der Zeichnung entfernt. Das heißt Blöcke, Layer, Linientypen, Textstile, Plotstile, Symbole, Multilinienstile und Bemaßungsstile, die zwar in der Zeichnung definiert, aber nicht verwendet sind, werden entfernt. Die Zeichnung wird »bereinigt« gespeichert (siehe auch Kapitel 11.4). Klicken Sie dafür den Schalter GESAMTE ZEICHNUNG an. Auch hier ist wie oben der mittlere Bereich des Dialogfelds nicht aktiv (siehe Abbildung 11.3). Die Eingaben im Feld ZIEL können Sie wie oben beschrieben vornehmen.

Objekte speichern: Wollen Sie Objekte aus der Zeichnung in einer Datei speichern, haben aber noch keinen Block daraus gebildet, können Sie dies auch in diesem Dialogfeld machen. Klicken Sie im Feld QUELLE den Schalter OBJEKTE an, und der mittlere Teil des Dialogfelds wird aktiv (siehe Abbildung 11.4). Dieser entspricht dem des Dialogfelds des Befehls BLOCK und Sie können auch die gleichen Eingaben vornehmen wie bei diesem Befehl: Basispunkt und Objekte. Im unteren Teil des Dialogfelds geben Sie wie oben das Ziel der neuen Datei an.

Abbildung 11.4:
Dialogfeld Befehl Wblock, Objekte speichern

TIPP — Ob Sie Objekte mit dem Befehl BLOCK in einen Block umwandeln und dann mit dem Befehl WBLOCK in eine Datei schreiben, oder ob Sie den Befehl WBLOCK mit der Option OBJEKTE verwenden, führt fast zum gleichen Ergebnis. Der Unterschied liegt darin, dass Sie bei der zweiten Methode in der Zeichnung keinen Block haben, nur die Datei mit dem Block. Die Ausgangszeichnung wird nicht verändert.

INFO — *Befehl Basis*

Sie können aber auch eine komplette Zeichnung in eine andere einfügen. Dazu brauchen Sie den Befehl WBLOCK nicht unbedingt. Wird eine komplette Zeichnung eingefügt, entspricht der Einfügepunkt dem Koordinatennullpunkt. Mit dem Befehl BASIS kann der Einfügebasispunkt an einen beliebigen Punkt in der Zeichnung gelegt werden:

- Multifunktionsleiste: Symbol in den Registern EINFÜGEN und START, jeweils Gruppe BLOCK (erweiterter Bereich)
- Menüleiste ZEICHNEN, Untermenü BLOCK >, Funktion BASIS

```
Befehl: Basis
Basispunkt eingeben <0.0000,0.0000,0.0000>:
```

Geben Sie die Koordinaten für den neuen Basispunkt ein oder bestätigen den bisherigen mit ⏎.

11.4 Blöcke einfügen

In einer Zeichnung können Sie einmal definierte Blöcke beliebig oft, einzeln oder in Blockreihen einfügen. Außerdem kann jede andere Zeichnung als Block eingefügt werden.

Befehl Einfüge

Mit dem Befehl EINFÜGE können Sie mit einem Dialogfeld einen Block einfügen oder eine Zeichnungsdatei in die aktuelle Zeichnung laden und als Block einfügen. Sie finden den Befehl:

- Multifunktionsleiste: Symbol in den Registern START und EINFÜGEN, jeweils Gruppe BLOCK
- Menüleiste EINFÜGEN, Funktion BLOCK...
- Symbol in einem Flyout-Menü des Werkzeugkastens ZEICHNEN
- Symbol im Werkzeugkasten EINFÜGEN

Der Befehl öffnet ein Dialogfeld (siehe Abbildung 11.5).

Abbildung 11.5: Dialogfeld zum Einfügen von Blöcken

Block einfügen: Die Blöcke, die Sie in der Zeichnung erstellt oder schon einmal in dieser Zeichnung als Datei eingefügt haben, sind im Abrollmenü NAME wählbar. Sie können den Namen auch in das Feld eintragen. Rechts daneben haben Sie das Voransichtsbild des gewählten Blocks.

Datei einfügen: Wollen Sie eine Datei als Block in der aktuellen Zeichnung verwenden, klicken Sie auf die Schaltfläche DURCHSUCHEN... Mit dem gleichen Dialogfeld wie beim Befehl ÖFFNEN können Sie die Datei wählen, die Sie in die Zeichnung einfügen wollen. Wird eine Datei eingefügt, wird daraus in der Zeichnung ein Block. Für den Blocknamen wird der Dateiname übernommen. Er erscheint nach der Auswahl der Datei im Feld

NAME. Diesen Eintrag können Sie ändern, wenn Sie in der Zeichnung einen anderen Namen haben wollen oder dieser Name bereits in der Zeichnung vorhanden ist. Bei Namensgleichheit überschreibt der neue Block den bereits geladenen mit dem gleichen Namen, und alle eingefügten Blöcke werden ausgetauscht. Das vermeiden Sie, wenn Sie der zweiten Datei einen anderen Blocknamen in der Zeichnung geben.

Unter Umständen wollen Sie aber auch einen bereits eingefügten Block durch eine andere Zeichnungsdatei ersetzen. In diesem Fall wählen Sie die neue Datei an. Der Dateiname wird als Blockname übernommen. Ändern Sie diesen in den Blocknamen, den Sie ersetzen wollen. Es erscheint ein Warnfenster, das Sie darauf aufmerksam macht, dass der Block bereits existiert, und fragt, ob Sie ihn neu definieren wollen. Klicken Sie JA an, dann wird der Block überschrieben. Alle Blöcke dieses Namens in der Zeichnung werden durch den neu eingelesenen Block ersetzt.

Einfügeparameter bestimmen: Um den Block in der Zeichnung richtig zu platzieren, sind drei Angaben notwendig: der Einfügepunkt, die Skalierfaktoren und der Drehwinkel. Für diese Größen können Sie Werte im Dialogfeld eintragen oder, wenn Sie den Schalter AM BILDSCHIRM BESTIMMEN angeklickt haben, im Dialog in der Zeichnung zeigen. Meist ist es sinnvoll, den Einfügepunkt und den Drehwinkel am Bildschirm zu bestimmen und den Skalierfaktor fest einzugeben (siehe Abbildung 11.5). Fügen Sie die Blöcke immer mit dem Drehwinkel 0 Grad ein, können Sie diesen Wert auch fest eintragen.

Der Skalierfaktor ist der Faktor, mit dem der Block vergrößert bzw. verkleinert eingefügt wird. Die Skalierfaktoren können in den verschiedenen Achsrichtungen unterschiedlich sein. Somit kann ein Block auch in einer Richtung verzerrt eingefügt werden. Haben Sie den Schalter EINHEITLICHE SKALIERUNG aktiviert, kann nur noch der X-Faktor eingegeben werden. Für die anderen Faktoren wird der gleiche Wert übernommen. Dasselbe bekommen Sie, wenn Sie beim Erzeugen des Blocks den Schalter EINHEITLICH SKALIEREN eingeschaltet hatten (siehe Abbildung 11.1). Haben Sie das Feld URSPRUNG angekreuzt, wird der Block beim Einfügen gleich in seine Bestandteile zerlegt. Auch dann können Sie nur einen Skalierfaktor eingeben, der Schalter EINHEITLICHE SKALIERUNG wird automatisch eingeschaltet. Das Feld URSPRUNG ist deaktiviert, wenn Sie beim Erzeugen des Blocks den Schalter AUFLÖSUNG ZULASSEN ausgeschaltet hatten (siehe Abbildung 11.1).

In der rechten unteren Ecke des Dialogfelds wird Ihnen im Feld BLOCKEINHEIT angezeigt, welche Einheiten der Block hat und mit welchem Faktor er eingefügt wird (siehe dazu Kapitel 11.2 und Abbildung 11.6). Mit diesem Faktor wird automatisch skaliert, unabhängig von der Einstellung der anderen Faktoren. In dem Beispiel in Abbildung 11.6 entsprechen die Einheiten der Zeichnung Millimetern und die des Blocks Metern. Der Block wird beim Einfügen automatisch mit dem Faktor 1.000 skaliert, um wieder in der richtigen Größe zu erscheinen.

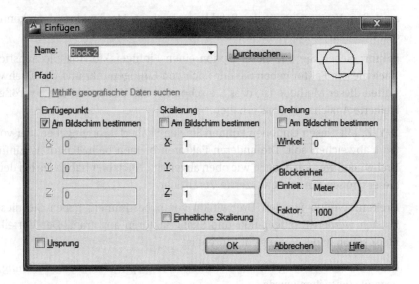

Abbildung 11.6:
Unterschiedliche Einheiten in Zeichnung und Block

Wollen Sie alle Parameter am Bildschirm bestimmen, erscheint folgender Dialog in der Befehlszeile, wenn Sie das Dialogfeld mit OK beenden:

```
Einfügepunkt angeben oder [Basispunkt/Faktor/X/Y/Z/Drehen]:
X-Skalierfaktor eingeben, entgegengesetzte Ecke angeben oder [Ecke/XYZ] <1>:
Y-Skalierfaktor eingeben <X-Skalierfaktor verwenden>:
Drehwinkel angeben <0>:
```

Die Angaben, die Sie schon im Dialogfeld fest eingestellt haben, werden nicht angefragt. Wenn Sie alles am Bildschirm bestimmen, wählen Sie zunächst den Einfügepunkt in der Zeichnung und danach den X-Faktor. Der Vorgabewert ist 1 und kann mit ⏎ übernommen werden. Beim Y-Faktor wird der X-Faktor als Vorgabewert angeboten und beim Drehwinkel 0. Bei der zweiten Anfrage stehen zwei zusätzliche Optionen zur Verfügung. Wählen Sie die Option ECKE und Sie können einen zweiten, diagonal gegenüberliegenden Punkt angeben. Der X-Abstand der beiden Punkte wird als Skalierfaktor für die x-Richtung genommen und der Y-Abstand als Skalierfaktor in x-Richtung. Die Option XYZ bewirkt, dass drei Faktoren bei der Einfügung angefragt werden, also auch die Skalierung in z-Richtung.

Bei der ersten Anfrage geben Sie den Einfügepunkt an. Das ist der Punkt, an dem der Basispunkt des Blocks in die Zeichnung eingefügt werden soll.

Basispunkt: Soll der Block nicht an seinem Basispunkt in der Zeichnung platziert werden, können Sie ihn für diese Einfügung mit dieser Option neu bestimmen.

```
Einfügepunkt angeben oder [Basispunkt/Faktor/X/Y/Z/Drehen]: Option Basispunkt wählen
Basispunkt angeben: neuen Basispunkt am Block anklicken
Einfügepunkt angeben: Punkt anklicken, auf den der Basispunkt platziert werden soll
X-Skalierfaktor eingeben, entgegengesetzte Ecke angeben oder [Ecke/XYZ] <1>: siehe oben
```

Bei der ersten Anfrage stehen Ihnen noch weitere Optionen zur Verfügung. Diese sind wenig sinnvoll für das normale Zeichnen. Das können Sie alles bequemer im Dialogfeld einstellen. Verwenden Sie den Befehl aber in einem Menümakro, dann können die folgenden Optionen den Ablauf automatisieren.

Faktor: Geben Sie mit dieser Option einen Einfügefaktor für alle Achsrichtungen vor. Nach diesem Faktor geben Sie nur noch den Einfügepunkt und den Drehwinkel an. Der Vorteil dieser Methode ist, dass Sie schon bei der Voransicht die vergrößerte bzw. verkleinerte Ansicht des Teils erhalten.

X/Y/Z: Mit diesen Optionen können Sie den Skalierfaktor eingeben, der vom Skalierfaktor 1 abweichen soll. Die anderen Faktoren bleiben beim Faktor 1. Einfügepunkt und Drehwinkel werden danach wie oben abgefragt. Auch hier haben Sie bei der Bestimmung dieser Größen schon die verzerrte Voransicht.

Drehen: Wollen Sie den Drehwinkel vorab bestimmen, geben Sie diese Option an. Danach werden Einfügepunkt und Skalierfaktoren angefragt. Der Vorteil ist, dass der Block schon in der Voransicht gedreht ist.

Geben Sie Faktoren negativ ein, bewirkt dies eine Spiegelung in der Richtung, deren Faktor negativ eingegeben wurde.

Befehl Ursprung

Blöcke lassen sich, wenn sie nicht schon zerlegt eingefügt wurden, mit dem Befehl URSPRUNG zerlegen. Sie finden den Befehl:

- Multifunktionsleiste: Symbol im Register START, Gruppe ÄNDERN
- Menüleiste ÄNDERN, Funktion URSPRUNG
- Symbol im Werkzeugkasten ÄNDERN

Sie können einen oder mehrere Blöcke wählen, die nach Bestätigung der Auswahl aufgelöst werden. Mit dem Befehl lassen sich auch Bemaßungen, Polylinien und Schraffuren zerlegen. Wenn Sie keines von diesen Objekten angewählt haben, erscheint die Fehlermeldung.

Blöcke in ihren Ursprung zerlegen

Ob Sie einen Block einfügen und mit dem Befehl URSPRUNG auflösen oder gleich zerlegt einfügen, macht einen Unterschied. Wenn Sie die Datei einfügen, kopieren Sie diese als Block in die Zeichnung. Beim Auflösen werden die Objekte erneut in die Zeichnung übernommen, die Blockdefinition bleibt aber in der Zeichnung erhalten. Diese können Sie beim Bereinigen wieder herausbekommen (siehe unten). Dies ist beim Einfügen mit der Option URSPRUNG nicht der Fall. Haben Sie bei der Erstellung des Blocks den Schalter AUFLÖSUNG ZULASSEN ausgeschaltet, können Sie den Befehl nicht anwenden.

Befehl Bereinig

Wenn Sie viel mit Blöcken arbeiten, kommt es immer wieder vor, dass Sie eine Zeichnungsdatei als Block einfügen und erst dann merken, dass es der falsche war. Sie löschen ihn wieder, trotzdem bleibt er in der Zeichnung als Block erhalten. Auf diese Art kann die

Zeichnungsdatei sehr groß werden, ohne dass Sie viel auf dem Bildschirm sehen. Hier hilft nur eines, die Zeichnung zu bereinigen. Der Befehl dafür: BEREINIG. Sie finden ihn:

- Menübrowser, Menü ZEICHNUNGSPROGRAMME >, Funktion BEREINIGEN
- Menüleiste DATEI, Untermenü DIENSTPROGRAMME >, Funktion BEREINIGEN...

Sie bekommen ein Dialogfeld auf den Bildschirm, mit dem Sie alle Aktionen ausführen können (siehe Abbildung 11.7).

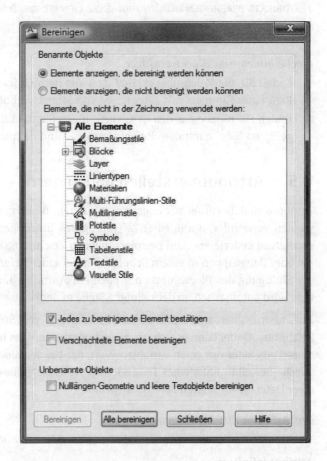

Abbildung 11.7:
Dialogfeld zum Bereinigen

Mit den Schaltern über der Liste können Sie wählen, ob die Objekte, die bereinigt werden können, oder die, die nicht bereinigt werden können, angezeigt werden sollen. In der Liste haben Sie die Objekte nach den Objektarten sortiert. Sie können nicht nur unbenutzte Blöcke bereinigen, sondern auch unbenutzte Bemaßungsstile, Layer, Linientypen, Multilinienstile, Plotstile, Symbole, Tabellenstile und Textstile aus der Zeichnung entfernen. Mit dem »+« vor der Kategorie können Sie sich die Objekte anzeigen lassen.

Klicken Sie auf die Schaltfläche BEREINIGEN, werden die Objekte der markierten Kategorie bereinigt. Mit der Schaltfläche ALLE BEREINIGEN werden alle Objekte der Zeichnung bereinigt. Zwei weitere Schalter steuern den Ablauf. Ist der Schalter JEDES ZU BEREINIGENDE ELE-

MENT BESTÄTIGEN ein, kommt zu jedem Objekt ein Fenster mit einer Abfrage. Klicken Sie auf die Schaltfläche ALLE BEREINIGEN, werden alle unbenutzten Objekte aus der Zeichnung entfernt. Ist der Schalter JEDES ZU BEREINIGENDE ELEMENT BESTÄTIGEN aus, geschieht dies ohne Anfrage. Ist der Schalter VERSCHACHTELTE ELEMENTE BEREINIGEN aktiviert, werden auch Blöcke in Blöcken, Layer in Blöcken usw. mit bereinigt.

Im Feld UNBENANNTE OBJEKTE *können Sie den Schalter* NULLLÄNGEN-GEOMETRIE UND LEERE TEXTOBJEKTE BEREINIGEN *wählen und diese Objekte werden ebenfalls aus der Zeichnung entfernt.*

Blöcke bilden und Blöcke einfügen

1. Laden Sie die Zeichnung *A11-01.dwg* aus dem Ordner *Aufgaben*. Sie erhalten den Plan eines Zimmers mit einer Reihe von Möbelsymbolen.
2. Bilden Sie Blöcke aus den Symbolen, fügen Sie die Blöcke ein. Zerlegen Sie die eingefügten Blöcke mit dem Befehl URSPRUNG und definieren Sie Blöcke neu.

11.5 Attribute erstellen und ändern

Attribute sind Textinformationen, die mit einem Block gespeichert werden können. Sie werden verwendet, um in einer Zeichnung Beschriftungen in vorgegebener Form automatisch zu generieren, zum Beispiel um einen Zeichnungskopf normgerecht zu beschriften oder Baugruppen in einem Schemaplan mit einer Referenznummer zu versehen. Bei der Einfügung des Blocks muss nur noch ein Formular ausgefüllt werden. Die Beschriftung wird automatisch an der richtigen Stelle in der richtigen Form ausgeführt.

Außerdem eignen sich Attribute zur Speicherung von Stücklisteninformationen in der Zeichnung. Dabei kann es sich um einen konstanten Wert handeln, wie die DIN-Nummer eines Teils, oder um einen variablen Wert, der bei der Blockeinfügung eingegeben wird, wie die Bestellnummer eines Teils oder der Hersteller. Diese Informationen lassen sich in einer Datei im wählbaren Format ausgeben.

Das Arbeiten mit Attributen

Wie werden Attribute verwendet? Hier das Vorgehen in Stichworten:

Attributdefinition

- Definieren Sie Attribute mit dem Befehl ATTDEF in der Zeichnung. Sie werden wie Texte in der Zeichnung angezeigt.
- Attributdefinitionen können mit dem Befehl DDEDIT oder BATTMAN editiert werden.
- Bei der Blockbildung müssen die Attributdefinitionen, die zu einem Block gehören, mit in den Block aufgenommen werden.

Attributeingabe

- Wird ein Block mit Attributdefinitionen eingefügt, werden die Werte für die variablen Attribute abgefragt.

Attribute erstellen und ändern

- Attributwerte lassen sich mit den Befehlen ATTEDIT oder EATTEDIT ändern.
- Attribute lassen sich in der Zeichnung unabhängig vom Layer anzeigen oder ausblenden. Der Befehl ATTZEIG steuert die Anzeige.

Attributausgabe

- Attribute lassen sich mit dem Befehl ATTEXT oder EATTEXT in verschiedenen Datenbankformaten ausgeben.

Befehl Attdef

Attributdefinitionen erstellen Sie mit dem Befehl ATTDEF:

- Multifunktionsleiste: Symbol im Register START, Gruppe BLOCK (erweiterter Bereich), und im Register EINFÜGEN, Gruppe ATTRIBUTE
- Menüleiste ZEICHNEN, Untermenü BLOCK >, Funktion ATTRIBUTE...

Die Eingabe erfolgt in einem Dialogfeld (siehe Abbildung 11.8).

Abbildung 11.8: Dialogfeld zur Attributdefinition

Im Dialogfeld legen Sie in der linken oberen Ecke den Modus des Attributs fest: Ein Attribut kann sichtbar oder unsichtbar sein. Mit dem Schalter UNSICHTBAR können Sie diesen Modus ein- und ausschalten. Auch wenn Sie ein Attribut als unsichtbar definiert haben, wird die Attributdefinition angezeigt. Erst wenn Sie das Attribut in einen Block aufgenommen und diesen Block eingefügt haben, gilt diese Einstellung.

463

Ist der Modus KONSTANT eingeschaltet, bekommt das Attribut einen festen Wert, z. B. die Teilenummer. Es wird beim Einfügen des Blocks nicht abgefragt und kann auch mit Editierfunktionen nicht bearbeitet werden.

Haben Sie den Modus PRÜFEN eingeschaltet, wird das Attribut bei der späteren Eingabe im Befehlszeilenfenster noch einmal zur Kontrolle aufgelistet und es muss erneut bestätigt werden. Geben Sie Attribute normal im Dialogfeld ein, ist dieser Modus ohne Bedeutung.

Auch der Modus VORWAHL ist nur bei der Eingabe im Befehlszeilenfenster wichtig. Ist der Modus aktiv, wird das Attribut nicht angefragt, ein Vorgabewert wird übernommen. Sie können es aber editieren. Bei der Eingabe im Dialogfeld erscheint dieses Attribut mit seinem Vorgabewert.

Rechts daneben tragen Sie im Bereich ATTRIBUT den Namen des Attributs im Feld BEZEICHNUNG ein. Soll der Attributwert mit einem Text angefragt werden, können Sie diesen im Feld EINGABEAUFFORD. eintragen. Wenn Sie nichts eintragen, wird mit der Attributbezeichnung angefragt.

Im Feld VORGABE können Sie einen Vorgabewert eingeben, den Sie bei der Attributeingabe ändern oder ohne Änderung übernehmen können.

Seit AutoCAD 2008 können Sie für den Attributwert auch den Inhalt eines Schriftfelds einfügen (siehe Kapitel 10.6). Der aktuelle Wert des Schriftfelds wird übernommen und später bei der Einfügung des Blocks als Vorgabewert angezeigt.

Danach legen Sie den Einfügepunkt für das Attribut fest. Tragen Sie die Koordinaten in den Feldern ein oder klicken Sie den Schalter AM BILDSCHIRM BESTIMMEN an. Sie können dann den Einfügepunkt in der Zeichnung wählen, nachdem Sie das Dialogfeld mit OK beendet haben. Haben Sie schon ein Attribut platziert, können Sie das nächste direkt unter dem vorherigen platzieren, wenn Sie den Schalter UNTER VORHERIGER ATTRIBUTDEFINITION AUSRICHTEN einschalten.

Attribute lassen sich in eingefügten Blöcken normalerweise an ihren Griffen verschieben. Haben Sie jedoch den Schalter POSITION SPERREN aktiviert, lassen sich diese Attribute nachher nicht mehr verschieben.

Attributdefinitionen werden in der Zeichnung wie Texte platziert. Im Feld TEXTEINSTELLUNGEN können Sie die Parameter für die Schrift einstellen. Wählen Sie die Ausrichtung und den Teststil aus den Auswahlmenüs und tragen Sie Höhe und Drehung ein oder greifen Sie diese mit den Schaltern dahinter aus der Zeichnung ab.

Haben Sie den Schalter BESCHRIFTUNG aktiviert, dann wird das Attribut wie ein Beschriftungsobjekt behandelt (siehe Kapitel 10.9). Es wird dann automatisch an den Maßstab angepasst bzw. nur in einem bestimmten Maßstab angezeigt.

Haben Sie den Schalter MEHRZEILIG eingeschaltet, können Sie eine mehrzeilige Attributdefinition erstellen (siehe Abbildung 11.9). Damit können Sie einen vorformatierten Text mit dem Block in der Zeichnung platzieren.

Attribute erstellen und ändern

Abbildung 11.9:
Mehrzeiliges Attribut definieren

Wenn Sie im Feld UMGRENZUNGSBREITE einen Wert eintragen oder aus der Zeichnung abgreifen, wird die Textbreite darauf begrenzt. Geben Sie den Wert 0 an, wird keine Längenbeschränkung für die Textzeilen vorgegeben.

Im Feld VORGABE können Sie den Text eingeben. Klicken Sie dazu auf das Symbol mit den drei Punkten und Sie kommen in die Zeichnung. Dort erhalten Sie einen reduzierten Texteditor, in dem Sie den Text eingeben können (siehe Abbildung 11.10).

Sie können den Text eingeben, korrigieren und auch begrenzt formatieren (über- und unterstreichen). In AutoCAD wird mit dem Symbol ganz links im Werkzeugkasten ein Schriftfeld eingefügt. Dazu bekommen Sie das Dialogfeld für die Schriftfelder (siehe Kapitel 10.6). Das Symbol mit dem Lineal im Werkzeugkasten blendet das Zeilenlineal ein, mit dem Sie die Zeilenbreite noch verändern können. Haben Sie den Werkzeugkasten für die Formatierung nicht, können Sie mit einem Rechtsklick im Text ein Kontextmenü aktivieren. Dort finden Sie neben verschiedenen Bearbeitungsfunktionen im Untermenü EDITOREINSTELLUNGEN den Eintrag WERKZEUGKASTEN ANZEIGEN. Damit schalten Sie den Werkzeugkasten zur Bearbeitung ein und aus. Außerdem können Sie das Lineal zuschalten und darin Absätze, Einzüge Tabulatoren usw. festlegen. Die Einstellungen entsprechen denen des normalen Texteditors, lediglich die Möglichkeiten der Formatierungen sind eingeschränkt.

Abbildung 11.10:
Mehrzeiliges Attribut eingeben und editieren

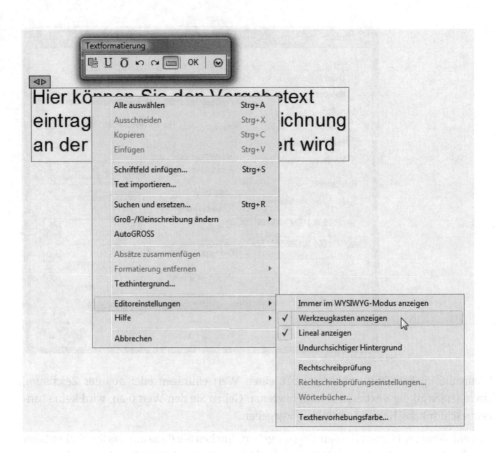

Änderung von Attributdefinitionen, Befehl Ddedit

Bevor Sie die Attributdefinitionen in einem Block zusammenfassen, können Sie sie mit dem Befehl DDEDIT bearbeiten. Das ist der gleiche Befehl, der auch zur Änderung von Texten verwendet wird.

- Menüleiste ÄNDERN, Untermenü OBJEKT >, Untermenü TEXT >, Funktionen BEARBEITEN...
- Symbol im Werkzeugkasten TEXT
- Oder nur ein Doppelklick auf das Textobjekt

Haben Sie eine Attributdefinition gewählt, erscheint ein anderes Dialogfeld, wie bei der Änderung von Textzeilen (siehe Abbildung 11.11).

Haben Sie eine mehrzeilige Attributdefinition zur Änderung gewählt, sieht das Dialogfeld wie in Abbildung 11.12 aus. Der Vorgabetext kann im Feld nicht geändert werden. Sie müssen dazu auf das Symbol mit den drei Punkten klicken. Sie können dann den Text im Editor in der Zeichnung ändern.

Haben Sie die Attribute erstellt, können Sie den Block bilden. Wählen Sie die Objekte für den Block mit den Attributdefinitionen.

Abbildung 11.11:
Dialogfeld zur Änderung von Attributdefinitionen

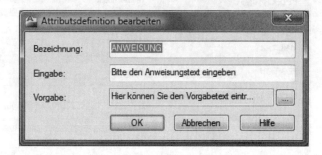

Abbildung 11.12:
Mehrzeilige Attributdefinitionen bearbeiten

Attributdefinitionen erstellen

1. Laden Sie die Zeichnung *A11-02.dwg* aus dem Ordner *Aufgaben*. Sie enthält einen Zeichnungskopf.
2. Füllen Sie den Zeichnungskopf mit Attributen. Wählen Sie die Textoptionen so, dass die Felder ausgefüllt sind (siehe Abbildung 11.13).
3. Speichern Sie den Zeichnungskopf unter einem anderen Namen wieder ab.

			Datum	Name	Bezeichnung				
		Bearb.	DATUM	NAMEN	BEZEICHNUNG1				
		Gepr.			BEZEICHNUNG2				
		Norm							
					Maßstab MAßSTAB	Position POSITION	Menge MENGE	Blatt BLATT	
					KOMMENTAR				Bl
Zust.	Änderung	Datum	Name	EDV Nr. EDV-NR.					

Abbildung 11.13:
Schriftfeld mit Attributdefinitionen

4. Sie können auch Schriftfelder für die Attribute einfügen, z. B.: das aktuelle Datum.

11.6 Attributeingabe

Wenn Sie einen Block mit Attributen mit dem Befehl EINFÜGE in die Zeichnung einfügen, platzieren Sie den Block wie sonst auch. Wenn die Parameter für die Blockeinfügung festgelegt sind, erscheint ein Dialogfeld (siehe Abbildung 11.14) zur Eingabe der Attributwerte. Wenn der Block platziert ist, werden anstelle der Platzhalter in der Blockdefinition nun die Werte für diese Blockeinfügung eingesetzt.

Die Attribute werden nur abgefragt, wenn die Systemvariable ATTREQ 1 ist (Standardeinstellung). Es wird nur dann ein Dialogfeld verwendet, wenn die Systemvariable ATTDIA 1 ist. Tippen Sie die Variablen ein und prüfen Sie die Einstellung im Zweifelsfall.

Abbildung 11.14: Dialogfeld zur Eingabe der Attributwerte

Fügen Sie einen Block mit einem mehrzeiligen Attribut ein, sehen die Eingabefelder für diese Attribute etwas anders aus (siehe Abbildung 11.15). Der Text kann im Eingabefeld nicht geändert werden. Sie müssen auf das Symbol mit den drei Punkten klicken und können das Attribut in der Zeichnung mit dem Editor ändern.

Abbildung 11.15: Wert für ein mehrzeiliges Attribut eingeben

Attributwerte ändern

Eingabe der Attributwerte
1. Erstellen Sie eine neue Zeichnung und fügen Sie in diese Ihren Zeichnungskopf von vorhin ein. Haben Sie diese nicht erstellt, nehmen Sie den Zeichnungskopf *L11-02.dwg* aus dem Ordner *Aufgaben*.
2. Geben Sie nach der Platzierung des Blocks die Attributwerte ein (siehe Abbildung 11.11). Schalten Sie mit der Schaltfläche WEITER auf die nächste Seite, wenn nicht alle Attributanfragen auf einer Seite Platz haben. Der Zeichnungskopf sieht danach wie in Abbildung 11.16 aus.

Abbildung 11.16: Zeichnungskopf mit Attributwerten ausgefüllt

Befehl Attzeig
Sie können Attributwerte sichtbar machen oder ausblenden. Dafür verwenden Sie den Befehl ATTZEIG:

- Multifunktionsleiste: Symbole in einem Flyout im Register START, Gruppe BLOCK (erweiterter Bereich), und im Register EINFÜGEN, Gruppe BLÖCKE
- Menüleiste ANSICHT, Untermenü ANZEIGE >, Untermenü ATTRIBUTANZEIGE > mit den Optionen des Befehls

Sie haben drei Möglichkeiten: Die Auswahl ANZEIGE BEIBEHALTEN zeigt alle sichtbaren Attribute an und alle unsichtbaren Attribute nicht, also so wie sie definiert wurden. Wenn Sie ALLE ANZEIGEN wählen, werden alle Attributwerte angezeigt, egal wie sie definiert wurden, und wenn Sie ALLE AUSBLENDEN wählen, erscheint kein Attributwert mehr in der Zeichnung.

11.7 Attributwerte ändern

Die Attribute von eingefügten Blöcken können Sie auf unterschiedlichste Arten ändern. Sie werden im Folgenden beschrieben.

Änderung der Position mit Griffen
Objekte in Blöcken können nicht geändert werden. Die Attributwerte machen da eine Ausnahme. Sie wollen ein Attribut an eine andere Stelle schieben? Das ist mit den Griffen möglich, es sei denn, Sie haben bei einem Attribut bei der Definition den Schalter POSITION SPERREN eingeschaltet. Klicken Sie den Block an, wenn kein Befehl aktiv ist. Er bekommt an seinem Einfügepunkt und an den Attributen Griffe. Klicken Sie den Griff am Attribut an, können Sie das Attribut verschieben. Mehr zu den Griffen finden Sie in Kapitel 13.5.

Befehl Eattedit

Wollen Sie Attributwerte eines eingefügten Blocks ändern, verwenden Sie den Befehl EATTEDIT.

- Multifunktionsleiste: Symbol in einem Flyout im Register START, Gruppe BLOCK, und im Register EINFÜGEN, Gruppe ATTRIBUTE
- Menüleiste ÄNDERN, Untermenü OBJEKT >, Untermenü ATTRIBUT >, Funktion EINZELN...
- Symbol im Werkzeugkasten ÄNDERN II
- Doppelklick auf den BLOCK

```
Befehl: Eattedit
Wählen Sie einen Block:
```

In einem Dialogfeld mit drei Registerkarten können Sie die Attributwerte sowie die Textdarstellung und die Eigenschaften der Attribute bearbeiten (siehe Abbildung 11.17 bis Abbildung 11.19).

Abbildung 11.17: Dialogfeld zur Bearbeitung der Attributwerte

Register Attribut: In der Liste finden Sie die Attribute des gewählten Blocks (siehe Abbildung 11.17). Um einen Wert zu ändern, markieren Sie das Attribut und korrigieren Sie den Wert im Feld WERT.

Register Textoptionen: Wenn Sie zu diesem Register umschalten, können Sie das Textformat des Attributs verändern (siehe Abbildung 11.18), das Sie im ersten Register markiert haben.

Register Eigenschaften: In diesem Register können Sie die Eigenschaften (Layer, Linientyp usw.) des Attributs verändern (siehe Abbildung 11.19), das Sie im ersten Register markiert haben.

Attributwerte ändern

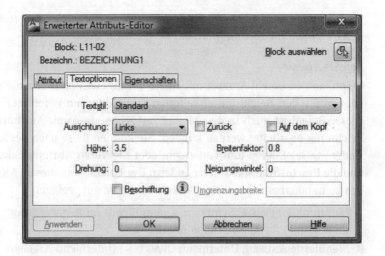

Abbildung 11.18:
Dialogfeld zur Bearbeitung der Textoptionen

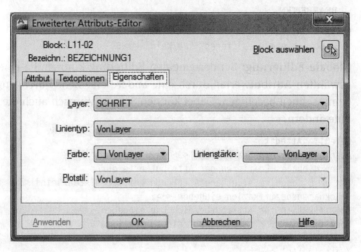

Abbildung 11.19:
Dialogfeld zur Bearbeitung der Eigenschaften

Erweitertes Bearbeiten von Attributen

- Haben Sie in einem der Register eine Änderung vorgenommen und wollen weitermachen, klicken Sie nicht auf die Schaltfläche OK, denn das Dialogfeld verschwindet sonst. Klicken Sie auf ANWENDEN und die Änderung wird übernommen und Sie können weitere Änderungen vornehmen, ohne den Befehl neu anwählen zu müssen.

- Wollen Sie die Attributwerte eines anderen Blocks bearbeiten, klicken Sie auf das Symbol BLOCK AUSWÄHLEN rechts oben im Dialogfeld. Das Dialogfeld verschwindet und Sie können in der Zeichnung einen anderen Block wählen. Hat dieser ebenfalls Attribute, erscheint es wieder und Sie können dessen Attributwerte bearbeiten. Enthält er keine, erscheint eine Meldung.

- In früheren Versionen von AutoCAD konnten Sie die Attributwerte nur im gleichen Dialogfeld ändern, das auch zur Attributeingabe verwendet wird (siehe Abbildungen 11.14

und 11.15). Aus Gründen der Kompatibilität gibt es den Befehl ATTEDIT immer noch. Sie können ihn aber nur noch auf der Tastatur wählen:

Befehl -Attedit

Wenn Sie den Befehl ATTEDIT mit einem vorangestellten Bindestrich (-ATTEDIT) wählen, können Sie den Befehl mit erweiterten Funktionen im Befehlszeilenfenster ausführen. Dieser Befehl ist auch in den Menüs verfügbar, da damit Attributwerte in der ganzen Zeichnung bearbeitet werden können. Sie können diese nach bestimmten Kriterien zur Änderung selektieren und von einem oder mehreren Attributen den Wert, die Position und die Beschriftungsparameter ändern. Der Befehl ist in diesem Modus etwas umständlich zu handhaben, aber für größere Änderungen gut geeignet.

- Multifunktionsleiste: Symbol in einem Flyout im Register START, Gruppe BLOCK, und im Register EINFÜGEN, Gruppe ATTRIBUTE
- Menüleiste ÄNDERN, Untermenü OBJEKT >, Untermenü ATTRIBUT >, Funktion GLOBAL BEARBEITEN

```
Befehl: -Attedit
Attribute einzeln editieren? [Ja/Nein] <J>:
```

Globale Editierung: Bei der globalen Editierung können Sie eine Zeichenfolge in allen gewählten Attributwerten durch eine andere ersetzen. Durchgängige Fehler lassen sich damit schnell beseitigen. Dabei können Sie auf Wunsch auch die nicht sichtbaren Attribute ändern.

```
Befehl: -Attedit
Attribute einzeln bearbeiten? <J> N
Führt globales Editieren der Attributwerte durch.
Nur am Bildschirm sichtbare Attribute editieren? [Ja/Nein] <J>:
Blocknamenspezifikation eingeben <*>:
Spezifikation für Attributbezeichnung eingeben <*>:
Spezifikation für Attributwert eingeben <*>:
Attribute wählen:
X Attribut(e) gewählt.
Zu ändernde Zeichenfolge eingeben:
Neue Zeichenfolge eingeben:
```

Sie können die Auswahl auf bestimmte Attributbezeichnungen und Attributwerte beschränken. Wenn Sie beispielsweise in allen Blöcken *Stuhl* das Attribut *Hersteller* mit dem Attributwert *Fa. Meier* auswählen wollen, um einen durchgehenden Schreibfehler zu beseitigen, dann geben Sie ein:

```
Blocknamenspezifikation eingeben <*>: Stuhl
Spezifikation für Attributbezeichnung eingeben <*>: Hersteller
Spezifikation für Attributwert eingeben <*>: Fa. Meier
Attribute wählen: Attribute wählen
.
Attribute wählen: ↵
Zu ändernde Zeichenfolge eingeben: Meier
Neue Zeichenfolge eingeben: Maier
```

Attributwerte ändern

Mit der Attributwahl können Sie die zu ändernden Attribute auch manuell auswählen. Geändert werden aber nur die, auf die die Bedingungen zutreffen. Die zu ändernde Zeichenfolge wird bei diesen durch die neue ersetzt. Sie können zur Auswahl aber auch bei den ersten Anfragen die Vorgabe * übernehmen und nur die zu ändernden Attribute mit der Pickbox auswählen. Beide Auswahlmethoden können kombiniert verwendet werden.

Einzeleditierung: Mit der Einzeleditierung können Sie jedes Attribut einzeln im Dialog ändern.

```
Befehl: -Attedit
Attribute einzeln editieren? [Ja/Nein] <J>: J
Blocknamenspezifikation eingeben <*>:
Spezifikation für Attributbezeichnung eingeben <*>:
Spezifikation für Attributwert eingeben <*>:
Attribute wählen: 1 gefunden
..
Attribute wählen: ↵
2 Attribut(e) gewählt.
Option eingeben [Wert/Position/Höhe/Winkel/Stil/Layer/Farbe/Nächstes] <N>:
```

Die Auswahl können Sie wie bei der globalen Editierung vornehmen. Danach werden die gewählten Attribute einzeln durchgegangen. Das Attribut, das gerade aktiviert wird, wird mit einem Kreuz markiert und die Optionsliste ausgegeben. Durch Eingabe des Kürzels können Sie die entsprechende Option ändern. Wenn ein Attributwert geändert wurde, können Sie mit der Option NÄCHSTES zum nächsten Attribut verzweigen.

Zerlegen Sie einen Block nicht mit dem Befehl URSPRUNG in seine Bestandteile, wenn Sie Attribute editieren wollen. In diesem Fall gehen die Attributwerte dieses Blocks verloren. In der Zeichnung steht dann nur noch die Attributdefinition.

Attributwerte ändern

Ändern Sie die Attributwerte und deren Form bei Ihrem eingefügten Schriftfeld mit den Befehlen EATTEDIT, ATTEDIT und -ATTEDIT.

Der Blockattribut-Manager, Befehl Battman

Wenn bei einem mehrmals eingefügten Block mit Attributen die Form oder die Abfragereihenfolge nicht mehr Ihren Vorstellungen entspricht, dann können Sie dies mit dem BLOCKATTRIBUT-MANAGER korrigieren. Die Attributwerte eines eingefügten Blocks können Sie damit nicht ändern.

- Multifunktionsleiste: Symbol im Register START, Gruppe BLOCK (erweiterter Bereich), und im Register EINFÜGEN, Gruppe ATTRIBUTE
- Menüleiste ÄNDERN, Untermenü OBJEKT >, Untermenü ATTRIBUT >, Funktion BLOCKATTRIBUT-MANAGER...
- Symbol im Werkzeugkasten ÄNDERN II

In diesem Dialogfeld (siehe Abbildung 11.20) können Sie einen Block bearbeiten:

Abbildung 11.20: Dialogfeld des Blockattribut-Managers

Block auswählen: Mit dem Symbol BLOCK AUSWÄHLEN links oben kann der Block zur Bearbeitung in der Zeichnung angeklickt oder im Abrollmenü rechts daneben ausgewählt werden.

Attributliste: In der Liste werden alle Attribute des Blocks aufgelistet. Die Position in der Liste entspricht der Abfragereihenfolge beim Einfügen. Die Anzeige in der Liste können Sie in einem weiteren Dialogfeld (siehe Abbildung 11.21) ändern. Klicken Sie auf den Schalter EINSTELLUNGEN....

Abbildung 11.21: Dialogfeld zur Änderung der Einstellungen

Im Feld IN LISTE ANZEIGEN können Sie mit den Schaltern die Werte wählen, die in der Liste des ersten Dialogfelds angezeigt werden sollen. Mit den Schaltflächen ALLE AUSWÄHLEN und ALLE LÖSCHEN lassen sich alle Schalter ein- oder ausschalten. Ist der Schalter DOP-

Attributwerte ändern

PELTE BEZEICHNUNGEN HERVORHEBEN aktiviert, werden doppelte Attributbezeichnungen in einem Block in der Liste rot angezeigt. Ist der Schalter BESTEHENDE REFERENZEN ANWENDEN eingeschaltet, werden alle Änderungen in allen bisher eingefügten Blöcken übernommen, ist er aus, werden die Änderungen nur bei neu eingefügten Blöcken wirksam.

Schaltflächen an der rechten Seite

Mit den Schaltflächen an der rechten Seite des ersten Dialogfelds (siehe Abbildung 11.20) haben Sie zusätzliche Möglichkeiten:

- **Synchron.:** Alle Änderungen an den Attributen werden auch auf die bereits eingefügten Blöcke dieses Namens übernommen. Attributwerte werden nicht geändert. Klicken Sie diese Schaltfläche nicht an, werden die Änderungen nur bei den Blöcken wirksam, die Sie danach einfügen.
- **Nach oben:** Das markierte Attribut wird nach oben verschoben. Damit ändert sich auch die Abfragereihenfolge bei der Blockeinfügung.
- **Nach unten:** Das markierte Attribut wird nach unten verschoben.
- **Entfernen:** Das markierte Attribut wird aus dem Block entfernt. Das Attribut wird auch aus den bereits eingefügten Blöcken entfernt, wenn danach die Schaltfläche SYNCHRON. angeklickt wird.
- **Bearbeiten:** Mit dieser Schaltfläche kann das markierte Attribut bearbeitet werden. Dazu kommt ein weiteres Dialogfeld mit drei Registerkarten auf den Bildschirm (siehe Abbildung 11.22), in dem das Attribut mit seiner Textdarstellung und seinen Eigenschaften bearbeitet werden kann.

Abbildung 11.22: Blockattribut-Manager, Änderung des Attributs

Im Register ATTRIBUT können Sie die Attributdefinition ändern, die Sie im Befehl ATTDEF (siehe Kapitel 11.5) festgelegt haben. Die weiteren Register (TEXTOPTIONEN und EIGENSCHAFTEN) entsprechen denen des Befehls EATTEDIT (siehe oben, Abbildung 11.18 und Abbildung 11.19). Die Änderungen, die Sie hier durchführen, wirken sich aber nicht nur auf eine Blockeinfügung aus, sondern auf alle weiteren. Wenn Sie die Schaltfläche SYNCHRON. anklicken, wirken sie sich auf alle schon eingefügten aus.

Befehl Attsync

Mit dem Befehl ATTSYNC lassen sich Änderungen, die im BLOCKATTRIBUT-MANAGER (siehe oben) vorgenommen wurden, auf bereits eingefügte Blöcke übertragen. Die Synchronisierung kann damit nachträglich vorgenommen werden. Sie finden den Befehl:

- Multifunktionsleiste: Symbol im Register START, Gruppe BLOCK (erweiterter Bereich), und im Register EINFÜGEN, Gruppe ATTRIBUTE
- Symbol im Werkzeugkasten ÄNDERN II

```
Befehl: Attsync
Option eingeben [?/Name/Auswählen] <Auswählen>:
```

Mit der Option AUSWÄHLEN kann der Block in der Zeichnung gewählt werden. Ist der Blockname bekannt, kann die Option NAME verwendet werden. Wird beim Namen * eingegeben, werden alle Blöcke mit den neuen Einstellungen synchronisiert.

Attribute im Schriftfeld ändern

Ändern Sie mit dem BLOCKATTRIBUT-MANAGER die Abfragereihenfolge und die Form der Attribute in dem Block mit dem Schriftfeld. Fügen Sie das Schriftfeld erneut ein und nehmen Sie Änderungen vor. Synchronisieren Sie die Änderungen auch mit den bereits eingefügten Blöcken mit dem Befehl ATTSYNC oder mit der Schaltfläche im Dialogfeld.

11.8 Datenextraktion für Attribute

Attribute können Sie aus der Zeichnung in eine Datei exportieren oder in der Zeichnung als Tabelle einfügen. Dazu gab es in AutoCAD 2007 den Befehl EATTEXT, bei dem Sie mit einem Assistenten arbeiten konnten. Jetzt haben Sie in AutoCAD (nicht in AutoCAD LT) den Befehl DATENEXTRAKT, mit dem Sie noch wesentlich mehr machen können, beispielsweise die Daten der Objekte einer Zeichnung in einer Excel-Datei speichern, aber selbstverständlich auch die Attributwerte in einer Datei speichern oder als Tabelle in der Zeichnung platzieren.

In früheren Versionen von AutoCAD und in AutoCAD LT geht es etwas umständlicher mit dem Befehl ATTEXT, der aus Gründen der Kompatibilität in AutoCAD auch noch vorhanden ist. In AutoCAD LT haben Sie keine andere Möglichkeit als diesen Befehl.

Befehl Datenextrakt

Mit dem Befehl DATENEXTRAKT lassen sich Attributwerte, Daten von Geometrieobjekten, Zeichnungseigenschaften usw. der aktuellen Zeichnung oder einem ganzen Satz von Zeichnungen mithilfe eines Assistenten in verschiedenen Dateiformaten ausgeben oder auch als Tabelle auf der Zeichnung platzieren. Sie finden den Befehl:

- Multifunktionsleiste: Symbol im Register EINFÜGEN, Gruppe VERKNÜPFUNG & EXTRAKTION

- Menüleiste EXTRAS, Funktion DATENEXTRAKTION
- Symbol im Werkzeugkasten ÄNDERN II

Datenextraktion für Attribute

Alle Einstellungen werden mit einem Assistenten in Dialogfeldern vorgenommen:

Beginnen: Im ersten Dialogfeld wählen Sie, ob Sie eine neue Datenextraktion erstellen wollen oder eine bereits gespeicherte bearbeiten wollen (siehe Abbildung 11.23). Sie können dann, wenn Sie eine neue erstellen, eine vorhandene wählen und diese als Vorlage verwenden. Die Parameter für eine Datenextraktion werden in einer Datei mit der Erweiterung *.dxe* gespeichert. In früheren Versionen wurden die Attribut-Extraktionsdateien mit der Erweiterung *.blk* gespeichert. Diese können Sie ebenfalls als Vorlage wählen. Wenn Sie eine neue Datenextraktion erstellen und auf die Schaltfläche WEITER > klicken, können Sie im Dateiwähler den Speicherort und den Dateinamen wählen.

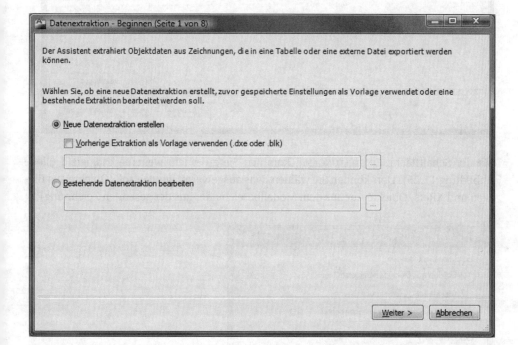

Abbildung 11.23:
Datenextraktion erstellen oder bearbeiten

Datenquelle definieren: Wählen Sie jetzt, welche Datenquelle verwendet werden soll (siehe Abbildung 11.24). Zunächst ist nur die aktuelle Zeichnung angewählt. Sie können mit den Schaltflächen rechts weitere Zeichnungen oder ganze Ordner hinzufügen, die dann in die Liste aufgenommen werden. Markierte Zeichnungen in der Liste lassen sich mit der Schaltfläche ENTFERNEN auch wieder aus der Liste löschen.

Sie können auch einzelne Objekte der aktuellen Zeichnungen wählen. Dazu dient der Schalter OBJEKTE IN DIESER ZEICHNUNG AUSWÄHLEN. Mit dem Symbol rechts davon kommen Sie in die Zeichnung und können die Objekte auswählen, deren Daten Sie ausgeben wollen.

Abbildung 11.24:
Datenquelle definieren

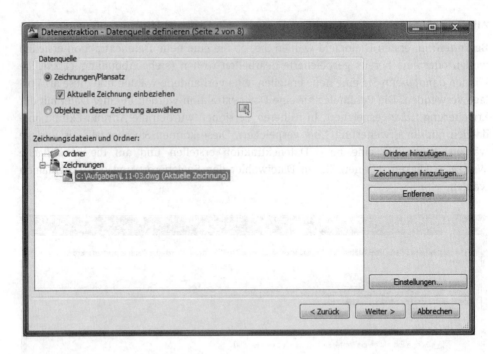

Mit der Schaltfläche EINSTELLUNGEN... kommen Sie zu einem weiteren Dialogfeld (siehe Abbildung 11.25). Dort können Sie wählen, was ausgewertet werden soll (Objekte aus Blöcken und XRefs, Objekte nur aus dem Modellbereich oder aus der gesamten Zeichnung).

Abbildung 11.25:
Weitere Einstellungen für die Datenextraktion

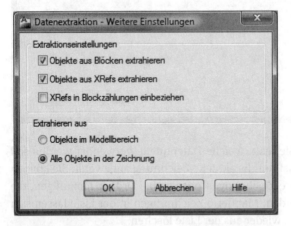

Objekte wählen: Im nächsten Dialogfeld wählen Sie, welche Objekte Sie extrahieren wollen (siehe Abbildung 11.26). Es werden alle Objekte der Zeichnung angezeigt. Wenn Sie nur Attribute extrahieren wollen, deaktivieren Sie den Schalter ALLE OBJEKTTYPEN ANZEIGEN und wählen dann den Schalter NUR BLÖCKE ANZEIGEN. Rechts davon können Sie dann noch den Schalter NUR BLÖCKE MIT ATTRIBUTEN ANZEIGEN anklicken. Zu guter Letzt können Sie auch einzelne Objekte in der Liste an- oder abwählen.

Datenextraktion für Attribute

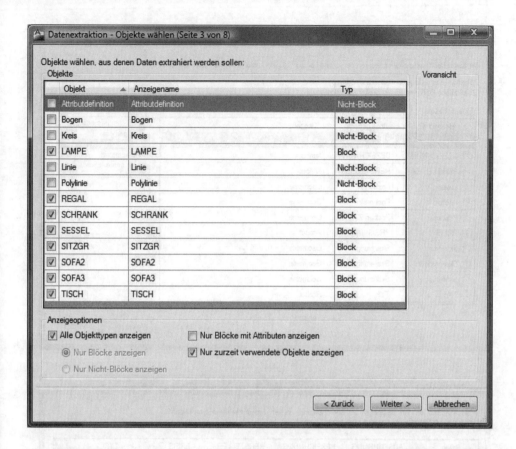

Abbildung 11.26:
Objekte für die Datenextraktion wählen

Eigenschaft wählen: Im nächsten Dialogfeld wählen Sie, welche Eigenschaften Sie extrahieren wollen (siehe Abbildung 11.27). Sie können außer den Attributwerten auch allgemeine Daten (z. B. aktueller Layer, Farbe usw.), Geometrieinformationen, Verschiedenes (z. B. Blockdrehung und Skalierung usw.) sowie die Dateieigenschaften der Zeichnung (z. B. Zeichnungsname, Autor, Änderungsdatum) wählen. Auch hier können Sie in der Liste noch Eigenschaften an- und abwählen.

Daten verfeinern: Im nächsten Dialogfeld sehen Sie die Voransicht der Datenextraktion (siehe Abbildung 11.28). Hier können Sie wählen, ob Sie eine Summenliste haben wollen oder ob alle Objekte einzeln gelistet werden sollen. Den Schalter IDENTISCHE REIHEN KOMBINIEREN müssen Sie für die Summenliste einschalten. Außerdem lässt sich mit den Schaltern darunter eine Zählerspalte und eine Namensspalte einschalten. Die Anordnung der Spalten lässt sich in der Titelzeile per Drag and Drop ändern. Ziehen Sie eine Spalte einfach an die gewünschte Stelle und lassen Sie sie dort los. Mit einem Rechtsklick auf einen Spaltentitel öffnen Sie ein Kontextmenü, in dem Sie Spalten ausblenden, Formelspalten einfügen, Spalten kombinieren können und vieles mehr.

Abbildung 11.27:
Eigenschaften für die Datenextraktion wählen

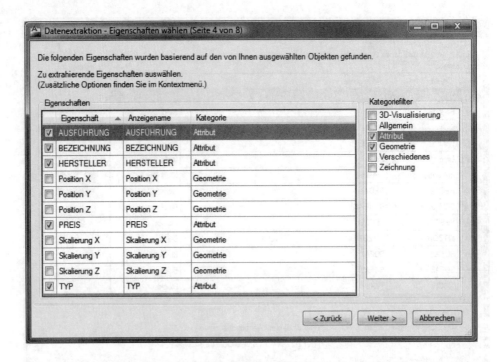

Abbildung 11.28:
Daten für die Datenextraktion verfeinern

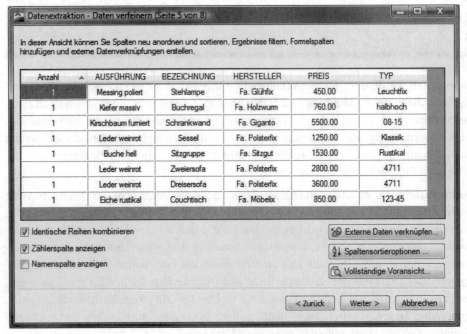

Rechts unten haben Sie drei weitere Schaltflächen. Mit der Schaltfläche EXTERNE DATEN VERKNÜPFEN... können Sie die Daten in eine bestehende Excel-Datei schreiben. Dazu muss

Datenextraktion für Attribute

mit dem DATENVERKNÜPFUNGS-MANAGER eine Verbindung zu einer Excel-Datei hergestellt werden (siehe Kapitel 10.8).

Mit der Schaltfläche VOLLSTÄNDIGE VORANSICHT... wird die komplette Tabelle in ihrer endgültigen Form in einem eigenen Fenster angezeigt. Wollen Sie die Sortierung ändern, wählen Sie die Schaltfläche SPALTENSORTIEROPTIONEN... und Sie bekommen ein weiteres Dialogfeld (siehe Abbildung 11.29). Wählen Sie die Sortierspalte und die Sortierreihenfolge. Für mehrfache Sortierungen lassen sich Spalten hinzufügen, nach oben oder unten verschieben und bei Bedarf auch wieder entfernen.

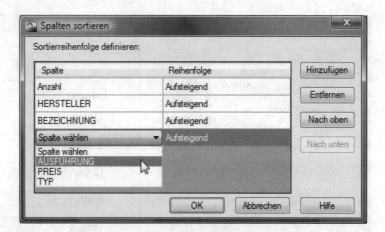

Abbildung 11.29: Sortierung für die Tabelle

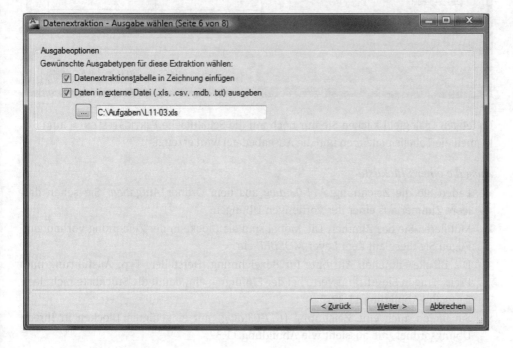

Abbildung 11.30: Ausgabe der Daten wählen

Ausgabe wählen: Im nächsten Dialogfeld wählen Sie, ob Sie die Tabelle in der Zeichnung erstellen wollen und ob Sie eine Ausgabedatei erstellen wollen (siehe Abbildung 11.30). Erstellen Sie eine Ausgabedatei, wählen Sie den Speicherort und den Dateinamen sowie den Dateityp. Möglich ist das Excel- (*.xls*) oder Access-Format (*.mdb*) sowie neutrale Austauschformate (*.csv und *.txt*).

Tabellenstil: Nun muss nur noch die Tabelle formatiert werden, wenn die Tabellenerstellung in der Zeichnung gewählt wurde (siehe Abbildung 11.31). Tragen Sie auch einen Titel für die Tabelle ein.

Abbildung 11.31:
Tabelle formatieren

Im letzten Dialogfeld klicken Sie nur noch auf die Schaltfläche FERTIGSTELLEN > und Sie können die Tabelle platzieren und die Ausgabedatei wird erzeugt.

Ausgabe einer Stückliste

1. Laden Sie die Zeichnung *A11-03.dwg* aus dem Ordner *Aufgaben*. Sie sehen das leere Zimmer aus einer der vorherigen Übungen.
2. Möblieren Sie das Zimmer. Die Möbel sind als Blöcke in der Zeichnung vorhanden. Fügen Sie diese auf dem Layer *MOEBEL* ein.
3. Die Blöcke enthalten Attribute für Bezeichnung, Hersteller, Typ, Ausführung und Preis. Tragen Sie Attributwerte bei der Einfügung ein, damit die Stückliste nicht leer ist (siehe Abbildung 11.32).
4. Sie finden auch eine Zeichnung (*L11-03.dwg*) mit eingefügten Blöcken in Ihrem Übungsordner, die aussieht wie Abbildung 11.32.

Datenextraktion für Attribute

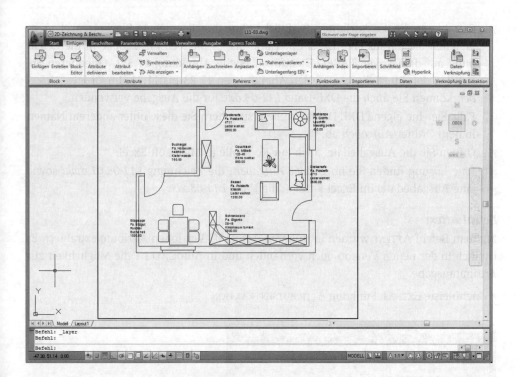

Abbildung 11.32:
Blöcke mit Attributen eingefügt

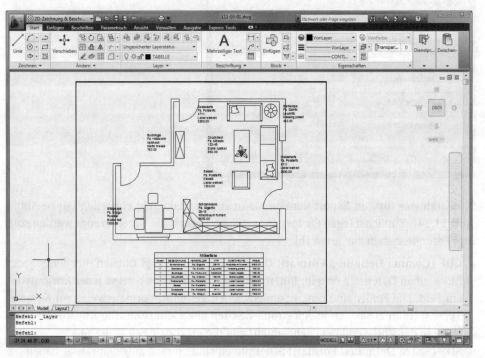

Abbildung 11.33:
Zeichnung mit Tabelle

5. Extrahieren Sie die Attribute aller Blöcke ohne die allgemeinen Blockeigenschaften. Erstellen Sie daraus eine Excel-Datei und lassen Sie sich die Tabelle in die Zeichnung auf dem Layer *TABELLE* einfügen (siehe Abbildung 11.33). Orientieren Sie sich bei den Einstellungen an den Abbildungen 11.23 bis 11.31. Im Ordner *Aufgaben* können Sie auch die DXE-Datei *L11-03.dxe* für die Ausgabe verwenden.
6. Falls Sie eine eigene DXE-Datei erstellen, speichern Sie diese unter anderem Namen in dem Ordner *Aufgaben* ab.
7. Öffnen Sie die Ausgabedatei auch zur Kontrolle in Microsoft Excel.
8. Eine Lösung finden Sie im Ordner *Aufgaben*, die Zeichnung *L11-03-01.dwg*. sowie eine Ausgabedatei im Excel-Format, die Datei *L11-03.xls*.

Befehl Attext

Mit dem Befehl ATTEXT wurden in früheren AutoCAD-Versionen Attribute extrahiert. Er ist auch in der neuen Version noch vorhanden und in AutoCAD LT die Möglichkeit zur Attributausgabe.

- Menüleiste EXTRAS, Funktion ATTRIBUTSEXTRAKTION

Abbildung 11.34: Dialogfeld zur Ausgabe der Attributwerte

Die Parameter für den Export können Sie in einem Dialogfeld einstellen (siehe Abbildung 11.34). Zunächst legen Sie fest, in welchem Format die Datei erzeugt werden soll. Drei Formate stehen zur Auswahl:

- **CDF (Comma Delimited Format):** Das CDF-Format erzeugt Dateien, bei denen jeder Block einen Datensatz erstellt. Innerhalb eines Datensatzes erzeugt jeder Attributwert ein Feld. Die Felder sind durch Sonderzeichen getrennt, normalerweise ein Komma. Texte werden zusätzlich in Apostroph-Zeichen eingeschlossen. Die Angabe der Feldlänge in der Vorlagendatei (siehe unten) gibt die maximale Feldlänge an.
- **SDF (Space Delimited Format):** SDF-Dateien sind ähnlich aufgebaut. Hier haben die Felder aber eine feste Länge, die in der Vorlagendatei festgelegt wird. Dadurch bedarf

es keiner besonderen Trennzeichen. Auch sind Textfelder und numerische Felder nicht gesondert gekennzeichnet. Textfelder werden linksbündig ausgerichtet, numerische Felder rechtsbündig.

- **DXF (Data Exchange Format):** Außerdem lassen sich die Attribute im DXF-Format ausgeben. Dabei handelt es sich um eine Variante des AutoCAD-Zeichnungsaustauschformats, bei dem nur Blöcke und deren Attribute übertragen werden. Die DXF-Ausgabe von Attributen erfordert keine Vorlagendatei. Die Datei erhält die Erweiterung *.dxx, um sich von normalen DXF-Dateien zu unterscheiden.

Nachdem Sie sich für ein Format entschieden haben, wählen Sie die Blöcke, von denen Sie die Attributwerte in der Datei haben wollen. Klicken Sie dazu auf das Feld OBJEKTE WÄHLEN <; das Dialogfeld verschwindet und Sie können in der Zeichnung wählen. Danach entscheiden Sie sich für eine Vorlagendatei und bestimmen den Namen der Ausgabedatei. Klicken Sie auch hierzu auf die entsprechend bezeichneten Felder und bestimmen Sie die Namen mit dem Dateiwähler oder tragen Sie die Namen in den Feldern rechts daneben ein.

Vorlagendatei anlegen

Die Vorlagendatei wird für die CDF- und SDF-Ausgabe benötigt. Sie legt das Ausgabeformat fest. Die Vorlagendatei ist selbst eine Textdatei, die Sie beispielsweise mit dem Windows-Editor erstellen können. Sie beschreibt das Format eines Datensatzes der Ausgabedatei. Alle Sätze sind gleich aufgebaut und jeder ausgegebene Block erzeugt einen Datensatz.

Jede Zeile in der Dateischablone steht somit für ein Feld in der Ausgabedatei. Zwei Datentypen sind möglich und sie können so angegeben werden:

```
Attributbezeichnung Cxxx000
Attributbezeichnung Nxxxyyyy
```

N steht für einen numerischen Wert, C für einen alphanumerischen Wert, xxx gibt die Feldlänge an, die immer dreistellig sein muss, yyy gibt die Zahl der Nachkommastellen an. Auch diese Angabe muss dreistellig erfolgen, bei alphanumerischen Feldern steht an dieser Stelle 000. Außer den Attributwerten lassen sich in die Ausgabedatei auch Informationen zu den Blöcken aufnehmen. Folgende Werte werden in die Ausgabedatei übernommen, wenn sie in der Vorlagendatei so angegeben werden:

Attribut	Attributbezeichnung
BL:LEVEL	Ebene der Blockverschachtelung
BL:NAME	Blockname
BL:X	X-Einfügepunkt
BL:Y	Y-Einfügepunkt
BL:Z	Z-Einfügepunkt
BL:NUMBER	Blockzähler

Attribut	Attributbezeichnung
BL:HANDLE	Blockreferenz
BL:LAYER	Layer der Blockeinfügung
BL:ORIENT	Drehwinkel der Einfügung
BL:XSCALE	X-Faktor der Einfügung
BL:YSCALE	Y-Faktor der Einfügung
BL:ZSCALE	Z-Faktor der Einfügung
BL:XEXTRUDE	X-Komponente der Hochzugsrichtung
BL:YEXTRUDE	Y-Komponente der Hochzugsrichtung
BL:ZEXTRUDE	Z-Komponente der Hochzugsrichtung

Bei der CDF-Ausgabe können Sie in der Dateischablone noch angeben, welche Trennzeichen zwischen den einzelnen Feldern verwendet werden sollen und mit welchen Zeichen Textfelder gekennzeichnet werden sollen. Ohne eine Angabe werden standardmäßig » , « als Feldtrennzeichen und » ' « für die Textmarkierung verwendet.

C:DELIM D	Feldtrennzeichen, z.B.: / oder ;
C:QUOTE C	Textmarkierung, z.B.: " oder |

Die Vorlagendatei muss die Dateierweiterung *.txt erhalten. Die Ausgabedatei bekommt als Vorgabe den Namen der Zeichnungsdatei und ebenfalls die Dateierweiterung *.txt.

Ausgabe einer Stückliste
1. Geben Sie die Attribute aus dem obigen Beispiel auch mit dieser Methode aus. Eine Vorlagendatei finden Sie im Ordner *Aufgaben*: die Textdatei *A11-03.txt*. Sehen Sie sich diese im Windows-Editor an.
2. Erzeugen Sie eine CDF- und eine SDF-Datei mit dem Befehl ATTEXT.
3. Im Übungsordner ist je eine Beispiellösung: *L11-03-1.txt* für eine CDF-Datei und *L11-03-2.txt* für eine SDF-Datei.

11.9 Externe Referenzen zuordnen

Nachdem Sie gesehen haben, wie Dateien als Blöcke in eine neue Zeichnung eingefügt werden, lernen Sie in diesem Abschnitt eine weitere Methode kennen. Bei der Arbeit mit Blöcken kann jede gespeicherte Zeichnung in eine andere eingefügt werden. Damit handeln Sie sich aber unter Umständen Nachteile ein:

Externe Referenzen zuordnen

- Wird eine Zeichnung in viele andere Zeichnungen als Block eingefügt, entsteht in jeder Zeichnung eine Kopie der eingefügten. Der Zeichnungsbestand nimmt unnötig viel Speicherplatz in Anspruch.
- Ist eine Zeichnung einmal in eine andere eingefügt, so werden Änderungen in der ursprünglichen Zeichnung nicht mehr in der Zeichnung aktualisiert, in der sie eingefügt wurde.

Bei der Bearbeitung größerer Projekte kann es aber durchaus sinnvoll sein, verschiedene Baugruppen in einzelnen Zeichnungen zu erstellen. In einer weiteren Zeichnung stellen Sie die Baugruppen zu einer Gesamtzeichnung zusammen. Ändern sich jetzt im Laufe des Projektfortschrittes die Baugruppen, sollte die Gesamtzeichnung immer auf dem aktuellen Stand sein. Bei externen Referenzen werden gespeicherte Zeichnungen mit der aktuellen Zeichnung verknüpft. Die Zeichnung, auf die mit der externen Referenz verwiesen wird, erscheint in der aktuellen Zeichnung, wird aber nicht in die Zeichnung kopiert. Jedes Mal wenn Sie die Gesamtzeichnung laden, werden die referenzierten Zeichnungen neu geladen.

Befehl Anhang bzw. Xzuordnen

Mit dem Befehl XZUORDNEN laden Sie Zeichnungsdateien als externe Referenz in die aktuelle Zeichnung. Sie können auch den Befehl ANHANG verwenden. Der macht dasselbe, nur dass der Dateityp da schon vorgewählt ist (siehe unten). Wählen Sie einen der Befehle:

- Multifunktionsleiste: Symbol im Register EINFÜGEN, Gruppe REFERENZ
- Menüleiste EINFÜGEN, Funktion DWG-REFERENZ...

- Symbole in den Werkzeugkästen REFERENZ und EINFÜGEN

Sie bekommen den Dateiwähler zur Auswahl der Zeichnungsdatei wie beim Befehl ÖFFNEN. Hier müssen Sie als Dateityp *Zeichnung (*.dwg)* wählen. Beim Befehl XZUORDNEN ist dies schon vorgewählt. Haben Sie die Datei gewählt, erscheint das Dialogfeld zur Eingabe der Parameter für die Platzierung der externen Referenz (siehe Abbildung 11.35). Dieses Dialogfeld entspricht dem des Befehls EINFÜGE (siehe Kapitel 11.4).

Im Feld NAME wurde der Dateiname der Zeichnung übernommen. Klicken Sie auf den Schalter DURCHSUCHEN, können Sie jetzt noch eine andere Zeichnungsdatei wählen. Das Feld NAME ist als Abrollmenü ausgelegt. Darin finden Sie alle externen Referenzen, die Sie in der Zeichnung schon zugeordnet haben. Sie können auch hier eine externe Referenz erneut wählen, die Sie schon einmal in die Zeichnung eingefügt haben. Darunter haben Sie die Voransicht der gewählten Datei.

Abbildung 11.35:
Dialogfeld zur Platzierung der externen Referenz

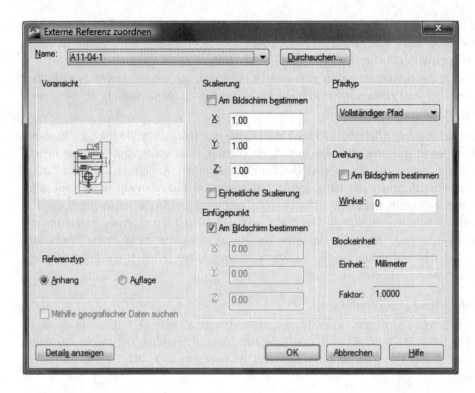

Referenztyp: Ist der Typ ANHANG gewählt, wird die externe Referenz fest in die Zeichnung übernommen. Mit dem Typ AUFLAGE wird die Zeichnung ebenso als externe Referenz übernommen. Wenn diese Zeichnung wieder in einer anderen Zeichnung als externe Referenz einfügt wird, erscheint die erste nicht mehr.

Pfadtyp: In diesem Abrollmenü stellen Sie die Art der Speicherung des Pfads der externen Referenz in der Zeichnung ein. Soll der komplette Pfad der externen Referenz in der Zeichnung gespeichert werden, wird die Einstellung VOLLSTÄNDIGER PFAD gewählt. Wird die Zeichnung wieder geöffnet, werden die externen Referenzen immer am originalen Speicherort gesucht. Bei der Einstellung RELATIVER PFAD wird der Pfad zu der externen Referenz nur teilweise gespeichert, das heißt nur der Pfad ab dem aktuellen Ordner und darunter. Verschieben Sie später beispielsweise das komplette Projekt in einen Ordner auf dem Server, werden die externen Referenzen dort gefunden. Wenn die Einstellung KEIN PFAD gewählt wurde, werden sie nur im Ordner der aktuellen Zeichnung gesucht.

EINFÜGEPUNKT, SKALIERUNG und DREHUNG werden wie beim Befehl EINFÜGE (siehe Kapitel 11.1) bestimmt. Auch der Dialog in der Befehlszeile ist mit dem bei diesem Befehl identisch.

In der rechten unteren Ecke des Dialogfelds finden Sie auch hier die Anzeige der Blockeinheiten. Sie sehen dort, welche Einheiten die Referenz hat und mit welchem Faktor sie eingefügt wird (siehe dazu Kapitel 11.2 und Abbildung 11.6).

Wenn Sie auf die Schaltfläche DETAILS ANZEIGEN klicken, wird das Dialogfeld vergrößert und zusätzliche Angaben zum gespeicherten Pfad der Datei angezeigt (siehe Abbildung 11.34). Mit einem Klick auf die Schaltfläche DETAILS AUSBLENDEN wird es wieder verkleinert.

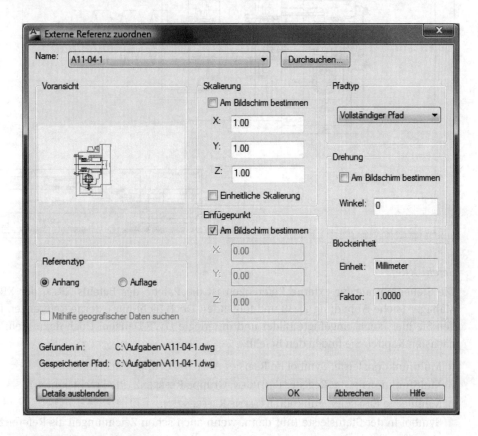

Abbildung 11.36: Erweitertes Dialogfeld zur Platzierung der externen Referenz

Externe Referenzen zuordnen

1. Laden Sie die Zeichnung *A11-04.dwg* aus dem Ordner *Aufgaben*.
2. Fügen Sie die Zeichnungen *A11-04-1.dwg*, *A11-04-2.dwg* und *A11-04-3.dwg* als externe Referenzen mit dem Befehl XZUORDNEN in die Zeichnung ein. Verwenden Sie den Referenztyp ZUORDNUNG und wählen Sie als PFADTYP die Einstellung KEIN PFAD. Setzen Sie die Teile wie in Abbildung 11.37 zusammen.
3. Diese Zusammenbauzeichnung haben Sie auch als *L11-04.dwg* im Ordner *Aufgaben*.

Abbildung 11.37:
Zeichnung, aus externen Referenzen zusammengesetzt

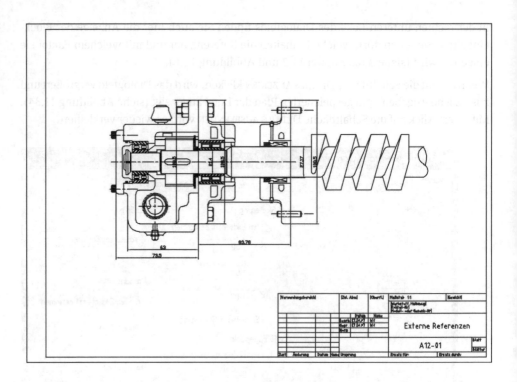

Befehl XRef

Die Steuerzentrale für externe Referenzen ist die Palette des Befehls XREF, der XRef-Manager (siehe Abbildung 11.38 und folgende). Doch nicht nur externe Referenzen finden Sie hier, auch eingefügte Bilder und unterlegte DWF-Dateien. Doch dazu mehr im nächsten Kapitel. Sie finden den Befehl:

- Multifunktionsleiste: Symbol im Register ANSICHT, Gruppe PALETTEN
- Multifunktionsleiste: Register EINFÜGEN, Gruppe REFERENZ (Pfeil rechts unten)
- Menüleiste EINFÜGEN, Funktion EXTERNE REFERENZEN...
- Symbol in der Statusleiste (nur dann, wenn auch schon Zeichnungen als Referenzen eingefügt wurden)
- Symbol im Werkzeugkasten REFERENZ

Dateireferenzen: In der oberen Liste der Palette, den Dateireferenzen, sehen Sie die Liste der zugeordneten externen Referenzen (siehe Abbildung 11.38). Der erste Eintrag entspricht der aktuellen Zeichnung in die die Referenzen eingefügt wurden, darunter folgt die Liste der Referenzen. In der ersten Spalte wird der Name angezeigt, den die Referenz in der eingefügten Zeichnung hat, der sich vom Dateinamen unterscheiden kann. Wenn Sie einen Namen zweimal anklicken (kein Doppelklick, Pause dazwischen), können Sie den Namen überschreiben. Die externe Referenz bekommt so in der Zeichnung einen anderen Namen als den der eingefügten Datei, einen eigenen Referenznamen. In den nächsten Spalten werden der Status (siehe unten) und die Größe der externen Referenz angezeigt. In der nächsten Spalte finden Sie den Typ: ZUORDNEN oder ÜBERLAGERN (siehe oben). Dahinter werden das Datum und der Pfad angezeigt, aber nur dann, wenn der Pfad gespeichert wurde. Ansonsten finden Sie dort nur den Dateinamen.

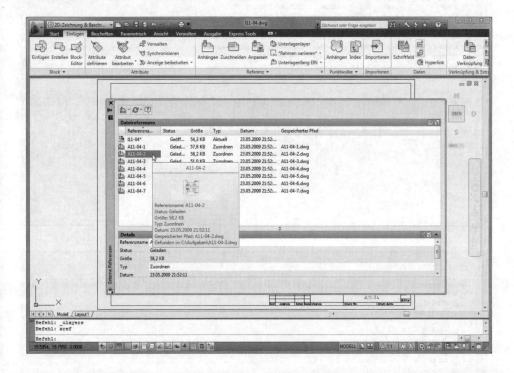

Abbildung 11.38: Palette mit den eingefügten externen Referenzen

Haben Sie einen Namen in der Liste markiert, dann werden im unteren Teil der Palette die Details der externen Referenz angezeigt. Die hellen Felder können geändert werden, die grau unterlegten sind Anzeigen, die nicht geändert werden können. Sie können also auch hier den Referenznamen ändern, den Typ in einem Abrollmenü zwischen ZUORDNEN und ÜBERLAGERN umschalten und der Referenz eine andere Datei zuordnen. Dazu müssen Sie nur den Dateinamen im Feld GEFUNDEN IN ändern oder auf die drei Punkte klicken und eine neue Datei im Dateiwähler aussuchen. Der Referenz mit diesem Namen in der Zeichnung wird dann eine neue Datei zugeordnet. Das Feld mit den drei Punkten erscheint nur dann, wenn Sie den Dateinamen in der Detailanzeige markiert haben.

Mit den Schaltern rechts in der Titelleiste des Felds DETAILS können Sie zwischen der Detailanzeige und einer Voransicht der externen Referenz umschalten (siehe Abbildung 11.39).

Mit den Schaltern rechts in der Titelleiste des Felds DATEIREFERENZEN können Sie zwischen der Liste der externen Referenzen und einer Strukturansicht umschalten (siehe Abbildung 11.40). Jetzt sehen Sie bei verschachtelten Referenzen, welche Referenz weitere Referenzen enthält.

Abbildung 11.39:
Voransicht im unteren Teil der Palette

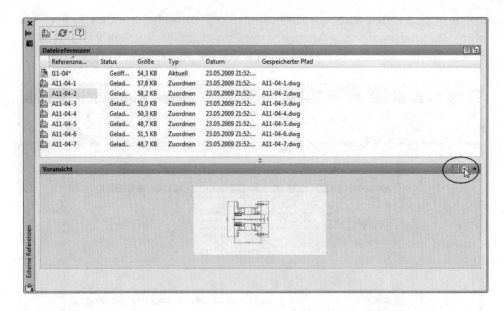

Abbildung 11.40:
Palette mit den eingefügten externen Referenzen in der Strukturansicht

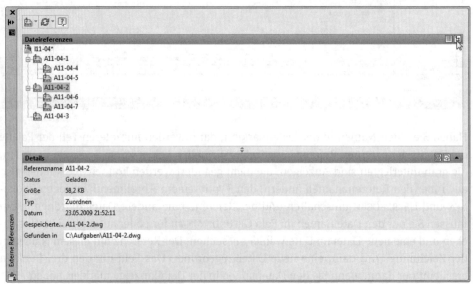

Klicken Sie in der oberen Reihe mit den Symbolen auf das linke Symbol, gelangen Sie zum Befehl XZUORDNEN (siehe oben) und können eine neue Referenz zuordnen. Klicken Sie auf den Pfeil daneben, erscheint ein Abrollmenü, in dem zusätzliche Funktionen wie BILD ZUORDNEN, DWF ZUORDNEN usw. zu finden sind (siehe Kapitel 12).

Das Symbol in der Mitte aktualisiert die gerade in der Liste markierte Referenz. Auch hier bekommen Sie mit dem Pfeil daneben ein Abrollmenü, aus dem Sie die Funktion ALLE REFERENZEN NEU LADEN wählen. Alle eingefügten Referenzen werden aktualisiert, das heißt von der Platte neu geladen.

Externe Referenzen zuordnen

Externe Referenzen ändern

Markieren Sie eine oder mehrere Referenzen in der Liste und drücken die rechte Maustaste, öffnen Sie ein Kontextmenü, aus dem Sie die folgenden Funktionen wählen können:

Öffnen: Mit diesem Eintrag können Sie die markierten externen Referenzen in einem eigenen Fenster zur Bearbeitung öffnen. Nach dem Bearbeiten speichern Sie sie ab und laden sie in der Zeichnung, in der sie eingefügt wurde, neu. Falls Sie sie nicht neu laden, bekommen Sie einen Hinweis in der Sprechblase in der Statuszeile (siehe Abbildung 11.41). An dieser Stelle befindet sich auch ein Symbol, mit dem Sie die XRef-Palette starten können. Klicken Sie auf den Namen, der in der Sprechblase angezeigt wird, dann wird die externe Referenz neu geladen und die Zeichnung ist wieder auf dem aktuellen Stand.

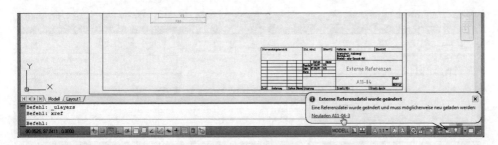

Abbildung 11.41: Hinweis auf geänderte Referenz

Diese Funktion entspricht dem Befehl XÖFFNEN, den Sie auch direkt aus der Menüleiste wählen können. Sie finden ihn:

- Menüleiste EXTRAS, Untermenü DIREKTBEARBEITUNG VON XREFS UND BLÖCKEN >, Funktion REFERENZ ÖFFNEN

Bei diesem Befehl müssen Sie die Referenz nur anklicken und die Originaldatei wird in einem neuen Zeichnungsfenster geöffnet.

Zuordnen: Damit aktivieren Sie den Befehl XZUORDNEN und können die markierte Referenz noch einmal in der Zeichnung platzieren oder eine neue Referenz zur Platzierung wählen.

Entfernen: Markieren Sie externe Referenzen und klicken Sie auf den Eintrag ENTFERNEN, werden sie ausgeblendet. Sie werden nicht mehr angezeigt, die Verbindung bleibt aber in der Zeichnung gespeichert.

Neuladen: Sie können entfernte Referenzen wieder einblenden, wenn Sie die ausgeblendeten markieren und auf den Eintrag NEULADEN klicken. Der Bildaufbau lässt sich beschleunigen, wenn Sie die vorübergehend nicht benötigten externen Referenzen aus der Zeichnung ausblenden.

Lösen: Haben Sie externe Referenzen markiert, können Sie den Status ändern. Mit dem Eintrag LÖSEN werden sie gelöscht. Sie verschwinden aus der Liste und aus der Zeichnung.

Binden: Mit dem Eintrag BINDEN... lassen sich externe Referenzen binden, doch dazu später mehr (siehe Kapitel 11.11).

> **TIPP**
> - Sie können sich externe Referenzen in der Zeichnung auch gedimmt anzeigen lassen. Das ist vor allem in komplexen Zeichnungen sinnvoll, denn dann haben Sie den Überblick, was änderbar ist und was nicht.
> - In den Optionen (siehe Anhang A.4) können Sie den Wert für die Dimmung festlegen. Zudem finden Sie in der Multifunktionsleiste, Register EINFÜGEN, Gruppe REFERENZ (erweiterter Bereich), einen Schalter, um die Dimmung ein- und auszuschalten, und einen Schieberegler für die Intensität der Dimmung der Referenzen (siehe Abbildung 11.42).

Abbildung 11.42: Externe Referenzen ungedimmt und gedimmt

STEP

Liste der externen Referenzen

1. Wählen Sie den Befehl XREF und schauen Sie sich die Liste an. Es sind mehr externe Referenzen vorhanden, als Sie eingefügt haben. Die eingefügten externen Referenzen hatten wiederum externe Referenzen.
2. Schalten Sie auf die Baumanzeige und Sie sehen, wie sie verschachtelt sind (siehe Abbildung 11.40).

11.10 Benannte Objekte in externen Referenzen

Externe Referenzen verhalten sich ähnlich wie Blöcke. Sie sind in der Zeichnung zusammenhängende Baugruppen, die Sie verschieben, kopieren, drehen oder auch löschen können. Die Geometriepunkte in der externen Referenz lassen sich mit dem Objektfang auswählen. Es ist aber nicht möglich, Teile daraus zu löschen, sie zu strecken oder Objekte zu stutzen oder zu brechen.

Es gibt noch einen wesentlichen Unterschied gegenüber Blöcken: die Behandlung von benannten Objekten. Benannte Objekte sind in AutoCAD Objekte, die mit Namen in der Zeichnung gespeichert werden: Blöcke, Bemaßungsstile, Layer, Linientypen, Plotstile, Symbole, Multilinienstile und Textstile. Wird eine Zeichnung als Block eingefügt und es herrscht Namensgleichheit, wenn beispielsweise die Zeichnungsdatei, die eingefügt werden soll, und die aktuelle Zeichnung beide den Layer *Kontur* enthalten. Dem Layer *Kontur* sind aber unterschiedliche Farben, Linientypen usw. zugeordnet. Die eingefügte Datei nimmt in diesem Fall die Einstellungen der Zeichnung an, in die sie eingefügt wurde.

Anders ist es bei externen Referenzen. Alle benannten Objekte werden mit in die Zeichnung importiert. Damit keine Namensgleichheit auftritt, werden die benannten Objekte in der neuen Zeichnung mit dem Dateinamen der externen Referenz bzw. mit deren Referenznamen versehen. Der Layer *Kontur* der externen Referenz *A11-04-1* hat dann beispielsweise in der aktuellen Zeichnung den Namen *A11-04-1|Kontur*. Bei den anderen benannten Objekten ist es genauso. Wählen Sie den Befehl LAYER, dann sehen Sie diesen Effekt in der Layerliste.

Benannte Objekte von externen Referenzen können Sie in der aktuellen Zeichnung nicht verwenden. Sie können nicht den Layer *A11-04-1|Kontur* zum aktuellen Layer machen oder einen Textstil einer externen Referenz zum aktuellen Stil machen. Dazu müssten sie zuerst gebunden werden (siehe unten). Lediglich die Sichtbarkeit der Layer und die Zuordnung von Farbe, Linientyp, Strichstärke und Plotstil zum Layer von externen Referenzen kann verändert werden. Sie können also beispielsweise allen Layern *Kontur* die Farbe *Rot* zuordnen oder alle Layer der externen Referenz *A11-04-1* ausschalten. Änderungen, die Sie vornehmen, gelten aber nur für die aktuelle Sitzung. Wird die Zeichnung neu geladen, wird der Originalzustand wiederhergestellt. Sollen die Einstellungen gespeichert werden, müssen Sie die Systemvariable VISRETAIN auf den Wert 1 setzen (Standardeinstellung). Tippen Sie den Variablennamen ein und Sie können ihren Wert setzen.

Ändern von Layern aus externen Referenzen

1. Weisen Sie allen Layern *Kontur* von externen Referenzen die Farbe *Rot* zu. Schalten Sie alle Layer *Maße* von externen Referenzen aus, da die Maße im Zusammenbau nicht sichtbar sein sollen. Prüfen Sie mit der Systemvariablen VISRETAIN, ob die Einstellungen gespeichert werden.
2. Sichern Sie die Zeichnung und laden Sie sie anschließend neu. Kontrollieren Sie, ob die Einstellungen geblieben sind. Der Zusammenbau sollte jetzt keine Maße mehr enthalten. Sie haben auch eine Lösung im Ordner *Aufgaben*: *L11-05.dwg*.

Änderung von Baugruppen

1. Öffnen Sie eine der Einzelteilzeichnungen, strecken Sie beispielsweise in der Zeichnung *A11-04-3.dwg* den Kolben an der rechten Seite. Speichern Sie die geänderte Zeichnung. Sie können das vom XRef-Manager aus steuern.
2. Öffnen Sie dann Ihren Zusammenbau neu oder laden im XRef-Manager nur die geänderte Zeichnung neu und der Zusammenbau ist auf dem aktuellen Stand.

11.11 Externe Referenzen binden

Ist die Konstruktion abgeschlossen, soll der letzte Stand dokumentiert werden. Ändern sich später die Komponenten, soll sich die Gesamtzeichnung nicht mehr ändern. Die externen Referenzen müssen gebunden werden. Das erfolgt mit der Schaltfläche BINDEN... im XRef-Manager. Markieren Sie die externen Referenzen in der Liste und klicken Sie auf die Schaltfläche. Sie bekommen ein Auswahlfenster, in dem Sie wählen, wie Sie binden wollen (siehe Abbildung 11.43).

Abbildung 11.43: Externe Referenzen binden

Binden: Externe Referenzen werden als Blöcke in die Zeichnung übernommen, die bei Bedarf auch mit dem Befehl URSPRUNG zerlegt werden können. Die Layernamen und alle weiteren benannten Objekte lassen weiterhin die Herkunft erkennen. Die Layer, die mit der externen Referenz importiert wurden, haben den Namen der externen Referenz vorangestellt. Danach folgen *0* und der ursprüngliche Layername, zum Beispiel: *A11-04-1$0$Kontur*. Dieser Layer steht Ihnen jetzt als vollwertiger Layer in der Zeichnung zur Verfügung. Sie können ihn auch zum aktuellen Layer machen. Der Vorteil bei dieser Methode ist, dass die Herkunft der Layer ersichtlich bleibt.

Einfügen: Externe Referenzen werden auch hier in Blöcke umgewandelt. Alle benannten Objekte verlieren aber die Herkunft im Namen. Aus dem Layer *A11-04-1|Kontur* wird *Kontur*. Auch das kann in bestimmten Fällen sinnvoll sein. Die Zahl der Layer hält sich so in Grenzen. Allerdings kann es dann bei Namensgleichheit Probleme geben. Es gilt wieder die Regel, dass die Definitionen in der Ausgangszeichnung Vorrang haben.

Binden Sie alle externen Referenzen

1. Binden Sie alle externen Referenzen in Ihrem Zusammenbau.
2. Schauen Sie sich die Layerliste im Layer-Dialogfeld an.

11.12 Benannte Objekte binden

Ein Layer aus einer extern referenzierten Zeichnung kann nicht zum aktuellen Layer gemacht werden. Das gelingt erst, wenn die extern referenzierten Zeichnungen gebunden sind.

Befehl Xbinden

Wollen Sie die externen Referenzen nicht binden, aber trotzdem die benannten Objekte in die aktuelle Zeichnung übernehmen, verwenden Sie dazu den Befehl XBINDEN.

- Menüleiste ÄNDERN, Untermenü OBJEKT >, Untermenü XREF >, Funktion BINDEN...
- Symbol im Werkzeugkasten REFERENZ

Die Objekte wählen Sie in einem Dialogfeld (siehe Abbildung 11.44).

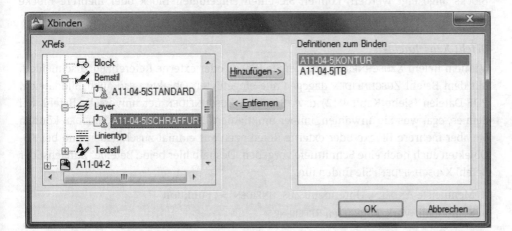

Abbildung 11.44:
Binden benannter Objekte

Im linken Fenster sind alle externen Referenzen aufgelistet. Mit einem Doppelklick auf den Namen oder einem einfachen Klick auf das »+« davor gehen Sie in der Hierarchie weiter nach unten. Es werden alle Objekttypen angezeigt.

Klicken Sie noch eine Stufe weiter, werden die benannten Objekte angezeigt. Markieren Sie die gewünschten und klicken die Schaltfläche HINZUFÜGEN -> an. Sie werden in die rechte Liste übernommen und damit gebunden. Haben Sie falsche Objekte gewählt, markieren Sie sie in der rechten Liste, klicken auf <- ENTFERNEN und sie werden entfernt. Gebundene Objekte werden wie bei der Funktion BINDEN... des Befehls XREF benannt, z.B.: *A11-04-1$0$Kontur*.

Blöcke oder externe Referenzen?

Sie fragen sich jetzt bestimmt, wann eine Zeichnung besser als Block eingefügt wird und wann die Methode des externen Referenzierens geeigneter ist? Beachten Sie folgenden Grundsatz: Einfache Symbole sollten als Blöcke eingefügt werden. Bei einer größeren Zahl von Symbolen würde die Zahl der Layer sonst unnötig zunehmen. Außerdem ist es nicht erforderlich, dass in einer Schemazeichnung jedes Symbol auf unterschiedlichen Layern liegt. Das würde nur zur Verwirrung führen. Dagegen bietet es sich an, große Zeichnungen von Baugruppen in einer Zusammenbauzeichnung extern zu referenzieren. Hier bringen die automatische Aktualisierung und der geringere Speicherbedarf Vorteile. In diesen Fällen ist auch die Trennung der Baugruppen in unterschiedlichen Layergruppen sinnvoll. Beachten sollten Sie allerdings, dass bei externen Referenzen keine Attribute verwendet werden können.

11.13 Blöcke und externe Referenzen zuschneiden

Blöcke, externe Referenzen (siehe oben) oder Bilddateien (siehe Kapitel 12), die Sie in eine Zeichnung eingefügt haben, sind zunächst ganz sichtbar. Soll aber nur ein Teil des Blocks angezeigt werden, können Sie einen eingefügten Block oder mehrere Blöcke gleichzeitig zuschneiden.

Befehl Xzuschneiden

Mit dem Befehl XZUSCHNEIDEN können Sie Blöcke oder externe Referenzen zuschneiden. Mit dem Befehl ZUSCHNEIDEN dagegen alle eingefügten Objekte, also auch Bilddateien, PDF-Dateien (siehe Kapitel 12) usw. Somit ist ZUSCHNEIDEN der universelle Befehl, bei dem es, egal was Sie anwählen, immer funktioniert. Beim Befehl XZUSCHNEIDEN können Sie aber mehrere Blöcke oder externe Referenzen auf einmal zuschneiden und bei 3D-Objekten auch noch eine Schnitttiefe vorgeben. Deshalb hier beide Befehle. Zunächst der Befehl XZUSCHNEIDEN. Sie finden ihn:

- Menüleiste ÄNDERN, Untermenü ZUSCHNEIDEN >, Funktion
- Symbol im Werkzeugkasten REFERENZ

Die Optionen wählen Sie im Befehlszeilenfenster. Wählen Sie zuerst einen oder mehrere Blöcke bzw. externe Referenzen, die Sie zuschneiden wollen:

```
Befehl: Xzuschneiden
Objekte wählen: Block bzw. externe Referenz wählen
Objekte wählen:
Option für Ausschneiden eingeben
[Ein/Aus/Schnitttiefe/Löschen/Polylinie generieren/Neue umgrenzung] <Neue>:
```

Mit ⏎ wählen Sie die Vorgabe. Damit können Sie eine neue Umgrenzung bilden. Objekte, die außerhalb liegen, werden ausgeblendet. Existiert bei den gewählten Blöcken schon eine Umgrenzung, erscheint eine Rückfrage, ob diese gelöscht werden soll:

```
Alte Umgrenzung(en) löschen? [Ja/Nein] <Ja>:
```

Wollen Sie nicht löschen, bricht der Befehl ab. Ansonsten wird angefragt, wie Sie die Umgrenzung bilden wollen.

```
Außenmodus - Objekte außerhalb der Umgrenzung werden ausgeblendet.
Zuschneideumgrenzung definieren oder Invertierungsoption wählen:
[polylinie Wählen/Vieleck/Rechteck/schnitt Invertieren] <Rechteck>:
```

Die Umgrenzung können Sie mit einem Rechteck aufziehen. Übernehmen Sie dazu die Vorgabeoption RECHTECK mit ⏎. Mit der Option VIELECK können Sie ein Polygon zur Umgrenzung um den Block ziehen. Haben Sie schon vorher eine Polylinie als Grenze um den Block gezeichnet, können Sie diese mit der Option POLYLINIE WÄHLEN als Umgrenzung wählen. Mit der Option SCHNITT INVERTIEREN können Sie wählen, ob das Innere der Umgrenzung oder das Äußere angezeigt werden soll:

```
Außenmodus - Objekte außerhalb der Umgrenzung werden ausgeblendet.
Zuschneideumgrenzung definieren oder Invertierungsoption wählen:
[polylinie Wählen/Vieleck/Rechteck/schnitt Invertieren] <Rechteck>: Option schnitt
Invertieren eingeben
Innenmodus - Objekte innerhalb der Umgrenzung werden ausgeblendet.
Zuschneideumgrenzung definieren oder Invertierungsoption wählen:
[polylinie Wählen/Vieleck/Rechteck/schnitt Invertieren] <Rechteck>:
```

Mit der Option AUS bei der ersten Anfrage schalten Sie den ganzen Block sichtbar, ohne die Umgrenzung zu löschen; mit der Option EIN wird die Umgrenzung wieder wirksam und der Block zugeschnitten.

Wählen Sie die Option POLYLINIE GENERIEREN bei der ersten Anfrage, wird eine bereits vorhandene Umgrenzung mit einer Polylinie nachgezeichnet. Mit der Option LÖSCHEN wird die Umgrenzung gelöscht.

Wenn Sie schon eine Umgrenzung erzeugt haben, können Sie bei der ersten Anfrage auch die Option SCHNITTTIEFE wählen. In diesem Fall können Sie eine vordere und hintere Ebene wählen, die parallel zur Ansicht liegen und ein 3D-Modell so beschneiden, dass nur der Teil dazwischen sichtbar ist.

```
[Ein/Aus/Schnitttiefe/Löschen/Polylinie generieren/Neue umgrenzung] <Neue>:  S für
Schnitttiefe
Geben Sie vorderen Schnittpunkt an oder [Abstand/Entfernen]:
Geben Sie hinteren Schnittpunkt an oder [Abstand/Entfernen]:
```

Geben Sie einen Punkt auf der vorderen und hinteren Ebene ein. In der Draufsicht auf einen 2D-Block würde die Eingabe von 0,0,10 und 0,0,-10 den Block unverändert lassen. Bei einem 3D-Modell würde nur der Teil des Modells angezeigt werden, der zwischen Z = 10 und Z = -10 liegt.

Mit der Option ENTFERNEN bei den Eingaben der Punkte kann die entsprechende Ebene entfernt werden. Mit der Option ABSTAND geben Sie den Abstand der Schnittebenen vom Betrachterstandort ein.

Befehl Zuschneiden

Wie oben schon erwähnt, können Sie mit dem Befehl ZUSCHNEIDEN auch alle eingefügten Objekte, die in Kapitel 12 beschrieben sind, einfügen, aber auch Blöcke und externe Referenzen. Sie finden ihn:

- Multifunktionsleiste: Symbol im Register EINFÜGEN, Gruppe REFERENZ

Die Bedienung ist identisch mit dem Befehl XZUSCHNEIDEN, nur dass nur ein Objekt gewählt werden kann und die Option SCHNITTTIEFE nicht zur Verfügung steht.

- *Markieren Sie einen zugeschnittenen Block, bekommen Sie Griffe an den Eckpunkten der Umgrenzung. Daran können Sie die Umgrenzung ändern.*
- *Mit dem Pfeilgriff lässt sich die Zuschneidung umkehren. Das bewirkt, dass ausgeblendete Bereiche sichtbar werden und der Rest unsichtbar wird (siehe Abbildung 11.45, rechts).*

Blöcke zuschneiden

1. Laden Sie die Zeichnung *A11-06.dwg* aus dem Ordner *Aufgaben*. Sie ist zunächst noch leer, enthält aber Blöcke.
2. Fügen Sie die Blöcke *BL1* und *BL2* mit dem Befehl EINFÜGE ein. Sie sehen, dass im Block *BL1* Bemaßungen enthalten sind, die im Zusammenbau stören.
3. Löschen Sie *BL2* zunächst wieder und schneiden Sie *BL1* mit einem Polygon zu. Setzen Sie die Eckpunkte ähnlich wie in Abbildung 11.45, Mitte.

Abbildung 11.45: Block zuschneiden

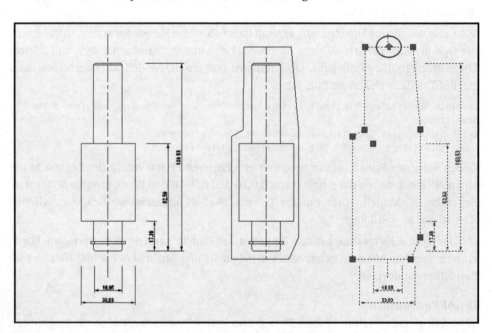

4. Fügen Sie dann den Block *BL2* ein. Die Maße sind jetzt ausgeblendet und stören im Zusammenbau nicht mehr. Das Ergebnis sehen Sie in Abbildung 11.46. Sie finden die Lösung auch in der Datei *L11-06.dwg* im Ordner *Aufgaben*.

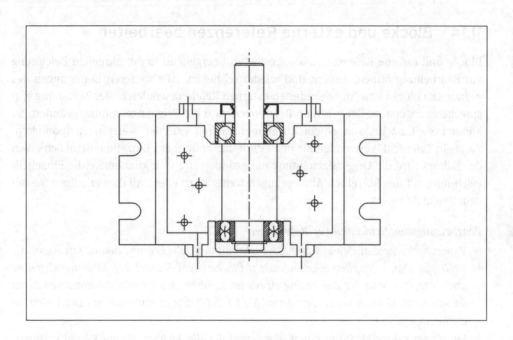

Abbildung 11.46:
Blöcke zusammengefügt

Systemvariable Frame und Xclipframe umschalten

Die Umgrenzungen aller in der Zeichnung zugeschnittenen Blöcke und die Rahmen aller unterlegten Dateien (siehe Kapitel 12) können Sie mit der Systemvariablen FRAME ein- und ausschalten bzw. plotbar oder nicht plotbar schalten. Sie finden diesen Umschalter:

- Multifunktionsleiste: Symbole in einem Abrollmenü im Register EINFÜGEN, Gruppe REFERENZ

```
Befehl: Frame
Neuen Wert für FRAME eingeben <0>:
```

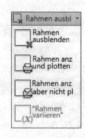

Drei Möglichkeiten stehen zur Auswahl: Der Rahmen wird nicht angezeigt und nicht geplottet (0), Rahmen wird angezeigt und geplottet (1) oder Rahmen wird angezeigt und nicht geplottet (2). Wird RAHMEN VARIIEREN angezeigt, sind die Einstellungen für Blöcke und XRefs oder Bilder und PDF-Dateien usw. unterschiedlich. Diese Einstellung wird nur angezeigt und kann nicht gewählt werden.

Die Umgrenzungen der in der Zeichnung zugeschnittenen Blöcke können Sie mit der Systemvariablen XCLIPFRAME schnell ein- und ausschalten. Mit einem Eintrag in der Menüleiste wird diese Variable umgeschaltet. Sie finden den Schalter:

- Menüleiste ÄNDERN, Untermenü OBJEKT >, Untermenü XREF >, Funktion RAHMEN
- Symbol im Werkzeugkasten REFERENZ

```
Befehl: Xclipframe
Neuen Wert für XCLIPFRAME eingeben <0>: 1 um Rahmen einzuschalten
```

11.14 Blöcke und externe Referenzen bearbeiten

Blöcke und externe Referenzen können Sie vorübergehend in der aktuellen Zeichnung zur Bearbeitung öffnen, ändern und wieder schließen. Alle weiteren Einfügungen des geänderten Blocks bzw. der geänderten externen Referenz werden in der Zeichnung entsprechend angepasst. Bei externen Referenzen wird die Originalzeichnung geändert. So können Sie Einzelteile in einem Zusammenbau mit externen Referenzen montieren. Passt ein Teil nicht, verwenden Sie den Editor und ändern das Einzelteil. Beim Schließen des Editors wird die Originalzeichnung mit geändert. Danach können Sie die Einzelteilzeichnung mit den korrekten Abmessungen weiter bearbeiten. All dies erledigen Sie mit dem Befehl REFBEARB.

Bearbeitungsmöglichkeiten für Referenzen

- *Verwechseln Sie den Befehl REFBEARB nicht mit dem Blockeditor, den es seit AutoCAD 2006 gibt. Damit erstellen Sie dynamische Blöcke (siehe Kapitel 23). Er eignet sich aber auch, um Blöcke in der Zeichnung zu editieren, ohne gleich einen dynamischen Block daraus machen zu müssen. Seit AutoCAD LT 2007 gibt es ihn auch in der LT-Version (siehe Kapitel 23).*
- *Mit einem Doppelklick auf einen Block wird der Blockeditor (Befehl BEDIT) gestartet, mit einem Doppelklick auf eine externe Referenz der Befehl REFBEARB. Der Befehl REFBEARB ist aber in vielen Fällen praktischer zum Bearbeiten von eingefügten Blöcken, da der Block im Kontext bearbeitet werden kann und nicht wie beim Befehl BEDIT in einem eigenen Fenster. Alles zum Blockeditor und den dynamischen Blöcken finden Sie in Kapitel 23.*

Befehl REFBEARB

Mit dem Befehl REFBEARB können Sie Blöcke oder externe Referenzen zur Bearbeitung öffnen. Je nachdem, welchen Arbeitsbereich Sie gewählt haben, bekommen Sie andere Bedienelemente. Beim Arbeitsbereich *2D-Zeichnung und Beschriftung* wird eine spezielle Gruppe in der Multifunktionsleiste eingeblendet (siehe Abbildung 11.45, oben). Diese bleibt so lange aktiv, bis Sie die Bearbeitung des Blocks beenden. Beim Arbeitsbereich *AutoCAD klassisch* wird der Werkzeugkasten REFERENZ BEARBEITEN aktiviert und nach der Bearbeitung wieder ausgeschaltet (siehe Abbildung 11.47, unten).

Doch zunächst müssen Sie den Befehl starten. Sie finden ihn:

- Multifunktionsleiste: Symbol im Register EINFÜGEN, Gruppe REFERENZ (erweiterter Bereich)
- Objekt anklicken, mit rechter Maustaste Kontextmenü aktivieren und Eintrag BLOCK AN JEWEILIGER STELLE BEARBEITEN oder XREF DIREKT BEARBEITEN wählen.
- Menüleiste EXTRAS, Untermenü DIREKTBEARBEITUNG VON XREFS UND BLÖCKEN >, Funktion REFERENZ AN JEWEIL. STELLE BEARBEITEN
- Linkes Symbol im Werkzeugkasten REFERENZ BEARBEITEN

Blöcke und externe Referenzen bearbeiten

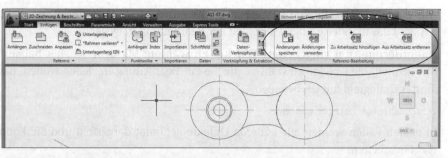

Abbildung 11.47:
Werkzeugkasten und Multifunktionsleiste zur Bearbeitung von Referenzen

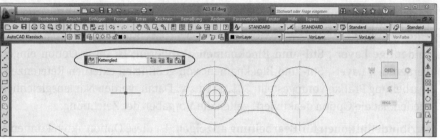

Danach wählen Sie ein Objekt, das bearbeitet werden soll. Danach bekommen Sie ein Dialogfeld, wenn Sie einen Block oder eine externe Referenz gewählt haben (siehe Abbildung 11.48). In der Liste sehen Sie den Referenznamen. Am Symbol erkennen Sie, ob Sie einen Block oder eine externe Referenz gewählt haben. Blöcke haben das gleiche Symbol wie die Blockbefehle in den Werkzeugkästen. Bei externen Referenzen wird das Symbol angezeigt, das Sie auch im Windows-Explorer bei Zeichnungsdateien finden. Haben Sie einen verschachtelten Block bzw. Referenz gewählt, sehen Sie im Fenster die Hierarchie der Verschachtelung (siehe Abbildung 11.48).

Abbildung 11.48:
Dialogfeld zur Bearbeitung von Referenzen

Alle eingebetteten Objekte automatisch wählen: Haben Sie diesen Schalter eingeschaltet, wird das markierte Objekt komplett zur Bearbeitung freigegeben.

Aufforderung, um eingebettete Objekte zu wählen: Mit dem Schalter haben Sie die Möglichkeit, die Objekte zu wählen, die Sie zur Bearbeitung freigeben wollen, nachdem Sie das Dialogfeld mit OK beenden.

```
Verschachtelte Objekte wählen:
```

In beiden Fällen werden alle anderen Objekte gedimmt dargestellt und Sie können sie nicht bearbeiten.

Register Einstellungen: Im Dialogfeld steht Ihnen noch ein zweites Register zur Verfügung. Hier können Sie weitere Einstellungen für die Bearbeitung vornehmen.

Eindeutige Layer-, Stil- und Blocknamen aktivieren: Ist diese Option eingeschaltet, werden den Layer-, Stil- und Blocknamen von geöffneten externen Referenzen bei der Bearbeitung Präfixe vorangestellt: 0, 1 usw. Damit werden Namensgleichheiten vermieden. Ist die Option deaktiviert, gelten die Vorgaben der Zeichnung.

Attributdefinitionen für Bearbeitung anzeigen: Ist diese Option aktiv, können auch die Attributdefinitionen des Blocks bearbeitet werden.

Objekte sperren, die nicht in Arbeitsgruppe sind: Ist dieser Schalter aktiviert, werden alle Objekte gesperrt, die nicht im Arbeitssatz sind. Dadurch wird verhindert, dass versehentlich Objekte in der Zeichnung bearbeitet werden, während der Referenzbearbeitungsmodus aktiv ist.

Wenn Sie das Dialogfeld beenden, wird im Werkzeugkasten REFBEARB der Name des Blocks bzw. der externen Referenz angezeigt, die gerade bearbeitet wird, und zwar so lange, bis sie wieder geschlossen ist.

> **INFO**
>
> *Dimmfaktor einstellen*
>
> Wie stark die Objekte gedimmt werden, wird von der Systemvariablen XFADECTL gesteuert.
>
> ```
> Befehl: Xfadectl
> Neuen Wert für XFADECTL eingeben <50>: z.B.: 70
> ```
>
> Die Variable kann zwischen 0 und 90 liegen. Bei 0 bleiben die Objekte auf dem Bildschirm, bei 90 verschwinden sie fast ganz. Diese Variable lässt sich auch im Befehl OPTIONEN (siehe Anhang A.4) einstellen.

> **INFO**
>
> *Bearbeiten von Blöcken und externen Referenzen*
>
> Haben Sie einen Block oder eine externe Referenz zur Bearbeitung geöffnet, werden alle Objekte, die Sie ab diesem Moment zeichnen, in den Block bzw. in die Referenz aufgenommen. Löschen Sie Objekte des Blocks bzw. der Referenz, werden diese entfernt. Sie können alle Befehle verwenden, Zeichen- und Editierbefehle sowie Änderungsfunktionen.

Blöcke und externe Referenzen bearbeiten

Befehl Refset

Mit dem Befehl REFSET können Sie Objekte aus der Zeichnung in den Block bzw. in die externe Referenz aufnehmen oder aus diesem bzw. dieser entfernen. Sie finden den Befehl zum Hinzufügen von Objekten:

- Multifunktionsleiste: Symbol in der temporären Gruppe REFERENZ-BEARBEITUNG
- Menüleiste ÄNDERN, Untermenü XREF UND BLOCK IN ZEICHNUNG BEARBEITEN >, Funktion ZU BEARBEITUNGSSATZ HINZUFÜGEN
- Symbol im Werkzeugkasten REFERENZ-BEARBEITUNG

Sie finden den Befehl zum Entfernen von Objekten:

- Multifunktionsleiste: Symbol in der temporären Gruppe REFERENZ-BEARBEITUNG
- Menüleiste ÄNDERN, Untermenü XREF UND BLOCK IN ZEICHNUNG BEARBEITEN >, Funktion AUS BEARBEITUNGSSATZ ENTFERNEN
- Symbol im Werkzeugkasten REFERENZ-BEARBEITUNG

Wählen Sie danach die Objekte, die Sie hinzufügen oder entfernen wollen.

Befehl Refclose

Mit dem Befehl REFCLOSE können Sie den Block oder die externe Referenz wieder schließen. Wählen Sie den Befehl zum Abbrechen der Bearbeitung und Verwerfen der Änderungen:

- Multifunktionsleiste: Symbol in der temporären Gruppe REFERENZ-BEARBEITUNG
- Menüleiste ÄNDERN, Untermenü XREF UND BLOCK IN ZEICHNUNG BEARBEITEN >, Funktion ÄNDERUNGEN AN REFERENZEN VERWERFEN
- Symbol im Werkzeugkasten REFERENZ-BEARBEITUNG

Oder zum Beenden der Bearbeitung und Speichern der Änderungen:

- Multifunktionsleiste: Symbol in der temporären Gruppe REFERENZ-BEARBEITUNG
- Menüleiste ÄNDERN, Untermenü XREF UND BLOCK IN ZEICHNUNG BEARBEITEN >, Funktion ÄNDERUNGEN AN REFERENZEN SPEICHERN
- Symbol im Werkzeugkasten REFERENZ-BEARBEITUNG

In beiden Fällen müssen Sie die Aktion in einem Feld mit OK bestätigen.

Block bearbeiten

1. Laden Sie die Zeichnung *A11-07.dwg* aus dem Ordner *Aufgaben*.
2. Öffnen Sie den Block *KETTENGLIED* zur Bearbeitung und zeichnen Sie weitere Objekte in das Kettenglied, z.B. weitere Kreise, und schließen Sie dann den Block wieder. Die Änderungen werden auf alle eingefügten Blöcke übertragen.
3. Die Lösung finden Sie im Ordner *Aufgaben*: *L11-07.dwg*.

Kapitel 11 • Blöcke, Attribute, externe Referenzen und Gruppen

Externe Referenz bearbeiten
1. Laden Sie die Zeichnung *A11-08.dwg* aus dem Ordner *Aufgaben*.
2. Das Teil kennen Sie aus einer der vorherigen Übungen. Es ist aus zwei externen Referenzen zusammengesetzt, passt aber leider nicht zusammen. Öffnen Sie deshalb die externe Referenz *A11-08-2* zur Bearbeitung und strecken Sie die Welle um 10 nach unten, sodass sie zwischen die Lager passt (siehe Abbildung 11.49).
3. Schließen Sie die externe Referenz wieder. Öffnen Sie dann die Zeichnung *A11-08-2.dwg*, die Originalzeichnung der Welle. Die Änderung ist auch hierher übertragen worden.

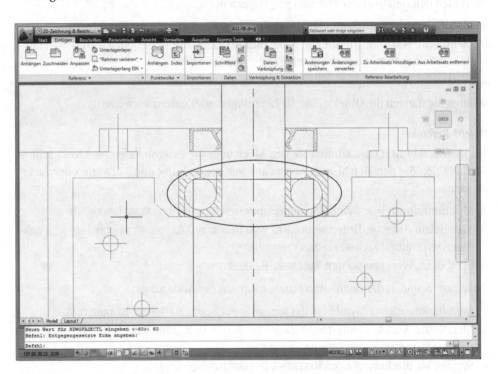

Abbildung 11.49:
Block bzw. externe Referenz bearbeiten

Bearbeitung von externen Referenzen in der Multifunktionsleiste
Arbeiten Sie mit der Multifunktionsleiste, haben Sie die Bearbeitungsfunktionen in dem temporären Register EXTERNE REFERENZ der Multifunktionsleiste. Klicken Sie dazu die externe Referenz einfach am Rand, ohne einen Befehl gewählt zu haben, an und das Register wird angezeigt (siehe Abbildung 11.50).

Gruppen in AutoCAD

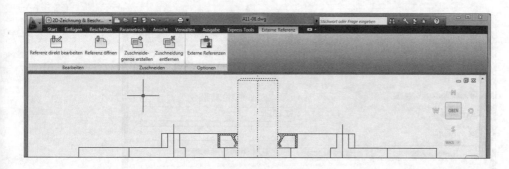

Abbildung 11.50:
Temporäres Register zur Bearbeitung von externen Referenzen

Mit [Esc] kommen Sie wieder zum vorhergehenden Register zurück.

11.15 Gruppen in AutoCAD

Blöcke eignen sich dann, wenn Symbole mehrfach benötigt werden, eventuell auch in verschiedenen Zeichnungen. Sobald ein eingefügter Block geändert werden muss, werden die Vorteile schnell zum Nachteil. Blöcke lassen sich zwar mit dem Blockeditor ändern. Das ist aber aufwendig, wenn noch sehr viel an der Zeichnung gearbeitet wird. Hier sind Gruppen eventuell flexibler. Objekte lassen sich in der Zeichnung zu Gruppen zusammenfassen. Dabei handelt es sich um einen lockeren Verband, dessen Einzelteile geändert werden können. Mit den Objekten wird lediglich die Gruppenzugehörigkeit gespeichert. Die Gruppenbefehle unterscheiden sich in AutoCAD und AutoCAD LT. Der Gruppenbefehl wird in AutoCAD in den Menüs nicht unterstützt und ist deshalb für den normalen Zeichenprozess umständlich zu handhaben. In diesem Abschnitt sehen wir uns dies in AutoCAD an.

Eigenschaften von Gruppen

- Objekte auf verschiedenen Layern lassen sich zu Gruppen zusammenfassen.
- Die Gruppe kann insgesamt bearbeitet werden (schieben, drehen, vergrößern, verkleinern usw.). Einzelne Objekte der Gruppe können auch unabhängig bearbeitet werden.
- Eine Gruppe kann bei der Objektwahl per Namen ausgewählt werden.
- In einer Gruppe lassen sich Objekte hinzufügen oder entfernen.

Befehl Gruppe

Mit dem Befehl GRUPPE lassen sich Gruppen bilden und bearbeiten. Sie finden den Befehl nicht in den Menüs. Geben Sie ihn auf der Tastatur ein und Sie erhalten das Dialogfeld für die Gruppen (siehe Abbildung 11.51).

Abbildung 11.51:
Dialogfeld zur Bildung und Änderung von Gruppen

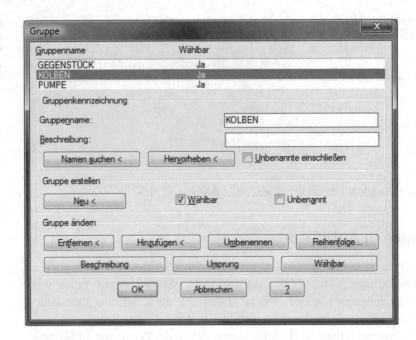

Gruppe bilden

- Tragen Sie im Feld GRUPPENNAME einen Namen ein. Im Feld BESCHREIBUNG können Sie einen erklärenden Text hinzufügen.
- Kreuzen Sie das Feld WÄHLBAR an, wenn Sie bei der Objektwahl die Gruppe gesamt wählen wollen. Schalten Sie es aus, sollen die Objekte einzeln wählbar bleiben. Wenn Sie das Feld UNBENANNT ankreuzen, erhält die Gruppe keinen Namen.
- Klicken Sie die Schaltfläche NEU < an, das Dialogfeld verschwindet und Sie können die Objekte der Gruppe wählen. Mit ↵ erscheint wieder das Dialogfeld und die Gruppe ist erzeugt. Sie können eine neue Gruppe bilden, wenn Sie einen neuen Namen eingeben.
- Gruppen können auch andere Gruppen enthalten. Wenn ein Zusammenbau Baugruppen enthält und diese wieder Bauteile, die dann aus einzelnen AutoCAD-Objekten bestehen, können Sie diese Hierarchie mit Gruppen nachbilden.
- Normalerweise sollte eine Gruppe immer wählbar sein. Dann wird die gesamte Gruppe markiert, wenn Sie bei der Objektwahl ein Element der Gruppe anklicken. Ist die Gruppe nicht wählbar, können Sie die Elemente einzeln wählen.

Gruppe ändern

- Markieren Sie in der Liste Gruppennamen. Klicken Sie die Schaltflächen ENTFERNEN < oder HINZUFÜGEN < an. Das Dialogfeld verschwindet und Sie können Objekte auswählen, die zur Gruppe hinzugefügt oder aus der Gruppe entfernt werden sollen.

- Wollen Sie den Gruppennamen ändern, markieren Sie ihn in der Liste, tragen einen neuen Namen im Feld GRUPPENNAME ein und klicken auf die Schaltfläche UMBENENNEN. Haben Sie auch die Beschreibung geändert, klicken Sie zusätzlich auf die Schaltfläche BESCHREIBUNG.
- Wollen Sie eine Gruppe auflösen, markieren Sie die Gruppe in der Liste und klicken auf die Schaltfläche URSPRUNG. Die Gruppe verschwindet dann aus der Liste.
- Wollen Sie einzelne Objekte der Gruppe wählen können, markieren Sie die Gruppe in der Liste und klicken auf die Schaltfläche WÄHLBAR. Die Wählbarkeit wird umgeschaltet. Steht JA in der Liste, wird die Gruppe mit der Objektwahl insgesamt gewählt, bei NEIN können die einzelnen Objekte gewählt werden.

Gruppe suchen

- Wenn Sie eine Gruppe in der Zeichnung suchen, markieren Sie sie in der Liste. Klicken Sie auf die Schaltfläche HERVORHEBEN < und sie wird in der Zeichnung gepunktet dargestellt. Mit OK kommen Sie wieder ins Dialogfeld.
- Wollen Sie wissen, welcher Gruppe ein Objekt in der Zeichnung angehört, klicken Sie auf die Schaltfläche NAMEN SUCHEN <. Das Dialogfeld verschwindet und Sie können das Objekt wählen. In einem weiteren Dialogfeld wird Ihnen angezeigt, zu welcher Gruppe das Objekt gehört.

Objektreihenfolge in einer Gruppe

- Wenn Sie auf die Schaltfläche REIHENFOLGE... klicken, können Sie die Reihenfolge der Objekte in einer Gruppe ändern. In einem weiteren Dialogfeld können Sie umsortieren, die einzelnen Objekte anzeigen oder die Reihenfolge ändern.

Gruppen wählen bei Editierbefehlen

- Ist eine Gruppe nicht wählbar, kann sie mit der Objektwahl nicht im Ganzen angewählt werden.
- Ist eine Gruppe wählbar, wird bei Anwahl eines Objekts der Gruppe die ganze Gruppe markiert. Sie können sie auch mit dem Namen bei der Objektwahl jedes Editierbefehls angeben:

```
Befehl: Schieben
Objekte wählen: G für Gruppe
Gruppenname eingeben: Teil1
Objekte wählen: eventuell weitere Objekte wählen
objekte wählen: ⏎
```

- Schalten Sie beim Befehl OPTIONEN (siehe Anhang A.4) im Register AUSWAHL die Wahlmöglichkeit OBJEKTGRUPPE aus, können Sie bei der Objektwahl nur einzelne Objekte wählen. Trotzdem können Sie bei der Objektwahl den Namen für eine Gruppe eingeben. Damit haben Sie beide Möglichkeiten kombiniert und Sie müssen nicht immer die Wählbarkeit von Gruppen umschalten.

11.16 Gruppen in AutoCAD LT

Gruppen gibt es auch in AutoCAD LT. Aber das Dialogfeld für die Gruppen sieht komplett anders aus. Außerdem ist die Handhabung von unbenannten Gruppen etwas unkomplizierter.

Befehl Gruppe, der Gruppenmanager

Mit dem Befehl GRUPPE können Sie in einem Dialogfeld, dem sogenannten Gruppenmanager (siehe Abbildung 11.52), alle Aktionen für die Bearbeitung von Gruppen vornehmen.

- Menüleiste EXTRAS, Funktion GRUPPENMANAGER...
- Symbol im Werkzeugkasten GRUPPIEREN

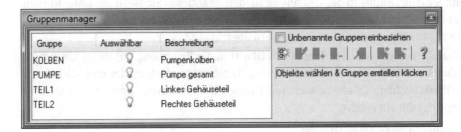

Abbildung 11.52: Gruppenmanager

Gruppe bilden

- Klicken Sie auf das Symbol GRUPPE ERSTELLEN. Eine Gruppe wird erstellt und der Cursor erscheint in der Liste. Tragen Sie dort einen Namen für die Gruppe ein und bestätigen Sie mit ⏎. Die Gruppe ist angelegt, hat aber noch keine Objekte, was Sie auch in der Kommentarzeile darunter angezeigt bekommen.
- Die Gruppe ist wählbar, wie Sie an der Glühlampe in der gleichnamigen Spalte in der Liste der Gruppen sehen können. Ist die Gruppe AUSWÄHLBAR, können Sie die Gruppe wie einen Block wählen, indem Sie ein Objekt der Gruppe anklicken.
- Wenn Sie ins Feld BESCHREIBUNG klicken, können Sie einen Beschreibungstext für die Gruppe eintragen.

Objekt zur Gruppe hinzufügen

- Jetzt haben Sie zwar eine Gruppe, aber ohne Objekte. Markieren Sie Objekte in der Zeichnung, ohne vorher einen Befehl zu wählen.

- Markieren Sie dann die Gruppe in der Liste und klicken Sie auf das Symbol ZU GRUPPE HINZUFÜGEN (linkes Symbol).

Gruppe auswählbar oder nicht

- Wollen Sie jetzt Objekte wieder aus der Gruppe entfernen, müssen Sie diese anwählen. Da die Gruppe aber wählbar geschaltet ist (Standardeinstellung), werden sofort alle Objekte der Gruppe gewählt.

- Abhilfe schafft die WÄHLBARKEIT. Markieren Sie in der Liste die gewünschte Gruppe oder auch gleich mehrere und klicken Sie auf die Glühlampe (siehe Abbildung 11.53). Diese wird dunkel und die Gruppe ist nicht mehr wählbar.

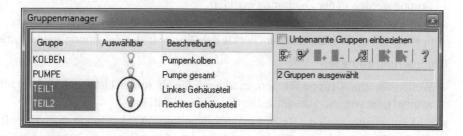

Abbildung 11.53:
Wählbarkeit ausgeschaltet

Objekt aus der Gruppe entfernen

- Ist die Wählbarkeit einer Gruppe ausgeschaltet, können Sie daraus auch Objekte entfernen. Markieren Sie die Gruppe in der Liste und die Objekte in der Zeichnung, die Sie aus der Gruppe entfernen wollen.
- Klicken Sie dann auf das Symbol AUS GRUPPE ENTFERNEN (rechtes Symbol) und die Objekte werden aus der Gruppe entfernt.

Details über die Gruppe anzeigen

- Wollen Sie Detailinformationen zu einer Gruppe anzeigen, markieren Sie diese in der Liste und klicken Sie dann auf das Symbol DETAILS.
- In einem weiteren Dialogfeld bekommen Sie die Informationen zu der Gruppe auf den Bildschirm (siehe Abbildung 11.54). Gleichzeitig wird die Gruppe in der Zeichnung markiert.

Abbildung 11.54:
Detailinformationen zu einer Gruppe

Gruppe an- und abwählen

- Auch hierfür muss die Gruppe wählbar sein. Markieren Sie eine oder mehrere Gruppen in der Liste und klicken Sie auf das Symbol GRUPPE WÄHLEN. Die Objekte der Gruppe werden in der Zeichnung markiert.
- Markieren Sie eine Gruppe und klicken Sie auf das Symbol AUSWAHL DER GRUPPE AUFHEBEN, wird die Markierung der Objekte der Gruppe in der Zeichnung wieder entfernt.

Gruppierung aufheben

- Wollen Sie eine Gruppe löschen, markieren Sie sie in der Liste und klicken auf das Symbol GRUPPIERUNG AUFHEBEN. Die Gruppe wird entfernt.
- Sie können aber auch die Gruppe in der Zeichnung anwählen (ohne einen Befehl) und dann im Werkzeugkasten GRUPPIEREN das gleiche Symbol zum Aufheben einer Gruppe wählen. Die Gruppierung wird aufgehoben und die Gruppe aus der Liste des Gruppenmanagers gelöscht. Dasselbe können Sie auch mit der Funktion GRUPPIERUNG AUFHEBEN im Abrollmenü EXTRAS erledigen.

Unbenannte Gruppen

Mit dem Befehl GRUPPE können Sie schnell eine Gruppe bilden, ohne dieser erst einen Namen geben zu müssen. Wählen Sie diese Variante:

- Menüleiste EXTRAS, Funktion GRUPPIEREN
- Symbol im Werkzeugkasten GRUPPIEREN

Wählen Sie die Objekte in der Zeichnung, die in diese Gruppe aufgenommen werden sollen. In der Liste des Gruppenmanagers erscheint diese unbenannte Gruppe nur dann, wenn Sie den Schalter UNBENANNTE GRUPPEN EINBEZIEHEN eingeschaltet haben.

Unbenannte Gruppen werden mit *An durchnummeriert (*A1, *A2, *A3 usw.). Alles was Sie über Gruppen erfahren haben, gilt auch für unbenannte Gruppen. Aus einer unbenannten Gruppe können Sie schnell auch eine benannte machen. Klicken Sie dazu den Namen in der Liste des Gruppenmanagers an und überschreiben Sie diesen.

Gruppenwahl ein- und ausschalten

In AutoCAD LT müssen Sie die Gruppenwahl nicht in den Optionen des Programms umschalten. Hierzu haben Sie ein Symbol im Werkzeugkasten:

- Symbol im Werkzeugkasten GRUPPIEREN

Hier können Sie umschalten, ob bei der Objektwahl die komplette Gruppe oder einzelne Objekte gewählt werden sollen.

Arbeiten mit Gruppen

1. Egal, ob Sie mit AutoCAD oder AutoCAD LT arbeiten: Laden Sie die Zeichnung *A11-09.dwg* aus dem Ordner *Aufgaben*, eine Zeichnung mit drei Baugruppen.

2. Machen Sie aus den Teilen der Zeichnung drei Gruppen, z.B.: *Teil1* (linkes Gehäuseteil), *Teil2* (rechtes Gehäuseteil) und *Kolben*. Schalten Sie die Gruppen wählbar und aktivieren Sie die Gruppenwahl.
3. Fügen Sie die Teile wie in Abbildung 11.55 zusammen.
4. Sie können jetzt beispielsweise ganz einfach den Kolben wieder herausschieben, wenn Sie ihn an einer Stelle anwählen.
5. Entfernen Sie die Mittellinien aus den Gruppen *Teil1* und *Teil2*. Wenn sie aus den Gruppen entfernt wurden, können sie gelöscht werden. Sie können die Gruppenwahl auch ausschalten und die Objekte löschen, ohne sie vorher aus der Gruppe entfernen zu müssen.
6. Zeichnen Sie eine Mittellinie über den gesamten Kolben und nehmen Sie diese in die Gruppe *Kolben* auf. Entfernen Sie die rechte Begrenzungslinie am Gehäuse, dort wo der Kolben durchläuft. Löschen Sie sie aus der Zeichnung.
7. Erzeugen Sie die Gruppe *Pumpe* aus der gesamten Baugruppe.
8. Eine Lösung finden Sie auch in Ihrem Übungsordner: *L11-09.dwg*.

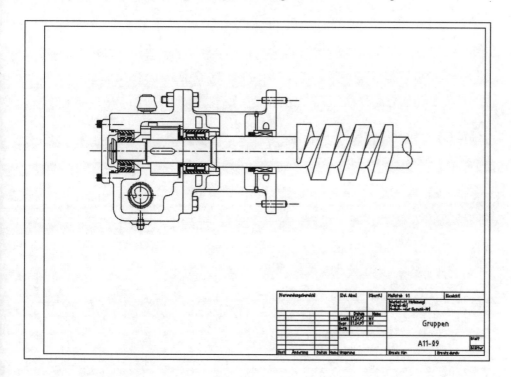

Abbildung 11.55:
Baugruppen in einer Zeichnung

2. Wählen Sie aus der Teilhierarchie noch ein Bauteil aus (Zahnrad, Getriebe...) und fügen Sie es der Unterbaugruppe hinzu. Speichern Sie die Gruppe ab.

3. Fügen Sie das Teil, wie in Abbildung 11.5 dargestellt, ein, in dem Sie es in Kontext neuerlich holzflanschartig zusammen mit dem bereits bestehenden Bauteil gruppieren.

4. Entfernen Sie die Abhängigkeit aus den Gruppen-Teil und Teil, wechseln Sie in die Gruppen-Umgebung. Kopieren Sie es erneut. Sie können die Gruppen nun auch abspeichern und dann verschachteln, diese wie aus der Gruppe entnehmen zu müssen.

5. Zeichnen Sie eine skill-linie Ebene ein, so wie in 11.5 an Griffrand. Sie diese in der Gruppe fallen und fügen Sie die notwendigen Abhängige aus Gruppe, dass wir definitionsgemäß (Beachte Sie sie aus der Zeichnung).

6. Kopieren Sie die Gruppe einmal. Sie ist jetzt das zweite Bauteil.

Eine Lösung finden Sie auch in Ihrem Übungsordner (...).

Abbildung 11.5:
Baugruppen
aus den Teilräumen

Kapitel 12
Bilder, DWF-, DGN- und PDF-Dateien

Im letzten Kapitel haben Sie gesehen, wie bestehende Zeichnungsdateien in neue Zeichnungen geladen werden können. Sie können aber auch Bilddateien in eine Zeichnung laden und anzeigen.

12.1 Bilddateien zuordnen

In AutoCAD haben Sie die Möglichkeit, Bilder in die Zeichnung zu übernehmen und zu bearbeiten. Das bringt eine ganze Reihe von Anwendungsmöglichkeiten:

- Firmenlogos, Markenzeichen, spezielle Schriftzüge usw. im Zeichnungskopf oder in der Zeichnung platzieren
- Zeichnungen scannen und als Hintergrund zum Nachzeichnen in eine neue Zeichnung legen
- Produktfotos einer digitalen Kamera in eine technische Zeichnung, eine Präsentationsfolie oder eine Druckvorlage übernehmen
- Bilder oder Fotos als Zeichnungshintergrund verwenden
- Ansichten von 3D-Modellen mit gerenderten Bildern in einer Zeichnung anordnen

Bilder sind als einzelne farbige Punkte gespeichert. Hier werden nicht, wie in AutoCAD-Dateien, Zeichnungsobjekte mit ihren Koordinaten gespeichert, sondern alle Bildpunkte des Bildes zeilenweise. Alle in Windows-Programmen üblichen Rasterdateiformate wie BMP, JPEG, PCX, TGA und TIFF können verwendet werden.

Die Befehle für die Verwaltung von Bilddateien haben die gleichen Funktionen wie die von externen Referenzen. Es gibt einen Befehl, um Bilddateien zuzuordnen, den Befehl BILDZUORDNEN, und einen Bild-Manager, der mit dem Befehl BILD gestartet wird.

Befehl Anhang bzw. Bildzuordnen

Bilddateien können Sie wie externe Referenzen mit dem Befehl ANHANG laden und in der Zeichnung platzieren. Sie können auch den Befehl BILDZUORDNEN verwenden. Der macht dasselbe, nur dass der Dateityp da schon vorgewählt ist (siehe unten). Wählen Sie einen der Befehle:

- Multifunktionsleiste: Symbol im Register EINFÜGEN, Gruppe REFERENZ
- Menüleiste EINFÜGEN, Funktion RASTERBILD REFERENZ...
- Symbole im Werkzeugkasten REFERENZ und EINFÜGEN

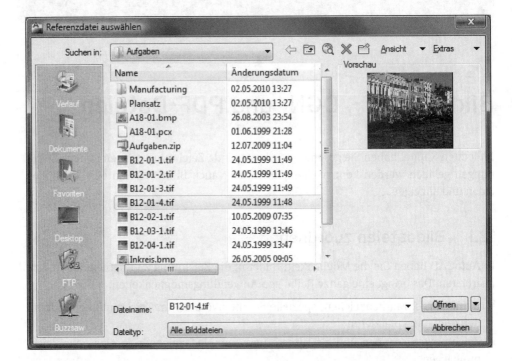

Abbildung 12.1: Dialogfeld zur Auswahl der Bilddatei

Sie bekommen den Dateiwähler auf den Bildschirm (siehe Abbildung 12.1). Hier müssen Sie beim Dateityp *Alle Bilddateien* wählen. Beim Befehl BILDZUORDNEN ist das schon vorgewählt. Mit der Schaltfläche ÖFFNEN kommen Sie zum nächsten Dialogfeld (siehe Abbildung 12.2).

Das Dialogfeld ist genauso aufgebaut wie das der Befehle EINFÜGE und XZUORDNEN. Im Feld NAME wurde der Dateiname übernommen. Mit der Schaltfläche DURCHSUCHEN... kommen Sie noch einmal zum vorherigen Dialogfeld und Sie könnten eine andere Datei wählen. Das Feld NAME ist als Abrollmenü ausgelegt. Hier können Sie schon einmal eingefügte Dateien noch einmal in der Zeichnung platzieren.

Abbildung 12.2:
Dialogfeld zur Platzierung von Bilddateien

Pfadtyp: In diesem Abrollmenü stellen Sie die Art der Speicherung des Pfads der Bilddatei in der Zeichnung ein. Soll der komplette Pfad der Bilddatei in der Zeichnung gespeichert werden, wird die Einstellung VOLLSTÄNDIGER PFAD gewählt. Wird die Zeichnung wieder geöffnet, werden die Bilder immer am originalen Speicherort gesucht. Bei der Einstellung RELATIVER PFAD wird der Pfad zu der Bilddatei nur teilweise gespeichert, d.h. nur der Pfad ab dem aktuellen Ordner und darunter. Verschieben Sie später beispielsweise das komplette Projekt in einen Ordner auf dem Server, werden die Bilder auch dort gefunden. Wenn die Einstellung KEIN PFAD gewählt wurde, werden die Bilder nur im Ordner der aktuellen Zeichnung gesucht. Unter dem Feld NAME werden der Originalpfad und, entsprechend der Einstellung im Abrollmenü, der gespeicherte Pfad zu der Bilddatei angezeigt.

Darunter stellen Sie den Einfügepunkt, den Skalierfaktor und die Drehung ein. Sie haben bei jedem dieser Werte einen Schalter AM BILDSCHIRM BESTIMMEN. Ist dieser eingeschaltet, sind die Eingabefelder gedimmt und Sie wählen diesen Wert im Dialog. Haben Sie alle Schalter aktiviert, läuft folgender Dialog im Befehlszeilenfenster, wenn Sie auf OK klicken:

```
Einfügepunkt angeben <0,0>:
Basisbildgröße: Breite: 40.216667, Höhe: 41.910000, Millimeter
Skalierfaktor angeben oder [Einheit] <1>:
Legen Sie den Drehwinkel fest <0>:
```

Geben Sie den Einfügepunkt ein oder klicken Sie ihn in der Zeichnung an. Danach wird die Bildgröße als Voransicht angezeigt. Bewegen Sie das Fadenkreuz, wird der Skalierfaktor dynamisch bestimmt. Sie können aber auch einen Skalierfaktor eintragen. Mit der Option EINHEIT bekommen Sie die Bildgröße in einer anderen Einheit und Sie können den Skalierfaktor aufgrund der Abmessungen besser berechnen.

```
Basisbildgröße: Breite:   40.216667, Höhe: 41.910000, Millimeter
Skalierfakt. angeben oder [Einheit] <1>: E für Einheit
Einheit eingeben [MM/ZEntimeter/METer/Kilometer/ZOll/Fuß/Yard/MEIle/keine Einheit]
<Millimeter>: z.B.: ze für Zentimeter
Basisbildgröße: Breite:   4.021667, Höhe: 4.191000, Zentimeter
Skalierfaktor angeben oder [Einheit] <1>:
```

Klicken Sie auf die Schaltfläche DETAILS ANZEIGEN, bekommen Sie weitere Informationen zu der Bilddatei (siehe Abbildung 12.3). Auflösung, Bildgröße in Pixel und in Einheiten sowie die gewählten Einheiten (siehe unten) werden im unteren Teil des Dialogfelds angezeigt. Mit der Schaltfläche DETAILS AUSBLENDEN wird das Dialogfeld wieder verkleinert.

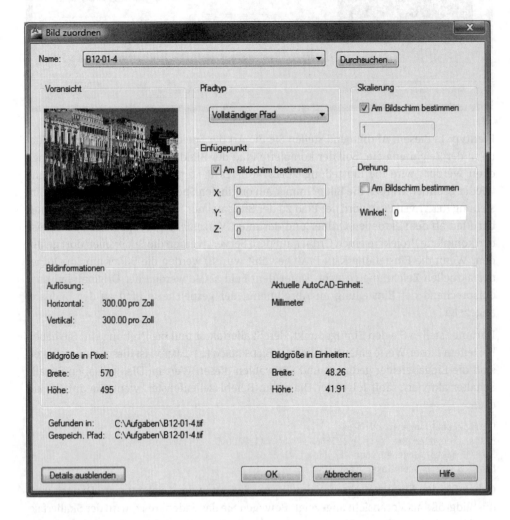

Abbildung 12.3:
Dialogfeld mit detaillierten Informationen zur Bilddatei

Bilddateien zuordnen

Bilder laden

1. Starten Sie eine neue Zeichnung.
2. Fügen Sie Bilddateien aus dem Ordner *Aufgaben* ein. Verwenden Sie die Fotos *B12-01-1.TIF* bis *B12-01-4.tif*. Passen Sie den Skalierfaktor entsprechend an.

Bilddateien werden wie externe Referenzen nicht in die Zeichnungsdatei übernommen sondern dort nur angezeigt. Geben Sie eine Zeichnung mit eingefügten Bildern weiter, müssen Sie auch die Bilddateien mitgeben.

Befehl XRef

Auch Bilder in der Zeichnung können Sie wie externe Referenzen mit dem Befehl XREF verwalten. Sie finden den Befehl:

- Multifunktionsleiste: Symbol im Register ANSICHT, Gruppe PALETTEN
- Multifunktionsleiste: Register EINFÜGEN, Gruppe REFERENZ (Pfeil rechts unten)
- Menüleiste EINFÜGEN, Funktion EXTERNE REFERENZEN...
- Symbol in der Statusleiste (nur dann, wenn auch schon Zeichnungen als Referenzen eingefügt wurden)
- Symbol im Werkzeugkasten REFERENZ

Dateireferenzen: In der oberen Liste der Palette, den Dateireferenzen, sehen Sie die Liste aller eingefügten Bilder (siehe Abbildung 12.4). Es ist die gleiche Palette wie bei den externen Referenzen (siehe Kapitel 11.9). Hätten Sie in der Zeichnung auch externe Referenzen eingefügt, würden sie in dieser Liste auch erscheinen. Der erste Eintrag entspricht der aktuellen Zeichnung, in die die Bilder eingefügt wurden, darunter folgt die Liste der eingefügten Bilder. In der ersten Spalte wird der Name angezeigt, den das Bild in der eingefügten Zeichnung hat, der sich vom Dateinamen auch unterscheiden kann. Wenn Sie einen Namen zweimal anklicken (kein Doppelklick, Pause dazwischen), können Sie den Namen überschreiben. Das Bild bekommt so in der Zeichnung einen anderen Namen als den der eingefügten Datei, einen sogenannten *Aliasnamen*. In den nächsten Spalten werden der Status (siehe unten) und die Dateigröße angezeigt. Dahinter, im Feld TYP, ist die Art der Bilddatei aufgelistet (TIFF, JPG, usw.). Dann folgen Datum und Pfad, aber nur dann, wenn der Pfad gespeichert wurde. Ansonsten finden Sie dort nur den Dateinamen.

Mit den Schaltern rechts in der Titelleiste des Felds DATEIREFERENZEN können Sie zwischen der Liste und der Strukturansicht umschalten. Haben Sie aber nur Bilder und keine externen Referenzen in der Zeichnung, dann ergibt die Strukturansicht keinen Sinn.

Haben Sie einen Namen in der Liste markiert, dann werden im unteren Teil der Palette die Details der eingefügten Bilddatei angezeigt. Die hellen Felder können geändert werden, die grau unterlegten sind Anzeigen, die nicht geändert werden können. Sie können also auch hier den Referenznamen ändern und dem Bildnamen in der Zeichnung eine andere Datei zuordnen. Dazu müssen Sie den Dateinamen im Feld GEFUNDEN IN ändern oder auf die drei Punkte klicken und eine neue Datei im Dateiwähler aussuchen. Dem Bildnamen in der

Zeichnung wird dann eine neue Datei zugeordnet. Das Feld mit den drei Punkten erscheint nur dann, wenn Sie den Dateinamen in der Detailanzeige markiert haben.

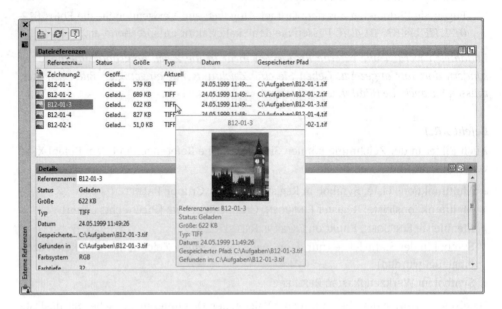

Abbildung 12.4: Palette des Befehls XREF

Mit den Schaltern rechts in der Titelleiste des Felds DETAILS können Sie zwischen der Detailanzeige und einer Voransicht der Bilddatei umschalten (siehe Abbildung 12.5).

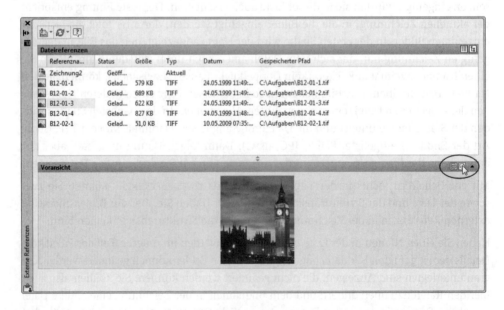

Abbildung 12.5: Voransicht im unteren Teil der Palette

Klicken Sie in der oberen Reihe mit den Symbolen auf das linke Symbol, gelangen Sie wieder zum Befehl BILDZUORDNEN (siehe Kapitel 11.9). Klicken Sie auf den Pfeil daneben, erscheint ein Abrollmenü, in dem Sie die zusätzlichen Funktionen DWG-ZUORDNEN, BILD ZUORDNEN, DWF ZUORDNEN usw. finden.

Das Symbol in der Mitte aktualisiert das gerade in der Liste markierte Bild. Auch hier bekommen Sie mit dem Pfeil daneben ein Abrollmenü, aus dem Sie die Funktion ALLE REFERENZEN NEU LADEN aufrufen können. Alle eingefügten Bilder werden aktualisiert, das heißt neu geladen.

Markieren Sie ein oder mehrere Bilder in der Liste und drücken die rechte Maustaste, bekommen Sie ein Kontextmenü, aus dem Sie die folgenden Funktionen wählen können:

- **Öffnen:** Mit diesem Eintrag können Sie die markierten Bilder in dem Bildbearbeitungsprogramm öffnen, das für den Dateityp in Windows zugeordnet ist, zum Beispiel der PICASA PHOTO VIEWER (siehe Abbildung 12.6). Eine Bearbeitung ist nicht möglich, da die Datei nicht abgespeichert werden kann, wenn die Zeichnung mit dem eingefügten Bild geöffnet ist.

Abbildung 12.6:
Bild im Picasa Photo Viewer geöffnet

- **Zuordnen:** Damit aktivieren Sie den Befehl BILDZUORDNEN und können das markierte Bild in der Zeichnung noch einmal platzieren oder eine neues Bild zur Platzierung wählen.
- **Entfernen:** Markieren Sie Bilder und klicken Sie auf den Eintrag ENTFERNEN, werden sie ausgeblendet. Sie werden nicht mehr angezeigt, die Verbindung bleibt aber in der Zeichnung gespeichert.
- **Neuladen:** Sie können entfernte Bilder wieder einblenden, wenn Sie die ausgeblendeten markieren und auf den Eintrag NEULADEN klicken. Der Bildaufbau lässt sich beschleunigen, wenn Sie vorübergehend nicht benötigte Bilder ausblenden.
- **Lösen:** Mit dem Eintrag LÖSEN werden die markierten Bilder gelöscht. Sie verschwinden aus der Liste und aus der Zeichnung.

12.2 Bilder bearbeiten

Bilder lassen sich nicht nur anzeigen, Sie können sie auch in gewissem Umfang bearbeiten. Farbe und Helligkeit lassen sich für jedes Bild individuell einstellen, um so die Ausgabequalität zu optimieren.

Bildbearbeitung in der Multifunktionsleiste

Arbeiten Sie mit der Multifunktionsleiste, haben Sie die Funktionen zur Bildbearbeitung in dem temporären Register BILD der Multifunktionsleiste. Klicken Sie dazu das Bild einfach, ohne einen Befehl gewählt zu haben, an und Sie bekommen das Register angezeigt (siehe Abbildung 12.7).

Abbildung 12.7: Temporäres Register zur Bearbeitung von Bilddateien

Mit [Esc] kommen Sie wieder zum vorhergehenden Register zurück.

Gruppe Anpassen: Hier lassen sich Helligkeit und Kontrast des Bildes an Schiebereglern zwischen 0 und 100 einstellen. Mit dem Regler FADE stellen Sie die Dichte des Bildes ein. Je mehr Sie den Regler aufmachen, desto blasser wird das Bild und desto mehr kommt der Bildschirmhintergrund durch

Gruppe Zuschneiden: Mit dem linken Symbol in dieser Gruppe lässt sich das markierte Bild zuschneiden und mit dem rechten die Umgrenzung wieder löschen, damit das Bild wieder komplett angezeigt wird. Wenn Sie mehrere Bilder angewählt haben, sind diese Symbole nicht aktiv. Wenn Sie die Funktion zum Zuschneiden starten, wird der Befehl BILZUSCHNEIDEN schon mit einer vorgewählten Option aktiviert:

Bilder bearbeiten

```
Befehl: Bildzuschneiden
Option zum Zuschneiden des Bildes eingeben [Ein/Aus/Löschen/Neue umgrenzung]
<Neue>: _N
Außenmodus - Objekte außerhalb der Umgrenzung werden ausgeblendet.
Zuschneideumgrenzung definieren oder Invertierungsoption wählen:
[polylinie Wählen/Vieleck/Rechteck/schnitt Invertieren] <Rechteck>: Zwei Eckpunkte des
Rechtecks klicken oder andere Option wählen
```

Wählen Sie die beiden Eckpunkte und das Bild wird entsprechend zugeschnitten (siehe Abbildung 12.8, links). Die weiteren Optionen des Befehls finden Sie weiter unten.

- *Markieren Sie ein zugeschnittenes Bild, bekommen Sie Griffe an den Eckpunkten der Umgrenzung. Daran können Sie die Umgrenzung ändern.*
- *Mit dem Pfeilgriff lässt sich die Zuschneidung umkehren. Das bewirkt, dass ausgeblendete Bereiche sichtbar werden und der Rest unsichtbar wird (siehe Abbildung 12.8, rechts).*

Abbildung 12.8:
Bild zugeschnitten und Zuschneidung invertiert

Gruppe Optionen: Mit dem linken Symbol in dieser Gruppe können Sie die Anzeige des markierten Bildes ein- und ausschalten. Das Bild wird nicht gelöscht, wenn Sie die Anzeige ausschalten. Mit dem mittleren Symbol können Sie die Transparenz für das Bild einstellen und mit dem rechten schalten Sie die Palette für die externen Referenzen ein.

Befehl Bildanpassen

Neben diesen Funktionen in dem temporären Register der Multifunktionsleiste haben Sie auch noch separate Befehle zur Bearbeitung von Bildern. Diese verwenden Sie vor allem dann, wenn Sie mit der klassischen Oberfläche arbeiten. Sie können auch den Befehl BILDANPASSEN verwenden:

- Menüleiste ÄNDERN, Untermenü OBJEKT >, Untermenü BILD >, Funktion ANPASSEN...
- Symbol im Werkzeugkasten REFERENZ

Wählen Sie ein Bild, und Sie können in einem Dialogfeld die Einstellung vornehmen (siehe Abbildung 12.9).

Abbildung 12.9:
Dialogfeld zur Anpassung von Bildern

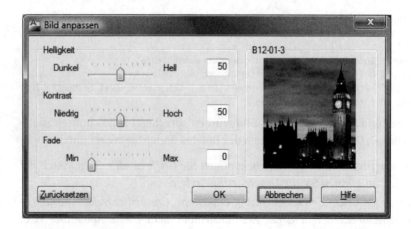

Hier haben Sie ebenfalls die Schiebereglern für Helligkeit, Kontrast und Fade.

Befehl Bildqualität

Mit dem Befehl BILDQUALITÄT verändern Sie die Anzeigequalität von Bildern auf dem Bildschirm. Sie finden den Befehl:

- Menüleiste ÄNDERN, Untermenü OBJEKT >, Untermenü BILD >, Funktion QUALITÄT
- Symbol im Werkzeugkasten REFERENZ

```
Befehl: Bildqualität
Einstellung für Bildqualität eingeben [Hoch/Entwurf] <Hoch>:
```

Wählen Sie zwischen hoher Qualität und Entwurfsqualität. Die Bilder in der Zeichnung werden korrigiert, der Bildaufbau geht schneller, wenn Sie die Entwurfsqualität verwenden. Das macht sich vor allem beim Zoomen bemerkbar. Beim Plotten wird in jedem Fall die hohe Qualität verwendet.

Befehl Transparenz

Manche Bildformate verwenden transparente Pixel im Bild. Bilder in solchen Formaten lassen sich in AutoCAD transparent schalten, der Bildhintergrund kommt an diesen Stellen durch. Das geschieht mit dem Befehl TRANSPARENZ.

- Menüleiste ÄNDERN, Untermenü OBJEKT >, Untermenü BILD >, Funktion TRANSPARENZ
- Symbol im Werkzeugkasten REFERENZ

```
Befehl: Transparenz
Bild(er) wählen: ein oder mehrere Bilder wählen
Bild(er) wählen: ⏎
Transparenzmodus eingeben [Ein/Aus] <Aus>:
```

Wählen Sie eines oder mehrere Bilder an und stellen Sie den Modus ein.

Bilder bearbeiten

Befehl Bildrahmen

Haben Sie Bilder mit dem Bild-Manager ausgeblendet, wird anstelle des Bildes ein Rahmen in der Zeichnung angezeigt. Diesen Rahmen können Sie mit dem Befehl BILDRAHMEN sichtbar oder unsichtbar schalten.

- Menüleiste ÄNDERN, Untermenü OBJEKT >, Untermenü BILD >, Funktion RAHMEN
- Symbol im Werkzeugkasten REFERENZ

```
Befehl: Bildrahmen
Einstellung für Bildrahmen eingeben [Ein/Aus] <Ein>:
```

Wählen Sie die gewünschte Option. Beachten Sie, dass Sie das Bild nicht mehr anwählen können, wenn der Rahmen ausgeschaltet ist. Wenn Sie es bearbeiten wollen, müssen Sie den Rahmen wieder einschalten.

- *Überlappen Sie Bilder in der Zeichnung, können Sie mit dem Befehl ZEICHREIHENF wählen, welche Bilder oben liegen sollen und damit andere verdecken. Die Funktionen des Befehls finden Sie in Kapitel 8.4.*

- *Den Rahmen von Bildern können Sie auch in der Multifunktionsleiste ein- und ausschalten: Symbole in einem Abrollmenü im Register EINFÜGEN, Gruppe REFERENZ.*

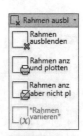

Befehl Bildzuschneiden

Bilder in der Zeichnung können Sie mit dem Befehl BILDZUSCHNEIDEN zuschneiden. Sie finden den Befehl:

- Menüleiste ÄNDERN, Untermenü ZUSCHNEIDEN >, Funktion BILD
- Symbol im Werkzeugkasten REFERENZ

Die Optionen werden im Befehlszeilenfenster aufgelistet. Wählen Sie zuerst eines oder mehrere Bilder, die Sie zuschneiden wollen.

```
Befehl: Bildzuschneiden
Zuzuschneidendes Bild auswählen: Bild wählen
Option zum Zuschneiden des Bildes eing. [Ein/Aus/Löschen/Neue umgrenzung] <Neue>:
```

Mit ⏎ wählen Sie die Vorgabeoption. Damit können Sie eine neue Umgrenzung bestimmen. Existiert bei den gewählten Bildern schon eine Umgrenzung, wird angefragt, ob diese gelöscht werden soll:

```
Alte Umgrenzung löschen? [Nein/Ja] <Ja>:
```

Wenn Sie die alte Umgrenzung nicht löschen wollen, wird der Befehl abgebrochen. Im anderen Fall wird angefragt, wie Sie die Umgrenzung bilden wollen.

```
Außenmodus - Objekte außerhalb der Umgrenzung werden ausgeblendet.
Zuschneideumgrenzung definieren oder Invertierungsoption wählen:
[polylinie Wählen/Vieleck/Rechteck/schnitt Invertieren] <Rechteck>:
```

Die Umgrenzung können Sie mit einem Rechteck aufziehen (Vorgabeoption RECHTECK mit ⏎ übernehmen). Mit der Option VIELECK können Sie ein Polygon zur Umgrenzung um das Bild ziehen. Mit der Option SCHNITT INVERTIEREN können Sie wählen, ob das Innere der Umgrenzung oder das Äußere angezeigt werden soll:

```
Außenmodus - Objekte außerhalb der Umgrenzung werden ausgeblendet.
Zuschneideumgrenzung definieren oder Invertierungsoption wählen:
[polylinie Wählen/Vieleck/Rechteck/schnitt Invertieren] <Rechteck>: Option schnitt
Invertieren eingeben
Innenmodus - Objekte innerhalb der Umgrenzung werden ausgeblendet.
Zuschneideumgrenzung definieren oder Invertierungsoption wählen:
[polylinie Wählen/Vieleck/Rechteck/schnitt Invertieren] <Rechteck>:
```

Mit der Option Aus bei der ersten Anfrage können Sie eine vorhandene Umgrenzung ausschalten und das Bild wieder komplett sichtbar machen. Die Option EIN schaltet die Umgrenzung wieder ein. Wollen Sie eine Umgrenzung ganz löschen, verwenden Sie die Option LÖSCHEN.

12.3 Beispiele für Bilder in Zeichnungen

Die folgenden Beispiele sollen Ihnen einen Überblick über die Einsatzmöglichkeiten von Rasterdateien in Zeichnungen geben.

Firmenlogo im Schriftfeld

1. Öffnen Sie die Zeichnung *A12-02.dwg* aus dem Ordner *Aufgaben*.
2. Fügen Sie in das Schriftfeld ein Firmenlogo *B12-02-1.tif* als Bilddatei ein. Platzieren Sie es im Zeichnungskopf. Ziehen Sie das Bild so, dass es in das freie Feld passt (siehe Abbildung 12.10). Schalten Sie den Rahmen aus. Eine Lösung finden Sie im Übungsordner: *L12-02.dwg*.

Zeichnung mit Bild

1. Öffnen Sie die Zeichnung *A12-03.dwg* aus Ihrem Übungsordner. Es ist die Zeichnung eines 3D-Modells.
2. Fügen Sie die Bilddatei *B12-03-1.tif* auf dem Zeichenblatt ein. In der Bilddatei haben Sie das gerenderte Bild. Das Ergebnis sehen Sie in Abbildung 12.11. Sie finden eine Lösung im Übungsordner: *L12-03.dwg*.

Beispiele für Bilder in Zeichnungen

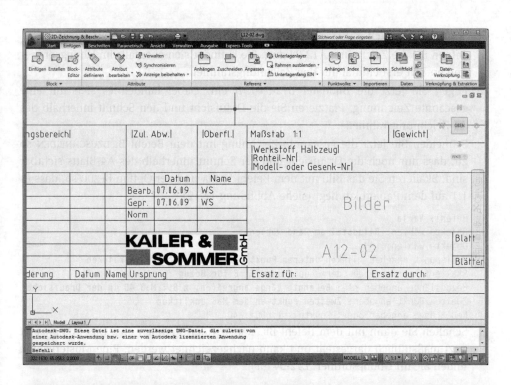

Abbildung 12.10:
Zeichnungsrahmen mit Firmenlogo als Bilddatei

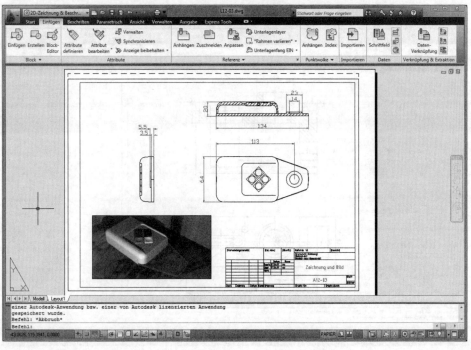

Abbildung 12.11:
Zeichnung und Bild auf einem Blatt

Gescanntes Bild laden

1. Öffnen Sie die Zeichnung *A12-04.dwg*. Sie befindet sich ebenfalls im Übungsordner und enthält erst einmal nur den Zeichnungsrahmen.
2. Fügen Sie jetzt die Bilddatei *B12-04-1.tif* ein. Dabei handelt es sich um eine gescannte Zeichnung. Platzieren Sie die Draufsicht und den Schnitt innerhalb des A4-Zeichnungsrahmens.
3. Schneiden Sie jetzt die gescannte Zeichnung mit dem Befehl BILDZUSCHNEIDEN so zu, dass nur noch die Draufsicht und der Schnitt innerhalb des A4-Blatts sichtbar sind. Skalieren Sie das Bild mit dem Befehl VARIA und der Option BEZUG so, dass es 1:1 auf dem Papierblatt liegt (siehe Abbildung 12.12).

```
Befehl: Varia
Objekte wählen: Bilddatei am Rand wählen
Objekte wählen: ⏎
Basispunkt angeben: linken unteren Punkt des Bildausschnitts anklicken
Skalierfaktor angeben oder [Kopie/Bezug]: B für Bezug
Bezugslänge angeben <1>: Bekannte Länge abgreifen, z.B.: Maß 40 in der Draufsicht
Zweiten Punkt angeben: Zweiten Punkt an dem Maß anklicken
Neue Länge angeben oder [Punkte] <1.000>: 40
```

4. Schalten Sie dann mit dem Befehl BILDRAHMEN den Rahmen aus. Das Ergebnis ist jetzt maßstäblich dargestellt und kann nachgezeichnet werden. Eine Musterlösung finden Sie im Übungsordner: *L12-04.dwg*.

Abbildung 12.12: Zeichnung mit gescannter Datei

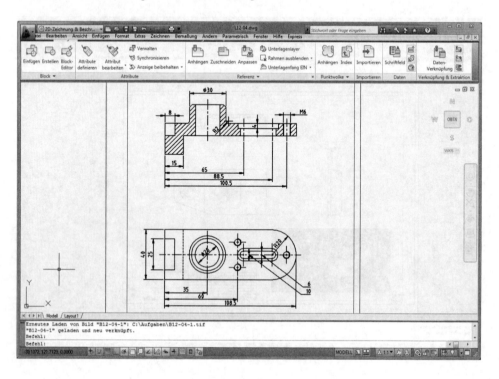

12.4 DWF-Dateien unterlegen

Das DWF-Format steht für die Abkürzung **D**esign **W**eb **F**ormat. Dabei handelt es sich um einen Satz von Zeichnungen oder Bildern, 3D-Modellen, Layouts usw., die in einer Datei komprimiert gespeichert sind. Ähnlich wie beim PDF-Format von Adobe bekommen Sie Bilder der Zeichnungen bzw. der Modelle auf den Bildschirm, in denen Sie zoomen können, die Sie auch maßstabsgerecht ausdrucken, aber nicht ändern können. Außerdem ist es möglich, in den Zeichnungen auf gespeicherte Ansichten zuzugreifen, Layer ein- und auszublenden, auf Layouts zuzugreifen usw. Dazu benötigen Sie den *DWF-Viewer* (siehe Anhang B.5), der sich auf der AutoCAD- bzw. AutoCAD-LT-CD befindet und bei der Installation automatisch mitinstalliert wird. Dabei handelt es sich um ein Freeware-Programm, das Sie mit Ihren DWF-Dateien weitergeben können. DWF-Dateien können Sie wie Bilddateien der Zeichnung hinterlegen, sei es um sie nachzuzeichnen oder auch nur wie eine Bilddatei anzuzeigen.

Befehl Anhang bzw. Dwfanhang

DWF-Dateien können Sie wie externe Referenzen mit dem Befehl ANHANG laden und in der Zeichnung platzieren. Sie können auch den Befehl DWFANHANG verwenden. Der macht dasselbe, nur dass der Dateityp da schon vorgewählt ist (siehe unten). Wählen Sie einen der Befehle:

- Multifunktionsleiste: Symbol im Register EINFÜGEN, Gruppe REFERENZ
- Menüleiste EINFÜGEN, Funktion DWF-UNTERLAGE...
- Symbol im Werkzeugkasten EINFÜGEN

Hier können Sie als Dateityp *DWF-Dateien (*.dwfx, *.dwf)* wählen. Beim Befehl DWFAN-HANG ist das schon vorgewählt. Danach bekommen Sie das Dialogfeld zur Platzierung von DWF-Dateien (siehe Abbildung 12.13).

Das Dialogfeld entspricht denen der Befehle EINFÜGE, XZUORDNEN und BILDZUORDNEN, nur das hier zusätzlich angewählt werden kann, welcher Bereich der DWF-Datei verwendet werden soll, der Modellbereich oder die verschiedenen Layouts. Außerdem kann eine DWF-Datei mehrere Zeichnungen enthalten. Aus dem Vorschaufenster können Sie den gewünschten Bereich wählen.

Im Feld NAME wurde der Dateiname übernommen. Mit der Schaltfläche DURCHSUCHEN... kommen Sie noch einmal zum vorherigen Dialogfeld und Sie könnten eine andere Datei wählen. Das Feld NAME ist als Abrollmenü ausgelegt. Hier können Sie schon einmal eingefügte DWF-Dateien noch einmal in der Zeichnung platzieren.

Pfadtyp: In diesem Abrollmenü stellen Sie die Art der Speicherung des Pfads der DWF-Datei in der Zeichnung ein. Soll der komplette Pfad der Datei in der Zeichnung gespeichert werden, wird die Einstellung VOLLSTÄNDIGER PFAD gewählt. Wird die Zeichnung wieder geöffnet, werden die Bilder immer am originalen Speicherort gesucht. Bei der Einstellung RELATIVER PFAD wird der Pfad zu der Datei nur teilweise gespeichert, das heißt nur der Pfad ab dem aktuellen Ordner und darunter. Verschieben Sie später beispielsweise das komplette Projekt in einen Ordner auf dem Server, werden die Bilder auch dort gefunden. Wenn die Einstellung KEIN PFAD gewählt wurde, werden die Bilder nur im Ordner der aktuellen Zeichnung gesucht. Unter dem Feld NAME wird der Originalpfad und, entsprechend der Einstellung im Abrollmenü, der gespeicherte Pfad zu der Bilddatei angezeigt.

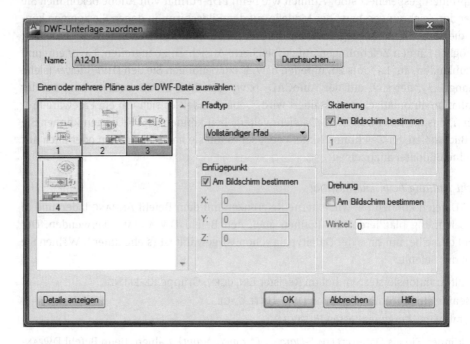

Abbildung 12.13:
Dialogfeld zur Platzierung von DWF-Dateien

Darunter stellen Sie den Einfügepunkt, den Skalierfaktor und die Drehung ein. Sie haben bei jedem dieser Werte einen Schalter AM BILDSCHIRM BESTIMMEN. Ist dieser eingeschaltet, sind die Eingabefelder gedimmt und Sie wählen diesen Wert im Dialog. Haben Sie alle Schalter aktiviert, läuft folgender Dialog im Befehlszeilenfenster, wenn Sie auf OK klicken:

```
Einfügepunkt definieren:
Basisbildgröße: Breite: 415,5507, Höhe: 231,7503, Millimeter
Skalierungsfaktor definieren oder [Einheit] <1>:
Drehung definieren <0>:
```

Geben Sie den Einfügepunkt ein oder klicken Sie ihn in der Zeichnung an. Danach wird die Bildgröße als Voransicht angezeigt. Bewegen Sie das Fadenkreuz, wird der Skalierfaktor dynamisch bestimmt. Sie können aber auch einen Skalierfaktor eintragen.

Mit der Schaltfläche DETAILS ANZEIGEN können Sie das Dialogfeld vergrößern und die Pfade der eingefügten Datei werden angezeigt Mit der Schaltfläche DETAILS AUSBLENDEN wird das Dialogfeld wieder verkleinert

> **TIPP**
>
> ■ *DWF-Dateien werden wie externe Referenzen und Bilder nicht in die Zeichnungsdatei übernommen, sondern dort nur angezeigt. Geben Sie eine Zeichnung mit eingefügten Bildern weiter, müssen Sie auch die Bilddateien mitgeben.*

DWF-Dateien unterlegen

- *Eingefügte DWF-Dateien können mit dem Befehl XREF verwaltet werden (siehe Kapitel 12.3 und 11.9).*
- *Haben Sie der Zeichnung eine DWF-Datei unterlegt, können Sie jetzt auch beim Nachzeichnen Punkte in der DWF-Datei mit dem Objektfang abgreifen. Dies ermöglicht es bei großen Zeichnungen, anstatt mit externen Referenzen zu arbeiten, einfach nur DWF-Dateien zu unterlegen. Markieren Sie dazu die DWF-Datei und klicken danach auf die rechte Maustaste. Im Kontextmenü können Sie den DWF-Objektfang ein- oder ausschalten.*
- *In dem Kontextmenü können Sie mit der Funktion DWF-LAYER... ein Dialogfeld aktivieren. In diesem können Sie Layer der DWF-Datei ein- und ausschalten (siehe Abbildung 12.14).*
- *Im Kontextmenü finden Sie auch den Eintrag DWF-ZUSCHNEIDEN..., mit dem Sie DWF-Unterlagen wie eingefügte Blöcke, externe Referenzen oder Bilder zuschneiden können (siehe Kapitel 11.13 und 12.3).*
- *Arbeiten Sie mit der Multifunktionsleiste, haben Sie die Funktionen zur Bildbearbeitung in dem temporären Register DWF-UNTERLAGE der Multifunktionsleiste. Klicken Sie dazu die Datei einfach am Rand, ohne einen Befehl gewählt zu haben, an und Sie bekommen das Register angezeigt (siehe Abbildung 12.14). Mit* Esc *kommen Sie wieder zum vorherigen Register zurück.*

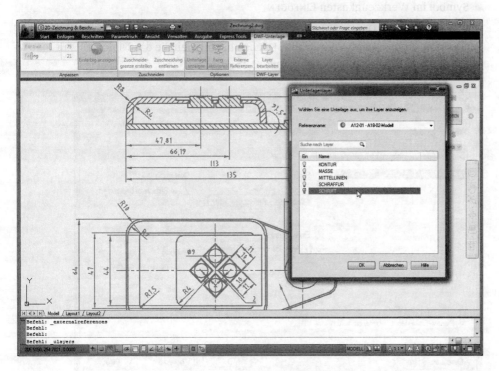

Abbildung 12.14: Layer der DWF-Datei ein- und ausschalten

Kapitel 12 • Bilder, DWF-, DGN- und PDF-Dateien

DWF-Datei in der Zeichnung platzieren

1. Starten Sie eine neue Zeichnung.
2. Platzieren Sie in der Zeichnung mit dem Befehl DWFANHANG die Datei *A12-01.dwf*.
3. Testen Sie die oben beschriebenen Funktionen.

12.5 DGN-Dateien unterlegen

Genauso wie Sie der Zeichnung DWF-Dateien unterlegen können Sie auch DGN-Dateien unterlegen. DGN-Dateien stammen aus *MicroStation®*, einem CAD-Programm, das vor allem im Anlagenbau und in der technischen Gebäudeausrüstung verbreitet ist. Dies ist seit Version 2008 in AutoCAD und AutoCAD LT möglich.

Befehl Anhang bzw. Dgnanhang

DGN-Dateien lassen sich ebenfalls wie externe Referenzen mit dem Befehl ANHANG laden und in der Zeichnung platzieren. Sie können auch den Befehl DGNANHANG verwenden. Wählen Sie einen der Befehle:

- Multifunktionsleiste: Symbol im Register EINFÜGEN, Gruppe REFERENZ
- Menüleiste EINFÜGEN, Funktion DGN-UNTERLAGE...
- Symbol im Werkzeugkasten EINFÜGEN

Hier können Sie im Dateiwähler als Dateityp *MicroStation (*.dgn)* wählen. Beim Befehl DGNANHANG ist das schon vorgewählt. Danach bekommen Sie das Dialogfeld zur Platzierung von DGN-Dateien (siehe Abbildung 12.15).

Abbildung 12.15:
Dialogfeld zur Platzierung von DGN-Dateien

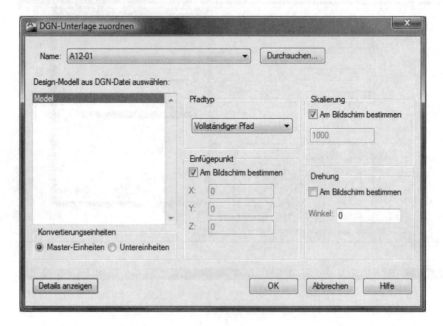

DGN-Dateien unterlegen

Gehen Sie genauso vor wie bei DWF-Dateien (siehe Kapitel 12.4) und platzieren Sie die DGN-Datei in der Zeichnung. Mit der Schaltfläche DETAILS ANZEIGEN können Sie das Dialogfeld vergrößern und Sie bekommen die Pfade der eingefügten Datei angezeigt. Mit der Schaltfläche DETAILS AUSBLENDEN wird das Dialogfeld wieder verkleinert.

DGN-Dateien bearbeiten

- Die Objekte der unterlegten DGN-Datei können Sie in AutoCAD nicht bearbeiten, auch nicht mit dem Befehl URSPRUNG zerlegen. Sie können aber beim Zeichnen mit dem Objektfang Punkte daraus abgreifen. Bei Bedarf lässt sich der auch im Kontextmenü abschalten. Das Kontextmenü aktivieren Sie mit einem Rechtsklick bei markierter DGN-Datei.
- Haben Sie externe Referenzen, Bilddateien, DWF-Dateien und DGN-Dateien in einer Zeichnung, werden alle in der Palette des Befehls XREF angezeigt und können dort bearbeitet werden (siehe Kapitel 12.3 und 11.9).
- Wie Blöcke, externe Referenzen, Bilddateien und DWF-Dateien lassen sich auch DGN-Dateien zuschneiden. Diese Funktion finden Sie ebenfalls im Kontextmenü.
- Auch Layer aus der DGN-Datei können Sie bei Bedarf wie bei der DWF-Datei ausblenden (siehe Abbildung 12.16). Auch diese Funktion finden Sie im Kontextmenü.
- Arbeiten Sie mit der Multifunktionsleiste, haben Sie die Funktionen zur Bildbearbeitung in dem temporären Register DGN-UNTERLAGE der Multifunktionsleiste. Klicken Sie dazu die Datei einfach am Rand, ohne einen Befehl gewählt zu haben, an und das Register wird angezeigt (siehe Abbildung 12.16). Mit [Esc] kommen Sie wieder zum vorherigen Register zurück.

Abbildung 12.16: Layer der DGN-Datei ein- und ausschalten

Kapitel 12 • Bilder, DWF-, DGN- und PDF-Dateien

DGN-Datei in der Zeichnung platzieren

1. Starten Sie eine neue Zeichnung.
2. Platzieren Sie mit dem Befehl DGNANHANG die Datei *A12-01.dgn* in der Zeichnung.
3. Schneiden Sie die Zeichnung zu und schalten Layer aus und ein.

12.6 PDF-Dateien unterlegen

Seit der Version 2010 lassen sich der Zeichnung auch PDF-Dateien unterlegen. Damit eröffnen sich vielfältige Möglichkeiten, externe Dokumente einzubinden und weiterzubearbeiten.

Befehl Anhang bzw. Pdfanhang

PDF-Dateien lassen sich ebenfalls wie externe Referenzen mit dem Befehl ANHANG laden und in der Zeichnung platzieren. Auch der Befehl PDFANHANG ist möglich. Wählen Sie einen der Befehle:

- Multifunktionsleiste: Symbol im Register EINFÜGEN, Gruppe REFERENZ
- Menüleiste EINFÜGEN, Funktion PDF-UNTERLAGE...
- Symbol im Werkzeugkasten EINFÜGEN

Wählen Sie als Dateityp im Dateiwähler das Format *PDF-Dateien (*.pdf)*. Beim Befehl PDFANHANG ist diese Einstellung vorgewählt. Dann erscheint das Dialogfeld zur Platzierung von PDF-Dateien (siehe Abbildung 12.17).

Abbildung 12.17: Dialogfeld zur Platzierung von PDF-Dateien

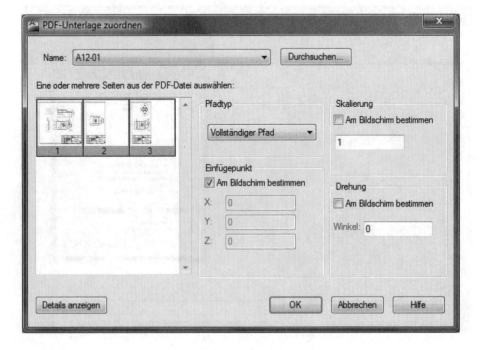

Wie bei den vorherigen Kapiteln platzieren Sie die PDF-Datei in der Zeichnung. Sie können im Vorschaufenster mit den Tasten `⇧` oder `Strg` auch mehrere Seiten aus der PDF-Datei wählen. Mit der Schaltfläche DETAILS ANZEIGEN können Sie das Dialogfeld vergrößern und die Pfade der eingefügten Datei werden angezeigt Mit der Schaltfläche DETAILS AUSBLENDEN wird das Dialogfeld wieder verkleinert. Danach lassen sich die einzelnen Seiten in die Zeichnung einfügen.

```
Seite 1 - Einfügepunkt definieren: Punkt in der Zeichnung klicken
Seite 2 - Einfügepunkt definieren: Weiteren Punkt in der Zeichnung klicken
...
Seite 3 - Einfügepunkt definieren: Weiteren Punkt in der Zeichnung klicken oder mit
↵  beenden
```

Die gewählten Seiten werden eingefügt.

PDF-Dateien bearbeiten

- Die Objekte der unterlegten PDF-Datei können Sie nicht bearbeiten, auch nicht mit dem Befehl URSPRUNG zerlegen. Sie können aber beim Zeichnen mit dem Objektfang Punkte daraus abgreifen. Bei Bedarf lässt sich der auch im Kontextmenü abschalten. Das Kontextmenü aktivieren Sie mit einem Rechtsklick bei markierter PDF-Datei.
- Haben Sie externe Referenzen, Bilddateien, PDF-Dateien usw. in einer Zeichnung, werden alle in der Palette des Befehls XREF angezeigt und können dort bearbeitet werden (siehe Kapitel 12.3 und 11.9).
- Wie Blöcke, externe Referenzen, Bilddateien und DWF-Dateien lassen sich auch PDF-Dateien zuschneiden. Diese Funktion finden Sie ebenfalls im Kontextmenü.
- Auch Layer (falls vorhanden) aus der PDF-Datei können Sie bei Bedarf wie bei der DWF-Datei ausblenden (siehe Abbildung 12.18). Auch diese Funktion finden Sie im Kontextmenü.
- Arbeiten Sie mit der Multifunktionsleiste haben Sie die Funktionen zur Bildbearbeitung in dem temporären Register PDF-UNTERLAGE der Multifunktionsleiste. Klicken Sie dazu die Datei einfach ohne einen Befehl gewählt zu haben an und das Register wird angezeigt (siehe Abbildung 12.18). Mit `Esc` kommen Sie wieder zum vorherigen Register zurück.

PDF-Datei in der Zeichnung platzieren

1. Starten Sie eine neue Zeichnung.
2. Platzieren Sie mit dem Befehl PDFANHANG die Datei *A12-01.pdf* in der Zeichnung.
3. Schneiden Sie die Zeichnung zu und schalten Layer aus und ein. Zeichnen Sie nach oder schneiden Sie Teile aus.

Abbildung 12.18:
PDF-Datei in temporären Register der Multifunktionsleiste bearbeiten

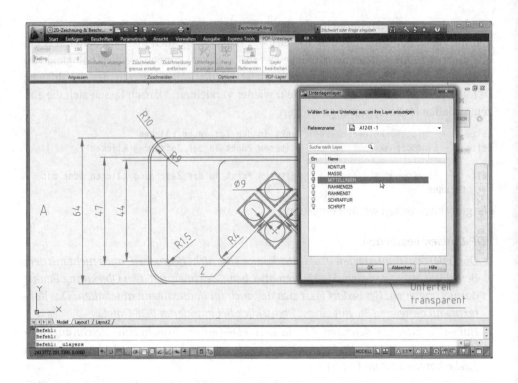

12.7 Punktwolken in Zeichnungen

Seit AutoCAD 2011 lassen sich Punktwolken von einem 3D-Scanner in die aktive Zeichnung laden. Diese können von den Befehlen zur Netz- und Flächenbearbeitung (siehe Kapitel 22) verwendet werden. Diese Funktionen stehen Ihnen in AutoCAD LT nicht zur Verfügung.

Punktwolken zuordnen

Mit dem Befehl PUNKTWOLKENZUORDNUNG können Sie eine Punktwolke in die Zeichnung laden. Wählen Sie den Befehl:

- Multifunktionsleiste: Symbol im Register EINFÜGEN, Gruppe PUNKTWOLKE
- Menüleiste EINFÜGEN, Untermenü PUNKTWOLKE, Funktion ANHÄNGEN
- Symbol im Werkzeugkasten EINFÜGEN

Im Dateiwähler können Sie sich die Datei aussuchen. Als Dateityp können Sie zwei Formate wählen: Autodesk-Punktwolke (Dateierweiterung *.pcg) oder Punktwolke (Dateierweiterung *.isd). Haben Sie die Datei gewählt, können Sie die Parameter für die Einfügung in einem weiteren Dialogfeld bestimmen.

Punktwolken in Zeichnungen

Punktwolken indizieren

Um eine Punktwolke in AutoCAD zuordnen zu können, muss die Datei vorher indiziert werden. Mit dem Befehl PUNKTWOLKENINDEX wird eine indizierte Punktwolkendatei (*.pcg oder *.isd) aus einer Scan-Datei erzeugt.

- Multifunktionsleiste: Symbol im Register EINFÜGEN, Gruppe PUNKTWOLKE
- Menüleiste EINFÜGEN, Untermenü PUNKTWOLKE, Funktion INDEX
- Symbol im Werkzeugkasten EINFÜGEN

Im Dateiwähler können Sie die Datei auswählen. Als Dateityp können Sie die verschiedenen möglichen Formate wählen.

Punktwolken-Dichte ändern

Da eine Punktwolke sehr viele Daten enthalten kann, die zur Modellierung viel zu aufwendig wären, haben Sie die Möglichkeit, die Dichte der Punktwolke mit der Systemvariablen POINTCLOUDDENSITY zu verändern.

- Multifunktionsleiste: Schieberegler im Register EINFÜGEN, Gruppe PUNKTWOLKE (erweiterter Bereich)
- Menüleiste EINFÜGEN, Untermenü PUNKTWOLKE, Funktion DICHTE

Geben Sie einen Prozentwert zwischen 1 und 100 für die Variable an oder stellen Sie den Wert am Schieberegler ein.

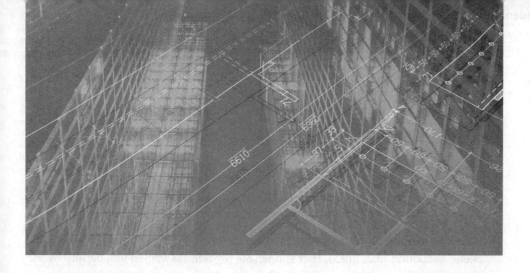

Kapitel 13
Änderungen, Design-Center, Werkzeugpaletten und der Aktionsrekorder

In diesem Kapitel lernen Sie die speziellen Bedienelemente kennen: den Objekteigenschaften-Manager, das AutoCAD-Design-Center sowie das Werkzeugpalettenfenster.

13.1 Das Schnelleigenschaften-Fenster

In Kapitel 4.7 hatten Sie schon kurz das Schnelleigenschaften-Fenster kennengelernt. Hier folgen noch Ergänzungen dazu. Mit diesem Bedienelement können Sie die Eigenschaften eines Objekts sehr einfach und schnell ändern. Sie brauchen dazu keinen Befehl, gehen Sie so vor:

- Haben Sie ein Objekt angewählt, wird dessen Farbe, Layer und Linientyp im Schnelleigenschaften-Fenster angezeigt (siehe Abbildung 13.1, links). Fahren Sie mit der Maus auf das Fenster, wird es bei den meisten Objekten erweitert (siehe Abbildung 13.2, rechts).
- Jetzt können Sie Farbe, Layer und Linientyp ändern. Ändern Sie aber besser nur den Layer. Bei falscher Farbe oder falschem Linientyp bringen Sie das Objekt auf den Layer, der die gewünschten Eigenschaften hat.
- Im erweiterten Bereich des Fensters lassen sich weitere Eigenschaften und Geometriedaten des gewählten Objekts ändern, wie zum Beispiel die Eigenschaften der Schraffur in Abbildung 13.1, rechts, oder die Geometrie eines Kreises usw.

Abbildung 13.1:
Schnelleigen-
schaften-Fenster

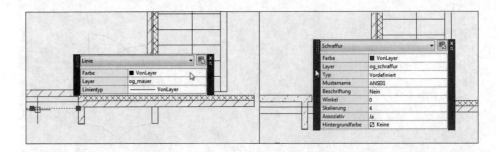

- Haben Sie mehrere Objekte angewählt, dann erscheint im oberen Feld der Eintrag *Alle* (siehe Abbildung 13.2, links). Hier können Sie Objekte auswählen und beispielsweise alle Linien auf einen bestimmten Layer bringen oder Kreise in einer bestimmten Farbe darstellen (siehe Abbildung 13.2, rechts).

Abbildung 13.2:
Schnelleigen-
schaften-Fenster
bei mehreren
gewählten Objekten

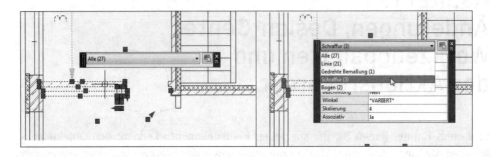

- Mit der Taste [ESC] beenden Sie die Aktion und das Schnelleigenschaften-Fenster und die Griffe verschwinden von den Objekten.
- Das Schnelleigenschaften-Fenster können Sie mit einer Taste in der Statusleiste ein- und ausschalten.
- Klicken Sie auf das Symbol rechts oben im Fenster (unter dem Kreuz), öffnen Sie ein Kontextmenü (siehe Abbildung 13.3).

Abbildung 13.3:
Kontextmenü des
Schnelleigen-
schaften-Fensters

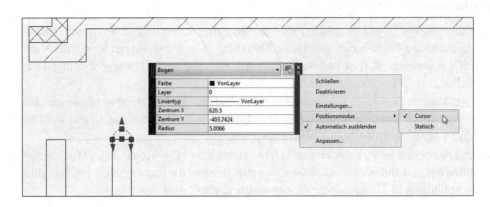

- Mit dem POSITIONSMODUS legen Sie fest, ob das Fenster in der aktuellen Position des Cursors (Einstellung CURSOR) erscheinen soll oder an einer bestimmten Position auf der Zeichenfläche (Einstellung STATISCH). Sie müssen das Fenster dann nur einmal verschieben und es erscheint ab dann immer an dieser Position.
- Ist der Modus AUTOMATISCH AUSBLENDEN eingeschaltet, kommt das Fenster zunächst immer nur klein und erst, wenn Sie mit der Maus draufzeigen, wird es groß. Ist der Modus aus, erscheint es gleich in der maximalen Größe.
- Mit dem Eintrag SCHLIESSEN beenden Sie das Fenster. Markieren Sie jedoch ein neues Objekt, wird es wieder eingeblendet. Mit der Funktion DEAKTIVIEREN schalten Sie es dauerhaft ab. Sie können es dann nur mit der Taste in der Statusleiste (siehe oben) wieder einschalten.
- Wollen Sie den Inhalt des Fensters ändern, klicken Sie auf den Eintrag ANPASSEN... Wie das geht, finden Sie in Kapitel 25.
- Mit dem Eintrag EINSTELLUNGEN... kommen Sie zu einem Dialogfeld, in dem Sie die Vorgaben für das Fenster festlegen können (siehe Abbildung 13.4).

Abbildung 13.4: Einstellungen für das Schnelleigenschaften-Fenster

Palettenanzeige: Hier können Sie wählen, ob das Fenster bei allen Objekten angezeigt werden soll oder nur für Objekte, die Sie in der Benutzeroberfläche definiert haben (siehe Kapitel 25).

Palettenposition: Legen Sie hier fest, wo (oben rechts oder links bzw. unten rechts oder links) und in welchem Abstand (in Bildschirmpixeln) vom Cursor das Fenster erscheinen soll. Außerdem können Sie die Position STATISCH als Vorgabe wählen (siehe oben).

Palettenverhalten: Ist der Schalter PALETTE AUTOMATISCH AUSBLENDEN eingeschaltet, wechselt das Fenster die Größe. Ist er dagegen aus, kommt das Fenster immer in der maximalen Größe. Im Feld MINIMALE ANZAHL VON ZEILEN legen Sie fest, wie viele Zeilen das kleine Fenster haben soll. Ist der Wert auf 3 gesetzt, reicht das für die Objekteigenschaften.

13.2 Der Objekteigenschaften-Manager

Mit dem Objekteigenschaften-Manager lassen sich Grundeinstellungen der Zeichnung vornehmen, wenn kein Objekt gewählt ist. Sind ein oder mehrere Objekte gewählt, können an diesen Änderungen im Objekteigenschaften-Manager vorgenommen werden.

Befehle Eigenschaften und Eigschliess

Mit dem Befehl EIGENSCHAFTEN starten Sie den Objekteigenschaften-Manager. Wählen Sie den Befehl:

- Multifunktionsleiste: Symbol im Register ANSICHT, Gruppe PALETTEN
- Multifunktionsleiste: Register START, Gruppe EIGENSCHAFTEN (Pfeil rechts unten)
- Menüleiste ÄNDERN, Funktion EIGENSCHAFTEN...
- Menüleiste EXTRAS, Untermenü PALETTEN >, Funktion EIGENSCHAFTEN...
- Symbol in der STANDARD-FUNKTIONSLEISTE
- Tastenkombination [Strg] + [1]

Das Fenster bleibt unabhängig von einem Befehl so lange auf dem Bildschirm, bis Sie es mit dem Befehl EIGSCHLIESS wieder schließen, den Sie auf die gleiche Art wählen können.

Haben Sie den Objekteigenschaften-Manager eingeschaltet, können Sie das Fenster auf der Zeichenfläche lassen oder am linken bzw. rechten Rand fixieren (siehe Abbildung 13.5 und 13.6). Das Fixieren bietet sich dann an, wenn Sie mit einem 16:9-Breitbild-Monitor arbeiten, da Sie dann in der Breite zusätzlichen Platz zur Verfügung haben. Falls Sie den Objekteigenschaften-Manager dauerhaft fixiert lassen, können Sie das Schnelleigenschaften-Fenster (siehe Kapitel 13.1) auch deaktivieren, da Sie sonst die Funktionen doppelt haben.

- Schieben Sie das Fenster mit gedrückter linker Maustaste in der seitlichen Titelleiste an den Rand der Zeichenfläche, wird es fixiert. Drücken Sie beim Verschieben die Taste [Strg], wird das Fixieren verhindert. Ist der Objekteigenschaften-Manager fixiert, können Sie ihn an der Trennlinie zur Zeichenfläche bzw. zu den anderen verankerten Werkzeugkästen schmaler oder breiter ziehen. Ist das Fenster fixiert, können Sie es an der Titelleiste wieder auf die Zeichenfläche ziehen.

Der Objekteigenschaften-Manager

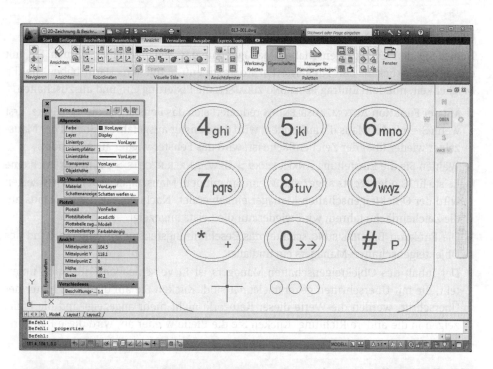

Abbildung 13.5:
Objekteigenschaften-Manager auf der Zeichenfläche

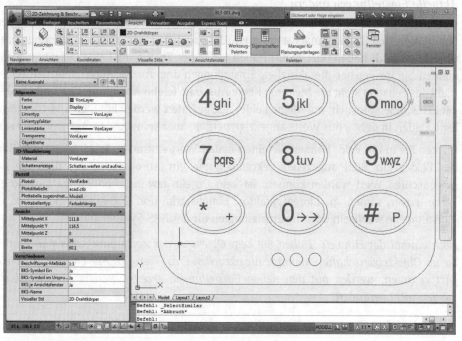

Abbildung 13.6:
Objekteigenschaften-Manager links verankert

INFO *Objekteigenschaften-Manager platzieren*

Haben Sie den Objekteigenschaften-Manager auf der Zeichenfläche, können Sie mit einem Rechtsklick in der Titelleiste ein Kontextmenü aktivieren. Darin haben Sie die Möglichkeit, mit dem Eintrag FIXIERUNG ZULASSEN die Fixierung ein- und auszuschalten.

- Mit der Funktion AUTOM. AUSBLENDEN reduziert sich das Fenster auf die Titelleiste. Erst wenn Sie mit der Maus darauf zeigen, wird das Fenster ausgefahren. Sobald der Mauszeiger wieder über der Zeichenfläche ist, wird das Fenster wieder ausgeblendet.
- Wählen Sie die Einstellung ANKER LINKS > bzw. ANKER RECHTS > , wird nur noch eine Leiste links oder rechts angezeigt. Wenn Sie mit dem Mauszeiger auf die Leiste zeigen wird der Objekteigenschaften-Manager eingeblendet. Nachdem Sie mit der Maus auf die Zeichenfläche fahren, wird wieder nur die Leiste angezeigt.
- Die Funktion BESCHREIBUNG schaltet das Beschreibungsfenster am unteren Rand des Objekteigenschaften-Managers ein und aus.
- Der Inhalt des Objekteigenschaften-Managers ist in verschiedene Kategorien unterteilt, die mit Überschriften gekennzeichnet sind. Klicken Sie auf die Pfeile hinter der Überschrift, werden die Werte dieser Kategorie nicht mehr angezeigt und die Pfeile zeigen in die andere Richtung. Klicken Sie die Pfeile wieder an, wird diese Kategorie angezeigt.

INFO *Aktuelle Einstellungen ändern*

Wie schon erwähnt, können Sie mit dem Objekteigenschaften-Manager verschiedene Funktionen ausführen. Zunächst ist es ein Unterschied, ob Sie in der Zeichnung bereits Objekte gewählt haben oder nicht. Haben Sie in der Zeichnung keine Objekte gewählt, können Sie im Fenster die aktuellen Einstellungen ändern. Im Abrollmenü am oberen Rand des Fensters steht die Meldung KEINE AUSWAHL (siehe Abbildung 13.5 und 13.6). In der Liste finden Sie nicht unterlegte Felder, die geändert werden können, und grau unterlegte Felder, in denen nur Werte angezeigt werden, aber keine Änderungen möglich sind.

Klicken Sie in ein Feld, können Sie einen neuen Wert eintragen. Wird am rechten Rand des Feldes ein Pfeil angezeigt, bekommen Sie ein Abrollmenü, aus dem Sie den gewünschten Wert wählen können. Ist kein Objekt gewählt, können Sie die aktuelle Farbe, Layer, Linientyp, Linientypfaktor, Linienstärke und Objekthöhe einstellen, die Plotstiltabelle wechseln oder die Einstellungen für das BKS-Symbol ändern.

STOP *Noch einmal der Hinweis: Haben Sie kein Objekt in der Zeichnung angewählt, ändern Sie im Objekteigenschaften-Manager die aktuellen Einstellungen. Alle Objekte, die Sie ab jetzt zeichnen, werden mit den neuen Einstellungen erzeugt. Bereits erstellte Objekte werden nicht verändert.*

INFO *Eigenschaften von Objekten ändern*

Klicken Sie ein oder mehrere Objekte in der Zeichnung an, ohne dass Sie einen Befehl gewählt haben, bekommen die Objekte Griffe. Gleichzeitig ändert sich die Funktion des Objekteigenschaften-Managers.

Ein Objekt gewählt: Haben Sie ein Objekt gewählt, wird in der obersten Zeile des Fensters der Objekttyp angezeigt. Alle Daten des Objekts werden in der Liste darunter angezeigt. Das sind sowohl die Eigenschaften des Objekts als auch die geometrischen Daten des Objekts. Abbildung 13.7 zeigt den Objekteigenschaften-Manager bei Auswahl eines Kreises.

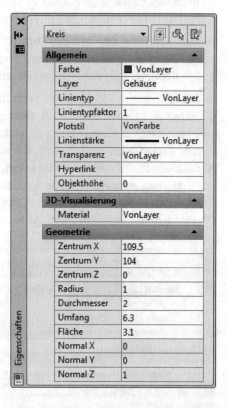

Abbildung 13.7: Objekteigenschaften-Manager bei gewähltem Kreis

Sie können die Eigenschaften des Kreises ändern und es wird sofort auf der Zeichenfläche nachgeführt. Wählen Sie beispielsweise einen anderen Layer, wird der Kreis sofort in der Farbe des Layers dargestellt. Auch Änderungen an der Geometrie werden sofort ausgeführt. Generell gilt: Nicht unterlegte Felder können geändert werden. Grau unterlegte Felder sind Anzeigefeldern, die nicht geändert werden können.

Haben Sie am rechten Rand eines Feldes ein Pfeilsymbol, können Sie den Punkt in der Zeichnung bestimmen. Klicken Sie auf das Symbol und die bisherige Position des Punkts wird mit einem Gummiband gekennzeichnet. Klicken Sie einen neuen Punkt an, wird dessen Wert in das Fenster übernommen.

Mehrere gleichartige Objekte gewählt: Haben Sie mehrere gleichartige Objekte gewählt, wird in der obersten Zeile des Objekteigenschaften-Managers hinter dem Objekttyp die Anzahl der gewählten Objekte angezeigt. In der Liste darunter werden auch jetzt Eigenschaften und Geometriedaten angezeigt. Die Werte, die bei allen gewählten Objekten gleich sind, werden angezeigt. Unterschiedliche Werte werden mit *VARI-

IERT* angezeigt. Haben Sie beispielsweise zwei konzentrische Kreise gewählt, die auf unterschiedlichen Layern liegen, dann wird in den Feldern LAYER, RADIUS, DURCHMESSER, UMFANG und FLÄCHE *VARIIERT* angezeigt. In den restlichen Feldern finden Sie die entsprechenden Einträge, hier haben beide Kreise die gleichen Werte, zum Beispiel sind die Zentrumskoordinaten gleich, da es sich um konzentrische Kreise handelt. Tragen Sie einen Wert in ein Feld ein, gilt dieser für alle gewählten Objekte.

Unterschiedliche Objekte gewählt: Haben Sie unterschiedliche Objekte gewählt, wird in der obersten Zeile des Objekteigenschaften-Managers als Objekttyp ALLE angezeigt und in Klammern die Zahl der gewählten Objekte (siehe Abbildung 13.8, links).

In der Liste haben Sie dann nur noch die wichtigsten Objekteigenschaften, die in allen Objekten gespeichert sind. Auch jetzt gilt wieder. Die Werte, die bei allen gewählten Objekten gleich sind, werden angezeigt, bei unterschiedlichen Werten erscheint *VARIIERT*. Änderungen wirken sich auf alle gewählten Objekte aus. Jetzt hat auch das Abrollmenü in der obersten Zeile seinen Sinn. Dort können Sie nun gleichartige Objekte zur Änderung auswählen (siehe Abbildung 13.8, rechts). Wählen Sie hier beispielsweise KREIS, können Sie alle Kreise im Auswahlsatz ändern. Im Abrollmenü finden Sie alle Objekttypen mit ihrer Anzahl im Auswahlsatz.

Abbildung 13.8: Verschiedene Objekte gewählt

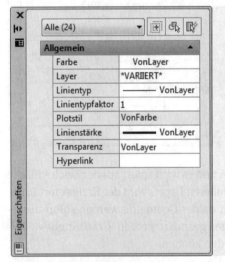 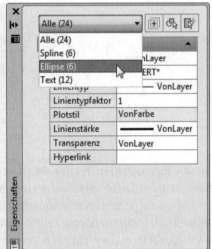

Auswahl aufheben

Haben Sie alle Änderungen ausgeführt, sollten Sie die gewählten Objekte wieder abwählen. Gehen Sie dazu wie folgt vor:

- Drücken Sie die Taste [Esc].
- Rechtsklick auf der Zeichenfläche und Auswahl der Funktion AUSWAHL AUFHEBEN aus dem Kontextmenü.

Die Griffe verschwinden von den Objekten, und Sie können eine neue Auswahl treffen.

Symbole im Objekteigenschaften-Manager

Mit den Symbolen rechts oben im Fenster lassen sich folgende Funktionen ausführen (von links nach rechts):

- Umschalten zur Einzelauswahl und wieder zurück. Schalten Sie in diesen Modus um, wird ein Symbol mit »1« angezeigt, und Sie können bei der Objektwahl nur noch einmal wählen. Wählen Sie erneut, wird die erste Auswahl verworfen (siehe Befehl OPTIONEN, Anhang A.4). Mit der ⇧-Taste bei der Objektwahl können in diesem Fall weitere Objekte hinzugefügt werden. **Achtung:** Diese Umstellung wirkt sich bei allen Editierbefehlen aus!
- Start der Objektwahl. Die Objekte können in der Zeichnung mit den Optionen der Objektwahl gewählt und danach im Objekteigenschaften-Manager bearbeitet werden.
- Start der Schnellauswahl (siehe Kapitel 13.4).

- *Wenn Sie die Änderungen ausgeführt haben, sollten Sie die Auswahl immer aufheben, Sie könnten sonst böse Überraschungen erleben. Wählen Sie beispielsweise den Befehl LÖSCHEN und haben noch Objekte in der Auswahl, werden diese ohne Rückfrage gelöscht, und unter Umständen merken Sie es gar nicht sofort, sodass Sie den Befehl auch nicht gleich zurücknehmen können.*
- *Wenn Sie ein oder mehrere Objekte in einer anderen Farbe, einem anderen Linientyp oder einer anderen Strichstärke haben wollen, ändern Sie nicht Farbe, Linientyp oder Strichstärke. Legen Sie die Objekte auf den Layer, dem diese Farbe, dieser Linientyp oder diese Strichstärke zugeordnet ist. Gibt es keinen Layer mit diesen Zuordnungen, legen Sie sich einen neuen Layer an und ändern dann die Objekteigenschaften. Wenn Sie sich nicht an diese Regel halten, hat Ihre Zeichnung keine Struktur. Eine Linie ist zwar strichpunktiert und hat die Farbe von Mittellinien, ist aber trotzdem auf dem Layer für Konturen. Die Möglichkeiten, die Ihnen die Layer bieten, können Sie nicht mehr nutzen. Kurz gesagt: Farbe und Linientyp sollten immer auf VONLAYER eingestellt sein. Klicken Sie also auf das Feld LAYER, wenn Sie die Layerzugehörigkeit ändern wollen, und wählen Sie den gewünschten Layer.*

13.3 Änderungen im Kontextmenü

Außer dem Objekteigenschaften-Manager haben Sie weitere Möglichkeiten, Änderungen und Editierbefehle auszuführen. Sie finden se im Kontextmenü, das Sie mit der rechten Maustaste aktivieren.

Kontextmenü ohne Befehl

Haben Sie ein oder mehrere Objekte gewählt, aber noch keinen Befehl, und drücken die rechte Maustaste auf der Zeichenfläche, bekommen Sie ein Kontextmenü wie in Abbildung 13.9. Folgende Möglichkeiten haben Sie unter anderem in dem Menü:

- **Wiederholen Befehlsname:** Wiederholen des letzten Befehls.
- **Letzte Eingabe:** Untermenü mit den zuletzt gewählten Befehlen.
- **Zwischenablage:** Untermenü mit den Funktionen der Windows-Zwischenablage (siehe Kapitel 14.4).
- **Isolieren:** Untermenü mit den Funktionen zum Isolieren von Objekten (siehe Kapitel 3.10).
- **Löschen, Verschieben usw.:** Die gleichnamigen Editierbefehle werden mit der aktuellen Auswahl ausgeführt.
- **Zeichnungsreihenfolge:** Untermenü mit den Optionen zur Auswahl der Anzeigereihenfolge.
- **Ausgewähltes hinzufügen und Ähnliche auswählen:** Siehe unten, Kapitel 13.4.
- **Auswahl aufheben:** Die ausgewählten Objekte werden wieder freigegeben und die Griffe an den Objekten verschwinden.
- **Unterobjekt Auswahlfilter:** Untermenü mit den Auswahlfunktionen für komplexe 3D-Objekte (siehe Kapitel 21.3).
- **Schnellauswahl:** Siehe unten, Kapitel 13.4.
- **Eigenschaften:** Aktivierung des Objekteigenschaften-Managers, die gewählten Objekte werden in das Fenster zur Bearbeitung übernommen.
- **Schnelleigenschaft:** Aktivierung und Deaktivierung des Schnelleigenschaften-Fensters (siehe Kapitel 13.1).

 Kontextmenü bei speziellen Objekten

Haben Sie ein oder mehrere Maße angeklickt, bekommen Sie eine Reihe Änderungsfunktionen direkt im Kontextmenü angeboten (siehe Abbildung 13.9, rechts). Wichtige Änderungen an Maßen lassen sich so schnell ohne Befehlswahl ausführen. Änderungen an der Position und der Genauigkeit (Zahl der Nachkommastellen) des Maßtextes sowie Änderungen des Bemaßungsstils finden Sie in einem Untermenü des Kontextmenüs.

Haben Sie einen Textabsatz gewählt, finden Sie im Kontextmenü einen Eintrag, mit dem Sie den Text zur Bearbeitung in den Texteditor übernehmen können. Ist eine Schraffur markiert, kommen Sie aus dem Kontextmenü direkt zum Dialogfeld des Befehls SCHRAFF-EDIT.

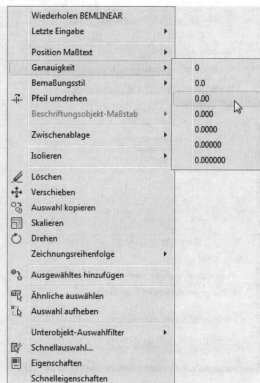

Abbildung 13.9: Kontextmenü bei gewählten Objekten

13.4 Schnellauswahl und ähnliche Objekte auswählen

Die Schnellauswahl ist eine flexible Möglichkeit, Objekte nach verschiedenen Kriterien in der Zeichnung zu wählen. Alle Kreise, die einen Radius kleiner als 5 haben, alle Linien auf dem Layer *Kontur*, alle Blöcke mit dem Namen *Symbol* usw. lassen sich so sehr schnell aus der Zeichnung filtern. Damit können systematische Fehler verbessert oder Änderungen ausgeführt werden.

Befehl Sauswahl

Mit dem Befehl SAUSWAHL können Sie Objekte nach den verschiedensten Suchkriterien in der Zeichnung wählen. Den Befehl finden Sie:

- Multifunktionsleiste: Symbol im Register START, Gruppe DIENST-PROGRAMME
- Menüleiste EXTRAS, Funktion SCHNELLAUSWAHL...
- Kontextmenü mit der rechten Maustaste ohne aktiven Befehl, Funktion SCHNELLAUSWAHL...
- Symbol im OBJEKTEIGENSCHAFTEN-MANAGER

Haben Sie den Befehl gewählt, bekommen Sie ein Dialogfeld für die Schnellauswahl (siehe Abbildung 13.10).

Abbildung 13.10:
Dialogfeld des
Befehls SAUSWAHL

Folgende Elemente finden Sie im Dialogfeld:

- **Anwenden auf:** In dem Abrollmenü können Sie wählen, ob Sie die GANZE ZEICHNUNG oder DIE AKTUELLE AUSWAHL durchsuchen wollen. Haben Sie in der Zeichnung keine Objekte markiert, können Sie nur die ganze Zeichnung durchsuchen.

- **Objekte auswählen:** Wollen Sie nur einen bestimmten Bereich der Zeichnung durchsuchen, klicken Sie auf dieses Symbol, das Dialogfenster verschwindet, und Sie können in der Zeichnung Objekte auswählen. Wenn Sie die Auswahl beendet haben, kommen Sie wieder zum Dialogfeld. Im Feld ANWENDEN AUF steht jetzt AKTUELLE AUSWAHL.
- **Objekttyp:** Im diesem Abrollmenü können Sie die Suche auf bestimmte Objekttypen beschränken. Es werden nur die Objekttypen angeboten, die Sie in der aktuellen Auswahl bzw. in der ganzen Zeichnung haben (abhängig von der Einstellung im Feld ANWENDUNG).
- **Eigenschaften:** Hier wählen Sie die Eigenschaft, auf die Sie die Suche eingrenzen wollen.
- **Operator:** Vergleichsoperator bei der Suche.
- **Wert:** Wert, mit dem verglichen werden soll.
- **In neuen Auswahlsatz einfügen:** Ist dieser Schalter ein, wird aus den Objekten, auf die die Bedingung zutrifft, ein neuer Auswahlsatz gebildet.

- **Aus neuem Auswahlsatz ausschließen:** Haben Sie diesen Schalter aktiviert, werden alle Objekte der aktuellen Auswahl bzw. der ganzen Zeichnung (abhängig von der Einstellung im Feld ANWENDEN AUF) gewählt, außer die Objekte, auf die die Bedingung zutrifft.
- **An aktuellen Auswahlsatz anhängen:** Ist dieser Schalter eingeschaltet, wird die neue Auswahl zu einem bereits vorhandenen Auswahlsatz hinzugefügt, ist er aus, wird ein neuer Auswahlsatz aus den gefundenen Objekten gebildet.

Klicken Sie auf OK, wird die aktuelle Auswahl oder die ganze Zeichnung nach den angegebenen Kriterien durchsucht. Die gefundenen Objekte werden in der Zeichnung markiert. Danach können Sie einen Editierbefehl mit dieser Auswahl ausführen oder die Objekte im Objekteigenschaften-Manager ändern.

Ändern mit der Schnellauswahl

1. Laden Sie die Zeichnung *A13-01.dwg* aus dem Ordner *Aufgaben*. Die Zeichnung sieht wie in Abbildung 13.11 aus.
2. In der Zeichnung sind alle Kreise auf dem Layer *0*. Sie sollen auf den Layer *Bohrungen* kommen.
3. Aktivieren Sie den OBJEKTEIGENSCHAFTEN-MANAGER und klicken Sie auf das Symbol für die Schnellauswahl. Belassen Sie die Einstellung im Feld ANWENDEN AUF bei der Auswahl GANZE ZEICHNUNG. Wählen Sie beim OBJEKTTYP den Eintrag *Kreis* und lassen Sie die anderen Einstellungen auf den Standardwerten (siehe Abbildung 13.12, links).

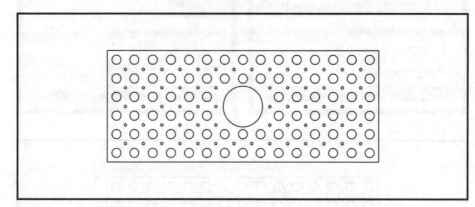

Abbildung 13.11: Ausgangszeichnung für die Schnellauswahl

4. Klicken Sie auf die Schaltfläche OK und alle Kreise in der Zeichnung werden markiert. Wählen Sie im OBJEKTEIGENSCHAFTEN-MANAGER im Feld LAYER den Layer *Bohrungen* aus. Alle gewählten Kreise werden auf den Layer *Bohrungen* verschoben.
5. Jetzt sollen alle Kreise, deren Radius kleiner als 1 ist, den Radius 2 erhalten. Wählen Sie im OBJEKTEIGENSCHAFTEN-MANAGER wieder die Schnellauswahl.
6. Aus der aktuellen Auswahl (alle Kreise in der Zeichnung) wollen wir jetzt die Kreise herausfiltern, deren Radius kleiner als 1 ist. Belassen Sie die Einstellung auf

AKTUELLE AUSWAHL und wählen Sie beim OBJEKTTYP wieder den Eintrag *Kreis*. Wählen Sie als EIGENSCHAFT die Auswahl *Radius* und als OPERATOR die Möglichkeit *< Kleiner als*. Tragen Sie im Feld WERT *1* ein. Das Dialogfeld sieht dann wie in Abbildung 13.12, rechts, aus.

7. Wenn Sie jetzt auf OK klicken, werden alle Kreise in der Zeichnung ausgewählt, deren Radius kleiner als 1 ist, also alle kleinen Bohrungen.
8. Tragen Sie jetzt im OBJEKTEIGENSCHAFTEN-MANAGER *2* als Radius ein. Alle Bohrungen mit dem Radius 0.75 werden auf 2 geändert. Die Zeichnung sollte wie in Abbildung 13.13 aussehen. Eine Lösung haben Sie auch im Ordner *Aufgaben*, die Zeichnung *L13-01.dwg*.

Abbildung 13.12:
Auswahl der Kreise

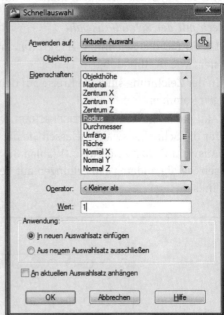

Abbildung 13.13:
Die geänderten Bohrungen

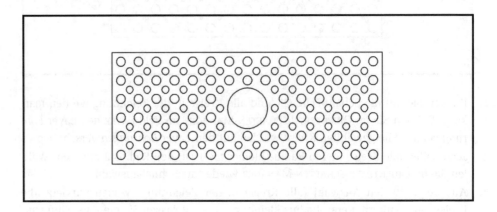

Schnellauswahl und ähnliche Objekte auswählen

Funktion Ähnliche auswählen

Haben Sie ein oder mehrere Objekte markiert, finden Sie im Kontextmenü die Funktion ÄHNLICHE AUSWÄHLEN (siehe Kapitel 13.3 und Abbildung 13.9). Klicken Sie diese Funktion an, werden alle ähnlichen Objekte ausgewählt. Haben Sie einen Kreis markiert, werden alle Kreise in der Zeichnung markiert. Diese Funktion aktiviert den Befehl SELECTSIMILAR. Sie können diesen Befehl auch manuell starten, aber nur durch Namenseingabe auf der Tastatur.

```
Befehl: Selectsimilar
Objekte wählen oder [EINStellungen]: Ein oder mehrere Objekte wählen
Objekte wählen oder [EINStellungen]: Objektwahl mit ⏎ abschließen
```

Klicken Sie ein oder mehrere Objekte an, bestätigen Sie die Eingabe mit ⏎ und alle Objekte, die der Auswahl ähnlich sind, werden gewählt.

Was unter ähnlichen Objekten verstanden wird, können Sie mit der Option EINSTELLUNGEN festlegen, wenn Sie den Befehl SELECTSIMILAR gewählt haben. Sie bekommen ein Dialogfeld (siehe Abbildung 13.14), in dem Sie wählen können, welche Objekteigenschaften zur Ähnlichkeit herangezogen werden sollen. Standardmäßig ist der Layer und der Objektname gewählt, also alle Kreise auf dem gleichen Layer, wenn vorher ein Kreis gewählt wurde. Die gewählten Ähnlichkeitsbedingungen müssen alle erfüllt sein, wenn eine Auswahl erfolgen soll. Die Ähnlichkeitsbedingung OBJEKTSTIL sucht beispielsweise alle Maße mit dem gleichen Bemaßungsstil wie das Ausgangsobjekt oder alle Texte mit dem gleichen Textstil usw.

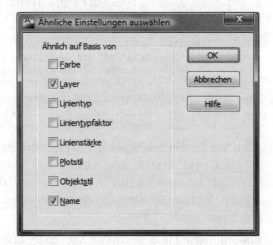

Abbildung 13.14:
Auswahl der Ähnlichkeitsbedingungen

Funktion Ausgewähltes hinzufügen

Haben Sie ein Objekt markiert, finden Sie im Kontextmenü die Funktion AUSGEWÄHLTES HINZUFÜGEN (siehe Kapitel 13.3 und Abbildung 13.9). Wenn Sie diese Funktion wählen, wird der Befehl gestartet, mit dem das markierte Objekt erstellt wurde. Die Eigenschaften werden vom gewählten Objekt übernommen. Haben Sie beispielsweise ein Maß markiert und wählen die Funktion, wird der entsprechende Bemaßungsbefehl aktiviert und das neue Maß auf den gleichen Layer gesetzt, im gleichen Bemaßungsstil gezeichnet usw. wie das Originalobjekt. Die vorher aktuellen Eigenschaften werden nicht verändert. Diese Funktion aktiviert den Befehl ADDSELECTED. Sie können den Befehl auch durch Eingabe auf der Tastatur starten.

```
Befehl: Addselected
Objekt wählen: Objekt wählen, z.B. einen Kreis
_circle Zentrum für Kreis angeben oder [3P/2P/Ttr (Tangente Tangente Radius)]:
Mittelpunkt eingeben
Radius für Kreis angeben oder [Durchmesser] <5.0>: Radius eingeben
```

13.5 Objekteigenschaften übertragen

Einfach werden Änderungen, wenn Sie schon ein Objekt in der Zeichnung haben, das die gewünschten Eigenschaften hat. Sie können die Eigenschaften von einem Objekt auf andere Objekte übertragen.

Befehl Eiganpass

Mit dem Befehl EIGANPASS können Sie Objekteigenschaften von einem Quellobjekt auf ein oder mehrere Zielobjekte übertragen.

- Multifunktionsleiste: Symbol im Register START, Gruppe ZWISCHENABLAGE
- Menüleiste ÄNDERN, Funktion EIGENSCHAFTEN ANPASSEN
- Symbol in der STANDARD-FUNKTIONSLEISTE

```
Befehl: Eiganpass
Quellobjekt wählen: Objekt mit den gewünschten Eigenschaften wählen
Aktuelle aktive Einstellungen:  Farbe Layer Ltyp LTFaktor Linienstärke
Transparenz Objekthöhe Plotstil Bem Text Schraff Polylinie Ansichtsfenster
Tabelle Material SchattenanzeigeMulti-Führungslinie
Zielobjekt(e) oder [Einstellungen] wählen: Zielobjekte oder Option wählen
Zielobjekt(e) oder [Einstellungen] wählen: weitere Objekte oder ⏎ zum Beenden
```

Nachdem Sie den Befehl gewählt haben, wird ein Quellobjekt abgefragt. Das Quellobjekt ist das Objekt, dessen Eigenschaften auf andere Objekte übertragen werden sollen. Danach bekommen Sie eine Liste der Eigenschaften, die auf andere Objekte übertragen werden. Wählen Sie dann die Zielobjekte, also die Objekte, auf die die Eigenschaften übertragen werden sollen.

Einstellungen: Mit dieser Option können Sie in einem Dialogfeld (siehe Abbildung 13.15) einstellen, welche Eigenschaften übertragen werden sollen.

Objekteigenschaften übertragen

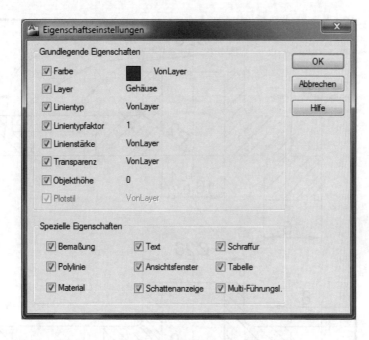

Abbildung 13.15:
Dialogfeld für die zu übertragenden Eigenschaften

Sie können wählen, welche Eigenschaften Sie übertragen wollen. Klicken Sie die entsprechenden Schalter an. Hinter den Schaltern werden die Werte angezeigt, die das Quellobjekt hat. Außerdem können Sie anwählen, ob Sie die Bemaßungs-, Text- und Schraffureigenschaften mit übertragen wollen. Nachdem Sie die Einstellungen geprüft oder verändert haben, klicken Sie auf OK und Sie kommen wieder zur Zeichnung und wählen dann die Zielobjekte.

Objekteigenschaften übertragen

1. Öffnen Sie die Zeichnung *A13-02.dwg* aus Ihrem Übungsordner.
2. Übertragen Sie die Eigenschaften wie in Abbildung 13.16: Den Linientyp von der Mittellinie zu den durchgezogenen Linien, den Winkel des Schraffurmusters von einer Schraffur zur anderen und die Toleranz von einem Maß zum anderen. Sie finden die Lösung in *L13-02.dwg* in dem Ordner *Aufgaben*.

Befehl in Werkzeugkasten Schnellzugriff übernehmen

Da diese Funktion sehr häufig eingesetzt werden kann, ist es sinnvoll, sie in den Werkzeugkasten SCHNELLZUGRIFF *zu übernehmen. Aktivieren Sie das Abrollmenü am rechten Rand des Werkzeugkastens* SCHNELLZUGRIFF *(siehe Abbildung 13.17). Wählen Sie darin die Funktion* EIGENSCHAFTEN ABSTIMMEN *und Sie haben die Funktion im Werkzeugkasten.*

Abbildung 13.16:
Übertragung von Eigenschaften

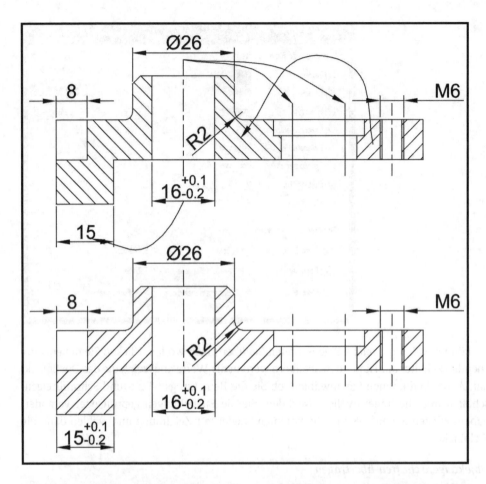

Abbildung 13.17:
Funktion in Werkzeugkasten Schnellzugriff aufnehmen

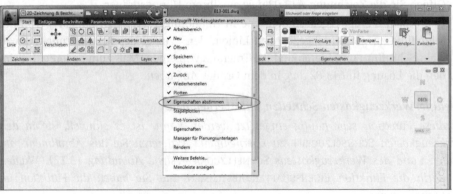

13.6 Mit Griffen editieren

Neben den bisher behandelten Editierbefehlen haben Sie auch die Möglichkeit, Objekte an den Griffen zu editieren. Vor allem beim Erstellen von Illustrationen, Schemaplänen und dergleichen ist diese praktische Methode den Editierbefehlen überlegen.

Griffe aktivieren

Sie bringen Griffe an einem Objekt an, indem Sie es mit dem Fangfenster anklicken oder, wie bei der Objektwahl, ein Fenster darüber aufziehen, ohne dass Sie einen Befehl gewählt haben.

Auch hier gelten die gleichen Regeln wie bei der Objektwahl:

- Wird das Fenster von links nach rechts aufgezogen, werden die Objekte mit Griffen versehen, die sich ganz im Fenster befinden.
- Wird das Fenster von rechts nach links aufgezogen, werden die Objekte mit Griffen versehen, die sich ganz oder teilweise im Fenster befinden.
- Klicken Sie ein gewähltes Objekt mit Griffen mit gedrückter ⇧-Taste noch einmal an, verschwinden die Griffe wieder.

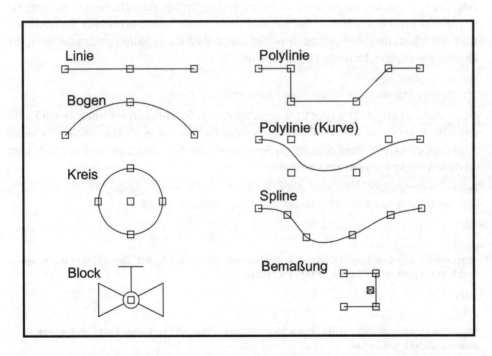

Abbildung 13.18: Beispiele für Griffe an Objekten

Die Griffe erscheinen an den Punkten, an denen sich die Objekte bearbeiten lassen (siehe Abbildung 13.18). Sie haben zunächst die Farbe Blau, sind also sogenannte kalte Griffe.

> **INFO**
>
> *Verschiedene Griffarten*
>
> **Kalte Griffe:** Kalte Griffe bekommen Sie an Objekten, die Sie angeklickt haben, ohne vorher einen Befehl zu wählen, und die hervorgehoben sind. Das Objekt wird nicht verändert, aber die Griffe können Ihnen bei Griffoperationen als Fangpunkte dienen. Kalte Griffe sind normalerweise blaue ausgefüllte Quadrate. In den Optionen (siehe Anhang A.4) können Sie die Farbe aller Griffarten umstellen.
>
> **Dynamischer Griff:** Fahren Sie mit dem Fadenkreuz auf einen Griff, wird dieser als dynamischer Griff grün angezeigt, wenn er zum heißen Griff gemacht werden kann.
>
> **Heißer Griff:** Klicken Sie einen kalten Griff an, wird er zum heißen Griff. Sie können Ihn jetzt bearbeiten. Sie können auch mehrere Griffe zu heißen Griffen machen. Dazu müssen Sie aber beim Anklicken die ⇧-Taste beim Anklicken drücken.
>
> **Griffe entfernen:** Drücken Sie die Taste Esc, verschwinden alle Griffe. Drücken Sie die rechte Maustaste und wählen Sie aus dem Kontextmenü die Funktion AUSWAHL AUFHEBEN, verschwinden alle Griffe von den Objekten.

> **INFO**
>
> *Griffe bearbeiten*
>
> Nachdem Sie einen oder mehrere Griffe zu heißen Griffen gemacht haben, können Sie das Objekt bearbeiten. Haben Sie mehrere heiße Griffe gewählt, müssen Sie noch den Griff anklicken, den Sie bearbeiten wollen. Jetzt wird die Funktion STRECKEN aktiv, die ähnlich wie der gleichnamige Befehl arbeitet:
>
> ```
> Befehl: **STRECKEN**
> Streckpunkt angeben oder [BAsispunkt/Kopieren/Zurück/Exit]:
> ```
>
> Ohne weitere Eingabe kann der Griff verschoben werden. Klicken Sie einen neuen Punkt an, wählen Sie einen anderen Griff, auf den das Fadenkreuz einrastet, wählen Sie einen Punkt mit dem Objektfang oder geben Sie eine relative Koordinate ein und der Griff wird an diesen Punkt versetzt, zum Beispiel:
>
> ```
> Befehl: **STRECKEN**
> Streckpunkt angeben oder [BAsispunkt/Kopieren/Zurück/Exit]: @0,5
> ```
>
> oder
>
> ```
> Befehl: **STRECKEN**
> Streckpunkt angeben oder [BAsispunkt/Kopieren/Zurück/Exit]: Mit dem Objektfang einen
> Punkt auf einem Objekt ohne Griff anklicken
> ```
>
> oder
>
> ```
> Befehl: **STRECKEN**
> Streckpunkt angeben oder [BAsispunkt/Kopieren/Zurück/Exit]: Einen Griff auf einem
> anderen Objekt anklicken
> ```

> **TIPP**
>
> *Pfeilförmige Griffe an Bögen*
>
> - Wenn Sie Bögen mit Griffen markieren, bekommen diese zusätzlich pfeilförmige Griffe an den drei Punkten auf dem Bogen.

Mit Griffen editieren

- *Mit den Pfeilen an den Endpunkten lässt sich der Bogen in Bogenrichtung strecken. Mit dem Pfeil an dem mittleren Punkt auf dem Bogen wird beim Strecken der Bogen verschoben, ohne dass sich seine Geometrie ändert.*

Ist ein heißer Griff aktiv, können Sie statt einer Punkteingabe auch weitere Optionen wählen (siehe Optionsliste):

```
Befehl: **STRECKEN**
Streckpunkt angeben oder [BAsispunkt/Kopieren/Zurück/Exit]:
```

Wählen Sie statt eines Punkts die Option BASISPUNKT, können Sie den Vektor für die Streckfunktion an einer beliebigen anderen Stelle in der Zeichnung mit zwei Punkten bestimmen. Das können dann auch wieder Griffe auf Objekten sein oder Punkte, die Sie mit dem Objektfang wählen.

Die Option KOPIEREN erzeugt mehrfache Kopien des Objekts, auf dem der Griff liegt. Die entstehenden Kopien werden gestreckt (siehe Abbildung 13.19). Haben Sie einen Griff aktiviert, der eine Verschiebung bewirkt, beispielsweise der mittlere Griff einer Linie oder eines Kreises, erzeugen Sie unveränderte Kopien.

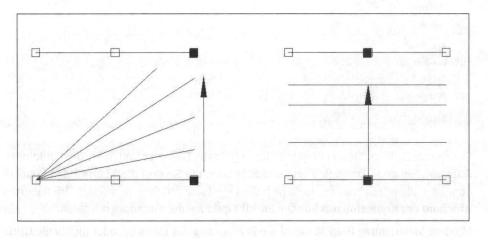

Abbildung 13.19:
Mehrfachkopien beim Strecken

Geben Sie bei der ersten Anfrage des Befehls ⏎ ein, wird zur Funktion SCHIEBEN gewechselt. Weitere Eingaben von ⏎ aktivieren nacheinander die Funktionen DREHEN, SKALIEREN und SPIEGELN.

```
Befehl:
**STRECKEN**
Streckpunkt angeben oder [BAsispunkt/Kopieren/Zurück/Exit]: ⏎
**SCHIEBEN**
Punkt für Verschieben angeben oder [BAsispunkt/Kopieren/Zurück/Exit]: ⏎
**DREHEN**
Drehwinkel angeben oder [BAsispunkt/Kopieren/Zurück/BEzug/Exit]: ⏎
**SKALIEREN**
Skalierfaktor angeben oder [BAsispunkt/Kopieren/Zurück/BEzug/Exit]: ⏎
**SPIEGELN**
Zweiten Punkt angeben oder [BAsispunkt/Kopieren/Zurück/Exit]: ⏎
```

Mit der Eingabe des zweiten Punkts bzw. des Drehwinkels oder des Skalierfaktors wird die Funktion ausgeführt. Bei allen Funktionen sind die Optionen BASISPUNKT, KOPIEREN und teilweise auch BEZUG verfügbar. Die Grifffunktionen arbeiten wie die gleichnamigen Editierbefehle, außer dass mit diesen Funktionen auch Serien von gestreckten, verschobenen, gedrehten, skalierten oder gespiegelten Objekten erzeugt werden können.

Rechte Maustaste bei den Griffen

Alle oben aufgeführten Optionen können Sie auch aus einem Kontextmenü wählen, das erscheint, wenn Sie die rechte Maustaste drücken und wenn ein heißer Griff aktiv ist (siehe Abbildung 13.20).

Abbildung 13.20: Kontextmenü für die Bearbeitung der Griffe

Die oberste Zeile im Menü entspricht der ⏎-Taste. Darunter finden Sie die Funktionen SCHIEBEN, SPIEGELN, DREHEN, VARIA und STRECKEN, die Sie dort direkt anwählen können, ohne, wie oben beschrieben, mehrfach die ⏎-Taste drücken zu müssen. Im nächsten Abschnitt des Kontextmenüs können Sie die Optionen der Funktionen wählen.

Mit dem Menüeintrag BEENDEN wird die Bearbeitung des Griffs beendet und heiße Griffe verschwinden. Gewählte Objekte bleiben markiert.

Mit dem Eintrag EIGENSCHAFTEN können Sie den Objekteigenschaften-Manager aktivieren, und Sie können die ausgewählten Objekte dort ändern.

Strecken mit Griffen

1. Zeichnen Sie ein Rechteck aus Linien (nicht mit dem Befehl RECHTECK), einen Kreis, ein Achteck mit dem Befehl POLYGON und noch einen Kreis (siehe Abbildung 13.21, linke Hälfte).
2. Strecken Sie den Kreis so weit, dass er den Mittelpunkt der Linie berührt. Das geht auch ohne Objektfang, Sie könnten ihn auch ausschalten. Klicken Sie dazu den Kreis und die senkrechte Linie an. Klicken Sie dann auf den Griff am linken Quadranten des Kreises (siehe Abbildung 13.21, Punkt 1).

Mit Griffen editieren

```
Befehl:** STRECKEN **
Streckpunkt angeben oder [BAsispunkt/Kopieren/Zurück/Exit]: Griff an der Mitte der
Linie anklicken (Abbildung 13.21, Punkt 2)
```

3. Entfernen Sie die Griffe. Klicken Sie dann das Polygon und den Kreis an. Klicken Sie dann auf den Griff am Zentrum des Kreises (siehe Abbildung 13.21, Punkt 3).

```
Befehl:** STRECKEN **
Streckpunkt angeben oder [BAsispunkt/Kopieren/Zurück/Exit]: K für die Option
Kopieren eingeben

** STRECKEN (mehrere) **
Streckpunkt angeben oder [BAsispunkt/Kopieren/Zurück/Exit]: Griff am Punkt 4
anklicken

** STRECKEN (mehrere) **
Streckpunkt angeben oder [BAsispunkt/Kopieren/Zurück/Exit]: Griff am Punkt 5
anklicken

   .. usw.
```

4. Setzen Sie an jeden Eckpunkt einen Kreis (siehe Abbildung 13.21).

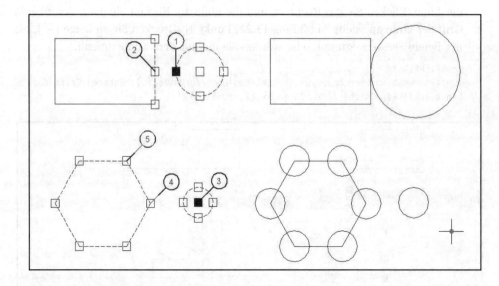

Abbildung 13.21:
Strecken mit Griffen

Schieben, Drehen und Spiegeln mit Griffen

1. Zeichnen Sie die verschiedenen Rechtecke und Linien wie in Abbildung 13.22 (linke Hälfte).
2. Schieben Sie das untere Rechteck an das andere. Klicken Sie dazu das untere Rechteck an, damit es Griffe bekommt. Klicken Sie dann den linken oberen Griff des unteren Rechtecks an (siehe Abbildung 13.22, Punkt 1) und es bekommt einen heißen Griff an dieser Stelle.

```
Befehl:** STRECKEN **
Streckpunkt angeben oder [BAsispunkt/Kopieren/Zurück/Exit]: ⏎

** SCHIEBEN **
Punkt für Verschieben angeben oder [BAsispunkt/Kopieren/Zurück/Exit]: Punkt am
oberen Rechteck mit dem Objektgriff anklicken (Abbildung 13.22, Punkt 2)
```

3. Entfernen Sie alle Griffe. Drehen Sie dann das mittlere Rechteck mehrfach. Klicken Sie es dazu an und machen danach den linken unteren Griff (siehe Abbildung 13.22, Punkt 3) zum heißen Griff. Drücken Sie so lange ⏎, bis der Befehl DREHEN kommt, oder wählen Sie ihn aus dem Kontextmenü.

```
** DREHEN **
Drehwinkel angeben oder [BAsispunkt/Kopieren/Zurück/BEzug/Exit]:  K für die Option
Kopieren

** DREHEN (mehrere) **
Drehwinkel angeben oder [BAsispunkt/Kopieren/Zurück/BEzug/Exit]: 30
..
und das gleiche für 60 und 90°
```

4. Entfernen Sie jetzt wieder alle Griffe und spiegeln Sie dann das untere Rechteck an der Linie. Klicken Sie das Rechteck und die Linie an. Klicken Sie dann den oberen Griff der Linie an (siehe Abbildung 13.22, Punkt 4). Drücken Sie so lange ⏎, bis der Befehl SPIEGELN kommt, oder wählen Sie ihn aus dem Kontextmenü.

```
** SPIEGELN **
Zweiten Punkt angeben oder [BAsispunkt/Kopieren/Zurück/Exit]: Unteren Griff der
Linie anklicken (siehe Abbildung 13.22, Punkt 5)
```

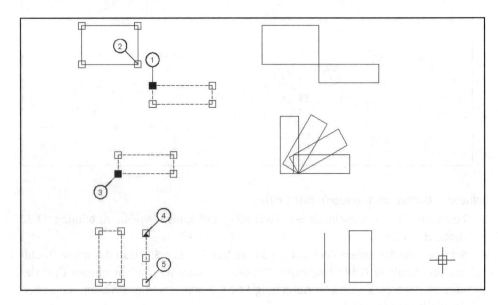

Abbildung 13.22: Schieben, Drehen und Spiegeln mit den Griffen

Griffe bei der dynamischen Eingabe

- Haben Sie die dynamische Eingabe aktiviert, können Sie auch Maße an den Griffen eingeben. Klicken Sie das zu ändernde Objekt an und aktivieren Sie beispielsweise den Endgriff einer Linie, sodass er zum aktiven Griff wird. Tragen Sie das Maß für die Verlängerung ein (siehe Abbildung 13.23, links oben) oder gehen Sie mit der Taste [⇆] zur Gesamtlänge und ändern Sie diese (siehe Abbildung 13.23, links unten).
- Bei einem Kreis können Sie den Radius ändern, wenn Sie den Griff an einem Quadranten aktivieren (siehe Abbildung 13.23, Mitte).
- Bei einem Borgen können Sie ebenso vorgehen (siehe Abbildung 13.23, rechts).

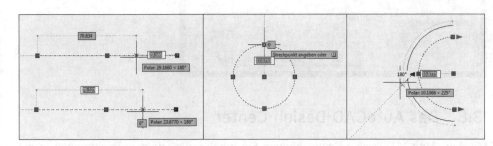

Abbildung 13.23:
Griffe mit Maßen bearbeiten

13.7 Objekte umbenennen

Eine weitere Änderungsmöglichkeit betrifft die benannten Objekte in der Zeichnung. Das sind Ansichten, Ansichtsfenster, Bemaßungsstile, Benutzerkoordinatensysteme, Blöcke, Layer, Linientypen und Textstile. Beim Anlegen dieser Objekte geben Sie diesen einen Namen. Diese Namen können Sie mit dem Befehl UMBENENN ändern.

Befehl Umbenenn

Sie finden den Befehl nur in der Menüleiste. Ist diese aus, müssen Sie ihn eintippen.

- Menüleiste FORMAT, Funktion UMBENENNEN...

Die Objekte können Sie in einem Dialogfeld (siehe Abbildung 13.22) umbenennen. Gehen Sie wie folgt vor:

- Markieren Sie einen Objekttyp in der Liste BENANNTE OBJEKTE. Sie bekommen dann in der Liste OBJEKTE alle Objekte dieser Kategorie aufgelistet.
- Markieren Sie ein Objekt in der rechten Liste, und der Name wird in das Feld ALTER NAME übernommen.
- Tragen Sie einen neuen Namen in das Feld darunter ein.
- Klicken Sie auf die Schaltfläche UMBENENNEN IN, und das Objekt bekommt den neuen Namen.

Abbildung 13.24:
Umbenennen von Objekten

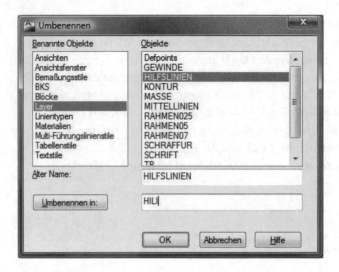

13.8 Das AutoCAD-Design-Center

Mit dem AutoCAD-Design-Center können Sie Inhalte aus anderen Zeichnungen in die aktuelle Zeichnung übernehmen, ohne diese öffnen zu müssen. Das können Bemaßungsstile, Blöcke, Layer, Layouts, Linientypen, Textstile und XRefs aus anderen Zeichnungen sein. Außerdem können Sie auch komplette Zeichnungen oder Bilddateien aus anderen Ordnern in die aktuelle Zeichnung einfügen.

Befehl Adcenter und Adcschliessen

Mit dem Befehl ADCENTER starten Sie das Autodesk-Design-Center:

- Multifunktionsleiste: Symbol im Register ANSICHT, Gruppe PALETTEN
- Menüleiste EXTRAS, Untermenü PALETTEN > , Funktion DESIGN-CENTER
- Symbol in der STANDARD-FUNKTIONSLEISTE
- Tastenkombination [Strg] + [2]

Wählen Sie den Befehl an, wird das Fenster mit dem Design-Center auf den Bildschirm gebracht und bleibt, unabhängig von einem Befehl, so lange geöffnet, bis Sie es wieder schließen (siehe Abbildung 13.25). Mit dem Befehl ADCSCHLIESSEN können Sie das Fenster wieder schließen. Diesen Befehl können Sie auf die gleiche Weise wie den Befehl ADCENTER wählen.

- Das Design-Center können Sie wie den Objekteigenschaften-Manager (siehe Kapitel 13.2) verschieben, automatisch ausblenden oder links bzw. rechts andocken oder verankern.

Das AutoCAD-Design-Center

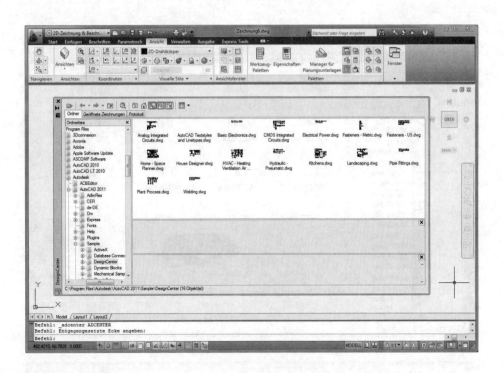

Abbildung 13.25:
AutoCAD-Design-Center auf der Zeichenfläche

Darstellung im AutoCAD-Design-Center

Damit Sie die folgenden Aktionen mitverfolgen können, stellen Sie den folgenden Ausgangszustand her:

- Aktivieren Sie das AutoCAD-Design-Center (siehe oben).
- Schließen Sie alle Zeichnungen und öffnen Sie dann die Zeichnung *A13-03.dwg* aus dem Ordner *Aufgaben*, eine leere Zeichnung, die aber Blöcke enthält.

Das AutoCAD-Design-Center hat vier Register, mit denen unterschiedliche Inhalte dargestellt werden können:

Register Ordner: Mit dem Register ORDNER bekommen Sie im linken Teil des Fensters, der Ordnerliste, eine Explorer-Darstellung, mit der Sie den ganzen Arbeitsplatz durchblättern können. Haben Sie in der Ordnerliste einen Ordner markiert, werden Ihnen im rechten Teil des Design-Centers, der Inhaltsansicht, alle Zeichnungen mit Voransichtsbild angezeigt (siehe Abbildung 13.26).

Wollen Sie sich eine Zeichnung genauer betrachten, markieren Sie diese in der ORDNERLISTE oder klicken sie doppelt in der Inhaltsansicht an. Jetzt bekommen Sie Kategorien der benannten Objekte in der Inhaltsansicht angezeigt (siehe Abbildung 13.27).

Klicken Sie jetzt in der ORDNERLISTE eine Kategorie unter dem Zeichnungssymbol an oder klicken Sie auf diese doppelt in der Inhaltsansicht, werden die benannten Objekte angezeigt, z. B. alle Blöcke oder alle Layer in der Zeichnung (siehe Abbildung 13.28).

Kapitel 13 • **Änderungen, Design-Center, Werkzeugpaletten und der Aktionsrekorder**

Abbildung 13.26:
Inhalt eines Ordners im Design-Center

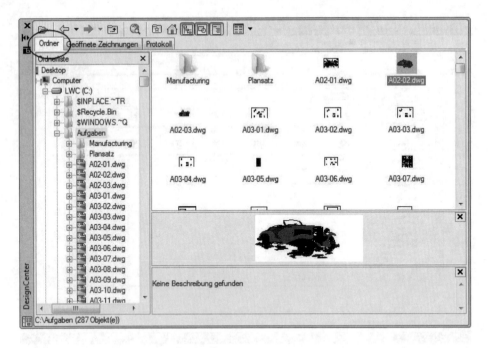

Abbildung 13.27:
Kategorien benannter Objekte in der Zeichnung

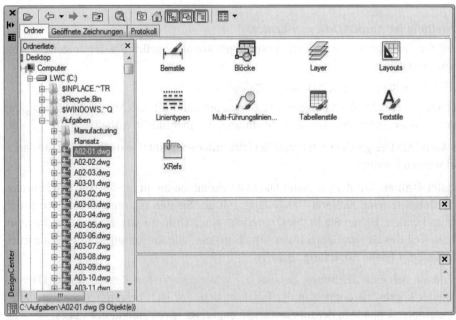

Im Ordner *\Programme\AutoCAD 2011\Sample\Design-Center* finden Sie eine ganze Reihe von Zeichnungen, die nur Symbole enthalten: Elektronik-Symbole, Elektrotechnik-Symbole, mechanische Befestigungselemente, Architektur- und Haustechnik-Symbole, Hydraulik- und Pneumatik-Symbole, Landschaftsplanung, usw. Das sind Ihre Symbol-

Das AutoCAD-Design-Center

bibliotheken für die verschiedensten Anwendungen. Markieren Sie die entsprechende Zeichnung und klicken Sie die Kategorie *Blöcke* an, damit alle Blöcke der Zeichnung in der Inhaltsansicht dargestellt werden (siehe Abbildung 13.29).

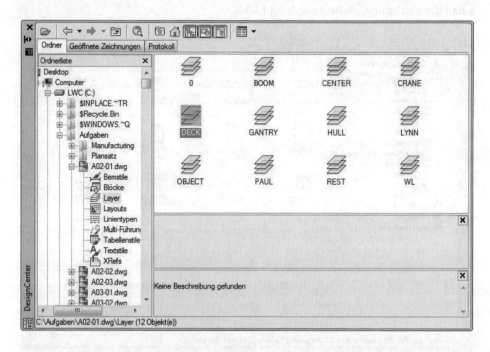

Abbildung 13.28: Layer in der Zeichnung

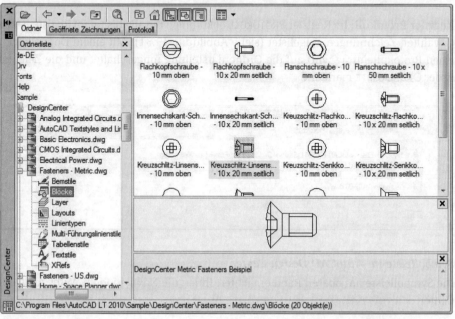

Abbildung 13.29: Symbolbibliotheken im Design-Center

Kapitel 13 · Änderungen, Design-Center, Werkzeugpaletten und der Aktionsrekorder

Register Geöffnete Zeichnungen: Im Register GEÖFFNETE ZEICHNUNGEN finden Sie alle momentan geöffneten Zeichnungen. Der linke Teil des Design-Centers zeigt Ihnen die geöffneten an. Im rechten Teil, der Inhaltsansicht, finden Sie wie im Register ORDNER den Inhalt der Zeichnung (siehe Abbildung 13.30).

Abbildung 13.30: Anzeige der geöffneten Zeichnungen

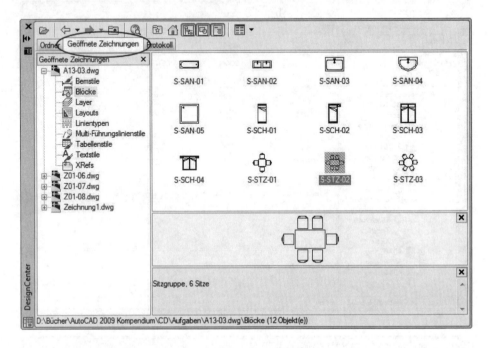

Register Protokoll: Im Register PROTOKOLL bekommen Sie alle bisher im Register ORDNER gewählten Zeichnungen aufgelistet (siehe Abbildung 13.31). Mit einem Doppelklick auf einen Protokolleintrag wird auf die Ordnerdarstellung umgeschaltet und die Zeichnung in der ORDNERLISTE markiert.

Abbildung 13.31: Protokoll der zuletzt gewählten Zeichnungen

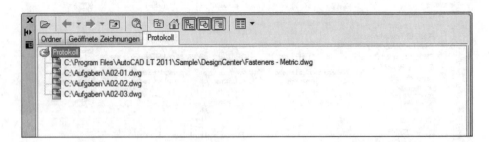

Symbolleiste im AutoCAD-Design-Center

Die Symbolleiste am oberen Rand erleichtert Ihnen die Navigation im AutoCAD-Design-Center.

Symbol Laden: Mit diesem Symbol können Sie eine Zeichnung im Dateiwähler suchen. Diese wird dann in der Ordnerliste markiert. So lässt sich eine Datei eventuell schneller finden als in der Ordnerliste.

Symbol Zurück und Vorwärts: Mit diesen Symbolen können Sie in den bisher bearbeiteten Zeichnungen vor- und zurückblättern.

Symbol Nach oben: Schaltet in der Ordnerliste eine Stufe nach oben.

Symbol Suchen: Suchen nach Dateien (siehe unten).

Symbol Favoriten: Anzeige des Favoritenordners. Zeichnungen, die Sie häufiger verwenden, können Sie dort aufnehmen. Klicken Sie dazu die Zeichnung in der ORDNERLISTE rechts an und es erscheint ein Kontextmenü. Mit dem Eintrag ZU FAVORITEN HINZUFÜGEN nehmen Sie sie in den Favoritenordner auf.

Symbol Ausgangsposition: Anzeige der Ausgangsposition. Klicken Sie eine Zeichnung in der ORDNERLISTE rechts an, können Sie sie im Kontextmenü mit dem Eintrag ALS AUSGANGSPOSITION EINSTELLEN zur Ausgangsposition machen. So kommen Sie schnell zu einer häufig benötigten Zeichnung zurück.

Symbole für die Darstellung: Mit den Symbolen können Sie (von links nach rechts) die ORDNERLISTE, das Voransichtsfenster und das Beschreibungsfenster ein- und ausschalten. Das Voransichtsfenster ist das mittlere in der Inhaltsansicht und das Beschreibungsfenster das untere.

Auswahlliste Ansicht: Mit der Auswahlliste können Sie die Darstellung der Symbole im oberen Fenster der Inhaltsansicht ändern. Wie im Windows-Explorer können Sie zwischen kleinen und großen Symbolen, einer Listendarstellung und einer detaillierten Auflistung wählen.

13.9 Funktionen im AutoCAD-Design-Center

Jetzt finden Sie sich zwar zurecht im AutoCAD-Design-Center, doch welche Funktionen lassen sich damit ausführen?

Benannte Objekte in die aktuelle Zeichnung ziehen

1. Machen Sie zunächst einmal alle Zeichnungsfenster wieder zu. Starten Sie eine neue Zeichnung.
2. Klicken Sie auf das Symbol LADEN im Design-Center und öffnen Sie die Zeichnung *A13-03.dwg* im Ordner *Aufgaben*. Die Zeichnung wird in der Ordnerliste markiert.
3. Klicken Sie auf die Kategorie *Layer* in der Inhaltsansicht.
4. Kopieren Sie einen Layer aus der markierten Zeichnung folgendermaßen in die aktuelle Zeichnung:
   - Öffnen Sie in der Ordnerliste oder der Inhaltsansicht die Kategorie *Layer*.
   - Klicken Sie den Layer in der Inhaltsansicht doppelt an oder ...

- ... markieren Sie den gewünschten Layer, ziehen Sie ihn mit gedrückter Maustaste in die Zeichnung und lassen Sie ihn los oder ...
- ... markieren Sie den Layer mit der rechten Maustaste und wählen aus dem Kontextmenü die Funktion LAYER HINZUFÜGEN oder ...
- ... markieren Sie den Layer, drücken die rechte Maustaste und wählen aus dem Kontextmenü die Funktion KOPIEREN. Der Layer wird in die Windows-Zwischenablage kopiert. Wechseln Sie zur Zeichnung und wählen im Abrollmenü BEARBEITEN die Funktion EINFÜGEN, der Layer wird in die Zeichnung kopiert oder ...
- ... markieren Sie den Layer mit der rechten Maustaste und halten diese gedrückt, ziehen den Layer in die aktuelle Zeichnung und lassen die Taste dort los. Wählen Sie aus dem Kontextmenü die Funktion LAYER HINZUFÜGEN oder LAYER HINZUFÜGEN UND BEARBEITEN..., im zweiten Fall wird nach dem Einfügen der Befehl LAYER gestartet.

5. Genauso können Sie es machen, wenn Sie Bemaßungsstile, Layouts, Linientypen oder Textstile aus der markierten Zeichnung in die aktuelle Zeichnung einfügen wollen.

Blöcke in die aktuelle Zeichnung ziehen

1. Klicken Sie auf die Kategorie *Blöcke* in der Inhaltsansicht.
2. Kopieren Sie einen Block aus der markierten Zeichnung auf folgende Weise in die aktuelle Zeichnung:
   - Klicken Sie den gewünschten Block in der Liste doppelt an, das Dialogfeld des Befehls EINFÜGE (siehe Kapitel 11.4) erscheint, und Sie können den Block mit den entsprechenden Parametern einfügen.
   - Oder markieren Sie den Block, ziehen ihn mit gedrückter Maustaste in die Zeichnung und lassen ihn dort los, der Block wird mit den Einfügefaktoren 1 und dem Drehwinkel 0 eingefügt.
   - Oder markieren Sie den Block, drücken die rechte Maustaste und wählen aus dem Kontextmenü die Funktion BLOCK EINFÜGEN..., das Dialogfeld des Befehls EINFÜGE (siehe Kapitel 11.4) erscheint, und Sie können den Block einfügen.
   - Oder markieren Sie den Block, drücken die rechte Maustaste und wählen aus dem Kontextmenü die Funktion KOPIEREN. Der Block wird in die Windows-Zwischenablage kopiert. Wechseln Sie zur Zeichnung und wählen im Abrollmenü BEARBEITEN die Funktion EINFÜGEN und der Block wird mit dem Skalierfaktor 1 in die Zeichnung kopiert.
   - Oder markieren Sie den Block mit der rechten Maustaste, halten diese gedrückt, ziehen den Block so in die aktuelle Zeichnung und lassen die Taste dort los. Wählen Sie aus dem Kontextmenü die Funktion BLOCK EINFÜGEN... Sie bekommen wieder das Dialogfeld des Befehls EINFÜGE.
   - Die Funktion EINFÜGEN UND NEU DEFINIEREN im Kontextmenü ist dann aktiv, wenn schon ein Block mit dem gleichen Namen in der Zeichnung existiert. Damit können Sie den Block einfügen und den in der Zeichnung vorhandenen

Funktionen im AutoCAD-Design-Center

neu definieren. Alle Blockeinfügungen werden durch den neuen Block ersetzt. Mit der Funktion NUR NEU DEFINIEREN bewirken Sie das Gleiche, nur dass dazu der neue Block nicht eingefügt werden muss.

3. Verkleinern Sie die Zeichnung so weit, dass Sie die Blöcke komplett sehen können.

XRefs in die aktuelle Zeichnung ziehen

1. Genauso wie mit den Blöcken können Sie auch mit externen Referenzen arbeiten. Alle Funktionen gelten analog wie oben beschrieben, nur dass Sie dazu die Kategorie *XRefs* markieren müssen.
2. Wollen Sie dies testen, dann beginnen Sie eine Zeichnung. Wählen Sie in der Ordnerliste des Design-Centers die Zeichnung *L11-05.dwg* aus dem Ordner *Aufgaben* und ziehen Sie externe Referenzen in die aktuelle Zeichnung.

Automatische Skalierung bei Blöcken

1. Blöcke können Sie beim Befehl BLOCK mit der Angabe von Einheiten speichern, wie Sie in Kapitel 11.2 und 11.3 gesehen haben.
2. Aber auch bei einer Zeichnung können Sie beim Befehl EINHEIT angeben, welchen Einheiten die Zeichnungseinheiten entsprechen sollen. Testen Sie es gleich an einem Beispiel.
3. Schließen Sie alle Zeichnungsfenster. Beginnen Sie eine neue Zeichnung mit der Vorlage *Acadiso.dwt*.
4. Wählen Sie im Menü FORMAT die Funktion EINHEITEN... und Sie bekommen das Dialogfeld des Befehls EINHEIT auf den Bildschirm (siehe Abbildung 13.32).

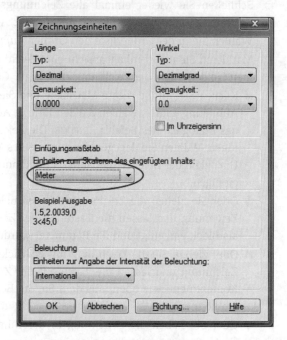

Abbildung 13.32: Dialogfeld des Befehls Einheit

5. Stellen Sie das Format für Längen und Winkel wie in Abbildung 13.32 ein. Im unteren Teil des Dialogfelds geben Sie an, welcher Maßeinheit die Zeichnungseinheiten entsprechen sollen. Diese Angabe ist für das Einfügen von Blöcken aus dem Design-Center wichtig. Stellen Sie im Abrollmenü *Meter* ein, das heißt, die Zeichnungseinheiten in dieser Zeichnung sollen Meter entsprechen.

6. Wählen Sie den Befehl LIMITEN im Menü FORMAT und geben Sie folgende Werte vor:

   ```
   Befehl: Limiten
   Modellbereichlimiten zurücksetzen:
   Linke untere Ecke angeben oder [Ein/Aus] <0.0000,0.0000>: 0,0
   Obere rechte Ecke angeben <420.0000,297.0000>: 42,29.7
   ```

7. Wählen Sie den Befehl ZOOM mit der Option GRENZEN aus dem Abrollmenü ANSICHT. Sie haben damit die Limiten und die Anzeige auf ein A3-Blatt im Plotmaßstab 1:100 eingestellt.

8. Klicken Sie auf das Symbol LADEN im Design-Center und laden Sie dort wieder die Zeichnung *\A13-03.dwg* aus dem Ordner *Aufgaben*.

9. Ziehen Sie jetzt einen Block aus dieser Zeichnung mit gedrückter Maustaste aus dem Design-Center in die Zeichnung. Es wird automatisch mit dem Faktor 0,001 skaliert. Warum? Weil die Zeichnungseinheiten in der aktuellen Zeichnung Metern entsprechen und in der Zeichnung *A13-03.dwg* Millimetern. So können Sie Blöcke immer automatisch skalieren, wenn Sie sie aus dem Design-Center in die Zeichnung importieren.

Zeichnungen in die aktuelle Zeichnung einfügen

1. Schließen Sie wieder einmal alle Zeichnungsfenster. Starten Sie jetzt eine neue Zeichnung und beginnen Sie mit der Vorlage *Acadiso.dwt*.

2. Wählen Sie in der Ordnerliste den Ordner *Aufgaben*.

3. Markieren Sie in der Inhaltsansicht eine Zeichnung (kein Doppelklick, sonst bekommen Sie den Inhalt der Zeichnung angezeigt). Gehen Sie dann wie folgt vor:

   - Klicken Sie auf die rechte Maustaste und Sie bekommen ein Kontextmenü (siehe Abbildung 13.31), wählen Sie den Eintrag ALS BLOCK EINFÜGEN... und es erscheint das Dialogfeld des Befehls EINFÜGE. Die Zeichnung können Sie jetzt als Block einfügen. Wählen Sie dagegen den Eintrag ALS XREF ZUORDNEN..., bekommen Sie das Dialogfeld des Befehls XZUORDNEN und können die Zeichnung als externe Referenz einfügen.

   - Oder Sie ziehen die Zeichnung mit gedrückter linker Maustaste in die aktuelle Zeichnung und lassen die Taste auf der Zeichenfläche los. Die Zeichnung wird als Block eingefügt und die Parameter werden im Befehlszeilenfenster angefragt.

   - Oder ziehen Sie die Zeichnung mit gedrückter rechter Maustaste in die aktuelle Zeichnung und lassen die Taste auf der Zeichenfläche los. Sie bekommen ein Kontextmenü wie oben, aus dem Sie die Befehle EINFÜGE oder XZUORDNEN wählen können.

   - Oder Sie haben die Zeichnung in der Inhaltsansicht markiert und öffnen das

Kontextmenü mit der rechten Maustaste. Dort können Sie die Zeichnung mit dem Eintrag KOPIEREN (siehe Abbildung 13.33) in die Windows-Zwischenablage kopieren. Wechseln Sie zur Zeichnung und wählen im Abrollmenü BEARBEITEN die Funktion EINFÜGEN, die Zeichnung wird als Block in die aktuelle Zeichnung kopiert.

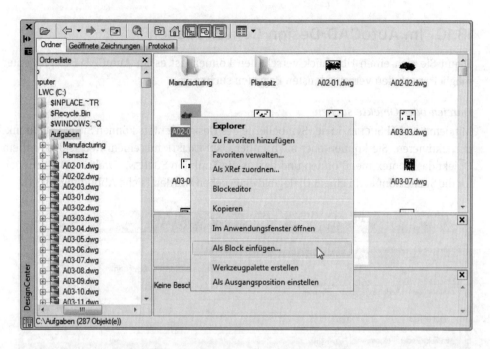

Abbildung 13.33: Kontextmenü in der Inhaltsansicht bei Ordneranzeige

- *Haben Sie in einem Ordner Bilddateien, werden diese zwar in der Strukturansicht nicht angezeigt, in der Inhaltsansicht tauchen sie aber auf und lassen sich wie Blöcke oder externe Referenzen (siehe oben) in die Zeichnung einfügen oder in die Zwischenablage kopieren.*
- *Haben Sie wie oben einen Ordner in der Strukturansicht gewählt, in der Inhaltsansicht eine Zeichnung und mit der rechten Maustaste das Kontextmenü aktiviert, dann finden Sie dort auch den Eintrag* IM ANWENDUNGSFENSTER ÖFFNEN. *Wählen Sie diesen, wird die Zeichnung in einem eigenen Zeichnungsfenster geöffnet. Diese Methode unterscheidet sich nicht vom Befehl* ÖFFNEN.

Befehl Blocksymbol

Haben Sie Zeichnungen aus älteren AutoCAD-Versionen oder per DXF-Format aus Fremdsystemen übertragen, kann es sein, dass die Blocksymbole im Design-Center nicht angezeigt werden. In diesem Fall können Sie diese mit dem Befehl BLOCKSYMBOL neu erstellen. Dazu müssen Sie die Zeichnung öffnen. Wählen Sie dann den Befehl:

- Menüleiste DATEI, Untermenü DIENSTPROGRAMME >, Funktion BLOCKSYMBOLE AKTUALISIEREN

```
Befehl: Blocksymbol
Blocknamen angeben <*>:
9 Blöcke aktualisiert.
```

Geben Sie den Namen des Blocks ein oder ⏎, damit alle Blocksymbole aktualisiert werden.

13.10 Im AutoCAD-Design-Center suchen

Damit Sie sich einen Überblick verschaffen können, ist es im AutoCAD-Design-Center möglich, nach den verschiedensten Begriffen suchen.

Dateien oder Objekte suchen

Mit dem Symbol SUCHEN in der Symbolleiste des Design-Centers können Sie die Suchfunktion aktivieren. Sie können aber auch in der ORDNERLISTE mit einem Rechtsklick auf ein Objekt das Kontextmenü öffnen und daraus die Funktion SUCHEN... wählen. Die Kriterien für die Suche können in einem Dialogfeld eingegeben werden (siehe Abbildung 13.34).

Abbildung 13.34:
Suchen im Auto-CAD-Design-Center

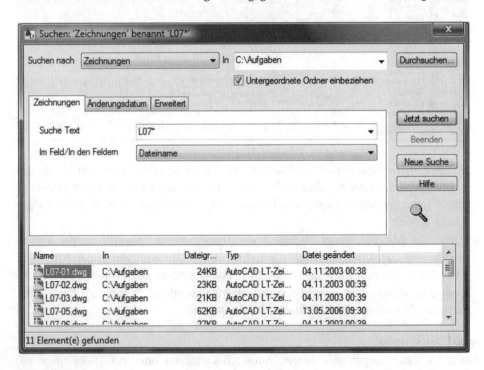

Dateien oder Objekte suchen

1. Wählen Sie im Abrollmenü SUCHEN, welches Objekt Sie suchen wollen oder ob Sie Zeichnungen suchen wollen. Wählen Sie für die erste Suche den Eintrag *Bemstile*.

2. Im Abrollmenü daneben können Sie die Pfade wählen, in denen Sie schon einmal gesucht haben. Mit der Schaltfläche DURCHSUCHEN... können Sie einen neuen Pfad für die Suche in einem Dialogfeld aussuchen. Wählen Sie den Suchpfad *C:\Aufgaben* bzw. den Pfad, in dem Sie Ihre Übungszeichnungen untergebracht haben.
3. Ist der Schalter UNTERGEORDNETE ORDNER EINBEZIEHEN eingeschaltet, wird die Suche auf alle diese Ordner erweitert.
4. Das Fenster in der Mitte des Dialogfensters hat jetzt nur ein Register. Tragen Sie im Feld SUCHE NACH NAMEN *DIN-35* ein. Klicken Sie auf die Schaltfläche JETZT SUCHEN und die Suche wird gestartet. Mit der Schaltfläche BEENDEN wird die Suche abgebrochen. Mit der Schaltfläche NEUE SUCHE können Sie die Suche neu beginnen. Dazu müssen Sie aber zuerst einen neuen Suchwert eintragen.
5. Das Ergebnis bekommen Sie in der Liste angezeigt. Alle Zeichnungen, in denen dieser Bemaßungsstil vorkommt, werden dort aufgelistet (siehe Abbildung 13.35). Mit einem Doppelklick auf eine Zeichnung kommen Sie wieder zum Design-Center und die angeklickte Zeichnung ist markiert.

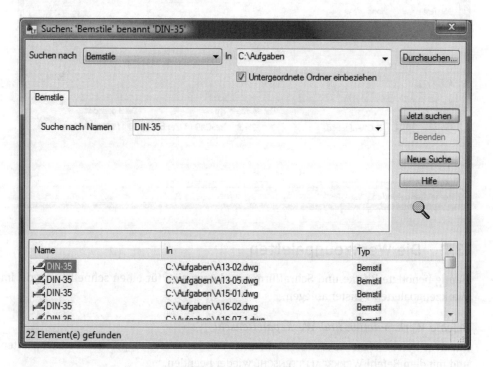

Abbildung 13.35: Suchbedingungen und Suchergebnis

6. Wählen Sie im Abrollmenü SUCHEN für eine weitere Suche den Eintrag *Zeichnungen*, den Suchpfad ändern Sie nicht.
7. Jetzt hat das Fenster drei Register. Im Register ZEICHNUNGEN tragen Sie Suchkriterien für den Dateinamen ein. Geben Sie im Feld SUCHE TEXT **.dwg* ein. Darunter belassen Sie die Einstellung *Dateiname*. Im Register ÄNDERUNGSDATUM können Sie die Suche auf einen bestimmten Erstellungszeitraum begrenzen.

8. Im dritten Register, dem Register ERWEITERT, können Sie nach einem bestimmten Block, einer Blockbeschreibung, einem Attribut oder einem Attributwert in den Zeichnungen suchen. Tragen Sie beispielsweise Werte wie in Abbildung 13.36 ein. Gesucht wird in diesem Fall nach Zeichnungen, in denen der Blockname *Kond* vorkommt.
9. Auch jetzt können Sie mit den Schaltflächen die Suche starten, beenden und neu auslösen. Das Ergebnis finden Sie wieder in der Liste (siehe Abbildung 13.36).

Abbildung 13.36: Erweiterte Suche im Zeichnungsbestand

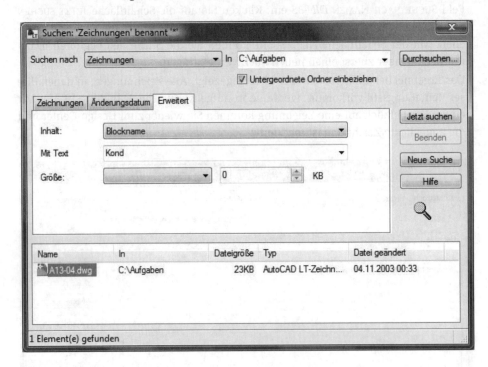

13.11 Die Werkzeugpaletten

Häufig benötigte Blöcke und Schraffurmuster lassen sich für einen schnellen Zugriff im Werkzeugpaletten-Fenster ablegen.

Befehle Werkzpaletten und Werkzpalettenschl

Mit dem Befehl WERKZEUGPALETTEN können Sie das Werkzeugpaletten-Fenster starten und mit dem Befehl WERKZPALETTENSCHL wieder beenden.

- Multifunktionsleiste: Symbol im Register ANSICHT, Gruppe PALETTEN
- Menüleiste EXTRAS, Untermenü PALETTEN >, Funktion WERKZEUGPALETTEN
- Tastenkombination [Strg] + [3]
- Symbol in der STANDARD-FUNKTIONSLEISTE

Das Fenster wird eingeblendet. Es bleibt unabhängig von einem Befehl so lange auf dem Bildschirm, bis Sie es mit dem Befehl WERKZEUGPALETTENSCHL wieder schließen. Der Befehl wird auf die gleiche Art gewählt wie der Befehl WERKZEUGPALETTEN.

- Das Fenster können Sie über die Zeichenfläche legen bzw. links oder rechts an der Zeichenfläche verankern. Haben Sie das Werkzeugpaletten-Fenster verankert, können Sie es am Rand mit der Maus schmaler oder breiter ziehen. Haben Sie das Fenster auf der Zeichenfläche, hat es am rechten oder linken Rand (je nach Position) die Titelleiste (siehe Abbildung 13.37).
- Mit dem Kreuz in der Titelleiste können Sie das Fenster wieder ausschalten. Haben Sie das Fenster verankert, ist das Kreuz zum Ausschalten in der rechten oberen Ecke des Fensters.
- Das Werkzeugpaletten-Fenster können Sie wie den Objekteigenschaften-Manager (siehe Kapitel 13.2) verschieben, automatisch ausblenden oder links bzw. rechts andocken oder verankern.

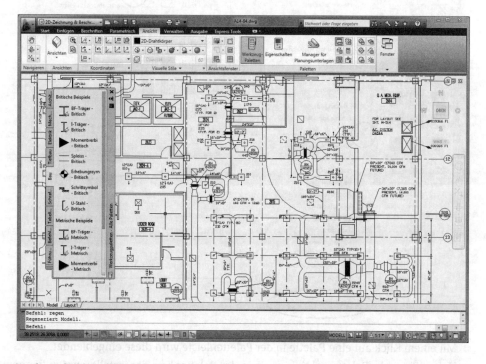

Abbildung 13.37: Werkzeugpaletten-Fenster auf der Zeichenfläche

- Ist der Inhalt der Werkzeugpalette umfangreicher als in der aktuellen Größe darstellbar ist, hat die Palette am rechten Rand einen Rollbalken, mit dem die Anzeige durchblättert werden kann.
- Mit einem Rechtsklick in der Titelleiste bekommen Sie ein Kontextmenü (siehe Abbildung 13.38, links). Ist das Fenster verankert, sind die Einträge zur Platzierung des Fensters ausgeblendet (siehe Abbildung 13.38, rechts).

- Die Einträge NEUE PALETTE, UMBENENNEN, PALETTEN ANPASSEN... und BEFEHLE ANPASSEN... im Kontextmenü, das Sie mit einem Rechtsklick in der Titelleiste bekommen (siehe Abbildung 13.38) dienen dazu, die Paletten anzupassen, doch dazu mehr in Kapitel 25.1.
- Im unteren Teil des Kontextmenüs (siehe Abbildung 13.38) finden Sie die Palettengruppen. Die aktive Palettengruppe ist mit einem Häkchen versehen. Mit einem Klick auf eine Gruppe bekommen Sie die Paletten dieser Gruppe auf der gegenüberliegenden Seite in der Palettenleiste angezeigt.

Abbildung 13.38:
Kontextmenü in der Werkzeugpalette

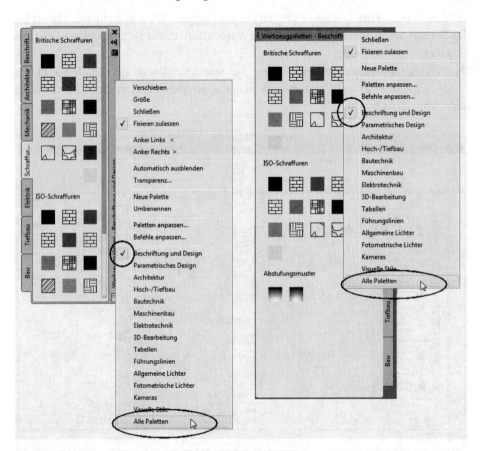

- Mit einem Klick auf eine Palette in der Palettenleiste wird diese eingeblendet.
- Haben Sie mehr Paletten aktiviert, als in der Palettenliste dargestellt werden können, bekommen Sie mit einem Klick auf das Stapelsymbol am unteren Ende der Palettenleiste die Liste aller Paletten in einem Kontextmenü (siehe Abbildung 13.39). Mit einem Klick auf die gewünschte Palette wird diese eingeblendet.

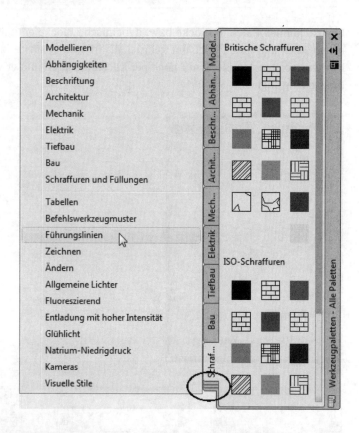

Abbildung 13.39:
Wahl der Palette aus dem Kontextmenü

Darstellung im Werkzeugpaletten-Fenster

An der Registerleiste gegenüber der Titelleiste können Sie die einzelnen Werkzeugpaletten durch Anklicken aktivieren. Mit einem Rechtsklick in einer Werkzeugpalette (nicht auf einem Symbol) können Sie in einem Kontextmenü die Funktion ANSICHTSOPTIONEN... wählen. In einem weiteren Dialogfeld (siehe Abbildung 13.40) kann die Darstellung der Symbole (Art und Größe) geändert werden. Außerdem ist wählbar, ob die Änderung nur für die aktuelle Werkzeugpalette oder für alle gelten soll.

Funktionen im Werkzeugpaletten-Fenster

Es gibt Paletten mit AutoCAD-Befehlen (siehe Abbildung 13.41, links). Klicken Sie das Symbol an und der Befehl wird ausgeführt. In Paletten können sich auch Flyout-Menüs befinden (siehe Abbildung 13.41, Mitte). Klicken Sie auf den Pfeil neben dem Symbol, wird das Flyout-Menü aktiviert, und mit einem Klick auf das entsprechende Symbol der Befehl.

Es gibt auch Paletten mit Schraffurmustern (siehe Abbildung 13.41, rechts). Klicken Sie ein Muster an oder ziehen es mit gedrückter linker Maustaste in die Zeichenfläche. Der Schraffurbefehl wird ohne weitere Anfragen aktiviert. Jetzt klicken Sie in eine geschlossene Fläche bzw. lassen die Maustaste über der Fläche los. Die Fläche wird mit den eingestellten Eigenschaften schraffiert.

Ebenso können Paletten Blöcke bzw. dynamische Blöcke enthalten. Die können Sie mit einem Klick aktivieren oder mit gedrückter linker Maustaste in die Zeichnung ziehen. Dort müssen Sie den Block nur noch per Klick platzieren und er wird mit den Voreinstellungen eingefügt.

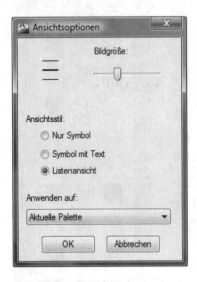

Abbildung 13.40:
Ansicht in den Werkzeugpaletten ändern

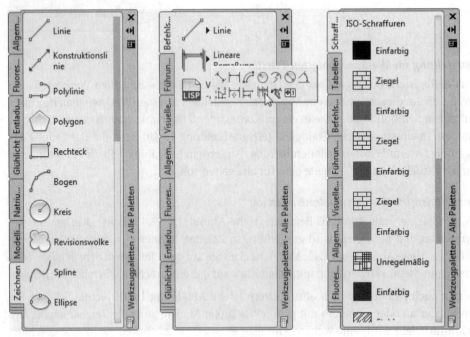

Abbildung 13.41:
Verschiedene Palettenarten

Wie Sie das Werkzeugpaletten-Fenster anpassen können, neue Paletten erstellen und mit Inhalt füllen, finden Sie in Kapitel 25.1.

13.12 Der Aktionsrekorder

Wollen Sie immer wiederkehrende Abläufe automatisieren, dann steht Ihnen in Auto-CAD (nicht in AutoCAD LT) der Aktionsrekorder zur Verfügung. Damit lassen sich Befehlsfolgen aufzeichnen, abspeichern und wiedergeben.

Aktionsmakros aufzeichnen und wiedergeben

Die Funktionen des Aktionsrekorders finden Sie:

- Multifunktionsleiste: Register VERWALTEN, Gruppe AKTIONSREKORDER
- Menüleiste EXTRA, Untermenü AKTIONSREKORDER, Funktionen für die Bedienung des Aktionsrekorders

Die Bedienung des Aktionsrekorders ist einfach:

Sie haben einen Knopf für die Aufzeichnung. Sobald dieser Knopf gedrückt ist, werden alle nachfolgenden Aktionen aufgezeichnet. Arbeiten Sie mit der Multifunktionsleiste, wird das Fenster des Aktionsrekorders geöffnet und die Befehle dort protokolliert (siehe Abbildung 13.42). Wenn Sie auf ein anderes Register schalten, verschwindet das Fenster zwar, die Protokollierung läuft aber weiter. Sie sehen an einem roten Punkt am Fadenkreuz, dass die Makroaufzeichnung läuft.

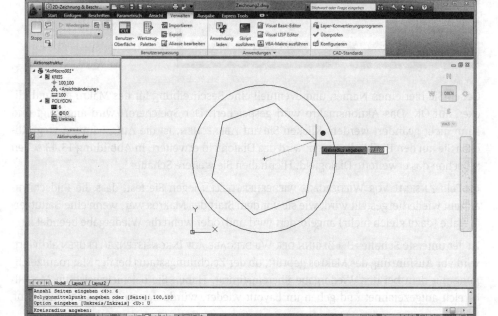

Abbildung 13.42: Aufzeichnung eines Makros

Anstelle des Knopfes für die Aufzeichnung haben Sie jetzt den STOPP-Knopf. Drücken Sie diesen, wird die Aufzeichnung beendet und Sie bekommen ein Dialogfeld, in dem Sie das gerade erstellte Aktionsmakro abspeichern können (siehe Abbildung 13.43).

Abbildung 13.43:
Dialogfeld zum Abspeichern des Aktionsmakros

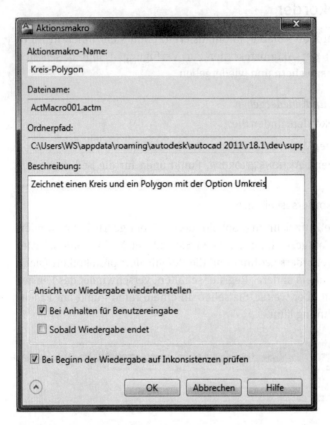

Geben Sie hier einen Namen und eventuell eine Beschreibung für das Makro ein und klicken auf OK. Das Aktionsmakro wird gespeichert. Der Speicherort wird angezeigt und kann nicht geändert werden. Klicken Sie auf ABBRECHEN, ist die Aufzeichnung weg. Klicken Sie auf den Pfeil links unten, wird das Dialogfeld erweitert. In Abbildung 13.43 sehen Sie schon das erweiterte Dialogfeld. Hier haben Sie weitere Schalter.

Im Feld ANSICHT VOR WIEDERGABE WIEDERHERSTELLEN legen Sie fest, dass die Bildschirmansicht wiederhergestellt wird, wie sie vor dem Start des Makros war, wenn eine Benutzereingabe (dazu gleich mehr) angefordert wird und/oder wenn die Wiedergabe beendet ist.

Ist der unterste Schalter BEI BEGINN DER WIEDERGABE AUF INKONSISTENZEN PRÜFEN aktiviert, wird vor Ausführung des Makros geprüft, ob der Zeichnungsstatus bei der Makroaufzeichnung mit dem bei der Wiedergabe übereinstimmt. Haben Sie beispielsweise im Modellbereich aufgezeichnet und geben im Layout wieder, würde das zu einer Fehlermeldung führen.

Der Aktionsrekorder

Wollen Sie ein Aktionsmakro wiedergeben, wählen Sie es aus dem Menü aus und es wird geladen und im Fenster des Aktionsrekorders angezeigt.

Mit der Auswahl AKTIONSMAKROS VERWALTEN… kommen Sie zu einem weiteren Dialogfeld, in dem Sie Aktionsmakros umbenennen, kopieren und löschen können (siehe Abbildung 13.44). Das Dialogfeld bekommen Sie auch mit dem Symbol rechts neben dem Wiedergabeschalter (siehe unten).

Abbildung 13.44:
Verwaltung der Aktionsmakros

Nachdem das Makro geladen ist, können Sie auf den WIEDERGABE-Schalter klicken. Das Makro wird ausgeführt und am Ende bekommen Sie eine Meldung, dass die Wiedergabe beendet wurde.

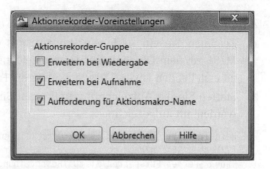

Abbildung 13.45:
Voreinstellungen für den Aktionsrekorder

Klicken Sie auf dieses Symbol in der Multifunktionsleiste (Register VERWALTEN, Gruppe AKTIONSREKORDER) bekommen Sie ein Dialogfeld (siehe Abbildung 13.45), in dem Sie wählen können, ob das Fenster mit dem Makrotext in der Multifunktionsleiste angezeigt werden soll. Das können Sie für Aufnahme und Wiedergabe gesondert festlegen. Zudem kann gewählt werden, ob das Dialogfeld beim Beenden der Aufzeichnung erscheinen soll oder nicht (siehe Abbildung 13.43). Ist der Schalter aus, wird das Makro automatisch mit einem fortlaufenden Namen gespeichert: *ActMakro001*, *ActMakro002* usw.

Steuerelemente in Aktionsmakros

Wenn Sie ein Makro aufzeichnen, können Sie auch Steuerelemente darin einbauen. Diese wählen Sie bei der Aufzeichnung des Makros oder fügen Sie später bei der Bearbeitung des Makros ein. Folgende Steuerelemente sind möglich, die Sie in der Multifunktionsleiste wählen können:

- Register VERWALTEN, Gruppe AKTIONSREKORDER

Benutzermeldung einfügen: Das Aktionsmakro stoppt und am Bildschirm wird eine Meldung ausgegeben, die der Benutzer des Makros bestätigen muss, bevor das Makro fortgesetzt wird.

Basispunkt festlegen: Damit kann ein Basispunkt des Makros festgelegt werden. Alle nachfolgend angegebenen Koordinaten beziehen sich dann auf diesen Basispunkt. Bei der Wiedergabe des Makros wird dann dieser Punkt abgefragt und die Geometrie relativ dazu aufgebaut.

Pause für Benutzereingabe: Hiermit bewirken Sie, dass das Makro bei der Wiedergabe stoppt und einen Wert vom Benutzer abfragt, der dann im Makro verwendet wird.

Aktionsmakros aufzeichnen und wiedergeben

- *Arbeiten Sie bei den Makros möglichst ohne Dialogfelder. Geben Sie diese Befehle auf der Tastatur mit einem vorangestellten »-« ein, z.B.: -LAYER. In diesem Fall wird der Layereigenschaften-Manager nicht gestartet und Sie können die Optionen eintippen oder aus dem Kontextmenü wählen.*
- *Informieren Sie sich in der AutoCAD-Hilfe, wie die Befehle ohne Dialogfeld arbeiten. Testen Sie das Makro, bevor Sie aufzeichnen.*

Aktionsmakro aufzeichnen, wiedergeben und bearbeiten

1. Zeichnen Sie ein Aktionsmakro auf, das einen Schraubenkopf (Innensechskant M10) mit dem Durchmesser 16 mm zeichnet. Der Schraubenkopf soll auf den neu zu erstellenden Layer *Schrauben*, dem die Farbe *Blau* zugeordnet werden soll.
2. Starten Sie die Aufzeichnung und legen Sie los, möglichst fehlerfrei, denn Fehler werden mit aufgezeichnet.

```
Befehl: -Layer Aktueller Layer: "Kontur" Option eingeben
[?/Machen/SEtzen/Neu/Umbenennen/EIn/AUs/FArbe/Ltyp/LStärke/MATerial/Plot/FRieren/
Tauen/SPerren/ENtsperren/STatus/Beschreibung/ABstimmen]: Option Machen wählen
Namen für neuen Layer eingeben (wird aktueller Layer) <Kontur>: Schrauben Option
eingeben
[?/Machen/SEtzen/Neu/Umbenennen/EIn/AUs/FArbe/Ltyp/LStärke/MATerial/Plot/FRieren/
Tauen/SPerren/ENtsperren/STatus/Beschreibung/ABstimmen]: Option Farbe wählen Neue
Farbe [Truecolor/Farbbuch] : 5 für Blau eingeben Namensliste der/des Layer/s für
```

Der Aktionsrekorder

```
Farbe eingeben 5 (blau) <Schrauben>: ⏎ Option eingeben
[?/Machen/SEtzen/Neu/Umbenennen/EIn/AUs/FArbe/Ltyp/LStärke/MATerial/Plot/FRieren/
Tauen/SPerren/ENtsperren/STatus/Beschreibung/ABstimmen]: ⏎
```

3. Legen Sie jetzt den Basispunkt fest. Klicken Sie dazu auf das entsprechende Symbol in der Multifunktionsleiste und geben Sie dann den Punkt an einer beliebigen Stelle in der Zeichnung an.

   Befehl: **Aktausgpunkt**
   Basispunkt angeben: **beliebigen Punkt in der Zeichnung anklicken**

4. Zeichnen Sie jetzt Kreise und das Sechseck:

   Befehl: **Kreis**
   Zentrum für Kreis angeben oder [3P/2P/Ttr (Tangente Tangente Radius)]: **z.B.: @0,0 für Zentrum eingeben**
   Radius für Kreis angeben oder [Durchmesser]: **8 eintippen**
   Befehl: **Kreis**
   Zentrum für Kreis angeben oder [3P/2P/Ttr (Tangente Tangente Radius)]: **z.B.: @0,0 für Zentrum eingeben**
   Radius für Kreis angeben oder [Durchmesser]: **4.7 eintippen**
   Befehl: **Polygon**
   Anzahl Seiten eingeben <4>: **6 eintippen**
   Polygonmittelpunkt angeben oder [Seite]: **Mit Objektfang Zentrum das Zentrum des Kreises fangen**
   Option eingeben [Umkreis/Inkreis] <U>: **Option I für Inkreis wählen**
   Kreisradius angeben: **4 eingeben**

5. Beenden Sie die Aufzeichnung mit dem Stopp-Knopf. Sie finden ihn auch im Kontextmenü mit der rechten Maustaste, Eintrag AKTIONSREKORDER und dann die Funktion STOPP.

6. Jetzt bekommen Sie das Dialogfeld. Geben Sie als Makroname *Schraube_M10* ein und klicken Sie auf OK. Das Makro ist fertig.

7. Löschen Sie das, was Sie gezeichnet haben und lassen Sie das Makro zeichnen. Das Makro fragt nach dem Einfügepunkt und zeichnet ohne Ihr Zutun. Wenn das Makro fertig ist, erscheint eine Meldung, die Sie aber auch für zukünftige Aktionen abschalten können. Das Ergebnis sollte wie in Abbildung 13.46 aussehen.

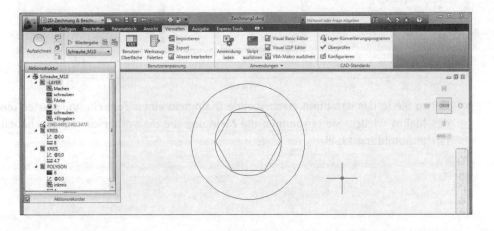

Abbildung 13.46: Das Makro für den Schraubenkopf

8. Nun soll der Radius des äußeren Kreises variabel gehalten werden. Mit einem Rechtsklick auf diesen Wert im Fenster mit dem Listing wählen Sie aus dem Kontextmenü den Eintrag PAUSE FÜR BENUTZEREINGABE (siehe Abbildung 13.47). Das Makro stoppt dann beim Ausführen an der Stelle und fragt den Wert für den Radius des Kreises ab.

Abbildung 13.47: Benutzereingabe einfügen

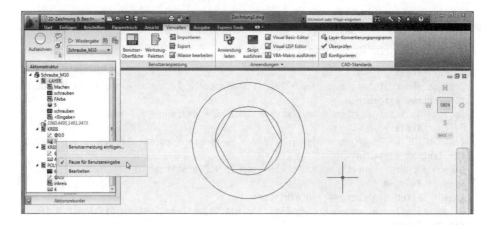

9. Das Makro soll beim Start eine Meldung ausgeben, was damit erreicht werden soll. Markieren Sie den obersten Eintrag und wählen Sie aus dem Kontextmenü mit der rechten Maustaste den Eintrag BENUTZERMELDUNG EINFÜGEN... (siehe Abbildung 13.48).

Abbildung 13.48: Benutzermeldung einfügen

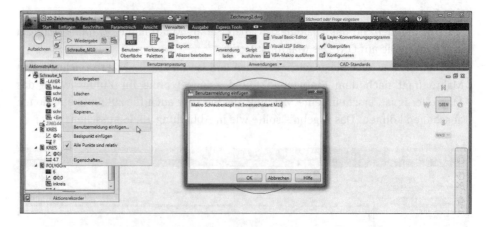

10. Geben Sie in das daraufhin erscheinende Dialogfeld einen Text ein und starten Sie das Makro wieder. Sie bekommen die Meldung, die Sie vorher eingegeben haben (siehe Abbildung 13.49).

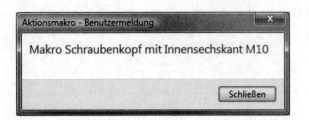

Abbildung 13.49:
Meldung des Makros

11. Im Ordner *Aufgaben* finden Sie das Makro ebenfalls, die Datei *Schraube_M10.actm*. Kopieren Sie die Datei in den oben angegebenen Ordner, dann können Sie nach dem nächsten Start von AutoCAD damit arbeiten.

Aktionsmakros bearbeiten

- Mit einem Rechtsklick auf den Wert können Sie die Einträge im Makrofenster bearbeiten, Einträge löschen, Koordinateneinträge absolut oder relativ schalten usw.
- Wenn Sie die Titelzeile löschen, wird das Makro samt der gespeicherten Datei gelöscht.

Kapitel 14
Die Windows-Funktionen

In diesem Kapitel wollen wir uns ansehen, wie Sie die Standard-Windows-Funktionen auch in AutoCAD nutzen können.

14.1 Zeichnungseigenschaften

Sie haben in AutoCAD die Möglichkeit, mit jeder Zeichnung Informationen über Titel, Autor, Kommentar usw. abzuspeichern. Diese Informationen lassen sich direkt im Windows-Explorer zum Suchen nutzen. Außerdem lassen sich diese Daten in Schriftfeldern in der Zeichnung platzieren (siehe Kapitel 10.6).

Befehl Dwgeigen
Mit dem Befehl DWGEIGEN können Sie Informationen zur Zeichnung speichern. Wählen Sie den Befehl:

- Menübrowser ZEICHNUNGSPROGRAMME, ZEICHNUNGSEIGENSCHAFTEN...
- Menüleiste DATEI, Funktion ZEICHNUNGSEIGENSCHAFTEN...

In einem Dialogfeld mit vier Registern können Sie sich Informationen zur Zeichnung anzeigen lassen bzw. eingeben.

Allgemein: In diesem Register können Sie sich Informationen zum Zeichnungsnamen, Zeichnungstyp, Pfad, Größe, Erstellungs- und Änderungsdatum sowie die Dateiattribute anzeigen lassen.

Datei-Info: In diesem Register können Sie Informationen zur Zeichnung eintragen (siehe Abbildung 14.1).

Statistik: Hier finden Sie Informationen zum Erstellungs- und Änderungsdatum sowie der Bearbeitungszeit.

Abbildung 14.1:
Informationen
zur Zeichnung

Benutzerspezifisch: Weitere Felder können Sie hier selbst definieren und Informationen dazu eingeben (siehe Abbildung 14.2).

Abbildung 14.2:
Benutzerspezifische
Informationen
zur Zeichnung

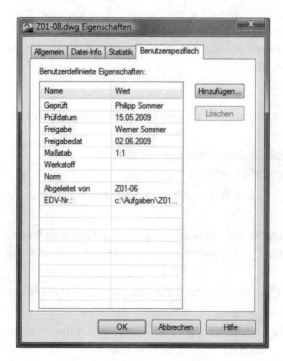

14.2 Zwischen Zeichnungsfenstern kopieren

Anzeige der Informationen im Windows-Explorer
Die Informationen, die Sie mit der Zeichnung gespeichert haben, können Sie auch im Windows-Explorer abfragen. Gehen Sie so vor:

- Starten Sie den Windows-Explorer und markieren Sie die Zeichnungsdatei.
- Wählen Sie im Abrollmenü DATEI des Windows-Explorers die Funktion EIGENSCHAFTEN oder drücken Sie die rechte Maustaste und wählen aus dem Kontextmenü die Funktion EIGENSCHAFTEN.

Sie erhalten das gleiche Dialogfeld wie in AutoCAD, nur dass Sie sich die Informationen jetzt nur anzeigen lassen können. Änderungen sind nur innerhalb von AutoCAD möglich.

14.2 Zwischen Zeichnungsfenstern kopieren

Mit dem Multiple Design Environment in AutoCAD haben Sie die Möglichkeit, an mehreren Zeichnungen gleichzeitig zu arbeiten. Aber nicht nur das, Sie können Objekte nur mit der Maus aus einer Zeichnung in die andere schieben, ohne Blöcke zu bilden. Dazu gleich ein Beispiel:

Öffnen mehrerer Zeichnungen gleichzeitig

1. Schließen Sie alle Fenster in AutoCAD. Wählen Sie den Befehl ÖFFNEN. Diesmal wollen wir mehrere Zeichnungen auf einmal öffnen.
2. Markieren Sie im Ordner *Aufgaben* die Zeichnung *A14-01.dwg*. Halten Sie die Taste Strg gedrückt und klicken Sie nacheinander die Zeichnungen *A14-01-1.dwg*, *A14-01-2.dwg* und *A14-01-3.dwg* an.
3. Klicken Sie dann auf die Schaltfläche ÖFFNEN und alle markierten Zeichnungen werden in einem eigenen Fenster geöffnet.
4. Wählen Sie dann in der Multifunktionsleiste, Register ANSICHT, Gruppe FENSTER das Symbol, um die Fenster nebeneinander anzuzeigen, oder in der Menüleiste FENSTER die Funktion NEBENEINANDER. Klicken Sie nacheinander in jedes Fenster und klicken Sie danach doppelt auf die Radtaste. Die Zeichnungen werden in vier Fenstern formatfüllend angezeigt. Zoomen Sie in der Zeichnung mit der Zusammenstellung in den linken unteren Bereich (siehe Abbildung 14.3).

Kopieren von einem Fenster ins andere

1. Klicken Sie in ein Fenster. Ziehen Sie ein Fenster über ein Bauteil, sodass alle Objekte markiert werden.
2. Drücken Sie die rechte Maustaste an einer beliebigen Stelle im Zeichnungsfenster und halten Sie sie gedrückt. Verschieben Sie die markierten Objekte mit gedrückter Maustaste.
3. Wenn Sie die Maustaste im gleichen Fenster loslassen, bekommen Sie ein Kontextmenü mit folgenden Möglichkeiten:
   - Hierher verschieben: Verschiebt die Objekte an die momentane Position.
   - Hierher kopieren: Kopiert die Objekte an die momentane Position.

- Als Block einfügen: Fügt die Objekte als Block an der momentanen Position ein, das Original bleibt unverändert.
- Abbrechen: Bricht den Befehl ab, es wird keine Aktion ausgeführt.

4. Ziehen Sie die Objekte jedoch in ein anderes Fenster und lassen dort die Maustaste los, hat das Kontextmenü die folgenden Einträge (siehe Abbildung 14.3):
   - Hierher kopieren: Kopiert die Objekte an die momentane Position im anderen Zeichnungsfenster.
   - Als Block einfügen: Fügt die Objekte als Block an der momentanen Position im anderen Fenster ein.
   - An Originalkoordinaten einfügen: Fügt die Objekte an den gleichen Koordinaten wie im Ausgangsfenster in das neue Fenster ein.
   - Abbrechen: Bricht den Befehl ab, es wird keine Aktion ausgeführt.

Fügen Sie die Objekte als Block ein, müssen Sie keinen Blocknamen eingeben. Der Block bekommt einen Namen, einen hexadezimalen Zahlencode der mit A$ beginnt, z.B.: A$C5CFA5D9C.

Erstellen des Zusammenbaus

1. Ziehen Sie aus den Fenstern mit den Einzelteilen *A14-01-1.dwg*, *A14-01-2.dwg* und *A14-01-3.dwg* die Bauteile in die Zeichnung *A14-01.dwg* und fügen Sie diese dort an den Originalkoordinaten ein.
2. Die Einzelteile werden in der Zusammenstellung eingefügt. Vergleichen Sie Ihre Zeichnung mit der Musterlösung der Datei *L14-01.dwg* im Ordner *Aufgaben*.

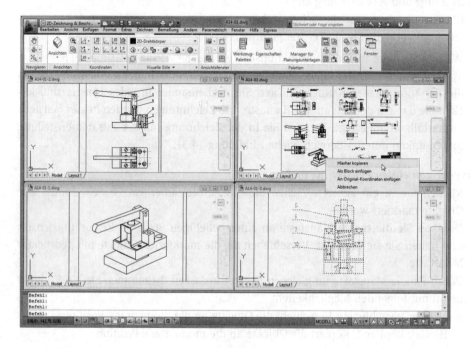

Abbildung 14.3: Mehrere Zeichnungen geöffnet und Kopieren zwischen den Fenstern

14.3 Drag-and-Drop

Mit den Drag-and-Drop-Funktionen lassen sich Dateien aus dem Explorer in die Zeichnung ziehen und der damit verbundene Befehl ausführen. Sehen Sie sich das Vorgehen an einem Beispiel an.

Zeichnungen per Drag and Drop einfügen

1. Schließen Sie alle Zeichnungsfenster. Falls AutoCAD als Vollbild dargestellt wird, schalten Sie es mit der mittleren Schaltfläche in der rechten oberen Ecke des Fensters kleiner. Ziehen Sie dann das Programmfenster so, dass es etwa die rechte Hälfte des Bildschirms einnimmt.
2. Starten Sie den Windows-Explorer. Verändern Sie die Fenstergröße so, dass er den Rest des Bildschirms einnimmt.
3. Aktivieren Sie im Windows-Explorer den Ordner *Aufgaben*. Suchen Sie in der rechten Hälfte die Dateien *A14-02-1.dwg* bis *A14-02-3.dwg*.

Jetzt haben Sie mehrere Möglichkeiten:

Mit der linken Maustaste ziehen: Klicken Sie die Datei an, halten Sie die Maustaste fest und ziehen Sie das Symbol auf die leere Programmfläche (Drag). Lassen Sie das Symbol dort los (Drop), und die Datei wird in einem eigenen Zeichnungsfenster geöffnet. Ziehen Sie eine weitere Datei in das Zeichnungsfenster, wird der Befehl EINFÜGE aktiviert und Sie können den Block platzieren mit Einfügepunkt, Skalierfaktoren und Drehwinkel.

Mit der rechten Maustaste ziehen: Klicken Sie die Datei mit der rechten Maustaste an, halten Sie die Taste fest und ziehen Sie das Symbol auf die leere Programmfläche zwischen den Zeichnungsfenstern (Drag), wird die Datei wie oben geöffnet. Ziehen Sie es aber auf ein Zeichnungsfenster, bekommen Sie ein Kontextmenü. Wählen Sie dort, ob Sie die Zeichnung als *Block* oder als *XRef* einfügen wollen oder in einem eigenen Zeichnungsfenster öffnen wollen.

Zusammenbau mit Drag and Drop

1. Ziehen Sie die Zeichnung *A14-02-1.dwg* auf die freie Fläche.
2. Ziehen Sie die Zeichnungen *A14-02-2.dwg* und *A14-02-3.dwg* in das gleiche Fenster und fügen Sie sie als Block ein. Montieren Sie die Objekte zu einem Zusammenbau. Die Lösung finden Sie ebenfalls im Ordner *Aufgaben*, Zeichnung *L14-02.dwg*.

14.4 Die Zwischenablage in AutoCAD

Auch Objekte aus AutoCAD lassen sich über die Zwischenablage austauschen, selbstverständlich auch mit anderen Programmen. Alle Befehle können Sie am schnellsten aus dem Kontextmenü wählen, das Sie in der Zeichenfläche mit der rechten Maustaste aktivieren können, ohne dass dazu vorher ein Befehl gewählt sein muss.

Befehl Copyclip

Mit dem Befehl COPYCLIP können Sie AutoCAD-Objekte in die Zwischenablage kopieren. Den Befehl finden Sie:

- Multifunktionsleiste: Symbol im Register START, Gruppe ZWISCHENABLAGE
- Menüleiste BEARBEITEN, Funktion KOPIEREN
- Symbol in der STANDARD-FUNKTIONSLEISTE
- Tastenkombination [Strg] + [C]
- Kontextmenü mit der rechten Maustaste, Untermenü ZWISCHENABLAGE, Funktion KOPIEREN

```
Befehl: Copyclip
Objekte wählen:
```

Die gewählten Objekte werden in die Zwischenablage kopiert. Der Basispunkt für das spätere Einfügen aus der Zwischenablage ist der linke untere Punkt der gewählten Objekte.

 Befehl Kopiebasisp

Der Befehl KOPIEBASISP arbeitet wie der Befehl COPYCLIP, nur dass Sie den Basispunkt für das spätere Einfügen bestimmen können:

- Menüleiste BEARBEITEN, Funktion KOPIEREN MIT BASISPUNKT
- Tastenkombination [Strg] + [⇧] + [C]
- Kontextmenü mit der rechten Maustaste, Untermenü ZWISCHENABLAGE, Funktion KOPIEREN MIT BASISPUNKT

```
Befehl: Kopiebasisp
Basispunkt angeben:
Objekte wählen:
```

Bestimmen Sie den Basispunkt und die Objekte. Diese werden in die Zwischenablage kopiert.

Befehl Ausschneiden

Mit dem Befehl AUSSCHNEIDEN können Sie AutoCAD-Objekte aus der Zeichnung in die Zwischenablage übernehmen:

- Multifunktionsleiste: Symbol im Register START, Gruppe ZWISCHENABLAGE
- Menüleiste BEARBEITEN, Funktion AUSSCHNEIDEN
- Symbol in der STANDARD-FUNKTIONSLEISTE
- Tastenkombination [Strg] + [X]
- Kontextmenü mit der rechten Maustaste, Untermenü ZWISCHENABLAGE, Funktion AUSSCHNEIDEN

```
Befehl: Ausschneiden
Objekte wählen:
```

Der Befehl funktioniert wie COPYPLIP, nur dass die Objekte aus der Zeichnung entfernt werden.

Die Zwischenablage in AutoCAD

Befehl Kopieverknüpfen

Den Befehl finden Sie:

- Menüleiste BEARBEITEN, Funktion KOPIE VERKNÜPFEN

Bei diesem Befehl wird die aktuelle Ansicht in die Zwischenablage kopiert. Eine Objektauswahl ist nicht erforderlich. Der momentane Bildschirmausschnitt wird als Ausschnitt in der Zeichnung gespeichert (Befehl AUSSCHNT, siehe Kapitel 5.17). Er erhält den Namen *Ole1* bzw. *Ole2*, *Ole2* usw. Mit dem Befehl AUSSCHNT lässt sich das überprüfen.

Befehl Clipeinfüg

Mit dem Befehl CLIPEINFÜG wird der Inhalt der Zwischenablage in das aktuelle Zeichnungsfenster kopiert:

- Multifunktionsleiste: Symbol in einem Flyout im Register START, Gruppe ZWISCHENABLAGE
- Menüleiste BEARBEITEN, Funktion EINFÜGEN
- Symbol in der STANDARD-FUNKTIONSLEISTE
- Tastenkombination ⌈Strg⌉ + ⌈V⌉
- Kontextmenü mit der rechten Maustaste, Untermenü ZWISCHENABLAGE, Funktion EINFÜGEN

```
Befehl: Clipeinfüg
Einfügepunkt angeben:
```

Die Objekte werden als Einzelteile eingefügt, geben Sie den Einfügepunkt an, ein Skalierfaktor oder Drehwinkel ist nicht erforderlich.

Befehl Blockeinfüg

Mit dem Befehl BLOCKEINFÜG wird der Inhalt der Zwischenablage als Block in die aktuelle Zeichnung eingefügt:

- Multifunktionsleiste: Symbol in einem Flyout im Register START, Gruppe ZWISCHENABLAGE
- Menüleiste BEARBEITEN, Funktion ALS BLOCK EINFÜGEN
- Tastenkombination ⌈Strg⌉ + ⌈⇧⌉ + ⌈V⌉
- Kontextmenü mit der rechten Maustaste, Untermenü ZWISCHENABLAGE, Funktion ALS BLOCK EINFÜGN

```
Befehl: Blockeinfüg
Einfügepunkt angeben:
```

Die Objekte werden als Block eingefügt, geben Sie den Einfügepunkt an, ein Skalierfaktor oder Drehwinkel ist nicht erforderlich.

Befehl Origeinfüg

Den Befehl ORIGEINFÜG können Sie nur verwenden, wenn Sie ein Objekt aus einem anderen Zeichnungsfenster über die Zwischenablage einfügen:

- Multifunktionsleiste: Symbol in einem Flyout im Register START, Gruppe ZWISCHENABLAGE
- Menüleiste BEARBEITEN, Funktion MIT ORIGINAL-KOORDINATEN EINFÜGEN
- Kontextmenü mit der rechten Maustaste, Untermenü ZWISCHENABLAGE, Funktion MIT ORIGINAL-KOORDINATEN EINFÜGEN

Die Objekte werden als Einzelteile eingefügt, und zwar an den gleichen Koordinaten, an denen sie in der anderen Zeichnung ausgeschnitten wurden. Ein Einfügepunkt ist deshalb nicht erforderlich.

14.5 Verknüpfen und Einbetten (OLE)

Verknüpfen und Einbetten von Objekten (OLE = Object Linking and Embedding) sind Windows-Funktionen. Damit lassen sich Objekte aus mehreren Anwendungen in einem Dokument zusammenführen. Zum Beispiel können Sie in einer AutoCAD-Zeichnung Tabellen, Diagramme oder Texte platzieren oder umgekehrt in einer Beschreibung Ausschnitte einer AutoCAD-Zeichnung. In einem Programm, dem **OLE-Server**, werden die Objekte erstellt, die eingebettet bzw. verknüpft werden sollen. In einem anderen Programm, dem **OLE-Client**, werden die Objekte eingebettet bzw. verknüpft. AutoCAD kann sowohl als OLE-Server als auch als OLE-Client agieren.

Einbetten: Die Funktion EINBETTEN erzeugt eine Kopie der Objekte aus dem OLE-Server im OLE-Client. Diese Kopie ist danach unabhängig vom ursprünglichen Dokument. Sollen Änderungen an den eingebetteten Objekten vorgenommen werden, wird der OLE-Server automatisch gestartet und Änderungen können ausgeführt werden. Danach kann das Zieldokument aktualisiert werden.

Verknüpfen: Mit der Funktion VERKNÜPFEN wird eine Verbindung zwischen Server und Client hergestellt. Wurde ein Objekt aus einem OLE-Server mit einem OLE-Client verknüpft und das Server-Dokument wird danach geändert, wird das Client-Dokument automatisch geändert.

Mit dem Befehl COPYCLIP (im Menü AUSSCHNEIDEN) erzeugen Sie in AutoCAD Objekte, die Sie in andere Programme einbetten können. Wenn Sie Objekte in anderen Applikationen verknüpfen wollen, sollten Sie den Befehl KOPIEVERKNÜPFEN verwenden. Um in AutoCAD OLE-Objekte zu verwalten, haben Sie in AutoCAD außerdem folgende Befehle und Funktionen:

Verknüpfen und Einbetten (OLE)

Befehl Inhalteinfüg

Mit dem Befehl INHALTEINFÜG können Sie Objekte von anderen Programmen aus der Zwischenablage in die aktuelle Zeichnung kopieren:

- Multifunktionsleiste: Symbol in einem Flyout im Register START, Gruppe ZWISCHENABLAGE
- Menüleiste BEARBEITEN, Funktion INHALTE EINFÜGEN...

In einem Dialogfeld (siehe Abbildung 14.4) können Sie wählen, wie Sie die Objekte einfügen wollen. In der Liste stehen verschiedene Möglichkeiten zur Auswahl, z.B. bei einem Text aus Microsoft Word in der Zwischenablage: Einfügen im Word-Format, Einfügen als Bilddatei, Umwandeln in AutoCAD-Objekte, als Bild einfügen, als Text einfügen.

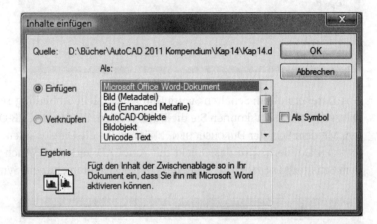

Abbildung 14.4:
Dialogfeld des Befehls Inhalteinfüg

Mit dem Schalter EINFÜGEN wird das Objekt in AutoCAD eingebettet. Klicken Sie jedoch den Schalter VERKNÜPFEN an, wird eine Verknüpfung mit dem Originalobjekt erstellt. Änderungen am Originalobjekt werden nachgeführt. Ist der Schalter ALS SYMBOL eingeschaltet, wird in der Zeichnung nur ein Symbol als Platzhalter angezeigt. Zudem können Sie das Symbol mit der Schaltfläche ANDERES SYMBOL noch auswechseln, die in diesem Fall erscheint.

Befehl Objeinf

Mit dem Befehl OBJEINF können Sie Objekte aus anderen Programmen in AutoCAD einbetten bzw. mit AutoCAD verknüpfen:

- Multifunktionsleiste: Symbol im Register BLÖCKE & REFERENZEN, Gruppe DATEN
- Menüleiste EINFÜGEN, Funktion OLE-OBJEKT...
- Symbol im Werkzeugkasten EINFÜGEN

Neu erstellen: Schalten Sie im Dialogfeld (siehe Abbildung 14.5) den Schalter NEU ERSTELLEN ein. Wählen Sie in der Liste die Applikation, mit der Sie ein Objekt erstellen wollen, und klicken Sie auf OK. Die Applikation wird gestartet, beispielsweise *Microsoft*

Excel-Tabelle. Erstellen Sie eine Excel-Tabelle und beenden Sie Excel. Sie wird in AutoCAD als OLE-Objekt eingebettet.

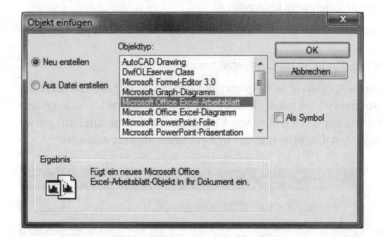

Abbildung 14.5:
Dialogfeld des Befehls Objeinf, Neu erstellen

Aus Datei erstellen: Schalten Sie im Dialogfeld (siehe Abbildung 14.6) den Schalter AUS DATEI ERSTELLEN ein, können Sie die Datei wählen, die Sie als OLE-Objekt einbetten wollen. Mit dem Schalter DURCHSUCHEN... können Sie die Datei wählen. Ist der Schalter VERKNÜPFEN aktiviert, wird das Objekt mit AutoCAD verknüpft. Auch hier können Sie mit dem Schalter ALS SYMBOL wählen, dass in der Zeichnung nur ein Symbol angezeigt wird.

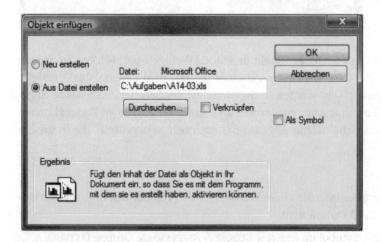

Abbildung 14.6:
Dialogfeld des Befehls Objeinf, Aus Datei erstellen

Folgende Vorgehensweisen stehen Ihnen nun zur Verfügung:

AutoCAD-Objekt in andere Anwendung einbetten
- AutoCAD starten und gewünschte Zeichnung laden (OLE-Server). In einem anderen Fenster andere Anwendung starten (OLE-Client).
- In AutoCAD die Objekte in die Zwischenablage kopieren.

- In den OLE-Client wechseln und dort im Abrollmenü BEARBEITEN EINFÜGEN wählen. Die AutoCAD-Objekte werden eingefügt.

AutoCAD-Objekt mit anderer Anwendung verknüpfen
- AutoCAD starten und Zeichnung laden (OLE-Server). In einem anderen Fenster andere Anwendung starten (OLE-Client). Im Folgenden am Beispiel Microsoft Word beschrieben.
- In AutoCAD die Objekte in die Zwischenablage kopieren.
- In Microsoft Word wechseln und aus dem Abrollmenü BEARBEITEN die Funktion INHALTE EINFÜGEN... wählen. Im Dialogfeld die Funktion VERKNÜPFEN wählen.

Einbetten von Objekten aus anderen Anwendungen in eine AutoCAD-Zeichnung
- In AutoCAD eine Zeichnung öffnen, in die Objekte übernommen werden sollen (OLE-Client). In einem anderen Fenster eine weitere Windows-Anwendung öffnen (OLE-Server).
- In der anderen Anwendung die Objekte in die Zwischenablage kopieren.
- In AutoCAD wechseln und aus der Zwischenablage einfügen (Befehl CLIPEINFÜG).
- Im Feld GRÖSSE die Größe in Zeichnungseinheiten eintragen oder im Feld FAKTOR Skalierfaktor eintragen. Ist der Schalter GRÖSSENVERHÄLTNISSE SPERREN ein, werden Verzerrungen unterdrückt. Zudem können Schriftart und Textgröße eingestellt werden.

Verknüpfen von Objekten aus anderen Anwendungen mit AutoCAD-Zeichnungen
- Anwendung starten, aus der Objekte in die AutoCAD-Zeichnung übernommen werden sollen (OLE-Server). In einem anderen Fenster AutoCAD starten (OLE-Client).
- In der anderen Anwendung Objekte in die Zwischenablage kopieren.
- Zu AutoCAD wechseln und die Inhalte einfügen (Befehl INHALTEINFÜG). Im Dialogfeld (siehe Abbildung 14.4) die Funktion VERKNÜPFEN einschalten.

Änderungen an einem OLE-Objekt
Der Vorteil von OLE-Objekten ist, dass Sie Änderungen leicht ausführen können, ohne zu wissen, mit welchem Programm das Objekt erstellt wurde. Mit einem Doppelklick auf das OLE-Objekt starten Sie die Anwendung. Haben Sie beispielsweise eine Excel-Tabelle in AutoCAD eingefügt, gehen Sie wie folgt vor:

- Klicken Sie das Objekt in AutoCAD doppelt an, Excel wird geöffnet und die Tabelle in Excel übernommen.
- Bearbeiten Sie das Objekt und beenden Sie Excel. Das Objekt wird in AutoCAD aktualisiert.

Dabei ist es ohne Bedeutung, ob das Objekt eingebettet oder verknüpft ist. Der Unterschied besteht darin, dass bei einem verknüpften Objekt die Originaldatei geöffnet wird und die Änderungen an der Originaldatei vorgenommen werden, und bei einem eingebetteten Objekt das Objekt aus der Zeichnung in das ursprüngliche Programm kopiert wird und dort geändert werden kann.

Griffe bei OLE-Objekten

Wenn Sie ein eingefügtes Objekt anklicken, bekommt es Griffe an den Ecken. Wie ein normales AutoCAD-Objekt lassen sich auch OLE-Objekte mit den Griffen bearbeiten. Auch können Sie alle anderen AutoCAD-Befehle verwenden (z. B. SCHIEBEN, KOPIEREN, DREHEN, SKALIEREN usw.).

OLE-Objekte können Sie auch wie andere AutoCAD-Objekte im Objekteigenschaften-Manager bearbeiten. Klicken Sie es an und wählen mit dem Rechtsklick das Kontextmenü und dort die Funktion EIGENSCHAFTEN. Sie bekommen das Fenster des Objekteigenschaften-Managers (siehe Abbildung 14.7):

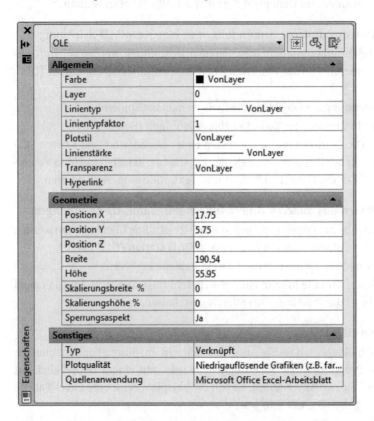

Abbildung 14.7: OLE-Objekt im Objekteigenschaften-Manager

Neben den allgemeinen Einstellungen können Sie die Geometrie bearbeiten. Im Feld SKALIERUNGSASPEKT können Sie wählen, ob Sie das Objekt nur proportional mit den Griffen verändern (Einstellung *Nein*) oder ob Sie es beliebig verzerren können (Einstellung *Ja*).

Im unteren Drittel des Objekteigenschaften-Managers werden die OLE-Eigenschaften angezeigt. Auch können Sie hier die Plotqualität für die Objekte vorgeben.

Verknüpfen und Einbetten (OLE)

Excel-Tabelle mit Zeichnung verknüpfen

1. Öffnen Sie die Zeichnung *A14-03.dwg* aus Ihrem Übungsordner.
2. Wählen Sie den Befehl OBJEINF. Schalten Sie im Dialogfeld den Schalter AUS DATEI ERSTELLEN ein.
3. Klicken Sie auf die Schaltfläche DURCHSUCHEN... und wählen Sie aus Ihrem Ordner *Aufgaben* die Datei *A14-03.xls*, eine Excel-Tabelle. Schalten Sie den Schalter VERKNÜPFEN ein.
4. Platzieren Sie die Tabelle in der linken unteren Ecke der Zeichnung.
5. Verkleinern Sie das Objekt mit den Griffen (siehe Abbildung 14.8). Eine Lösung finden Sie im Ordner *Aufgaben*: *L14-03.dwg*.

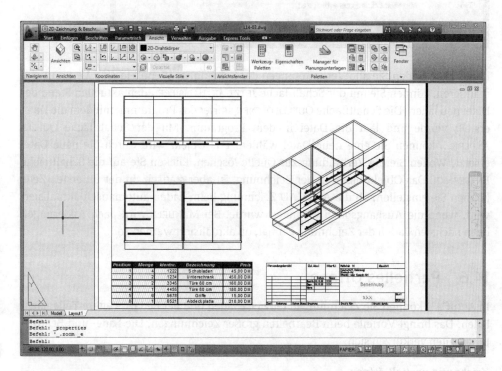

Abbildung 14.8:
Excel-Tabelle in der AutoCAD-Zeichnung

Befehl Oleverkn

Mit dem Befehl OLEVERKN können Sie die Verknüpfungen in der Zeichnung bearbeiten. Wählen Sie den Befehl:

- Menüleiste BEARBEITEN, Funktion OLE-VERKNÜPFUNGEN...

In dem nun geöffneten Dialogfeld können Sie die Verknüpfung bearbeiten (siehe Abbildung 14.9):

Abbildung 14.9:
Verknüpfung bearbeiten

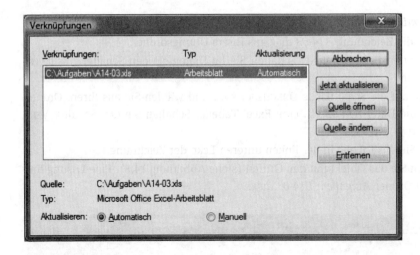

In der Liste finden Sie alle Verknüpfungen der Zeichnung. Wenn Sie eine Verknüpfung markieren, können Sie mit der Schaltfläche JETZT AKTUALISIEREN den aktuellen Stand der Datei neu laden. Die Schaltfläche QUELLE ÖFFNEN startet das Programm, mit dem die Datei erstellt wurde und lädt die Datei in dem Programm. Mit der Schaltfläche QUELLE ÄNDERN... können Sie eine neue Datei wählen. Das Objekt wird durch die neue Datei ersetzt. Wollen Sie die Verbindung zur Quelle löschen, klicken Sie auf die Schaltfläche ENTFERNEN. Das Objekt bleibt in der Zeichnung, ist aber statisch. In der untersten Zeile können Sie einstellen, ob die AutoCAD Zeichnung beim Laden automatisch aktualisiert wird, wenn die Ausgangsdatei verändert wurde. Bei MANUELL wird nach Änderungen beim nächsten Laden der Zeichnung gefragt, ob aktualisiert werden soll.

14.6 Partielles Öffnen

In AutoCAD können Sie Zeichnungen teilweise laden und bei Bedarf weitere Teile nachladen. Das bringt Vorteile beim Bearbeiten großer Zeichnungen. Die Lade- und Bearbeitungszeiten verkürzen sich.

Zeichnung partiell öffnen
1. Wählen Sie den Befehl ÖFFNEN, suchen Sie die Zeichnung im Dateiwähler aus und klicken dann aber statt auf die Schaltfläche ÖFFNEN auf das Abrollmenü daneben. Wählen Sie daraus den Eintrag PARTIELLES ÖFFNEN... Öffnen Sie die Datei *A14-04.dwg* aus dem Ordner *Aufgaben*.
2. Es erscheint ein Dialogfeld (siehe Abbildung 14.10). Sie können jetzt einen gespeicherten Ausschnitt in der linken Liste wählen. Nur diejenigen Objekte werden geladen, die in diesem Ausschnitt liegen. Dann wählen Sie die Layer in der rechten Liste.
3. Wählen Sie in dem Beispiel beim Ausschnitt den Eintrag *Grenzen* und in der Layerliste alle Layer außer *Htechnik* und *Htechnik2* (siehe Abbildung 14.10). Klicken Sie

dann auf die Schaltfläche ÖFFNEN. Die Zeichnung wird bis auf die beiden Layer geladen, es fehlt die Haustechnik im Grundriss. In der Titelzeile des Zeichnungsfensters steht hinter dem Namen der Kommentar (*partiell geladen*).

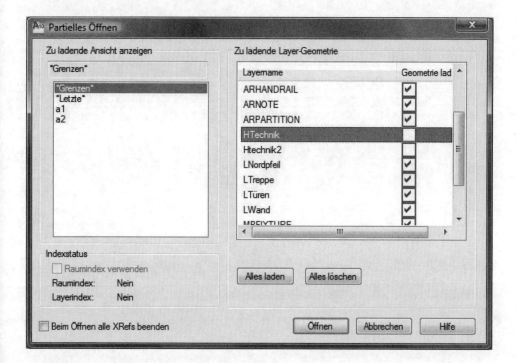

Abbildung 14.10:
Auswahl der Objekte für teilweises Öffnen

4. Wollen Sie weitere Teile nachladen, wählen Sie im Abrollmenü DATEI den Eintrag PARTIELLES LADEN, der jetzt aktiv ist. Sie bekommen wieder das Dialogfeld aus Abbildung 14.10. Wählen Sie nun die beiden Layer, die nachgeladen werden sollen.
5. Haben Sie eine partiell geöffnete Zeichnung gespeichert und öffnen Sie diese später normal, erscheint ein Meldungsfenster. Sie werden darauf hingewiesen, dass die Zeichnung zuletzt partiell geöffnet wurde. Mit der Schaltfläche HERSTELLEN wird die Zeichnung wieder partiell geladen. Klicken Sie VOLLSTÄNDIG an, wird die Zeichnung komplett geladen.

Kapitel 15
Plotten, Plotter- und Plotstil-Manager

Kommen wir wieder zu Ihrer Zeichnung zurück, die Sie in Teil II dieses Buches erstellt haben. Sie soll fertiggestellt und geplottet werden. Außerdem werden wir uns alles zur Konfiguration von Plottern und den Plot-Stilen ansehen.

15.1 Das Zeichnungslayout

Wenn Sie die Übungen in den Kapiteln 5 und 6 erstellt haben, haben Sie eine fast fertige Zeichnung. Falls Sie sie nicht oder nicht komplett haben, benutzen Sie die Lösung aus dem Ordner *Aufgaben*, Zeichnung *Z01-07.dwg*.

Sie können Ihre Zeichnung im Modellbereich, also in dem Bereich plotten, in dem Sie sie erstellt haben. Das reicht für einfache 2D-Zeichnungen aus. Sobald Sie aber Details einer Zeichnung hervorheben, verschiedene Ansichten erstellen, mehrere Maßstäbe auf einem Zeichenblatt darstellen oder ein 3D-Modell darstellen wollen, haben Sie wesentlich mehr Möglichkeiten, wenn Sie Ihr Layout im Papierbereich erstellen. Alles zu Layouts im Papierbereich erfahren Sie in Kapitel 16, in diesem Kapitel bleiben wir im Modellbereich.

Einfügen des Zeichnungsrahmens

Sie können direkt im Modellbereich den Zeichnungsrahmen mit dem Befehl EINFÜGE (siehe Kapitel 11.4) auf der Zeichnung platzieren. Hierbei ist zu beachten, dass der Zeichnungsrahmen mit dem Maßstab eingefügt wird, mit dem die Zeichnung geplottet wird. Wird die Zeichnung beispielsweise im Maßstab 1:50 geplottet, wird der Zeichnungsrahmen um den Faktor 50 vergrößert eingefügt, da unser Zeichenbereich ja immer 1:1 ist. Beim Plotten wird die Zeichnung dann samt Rahmen auf Papiergröße verkleinert.

Haben Sie ein kleines Einzelteil und stellen Sie das auf dem Papier im Maßstab 5:1 dar, fügen Sie den Zeichnungsrahmen mit dem Faktor 0.2 ein, da Sie beim Plotten ja wieder um den Faktor 5 vergrößern.

Zeichnungsrahmen einfügen und Schriftfeld ausfüllen

1. Öffnen Sie also die Zeichnung, die Sie in den Kapiteln 5 und 6 erstellt haben, oder laden Sie aus dem Ordner *Aufgaben* die Zeichnung *Z01-07.dwg*.
2. Die Felder im Schriftfeld des Zeichnungsrahmens sind mit Attributen belegt. Aktivieren Sie die Attributeingabe. Geben Sie dazu auf der Tastatur die Variable ATTDIA ein und setzen Sie deren Wert auf 1.
3. Wählen Sie in der Multifunktionsleiste, Register EINFÜGEN, Gruppe BLOCK die Funktion EINFÜGEN oder aus der Menüleiste EINFÜGEN die Funktion BLOCK... Klicken Sie auf die Schaltfläche DURCHSUCHEN... und wählen Sie aus dem Ordner *Aufgaben* die Datei *DIN_A4.dwg*. Geben Sie Einfügepunkt, Skalierung und Drehwinkel fest vor (siehe Abbildung 15.1) und klicken Sie auf die Schaltfläche OK.

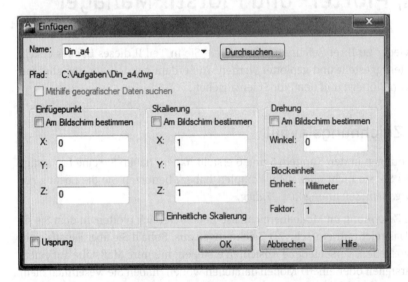

Abbildung 15.1: Einfügen von Zeichnungsrahmen und Schriftfeld

4. Tragen Sie im Dialogfeld für die Attribute Ihre Daten für das Schriftfeld ein und klicken Sie auf OK.
5. Lassen Sie sich die Zeichnung formatfüllend anzeigen. Sie sollte dann wie in Abbildung 15.2 aussehen.
6. Sie finden diesen Stand auch in der Datei *Z01-08.dwg* im Ordner *Aufgaben*.

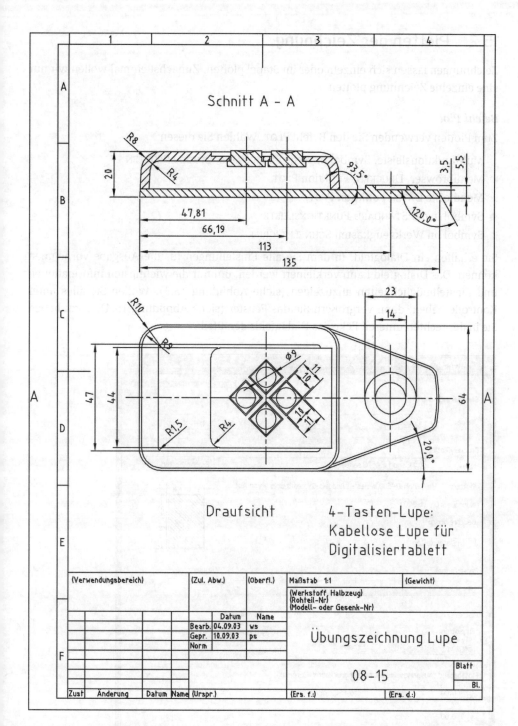

Abbildung 15.2:
Die Zeichnung mit Rahmen

15.2 Plotten der Zeichnung

Zeichnungen lassen sich einzeln oder im Stapel plotten. Zunächst einmal wollen wir nur eine einzelne Zeichnung plotten.

Befehl Plot

Zum Plotten verwenden Sie den Befehl PLOT. Wählen Sie diesen:

- Multifunktionsleiste: Symbol im Register AUSGABE, Gruppe PLOTTEN
- Menübrowser, DRUCKEN, Funktion PLOT
- Menüleiste DATEI, Funktion PLOT...
- Symbol in der STANDARD-FUNKTIONSLEISTE
- Symbol im Werkzeugkasten SCHNELLZUGRIFF

Sie erhalten ein Dialogfeld, in dem Sie alle Einstellungen für die Ausgabe vornehmen können. Das Dialogfeld kann verkleinert werden, um nur die wichtigsten Informationen und Einstellmöglichkeiten anzuzeigen (siehe Abbildung 15.3). Wollen Sie alles unter Kontrolle haben, dann vergrößern Sie das Fenster (siehe Abbildung 15.4). Dazu haben Sie in der rechten unteren Ecke des Dialogfelds den Pfeil.

Abbildung 15.3: Plot-Dialogfeld in verkleinerter Form

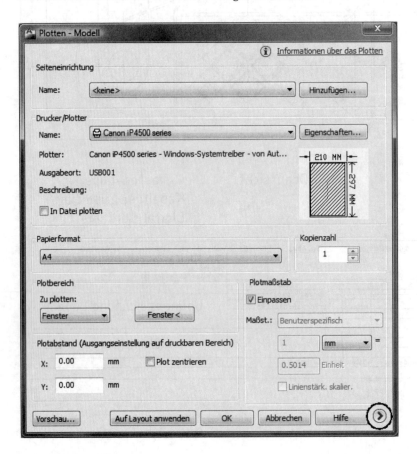

Plotten der Zeichnung

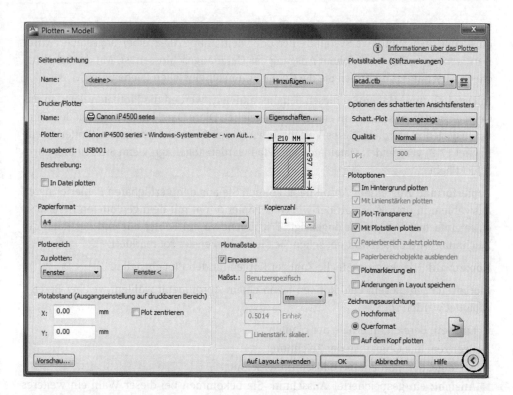

Abbildung 15.4:
Vollständiges Plot-Dialogfeld

Die Einstellungen, die Sie für den Plot vornehmen, können Sie unter einem Namen mit der Zeichnung abspeichern. Im Feld SEITENEINRICHTUNG, Abrollmenü NAME können Sie bereits gespeicherte Plots auswählen. Steht dort < KEINE >, haben Sie bis jetzt noch keine ausgewählt. Es gelten die momentanen Einstellungen im Dialogfeld. Mit der Einstellung < VORHERIGER PLOT > bekommen Sie die Einstellungen des letzten Plots wieder. Mit der Schaltfläche HINZUFÜGEN... können Sie die aktuellen Einstellungen speichern. Doch stellen wir zuerst einmal alles ein und halten dann die Einstellungen fest.

Drucker/Plotter: Wählen Sie im Abrollmenü NAME den Plotter bzw. Drucker aus, auf dem Sie Ihre Zeichnung ausgeben wollen. Wenn Sie in AutoCAD noch keinen Plotter konfiguriert haben, finden Sie dort die Drucker, die Sie in Windows als Drucker installiert haben. Mit diesen wird auch die Zeichnung geplottet. Trotzdem können diese Windows-Drucker in AutoCAD separat konfiguriert werden. Sie haben dann den Zusatz *.pc3. Der Vorteil davon ist, dass spezielle Einstellungen für AutoCAD vorgenommen werden können und sich der Drucker nicht immer auf seine Standardeinstellungen zurücksetzt.

AutoCAD verfügt dazu noch über eigene Plotter-Treiber für die verschiedenen Plotter-Modelle. Haben Sie einen älteren Stiftplotter, für den es keinen Windows-Treiber gibt, dann können Sie mit diesen Treibern plotten. Diese müssen Sie aber zuerst mit dem Plotter-Manager installieren, dazu später mehr. Wählen Sie also zunächst einen Windows-Drucker.

Unter dem Abrollmenü wird das gewählte Gerät noch einmal angezeigt und man erkennt, ob es mit dem Windows-Systemtreiber oder dem AutoCAD-Treiber angesteuert wird. Darunter sehen Sie, an welchem Ausgang das Gerät angeschlossen ist. Mit der Schaltfläche EIGENSCHAFTEN... können Sie die Geräteparameter einstellen (siehe unten).

In Datei plotten: Haben Sie diesen Schalter aktiviert, werden die Plotdaten nicht an das Gerät ausgegeben, sondern in eine Datei umgeleitet. Diese Datei kann später auf dem Plotter ausgegeben werden. Dieses Verfahren wird auch beim elektronischen Plotten (siehe Kapitel 17.7) verwendet. Dateiname und Pfad werden abgefragt, wenn Sie den Plot abgeschickt haben.

Papierformat: Aus einem Abrollmenü können Sie aus den verfügbaren Papierformaten auswählen. In dem Feld darüber wird das Papierformat mit dem geplotteten Bereich in einer einfachen Voransicht angezeigt. Tritt irgendwo ein Fehler auf und der Rand der Zeichnung wird abgeschnitten, sehen Sie diesen im Fenster rot markiert.

Kopienzahl: Hier können Sie die Zahl der Kopien für den Plot einstellen.

Plotbereich: In diesem Feld können Sie in einem Abrollmenü wählen, welcher Bereich geplottet werden soll:

- **Limiten:** Bereich innerhalb der Limiten
- **Grenzen:** alle Objekte in der Zeichnung
- **Anzeige:** der momentane Bildschirmausschnitt
- **Ansicht:** ein gespeicherter Ausschnitt. Sie bekommen bei dieser Wahl ein weiteres Abrollmenü rechts daneben. Dort können Sie einen in der Zeichnung gespeicherten Ausschnitt zum Plotten auswählen. Die Auswahl wird nicht angeboten, wenn kein Ausschnitt in der Zeichnung gespeichert wurde.
- **Fenster:** Plotten eines Ausschnitts, der in der Zeichnung mit zwei Eckpunkten bestimmt werden kann. Wählen Sie diese Möglichkeit das erste Mal, verschwindet das Dialogfeld und Sie können den Bereich in der Zeichnung bestimmen. Danach haben Sie die Schaltfläche FENSTER < rechts vom Abrollmenü. Damit können Sie das Fenster neu bestimmen.

Plotabstand: Ist der Plot nicht formatfüllend, können Sie ihn mit den Eingaben in diesem Feld in x- und y-Richtung auf dem Papier verschieben. Haben Sie den Schalter PLOT ZENTRIEREN eingeschaltet, wird die Zeichnung auf der Papiermitte ausgedruckt.

Plotmaßstab: Wählen Sie im Abrollmenü einen Standard-Maßstab zum Plotten. Sie können aber auch jeden beliebigen Maßstab in den Feldern darunter eintragen. Dort geben Sie an, wie viel geplottete mm einer Zeicheneinheit entsprechen. Wenn Sie im Abrollmenü die Einstellung *Größe angepasst* wählen, wird der gewählte Plotbereich formatfüllend auf dem gewählten Papierformat ausgegeben. Der Maßstab ergibt sich dann und wird in den Feldern darunter angezeigt.

Den Schalter LINIENSTÄRKEN SKALIEREN können Sie nur dann verwenden, wenn Sie ein Layout plotten. Ist dieser Schalter eingeschaltet, werden die Linienstärken aus der Zeichnung proportional zum Plotmaßstab umgerechnet. In der Regel werden die Objekte mit den Linienstärken geplottet, die den Objekten zugeordnet sind, unabhängig vom Plotmaßstab.

Im erweiterten Dialogfeld finden Sie zusätzlich die folgenden Bedienelemente:

Plotstiltabelle (Stiftzuweisungen): Hier können Sie im Abrollmenü eine Plotstiltabelle wählen. Über eine Plotstiltabelle können Sie festlegen, wie eine AutoCAD-Farbe aus der Zeichnung geplottet werden soll. Außerdem können Sie mit benannten Plotstiltabellen arbeiten. Der Probeplot soll mit den Standardeinstellungen ausgeführt werden, stellen wir dies also zurück. Wählen Sie die Plotstiltabelle *Acad.ctb* bzw. *Aclt.ctb* (in AutoCAD LT).

Mit dem Symbol rechts vom Menü können Sie die Plotstiltabelle bearbeiten (siehe unten).

Optionen des schattierten Ansichtsfensters: Hier stellen Sie die Darstellung von 3D-Modellen beim Plotten im Modellbereich ein. Im Abrollmenü SCHATT.-PLOT wählen Sie, ob Sie plotten wollen wie angezeigt, als Drahtkörper, verdeckt oder gerendert. Haben Sie GERENDERT gewählt, können Sie darunter in einem weiteren Abrollmenü die Qualität des Plots in verschiedenen Stufen wählen. Mit der Auswahl BENUTZERSPEZIFISCH lässt sich im Feld darunter die Druckqualität in dpi eingeben. Haben Sie ein Layout mit mehreren Ansichtsfenstern, können Sie für jedes Ansichtsfenster die Darstellung im Objekteigenschaften-Manager wählen (siehe Kapitel 20.12).

Plotoptionen: Darunter finden Sie den Bereich mit den Plotoptionen. Der Schalter IM HINTERGRUND PLOTTEN bewirkt, dass Sie sofort weiterarbeiten können, wenn Sie den Plot abgeschickt haben. Die Verarbeitung läuft im Hintergrund. Haben Sie die Einstellung MIT LINIENSTÄRKEN PLOTTEN gewählt, wird die Zeichnung mit den Linienstärken geplottet, die den einzelnen Layern bzw. den Objekten in der Zeichnung zugeordnet sind. Alternativ dazu können Sie die Einstellung MIT PLOTSTILEN PLOTTEN verwenden. In diesem Fall kommt die Linienstärke aus der gewählten Plotstiltabelle. Ist keiner der beiden Schalter aktiviert, wird mit der Vorgabelinienstärke und den AutoCAD-Farben geplottet. Ist der Schalter PLOT-TRANSPARENZ ein, werden transparente Objekte auch transparent geplottet. Ist er aus, werden sie deckend geplottet. Mit dem Schalter PAPIERBEREICH ZULETZT PLOTTEN können Sie bewirken, dass als Erstes die Geometrie des Modellbereichs geplottet wird. Mit dem Schalter PAPIERBEREICHSOBJEKTE AUSBLENDEN werden verdeckte Linien aus 3-D-Modellen entfernt, die Sie im Layout auf dem Papierbereich eingefügt haben. Haben Sie im Papierbereich Ansichtsfenster platziert, müssen Sie in den einzelnen Ansichtsfenstern einstellen, ob darin die verdeckten Kanten entfernt werden sollen oder ob schattiert geplottet werden soll (siehe Kapitel 20.12). Plotten Sie im Modellbereich, ist der Schalter deaktiviert. Dann stellen Sie die Ausgabequalität im Fenster OPTIONEN DES SCHATTIERTEN ANSICHTSFENSTERS ein (siehe oben). Haben Sie den Schalter PLOTMARKIERUNG EIN gewählt, wird ein Kommentar auf das Blatt gedruckt. Dann erscheint rechts davon ein zusätzliches Symbol, mit dem Sie die Plotmarkierung bearbeiten können, dazu später mehr.

Zeichnungsausrichtung: Wählen Sie, ob die Zeichnung im Hoch- oder Querformat geplottet werden soll. Zudem kann sie mit dem Schalter AUF DEM KOPF PLOTTEN um 180° gedreht werden.

Alle Einstellungen, die Sie bis jetzt vorgenommen haben, gelten nur für den aktuellen Plot. Haben Sie aber den Schalter ÄNDERUNGEN IN LAYOUT SPEICHERN gewählt, werden die im Dialogfeld vorgenommenen Änderungen gespeichert. Beim nächsten Plot müssen Sie dann nichts mehr einstellen.

Dazu muss aber die Zeichnung geplottet werden. Wollen Sie die Einstellungen speichern, ohne die Zeichnung plotten zu müssen, dann klicken Sie auf die Schaltfläche AUF LAYOUT ANWENDEN. Die Schaltfläche wird dann deaktiviert, erst wenn Sie wieder Änderungen vornehmen, kann wieder gespeichert werden. Wenn der Schalter ÄNDERUNGEN IN LAYOUT SPEICHERN beim Plotten aktiviert war, dann ist beim nächsten Mal die Schaltfläche AUF LAYOUT ANWENDEN ebenfalls deaktiviert. Ein weiteres Speichern ist nicht notwendig.

> **TIPP**
>
> *Zeichnungen aus AutoCAD 14 und früheren Versionen*
> - *Zeichnungen aus AutoCAD 14 oder früher haben keine Linienstärken. Verwenden Sie hier die Einstellung MIT LINIENSTÄRKEN PLOTTEN, wird alles in der Vorgabelinienstärke geplottet.*
> - *In diesem Fall bekommen Sie die Linienstärke nur über die Stiftzuordnung. Dazu muss der Schalter MIT PLOTSTILEN PLOTTEN eingeschaltet sein und Sie müssen die verwendete Plotstiltabelle entsprechend anpassen (siehe Kapitel 15.6).*

> **INFO**
>
> *Vorschau anzeigen*
>
> Haben Sie alles eingestellt, können Sie mit der Voransicht kontrollieren, wie der Plot aussehen wird. Wenn Sie auf die Schaltfläche VORSCHAU... klicken, bekommen Sie die Voransicht auf dem Papierblatt mit Farben und Linienstärken angezeigt (siehe Abbildung 15.5). Mit der rechten Maustaste öffnen Sie ein Kontextmenü mit den Zoom- und Pan-Funktionen. Wie in der Zeichnung können Sie auch in der Voransicht die Echtzeit-Funktionen verwenden. Mit dem Eintrag BEENDEN im Kontextmenü oder mit der Taste [Esc] beenden Sie die Voransicht und kommen zum Plot-Dialogfeld zurück. Mit dem Eintrag PLOTTEN wird die Zeichnung sofort ausgegeben. Mit den Symbolen über dem Zeichnungsfenster können Sie die Funktionen aus dem Kontextmenü ebenfalls wählen.

Wenn Sie das Vorschaufenster beendet haben, können Sie die Zeichnung mit OK plotten. Klicken Sie auf die Schaltfläche AUF LAYOUT ANWENDEN, werden die Einstellungen ebenfalls gespeichert und sind beim nächsten Plot als Vorgabewerte vorhanden.

Plotten der Zeichnung

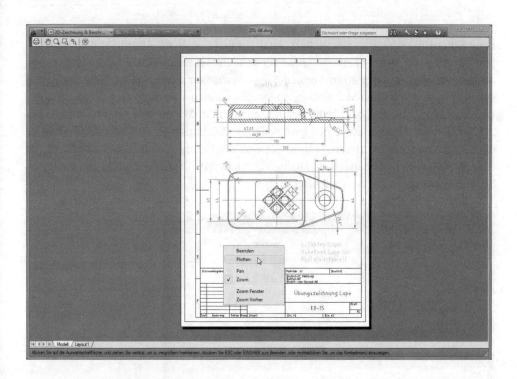

Abbildung 15.5:
Vorschau der Plotausgabe

Seiteneinrichtung speichern und importieren

Wenn Sie alle Einstellungen vorgenommen haben und Sie diese Zeichnung immer mit dem gleichen Gerät und den gleichen Einstellungen plotten, dann reicht es, wenn Sie den Schalter ÄNDERUNGEN IN LAYOUT SPEICHERN anklicken. Wollen Sie mit verschiedenen Geräten plotten, dann können Sie einmal vorgenommene Einstellungen, die sogenannte Seiteneinrichtung, unter einem Namen abspeichern. Die gespeicherten Seiteneinrichtungen können Sie oben im Dialogfeld im Feld SEITENEINRICHTUNG aus dem Abrollmenü NAME wählen. Einmal vorgenommene Einstellungen werden so nicht überschrieben und können später wieder aktiviert werden. Wenn Sie die Schaltfläche HINZUFÜGEN... rechts neben dem Abrollmenü anklicken, bekommen Sie das Dialogfeld, in dem Sie den Namen eingeben können (siehe Abbildung 15.6).

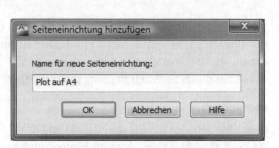

Abbildung 15.6:
Name der Seiteneinrichtung eingeben

Tragen Sie den Namen für die neue Seiteneinrichtung ein und klicken Sie auf OK. Die neue Seiteneinrichtung ist gespeichert. Jetzt können Sie sie im Abrollmenü NAME wählen. Zur Auswahl steht < keine >. Diese verwenden Sie, wenn Sie die Einstellungen neu vornehmen wollen. Weiterhin können Sie < Vorheriger Plot > auswählen, wenn Sie genauso wie beim letzten Mal plotten wollen. Sie können aber auch eine der gespeicherten Seiteneinrichtungen oder Importieren... auswählen. Mit dieser Auswahl können Sie die Seiteneinrichtungen aus einer gespeicherten Zeichnung (DWG- oder DXF-Format) oder einer Vorlage importieren. Wählen Sie eine Zeichnung aus, die Seiteneinrichtungen enthält, bekommen Sie danach ein Dialogfeld mit den in dieser Zeichnung gespeicherten Seiteneinrichtungen (siehe Abbildung 15.7).

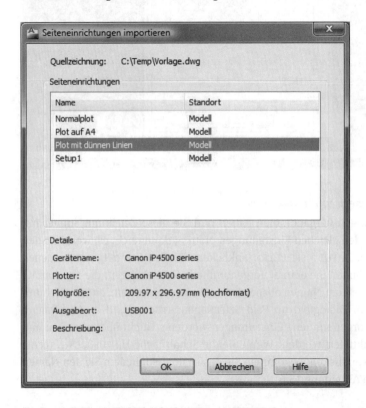

Abbildung 15.7: Seiteneinrichtungen aus einer Zeichnung übernehmen

Markieren Sie die Seiteneinrichtungen, die Sie übernehmen wollen, und klicken Sie auf OK. Danach können Sie diese im Plot-Dialogfeld aus dem Abrollmenü wählen. Die ausgewählte wird zur aktuellen Seiteneinrichtung. Alle Werte in den Dialogfeldern werden mit denen aus dieser Seiteneinrichtung überschrieben.

Plot ausführen

Haben Sie den Plot mit OK abgeschickt und das Plotten im Hintergrund aktiviert, erhalten Sie noch eine Meldung, dass im Hintergrund geplottet wird. Wenn Sie diese Meldung stört, können Sie sie auch für die Zukunft deaktivieren. Dann wird in der rechten Ecke

Plotten der Zeichnung

der Statuszeile das Plottersymbol animiert angezeigt. Wenn der Plot abgeschlossen ist, erscheint eine Sprechblase mit einem Hinweis. Wenn Sie auf die Meldung klicken, bekommen Sie das Protokoll angezeigt (siehe Abbildung 15.8).

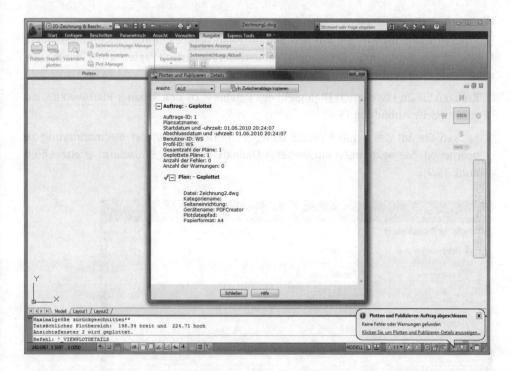

Abbildung 15.8:
Sprechblase und Plotprotokoll

Im Plotprotokoll sind alle Plots gespeichert, die Sie gemacht haben. Aus dem Abrollmenü ANSICHT können Sie wählen, ob Sie alle Plots anzeigen lassen wollen oder nur die, bei denen Fehler aufgetreten sind.

Plotten der Zeichnung

1. Stellen Sie in den beiden Registerkarten des Dialogfelds die Werte ein. Orientieren Sie sich an Abbildung 15.3 und 15.4.
2. Lassen Sie sich dann die Voransicht anzeigen. Wenn alles in Ordnung ist, plotten Sie die Zeichnung aus.

Plotdetails anzeigen

Wollen Sie später das Protokoll der Plotausgaben nachträglich noch einmal einsehen, verwenden Sie den Befehl PLOTDETAILSZEIG. Sie finden ihn:

- Multifunktionsleiste: Symbol im Register AUSGABE, Register PLOTTEN
- Menübrowser, DRUCKEN, Funktion PLOT- UND PUBLIZIERDETAILS ANZEIGEN
- Menüleiste DATEI, Funktion PLOT- UND PUBLIZIERDETAILS ANZEIGEN…

Sie bekommen das Fenster mit dem Plotprotokoll angezeigt (siehe Abbildung 15.8). Ist der Inhalt umfangreicher, können Sie mit dem Schiebebalken am rechten Rand zurückgehen.

Plotmarkierung einfügen

Mit diesen Plotmarkierungen können Sie am Rand der Zeichnung Zeichnungsnamen, Layoutnamen, Datum und Zeit, Login-Namen, Gerätenamen, Papierformat, Plotskalierung sowie zwei benutzerdefinierte Felder anbringen. Gehen Sie dazu wie folgt vor:

- Kreuzen Sie im erweiterten Dialogfeld des Befehls PLOT den Schalter PLOTMARKIERUNG EIN an (siehe Abbildung 15.4).

- Klicken Sie auf das Symbol rechts daneben, um den Inhalt der Plotmarkierung zu bearbeiten. Sie bekommen ein weiteres Dialogfeld auf den Bildschirm (siehe Abbildung 15.9).

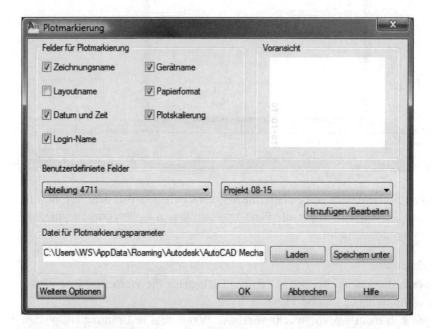

Abbildung 15.9: Inhalt der Plotmarkierung

Felder für Plotmarkierung: Wählen Sie hier die Daten aus, die in die Plotmarkierung aufgenommen werden sollen.

Benutzerdefinierte Felder: Wählen Sie aus den Abrollmenüs bei Bedarf bis zu zwei benutzerdefinierte Felder aus. Klicken Sie auf die Schaltfläche HINZUFÜGEN/BEARBEITEN, um Texte als benutzerdefinierte Felder in einem weiteren Dialogfeld einzufügen oder zu bearbeiten.

Datei für Plotmarkierungsparameter: Die Einstellungen für die Plotmarkierung können Sie in einer Datei mit der Dateierweiterung *.pss speichern, um sie später auch in einer anderen Zeichnung verwenden zu können. Dafür können Sie die Schaltflächen LADEN und SPEICHERN UNTER verwenden.

Voransicht: In diesem Feld wird die Plotmarkierung auf der Zeichnung angezeigt, allerdings nur die Position, nicht der Inhalt und die Form. Leider wird die Plotmarkierung in der Plotvoransicht nicht angezeigt.

Klicken Sie auf die Schaltfläche WEITERE OPTIONEN, um die Form und die Position der Plotmarkierung zu bestimmen. Sie bekommen ein weiteres Dialogfeld auf den Bildschirm (siehe Abbildung 15.10).

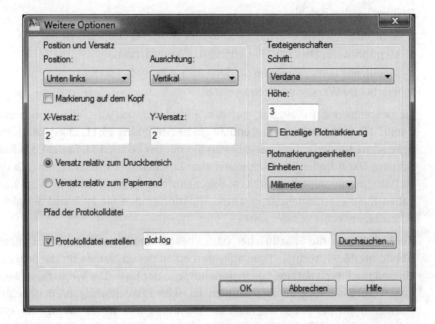

Abbildung 15.10: Position und Form der Plotmarkierung

Position und Versatz: Geben Sie bei der Position eine der vier Papierecken an und ob der Text vertikal oder horizontal ausgerichtet werden soll. Außerdem können Sie die Daten bei Bedarf auf den Kopf stellen. Geben Sie anschließend den Versatz der Markierung ein. Dieser kann relativ zum Druckbereich oder zum Papierrand festgelegt werden.

Texteigenschaften: Wählen Sie hier Schriftart und -höhe, und beschränken Sie bei Bedarf die Markierung auf einen einzeiligen Text.

Plotmarkierungseinheiten: Wählen Sie hier die Einheiten für die Textgröße und die Positionsangaben (Millimeter, Inches oder Pixel).

Pfad der Protokolldatei: Haben Sie den Schalter PROTOKOLLDATEI ERSTELLEN eingeschaltet, werden alle Ausgaben mit den Daten der Plotmarkierung protokolliert. Den Ordner und den Dateinamen für die Protokolldatei können Sie dahinter eintragen.

Haben Sie die Plotmarkierung beispielsweise links unten vertikal platziert und einen Abstand eingegeben, wird die Markierung links vom senkrechten Rand des Zeichnungsrahmens platziert. Haben Sie aber Ihre Zeichnung bei der Ausgabe links unten platziert, dann wird die Plotmarkierung abgeschnitten.

15.3 Weitere Plot-Befehle

Wollen Sie alle Einstellungen für die Seite vornehmen, aber noch keinen Plot ausgeben, können Sie den Befehl SEITENEINR verwenden.

Befehl Seiteneinr

Wählen Sie den Befehl:

- Multifunktionsleiste: Symbol im Register AUSGABE, Gruppe PLOTTEN
- Menübrowser, DRUCKEN, Funktion SEITENEINRICHTUNG
- Menüleiste DATEI, Funktion SEITENEINRICHTUNGS-MANAGER...
- Symbol im Werkzeugkasten LAYOUTS

Sie bekommen ein Dialogfeld auf den Bildschirm, das alle Seiteneinrichtungen (siehe Kapitel 15.2) dieser Zeichnung enthält (siehe Abbildung 15.11, links). Markieren Sie eine Seiteneinrichtung in der Liste, können Sie mit der rechten Maustaste das Kontextmenü wählen. Darin finden Sie Funktionen zum Löschen und Umbenennen. Mit dem Eintrag AKTUELL machen Sie die markierte Seiteneinrichtung zur aktuellen. Beim nächsten Plot haben Sie diese Einstellungen. Diese Funktion finden Sie auch auf der gleichnamigen Schaltfläche rechts von der Liste.

Klicken Sie auf die Schaltfläche NEU..., bekommen Sie ein weiteres Dialogfeld (siehe Abbildung 15.11, rechts). Tragen Sie dort einen neuen Namen für die Seiteneinrichtung ein und markieren Sie eine Seiteneinrichtung in der Liste. Die Werte dieser Seiteneinrichtung werden als Vorgabe übernommen. Es ist also zweckmäßig, die Seiteneinrichtung zu markieren, die der neuen am nächsten kommt, sodass Sie nur wenige Änderungen vornehmen müssen. Klicken Sie auf OK, bekommen Sie das Plot-Dialogfeld (siehe Kapitel 15.2 und Abbildungen 15.3 und 15.4). Stellen Sie alles ein, klicken Sie auch hier auf OK und Sie haben diese Einstellungen unter dem eingegebenen Namen im Seiteneinrichtungs-Manager gespeichert.

Haben Sie einen Eintrag im Seiteneinrichtungs-Manager markiert und klicken auf die Schaltfläche ÄNDERN..., können Sie die Einstellungen ebenfalls im Plot-Dialogfeld (siehe Kapitel 15.2 und Abbildungen 15.3 und 15.4) bearbeiten. Mit OK kommen Sie wieder zurück.

Mit der Schaltfläche IMPORTIEREN... können Sie Seiteneinrichtungen aus anderen Zeichnungen importieren (siehe Kapitel 15.2 und Abbildungen 15.3 und 15.7). Wählen Sie zuerst die Zeichnung im Dateiwähler und dann die gewünschte Seiteneinrichtung (siehe Abbildung 15.7). Danach kommen Sie zurück in das Dialogfeld.

Der Plotter-Manager

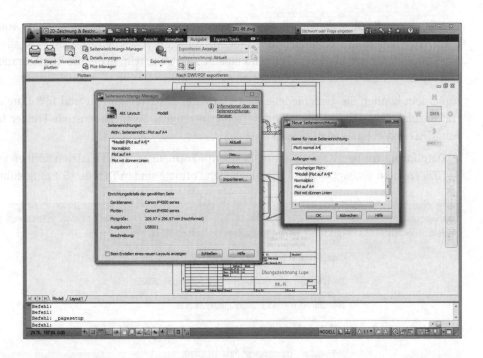

Abbildung 15.11:
Dialogfelder des Seiteneinrichtungs-Managers

Befehl Voransicht

Die Voransicht können Sie auch ohne den Befehl PLOT haben. Mit dem Befehl VOR-ANSICHT rufen Sie die Voransicht mit den Einstellungen des letzten Plots bzw. der aktuellen Seiteneinrichtung auf den Bildschirm:

- Multifunktionsleiste: Symbol im Register AUSGABE, Gruppe PLOTTEN
- Menübrowser, DRUCKEN, Funktion PLOT-VORANSICHT
- Menüleiste DATEI, Funktion PLOT-VORANSICHT
- Symbol in der STANDARD-FUNKTIONSLEISTE

Sie bekommen die gleiche Anzeige wie bei der VORSCHAU... im Dialogfeld des Befehls PLOT (siehe Abbildung 15.5).

Mit dem Befehl PUBLIZIEREN *lassen sich ganze Zeichnungssätze im Stapel im DWF-Format publizieren, aber auch ausplotten. Alles dazu finden Sie in Kapitel 18.7.*

15.4 Der Plotter-Manager

AutoCAD verwendet normalerweise die in Windows konfigurierten Drucker, die sogenannten Windows-Systemdrucker. Eine spezielle Konfiguration der Drucker ist nicht erforderlich. Trotzdem können Sie die Windows-Systemdrucker in AutoCAD auch noch konfigurieren. Das hat den Vorteil, dass die speziellen AutoCAD-Einstellungen für das entsprechende Ausgabegerät in einer Konfigurationsdatei abgespeichert werden (Dateierweiterung *.pc3*) und nicht jedes Mal auf die Windows-Standardeinstellung zurückgesetzt werden.

Plotter, die nicht über einen Windows-Treiber verfügen, können mit speziellen AutoCAD-HDI-Treibern ausschließlich für AutoCAD konfiguriert werden. Das sind vor allem alte Stiftplotter. Auch in diesem Fall wird eine PC3-Datei erstellt, in der die Konfiguration und die Einstellungen für dieses Gerät gespeichert sind.

Außerdem können Sie verschiedene Rasterformate, das DWF-Format und EPS-Dateien (Encapsulated PostScript) über Plotter-Treiber erzeugen. Somit lassen sich Treiber für AutoCAD in drei Kategorien gliedern:

- **Dateiformattreiber:** Rasterformate, PostScript-Formate und DWF-Dateien können mit HDI-Treibern erzeugt werden. Die möglichen Formate sind in Tabelle 15.1 aufgeführt.

Tabelle 15.1: Mögliche Dateiformate mit Dateiformattreibern

Dateiformat	Typ
Rasterdateiformate	CALS MIL-R-28002A Type 1 (Komprimierung: CCITT G4 2D)
	Dimensional CALS Type 1 (Komprimierung: CCITT G4 2D)
	Unabhängige JPEG-Gruppe JFIF (Komprimierung: JPEG)
	BMP von MS Windows (Unkomprimierte DIB)
	PNG (Portable Network Graphics, Komprimierung: LZH)
	TIFF Version 6 (Komprimierung: CCITT G4 2D)
	TIFF Version 6 (Nicht komprimiert)
	TGA Version 2 (True Vision, nicht komprimiert)
	PCX von ZSoft PC Paintbrush (Komprimierung: ZSOFT PACKBITS)
Adobe	PostScript Level 1 Plus
	PostScript Level 2
	PostScript Level 1
Autodesk-ePlot (PDF)	PDF Ausgabe
Autodesk-ePlot (DWF)	DWF-eplot (optimiert fürs Plotten)
	DWF-eView (optimiert für Anzeige)
	DWF-ePlot (Whip 3.1-kompatible Version)
	DWF-Standard (R14-Ansicht)
	DWF6-ePlot
Autodesk-ePlot (DWFx)	DWFx-e Plot (XPS-kompatibel)
AutoCAD DXB-Datei	AutoCAD-eigenes Binär-Ausgabeformat

- **HDI-Treiber:** Direkt aus AutoCAD, ohne Windows-Treiber, lassen sich folgende Geräte betreiben. Meist handelt es sich dabei um Stiftplotter, für die es keine Windows-Treiber mehr gibt, oder um Geräte, die ansonsten nicht in anderen Windows-Anwendungen benötigt werden. Das sind:

Hersteller	Modelle
HewlettPackard	Alle Stiftplotter-Modelle, alle DesignJet-Modelle und alle LaserJet-Modelle, die HP-GL 2-kompatibel sind
CalComp	Artisan-, PaceSetter-, DesignMate- und DrawingMaster-Stiftplotter, TechJet-Tintenstrahlplotter, elektrostatische und LED-Plotter
OCE	G9034-S (FR/FP1.x), G9035-S (FR/FP1.x), G9054-S (FR/FP1.x), 9055-S/95xx-S (FR/FP1.x), 5104 (EM_1.x), 5105 (EM_1.x), 5100C A1, (EC_2.x), 5100C A0 (EC_2.x), 5120 A1 (LZ_1.x),5120 A0 (LZ_1.x), 5200 (MI_1.x), 9400 (mit Scanner; LV_3.x), 9700 (R1.0), 9800 (R3 & EPC R), 4900, 9600
Xerox	XES 8825 (1 Rolle), XES 8825 (2 Rollen), XES 8830, ES 8855

Tabelle 15.2:
Mit den HDI-Treibern unterstützte Plotter

- **HDI-Treiber für Windows-Systemdrucker:** HDI-Treiber für beliebige Windows-Drucker.

Der Plotter-Manager

Plotter bzw. Drucker werden mit dem Plotter-Manager konfiguriert. Der Befehl heißt in AutoCAD PLOTTERMANAGER und Sie finden ihn:

- Multifunktionsleiste: Symbol im Register AUSGABE, Gruppe PLOTTEN
- Menübrowser, DRUCKEN, Funktion PLOTTER VERWALTEN
- Menüleiste DATEI, Funktion PLOT-MANAGER...

Wenn Sie ihn anwählen, bekommen Sie ein Explorer-Fenster auf den Bildschirm, in dem die bereits konfigurierten Plotter als Symbol oder in einer Liste aufgeführt werden (siehe Abbildung 15.12).

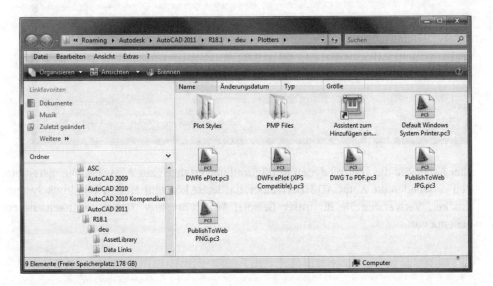

Abbildung 15.12:
Fenster des Plotter-Managers

Plotter hinzufügen

Klicken Sie das Symbol ASSISTENT ZUM HINZUFÜGEN EINES PLOTTERS doppelt an, und Sie können Ihren Plotter mit einem Assistenten konfigurieren. Den Assistenten können Sie auch ohne den Plotter-Manager starten, aber nur in der klassischen Oberfläche. Wählen Sie dazu:

- Menüleiste EXTRAS, Untermenü ASSISTENTEN, Funktion PLOTTER HINZUFÜGEN...

Die Konfiguration und Einstellung eines Plotters werden im Folgenden an einem Hewlett Packard 450 C, A0-Plotter erläutert. Für alle anderen Plottermodelle gehen Sie analog vor. Normalerweise würde dieser Plotter mit dem Windows-Treiber konfiguriert und steht Ihnen dann auch in AutoCAD zur Verfügung. Wir wollen dies aber mit dem AutoCAD-HDI-Treiber machen, da der aktuelle Windows-Treiber nur mit dem Plotter geliefert wird und Ihnen nicht zur Verfügung steht. Selbst wenn Sie keinen Plotter haben, sollten Sie ihn konfigurieren. Im Folgenden finden Sie die Einstellungen.

Klicken Sie den ASSISTENT ZUM HINZUFÜGEN EINES PLOTTERS doppelt an oder wählen Sie ihn aus dem Menü. Blättern Sie über die Einführungsseite mit WEITER >. Die Seite START (siehe Abbildung 15.13) erscheint.

Abbildung 15.13:
Assistent Plotter hinzufügen, Seite Start

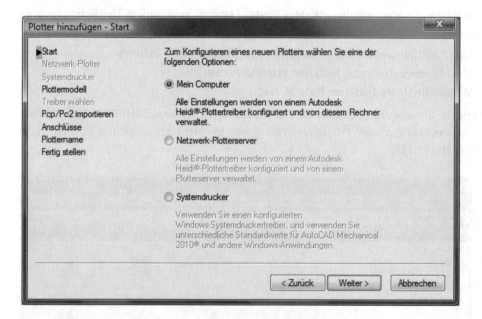

Hier haben Sie die verschiedenen Konfigurationsverfahren zur Auswahl. Die ersten beiden verwenden die AutoCAD-HDI-Treiber, das letzte konfiguriert den Windows-Systemdrucker. Verwenden Sie für unser Beispiel *Mein Computer*. Gehen Sie nach diesem Schema vor:

Mein Computer: Der Plotter ist lokal an einer Schnittstelle des Computers angeschlossen und er wird über einen HDI-Treiber angesteuert. In diesem Modus wählen Sie als Nächstes den Hersteller und das Modell (siehe Abbildung 15.14).

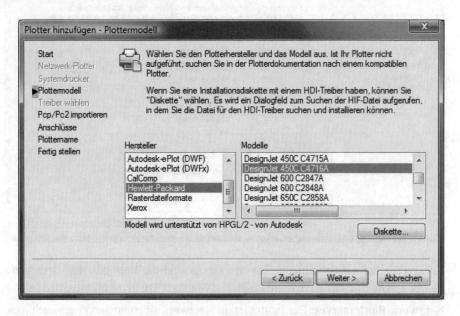

Abbildung 15.14: Assistent Plotter hinzufügen, Seite Plottermodell

Für unsere Beispielinstallation wählen Sie den Hewlett Packard DesignJet 450C, C4716A. Lassen Sie sich von der Warnmeldung, die dann kommt, nicht irritieren, wir wollen den HDI-Treiber verwenden. Klicken Sie auf die Schaltfläche WEITER >. Haben Sie in einer vorherigen AutoCAD-Version für diesen Plotter schon eine PCP- bzw. PC2-Datei erstellt, können Sie aus dieser die gerätebezogenen Daten übernehmen. Auf der nächsten Seite des Assistenten können Sie mit der Schaltfläche DATEI IMPORTIEREN eine solche Konfigurationsdatei übernehmen. Klicken Sie anschließend auf WEITER >.

Wählen Sie auf der nächsten Seite den Anschluss, an dem Ihr Plotter angeschlossen ist (siehe Abbildung 15.15). Wählen Sie einen Anschluss oder klicken Sie den Schalter IN DATEI PLOTTEN an. In diesem Fall wird die Ausgabe umgeleitet und die Daten für den Plotter werden in einer Datei gespeichert. Mit der Funktion AUTOSPOOL wird die Ausgabe in eine temporäre Datei im AutoSpool-Verzeichnis gespeichert, die dann mit einer Batch-Datei automatisch ausgegeben werden kann.

Geben Sie auf der nächsten Seite einen Plotternamen ein oder übernehmen Sie den vorgegebenen Namen. Wieder eine Seite weiter haben Sie die Möglichkeit, die Plotkonfiguration zu ändern. Klicken Sie dazu auf die Schaltfläche PLOTTERKONFIGURATION BEARBEITEN... oder machen Sie dies später (siehe unten). Bei Stiftplottern kann es vorkommen, dass das Seitenverhältnis des Plotters nicht mit dem der Zeichnung übereinstimmt. In diesem Fall können Sie mit der Schaltfläche PLOTTER KALIBRIEREN... einen weiteren Assistenten zur Kalibrierung starten.

Abbildung 15.15:
Assistent Plotter hinzufügen, Seite Anschlüsse

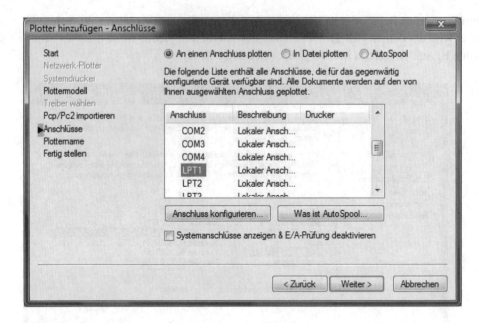

Klicken Sie auf die Schaltfläche FERTIG STELLEN und die Konfiguration ist beendet. Der Plotter erscheint dann als Symbol im Plotter-Manager (siehe Abbildung 15.12).

Netzwerk-Plotterserver: Der Plotter ist im Netzwerk an einen Server angeschlossen und wird über einen HDI-Treiber angesteuert. Haben Sie diesen Modus auf der Seite START gewählt (siehe Abbildung 15.13), geben Sie auf der nächsten Seite den Netzwerknamen (UNC-Name: \\Servername\Gerätename) des Plotters ein (siehe Abbildung 15.16).

Abbildung 15.16:
Assistent Plotter hinzufügen, Seite Netzwerk-Plotter

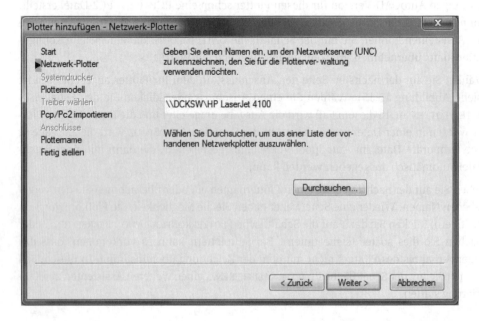

Wissen Sie den Namen nicht, klicken Sie auf die Schaltfläche DURCHSUCHEN... und suchen den Plotter im Netzwerk (siehe Abbildung 15.17).

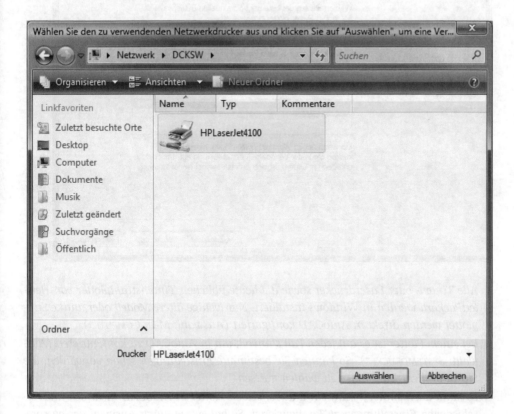

Abbildung 15.17:
Auswahl des Plotterservers im Netzwerk

Der Rest ist mit der ersten Variante identisch, lediglich die Seite ANSCHLÜSSE wird in diesem Fall nicht benötigt, da Sie ja auf einen Server im Netzwerk ausgeben.

Systemdrucker: Der Drucker oder Plotter ist auf Ihrem Computer als Windows-Systemdrucker konfiguriert (lokal oder an einem Druckserver im Netzwerk) und wird über den HDI-Systemdrucker-Treiber angesteuert. Der Drucker muss nur dann konfiguriert werden, wenn Sie in AutoCAD andere Einstellungen verwenden wollen als diejenigen, die in der Windows-Systemsteuerung eingestellt sind. Bei diesem Modus folgt als Nächstes die Seite SYSTEMDRUCKER. Dort wählen Sie den Systemdrucker aus, den Sie in AutoCAD konfigurieren möchten (siehe Abbildung 15.18).

Diesmal werden die Seiten PLOTTERMODELL und ANSCHLÜSSE nicht benötigt, da sie im Windows-Treiber schon festgelegt sind. Der Rest ist wieder mit der ersten Variante identisch.

Abbildung 15.18:
Assistent Plotter hinzufügen, Seite Systemdrucker

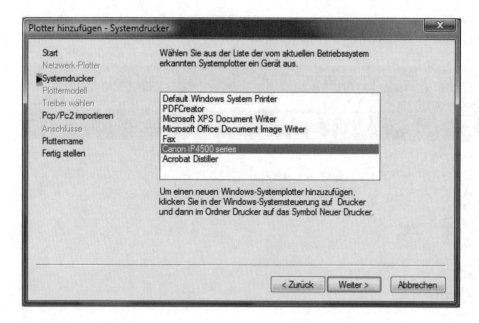

- *Alle Tinten- oder Laserdrucker sowie die heute üblichen Tintenstrahlplotter von HewlettPackard werden in Windows installiert. Nur wenige ältere Modell oder antike Stiftplotter werden direkt in AutoCAD konfiguriert (Auswahl: MEIN COMPUTER).*
- *Bei einem Plotter ist es auf jeden Fall sinnvoll, ihn in AutoCAD zu konfigurieren (Auswahl: SYSTEMDRUCKER). So können Sie bestimmte Einstellungen schon vorwählen, die Sie dann nicht jedes Mal neu wählen müssen.*
- *Es kann auch sinnvoll sein, ein und denselben Plotter in AutoCAD mehrfach mit verschiedenen Einstellungen zu konfigurieren. So haben Sie durch Auswahl des entsprechenden Plotters auch gleich die richtigen Einstellungen.*

Plotterkonfiguration ändern

Haben Sie einen Plotter konfiguriert, können Sie mit einem Doppelklick auf das Symbol im Plotter-Manager die Plotterkonfiguration anzeigen und ändern (siehe Abbildung 15.19). In dem Dialogfeld haben Sie drei Registerkarten:

Allgemein: Angaben zur Plotterkonfiguration und zum Plottertreiber.

Anschlüsse: Anzeige des Plotteranschlusses. Hier kann auch noch geändert werden. So ist es möglich, einen lokalen Plotter auf einen Plotterserver im Netzwerk umzuleiten.

Gerät- und Dokumenteinstellungen: In diesem Register lassen sich gerätespezifische Einstellungen vornehmen (siehe Abbildung 15.19).

In diesem Dialogfeld finden Sie Einstellungen zur Papierzuführung, Papierart, Papierausgabe, Behandlung von Farbgrafiken und den Papiergrößen.

Der Plotter-Manager

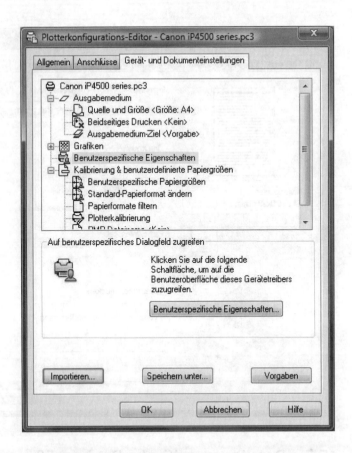

Abbildung 15.19:
Plotterkonfigurations-Editor

Alle Einstellungen, die Sie in diesen Registern machen, können Sie in der PC3-Gerätedatei speichern. *PC3*-Dateien enthalten die folgenden Daten: Plottername, Informationen zum Anschluss, Stiftoptimierung, Papierformat und Auflösung. Klicken Sie zum Speichern auf die Schaltfläche SPEICHERN UNTER... Mit der Schaltfläche VORGABEN stellen Sie die Vorgabeeinstellungen wieder her.

Mit der Schaltfläche IMPORTIEREN... werden Informationen aus früheren Versionen von AutoCAD über eine PCP- oder PC2-Datei importiert.

Haben Sie einen Windows-Systemdrucker zur Änderung angewählt, können Sie in der Liste den Eintrag BENUTZERSPEZIFISCHE EIGENSCHAFTEN markieren (siehe Abbildung 15.19). Klicken Sie anschließend auf die darunter liegende Schaltfläche BENUTZERSPEZIFISCHE EIGENSCHAFTEN..., kommen Sie zu den Einstellungen des Windows-Treibers (siehe Abbildung 15.20).

Die Einstellungen, die Sie an einem Drucker vornehmen, werden in der PC3-Datei gespeichert. Diese wird von jedem in AutoCAD konfigurierten Drucker erzeugt.

Abbildung 15.20:
Benutzerspezifische Eigenschaften beim Systemdrucker

15.5 Benutzerspezifische Papiergrößen

Bei den Geräteeinstellungen sind die benutzerspezifischen Größen wichtig. Wählen Sie beim Plotten ein Papierformat aus, beispielsweise DIN A3 mit einer Papiergröße von 420 x 297 mm, ist der bedruckbare Bereich bei jedem Plotter kleiner. Es gehen für den bedruckbaren Bereich links und rechts 5 mm ab und oben und unten bis zu 18 mm. Wollen Sie aber einen Zeichnungsrahmen ausdrucken, geht dieser bis zum äußersten Papierrand. Um den noch ausdrucken zu können, benötigen Sie Papier im Überformat oder Sie nehmen Papier von der Rolle.

Wichtig: Bei den **Windows-Treibern** für die HewlettPackard Design-Jet-Modelle sind diese Übergrößen schon angelegt. Weitere benutzerspezifische Papiergrößen, z.B. überlange Papierformate bis 1600 mm oder mehr, legen Sie im Windows Druckertreiber an, nicht mit der unten beschriebenen Methode. Bei den HewlettPackard-Treibern können Sie bis zu fünf verschiedene Formate anlegen. Verwenden Sie deshalb dafür **nicht** die AutoCAD-Treiber (Auswahl MEIN COMPUTER im Assistent zum Hinzufügen eines Plotters), denn dort müssen Sie alle Überformate selbst anlegen.

In Tabelle 15.3 finden Sie die Größen im Hoch- und Querformat. Die Papierränder betragen oben und unten je 15 Millimeter, links und rechts je 6 Millimeter.

Bezeichnung	Papiergröße Breite x Höhe	Nutzbares Format Breite x Höhe
A4 hoch	222 x 327 mm	210 x 297 mm
A4 quer	309 x 240 mm	297 x 210 mm
A3 hoch	309 x 450 mm	297 x 420 mm
A3 quer	432 x 327 mm	420 x 297 mm
A2 hoch	432 x 624 mm	420 x 594 mm
A2 quer	606 x 450 mm	594 x 420 mm
A1 hoch	606 x 871 mm	594 x 841 mm
A1 quer	853 x 624 mm	841 x 594 mm
A0 hoch	853 x 1.219 mm	841 x 1.189 mm

Tabelle 15.3: Benutzerspezifische Formate

Gehen Sie wie folgt vor: Klicken Sie den Hewlett Packard DesignJet 450C im Plotter-Manager doppelt an. Wählen Sie im Dialogfeld die Registerkarte GERÄT- UND DOKUMENT-EINSTELLUNG. Markieren Sie den Eintrag BENUTZERSPEZIFISCHE PAPIERGRÖSSEN. Klicken Sie dann auf die Schaltfläche HINZUFÜGEN und Sie bekommen den Assistenten BENUTZERDEFI-NIERTES PAPIERFORMAT mit der Seite START (siehe Abbildung 15.21).

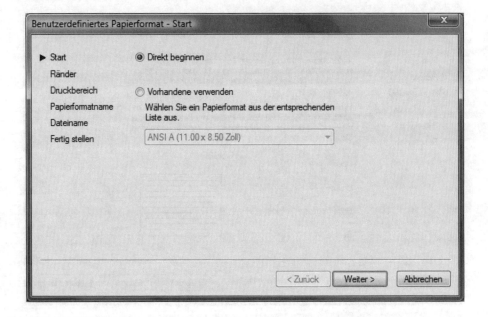

Abbildung 15.21: Assistent für Papierformate, Seite Start

Geben Sie an, ob Sie ein neues Format erstellen oder ein bestehendes ändern wollen. Erstellen Sie ein Format aus Tabelle 15.3, z. B.: Übergröße A3 im Querformat. Klicken Sie dazu auf DIREKT BEGINNEN und dann auf die Schaltfläche WEITER >. Auf der Seite RÄNDER geben Sie die Papiergröße wie in Abbildung 15.22 ein.

Abbildung 15.22:
Assistent für Papierformate, Seite Ränder

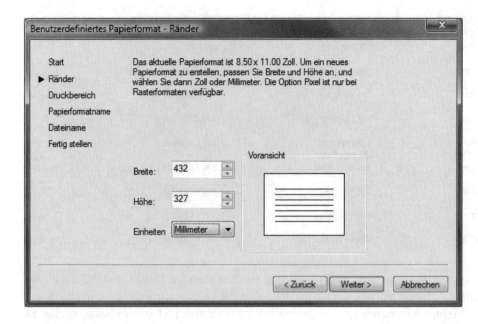

Auf der nächsten Seite DRUCKBEREICH geben Sie die Ränder für den nicht druckbaren Bereich ein (siehe Abbildung 15.23).

Abbildung 15.23:
Assistent für Papierformate, Seite Druckbereich

Auf der nächsten Seite PAPIERFORMATNAME geben Sie einen Namen für dieses Format ein, zum Beispiel *A3 quer Übergröße*. Wieder eine Seite weiter geben Sie den Namen der PMP-Datei (Plottermodelldatei) ein, in der die Formate gespeichert werden sollen, zum Beispiel *Überformate*. Auf der letzten Seite des Assistenten, der Seite FERTIGSTELLEN, geben Sie an, für welche Papierquelle das Format gelten soll (siehe Abbildung 15.24).

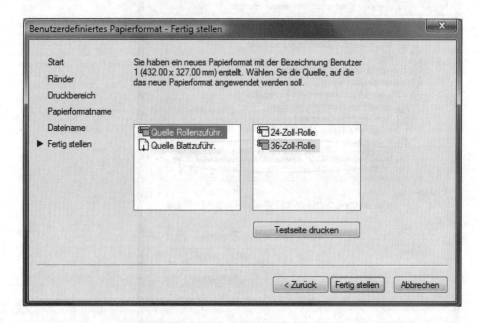

Abbildung 15.24:
Assistent für Papierformate, Seite Fertig stellen

Klicken Sie auf die Schaltfläche FERTIG STELLEN und das neue Papierformat ist erstellt. Erstellen Sie so alle Formate aus Tabelle 15.3. Wenn Ihnen das zu viel Arbeit ist, nehmen Sie die PMP-Datei *Überformate.pmp* aus dem Ordner *Aufgaben* und kopieren Sie diese in den Ordner *C:\Dokumente und Einstellungen\Benutzername\Anwendungsdaten\Autodesk\AutoCAD2011\R18.1\Deu\Plotters\PMP Files* bzw. in AutoCAD LT *C:\Dokumente und Einstellungen\Benutzername\Anwendungsdaten\Autodesk\AutoCAD LT 2011\R16\Deu\Plotters\PMP File* bei Windows XP. In Windows Vista und Windows 7 ist es der Ordner *C:\Users\Benutzername\appdata\roaming\Autodesk\AutoCAD2011\R18.1\Deu\Plotters\PMP Files* bzw. bei AutoCAD LT *C:\Users\ Benutzername\appdata\roaming\ Autodesk\AutoCAD LT 2011\ R16\Deu\Plotters\PMP Files*. Klicken Sie im Register GERÄT- UND DOKUMENTEINSTELLUNG auf den Eintrag PMP-DATEINAME (siehe Abbildung 15.25).

Klicken Sie auf die Schaltfläche ZUORDNEN... und wählen Sie die Datei *Überformate.pmp* im Dateiwähler. Wenn Sie dann auf den Eintrag BENUTZERSPEZIFISCHE PAPIERGRÖSSEN klicken, haben Sie alle Papiergrößen aus Tabelle 15.3 in der Liste. Mit der Schaltfläche TRENNEN in Abbildung 15.25 können Sie die *PMP*-Datei wieder vom Plotter lösen, die Papierformate sind dann bei diesem Plotter nicht mehr wählbar.

Jetzt haben wir alle Einstellungen, um den Plotter in den weiteren Übungen dieses Buches einsetzen zu können. Haben Sie einen anderen Plotter konfiguriert, können Sie die PMP-Datei mit den Papierformaten auch mit Ihrem Plotter verbinden.

Abbildung 15.25:
PMP-Datei verbinden

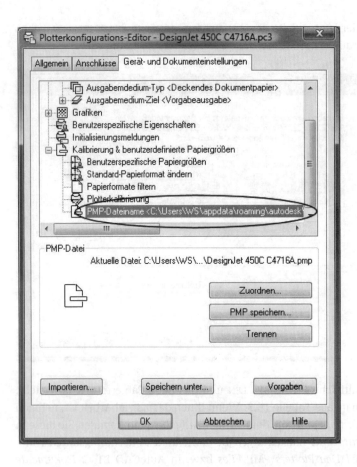

INFO
Papierformate filtern

Bei den meisten Plottern bzw. Druckern werden zu viele Papierformate angeboten, denn eine Zeichnung wird wohl nie auf einem Briefumschlag ausgedruckt und in Deutschland werden keine US-Formate benötigt. Deshalb haben Sie die Möglichkeit, die Papierformate in AutoCAD zu filtern und damit auf die notwendige Zahl zu reduzieren.

- Klicken Sie im Fenster des Plotter-Managers das Gerät doppelt an, bei dem Sie Papierformate ausblenden wollen. Sie kommen in den Editor für die Plotterkonfiguration.
- Aktivieren Sie das Register GERÄT- UND DOKUMENTEINSTELLUNGEN.
- Klicken Sie in der Kategorie KALIBRIERUNG UND BENUTZERDEFINIERTE PAPIERGRÖSSEN auf den Eintrag PAPIERFORMATE FILTERN.
- Klicken Sie in der Liste GRÖSSE die Formate aus, die Sie in AutoCAD nicht benötigen (siehe Abbildung 15.26).

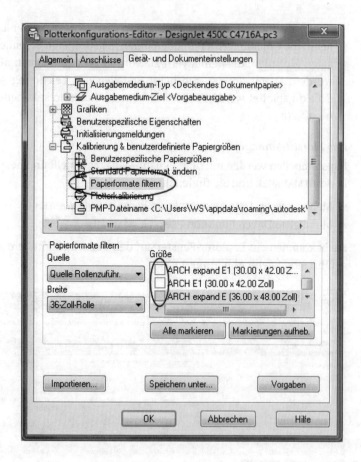

Abbildung 15.26:
Nicht benötigte Papierformate filtern

Beim Befehl PLOT finden Sie im Dialogfeld, Register PLOTEINSTELLUNGEN, Abrollmenü PAPIERFORMAT nur noch die Formate, die Sie übrig gelassen haben. Auch diese Einstellung wird in der PC3-Datei gespeichert.

15.6 Plotstiltabellen

In früheren AutoCAD-Versionen konnten Sie jeder Farbe in der Zeichnung beim Plotten einen Plotterstift, einen Linientyp und eine Stiftbreite zuordnen. Diese Einstellungen wurden beim jeweiligen Gerät gespeichert. Neu sind seit AutoCAD 2000 die Plotstiltabellen, die jetzt geräteunabhängig sind. Darin sind Plotstile gespeichert, die diese und weitere Informationen enthalten. Es gibt verschiedenartige Plotstiltabellen:

- **Farbabhängige Plotstiltabellen:** Plotstile werden über die Objektfarbe gesteuert, das heißt, ein Objekt, das in einer bestimmten Farbe gezeichnet wurde, wird mit dem Plotstil geplottet, der dieser Farbe zugeordnet ist. Diese Arbeit mit den Plotstilen entspricht der Methode aus AutoCAD 14. Diese Plotstiltabellen haben die Dateierweiterung *.ctb*.

- **Benannte Plotstiltabellen:** Plotstile werden Objekten oder Layern zugeordnet, das heißt, die Objekte werden mit den ihnen zugeordneten Plotstilen geplottet bzw. denjenigen Plotstilen, die den Layern zugeordnet sind, auf denen diese Objekte gezeichnet wurden. Damit können Sie beim Erstellen der Zeichnung schon wählen, wie ein Objekt geplottet werden soll. Sie erkennen diese Plotstiltabellen an der Dateierweiterung *.stb.

Der Plotstil-Manager

Plotstiltabellen werden mit dem Plotstil-Manager erstellt und bearbeitet. Der Befehl heißt PLOTSTILMANAGER und Sie finden ihn:

- Menübrowser, DRUCKEN, Funktion PLOTSTILE VERWALTEN
- Menüleiste DATEI, Funktion PLOTSTIL-MANAGER...

Sie bekommen ein Explorer-Fenster auf den Bildschirm, in dem alle Plotstiltabellen aufgeführt sind (siehe Abbildung 15.27).

Abbildung 15.27:
Fenster des Plotstil-Managers

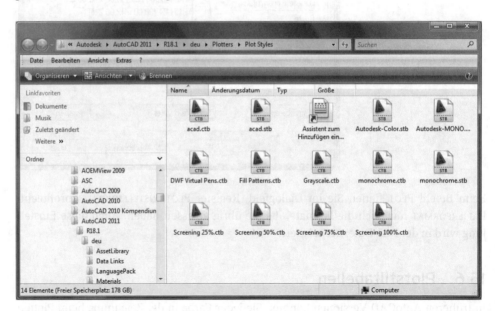

Plotstiltabelle hinzufügen

Klicken Sie das Symbol ASSISTENT ZUM HINZUFÜGEN EINER PLOTSTILTABELLE doppelt an, und Sie können eine neue Plotstiltabelle erstellen. Diesen Assistenten können Sie auch anders starten:

- Menüleiste EXTRAS, Untermenü ASSISTENTEN, Funktion PLOTSTILTABELLE HINZUFÜGEN... bzw. FARBABHÄNGIGE PLOTSTILTABELLE HINZUFÜGEN...

Nach einer Einführungsseite kommt die Startseite, in der Sie wählen, mit welchen Vorgaben begonnen werden soll (siehe Abbildung 15.28).

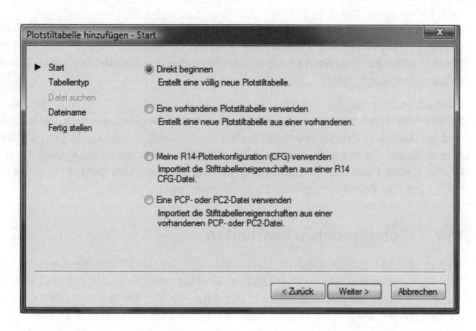

Abbildung 15.28:
Plotstiltabelle,
Seite Start

Sie können wählen, ob Sie eine Tabelle neu erstellen, eine bestehende ändern, eine Auto-CAD 14-Plotterkonfiguration verwenden oder eine PCP- oder PC2-Datei in eine Plotstiltabelle umwandeln wollen. Klicken Sie auf die Schaltfläche WEITER und Sie können auf der nächsten Seite wählen, welchen Tabellentyp Sie erstellen wollen (siehe Abbildung 15.29).

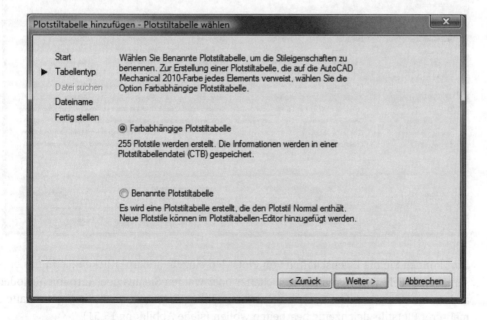

Abbildung 15.29:
Plotstiltabelle,
Seite Tabellentyp

Bei einer farbabhängigen Plotstiltabelle werden 255 Plotstile für jede AutoCAD-Farbe erstellt, bei einer benannten Plotstiltabelle wird nur der Plotstil *Normal* erstellt. Mit dem Plotstiltabellen-Editor können Sie die Plotstile bearbeiten bzw. bei der benannten Tabelle beliebig viele hinzufügen.

Die nächste Seite des Assistenten wird nur dann angezeigt, wenn Sie eine bestehende Tabelle oder Datei verwenden wollen. Sie können diese dann mit dem Dateiwähler suchen. Danach kommt in jedem Fall die Seite DATEINAME, tragen Sie dort einen Dateinamen für die Plotstiltabelle ein. Auf der letzten Seite, FERTIGSTELLEN, können Sie den Plotstiltabellen-Editor zur Bearbeitung starten. Dazu weiter unten mehr. Klicken Sie auf die Schaltfläche FERTIG STELLEN und die Tabelle wird erstellt.

15.7 Plotstiltabellen bearbeiten

Klicken Sie eine Plotstiltabelle im Plotstil-Manager doppelt an und Sie kommen zum Plotstiltabellen-Editor, einem Dialogfeld mit drei Registerkarten. Auf der Registerkarte ALLGEMEIN finden Sie Informationen zur Plotstiltabelle. Auf der Registerkarte TABELLENANSICHT werden alle Plotstile in einer Tabelle aufgelistet (siehe Abbildung 15.30).

Abbildung 15.30: Plotstiltabellen-Editor, Registerkarte Tabellenansicht

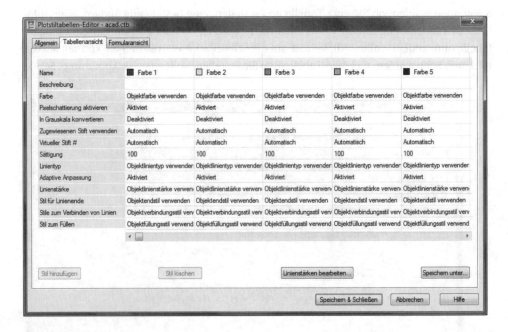

Dort können Sie die Eigenschaften von Plotstilen einzeln ändern. Klicken Sie in das entsprechende Feld, aktivieren Sie die Schalter oder wählen Sie aus den Abrollmenüs oder ändern Sie den Wert. Die FORMULARANSICHT wählen Sie dann, wenn Sie Eigenschaften mehrerer Plotstile gleichzeitig bearbeiten wollen (siehe Abbildung 15.31).

Plotstiltabellen bearbeiten

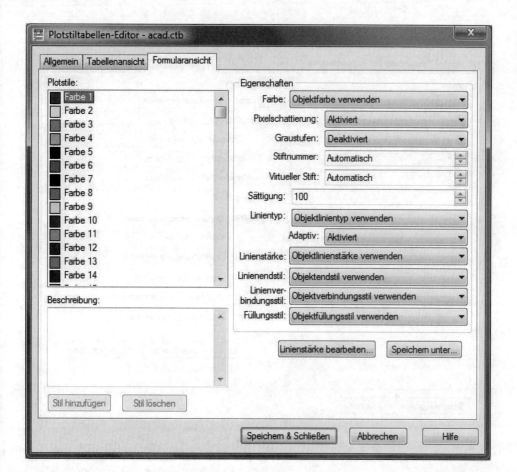

Abbildung 15.31:
Plotstiltabellen-Editor, Registerkarte Formularansicht, farbabhängige Plotstile

Benannte Plotstile sind nicht an Farben gebunden. Sie werden einzelnen Objekten oder ganzen Layern zugeordnet und können beliebig benannt werden, auch mit sprechenden Namen, z. B. *Wände, Fenster* usw. Mit den Schaltflächen STIL HINZUFÜGEN bzw. STIL LÖSCHEN können Sie neue Stile in die Liste aufnehmen bzw. die in der Liste markierten auch wieder löschen (siehe Abbildung 15.32).

Markieren Sie einen oder mehrere Plotstile und ändern Sie deren Eigenschaften in den Feldern rechts. Haben Sie eine benannte Plotstiltabelle erstellt, enthält diese nur den Plotstil *Normal*, der nicht geändert werden kann. Mit der Schaltfläche STIL HINZUFÜGEN können Sie einen neuen Stil in die Tabelle einfügen und mit der Schaltfläche STIL LÖSCHEN können Sie einen oder mehrere markierte Stile löschen.

Abbildung 15.32:
Plotstiltabellen-Editor, Registerkarte Formularansicht, benannte Plotstile

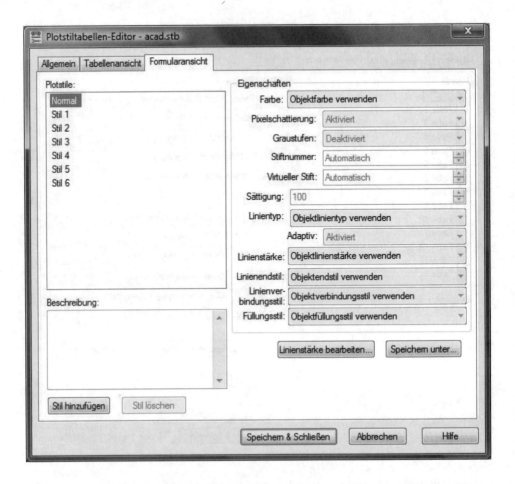

Eigenschaften von Plotstilen

Welche Eigenschaften haben Plotstile? Wie Sie in Abbildung 15.30 und Abbildung 15.31 sehen, sind dies:

- **Name:** Zeigt die Namen der Plotstile in benannten Plotstiltabellen an, die Sie auch ändern können. Die Namen in farbabhängigen Plotstiltabellen enthalten die Objektfarbe und können nicht geändert werden.
- **Beschreibung:** Beschreibung für den einzelnen Plotstil, die geändert werden kann.
- **Farbe:** Farbe, mit der in diesem Plotstil geplottet wird. Vorgabe ist die Objektfarbe. Die Objekte werden dann so geplottet, wie sie gezeichnet wurden. Mit der Auswahl FARBE WÄHLEN kommen Sie zum AutoCAD-Farbwähler, aus dem Sie eine AutoCAD-Farbe, eine Farbe aus der True-Color-Palette oder aus einem Farbbuch wählen können.
- **Pixelschattierung aktivieren:** Bei der Pixelschattierung werden die Farben durch den Plotter mithilfe von Punktmustern nachgebildet. Bei deaktivierter Pixelschattierung werden schwache Farben stärker sichtbar.
- **In Grauskala konvertieren:** Wandelt die Farben des Objekts in Graustufen um.

- **Zugewiesenen Stift verwenden:** Bestimmt bei Stiftplottern den Stift, der beim Plotten von Objekten mit diesem Plotstil verwendet werden soll.
- **Virtueller Stift:** Bestimmt eine Nummer für den virtuellen Stift (zwischen 1 und 255). Mithilfe der virtuellen Stifte können zahlreiche Plotter ohne Stifte einen Stiftplotter simulieren. Mit dem Wert *0* oder AUTOMATISCH legen Sie fest, dass die Zuweisung der virtuellen Stifte anhand der AutoCAD-Farbe erfolgen soll.
- **Sättigung:** Bestimmt die Farbintensität für diesen Plotstil. Werte zwischen *0* und *100* sind möglich.
- **Linientyp:** Bestimmt den Linientyp für diesen Plotstil. Die Vorgabe ist OBJEKTLINIENTYP, was sinnvoll ist, da in AutoCAD ja schon mit Linientypen gezeichnet wird.
- **Adaptiv:** Ändert die Skalierung des Linientyps, sodass das Linientypmuster immer mit einem Strich endet. Ist diese Option nicht gewählt, endet die Linie möglicherweise mit einer Pause.
- **Linienstärke:** Linienstärke, mit der in diesem Plotstil geplottet wird. Vorgabe ist die Objektlinienstärke, das heißt, die Objekte werden so geplottet, wie sie gezeichnet wurden. Wenn Sie eine Plotstil-Linienstärke zuweisen, wird die Objektlinienstärke beim Plotten durch diese Linienstärke überschrieben.
- **Linienendstil:** Legt die Art fest, wie die Linienenden geplottet werden. Möglich sind: NAHT, RECHTECKIG, RUND und RAUTE.
- **Linienverbindungsstil:** Legt die Art fest, wie die Linienverbindungen geplottet werden. Möglich sind folgende Einstellungen: SCHRÄGSCHNITT, ABGESCHRÄGT, RUND und RAUTE.
- **Füllungsstil:** Legt fest, ob Objekte ausgefüllt oder mit einem Füllmuster versehen gezeichnet werden. Folgende Möglichkeiten stehen zu Auswahl: KOMPAKT (AUSGEFÜLLT), RIFFELBLECH, KREUZWEISE SCHRAFFIERT, RAUTEN, HORIZONTALE BALKEN, SCHRÄG NACH LINKS, SCHRÄG NACH RECHTS, QUADRATISCHE PUNKTE und VERTIKALE BALKEN.
- **Linienstärke bearbeiten…:** Mit dieser Schaltfläche kommen Sie zu einem weiteren Dialogfeld, in dem Sie die Vorgabelinienstärken bearbeiten können (siehe Abbildung 15.33).

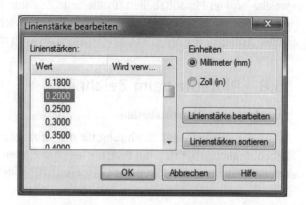

Abbildung 15.33: Dialogfeld zur Bearbeitung der Vorgabelinienstärken

Beachten Sie, wenn Sie eine Linienstärke bearbeiten, die in Verwendung ist, dass bei allen Plots mit diesem Plotstil in dieser Linienstärke geplottet wird.

- **Speichern unter...:** Mit dieser Schaltfläche können Sie die Plotstiltabelle unter einem anderen Namen speichern.

> - *Normalerweise können Sie mit farbabhängigen Plotstiltabellen arbeiten. Benannte Plotstiltabellen sind speziellen Anwendungen mit komplexen Layouts vorbehalten.*
> - *Legen Sie sich auch eine Plotstiltabelle an für den Ausdruck in Schwarz. Legen Sie dafür alle AutoCAD Farben auf die Farbe Schwarz.*
> - *Bei den mitgelieferten Plotstiltabellen finden Sie die Plotstiltabellen acad.ctb für farbige Plots, monochrome.cbt für den schwarzen Ausdruck und greyscale.ctb für den Ausdruck in Graustufen. Verwenden Sie diese und ändern Sie die Linienstärken entsprechend Ihren Vorgaben.*
> - *Auch für die benannten Plotstile finden Sie Vorlagen: acad.stb und monochrome.stb. Diese sollten Sie ebenfalls anpassen.*
> - *Plotstiltabellen-Dateien werden bei Windows XP im Ordner C:\Dokumente und Einstellungen\Benutzername\Anwendungsdaten\Autodesk\AutoCAD2011\R18.1\Deu\ PlotStyles bzw. in AutoCAD LT C:\Dokumente und Einstellungen\Benutzername\ Anwendungsdaten\Autodesk\AutoCAD LT 2011\R16\ Deu\Plot Styles gespeichert. In Windows Vista und Windows 7 ist es der Ordner C:\Users\Benutzername\appdata\ roaming\Autodesk\AutoCAD2011\R18.1\Deu\Plot Styles bzw. bei AutoCAD LT C:\Users\ Benutzername\appdata\roaming\Autodesk\ AutoCAD LT 2011\R16\Deu\Plot Styles.*

Vorgabe für neue Zeichnungen

Ob Sie mit farbabhängigen oder benannten Plotstiltabellen arbeiten, ist eine grundsätzliche Entscheidung. Haben Sie eine Zeichnung erst einmal angelegt, können Sie nicht mehr so einfach zwischen den Varianten wechseln. Mit dem Befehl OPTIONEN können Sie festlegen, ob bei neuen Zeichnungen mit farbabhängigen oder benannten Plotstilen gearbeitet werden soll (siehe Anhang A.4).

Starten Sie eine neue Zeichnung mit einer Vorlage, können Sie mit der Vorlage wählen, welche Art von Plotstiltabellen für die neue Zeichnung verwendet werden sollen, unabhängig davon, welchen Vorgabetyp Sie mit dem Befehl OPTIONEN eingestellt haben. Sie finden Vorlagen sowohl mit farbabhängigen als auch mit benannten Plotstiltabellen.

15.8 Plotstile beim Zeichnen

Farbabhängige Plotstiltabellen

Wenn Sie sich bei einer Zeichnung für die farbabhängigen Plotstiltabellen entschieden haben, brauchen Sie sich um Plotstile bis zum Plotten nicht mehr zu kümmern. Sie sollten nur beachten, dass Sie nicht Layern oder Objekten, die mit unterschiedlichen Plotstilen ausgegeben werden sollen, die gleiche AutoCAD-Farbe zuweisen. Sie ordnen ja in diesem Fall die Farbe einem Plotstil zu. Erst bei der Seiteneinrichtung oder beim Befehl PLOT geben Sie im Dialogfeld an, welche Plotstiltabelle Sie verwenden wollen.

Benannte Plotstiltabellen

Wenn Sie sich dagegen für die benannten Plotstiltabellen entschieden haben, sollten Sie zunächst die Plotstiltabelle wählen und die Plotstile ihren Layern zuordnen.

Befehl Plotstil

Verwenden Sie dazu den Befehl PLOTSTIL. Den Befehl können Sie nur dann wählen, wenn Sie in der Zeichnung auch mit benannten Plotstilen arbeiten. Sie finden den Befehl:

- Menübrowser, DRUCKEN, Funktion PLOTSTILTABELLEN BEARBEITEN
- Menüleiste FORMAT, Funktion PLOTSTIL...

Sie erhalten ein Dialogfeld wie in Abbildung 15.34.

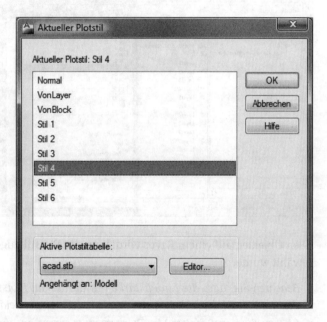

Abbildung 15.34: Dialogfeld des Befehls Plotstil

Im Dialogfeld können Sie den aktuellen Plotstil wählen. Allen Objekten, die Sie danach zeichnen, wird dieser Plotstil zugewiesen. Sie können aber auch die Einstellung *Von-Layer* wählen. In diesem Fall wird der Plotstil vom aktuellen Layer verwendet. Im Abrollmenü AKTIVE PLOTSTILTABELLE können Sie die Plotstiltabelle wählen, die mit dieser Zeichnung verknüpft werden soll. Mit der Schaltfläche EDITOR... kommen Sie zum Plotstiltabellen-Editor und können die gewählte Plotstiltabelle bearbeiten.

Plotstiltabellen in der Funktionsleiste Eigenschaften

In der Funktionsleiste EIGENSCHAFTEN können Sie ebenfalls den aktuellen Plotstil wechseln. Im Abrollmenü ganz rechts können Sie ihn wählen. Ein ähnliches Menü finden Sie in der Multifunktionsleiste im Register START, Gruppe EIGENSCHAFTEN. Lassen Sie aber besser auch hier die Einstellung auf *VonLayer*. Mit der Auswahl von ANDERE... kommen Sie wieder zum Befehl PLOTSTIL.

 Plotstile im Dialogfeld des Befehls Layer zuordnen

Im Dialogfeld des Befehls LAYER können Sie den Layern Plotstile zuordnen. Diese Möglichkeit haben Sie nur, wenn Sie in der Zeichnung benannte Plotstile verwenden. Markieren Sie einen oder mehrere Layer und klicken in die Spalte PLOTSTIL. Aus einem weiteren Dialogfeld können Sie dann wählen, welcher Plotstil diesem Layer zugeordnet werden soll (siehe Abbildung 15.35).

Abbildung 15.35:
Layern Plotstile
zuordnen

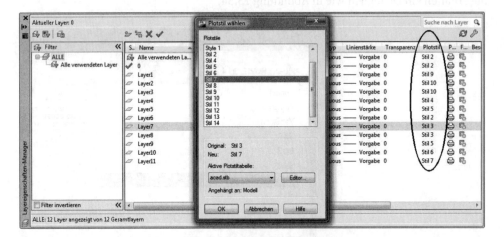

Allen Objekten auf einem Layer wird dann der Plotstil zugeordnet, der für diesen Layer gewählt wurde.

- *Beachten Sie, dass die Linienstärke nur dann vom Plotstil genommen wird, wenn Sie dies im Plot-Dialogfeld, Register PLOTEINSTELLUNGEN, Feld PLOTOPTIONEN angeben.*
- *Klicken Sie den Schalter* MIT PLOTSTILEN PLOTTEN *an, wenn Sie die Einstellungen aus den Plotstilen verwenden wollen.*

15.9 Plotstile konvertieren

Farbabhängige Plotstiltabellen und Zeichnungen mit farbabhängigen Plotstilen lassen sich konvertieren. Dazu gibt es Konvertierungsbefehle. Sehen wir uns dies an einem Beispiel an.

Plotstile konvertieren

Konvertieren von Plotstiltabellen

1. Kopieren Sie die Datei *A15-01.ctb* aus dem Ordner *Aufgaben* in den Ordner mit den Plotstiltabellen (siehe oben). *A15-01.ctb* ist eine farbabhängige Plotstiltabelle.
2. Laden Sie die Zeichnung *A15-01.dwg*. Dabei handelt es sich um eine ähnliche Zeichnung wie die Übungszeichnung aus diesem Buch. Den Layern sind keine Strichstärken zugeordnet, alle sind auf Vorgabe.
3. Dafür sollten Sie diese Zeichnung mit dem Befehl SEITENEINR mit der Plotstiltabelle *A15-01.ctb* verknüpfen. Darin sind den Farben Linienstärken zugeordnet, was Sie mit dem Plotstiltabellen-Editor kontrollieren können. Machen Sie eventuell einen Probeplot.

Konvertieren von farbabhängigen Plotstiltabellen

Mit dem Befehl CONVERTCTB können Sie eine farbabhängige Plotstiltabelle in eine benannte Plotstiltabelle umwandeln. Diesen Befehl finden Sie nicht in den Menüs, tippen Sie ihn ein.

Sie bekommen den Dateiwähler, in dem Sie die farbabhängige Plotstiltabelle wählen können (Dateierweiterung *.ctb). Wählen Sie die zu konvertierende Tabelle aus und klicken auf OK. Sie bekommen wieder den Dateiwähler und können dort den Namen der benannten Plotstiltabelle eingeben, Dateierweiterung *.stb.

Die Tabelle wird konvertiert. Dabei wird für jede Farbe in der farbabhängigen Plotstiltabelle, die von der Standardeinstellung abweicht, ein Plotstil in der benannten Plotstiltabelle angelegt. Für die Standardeinstellung wird ebenfalls ein Plotstil angelegt. Der Plotstil *Normal*, der in jeder benannten Plotstiltabelle vorhanden ist, bleibt in der Tabelle.

Konvertieren der farbabhängigen Plotstiltabelle

Tippen Sie den Befehl CONVERTCTB ein und wandeln Sie die farbabhängige Plotstiltabelle *A15-01.ctb* in die benannte Plotstiltabelle *A15-01.stb* um. Schauen Sie sich das Ergebnis im Plotstiltabellen-Editor an (siehe Abbildung 15.36).

Konvertieren von Zeichnungen mit Plotstilen

Mit dem Befehl CONVERTPSTYLES können Sie eine Zeichnung mit farbabhängigen Plotstilen in benannte Plotstile umwandeln. Voraussetzung ist, dass zuvor die Plotstiltabelle mit dem Befehl CONVERTCTB umgewandelt wurde. Tippen Sie den Befehl ein. Sie werden dann nach einer benannten Plotstiltabelle gefragt, die mit dieser Zeichnung verbunden werden soll. Die Zeichnung wird konvertiert. Dabei wird der Plotstil mit der entsprechenden Farbe aus der farbabhängigen Plotstiltabelle dem Layer zugeordnet, der diese Farbe hat. Damit haben Sie beim Plotten wieder das gleiche Ergebnis, aber beim Zeichnen mehr Möglichkeiten, Layer und Objekte bestimmten Plotstilen zuzuordnen.

Selbstverständlich geht es auch in umgekehrter Richtung. Hat eine Zeichnung benannte Plotstile, kann diese mit dem Befehl CONVERTPSTYLES in eine Zeichnung mit farbabhängigen Plotstilen umgewandelt werden. An der Zuordnung zu den Layern ändert sich nichts. Lediglich die Plotstile werden entfernt.

Abbildung 15.36:
Farbabhängige Plotstiltabelle in benannte Plotstiltabelle konvertiert

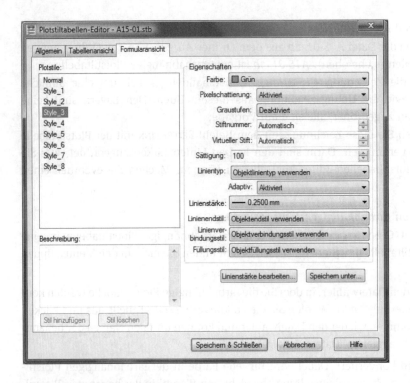

Konvertieren der Zeichnung

Geben Sie den Befehl CONVERTPSTYLES ein und wählen Sie die Plotstiltabelle *A15-01.stb*, die Sie vorher erstellt haben. Schauen Sie sich das Ergebnis im Dialogfeld des Befehls LAYER an. Allen Layern sind jetzt entsprechende Plotstile zugeordnet (siehe Abbildung 15.37).

Das Ergebnis finden Sie in der Zeichnung *L15-01.dwg* im Ordner *Aufgaben*. Plotten können Sie die Zeichnung allerdings nur dann korrekt, wenn Sie die Konvertierung der Plotstiltabelle durchgeführt haben.

Abbildung 15.37:
Layerzuordnung nach der Konvertierung der Zeichnung

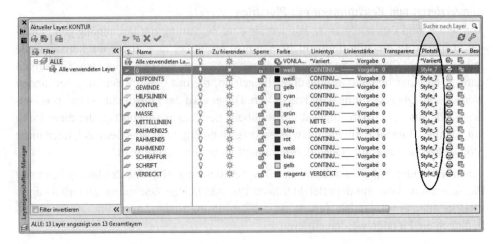

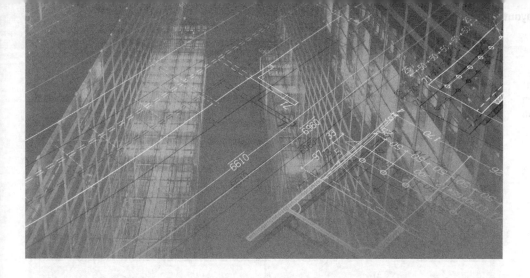

Kapitel 16
Layouts im Papierbereich

Es gibt AutoCAD-Anwender, die schon jahrelang mit dem Programm arbeiten, den Papierbereich aber noch nie betreten haben. Dabei bietet er vielfältige Möglichkeiten zur Gestaltung des Zeichnungslayouts.

16.1 Ansichtsfenster im Modellbereich

Doch bevor wir in den Papierbereich gehen, wollen wir uns eine weitere Möglichkeit im Modellbereich ansehen: die Aufteilung des Modellbereichs in Ansichtsfenster.

Ansichtsfenster im Modellbereich, Befehl Afenster

Wenn Sie an einer komplexen Zeichnung arbeiten, kann es sinnvoll sein, Details der Zeichnung in einem separaten Fenster vergrößert darzustellen. Sie können dazu den Modellbereich in verschiedene Ansichtsfenster aufteilen (siehe Abbildung 16.1).

Verwenden Sie dazu den Befehl AFENSTER. Sie finden ihn:

- Multifunktionsleiste: Symbol im Register ANSICHT, Gruppe ANSICHTSFENSTER
- Menüleiste ANSICHT, Untermenü ANSICHTSFENSTER, Funktionen für die einzelnen Optionen des Befehls

Sie bekommen ein Dialogfeld, in dem Sie die Aufteilung des Bildschirms in Fenster wählen können (siehe Abbildung 16.2), wenn Sie die Funktion NEUE ANSICHTSFENSTER... aus dem Untermenü wählen oder den Befehl mit einem Symbol aus den Werkzeugkästen starten. Schalten Sie auf das Register NEUE ANSICHTSFENSTER, falls es nicht sofort erscheint.

Abbildung 16.1:
Zeichnung in Ansichtsfenstern

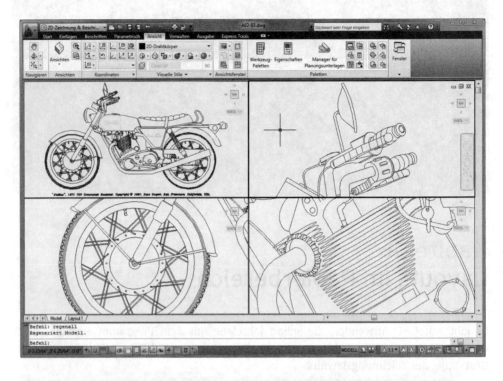

Abbildung 16.2:
Dialogfeld des Befehls Afenster, Register Neue Ansichtsfenster

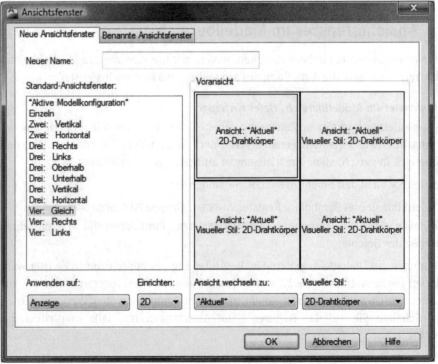

- **Standard-Ansichtsfenster:** Wählen Sie in der Liste eine Aufteilung und Sie bekommen im Fenster VORANSICHT angezeigt, wie der Bildschirm aufgeteilt wird. Bei einer Aufteilung des Bildschirms ist ein Fenster immer das aktuelle Fenster, in dem gezeichnet werden kann. Klicken Sie in ein Fenster in der Voransicht, wird dieses zum aktuellen Ansichtsfenster.
- **Anwenden auf:** Wählen Sie im Abrollmenü, was aufgeteilt werden soll. Mit der Einstellung ANZEIGE wird der Bildschirm entsprechend aufgeteilt. Eine eventuell schon vorhandene Aufteilung wird dann überschrieben. Haben Sie den Bildschirm schon in Fenster aufgeteilt, können Sie das aktuelle Fenster weiter unterteilen. Wählen Sie dazu aus dem Abrollmenü AKTUELLES ANSICHTSFENSTER.
- **Einrichten:** Wählen Sie zwischen 2D und 3D. Bei der Einstellung 3D können in den Fenstern auch gleich die Ansichtspunkte mit eingestellt werden (siehe dazu Kapitel 20).
- **Ansicht wechseln zu:** Haben Sie in der Zeichnung Ausschnitte gespeichert (siehe Kapitel 5.17), können Sie wählen, ob Sie einen oder mehrere dieser benannten Ausschnitte in den Fenstern haben wollen. Klicken Sie in der Voransicht das betreffende Fenster an und wählen Sie im Abrollmenü, welchen Ausschnitt Sie in dem Fenster haben wollen. Mit der Einstellung AKTUELL wird der momentane Ausschnitt der Zeichnung in das Fenster geholt.
- **Visueller Stil:** In diesem Abrollmenü können Sie den visuellen Stil für die Darstellung eines 3D-Modells wählen. Klicken Sie in ein Fenster und wählen dann den visuellen Stil für dieses Fenster in diesem Abrollmenü. Mehr zu den visuellen Stilen im dritten Teil dieses Buches.
- **Neuer Name:** Tragen Sie hier einen Namen ein, wird die gewählte Aufteilung unter diesem Namen abgespeichert. So können Sie später wieder auf diese Konfiguration zugreifen. Haben Sie die Aufteilung gerade erst eingestellt, ist es noch nicht sinnvoll, diese zu speichern. Dazu sollte erst der Ausschnitt in den Fenstern eingestellt werden. Gehen Sie deshalb wie in der folgenden Anleitung vor.

Einstellung von Ansichtsfenstern

1. Laden Sie die Zeichnung *A16-01.dwg* aus dem Ordner *Aufgaben*.
2. Wählen Sie den Befehl AFENSTER und stellen Sie die Ansichtsfenster wie in Abbildung 16.2 ein.
3. Sie haben dann die Zeichnung viermal im gleichen Ausschnitt auf dem Bildschirm. Das aktive Ansichtsfenster ist durch einen verstärkten Rahmen hervorgehoben. Durch einen Mausklick in ein Fenster wird dieses zum aktiven. Stellen Sie in den Fenstern mit dem Befehl ZOOM den gewünschten Ausschnitt ein (siehe Abbildung 16.1). Sie können beim Zeichnen innerhalb eines Befehls das Fenster wechseln.
4. Haben Sie die Vergrößerung in den Fenstern eingestellt, können Sie den Befehl AFENSTER wieder wählen und im Feld NEUER NAME den Namen *Vier-Fenster* eingeben. Die Konfiguration wird unter diesem Namen abgespeichert.
5. Erstellen Sie Konfigurationen und speichern sie ab.

Standard-Ansichtsfenster aus der Multifunktionsleiste

Die Standard-Ansichtsfenster können Sie auch aus einem Abrollmenü in der Multifunktionsleiste, Register ANSICHT, *Gruppe* ANSICHTSFENSTER *wählen.*

 Benannte Ansichtsfenster

Haben Sie Ansichtsfenster unter einem Namen gespeichert und in der Zwischenzeit wieder auf ein einzelnes Ansichtsfenster zurückgeschaltet, können Sie mit der zweiten Registerkarte im Dialogfeld des Befehls AFENSTER benannte Ansichtsfenster zurückholen. Das Dialogfeld aktivieren Sie:

- Multifunktionsleiste: Symbol im Register ANSICHT, Gruppe ANSICHTSFENSTER
- Menüleiste ANSICHT, Untermenü ANSICHTSFENSTER, Funktion BENANNTE ANSICHTSFENSTER...
- Symbole in den Werkzeugkästen LAYOUTS und ANSICHTSFENSTER

Das Dialogfeld kommt gleich mit der Registerkarte BENANNTE ANSICHTSFENSTER auf den Bildschirm (siehe Abbildung 16.3).

Klicken Sie jetzt die gewünschte Konfiguration in der Liste BENANNTE ANSICHTSFENSTER an und im Fenster VORANSICHT wird die Voransicht angezeigt. Mit OK können Sie diese aktivieren.

Haben Sie eine Konfiguration in der Liste markiert, können Sie mit einem Rechtsklick ein Kontextmenü aktivieren und daraus die Konfiguration umbenennen oder löschen.

 Benannte Ansichtsfenster wechseln

1. Laden Sie die Zeichnung *L16-01.dwg* aus dem Ordner *Aufgaben*.
2. In dieser Zeichnung gibt es verschiedene benannte Ansichtsfenster. Wechseln Sie diese mit der Registerkarte BENANNTE ANSICHTSFENSTER des Befehls AFENSTER.

Ansichtsfenster im Modellbereich

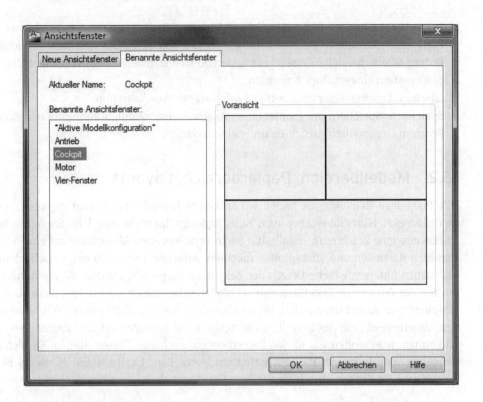

Abbildung 16.3:
Dialogfeld Befehl Afenster, Registerkarte Benannte Ansichtsfenster

Weitere Funktionen für die Ansichtsfenster

Im Untermenü ANSICHTSFENSTER und in der Multifunktionsleiste (Register ANSICHT, Gruppe ANSICHTSFENSTER) haben Sie noch eine Reihe weiterer Funktionen. Bei dieser Auswahl arbeitet der Befehl ohne Dialogfeld. Sie können diese Variante des Befehls auch aktivieren, wenn Sie ihn auf der Tastatur mit einem vorangestellten »-« eingeben.

```
Befehl: -Afenster
Option eingeben [Sichern/Holen/Löschen/Verbinden/Einzeln/?/2/3/4] <3>:
```

- **Einzeln/2/3/4:** Aufteilung des Bildschirms bzw. des aktuellen Fensters in 2, 3 oder 4 Fenster bzw. Umschaltung auf die bildschirmfüllende Anzeige (1 ANSICHTSFENSTER bzw. EINZELN). Bei der Teilung in zwei Fenster können Sie wählen, ob Sie den Bildschirm horizontal oder vertikal teilen wollen. Bei der Teilung in drei Fenster können Sie bestimmen, ob horizontal oder vertikal in drei gleiche Fenster geteilt werden soll oder ob ein großes und zwei kleine Fenster erzeugt werden sollen. Im letzten Fall geben Sie an, wo sich das große Fenster befinden soll: oberhalb, unterhalb, links oder rechts. Haben Sie die Teilung in vier Fenster gewählt, wird der Bildschirm in gleich große Fenster aufgeteilt.

- **Verbinden:** Verbinden zweier nebeneinanderliegender Ansichtsfenster zu einem größeren Fenster. Welcher Ausschnitt in das neue Fenster übernommen werden soll, ist wählbar.

- Die weiteren Optionen finden Sie nicht im Untermenü, diese wählen Sie auch besser im Dialogfeld (siehe oben). Der Vollständigkeit halber hier die Funktionen dieser Optionen:
- **Holen:** Wiederherstellen einer gesicherten Ansichtsfensterkonfiguration und den in den Fenstern eingestellten Ansichten.
- **Löschen:** Löschen einer gesicherten Ansichtsfensterkonfiguration.
- **Speichern:** Speichern der momentanen Ansichtsfensterkonfiguration und der in den Fenstern eingestellten Ansichten unter einem Namen.

16.2 Modellbereich, Papierbereich, Layouts

Alle bisherigen Zeichnungen haben wir in einem Bereich erstellt und geplottet, dem Modellbereich. Nun gibt es aber auch Fälle, in denen das nicht ausreicht. Sie haben beispielsweise eine Zeichnung erstellt, die Sie in verschiedenen Maßstäben auf einem Zeichenblatt darstellen und auch plotten möchten. Außerdem sollen in den verschiedenen Maßstäben unterschiedliche Details der Zeichnung dargestellt werden. Wenn im nächsten Teil des Buches die Erstellung von 3D-Modellen behandelt wird, sollen diese auch in verschiedenen Ansichten auf dem Papier abgebildet werden. Kurz gesagt: Wir brauchen den Papierbereich, um das Layout von komplexen Zeichnungen auf dem Papier erstellen zu können. Nun wollen wir in den Papierbereich wechseln. Diesen können Sie sich so vorstellen, als ob Sie vor die Zeichnung ein leeres Blatt Papier legen. In dieses Blatt »schneiden« Sie Fenster, durch die Sie den Modellbereich auf dem Papier abbilden.

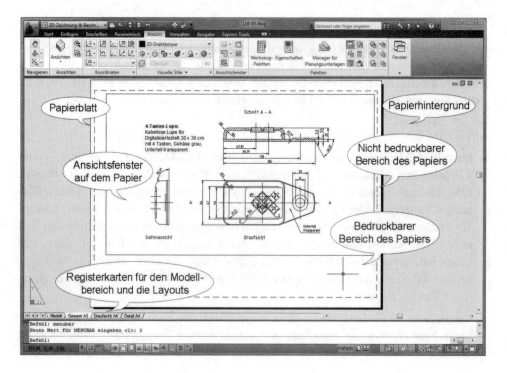

Abbildung 16.4: Zeichnung im Papierbereich mit drei Layouts

In AutoCAD 14 gab es nur Modell- und Papierbereich, zwischen denen Sie mit der Systemvariablen TILEMODE umschalten konnten. Seit AutoCAD 2000 können Sie dagegen beliebig viele Papierbereiche definieren. Diese werden seither Layouts genannt. Ein Layout ist also ein Zeichenblatt im Papierbereich, das entweder den gesamten Modellbereich darstellt, einen Ausschnitt oder eine Ansicht eines 3D-Modells. Zwischen dem Modellbereich und den Layouts können Sie mit den Registern am unteren Rand des Zeichnungsfensters wechseln (siehe Abbildung 16.4).

Ein Register ist für den Modellbereich: das Register MODELL. Es hat immer diesen Namen und kann nicht umbenannt werden. Daneben gibt es mindestens ein Layout-Register. Normalerweise werden diese mit *Layout1, Layout2* usw. durchnummeriert. Sie können ihnen aber auch Namen geben, z. B.: *Ausschnitt_A4, Gesamt_A2* usw.

Um mehr Platz auf der Zeichenfläche zu bekommen, sind in der Standard-Einstellung die Registerkarten für den Modellbereich und die Layouts ausgeschaltet. Dafür haben Sie in der Statusleiste Symbole für den Modellbereich, das zuletzt verwendete Layout (siehe Abbildung 16.5) und die Schnellansicht für die Layouts (dazu später mehr). Mit einem Rechtsklick auf eines der ersten beiden Symbole können Sie die Registerkarten MODELL und LAYOUT einblenden (siehe Abbildung 16.5, Mitte). Die Symbole in der Statusleiste werden dann ausgeschaltet. Wenn Sie an den Layouts arbeiten, ist es sinnvoll, die Registerkarten einzuschalten. Wollen Sie sie dann wieder ausschalten, öffnen Sie auf den Registerkarten ebenfalls ein Kontextmenü mit einem Rechtsklick. Mit dem untersten Eintrag schalten Sie die Registerkarten wieder aus (siehe Abbildung 16.5, unten).

Um zwischen Modellbereich und den Layouts zu wechseln, klicken Sie die entsprechenden Registerkarten oder Symbole in der Statusleiste an. Aktivieren Sie ein Layout zum ersten Mal, wird eventuell der Befehl SEITENEINR (siehe Kapitel 15.3) für dieses Layout gestartet. Das kann in den Optionen eingestellt werden.

Befehl Layout

Mit dem Befehl LAYOUT können Sie ein neues Layout einfügen, ein bestehendes umbenennen, Layouts sichern und laden, kopieren und löschen. Der Befehl auf der Tastatur eingetippt, stellt folgende Anfrage:

```
Befehl: Layout
Layout-Option eingeben
[Kopieren/Löschen/Neu/Vorlage/Umbenennen/SIchals/ SEtzen/?] <SEtzen>:
```

Den Befehl mit seinen Optionen finden Sie an verschiedenen Stellen in den Menüs und Werkzeugkästen:

Setzen: Mit dieser Option aktivieren Sie ein vorhandenes Layout. Klicken Sie dazu auf die Registerkarte des Layouts. Beim ersten Mal wird, wie schon erwähnt, der Befehl SEITENEINR gestartet.

Neu: Mit dieser Option erstellen Sie ein neues Layout. Wählen Sie:

- Menüleiste EINFÜGEN, Untermenü LAYOUT, Funktion NEUES LAYOUT
- Symbol im Werkzeugkasten LAYOUT
- Rechtsklick auf eine Registerkarte am unteren Rand der Zeichenfläche und Wahl der Funktion NEUES LAYOUT aus dem Kontextmenü

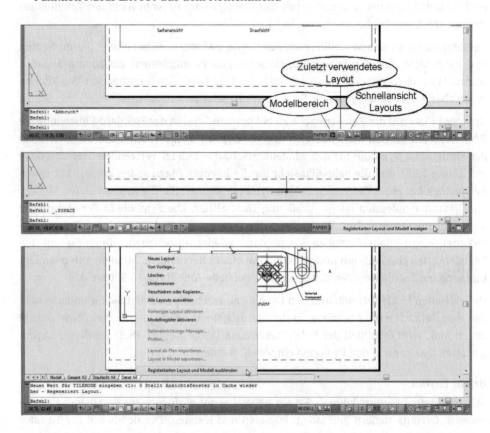

Abbildung 16.5:
Registerkarten Layout und Modell ein- und ausschalten

Geben Sie einen Layout-Namen ein und die neue Registerkarte wird angelegt. Haben Sie die Funktion aus dem Kontextmenü gewählt, werden die Layouts durchnummeriert: *Layout1, Layout2* usw.

Löschen: Mit dieser Option löschen Sie ein Layout. Wählen Sie:

- Rechtsklick auf eine Layout-Registerkarte und Wahl der Funktion LÖSCHEN aus dem Kontextmenü

Vorlage: Damit laden Sie Layouts aus Vorlagen- oder Zeichnungsdateien.

- Menüleiste EINFÜGEN, Untermenü LAYOUT, Funktion LAYOUT VON VORLAGE...
- Symbol im Werkzeugkasten LAYOUT
- Rechtsklick auf eine Registerkarte und Wahl der Funktion VON VORLAGE... aus dem Kontextmenü

Wählen Sie im Dateiwähler eine Vorlagen- oder Zeichnungsdatei (*.dwt oder *.dwg), die die Layouts enthält, und in dem folgenden Dialogfeld ein oder mehrere Layouts, die Sie in die aktuelle Zeichnung übernehmen wollen (siehe Abbildung 16.6). Die Layouts werden mit Seiteneinrichtung und Ansichtsfenster übernommen.

Abbildung 16.6:
Layouts von Vorlage laden

Kopieren: Mit der Option kopieren Sie ein Layout aus der Zeichnung. Das macht nur dann Sinn, wenn Sie Layouts mit Seiteneinrichtung und Fensteranordnung in ähnlicher Form in der Zeichnung noch einmal benötigen. Aktivieren Sie ein Layout. Drücken Sie die ⇧-Taste, können Sie weitere Layouts markieren. Wählen Sie:

- Rechtsklick auf eine Registerkarte und Wahl der Funktion VERSCHIEBEN ODER KOPIEREN... aus dem Kontextmenü

Sie erhalten ein Dialogfeld mit den Layouts in der Zeichnung (siehe Abbildung 16.7). Klicken Sie ein Layout an und das aktive bzw. die vorher markierten Layouts werden vor dieses geschoben. Dadurch ändert sich nur die Reihenfolge der Layout-Registerkarten. Haben Sie den Schalter KOPIE ERSTELLEN eingeschaltet, wird eine Kopie des Layouts an der Stelle erstellt.

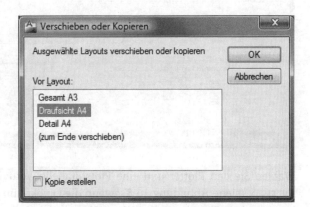

Abbildung 16.7:
Layouts verschieben oder kopieren

Sichals: Mit dieser Option können Sie ein oder mehrere Layouts aus der Zeichnung in eine Vorlage oder eine Zeichnung kopieren. Machen Sie ein Layout aktiv. Tippen Sie den Befehl LAYOUT ein und wählen Sie die Option. Im Dateiwähler suchen Sie die Vorlagendatei aus, in die Sie die Layouts kopieren wollen. Klicken Sie auf OK und die Layouts mit Seiteneinrichtung und Ansichtsfenster werden in die Vorlage kopiert.

- *Wollen Sie ein Layout umbenennen, klicken Sie den Namen in der Registerkarte doppelt an und überschreiben oder ändern Sie den Namen.*
- *Die Reihenfolge der Registerkarten lässt sich ebenfalls sehr einfach ändern. Ziehen Sie eine Registerkarte mit gedrückter Maustaste an eine andere Stelle und lassen Sie sie dort los. Sie wird an dieser Stelle eingefügt.*

Seite einrichten bei einem neuen Layout

Aktivieren Sie ein Layout das erste Mal, wird eventuell der Seiteneinrichtungs-Manager gestartet. Falls dies nicht der Fall ist, starten Sie jetzt den Befehl SEITENEINR. Erstellen Sie eine neue Seiteneinrichtung, geben Sie dieser einen Namen. Das Dialogfeld wie beim Plotten erscheint (siehe Kapitel 15.2 und Abbildung 16.8).

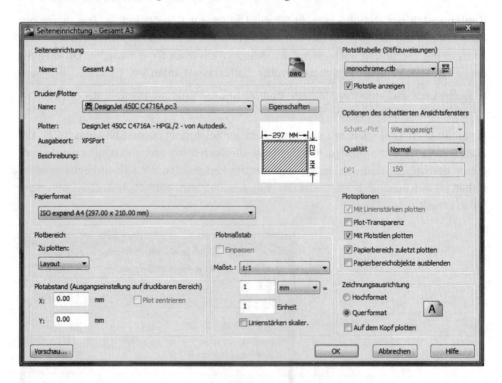

Abbildung 16.8: Seite einrichten

Wählen Sie den Plotter und eine Plotstiltabelle. Aktivieren Sie den Schalter PLOTSTILE ANZEIGEN (siehe Abbildung 16.8), wenn die Objekte im Layout so angezeigt werden sollen, wie sie geplottet werden. Wenn Sie beispielsweise der Farbe Gelb in der Zeichnung über den Plotstil die Plotfarbe Grün zugeordnet haben, ist dies im Modellbereich nicht sichtbar. Im Layout können Sie es aber sichtbar machen, wenn Sie diesen Schalter aktivieren. Wenn Sie eine Plotstiltabelle für die monochrome Ausgabe gewählt haben, dann ist die Zeichnung auch auf dem Layout monochrom.

Wählen Sie das Papierformat und die Zeichnungsausrichtung. Sie sollten für den Maßstab immer *1:1* wählen und für den Plotbereich *Layout*. Das heißt, das Layout wird 1:1 auf dem Papier abgebildet. In diesem Layout werden dann später Ansichtsfenster erstellt. Für diese wird dann jeweils ein Maßstab eingestellt.

Wenn Sie auf OK klicken, erscheint die neue Seiteneinrichtung mit dem vorgegebenen Namen in der Liste des SEITENEINRICHTUNGS-MANAGERS. Oben im Dialogfeld wird das Layout angezeigt. Klicken Sie auf die Schaltfläche AKTUELL und die Seiteneinrichtung wird dem neuen Layout zugeordnet und erscheint so in der Liste (siehe Abbildung 16.9).

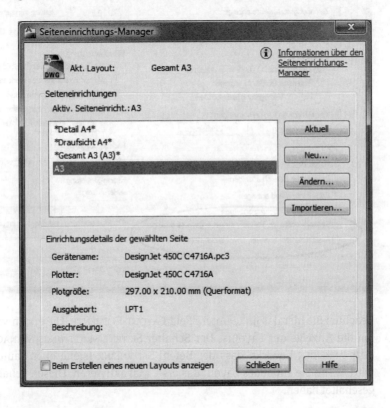

Abbildung 16.9: Neues Layout mit Seiteneinrichtung verknüpft

Seiteneinrichtung automatisch starten
Wenn Sie im Seiteneinrichtungs-Manager den Schalter BEIM ERSTELLEN EINES NEUEN LAYOUTS ANZEIGEN *einschalten, dann wird der Seiteneinrichtungs-Manager immer dann gestartet, wenn Sie ein Layout das erste Mal aktivieren.*

Einstellungen für das Layout

Mit dem Befehl OPTIONEN können Sie einstellen, was beim ersten Aktivieren eines Layouts passieren soll. Wählen Sie den Befehl im Abrollmenü EXTRAS. Klicken Sie im Dialogfeld auf die Registerkarte ANZEIGE (siehe Abbildung 16.10).

Abbildung 16.10: Befehl Optionen, Registerkarte Anzeige

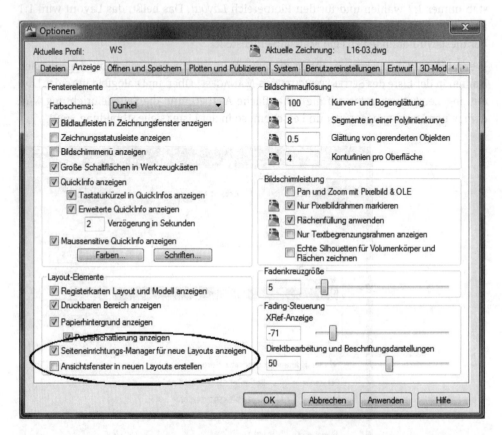

Beachten Sie hier das linke untere Feld LAYOUT-ELEMENTE. Die ersten vier Schalter betreffen die Anzeige des Layouts. Der Schalter SEITENEINRICHTUNGS-MANAGER FÜR NEUE LAYOUTS ANZEIGEN bewirkt, dass der Befehl SEITENEINR (siehe oben) automatisch gestartet wird, wenn Sie ein neues Layout das erste Mal aktivieren. Diesen Schalter sollten Sie eingeschaltet haben.

Ist der Schalter ANSICHTSFENSTER IN NEUEN LAYOUTS ERSTELLEN eingeschaltet, wird automatisch bei jedem neuen Layout ein Ansichtsfenster erstellt. Dieser Schalter sollte besser aus sein, da Sie meist mehrere Ansichtsfenster oder spezielle Größen benötigen.

Ansichtsfenster im Layout

Layouts erstellen

1. Stellen Sie im Befehl OPTIONEN die Registerkarte ANZEIGE wie in Abbildung 16.10 ein und laden Sie dann die Zeichnung *A16-02.dwg* aus dem Ordner *Aufgaben*.
2. Klicken Sie auf das Register *Layout1*, wählen Sie bei der Seiteneinrichtung den Plotter *HewlettPackard DesignJet 450C*, den Sie im letzten Kapitel konfiguriert haben und das Papierformat *A3 quer Übergröße*, das Sie ebenfalls im letzten Kapitel erstellt haben. Falls Sie es nicht gemacht haben, schauen Sie dort nach und erstellen die Formate, die Sie in dieser Übung brauchen. Die Zeichnung soll im *Querformat* ausgerichtet werden.
3. Ein weiteres Layout soll für den gleichen Plotter gelten. Diesmal wählen Sie das Papierformat *A4 hoch Übergröße* und die Ausrichtung im *Hochformat*. Kopieren Sie das zweite Layout und benennen Sie die Layouts um, das erste in *Gesamt A3*, das zweite in *Draufsicht A4* und das dritte in *Detail A4*. Die Lösung finden Sie in der Datei *L16-02.dwg* im Ordner *Aufgaben*.

16.3 Ansichtsfenster im Layout

Nun haben Sie zwar die Layouts eingerichtet, sie sind aber alle noch leer. Damit kommen wir gleich zur nächsten Aufgabe: Ansichtsfenster im Layout erstellen. Diese Ansichtsfenster können Sie sich wie Ausschnitte auf dem Papier vorstellen, durch die Sie die Zeichnung im Modellbereich betrachten können. In jedem Fenster kann ein Ausschnitt oder die komplette Zeichnung dargestellt werden, bei 3D-Modellen (siehe Kapitel 20.12) auch eine Ansicht der Zeichnung. Bevor Sie das machen, ist es sinnvoll, zuerst den Zeichnungsrahmen einzufügen. Dann haben Sie den Überblick, wie Sie die Ansichtsfenster am besten platzieren können.

Zeichnungsrahmen auf den Layouts platzieren

1. Machen Sie das erste Layout aktiv (*Gesamt A3*). Wählen Sie den Befehl EINFÜGE, die Funktion BLOCK aus dem Abrollmenü EINFÜGEN. Wählen Sie die Datei *DIN_A3.dwg* aus dem Ordner *Aufgaben*, ein Zeichnungsrahmen mit Schriftfeld im A3-Format. Stellen Sie das Dialogfeld so ein, dass der Zeichnungsrahmen am Punkt 0,0,0 mit der Skalierung 1 und dem Drehwinkel 0 ohne weitere Anfragen eingefügt wird. Klicken Sie auf OK, füllen Sie die Eingabefelder des Schriftfelds aus und der Rahmen wird eingefügt.
2. Wechseln Sie in das Layout *Draufsicht A4* und fügen Sie die Datei *DIN_A4.dwg* ebenfalls aus dem Ordner *Aufgaben* wie vorher ein.
3. Im Layout *Detail A4* machen Sie das Gleiche noch einmal.

Kapitel 16 • Layouts im Papierbereich

 Ansichtsfenster erstellen

Ansichtsfenster erstellen Sie mit dem gleichen Befehl, mit dem Sie auch Ansichtsfenster im Modellbereich erstellt haben: AFENSTER (siehe Kapitel 16.1). Je nachdem, wo Sie den Befehl anwählen, im Modellbereich oder in den Layouts, sieht das Dialogfeld etwas anders aus.

- Multifunktionsleiste: Symbol im Register ANSICHT, Gruppe ANSICHTSFENSTER
- Menüleiste ANSICHT, Untermenü ANSICHTSFENSTER, Funktionen für die einzelnen Optionen des Befehls

Haben Sie die Funktion NEUE ANSICHTSFENSTER... oder eines der Symbole gewählt, bekommen Sie das Dialogfeld wie in Abbildung 16.11.

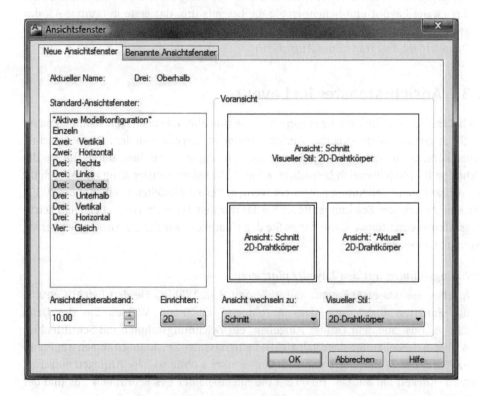

Abbildung 16.11: Dialogfeld des Befehls Afenster im Papierbereich

Wie im Modellbereich können Sie jetzt die Aufteilung des Layouts im Fenster wählen. In der Liste STANDARD-ANSICHTSFENSTER wählen Sie die gewünschte Aufteilung, die Ihnen im Voransichtsfenster angezeigt wird. Im Eingabefeld ANSICHTSFENSTERABSTAND können Sie einen Abstand eintragen, wenn zwischen den Fenstern ein Zwischenraum sein soll.

Im Abrollmenü EINRICHTEN, können Sie zwischen 2D-Zeichnungen und 3D-Modellen umstellen. Haben Sie in der Zeichnung benannte Ausschnitte gespeichert, können Sie diese den einzelnen Ansichtsfenstern zuordnen. Gehen Sie wie folgt vor:

Ansichtsfenster im Layout

- Klicken Sie im Feld VORANSICHT in das entsprechende Fenster.
- Wählen Sie im Abrollmenü ANSICHT WECHSELN ZU einen benannten Ausschnitt der Zeichnung und das gewählte Fenster wird mit diesem Ausschnitt belegt.
- Klicken Sie im Feld VORANSICHT in das nächste Fenster usw.

Im Register BENANNTE ANSICHTSFENSTER finden Sie nur dann einen Eintrag, wenn Sie Ansichtsfensterkonfigurationen im Modellbereich unter einem Namen abgespeichert haben. Diese Konfiguration können Sie dann in das Layout mit allen Ausschnitten übernehmen. Haben Sie eine Aufteilung gewählt und klicken auf OK, verschwindet das Dialogfeld und Sie können die Abmessungen für die Fenster mit zwei Punkten vorgeben.

```
Erste Ecke angeben oder [Zbereich]: <Zbereich>: Ersten Eckpunkt für das Fenster bzw.
die -anordnung eingeben
Entgegengesetzte Ecke angeben: anderen Eckpunkt eingeben
```

Zbereich: Mit dieser Option wird das Fenster bzw. die Fensteranordnung so groß wie der bedruckbare Bereich auf dem Layout erstellt.

Weitere Optionen des Befehls Afenster

Wenn Sie den Befehl auf der Tastatur mit vorangestelltem »-« eingeben, arbeitet der Befehl ohne Dialogfeld. Sie können weitere Optionen im Befehlszeilenfenster wählen.

```
Befehl: -Afenster
Ecke des Ansichtsfensters angeben oder
[Ein/Aus/Zbereich/SChattplot/speRren/Objekt/Polygonal/Holen/Layer/2/3/4]: <Zbereich>:
```

Klicken Sie einen Punkt auf dem Layout an, können Sie ein Ansichtsfenster aufziehen. Der aktuelle Ausschnitt des Modellbereichs erscheint in diesem Fenster. Diese Funktion bekommen Sie auch mit einem Symbol im Werkzeugkasten ANSICHTSFENSTER.

Zbereich: Ein Ansichtsfenster wird in der Größe des bedruckbaren Bereichs des Layouts erstellt. Das neue Fenster enthält wie oben den aktuellen Ausschnitt bzw. die Aufteilung des Modellbereichs.

2/3/4: Erstellen von zwei, drei oder vier Ansichtsfenstern. Hier können Sie wie nach dem Dialogfeld wählen, welchen Bereich die Konfiguration einnehmen soll (Fenster aufziehen oder ZBEREICH wählen). Diese Optionen finden Sie auch im Untermenü ANSICHTSFENSTER des Abrollmenüs ANSICHT.

Holen: Übernahme einer Ansichtsfensterkonfiguration des Modellbereichs in ein Fenster oder auf den bedruckbaren Bereich (ZBEREICH).

Schattplot: Einstellung der Darstellungsart beim Plotten von 3D-Modellen (siehe Kapitel 20.11).

Sperren: Mit dieser Option kann das Zoomen im Ansichtsfenster gesperrt werden (siehe unten).

Objekt: Mit dieser Option können Sie ein Objekt, das Sie im Layout gezeichnet haben, in ein Ansichtsfenster umwandeln. Folgende Objekte sind möglich: geschlossene Polylinien, Ellipsen, geschlossene Splines, Regionen oder Kreise. Die Option können Sie auch im Untermenü ANSICHTSFENSTER des Menüs ANSICHT oder mit einem Symbol im Werkzeugkasten ANSICHTSFENSTER und in der Multifunktionsleiste wählen.

```
Ecke des Ansichtsfensters angeben oder
[Ein/Aus/Zbereich/SChattplot/Sperren/Objekt/Polygonal/Holen/
Layer/2/3/4]: <Zbereich>: O für die Option Objekt
Objekt zum Zuschneiden des Ansichtsfensters wählen: Objekt anklicken
```

Polygonal: Damit können Sie wie mit dem Befehl PLINIE eine Kontur zeichnen, die dann in ein Ansichtsfenster umgewandelt wird. Auch diese Option finden Sie im Untermenü ANSICHTSFENSTER des Menüs ANSICHT und als Symbol im Werkzeugkasten ANSICHTSFENSTER sowie in die Multifunktionsleiste.

```
Ecke des Ansichtsfensters angeben oder
[Ein/Aus/Zbereich/SChattplot/Sperren/Objekt/Polygonal/Holen/
Layer/2/3/4]: <Zbereich>: Option Polygonal wählen
Startpunkt angeben: Erster Punkt
Nächsten Punkt angeben oder [Kreisbogen/Schließen/sehnenLänge/Zurück]: Nächster Punkt
Nächsten Punkt angeben oder [Kreisbogen/Schließen/sehnenLänge/Zurück]: K für Kreisbogen
Option für Bogenumgrenzung eingeben
..
..
Nächsten Punkt angeben oder
[Kreisbogen/Schließen/sehnenLänge/Zurück]: Mit S für Schließen beenden
```

Layer: Die Eigenschaften der Objekte können in jedem Ansichtsfenster unterschiedlich eingestellt werden (siehe Kapitel 16.5). So kann in einem Ansichtsfenster unabhängig von der globalen Einstellung der Layer *Kontur* die Farbe *Grün* haben und im anderen *Rot*. Wollen Sie diese Überschreibungen für ein oder mehrere Fenster zurücksetzen, verwenden Sie diese Option:

```
Ecke des Ansichtsfensters angeben oder
[Ein/Aus/Zbereich/SChattplot/speRren/Objekt/Polygonal/Holen/
Layer/2/3/4] <Zbereich>: Option Layer wählen
Überschreibungen der Eigenschaft des Ansichtsfensterlayers wieder auf
globale Eigenschaften zurücksetzen? [Ja/Nein]: Ja wenn gewünscht
Objekte wählen: Ansichtsfenster am Rand wählen
…
Objekte wählen: Mit ⏎ beenden
```

Die Objekte haben dann wieder die globalen Einstellungen für die Objekteigenschaften.

Befehl Afzuschneiden

Wie Sie Blöcke, externe Referenzen oder Bilder zuschneiden können, so können Sie auch Ansichtsfenster mit dem Befehl AFZUSCHNEIDEN zuschneiden:

- Multifunktionsleiste: Symbol im Register ANSICHT, Gruppe ANSICHTSFENSTER
- Menüleiste ÄNDERN, Untermenü ZUSCHNEIDEN, Funktion ANSICHTSFENSTER
- Symbol im Werkzeugkasten ANSICHTSFENSTER

Die Optionen sind identisch mit denen der Befehle XZUSCHNEIDEN und BILDZUSCHNEIDEN (siehe Kapitel 11.13 und 12.3).

```
Befehl: Afzuschneiden
Zuzuschneidendes Ansichtsfenster wählen: Ansichtsfenster anklicken
Objekt zum Zuschneiden wählen oder [Polygonal] <Polygonal>:
```

Wählen Sie zuerst ein Ansichtsfenster und dann ein Objekt, das Sie über das Fenster gezeichnet haben (geschlossene Polylinien, Ellipsen, geschlossene Splines, Regionen oder Kreise). Das Ansichtsfenster wird an dem gewählten Objekt zugeschnitten. Mit der Option POLYGONAL können Sie eine Polylinie über das Ansichtsfenster zeichnen und es wird an dieser Polylinie zugeschnitten.

- *Ansichtsfenster werden auf dem Layout als Zeichnungsobjekte erzeugt. Sie können sie schieben, kopieren, strecken oder auch löschen. Bei der Objektwahl klicken Sie diese am Rand an. Wie Zeichnungsobjekte werden sie auf dem aktuellen Layer erstellt.*
- *Da Sie in der Zeichnung die Ansichten nicht mit einem Rand haben wollen, sollten Sie die Ansichtsfenster auf einen eigenen Layer legen, den Sie vor dem Plotten ausschalten oder besser nicht plotbar schalten.*

Ansichtsfenster erstellen

1. Erstellen Sie einen neuen Layer *Afenster* und schalten ihn nicht plotbar. Machen Sie ihn zum aktuellen Layer, auf dem die Ansichtsfenster liegen sollen. Erzeugen Sie noch einen Layer, den Layer *Sichtfenster*, für Ansichtsfenster, die sichtbar bleiben sollen.
2. Aktivieren Sie dann das Layout *Gesamt A3* und erstellen Sie ein einzelnes Ansichtsfenster. Wählen Sie die Variante mit dem Dialogfeld und wählen Sie den benannten Ausschnitt *Gesamt*. Ziehen Sie das Fenster von der linken oberen Ecke des inneren Zeichnungsrands zur rechten oberen Ecke des Schriftfeldes.
3. Wechseln Sie dann zum Layout *Draufsicht A4*. Auch hier wollen wir ein einzelnes Ansichtsfenster erstellen. Wählen Sie im Dialogfeld den Ausschnitt *Draufsicht*. Ziehen Sie es in der Mitte über die ganze Breite auf. Die Höhe sollte etwa den halben freien Bereich einnehmen.
4. Jetzt gehen Sie zum Layout *Detail A4* und erstellen hier ein Ansichtsfenster wie in Abbildung 16.12.
5. Aktivieren Sie dann den Layer *Sichtfenster*. Zeichnen Sie einen Kreis etwa in der Größe und an der Position wie in Abbildung 16.12. Darin soll ein Detail dargestellt werden. Wandeln Sie den Kreis in ein Ansichtsfenster um. Zunächst haben Sie auch in dem Kreis noch die komplette Lupe.

Abbildung 16.12:
Rechteckiges und kreisförmiges Ansichtsfenster

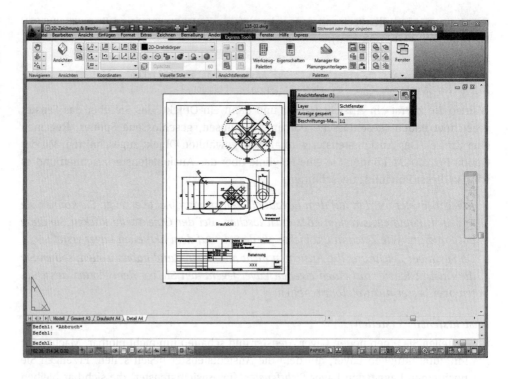

16.4 Papier- und Modellbereich im Layout

Sie befinden sich bei den Layouts im Moment im Papierbereich. Sie können Ansichtsfenster verschieben, kopieren, vergrößern bzw. verkleinern, drehen und löschen. Bei der Objektwahl müssen Sie die Fenster am Rand anklicken. Im Papierbereich wird das Fadenkreuz auf dem ganzen Bildschirm angezeigt. Sie können aber den Inhalt im Fenster nicht verändern. Als ob sich in dem Fenster eine Glasscheibe befinden würde, sehen Sie zwar alles, kommen aber nicht an die Objekte heran. Lediglich der Objektfang arbeitet durch die Glasscheibe hindurch.

Befehle Mbereich und Pbereich

Mit den Befehlen MBEREICH und PBEREICH kann zwischen Modellbereich und Papierbereich auf dem Layout umgeschaltet werden. Im Modellbereich auf dem Layout kann in den Fenstern am Modell gearbeitet werden. Ein Fenster ist immer das aktive Fenster. Dort erscheint das Fadenkreuz, in den anderen Fenstern und auf dem restlichen Bildschirm nur ein Pfeil. Das aktive Ansichtsfenster ist an einem verstärkten Rahmen erkennbar.

Die Befehle MBEREICH und PBEREICH finden Sie nicht in den Menüs. Verwenden Sie eine der folgenden Methoden:

- Klick auf das Feld PAPIER bzw. MODELL in der Statuszeile am unteren Bildschirmrand, zwischen den Bereichen wird umgeschaltet (standardmäßig nicht eingeblendet, mit Rechtsklick in der Statuszeile Kontextmenü einblenden und Schalter PAPIER/MODELL anklicken).
- Doppelklick in ein Ansichtsfenster zum Umschalten in den Modellbereich und Doppelklick auf die Papierfläche zum Umschalten in den Papierbereich. Im Modellbereich kann durch einen einfachen Klick in ein anderes Fenster, das aktive Fenster, gewechselt werden.

Das aktive Fenster können Sie wechseln, wenn Sie in ein anderes Fenster klicken. Das kann auch innerhalb eines Zeichenbefehls erfolgen, nicht aber innerhalb der Befehle ZOOM *und* PAN. *Haben Sie aber ein kleines Ansichtsfenster über ein größeres gelegt, kommen Sie nicht mehr an das kleinere Fenster heran. Wenn Sie dort hineinklicken, wird immer das große aktiv. In diesem Fall schalten Sie mit der Tastenkombination* [Strg] + [R] *zwischen den Ansichtsfenstern um.*

Ansicht und Maßstab in den Fenstern einstellen

Die Aufgabe im Modellbereich ist es, die gewünschte Ansicht in den Fenstern einzustellen. Das machen Sie mit den Befehlen ZOOM und PAN. Wir wollen aber eine maßstäbliche Darstellung auf dem Papier haben. Dazu gehen Sie wie folgt vor: Wechseln Sie in den Modellbereich und aktivieren Sie das Fenster. Stellen Sie den Ausschnitt mit dem Befehl ZOOM ungefähr ein. Skalieren Sie dann mit dem Befehl ZOOM.

```
Befehl: Zoom
Fensterecke angeben, Skalierfaktor eingeben
(nX oder nXP) oder [Alles/Mitte/Dynamisch/Grenzen/
Vorher/FAktor/Fenster] <Echtzeit>: 1XP
```

Ein Faktor gefolgt von *XP* bestimmt den Maßstab:

- 1XP stellt die Zeichnung im Maßstab 1:1 im Fenster dar,
- 2XP vergrößert die Zeichnung im Maßstab 2:1 im Fenster und
- 0.5XP verkleinert auf den Maßstab 2:1 usw.

Rücken Sie dann den Ausschnitt mit dem Befehl PAN endgültig zurecht.

Maßstab im Werkzeugkasten

Eine einfachere Möglichkeit, den Maßstab eines Fensters einzustellen, haben Sie im Werkzeugkasten ANSICHTSFENSTER. Markieren Sie das Fenster im Papierbereich oder wechseln Sie in den Modellbereich und machen es zum aktiven Fenster. Wählen Sie dann im Abrollmenü im Werkzeugkasten ANSICHTSFENSTER einen der Standard-Maßstäbe für die Darstellung im Fenster (siehe Abbildung 16.13). Finden Sie ihren Maßstab nicht, tragen Sie einen Vergrößerungsfaktor in dem Feld ein, z. B. 0.3333 für den Faktor 1:3. Mit der Einstellung GRÖSSE ANGEPASSEN bekommen Sie die maximale Vergrößerung, die im Fenster darstellbar ist.

Abbildung 16.13:
Maßstab im Werkzeugkasten Ansichtsfenster

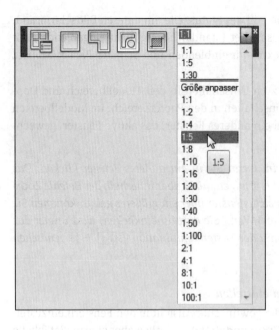

Maßstab in der Statusleiste

Eine weitere Möglichkeit haben Sie in der Statusleiste. Auch dort können Sie ein Menü aktivieren, aus dem Sie den Maßstab wählen können (siehe Abbildung 16.14).

Abbildung 16.14:
Maßstab aus der Statusleiste wählen

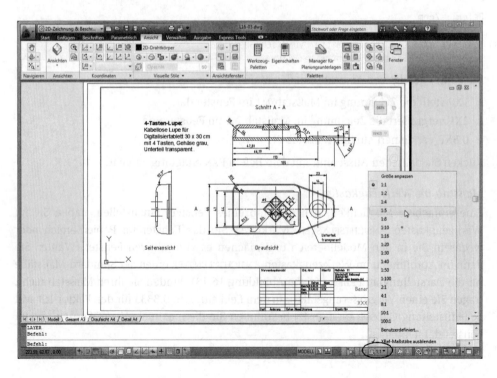

Maßstab im Schnelleigenschaften-Fenster oder Objekteigenschaften-Manager

Sie haben noch eine Möglichkeit: Einstellungen für das Ansichtsfenster können Sie auch im Schnelleigenschaften-Fenster oder im Objekteigenschaften-Manager machen. Klicken Sie das Fenster an und aktivieren Sie den Manager oder klicken Sie es einfach doppelt an. In der Kategorie VERSCHIEDENES finden Sie unter anderen auch die Einstellungen des Maßstabs (siehe Abbildung 16.15).

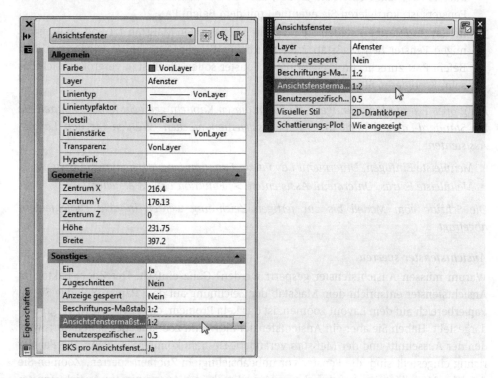

Abbildung 16.15: Objekteigenschaften-Manager und Schnelleigenschaften-Fenster bei gewähltem Ansichtsfenster

- **Ein:** Schalten Sie in diesem Feld die Anzeige im Fenster ein und aus.
- **Zugeschnitten:** Haben Sie ein zugeschnittenes Fenster (siehe oben), können Sie die Zuschneidung aus- und einschalten.
- **Anzeige gesperrt:** Siehe unten.
- **Beschriftungs-Maßstab:** Wählen Sie hier einen Beschriftungs-Maßstab (siehe Kapitel 16.8) für das Fenster.
- **Ansichtsfenstermaßstab:** Wählen Sie hier den Maßstab für das Ansichtsfenster.
- **Benutzerspezifisch:** Wollen Sie keinen der Standard-Faktoren, tragen Sie hier einen beliebigen benutzerspezifischen Faktor ein.
- **BKS pro Ansichtsfenster:** Hier können Sie wählen, ob bei 3D-Ansichten in jedem Ansichtsfenster ein eigenes BKS erzeugt werden soll.

Maßstab einstellen
1. Wechseln Sie zum Layout *Gesamt A3*. Klicken Sie doppelt in das Fenster und stellen im Abrollmenü des Werkzeugkastens ANSICHTSFENSTER den Maßstab *1:1* ein. Rücken Sie den Ausschnitt mit dem Befehl PAN in die Mitte.
2. Wechseln Sie dann zum Layout *Draufsicht A4* und stellen Sie dort ebenfalls den Maßstab *1:1* ein. Achten Sie darauf, dass die Draufsicht des Teiles in der Mitte des Fensters ist, korrigieren Sie eventuell mit dem Befehl PAN.
3. Im Layout *Detail A4* stellen Sie im großen Fenster den Maßstab *1:1* und im kreisförmigen Fenster den Maßstab *2:1* ein. Rücken Sie die Ausschnitte wieder mit dem Befehl PAN zurecht. Im kreisförmigen Fenster sollen die Tasten vergrößert sichtbar sein. Korrigieren Sie entsprechend.

 Ein großer Teil der Einstellungen, die Sie in diesen Kapiteln gemacht haben, können Sie bei Standard-Layouts auch mit einem Assistenten machen. Wählen Sie den Layout-Assistenten:

- *Menüleiste Einfügen, Untermenü Layout >, Funktion Layouterstellungs-Assistent*
- *Menüleiste Extras, Untermenü Assistenten >, Funktion Layout erstellen...*

Die Schritte vom Modell bis zur fertigen Zeichnung werden in acht Dialogfeldern abgefragt.

 Ansichtsfenster sperren
Warum müssen Ansichtsfenster gesperrt werden? Ganz einfach: Der Zoom-Faktor im Ansichtsfenster entspricht dem Maßstab der Zeichnung auf dem Papier. Solange Sie im Papierbereich auf dem Layout zoomen, ist das kein Problem, das Layout wird vergrößert dargestellt. Haben Sie aber ein Ansichtsfenster aktiv und zoomen oder panen dort, werden der Ausschnitt und der Maßstab verändert. Deshalb können Sie, wenn alle Fenster richtig eingestellt sind, die Fenster vor unbeabsichtigtem Zoomen sperren. Zoomen Sie dann im Modellbereich auf dem Layout, wird nicht der Ausschnitt im Ansichtsfenster verändert, sondern das komplette Layout gezoomt. Das Ansichtsfenster bleibt trotzdem aktiv und Sie können darin arbeiten. Sperren Sie ein oder mehrere Ansichtsfenster wie folgt:

- Befehl -AFENSTER eintippen und Option SPERREN wählen.
- Ein oder mehrere Ansichtsfenster in der Zeichnung markieren und im Objekteigenschaften-Manager ANZEIGE GESPERRT auf *Ja* setzen.
- Ein oder mehrere Ansichtsfenster in der Zeichnung markieren und mit Rechtsklick Kontextmenü öffnen. ANZEIGE GESPERRT auf *Ja* setzen.

 - Ein- oder mehrere Ansichtsfenster markieren und Symbol in der Statusleiste entsprechend setzen.

Papier- und Modellbereich im Layout

Ansichtsfenster sperren

1. Machen Sie ein Ansichtsfenster aktiv und zoomen Sie im Fenster. Stellen Sie den Ausschnitt mit dem Befehl ZOOM, Option VORHER wieder her.
2. Sperren Sie in allen Ansichtsfenstern die Anzeige. Wiederholen Sie den Versuch mit dem Zoomen, und Sie sehen den Unterschied.
3. Diesen Stand der Zeichnung finden Sie im Ordner *Aufgaben* in der Zeichnung *L16-03.dwg*.

Ansichtsfenster maximieren und minimieren

Oft ist es erforderlich, dass Sie in einem Ansichtsfenster noch Änderungen vornehmen müssen. Zoomen können Sie im Ansichtsfenster aber nur dann, wenn Sie es gesperrt haben. Aber auch dann kann es schwierig werden, darin zu arbeiten, wenn das Fenster klein ist. Sie könnten zwar zum Register *Modell* umschalten, aber wenn Sie in den Ansichtsfenstern einzelne Layer gesperrt haben (siehe Kapitel 16.5), bekommen Sie dort wieder alles angezeigt, was verwirrend sein kann. Sie haben aber Befehle, um ein Ansichtsfenster zu maximieren und wieder zu minimieren, egal ob es gesperrt ist oder nicht. Zum Maximieren verwenden Sie den Befehl AFMAX.

Wählen Sie ihn wie folgt:

- Ansichtsfenster markieren, rechts klicken und aus dem Kontextmenü die Funktion ANSICHTSFENSTER MAXIMIEREN wählen

- Symbol in der Statusleiste anklicken

Das Ansichtsfenster wird bildschirmfüllend dargestellt (siehe Abbildung 16.16). Damit erkennbar bleibt, dass es ein maximiertes Ansichtsfenster ist, erhält es einen roten Rand. Hier können Sie beliebig zoomen, damit verändern Sie den Ausschnitt und den Maßstab auf dem Layout nicht. Gibt es auf dem Layout mehrere Ansichtsfenster, lassen sich diese mit den Tasten neben dem Symbol in der Statuszeile durchblättern.

Um das Layout wiederzubekommen, verwenden Sie den Befehl AFMIN. Wählen Sie ihn wie folgt:

- Rechtsklick im Ansichtsfenster und aus dem Kontextmenü die Funktion ANSICHTSFENSTER MINIMIEREN wählen

- Symbol in der Statusleiste anklicken

Das Layout mit den Ansichtsfenstern erscheint wieder mit unveränderten Maßstäben und Ausschnitten.

Abbildung 16.16:
Ansichtsfenster maximiert

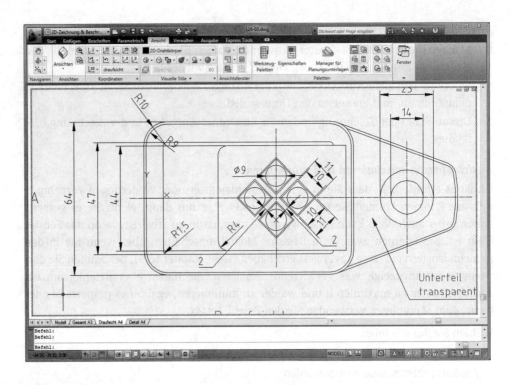

INFO

Schnellansicht-Layouts und Schnellansicht der Zeichnungen

Mit einer sehr praktischen Funktion können Sie sich bei einer Zeichnung mit mehreren Layouts einen schnellen Überblick verschaffen. Das ist die Funktion Schnellansicht-Layouts in der Statusleiste:

- Symbol in der Statusleiste anklicken und die Layouts der aktuellen Zeichnungen werden in Voransichtsfenstern im unteren Teil der Zeichnungsfläche angezeigt (siehe Abbildung 16.17).

Abbildung 16.17:
Schnellansicht der Layouts der aktuellen Zeichnung

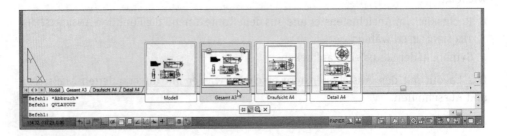

- Zeigen Sie mit der Maus auf ein Layout, wird dieses markiert. Klicken Sie auf das Layout, wird es aktiviert und angezeigt. Mit den Symbolen am oberen Rand des Voransichtsbilds lässt sich das Layout plotten bzw. publizieren.
- In der Symbolleiste unter den Voransichten können Sie ein neues Layout erstellen oder die Layouts publizieren. Mit dem Kreuz rechts in der Symbolleiste beenden Sie die

Voransicht. Mit einem Klick auf die Zeichnungsfläche verschwindet die Voransicht ebenfalls. Klicken Sie auf die Pin-Nadel, bleiben die Voransichten der Layouts geöffnet.

- Bei der Schnellansicht der geöffneten Zeichnungen (siehe Kapitel 2.13) können Sie sich die aktuell geöffneten Zeichnungen als Voransichten anzeigen lassen. Zeigen Sie mit der Maus auf eine Zeichnung, werden deren Layouts ebenfalls angezeigt (siehe Abbildung 16.18).

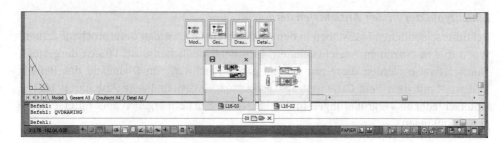

Abbildung 16.18: Schnellansicht der geöffneten Zeichnungen mit Ihren Layouts

- Zeigen Sie mit der Maus auf ein Layout, werden diese vergrößert dargestellt (siehe Abbildung 16.19) und mit einem Klick darauf wird die Zeichnung aktiviert und das angeklickte Layout angezeigt. Außerdem haben Sie in der Voransicht die Symbole zum Plotten und Publizieren.

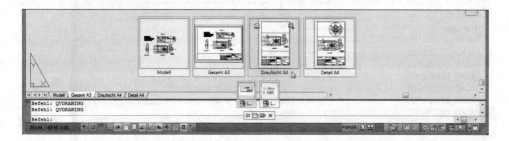

Abbildung 16.19: Schnellansicht der geöffneten Zeichnungen mit Ihren Layouts vergrößert dargestellt

Schnellansicht des Layouts in der Registerkarte

Wenn Sie mit der Maus auf eine Registerkarte der Layouts zeigen, wird das entsprechende Layout ebenfalls in einem Voransichtsbild angezeigt (siehe Abbildung 16.20).

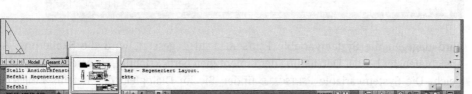

Abbildung 16.20: Schnellansicht des Layouts auf einer Registerkarte

Befehle Regenall und Neuzall

Mit dem Befehl NEUZEICH wird der Bildschirm neu gezeichnet und mit dem Befehl REGEN der Bildschirm neu durchgerechnet und ebenfalls neu gezeichnet. Damit Sie aber nicht erst alle Fenster anklicken müssen und den gewünschten Befehl mehrfach ausführen müssen, gibt es für beide eine Variante, die alle Fenster auf einmal bearbeitet: NEUZALL und REGENALL. In den Menüs wird für die Funktion zum Neuzeichnen immer der Befehl NEUZALL verwendet. Zum Regenerieren finden Sie beide Befehle in der Menüleiste ANSICHT.

 Linientypfaktor in den Ansichtsfenstern

Bei unterschiedlichen Maßstäben in den Ansichtsfenstern werden unterbrochene Linientypen in den einzelnen Ansichtsfenstern in unterschiedlichen Strichlängen dargestellt. Normalerweise werden diese nur für die ganze Zeichnung im Dialogfeld des Befehls LINIENTYP mit dem Feld GLOBALER SKALIERFAKTOR eingestellt (siehe Abbildung 16.21). Unterschiedliche Vergrößerungen in den einzelnen Fenstern ergeben aber unterschiedliche Strichlängen.

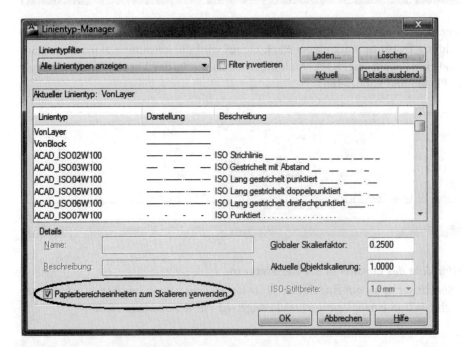

Abbildung 16.21: Linientypfaktor in den Ansichtsfenstern skalieren

Wird dagegen die Systemvariable PSLTSCALE auf 1 gesetzt, wird die Skalierung der Ansichtsfenster bei der Darstellung der Linientypen berücksichtigt, sie erscheinen überall gleich. Die Systemvariable PSLTSCALE finden Sie im Dialogfeld des Befehls LINIENTYP (Abrollmenü FORMAT, Funktion LINIENTYP...). Schalten Sie auch hier mit der Schaltfläche DETAILS ANZEIG. auf die komplette Anzeige um. Schalten Sie dann den Schalter PAPIERBEREICHSEINHEITEN ZUM SKALIEREN VERWENDEN ein (siehe Abbildung 16.21), damit haben Sie PSLTSCALE auf 1 gesetzt.

Papier- und Modellbereich im Layout

Bereich wechseln

Noch ein Befehl soll erwähnt werden, mit dem Sie Objekte im Layout vom Papier- in den Modellbereich verschieben können und umgekehrt. Dabei handelt es sich um den Befehl BERWECHS, den Sie wie folgt aktivieren können:

- Multifunktionsleiste: Symbol im Register START, Gruppe ÄNDERN (erweiterter Bereich)
- Menüleiste ÄNDERN, Funktion BEREICH WECHSELN

Zwei Möglichkeiten haben Sie, wenn Sie ein Objekt auf dem Layout gezeichnet haben und Sie wollen es im Modellbereich haben. Wenn das Objekt über einem Ansichtsfenster liegt, können Sie es so in den Modellbereich verschieben, dass es dort optisch unverändert in der gleichen Größe auf dem Layout erscheint. Es befindet sich danach im Modellbereich. Haben Sie mehrere Ansichtsfenster, erscheint es dort unter Umständen auch. Zu Beginn sollte der Papierbereich aktiv sein.

```
Befehl: Berwechs
Objekte wählen: Ein oder mehrere Objekte wählen
Objekte wählen: ...
Objekte wählen: Mit [↵] Auswahl beenden
Aktivieren Sie das ZIEL-Ansichtsfenster, und drücken Sie die EINGABETASTE, um
fortzufahren.: Klick in das Fenster, in das das Objekt verschoben werden soll und
danach [↵] drücken
1 Objekt(e) wechselten von PAPIER-Bereich zu MODELL-Bereich.
Objekte wurden mit Faktor 2,51314903142918 skaliert,
um das visuelle Erscheinungsbild beizubehalten.
```

Das Objekt wird so skaliert, dass es im Layout wieder in der gleichen Größe erscheint. Der Skalierfaktor wird in der Befehlszeile angezeigt.

Umgekehrt ist es auch möglich. Ein Objekt ist in einem Ansichtsfenster auf dem Layout sichtbar. Es soll im Papierbereich auf der gleichen Stelle erscheinen. Beachten Sie auch hier. Ist das Objekt in mehreren Ansichtsfenstern sichtbar und Sie verschieben es auf das Layout, dann sehen Sie es nur über dem Ansichtsfenster das Sie beim Befehl wählen. Zu Beginn sollte das Ansichtsfenster aktiv sein, aus dem Sie es verschieben wollen.

```
Befehl: Berwechs
Objekte wählen: Ein oder mehrere Objekte wählen
Objekte wählen: ...
Objekte wählen: Mit [↵] Auswahl beenden
Aktivieren Sie das QUELLEN-Ansichtsfenster, und drücken Sie die EINGABETASTE, um
fortzufahren.: Klick in das Fenster, über das das Objekt im Layout gelegt werden soll
und danach [↵] drücken
1 Objekt(e) wechselten von MODELL-Bereich zu PAPIER-Bereich.
Objekte wurden mit Faktor 0,397907162485831 skaliert, um das visuelle
Erscheinungsbild beizubehalten.
```

Das Objekt wird skaliert und auf das Layout gelegt über das Fenster, das Sie im Befehl gewählt haben.

16.5 Sichtbarkeit in den Ansichtsfenstern

Nun kann es vorkommen, dass in den verschiedenen Fenstern unterschiedliche Objekte sichtbar sein sollen. Stellen Sie sich den Fall vor: Sie haben die Zusammenbauzeichnung in einem Fenster, wollen aber in anderen Fenstern die Einzelteile separat darstellen. Wenn Sie konventionell ohne die Layouts arbeiten, machen Sie eine Kopie der Objekte, die separat dargestellt werden sollen, neben den Zusammenbau. Jede Kopie muss aber bei einer späteren Änderung auch geändert werden, damit ergeben sich Fehlerquellen. Erstellen Sie also Layouts. Arbeiten Sie mit verschiedenen Fenstern, setzen Sie Einzelteile auf unterschiedliche Layer und frieren Sie die Einzelteillayer in den Fenstern ein, in denen Sie sie nicht haben wollen.

Man kann in AutoCAD Layer global einfrieren und auftauen. Gefrorene Layer sind in allen Fenstern und im Layout unsichtbar. Darüber hinaus lassen sich Layer aber auch nur in einem Ansichtsfenster einfrieren und auftauen. Und es lassen sich den Layern in den einzelnen Ansichtsfenstern andere Farben, Linientypen, Linienstärken, Transparenzwerte und benannte Plotstile (falls verwendet) zuordnen. Wie alle Layerfunktionen können auch diese Einstellungen im Dialogfeld des Befehls LAYER vorgenommen werden. Machen wir es gleich am Beispiel: In dem ersten Layout sollen alle Objekte der Zeichnung erscheinen, in den anderen nur die Kontur.

Layer in Ansichtsfenstern einfrieren

1. Arbeiten Sie weiter an Ihrer Zeichnung oder laden Sie die Zeichnung *L16-03.dwg* aus dem Ordner *Aufgaben*. Schalten Sie in das Layout *Detail A4* und machen Sie das kreisförmige Ansichtsfenster aktiv (Doppelklick ins Fenster). Wählen Sie den Befehl LAYER. Markieren Sie den Layer *Masse* (siehe Abbildung 16.22).
2. Klicken Sie auf das Symbol mit der Sonne im Fenster in der Spalte AFFRIESEN, die Sonne verschwindet, der Eiskristall erscheint, der Layer ist in diesem Ansichtsfenster gefroren. In allen anderen Fenstern bleibt er sichtbar.

Abbildung 16.22:
Layer Masse im Ansichtsfenster frieren

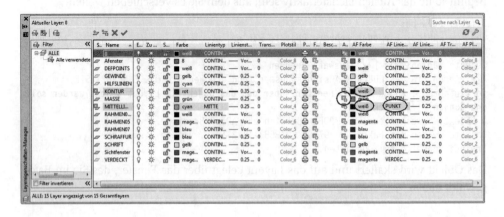

3. Ordnen Sie den Layern *Kontur* und *Mittellinien* in diesem Fenster die Farbe *Schwarz* (bzw. *Weiß*) zu. Klicken Sie dazu im hinteren Teil des Dialogfelds auf das entsprechende Farbfeld in der Spalte AF FARBE und wählen Sie aus dem Dialogfeld die Farbe aus.
4. Lassen Sie sich die Mittellinien in diesem Fenster gepunktet darstellen. Klicken Sie dazu das entsprechende Linientypenfeld in der Spalte AF LINIENTYP an und wählen Sie den Linientyp *Punkt* aus.
5. In den vorderen Spalten des Dialogfelds wählen Sie die globalen Eigenschaften der Layer, hinten die in diesem Ansichtsfenster abweichenden Eigenschaften. Diese Spalten sind mit AF gekennzeichnet. Haben Sie Änderungen im Ansichtsfenster vorgenommen, dann sind die geänderten Layer und deren geänderte Eigenschaften im Dialogfeld farblich unterlegt (siehe Abbildung 16.22 und die Lösung in Abbildung 16.23).
6. Schalten Sie dann zum Layout *Draufsicht A4*. Machen Sie das Ansichtsfenster aktiv. Frieren Sie dort die Layer *Schrift*, *Mittellinien* und *Masse*. Es iat dann nur die Kontur sichtbar.
7. Bringen Sie das Ansichtsfenster für das Detail im Layout *Detail A4* auf den Layer *Sichtfenster*. Dessen Rahmen soll sichtbar bleiben. Schalten Sie wegen der Übersicht den Layer *Afenster* global aus, klicken Sie also auf die vordere Spalte.
8. Diese Lösung finden Sie im Ordner *Aufgaben*: L16-04.dwg.

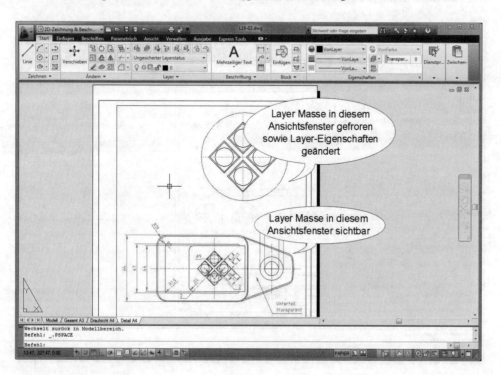

Abbildung 16.23: Layout mit unterschiedlicher Sichtbarkeit in den Ansichtsfenstern

Kapitel 16 • Layouts im Papierbereich

- Wollen Sie einen Layer in einem Ansichtsfenster auftauen, gehen Sie genauso vor. Aktivieren Sie das Dialogfeld des Befehls LAYER. Das Symbol mit der Sonne erscheint wieder.
- Klicken Sie das Symbol FRIEREN IN NEUEN ANSICHTSFENSTERN in der Liste an (siehe Abbildung 16.21). Wenn Sie danach ein neues Fenster anlegen, wird dieser Layer in dem Fenster gefroren. Das ist immer dann sinnvoll, wenn Sie einen neuen Layer anlegen, der nur in einem Fenster sichtbar sein soll. Sie müssen ihn dann in den neuen Fenstern nicht extra ausschalten.

Layouts in den Modellbereich exportieren

Wollen Sie das komplette Layout in einer eigenständigen Zeichnungsdatei im Modelbereich haben, verwenden Sie den Befehl EXPORTLAYOUT. Wann ist dies sinnvoll? Immer dann, wenn Sie das fertige Layout in ein Programm übernehmen wollen, das mit Layouts nichts anfangen kann, oder wenn Sie jemand eine Zeichnung weitergeben wollen, der die Methode mit Layouts nicht beherrscht. Wählen Sie den Befehl:

- Menüleiste DATEI, Funktion LAYOUT IN MODELL EXPORTIEREN...

Der Befehl ist nur dann möglich, wenn ein Layout aktiv ist. Dabei wird das aktuelle Layout in den Modellbereich einer neuen Zeichnung exportiert. Wählen Sie den Speicherort und den Dateinamen und die Zeichnung wird gespeichert. Den Befehl müssen Sie für jedes zu exportierende Layout separat anwählen.

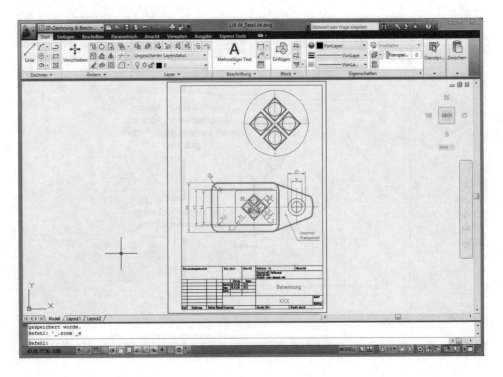

Abbildung 16.24: Layout in Modell exportiert

Layouts in den Modellbereich exportieren

1. Exportieren Sie die drei Layouts Ihrer Zeichnung jeweils in eine eigene Zeichnungsdatei. Falls Sie die Zeichnung nicht bearbeitet haben, verwenden Sie die Datei *L16-04.dwg* aus dem Ordner *Aufgaben*.
2. Als Zeichnungsname wird jeweils der Name der Ursprungszeichnung gefolgt von »_« und dem Layoutnamen vorgeschlagen.
3. Öffnen Sie die Zeichnungen und sehen Sie sich diese an, sie sollten wie in Abbildung 19.24 aussehen. Sie haben auch Lösungen im Ordner Aufgaben: *L16-04_Gesamt A3.dwg*, *L16-04_Draufsicht A4.dwg* und *L16-04_Detail A4.dwg*.

16.6 Mit assoziativen Maßen bemaßen

Wo bemaßen Sie jetzt aber die Zeichnung? Sie können im Papierbereich bemaßen und trotzdem die Punkte im Modellbereich mit dem Objektfang abgreifen. Neu seit AutoCAD 2002 ist, dass Sie jetzt volle Assoziativität zwischen Modellbereich und Layout haben. Dazu muss die Systemvariable DIMASSOC den Wert 2 haben. Bemaßen Sie jetzt im Papierbereich des Layouts das Modell. Die Maßzahlen erscheinen im Layout in der richtigen Größe und der gemessene Wert entspricht der Größe des Modells.

Setzen Sie die Variable DIMASSOC auf den Wert 1, haben Sie Bemaßungen wie in AutoCAD 2000/2000i. Die Maßzahlen erscheinen auf dem Layout in der richtigen Größe und der gemessene Wert entspricht dem der Darstellung auf dem Papier, also multipliziert mit dem Maßstab. In Kapitel 16.7 erfahren Sie, wie dies korrigiert werden kann.

Doch beschäftigen wir uns zuerst mit der neuen Methode: mit der assoziativen Bemaßung, die einfachste und schnellste Methode, die Sie bei neuen Zeichnungen immer verwenden sollten.

Assoziative Maße im Papierbereich

1. Arbeiten Sie an der Zeichnung aus dem letzten Kapitel weiter oder laden Sie die Zeichnung *L16-04.dwg*. Wechseln Sie zum Layout *Detail A4*. Setzen Sie die Systemvariable DIMASSOC auf 2.
2. Machen Sie den Layer *Masse* zum aktuellen Layer und bemaßen Sie die Tasten im Papierbereich. Greifen Sie die Punkte aus dem Modell mit dem Objektfang ab. Sie bekommen die Maße in der richtigen Größe und mit den richtigen Werten (siehe Abbildung 16.25, Maße oben links).
3. Setzen Sie jetzt zum Vergleich die Systemvariable DIMASSOC auf *1* und bemaßen Sie weiter. Die Maße erscheinen zwar in der richtigen Größe, die Maßzahl entspricht aber der Größe auf dem Papier, ist also um den Maßstabsfaktor verfälscht (siehe Abbildung 16.25, Maße unten rechts).

Abbildung 16.25:
Bemaßung im Layout mit unterschiedlichen Einstellungen von Dimassoc

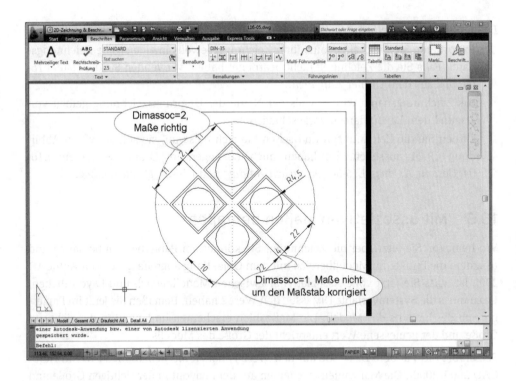

Befehle Bemreassoz und Bementassoz

Mit dem Befehl BEMREASSOZ können nicht assoziative Maße mit der Geometrie verknüpft werden und damit in assoziative Maße umgewandelt werden. Wählen Sie den Befehl:

- Multifunktionsleiste: Symbol im Register BESCHRIFTEN, Gruppe BEMASSUNGEN (erweiterter Bereich)
- Menüleiste BEMASSUNG, Funktion BEMASSUNG ERNEUT VERKNÜPFEN

```
Befehl: Bemreassoz
Neu zu verknüpfende Bemaßungen wählen...
Objekte wählen: Bemaßungen wählen, die in assoziative Maße umgewandelt werden sollen
Ersten Hilfslinienursprung festlegen, oder [Objekt wählen] <nächster>: Geometriepunkt
mit Objektfang wählen, an dem das Maß angesetzt werden soll
Zweiten Hilfslinienursprung festlegen <nächster>: Zweiten Geometriepunkt mit Objektfang
wählen, an dem das Maß angesetzt werden soll
```

Nacheinander werden die Definitionspunkte der gewählten Maße angezeigt und Sie können jeweils den Punkt an dem zu bemaßenden Objekt anklicken, mit dem das Maß verknüpft werden soll.

Mit dem Befehl BEMENTASSOZ können Sie assoziative Maße von der Geometrie lösen und damit in nicht assoziative Maße umwandeln. Den Befehl können Sie nur auf der Tastatur eingeben.

Befehl: **Bementassoz**
Bemaßungen wählen, deren Verknüpfungen aufgehoben werden sollen...
Objekte wählen: **Maße anklicken**
Verknüpfung von 1 aufgehoben.

Die gewählten Maße werden in nicht assoziative Maße umgewandelt.

Nicht assoziative Maße umwandeln

1. Setzen Sie die Systemvariable DIMASSOC wieder auf *2*.
2. Wählen Sie den Befehl BEMREASSOZ und machen Sie aus den beiden nicht assoziativen Maßen assoziative. Aus den Maßen mit den Werten *22* (siehe Abbildung 16.25) werden *11* und damit die richtigen Maße.

   Eine Musterlösung finden Sie im Ordner *Aufgaben*: *L16-05.dwg*.
3. Wechseln Sie in den Modellbereich und verschieben den Ausschnitt oder ändern den Maßstab, wandern die Maße im Papierbereich mit, wenn Sie wieder dorthin wechseln. Damit das möglich ist, müssen Sie zuerst das Fenster entsperren.

- *Sie sollten DIMASSOC in keinem Fall auf 0 setzen. In diesem Fall werden die Maße nicht mehr als zusammenhängende Objekte erzeugt. Es entstehen Linien, Pfeile und die Maßzahl als Textobjekt.*
- *Wenn Sie bei assoziativen Maßen mit der Radmaus im Ansichtsfenster gezoomt haben, werden die assoziativen Maße nicht automatisch nachgeführt. In diesem Fall geben Sie den Befehl BEMREGEN auf der Tastatur ein und die assoziativen Maße werden nachgeführt.*

16.7 Ohne assoziative Maße bemaßen

Zeichnungen mit Layouts sollten Sie mit der Methode aus Kapitel 16.6 bemaßen. Doch dies gibt es seit AutoCAD 2002. Da es aber noch genügend Zeichnungen aus früheren Versionen gibt, ist es wichtig zu wissen, wie dort bemaßt wurde. Sie konnten auch schon in früheren Versionen im Papierbereich bemaßen und trotzdem die Punkte im Modellbereich mit dem Objektfang abgreifen. Allerdings müssen Sie dann immer den eingestellten Maßstab der Fenster mit berücksichtigen. Außerdem waren bei dieser Methode Maße und Geometrie nicht gemeinsam änderbar. Beide sind in unterschiedlichen Bereichen, die assoziative Bemaßung nützt Ihnen dann nichts.

Besser war es, die einzelnen Fenster im Modellbereich zu bemaßen. Allerdings war es dann erforderlich, die Bemaßung eines Fensters in den anderen Fenstern unsichtbar zu machen.

Beide Bemaßungsarten sind auch jetzt noch möglich und werden durch spezielle Funktionen bei den Bemaßungsvariablen unterstützt. Die Systemvariable DIMASSOC ist bei diesen Verfahren *1*. Schauen wir uns die Varianten an Beispielen an.

Bemaßen im Papierbereich

1. Laden Sie die Zeichnung *A16-06.dwg* aus dem Ordner *Aufgaben*. Sie finden darin einen Grundriss, der in Metern gezeichnet wurde. Auf dem Papier haben Sie zwei Ansichtsfenster, eines auf dem Papier im Maßstab 1:100, das andere im Maßstab 1:50.
2. Der Zoomfaktor wäre dann *0.01XP* für das Fenster mit dem gesamten Grundriss. Da aber im Modellbereich eine Zeicheneinheit einem Meter entspricht und im Papierbereich einem Millimeter, wird mit dem Faktor 1.000 multipliziert und Sie haben *10XP* als Zoomfaktor.

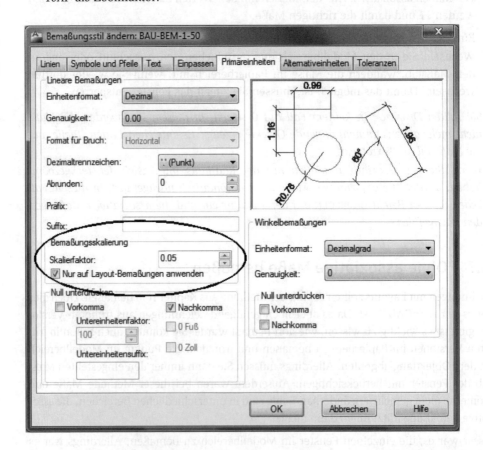

Abbildung 16.26:
Skalierfaktor für die Bemaßung im Layout

3. Beim Detailfenster im Maßstab *1:50* ist der Zoomfaktor *0.02XP*, wieder multipliziert mit *1000* ergibt das *20XP*.
4. In der Zeichnung sind zwei Bemaßungsstile definiert, *BAU-BEM-1-100* und *BAU-BEM-1-50*. Im Dialogfeld für die Maßeinheiten ist der Faktor berücksichtigt. Beim Fenster, das mit *10XP* gezoomt wurde, ist ein Faktor von *0.1* eingestellt, um wieder das richtige Maß zu bekommen. Beim Fenster, in dem mit *20XP* gezoomt wurde, benötigt man einen Skalierfaktor von *0.05*. Sie kommen zu dem Wert, wenn Sie im

Dialogfeld des Befehls BEMSTIL (Abrollmenü BEMASSUNG, Funktion STIL...) den entsprechenden Stil wählen, auf die Schaltfläche ÄNDERN... klicken und das Register PRIMÄREINHEITEN wählen. Der Wert steht im Feld BEMASSUNGSSKALIERUNG (siehe Abbildung 16.26). Schalten Sie den Schalter NUR AUF LAYOUT-BEMASSUNGEN ANWENDEN bei beiden Bemaßungsstilen ein, gilt der Faktor nur für die Layouts. Würden Sie auch im Modellbereich bemaßen, würde der eingestellte Faktor im Modellbereich ignoriert.

5. Bleiben Sie im Layout oder schalten Sie dorthin um. Wählen Sie mit dem Befehl BEMSTIL den Bemaßungsstil *BAU-BEM-1-100* und bemaßen Sie das Fenster mit dem gesamten Grundriss.

6. Schalten Sie auf den Bemaßungsstil *BAU-BEM-1-50* um und bemaßen den Ausschnitt mit der Vergrößerung. Die Maße werden entsprechend korrigiert (siehe Abbildung 16.27).

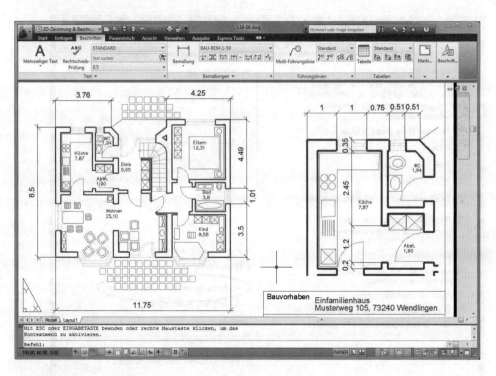

Abbildung 16.27:
Bemaßung der Ansichtsfenster im Layout

Im Ordner *Aufgaben* haben Sie eine Lösung, *L16-06.dwg*.

Im Modellbereich bemaßen

1. Jetzt die andere und bessere Variante im Modellbereich. Laden Sie dazu die Zeichnung *A16-07.dwg* aus dem Ordner *Aufgaben*. Es ist die gleiche Zeichnung, nur mit anderen Voreinstellungen.

2. In dieser Zeichnung gibt es zwei Layer für die Bemaßung *MASSE1-100* und *MASSE1-50*. Der erste ist für die Bemaßung des gesamten Grundrisses, er ist nur im großen Fenster sichtbar. Der zweite ist für das kleine Fenster mit dem Zeichnungsausschnitt. Die Layer sind jeweils im anderen Fenster gefroren.

3. Jetzt benötigen Sie nur einen Bemaßungsstil *BAU-BEM*. Bei diesem ist der globale Skalierfaktor für die Bemaßungsgrößen auf 0 gesetzt. Pfeillänge, Textgröße, Abstände usw., kurz alle Bemaßungsvariablen, in denen Größen zur Form der Maße gespeichert sind, werden so korrigiert, dass die Angaben im Papierbereich richtig erscheinen. Die Einstellung machen Sie im Dialogfeld des Befehls BEMSTIL. Markieren Sie den Stil *BAU-BEM* und klicken Sie auf die Schaltfläche ÄNDERN... Wählen Sie das Register EINPASSEN und stellen Sie im Feld SKALIERUNG FÜR BEMASSUNGEN den Schalter BEMASSUNGEN MIT LAYOUT (PAPIERBER.) SKALIEREN ein. Damit wird das Feld GLOBALER SKALIERFAKTOR deaktiviert (siehe Abbildung 16.28).

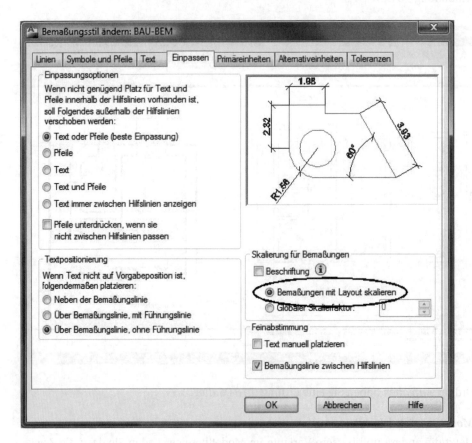

Abbildung 16.28: Skalierfaktor für die Maßgrößen an Layout anpassen

4. Machen Sie den Layer *MASSE1-100* zum aktuellen Layer, wenn Sie den gesamten Grundriss bemaßen. Zur Bemaßung des Ausschnitts rechts oben verwenden Sie den Layer *MASSE1-50*. Die Maße sind dann jeweils im anderen Fenster nicht sichtbar. Jedoch sind die Maße auf dem Papier alle gleich groß.

5. Das Ergebnis unterscheidet sich nicht von dem vorherigen (siehe Abbildung 16.27), aber die Maße sind jetzt assoziativ zum Modell. Bei Änderungen an der Geometrie können die Maße mitgeändert werden.

Im Ordner *Aufgaben* haben Sie auch dafür eine Lösung: *L16-07.dwg*.

Plotten von Layouts
- Natürlich wollen Sie die Zeichnung auch plotten, aber in welchem Bereich? Haben Sie im Layout den Modellbereich aktiv, wird nur das aktuelle Fenster geplottet. Haben Sie im Layout den Papierbereich aktiv, wird das Blatt mit allen Ansichtsfenstern geplottet. Die Angaben zum Plotmaßstab im Dialogfeld beziehen sich auch auf das Layout. Da das Layout immer *1:1* zu den Papiermaßen erstellt wird, können Sie beim Plotten auch den Maßstab *1:1* einstellen. Den Maßstab der Zeichnung haben Sie ja durch die Skalierung der Fenster bestimmt.

16.8 Beschriftungsobjekte in Ansichtsfenstern

Seit AutoCAD 2008 bzw. LT 2008 haben Sie eine weitere Methode, in den Ansichtsfenstern zu bemaßen und beschriften, Sie arbeiten mit Beschriftungsobjekten (siehe Kapitel 10.9). Erinnern Sie sich? Sie können Beschriftungsobjekten (Maße, Text, Multi-Führungslinien, Schraffuren Toleranzen, Blöcke und Attribute) Maßstäbe zuordnen und damit bestimmen, in welchem Maßstab sie angezeigt werden sollen. Diese Möglichkeit können Sie auch in den Ansichtsfenstern nutzen. Doch schauen wir es uns gleich an einem Beispiel an.

Beschriftungsmaßstäbe in Ansichtsfenstern
1. Laden Sie die Zeichnung *A16-07-01.dwg* aus dem Ordner *Aufgaben*. Sie bekommen die bereits bestens bekannte Zeichnung auf den Bildschirm.
2. Wenn Sie etwas näher hinsehen (siehe Abbildung 16.29), fällt Ihnen auf, dass sich dort Maße in unterschiedlichen Größen befinden. Den meisten Maßen und den Texten ist der Beschriftungsmaßstab 1:1 zugeordnet. Den Maßen an den Tasten dagegen der Maßstab 2:1. Den Schraffuren sind beide Maßstäbe zugeordnet.
3. Sehen sich die Statusleiste an: Im Moment werden den Objekten die Maßstäbe nicht automatisch zugeordnet, wenn der Beschriftungsmaßstab geändert wird (rechtes Symbol in der Statusleiste aus, siehe Abbildung 16.29). Der Schalter sollte auf jeden Fall aus bleiben, ansonsten werden beim Maßstabswechsel den Objekten automatisch die gewählten Maßstäbe hinzugefügt. Die Beschriftungsobjekte werden in allen Maßstäben angezeigt (linkes Symbol in der Statusleiste ein, siehe Abbildung 16.29). Der Beschriftungsmaßstab ist momentan auf 1:1 (aus dem rechten Menü in der Statusleiste gewählt, siehe Abbildung 16.29).

Abbildung 16.29:
Zeichnung mit Objekten mit verschiedenen Beschriftungsmaßstäben

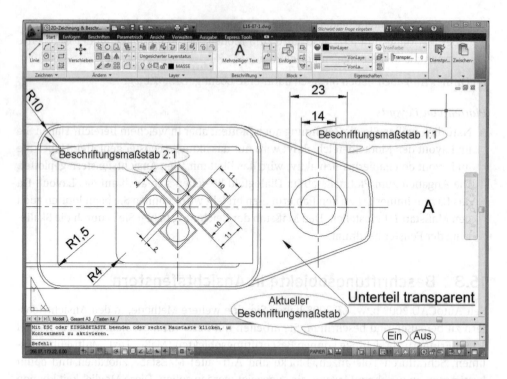

4. Schalten Sie das linke Symbol aus, sodass nur die Beschriftungsobjekte im aktuellen Maßstab angezeigt werden. Wechseln Sie zwischen den Maßstäben 1:1 und 2:1 und Sie sehen, welchen Objekten welche Beschriftungsmaßstäbe zugeordnet sind (siehe Abbildung 16.30). Sie sehen, dass die Maße an den Tasten nur dem Maßstab 2:1 zugeordnet sind.
5. Wechseln Sie jetzt in das Layout *Tasten A4* und machen Sie den Layer *Afenster* zum aktuellen Layer, falls er das nicht schon ist. Erstellen Sie zwei neue Ansichtsfenster wie in Abbildung 16.31. Klicken Sie jeweils doppelt in die Ansichtsfenster und stellen Sie den Ausschnitt und die Vergrößerung in etwa so wie in Abbildung 16.31 ein. Den exakten Maßstab bestimmen wir gleich.
6. Klicken Sie die Ansichtsfenster am Rand an. Sie können jetzt den Maßstab für die Ansichtsfenster auch in dem Menü AF-MASSSTAB in der Statuszeile wählen. Wählen Sie für beide 2:1. Die beiden Symbole sollten aus sein, sodass keine neuen Maßstäbe zugeordnet werden und nur die Objekte mit den aktuellen Beschriftungsmaßstäben angezeigt werden (siehe Abbildung 16.31). Die Anzeige BESCHRIFTUNGSMASSSTAB in der Statuszeile (rechts davon) läuft parallel mit, Sie bekommen jetzt auch den aktuellen Beschriftungsmaßstab 2:1 angezeigt.

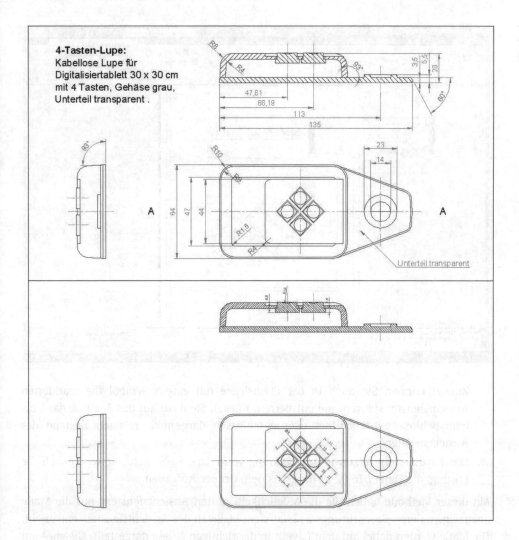

Abbildung 16.30:
Zeichnung dargestellt in unterschiedlichen Beschriftungsmaßstäben

7. Der Beschriftungsmaßstab für die Ansichtsfenster wird automatisch ebenfalls auf 2:1 gesetzt und es werden nur die Beschriftungsobjekte in den Fenstern angezeigt, denen der Beschriftungsmaßstab 2:1 zugeordnet ist (siehe Abbildung 16.31). Falls die Größe eines Fensters noch nicht stimmt, klicken Sie es an und ziehen es mit den Griffen auf die gewünschte Größe. Falls der Ausschnitt in einem Fenster noch nicht stimmt, klicken Sie doppelt in das Fenster und richten Sie es mit dem Befehl PAN oder mit der gedrückten mittleren Maustaste aus. Zoomen Sie aber nicht mehr, Sie verändern sonst den Maßstab. Klicken Sie dann wieder doppelt auf das Papier.

8. Haben Sie den Maßstab versehentlich geändert, klicken Sie das Ansichtsfenster am Rand an und wählen aus dem Menü AF-MASSSTAB noch mal den richtigen Maßstab 2:1.

Abbildung 16.31:
Maßstab für Ansichtsfenster einstellen

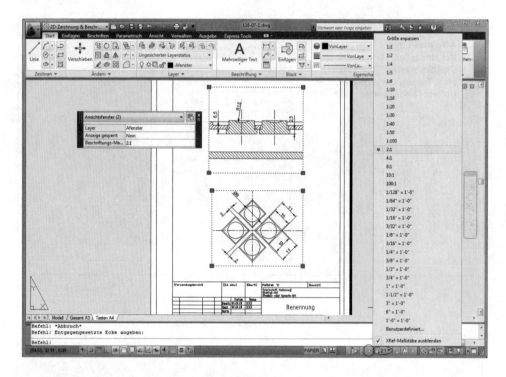

9. Zuletzt können Sie auch in der Statusleiste mit einem Symbol die markierten Ansichtsfenster sperren und entsperren. Klicken Sie dazu auf das Symbol, das Vorhängeschloss wird geöffnet oder geschlossen dargestellt, je nach Zustand der Ansichtsfenster.

10. Das Layout sieht jetzt wie in Abbildung 16.31 aus. Falls nicht, holen Sie sich die Lösung, die Datei *L16-07-01.dwg,* aus dem Ordner Aufgaben.

Mit dieser Methode haben Sie die Möglichkeit, in den Ansichtsfenstern nur die Maße anzuzeigen, deren Beschriftungsmaßstab dem Maßstab des Ansichtsfensters entspricht. Die Maße werden dabei auf dem Layout in der richtigen Größe dargestellt. Gleiches gilt für Texte, Schraffuren usw. Vergleichen Sie es mit dem Layout *Gesamt A3*. Vielleicht haben Sie es bemerkt, auch der Schraffurabstand auf dem Papier ist in beiden Layouts gleich.

Damit haben Sie die Möglichkeit, im Modellbereich die komplette Zeichnung zu erstellen, mit Maßen, Texten usw., und diesen Maßstäbe zuzuordnen, wenn sie als Beschriftungsobjekte erstellt wurden. Es lassen sich auch mehrere Maßstäbe zuordnen, sodass Ansichtsfenster mit unterschiedlichen Maßstäben dargestellt werden. Die Beschriftungsobjekte lassen sich sogar mit den Griffen in den unterschiedlichen Maßstäben an unterschiedliche Positionen bringen. Erstellen Sie dann Ansichtsfenster mit unterschiedlichen Maßstäben, haben Sie die Beschriftungsobjekte in der richtigen Größe auf dem Papier und an der richtigen Stelle. Was wollen Sie mehr?

16.9 Layerfilter und Ausschnitte beim Erstellen von Layouts

Zwei Funktionen können beim Erstellen von Layouts genutzt werden: die Layerfilter und die Ausschnitte.

Layerfilter beim Erstellen von Layouts

Erinnern Sie sich an die Zeichnung aus Kapitel 4.6, die Zeichnung, bei der mehrere Etagen übereinander gezeichnet wurden? Aus dieser Zeichnung wollen wir jetzt ein Layout erstellen, bei dem vier Ansichtsfenster auf einem Layout abgebildet werden sollen. Machen Sie sich gleich an die Arbeit.

Layout erstellen

1. Laden Sie die Zeichnung *A16-08.dwg* aus dem Ordner *Aufgaben*. Im Modellbereich haben Sie alle drei Etagen übereinander, die wir im Layout in einzelne Pläne auflösen wollen.
2. Das Layout *4 Fenster* ist angelegt und eine Seiteneinrichtung dafür erstellt. Der Layer *Afenster* für die Ansichtsfenster ist aktueller Layer und als nicht plotbar gesetzt. Einen Zeichnungsrahmen platzieren wir jetzt nicht, das ersparen wir uns in diesem Beispiel.
3. Aktivieren Sie den Werkzeugkasten ANSICHTSFENSTER. Wählen Sie den Befehl AFENSTER mit dem Symbol im Werkzeugkasten oder aus dem Abrollmenü ANSICHT, Untermenü ANSICHTSFENSTER > und dort die Funktion NEUE ANSICHTSFENSTER...
4. Im Dialogfeld wählen Sie eine Anordnung mit vier gleich großen Ansichtsfenstern und einem Abstand von 10 zwischen den Fenstern. Wählen Sie als Bereich für die vier Fenster das ganze Blatt, abzüglich eines Rands. Klicken Sie in jedes Fenster und stellen Sie den Maßstab *1:20* ein. Die Zeichnung sollte dann wie in Abbildung 16.33 aussehen. Jedes Fenster enthält jetzt aber noch die gleiche Ansicht.
5. Aktivieren Sie jetzt das Fenster links oben und wählen Sie dann den Befehl LAYER. Markieren Sie den Layerfilter *eg* und klicken Sie auf die rechte Maustaste. Aus dem Kontextmenü wählen Sie den Eintrag GRUPPE ISOLIEREN > und im Untermenü die Funktion NUR AKTIVES ANSICHTSFENSTER (siehe Abbildung 16.32). Alle Layer außer denen des Erdgeschosses werden in diesem Ansichtsfenster gefroren.
6. Machen Sie das Gleiche im rechten oberen Ansichtsfenster mit dem Filter *og* und links unten mit dem Filter *ug*. Rechts unten bilden Sie nur die Layer des Filters *Mauern* ab. Ihre Zeichnung sollte dann wie in Abbildung 16.33 aussehen, in jedem Fenster eine andere Darstellung der ursprünglichen Zeichnung. Falls das nicht der Fall ist, dann haben Sie im Ordner *Aufgaben* eine Beispiellösung, die Zeichnung *L16-08.dwg*.

Abbildung 16.32:
Gruppe im aktiven Ansichtsfenster isolieren

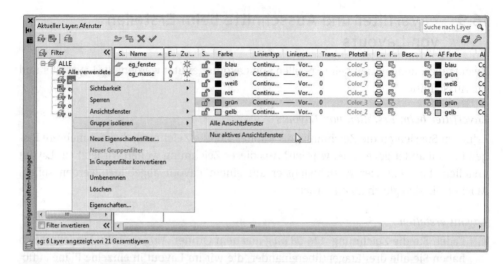

Abbildung 16.33:
Ansichtsfenster mit unterschiedlicher Darstellung

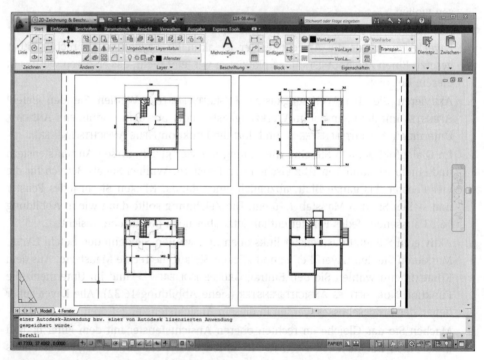

INFO

Ausschnitte beim Erstellen von Layouts

Noch einmal die gleiche Zeichnung, hier wurde nur noch etwas mehr Vorarbeit geleistet, dann ist das Erstellen von Layouts noch einfacher. In der Zeichnung wurden benannte Ausschnitte von jeder Etage erstellt und dabei die einzelnen Gruppen isoliert.

Layout erstellen

1. Laden Sie die Zeichnung *A16-09.dwg* aus dem Ordner *Aufgaben*. Sie sieht genauso aus wie die vorherige.
2. Kontrollieren Sie die Ausschnitte, wählen Sie den Befehl AUSSCHNT in der Multifunktionsleiste, Register ANSICHT, Gruppe ANSICHTEN mit der Funktion BENANNTE ANSICHTEN... (siehe Abbildung 16.34). Aktivieren Sie nacheinander die gespeicherten Ausschnitte und kontrollieren Sie diese.

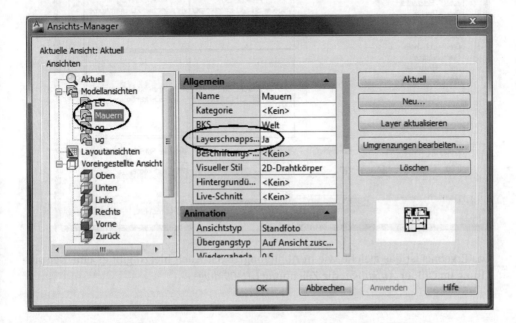

Abbildung 16.34: Gespeicherte Ansichten mit gespeicherten Layereinstellungen

3. Den Ausschnitt können Sie auch im Abrollmenü des Registers wechseln.
4. Das Layout *4 Fenster* ist auch in dieser Zeichnung vorhanden und der Layer *Afenster* aktiv. Aktivieren Sie das Layout und wählen Sie AFENSTER. Aktivieren Sie im Dialogfeld wieder die Anordnung mit vier gleich großen Ansichtsfenstern und einem Abstand von 10 zwischen den Fenstern. Klicken Sie in die Fenster und wählen Sie für jedes Fenster einen gespeicherten Ausschnitt (siehe Abbildung 16.35).
5. Verteilen Sie die Ausschnitte auf dem Blatt, stellen Sie in den Fenstern noch den Maßstab ein (wieder *1:15*) und schon haben Sie das Layout fertig.
6. Wählen Sie als Bereich für die vier Fenster das ganze Blatt, abzüglich eines Rands. Klicken Sie in jedes Fenster und stellen Sie den Maßstab *1:20* ein. Die Zeichnung sollte dann wieder wie in Abbildung 16.33 aussehen. Jedes Fenster enthält schon gleich die richtige Ansicht.

Abbildung 16.35:
Ausschnitte für die Ansichtsfenster wählen

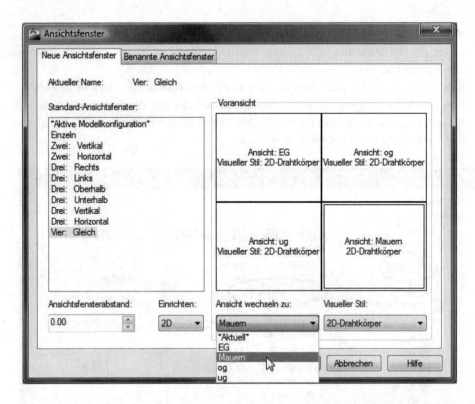

Das Ergebnis ist das gleiche wie in Abbildung 16.33. Auch hierzu gibt es eine Beispiellösung im Ordner *Aufgaben*, die Zeichnung *L16-09.dwg*.

Kapitel 17
Parametrisches Zeichnen

Seit AutoCAD 2010 gibt es ganz neue Möglichkeiten, Zeichnungen »intelligent« zu gestalten. Sie haben die Möglichkeit, den Elementen in der Zeichnung geometrische Abhängigkeiten zu vergeben. So können Sie beispielsweise festlegen, dass zwei Linien immer rechtwinklig zueinander stehen oder immer parallel zueinander sein sollen. Wenn Sie danach ein Objekt nur mit den Griffen verändern, dann bleibt diese Bedingung immer erhalten. Das bewirkt, dass sich die verknüpften Objekte so mit ändern, dass die Bedingung erhalten bleibt. Seit AutoCAD 2011 können Sie jetzt auch die Abhängigkeiten schon beim Zeichnen automatisch ableiten lassen.

Außerdem können Sie parametrische Bemaßungen, sogenannte Bemaßungsabhängigkeiten, vergeben. Ändern Sie danach den Wert des Maßes, ändert sich die Geometrie des bemaßten Objekts. Diese Maße werden in einer Parametertabelle hinterlegt. Ändern Sie Werte in der Parametertabelle, ändert sich die Geometrie in der Zeichnung entsprechend.

Die Möglichkeit, Zeichnungen parametrisch zu erstellen, haben Sie nur in der Vollversion von AutoCAD. Sie können aber in AutoCAD LT Zeichnungen mit Abhängigkeiten und parametrischen Maßen bearbeiten und parametrisch ändern. Lediglich das Erstellen solcher Zeichnungen ist nicht möglich.

17.1 Geometrische Abhängigkeiten automatisch vergeben

Schon beim Zeichnen lassen sich seit AutoCAD 2011 Abhängigkeiten automatisch vergeben (siehe Kapitel 17.3). Das geht aber nur mit Einschränkungen und nicht für alle Arten von Abhängigkeiten. Auf jeden Fall müssen nachträglich noch Abhängigkeiten manuell vergeben werden. Haben Sie die Zeichnung ohne Abhängigkeiten erstellt, dann haben Sie zwei Möglichkeiten, die Objekte mit Abhängigkeiten zu versehen:

- Geometrische Abhängigkeiten automatisch erstellen lassen
- Geometrische Abhängigkeiten manuell vergeben

Abhängigkeiten automatisch vergeben

Mit dem Befehl AUTOABHÄNG vergeben Sie für wählbare Objekte in der Zeichnung die Abhängigkeiten automatisch. Sie wählen den Befehl:

- Multifunktionsleiste: Symbol im Register PARAMETRISCH, Gruppe GEOMETRISCH
- Menüleiste PARAMETRISCH, Funktion AUTO-ABHÄNGIGKEIT
- Symbol im Werkzeugkasten PARAMETRISCH

Folgende Eingaben sind erforderlich:

```
Befehl: Autoabhäng
Objekte auswählen oder [eInstellungen]: Objekte wählen
...
Objekte auswählen oder [eInstellungen]: ⏎
5 Abhängigkeit(en) auf 4 Objekt(e) angewandt
```

Die gefundenen Abhängigkeiten werden vergeben und in die Zeichnung mit Symbolen in sogenannten Abhängigkeitenleisten angezeigt (siehe Kapitel 17.3 und Abbildung 17.4).

Einstellungen: Mit der Option EINSTELLUNGEN bekommen Sie ein Dialogfeld, in dem Sie wählen können, welche Arten von Abhängigkeiten (siehe unten) und in welcher Priorität die Abhängigkeiten vergeben werden sollen (siehe Abbildung 17.1).

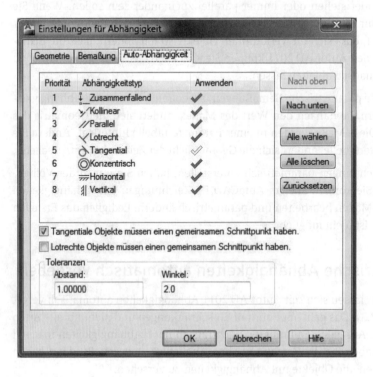

Abbildung 17.1: Bedingungen für die automatische Vergabe von Abhängigkeiten

Klicken Sie das Häkchen in der Spalte ANWENDEN an, wird die Vergabe dieser Abhängigkeit ein- bzw. ausgeschaltet. Haben Sie eine Abhängigkeit in der Liste markiert, können Sie diese mit den Schaltflächen NACH OBEN bzw. NACH UNTEN in der Liste verschieben. Die Abhängigkeit bekommt dann eine andere Priorität, das heißt, es wird zuerst nach dieser Art von Abhängigkeiten gesucht.

Mit den Schaltern unter der Liste können Sie wählen, ob tangentiale oder lotrechte Abhängigkeiten nur dann vergeben werden sollen, wenn die Punkte der Objekte einen gemeinsamen Schnittpunkt haben, oder auch dann, wenn die Schnittpunkte nahe beieinanderliegen.

Bei TOLERANZEN stellen Sie ein, welchen Abstand die Punkte zueinander haben dürfen (relativer Wert zwischen 0 und 1), damit die Abhängigkeiten angewendet werden. Beim Winkel legen Sie fest, welche Winkelabweichung eine Linie haben darf, damit sie noch waagrecht oder senkrecht ausgerichtet wird.

17.2 Geometrische Abhängigkeiten manuell vergeben

Werden gewünschte Abhängigkeiten nicht automatisch erkannt, können Sie diese auch nachträglich manuell vergeben. Hierbei können Sie gezielt die Objekte bzw. Punkte anklicken, denen die Abhängigkeit zugeordnet werden soll. So können Sie Abhängigkeiten einzeln vergeben:

- Multifunktionsleiste: Symbole im Register PARAMETRISCH, Gruppe GEOMETRISCH
- Menüleiste PARAMETRISCH, Untermenü GEOMETRISCHE-ABHÄNGIGKEITEN, Funktion für die verschiedenen Abhängigkeiten
- Symbole in einem Flyout im Werkzeugkasten PARAMETRISCH

Im Einzelnen sind dies folgende Abhängigkeiten:

Zusammenfallend: Richtet zwei Punkte so aus, dass sie immer zusammenfallen, beispielsweise die Endpunkte zweier Linien. Dabei wird der zweite Punkt auf den ersten gezogen. Die Länge des zweiten Objekts wird nur dann verändert, wenn das andere Objekt sonst keine Freiheitsgrade mehr hat. Bei der Wahl der Punkte werden die möglichen Punkte mit einem Symbol gekennzeichnet. Bei der Auswahl wird am Fadenkreuz ein Symbol für die gerade zu wählende Abhängigkeit angezeigt. Das zuerst gewählte Objekt bleibt unverändert und das zweite Objekt wird entsprechend den Abhängigkeiten angepasst. Letzteres gilt auch für alle anderen Abhängigkeiten.

Kolinear: Richtet zwei oder auch mehrere Linien so aus, dass sie immer zueinander fluchtend sind. Die Länge der Linien wird dabei nicht verändert, nur die Ausrichtung.

Konzentrisch: Richtet zwei oder mehrere Kreise, Bögen oder Ellipsen so aus, dass sie immer das gleiche Zentrum haben. Die Radien der Objekte werden dabei nicht verändert.

Fest: Fixiert einen wählbaren Punkt. Wird an den Griffen geändert, bleibt der feste Punkt immer an dieser Stelle. Werden mehrere feste Punkte auf Objekten gewählt, die mit Abhängigkeiten versehen sind, kann es sein, dass Änderungen nicht mehr möglich sind.

 Parallel: Richtet zwei Linien so aus, dass sie immer parallel sind. Die Länge wird dabei nicht verändert. Das erste gewählte Objekt bestimmt die Ausrichtung.

 Lotrecht: Richtet zwei Linien oder Polyliniensegmente so aus, dass sie immer einen rechten Winkel zueinander bilden. Die Länge wird dabei nicht verändert.

 Horizontal: Richtet ein Objekt oder ein Punktepaar mit den dazugehörigen Objekten (wählbar mit einer zusätzlichen Option) so aus, dass es immer horizontal liegt.

 Vertikal: Richtet ein Objekt oder ein Punktepaar mit den dazugehörigen Objekten (wählbar mit einer zusätzlichen Option) so aus, dass es immer vertikal liegt.

 Tangential: Richtet zwei Kreise oder Bögen oder einen Kreis oder Bogen zu einer Linie so aus, dass sie sich immer tangential treffen.

 Glatt: Passt zwei Splines so an, dass sie immer glatt ineinander übergehen. Hierbei sind auch ein Spline und ein Bogen, eine Linie oder eine Polylinie möglich.

 Symmetrisch: Richtet zwei Objekte oder ein Punktepaar mit den dazugehörigen Objekten (wählbar mit einer zusätzlichen Option) so aus, dass sie immer symmetrisch zu einer wählbaren Mittellinie liegen. Bei Linien werden die Längen nicht verändert, wenn sie noch Freiheitsgrade haben. Bei Kreisen oder Bögen werden die Radien angepasst.

 Gleich: Verändert zwei Linien oder Polyliniensegmente so, dass sie immer die gleiche Länge haben, bzw. verändert zwei Kreise oder Bögen so, dass sie immer den gleichen Radius haben.

 Konflikte oder existierende Abhängigkeiten
- *Vergeben Sie eine Abhängigkeit, die im Widerspruch zu einer anderen steht, erhalten Sie eine Meldung (siehe Abbildung 17.2). Die Abhängigkeit kann dann nicht angewendet werden.*

Abbildung 17.2: Meldung bei Konflikten mit Abhängigkeiten

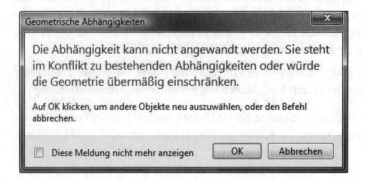

- Existiert eine Abhängigkeit bereits, erhalten Sie ebenfalls eine Meldung (siehe Abbildung 17.3). Sie kann nicht noch einmal vergeben werden.

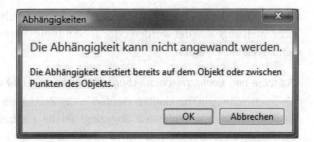

Abbildung 17.3: Meldung bei doppelten Abhängigkeiten

17.3 Abhängigkeiten beim Zeichnen vergeben

Wie oben schon erwähnt, lassen sich die Abhängigkeiten auch schon bei Zeichen vergeben. Es werden aber nur die Abhängigkeiten HORIZONTAL, VERTIKAL und ZUSAMMENFALLEND vergeben. Außerdem werden Objekte, die sich innerhalb der Toleranz befinden, nicht automatisch ausgerichtet. Trotzdem kann es unter Umständen sinnvoll sein, dieses Hilfsmittel zu nutzen. Die Funktion schalten Sie in der Statuszeile ein und aus:

- Schalter in der Statuszeile

Ist dieser Schalter aktiviert, werden die geometrischen Abhängigkeiten HORIZONTAL, VERTIKAL und ZUSAMMENFALLEND automatisch vergeben (siehe Abbildung 17.4).

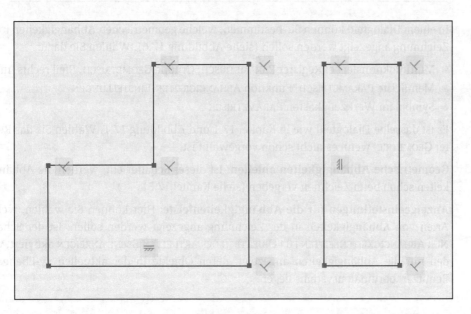

Abbildung 17.4: Beim Zeichnen vergebene Abhängigkeiten

17.4 Geometrische Abhängigkeiten anzeigen und bearbeiten

Die Abhängigkeiten werden in der Zeichnung mit Symbolen angezeigt. Die Anzeige kann aber auch abgeschaltet werden oder auch nur die Anzeige von bestimmten Abhängigkeiten zugelassen werden.

Anzeige von geometrischen Abhängigkeiten in Abhängigkeitenleisten

Geometrische Abhängigkeiten werden in der Zeichnung mit unterschiedlichen Symbolen in den Abhängigkeitenleisten angezeigt (siehe Kapitel 17.2 und Abbildung 17.5). Die Abhängigkeit ZUSAMMENFALLEND wird nur mit einem blauen Quadrat an dem gemeinsamen Punkt angezeigt. Sonst wäre die Darstellung zu unübersichtlich.

Abbildung 17.5: Zeichnung vor und nach der Vergabe von geometrischen Abhängigkeiten

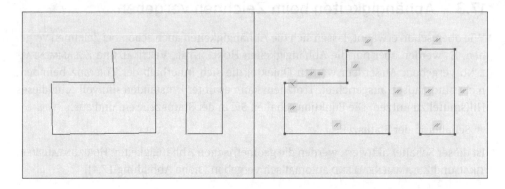

In einem Dialogfeld können Sie bestimmen, welche geometrischen Abhängigkeiten in der Zeichnung angezeigt werden sollen (siehe Abbildung 17.6). Wählen Sie dazu:

- Multifunktionsleiste: Register PARAMETRISCH, Gruppe GEOMETRISCH, Pfeil rechts unten
- Menüleiste PARAMETRISCH, Funktion ABHÄNGIGKEITEN-EINSTELLUNGEN
- Symbol im Werkzeugkasten PARAMETRISCH

Es ist dasselbe Dialogfeld wie in Kapitel 17.1 und Abbildung 17.1. Wählen Sie das Register GEOMETRIE, wenn es nicht schon vorgewählt ist.

Geometrische Abhängigkeiten ableiten: Ist dieser Schalter ein, werden die Abhängigkeiten schon beim Zeichnen vergeben (siehe Kapitel 17.3).

Anzeigeeinstellungen für die Abhängigkeitenleiste: Hier können Sie wählen, welche Arten von Abhängigkeiten in der Zeichnung angezeigt werden sollen. Ist der Schalter NUR ABHÄNGIGKEITENLEISTEN FÜR OBJEKTE IN DER AKTUELLEN EBENE ANZEIGEN aktiviert, werden nur die Abhängigkeiten angezeigt, deren Objekte in der aktuellen xy-Ebene des Benutzerkoordinatensystems liegen.

Geometrische Abhängigkeiten anzeigen und bearbeiten

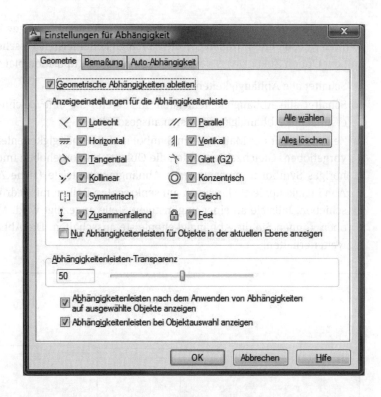

Abbildung 17.6:
Einstellung der Abhängigkeiten

Abhängigkeitenleisten-Transparenz: Darunter können Sie den Grad der Transparenz der Leisten an einem Schieberegler einstellen.

Abgängigkeitenleisten nach dem Anwenden von Abhängigkeiten auf ausgewählte Objekte anzeigen: Mit dem vorletzten Schalter geben Sie an, dass neu vergebene Abhängigkeiten zunächst immer angezeigt werden.

Abgängigkeitenleisten bei Objektwahl anzeigen: Sind die Abhängigkeiten komplett ausgeschaltet, können Sie mit dem letzten Schalter bestimmen, dass bei markierten Objekten die Abhängigkeiten angezeigt werden.

Außer dieser Möglichkeit haben Sie weitere Funktionen, um die Abhängigkeitenleisten ein- und auszuschalten:

- Multifunktionsleiste: Symbole im Register PARAMETRISCH, Gruppe GEOMETRISCH
- Menüleiste PARAMETRISCH, Untermenü ABHÄNGIGKEITEN-LEISTEN, Funktionen für die Anzeige
- Symbole im Werkzeugkasten PARAMETRISCH

Ein- und Ausschalten von wählbaren Abhängigkeitenleisten:

```
Befehl: Abhängleiste
Objekte wählen: Objekte mit Abhängigkeiten wählen
...
Objekte wählen: [↵]
Option eingeben [aNzeigen/aUsblenden/Zurücksetzen]<aNzeigen>: Option wählen
```

Mit den Optionen können Sie die Abhängigkeitenleisten für die gewählten Objekte anzeigen oder ausblenden. Haben Sie die Abhängigkeitenleisten verschoben, lassen sie sich mit der Option ZURÜCKSETZEN wieder an ihrer Standardposition platzieren.

- Schaltet alle Abhängigkeitenleisten ein.

- Schaltet alle Abhängigkeitenleisten aus. Wenn Sie eine Zeichnung neu laden, sind erstmal alle Abhängigkeitenleisten ausgeschaltet.

- Zeigen Sie mit der Maus auf ein Symbol in der Abhängigkeitenleiste, wird dieses hervorgehoben. Gleichzeitig werden die Objekte hervorgehoben und eventuell ein zugehöriges Symbol in einer anderen Abhängigkeitenleiste (siehe Abbildung 17.7). Die Abhängigkeitenleiste lässt sich am senkrechten Balken mit gedrückter Maustaste verschieben, falls sie an einer ungünstigen Stelle angezeigt wird. Mit dem Kreuz rechts oben können Sie die Abhängigkeitenleiste ausschalten. Die Abhängigkeit bleibt aber weiter erhalten.

Abbildung 17.7: Abhängigkeiten anzeigen

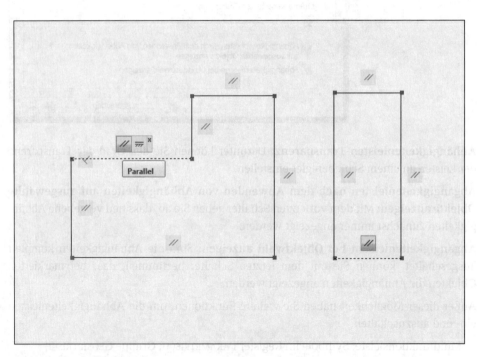

Abhängigkeiten löschen

Wollen Sie eine Abhängigkeit löschen, haben Sie auch dafür eine Funktion:

- Multifunktionsleiste: Symbol im Register PARAMETRISCH, Gruppe VERWALTEN
- Menüleiste PARAMETRISCH, Funktion ABHÄNGIGKEITEN LÖSCHEN
- Symbol im Werkzeugkasten PARAMETRISCH

Damit löschen Sie die Abhängigkeiten von wählbaren Objekten, also nicht nur die Anzeige. Mit der Objektwahl können Sie die Objekte bestimmen.

Geometrische Abhängigkeiten anzeigen und bearbeiten

Abhängigkeiten vergeben und bearbeiten

1. Skizzieren Sie wie in Abbildung 17.8, links, die Objekte oder nehmen Sie die Datei *A17-01.dwg* aus dem Ordner *Aufgaben*. Achten Sie nicht auf exaktes Zeichnen, legen Sie einfach los, »quick and dirty«. Auch auf Maßhaltigkeit brauchen Sie nicht zu achten.

2. Vergeben Sie dann automatisch Abhängigkeiten. Achten Sie darauf, dass die Toleranzen auf sinnvolle Werte eingestellt sind. Nicht alle erforderlichen Abhängigkeiten werden automatisch vergeben, setzen Sie die fehlenden manuell. Sie benötigen auch öfters die Option 2PUNKTE, um beispielsweise zwei Punkte horizontal auszurichten. Platzieren Sie einen festen Punkt links unten an die Kontur. Das Ergebnis könnte dann wie in Abbildung 17.8, rechts, aussehen. Unter Umständen müssen Sie auch noch ein paar Linien verschieben. Auch diese Zeichnung ist im Ordner *Aufgaben*, die Datei *L17-01.dwg*. Schauen Sie sich die genauer an, um zu sehen, welche Abhängigkeiten vergeben wurden.

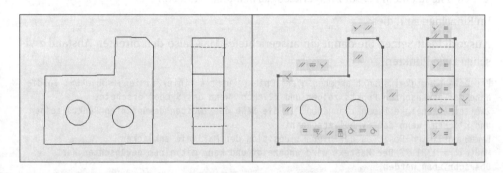

Abbildung 17.8: Zeichnung ohne und mit Abhängigkeiten

3. Klicken Sie einen Griff an der Zeichnung an und ziehen Sie diesen, werden alle mit Abhängigkeiten verbundenen Objekte mit geändert (siehe Abbildung 17.9). Testen Sie dies in der Zeichnung.

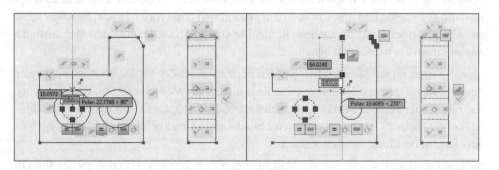

Abbildung 17.9: Zeichnung mit Abhängigkeiten an Griffen bearbeiten

17.5 Bemaßungsabhängigkeiten

Noch komfortabler wird es mit den Bemaßungsabhängigkeiten. Das sind spezielle Bemaßungen, die so mit dem Objekt verknüpft sind, dass sie durch späteres Ändern des Bemaßungswerts das Objekt ändern. Wurden vorher die geometrischen Abhängigkeiten vollständig gesetzt, ändert sich auch die Geometrie vollständig mit.

Bemaßungsabhängigkeiten setzen

Es stehen Ihnen sechs verschiedene Arten von Bemaßungsabhängigkeiten zur Verfügung. Wählen Sie diese nach einer der folgenden Arten:

- Multifunktionsleiste: Symbole und ein Flyout im Register PARAMETRISCH, Gruppe BEMASSUNG
- Menüleiste PARAMETRISCH, Untermenü BEMASSUNGSABHÄNGIGKEITEN, Funktion für die verschiedenen Funktionen
- Symbole in einem Flyout im Werkzeugkasten PARAMETRISCH

Im Einzelnen sind dies:

Ausgerichtet: Setzen Sie damit ein ausgerichtetes Maß, also den direkten Abstand zwischen zwei Punkten.

```
Ersten Abhängigkeitspunkt angeben oder [Objekt/Punkt & linie/2Linien] <Objekt>: In die
Nähe des gewünschten Punkts zeigen und klicken, wenn das Symbol erscheint
Zweiten Abhängigkeitspunkt angeben: In die Nähe des zweiten gewünschten Punkts zeigen
und klicken, wenn das Symbol erscheint
Bemaßungslinien-Position definieren: Position der Maßlinie anklicken
Maßtext = 1321.75 Der Maßtext wird angezeigt und kann mit einem gewünschten Wert
überschrieben werden
```

Das Maß und die Geometrie ändern sich entsprechend des eingegebenen Werts. Darüber hinaus stehen Ihnen drei weitere Optionen zur Verfügung. Sie können mit der Option OBJEKT ein Objekt (Linie, Poliniensegment oder Bogen) zur Bemaßung wählen. Mit der Option PUNKT UND LINIE wählen Sie einen Punkt auf einem Objekt und eine Linie und der Abstand des Punkts und der Abstand zu der gewählten Linie wird bemaßt, beispielsweise der Abstand einer Bohrung zu einer Kante. Die Option 2LINIEN dient dazu, den Abstand zweier Linien zueinander zu bemaßen.

Linear: Damit setzen Sie ein Maß, das den horizontalen oder vertikalen Abstand zweier Punkte bemaßt. Je nachdem, in welcher Richtung Sie die Maßlinie setzen, wird entweder horizontal oder vertikal bemaßt. Hier kann ebenfalls die Option OBJEKT gewählt werden, mit der die horizontalen oder vertikalen Abmaße eines Objekts (Linie, Polyliniensegment oder Bogen) bestimmt werden können.

Horizontal: Damit setzen Sie ein Maß, das den horizontalen Abstand zweier Punkte bemaßt. Außerdem steht Ihnen hier auch dir Option OBJEKT zur Verfügung, mit der Sie die horizontalen Abmaße eines Objekts (Linie, Polyliniensegment oder Bogen) bestimmen können.

Vertikal: Damit setzen Sie ein Maß, das den horizontalen Abstand zweier Punkte bemaßt. Außerdem steht Ihnen hier auch die Option OBJEKT zur Verfügung, mit der Sie die horizontalen Abmaße eines Objekts (Linie, Polyliniensegment oder Bogen) bestimmen können.

Winkel: Mit dieser Funktion können Sie einen Winkel bemaßen.

```
Erste Linie oder Bogen wählen oder [3Punkt] <3Punkt>: Erste Linie anklicken
Zweite Linie wählen: Zweite Linie anklicken
Bemaßungslinien-Position definieren: Position des Maßbogens anklicken
Maßtext = 90 Der Maßtext wird angezeigt und kann mit einem gewünschten Wert
überschrieben werden
```

Außerdem steht Ihnen die Option 3PUNKT zur Verfügung. Damit können Sie den Scheitelpunkt und die zwei Winkelendpunkte wählen.

Radius: Mit dieser Funktion kann der Radius eines Bogens oder Kreises bemaßt werden.

Durchmesser: Mit dieser Funktion kann der Durchmesser eines Bogens oder Kreises bemaßt werden.

Bemaßungsabhängigkeiten

- *Sie können den Maßtext nach der Platzierung jederzeit wieder ändern. Klicken Sie das Maß einfach doppelt an und ändern Sie den Wert. Das Maß und die zugehörige Geometrie werden geändert.*
- *Sie können aber auch ein Maß anklicken und es an den Pfeilgriffen in die gewünschte Richtung ziehen. Auch dabei wird die Geometrie mit verändert.*
- *Die bemaßten Objekte können nur noch mit den Bemaßungsabhängigkeiten bearbeitet werden, nicht mehr mit den Griffen an den Objekten.*
- *Die Bemaßungsabhängigkeiten bekommen Variablennamen. Sie können statt eines Maßtextes auch eine Formel eingeben, beispielsweise: d1/2 oder d1*4 usw. Der Wert wird dann aus dieser Formel berechnet. Ändert sich später der Wert für d1, dann ändert sich das abhängige Maß entsprechend dieser Formel mit.*
- *Sie können beim Maßtext auch einen Variablennamen eingeben, gefolgt von einem Wert oder einem Ausdruck, beispielsweise: Länge = 100, Breite = d1/2 oder Höhe = d1*4 usw. Die Bemaßungsabhängigkeit bekommt dann diesen Variablennamen und den Wert.*
- *Vergeben Sie eine Bemaßungsabhängigkeit doppelt, bekommen Sie eine Fehlermeldung und sie wird nicht übernommen.*
- *Bemaßen Sie eine Strecke, die sich aus den bereits enthaltenen geometrischen Abhängigkeiten oder Bemaßungsabhängigkeiten schon ergibt, bekommen Sie einen Hinweis (siehe Abbildung 17.10).*

Abbildung 17.10:
Meldung bei
Überbemaßung

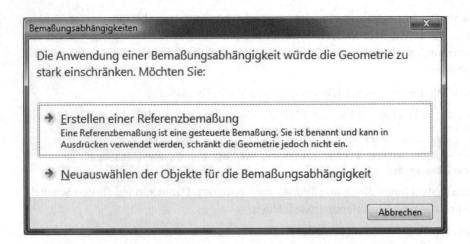

- Sie können dieses Maß zwar platzieren, den Wert aber nicht ändern. Es wird als sogenannte Referenzbemaßung übernommen und in der Zeichnung wird der Wert in Klammern angezeigt. Es dient also nur der Anzeige, geändert werden kann an diesem Maß nichts.

17.6 Anzeige und Arten von Bemaßungsabhängigkeiten

Bemaßungsabhängigkeiten werden nicht wie die normalen Bemaßungen entsprechend der Vergrößerung der Zeichnung in ihrer Originalgröße angezeigt. Sie sind in der Darstellung immer gleich groß. Sie können auch nicht ausgedruckt werden, sie sind zunächst nur dazu da, um die Geometrie zu steuern. Sie haben aber Möglichkeiten, normale Bemaßungen in Bemaßungsabhängigkeiten umzuwandeln und umgekehrt.

Anzeige von Bemaßungsabhängigkeiten

Die Bemaßungsabhängigkeiten können Sie in der Zeichnung sichtbar und unsichtbar schalten:

- Multifunktionsleiste: Symbole im Register PARAMETRISCH, Gruppe BEMASSUNG
- Menüleiste PARAMETRISCH, Untermenü DYNAMISCHE BEMASSUNG, Funktionen für die Anzeige
- Symbole im Werkzeugkasten PARAMETRISCH

Ein- und Ausschalten von wählbaren Bemaßungsabhängigkeiten:

```
Befehl: Baanzeige
Objekte wählen: Bemaßungen wählen bzw. wenn sie ausgeblendet sind, Objekte mit
Bemaßungsabhängigkeiten wählen
...
Objekte wählen: ⏎
Option eingeben [Zeigen/aUsblenden]<Zeigen>: Option wählen
```

Anzeige und Arten von Bemaßungsabhängigkeiten

Mit den Optionen können Sie die Bemaßungsabhängigkeiten für die gewählten Objekte anzeigen oder ausblenden.

- Schaltet alle Bemaßungsabhängigkeiten ein.
- Schaltet alle Bemaßungsabhängigkeiten aus. Wenn Sie eine Zeichnung neu laden, sind erstmal alle Bemaßungsabhängigkeiten ausgeschaltet.

Darstellung von Bemaßungsabhängigkeiten

Außerdem können Sie ein Dialogfeld aktivieren, in dem Sie weitere Funktionen zur Anzeige finden (siehe Abbildung 17.11). Sie aktivieren dies:

- Multifunktionsleiste: Register PARAMETRISCH, Gruppe BEMASSUNG, Pfeil rechts unten
- Menüleiste PARAMETRISCH, Funktion ABHÄNGIGKEITEN-EINSTELLUNGEN
- Symbol im Werkzeugkasten PARAMETRISCH

Es ist dasselbe Dialogfeld wie in Kapitel 17.1 und Abbildung 17.1. Wählen Sie das Register BEMASSUNG, wenn es nicht schon vorgewählt ist.

Abbildung 17.11: Einstellung der Bemaßungsabhängigkeiten

Mit dem oberen Schalter wählen Sie, ob die Bemaßungsabhängigkeiten angezeigt werden sollen oder nicht. Darunter haben Sie eine Auswahlliste, mit der Sie die Form der Anzeige bestimmen können:

- **Name:** Es wird nur der Variablenname angezeigt (siehe Abbildung 17.12, links).
- **Wert:** Es wird nur der aktuelle Wert angezeigt (siehe Abbildung 17.12, Mitte).

- **Name und Ausdruck:** Es wird eine Formel angezeigt, die den Variablennamen enthält, gefolgt von einem »=« und dem eingegebenen Wert oder einer Formel (siehe Abbildung 17.12, rechts).

Abbildung 17.12: Anzeige der Bemaßungsabhängigkeiten

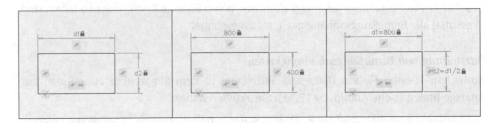

Sperrsymbol für Beschriftungsabhängigkeiten anzeigen: Bemaßungsabhängigkeiten werden immer mit dem Sperrsymbol, dem Vorhängeschloss, angezeigt. Sie können diese aber auch in normale Bemaßungsobjekte umwandeln (siehe unten). Ist dieser Schalter eingeschaltet, werden diese ebenfalls mit dem Sperrsymbol versehen. Das dient dann zur Kennzeichnung, wird aber nicht geplottet.

Ausgeblendete dynamische Abhängigkeiten für ausgewählte Objekte anzeigen: Haben Sie die Bemaßungsabhängigkeiten ausgeblendet, werden sie angezeigt, wenn Sie das Objekt wählen, mit dem sie verbunden sind. Das ist aber nur dann der Fall, wenn dieser Schalter eingeschaltet ist.

1. Laden Sie die Zeichnung *A17-02.dwg* aus dem Ordner *Aufgaben*.
2. Erstellen Sie Bemaßungsabhängigkeiten wie in Abbildung 17.13. Dort haben Sie auch Referenzbemaßungen, die in Klammern angezeigt werden. Geben Sie auch Formeln ein, z.B.: *d2 = d1/4*. In diesem Fall wird vor den Wert *fx:* gesetzt.

Abbildung 17.13: Zeichnung mit Bemaßungsabhängigkeiten

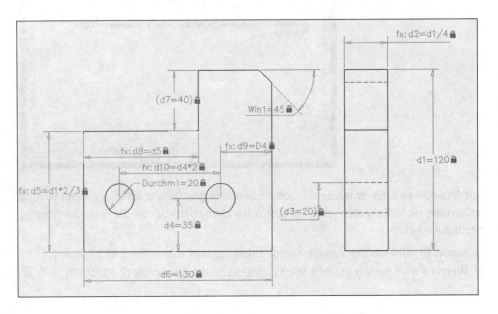

Anzeige und Arten von Bemaßungsabhängigkeiten

3. Ändern Sie an den Maßen die Geometrie, indem Sie den Maßtext ändern oder an den Pfeilgriffen ziehen.
4. Ändern Sie die Darstellung wie oben beschrieben und schalten Sie die Maße aus. Trotzdem können Sie ändern, wenn Sie die Grundeinstellungen richtig gewählt haben.
5. Eine Musterlösung haben Sie ebenfalls im Ordner *Aufgaben*, die Zeichnung *L17-02.dwg*.

Bemaßungsabhängigkeiten in Referenzmaße umwandeln

Nun haben Sie Ihre Zeichnung mit Bemaßungsabhängigkeiten versehen, wollen aber nicht, dass jedes Maß geändert werden kann. In diesem Fall können Sie sie auch in Referenzbemaßungen umwandeln. Diese werden zwar zur Information angezeigt, sind aber nicht änderbar. Gehen Sie so vor:

- Klicken Sie eine oder mehrere Bemaßungsabhängigkeiten an.
- Aktivieren Sie mit der Tastenkombination [Strg] + [1] den Objekteigenschaften-Manager.
- Wählen Sie im Abrollmenü REFERENZ die Funktion JA (siehe Abbildung 17.14).

Haben Sie ein Maß gewählt, das bei anderen Maßen in der Formel verwendet wird, kann dies nicht in ein Referenzmaß umgewandelt werden.

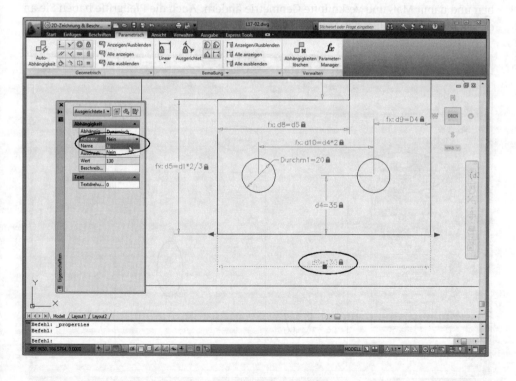

Abbildung 17.14: Umwandlung in Referenzmaße

Bemaßungsabhängigkeiten in normale Maße umwandeln

Bemaßungsabhängigkeiten werden nicht ausgeplottet. Sie sind dazu da, die Geometrie zu steuern. Sollen sie aber mit der Zeichnung geplottet werden, können Sie sie in normale Maße umwandeln. Gehen Sie so vor:

- Klicken Sie eine, mehrere oder alle Bemaßungsabhängigkeiten an.
- Aktivieren Sie mit der Tastenkombination [Strg] + [1] den Objekteigenschaften-Manager.
- Wählen Sie im Abrollmenü ABHÄNGIGKEITSFORM die Funktion BESCHRIFTEND. In Abbildung 17.15 sind die Maße rechts angewählt und bereits in BESCHRIFTEND umgewandelt.

Jetzt werden daraus normale Maße, die im aktuellen Bemaßungsstil der Zeichnung angezeigt werden und auch geplottet werden. Sie können weitere normale Maße hinzufügen. Beachten Sie aber, dass Sie in diesem Fall die Anzeige im Dialogfeld (siehe Abbildung 17.11) so einstellen sollten, dass der Wert angezeigt wird.

Die Maße, die aus den Bemaßungsabhängigkeiten entstanden sind, werden mit einem Vorhängeschloss angezeigt, falls die Anzeige nicht abgeschaltet wurde (siehe Abbildung 17.11). Das Symbol wird aber nicht mitgeplottet, auch dann nicht, wenn es in der Zeichnung sichtbar ist.

Sie können auch bei den beschriftenden Maßen per Doppelklick den Maßtext überschreiben und damit Maß und verknüpfte Geometrie ändern. Auch die Pfeilgriffe haben Sie an diesen Maßen, mit denen Sie Maß und Geometrie ändern können.

Abbildung 17.15: Umwandlung in normale Maße

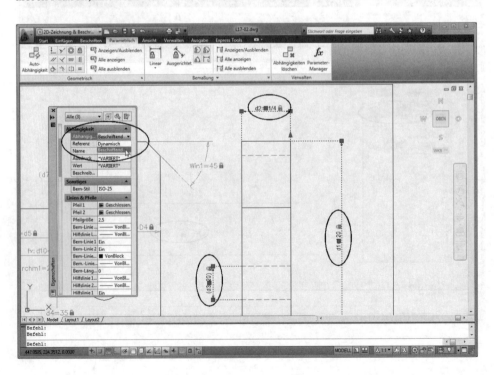

Wahl des Modus beim Erstellen von Bemaßungsabhängigkeiten
- Sie können bereits beim Erstellen der Maße wählen, ob sie beschriftend sein sollen oder nicht.
- Wählen Sie dazu im erweiterten Bereich der Gruppe BEMASSUNG (Register PARAMETRISCH) den entsprechenden Modus aus.
- Sie verändern dabei die Systemvariable CCONSTRAINTFORM. Hat sie den Wert 1, werden beschriftende Bemaßungsabhängigkeiten erzeugt, bei 0 normale Bemaßungsabhängigkeiten.
- Die Umstellung wirkt sich aber nur für danach erstellte Maße aus. Bereits erstellte Maße ändern Sie wie oben beschrieben.

Normale Maße in Bemaßungsabhängigkeiten umwandeln
Normale AutoCAD-Maße lassen sich in Bemaßungsabhängigkeiten umwandeln. Dies ist allerdings nur dann möglich, wenn die Bemaßungsvariable DIMASSOC bei der Erstellung der Maße auf 2 gesetzt war (siehe dazu auch Kapitel 9.9 und 16.6). Gehen Sie so vor:

- Multifunktionsleiste: Symbol im Register PARAMETRISCH, Gruppe BEMASSUNG

Die gewählten Maße werden in Bemaßungsabhängigkeiten umgewandelt. Wurden sie nicht assoziativ erstellt, können sie auch nicht umgewandelt werden, Sie bekommen in diesem Fall eine Meldung. Der Befehl, der damit gestartet wird, ist BAKONVERTIER.

17.7 Der Parameter-Manager

Alle Bemaßungsabhängigkeiten werden in den Parameter-Manager eingetragen. Dort lassen sich Werte und Formeln ebenfalls ändern und damit automatisch die Zeichnung nachführen.

Parameter-Manager anzeigen
Den Parameter-Manager können Sie wie folgt aktivieren:

- Multifunktionsleiste: Symbol im Register PARAMETRISCH, Gruppe VERWALTEN
- Menüleiste PARAMETRISCH, Funktion PARAMETER-MANAGER
- Symbol im Werkzeugkasten PARAMETRISCH

Sie finden hier alle Bemaßungsabhängigkeiten und Referenzbemaßungen aufgelistet (siehe Abbildung 17.16). Markieren Sie im Parameter-Manager eine Variable, wird die zugehörige Bemaßungsabhängigkeit in der Zeichnung hervorgehoben. Ändern Sie einen Wert in der Spalte AUSDRUCK, ändert sich das Maß in der Zeichnung mit der von ihm abhängigen Geometrie. An den Referenzabhängigkeiten können Sie nichts ändern. Außerdem ist es möglich, die Namen der Bemaßungsabhängigkeiten zu ändern und mit sprechenden Namen zu versehen, beispielsweise: LÄNGE, BREITE, HÖHE oder DURCHMESSER.

Abbildung 17.16:
Parameter-Manager zur Änderung der Maße

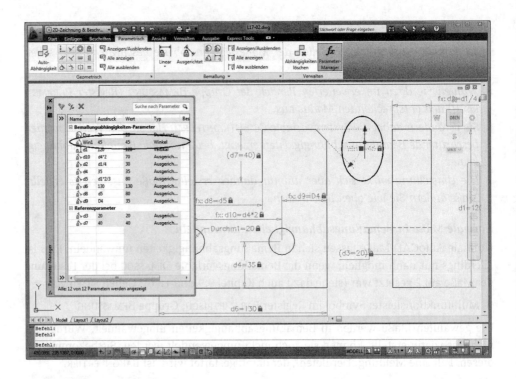

Benutzervariablen verwenden

INFO

Im Parameter-Manager können Sie auch Benutzervariablen verwenden. Gehen Sie dazu wie folgt vor:

- Symbol Mitte oben im Parameter-Manager anklicken.
- Name und Wert eintragen und sie wird im Parameter-Manager unter der Rubrik BENUTZERVARAIBLEN aufgelistet

- Löscht die Variable, die in der Liste markiert ist. Damit lassen sich auch Bemaßungsabhängigkeiten löschen.

Benutzervariablen lassen sich beim Platzieren von Bemaßungsabhängigkeiten vergeben. Statt eines Wertes für eine Maßtext geben Sie den Namen einer zuvor im Parameter-Manager definierten Benutzervariablen ein, beispielsweise:

```
Maßtext = 1321.75 Den Maßtext überschreiben mit 'Länge' (vorher definierte
Benutzervariable)
```

Sehen wir uns das an einem kleinen Beispiel an. Sie können aber auch später im Parameter-Manager in der Spalte AUSDRUCK eine Benutzervariable eintragen. Ändert Sie dann die Benutzervariable, ändert sich die Bemaßungsabhängigkeit und damit das Maß mit der verknüpften Geometrie in der Zeichnung. Damit kann die Darstellung im Parameter-Manager wesentlich übersichtlicher gestaltet werden. Dazu ein weiteres Beispiel mit der bekannten Zeichnung.

Der Parameter-Manager

Mit Benutzervariablen arbeiten

1. Laden Sie die Zeichnung *A17-03.dwg* aus dem Ordner *Aufgaben*.
2. Starten Sie den Parameter-Manager. Sie sehen dort, dass die wichtigen Maße hier als Benutzervariablen definiert sind (siehe Abbildung 17.17). Ändern Sie eine Benutzervariable, ändert sich auch das Maß in der Zeichnung und die zugeordnete Geometrie.

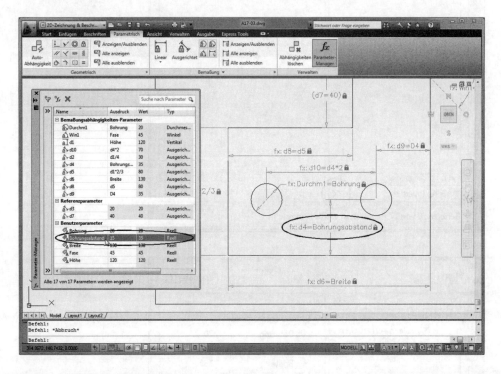

Abbildung 17.17: Arbeiten mit Benutzervariablen

Filter im Parameter-Manager

- Haben Sie viele Einträge im Parameter-Manager, dann können Sie diese auch in Gruppen sortieren.
- Klicken Sie dazu auf das Symbol links oben und Sie bekommen die Filterliste angezeigt. Darin wird ein neuer Filter angelegt, den Sie dann auch gleich mit einem neuen Namen überschreiben können (siehe Abbildung 17.18, Filter »Benutzer«).
- Die Filterliste können Sie an den Pfeilen ein- und ausblenden (siehe Abbildung 17.18).
- Klicken Sie jetzt in der Filterliste den Eintrag ALLE an und ziehen Sie Parameter aus der Liste per »Drag and Drop« auf den neu angelegten Filter.
- Klicken Sie in der Filterliste den neuen Filter an, bekommen Sie die Parameter angezeigt, die Sie in diesen Filter übernommen haben (siehe Abbildung 17.19).
- Auf diese Art können Sie Ordnung in Ihre Parameter bekommen.

Abbildung 17.18:
Anlegen eines Gruppenfilters

Abbildung 17.19:
Parameter im Filter »Benutzer«

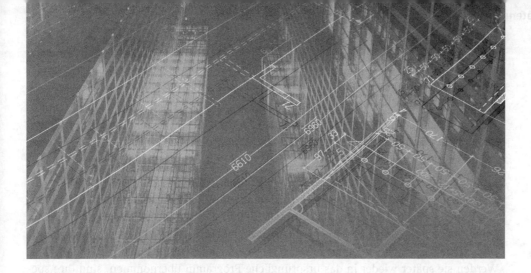

Kapitel 18
Datenaustausch, Dienstprogramme und Internet-Funktionen

AutoCAD ist zwar das CAD-Programm, das weltweit am meisten eingesetzt wird. Trotzdem kann man nicht davon ausgehen, dass jeder mit AutoCAD zeichnet. Daten müssen aber zwischen CAD-Systemen ausgetauscht oder in andere Programme übernommen werden können.

18.1 Austausch mit AutoCAD

Der Austausch mit früheren AutoCAD-Versionen ist problemlos möglich. Alle arbeiten mit dem DWG-Format, es gibt aber verschiedene Stände.

Ältere AutoCAD-Zeichnungen und Zeichnungen aus vertikalen Autodesk-Applikationen

Seit AutoCAD 2010 und AutoCAD LT 2010 gibt es ein neues Zeichnungsformat. Mit den Versionen 2011 hat es sich nicht geändert. Die Versionen AutoCAD 2009, 2008 und 2007 bzw. LT 2009, 2008 und 2007 haben wieder das gleiche Format. Bei den vorherigen Versionen hatten auch immer mehrere das gleiche Format, so zum Beispiel AutoCAD und AutoCAD LT in den Versionen 2004 bis 2006 sowie die Versionen 2000, 2000i und 2002. AutoCAD-Zeichnungen aus diesen oder aus noch früheren AutoCAD- oder LT-Versionen werden beim Öffnen automatisch in das Format der Version 2010 konvertiert. Beachten Sie aber, wenn Sie diese Zeichnungen bearbeiten und speichern, werden sie im Format von 2010 gespeichert und können nicht mehr in älteren Versionen geöffnet werden. Sollen die Zeichnungen im ursprünglichen Programm bearbeitbar bleiben, müssen sie auch in diesem Format gespeichert werden. Es wird immer die älteste Version angegeben.

Wollen Sie zum Beispiel eine Zeichnung in AutoCAD 2005 nutzen, müssen Sie diese im 2004er-Format speichern.

Zwischen dem Format von AutoCAD und AutoCAD LT gibt es innerhalb der gleichen Version keinen Unterschied. Sie müssen also keine speziellen Formate beim Speichern berücksichtigen.

Zeichnungen aus vertikalen Autodesk-Applikationen, AUTOCAD MECHANICAL und AUTOCAD ARCHITECTURAL, haben das gleiche Format wie AutoCAD-Zeichnungen. Sie enthalten jedoch Objekte, die in AutoCAD nicht definiert sind, sogenannte Proxy-Objekte. Diese werden angezeigt und Sie können sie schieben, drehen, kopieren, löschen usw. Wollen Sie sie aber bearbeiten, müssen sie mit dem Befehl URSPRUNG zerlegt werden. Werden sie später wieder in das ursprüngliche Programm übernommen, sind ihre speziellen Eigenschaften nicht mehr verfügbar. Beim Laden einer solchen Zeichnung erhalten Sie ein Dialogfeld, in dem Sie wählen können, wie diese Objekte behandelt werden sollen (siehe Abbildung 18.1).

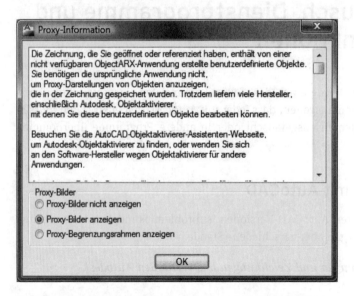

Abbildung 18.1: Proxy-Objekte in AutoCAD

Proxy-Bilder nicht anzeigen: Sie erscheinen nicht in der Zeichnung.

Proxy-Bilder anzeigen: Sie werden korrekt angezeigt.

Proxy-Begrenzungsrahmen anzeigen: Sie erhalten in diesem Fall eine Box in der Größe der maximalen Abmessung dieser Objekte.

Wenn Sie das Fenster stört, können Sie es auch abschalten. Stellen Sie dazu die Systemvariable PROXYNOTICE entsprechend ein. Setzen Sie die Variable auf 0, wird das Fenster nicht angezeigt. Hat sie den Wert 1, wird es angezeigt. Die Darstellung der Proxy-Objekte können Sie mit der Systemvariablen PROXYSHOW festlegen: 0 (keine Anzeige), 1 (Anzeige) und 2 (Begrenzungsrahmen anzeigen). Diese Variable können Sie auch noch ändern, wenn die Zeichnung schon geladen ist. In diesem Fall sollten Sie die Zeichnung regenerieren, damit die Änderungen sichtbar werden.

- *Sie können beim Öffnen auch den Dateityp Zeichnungsvorlage (*.dwt) wählen (siehe Kapitel 4.6). Bei dieser Auswahl wird automatisch in den Vorlagenordner gewechselt, in dem Vorlagen gespeichert werden.*
- *Außerdem gibt es den Dateityp Standard (*.dws), in dem Zeichnungsstandards definiert sind. Alles dazu finden Sie in Kapitel 19. Auch diese Dateien lassen sich direkt öffnen.*

AutoCAD 2011-Dateien in früheren AutoCAD-Formaten

Sollen Ihre Zeichnungen in älteren Versionen von AutoCAD oder AutoCAD LT weiterverarbeitet werden, müssen Sie Ihre Zeichnungen in diesem Format abspeichern. Wählen Sie dazu wie gewohnt den Befehl SICHALS. Stellen Sie im Abrollmenü DATEITYP das Format ein:

- **AutoCAD 2010-Zeichnung (*.dwg):** Speicherung im aktuellen Format.
- **AutoCAD 2007/LT 2007-Zeichnung (*.dwg):** Speicherung im Format von AutoCAD 2007/2008/2009 bzw. AutoCAD LT 2007/2008/2009. Objekte und Einstellungen, die es in diesen Versionen nicht gibt, werden durch ähnliche Objekte ersetzt oder nicht übernommen.
- **AutoCAD 2004/LT 2004-Zeichnung (*.dwg):** Speicherung im Format von AutoCAD 2004/2005/2006 bzw. AutoCAD LT 2004/2005/2006. Objekte und Einstellungen, die es in diesen Versionen nicht gibt, werden durch ähnliche Objekte ersetzt oder nicht übernommen.
- **AutoCAD 2000/LT 2000-Zeichnung (*.dwg):** Speicherung im Format von AutoCAD 2000/2000i/2002 oder AutoCAD LT 2000/2000i/2002. Objekte und Einstellungen, die es in diesen Versionen nicht gibt, werden durch ähnliche Objekte ersetzt oder nicht übernommen.
- **AutoCAD R14/LT 98/LT 97-Zeichnung (*dwg):** Speicherung im Format von AutoCAD 14 oder AutoCAD LT 97/98. Auch hier werden Objekte und Einstellungen eventuell durch ähnliche ersetzt.
- **AutoCAD-Zeichnungsstandard (*.dws):** Speicherung als Zeichnungsstandard (siehe Kapitel 19).
- **AutoCAD-Zeichnungsvorlage (*.dwt):** Speicherung als Zeichnungsvorlage (siehe Kapitel 4.6). Bei dieser Auswahl wird automatisch in den Vorlagenordner gewechselt.

18.2 Austausch im DXF-Format

Mit den meisten anderen CAD-Programmen können Sie Zeichnungsdateien nicht direkt im DWG-Format austauschen. DXF-Dateien (Data Exchange Format) lassen sich aber mit den meisten 2D-CAD-Programmen erzeugen und einlesen. Das DXF-Format wird von

Autodesk definiert und wurde mit der Version 2010 geändert bzw. erweitert. Auch hier haben die Versionen 2010 und 2011 das gleiche Format und dann wieder die Versionen 2007, 2008 und 2009.

DXF-Dateien lassen sich mit den normalen Befehlen zum Öffnen und Speichern von Zeichnungsdateien erstellen und einlesen. Sie brauchen keine speziellen Befehle für DXF-Dateien. Auch mit dem Befehl EINFÜGE lassen sich DXF-Dateien als Block in die Zeichnung einfügen.

INFO
DXF-Datei öffnen
In AutoCAD können Sie Dateien im DXF-Format mit dem Befehl ÖFFNEN einlesen. Wählen Sie den Befehl wie bekannt. Stellen Sie im Abrollmenü DATEITYP den Typ *DXF (*.dxf)* ein. Eine Voransicht wird nur dann angezeigt, wenn die Option beim Speichern gewählt wurde (siehe Kapitel 18.3). Klicken Sie auf die Schaltfläche ÖFFNEN und, egal welches DXF-Format die Datei hat, sie wird in AutoCAD 2011 eingelesen.

INFO
Zeichnung im DXF-Format speichern
Sie können eine Zeichnung auch im DXF-Format speichern. Verwenden Sie den Befehl SICHALS wie gewohnt. Wählen Sie Laufwerk und Ordner. Stellen Sie beim DATEITYP das Format ein. Sie können wählen zwischen:

- **AutoCAD 2010 DXF (*.*dxf*)**: Speicherung im aktuellen DXF-Format.
- **AutoCAD 2007/LT 2007 DXF (*.*dxf*)**: Speicherung im DXF-Format von AutoCAD 2007/2008/2009 bzw. AutoCAD LT 2007/2008/2009. Objekte und Einstellungen, die es in diesen Versionen nicht gibt, werden durch ähnliche Objekte ersetzt oder nicht übernommen.
- **AutoCAD 2004/LT 2004 DXF (*.*dxf*)**: Speicherung im DXF-Format von AutoCAD 2004/2005/2006 bzw. AutoCAD LT 2004/2005/2006. Objekte und Einstellungen, die es in diesen Versionen nicht gibt, werden durch ähnliche Objekte ersetzt oder nicht übernommen.
- **AutoCAD 2000/LT 2000 DXF (*.*dxf*)**: Speicherung im DXF-Format von AutoCAD 2000/2000i/2002 bzw. AutoCAD LT 2000/2000i/2002. Objekte und Einstellungen, die es in diesen Versionen nicht gibt, werden durch ähnliche Objekte ersetzt oder nicht übernommen.
- **AutoCAD R 12/LT 2 dxf (*.*dxf*)**: Speicherung im DXF-Format von AutoCAD 12 oder AutoCAD LT 2. AutoCAD 11 hat dasselbe DXF-Format wie AutoCAD 12, somit können diese Dateien auch in AutoCAD 11 übernommen werden. Ältere DXF-Formate können nicht mehr erzeugt werden.

TIPP
Haben Sie die Zeichnung zwischendurch in einem anderen Format als Zeichnung (*.dwg) gespeichert und Sie schließen das Zeichnungsfenster, erscheint eine Meldung. Sie werden darauf hingewiesen, dass die Zeichnung zuletzt in einem anderen Format gespeichert wurde. Wollen Sie die Zeichnung im aktuellen Zeichnungsformat speichern, klicken Sie auf die Schaltfläche JA. In diesem Fall müssen Sie einen neuen Namen vorgeben, um Überschreibungen zu vermeiden.

18.3 Optionen beim Speichern

Sie können mit den Optionen ein Vorgabe-Format wählen und vorgeben, wie DXF-Dateien gespeichert werden sollen.

Optionen fürs Speichern einstellen

Wählen Sie den Befehl SICHALS (Menübrowser, Funktion SPEICHERN UNTER...). Klicken Sie auf die Schaltfläche EXTRAS und wählen aus dem Abrollmenü die Funktion OPTIONEN. Sie bekommen ein Dialogfeld mit zwei Registerkarten (siehe Abbildungen 18.2 und 18.3).

Abbildung 18.2: Optionen fürs Speichern, Register DWG-Optionen

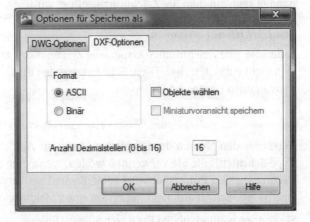

Abbildung 18.3: Optionen fürs Speichern, Register DXF-Optionen

Register DWG-Optionen

- PROXY-BILDER VON BENUTZERDEFINIERTEN OBJEKTEN SPEICHERN: Wenn die Zeichnung benutzerdefinierte Objekte aus anderen Anwendungen enthält, können Sie diese Option wählen. Dann werden Bilder dieser Objekte in der Zeichnungsdatei gespeichert. Wenn Sie diese Option nicht wählen, wird in der Zeichnung ein Rahmen für die benutzerspezifischen Objekte angezeigt.

- INDEXTYP: Legt fest, ob beim Speichern einer Zeichnung ein Layer- oder ein Raumindex erstellt werden soll. Die Indizes verbessern die Leistung beim Laden.
- ALLE ZEICHNUNGEN SPEICHERN ALS: Bestimmt das Vorgabe-Format beim Speichern. Zeichnungen werden dann standardmäßig in dem gewählten DWG- oder DXF-Format gespeichert. Auch in diesem Fall wird beim Schließen des Zeichnungsfensters darauf hingewiesen, dass die Zeichnung noch nicht im aktuellen Format gespeichert wurde.

Register DXF-Optionen

- FORMAT: Geben Sie an, ob DXF-Dateien im ASCII-Format oder binär gespeichert werden sollen, Standard ist das ASCII-Format.
- OBJEKTE WÄHLEN: Ist dieser Schalter ein, wird nicht die ganze Zeichnung im DXF-Format gespeichert. Sie können vor dem Speichern die Objekte wählen, die gespeichert werden sollen.
- MINIATURVORANSICHT SPEICHERN: Dieser Schalter kann beim DXF-Format nicht gewählt werden. Bei diesem Format wird derzeit noch kein Voransichtsbild mit der Datei gespeichert.
- ANZAHL DEZIMALSTELLEN: Speichert die Datei mit der angegebenen Anzahl von Dezimalstellen.

18.4 Nicht vorhandene Zeichensätze

Zeichensätze, die in einer Zeichnung verwendet werden, müssen auf dem System vorhanden sein, auf dem die Zeichnung geöffnet wird.

INFO

Ersatzschriften bestimmen

Laden Sie eine Zeichnung, die spezielle Zeichensätze enthält, die in Ihrer AutoCAD-Version nicht enthalten sind. Diese Schriften werden durch die Schrift ersetzt, die in der Systemvariablen FONTALT definiert ist.

```
Befehl: Fontalt
Neuen Wert für FONTALT oder . für keinen eingeben <"simplex.shx">:
```

Geben Sie den Namen der Schrift ein (*.shx* für AutoCAD-Schriften oder *.ttf* für True-Type-Schriften), die Sie verwenden wollen, wenn eine Schriftdatei nicht gefunden wird. Geben Sie einen Punkt ein, wird keine Ersatzdatei verwendet. Taucht dann beim Laden eine fremde Schrift auf, bekommen Sie einen Meldung (siehe Abbildung 18.4).

Sie können wählen, ob Sie Ersatzschriften definieren wollen oder die fehlenden Schriften ignorieren und diesen Text nicht anzeigen lassen. Im ersten Fall erhalten Sie ein Dialogfeld, aus dem Sie die Ersatzschrift wählen können (siehe Abbildung 18.5). Ersetzen Sie die Schrift durch eine TrueType-Schrift (mit TT gekennzeichnet), können Sie meistens auch noch den SCHRIFTSTIL wählen (*Fett*, *Fett Kursiv*, *Kursiv* oder *Standard*).

Nicht vorhandene Zeichensätze

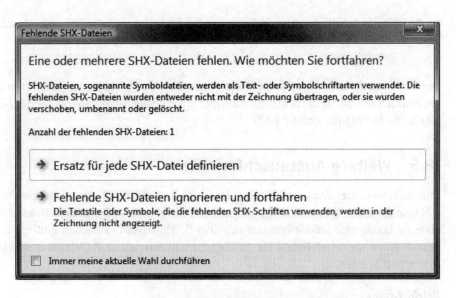

Abbildung 18.4:
Meldung über fehlende Schriften

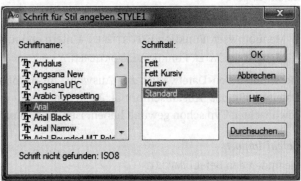

Abbildung 18.5:
Ersatzschrift wählen

Haben Sie mehrere fremde Schriften in der Zeichnung, können Sie in der Datei *Acad.fmp* bzw. *Aclt.fmp* in AutoCAD LT definieren, wie die Schriften ersetzt werden sollen. Wenn Sie dann eine Zeichnung laden, die fremde Schriften enthält, läuft es nach folgendem Schema ab:

- Ersetzen der Schriften durch die in *Acad.fmp* definierten Schriften, falls die Schrift dort nicht aufgeführt ist.
- Ersetzen durch die in der Systemvariablen FONTALT definierten Schrift, falls keine definiert ist.
- Dialogfeld für Ersatzschrift aktivieren.

Die Datei *Acad.fmp* ist eine Textdatei, die Sie mit dem Windows-Editor bearbeiten können. Geben Sie die fremde Schrift an und setzen dahinter die Ersatzschrift:

```
geniso; txt
```

715

Wollen Sie die Schrift durch eine TrueType-Schrift ersetzen, geben Sie den Zusatz *.ttf an:

```
geniso; arial.ttf
```

Die Schrift wird nur in der Anzeige ersetzt. In der Zeichnung bleiben die bisherigen Schriften erhalten. Wenn Sie die Schriften dauerhaft ersetzen wollen, definieren Sie die Textstile neu (siehe Befehl STIL, Kapitel 10.2).

18.5 Weitere Austauschformate

Eine Reihe weiterer Austauschformate lassen sich in AutoCAD erzeugen bzw. in AutoCAD einlesen. Die Austauschformate erzeugen Sie in AutoCAD mit dem Befehl EXPORT, einlesen lassen sich solche Formate mit dem Befehl IMPORT. Daneben gibt es für jedes Format einen speziellen Befehl für die Eingabe und Ausgabe, z. B.: WMFIN und WMFOUT, ACISIN und ACISOUT.

Befehl Export
Sie finden den Befehl EXPORT:

- Menübrowser: Funktion EXPORTIEREN, Untermenü für die verschiedenen Formate
- Menüleiste DATEI, Funktion EXPORTIEREN...

Sie erhalten den Dateiwähler zur Auswahl. Im Abrollmenü DATEITYP können Sie den Dateityp für das Austauschformat einstellen bzw., wenn Sie im Menübrowser den gewünschten Typ schon gewählt haben, ist dieser schon voreingestellt.

Befehl Import
Sie finden den Befehl IMPORT:

- Multifunktionsleiste: Symbol im Register EINFÜGEN, Gruppe IMPORTIEREN
- Symbol im Werkzeugkasten EINFÜGEN

Auch hier erhalten Sie den Dateiwähler, bei dem Sie im Abrollmenü DATEITYP den Dateityp für das Austauschformat einstellen können.

Importieren und Exportieren
- *Teilweise haben Sie für die Optionen der Befehle* EXPORT *und* IMPORT *auch eigene Befehle zur Verfügung, z. B.:* WMFOUT *und* WMFIN *oder* 3DSIN.
- *Ob Sie den speziellen Befehl verwenden oder die Befehle* EXPORT *oder* IMPORT *mit der entsprechenden Option, das Ergebnis ist dasselbe.*

3D-DWF- und 3D-DWFx-Format (nur Export)
Dieses Format steht Ihnen nur in AutoCAD zum Export zur Verfügung (nicht in AutoCAD LT). Der Import erfolgt mit dem Befehl DWFANHANG (siehe Kapitel 12.5). Informationen zu den DWF-Formaten und zum Export im DWF-Format finden Sie in Kapitel 18.7.

Weitere Austauschformate

WMF-Format (Import und Export)

Stellen Sie dazu den Dateityp *Metadatei (*.wmf)* ein oder wählen Sie die Befehle WMFOUT bzw. WMFIN. Beim WMF-Format (Windows-Metafile-Format) handelt es sich um ein Vektorformat, mit dem Grafiken in Text- oder Grafikprogramme übernommen und skaliert werden können. Stellen Sie bei den Befehlen IMPORT und EXPORT im Dateiwähler im Abrollmenü DATEITYP dazu *Metadatei (*.wmf)* ein.

Klicken Sie beim Import auf die Schaltfläche EXTRAS und wählen aus dem Abrollmenü die Funktion OPTIONEN. Sie erhalten ein weiteres Dialogfeld, in dem Sie die Vorgaben für die WMF-Übernahme einstellen können (siehe Abbildung 18.6). Das gleiche Dialogfeld erhalten Sie beim Befehl WMFOPT, mit dem Sie die Einstellung für den Import wählen können.

Abbildung 18.6: Einstellung für den WMF-Import

An zwei Schaltern können Sie einstellen, ob gefüllte Objekte gefüllt oder nur die Konturen übernommen werden sollen und ob breite Linien breit bleiben oder mit Linienbreite 0 in AutoCAD übernommen werden sollen. Das Objekt kann dann wie ein Block in der Zeichnung platziert werden:

```
Befehl: Wmfin
Einfügepunkt angeben oder [Basispunkt/Faktor/X/Y/Z/Drehen/VFaktor/VX/VY/VZ/VDrehen]:
X-Skalierfaktor eingeben, entgegengesetzte Ecke angeben oder [Ecke/XYZ] <1>:
Y-Skalierfaktor eingeben <X-Skalierfaktor verwenden>:
Drehwinkel angeben <0>:
```

Beim Export können Sie die Objekte wählen, die in die WMF-Datei geschrieben werden sollen.

BMP-Format (nur Export)

Das BMP-Format ist ein Rasterformat, bei dem die einzelnen Bildpunkte der Zeichnung auf dem Bildschirm in eine Datei geschrieben werden. Solche Dateien lassen sich in Bildbearbeitungsprogramme oder Textdokumente übernehmen. Stellen Sie beim Befehl EXPORT im Dateiwähler im Abrollmenü DATEITYP dafür *Bitmap (*.bmp)* ein.

ACIS-Format (Import und Export)

ACIS ist ein Format für Volumenmodelle, deshalb steht dieses Format auch nur in AutoCAD (nicht in AutoCAD LT) zur Verfügung. 3D-Volumenmodelle können in SAT-Dateien gespeichert werden und lassen sich auch aus einer SAT-Datei in die Zeichnung laden. Stellen Sie beim Dateityp *Acis (*.sat)* ein.

STL-Format (nur Export)

Wollen Sie aus Ihrem AutoCAD-Volumenkörper ein Stereolithografie-Modell erstellen, können Sie es im STL-Format ausgeben (nicht in AutoCAD LT). Die Daten des Volumenmodells werden in einer Facettendarstellung aus Dreiecken übergeben. Stellen Sie für den Dateityp *Stereolithographie (*.stl)* ein und wählen die Objekte, die übernommen werden sollen. Es werden nur Volumenkörper übertragen. Alle Körper müssen sich vollständig innerhalb des positiven xyz-Oktanden befinden, das heißt, alle x-, y- und z-Koordinaten müssen größer als 0 sein. Seit AutoCAD 2010 steht Ihnen auch der Befehl 3DDRUCK für die Erstellung von STL-Dateien zur Verfügung (siehe Kapitel 21.8).

 3DS-Format (nur Import)

3D-Studio ist ein Programm von Autodesk für fotorealistische Darstellung und Animation. Es hat auch einen 3D-Modellierer integriert. Wollen Sie Modelle aus 3D-Studio in AutoCAD (nicht in AutoCAD LT) übernehmen, stellen Sie beim Dateityp *3D-Studio (*.3ds)* ein. 3D-Studio kann AutoCAD-Dateien direkt übernehmen, deshalb ist kein spezieller Export erforderlich.

 Block (nur Export)

Mit dieser Funktion können Sie einen Block aus der Zeichnung in eine externe Datei speichern. Er entspricht dem Befehl WBLOCK, nur dass damit bequemer und übersichtlicher mit einem Dialogfeld gearbeitet werden kann. Verwenden Sie also besser WBLOCK (siehe Kapitel 11.3). Falls Sie doch den Befehl EXPORT verwenden wollen, stellen Sie den Dateityp *Block (*.dwg)* ein. Der Import erfolgt mit dem Befehl EINFÜGE (siehe Kapitel 11.4).

 DXX-Format (nur Export)

Das DXX-Format ist ein spezielles Format, mit dem sich Attributwerte (siehe Kapitel 11.5 bis 11.8) in eine Datei exportieren lassen. Sie hat das gleiche Format wie DXF-Dateien, enthält aber nur die Attributwerte. Wählen Sie dazu den Dateityp *DXX-Extrakt (*.dxx)*.

 PostScript-Format (nur Export)

AutoCAD-Zeichnungen (nicht AutoCAD LT) lassen sich als PostScript-Dateien ausgeben. PostScript ist der Standard bei DTP- (Desktop Publishing), Grafik- und Illustrationsprogrammen und beim Fotosatz. Es ist zunächst eine Seitenbeschreibungssprache mit Befehlen zum Erstellen von Linien, Bogen, Kreisen, Kurven, Füllmustern und vor allem Schriften.

AutoCAD erzeugt das Encapsulated-PostScript-Format, kurz EPS-Format. Solche Dateien lassen sich sowohl direkt auf dem Drucker ausgeben als auch in anderen Programmen auf einer Seite positionieren, beliebig skalieren und mit anderen Grafikelementen kombinieren. Leider werden diese PostScript-Dateien beim Platzieren in Grafik- oder Publishing-Programmen nur als graue Flächen angezeigt. Das Bild, das sich dahinter verbirgt, zeigt sich erst bei der Ausgabe auf einem PostScript-Drucker auf dem Papier.

Abhilfe schaffen darstellbare EPS-Dateien. Sie enthalten im Vorspann eine pixelweise Darstellung. Dadurch ist der Bildinhalt in grober Form sichtbar. Zu beachten ist aber, dass solche Dateien nicht direkt zum Ausdruck an den Drucker gesandt werden können.

Wählen Sie beim Befehl EXPORT im Abrollmenü DATEITYP den Eintrag *Encapsulated ps (*.eps)* oder verwenden Sie den Befehl PSOUT. Klicken Sie auf die Schaltfläche EXTRAS... und im Abrollmenü auf den Eintrag OPTIONEN. In einem Dialogfeld können Sie, ähnlich wie beim Befehl PLOT, die Ausgabeparameter bestimmen (siehe Abbildung 18.7).

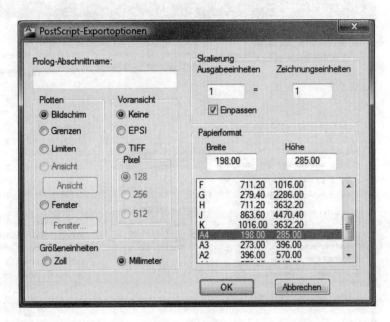

Abbildung 18.7:
Optionen für die PostScript-Ausgabe

DXB-Format (nur Import)

Das DXB-Format (Drawing Interchange Binary) ist ein einfaches binäres Format, mit dem Sie geometrische Grundobjekte in andere Programme übertragen können. Für den Datenaustausch hat dieses Format kaum noch Bedeutung. AutoCAD kann solche Dateien nur lesen. Es gibt keinen direkten Befehl zum Export einer DXB-Datei. Sie können aber per E-Plot eine DXB-Datei erzeugen. Dazu muss ein Dateiformat-Treiber installiert werden und in eine Datei geplottet werden (siehe Kapitel 18.9).

DXB-Dateien werden mit dem Befehl DXBIN importiert. Tippen Sie diesen auf der Tastatur ein oder wählen Sie im Abrollmenü EINFÜGEN die Funktion DXB.... Suchen Sie die Datei im Dateiwähler. Sie lässt sich in die aktuelle Zeichnung einfügen.

DGN-Format (Import und Export)

Das DGN-Format wird von dem CAD-Programm MicroStation verwendet. Sie können AutoCAD-Zeichnungen im V7- und V8-Format von MicroStation exportieren. Außerdem lassen sich Zeichnungen im MicroStation-Format in die aktuelle AutoCAD-Datei importieren. Der Unterschied zum Befehl DGNANHANG (siehe Kapitel 12.4) ist, dass bei diesem Befehl die MicroStation-Datei wie bei einer externen Referenz nur unterlegt wird. Beim Import wird sie ins DWG-Format übersetzt.

Sowohl beim Import als auch beim Export bekommen Sie, nachdem Sie die Datei gewählt haben, jeweils ein Dialogfeld. Darin können Sie die Konvertierungsoptionen einstellen (siehe Abbildung 18.8 und 18.9).

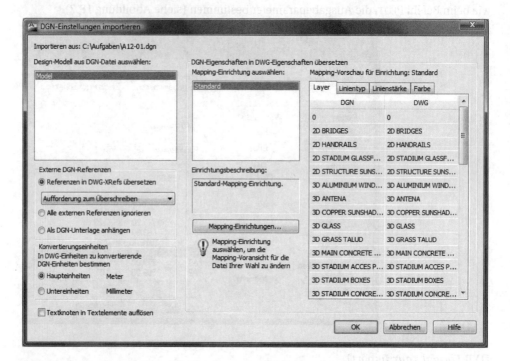

Abbildung 18.8: DGN-Import-Optionen

Beim Import können Sie wählen, welches Zeichnungsmodell aus der DGN-Datei übernommen werden soll, wie externe Referenzen der DGN-Datei in AutoCAD behandelt werden sollen und welche Einheiten gelten sollen. Im rechten Teil des Dialogfelds können Sie die Zuordnungen von Layern, Linientypen, Linienstärken und Farben vornehmen. Diese Einstellungen lassen sich in einer Mapping-Einrichtung zum späteren Wiederverwenden speichern.

Beim Export lassen sich die gleichen Einstellungen wie beim Import vornehmen. Auch hier können Sie von den einmal gemachten Einstellungen eine Mapping-Einrichtung speichern und diese später erneut verwenden.

PDF-Ausgabe

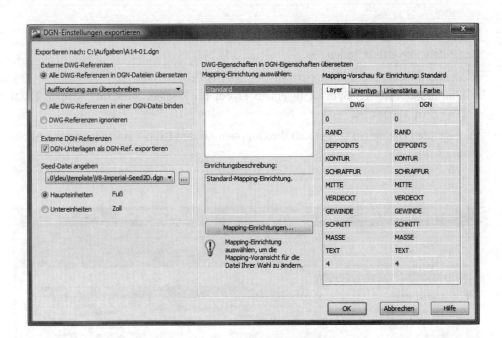

Abbildung 18.9:
DGN-Export-Optionen

Zeichnung im Rasterformat exportieren

Drei separate Befehle stehen Ihnen zur Verfügung, um die aktuelle Zeichnung oder Teile davon in einem Rasterformat zu exportieren. Die Befehle finden Sie nicht in den Menüs, tippen Sie sie auf der Tastatur ein. Es sind dies:

- TIFEXP zum Export im TIFF-Format
- JPGEXP zum Export im JPG-Format
- PNGOUT zum Export im PNG-Format

Haben Sie einen der Befehle gewählt, bekommen Sie den Dateiwähler. Legen Sie Dateinamen und Speicherort fest. Danach wird angefragt, ob Sie die komplette Zeichnung oder einzelne Objekte exportieren wollen. Bessere Ergebnisse erzielen Sie aber mit den Funktionen zum elektronischen Plotten (siehe Kapitel 18.9).

18.6 PDF-Ausgabe

Zeichnungsdateien lassen sich auch im PDF-Format exportieren. Dafür haben Sie den Befehl EXPORTPDF. Bis zu AutoCAD 2009 musste das über die Möglichkeit des elektronischen Plottens erfolgen (siehe Kapitel 18.9). Mit dem Befehl EXPORTPDF geht es aber schneller und komfortabler.

Dateien im PDF-Format lassen sich der Zeichnung unterlegen. Das erfolgt mit dem Befehl PDFANHANG, den Sie in Kapitel 12.6 schon kennengelernt haben. Ein Import von PDF-Dateien und damit auch eine Umwandlung ins DWG-Format ist ohne zusätzliche Tools nicht möglich.

Kapitel 18 • **Datenaustausch, Dienstprogramme und Internet-Funktionen**

PDF-Dateien exportieren

Den Befehl EXPORTPDF finden Sie:

- Menübrowser: Funktion EXPORTIEREN, Funktion PDF
- Multifunktionsleiste: Symbol in einem Flyout im Register AUSGABE, Gruppe NACH DWF/PDF EXPORTIEREN

Im folgenden Dialogfeld lassen sich die Optionen für den Export einstellen (siehe Abbildung 18.10).

Abbildung 18.10:
Einstellungen für den PDF-Export

Optionen: Im Dialogfeld haben Sie neben dem Dateiwähler (siehe Abbildung 18.10, rechts) noch ein Feld, um die Optionen für die Ausgabe einzustellen. Mit der Schaltfläche OPTIONEN... öffnet sich ein Eigenschaften-Fenster, in dem die Parameter für die Ausgabe angezeigt und auch geändert werden können (siehe Abbildung 18.10, links).

Ausgabesteuerung: In diesem Feld können Sie wählen, ob die Datei nach dem Export im PDF-Viewer geöffnet werden soll und ob eine Plotmarkierung wie beim Befehl PLOT eingefügt werden soll (siehe Kapitel 15.2). Mit dem Symbol rechts davon, lässt sich die Plotmarkierung bearbeiten.

Export: In einem Abrollmenü kann gewählt werden, welcher Bereich als PDF-Datei exportiert werden soll (ANZEIGE, GRENZEN oder FENSTER). Wählen Sie FENSTER, können Sie das Fenster in der Zeichnung bestimmen, das Dialogfeld verschwindet so lange, bis Sie zwei diagonale Eckpunkte in der Zeichnung angeklickt haben. Wollen Sie das Fenster überprüfen oder neu bestimmen, klicken Sie auf das Symbol rechts davon.

Seiteneinrichtung: In diesem Abrollmenü können Sie wählen, mit welcher der gespeicherten Seiteneinrichtungen Sie die PDF-Datei erzeugen wollen. Wählen Sie die Einstellung *Überschreiben*, können Sie mit der Schaltfläche SEITENEINRICHTUNG ÜBERSCHREIBEN… ein Dialogfeld aktivieren (siehe Abbildung 18.11), in dem Sie die Seite einrichten können.

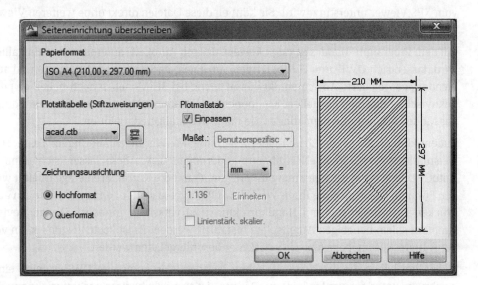

Abbildung 18.11: Seite einrichten für den PDF-Export

Die Dialogfelder für die Einstellungen lassen sich auch alle direkt mit Symbolen und Abrollmenüs aus der Multifunktionsleiste, Register AUSGABE, Gruppe NACH DWF/PDF EXPORTIEREN, wählen.

18.7 Im DWF-Format publizieren

Das DWF-Format (**D**esign **W**eb **F**ormat) ist ähnlich wie das PDF-Format ein Format, in dem Zeichnungen und Bilder in einer kompakten Form gespeichert und publiziert werden können. Eine DWF-Datei beinhaltet eine oder einen Satz von Zeichnungen (2D oder 3D mit oder ohne Layouts) oder Bildern, der in einer einzigen, kleineren Datei komprimiert ist, damit die Weitergabe über das Web schneller und sicherer erfolgen kann. Dabei werden lediglich Bildinformationen gespeichert, die nicht geändert werden können. Außerdem lassen sich die ursprünglichen Vektordaten bzw. Volumenmodelle (bei 3D-DWF-Dateien) daraus nicht mehr ermitteln. Dies ist besonders wichtig, da ein CAD-Modell unter Umständen Daten enthält, die vertraulich sind und die Sie nicht aus dem

Haus geben wollen. In DWF-Dateien bleiben allerdings die Entwurfsdaten (wie Layer, Ansichten usw.) und der Maßstab erhalten, sodass daraus exakte Zeichnungen geplottet werden können.

Beim DWF-Format handelt es sich um ein offenes Format. Programmierer können mit dem verfügbaren Toolkit die von ihnen verwendeten Anwendungen so anpassen, dass diese DWF-Dateien lesen und schreiben können.

Seit AutoCAD 2009 lassen sich auch Dateien im neuen DWFx-Format erzeugen. Dieses Format basiert auf dem Format XML Paper Specification (XPS) von Microsoft. DWFx-Dateien können leicht auf der Windows Vista-Plattform verteilt werden, da dieses Format vom XPS Viewer unterstützt wird. Sie können diese Dateien direkt ohne weiteren Viewer unter Windows Vista im Internet Explorer anzeigen.

Mit dem Programm *Autodesk Design Review*, das mit AutoCAD automatisch mitinstalliert wird, lassen sich DWF- und DWFx-Dateien anzeigen, darin zoomen, Layer ein- und ausblenden, gespeicherte Ansichten aktivieren sowie bei 3D-Modellen auch beliebige perspektivische Ansichten einstellen, Komponenten ein- und ausblenden und Schnitte durch das Modell legen. Außerdem können Sie Pläne maßstabgerecht plotten.

Zudem können Sie bei der Prüfung der Zeichnung Markierungen anbringen: Texte, Hinweismarkierungen, Stempel, Freihandmarkierungen usw. Diese lassen sich dann in AutoCAD laden und der Zeichnung unterlegen, damit die Korrekturen eingearbeitet werden können. So können Sie Ihren Workflow effektiver gestalten, ohne Zeichnungen ausdrucken zu müssen und mit Handkorrekturen zu versehen. Autodesk Design Review kann auf jedem beliebigen Arbeitsplatz installiert werden. Es ist kostenlos und kann von der Autodesk-Homepage (www.autodesk.de) heruntergeladen werden.

Außerdem haben Sie in Kapitel 12 schon gesehen, wie komplette DWF-Dateien einer Zeichnung unterlegt werden können. Dadurch ist es möglich, diese nachzuzeichnen oder nur in den Hintergrund einer Zeichnung zu legen.

Sie haben drei Möglichkeiten, DWF-Dateien in AutoCAD zu erzeugen: Konfiguration eines virtuellen Plotters und plotten in eine Datei, Export mit speziellen Exportbefehlen und den Befehl PUBLIZIEREN, mit dem Sie einen ganzen Zeichnungssatz auf einmal erstellen können. Zum Erstellen von DWF-Dateien aus 3D-Modellen haben Sie einen weiteren Befehl: den Befehl 3DDWF.

DWF bzw. DWFx per E-Plot erzeugen
Gehen Sie wie folgt vor:

- Konfigurieren Sie einen Plotter im PLOT-MANAGER mit dem ASSISTENT ZUM HINZUFÜGEN EINES PLOTTERS. Wählen Sie im Dialogfeld START die Option MEIN COMPUTER (siehe dazu auch Kapitel 15.4).

Im DWF-Format publizieren

- Im nächsten Dialogfeld (siehe Abbildung 18.12) wählen Sie als Plotterhersteller *Autodesk-ePlot (DWF)* oder *Autodesk-ePlot (DWFx)*. In der rechten Liste wählen Sie das Plottermodell, die verschiedenen DWF-Formate. In einem der nächsten Dialogfelder wählen Sie IN DATEI PLOTTEN.
- Verwenden Sie dann den Befehl PLOT wie gewohnt, wählen Sie den konfigurierten Plotter und speichern den Plot in eine Datei.

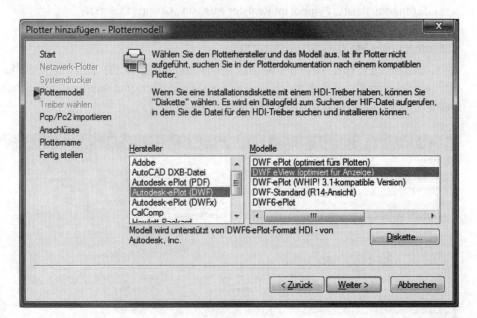

Abbildung 18.12:
Wahl des Plottermodells für die DWF-Ausgabe

DWF bzw. DWFx per Exportbefehl erzeugen

Mit den Befehlen EXPORTDWF bzw. EXPORTDWFX können Sie die aktuelle Zeichnungsdatei im DWF- bzw. DWFx-Format exportieren. Sie finden die Befehle:

- Menübrowser: Funktion EXPORTIEREN, Funktion DWF bzw. DWFx
- Multifunktionsleiste: Symbol in einem Flyout im Register AUSGABE, Gruppe NACH DWF/PDF EXPORTIEREN

Sie bekommen das gleiche Dialogfeld wie beim PDF-Export (siehe Kapitel 18.6 und Abbildungen 18.9 und 18.10). Gehen Sie genau wie beim PDF-Export vor.

Befehl Publizieren

Mit dem Befehl PUBLIZIEREN können Sie eine Zeichnung mit allen Layouts und sogar einen kompletten Zeichnungssatz im DWF- bzw. im DWFx-Format oder im PDF-Format speichern oder auf einem Drucker bzw. Plotter ausgeben. Wählen Sie den Befehl:

- Menübrowser: Funktion PUBLIZIEREN
- Multifunktionsleiste: Symbol im Register AUSGABE, Gruppe PLOTTEN
- Menüleiste DATEI, Funktion PUBLIZIEREN
- Symbol in der STANDARD-FUNKTIONSLEISTE

Sie bekommen das Dialogfeld des Befehls (siehe Abbildung 18.13). Das Dialogfeld kann mit dem Schalter DETAILS ANZEIGEN (links unten) vergrößert und dann mit dem Schalter DETAILS AUSBLENDEN auch wieder verkleinert werden.

Abbildung 18.13: Publizieren von Zeichnungen

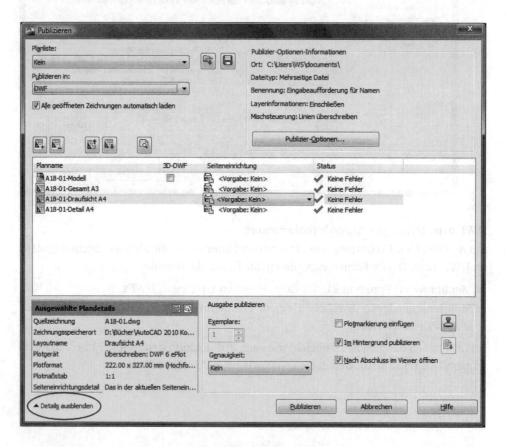

Alle Layouts und die Modellbereiche der momentan geöffneten Zeichnung werden zum Publizieren in die Liste der zu publizierenden Zeichnungen in der Mitte des Dialogfelds aufgenommen.

Planliste: Sollen ganze Zeichnungssätze öfter geplottet werden, lassen sich diese in sogenannten Planlisten speichern (Dateierweiterung *.dsd). Mit dem rechten Schalter neben dem Abrollmenü PLANLISTE (links oben) lässt sich die Liste im Dialogfeld in einer Planliste speichern und mit dem Schalter links davon auch wieder laden. Die Pläne einer geladenen Planliste werden in die Liste des Dialogfelds aufgenommen. Sobald Sie dieses Dialogfeld beenden, wird angefragt, ob die Planliste gespeichert werden soll.

Publizieren in: Mit dem darunter liegenden Abrollmenü PUBLIZIEREN IN können Sie wählen, ob die Pläne geplottet werden sollen (auf dem in der Seiteneinrichtung festgelegten Gerät, das dem jeweiligen Layout zugeordnet ist), oder als DWF-, DWFx- oder PDF-Datei publiziert werden sollen.

Alle geöffneten Zeichnungen automatisch laden: Ist dieser Schalter ein, werden alle geöffneten Zeichnungen in die Liste aufgenommen. Ist er aus, müssen Sie auch diese mit den weiteren Schaltern (siehe unten) laden.

Pläne hinzufügen bzw. Pläne entfernen: Zeichnungsdatei hinzufügen bzw. entfernen des markierten Eintrags aus der Liste des Dialogfelds. Es können auch einzelne Layouts einer Zeichnungsdatei entfernt werden.

Plan nach oben bzw. Plan nach unten: Ändern der Publizierreihenfolge, der in der Liste markierte Plan wird nach oben bzw. nach unten verschoben.

Vorschau: Plotvorschau des in der Liste markierten Eintrags.

Publizier-Optionen…: Mit dieser Schaltfläche kommen Sie zu einem Eigenschaften Fenster, in dem Sie weitere Einstellungen für die Ausgabe der Pläne vornehmen können (siehe Abbildung 18.14). Hier können Sie wählen, in welchen Ordner Sie publizieren wollen, ob Sie eine einseitige oder mehrseitige Datei erstellen wollen, d.h., ob jeder Plan in einer eigenen oder alle Pläne in einer Datei gespeichert werden sollen. Außerdem können Sie einen Vorgabenamen für die Datei eintragen oder den Namen beim Publizieren abfragen lassen. Zudem lässt sich ein Kennwortschutz wählen und man kann festlegen, ob die Layerinformationen ebenfalls in der Datei enthalten sein sollen.

Planliste: In der Planliste finden Sie alle zum Publizieren gewählten Layouts bzw. Modellbereiche. Bei der Auswahl eines Modellbereichs mit einem 3D-Modell können Sie zudem wählen, ob eine 3D-DW-Datei generiert werden soll. In der Spalte dahinter kann die Seiteneinrichtung gewählt werden, mit der das entsprechende Layout geplottet werden soll. In der letzten Spalte wird angezeigt, ob die Ausgabe fehlerfrei erfolgen kann.

Ausgewählte Plandetails bzw. Voransicht: Im Fenster links unten im Dialogfeld kann gewählt werden, ob die Plandetails oder eine Voransicht des markierten Plans angezeigt werden soll (siehe Abbildung 18.15).

Abbildung 18.14:
Eigenschaften für das Publizieren

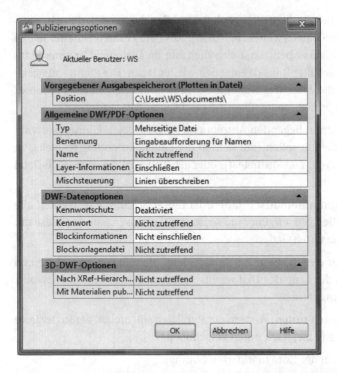

Abbildung 18.15:
Ausgewählte Plandetails bzw. Voransicht links unten anzeigen

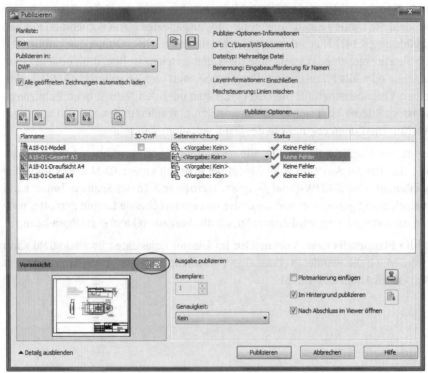

Im DWF-Format publizieren

Ausgabe publizieren: Werden die Zeichnungen geplottet, können Sie hier die Zahl der Exemplare wählen und in einem Abrollmenü die Genauigkeit für die Dateiausgabe wählen.

Plotmarkierung einfügen: Mit diesem Schalter wird eine Plotmarkierung wie beim Befehl PLOT eingefügt (siehe Kapitel 15.2). Mit dem Symbol rechts davon, lässt sich die Plotmarkierung bearbeiten.

Im Hintergrund Publizieren: Ist dieser Schalter aktiviert, werden die Pläne im Hintergrund publiziert. Die Ausgabe dauert dann zwar länger, Sie können aber sofort in AutoCAD weiterarbeiten.

Plotreihenfolge: Mit diesem Schalter können Sie die Reihenfolge der Ausgabe der Pläne in der Liste umkehren.

Nach Abschluss im Viewer öffnen: Ist dieser Schalter angeschaltet, werden die Pläne, wenn sie in eine Datei ausgegeben wurden, mit dem entsprechenden Viewer geöffnet.

Publizieren: Mit dieser Schaltfläche wird der Vorgang gestartet und die Pläne publiziert.

Zeichnung publizieren

1. Laden Sie die Zeichnung *A18-02.dwg* aus dem Ordner *Aufgaben*.
2. Publizieren Sie den Modellbereich und alle Layouts der Zeichnung in einer Mehrblatt-DWF-Datei.
3. Sehen Sie sich die Mehrblatt-DWF-Datei mit Design Review an (siehe Abbildung 18.16). Die DWF-Datei haben Sie auch im Ordner *Aufgaben* in der Datei *L18-02.dwf*.

Eine Beschreibung von *Autodesk Design Review* finden Sie im Anhang B.5.

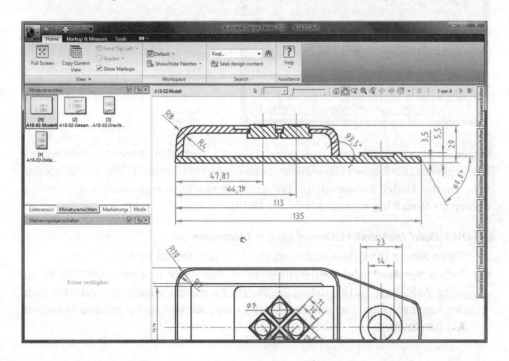

Abbildung 18.16: DWF-Datei in Design Review

Befehl 3ddwf

3D-Modelle (siehe Teil 3 dieses Buchs) können Sie ebenfalls im DWF-Format publizieren. Das geht allerdings nur in AutoCAD, nicht in AutoCAD LT. Dazu steht Ihnen in AutoCAD der Befehl 3DDWF zur Verfügung. Sie finden den Befehl:

- Multifunktionsleiste: Symbol im Register AUSGABE, Gruppe NACH DWF/PDF EXORTIEREN (nur im Arbeitsbereich *3D-Modellierung*)
- Menüleiste DATEI, Funktion EXPORTIEREN...
- Symbol in der STANDARD-FUNKTIONSLEISTE

Geben Sie im Dateiwähler den Speicherort und den Dateinamen an. Wählen Sie als Dateityp *3D DWFx (*.dwfx)* oder *3D DWF *.dwf*. Sie können auch den Befehl EXPORT verwenden und dort den entsprechenden Dateityp wählen. Klicken Sie auf die Schaltfläche EXTRAS und wählen aus dem Abrollmenü die Funktion OPTIONEN, dann bekommen Sie ein Dialogfeld, in dem Sie die Optionen fürs Publizieren einstellen können (siehe Abbildung 18.17).

Abbildung 18.17:
Optionen für die
3D-DWF-Datei

Öffnen Sie eine 3D-DWF-Datei in Autodesk Design Review, dann haben Sie darin weitere Möglichkeiten. Sie können einen Zusammenbau aus verschiedenen Teilen auseinandernehmen, das Modell dynamisch am Bildschirm in alle Richtungen drehen und Schnittebenen ins Modell legen (siehe Abbildung 18.18).

3D-DWF-Datei in Autodesk Design Review betrachten

1. Öffnen Sie die DWF-Datei *A18-03.dwf* in Autodesk Design Review.
2. Drehen Sie das Modell, zerlegen Sie es in Einzelteile und schneiden Sie es auf (siehe Abbildung 18.18). Gehen Sie in dem Programm intuitiv vor. Falls Sie nicht klar kommen, das Programm Autodesk Design Review ist im Anhang (Abschnitt B.4) beschrieben.

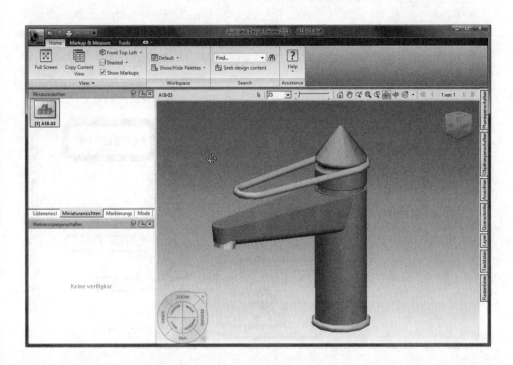

Abbildung 18.18:
3D-DWF-Datei in Design Review

18.8 Markierungen erstellen und einlesen

Wie schon erwähnt, haben Sie mit dem Programm *Autodesk Design Review* die Möglichkeit, Markierungen an einer DWF-Datei anzubringen. So können Sie ohne CAD-Software Zeichnungen überprüfen und gefundene Fehler markieren. Doch was fangen Sie mit den Markierungen an? In AutoCAD und AutoCAD LT können Sie diese Markierungen wieder in die Zeichnung laden und so die Zeichnung bequem ändern. In Abbildung 18.19 sehen Sie, wie in einer DWF-Datei in Autodesk Design Review Markierungen angebracht werden können.

Um Markierungssätze in AutoCAD zu verwalten, haben Sie die Palette des MARKIERUNGS-SATZ-MANAGERS (siehe Abbildung 18.20). Aktivieren Sie ihn wie folgt:

- Multifunktionsleiste: Symbol im Register ANSICHT, Gruppe PALETTEN
- Menüleiste EXTRAS, Untermenü PALETTEN >, Funktion MARKIERUNGSSATZ-MANAGER...
- Symbol in der STANDARD-FUNKTIONSLEISTE

Kapitel 18 • Datenaustausch, Dienstprogramme und Internet-Funktionen

Abbildung 18.19:
DWF-Datei in Autodesk Design Review

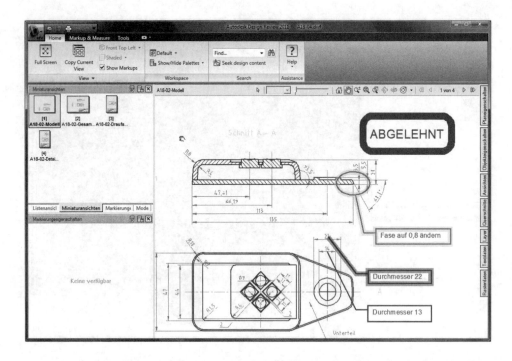

Abbildung 18.20:
Markierungen und Markierungssatz-Manager in der Zeichnung

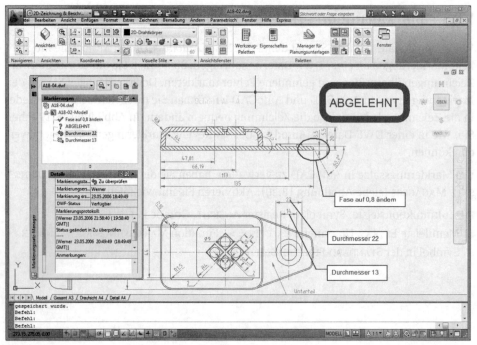

Im oberen Abrollmenü des Markierungssatz-Managers finden Sie die Funktion ÖFFNEN, mit der Sie einen Markierungssatz, also eine DWF-Datei mit Markierungen, laden können. Das wird Ihnen dann in der Palette angezeigt. Dort finden Sie auch die zugehörige Zeichnung. Mit einem Rechtsklick auf den Zeichnungsnamen können Sie im Kontextmenü mit der Funktion PLAN ÖFFNEN die zugehörige Zeichnung laden. Die DWF-Datei ist mit der ursprünglichen Zeichnung verknüpft.

Rechts oben in der Palette haben Sie eine Leiste mit Symbolen. Dort können Sie (von links nach rechts) die Pläne erneut publizieren, die Redline-Geometrie (die Markierungen) aus- und einschalten, sowie die DWG- oder DWF-Geometrie anzeigen.

Haben Sie eine Markierung in der Liste darunter angewählt, bekommen Sie im Feld DETAILS weitere Informationen zu der Markierung. Sie können aber auch auf die Voransicht umschalten (siehe Abbildung 18.20). Mit einem Rechtsklick auf eine Markierung lässt sich im Kontextmenü der Markierungsstatus verwalten. So haben Sie einen Überblick, welche Korrekturen bereits ausgeführt wurden, welche noch fraglich sind oder was noch zu prüfen ist (siehe Abbildung 18.21). Jetzt können Sie die Zeichnung bearbeiten und eventuell danach erneut publizieren.

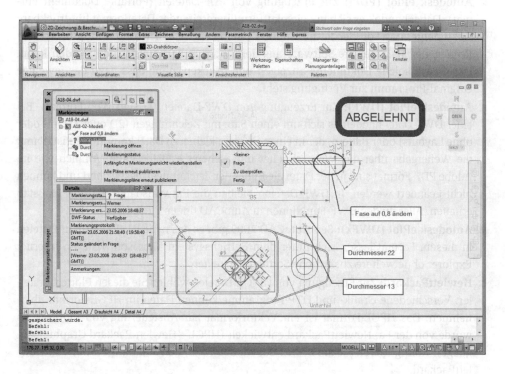

Abbildung 18.21: Status der Markierungen verwalten

Markierungssatz laden

1. Öffnen Sie den Markierungssatz *A18-04.dwf* im Markierungssatz-Manager.
2. Öffnen Sie die Markierung und die zugehörige Zeichnung. Bearbeiten Sie die Markierungen und setzen Sie den Status entsprechend.

18.9 Elektronisches Plotten

Verschiedene Formate, für die keine speziellen Export-Befehle zur Verfügung stehen, können Sie durch »Elektronisches Plotten« erzeugen. Verwenden Sie dazu den Befehl PLOTTERMANAGER (siehe Kapitel 15.4) und konfigurieren Sie einen Dateiformattreiber mit dem *Assistent zum Hinzufügen eines Plotters*. Folgende Konfigurations-Möglichkeiten haben Sie:

- **Adobe:** Zur Erstellung von PostScript-Dateien im EPS-Format. Auf diese Art können Sie ebenfalls dieses Dateiformat erzeugen. Da Ihnen der Plotbefehl wesentlich mehr Möglichkeiten bietet als der Befehl PSOUT, sollten Sie die Methode des Plottens bevorzugen.

- **AutoCAD DXB-Datei:** Das DXB-Format ist ein binäres Plotformat, das nur einfache Geometrieelemente enthält. Es gibt inzwischen keine Plotter mehr, die in diesem Format angesteuert werden können. Das Format eignet sich jedoch, um 3D-Zeichnungen in eine Ebene zu projizieren und in einer Datei zu speichern. Laden Sie diese Datei wieder mit dem Befehl DXBIN, haben Sie eine 2D-Zeichnung von dieser Projektion.

- **Autodesk ePlot (PDF):** Zur Erzeugung von PDF-Dateien (Portable Document Format). Dabei handelt es sich um ein plattformübergreifendes Dateiformat für druckbare Dokumente, das von der Firma Adobe Systems entwickelt wurde. Mit dem *Acrobat Reader*, der als Freeware-Software aus dem Internet heruntergeladen werden kann, lassen sich solche Dokumente anzeigen und drucken, ohne dass dazu das jeweilige Original-Programm zur Verfügung steht.

- **Autodesk ePlot (DWF):** Zur Erzeugung von DWF-Dateien (**D**esign **W**eb **F**ormat). Bei einer DWF-Datei handelt es sich um einen Satz mit Zeichnungen (2D oder 3D mit oder ohne Layouts) oder Bildern, der in einer einzigen kleineren Datei komprimiert ist, damit die Weitergabe über das Web schneller und sicherer erfolgen kann. Ähnlich wie im Adobe PDF-Format sind in der Datei die Bilder der Zeichnungen gespeichert und können nicht geändert werden. In DWF-Dateien bleiben die Entwurfsdaten und der Maßstab erhalten. Alles zu den DWF-Funktionen in AutoCAD finden Sie in Kapitel 18.3.

- **Autodesk ePlot (DWFx):** Seit AutoCAD 2009 gibt es das neue DWFx-Format. Dateien in diesem Format lassen sich unter dem Betriebssystem Microsoft Vista im Internet Explorer ohne weitere zusätzliche Software anzeigen.

- **HewlettPackard:** Zur Erzeugung von HP-GL-Dateien wählen Sie diesen Plotterhersteller. Verschiedene Grafik- und DTP-Programme können Daten im HPGL-Format übernehmen. Das HPGL-Format ist ein Vektorformat zur Ansteuerung von Plottern. Es wurde von der Fa. HewlettPackard entwickelt (HPGL = Hewlett Packard Graphic Language). Konfigurieren Sie am besten das Modell 7475, den Standard-Plotter von HewlettPackard.

- **Rasterdateiformate:** Wollen Sie aus Ihrer Zeichnung eine Rasterdatei erstellen, also eine Bilddatei, die nur die Beschreibung der einzelnen Bildpunkte enthält, wählen Sie im PLOT-MANAGER diesen »Plotterhersteller«. In der Liste MODELLE haben Sie alle gängigen Bildformate aufgelistet. Wählen Sie das Format, das Sie erzeugen wollen.

Datenextraktion von Geometriedaten

Gehen Sie auch die restlichen Seiten des Assistenten durch und Sie haben den Plotter im Fenster des PLOT-MANAGERS. Statt eines Papierformats wählen Sie beim Plotten die Auflösung der Datei. Wollen Sie ein anderes Format als die angebotenen, erstellen Sie eine benutzerspezifische Papiergröße (siehe Kapitel 15.5). In diesem Fall geben Sie statt der Papiergröße die Auflösung an.

Ausgabedatei erstellen

Egal mit welchem »Elektronischen Plotter« Sie arbeiten, gehen Sie wie bei der Ausgabe auf Papier vor. Wählen Sie den Befehl PLOT und wählen Sie im Register PLOTTER des Plot-Dialogfelds statt eines Plotters ein Ausgabeformat. Geben Sie an, dass Sie die Plotausgabe in eine Datei umleiten wollen. Im Register PLOTEINSTELLUNGEN wählen Sie das Papierformat bzw. die Auflösung der Datei und plotten die Zeichnung. Es wird eine Datei im angegebenen Format mit den gewählten Einstellungen erzeugt.

18.10 Datenextraktion von Geometriedaten

Wie Sie schon in Kapitel 11.8 gesehen haben, können Sie mit dem Befehl DATENEXTRAKT Attributwerte in einer Datei ausgeben (Excel, Access usw.). Es lassen sich aber auch Zeichnungsdaten und Geometriewerte ausgeben.

Befehl Datenextrakt

Den Befehl haben Sie nur in AutoCAD, nicht in AutoCAD LT. Sie finden ihn:

- Multifunktionsleiste: Symbol im Register EINFÜGEN, Gruppe VERKNÜPFUNG & EXTRAKTION
- Menüleiste EXTRAS, Funktion DATENEXTRAKTION
- Symbol im Werkzeugkasten ÄNDERN II

Die Beschreibung des Befehls finden Sie in Kapitel 11.8. Hier noch ein Beispiel zur Ausgabe von Geometriedaten.

Geometriedaten ausgeben

1. Laden Sie die Zeichnung *A18-03.dwg* aus dem Ordner *Aufgaben*, eine Platte mit diversen Bohrungen (siehe Abbildung 18.22).
2. Geben Sie alle Bohrungen mit Durchmesser, Radius, x- und y-Koordinaten des Mittelpunkts sowie Umfang und Fläche in einer Excel-Tabelle aus. Sortiert werden soll die Tabelle nach dem Durchmesser. Im Ordner *Aufgaben* finden Sie die DXE-Datei *L18-03.dxe* für die Ausgabe. Verwenden Sie diese oder erstellen Sie eine eigene.
3. Ein Beispiel für die Ausgabedatei im Excel-Format (siehe Abbildung 18.23) finden Sie ebenfalls im Ordner *Aufgaben*, die Datei *L18-03.xls*.

Abbildung 18.22:
Platte mit Bohrungen für die Datenextraktion

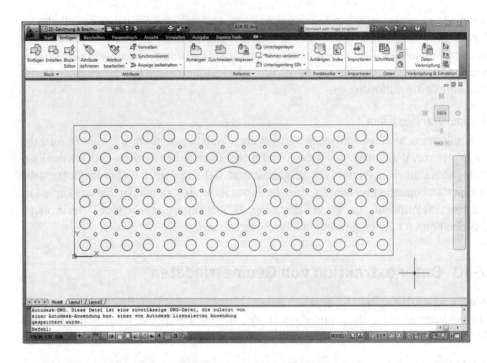

Abbildung 18.23:
Ausgabedatei in Excel

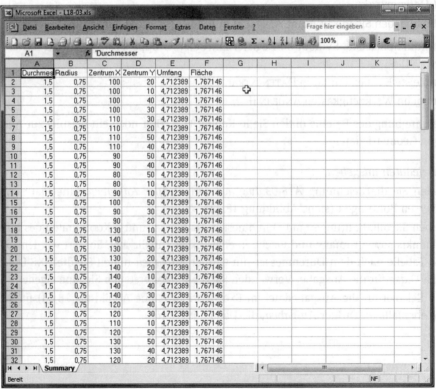

18.11 Zeichnungen mit Kennwort schützen

Zeichnungsdateien und DXF-Dateien lassen sich in AutoCAD mit einem Kennwort schützen. Sie lassen sich dann in AutoCAD und AutoCAD LT nur mit Angabe des Passworts wieder öffnen.

Zeichnung mit Kennwort speichern

1. Öffnen Sie eine beliebige Zeichnung.
2. Wählen Sie den Befehl SICHALS, Menübrowser SPEICHERN UNTER, Funktion AUTO-CAD-ZEICHNUNG. Wählen Sie dann im Dialogfeld zum Speichern aus dem Abrollmenü EXTRAS (rechts oben) die Funktion SICHERHEITSOPTIONEN.
3. Geben Sie im Register KENNWORT des Dialogfelds das Kennwort zum Öffnen der Zeichnung ein (siehe Abbildung 18.24). Auch das Voransichtsfenster im Dialogfeld des Befehls ÖFFNEN bleibt leer. Mit dem Schalter ZEICHNUNGSEIGENSCHAFTEN VERSCHLÜSSELN werden im Explorer die Zeichnungseigenschaften (siehe Kapitel 14.1) ebenfalls nicht angezeigt. Mit der Schaltfläche WEITERE OPTIONEN... kommen Sie zu einem weiteren Dialogfeld, in dem Sie die Verschlüsselungsart wählen können. Beenden Sie das Dialogfeld mit OK, wird eine Bestätigung des Kennworts verlangt. So können Schreibfehler bei der Eingabe ausgeschlossen werden.
4. Haben Sie digitale Signaturen auf Ihrem PC installiert, können Sie die Zeichnung auch digital unterschreiben. Nehmen Sie das im Register DIGITALE SIGNATUR vor.

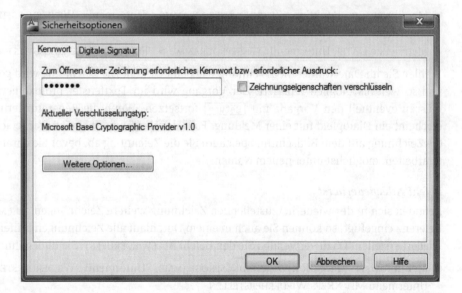

Abbildung 18.24: Eingabe des Kennworts

5. Öffnen Sie die Zeichnung wieder, wird das Kennwort in einem Dialogfeld abgefragt (siehe Abbildung 18.25). Nur mit dem richtigen Kennwort bekommen Sie die Zeichnung auf den Bildschirm.

Abbildung 18.25:
Kennwortabfrage beim Öffnen der Zeichnung

18.12 Zeichnungen wiederherstellen und prüfen

Lässt sich eine Zeichnung nicht mehr öffnen, bricht der Ladevorgang ab oder stürzt das Programm dabei ab, dann haben Sie noch eine Chance. Verwenden Sie statt des Befehls ÖFFNEN den Befehl WHERST. Die Zeichnung wird geöffnet und dabei wiederhergestellt, soweit dies bei einer beschädigten Zeichnung noch möglich ist.

Befehl Wherst
Verwenden Sie bei beschädigten Zeichnungen statt des Befehls ÖFFNEN den Befehl WHERST. Sie finden ihn:

- Menübrowser: Funktion ZEICHNUNGSPROGRAMME, Untermenü WIEDERHERSTELLEN, Untermenü WIEDERHERSTELLEN
- Menüleiste DATEI, Untermenü DIENSTPROGRAMME >, Funktion WIEDERHERSTELLEN...

Wählen Sie im Dateiwähler die Zeichnung wie beim Öffnen. Die Zeichnung wird geprüft und so weit als möglich repariert. Der Vorgang wird im Textfenster protokolliert. Sie müssen eventuell den Vorgang mit [Return] fortsetzen. Wenn die Reparatur fertig ist, erscheint ein Dialogfeld mit einer Meldung. Falls der Vorgang erfolgreich war, erscheint die Zeichnung auf dem Bildschirm. Speichern Sie die Zeichnung ab, bevor Sie daran weiterarbeiten, möglichst unter neuem Namen.

Befehl Allewiederherst
Befinden sich in der wiederherzustellenden Zeichnung weitere Zeichnungen als externe Referenz eingefügt, so können Sie auch in einem Durchlauf alle Zeichnungen prüfen und wiederherstellen. Dazu verwenden Sie den Befehl ALLEWIEDERHERST. Sie finden ihn:

- Menübrowser: Funktion ZEICHNUNGSPROGRAMME, Untermenü WIEDERHERSTELLEN, Untermenü MIT XREFS WIEDERHERSTELLEN
- Menüleiste DATEI, Untermenü DIENSTPROGRAMME >, Funktion ZEICHNUNG UND XREF WIEDERHERSTELLEN...

Zunächst bekommen Sie ein Fenster mit einer Anleitung. Klicken Sie auf die Schaltfläche WEITER kommen Sie zum Dateiwähler. Wählen Sie die Zeichnung, in die die externen

Zeichnungen wiederherstellen und prüfen

Referenzen eingefügt wurden. Danach wird die Zeichnung und nacheinander alle eingefügten externen Referenzen geöffnet, geprüft und falls erforderlich wiederhergestellt sowie erneut gespeichert. Das Ergebnis einschließlich der gefundenen Fehler wird in einer Protokolldatei angezeigt (siehe Abbildung 18.26).

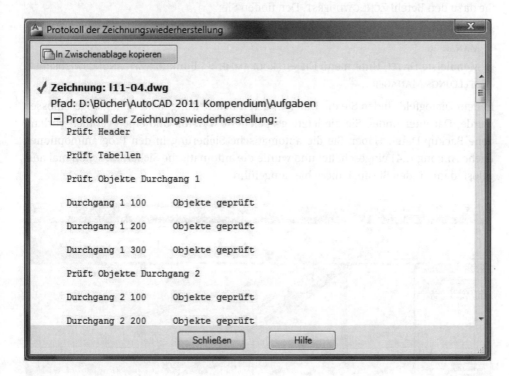

Abbildung 18.26: Prüfprotokoll der Wiederherstellung

Befehl Prüfung

Wollen Sie eine geöffnete Zeichnung auf Fehler prüfen, können Sie dies mit dem Befehl PRÜFUNG tun. Sie finden ihn an der gleichen Stelle:

- Menübrowser: Funktion ZEICHNUNGSPROGRAMME, ÜBERPRÜFEN
- Menüleiste DATEI, Untermenü DIENSTPROGRAMME >, Funktion PRÜFUNG

Wählen Sie, ob Sie nur prüfen oder auch gleich die Fehler beheben wollen.

```
Befehl: Prüfung
Gefundene Fehler beheben? [Ja/Nein] <N>:
```

Auch hier bekommen Sie ein Protokoll im Textfenster angezeigt und die Zeichnung wird repariert, wenn Sie diese Option gewählt haben und wenn die Reparatur möglich ist.

Befehl Zchngwdherst, der Zeichnungswiederherstellungs-Manager

Ist Ihnen das Programm während der Arbeit abgestürzt, dann sind alle Änderungen seit der letzten Sicherung verloren. Außerdem kann es sein, dass die Zeichnung beschädigt ist. Wenn Sie AutoCAD wieder neu starten, bekommen Sie einen Hinweis, dass AutoCAD nicht ordnungsgemäß beendet wurde und dass Dateien einen unklaren Stand haben. Daraufhin wird der Zeichnungswiederherstellungs-Manager gestartet (siehe Abbildung 18.27). Sie können den Zeichnungswiederherstellungs-Manager auch manuell starten, um eventuell vorhandene frühere Versionen der Zeichnung wiederherzustellen. Wählen Sie dazu den Befehl ZCHNGWDHERST. Den finden Sie:

- Menübrowser: Funktion ZEICHNUNGSPROGRAMME, ZEICHNUNGSWIEDERHERSTELLUNGS-MANAGER
- Menüleiste DATEI, Untermenü DIENSTPROGRAMME >, Funktion ZEICHNUNGSWIEDERHERSTELLUNGS-MANAGER...

In dem Dialogfeld finden Sie die Dateien, deren Bearbeitung nicht richtig abgeschlossen wurde. Darunter finden Sie die letzte gespeicherte Version und eine eventuell vorhandene Backup-Datei. Haben Sie die automatische Sicherung in den Programmoptionen (siehe Anhang A.4) eingeschaltet und wurde die automatische Sicherung schon mal ausgelöst, dann finden Sie auch diese hier aufgeführt.

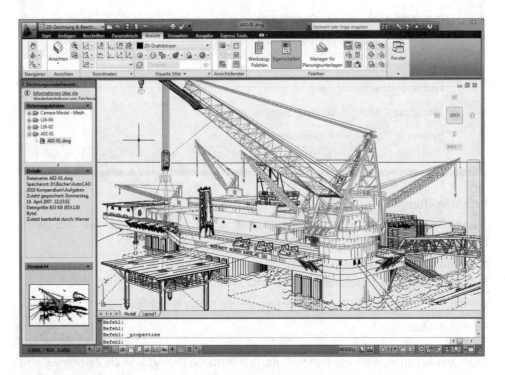

Abbildung 18.27: Zeichnung mit dem Fenster des Zeichnungswiederherstellungs-Managers

Darunter werden die Details der oben markierten Zeichnung angezeigt und ganz unten deren Voransicht. Mit einem Doppelklick auf die entsprechende Variante wird diese in einem Fenster geöffnet. Sie können auch mehrere Varianten öffnen und die gewünschte unter einem neuen Namen abspeichern.

18.13 Hyperlinks in der Zeichnung

In AutoCAD-Zeichnungen lassen sich Hyperlinks platzieren. Diese funktionieren ähnlich wie die automatischen Querverweise in einer Online-Hilfe. Mit Hyperlinks können Sie beispielsweise Verbindungen zu anderen AutoCAD-Zeichnungen herstellen. Wenn Sie das Objekt mit einem Hyperlink in der Zeichnung anwählen, wird beispielsweise automatisch die dazugehörige Detailzeichnung geöffnet. Sie können aber auch ein Textdokument, eine Tabelle oder eine Bilddatei öffnen. Haben Sie in Ihrem PC eine Soundkarte, können Sie auch eine Sound-Datei abspielen. Mit der entsprechenden Software ist es möglich, einen Videofilm abzuspielen. Haben Sie einen Internetzugang, können Sie einen Hyperlink zu einer URL-Adresse herstellen und damit Web-Seiten aus dem Internet im Browser anzeigen. Eine URL (Uniform Resource Locator) stellt die Adresse eines Objekts im Internet dar. Dies kann die Adresse einer Homepage, einer Grafik oder eines Verzeichnisses sein.

Somit stehen Ihnen direkt in der AutoCAD-Zeichnung die Verbindung zu jeder Art von Datei und der Zugang zur ganzen Internet-Welt offen. Dazu benötigen Sie nur zwei Befehle.

Befehl Hyperlink

Das Dialogfeld für die Platzierung von Hyperlinks starten Sie mit dem Befehl HYPERLINK. Gehen Sie wie folgt vor:

- Multifunktionsleiste: Symbol im Register EINFÜGEN, Gruppe DATEN
- Menüleiste EINFÜGEN, Funktion HYPERLINK...
- Tastenkombination [STRG] + [K]

Klicken Sie das Objekt oder die Objekte in der Zeichnung an, denen Sie einen Hyperlink zuordnen wollen. Sie bekommen ein Dialogfeld auf den Bildschirm (siehe Abbildung 18.28).

In der linken Spalte können Sie die Art der Verknüpfung wählen. Folgende Möglichkeiten stehen zur Auswahl:

- **Vorhandene Datei oder Webseite:** Damit können Sie einen Dateinamen oder eine Webseite eintragen, die dann angezeigt wird, wenn Sie diesen Hyperlink aktivieren. Im Feld ANZUZEIGENDER TEXT geben Sie einen Text ein, der im QuickInfo angezeigt wird, wenn Sie mit dem Mauszeiger auf das Objekt zeigen. Zum Suchen des Hyperlinks können Sie sich mit den gleichnamigen Schaltflächen neben der Liste die zuletzt in AutoCAD geöffneten Dateien, die zuletzt durchsuchten Webseiten oder die zuletzt eingefügten Hyperlinks anzeigen lassen. Mit den Schaltflächen auf der rechten Seite, DATEI... und WEBSEITE..., können Sie die gewünschte Verknüpfung im Windows-Explorer bzw. im Internet Explorer suchen.

Abbildung 18.28:
Eingabe eines Hyperlinks

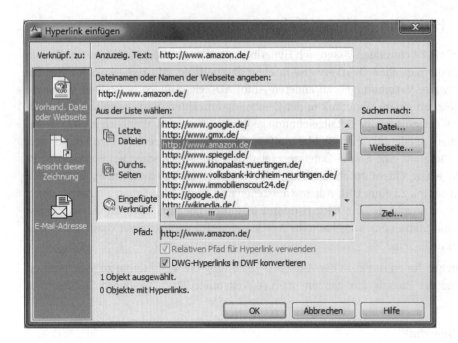

- **Ansicht dieser Zeichnung:** Hiermit können Sie als Hyperlink eine gespeicherte Ansicht dieser Zeichnung aktivieren. In der Liste werden alle gespeicherten Ansichten der Zeichnung im Modellbereich und den Layouts angezeigt. Wenn Sie diesen Hyperlink aktivieren, bekommen Sie diese Ansicht auf den Bildschirm.
- **E-Mail-Adresse:** Mit dieser Funktion können Sie eine E-Mail-Adresse als Hyperlink einfügen. Wird dieser Hyperlink aktiviert, wird Ihr E-Mail-Programm mit dieser Adresse gestartet und Sie können eine E-Mail an diese Adresse senden.

Wählen Sie ein Objekt, dem schon ein Hyperlink zugeordnet ist, bekommen Sie am unteren Rand die Schaltfläche VERKNÜPF. ENTFERN. angezeigt. Klicken Sie darauf, wird der zugeordnete Hyperlink von diesem Objekt entfernt.

Hyperlink suchen

Haben Sie in Ihrer Zeichnung Hyperlinks platziert, erscheint am Fadenkreuz eine Weltkugel, wenn Sie in die Nähe eines Objekts mit einem Hyperlink kommen. Lassen Sie das Fadenkreuz kurz an der Stelle, wird als QuickInfo die Hyperlink-Beschreibung angezeigt (siehe Abbildung 18.29).

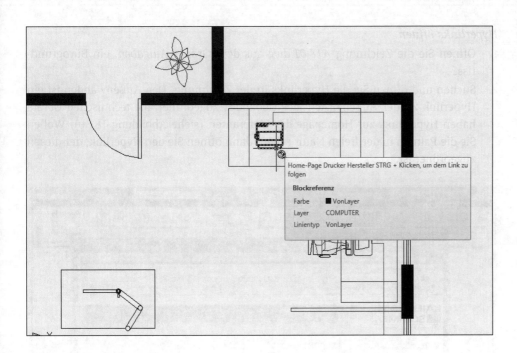

Abbildung 18.29:
Hyperlink-Symbol und -Beschreibung

Hyperlink öffnen

Wenn Sie dem Hyperlink folgen wollen, haben Sie zwei Möglichkeiten:

- Wenn das Symbol und die Beschreibung für den Hyperlink am Fadenkreuz erscheinen, mit gedrückter ⌈Strg⌉-Taste linke Maustaste klicken.
- Das Objekt mit dem Hyperlink anklicken, damit es markiert wird. Klicken Sie dann auf die rechte Maustaste, erscheint im Kontextmenü das Untermenü für die Hyperlinks.

Aus dem Untermenü können Sie folgende Funktionen wählen:

- **Öffnen »Hyperlink-Name«:** Mit dieser Funktion wird die Datei in der ihr zugeordneten Anwendung gestartet. Ist der Hyperlink eine Internetadresse, wird der Browser gestartet und zu der angegebenen Adresse gesprungen.
- **Hyperlink kopieren:** Kopiert den Hyperlink in die Zwischenablage.
- **Zu Favoriten hinzufügen...:** Fügt den Hyperlink zu den Favoriten hinzu. Das ist ein spezieller Ordner, in dem Sie Verknüpfungen mit häufig benötigten Dateien ablegen können.
- **Hyperlink bearbeiten...:** Bringt das Dialogfeld zur Bearbeitung des Hyperlinks auf den Bildschirm (siehe Abbildung 18.28).

Hyperlinks öffnen

1. Öffnen Sie die Zeichnung *A18-01.dwg* aus dem Ordner *Aufgaben*, ein Bürogrundriss.
2. Suchen und öffnen Sie die Hyperlinks in der Zeichnung. Den Außenwänden ist ein Hyperlink zu der Außenansicht des Gebäudes zugeordnet, die technischen Geräte haben Hyperlinks zur Homepage des Lieferanten (siehe Abbildung 18.30). Wollen Sie die Palmen in der freien Natur sehen, dann öffnen Sie den Hyperlink, der diesen zugeordnet ist.

Abbildung 18.30:
Hyperlink aus der Zeichnung zu einer Webseite

18.14 Zeichnung als E-Mail-Anhang

Wollen Sie Ihre Zeichnung mit allen erforderlichen Dateien in einer E-Mail an Ihren Partner, Kunden oder Auftraggeber versenden, dann können Sie dies in AutoCAD mit einem Befehl im Programm erledigen.

Befehl Etransmit

Mit dem Befehl ETRANSMIT können Sie die aktuelle Zeichnung mit allen erforderlichen Dateien (XRefs, Bilder, Schriftdatei usw.) als E-Mail-Anhang (Übertragungspaket) versenden. Sie finden den Befehl:

Zeichnung als E-Mail-Anhang

- Menübrowser: Funktion SENDEN, ETRANSMIT
- Menüleiste DATEI, Funktion ETRANSMIT

Testen Sie die Funktion gleich in der Praxis.

Zeichnung als E-Mail-Anhang versenden

1. Laden Sie die Zeichnung *A18-01.dwg* aus dem Ordner *Aufgaben*.
2. Aktivieren Sie den Befehl ETRANSMIT.
3. Sie bekommen ein Dialogfeld auf den Bildschirm (siehe Abbildung 18.31).

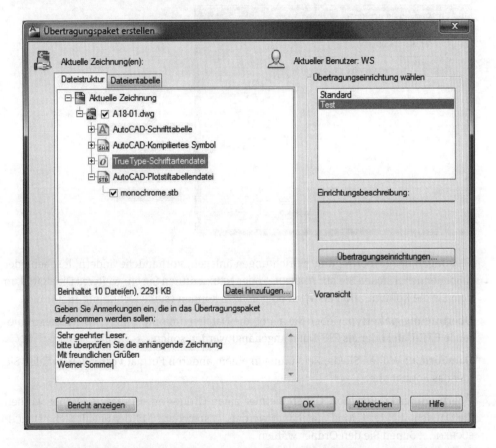

Abbildung 18.31: Dialogfeld zur Erstellung des Übertragungspakets

Register Dateistruktur: Sie bekommen in diesem Register die Dateistruktur angezeigt, die mit der Zeichnung übertragen wird. Mit der Schaltfläche DATEI HINZUFÜGEN... können Sie weitere Zeichnungen wählen, die dem Übertragungspaket hinzugefügt werden sollen.

Register Dateientabelle: Wählen Sie dieses Register, werden die Dateien statt in der Strukturansicht aufgelistet angezeigt.

Bericht anzeigen: Mit dieser Schaltfläche bekommen Sie den Bericht angezeigt, in dem alle Dateien, die übertragen werden, mit einer Beschreibung aufgelistet werden. Der Bericht wird der E-Mail ebenfalls angehängt, und zwar als einfache Textdatei.

Im Feld darunter können Sie einen Text für die zu erstellende E-Mail eingeben. Er kann aber auch später im E-Mail-Programm eingegeben werden.

Übertragungseinrichtung wählen: Hier können Sie gespeicherte Konfigurationen für die Übertragung per Doppelklick auswählen.

Übertragungseinrichtungen...: Mit dieser Schaltfläche kommen Sie zu der Liste der Übertragungseinrichtungen. Das sind gespeicherte Konfigurationen für die Übertragung (siehe Abbildung 18.32).

Abbildung 18.32: Liste der Übertragungseinrichtungen

Sie können neue Übertragungseinrichtungen anlegen, vorhandene ändern, löschen oder umbenennen. Klicken Sie auf ÄNDERN... oder NEU..., öffnen Sie ein weiteres Dialogfeld, in dem Sie die Konfiguration erstellen oder ändern können (siehe Abbildung 18.33).

Übertragungspakettyp: Geben Sie an, ob die Dateien unkomprimiert, als selbstextrahierende EXE-Datei oder als ZIP-Datei angehängt werden sollen.

Dateiformat: Wollen Sie die Zeichnung in einem anderen Format versenden, wählen Sie hier das Format aus.

Übertragungsdateiordner: Geben Sie hier einen Ordner an. In diesem Ordner werden die Dateien, die der E-Mail angehängt werden, gespeichert. Mit der Schaltfläche DURCHSUCHEN... können Sie den Ordner wählen.

Übertragungsdateiname: Wählen Sie hier, wie der Name des Übertragungspakets erzeugt werden soll. Sie können wählen, dass er angefordert werden soll oder ob er aus dem Zeichnungsnamen gebildet wird.

Im unteren Teil des Dialogfelds wählen Sie, ob die Verzeichnisstruktur übernommen und beim Entpacken wieder in die gleichen Ordner geschrieben werden soll oder ob beim Entpacken alles in einen Ordner geschrieben werden soll.

Zeichnung als E-Mail-Anhang

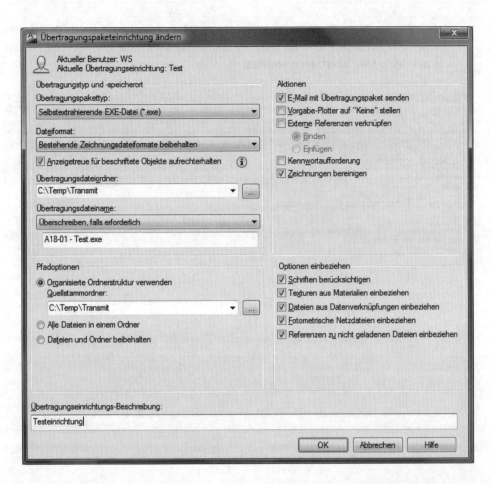

Abbildung 18.33:
Bearbeitung der Übertragungseinrichtungen

Aktionen: Wählen Sie hier, ob die E-Mail automatisch erstellt werden soll oder nur das Übertragungspaket. Darunter wählen Sie, ob bei der Zeichnung der Vorgabeplotter entfernt werden soll, ob eventuelle Referenzen mit verknüpft werden sollen, ob ein Kennwort vergeben werden soll und ob die Zeichnung vor der Übertragung bereinigt werden soll.

Optionen einbeziehen: Wählen Sie in diesem Feld, welche Dateien mit übertragen werden sollen.

Übertragung ausführen

1. Erstellen Sie eine Übertragungseinrichtung (siehe Abbildung 18.33), wählen Sie diese zur Übertragung aus, geben Sie einen E-Mail-Text ein (siehe Abbildung 18.31) und starten Sie die Übertragung.
2. Ihr E-Mail-Programm wird gestartet und der Text wird übernommen, die Dateien werden komprimiert und als Anhang eingefügt. In der Abbildung 18.34 sehen Sie, wie dies in Microsoft Outlook aussieht. Jetzt müssen Sie nur noch die Adresse eintragen und absenden.

3. Sehen Sie mit dem Windows-Explorer im gewählten Speicherort nach. Dort finden Sie die Datei *A18-01.exe*, eine selbstextrahierende Datei, die alle Dateien enthält, die mit der E-Mail übertragen wurden.

Abbildung 18.34:
eTransmit mit Microsoft Outlook

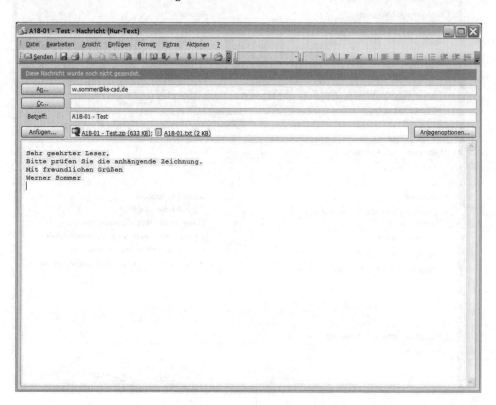

TIPP

- *Im Menübrowser finden Sie eine weitere Funktion zum Versand der Zeichnung als E-Mail-Anhang.*
  - Menübrowser: Funktion SENDEN, E-MAIL
- *Damit wird Ihr E-Mail-Programm gestartet und die aktuelle Zeichnung als Anhang an ein E-Mail gehängt. Diesmal aber nur die Zeichnung ohne weitere Dateien. Geben Sie dann nur noch die Adresse und den Text ein und klicken auf* SENDEN.

18.15 Zeichnungen im Web publizieren

Wollen Sie Ihre Zeichnungen auf einer Webseite publizieren, mit Schalter für den Download, können Sie dies in AutoCAD mit einem Assistenten schnell und problemlos ausführen.

Zeichnungen im Web publizieren

Befehl Imwebpublizieren

Mit dem Befehl IMWEBPUBLIZIEREN erstellen Sie im Handumdrehen aus Ihren Zeichnungen eine Webseite. Der Befehl verwendet dazu einen Assistenten, der alle nötigen Angaben erfragt. Sie finden den Befehl:

- Menüleiste DATEI, Funktion IM WEB PUBLIZIEREN
- Menüleiste EXTRAS, Untermenü ASSISTENTEN >, Funktion IM WEB PUBLIZIEREN

Testen Sie auch diese Funktion gleich in der Praxis.

Zeichnung im Web publizieren

1. Laden Sie die Zeichnung *A18-01.dwg* aus dem Ordner *Aufgaben*.
2. Aktivieren Sie den Befehl IMWEBPUBLIZIEREN. Auf der Startseite wählen Sie, ob Sie eine neue Webseite erstellen oder eine vorhandene bearbeiten wollen. Wählen Sie eine neue Seite.
3. Auf der nächsten Seite geben Sie den Namen und eine Beschreibung der Webseite ein. Die Dateien der Webseite werden in einem Verzeichnis gespeichert. Der Name des Verzeichnisses entspricht dem Namen der Webseite. Mit dem Symbol rechts von dem mittleren Feld können Sie einen Ordner wählen. In diesem wird das Verzeichnis mit der Webseite angelegt (siehe Abbildung 18.35).

Abbildung 18.35: Assistent Im Web publizieren, Webseite erstellen

4. Auf der nächsten Seite wählen Sie den Bildtyp, mit dem die Zeichnung auf der Webseite angezeigt werden soll: DWF, JPEG oder PNG.

5. Noch eine Seite weiter und Sie können zwischen verschiedenen Vorlagen wählen (siehe Abbildung 18.36).

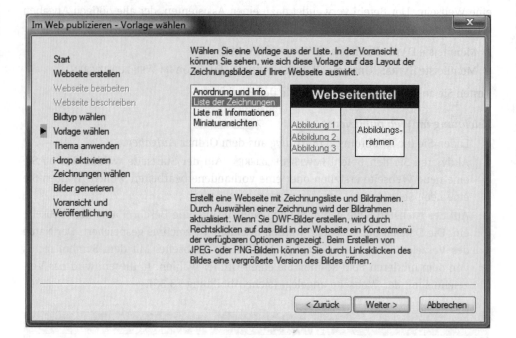

Abbildung 18.36: Assistent Im Web publizieren, Vorlage wählen

6. Auf der nächsten Seite bestimmen Sie das Thema der Seite. Themen sind Voreinstellungen, mit denen das Erscheinungsbild der Elemente der Webseite bestimmt wird (Schriften, Farben, Hintergründe usw.). Wählen Sie beispielsweise »Bewölkter Himmel«.

7. Auf der nächsten Seite können Sie i-drop auf der Webseite aktivieren. Mit i-drop können die Besucher Ihrer Webseite Zeichnungsdateien in eine AutoCAD-Sitzung ziehen. Die Zeichnungsdatei, die auf dieser Webseite veröffentlicht ist, wird als Block in die Zeichnung eingefügt.

8. Wieder eine Seite weiter können Sie die Zeichnungen wählen, die publiziert werden sollen. Die aktuelle Zeichnung ist schon gewählt. Wählen Sie den Bereich (Modell oder eines der verfügbaren Layouts), geben Sie ein Label und eine Beschreibung ein und klicken Sie auf die Schaltfläche HINZUFÜGEN->. Die Zeichnung wird in die Bilderliste aufgenommen (siehe Abbildung 18.37). Sie können mit dem Symbol hinter dem Dateinamen weitere Zeichnungen wählen und in die Bilderliste aufnehmen. Mit der Schaltfläche ENTFERNEN wird die in der Bilderliste markierte Datei wieder entfernt. Mit den Schaltflächen NACH OBEN und NACH UNTEN können Sie markierte Bilder verschieben und so die Reihenfolge auf der Webseite verändern.

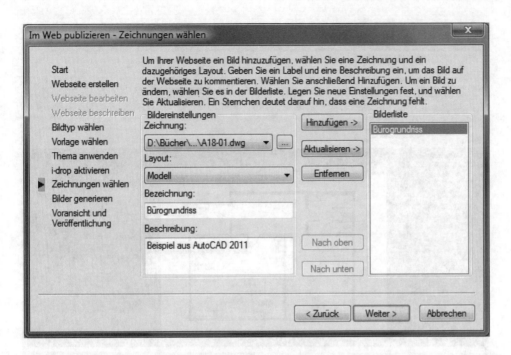

Abbildung 18.37:
Assistent Im Web publizieren, Zeichnungen wählen

9. Auf der nächsten Seite können Sie wählen, ob alle Bilder neu generiert werden sollen oder nur diejenigen, die seit dem letzten Publizieren geändert wurden. Gehen Sie jetzt zur nächsten Seite, werden die Bilddateien und die Webseite erstellt und im angegebenen Ordner gespeichert.

10. Auf der letzten Seite des Assistenten können Sie sich die Seiten mit der Schaltfläche VORANSICHT ansehen (siehe Abbildung 18.38).

11. Mit der Schaltfläche SOFORT VERÖFFENTLICHEN können Sie die erstellte Webseite sofort im Intranet oder auf Ihrem Webserver veröffentlichen. Sie bekommen den Dateiwähler auf den Bildschirm. Wählen Sie den Ordner im Intranet, in dem die Webseite veröffentlicht werden soll.

12. Egal ob Sie die Webseite sofort veröffentlicht haben oder nicht, Sie finden alle erforderlichen Dateien für die Webseite im vorher gewählten Ordner. Den Inhalt des Ordners können Sie dann im Intranet oder auf Ihrem Webserver veröffentlichen oder beispielsweise in Microsoft FrontPage bzw. FrontPage Express weiter bearbeiten. Klicken Sie in dem Ordner die HTML-Datei *acwebpublish.htm* doppelt an und Sie bekommen die Webseite in Ihrem Internet-Browser angezeigt (siehe Abbildung 18.38).

Abbildung 18.38:
Zeichnung auf der Webseite

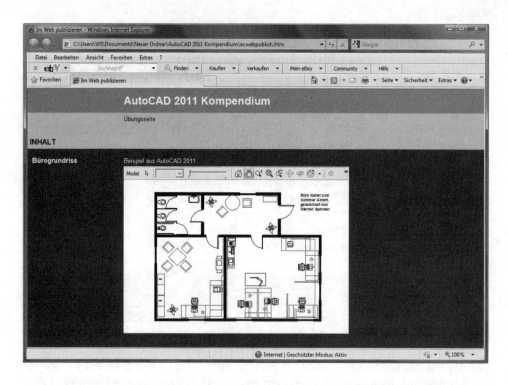

Kapitel 19
Zeichnungsstandards

Um Zeichnungen ein einheitliches Outfit zu geben, sind Zeichnungsstandards wichtig. Mit AutoCAD können Sie Standards erstellen und vorhandene Zeichnungen überprüfen und vereinheitlichen. Die meisten dieser Funktionen stehen Ihnen allerdings nicht in AutoCAD LT zur Verfügung.

19.1 Layerstatus verwalten

Im Layerstatus können Sie die aktuellen Einstellungen der Layer (Farbe, Linientyp, Linienstärke, Plotstil, Layer ein/aus, gefroren/getaut usw.) in der Zeichnung speichern und bei Bedarf auch wiederherstellen.

Layerstatus-Manager

Mit dem Layerstatus-Manager können Sie die Layereinstellungen speichern und wiederherstellen. Sie aktivieren ihn mit dem Befehl LAYERSTATUS. Den finden Sie im:

- Menüleiste FORMAT, Funktion LAYERSTATUS-MANAGER...
- Symbol im Werkzeugkasten LAYER
- Symbol im LAYEREIGENSCHAFTEN-MANAGER
- Multifunktionsleiste: Auswahlmenü im Register START, Gruppe LAYER, Eintrag LAYERSTATUS VERWALTEN...

Sie bekommen ein Dialogfeld, in dem die in dieser Zeichnung gespeicherten Layerstatus aufgelistet sind (siehe Abbildung 19.1).

Abbildung 19.1:
Layerstatus-Manager

Mit den Schaltflächen am rechten Rand können Sie die folgenden Funktionen ausführen:

- **Neu...:** Speichert die aktuellen Layereinstellungen als neuen Layerstatus ab. Wenn Sie schon einen anderen Layerstatus gewählt haben und nicht mehr die ursprünglichen Eigenschaften aktiv sind, wird dieser im neuen Layerstatus gespeichert. Sie bekommen ein Dialogfeld, in dem Sie einen Namen und eine Beschreibung eingeben können (siehe Abbildung 19.2).

Abbildung 19.2:
Neuen Layerstatus anlegen

Layerstatus verwalten

- **Speichern:** Speichert die aktuellen Layereinstellungen in dem in der Liste markierten Layerstatus. Achtung, Sie überschreiben damit den gewählten Layerstatus, eine Warnmeldung weist Sie noch mal darauf hin.
- **Bearbeiten:** Haben Sie einen Layerstatus gespeichert, können Sie ihn auch noch mal bearbeiten. Dazu bekommen Sie ein weiteres Dailogfeld (siehe Abbildung 19.3). Hier können Sie von den Layern, die im Layerstatus gespeichert sind, beispielsweise noch Farbe, Linienstärke usw. ändern oder noch einen Layer ausschalten.

Abbildung 19.3: Layer im Layerstatus bearbeiten

Sie müssen nicht alle Layer im Layerstatus verwalten. Sollen Layer unbeeinflusst bleiben, markieren Sie diese und klicken das zweite Symbol unten links an, wird er aus dem Layerstatus entfernt und somit beim Wechsel des Layerstatus nicht geändert. Mit dem Symbol ganz links kann ein Layer der abgewählt war, wieder in den Layerstatus aufgenommen werden.

- **Löschen:** Löscht den in der Liste markierten Layerstatus.
- **Importieren...:** Damit können Sie einen Layerstatus aus einer anderen Zeichnung, einer Zeichnungsvorlage, aus einem Zeichnungsstandard (siehe Kapitel 19.3) oder einer Layerstatus-Datei in die aktuelle Zeichnung holen. Dazu bekommen Sie das Dialogfeld zur Dateiwahl auf den Bildschirm.
- **Exportieren...:** Mit dieser Funktion exportieren Sie den in der Liste markierten Layerstatus in eine Layerstatus-Datei. Diese haben die Dateierweiterung *.las* und darin werden nur die Layer und deren Status gespeichert.

Wechsel des Layerstatus
Einen einmal gespeicherten Layerstatus können Sie auf verschiedene Arten wechseln:

- Auswahlmenü in der Multifunktionsleiste, Register START, Gruppe LAYER
- Doppelklick auf einen Eintrag in der Liste des Layerstatus-Managers
- Eintrag in der Liste des Layerstatus-Managers markieren und auf die Schaltfläche WIEDERHERST. klicken

- *Im Auswahlmenü der Gruppe LAYER der Multifunktionsleiste haben Sie auch den Eintrag NEUER LAYERSTATUS... Damit können Sie die aktuellen Layereinstellungen ohne den Layerstatus-Manager speichern. Sie bekommen gleich das Dialogfeld zur Namenseingabe (siehe Abbildung 19.2).*
- *Wenn Sie Zeichnungen von jemandem bekommen, bei dem die Layer andere Eigenschaften haben und Sie wollen diese ändern, machen Sie die Einstellungen in einer Zeichnung. Speichern Sie diese Einstellung als Layerstatus in der Zeichnung und exportieren Sie den Layerstatus danach. Öffnen Sie nacheinander alle anderen Zeichnungen und importieren diese Layerstatus-Datei oder holen Sie den Layerstatus aus der korrigierten. Machen Sie die importierte Einstellung zur aktuellen Einstellung und Sie haben die Einstellung in allen Zeichnungen gleich. Dazu gibt es aber in AutoCAD eine einfachere Möglichkeit, wie Sie im nächsten Kapitel sehen werden. Diese steht Ihnen allerdings in AutoCAD LT nicht zur Verfügung.*

Weitere Einstellungen im Layerstatus-Manager
Im Layerstatus-Manager haben Sie weitere Möglichkeiten zur Verwaltung der Layerstatus. Klicken Sie dazu auf den Pfeil rechts unten und Sie bekommen das erweiterte Dialogfeld (siehe Abbildung 19.4).

- **Wiederherzustellende Layereigenschaften:** In diesem Feld können Sie wählen, welche Layereigenschaften Sie beeinflussen wollen, wenn Sie den Layerstatus wechseln. Normalerweise sind alle Eigenschaften gewählt. Sie können aber auch einzelne deaktivieren, beispielsweise dass die Linienstärke nicht geändert werden soll.
- **Keine Layerstatus in XRefs auflisten:** Hat Ihre Zeichnung externe Referenzen, können Sie mit diesem Schalter wählen, ob Layerstatus aus der externen Referenz ebenfalls angezeigt werden sollen.
- **Layer deaktivieren, die nicht im Layerstatus gefunden wurden:** Haben Sie diesen Schalter ein, werden beim Wechsel des Layerstatus die Layer ausgeschaltet, die sich nicht im gespeicherten Layerstatus befinden. Wie Sie oben gesehen haben, können Sie mit der Funktion zum Bearbeiten auch Layer aus dem Status entfernen.
- **Eigenschaften als Ansichtsfensterüberschreibungen anwenden:** Haben Sie Ansichtsfenster im Layout in der Zeichnung und haben ein Ansichtsfenster aktiviert (Doppelklick ins Fenster), dann können Sie einen Layerstatus auch als Überschreibung nur für dieses Ansichtsfenster verwenden. Dazu muss dieser Schalter ein sein.

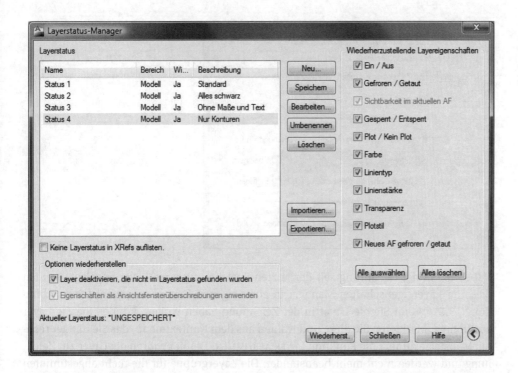

Abbildung 19.4:
Erweitertes Dialogfeld des Layerstatus-Managers

Arbeiten mit dem Layerstatus-Manager

1. Laden Sie die Zeichnung *A19-01.dwg* aus dem Ordner *Aufgaben*. In der Zeichnung sind verschiedene Layerstati gespeichert.
2. Erstellen Sie neue und bearbeiten die vorhandenen. Die Zeichnung enthält Layouts. Den Ansichtsfenstern sind Layerstati als Überschreibung zugeordnet. Ändern Sie diese oder erstellen Sie neue Ansichtsfenster mit Überschreibungen.
3. Exportieren Sie den Layerstatus und erstellen eine neue Zeichnung. Importieren Sie in diese Zeichnung Layerstatus.

19.2 Abgestimmte Layer

Wenn Sie in Ihren Zeichnungen eine Kontrolle über die Layer haben wollen, dann können Sie eine Kontrolle über neue Layer aktivieren. Das verhindert nicht, dass Layer neu angelegt werden können, gibt aber eine Meldung aus, wenn neue Layer dazugekommen sind.

Klicken Sie im Layereigenschaften-Manager auf das Symbol mit dem Schraubenschlüssel (rechts oben) und Sie bekommen das Dialogfeld, um diese Funktion zu aktivieren (siehe Abbildung 19.5).

Abbildung 19.5:
Einstellungen zur Layerbenachrichtigung (oberer Teil des Dialogfelds)

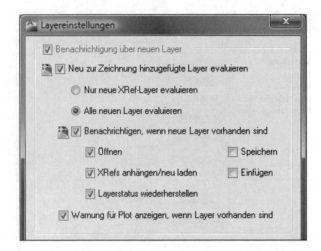

Haben Sie in der Zeichnung seit der letzten Speicherung neue Layer angelegt, werden diese im Layereigenschaften-Manager in einer eigenen Gruppe angezeigt (siehe Abbildung 19.6). Wenn Sie die Layer in der Zeichnung haben wollen, können Sie die Layer abstimmen. Markieren Sie diese und wählen aus dem Kontextmenü, das Sie mit der rechten Maustaste öffnen, die Funktion LAYER ABSTIMMEN. Damit gehören die Layer zur Zeichnung und werden nicht mehr beanstandet. Die Layergruppe für die nicht abgestimmten Layer verschwindet ebenfalls aus der Strukturansicht.

Abbildung 19.6:
Layer abstimmen

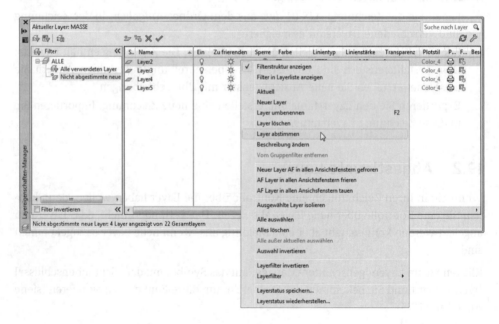

Abgestimmte Layer in der Vorlage
Haben Sie eine Vorlage mit eigenen Layern, können Sie diese als abgestimmte Layer definieren. Werden in einer Zeichnung neue Layer erstellt, die sich nicht in der Vorlage befinden, und Sie haben die Evaluierung eingeschaltet (siehe Abbildung 19.5), dann werden neue Layer gemeldet. Wenn Sie eine Zeichnungsvorlage speichern, können Sie dies im Dialogfeld einstellen (siehe Abbildung 19.7). Wählen Sie den unteren Schalter, wenn die Layer der Vorlage als abgestimmt gespeichert werden sollen.

Abbildung 19.7:
Layer in der Vorlage abstimmen

19.3 Layer konvertieren

AutoCAD lässt Ihnen alle Freiheiten beim Erstellen von Zeichnungen. Jeder Anwender kann seine Layer benennen und mit Farben, Linientypen usw. belegen, wie er will. Das ist einerseits gut und richtig, da das Programm in den verschiedensten Branchen eingesetzt wird und Layer wie *Wand, Treppe, Fenster* aus einer Bauzeichnung in einer Maschinenbauzeichnung nicht sinnvoll sind.

Trotzdem sollte in einer Firma oder einer Abteilung ein einheitlicher Standard verwendet werden. In Vorlagen lassen sich solche Standards festlegen. Was aber, wenn Sie Zeichnungen von Ihren Partnern bekommen, die nicht dem entsprechen? Mit der Möglichkeit der Layerkonvertierung können Sie fremde Zeichnungen in Ihr Layersystem konvertieren. Diese Möglichkeit steht Ihnen in AutoCAD LT nicht zur Verfügung.

Befehl Laykonv
Der Befehl für die Layerkonvertierung ist LAYKONV.

- Multifunktionsleiste: Symbol im Register VERWALTEN, Gruppe CAD-STANDARD
- Menüleiste EXTRAS, Untermenü CAD-STANDARDS, Funktion LAYER-KONVERTIERUNGSPROGRAMM
- Symbol im Werkzeugkasten CAD-STANDARDS

Sie bekommen ein Dialogfeld auf den Bildschirm. Sehen wir uns das Vorgehen an einem Beispiel an.

Layer konvertieren

1. Laden Sie die Zeichnung *A19-02.dwg* aus dem Ordner mit den Übungszeichnungen. Die Zeichnung ist etwas durcheinandergeraten. Die Layernamen beginnen mit X- und Y-. Die Objekte haben nicht mehr die Farbe und den Linientyp *VonLayer*, sondern sind in den einzelnen Ansichten unterschiedlich eingefärbt.
2. Wählen Sie den Befehl LAYKONV und Sie bekommen das Dialogfeld für die Konvertierung auf den Bildschirm. In der Liste KONVERTIEREN VON haben Sie die Layer der aktuellen Zeichnung aufgelistet (siehe Abbildung 19.8).

Abbildung 19.8: Dialogfeld Layerkonvertierung, zu konvertierende Zeichnung geladen

3. In der Liste KONVERTIEREN ZU werden die Ziellayer aufgelistet. Diese Liste ist jetzt noch leer. Klicken Sie auf die Schaltfläche LADEN... und Sie können eine Zeichnungsdatei *(*.dwg)*, eine Vorlage *(*.dwt)* oder einen Zeichnungsstandard *(*.dws)* laden. Laden Sie ebenfalls die Zeichnung *A19-03.dwg* aus dem Ordner *Aufgaben*. Das ist die Referenzzeichnung mit der richtigen Layereinstellung. Die Layer der Zeichnung werden jetzt in der Liste KONVERTIEREN ZU aufgelistet (siehe Abbildung 19.9).
4. Klicken Sie auf die Schaltfläche DASSELBE MAP. und die Layer, die in beiden Listen gleich sind, werden einander zugeordnet und erscheinen in der unteren Liste, in unserem Fall die Layer *0* und *Defponts*.
5. In beiden Listen können Sie jetzt Layer markieren. Mit dem Feld AUSWAHLFILTER und der Schaltfläche AUSWÄHLEN lassen sich die Layer in der linken Liste gezielt markieren. Tragen Sie beispielsweise *X** ein und klicken auf AUSWÄHLEN und alle Layer, die mit X beginnen, werden markiert.

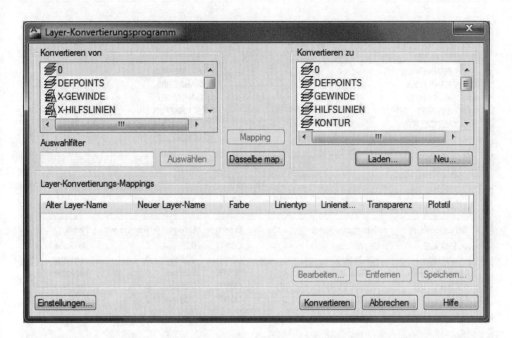

Abbildung 19.9:
Referenzzeichnung geladen

6. Markieren Sie jetzt einen Layer in der linken und rechten Liste, zum Beispiel *X-GEWINDE* und *GEWINDE*. Klicken Sie dann auf die Schaltfläche MAPPING. Alle Objekte vom Layer *X-GEWINDE* werden auf den Layer *GEWINDE* gebracht und der Layer X-GEWINDE aus der Zeichnung entfernt.
7. Sie könnten links auch mehrere Layer markieren. Die Objekte von allen markierten Layern kommen auf den rechts markierten Layer.
8. Machen Sie es mit allen Layern so, außer mit dem Layer *X-KONTUR*. Die gewählten Zuordnungen werden in die Liste LAYER-KONVERTIERUNGS-MAPPINGS aufgenommen (siehe Abbildung 19.10). Alle Layer aus der linken Liste, die Sie zugeordnet haben, verschwinden dort.
9. Den Layer *X-KONTUR* bringen Sie auf einen Layer, der in der Referenzzeichnung nicht existiert. Klicken Sie deshalb auf die Schaltfläche NEU... und Sie bekommen ein Dialogfeld, in dem Sie einen neuen Layer anlegen können (siehe Abbildung 19.11).
10. Erstellen Sie den Layer *KANTEN* mit der Farbe *SCHWARZ*, dem Linientyp *CONTINUOUS* und der Linienstärke *0.4 mm*.
11. Markieren Sie den Layer *VERDECKT* in der Liste LAYER-KONVERTIERUNGS-MAPPINGS. Klicken Sie dann auf die Schaltfläche BEARBEITEN.... Sie bekommen dasselbe Dialogfeld wie beim Anlegen eines neuen Layers (siehe Abbildung 19.11). Wählen Sie für diesen Layer in der neuen Zeichnung die Farbe *BLAU*.
12. Mit der Schaltfläche ENTFERNEN könnten Sie einen markierten Layer wieder aus der Mapping-Liste entfernen, wenn Sie diesen nicht bearbeiten wollen.

Abbildung 19.10:
Layer-Konvertierungs-Mapping definiert

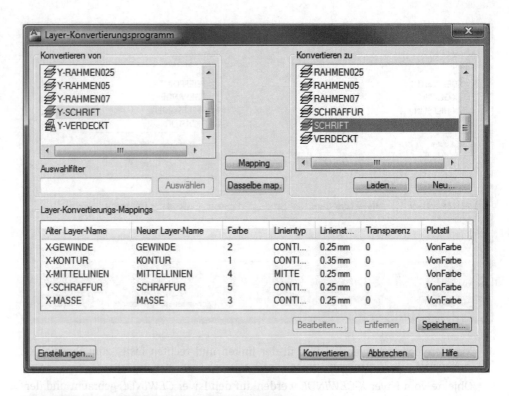

Abbildung 19.11:
Neuen Layer anlegen

13. Klicken Sie jetzt auf die Schaltfläche SPEICHERN... und Sie können die Einstellungen für die Konvertierung in einem Zeichnungsstandard (*.dws) speichern. Speichern Sie den Standard ab. Mehr zu Zeichnungsstandards in Kapitel 19.4 bis 19.6.

14. Klicken Sie auf die Schaltfläche EINSTELLUNGEN... und wählen Sie die Optionen für die Konvertierung (siehe Abbildung 19.12). Vor allem die ersten drei Schalter sind wichtig. FARBE, LINIENTYP und TRANSPARENZ aller Objekte werden auf die Einstellung *VonLayer* gebracht.

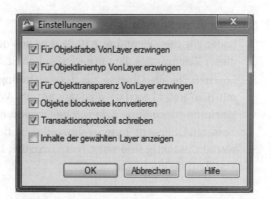

Abbildung 19.12:
Einstellungen für die Konvertierung

15. Klicken Sie auf OK und im ersten Dialogfeld auf KONVERTIEREN und die Zeichnung wird dem Standard angepasst. Wählen Sie den Befehl LAYER und überprüfen Sie im Dialogfeld die neuen Einstellungen. Speichern Sie die Zeichnung ab. Die konvertierte Zeichnung finden Sie auch in der Datei *L19-02.dwg* im Ordner *Aufgaben*.
16. Laden Sie die Zeichnung *A19-02.dwg* noch einmal neu. Wählen Sie den Befehl LAYKONV und klicken auf die Schaltfläche LADEN... Wählen Sie den vorher abgespeicherten Zeichnungsstandard. Wenn Sie den nicht gespeichert haben, nehmen Sie die Datei *L19-02.dws* aus dem Ordner *Aufgaben* und Sie haben wieder die gleichen Konvertierungseinstellungen wie vorher.
17. Klicken Sie auf KONVERTIEREN und die Zeichnung hat wieder die Einstellungen wie bei der letzten Konvertierung.

19.4 Standard speichern

In AutoCAD können Sie Zeichnungen mit einem Zeichnungsstandard verknüpfen und später überprüfen, ob dieser Standard beim Zeichnen eingehalten wurde. Zeichnungsstandards werden in einer Standards-Datei mit der Dateierweiterung *.dws (Drawing Standard) abgelegt. Im Zeichnungsstandard gespeichert sind:

- Layer und die zugeordneten Eigenschaften (Farbe, Linientyp, Linienstärke und Plotstil, wenn benannte Plotstile verwendet werden)
- Textstile
- Linientypen und
- Bemaßungsstile

Erstellen Sie also eine neue Zeichnung und legen Sie darin diese Einstellungen fest oder nehmen Sie eine fertige Zeichnung, bei der alles entsprechend dem Standard richtig eingestellt ist. Speichern Sie die Zeichnung mit dem Befehl SICHALS als *Standards (*.dws)* ab.

Erstellen eines Standards
1. Laden Sie die Zeichnung *A19-04.dwg* aus dem Ordner *Aufgaben*. Die Einstellungen dieser Zeichnung sollen unserem neuen Standard entsprechen.
2. Löschen Sie alle Objekte aus der Zeichnung und speichern Sie die leere Zeichnung mit dem Befehl SICHALS als Standard ab. Wählen Sie dazu den Dateityp *AutoCAD-Zeichnungsstandards (.dws)*. Die Objekte müssen nicht gelöscht werden, aber zur besseren Übersicht kann es sinnvoll sein, da die Objekte im Standard nicht benötigt werden. Wichtig sind nur Layer, Textstile, Linientypen und Bemaßungsstile, die im Standard definiert sind.

19.5 Standard mit Zeichnung verknüpfen

Vorhandene Zeichnungen können Sie mit einem Standard verknüpfen. Soll jede neue Zeichnung schon gleich mit einem Standard verknüpft sein, können Sie auch eine Vorlage mit einem Standard verknüpfen.

Es lassen sich auch mehrere Standards mit einer Zeichnung verknüpfen. In diesem Fall gilt die Hierarchie der Standards. Wenn etwas nicht im obersten Standard definiert ist, gilt der nächste Standard usw.

 Befehl Standards

Mit dem Befehl STANDARDS können Sie die aktuelle Zeichnung mit einem Standard verknüpfen. Wählen Sie den Befehl:

- Multifunktionsleiste: Symbol im Register VERWALTEN, Gruppe CAD-STANDARD

- Menüleiste EXTRAS, Untermenü CAD-STANDARDS, Funktion KONFIGURIEREN...
- Symbol im Werkzeugkasten CAD-STANDARDS

Sie bekommen ein Dialogfeld auf den Bildschirm (siehe Abbildung 19.13). Auch hier wollen wir gleich an einem Beispiel arbeiten.

 Zeichnung mit Standard verknüpfen
1. Laden Sie die Zeichnung *A19-05.dwg* aus dem Ordner *Aufgaben*. Diese Zeichnung weicht von unserem vorherigen Standard ab. Der Text ist in einem anderen Textstil erstellt, der Layer *KONTUR* hat die Farbe *Magenta* und die Maßlinien haben Punkte statt Pfeilen an den Enden.
2. Wählen Sie jetzt den Befehl STANDARDS, um die Zeichnung mit dem vorher erstellten Standard zu verknüpfen. Sie bekommen ein Dialogfeld wie in Abbildung 19.13. Zunächst ist das Register STANDARDS aktiv.

3. Klicken Sie auf das oberste Symbol in der mittleren Leiste des Dialogfelds, dann können Sie einen Standard dazu laden. Verwenden Sie den Standard, den Sie vorher gespeichert haben oder nehmen Sie die Datei *L19-04.dws* aus dem Ordner *Aufgaben*.

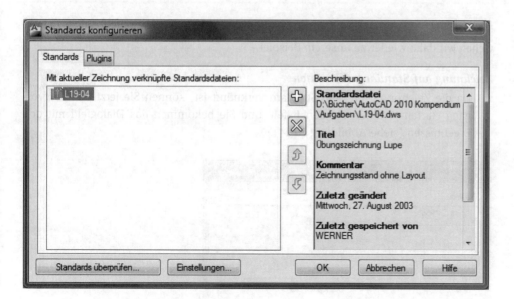

Abbildung 19.13:
Zeichnung mit einem Standard verknüpfen

4. Mit dem nächsten Symbol können Sie einen Standard auch wieder entfernen. Markieren Sie ihn dazu in der Liste.
5. Haben Sie mehrere Standards, können Sie den in der Liste markierten mit den mittleren Symbolen in der Hierarchie nach oben oder unten verschieben.
6. Klicken Sie auf das Register PLUGINS und sehen Sie, welche Objekte korrigiert werden. Ändern können Sie hier nichts. Standardmäßig werden, wie schon erwähnt, Bemaßungsstile, Layer, Linientypen und Textstile korrigiert.
7. Mit der Schaltfläche STANDARDS ÜBERPRÜFEN... wird die Aktion ausgelöst, doch dazu mehr im Kapitel 19.6. Klicken Sie auf OK und der Standard wird dauerhaft mit der Zeichnung verknüpft.

19.6 Zeichnung auf Standard prüfen

Jetzt können Sie überprüfen, ob die Zeichnung dem Standard entspricht, und gegebenenfalls korrigierend eingreifen.

Befehl Prüfstandards

Mit dem Befehl PRÜFSTANDARDS können Sie eine Zeichnung mit dem verknüpften Standard vergleichen. Wählen Sie den Befehl:

- Multifunktionsleiste: Symbol im Register VERWALTEN, Gruppe CAD-STANDARD, Funktion ÜBERPRÜFEN
- Menüleiste EXTRAS, Untermenü CAD-STANDARDS, Funktion ÜBERPRÜFEN...
- Symbol im Werkzeugkasten CAD-STANDARDS

Kapitel 19 • Zeichnungsstandards

Die Prüfung wird gestartet und die Ergebnisse werden in einem Dialogfeld aufgelistet.

Gehen wir dazu wieder zu unserem Beispiel.

Zeichnung auf Standard überprüfen

1. Da die Zeichnung mit dem Standard verknüpft ist, können Sie jetzt den Prüfvorgang starten. Wählen Sie den Befehl und Sie bekommen das Dialogfeld mit den Ergebnissen (siehe Abbildung 19.14).

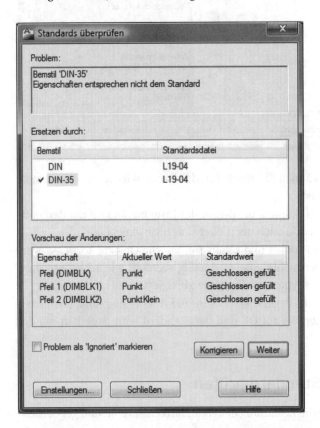

Abbildung 19.14: Dialogfeld mit den Ergebnissen der Prüfung

2. Als Erstes wird der Bemaßungsstil *DIN-35* beanstandet, der nicht dem Standard entspricht. In der Liste wird angezeigt, mit welchem Standard er in Widerspruch steht, und darunter, was nicht dem Standard entspricht. Klicken Sie auf die Schaltfläche KORRIGIEREN und die Zeichnung wird korrigiert. Gehen Sie so alle Fehler durch.
3. Mit der Schaltfläche WEITER können Sie fortfahren, ohne den Fehler zu korrigieren. Haben Sie den Schalter PROBLEM ALS »IGNORIERT« MARKIEREN eingeschaltet, wird dieser Widerspruch mit dem Standard auch bei der nächsten Prüfung ignoriert.
4. Korrigieren Sie alle Fehler in Ihrer Zeichnung und Sie haben wieder die richtigen Einstellungen.

Teil 3
Abheben in die dritte Dimension

769	3D-Modellieren, -Editieren und -Präsentieren	20
829	Flächen und Volumen erstellen und bearbeiten	21
885	Netz- und Flächenmodellierung	22
925	Rendern von 3D-Modellen	23

Kapitel 20
3D-Modellieren, -Editieren und -Präsentieren

Mit diesem Kapitel heben wir ab in die dritte Dimension. Doch zunächst noch etwas Theorie, bevor wir mit den ersten Modellen beginnen und uns ansehen, wie diese am Bildschirm dargestellt und aufs Papier gebracht werden können. In diesem Teil des Buches hat sich am meisten im Vergleich zur Vorgängerversion geändert. Falls Sie noch mit einer älteren Version arbeiten, der komplette 3D-Teil aus der Auflage AutoCAD und LT 2006 dieses Buchs samt den Übungsbeispielen dazu ist auf der Buch-CD. Im Ordner *Dokumente* finden Sie den Text in der Datei *3d_2006.pdf*. Die Übungen und Lösungen sind im Ordner *Aufgaben2004* oder *Aufgaben2000* unter den in dieser Datei beschriebenen Dateinamen.

AutoCAD LT und 3D

In diesem Teil des Buches müssen Sie als Anwender von AutoCAD LT 2011 die meisten Abstriche in Kauf nehmen. Deshalb ist dieses Kapitel so gegliedert, dass zunächst die Funktionen behandelt werden, die Sie auch mit AutoCAD LT ausführen können. Danach betrachten wir die Erweiterungen, die Ihnen die Vollversion bietet. Die Kapitel 21 bis 23 können Sie als Besitzer von AutoCAD LT komplett überblättern. Oder besser noch: Arbeiten Sie die mit der Testversion durch, die diesem Buch beiliegt. Wenn Sie ganz neue Möglichkeiten entdecken, dann denken Sie über ein Upgrade Ihrer Programmversion nach.

Kapitel 20 • 3D-Modellieren, -Editieren und -Präsentieren

Benutzeroberfläche für 3D-Modellierung in AutoCAD

- Falls Sie mit AutoCAD arbeiten, sollten Sie jetzt auf den Arbeitsbereich 3D-Modellierung (siehe Abbildung 20.1) umschalten.
- Auch hier wird die Multifunktionsleiste als wichtigstes Bedienelement verwendet. Viele Funktionen finden Sie nicht mehr im klassischen Arbeitsbereich.
- Vor allem das Register START unterscheidet sich von der Multifunktionsleiste im Arbeitsbereich 2D-Zeichnung & Beschriftung. Neu kommen die Register VOLUMENKÖRPER, FLÄCHE, NETZ und RENDERN hinzu.
- Außerdem wird der Materialien-Browser eingeblendet (siehe Abbildung 20.1). Darin finden Sie die verfügbaren Materialien zum Rendern. Den benötigen wir erst in Kapitel 23. Sie können ihn also zunächst noch ausblenden.
- Bei den Beschreibungen der Befehle in den nächsten Kapiteln wird deshalb von der Multifunktionsleiste des Arbeitsbereichs 3D-Modellierung bei AutoCAD ausgegangen.

Abbildung 20.1: AutoCAD mit dem Arbeitsbereich 3D-Modellierung

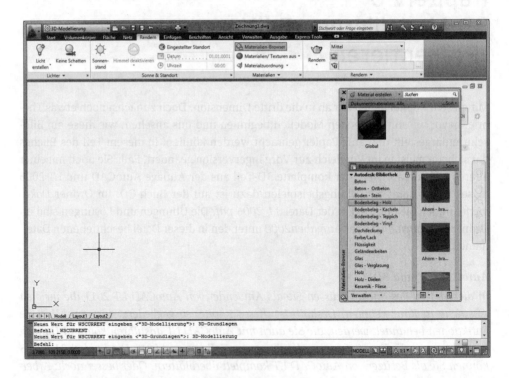

- Für die Basis-Funktionen gibt es einen weiteren Arbeitsbereich: *3D-Grundlagen* (siehe Abbildung 20.2). Dort finden Sie nur die Modellierungsfunktionen und diese noch reduziert auf die Basisfunktionen. Beschriften, Bemaßen, usw. suchen Sie ebenfalls vergebens. Sie sollten deshalb gleich auf die vollständige Oberfläche *3D-Modellierung* umschalten, wenn Sie sich in 3D einarbeiten wollen.

3D-Techniken

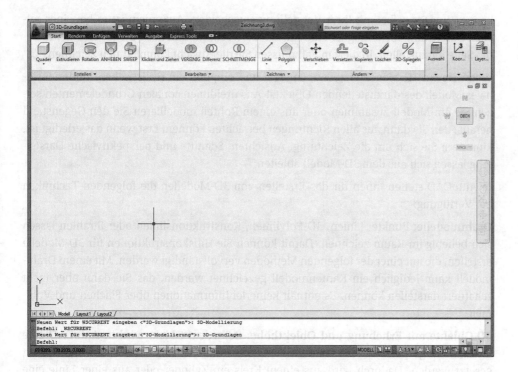

Abbildung 20.2:
AutoCAD mit dem Arbeitsbereich 3D-Grundlagen

20.1 3D-Techniken

Alle zeichnerischen Darstellungen, ob auf dem Papier oder in einem CAD-Programm, bilden in der Regel dreidimensionale Gegenstände ab. Um sie auf dem zweidimensionalen Medium Papier sichtbar machen zu können, werden unterschiedliche Methoden zur Darstellung verwendet:

- verschiedene Ansichten (meist Draufsicht, Vorderansicht und Seitenansicht) und Schnitte,
- isometrische Ansichten,
- perspektivische Darstellungen oder
- Explosionszeichnungen.

Mit einem CAD-Programm können Sie wie auch auf dem Papier arbeiten. Sie zeichnen Ansichten und Schnitte und überlassen es dem technischen Verständnis des Betrachters, sich das dreidimensionale Objekt vorzustellen.

Auch Isometrien und perspektivische Ansichten können Sie mit einem 2D-CAD-Programm wie am Zeichenbrett erstellen. AutoCAD unterstützt Sie beispielsweise mit dem isometrischen Fangraster bei der Erstellung von isometrischen Darstellungen. Der Nachteil dabei ist jedoch, dass Sie keine Kontrolle über die Richtigkeit der so erstellten Zeichnungen haben. Ob beispielsweise eine Kante sichtbar oder unsichtbar ist oder welche Linien in einem Schnitt sichtbar sind, kann Ihnen kein 2D-CAD-Programm ermitteln. Das können nur Sie selbst mit Ihrer Vorstellung entscheiden. Außerdem ist es bei einer solchen Darstellung nicht möglich, die Ansicht zu wechseln und das Objekt von einer anderen Seite darzustellen. In diesem Fall müssen Sie die Ansicht komplett neu zeichnen.

Wenn Sie ein 3D-Modell erstellen, entsteht im Computer ein realistisches dreidimensionales Modell des darzustellenden Objekts! Aus dreidimensionalen Grundelementen setzen Sie ein Modell zusammen oder aus einem Rohteil modellieren Sie den Gegenstand heraus, den Sie dann aus allen Richtungen betrachten können. Erst wenn das erledigt ist, kümmern Sie sich um die Zeichnung. Ansichten, Schnitte und perspektivische Darstellung lassen sich aus dem 3D-Modell ableiten.

In AutoCAD stehen Ihnen für das Erstellen von 3D-Modellen die folgenden Techniken zur Verfügung:

Drahtmodelle: Punkte, Linien, 3D-Polylinien, Konstruktionslinien oder Strahlen lassen sich beliebig im Raum zeichnen. Damit können Sie Hilfskonstruktionen für 3D-Modelle erstellen, die mit einer der folgenden Methoden vervollständigt werden. Mit einem Drahtmodell kann lediglich ein Kantenmodell gezeichnet werden, das Sie dann aber nicht schattiert darstellen können. Es enthält keinerlei Informationen über Flächen und Volumen.

3D-Objekte mit Erhebung und Objekthöhe: Bei jedem Objekt wird in AutoCAD eine Objekthöhe gespeichert. Sie ist normalerweise null, kann aber auch auf einen Wert gesetzt werden. Dadurch wird aus einem Kreis ein Zylinder oder aus einer Linie eine Wand mit der Dicke null. Mit der Erhebung wird festgelegt, welchen Abstand das Objekt zur Zeichenebene hat. Einfache Gegenstände lassen sich so darstellen, aber schon Kegel oder Pyramiden sind mit dieser Methode nicht mehr möglich. Diese Technik eignet sich für einfache Illustrationen. Komplexe Objekte lassen sich nur näherungsweise darstellen.

Flächen- und Volumenkörper: Mit dem neuen 3D-Modellierer, den es seit AutoCAD 2007 (nicht in AutoCAD LT) gibt, können Sie Flächen und Volumen erstellen. Sie haben Befehle zur Erstellung von Grundkörpern wie Zylinder, Quader, Kegel, Pyramide, Kugel oder Torus. Außerdem lassen sich aus 2D-Konturen durch Extrusion, Rotation, Sweeping und Lofting Volumen oder Flächen erzeugen. Verwenden Sie geschlossene Konturen, entstehen Volumen bei offenen Flächen. Die entstandenen Volumen lassen sich mit booleschen Verknüpfungen zusammenfassen und durch Fasen, Abrunden oder Kappen weiterbearbeiten. Für die Erstellung freier Formen lassen sich Volumen an Flächen schneiden, Flächen zu Volumen verdicken usw. Die Techniken sind durchlässig. Einfache Objekte aus Erhebung und Objekthöhe können in Flächen- und Volumenmodelle konvertiert und so mit den erweiterten Möglichkeiten bearbeitet werden. Mit der Version 2011 von AutoCAD sind ganz neue Möglichkeiten zum Erstellen und Bearbeiten von Flächenmodellen dazugekommen.

Netzmodelle: Mit dieser Technik werden dreidimensionale Objekte durch ein Oberflächennetz modelliert. Diese Technik wurde in AutoCAD 2010 neu überarbeitet, sodass Sie jetzt die Möglichkeit haben, geglättete Oberflächen zu erstellen und diese durch die Bearbeitung mit Griffen in beliebige Freiformflächen zu verändern.

20.2 3D-Koordinatenformate

Wie vorher erwähnt, können Sie Linienzüge beliebig im Raum zeichnen. Dazu ist es erforderlich, dass Sie die notwendigen Koordinatenwerte dreidimensional eingeben können. Die Koordinatenformate, die Sie schon vom zweidimensionalen Zeichnen kennen, werden erweitert.

Alle Koordinatenangaben beziehen sich auf das aktuelle Benutzerkoordinatensystem. Setzt man aber einen »« davor, beziehen sie sich auf das Weltkoordinatensystem, unabhängig davon, welches Benutzerkoordinatensystem aktiv ist.*

Kartesische Koordinaten: Ein Punkt wird durch seinen Abstand in x-, y- und z-Richtung vom Ursprung des Koordinatensystems bzw. vom letzten Punkt (bei relativen Koordinaten) eingegeben. Die z-Achse steht senkrecht zur xy-Ebene. Es gilt die »Rechte-Hand-Regel«. Spreizt man an der rechten Hand Daumen und Zeigefinger und winkelt den Mittelfinger ab, zeigt der Daumen in die Richtung der x-Achse, der Zeigefinger in die Richtung der y-Achse und der Mittelfinger in die Richtung der z-Achse.

Absolut	Relativ
Format: X,Y,Z	Format: @dx,dy,dz
Beispiel: 150,80,120	Beispiel: @20,100,50

Kugelkoordinaten: Ein Punkt wird durch seinen Abstand vom Koordinatennullpunkt bzw. vom letzten Punkt, seinem Winkel in der xy-Ebene und seinem Winkel zur xy-Ebene des aktuellen Koordinatensystems angegeben. Der Winkel in der xy-Ebene wird von der x-Achse aus entgegen dem Uhrzeigersinn gemessen. Der Winkel zur xy-Ebene ist positiv, wenn der Punkt darüber liegt, und negativ, wenn er darunter liegt.

Absolut	Relativ
Format: A<W1<W2	Format: @A<W1<W2
Beispiel: 0<45<60	Beispiel: @50<30<45

Zylinderkoordinaten: Ein Punkt wird durch den Abstand seiner Projektion in die xy-Ebene vom Koordinatennullpunkt bzw. vom letzten Punkt, seinem Winkel in der xy-Ebene und seinem Abstand in z-Richtung angegeben. Der Winkel in der xy-Ebene wird entgegen dem Uhrzeigersinn gemessen.

Absolut	Relativ
Format: A<W,Z	Format: @A<W,Z
Beispiel: 50<45,20	Beispiel: @50<30,20

Abbildung 20.3 zeigt die verschiedenen Koordinatenformate. Das dreidimensionale Äquivalent zu Polarkoordinaten ist die Zylinderkoordinate.

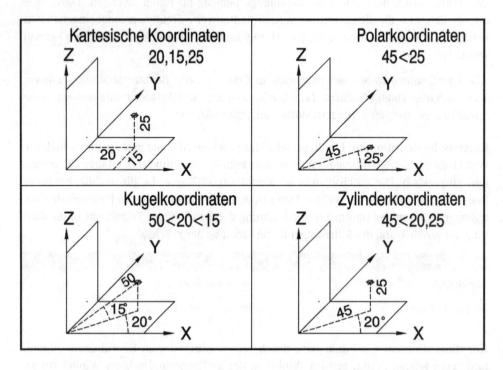

Abbildung 20.3:
3D-Koordinatenformate

> - *Nur Linien, 3D-Polylinien, Konstruktionslinien oder Strahlen lassen sich beliebig im Raum zeichnen. Jeder Eingabepunkt kann einen anderen z-Koordinatenwert haben.*
> - *Alle anderen Objekte lassen sich nur parallel zum Benutzerkoordinatensystem erzeugen. Alle Punkte müssen denselben z-Koordinatenwert haben. Wird eine andere Ausrichtung gewünscht, muss das Benutzerkoordinatensystem neu ausgerichtet werden.*

20.3 Zeichnen mit Objekthöhe und Erhebung

Schon seit Version 2.1 können Sie in AutoCAD mit Erhebung und Objekthöhe zeichnen und dadurch dreidimensionale Gegenstände erzeugen. Der Vorteil ist, dass sich die Objekte einfach erstellen lassen. Außerdem ergeben sich kompakte Zeichnungsdateien, was wiederum schnelle Bildaufbau- und Regenerierungszeiten zur Folge hat. Die Möglichkeiten sind begrenzt, einfache Illustrationen können Sie damit aber erstellen. Mit AutoCAD LT sind Sie auf diese Methode begrenzt.

Erhebung: Die Erhebung ist der Abstand des Objekts zur xy-Ebene des aktuellen Koordinatensystems.

Zeichnen mit Objekthöhe und Erhebung

Objekthöhe: Die Objekthöhe ist der Wert, um den ein Objekt über oder unter seine Erhebung in die Höhe gezogen wird. Die Objekthöhe 0 ist Vorgabe, es entstehen reine 2D-Objekte.

Erhebung und Objekthöhe können Sie auf feste Werte einstellen. Alle Objekte, die Sie danach zeichnen, erhalten diese Werte. Sie können aber auch alles auf die XY-Ebene zeichnen und danach die Objekte mit den Änderungsbefehlen auf die richtige Objekthöhe bringen. Die Erhebung wird mit den Änderungsbefehlen nicht beeinflusst. Es ist allerdings mit dem Befehl SCHIEBEN möglich, die Objekte auf die richtige Erhebung zu bringen. Antatt eine feste Erhebung einzustellen, können Sie auch die Koordinaten der Zeichnungspunkte mit x-, y- und z-Wert eingeben.

Wie sehen 2D-Objekte aus, wenn sie mit Objekthöhe gezeichnet werden? Abbildung 20.4 zeigt die Objektarten von einem Punkt im Raum betrachtet, dem Ansichtspunkt (siehe Kapitel 20.5). Sie haben zunächst einmal nur Drahtmodelle auf den Bildschirm.

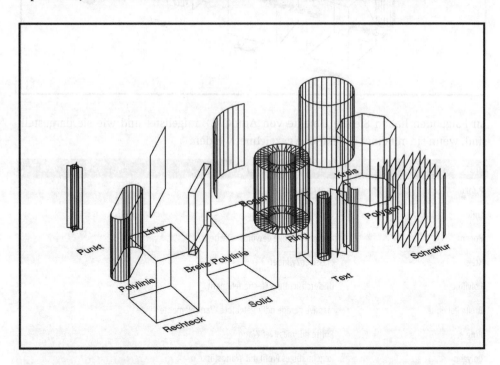

Abbildung 20.4:
Objekte mit Objekthöhe in isometrischer Ansicht

Erst wenn Sie die verdeckten Kanten entfernen, erhalten Sie Aufschluss über die tatsächliche Form der Objekte (siehe Abbildung 20.5).

Abbildung 20.5:
Objekte mit Objekthöhe ohne verdeckte Kanten

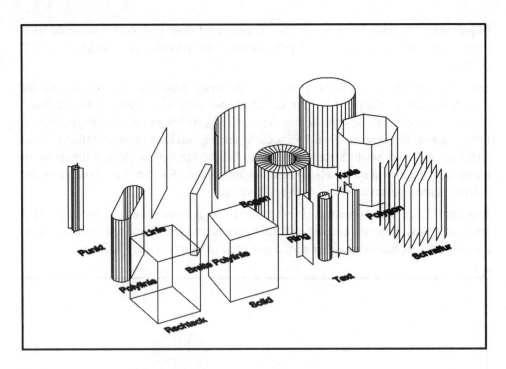

Im Folgenden haben Sie die Objekte von AutoCAD aufgelistet und wie sie dargestellt sind, wenn sie mit einer Objekthöhe gezeichnet werden.

Objekt	Objekt mit Objekthöhe
Punkt	Senkrechte Linie
Linie	Undurchsichtige Fläche
Bogen	Undurchsichtige gewölbte Fläche
Kreis	Massiver Zylinder
Polylinie	Undurchsichtiges Flächenelement
Breite Polylinie	Massive gerade oder gewölbte Wandelemente
Ring	Röhre mit massiver Wand
Polygon	Regelmäßiges Profil mit Wandstärke 0
Rechteck	Rechteckiges Profil mit Wandstärke 0
Solid	Massiver drei- bzw. viereckiger Körper

Bei Ellipsen, Splines, Klinien, Strahlen, Schraffur, Text, Multilinien und Bemaßungen hat die Objekthöhe keine Auswirkung.

Das erste 3D-Modell

20.4 Das erste 3D-Modell

Ihr erstes 3D-Modell soll ausschließlich aus AutoCAD-2D-Objekten entstehen, die Sie mit Erhebung und Objekthöhe zeichnen. Abbildung 20.6 zeigt Ihnen das gewünschte Ergebnis: eine Küchenzeile aus zwei Unterschränken. Doch gehen Sie dazu Schritt für Schritt vor.

Die hier beschriebenen Funktionen zur Modellierung mit Erhebung und Objekthöhe stehen Ihnen auch in AutoCAD LT zur Verfügung. Wenn Sie mit AutoCAD arbeiten, haben Sie wesentlich bessere Modellierungsfunktionen (siehe Kapitel 21). Trotzdem finden Sie auch als AutoCAD-User in diesem Kapitel wichtige Grundlagen, die Sie auch in den späteren Kapiteln brauchen.

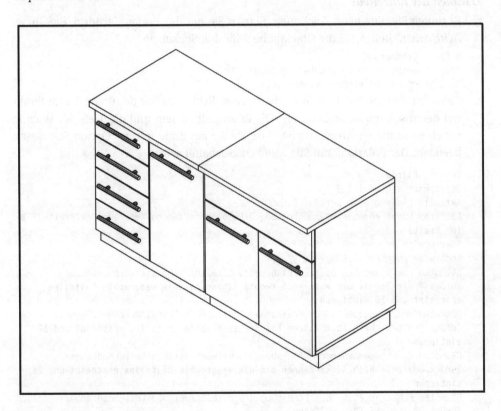

Abbildung 20.6:
3D-Modell aus 2D-Objekten mit Objekthöhe

Objekthöhe einstellen

Zunächst zeichnen Sie den Sockel. Die Zeichnungseinheiten sollen Zentimetern entsprechen. Der Sockel soll aus 2 cm starken Platten bestehen und 9 cm hoch sein. Verwenden Sie dazu eine geschlossene Polylinie in der Breite, die der Materialstärke entspricht. Bevor Sie zeichnen, stellen Sie die Objekthöhe mit der Systemvariablen THICKNESS ein. Wählen Sie:

- Menüleiste FORMAT, Funktion OBJEKTHÖHE

Objekthöhe und Erhebung können Sie auch mit dem Befehl ERHEBUNG ändern. Geben Sie ihn auf der Tastatur ein:

```
Befehl: Erhebung
Neue Standard-Erhebung angeben <0.0000>:
Neue Standard-Objekthöhe angeben <0.0000>:
```

Eine Änderung der Werte ändert nichts an bereits gezeichneten Objekten. Lediglich die Objekte, die Sie nach der neuen Einstellung zeichnen, werden mit den neuen Werten erstellt. Bereits gezeichnete Objekte können Sie mit dem Objekteigenschaften-Manager auf eine neue Objekthöhe bringen. Die Erhebung können Sie nicht ändern. Sie können aber den Befehl SCHIEBEN verwenden und das Objekt in z-Richtung verschieben.

Zeichnen der Einzelteile

1. Beginnen Sie eine neue Zeichnung. Starten Sie mit der Vorlage *Acadiso. dwt.* bzw. *Acltiso.dwt.* Stellen Sie die Objekthöhe 9 für den Sockel ein.

   ```
   Befehl: Erhebung
   Neue Standard-Erhebung angeben <0.0000>: 0
   Neue Standard-Objekthöhe angeben <0.0000>: 9
   ```

2. Zeichnen Sie eine Polylinie in der Form eines Rechtecks mit der Breite 2 vom Punkt mit der absoluten Koordinate 1,5. Die Breite soll 78 sein und die Tiefe 50. Wichtig für einen sauberen Abschluss ist, dass Sie sie am Ende mit der Option SCHLIESSEN beenden. Der Polarfang mit 90° sollte eingeschaltet sein.

   ```
   Befehl: Plinie
   Startpunkt angeben: 1,5
   Aktuelle Linienbreite beträgt 0.0000
   Nächsten Punkt angeben oder [Kreisbogen/Halbbreite/sehnenLänge/ Zurück/Breite]: B
   für Breite
   Startbreite angeben <0.0000>: 2
   Endbreite angeben <2.0000>: 2
   Nächsten Punkt angeben oder [Kreisbogen/Schließen/Halbbreite/sehnenLänge/
   Zurück/Breite]: Mit der Maus nach rechts fahren bis die waagrechte Hilfsline
   erscheint und 78 eintippen
   Nächsten Punkt angeben oder [Kreisbogen/Schließen/Halbbreite/sehnenLänge/
   Zurück/Breite]: Nach oben fahren bis die senkrechte Hilfsline erscheint und 50
   eintippen
   Nächsten Punkt angeben oder [Kreisbogen/Schließen/Halbbreite/sehnenLänge/
   Zurück/Breite]: Nach links fahren bis die waagrechte Hilfsline erscheint und 78
   eintippen
   Nächsten Punkt angeben oder [Kreisbogen/Schließen/Halbbreite/sehnenLänge/
   Zurück/Breite]: S für Schließen
   ```

3. Zeichnen Sie darauf eine 2 cm dicke Bodenplatte. Sie hat die Erhebung 9, da sie auf dem Sockel liegt, und die Objekthöhe 2. Stellen Sie die Werte vorher ein. Verwenden Sie wieder eine Polylinie. Diesmal zeichnen Sie eine Polylinie in der Breite der Platte, die 58 cm betragen soll. Beginnen Sie beim Punkt 0,31 und zeichnen Sie 80 nach rechts.

```
Befehl: Erhebung (eintippen)
Neue Standard-Erhebung angeben <0.0000>: 9
Neue Standard-Objekthöhe angeben <0.0000>: 2
Befehl: Plinie
Startpunkt angeben: 0,31
Aktuelle Linienbreite beträgt 2.0000
Nächsten Punkt angeben oder [Kreisbogen/Halbbreite/sehnenLänge/ Zurück/Breite]: B
für Breite
Startbreite angeben <2.0000>: 58
Endbreite angeben <58.0000>: 58
Nächsten Punkt angeben oder [Kreisbogen/Schließen/Halbbreite/sehnenLänge/
Zurück/Breite]: Nach rechts fahren bis die waagrechte Hilfslinie erscheint und 80
eintippen
Nächsten Punkt angeben oder [Kreisbogen/Schließen/Halbbreite/sehnenLänge/
Zurück/Breite]: ⏎
```

4. Da jetzt die Platte den darunter liegenden Sockel verdeckt, sollten Sie für besseren Durchblick den Füllmodus ausschalten. Verwenden Sie dazu den Befehl FÜLLEN. Geben Sie ihn auf der Tastatur ein.

```
Befehl: Füllen
Modus eingeben [EIN/AUS] <Ein>: Aus
Befehl: Regen
```

5. Zeichnen Sie nun die Seitenteile auf der Erhebung 11 mit der Objekthöhe 76. Erledigen Sie dies mit Polylinien mit der Breite 2. Beginnen Sie am Punkt 1,2 und zeichnen Sie 58 senkrecht nach oben. Das andere Seitenteil beginnen Sie bei 79,2 und zeichnen 58 senkrecht nach oben.

6. Die Rückwand besteht aus einer 1 cm dicken Platte. Zeichnen Sie diese wieder mit einer Polylinie mit Breite 1, gleiche Erhebung und Objekthöhe. Beginnen Sie bei 2,59 und zeichnen 76 nach rechts.

7. Zuletzt noch die Abdeckplatte mit einer Stärke von 3 cm. Objekthöhe ist 3 und die Erhebung 87. Diesmal hat die Polylinie die Breite 64 und sie beginnt bei 0,28 und wird 80 nach rechts gezeichnet.

Da der Schrank bisher nur in der Draufsicht zu sehen war, ist das Ergebnis enttäuschend. Sie haben aber die Möglichkeit, 3D-Modelle von einem beliebigen Punkt im Raum zu betrachten. Dazu gleich mehr.

Mit dem Befehl FÜLLEN *stellen Sie ein, ob breite Polylinien, Solids oder mit dem Schraffurbefehl gefüllte Flächen auf dem Bildschirm gefüllt oder nur mit ihren Rändern gezeichnet werden. Sie finden den Befehl nicht in den Menüs, tippen Sie ihn ein. Beachten Sie aber, dass erst die danach gezeichneten Objekte so dargestellt werden. Mit dem Befehl* REGEN *bringen Sie alles auf den aktuellen Stand.*

20.5 Der Ansichtspunkt

Stellen Sie sich vor, Sie haben Ihr 3D-Modell in einem virtuellen Raum erstellt. Jetzt begeben Sie sich zu einem Aussichtspunkt oder stellen sich auf einen Stuhl oder eine Leiter und schauen von diesem Punkt, dem sogenannten Ansichtspunkt, auf das Modell. Ihr Modell erscheint dann auf dem Bildschirm, als ob Sie es von diesem Punkt aus betrachten würden.

Allerdings sieht es nur fast so aus. Die parallelen Kanten, die in den Raum hineinlaufen, sind auch in dieser Darstellung parallel. Das widerspricht unseren Sehgewohnheiten. Normalerweise erscheinen entferntere Punkte kleiner, alles läuft auf einen Fluchtpunkt zu. Man unterscheidet Parallelperspektiven bzw. Isometrien und Fluchtpunktperspektiven. Vom Ansichtspunkt aus erhalten Sie zunächst nur parallele Perspektiven, Fluchtpunktperspektiven lernen Sie später aber noch kennen.

Um den Ansichtspunkt zu wählen, stehen Ihnen die Befehle APUNKT und DDVPOINT zur Verfügung. Um schnell wieder in die Draufsicht zu wechseln, können Sie den Befehl DRSICHT verwenden. Welcher Ansichtspunkt bewirkt nun welche Darstellung?

Ansichtspunkt	Richtung	Darstellung
Oben	–	aus Richtung der positiven z-Achse
Unten	–	aus Richtung der negativen z-Achse
Vorne	Süden	aus Richtung der negativen y-Achse
Hinten	Norden	aus Richtung der positiven y-Achse
Links	Westen	aus Richtung der negativen x-Achse
Rechts	Osten	aus Richtung der positiven x-Achse
ISO-Ansicht SW	Süd-West	aus Richtung 225° im Winkel 35 Grad bzw. von vorne links oben
ISO-Ansicht SO	Süd-Ost	aus Richtung 315° im Winkel 35 Grad bzw. von vorne rechts oben
ISO-Ansicht NO	Nord-Ost	aus Richtung 45° im Winkel 35 Grad bzw. von hinten rechts oben
ISO-Ansicht NW	Nord-West	aus Richtung 135° im Winkel 35 Grad bzw. von hinten links oben

Befehl Apunkt

Zunächst der Befehl APUNKT. Damit können Sie den Ansichtspunkt mit Koordinaten, Winkeln oder interaktiv einstellen. Die Basisversion des Befehls bekommen Sie nur, wenn Sie ihn auf der Tastatur eingeben.

Der Ansichtspunkt

```
Befehl: Apunkt
Aktuelle Ansichtsrichtung:   VIEWDIR=0.00,0.00,1.00
Ansichtspunkt angeben oder [Drehen] <Kompass und Achsen anzeigen>:
```

Koordinaten eingeben: Wenn Sie keine Option wählen, können Sie die Koordinate Ihres Standortes eingeben. Dabei sind die absoluten Werte unwichtig, die Objekte werden immer formatfüllend dargestellt. Das Verhältnis der Werte zueinander bestimmt die Perspektive. Geben Sie beispielsweise Ansichtspunkt 1,1,1 ein, wird eine Isometrie von rechts hinten oben erzeugt.

Drehen: Wählen Sie dagegen diese Option, können Sie Ihren Standort mit zwei Winkeln bestimmen.

```
Ansichtspunkt angeben oder [Drehen] <Kompass und Achsen anzeigen>: D für Drehen
Winkel in XY-Ebene von der X-Achse aus eingeben <45>:
Winkel von der XY-Ebene eingeben <35>:
```

Mit dem ersten Winkel legen Sie die Betrachterposition, projiziert in die xy-Ebene, gemessen zur x-Achse fest. Der zweite Winkel gibt die Position zur xy-Ebene an. Positive Winkelwerte ergeben eine Ansicht von oben, negative eine Ansicht von unten.

Kompass und Achsen: Wenn Sie statt einer Koordinate ⏎ eingeben, steht eine spezielle Einstellmethode mit Kompass und Achsendreibein zur Verfügung. Diese Variante finden Sie in der Menüleiste:

Menüleiste ANSICHT, Untermenü 3D-ANSICHTEN >, Funktion ANSICHTSPUNKT

Feste Ansichtspunkte: Ansichten von allen Seiten sowie verschiedene Isometrien (siehe oben) können Sie direkt anwählen. In der Abbildung 20.7 sehen Sie ein Element des Küchenschranks, von den verschiedenen Ansichtspunkten im Raum aus betrachtet. Diese Ansichtspunkte finden Sie an verschiedenen Stellen in den Menüs:Multifunktionsleiste: Menü im Register START, Gruppe ANSICHT, und im Register ANSICHT, Gruppe ANSICHTEN

- Menüleiste ANSICHT, Untermenü 3D-ANSICHTEN >, Funktionen für die verschiedenen Ansichtspunkte
- Symbole im Werkzeugkasten ANSICHT

Abbildung 20.7:
Verschiedene Ansichtspunkte

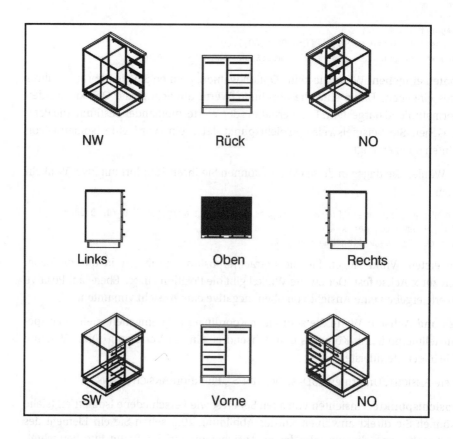

Befehl Ddvpoint

Mit dem Befehl DDVPOINT stellen Sie die Winkel des Ansichtspunkts in einem Dialogfeld ein (siehe Abbildung 20.8). Zusätzlich können Sie wählen, ob der Ansichtspunkt im Weltkoordinatensystem oder im aktuellen Benutzerkoordinatensystem bestimmt werden soll. Mit einem weiteren Schaltfeld können Sie in die Draufsicht wechseln. Den Befehl gibt es zwar in AutoCAD und AutoCAD LT, aber nicht in der Multifunktionsleiste. In AutoCAD haben Sie aber wesentlich bessere Möglichkeiten zur 3D-Navigation. Tippen Sie den Befehl also ein, wenn Sie nicht mit der Multifunktionsleiste arbeiten.

- Menüleiste ANSICHT, Untermenü 3D-ANSICHTEN >, Funktion ANSICHTSPUNKT VORGABEN...
- *Ein Ansichtspunktwechsel wird im Befehl ZOOM festgehalten. Mit der Option VORHER kommen Sie zur letzten Vergrößerung sowie auch zum vorherigen Ansichtspunkt zurück.*
- *Die Systemvariable UCSORTHO legt fest, ob das Benutzerkoordinatensystem beim Wechseln des Ansichtspunkts verändert werden soll. Hat die Variable den Wert 0, ändert ein Wechsel des Ansichtspunkts nichts am BKS. Hat sie dagegen den Wert 1 und Sie wählen einen orthogonalen Ansichtspunkt (OBEN, UNTEN, VORNE, HINTEN, RECHTS oder LINKS), wird das BKS immer auf die Ansicht gelegt. Isometrische Ansichten ändern das BKS nicht.*

- Klicken Sie beim Zeichnen in der Isometrie keinen Punkt in der Zeichnung ohne eine Fangfunktion an. Der Punkt wird in die xy-Ebene projiziert. Er kann dadurch an einer ganz anderen Stelle liegen als an der, die Sie in der Isometrie gewählt haben. Erst wenn Sie die Ansicht wechseln, sehen Sie den Fehler.

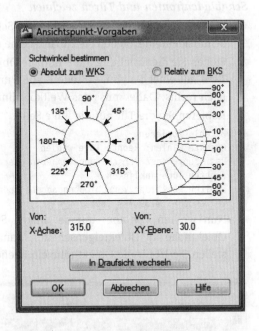

Abbildung 20.8:
Ansichtspunkt im Dialogfeld einstellen

Verschiedene Ansichtspunkte einstellen

Betrachten Sie Ihren Unterschrank von verschiedenen Ansichtspunkten im Raum. Ihr Ergebnis sieht allerdings noch nicht so wie in Abbildung 20.7 aus, die Türen fehlen.

Befehl Ausschnt

Den Befehl AUSSCHNT haben Sie schon kennengelernt (siehe Kapitel 5.17). Damit lassen sich Ausschnitte der Zeichnung in einem Dialogfeld unter einem Namen sichern und später wieder einsetzen. Mit diesem Befehl wird auch der Ansichtspunkt gesichert. Bei 3D-Modellen kann es sinnvoll sein, einmal gewählte Ansichtspunkte als Ausschnitte zu sichern, um später wieder darauf zurückzugreifen. Mit dem Befehl AUSSCHNT lassen sich auch Standardansichten wählen.

20.6 3D-Editierfunktionen

AutoCAD stellt Ihnen eine ganze Reihe von Editierbefehlen für 2D-Zeichnungen zur Verfügung. Einen Teil davon können Sie auch in der dritten Dimension verwenden. Sie können dann bei Koordinatenangaben auch z-Werte eingeben, zum Beispiel: SCHIEBEN und KOPIEREN.

Andere Befehle arbeiten nur in der xy-Ebene: DREHEN, SPIEGELN und REIHE. Dafür gibt es in AutoCAD (nicht in AutoCAD LT) spezielle Befehle, die für 3D-Operationen verwendet werden: 3DDREHEN, 3DSPIEGELN, 3DREIHE und AUSRICHTEN.

Schubladenfronten und Türen zeichnen

1. Zeichnen Sie auf der rechten Seite des Schrankes eine Tür und auf der linken eine Schubladenreihe. Stellen Sie zunächst eine isometrische Ansicht aus Richtung SW ein.
2. Stellen Sie die Erhebung auf 9 und die Objekthöhe auf 77.5. Zeichnen Sie die rechte Türe mit einer Polylinie, Breite 2 von Punkt 40.2,1 (absolute Koordinate) aus 39.3 nach rechts. Dabei muss das Weltkoordinatensystem aktiv sein.
3. Kopieren Sie die Tür auf die linke Seite.

   ```
   Befehl: Kopieren
   Objekte wählen: Rechte Türe wählen
   Basispunkt oder Verschiebung angeben oder [Mehrfach]: Beliebigen Punkt an der
   rechten Türe anklicken
   Zweiten Punkt der Verschiebung angeben oder <ersten Punkt der Verschiebung
   verwenden>: @ 39.7 < 180
   ```
4. Nun wollten wir aber auf der linken Seite Schubladenfronten. Ändern Sie die Objekthöhe im Objekteigenschaften-Manager. Wählen Sie die linke Türe an und stellen Sie 19 für die Objekthöhe ein (siehe Abbildung 20.9).

Abbildung 20.9: Änderung der Objekthöhe

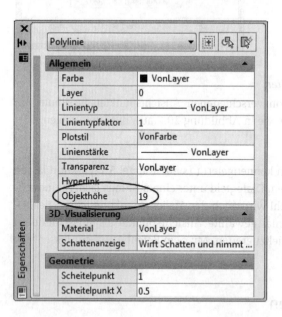

5. Kopieren Sie die Schublade mehrfach nach oben:

   ```
   Befehl: Kopieren
   Objekte wählen: Linke untere Schubladenfront wählen
   Basispunkt oder Verschiebung angeben oder [Mehrfach]: M
   Basispunkt angeben: Punkt an der Schubladenfront wählen
   ```

```
Zweiten Punkt der Verschiebung angeben oder <ersten Punkt der Verschiebung
verwenden>: @0,0,19.5
Zweiten Punkt der Verschiebung angeben oder <ersten Punkt der Verschiebung
verwenden>: @0,0,39
Zweiten Punkt der Verschiebung angeben oder <ersten Punkt der Verschiebung
verwenden>: @0,0,58.5
Zweiten Punkt der Verschiebung angeben oder <ersten Punkt der Verschiebung
verwenden>: ↵
```

6. Drehen Sie die rechte Tür um 55° auf. Wenn Sie bei AutoCAD ein zusätzliches Dialogfeld erhalten, ignorieren Sie es zunächst und klicken Sie auf SCHLIESSEN. Dieser Hinweis gilt für Volumenkörper, dazu mehr in Kapitel 21.

```
Befehl: Drehen
Objekte wählen: Rechte Türe wählen
Basispunkt angeben: Rechten Endpunkt der Tür mit dem Objektfang wählen
Drehwinkel angeben oder [Bezug]: 55
```

7. Zeichnen Sie die mittlere Trennwand mit einer Polylinie. Die Daten dieser Polylinie in Weltkoordinaten: Startpunkt 40,2,11, Tiefe 56.5, Objekthöhe 76 und Breite 2. Der Küchenschrank sieht jetzt aus wie in Abbildung 20.10.

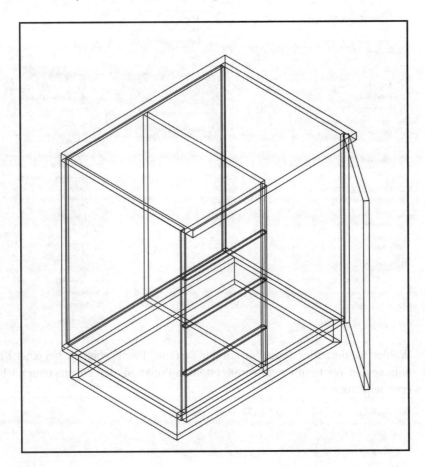

Abbildung 20.10:
Der Küchenschrank mit Front

8. Drehen Sie die Tür wieder zu, diese Aktion war nur zur Übung. Diesen Stand des Küchenschrankes haben Sie in Ihrem Übungsverzeichnis, die Datei *L20-01.dwg*.

Koordinaten bei der 3D-Konstruktion filtern

Oft benötigen Sie beim Zeichnen oder Editieren im Raum Punkte, die Sie nicht unmittelbar angeben. Sie haben aber Punkte in Ihrem Modell, deren Koordinaten denselben x-, y- oder z-Wert wie der zu bestimmende Punkt haben. Hier kommen Sie mit den Koordinatenfiltern weiter.

Bei 3D-Konstruktionen können Sie einen Punkt bestimmen, indem Sie ihn aus den Koordinatenanteilen verschiedener Punkte ermitteln. Sie können auch Koordinatenanteile numerisch eingeben. Auf diese Art entfällt das Zeichnen von Hilfslinien. Koordinatenfilter können Sie bei jeder Punkteingabe als Zusatzfunktion in Kombination mit dem Objektfang verwenden. Sie finden die Filter als Untermenü im Kontextmenü für den Objektfang ([⇧]-Taste + rechte Maustaste oder rechte Maustaste und Untermenü FANG ÜBERSCHREIBUNG..., siehe Abbildung 20.11).

Abbildung 20.11: Koordinatenfilter in den Kontextmenüs

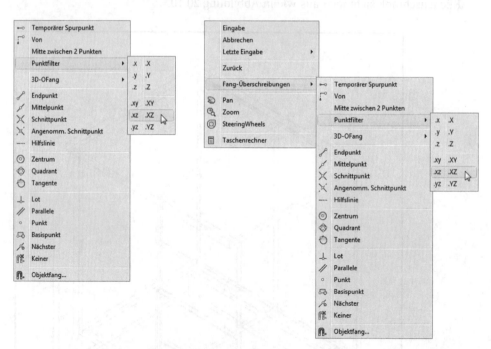

Wählen Sie dort oder tippen Sie auf der Tastatur. Dazu geben Sie bei einer Koordinatenanfrage den Wert mit einem vorangestellten Punkt an, den Sie aus dem nächsten Punkt ermitteln wollen:

```
Von Punkt: .X, .X, .Y, .XY, .XZ oder .YZ
```

3D-Editierfunktionen

Im Beispiel soll in Abbildung 20.12 eine Linie vom Zentrum der Schräge des Keils auf das Zentrum der hinteren Fläche gezogen werden. Ohne Hilfslinien und mit Verwendung der Punktefilter erledigen Sie das so:

Befehl: **Linie**
Ersten Punkt angeben: **.X**
von **mit Ofang Mittelpunkt die vordere Linie wählen**
(benötigt YZ): **mit Ofang Mittelpunkt die schräge Kante wählen**
Nächsten Punkt angeben oder [Zurück]: **.X**
von **mit Ofang Mittelpunkt die hintere Linie wählen**
(benötigt YZ): **mit Objektfang Mittelpunkt die hintere senkrechte Kante wählen**
Nächsten Punkt angeben oder [Zurück]: ⏎

Oft brauchen Sie auch einen Filter, wenn Sie einen Punkt in der Draufsicht mit dem Objektfang anklicken, aber einen anderen z-Wert benötigen. Dann wählen Sie XY mit dem Filter und geben Z numerisch ein, zum Beispiel:

Befehl: **Kreis**
Zentrum für Kreis angeben oder [3P/2P/Ttr (Tangente Tangente Radius)]: **.XY**
von **mit Ofang Punkt in der Draufsicht anklicken**
(benötigt Z): **z-Wert eintippen, z.B.: 150**

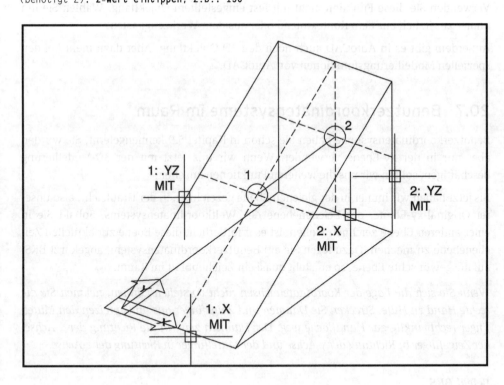

Abbildung 20.12:
Punkte mit Filtern bestimmen

Koordinatenfilter
1. Laden Sie die Zeichnung *A20-02.dwg* aus dem Ordner *Aufgaben*.
2. Zeichnen Sie die Verbindungslinie wie in Abbildung 20.12 mit den Koordinatenfiltern. Eine Lösung finden Sie in Zeichnung *L20-02.dwg*.

Angenommene Schnittpunkte

Noch eine wichtige Funktion finden Sie im Kontextmenü (siehe Abbildung 20.11) für die 3D-Konstruktion. Mit der Funktion ANGENOMMENER SCHNITTPUNKT können Sie den angenommenen Schnittpunkt zweier Objekte im Raum bestimmen.

Verläuft beispielsweise eine Linie in der xy-Ebene und eine andere läuft in einer bestimmten Erhebung darüber hinweg und Sie wollen den Punkt in der xy-Ebene fangen, an dem die darüber laufende Linie die andere überquert. In diesem Fall wählen Sie die Funktion ANGENOMMENER SCHNITTPUNKT. Klicken Sie zuerst die Linie in der xy-Ebene an und dann die andere und Sie haben den Schnittpunkt in der xy-Ebene auf der Linie. Wählen Sie dagegen zuerst die Linie im Raum an, finden Sie den Schnittpunkt auf der Linie im Raum.

Verwenden Sie diese Funktion nicht mit fest eingestelltem Objektfang. Wählen Sie ihn immer zusätzlich aus dem Kontextmenü oder aus dem Werkzeugkasten.

Außerdem gibt es in AutoCAD auch noch den 3D-Objektfang. Aber dazu mehr bei den speziellen Modellierungsfunktionen von AutoCAD.

20.7 Benutzerkoordinatensysteme im Raum

Benutzerkoordinatensysteme haben Sie schon in Kapitel 5.9 kennengelernt. Sie wurden aber nur in der xy-Ebene verwendet. Wenn wir uns jetzt mit der 3D-Modellierung beschäftigen, sollten wir uns die weiteren Funktionen ansehen.

Bis jetzt haben wir immer in der gleichen Ebene gezeichnet, in der Draufsicht, also unserer Original-xy-Ebene, der Zeichenebene des Weltkoordinatensystems. Sobald Sie in einer anderen Ebene zeichnen wollen, ist es erforderlich, diese Ebene zur aktuellen Zeichenebene zu machen. Dazu legen Sie ein Benutzerkoordinatensystem, abgekürzt BKS, auf die gewünschte Ebene, so entsteht quasi ein Zeichenblatt im Raum.

Wenn Sie sich die Lage der Koordinatenachsen nicht vorstellen können, nehmen Sie die rechte Hand zu Hilfe. Strecken Sie Daumen und Zeigefinger aus und spreizen den Mittelfinger rechtwinklig zur Handfläche weg. Der Daumen zeigt in die Richtung der x-Achse, der Zeigefinger in Richtung der y-Achse und der Mittelfinger in Richtung der z-Achse.

Befehl BKS

Die Befehle BKS und BKSMAN zur Verwaltung der Koordinatensysteme haben Sie bis auf die 3D-Optionen bereits kennengelernt. Diese benötigen wir jetzt. Zur Erinnerung, den Befehl BKS finden Sie:

Benutzerkoordinatensysteme im Raum

- Multifunktionsleiste: Symbole im Register ANSICHT, Gruppe KOORDINATEN
- Menüleiste EXTRAS, Untermenü NEUES BKS >
- Symbole für die Optionen im Werkzeugkasten BKS bzw. BKS II

Ein Symbol im Werkzeugkasten BKS startet den Befehl mit der Standardmethode zur Definition eines BKS mit der Eingabe von 3 Punkten.

```
Befehl: BKS
Aktueller BKS-Name: *WELT*
Ursprung des neuen BKS angeben oder [FLäche/bENannt/Objekt/VOrher/
ANsicht/Welt/X/Y/Z/ZAchse] <Welt>: Neuen Ursprung in der Zeichnung anklicken
Punkt auf X-Achse angeben oder <Akzeptieren>: Punkt auf der neuen x-Achse angeben
oder ⏎, falls die Ausrichtung nicht verändert werden soll
Punkt auf XY-Ebene angeben oder <Akzeptieren>: Punkt auf der neuen xy-Ebene angeben
oder ⏎, falls die Ausrichtung nicht verändert werden soll
```

Den Befehl mit seinen Optionen können Sie auch direkt aus der Multifunktionsleiste, der Menüleiste und den Werkzeugkästen wählen. Hier die Varianten, die für die 3D-Konstruktion besonders wichtig sind:

Ursprung: Definition eines neuen BKS durch Ursprungsverschiebung. Die Richtung der Achsen bleibt gleich.

X/Y/Z: Oft fehlen die Orientierungspunkte im Raum, um ein neues BKS zu platzieren. Lediglich die Ausrichtung der gewünschten Ebene ist bekannt. Dann können Sie sich unter Umständen schrittweise herantasten, indem Sie das BKS um verschiedene Achsen drehen:

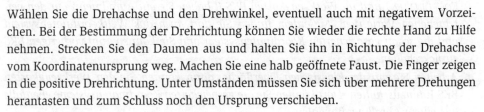

```
Drehwinkel um X-Achse angeben <90>: Winkel eingeben
```

Wählen Sie die Drehachse und den Drehwinkel, eventuell auch mit negativem Vorzeichen. Bei der Bestimmung der Drehrichtung können Sie wieder die rechte Hand zu Hilfe nehmen. Strecken Sie den Daumen aus und halten Sie ihn in Richtung der Drehachse vom Koordinatenursprung weg. Machen Sie eine halb geöffnete Faust. Die Finger zeigen in die positive Drehrichtung. Unter Umständen müssen Sie sich über mehrere Drehungen herantasten und zum Schluss noch den Ursprung verschieben.

Z-Achse: Definition eines neuen BKS durch einen neuen Ursprung und einen Punkt, der sich auf der neuen positiven z-Achse befindet.

```
Neuen Ursprung angeben <0,0,0>:
Punkt auf der positiven Z-Achse angeben <aktuelle Achsrichtung>:
```

Mit dieser Methode können Sie zwar die Ausrichtung der xy-Ebene bestimmen, nicht aber die exakten Orientierungen der x- und y-Achse. Diese sind abhängig vom vorherigen Koordinatensystem.

3Punkte: Definition eines neuen BKS durch drei Punkte:

```
Neuen Ursprung angeben <0,0,0>:
Punkt auf der pos. X-Achse angeben <aktueller Wert>:
Punkt mit positivem Y-Wert in der XY-Ebene des BKS angeben <aktueller Wert>:
```

Mit dieser Methode können Sie das neue BKS mit allen Achsen exakt ausrichten. Beim dritten Punkt kann ein beliebiger Punkt im ersten oder zweiten Quadranten des neuen BKS gewählt werden.

Ansicht: Ausrichtung des neuen BKS parallel zum Bildschirm. Die positive z-Achse ragt aus dem Bildschirm heraus. Der Ursprung bleibt gleich. Die Methode eignet sich sehr gut für Beschriftungen von Ansichten. Die Schrift liegt dann immer auf der Ansicht und es entstehen keine Verzerrungen. Die Option finden Sie nicht in der Optionsliste.

Objekt: Ausrichtung des neuen BKS an einem Element in der Zeichnung. Das neue BKS wird auf dem gewählten Objekt ausgerichtet. Das neue BKS hat dieselbe positive z-Achsrichtung, mit der auch das gewählte Objekt erzeugt wurde.

Fläche: Ausrichtung des neuen BKS auf einer Fläche eines Volumenkörpers (siehe Kapitel 21). Klicken Sie eine Kante des Volumenkörpers an. Die zugehörige Fläche wird markiert. Da eine Kante immer zwei Flächen begrenzt, können Sie mit der Option NÄCHSTES zur anderen Fläche wechseln. Mit der Option XUMKEHREN wird das BKS um 180° um die x-Achse gedreht und mit der Option YUMKEHREN um 180° um die y-Achse. Obwohl bei der Anfrage nach der Fläche die Pickbox angezeigt wird, können Sie auch direkt in die Fläche des Volumenkörpers klicken. Die zugehörige Fläche wird markiert. Auch in diesem Fall gibt es immer zwei Flächen, eine vordere und eine auf der Rückseite. Hier können Sie ebenfalls mit der Option NÄCHSTES, die Fläche wechseln.

- *Sie können das BKS auch auf den sechs Flächen eines gedachten Würfels ausrichten, der am Koordinatenursprung liegt und dessen Kanten an den Achsen des Koordinatensystems ausgerichtet sind. In der Multifunktionsleiste (Register ANSICHT, Gruppe KOORDINATEN) und im Werkzeugkasten BKS II haben Sie ein Abrollmenü mit den verschiedenen Varianten. Außerdem finden Sie dort auch das Weltkoordinatensystem und die schon gespeicherten Koordinatensystem und Sie können zum vorherigen BKS zurückschalten.*
- *Arbeiten Sie mit der klassischen Oberfläche, dann können Sie den Werkzeugkasten BKS II hinzuschalten. Dort können Sie die gespeicherten Koordinatensysteme ebenfalls aus einem Abrollmenü wählen.*
- *Haben Sie den ViewCube eingeschaltet (Standard bei den Arbeitsbereichen mit der Multifunktionsleiste in AutoCAD), können Sie das BKS auch an der unteren Schaltfläche am ViewCube wechseln. Dort finden Sie die gespeicherten Koordinatensysteme.*
- *Mit der Funktion NEUES BKS wird die Standardmethode zur Definition eines BKS mit der Eingabe von 3 Punkten gestartet (siehe oben).*
- *Mit dem Eintrag WKS kommen Sie zum Weltkoordinatensystem zurück.*

Benutzerkoordinatensysteme im Raum

Befehl BKSman mit orthogonalen BKS

Auch im Dialogfeld des Befehls BKSMAN finden Sie die orthogonalen Benutzerkoordinatensysteme. Wählen Sie den Befehl:

- Multifunktionsleiste: Register ANSICHT, Gruppe KOORDINATEN, Pfeil rechts unten
- Menüleiste EXTRAS, Funktion BENANNTES BKS...
- Symbol im Werkzeugkasten BKS II

Aktivieren Sie das Register ORTHOGONALE BKS (siehe Abbildung 20.13). Markieren Sie eine Ausrichtung und klicken Sie auf die Schaltfläche AKTUELL oder klicken Sie es doppelt an und das aktuelle BKS wird entsprechend ausgerichtet. Im Abrollmenü RELATIV ZU wählen Sie aus, ob sich die Positionsangaben (VORNE, RECHTS, OBEN usw.) auf das Weltkoordinatensystem oder auf ein anderes gespeichertes BKS beziehen sollen.

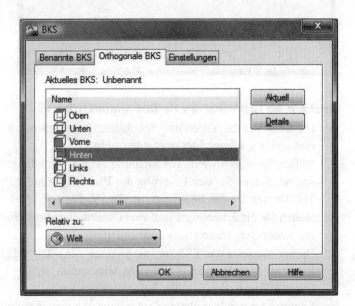

Abbildung 20.13: Register Orthogonale BKS im BKS-Manager

Noch ein weiteres Register steht zur Verfügung, das Register EINSTELLUNGEN (siehe Abbildung 20.14). Der obere Teil bezieht sich auf das Koordinatensymbol (siehe Kapitel 5.9). Im Feld BKS-EINSTELLUNGEN haben Sie zwei Schalter. Haben Sie BKS MIT ANSICHTSFENSTER SPEICHERN aktiviert, dann können Sie in unterschiedlichen Ansichtsfenstern auch unterschiedliche Benutzerkoordinatensysteme einsetzen. Das BKS wird mit dem Ansichtsfenster gespeichert (Systemvariable UCSVP). Ist der Schalter BEI ÄNDERUNG VON BKS IN DRAUFSICHT WECHSELN angeschaltet, wird beim Wechsel des Benutzerkoordinatensystems automatisch die Draufsicht auf das neue BKS angezeigt (Systemvariable UCSFOLLOW). Ist er aus, tut sich beim Wechsel des BKS nichts.

Abbildung 20.14:
Register Einstellungen im BKS-Manager

Zeichnen der Griffe und des zweiten Schrankteils

1. Die Griffe für die Türen und Schubladen bestehen nur aus zwei kleinen Zylindern und einem größeren, der quer dazu steht.
2. Stellen Sie eine Ansicht aus Richtung SO ein. Aktivieren Sie das Weltkoordinatensystem. Setzen Sie den Ursprung des BKS auf die Mitte der Unterkante der rechten Tür. Drehen Sie das BKS dann um die x-Achse um 90°.
3. Stellen Sie die Erhebung 1 und eine Objekthöhe von 3 ein. Zeichnen Sie zwei Kreise mit Radius 0.8, Mitte 10,70 und -10,70.
4. Drehen Sie jetzt das BKS um die y-Achse um 90°. Stellen die Objekthöhe auf 30. Zeichnen Sie einen Kreis mit dem Mittelpunkt -4,70,-15 und dem Radius 1. Der erste Griff ist fertig. Schalten Sie zum Weltkoordinatensystem zurück.
5. Kopieren Sie den kompletten Griff auf die linke obere Schubladenfront. Basispunkt ist der Mittelpunkt der rechten Tür, zweiter Punkt ist der Mittelpunkt der linken Tür.
6. Kopieren Sie dann die Griffe mehrfach nach unten. Verwenden Sie wieder Fangpunkte.
7. Kopieren Sie den kompletten Schrank um 80 noch einmal auf die rechte Seite.
8. Bearbeiten Sie das rechte Schrankteil wie in Abbildung 20.15. Löschen Sie dazu die zwei mittleren Schubladenfronten im rechten Schrank. Löschen Sie die Griffe am rechten Schrankteil. Ändern Sie die Objekthöhe der untersten Schubladenfront und der rechten Tür auf 58. Sie haben dann gleich hohe Türen.
9. Aktivieren Sie das Weltkoordinatensystem und stellen Sie auf die Ansicht von vorne. Klicken Sie die obere verbliebene Schubladenfront an. Klicken Sie dann den rechten unteren Griff an und ziehen ihn waagrecht nach rechts und tippen die neue Breite 79 ein. Sie haben dann eine Abdeckung über die ganze Breite.

10. Kopieren Sie in dieser Ansicht die Griffe wie in Abbildung 20.15 von dem linken zum rechten Schrankteil. Schauen Sie sich das Modell von verschiedenen Ansichten an, ob alles richtig ist.
11. Falls Sie den Anschluss verloren haben: In Ihrem Ordner *Aufgaben* ist die Lösung. Sie finden sie unter dem Namen *L20-03.dwg*.

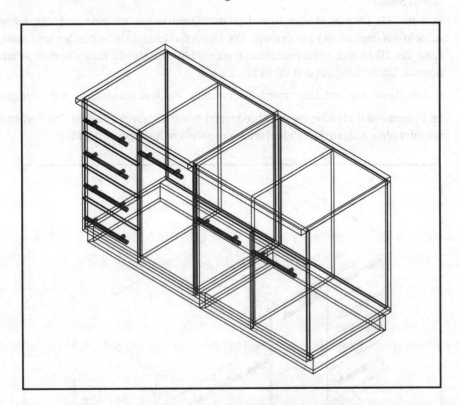

Abbildung 20.15:
Die fertigen Schränke

Wie Sie Form und Größe des Benutzerkoordinatensymbols ändern können und wie Sie die Anzeigeoptionen verändern können, haben Sie schon in Kapitel 5.9 gesehen.

20.8 Verdecken und Schattieren

Die Darstellungen zeigten das 3D-Modell immer als Drahtmodell. Dabei fällt die Orientierung oft schwer. Vor allem bei Ansichten von unten kommt es zur Verwirrung. Entfernen Sie die unsichtbaren Kanten, lässt sich das Modell besser beurteilen und Sie erkennen Fehler in der Konstruktion des Modells.

Befehl Verdeckt zum Entfernen verdeckter Kanten

Der Befehl VERDECKT entfernt die unsichtbaren Kanten aus dem Modell und zeigt nur die sichtbaren Kanten.

Kapitel 20 • 3D-Modellieren, -Editieren und -Präsentieren

- Menüleiste ANSICHT, Funktion VERDECKEN
- Symbol im Werkzeugkasten RENDER (in AutoCAD)

Die Schränke sehen dann wie in Abbildung 20.16 aus.

Befehl Shade

In AutoCAD LT gibt es den Befehl SHADE. Damit wird nur eine einfache schattierte Ansicht auf dem Bildschirm erzeugt. Die Darstellungsqualität ist bescheiden. Außerdem kann das 3D-Modell nicht bearbeitet werden. Mit dem Befehl REGEN kommt wieder die normale Darstellung auf den Bildschirm.

- Menüleiste ANSICHT, Untermenü SCHATTIEREN, Funktionen für die Schattierungsarten

Im Untermenü finden Sie die verschiedenen Darstellungsarten: 16 oder 256 Farben sowie mit oder ohne Kanten. Der Befehl wird ohne weitere Anfragen ausgeführt.

Abbildung 20.16:
Die Schränke ohne verdeckte Kanten

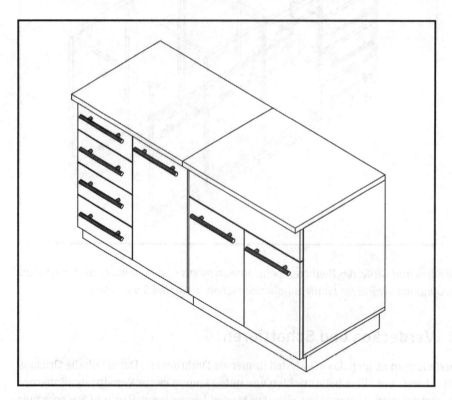

AutoCAD bietet bei der Darstellung von 3D-Modellen wesentlich mehr: Echtzeitdrehung, sogar schattiert oder gerendert, Fluchtpunktperspektive und vieles mehr. Doch wir wollten uns zunächst auf die Möglichkeiten beschränken, die auch in AutoCAD LT vorhanden sind. Ab Abschnitt 20.11 geht es dann an die Erweiterungen der Vollversion.

20.9 Ansichtsfenster im Modellbereich

Den Befehl AFENSTER haben Sie schon in Kapitel 16 kennengelernt. Bei der Konstruktion von 3D-Modellen ist er ebenfalls nützlich. Sie können damit in den Fenstern unterschiedliche Ansichtspunkte einstellen.

Befehl Afenster bei 3D-Modellen

Wählen Sie den Befehl wie bereits bekannt:

- Multifunktionsleiste: Symbol im Register ANSICHT, Gruppe ANSICHTSFENSTER
- Menüleiste ANSICHT, Untermenü ANSICHTSFENSTER, Funktionen für die einzelnen Optionen des Befehls
- Symbol im Werkzeugkasten LAYOUTS und ANSICHTSFENSTER

Sie bekommen das bereits bekannte Dialogfeld (siehe Abbildung 20.17). Wählen Sie das Register NEUE ANSICHTSFENSTER.

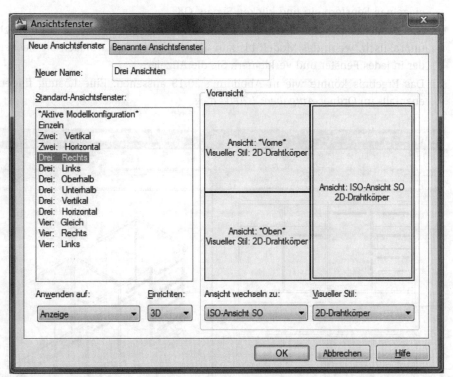

Abbildung 20.17: Ansichtsfenster bei 3D-Modellen

Die Ansichtsfenster werden wie bei einer 2D-Zeichnung erstellt. Auch können Sie eine Fensteraufteilung unter einem Namen speichern, genauso wie in Kapitel 16.1 beschrieben. Der Unterschied besteht darin, dass Sie jetzt im Abrollmenü EINRICHTEN den Eintrag 3D auswählen können. Klicken Sie dann die Fenster in der Voransicht an und wählen im Abrollmenü ANSICHT WECHSELN ZU die 3D-ANSICHT aus, die Sie in diesem Ansichtsfenster haben wollen. In AutoCAD können Sie für das jeweilige Fenster auch den visuellen Stil wählen, doch dazu später. Die Anordnung wird entsprechend erstellt, wenn Sie auf OK klicken.

Wählen Sie ein einzelnes oder eine Anordnung von Ansichtsfenstern mit den anderen Funktionen im Menü, müssen Sie die Ansichten in den Fenstern manuell einstellen. Erzeugen Sie die Aufteilung und klicken Sie dann nacheinander in alle Fenster und wählen in jedem Fenster den gewünschten Ansichtspunkt.

Aufteilung bei 3D-Modellen

1. Laden Sie die Zeichnung *A20-04.dwg* aus dem Ordner *Aufgaben* oder nehmen Sie Ihren selbst konstruierten Schrank.
2. Wählen Sie den Befehl AFENSTER aus dem Abrollmenü ANSICHT, Untermenü ANSICHTSFENSTER, Funktion NEUE ANSICHTSFENSTER…
3. Wählen Sie die Aufteilung wie in Abbildung 20.17. Stellen Sie die Ansichten in den einzelnen Fenstern ein und klicken Sie auf OK.
4. Die Darstellung in den Fenstern ist zunächst formatfüllend. Es ist beim Zeichnen unpraktisch, wenn das Modell bis zum Fensterrand reicht. Klicken Sie nacheinander in jedes Fenster und verkleinern Sie die Anzeige.
5. Das Ergebnis könnte wie in Abbildung 20.18 aussehen. Eine Lösung finden Sie ebenfalls im Ordner *Aufgaben*: *L20-04.dwg*.

Abbildung 20.18: Der Schrank in verschiedenen Fenstern

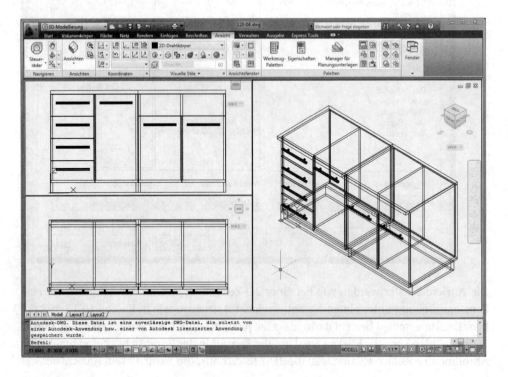

20.10 Layout von 3D-Modellen

In Kapitel 16.3 haben Sie gesehen, wie Sie aus Ihrer Zeichnung Layouts im Papierbereich anlegen können. Genauso gehen Sie auch beim Layout für ein 3D-Modell vor. Sehen wir es uns gleich am Beispiel an.

Layouts für 3D-Modell erstellen

1. Arbeiten Sie mit Ihrem selbst konstruierten Schrank weiter oder laden Sie die Zeichnung *L20-05.dwg*, die Lösung aus dem letzten Abschnitt.
2. Wechseln Sie zum Register *Layout1* und richten Sie die Seite ein. Wählen Sie im Register PLOTTER den Plotter, den Sie in Kapitel 15.4 konfiguriert haben. Wählen Sie eine Plotstiltabelle, zum Beispiel *acad.cbt*.
3. Wählen Sie im Register LAYOUT-EINSTELLUNGEN das Papierformat, für dieses Layout das benutzerspezifische Format, das Sie in Kapitel 15.5 angelegt haben, *A3 quer Übergröße*. Dieses Format erscheint nur dann, wenn Sie es wie beschrieben angelegt haben. Fügen Sie den Zeichnungsrahmen mit dem Befehl EINFÜGE ein. Verwenden Sie *DIN_A3.dwg* aus dem Ordner *Aufgaben* und fügen Sie ihn am Punkt 0,0,0 ein.
4. Erstellen Sie einen Layer *Afenster*, ordnen Sie ihm eine Farbe zu und machen Sie ihn zum aktuellen Layer.
5. Benennen Sie das Layout um in *3_Ansichten*. Wählen Sie dann den Befehl AFENSTER. Verwenden Sie das Symbol im Werkzeugkasten ANSICHTSFENSTER oder LAYOUTS oder wählen Sie im Abrollmenü ANSICHT, Untermenü ANSICHTSFENSTER >, die Funktion NEUE ANSICHTSFENSTER...
6. Stellen Sie drei Ansichten ein, und zwar die Anordnung DREI: RECHTS, wählen Sie einen Abstand zwischen den Fenstern von 20 und im Abrollmenü EINRICHTEN die Einstellung 3D. Stellen Sie im Fenster links oben die Ansicht VORNE ein, darunter OBEN und im rechten Fenster ISO-ANSICHT SW.
7. Klicken Sie auf OK und ziehen Sie das Fenster für die Anordnung auf.
   `Erste Ecke angeben oder [Zbereich]: <Zbereich>:` **Linken oberen Eckpunkt des inneren Zeichenbereichs am Zeichnungsrahmen anklicken**
   `Entgegengesetzte Ecke angeben:` **Rechten oberen Eckpunkt des Schriftfelds anklicken**
8. Aktivieren Sie den Werkzeugkasten ANSICHTSFENSTER. Aktivieren Sie nacheinander alle Ansichtsfenster mit einem Doppelklick im Fenster und stellen Sie im Abrollmenü des Werkzeugkastens ANSICHTSFENSTER den Maßstab *1:1* ein. Der Schrank ist in Zentimetern gezeichnet. Mit dieser Einstellung ergibt sich, dass ein Zentimeter aus dem Modellbereich auf dem Papier einem Millimeter entspricht. Somit haben Sie auf dem Papier den Maßstab *1:10*.
9. Aktivieren Sie wieder den Papierbereich, indem Sie doppelt auf die Papierfläche klicken, und zwar an einer Stelle, an der sich kein Ansichtsfenster befindet. Aktivieren Sie den Objekteigenschaften-Manager. Wählen Sie alle Ansichtsfenster an und stellen Sie im Feld ANZEIGE GESPERRT *Ja* ein, die Fenster sind jetzt gegen versehentliches Zoomen geschützt. Dann können Sie den Objekteigenschaften-Manager wieder abschalten.

10. Erstellen Sie weitere Layouts, beispielsweise eine isometrische Darstellung auf einem A4-Blatt.
11. Schalten Sie zum Schluss den Layer *Afenster* aus, damit die Rahmen der Fenster auf dem Layout nicht sichtbar sind.
12. In der Zeichnung *L20-05.dwg* im Ordner *Aufgaben* finden Sie außer dem gerade erstellten Layout (siehe Abbildung 20.19) weitere Layouts, auch eine perspektivische Darstellung und eine Darstellung ohne Fronten. Wollen Sie die Zeichnung plotten, machen Sie das im Layout.

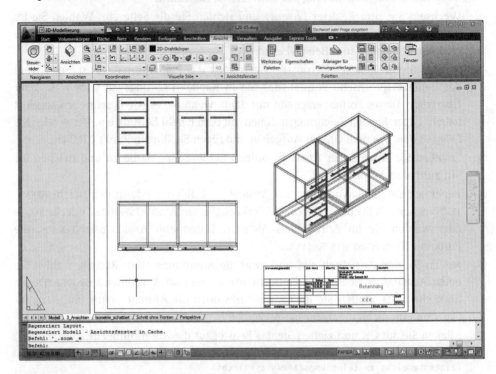

Abbildung 20.19: Drei Ansichten auf dem Layout

- *Bemaßungen werden immer in der xy-Ebene erstellt. Ansichten von vorne könnten Sie nicht bemaßen. Mit einem eigenen BKS für jedes Ansichtsfenster könnten Sie das Problem lösen.*
- *Bemaßen Sie auf dem Layout, dann haben Sie das Problem nicht. Bei der Bemaßung von isometrischen Darstellungen bekommen Sie allerdings keine sinnvollen Werte.*

20.11 3D-Darstellungen in AutoCAD

Das war's für AutoCAD LT. Alles, was noch über 3D zu sagen ist, und das ist eine ganze Menge, gilt nur für AutoCAD. Hier gibt es auch den Arbeitsbereich zum Modellieren in drei Dimensionen, den Arbeitsbereich 3D-MODELLIERUNG.

3D-Darstellungen in AutoCAD

Parallelprojektion und perspektivische Projektion

In den vorherigen Abschnitten hatten wir nur Parallelprojektionen bekommen, wenn ein Ansichtspunkt eingestellt wurde. AutoCAD LT kann auch nur diese Darstellung. In AutoCAD geht es realistischer. Die Parallelprojektion kann keinen realistischen Eindruck eines Gegenstandes vermitteln. Da beispielsweise die Kanten eines Würfels, die vom Betrachter weg verlaufen, in der Parallelprojektion auch in der Darstellung parallel sind, entsteht ein unrealistischer Eindruck. Ja man meint sogar, dass sie auseinander laufen. Unseren Sehgewohnheiten entspricht es, dass diese Linien auf einen Fluchtpunkt im Raum zu laufen. Viele der Bilder des niederländischen Grafikers Escher beruhen auf optischen Täuschungen, verursacht durch Parallelprojektion. Bei der perspektivischen Projektion geht man von einer fiktiven Kamera aus. Abstand der Kamera vom Objekt und Brennweite des Objektivs sind für die Stärke des perspektivischen Effekts verantwortlich. Kleine Abstände erzeugen starke perspektivische Effekte, große Abstände erzeugen schwache Effekte. Abbildung 20.20 zeigt dasselbe Modell in einer Parallelprojektion und in einer perspektivischen Projektion. Beiden Ansichten liegt dieselbe Ansichtsrichtung zugrunde.

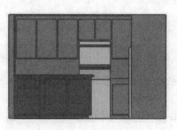 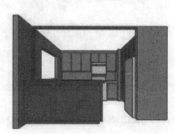

Abbildung 20.20: Modell in Parallelprojektion und in perspektivischer Projektion

Umschalten zwischen paralleler und perspektivischer Projektion

1. Damit Sie diese Funktion und die folgenden gleich nachvollziehen können, laden Sie die Datei *A20-06.dwg* aus dem Ordner *Aufgaben*. Im nächsten Kapitel werden Sie dieses Modell selbst erstellen. Hier schon mal die Lösung zum Experimentieren.
2. Aktivieren Sie den Arbeitsbereich *3D-Modellierung*, falls Sie das noch nicht gemacht haben.
3. Mit einem Rechtsklick auf den Würfel, den sogenannten ViewCube (rechts oben auf der Zeichenfläche), können Sie im Kontextmenü zwischen PARALLEL und PERSPEKTIVE umschalten. Zu den visuellen Stilen finden Sie unten gleich mehr. Alles über den ViewCube erfahren Sie im nächsten Abschnitt (Kapitel 20.12).

Visuelle Stile

In AutoCAD kann jedes Ansichtsfenster seinen eigenen visuellen Stil haben, sowohl im Modellbereich als auch auf den Layouts. Der visuelle Stil gibt an, wie die 3D-Objekte dargestellt werden. Abbildung 20.21 zeigt einige Beispiele der verschiedenen Stile: *2D-Drahtkörper, 3D-Hidden, 3D-Wireframe* (obere Reihe, von links nach rechts) und *konzeptuell, Skizzenhafter Stil und Realistisch* (untere Reihe, von links nach rechts).

799

Abbildung 20.21:
Visuelle Stile

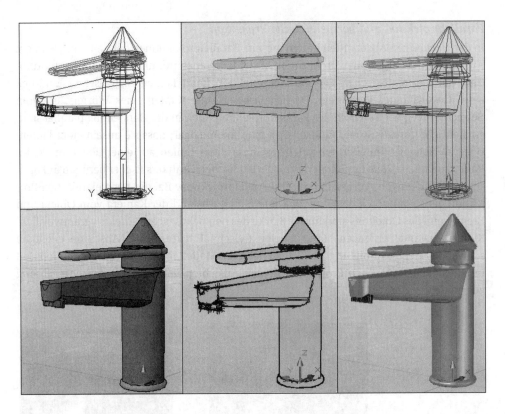

Wie können die visuellen Stile umgeschaltet werden?

- Multifunktionsleiste: Menü im Register START, Gruppe ANSICHT, und im Register RENDERN, Gruppe VISUELLE STILE (siehe Abbildung 20.22)
- Menüleiste EXTRAS, Untermenü PALETTEN >, Funktion VISUELLE STILE

Wählen Sie einen Stil aus und das aktuelle Ansichtsfenster erhält den Stil. Wenn Sie im Modellbereich verschiedene Fenster haben, klicken Sie in das, für das Sie den Stil einstellen wollen, und wählen dann aus. Genauso machen Sie es in einem Layout mit verschiedenen Ansichtsfenstern.

Abbildung 20.22:
Auswahl des visuellen Stils

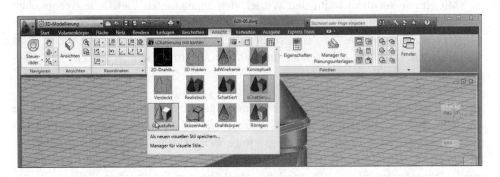

3D-Darstellungen in AutoCAD

Falls Sie in der Menüleiste oder im Abrollmenü der Multifunktionsleiste den Eintrag MANAGER FÜR VISUELLE STILE... gewählt haben, bekommen Sie diesen (siehe Abbildung 20.23) auf den Bildschirm. Außerdem erhalten Sie ihn auch, wenn Sie im Register ANSICHT, Gruppe VISUELLE STILE, den Pfeil rechts unten anklicken. Per Drag and Drop können Sie einen der vorhandenen visuellen Stile in ein Ansichtsfenster oder auf den Modellbereich ziehen und der Stil wird auf dieses Fenster angewendet. Mit einem Doppelklick auf einen visuellen Stil wird dieser dem aktiven Ansichtsfenster zugeordnet.

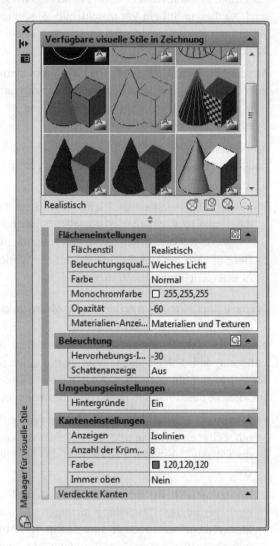

Abbildung 20.23:
Manager für visuelle Stile

Im unteren Teil der Palette können Sie die Parameter für den oben markierten Stil einstellen. Sie verändern damit den visuellen Stil nur in dieser Zeichnung. Wenn Sie Änderungen vornehmen wollen, ist es besser, einen neuen Stil anzulegen. Mit dem linken Symbol unter der Anzeige der visuellen Stile wird ein neuer Stil angelegt. Dabei wird zunächst der markierte Stil kopiert, den Sie dann entsprechend Ihren Wünschen anpassen können. Sie können beliebig viele visuelle Stile in einer Zeichnung anlegen und Ihren Ansichten zuordnen. Auch der neue Stil ist nur in dieser Zeichnung verfügbar.

Mit dem linken Symbol unter der Anzeige der visuellen Stile wird ein neuer Stil angelegt. Dabei wird zunächst der markierte Stil kopiert, den Sie dann entsprechend Ihren Wünschen anpassen können. Ein Name und eine Beschreibung werden in einem Dialogfeld angefragt. Der kann dann entsprechend angepasst werden. In dem oberen Feld erscheint auch zu diesem Stil ein Voransichtsbild. Sie können beliebig viele visuelle Stile in einer Zeichnung anlegen und Ihren Ansichten zuordnen. Auch der neue Stil ist nur in dieser Zeichnung verfügbar.

Mit dem zweiten Symbol von links wird dem aktuellen Ansichtsfenster der markierte Stil zugeordnet. Mit dem Symbol ganz rechts wird der markierte Stil gelöscht. Die Standard-Stile können nicht gelöscht werden. Sie sind im Voransichtsbild mit einem AutoCAD-Symbol rechts unten markiert.

Mit dem dritten Symbol von links wird der markierte Stil auf der aktuellen Werkzeugpalette abgelegt. Gehen Sie dazu am besten so vor:

- Aktivieren Sie die Werkzeugpalette VISUELLE STILE.
- Machen Sie einen Rechtsklick im MANAGER FÜR VISUELLE STILE auf dem Voransichtsbild des neuen bzw. geänderten visuellen Stils und wählen die Funktion IN AKTIVE WERKZEUGPALETTE EXPORTIEREN aus dem Kontextmenü.
- Der Stil wird mit Voransichtsbild auf die Werkzeugpalette exportiert und steht damit in jeder Zeichnung zur Verfügung.

Weitere Einstellmöglichkeiten in der Multifunktionsleiste

In der Multifunktionsleiste haben Sie im Register ANSICHT, Gruppe VISUELLE STILE noch eine Reihe weiterer Einstellmöglichkeiten. Beachten Sie aber, dass diese Einstellungen temporär sind. Sobald Sie im Abrollmenü einen neuen Stil wählen, werden die Einstellungen wieder überschrieben. Aber alle diese Einstellungen können Sie auch im Manager für visuelle Stile für einen neuen oder bestehenden Stil vornehmen.

- **Flyout zur Einstellung der Schatten:** Wählen Sie zwischen Darstellung ohne Schatten, Schatten auf Grundfläche und vollständigen Schatten (gegenseitige Abschattung der Objekte). Abbildung 20.24 zeigt das Modell mit einem Schatten auf der Grundfläche.

- **Röntgeneffekt:** Bei den schattierten Darstellungen können Sie Ihr Modell auch in einer geröntgten Darstellung anzeigen. Je nach Stärke des Röntgeneffekts ist das Modell mehr oder weniger durchlässig. In Abbildung 20.25 haben Sie das Modell mit mehr oder weniger starkem Röntgeneffekt. In der Multifunktionsleiste finden Sie den Schalter RÖNTGEN-EFFEKT und den Schieberegler OPAZITÄT für die Stärke des Effekts.

3D-Darstellungen in AutoCAD

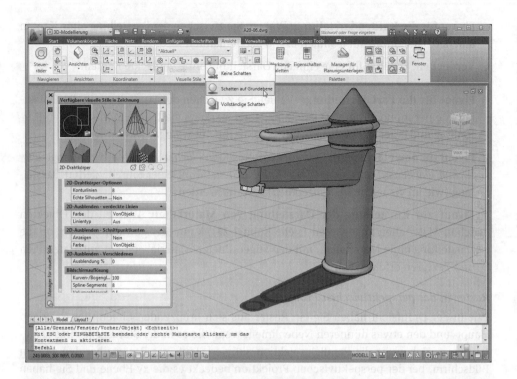

Abbildung 20.24:
Einstellung der Darstellung von 3D-Modellen und Werkzeugpalette mit visuellen Stilen

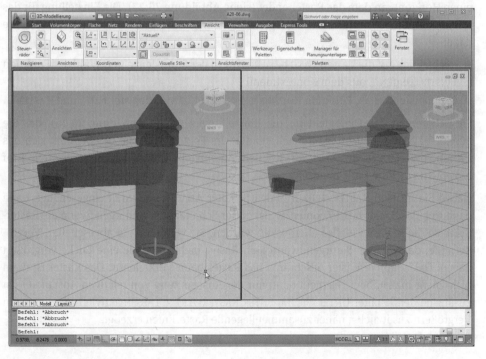

Abbildung 20.25:
Modell in schattierter und mehr oder weniger geröntgter Darstellung

803

- **Flyout für die Kantendarstellung:** Wählen Sie zwischen der Darstellung ohne Kanten und der Darstellung mit Isolinien bzw. Facettenkanten.

- **Verdecken:** Schalter für eine einfache Darstellung ohne verdeckte Kanten.

- **Flyout für die Farbdarstellung:** Wählen Sie zwischen der Darstellung in der Objektfarbe, einer monochromen Darstellung, einer stärker schattierten monochromen Darstellung und einer Darstellung in der Objektfarbe mit weniger Farbsättigung.

- **Flyout für den Flächenstil:** Es kann zwischen *Kein Flächenstil* (einfarbig), dem *Realistischen Flächenstil* oder dem *Warm-Kalt-Flächenstil* mit einer tonreduzierten Darstellung (wie im visuellen Stil *Konzeptuell*) gewählt werden.

- **Flyout zur Einstellung der Darstellung von Materialien:** Wurden den Objekten schon Materialien zugewiesen (siehe Kapitel 23), kann hier gewählt werden, ob die Darstellung ohne Materialien, mit den zugeordneten Materialien oder mit Materialien und Texturen erfolgen soll.

Raster in der perspektivischen Projektion

Wie in der Draufsicht haben Sie ein Raster aus sich kreuzenden Linien, den kräftigen Haupt- und den etwas dünneren Nebenlinien, wenn Sie es in der Statuszeile eingeschaltet haben. Haben Sie die Parallelprojektion aktiviert, läuft das Raster über den ganzen Bildschirm, bei der perspektivischen Projektion bedeckt es die xy-Ebene und Sie haben einen Horizont, an dem das Raster endet (siehe Abbildung 20.27). Die Einstellung für das Raster können Sie im gleichen Dialogfeld vornehmen wie beim 2D-Raster. Wählen Sie dazu:

- Rechtsklick auf die Tasten FANG oder RASTER in der Statusleiste und Wahl der Funktion EINSTELLUNGEN... aus dem Kontextmenü
- Menüleiste EXTRAS, Funktion ENTWURFSEINSTELLUNGEN..., Register FANG und RASTER

Sie bekommen das Dialogfeld für die Einstellungen (siehe Abbildung 20.26), das Sie bereits aus der Arbeit im 2D-Bereich kennen. Im Feld RASTERABSTAND befindet sich das Eingabefeld HAUPTLINIE ALLE. Dort können Sie einstellen, dass beispielsweise alle fünf Linien eine dickere Linie angezeigt wird.

Haben Sie im Feld RASTERVERHALTEN den Schalter ADAPTIVES RASTER eingeschaltet, dann passt sich das Raster beim Zoomen an. Ist dieser Schalter aus, sind irgendwann die Rasterlinien so dicht, dass sie alles überdecken würden. Sie werden dann abgeschaltet. Vergrößern Sie, dann haben Sie irgendwann kein Raster mehr, weil Sie eine Lücke vergrößert haben. Das adaptive Raster beschränkt das Raster beim Verkleinern. Das Raster ist dann nicht mehr maßstäblich, es dient dann nur der Abschätzung von relativen Abständen. Ist zusätzlich der Schalter UNTERTEILUNG UNTER RASTERWERT ZULASSEN aktiviert, werden beim Vergrößern zusätzliche, näher zusammenliegende Rasterlinien erzeugt.

3D-Darstellungen in AutoCAD

Abbildung 20.26:
Einstellung des Rasters im 3D-Bereich

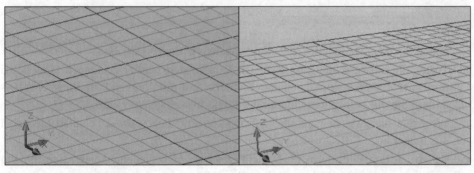

Abbildung 20.27:
Raster in der Parallelprojektion und in der perspektivischen Projektion

Haben Sie den Schalter RASTER ÜBER BEGRENZUNG ANZEIGEN angeschaltet, wird das Raster auch über die Limiten hinaus angezeigt. Ist er aus, wird es durch die Limiten begrenzt. Der Schalter DYNAMISCHEM BKS FOLGEN bewirkt, wenn er aktiviert ist, dass die Rasterebene der xy-Ebene des dynamischen BKS folgt. Zum dynamischen BKS später mehr.

Plotten von 3D-Modellen

Beim Plotten müssen wir zwischen dem Modell- und Papierbereich unterscheiden. Im Modellbereich können Sie angeben, in welchem visuellen Stil geplottet werden soll. Sie können aber auch wählen, dass so geplottet werden soll, wie die momentane Anzeige auf dem Bildschirm aussieht, also in diesem visuellen Stil. Sie finden die Einstellung im

805

erweiterten Plotfenster im Feld OPTIONEN DES SCHATTIERTEN ANSICHTSFENSTERS und dort im Abrollmenü SCHATT.-PLOT (siehe Abbildung 20.28).

Im Abrollmenü QUALITÄT direkt darunter wählen Sie die Druckqualität des Ausdrucks. Haben Sie sich für *Benutzerspezifisch* entschieden, können Sie darunter im Feld DPI einen Wert für die Auflösung (in dpi = Punkte pro Zoll) eintragen (siehe Abbildung 20.28).

Beim Plotten im Modellbereich werden die Ansichtsfenster immer mit den ihnen zugeordneten visuellen Stilen geplottet. Hier kann lediglich die Qualität eingestellt werden.

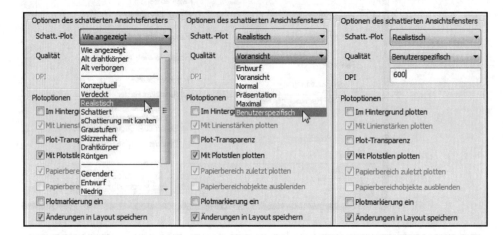

Abbildung 20.28: Plot-Dialogfeld, Visueller Stil und Plotqualität

Visuelle Stile

1. Laden Sie das 3D-Modell *A20-06.dwg* aus dem Ordner *\Aufgaben*.
2. Testen Sie die verschiedenen visuellen Stile an dem vorher geladenen Modell aus der Datei *A20-06.dwg* und schalten Sie dabei auf die Röntgendarstellung um. Verändern Sie die Transparenz, damit der Effekt besser sichtbar wird.
3. Wechseln Sie zwischen paralleler Projektion und Perspektive. Schalten Sie dabei das Raster zu.
4. Teilen Sie den Bildschirm im Modellbereich in verschiedene Ansichtsfenster und stellen Sie unterschiedliche visuelle Stile und verschiedene Ansichtspunkte ein.

Neues 3D-Modell erstellen

- *Wenn Sie ein neues Modell erstellen wollen, starten Sie am besten mit der Vorlage Acadiso3d.dwt. Hier sind schon einige der Voreinstellungen gemacht.*
- *Der Arbeitsbereich 3D-Modellierung sollte immer aktiv sein beim Erstellen von 3D-Modellen. Ansonsten ist die Befehlswahl etwas mühsam.*

20.12 Navigieren mit ViewCube, Navigationsrad, 3D-Orbit und Navigationsleiste

In AutoCAD haben Sie bei 3D-Modellen wesentlich mehr Möglichkeiten, Ihr 3D-Modell im Raum auszurichten, als die in Kapitel 20.5 beschriebenen.

Arbeiten mit dem ViewCube

Das universelle Werkzeug ist der sogenannte VIEWCUBE. Sie müssen ihn nicht wählen, der Würfel wird rechts oben im Fenster angezeigt (siehe Abbildung 20.29).

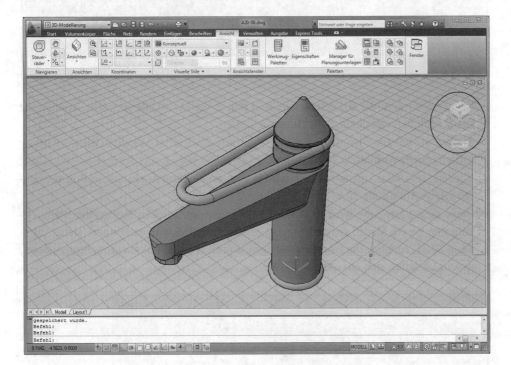

Abbildung 20.29: 3D-Modell mit ViewCube

Die Bedienung ist denkbar einfach. Stellen Sie sich Ihr 3D-Modell als Würfel vor. Der Würfel zeigt an, wie Ihr Modell im Raum ausgerichtet ist. Zeigen Sie mit der Maus auf den Würfel, wird er aktiv. Folgendes gilt jetzt:

- Klicken Sie auf eine Fläche, wird das Modell so ausgerichtet, dass Sie auf diese Fläche sehen (siehe Abbildung 20.30, links).
- Klicken Sie auf eine Kante, wird das Modell so ausgerichtet, dass Sie auf diese Kante sehen (siehe Abbildung 20.30, zweites Bild von links).
- Klicken Sie auf einen Eckpunkt, wird das Modell so ausgerichtet, dass Sie auf diesen Eckpunkt sehen (siehe Abbildung 20.30, drittes Bild von links).

- Klicken Sie auf eine Himmelsrichtung des darunter liegenden Kompasses, wird das Modell so ausgerichtet, dass Sie es von dieser Richtung aus sehen (siehe Abbildung 20.30, rechts).

Abbildung 20.30:
Wechsel der Ansicht mit dem ViewCube

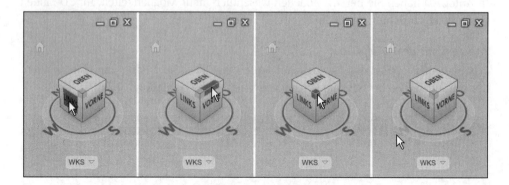

- Klicken Sie irgendwo auf den Würfel und halten die Maustaste gedrückt, können Sie das Modell in jede beliebige Richtung drehen.
- Klicken Sie bei einer Draufsicht auf die Pfeiltasten, wird das Modell in diese Richtung gedreht (siehe Abbildung 20.31, links).
- Klicken Sie auf das stilisierte Haus, wird in die gespeicherte Ausgangsposition gewechselt (siehe Abbildung 20.31, zweites Bild von links).
- Unter dem ViewCube wird das aktive BKS angezeigt. Klicken Sie auf den Pfeil, bekommen Sie ein Menü, aus dem Sie das gewünschte BKS wählen können (siehe Abbildung 20.31, rechts). Die Angaben auf dem Würfel (rechts, links, vorne, hinten, oben, unten) beziehen sich auf das aktive BKS.

Abbildung 20.31:
Drehen, Ausgangsansicht und BKS-Wechsel im ViewCube

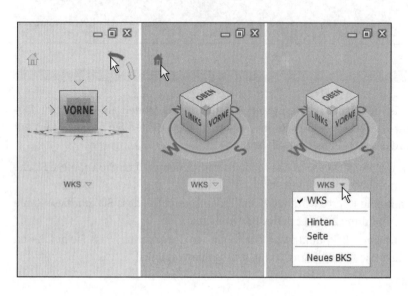

- Mit einem Rechtsklick auf den Würfel öffnen Sie ein Kontextmenü, aus dem Sie ebenfalls die Ausgangsposition und die perspektivischen Darstellungen (siehe oben) wählen können.
- Mit dem Eintrag AKTUELLE ANSICHT ALS AUSGANGSPOSITION FESTLEGEN wird die momentane Darstellung als Ausgangsposition gespeichert, auf die Sie immer wieder zurückschalten können.
- Mit dem Eintrag VIEWCUBE-EINSTELLUNGEN kommen Sie zum Dialogfeld für die Einstellungen (siehe Abbildung 20.32).

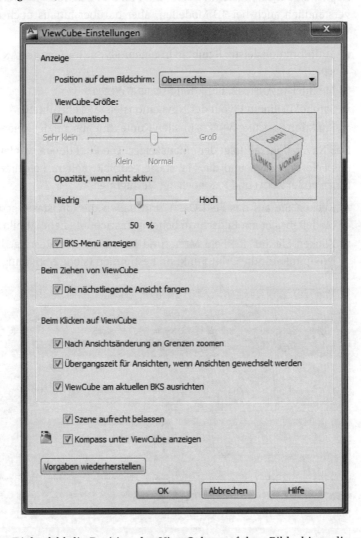

Abbildung 20.32:
ViewCube-Einstellungen

- Sie können in diesem Dialogfeld die Position des ViewCubes auf dem Bildschirm, die Größe und die Opazität (Abdeckung) verändern. Wenn Sie den Schieber mehr in Richtung NIEDRIG stellen, wird der inaktive ViewCube transparenter.
- Mit den restlichen Schaltern steuern Sie das Verhalten des ViewCubes.

809

Kapitel 20 • 3D-Modellieren, -Editieren und -Präsentieren

ViewCube verwenden

1. Testen Sie die Möglichkeiten des ViewCubes wieder an dem Modell in Datei *A20.06.dwg* aus dem Ordner *Aufgaben*.
2. Setzen Sie auch die Ausgangsposition neu und wechseln das BKS.

Arbeiten mit dem Navigationsrad (SteeringWheel)

Was Sie mit dem Navigationsrad in 2D-Zeichnungen machen können, haben Sie schon in Kapitel 2.12 kennengelernt: Zoom und Pan und das Rückspulwerkzeug. Das geht selbstverständlich auch bei 3D-Modellen, aber darüber hinaus noch mehr. Wählen Sie das Werkzeug auf eine der folgenden Arten:

- Multifunktionsleiste: Symbole in einem Flyout im Register ANSICHT, Gruppe NAVIGIEREN
- Menüleiste ANSICHT, Funktion STEERINGWHEELS
- Symbol in einem Flyout der Navigationsleiste (siehe unten)
- Funktion STEERINGWHEELS in allen Kontextmenüs auf der Zeichenfläche

Das Navigationsrad folgt dem Mauszeiger. Die Funktionen wählen Sie immer, indem Sie das Feld anklicken und die Maustaste gedrückt halten. Folgende Möglichkeiten stehen Ihnen außer ZOOM und PAN noch zur Verfügung:

- Klicken Sie auf das Feld ORBIT und halten die Maustaste gedrückt, können Sie die Modellansicht am Bildschirm beliebig ausrichten (siehe Abbildung 20.33, links).
- Klicken Sie auf das Feld MITTE und halten die Maustaste gedrückt, können Sie den Drehpunkt für die Orbit-Funktion bestimmen (siehe Abbildung 20.33, rechts).

Abbildung 20.33:
Orbit- und Mittelpunktfunktion beim Navigationsrad

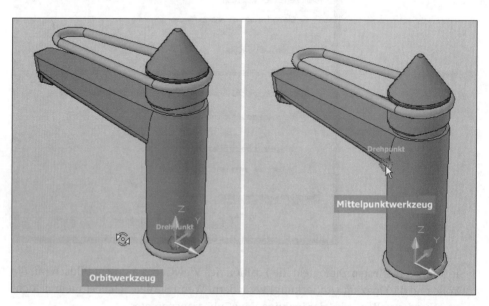

- Klicken Sie auf das Feld OBEN/UNTEN, können Sie die Modellansicht mit gedrückter Maustaste nach oben bzw. unten schieben (siehe Abbildung 20.34, links).
- Klicken Sie auf das Feld NAVIG., können Sie die Modellansicht mit gedrückter Maustaste beliebig verschieben (siehe Abbildung 20.34, rechts).

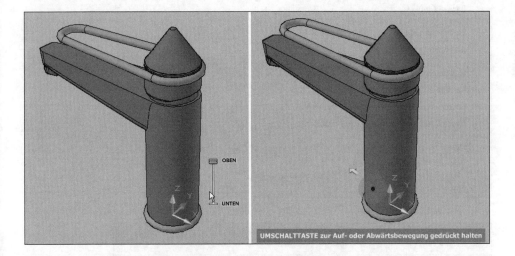

Abbildung 20.34: Modell mit dem Navigationsrad bewegen und schieben

- Bei der Funktion SUCHE gehen Sie von der Vorstellung aus, dass Sie im Zentrum stehen und in alle Richtungen den Raum um sich herum absuchen. Dies steuern Sie mit gedrückter Maustaste.
- Sie beenden das Navigationsrad mit der Taste [ESC] oder durch einen Klick auf das Kreuz rechts oben.
- Mit einem Rechtsklick auf dem Navigationsrad oder einem Klick auf den Pfeil rechts unten aktivieren Sie ein Kontextmenü (siehe Abbildung 20.35), aus dem Sie verschiedene Darstellungen des Navigationsrads wählen können, bei denen dann aber unter Umständen nicht alle Funktionen zur Verfügung stehen (siehe Abbildung 20.36).

Im Kontextmenü können Sie außerdem mit der Funktion ZURÜCK ZUM START wieder auf die Ansicht zurückkehren, die Sie vor dem Navigationsrad hatten, falls Sie sich total verirrt haben. Die Funktion AN FENSTER ANPASSEN stellt das Modell bildschirmfüllend dar. Außerdem können Sie den ursprünglichen Mittelpunkt wieder aktivieren. Mit der Funktion KAMERA AUSRICHTEN bekommen Sie eine Vorderansicht. Mit zwei weiteren Einträgen können Sie die Geschwindigkeit der Navigationsbewegungen stufenweise ändern.

Abbildung 20.35:
Menü für die Einstellungen

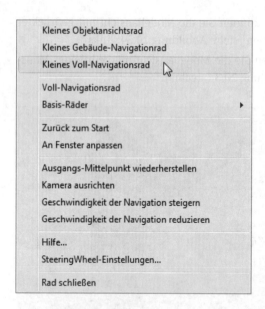

Abbildung 20.36:
Verschiedene Darstellungen des Navigationsrads

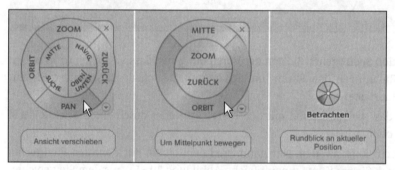

Die Funktion STEERINGWHEEL-EINSTELLUNGEN bringt das Dialogfeld für die Einstellungen des Rades auf den Bildschirm (siehe Abbildung 20.37).

Hierin können Sie Größe und Opazität der verschiedenen Räder verändern sowie die unterschiedlichen Funktionen verändern. Näheres dazu finden Sie in der Hilfe. Haben Sie alles verstellt, klicken Sie auf die Schaltfläche VORGABEN WIEDERHERSTELLEN und Sie haben wieder die Vorgabeeinstellung.

Navigationsrad verwenden

1. Testen Sie auch das Navigationsrad am Modell in der Datei *A20.06.dwg* aus dem Ordner *Aufgaben*.
2. Verwenden Sie verschiedene Räder und ändern die Einstellungen.

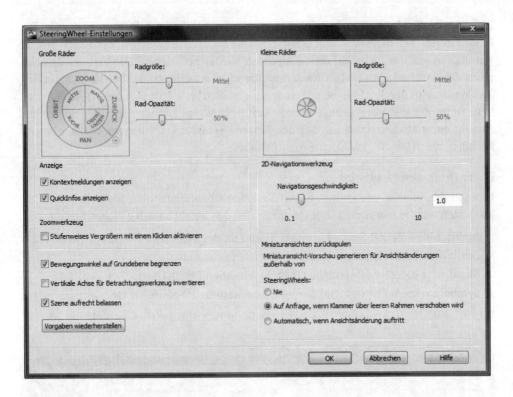

Abbildung 20.37:
Navigationsrad einstellen

Abhängiger Orbit, Befehl 3dorbit

Der 3D-Orbit ist ein weiteres Werkzeug zur Einstellung der Ansicht von 3D-Modellen im Orbit, also im dreidimensionalen Raum. Damit lassen sich die Modelle beliebig im Raum drehen und neigen. AutoCAD hat verschiedene Orbit-Befehle. Über das Kontextmenü lässt sich aber zwischen den verschiedenen Varianten wechseln. Egal, wie Sie beginnen, Sie kommen zu jeder anderen Funktion.

Wenn Sie ein oder mehrere Objekte markiert haben, bevor Sie den Befehl aktivieren, werden nur diese Objekte gedreht und die anderen ausgeblendet. Haben Sie nichts markiert, wird das ganze Modell gedreht. Bei großen Modellen und schwacher Grafikleistung können Sie das Navigieren beschleunigen, wenn Sie nur einige bildwichtige Objekte anklicken. Sie finden den Befehl:

- Multifunktionsleiste: Symbol in einem Flyout im Register ANSICHT, Gruppe NAVIGIEREN
- Symbol in einem Flyout der Navigationsleiste (siehe unten)
- Menüleiste ANSICHT, Untermenü ORBIT >, Funktion ABHÄNGIGER ORBIT
- Symbol in einem Flyout-Menü des Werkzeugkastens 3D-NAVIGATION

Drücken Sie die Maustaste an einer beliebigen Stelle und drehen oder schwenken Sie das Modell in jede beliebige Richtung. Sie können die Maustaste zwischendurch auch loslassen und an anderer Stelle auf dem Bildschirm wieder neu ziehen. Das Ziel der Ansicht bleibt dabei unverändert und die Kameraposition (der Ansichtspunkt) bewegt sich um das Ziel herum. Aus der Sicht des Benutzers sieht es so aus, als würde sich das 3D-Modell drehen, wenn mit der Maus gezogen wird. Auf diese Weise können Sie jede gewünschte Ansicht eines Modells festlegen. Mit den Tasten ⏎ oder ESC können Sie den Befehl beenden, wenn Sie die gewünschte Ansicht haben.

Freier Orbit, Befehl 3dforbit

Hier gilt das Gleiche wie vorher, haben Sie keine Objekte markiert, wird alles gedreht, ansonsten nur die markierten Objekte. Sie finden den Befehl an den gleichen Stellen:

- Multifunktionsleiste: Symbol in einem Flyout im Register ANSICHT, Gruppe NAVIGIEREN
- Symbol in einem Flyout der Navigationsleiste (siehe unten)
- Menüleiste ANSICHT, Untermenü ORBIT >, Funktion FREIER ORBIT
- Symbol in einem Flyout-Menü des Werkzeugkastens 3D-NAVIGATION

Haben Sie den Befehl gewählt, ändert sich die Bildschirmanzeige (siehe Abbildung 20.38).

Abbildung 20.38:
Modell im 3D-Orbit

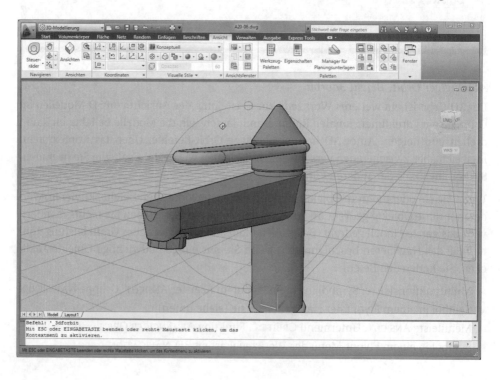

Sie bekommen um Ihr 3D-Modell einen grünen Ring angezeigt. Am Koordinatenursprung haben Sie ein mehrfarbiges 3D-Koordinatensysmbol. Klicken Sie einen Punkt innerhalb des Rings auf der Zeichenfläche an, können Sie mit gedrückter Maustaste das Modell in jeder Richtung frei im Raum drehen. Klicken Sie dagegen auf eine der kreisförmigen Markierungen am linken oder rechten Quadrantenpunkt, können Sie das Modell mit gedrückter Maustaste um die vertikale Achse drehen. Bei dem oberen und unteren Quadrantenpunkt können Sie um die horizontale Achse drehen. Klicken Sie außerhalb des Ringes und fahren mit gedrückter Maustaste um den Ring, wird das Modell um die Bildschirmmittelachse geschwenkt. Auch dieser Modus des Befehls kann mit der Taste ⏎ oder ESC beendet werden.

Transparente Funktionen und Radfunktion

- *Die Orbit-Befehle arbeiten transparent, das heißt, sie können während der Arbeit an einem anderen Befehl ausgeführt werden, ohne diesen abbrechen zu müssen. Das ist sehr hilfreich, wenn Sie während eines Befehls das Modell von verschiedenen Seiten sehen wollen.*
- *Arbeiten Sie mit einer Radmaus, können Sie während des Drehens oder Schwenkens mit dem Rad zoomen oder mit der Radtaste panen, ohne den Orbit beenden zu müssen oder zu den Zoom- und Pan-Funktionen des Orbits wechseln zu müssen.*

Fortlaufender Orbit, Befehl 3dorbitfortl

Ein interessanter und wirkungsvoller Effekt für Präsentationen ist diese Funktion. Sie finden den Befehl bei den anderen:

- Multifunktionsleiste: Symbol in einem Flyout im Register START, Gruppe ANSICHT
- Symbol in einem Flyout der Navigationsleiste (siehe unten)
- Menüleiste ANSICHT, Untermenü ORBIT >, Funktion FORTLAUFENDER ORBIT
- Symbol in einem Flyout-Menü des Werkzeugkastens 3D-NAVIGATION

Mit diesem Befehl können Sie wie beim normalen Orbit Ihr Modell in eine bestimmte Richtung drehen. Wenn Sie die Maustaste loslassen, dreht sich das Modell in der Richtung und mit der Geschwindigkeit weiter, mit der Sie es angestoßen haben, so lange, bis Sie den Orbit beenden.

Schnittanzeige, Befehl 3dschnitt

Mit dem Befehl 3DSCHNITT können Sie zwei Schnittebenen definieren und das 3D-Modell an diesen Flächen abtrennen. Diesen Befehl finden Sie nicht in den Menüs. Es hilft nur eintippen. Dann bekommen Sie ein Einstellfenster, in dem Sie die Schnittebenen dynamisch wählen können (siehe Abbildung 20.39).

Abbildung 20.39:
Schnittflächen anpassen

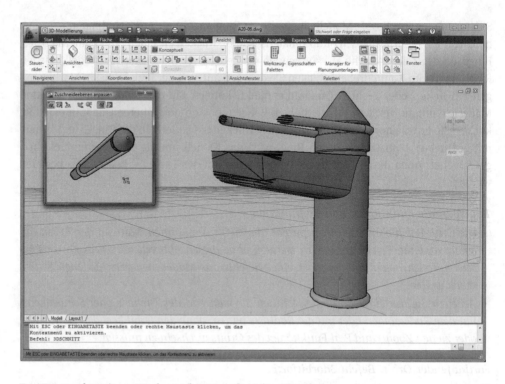

Das Fenster hat einen Werkzeugkasten mit sieben Symbolen.

 Schnittebenen anpassen: Es gibt zwei Schnittflächen am Modell, eine hintere und eine vordere. Beide laufen parallel zur Bildschirmebene der momentanen Ansicht und können verschoben werden. Alles was vor der vorderen und alles was hinter der hinteren Schnittebene ist, kann unsichtbar gemacht werden. Mit den beiden linken Symbolen können Sie die Schnittebenen im Einstellfenster nacheinander verschieben und dabei das Ergebnis im Zeichnungsfenster kontrollieren. Die Schnittebenen sind im Einstellfenster mit zwei waagrechten Linien gekennzeichnet. Ziehen Sie die Linien mit gedrückter Maustaste an die gewünschte Stelle.

 Kappen: Mit dieser Funktion können Sie beide Schnittebenen parallel zueinander im Einstellfenster verschieben.

 Pan und Zoom: Pan- und Zoom-Funktionen für die Darstellung im Einstellfenster.

 Schnittebenen aktivieren: Mit diesen beiden Symbolen können Sie die vordere oder hintere Schnittebene zu- oder abschalten. Ist die Schnittebene aktiv, werden die entsprechenden Teile des Modells ausgeblendet (siehe Abbildung 20.39).

Schnittanzeige

- Die Schnittdarstellung hat eine feste Position im Raum. Wenn Sie mit dem 3D-Orbit das Modell verdrehen, wird es an einer anderen Stelle geschnitten.
- Die Schnittdarstellung bleibt auch dann, wenn Sie den 3D-Orbit beenden. Nur wenn Sie den Orbit wieder aufrufen, können Sie den Schnitt deaktivieren.

Kontextmenü bei den Orbit-Befehlen

Haben Sie einen der Orbit-Befehle gestartet (außer 3DSCHNITT), dann kommen Sie über das Kontextmenü zu jedem anderen Orbit-Befehl. Außerdem können Sie daraus weitere Navigations-Funktionen wählen.

Ist der Schalter ORBIT AUTO-ZIEL AKTIVIEREN eingeschaltet, wird mit dem Orbit um den Mittelpunkt der dargestellten Objekte gedreht. Ist er dagegen aus, wird um den Mittelpunkt des Ansichtsfensters gedreht. Mit dem Eintrag ANIMATIONS-EINSTELLUNGEN wird ein Dialogfeld geöffnet, in dem Sie die Einstellungen für das Speichern einer Animationsdatei festlegen können, mehr dazu finden Sie in Kapitel 23.9.

Mit zwei Einträgen können Sie zwischen der parallelen und der perspektivischen Projektion umschalten. Geht alles schief, dann kommen Sie mit dem Eintrag ANSICHT ZURÜCK-SETZEN zur letzten Ansicht zurück.

In einem Untermenü können Sie die Anzeigehilfen ein- und ausschalten: den Kompass, das Raster und das BKS-Symbol. Der Kompass zeigt die x-, y- und z-Ebene als Kreise an, sodass wie bei einem Kompass die Ausrichtung und die Neigung der Ebenen entnommen werden können.

Brennweite und Abstand

Bei den Ansichten können Sie auch mit fotografischen Effekten bei der Brennweite des Kameraobjektivs arbeiten, vorausgesetzt die perspektivische Projektion ist aktiv. Wie in der Fotografie gilt: Geringer Abstand und kurze Brennweite täuschen Tiefe vor (siehe Abbildung 20.41, oben links). Vordergrundobjekte werden betont und wirken deshalb größer. Räume wirken größer. Großer Abstand und lange Brennweite raffen Entfernungen. Objekte im Hintergrund wirken größer, der Tiefeneindruck verschwindet, die Darstellung sieht der parallelen Projektion ähnlich (siehe Abbildung 20.41, rechts). Am natürlichsten wirken mittlere Brennweiten zwischen 50 und 80 mm (siehe Abbildung 20.41, unten Mitte).

Die Brennweite können Sie in der Multifunktionsleiste einstellen. Im Register START, Gruppe ANSICHT und dort im erweiterten Bereich finden Sie den Schieber, mit dem die Brennweite geändert wird (siehe Abbildung 20.40). Sie können auch eine Brennweite eintragen. Daneben bekommen Sie die Größe des Blickfelds angezeigt, das aus der Brennweite resultiert und ebenfalls geändert werden kann. Darunter werden Ihnen die Koordinaten der Kameraposition und des Zielpunkts der Kamera angezeigt, die Sie ebenfalls ändern könnten.

Abbildung 20.40:
Einstellung der Brennweite

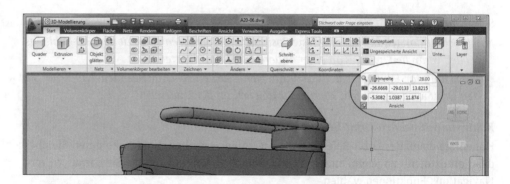

Abbildung 20.41:
Aufnahmen mit verschiedenen Brennweiten

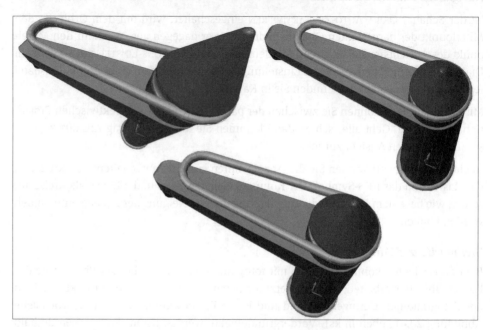

STEP

3D-Orbit-Befehle

1. Laden Sie wieder die Zeichnung *A20-06.dwg* aus dem Ordner \Aufgaben und experimentieren Sie mit den Orbit-Funktionen an diesem Modell.
2. Schneiden Sie das Modell auf und schwenken es im geschnittenen Zustand.
3. Erstellen Sie Weitwinkel- und Tele-Perspektiven durch Änderung von Brennweite und Abstand.
4. Haben Sie eine aussagekräftige Einstellung, können Sie diese als benannte Ansicht abspeichern. Im Kontextmenü der Orbit-Befehle sind diese dann in einem Untermenü per Namen wählbar.

Die Navigationsleiste

Die in diesem Kapitel beschriebenen Befehle finden Sie auch in Flyout-Menüs der Navigationsleiste: Das Navigationsrad, die Pan- und Zoom-Funktionen, die Orbit-Funktionen, die Navigationsfunktionen (siehe Kapitel 23.9) und die ShowMotion-Funktion (siehe Kapitel 23.10).

Die Navigationsleiste befindet sich am rechten Rand der Zeichenfläche. Mit dem Pfeil rechts unten öffnen Sie ein Menü (siehe Abbildung 20.42), in dem Sie einstellen können, was in der Navigationsleiste angezeigt werden soll und wo sie sich im Zeichnungsfenster befinden soll.

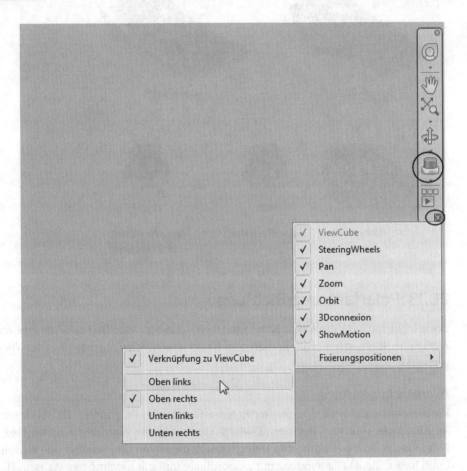

Abbildung 20.42: Einstellungen für die Navigationsleiste

Navigieren mit einer 3D-Maus von 3Dconnexion

- Mit einer 3D-Maus von 3Dconnexion (siehe Abbildung 20.43) können Sie mit einer druckempfindlichen Controller-Kappe Ihr Modell kontinuierlich am Bildschirm drehen. Die Controller-Kappe lässt sich in alle Richtungen bewegen. Drücken, ziehen, drehen oder kippen Sie die Kappe, um die aktuelle Ansicht zu verschieben, zu vergrößern und zu verkleinern und zu drehen. Der Vorteil dabei ist, dass Sie dazu keinen Befehl wählen müssen und sich die Bewegungen während der Arbeit an einem Befehl transparent ausführen lassen.

- In einem Flyout (markiert in Abbildung 20.42) können Sie den Modus für die 3D-Maus umschalten und mit dem Eintrag 3DCONNEXION-EINSTELLUNGEN... lassen sich Empfindlichkeit und Funktion einstellen. Dies ist allerdings nur dann verfügbar, wenn Sie eine 3D-Maus an Ihrem Computer installiert haben.

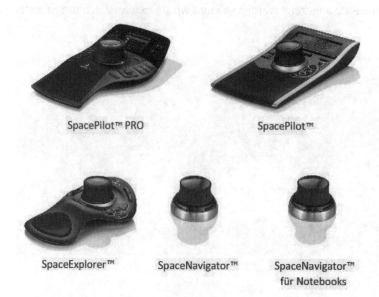

Abbildung 20.43: 3D-Mäuse von 3Dconnexion

20.13 Polarfang in z-Richtung

Doch nicht nur von der Optik bietet die Oberfläche seit AutoCAD 2007 einiges mehr. Zahlreiche Hilfen machen das Editieren im Raum wesentlich einfacher als in der Vorgängerversion.

Polarfang in z-Richtung

Voraussetzung dafür ist, dass Sie in den Einstellungen des Programms, Befehl OPTIONEN, im Abrollmenü EXTRAS, Register 3D-MODELLIERUNG (siehe Abschnitt A.4) im Feld 3D-FADENKREUZE zu einer optimalen Unterstützung die ersten drei Schalter alle anwählen. Dann haben Sie das Fadenkreuz mit z-Koordinate und mit beschrifteten Achsen. Haben Sie Ihr Modell in einer isometrischen Ansicht auf dem Bildschirm und wählen Sie eine Zeichen- oder Editierfunktion, wird bei einer Koordinatenanfrage der Objektfang auch in z-Richtung aktiv und Sie können einen Wert für Z eingeben. In Abbildung 20.44 sehen Sie das am Beispiel: Befehl SCHIEBEN zum Verschieben der oberen Abdeckplatte um 30 Einheiten nach oben.

```
Befehl: Schieben
Objekte wählen: Obere Platte anklicken
Objekte wählen: [⏎]
Basispunkt oder [Verschiebung] <Verschiebung>: z.B. Eckpunkt anklicken
Zweiten Punkt angeben oder <ersten Punkt der Verschiebung verwenden>: Mit Maus in z-
Richtung fahren, bis die Hilfslinie und das Polar-Feld erscheinen, 30 eintippen
```

Selbstverständlich können Sie den Befehl auch beim Zeichnen verwenden, auch kombiniert mit dem Otrack.

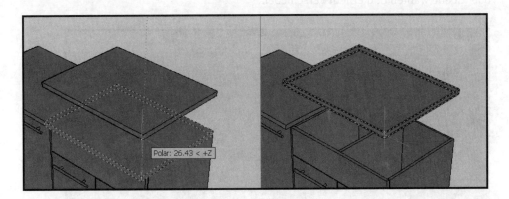

Abbildung 20.44: Editieren mit Polarfang in Z

3D-Polarfang

1. Laden Sie die Zeichnung *A20-07.dwg* aus dem Ordner *\Aufgaben*, die fertige Küchenzeile.
2. Verschieben Sie die rechte Abdeckplatte mit dem Befehl SCHIEBEN und dem 3D-Polarfang um 30 nach oben (siehe Abbildung 20.44).
3. Testen Sie weitere Aktionen, z.B. einen Linienzug im Raum zu zeichnen usw.
4. Lassen Sie die Zeichnung geöffnet, wir werden im nächsten Abschnitt daran weiterarbeiten.

20.14 3D-Editierbefehle

Eine Reihe von Befehlen ist speziell für das Editieren im dreidimensionalen Raum. Es sind Erweiterungen von bereits bekannten 2D-Editierbefehlen.

3D-Schieben

Der Befehl 3DSCHIEBEN unterscheidet sich vom normalen Schieben nur dadurch, dass ein temporäres Koordinatensymbol die Arbeit erleichtert. Wählen Sie den Befehl:

- Multifunktionsleiste: Symbol im Register START, Gruppe ÄNDERN
- Menüleiste ÄNDERN, Untermenü 3D-OPERATION >, Funktion 3D-SCHIEBEN

Der Befehl läuft ab, wie der normale Befehl SCHIEBEN. Erst wenn nach dem Basispunkt gefragt wird, wird das temporäre Koordinatensymbol eingeblendet. Klicken Sie eine beliebige Achse an dem Symbol an oder eine der am Ursprung angedeuteten Ebenen. Das Objekt wird markiert und Sie können nur noch in der Richtung der markierten Achse bzw. innerhalb der markierten Ebene schieben. Schieben Sie mit der Maus oder geben Sie einen Verschiebungswert ein (siehe Abbildung 20.45). Der Befehl bleibt im Wiederholmodus, wenn Sie in eine Richtung verschoben haben, können Sie eine weitere Achse oder Ebene wählen und erneut verschieben.

Abbildung 20.45:
3D-Schieben mit temporärem Koordinatensymbol

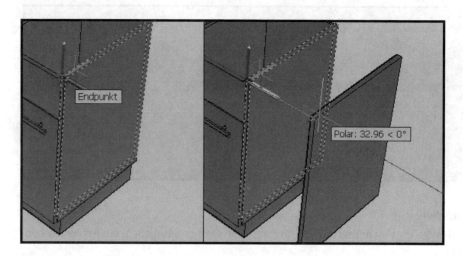

3D-Drehen

Während Sie mit dem normalen Drehbefehl nur in der xy-Ebene drehen können, arbeitet der Befehl 3DROTATE in jeder Ebene. Als Einstellhilfe bekommen Sie ein Symbol am Drehpunkt angezeigt. Er ersetzt den Befehl 3DDREHEN aus der Vorgängerversion, der das Gleiche macht, nur ohne Symbol. Der alte Befehl ist aus Gründen der Kompatibilität noch vorhanden. Wählen Sie den Befehl:

- Multifunktionsleiste: Symbol im Register START, Gruppe ÄNDERN
- Menüleiste ÄNDERN, Untermenü 3D-OPERATION >, Funktion 3D-DREHEN

Auch hier geht es genau wie beim Befehl DREHEN. Bei der Abfrage des Basispunkts können Sie ein Symbol am Drehpunkt platzieren (siehe Abbildung 20.46). Aktivieren Sie dann den Ring, der die Drehachse bilden soll, per Mausklick. Jetzt können Sie nur noch um diese Achse drehen. Es wird angefragt:

```
Basispunkt angeben: Symbol am Drehpunkt platzieren
Rotationsachse auswählen: Ring für die Achse anklicken
Winkel-Startpunkt angeben: Punkt oder Wert eingeben
Winkel-Endpunkt angeben: Punkt oder Wert eingeben
```

Geben Sie bei der ersten Winkelanfrage einen Wert ein, wird das Objekt um diesen Winkel gedreht. Klicken Sie einen Punkt an, wird nach dem Winkelendpunkt gefragt. Die Strecke, die sich aus Drehpunkt und dem Winkel-Startpunkt ergibt, wird auf den zweiten eingegebenen Wert ausgerichtet. Sie können aber auch den zweiten Wert durch einen Klick in der Zeichnung bestimmen.

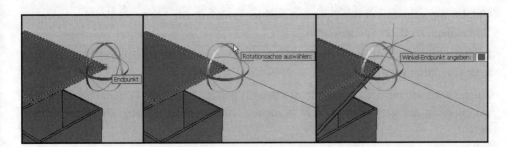

Abbildung 20.46:
3D-Drehen mit Einstellsymbol

3D-Schieben und -Drehen

Testen Sie die Funktionen an dem noch geöffneten Modell (siehe Abbildungen 20.45 und 20.46).

3D-Skalieren

Der Befehl 3DSKAL bewirkt bei den bis jetzt bekannten 3D-Objekten noch nichts anderes als der Befehl VARIA. Der Unterschied ist, dass bei diesem Befehl auch ein Symbol eingeblendet wird, an dem die Skalierung mit der Maus bestimmt werden kann. Wählen Sie den Befehl:

- Multifunktionsleiste: Symbol im Register START, Gruppe ÄNDERN

Erst wenn Sie mit den Filtern arbeiten (siehe Kapitel 22.4), dann ist dieser Befehl sinnvoll. Das können Sie dann aber auch mit dem Gizmo ohne diesen Befehl erledigen (siehe ebenfalls Kapitel 22.4).

3D-Spiegeln

Mit dem Befehl 3DSPIEGELN können Sie Objekte an beliebigen Ebenen im Raum spiegeln. Wählen Sie den Befehl:

- Multifunktionsleiste: Symbol im Register START, Gruppe ÄNDERN
- Menüleiste ÄNDERN, Untermenü 3D-OPERATION >, Funktion 3D-SPIEGELN

```
Befehl: 3Dspiegeln
Objekte wählen:
Ersten Punkt auf Spiegelebene (3 Punkte) angeben oder [Objekt/Letztes/Z-achse/
Ansicht/XY/YZ/ZX/3Punkte] <3Punkte>: Punkt wählen
Zweiten Punkt auf Spiegelebene angeben: 2. Punkt
Dritten Punkt auf Spiegelebene angeben: 3. Punkt
Quellobjekte löschen? [Ja/Nein] <N>:
```

3Punkte: Wählen Sie zunächst eine Spiegelebene. Mit dieser Option können Sie die Ebene durch drei Punkte bestimmen (siehe oben).

XY, YZ oder ZX: Wollen Sie an einer Koordinatenebene spiegeln, verwenden Sie eine dieser Optionen. Danach wird ein Punkt in der Ebene angefragt. Es wird parallel zur gewählten Ebene an dem eingegebenen Punkt gespiegelt.

Objekt: Sie können mit der Option ein Objekt wählen. Die Ebene, in der das gewählte Objekt liegt, wird zur Spiegelebene.

Letzte: Mit dieser Option wird die zuletzt verwendete Ebene als Spiegelebene für eine neue Operation verwendet.

Zuletzt wird wie bei der 2D-Version des Befehls gefragt, ob Sie das Original behalten wollen oder nur das gespiegelte Objekt brauchen. Abbildung 20.47 zeigt Beispiele zu dem Befehl.

Abbildung 20.47:
Spiegelung an verschiedenen Ebenen im Raum

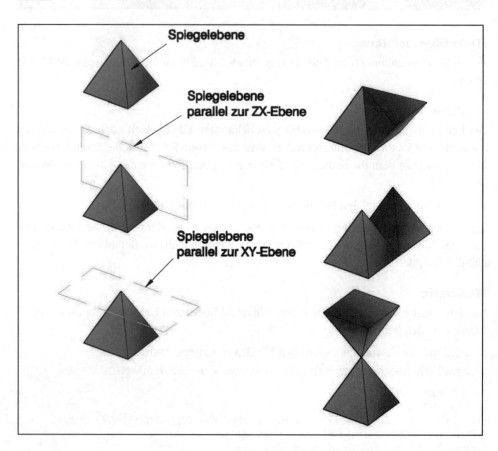

3D-Editierbefehle

Befehl 3dspiegeln

1. Laden Sie die Zeichnung *A20-08.dwg* aus dem Ordner *\Aufgaben* und spiegeln Sie die Objekte wie in Abbildung 20.47.
2. Vergleichen Sie mit der Lösung *L20-08.dwg*.

Befehl 3Dreihe

Mit dem Befehl 3DREIHE können Sie rechteckige und polare Anordnungen wie mit dem Befehl REIHE erzeugen, nur dass diese dreidimensional aufgebaut werden können. Sie finden den Befehl:

- Multifunktionsleiste: Symbol im Register START, Gruppe ÄNDERN
- Menüleiste ÄNDERN, Untermenü 3D-OPERATION > , Funktion 3D-REIHE

```
Befehl: 3Dreihe
Objekte wählen:
Anordnungstyp eingeben [Rechteckig/Polar] <R>:
```

Rechteckig: Erzeugung einer dreidimensionalen Matrix aus Zeilen, Spalten und Ebenen von den gewählten Objekten (siehe Abbildung 20.48).

```
Rechteckige oder polare Anordnung (R/P): R für rechteckige Anordnung
Zeilenanzahl eingeben (---) <1>:
Spaltenanzahl eingeben (|||) <1>:
Ebenenanzahl eingeben (...) <1>:
Zeilenabstand eingeben (---):
Spaltenabstand eingeben (|||):
Ebenenabstand eingeben (...):
```

Polar: Erzeugung einer kreisförmigen Anordnung im Raum (siehe Abbildung 20.48). Die Achse, um die diese Anordnung gebildet wird, ergibt sich aus dem Mittelpunkt der Anordnung und aus einem zweiten Punkt der Achse.

```
Anordnungstyp eingeben [Rechteckig/Polar] <R>: P für polare Anordnung
Anzahl der Elemente in der Anordnung angeben:
Auszufüllenden Winkel angeben (+=ccw, -=cw) <360>:
Angeordnete Objekte drehen? [Ja/Nein] <J>:
Mittelpunkt der Anordnung angeben:
Zweiten Punkt auf Drehachse angeben:
```

Befehl 3Dreihe

1. Laden Sie die Zeichnung *A20-09.dwg* aus dem Ordner *\Aufgaben*. Erzeugen Sie 3D-Reihen wie in Abbildung 20.48.
2. Eine mögliche Lösung finden Sie in Zeichnung *L20-09.dwg*.

Abbildung 20.48:
Rechteckige und polare dreidimensionale Anordnungen

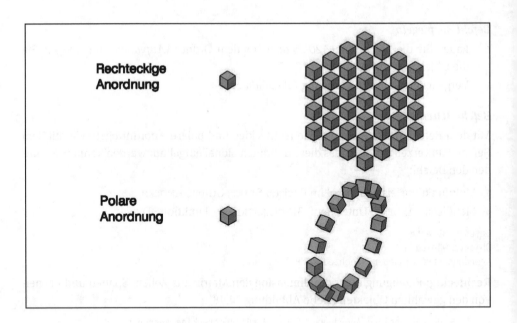

 Befehl Ausrichten

Mit dem Befehl AUSRICHTEN können Sie zwei Objekte im Raum mit einem, zwei oder drei Paaren von Punkten aneinander ausrichten.

- Multifunktionsleiste: Symbol im Register START, Gruppe ÄNDERN (erweiterter Bereich)
- Menüleiste ÄNDERN, Untermenü 3D-OPERATIONEN >, Funktion AUSRICHTEN

```
Befehl: Ausrichten
Objekte wählen:
Ersten Ursprungspunkt angeben: Punkt eingeben
Ersten Zielpunkt angeben: Punkt eingeben
Zweiten Ursprungspunkt angeben: Punkt eingeben oder [↵] zum Beenden
Zweiten Zielpunkt angeben: Punkt eingeben
Dritten Ursprungspunkt angeben oder <Fortfahren>: Punkt eingeben oder [↵] zum Beenden
Dritten Zielpunkt angeben: Punkt eingeben
```

Je nachdem, wie viele Punktepaare Sie eingeben, wird das Objekt in der entsprechenden Zahl von Ebenen ausgerichtet (siehe Abbildung 20.49). Sie beenden die Eingabe, wenn Sie auf die Anfrage nach einem Ursprungspunkt [↵] eingeben. Bei einem Punktepaar wird eine reine Verschiebung ausgeführt, bei zwei Punktepaaren eine Verschiebung und Drehung in zwei Ebenen und bei drei Punktepaaren eine komplette Ausrichtung im Raum. Die beiden ersten Punkte werden zusammengeführt, die anderen dienen lediglich der Ausrichtung. Eine Besonderheit gibt es noch bei zwei Punktepaaren. Hier kommt eine zusätzliche Anfrage:

```
Zweiten Zielpunkt angeben: Punkt eingeben
Dritten Ursprungspunkt angeben oder < Fortfahren >: [↵]
Objekte anhand von Ausrichtepunkten skalieren? [Ja/Nein] <N>:
```

Geben Sie bei der letzten Anfrage JA ein, wird das ausgerichtete Objekt so skaliert, dass beide Punktepaare aufeinanderliegen. Auf diese Art ist dieser Befehl auch beim Arbeiten an 2D-Zeichnungen nützlich.

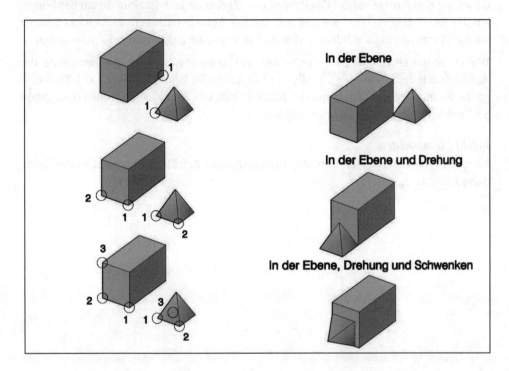

Abbildung 20.49: Objekte im Raum ausrichten

Befehl Ausrichten

1. Laden Sie die Zeichnung *A20-10.dwg*. Richten Sie die Pyramide nach verschiedenen Methoden am Quader aus (siehe Abbildung 20.49).
2. Ihre Lösung sollte wie Zeichnung *L20-10.dwg* aussehen.

Befehl 3Dausrichten

Obwohl mit dem Befehl AUSRICHTEN auch dreidimensional gearbeitet werden kann, gibt es in der neuen Version den Befehl 3DAUSRICHTEN. Der ist speziell für 3D-Operationen optimiert. Sie finden den Befehl:

- Multifunktionsleiste: Symbol im Register START, Gruppe ANSICHT
- Menüleiste ÄNDERN, Untermenü 3D-OPERATIONEN >, Funktion 3D-AUSRICHTEN

```
Befehl: 3Dausrichten
Objekte wählen: Auszurichtenden Objekte wählen
  Quellebene und Ausrichtung angeben ...
Basispunkt angeben oder [Kopieren]: 1. Punkt
Zweiten Punkt angeben oder [Fortfahren] <F>: 2. Punkt

Dritten Punkt angeben oder [Fortfahren] <F>: und 3. Punkt für das Quellobjekt angeben
  Zielebene und Ausrichtung angeben ...
```

```
Ersten Zielpunkt angeben: 1. Punkt
Zweiten Zielpunkt angeben oder [beEnden] <E>: 2. Punkt
Dritten Zielpunkt angeben oder [beEnden] <E>: und 3. Punkt für die Zielebene angeben
```

Geben Sie drei Punkte auf der Quellebene des Objekts an und drei Punkte auf der Ebene, auf der das Objekt platziert werden soll. Bei der Anfrage nach dem Basispunkt können Sie die Option KOPIEREN wählen. In diesem Fall wird eine ausgerichtete Kopie erzeugt.

Wollen Sie nur einen oder zwei Punkte auf der Quellebene angeben, drücken Sie bei der Anfrage nach dem Punkt ⏎. In diesem Fall haben Sie beim Platzieren noch Freiheitsgrade. Richten Sie das Objekt mit der Maus so aus, wie Sie es haben wollen oder geben Sie Punkte für die richtige Ausrichtung vor.

Befehl 3Dausrichten

Versuchen Sie die verschiedenen Möglichkeiten dieses Befehls noch einmal an der Zeichnung *A20-10.dwg*.

Kapitel 21
Flächen und Volumen erstellen und bearbeiten

In diesem Kapitel finden Sie als AutoCAD LT-Anwender nichts mehr, was Sie mit Ihrem Programm ausführen können. Überblättern Sie dieses und die nächsten beiden Kapitel. Mit der Testversion von AutoCAD 2011, die diesem Buch beiliegt, können Sie sich einen Überblick über die 3D-Funktionen von AutoCAD verschaffen.

Der 3D-Modellierer wurde mit der Version AutoCAD 2007 komplett überarbeitet. Sie müssen seither nicht mehr unterscheiden, ob Sie Flächen- oder Volumenmodelle erstellen wollen. Beides ist mit den gleichen Befehlen möglich. Die Regel ist einfach: Aus offenen Konturen entstehen Flächen, aus geschlossenen Volumen. Mehr zur Erstellung und Bearbeitung von Flächen erfahren Sie in Kapitel 22. Sie haben Befehle zur Erstellung von Grundkörpern wie Zylinder, Quader, Kegel, Pyramide, Kugel oder Torus. Außerdem lassen sich aus Konturen durch Extrusion, Rotation, Sweeping und Lofting Volumen und Flächen erzeugen. Dabei entstandene Volumen lassen sich mit booleschen Verknüpfungen zusammenfassen und durch Fasen, Abrunden oder Kappen weiterbearbeiten. Für die Erstellung freier Formen lassen sich Volumen an Flächen schneiden, Flächen zu Volumen verdicken usw.

Anzeige von Volumenkörpern

Volumenkörper werden am Bildschirm mit Tesselationslinien angezeigt. Das sind Linien an den Rundungen von zylindrischen Objekten. Mit der Systemvariablen ISOLINES *können Sie die Dichte der Linien festlegen. Die Variable ist standardmäßig auf 4 eingestellt. Damit wird ein kreisförmiger Zylinder mit 4 Linien dargestellt. Das ist vor allem bei den visuellen Drahtkörper-Stilen ein Problem. Ist der Wert zu niedrig, fällt die Orientierung schwer, ist er zu hoch, ist die Darstellung verwirrend. Wählen Sie einen Wert zwischen 8 und 12, wenn Ihnen die Darstellung der Standardeinstellung zu dürftig ist.*

21.1 Grundkörper erstellen

Sehen wir uns zunächst die Grundkörper an, für die jeweils ein Befehl vorhanden ist. Teilweise lassen sich Varianten erstellen, die Sie dann mit Optionen wählen können.

Grundkörper erstellen

Die einfachsten Befehle zur Erzeugung von Volumen sind die, mit denen sich Grundkörper erstellen lassen. Die erstellten Volumenkörper liegen auf der xy-Ebene des aktuellen Benutzerkoordinatensystems oder, wenn sie mit einer z-Koordinate gezeichnet werden, parallel dazu. Meist lassen sie sich dynamisch hochziehen oder durch Eingabe eines Wertes in die richtige Höhe bringen. Sie finden die Funktionen:

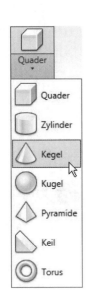

- Multifunktionsleiste: Symbole und Flyout im Register START, Gruppe MODELLIEREN, und im Register VOLUMENKÖRPER, Gruppe GRUNDKÖRPER
- Menüleiste ZEICHNEN, Untermenü MODELLIEREN >, Funktionen für die einzelnen Grundkörper
- Symbole im Werkzeugkasten MODELLIEREN

Durch alle Befehle werden Sie durch den Dialog im Befehlszeilenfenster genau geführt. Sie haben meist unterschiedliche Varianten zur Verfügung, die Sie mit den Optionen wählen können.

Quader: Einen Quader können Sie mit dem Befehl QUADER durch Angabe des Eckpunktes oder des Mittelpunktes platzieren. Danach geben Sie entweder den anderen Eckpunkt oder Länge und Breite ein. Den Spezialfall Würfel können Sie ebenfalls wählen. Zuletzt wird die Höhe abgefragt, die Sie auch dynamisch ziehen können oder mit der Option 2PUNKT an einer beliebigen Stelle in der Zeichnung durch zwei Punkte abgreifen.

Keil: Einen Keil erstellen Sie mit den gleichen Angaben wie einen Quader, nur dass sich die Höhe auf eine Kante bezieht.

Pyramide: Eine Pyramide erstellen Sie mit dem gleichnamigen Befehl. Sie geben einen Mittelpunkt vor oder mit der Option KANTE eine Kante der Pyramide mit zwei Punkten. An dieser Stelle können Sie mit der Option SEITEN die Seitenzahl für die Pyramide ändern. Zunächst wird von einer vierseitigen ausgegangen. Danach geben Sie die Höhe vor oder ziehen Sie bis zum gewünschten Punkt und klicken diesen an. Mit der Option 2PUNKT können Sie die Höhe durch zwei Punkte in der Zeichnung abgreifen und mit der Option ACHSENENDPUNKT die Ausrichtung und Länge bestimmen. Mit der Option OBEREN RADIUS zeichnen Sie einen Pyramidenstumpf. Dazu müssen Sie den Radius des Inkreises der oberen Fläche angeben.

Kugel: Eine Kugel erstellen Sie mit dem Befehl KUGEL, indem Sie Mittelpunkt und Radius oder Durchmesser angeben. Statt des Mittelpunkts können Sie wie beim Zeichnen eines Kreises auch die Optionen 3PUNKTE, 2PUNKTE oder TAN, TAN, RADIUS verwenden.

Zylinder: Zylinder können Sie mit dem Befehl ZYLINDER mit kreisförmiger oder elliptischer Grundfläche erstellen. Zeichnen Sie die Grundfläche mit Mittelpunkt oder den Kreisoptionen 3PUNKTE, 2PUNKTE oder TAN, TAN, RADIUS sowie Radius oder Durchmesser. Mit der Option ELLIPTISCH zeichnen Sie eine elliptische Grundfläche wie beim Befehl ELLIPSE. Neben der Eingabe der Höhe können Sie diese auch wieder dynamisch ziehen oder mit der Option 2PUNKT in der Zeichnung abgreifen. Wählen Sie die Option ACHSENENDPUNKT, können Sie die Ausrichtung des Zylinders beeinflussen. Er wird so geneigt und ausgerichtet, dass er bis zu dem gewählten Punkt reicht.

Kegel: Kegel erstellen Sie mit dem Befehl KEGEL mit den gleichen Angaben wie beim Zylinder. Auch hier sind kreisförmige und elliptische Grundflächen möglich. Sie können einen Kegel oder einen Kegelstumpf erzeugen. Bei Letzterem wählen Sie bei der letzten Anfrage die Option OBEREN RADIUS und geben diesen an. Danach werden Sie erneut nach der Höhe gefragt. Auch hier können Sie zu den Optionen 2PUNKT oder ACHSENENDPUNKT wechseln.

Torus: Ein Torus ist ein geschlossener Ring aus einer Röhre mit kreisförmigem Querschnitt. Sie zeichnen ihn mit dem Befehl TORUS mit Mittelpunkt, Torusradius bzw. Torusdurchmesser und Röhrenradius bzw. Röhrendurchmesser. Statt des Torusradius können Sie auch wieder die Kreisoptionen 3PUNKTE, 2PUNKTE oder TAN, TAN, RADIUS verwenden und den Radius der Röhre mit zwei Punkten in der Zeichnung abgreifen.

Polykörper: Mit diesem Befehl erstellen Sie eine Wand mit einer vorgegebenen Höhe. Diese können Sie wie eine Polylinie zeichnen.

```
Befehl: Polykörper
Startpunkt festlegen
oder[Objekt/Höhe/Breite/Ausrichten]<Objekt>:
Nächsten Punkt angeben oder [Bogen/Zurück]:
Nächsten Punkt angeben oder [Bogen/Zurück]:
Nächsten Punkt angeben oder [Bogen/Schließen/Zurück]:
Nächsten Punkt angeben oder [Bogen/Schließen/Zurück]:
...
```

Geben Sie den Startpunkt und alle weiteren Stützpunkte der Reihe nach ein. Bei der ersten Punkteingabe können Sie mit der Option HÖHE die Höhe der Wand eingeben und mit der Option BREITE deren Breite. Mit der Option OBJEKT können Sie Linien, Bögen oder Kreise in Wandelemente der eingestellten Breite umwandeln. Haben die Objekte eine Objekthöhe, wird diese verwendet, wenn sie keine haben, wird die im Befehl eingestellte Höhe verwendet. Auch eine Polylinie können Sie umwandeln. Hat diese eine Objekthöhe und Breite werden diese Angaben verwendet, ansonsten die Werte, die im Befehl eingestellt wurden. Mit der Option AUSRICHTEN geben Sie vor, ob die einzugebenden Stützpunkte auf der Wandmitte liegen sollen oder ob es die linken oder rechten Punkte (in Laufrichtung der Wand gesehen) sein sollen.

Wenn Sie kein Objekt umwandeln, geben Sie danach die Stützpunkte ein. Mit der Option ZURÜCK wird die letzte Eingabe rückgängig gemacht und mit der Option SCHLIESSEN der Wandzug geschlossen. Mit der Option BOGEN schalten Sie in den Bogenmodus um.

Kapitel 21 • Flächen und Volumen erstellen und bearbeiten

```
...
Nächsten Punkt angeben oder [Bogen/Zurück]: Option Bogen eingeben
Endpunkt des Bogens angeben oder [Schließen/Richtung/Linie/zWeiter punkt/Zurück]:
Bogenendpunkt angeben oder Option wählen
Nächsten Punkt angeben oder [Bogen/Schließen/Zurück]: Endpunkt des Bogens angeben
oder [Schließen/Richtung/Linie/zWeiter punkt/Zurück]: Bogenendpunkt angeben oder
Option wählen
Nächsten Punkt angeben oder [Bogen/Schließen/Zurück]: Endpunkt des Bogens angeben
oder [Schließen/Richtung/Linie/zWeiter punkt/Zurück]: Bogenendpunkt angeben oder
Option wählen
Nächsten Punkt angeben oder [Bogen/Schließen/Zurück]: Endpunkt des Bogens angeben
oder [Schließen/Richtung/Linie/zWeiter punkt/Zurück]: Option Linie angeben, um zum
Linienmodus zurückzukommen
```

Hier können Sie wie beim Zeichnen von Polylinien vorgehen. Wenn Sie keine Option wählen, werden die Bögen tangential aneinander gesetzt. Mit der Option RICHTUNG können Sie die Richtung des Bogens vorgeben und mit der Option ZWEITER PUNKT einen 3-Punkte-Bogen zeichnen. Auch im Bogenmodus gibt es die Optionen ZURÜCK und SCHLIESSEN. Mit der Option LINIE kommen Sie wieder in den Linienmodus zurück.

Abbildung 21.1:
Volumen, Grundkörper

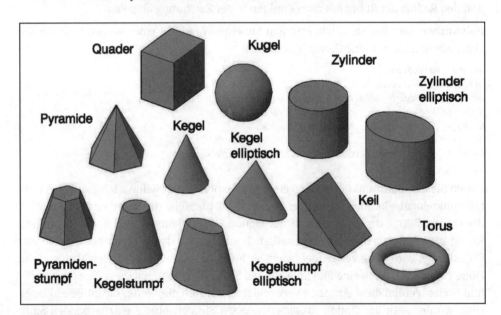

Grundkörper erstellen

1. Erstellen Sie Grundkörper mit den Volumenkörperbefehlen.
2. Testen Sie die verschiedenen Optionen zur Erstellung der Objekte.

21.2 Flächen und Volumen aus Konturen

Neben einfachen Grundkörpern lassen sich aus 2D-Konturen durch Extrusion, Rotation, Sweeping und Anheben Flächen und Volumen erstellen.

Extrudieren von Konturen

Aus 2D-Konturen können Sie durch Extrusion Volumenkörper erstellen, dazu steht Ihnen der gleichnamige Befehl EXTRUSION zur Verfügung. Dabei geben Sie die Höhe an oder einen Pfad, an dem entlang die Kontur extrudiert werden soll. Nach der Höhenangabe können Sie zusätzlich einen Verjüngungswinkel für die Extrusion angeben. Bei positiver Winkelangabe verjüngen sich die Objekte, bei negativer weiten sie sich. Extrudieren können Sie geschlossene Polylinien, Polygone, Rechtecke, Kreise, Ellipsen, geschlossene Splines, Ringe, Regionen und planare Flächen. Haben Sie eine offene Kontur oder eine nicht zusammenhängende Kontur (z.B. einzelne Liniensegmente) werden Flächen erzeugt. Wollen Sie Flächen erstellen, trotz geschlossener Kontur, wechseln Sie in den Modus zum Erzeugen von Flächen. Alles zur Modellierung von Flächen finden Sie in Kapitel 22, deshalb werden wir uns in diesem Kapitel nur mit den Volumen beschäftigen.

- Multifunktionsleiste: Symbol in einem Flyout im Register START, Gruppe MODELLIEREN, und im Register VOLUMENKÖRPER, Gruppe VOLUMENKÖRPER
- Menüleiste ZEICHNEN, Untermenü MODELLIEREN >, Funktion EXTRUSION
- Symbol im Werkzeugkasten MODELLIEREN

```
Befehl: Extrusion
Aktuelle Dichte des Drahtmodells:    ISOLINES=4
Erstellungsmodus für geschlossene Profile =Volumenkörper
Zu extrudierende Objekte wählen oder [MOdus]: Kontur wählen
Zu extrudierende Objekte wählen oder [MOdus]: ⏎
Höhe der Extrusion angeben oder [Richtung/Pfad/Verjüngungswinkel] <22.00>: Höhe
eingeben oder dynamisch ziehen
```

Neben dieser Standardmethode haben Sie drei Varianten zur Verfügung, die Sie mit den Optionen wählen können. Sie können in eine bestimmte Richtung extrudieren.

```
Höhe der Extrusion angeben oder [Richtung/Pfad/Verjüngungswinkel] <22.00>: Option
Richtung wählen
Startpunkt der Richtung angeben: Ersten Punkt anklicken
Endpunkt der Richtung angeben: Zweiten Punkt anklicken
```

Geben Sie zwei Punkte an und die Kontur wird in diese Richtung extrudiert. Eine andere Möglichkeit ist, die Extrusion mit einem Verjüngungswinkel zu versehen.

```
Höhe der Extrusion angeben oder [Richtung/Pfad/Verjüngungswinkel] <22.00>: Option
Verjüngungswinkel wählen
Verjüngungswinkel für Extrusion angeben <5>: Winkel eingeben
Höhe der Extrusion angeben oder [Richtung/Pfad/Verjüngungswinkel] <22.00>:
```

Nachdem Sie den Verjüngungswinkel angegeben haben, bekommen Sie wieder die gleiche Anfrage und Sie können die Höhe eingeben oder eine der anderen Optionen zur Bestimmung der Extrusion wählen. In jedem Fall wird der eingegebene Winkel berücksichtigt. Zu guter Letzt kann auch entlang eines Pfades extrudiert werden.

Kapitel 21 • **Flächen und Volumen erstellen und bearbeiten**

```
Höhe der Extrusion angeben oder [Richtung/Pfad/Verjüngungswinkel] <22.00>: Option Pfad
wählen
Extrusionspfad wählen oder [verJüngung]: Pfad anklicken
```

Wählen Sie die Option und klicken Sie einen Pfad an. Die Extrusion folgt der Form des Pfades. Haben Sie keinen Verjüngungswinkel eingestellt, bevor Sie den Pfad anklicken, können Sie das noch ändern. In Abbildung 21.2 sind die verschiedenen Varianten des Befehls dargestellt. Sie können diese auch noch kombinieren, z. B.: entlang eines Pfades oder einer Richtung mit Verjüngung.

Modus: Wenn Sie an der ersten Abfrage die Option MODUS wählen, können Sie wählen, ob Flächen oder Volumen erstellt werden sollen.

```
Zu extrudierende Objekte wählen oder [MOdus]: Option Modus wählen
Erstellungsmodus für geschlossene Profile [Volumenkörper/Fläche]
<Volumenkörper>: Volumenköper oder Fläche wählen
Zu extrudierende Objekte wählen oder [MOdus]: Objekte wählen
```

Der Modus bleibt so lange erhalten, bis Sie ihn wieder wechseln. Wenn Sie den Befehl allerdings aus der Multifunktionsleiste wählen, wird der Modus automatisch gewählt, je nachdem, aus welchem Register Sie den Befehl gewählt haben.

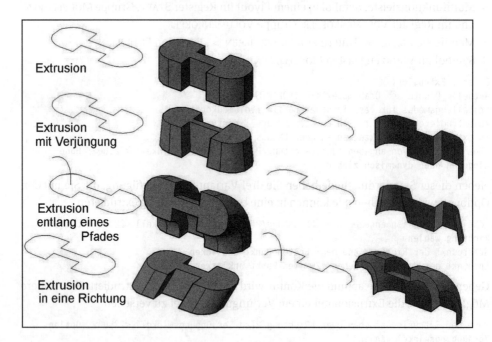

Abbildung 21.2: Extrusion zur Erzeugung von Volumen und Flächen

Extrusionskörper erstellen

1. Laden Sie die Zeichnung *A21-01.dwg* aus dem Ordner *Aufgaben*.
2. Erstellen Sie Volumenkörper mit Extrusion wie in Abbildung 21.2. Vergeben Sie Werte für die Höhe und die Verjüngung.
3. Die Lösung finden Sie ebenfalls im Ordner *Aufgaben*: *L21-01.dwg*.

Flächen und Volumen aus Konturen

Rotieren von Konturen

Alles was Sie extrudieren können, lässt sich auch rotieren. Sie erhalten Volumenkörper und bei offenen Konturen Flächen. Der Befehl dazu: ROTATION. Geben Sie eine Kontur, eine Rotationsachse und einen Rotationswinkel vor. Beachten Sie, dass die Kontur vollständig auf einer Seite der Achse liegen muss, sonst ergeben sich Überschneidungen, die nicht möglich sind. Auch bei diesem Befehl können Sie den Modus wechseln, um Flächen zu erzeugen.

- Multifunktionsleiste: Symbol in einem Flyout im Register START, Gruppe MODELLIEREN und im Register VOLUMENKÖRPER, Gruppe VOLUMENKÖRPER
- Menüleiste ZEICHNEN, Untermenü MODELLIEREN >, Funktion ROTATION
- Symbol im Werkzeugkasten MODELLIEREN

```
Befehl: Rotation
Erstellungsmodus für geschlossene Profile =Volumenkörper
Zu rotierende Objekte wählen oder [MOdus]: Kontur wählen
Zu rotierende Objekte wählen oder [MOdus]: ↵
Startpunkt der Achse angeben oder
Achse definieren durch [Objekt/X/Y/Z] <Objekt>:
```

Die Achse können Sie durch zwei Punkte festlegen. Es ist auch möglich, ein Objekt, die x-, y- oder z-Achse als Rotationsachse zu verwenden. Das Objekt kann eine Linie, ein Bogen oder eine Polylinie sein. Die Achse bildet sich aus Start- und Endpunkt.

```
Rotationswinkel oder [STartwinkel] angeben <360>:
```

Ist die Achse bestimmt, geben Sie den Rotationswinkel an und das Objekt wird erstellt. Mit der Option STARTWINKEL kann der Beginn der Rotation festgelegt werden.

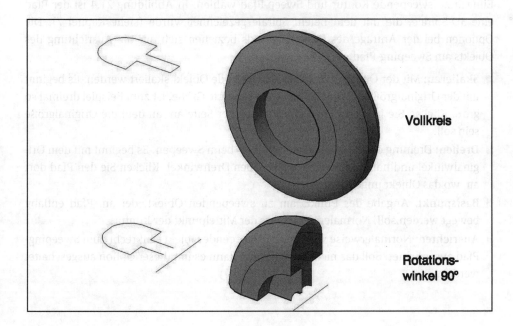

Abbildung 21.3: Erstellung von Rotationskörpern

Rotationskörper erstellen

1. Laden Sie die Zeichnung *A21-02.dwg* aus dem Ordner *Aufgaben*.
2. Erstellen Sie Volumenkörper mit Rotation wie in Abbildung 21.3. Beim Beispiel unten haben Sie eine offene Kontur, Sie bekommen eine Fläche. Außerdem kann um ein Objekt rotiert werden, im Beispiel mit einem Winkel von 90° (siehe Abbildung 21.3).
3. Die Lösung finden Sie im Ordner *Aufgaben*, die Datei *L21-02.dwg*.

Sweepen von Objekten

Mit dem Befehl SWEEP können Sie einen Volumenkörper oder eine Fläche erstellen, indem Sie eine offene oder geschlossene Kurve an einem offenen oder geschlossenen 2D- bzw. 3D-Pfad entlanggleiten lassen. Der dadurch eingeschlossene Bereich erzeugt das Volumen bzw. dessen Rand die Fläche. Mit der Option MODUS können Sie auch bei diesem Befehl zwischen Volumen und Fläche umschalten. Wählen Sie den Befehl:

- Multifunktionsleiste: Symbol in einem Flyout im Register START, Gruppe MODELLIEREN und im Register VOLUMENKÖRPER, Gruppe VOLUMENKÖRPER
- Menüleiste ZEICHNEN, Untermenü MODELLIEREN >, Funktion SWEEP
- Symbol im Werkzeugkasten MODELLIEREN

```
Befehl: Sweep
Aktuelle Dichte des Drahtmodells:  ISOLINES=12
Zu sweepende Objekte wählen oder [MOdus]: Objekte anklicken
Zu sweepende Objekte wählen oder [MOdus]: ↵
Sweeping-Pfad auswählen oder [Ausrichten/Basispunkt/Skalieren/Drehen]: Pfad klicken
```

Einfach zu sweepende Kontur und Sweep-Pfad wählen. In Abbildung 21.4 ist der Pfad eine 3D-Spirale, die mit dem Befehl Spirale gezeichnet wurde (siehe Kapitel 7). Die Optionen bei der Anfrage des Sweeping-Pfads beziehen sich auf die Ausrichtung des Objekts am Sweeping-Pfad:

- **Skalieren:** Mit der Option kann das zu sweepende Objekt skaliert werden. Es beginnt mit der Originalgröße und hat am Ende die skalierte Größe, ist zum Beispiel dreimal so groß. Klicken Sie in diesem Fall den Pfad an der Seite an, an dem die Originalgröße sein soll.
- **Drehen:** Drehung des zu sweependen Objekts beim Sweepen. Es beginnt mit dem Originalwinkel und hat am Ende den vorgegeben Drehwinkel. Klicken Sie den Pfad dort an, wo das Objekt ungedreht sein soll.
- **Basispunkt:** Angabe des Punkts am zu sweependen Objekt, der am Pfad entlang bewegt werden soll. Normalerweise ist es der Mittelpunkt der Kontur.
- **Ausrichten:** Normalerweise wird das zu sweepende Objekt senkrecht zum Sweeping-Pfad ausgerichtet. Soll das nicht der Fall sein, kann es mit dieser Option ausgeschaltet werden.

Flächen und Volumen aus Konturen

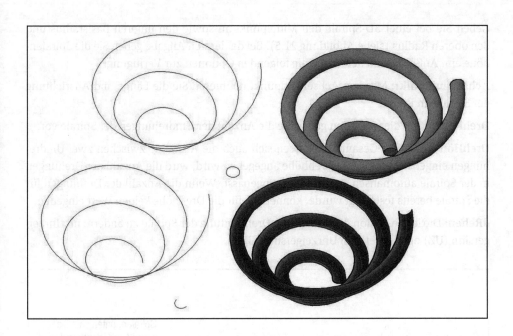

Abbildung 21.4:
Kreis und Halbkreis gesweept

Sweepen von Konturen

1. Laden Sie die Zeichnung *A21-03.dwg* aus dem Ordner *Aufgaben*.
2. Sweepen Sie Kreis und Halbkreis entlang der Spirale (siehe Abbildung 21.4). Experimentieren Sie auch mit den Optionen für die zu sweependen Objekte.
3. Ein Beispiel ist ebenfalls im Ordner *Aufgaben*, die Datei *L21-03.dwg*.

Zeichnen von Spiralen

Das Zeichnen von Spiralen finden Sie in Kapitel 7.4 beschrieben. Der Befehl kann aber mehr. Die Spiralen lassen sich nicht nur flach als 2D-Objekte erstellen. Sie können damit auch räumliche Spiralen, z.B. als Pfad für eine Feder, mit diesem Befehl generieren. Meist wird der Befehl auch dafür benötigt. Es wird ein eigenes Objekt generiert, in AutoCAD HELIX genannt, das Sie aber bei Bedarf mit dem Befehl URSPRUNG in einen Spline zerlegen können. Sie finden den Befehl:

- Multifunktionsleiste: Symbol im Register START, Gruppe ZEICHNEN (erweiterter Bereich)
- Menüleiste ZEICHNEN, Funktion SPIRALE
- Symbol im Werkzeugkasten MODELLIEREN

Folgender Befehlsdialog läuft ab:

```
Befehl: Spirale
Anzahl der Drehungen = 5 Drehen=GUZ Mittelpunkt der Basis angeben: Punkt eingeben
Basisradius angeben oder [Durchmesser] <10>: Wert für den inneren Radius eingeben
Oberen Radius angeben oder [Durchmesser] <30>: Wert für den äußeren Radius eingeben
Spiralenhöhe angeben oder [Achsenendpunkt/Drehungen/drehHöhe/dRehen] <0>: 0 für eine
2D-Spirale oder Option für 3D-Spirale eingeben
```

Geben Sie bei einer 3D-Spirale den Mittelpunkt an sowie den unteren Basisradius und den oberen Radius (siehe Abbildung 21.5). Bei der letzten Angabe geben Sie die Spiralenhöhe ein. Außerdem stehen Ihnen die folgenden Optionen zur Verfügung:

Achsenendpunkt: Mit dem Achsenendpunkt definieren Sie die Länge und Ausrichtung der Spirale im Raum.

Drehungen: Mit dieser Option geben Sie die Anzahl der Umdrehungen der Spirale vor.

DrehHöhe: Statt der Gesamthöhe lassen sich auch die Abstände zwischen zwei Umdrehungen eingeben. Wenn eine Drehhöhe angegeben wird, wird die Anzahl der Drehungen in der Spirale automatisch entsprechend angepasst. Wenn die Anzahl der Drehungen für die Spirale bereits festgelegt wurde, können Sie für die Drehhöhe keinen Wert eingeben.

dRehen: Die letzte Option dient dazu, die Drehrichtung der Spirale zu ändern: im Uhrzeigersinn (UZ) oder gegen den Uhrzeigersinn (GUZ).

Abbildung 21.5: Spiralen in der Draufsicht

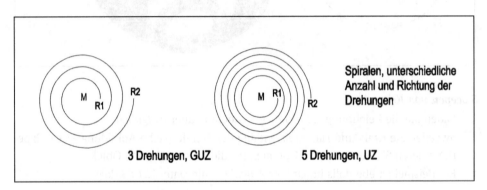

Anheben von Objekten

Mit dem Befehl ANHEBEN können Sie ein Volumen erstellen, indem Sie zwei oder mehrere Konturen als Querschnitt definieren. Alle gewählten Konturen müssen entweder geschlossen oder offen sein. Bei geschlossenen Konturen werden auch hier Volumen erstellt, es sei denn, Sie schalten den Modus (siehe oben) um. Bei offenen Konturen werden immer Flächen erstellt. Der Befehl ANHEBEN ist der flexibelste 3D-Befehl und Sie finden ihn:

- Multifunktionsleiste: Symbol in einem Flyout im Register START, Gruppe MODELLIEREN, und im Register VOLUMENKÖRPER, Gruppe VOLUMENKÖRPER
- Menüleiste ZEICHNEN, Untermenü MODELLIEREN >, Funktion ANHEBEN
- Symbol im Werkzeugkasten MODELLIEREN

```
Befehl: Anheben
Querschnitte in Reihenfolge der Erhebung wählen oder [Punkt/
mehrere kurven Verbinden/MOdus]: Querschnitt wählen der Reihe nach wählen
...
Querschnitte in Reihenfolge der Erhebung wählen oder [Punkt/
mehrere kurven Verbinden/MOdus]: ⏎
Option eingeben [Führungen/Pfad/nur Querschnitte/Einstellungen]
<nur Querschnitte>: ⏎
```

Klicken Sie die Querschnitte nacheinander einzeln an, und zwar in der Reihenfolge wie das Objekt aufgebaut werden soll. Beenden Sie die Eingabe mit ⏎. Zwei weitere Optionen stehen Ihnen bei der Auswahl der Querschnitte auch noch zur Verfügung:

- **Punkt:** Wählen Sie statt einer Kurve die Option PUNKT, dann kann ein Punkt angeklickt werden, aus dem der Körper heraus- bzw. hineinlaufen soll.
- **Mehrere Kurven verbinden:** Mit dieser Option können Sie einen Querschnitt wählen, der sich aus mehreren einzelnen Segmenten zusammensetzt.

Sind alle Querschnitte bestimmt, können Sie mit ⏎ die Standard-Option NUR QUERSCHNITTE wählen. Es werden keine weiteren Konturen verwendet, nur die Querschnitte werden für die Bestimmung des Volumenkörpers genutzt. Mit der Option EINSTELLUNGEN haben Sie in einem weiteren Dialogfeld die Möglichkeit zu wählen, wie die Oberfläche durch die Querschnitte laufen soll (siehe Abbildung 21.6).

Abbildung 21.6:
Verhalten der Flächen an den Querschnitten

Folgende Wahlmöglichkeiten haben Sie (siehe Abbildung 21.7):

- **Geregelt:** Die Oberfläche des entstehenden Körpers folgt den Querschnitten exakt, der Volumenkörper bzw. die Fläche wird scharfkantig.
- **Glatt anpassen:** Damit wird ein glatter Volumenkörper bzw. eine glatte Fläche zwischen den Querschnitten erstellt. Am Querschnittanfang und -ende läuft die Oberflä-

che unstetig in Richtung des nächsten Querschnitts. Beginnt oder endet das Objekt an einem Punkt, können Sie die Parameter für den Start und/oder das Ende festlegen.

- **Angleichen an:** Haben Sie diese Variante gewählt, können Sie in einem Abrollmenü wählen, an welchen Querschnitt die Oberfläche angeglichen werden soll: Anfang, Ende, Anfang und Ende oder alle. Aus diesen Querschnitten läuft sie rechtwinklig heraus bzw. durch.

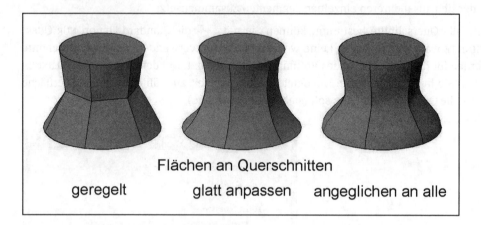

Abbildung 21.7: Verschiedene Erhebungseinstellungen

Verjüngungswinkel: Der Verjüngungswinkel gibt die Anfangsrichtung der Oberfläche am ersten und letzten Querschnitt an (siehe Abbildung 21.6). Mit 90° läuft die Oberfläche rechtwinklig aus dem Querschnitt heraus. Bei 180° nach innen und bei 0° nach außen. Die Größen legen den relativen Abstand zum Querschnitt fest, nachdem sich die Oberfläche in Richtung des nächsten Querschnitts neigt (siehe Abbildung 21.8).

Haben Sie den Schalter FLÄCHE ODER VOLUMENKÖRPER SCHLIESSEN angeschaltet, würde aus den Beispielen ein Schlauch entstehen, bei dem Sie mit dem Schalter PERIODISCH (GLATTE ENDEN) noch die Form der Enden beeinflussen können.

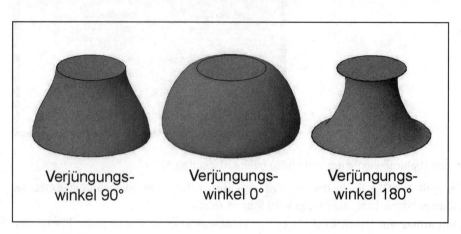

Abbildung 21.8: Volumen mit verschiedenen Winkeln

Außer dieser Methode haben Sie bei der letzten Anfrage zwei weitere Wahlmöglichkeiten:

Pfad: Sie können den Volumenkörper an einem Pfad entlang erstellen (siehe Abbildung 21.9). Die Pfadkurve muss alle Ebenen der Querschnitte schneiden.

```
Option eingeben [Führungen/Pfad/nur Querschnitte/Einstellungen]
<nur Querschnitte>: Option Pfad wählen
Pfadprofil wählen: Pfad anwählen
```

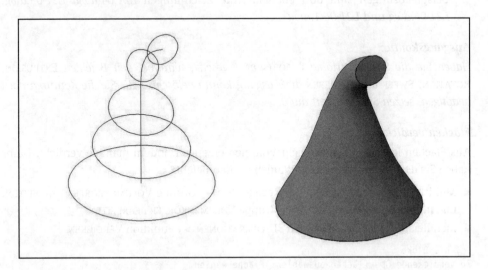

Abbildung 21.9:
Anheben entlang eines Pfades

Führungen: Eine weitere haben Sie, wenn Sie den Volumenkörper durch Führungen definieren.

```
Option eingeben [Führungen/Pfad/nur Querschnitte/Einstellungen]
<nur Querschnitte>: Option Führungen wählen
Führungsprofile wählen oder [mehrere kanten Verbinden]: Kurve wählen
...
Führungsprofile wählen oder [mehrere kanten Verbinden]: ⏎
```

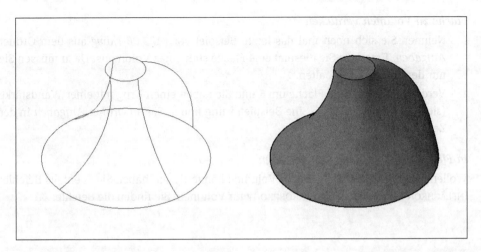

Abbildung 21.10:
Anheben entlang von Führungen

Anheben über Querschnitte

1. In den Zeichnungen *A21-04.dwg, A21-05.dwg, A21-06.dwg* und *A21-06-1.dwg* im Ordner *Aufgaben* haben Sie die Beispiele aus den Abbildungen 21.7, 21.8, 21.9 und 21.10.
2. Erzeugen Sie die Körper wie in den Abbildungen.
3. Beispiellösungen sind dort ebenfalls, die Zeichnungen *L21-04.dwg, L21-05.dwg, L21-06.dwg* und *L21-06-1.dwg*.

 Ausgangskontur

Haben Sie die Systemvariable DELOBJ *auf 1 gesetzt, wird bei den Befehlen* EXTRUSION, ROTATION, SWEEP *und* ANHEBEN *die Ausgangskontur gelöscht. Falls Sie die Konturen noch benötigen, setzen Sie den Wert auf 0.*

 Flächen verdicken

Aus Flächen lassen sich sehr leicht Volumen erzeugen, indem man sie verdickt. Dafür haben Sie den Befehl VERDICKEN. Wählen Sie den Befehl:

- Multifunktionsleiste: Symbol im Register START, Gruppe VOLUMENKÖRPER BEARBEITEN, und im Register VOLUMENKÖRPER, Gruppe VOLUMENKÖRPER BEARBEITEN
- Menüleiste ÄNDERN, Untermenü 3D-OPERATIONEN >, Funktion VERDICKEN

```
Befehl: Dicke
Zu verdickende Oberflächen auswählen: Fläche wählen
...
Zu verdickende Oberflächen auswählen: [↵]
Dicke angeben <5.00>: Wert eingeben
```

Gewählt werden können planare Flächen oder Flächen, die mit einem der vorherigen Befehle erzeugt wurden. Sie werden mit dem angegebenen Wert verdickt und damit zu einem Volumen. Die Dicke kann auch negativ angegeben werden, dann wird in die andere Richtung verdickt.

 Fläche zu Volumen verdicken

1. Nehmen Sie sich noch mal das letzte Beispiel vor, *A21-06-1.dwg* aus dem Ordner *Aufgaben*. Erzeugen Sie diesmal eine Fläche statt eines Volumens. Dazu müssen Sie nur den Modus umschalten.
2. Verdicken Sie jetzt die Fläche um 5 und Sie haben einen Krug mit einer Wandstärke (siehe Abbildung 21.11). Eine Beispiellösung finden Sie im Ordner *Aufgaben* in der Zeichnung *A21-06-2.dwg*.

 In Flächen und Volumen konvertieren

Wollen Sie Objekte in Flächen oder Volumen konvertieren, haben Sie ebenfalls Befehle: INFLÄCHKONV für Flächen und INKÖRPKONV für Volumen. Sie finden die Befehle:

- Multifunktionsleiste: Symbol im Register START, Gruppe VOLUMENKÖRPER BEARBEITEN (erweiterter Bereich)
- Menüleiste ÄNDERN, Untermenü 3D-OPERATIONEN >, Funktion IN FLÄCHEN KONVERTIEREN bzw. IN VOLUMENKÖPER KONVERTIEREN

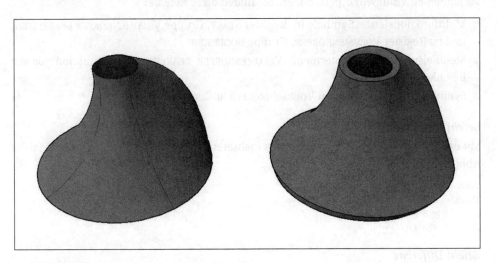

Abbildung 21.11:
Fläche zu Volumen aufgedickt

Wählen Sie die Objekte, bestätigen Sie die Auswahl und die Objekte werden umgewandelt.

In Flächen umwandeln können Sie alle offenen und geschlossenen Konturen mit Objekthöhe. Nur Poliniensegmente mit unterschiedlicher Start- und Endbreite eignen sich nicht, davon wird nur die Mittelachse in eine Fläche umgewandelt. Geschlossene Konturen (Kreise, geschlossene Polylinien) und Regionen können ebenfalls umgewandelt werden.

In Volumen umwandeln lassen sich: breite Polylinien mit einheitlicher Breite und Objekthöhe, geschlossene Polylinien ohne Breite mit Objekthöhe und Kreise mit Objekthöhe.

Befehl Ursprung bei Flächen und Volumen

- *Planare Flächen lassen sich mit dem Befehl* URSPRUNG *in Regionen zerlegen. Wurden Objekte mit Objekthöhe in Flächen umgewandelt, so können sie mit dem Befehl* URSPRUNG *auch wieder zurück gewandelt werden.*
- *Nicht planare Flächen lassen sich ebenfalls mit dem Befehl* URSPRUNG *zerlegen. Hier bleiben nur die Randkurven, Linien, Bögen, Polylinien und Splines.*
- *Aus Volumen werden mit dem Befehl* URSPRUNG *Flächen.*

21.3 Volumen bearbeiten

Volumenkörper lassen sich mit booleschen Verknüpfungen zu beliebig komplexen Modellen zusammenfassen. Sie können Vereinigung, Differenz und Schnittmenge aus vorhandenen Volumenkörpern bilden. Sie finden diese Befehle:

- Multifunktionsleiste: Symbole im Register START, Gruppe VOLUMENKÖRPER BEARBEITEN, und im Register VOLUMENKÖRPER, Gruppe BOOLESCHE
- Menüleiste ÄNDERN, Untermenü VOLUMENKÖRPER BEARBEITEN >, Funktion für die Befehle
- Symbol im Werkzeugkasten VOLUMENKÖRPER BEARBEITEN

Befehl Vereinig

Mit dem Befehl VEREINIG machen Sie aus mehreren Volumen einen Gesamtkörper (siehe Abbildung 21.12):

```
Befehl: Vereinig
Objekte wählen: Volumenkörper wählen
..
Objekte wählen: [↵]
```

Befehl Differenz

Der Befehl DIFFERENZ subtrahiert von einem oder mehreren Volumenkörpern einen zweiten Satz von Volumenkörpern (siehe Abbildung 21.12). Damit können Sie Bohrungen oder Aussparungen erstellen.

```
Befehl: Differenz
Volumenkörper oder Region, von denen subtrahiert werden soll, wählen...
Objekte wählen: Volumenkörper wählen
..
Objekte wählen: [↵]
Volumenkörper oder Regionen für Subtraktion wählen...
Objekte wählen: Volumenkörper wählen
..
Objekte wählen: [↵]
```

Befehl Schnittmenge

Mit dem Befehl SCHNITTMENGE bilden Sie das Volumen, das sich bei den zu verknüpfenden Volumenkörpern überlagert. Daraus herausfallende Teile werden entfernt (siehe Abbildung 21.12). Den Befehl verwenden Sie dann, wenn Sie ein Volumen auf eine bestimmte Maximalgröße begrenzen, ein Volumen abfräsen oder ein Teil ausstanzen wollen.

```
Befehl: Schnittmenge
Objekte wählen: Volumenkörper wählen
Objekte wählen: Weitere Volumenkörper wählen
..
Objekte wählen: [↵]
```

Volumen bearbeiten

Verknüpfung von Volumenkörpern
1. Laden Sie die Zeichnung *A21-07.dwg* aus dem Ordner *Aufgaben*.
2. Verknüpfen Sie die Volumenkörper wie in Abbildung 21.12. Die Lösung finden Sie in der Datei *L21-07.dwg*.

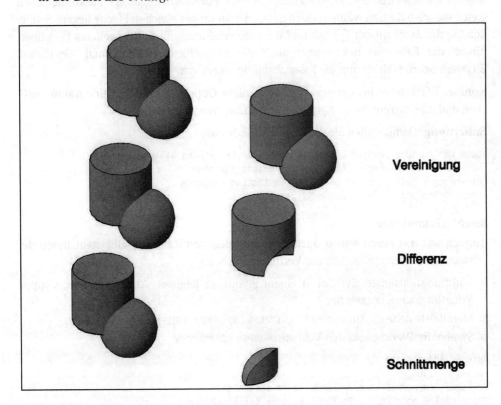

Abbildung 21.12:
Verknüpfung von Volumenkörpern

Befehl Gefastekante

Wie bei 2D-Zeichnungen können Sie bei Volumenkörpern den Befehl FASE zum Abschrägen von Kanten verwenden. Seit AutoCAD 2011 gibt es einen speziellen Befehl zum Abrunden von Volumenkörpern. Mit dem geht es wesentlich einfacher: der Befehl GEFASTEKANTE.

- Multifunktionsleiste: Symbol in einem Flyout im Register VOLUMENKÖRPER, Gruppe VOLUMENKÖRPER BEARBEITEN
- Menüleiste ÄNDERN, Untermenü VOLUMENKÖRPER BEARBEITEN, Funktion FASEN
- Symbol im Werkzeugkasten VOLUMENKÖRPER BEARBEITEN

```
Befehl: Gefastekante
Entfernung1 = 5.00, Entfernung2 = 5.0000
Kante wählen oder [kOntur/Entfernung]: Kante anklicken
Kante derselben Fläche wählen oder [Kontur/Entfernung]: Weitere Kante anklicken
...
```

```
Kante derselben Fläche wählen oder [Kontur/Entfernung]: ⏎ zum Beenden
Eingabetaste drücken, um Fasen zu akzeptieren oder [Entfernung]: Mit ⏎ akzeptieren
oder Option Entfernung zum Ändern
```

Zunächst wird der aktuelle Fasenabstand angezeigt. Ist der richtig, klicken Sie eine zu fasende Kante an und die Fase wird schon in einer Voransicht angezeigt. Sie können auch gleich mehrere Kanten wählen, diese müssen aber an der gleichen Fläche liegen. Schließen Sie die Auswahl mit ⏎ ab und die Fase wird ausgeführt. Ein weiteres ⏎ übernimmt die Fase. Sie haben aber auch die Möglichkeit, noch einmal die Option ENTFERNUNG zu wählen, um die Fasenabstände zu ändern.

Kontur: Wählen Sie bei der ersten Anfrage diese Option, können Sie eine Kante anklicken und alle angrenzenden Kanten in der Fläche werden gefast.

Entfernung: Damit stellen Sie die Fasenabstände ein.

```
Kante wählen oder [kOntur/Entfernung]: Option Entfernung wählen
Entfernung1 definieren <5.00>: Ersten Abstand eingeben
Entfernung 2 definieren <5.00>: Zweiten Abstand eingeben
Kante wählen oder [kOntur/Entfernung]: …
```

Befehl Abrundkante

Ähnlich wie das Fasen erfolgt auch das Abrunden von Kanten. Dafür steht Ihnen der bekannte Befehl ABRUNDKANTE zur Verfügung.

- Multifunktionsleiste: Symbol in einem Flyout im Register VOLUMENKÖRPER, Gruppe VOLUMENKÖRPER BEARBEITEN
- Menüleiste ÄNDERN, Untermenü VOLUMENKÖRPER BEARBEITEN, Funktion FASEN
- Symbol im Werkzeugkasten VOLUMENKÖRPER BEARBEITEN

```
Befehl: Abrundkante
Radius = 1.00
Kante wählen oder [KEtte/Radius]: Kante anklicken
Kante wählen oder [KEtte/Radius]: Weitere Kante anklicken
-
Kante wählen oder [KEtte/Radius]: ⏎ zum Beenden
Eingabetaste drücken, um Rundung zu akzeptieren oder [Radius]: Mit ⏎ akzeptieren
oder Option Radius zum Ändern
```

Es läuft wie oben beim Fasen, es wird der aktuelle Fasenabstand angezeigt. Mit der Option RADIUS können Sie den ändern. Klicken Sie eine oder mehrere zu rundende Kanten an und die Rundung wird in einer Voransicht angezeigt. Sie können mehrere Kanten wählen, die aber an der gleichen Fläche liegen müssen. Schließen Sie die Auswahl mit ⏎ ab und die Rundung wird ausgeführt und mit einem weiteren ⏎ übernommen. Sie haben danach die Möglichkeit, noch einmal die Option RADIUS zu wählen, um den Rundungsradius zu ändern.

Kette: Wählen Sie bei der ersten Anfrage diese Option, können Sie eine KETTE anklicken und alle angrenzenden Kanten in der Fläche werden mit gerundet.

Rundung: Mit dieser Option bei jeder Abfrage können Sie den jeweiligen Rundungsradius einstellen.

Volumen bearbeiten

```
Kante wählen oder [KEtte/Radius]: Option Radius wählen
Rundungsradius eingeben <5.00>: Radius eingeben
Kante wählen oder [KEtte/Radius]: …
```

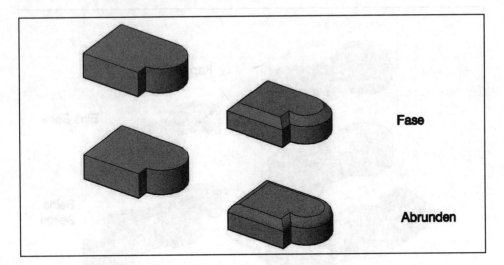

Abbildung 21.13:
Fasen und Abrunden von Volumenkörpern

Volumenkörper bearbeiten

1. Laden Sie die Zeichnung *A21-08.dwg* aus dem Ordner *Aufgaben*.
2. Bearbeiten Sie die Volumenkörper wie in Abbildung 21.13
3. Die Lösung finden Sie in der Datei *L21-08.dwg*.

Volumenkörper kappen

Volumenkörper können Sie mit dem Befehl KAPPEN an einer Ebene trennen. Sie können wählen, ob Sie das Teil nur durchtrennen wollen oder ob eine Seite entfernt werden soll.

- Multifunktionsleiste: Symbol im Register START, Gruppe VOLUMENKÖRPER BEARBEITEN, und im Register VOLUMENKÖRPER, Gruppe VOLUMENKÖRPER BEARBEITEN
- Menüleiste ÄNDERN, Untermenü 3D-OPERATIONEN >, Funktion KAPPEN

```
Befehl: Kappen
Zu kappende Objekte wählen: Volumenkörper wählen

Zu kappende Objekte wählen: ⏎
Ersten Punkt auf Kappebene angeben durch [planares
Objekt/oBerfläche/ZAchse/Ansicht/XY/YZ/ZX/3Punkte] <3Punkte>: Punkt für die Kappebene
eingeben oder eine andere Option wählen
Zweiten Punkt auf Ebene angeben: Zweiten Punkt
Dritten Punkt auf Ebene angeben: Dritten Punkt
Punkt auf der gewünschten Seite der Ebene angeben oder [Beide seiten behalten]: Punkt
eingeben oder B für beide Seiten behalten
```

Die Ebene können Sie durch drei Punkte festlegen. Es ist aber auch möglich, ein Objekt, die z-Achse, die momentane Ansicht oder eine Ebene parallel zur xy-/yz-/zx-Ebene zum Kappen zu verwenden. Mit AutoCAD 2007 ist der Befehl noch flexibler geworden. Mit der

Option OBERFLÄCHE können Sie ein Volumen an einer Fläche schneiden. Die Oberfläche muss den Körper durchdringen (sieh Abbildung 21.14).

Abbildung 21.14:
Kappen von Volumenkörpern

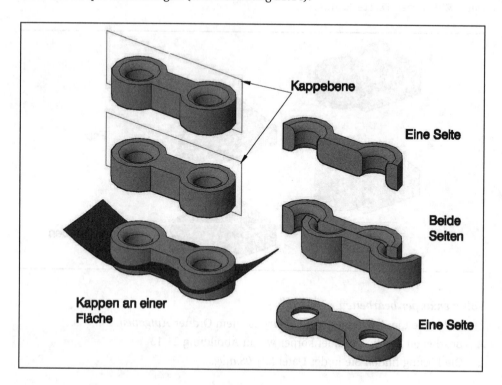

Kappen von Volumenkörpern
1. Laden Sie die Zeichnung *A21-09.dwg* aus dem Ordner *Aufgaben*.
2. Kappen Sie die Volumenkörper wie in Abbildung 21.14.
3. Die Lösung finden Sie in der Datei *L21-09.dwg* im Ordner *Aufgaben*.

Prüfen auf Überlagerung
Der Befehl ÜBERLAG hilft Ihnen beim Prüfen Ihres 3D-Modells. Sie können zwei Auswahlsätze von Volumenkörpern wählen und erhalten die Information, ob sie sich überlagern. Wenn sie einen Auswahlsatz bilden, werden alle Volumenkörper dieses Satzes miteinander verglichen. Wenn sie zwei Auswahlsätze bilden, werden die Volumenkörper im ersten Satz mit denen im zweiten Satz verglichen. Alle sich überlagernden Volumenkörper werden markiert angezeigt.

- Multifunktionsleiste: Symbol im Register START, Gruppe VOLUMENKÖRPER BEARBEITEN, und im Register VOLUMENKÖRPER, Gruppe VOLUMENKÖRPER BEARBEITEN
- Menüleiste ÄNDERN, Untermenü 3D-OPERATIONEN >, Funktion ÜBERLAGERUNGSPRÜFUNG

Volumen bearbeiten

```
Befehl: Überlag
Ersten Satz von Objekten auswählen oder [VErschachtelte auswahl/eInstellungen]: Volumen
wählen
...
Ersten Satz von Objekten auswählen oder [VErschachtelte auswahl/eInstellungen]:
Zweiten Satz von Objekten auswählen oder [VErschachtelte auswahl/ersten satz Prüfen]
<Prüfen>: Volumen wählen
...
Zweiten Satz von Objekten auswählen oder [VErschachtelte auswahl/ersten satz Prüfen]
<Prüfen>: ⏎
```

Wählen Sie einen ersten und einen zweiten Satz von Volumen, jeweils mit ⏎ bestätigt. Sie können jeweils mehrere Objekte wählen und auf gegenseitige Überlagerung prüfen. Doch zunächst zu den Einstellungen.

Einstellungen: Mit dieser Option bei der ersten Anfrage können Sie wählen, wie das Ergebnis der Prüfung ausgewertet werden soll (siehe Abbildung 21.15).

Abbildung 21.15:
Einstellung für die Prüfung auf Überlagerung

Im Feld ÜBERLAGERUNGSOBJEKTE können Sie wählen, in welchem visuellen Stil und in welcher Farbe die Objekte angezeigt werden sollen. Zudem können Sie wählen, was angezeigt werden soll, das Paar von Objekten, das sich überlagert, oder der überlagerte Bereich. Im Feld ANSICHTSFENSTER können Sie wählen, welchen visuellen Stil die Anzeige bei der Prüfung der Überlagerung haben soll. Am besten können Sie unterscheiden, wenn die Objekte in einem schattierten Stil und das Ansichtsfenster eine Darstellung als Drahtkörper hat.

Verschachtelte Auswahl: Noch eine Option haben Sie bei der ersten Abfrage, die Option VERSCHACHTELTE AUSWAHL. Damit wird die Auswahl einzelner Volumenkörperobjekte ermöglicht, die in Blöcken und externen Referenzen verschachtelt sind.

Haben Sie die Einstellungen vorgenommen und die zu prüfenden Objekte gewählt, bekommen Sie ein Dialogfeld mit dem Ergebnis und einen Zeichnungsausschnitt mit der Überlagerung (siehe Abbildung 12.16).

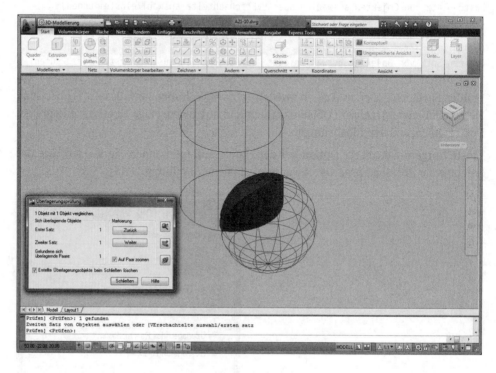

Abbildung 21.16:
Überlagerung im Modell markiert

Im Modell wird an die Stelle gezoomt, an der Sie die Überlagerung haben. Es erscheint ein Dialogfeld, in dem Sie das Ergebnis überprüfen können (siehe kleines Dialogfeld in Abbildung 21.16).

Sie bekommen im Feld SICH ÜBERLAGERNDE OBJEKTE angezeigt, wie viel Objekte Sie in den beiden Sätzen zur Überprüfung haben. Haben Sie mehrere, können Sie sich im Feld MARKIERUNG mit den Schaltern ZURÜCK und WEITER durchblättern. Auf die Überlagerung wird jeweils gezoomt, wenn Sie den Schalter AUF PAAR ZOOMEN eingeschaltet haben. Die Überlagerungen werden hervorgehoben, so wie Sie es bei den Einstellungen angegeben haben. An der rechten Seite haben Sie drei Symbole, mit denen Sie das Dialogfeld vorübergehend ausblenden können und im Modell den Ausschnitt und den Ansichtspunkt einstellen können. Haben Sie den Schalter ERSTELLTE ÜBERLAGERUNGSOBJEKTE BEIM SCHLIESSEN LÖSCHEN deaktiviert, werden die angezeigten Überlagerungen in Volumen umgewandelt. Sie können dann verwendet werden, um sie von einem der Volumen abzuziehen. So können Kollisionen entfernt werden. Ist der Schalter eingeschaltet, dann haben Sie nur die Anzeige zur Überprüfung.

Haben Sie keine Überlagerung, bekommen Sie nur die Meldung:

```
Objekte überlagern sich nicht.
```

Überlagerung von Volumenkörpern

1. Laden Sie die Zeichnung *A21-10.dwg* aus Ihrem Übungsordner.
2. Lassen Sie sich die Überlagerung anzeigen (siehe Abbildung 21.16) und erzeugen Sie daraus einen Volumenkörper. Mit dem Befehl DIFFERENZ können Sie das Objekt von einem der beiden Körper abziehen. Prüfen Sie danach wieder auf Überlagerung, es darf dann nichts mehr angezeigt werden.
3. Eine Lösung finden Sie in der Datei *L21-10.dwg*.

21.4 Griffe an Volumenkörpern

Auch ohne Befehl lassen sich Volumenkörper flexibel bearbeiten. Dafür gibt es zwei Möglichkeiten:

- Bearbeiten mit den Griffen
- Bearbeiten mit den *Gizmo-Werkzeugen*

Damit Sie die Unterschiede dieser beiden Arbeitsweisen kennenlernen, sollten Sie zunächst die Gizmo-Werkzeuge ausschalten. In Kapitel 21.5 sehen wir uns diese Methode genauer an. Schalten Sie also zunächst dieses Werkzeug aus:

- Multifunktionsleiste: Register START, VOLUMENKÖRPER oder NETZ, Gruppe UNTEROBJEKTE: Flyout-Menü FILTER, Auswahl KEIN FILTER, und Flyout-Menü GIZMO, Auswahl KEIN GIZMO

Bearbeitung mit Griffen

Klicken Sie einen Grundkörper an, bekommt er Griffe an allen Punkten, die zu seiner Erstellung wichtig waren. Klicken Sie einen solchen Griff an, können Sie seine Geometrie beliebig verändern (siehe Abbildung 21.17). Sie sehen im Übrigen schon an der Form der Griffe, in welche Richtung bearbeitet werden kann. Entstand der Körper aus einer extrudierten Kontur aus einem Linien- und Bogenzug, bekommt jeder Stützpunkt einen Griff, den Sie auch wieder bearbeiten können, genauso wie auch hier wieder die Extrusionshöhe. Darüber hinaus gibt es einen Basisgriff, mit dem der ganze Körper geschoben, gedreht, skaliert usw. werden kann.

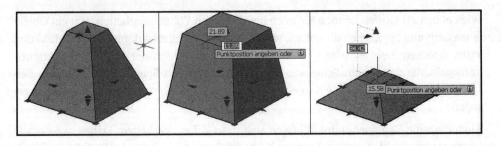

Abbildung 21.17: Bearbeitung mit Griffen

Auch einzelne Objekte von zusammengesetzten Grundkörpern können bearbeitet werden. Drücken Sie beim Anwählen des Körpers die Taste [Strg], dann können Sie die Objekte einzeln anwählen und mit den Griffen bearbeiten. In Abbildung 21.18 sehen Sie einen Quader mit einer Bohrung. Durch entsprechende Auswahl mit der Taste [Strg] können Sie die einzelnen Grundelemente bearbeiten. Mit der Taste [Entf] können Sie auch markierte Unterobjekte löschen.

Abbildung 21.18:
Bearbeitung der Einzelteile

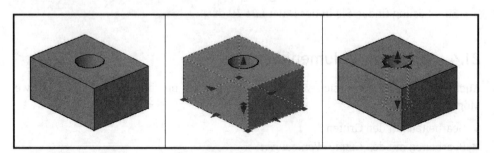

Es geht noch weiter. Sie können auch Unterobjekte mit gedrückter [Strg]-Taste wählen: Flächen, Kanten und einzelne Eckpunkte. Klicken Sie dazu in eine Fläche, wenn diese markiert ist, oder klicken Sie eine Kante oder einen Eckpunkt an. Das gewählte Objekt bekommt einen Griff und Sie können es an diesem bearbeiten. In Abbildung 21.19 wird eine Fläche gewählt und diese dann herausgezogen. Diese und die weiteren Grifffunktionen können Sie nicht bei zusammengesetzten Volumenkörpern anwenden. Verwenden Sie dann die Funktion KLICKZIEHEN (siehe unten) oder die Gizmo-Werkzeuge (siehe Kapitel 23.5).

Abbildung 21.19:
Fläche mit Griffen extrudiert

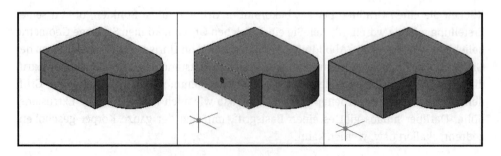

Wie bei den 2D-Griffen können Sie auch bei Griffen an Volumen arbeiten. Hat ein Objekt einen Griff und Sie klicken diesen an, wird er aktiv. Zunächst ist dann die Streckfunktion aktiv. Drücken Sie die Taste [↵] mehrfach und es werden die weiteren Funktionen durchgeblättert: Strecken, Schieben, Drehen Skalieren und Spiegeln. Ein weiteres Beispiel in Abbildung 21.20: Eine Kante wurde mit einem Griff versehen und dann herausgezogen.

Auch einzelne Kantenendpunkte lassen sich mit Griffen bearbeiten. Dabei ist es etwas schwierig mit der Markierung. Es muss bei gedrückter [Strg]-Taste der Punkt angefahren werden, bis keine Fläche oder Kante mehr markiert ist (siehe Abbildung 21.21).

Griffe an Volumenkörpern

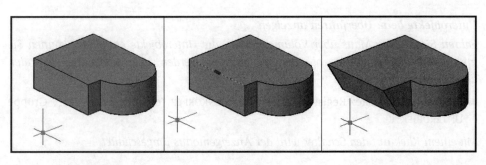

Abbildung 21.20: Kante mit Griffen verschoben

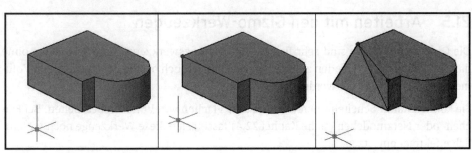

Abbildung 21.21: Eckpunkt verschoben

Klicken und ziehen

Was mit den Griffen möglich ist, kann auch mit dem Befehl KLICKZIEHEN erledigt werden. Sie wählen den Befehl, klicken in eine Fläche und ziehen diese heraus. Sie finden den Befehl:

- Multifunktionsleiste: Symbol im Register START, Gruppe MODELLIEREN, und im Register VOLUMENKÖRPER, Gruppe VOLUMENKÖRPER
- Multifunktionsleiste: Symbol im Register START, Gruppe MODELLIEREN
- Symbol im Werkzeugkasten MODELLIEREN

```
Befehl: Klickziehen
In umgrenzte Bereiche klicken, um zu klicken oder zu ziehen. In Fläche klicken und nach
außen oder innen ziehen oder mit der Maus in die gewünschte Richtung fahren und Wert
eingeben
```

Klicken Sie in die Fläche, die Sie ziehen wollen (aber nicht die Kante der Fläche anklicken). Ziehen Sie die Fläche heraus und klicken oder geben Sie einen Wert vor (siehe Abbildung 21.19).

Bearbeitung von Volumen mit Griffen

1. Laden Sie die Zeichnung *A21-11.dwg* aus dem Ordner *Aufgaben*.
2. In der Zeichnung befinden sich Beispiele wie oben. Bearbeiten Sie die Objekte an den Griffen. Verwenden Sie auch den Befehl KLICKZIEHEN.

Unterobjekte beim Überfahren anzeigen

Fahren Sie mit der Maus über Volumenkörper, die Unterobjekte enthalten, können Sie mit diesem Schalter steuern, ob diese mit angezeigt werden sollen oder nicht. Sie finden den Schalter:

- Multifunktionsleiste: Register START, VOLUMENKÖRPER, oder Register NETZ, Gruppe UNTEROBJEKTE

Mit einem Klick auf den Schalter wird der Anzeigemodus umgeschaltet.

21.5 Arbeiten mit den Gizmo-Werkzeugen

Die Gizmo-Werkzeuge sind sehr flexible Bearbeitungswerkzeuge für 3D-Modelle, ohne dazu einen Befehl verwenden zu müssen. Sie können auch bei der Bearbeitung von Volumenmodellen verwendet werden.

Sie können damit Scheitelpunkte, Kanten oder Flächen von Volumen bearbeiten. Bei Flächen- oder Netzmodellen (siehe Kapitel 22.4) lassen sich diese Werkzeuge noch wesentlich effektiver einsetzen.

Einstellung des Gizmo-Werkzeugs

Bevor Sie mit einem Gizmo-Werkzeug starten, sollten Sie den Filter einstellen. Damit geben Sie vor, ob Sie Scheitelpunkte, Kanten oder Flächen bearbeiten wollen:

- Multifunktionsleiste: Register START, VOLUMENKÖRPER oder NETZ, Gruppe UNTEROBJEKTE, Flyout-Menü FILTER, Auswahl des Filters

Wenn Sie den Filter eingestellt haben, können Sie im Volumenmodell das gewünschte Unterobjekt wählen, eine Kante, eine Fläche oder einen Scheitelpunkt. Sie können auch mehrere Objekte nacheinander wählen. Sie brauchen bei dieser Methode die Taste [Strg] nicht.

Welcher Gizmo verwendet wird, können Sie ebenfalls an dieser Stelle vorgeben:

- Multifunktionsleiste: Register START, VOLUMENKÖRPER oder NETZ, Gruppe UNTEROBJEKTE, Flyout-Menü GIZMO, Auswahl des Gizmo-Werkzeugs

Der vorgewählte Gizmo kann auch während der Bearbeitung jederzeit geändert werden.

Arbeiten mit dem Gizmo-Werkzeug an Volumen, Beispiel 1: Fläche verschieben

1. Laden Sie das Volumenmodell aus der Datei *A21-11-1.dwg* im Ordner *Aufgaben* (siehe Abbildung 21.11).
2. Es soll eine Fläche verschoben werden. Stellen Sie den Filter und das Bearbeitungswerkzeug ein.
3. Am Fadenkreuz sehen Sie eine Markierung, die den gewählten Filter anzeigt. Klicken Sie in die Fläche, die Sie verschieben wollen (siehe Abbildung 21.22, links).
4. Jetzt bekommen Sie wie beim Befehl 3DSCHIEBEN (siehe Kapitel 20.14) das Gizmo-Symbol. Sie können entweder in einer Achsrichtung oder in einer Ebene verschieben. Klicken Sie die entsprechende Achse oder Ebene am Gizmo-Symbol an (siehe Abbildung 21.22, Mitte). Haben Sie falsch geklickt, können Sie die Wahl mit [ESC] rückgängig machen. Der Befehl wird damit nicht abgebrochen, sondern nur die gewählte Achse oder Ebene, und Sie können neu wählen.
5. Schieben Sie in Achsrichtung (siehe Abbildung 21.22, rechts). Sie können frei schieben oder einen Wert eingeben, um den verschoben werden soll.
6. Haben Sie einen Punkt geklickt oder einen Wert eingegeben, können Sie eine neue Achse wählen oder mit [ESC] den Gizmo beenden.

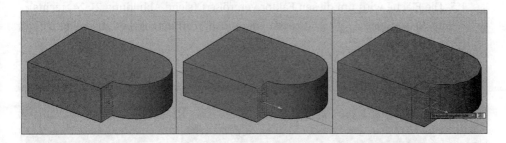

Abbildung 21.22: Verschieben in verschiedenen Richtungen

Arbeiten mit dem Gizmo-Werkzeug an Volumen, Beispiel 2: Kante drehen

1. Drehen Sie jetzt eine Kante, stellen Sie Filter und Werkzeug entsprechend ein und klicken Sie die Kante an (siehe Abbildung 21.23, links).
2. Jetzt bekommen Sie wie beim Befehl 3DDREHEN (siehe Kapitel 20.14) das Gizmo-Symbol mit den Ringen an der Mitte der gewählten Kante (siehe Abbildung 21.23, Mitte).
3. Klicken Sie den Ring an, um den gedreht werden soll. Haben Sie falsch geklickt, können Sie die Wahl mit [ESC] rückgängig machen. Der Befehl wird damit nicht abgebrochen, Sie können aber neu wählen.
4. Drehen Sie in die gewünschte Richtung (siehe Abbildung 21.23, rechts) und klicken Sie oder geben Sie einen Winkelwert ein und die Drehung wird ausgeführt. Mit [ESC] beenden Sie die Bearbeitung.

Abbildung 21.23:
Drehen einer Kante

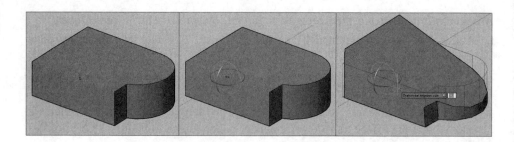

STEP
Arbeiten mit dem Gizmo, Beispiel 3: Skalieren einer Fläche
1. Skalieren Sie jetzt eine Fläche. Stellen Sie Filter und Werkzeug entsprechend ein und klicken in die Fläche (siehe Abbildung 21.24, links).
2. Jetzt bekommen Sie das Gizmo-Symbol für das Skalieren in der Mitte der Fläche (siehe Abbildung 21.24, Mitte).
3. Nun muss die Ebene gefunden werden, in der skaliert werden soll. Bei Volumenmodellen ist meist nur eine Ebene möglich (siehe ebenfalls Abbildung 21.24, Mitte).
4. Ziehen Sie jetzt die Fläche größer oder geben Sie einen Faktor ein, beispielsweise 1.5. Die Fläche wird um diesen Faktor vergrößert (siehe Abbildung 21.24, rechts).
5. Haben Sie um einen Faktor gezogen oder einen Wert eingegeben, beenden Sie mit [ESC].

Abbildung 21.24:
Skalieren einer Fläche

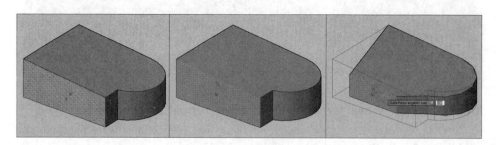

TIPP
Kontextmenü beim Gizmo
- Sie können auch während des Arbeitens mit dem Gizmo das Gizmo-Werkzeug wechseln. Mit einem Rechtsklick öffnen Sie ein Kontextmenü (siehe Abbildung 21.25), in dem Sie die verschiedenen Gizmo-Werkzeuge wählen können.
- Aus einem Untermenü können Sie die Ebenen oder Achsen wählen, in denen Sie bearbeiten wollen.
- Außerdem haben Sie in dem Kontextmenü noch Funktionen, mit denen Sie das Gizmo-Werkzeug neu positionieren oder ausrichten können.

Weitere Hilfsmittel

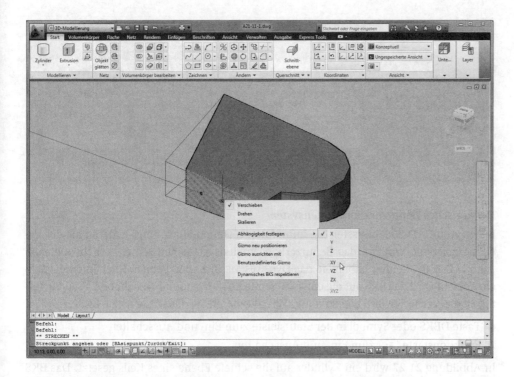

Abbildung 21.25:
Kontextmenü beim Gizmo

21.6 Weitere Hilfsmittel

Objektfang und Otrack

Den Objektfang, den Sie aus der 2D-Konstruktion kennen, können Sie auch beim Erstellen von 3D-Objekten verwenden. Mittelpunkte, Endpunkte, Zentren usw. an Volumenkörpern fängt der normale 2D-Objektfang.

Daneben gibt es noch den 3D-Objektfang. Den sollten Sie aber nur beim Erstellen von Flächen- und Netzmodellen (siehe Kapitel 22) verwenden. Hier würde der 3D-Objektfang nur stören.

Auch den OTRACK können Sie für die 3D-Konstruktion verwenden. Damit können Sie auch Punkte in verschiedenen Ebenen anfahren und so auf die komplizierte Methode mit den Koordinatenfiltern (siehe Kapitel 20.6) verzichten.

Wechselnde Auswahl

Die wechselnde Auswahl (siehe Kapitel 3.10) ist sehr nützlich bei der 3D-Konstruktion, da oft Objekte in der perspektivischen Ansicht hinter- oder übereinanderliegen. Schalten Sie diese deshalb immer ein und wählen dann aus dem Fenster das Objekt, das Sie bearbeiten wollen (siehe Abbildung 21.26).

Abbildung 21.26:
Auswahl mit der Funktion »Wechselnde Auswahl«

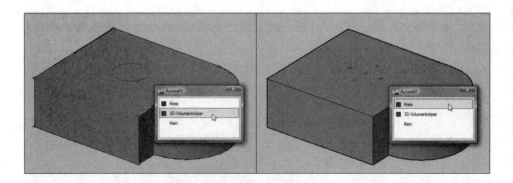

 Dynamisches Benutzerkoordinatensystem

Bis zu AutoCAD 2006 mussten Sie immer dann, wenn Sie auf einer anderen als der xy-Ebene zeichnen wollten, das Benutzerkoordinatensystem neu setzen – nicht mehr ab AutoCAD 2007. Seither haben Sie das DYNAMISCHE BKS. Beim ersten Klick in einem Zeichenbefehl wird das BKS auf die entsprechende Ebene temporär verschoben. Sind Sie fertig, ist das vorherige BKS wieder aktiv. Wie aktivieren Sie das DYNAMISCHE BKS?

- Taste DBKS oder Symbol in der Statusleiste zum Ein- und Ausschalten
- Funktionstaste [F6] zum Ein- und Ausschalten

In Abbildung 21.27 wird ein Zylinder auf die schiefe Ebene eines Keils gesetzt. Das BKS wird automatisch gesetzt, sobald Sie beginnen, den Kreis auf die Ebene zu zeichnen.

 Dynamisches BKS

1. Verwenden Sie die Zeichnung *A21-11-2.dwg*.
2. Setzen Sie auf die Mitte der schrägen Fläche des Keils (siehe Abbildung 21.27) einen Zylinder.

Abbildung 21.27:
Modellieren mit dem Dynamischen BKS

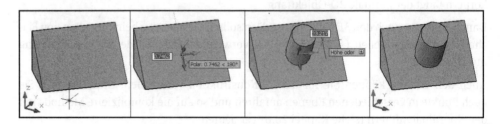

21.7 Bearbeiten von Volumenkörpern

 Objekte aufprägen

Mit dem Befehl AUFPRÄG haben Sie die Möglichkeit, zusätzliche Elemente auf die Fläche eines Volumenkörpers oder auf Flächen (siehe Kapitel 22) aufzutragen. Zeichnen Sie beispielsweise eine Line oder einen Kreis auf eine Fläche, so können Sie das Element als

Bearbeiten von Volumenkörpern

Kante in den Volumenkörper aufnehmen. Diese Kante können Sie dann zur Bearbeitung verwenden. Wählen Sie den Befehl:

- Multifunktionsleiste: Symbol im Register VOLUMENKÖRPER, Gruppe VOLUMENKÖRPER BEARBEITEN
- Abrollmenü ÄNDERN, Untermenü VOLUMENKÖRPER BEARBEITEN >, Funktion KANTEN AUFPRÄGEN
- Symbol im Werkzeugkasten VOLUMENKÖRPER BEARBEITEN

```
Befehl: Aufpräg
3D-Volumenkörper oder Fläche wählen: Volumenkörper anklicken
Aufzuprägendes Objekt wählen: Objekt wählen
Quellobjekt löschen [Ja/Nein] <N>: J oder N eingeben
Aufzuprägendes Objekt wählen: Nächstes Objekt wählen oder ⏎ zum Beenden
```

Wählen Sie zuerst den Volumenkörper und dann das aufzuprägende Objekt. Dann können Sie bestimmen, ob das Quellobjekt noch gebraucht wird und nicht gelöscht werden darf. Danach können Sie weitere aufzuprägende Objekte für das gleiche Volumen wählen oder mit ⏎ beenden. Gehen Sie beim Bearbeiten eines Volumens wie folgt vor: Zeichnen Sie ein Objekt auf eine Fläche. Fügen Sie es mit dem Befehl AUFPRÄG dem Volumen hinzu. Editieren Sie mit den Griffen oder mit dem Befehl KLICKZIEHEN an den gezeichneten Flächen oder Kanten.

Objekte aufprägen und Flächen ziehen

1. Laden Sie die Zeichnung *A21-12.dwg* aus dem Ordner *Aufgaben*.
2. Prägen Sie die roten Konturen dem Volumen auf (siehe Abbildung 21.28, links).
3. Machen Sie aus dem Kreis an der vorderen Fläche eine Durchgangsbohrung, aus dem Kreis auf der oberen Fläche eine Senkung mit 5 und erheben Sie die Ecke hinten links um 3, alles mit dem Befehl KLICKZIEHEN.
4. Die Kante vorne rechts können Sie nicht mit dem Befehl KLICKZIEHEN bearbeiten. Verwenden Sie das Gizmo-Werkzeug VERSCHIEBEN und wählen Sie den Filter für Kanten. Ziehen Sie die Kante um 2 nach außen.
5. Das Ergebnis sieht dann wie in Abbildung 21.28, rechts, aus. Sie haben auch eine Lösung im Ordner *Aufgaben*, die Zeichnung *L21-12.dwg*.

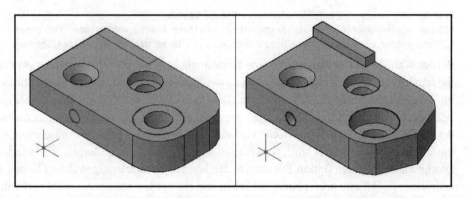

Abbildung 21.28: Objekte aufprägen und bearbeiten

Volumenkörper bearbeiten mit dem Befehl Volkörperbearb
Alle Änderungen an Volumenkörpern können Sie mit dem Befehl VOLKÖRPERBEARB vornehmen. Einen großen Teil der Funktionen dieses Befehls können Sie auch einfacher mit den vorhergehenden Befehlen und Funktionen erledigen. Wenn es aber kniffelig wird, führt kein Weg an diesem Befehl vorbei. Damit können Sie alles machen, was in AutoCAD zum Bearbeiten von Volumen möglich ist. Sie finden den Befehl:

- Multifunktionsleiste: Symbole in verschiedenen Flyouts für die verschiedenen Optionen des Befehls im Register START, Gruppe VOLUMENKÖRPER BEARBEITEN, und teilweise im Register VOLUMENKÖRPER, Gruppe VOLUMENKÖRPER BEARBEITEN
- Menüleiste ÄNDERN, Untermenü VOLUMENKÖRPER BEARBEITEN >, Funktionen für die verschiedenen Optionen des Befehls
- Symbole im Werkzeugkasten VOLUMENKÖRPER BEARBEITEN für die verschiedenen Optionen des Befehls

```
Befehl: Volkörperbearb
Automatische Überprüfung der Bearbeitung von Volumenkörpern:   SOLIDCHECK=1
Bearbeitungsoption für Volumenkörper eingeben
[Fläche/Kante/Volumenkörper/Zurück/eXit] <eXit>:
```

Der Befehl arbeitet über mehrere Ebenen. Sie können bei der ersten Anfrage wählen, ob Sie Flächen, Kanten oder Volumen bearbeiten wollen. Der Befehl bleibt im Wiederholmodus. Wenn Sie eine Aktion ausgeführt haben, wird die Optionsliste so lange wiederholt, bis Sie EXIT eingeben. Damit kommen Sie eine Stufe höher im Befehl bzw. können ihn beenden.

Flächen bearbeiten: Mit der Option FLÄCHE können Sie einzelne Flächen an einem Volumenkörper bearbeiten.

```
Bearbeitungsoption für Volumenkörper eingeben
[Fläche/Kante/Volumenkörper/Zurück/eXit] <eXit>: F für Fläche eingeben
Bearbeitungsoption für Flächen eingeben [Extrusion/
Schieben/Drehen/Versetzen/verJüngung/Löschen/Kopieren/
Farbe/Zurück/eXit] <eXit>:
```

Flächenauswahl: Egal welche Option Sie bei den Flächen wählen, Sie müssen zunächst die zu bearbeitende Fläche des Volumenkörpers anwählen:

```
Flächen wählen oder [ZUrück/Entfernen]: Fläche wählen
Flächen wählen oder [ZUrück/Entfernen/ALLE]: weitere Fläche wählen oder Entfernen
Flächen entfernen oder [ZUrück/Hinzufügen/ALLE]: Fläche wählen oder Hinzufügen
```

Bei der Wahl der Fläche können Sie eine Kante anklicken. Damit wählen Sie aber eventuell die falsche Fläche, weil eine Kante immer zwei Flächen begrenzt. Da der Auswahlmodus im Wiederholmodus bleibt, können Sie mit der Option ENTFERNEN eine Fläche, die Sie nicht bearbeiten wollen, auch wieder aus der Auswahl entfernen. Sie können bei der Auswahl der Fläche auch einfach in die Fläche klicken. Aber auch dabei kann es vorkommen, dass die falsche Fläche markiert wird, weil eine andere dahinter liegt. Entfernen Sie danach die falsche Fläche mit der Option ENTFERNEN. Sie können auch falsch gewählte Flächen mit gedrückter ⇧-Taste noch einmal anklicken und sie werden aus der Auswahl entfernt.

Extrusion: Extrudieren einer Fläche an einem Volumenkörper (siehe Abbildung 21.29, oben). Geben Sie eine Extrusionshöhe ein oder wählen Sie die Option PFAD. Mit dieser Option können Sie ein Objekt als Pfad für die Extrusion wählen. Zuletzt geben Sie den Winkel für die Extrusion an. Positive Winkel bewirken eine Verjüngung, negative eine Ausweitung.

Schieben: Verschieben einer Fläche an einem Volumenkörper (siehe Abbildung 21.29, Mitte). Geben Sie wie beim 2D-Befehl SCHIEBEN einen Basispunkt und einen zweiten Punkt der Verschiebung an und die Fläche(n) werden in dieser Richtung verschoben.

Drehen: Drehen einer Fläche an einem Volumenkörper (siehe Abbildung 21.29, unten). Geben Sie wie beim Befehl 3DDREHEN eine Drehachse und einen Drehwinkel vor. Die Fläche wird wie angegeben gedreht.

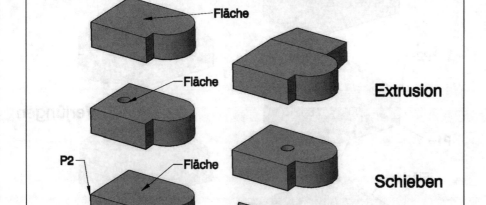

Abbildung 21.29: Extrudieren, Schieben und Drehen von Flächen

Bearbeitung von Flächen an Volumenkörpern, Beispiel 1

1. Laden Sie die Zeichnung *A21-13.dwg* aus dem Ordner *Aufgaben*.
2. Extrudieren Sie die hintere Fläche am oberen Teil wie in Abbildung 21.29 um 30 mit einem Verjüngungswinkel von 5°.
3. Schieben Sie die Bohrung im mittleren Teil um 20 in x-Richtung.
4. Drehen Sie die linke Fläche am unteren Teil an der vorderen Kante um 30°. Die Lösung finden Sie in der *Datei L21-13.dwg*.

Versetzen: Versetzen einer Fläche an einem Volumenkörper (siehe Abbildung 21.30, oben). Geben Sie den Versetzabstand an. Diese Funktion verwenden Sie auch, wenn Sie den Durchmesser einer Bohrung, den Radius einer Abrundung, das Maß einer Fase usw. ändern wollen.

Kapitel 21 • Flächen und Volumen erstellen und bearbeiten

 Verjüngung: Mit dieser Funktion können Sie eine Ausformschräge an einer Fläche anbringen (siehe Abbildung 21.30, Mitte). Wählen Sie die Fläche an. Mit zwei Punkten (Basispunkt und zweiter Punkt) bestimmen Sie, in welcher Richtung die Verjüngung erfolgen soll. Zum Schluss geben Sie noch den Verjüngungswinkel vor. Sie können mit einem negativen Winkel auch eine Ausweitung bewirken.

 Löschen: Löschen einer Fläche aus dem Volumenkörper (siehe Abbildung 21.30, unten). Wählen Sie auf diese Art eine Bohrung, eine Fase, einen Radius usw. an, verschwindet das Objekt aus dem Volumenmodell.

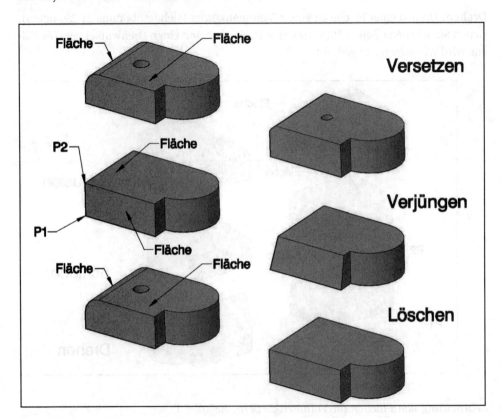

Abbildung 21.30: Versetzen, Verjüngen und Löschen von Flächen

 Bearbeitung von Flächen an Volumenkörpern, Beispiel 2

1. Laden Sie die Zeichnung *A21-14.dwg* aus dem Ordner *Aufgaben*.
2. Versetzen Sie die Rundung und die Bohrung am oberen Teil wie in Abbildung 21.30 um 1.5.
3. Verjüngen Sie die beiden Flächen im mittleren Teil um 10°.
4. Löschen Sie die Rundung und Bohrung am unteren Teil. Die Lösung ist in der Datei *L21-14.dwg*.

Bearbeiten von Volumenkörpern

Kopieren: Kopieren einer Fläche, beispielsweise einer Bohrung, einer Fase oder einer Seitenfläche. Wählen Sie die Fläche, einen Basispunkt und einen zweiten Punkt der Verschiebung wie beim normalen Kopierbefehl.

Farbe: Wählen Sie die Fläche und geben Sie eine neue Farbe vor. Die Kanten der gewählten Flächen bzw. die Fläche werden in dieser Farbe dargestellt. Auch im schattierten Modus haben die Flächen diese Farben.

Kanten bearbeiten: Mit der Option KANTE bei der ersten Anfrage können Sie einzelne Kanten an einem Volumenkörper bearbeiten.

```
Bearbeitungsoption für Volumenkörper eingeben
[Fläche/Kante/Volumenkörper/Zurück/eXit] <eXit>: K für Kante eingeben
Bearbeitungsoption für Kanten eingeben [Kopieren/Farbe/ Zurück/eXit] <eXit>:
```

Kopieren: Kopiert die Kante eines Volumenkörpers. Es werden dabei Linien, Kreise und Bögen erzeugt.

```
Bearbeitungsoption für Kanten eingeben [Kopieren/Farbe/
Zurück/eXit] <eXit>: K für Kopieren
Kanten wählen oder [Zurück/Entfernen]: Kanten wählen
Kanten wählen oder [Zurück/Entfernen]: ⏎
Basispunkt oder Verschiebung angeben: Ausgangspunkt
Zweiten Punkt der Verschiebung angeben: Zielpunkt
```

Die dabei entstandenen Objekte (siehe Abbildung 21.31) können beispielsweise wieder als Kontur für eine Extrusion verwendet werden.

Farbe: Wählen Sie die Kanten und geben Sie eine neue Farbe vor. Die Kanten der Volumenkörper werden in dieser Farbe dargestellt.

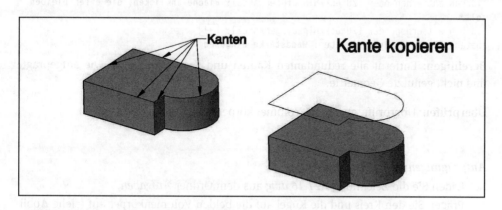

Abbildung 21.31: Kopieren der Kanten von Flächen

Kopieren von Kanten an Volumenkörpern

1. Laden Sie die Zeichnung *A21-15.dwg* aus dem Ordner *Aufgaben*.
2. Kopieren Sie die Kante der oberen Fläche um 20 in z-Richtung (siehe Abbildung 21.31). Die Lösung finden Sie in der Datei *L21-15.dwg*.

Kompletten Volumenkörper bearbeiten: Mit der Option VOLUMENKÖRPER bei der ersten Anfrage können Sie den kompletten Volumenkörper bearbeiten.

```
Befehl: Volkörperbearb
Automatische Überprüfung der Bearbeitung von Volumenkörpern: SOLIDCHECK=1
Bearbeitungsoption für Volumenkörper eingeben
[Fläche/Kante/Volumenkörper/Zurück/eXit] <eXit>: V für Volumenkörper eingeben
Bearbeitungsoption für Volumenkörper eingeben [Aufprägen/volumenkörper Trennen/
Wandstärke/ Bereinigen/Überprüfen/Zurück/eXit] <eXit>:
```

Aufprägen: Mit dieser Option können 2D-Objekte oder andere Volumenkörper, auf einen Volumenkörper aufgeprägt werden. Dadurch wird der »Abdruck« dieser Objekte zu einer Fläche des Volumenkörpers (siehe Abbildung 21.32, oben). Wählen Sie dann, ob das aufzuprägende Quellobjekt gelöscht werden soll. Entstehende Flächen können für Flächenoperationen verwendet werden.

Volumenkörper trennen: Bei der Bearbeitung von Volumenkörpern kommt es oft vor, dass Volumenkörper in unabhängige Bestandteile zerlegt werden. Trotzdem ist es ein Objekt. Mit dieser Option können die Bestandteile in einzelne Objekte zerlegt werden.

Wandstärke: Mit dieser Option kann ein Volumenkörper ausgehöhlt werden. Wählen Sie den 3D-Körper und klicken Sie in die Fläche, die offen sein soll. Wählen Sie die Fläche an der Kante oder klicken Sie mit der Pickbox nur in die Fläche. Geben Sie dann noch die Wandstärke ein und das Volumen wird entfernt (siehe Abbildung 21.32, unten).

```
Bearbeitungsoption für Volumenkörper eingeben
[Aufprägen/volumenkörper Trennen/Wandstärke/Bereinigen/
Überprüfen/Zurück/eXit] <eXit>: W für Wandstärke
3D-Volumenkörper wählen: Volumen anklicken
Flächen entfernen oder [ZUrück/Hinzufügen/ALLE]: Fläche anklicken, die offen bleiben
soll
Flächen entfernen oder [ZUrück/Hinzufügen/ALLE]: ⏎
Abstand für Wandstärke eingeben: Wandstärke eingeben
```

Bereinigen: Entfernt alle redundanten Kanten und Kontrollpunkte sowie aufgeprägte und nicht genutzte Geometrie.

Überprüfen: Überprüft, ob der 3D-Volumenkörper ein gültiges Objekt ist.

Aufprägungen und Wandstärken

1. Laden Sie die Zeichnung *A21-16.dwg* aus dem Ordner *Aufgaben*.
2. Prägen Sie den Kreis und die Kugel auf die beiden Volumenkörper auf (siehe Abbildung 21.32, oben und Mitte).
3. Höhlen Sie das Volumen aus, lassen Sie eine Wandstärke von 5 stehen. Schließen Sie die obere Fläche aus (Abbildung 21.32, unten). Die Lösung finden Sie in der Datei *L21-16.dwg*.

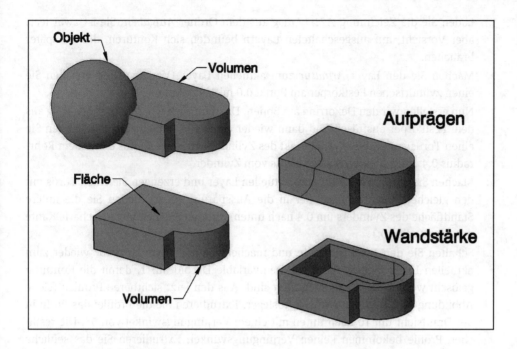

Abbildung 21.32: Aufprägen und Wandstärke an Volumen

Kanten extrahieren

Noch ein Befehl, dessen Funktionen Sie zum Teil schon im letzten Befehl hatten: der Befehl XKANTEN zum Extrahieren aller Kanten aus einem Volumenkörper.

- Multifunktionsleiste: Symbol in einem Flyout im Register START, Gruppe VOLUMENKÖRPER BEARBEITEN, und im Register VOLUMENKÖRPER, Gruppe VOLUMENKÖRPER BEARBEITEN
- Menüleiste ÄNDERN, Untermenü 3D-OPERATIONEN >, Funktion KANTEN EXTRAHIEREN

Mit dem Befehl erstellen Sie Drahtmodelle aus Volumen, Flächen oder Regionen. Alle Kanten des Objekts werden mit Linien, Bögen oder Kreisen nachgezeichnet. Wollen Sie nur einzelne Kanten oder alle Kanten einer Fläche haben, dann halten Sie beim Anwählen die Taste [Strg] gedrückt.

21.8 3D-Konstruktionen mit Volumen

In Abbildung 21.38 sehen Sie das Ergebnis Ihrer nächsten Aufgabe. Die Armatur für einen Waschtisch, mit dem Sie schon im letzten Kapitel die Navigationsübungen gemacht haben. Ideal geeignet für unser erstes 3D-Projekt. Keine Angst, es ist schon einiges vorbereitet. Alle 2D-Konturen, die Sie für Extrusionen und Rotationen brauchen, sind schon gezeichnet und im Raum ausgerichtet. Gehen Sie Schritt für Schritt vor.

1. Laden Sie die Zeichnung *A21-17.dwg* aus dem Ordner *Aufgaben*. Sie ist zwar leer, aber Vorsicht, auf ausgeschalteten Layern befinden sich Konturen, die Sie später brauchen.
2. Machen Sie den Layer *Armatur* zum aktuellen Layer (Vorgabe) und erstellen Sie einen zylindrischen Festkörper am Punkt 0,0 mit dem Radius 3 und der Höhe 16.
3. Nun erstellen wir den Dekorring am Boden. Dazu müssen wir zunächst den Ring aus dem Festkörper ausfräsen und dann wieder einen Ring hineinsetzen. Zeichnen Sie einen Torus am unteren Mittelpunkt des Zylinders mit dem Radius 3 und dem Rohrradius 0.4. Subtrahieren Sie den Torus vom Zylinder.
4. Machen Sie den Layer *Dekor* zum aktuellen Layer und erzeugen Sie einen Torus mit den gleichen Abmessungen, der in die Aussparung passt. Ziehen Sie die untere Standfläche des Zylinders um 0.4 nach unten. Runden Sie die unterste scharfe Kante mit dem Radius 0.1.
5. Schalten Sie den Layer *Hilf1* ein und machen Sie den Layer *Armatur* wieder zum aktuellen Layer. Setzen Sie die Systemvariable DELOBJ auf 1, damit die Konturen gelöscht werden, wenn sie extrudiert sind. Aus den jetzt sichtbaren Profilen (siehe Abbildung 21.33) bilden wir den Ausleger. Extrudieren Sie die Profile: das Profil in der Draufsicht um 10 nach unten mit einem Verjüngungswinkel von 5°. Die restlichen Profile bekommen keinen Verjüngungswinkel. Extrudieren Sie das seitliche nach hinten und den großen Kreis nach vorne, und zwar beide so, dass sie über das erste Profil hinausragen. Damit Sie besser sehen können, wo zu bearbeiten ist, sind die folgenden Abbildungen als 3D-Drahtmodell dargestellt.

Abbildung 21.33: Extrudieren von Profilen

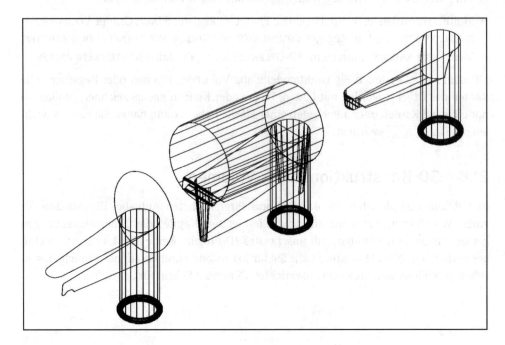

6. Bilden Sie aus den drei extrudierten Festkörpern die Schnittmenge und vereinigen Sie den resultierenden Körper mit dem Zylinder. Runden Sie die Kanten (siehe Abbildung 21.34) mit dem Radius 1 und die umlaufende Kante mit 0.5.

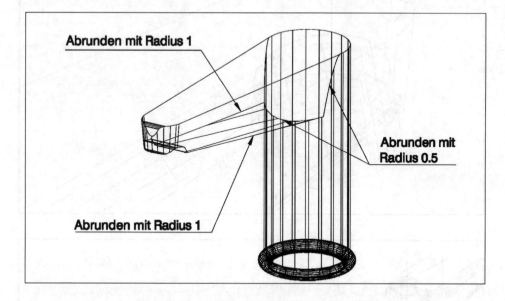

Abbildung 21.34:
Abrunden von Kanten

7. Machen Sie das Weltkoordinatensystem zum aktuellen Koordinatensystem. Bringen Sie den Filter in den Auslauf. Da ist Ihnen die Arbeit schon abgenommen, das Teil gibt es als Block. Setzen Sie den Block *L21-17-01.dwg* aus Ihrem Übungsverzeichnis an den Punkt 0.0, Drehwinkel 0, am besten gleich in den Ursprung zerlegt. Ansonsten verwenden Sie den Befehl URSPRUNG danach. Subtrahieren Sie das Teil von der Armatur, damit haben Sie den Platz frei gemacht. Setzen Sie in die Bohrung den Block *L21-17-02.dwg* aus Ihrem Übungsverzeichnis noch einmal ein (siehe Abbildung 21.35). Da dieses Teil nur eingeschraubt ist, vereinigen wir es nicht mit der gesamten Armatur. Trotzdem sollten Sie es mit dem Befehl URSPRUNG zerlegen, sodass es wieder ein Volumenkörper ist.

8. Schalten Sie auf die isometrische Ansicht von SO um. Setzen Sie eine Kugel auf den Zylinder. Mittelpunkt ist das obere Zentrum des Zylinders, Radius ist 2.7. Wir brauchen nur die Halbkugel als neues Volumen. Vereinigen Sie also die Kugel mit dem restlichen Gehäuse, es bleibt dann nur die obere Halbkugel übrig (siehe Abbildung 21.36).

9. Schalten Sie den Layer *Hilf2* ein. Rotieren Sie die obere kegelige Kontur um ihre innere Achse im Vollkreis. Extrudieren Sie die fast quadratische Kontur nach hinten über die Halbkugel hinaus und bilden Sie die Schnittmenge mit der rotierten Kontur (siehe Abbildung 21.36). Damit bekommen Sie die hintere Schräge an den Aufsatz.

Abbildung 21.35:
Einsetzen des Filters

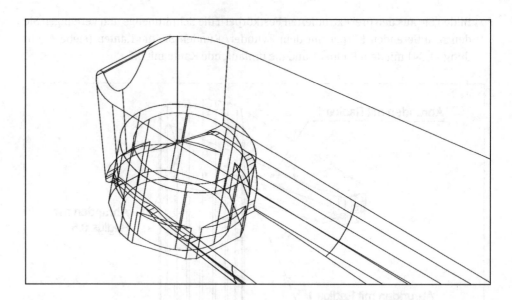

Abbildung 21.36:
Konstruktion mit Extrusion und Rotation

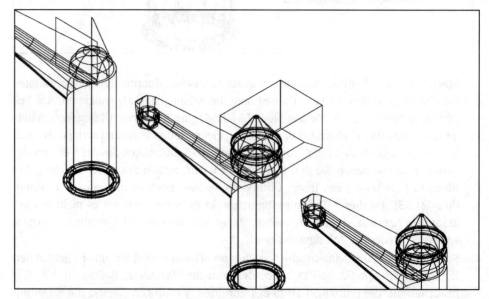

10. Jetzt sieht es zwar optisch gut aus, aber der Aufsatz steht in der Halbkugel. Machen Sie die Probe aufs Exempel mit der Kollisionsprüfung. Verwenden Sie den Befehl ÜBERLAG. Sie sehen, dass sich Abdeckung und Halbkugel überschneiden. Lassen Sie sich das Überlagerungsobjekt erzeugen und subtrahieren es von der Abdeckung. Sie passt dann genau auf die Halbkugel.

11. Zum Schluss erstellen Sie noch den Hebel. Für die Kontur schalten Sie den Layer *Hilf3* ein. Zeichnen Sie an eine beliebige Stelle einen Kreis mit dem Radius 0.4. Machen Sie den Layer *Dekor* zum aktuellen Layer und erzeugen Sie den Hebel mit

dem Befehl SWEEP (siehe Abbildung 21.37). Sweepobjekt ist der Kreis. Als Sweeping-Pfad verwenden Sie die Hilfslinie.

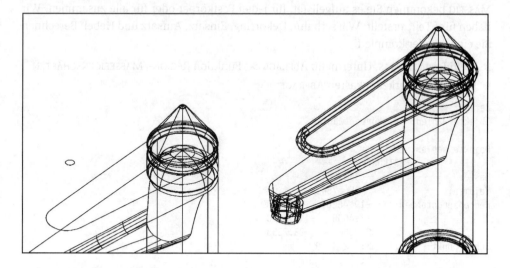

Abbildung 21.37:
Konstruktion des Hebels

12. Sie haben es geschafft. Das 3D-Modell aus Festkörpern ist fertig. Es sollte wie in Abbildung 21.38 aussehen. Falls nicht, können Sie aus dem Übungsordner die Datei *L21-17.dwg* laden.

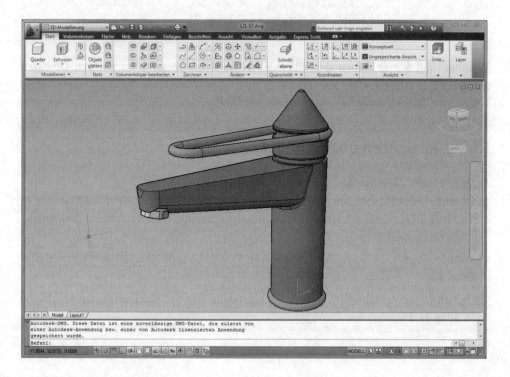

Abbildung 21.38:
Das 3D-Modell aus Volumenkörpern

Befehl Masseig

Wollen Sie noch das Volumen und die Masse wissen? Bitte schön, mit dem Befehl MASSEIG bekommen Sie es aufgelistet, für jeden Festkörper oder für alle zusammen. Wir haben fünf Teile erstellt: Wasserhahn, Dekorring, Einsatz, Aufsatz und Hebel. Berechnen Sie einzeln oder komplett.

- Menüleiste EXTRAS, Untermenü ABFRAGE >, Funktion REGION-/MASSEEIGENSCHAFTEN
- Symbol im Werkzeugkasten ABFRAGE

```
Befehl: MASSEIG
Objekte wählen: Festkörper wählen
..
Objekte wählen: ENTER
----------    FESTKÖRPER    ----------
Masse:                855.7845
Volumen:              855.7845
Begrenzungsrahmen: X: -19.4826  --   3.4000
                   Y:  -3.4000  --   3.4000
                   Z:   0.0000  --  23.2333
Schwerpunkt:       X:  -2.4389
                   Y:   0.0003
                   Z:  11.7420
..
..
Hauptträgheitsmomente und X-Y-Z-Richtung um Schwerpunkt:
            I: 31902.7176 entlang [0.8 -0.0 0.5]
            J: 46037.5598 entlang [0.0 1.0 0.0]
            K: 17692.2518 entlang [-0.5 0.0 0.8]
In Datei schreiben ? <N>:
```

Volumen und Masse haben denselben Wert. Da keine Materialien mit den Objekten gespeichert sind, geht AutoCAD von der Dichte 1 aus. Wollen Sie die tatsächliche Masse haben, multiplizieren Sie das Volumen mit der Dichte.

21.9 Ansichten und Schnitte

Erzeugen einer 2D-Ansicht

Mit dem Befehl ABFLACH haben Sie die Möglichkeit, die aktuelle Ansicht auf Volumen in einen Block zu exportieren. Dieser Block enthält die momentane Ansicht als 2D-Objekte. Wählen Sie den Befehl:

- Multifunktionsleiste: Symbol im Register START, Gruppe QUERSCHNITT (erweiterter Bereich)

Sie bekommen ein Dialogfeld, in dem Sie einstellen, wie der Block aussehen soll (siehe Abbildung 21.39).

Ansichten und Schnitte

Abbildung 21.39:
2D-Ansicht generieren

Sie können wählen, ob Sie einen neuen Block erzeugen, einen bereits vorhandenen aktualisieren oder das Ergebnis in eine Datei schreiben wollen (Befehl WBLOCK). In diesem Fall geben Sie Dateiname und Pfad vor. Wenn Sie die erste Variante gewählt haben, wird ein Block mit Namen, den Anfangszeichen A$ und einem zufälligen Namen, erzeugt. Haben Sie Änderungen an dem Volumen vorgenommen, dann können Sie den Block ersetzen, das heißt, die Ansicht wird neu erstellt. Wählen Sie den Block in der Zeichnung, indem Sie auf das Zeigersymbol klicken.

Stellen Sie dann noch die VORDERGRUNDLINIEN (sichtbare Kanten) und die VERDECKTE LINIEN, jeweils die Farbe und den Linientyp ein. Ist der Schalter TANGENTIALE KANTEN EINBEZIEHEN an, werden an den tangentialen Übergängen von Rundungen zu ebenen Flächen sichtbare Kanten angezeigt. Wenn er aus ist, verschwinden diese Kanten aus der Anzeige. Wenn Sie gewählt haben, dass die Ansicht als Block eingefügt werden soll, bekommen Sie jetzt den Dialog zum Einfügen eines Blocks. Geben Sie Basispunkt, Skalierfunktionen und Drehwinkel ein und die aktuelle Ansicht wird als Block eingefügt. Beachten Sie, dass Sie in die Draufsicht wechseln müssen, um die Ansicht richtig dargestellt zu bekommen (siehe Abbildung 21.40).

Kapitel 21 • Flächen und Volumen erstellen und bearbeiten

Abbildung 21.40:
2D-Ansicht eines Volumens

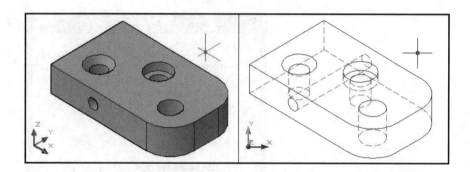

 2D-Ansicht eines Volumenkörpers

1. Laden Sie die Zeichnung *A21-18.dwg* aus dem Ordner *Aufgaben*.
2. Erzeugen Sie 2D-Ansichten des Volumenkörpers wie in Abbildung 21.40, gerne auch weitere. Eine Lösung haben Sie in *L21-18.dwg*.

Einfache Schnitte legen

Mit dem Befehl QUERSCHNITT können Sie einen Schnitt durch einen Volumenkörper erstellen. Die Schnittebene kann wie die Kappebene bestimmt werden. Der Schnitt wird auf dem aktuellen Layer als Region erstellt. Schieben Sie den Schnitt nach dem Befehl aus dem Volumenkörper. Eine Region können Sie mit dem Befehl URSPRUNG in einzelne Polylinien und diese wiederum in Linien und Bögen zerlegen. Der Befehl ist in der Zwischenzeit durch einen wesentlich leistungsfähigeren ersetzt worden (siehe unten). Für schnelle Ergebnisse eignet sich dieser Befehl aber immer noch. Dafür müssen Sie ihn jetzt auf der Tastatur eingeben.

```
Befehl: Querschnitt
Objekte wählen: Volumenkörper wählen
Objekte wählen: ⏎
Ersten Punkt auf Schnittebene angeben durch [Objekt/
ZAchse/Ansicht/XY/YZ/ZX/3Punkte] <3Punkte>: Punkte für die Schnittebene wie oben
eingeben oder eine andere Option wählen
```

 Schnitt durch einen Volumenkörper

1. Laden Sie die Zeichnung *A21-19.dwg* aus dem Ordner *Aufgaben*.
2. Erzeugen Sie einen Schnitt wie in Abbildung 21.41.
3. Die Lösung finden Sie ebenfalls im Ordner *Aufgaben* in der Datei *L21-19.dwg*.

Abbildung 21.41:
Schnitt durch einen Volumenkörper

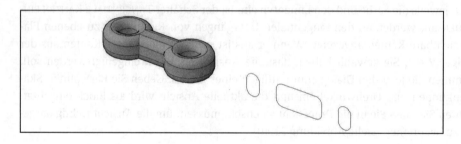

Ansichten und Schnitte

2D- und 3D-Schnitte erstellen

Ein weitaus vielseitigerer Befehl ist der Befehl SCHNEBENE. Damit können Sie 2D- und 3D-Schnitte legen und diese sowohl durchgängig als auch abknickend. Wählen Sie den Befehl:

- Multifunktionsleiste: Symbol im Register START, Gruppe QUERSCHNITT
- Menüleiste ZEICHNEN, Untermenü MODELLIEREN >, Funktion SCHNITTEBENE

```
Befehl: Schnebene
Fläche oder beliebigen Punkt auswählen, um Schnittlinie festzulegen,
oder [schnitt Zeichnen/Orthographisch]:
```

Zunächst bestimmen Sie die Schnittebene. Klicken Sie einen Punkt auf einer Fläche des Volumenkörpers an, wird der Schnitt parallel dazu gelegt. Klicken Sie außerhalb des Volumens, können Sie einen zweiten Punkt bestimmen. Mit der Option SCHNITT ZEICHNEN können Sie eine Schnittebene durch mehrere Punkte definieren, und zwar so lange, bis Sie die Eingabe mit ⏎ beenden.

```
Fläche oder beliebigen Punkt auswählen, um Schnittlinie festzulegen, oder

[schnitt Zeichnen/Orthographisch]: Z für die Option Schnitt zeichnen
Startpunkt angeben: ersten Punkt eingeben
Nächsten Punkt angeben: nächsten Punkt eingeben
Nächsten Punkt angeben oder EINGABETASTE drücken, um abzuschließen: nächsten Punkt
eingeben
...
Nächsten Punkt angeben oder EINGABETASTE drücken, um abzuschließen: mit ⏎ beenden
Punkt in Richtung der Schnittansicht angeben: Punkt auf der Seite eingeben, auf der
augeschnitten wird
```

Mit der Option ORTHOGRAPHISCH können Sie den Schnitt in einer der Standardrichtungen festlegen.

```
Fläche oder beliebigen Punkt auswählen, um Schnittlinie
festzulegen, oder [schnitt Zeichnen/Orthographisch]: O für Orthographisch
Schnitt ausrichten:[Vorne/Hinten/Oben/Unten/Links/ Rechts] <Oben>: Option für die
Richtung eingeben
```

Jetzt wird ein Schnittobjekt durch den Körper gezeichnet. In Abbildung 21.42 links sehen Sie die Schnittebene. Klicken Sie die Schnittebene an und aktivieren das Kontextmenü, können Sie darin die Funktion LIVE-SCHNITT AKTIVIEREN wählen. Wenn die Funktion schon vorgewählt war, lässt sie sich auch damit wieder abschalten. Sie können jetzt den Schnitt an den quadratischen Griffpunkten und an dem Pfeil in der Mitte der Schnittlinie durch den Volumenkörper ziehen. Dabei sehen Sie immer den aktuell geschnittenen Körper (siehe Abbildung 21.42, Mitte). Mit dem zweiten Pfeil in der Mitte der Schnittlinie, etwas vor der Schnittlinie, können Sie den Schnitt mit einem Klick darauf umkehren (siehe Abbildung 21.42, rechts).

Abbildung 21.42:
Schnitt durch einen Volumenkörper

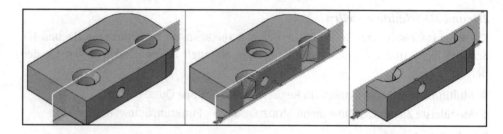

Über das Kontextmenü lassen sich auch beide Seiten anzeigen, der zu entfernende Teil gerastert und der andere normal (siehe Abbildung 21.43, links). Wählen Sie dazu den Eintrag ZU ENTFERNENDE GEOMETRIE ANZEIGEN. Mit dem Eintrag LIVE-SCHNITT-EINSTELLUNGEN kommen Sie zu einer Palette, in der Sie Farbe, Füllung, usw. der einzelnen Schnittobjekte einstellen können. Mit der Funktion VERKÜRZUNG ZU SCHNITT HINZUFÜGEN können Sie einen abknickenden Schnitt erstellen. Klicken Sie an das Schnittende, das Sie ändern wollen, und Sie bekommen einen rechtwinkligen Verlauf. Der ist zunächst zufällig (siehe Abbildung 21.43, Mitte). Ihn können Sie dann mit den Griffen und Pfeilen an die gewünschten Stellen ziehen und mit dem Pfeil den Schnitt umkehren (siehe Abbildung 21.43, rechts). Eventuell ist es dabei sinnvoll, in die Draufsicht zu wechseln.

Abbildung 21.43:
Abknickender Schnitt

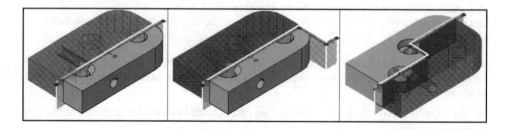

An einer Stelle hat der Schnittverlauf ein Dreieck mit einem Strich darüber. Klicken Sie auf diesen Griff, können Sie zwischen verschiedenen Anzeigeoptionen in einem Kontextmenü umschalten.

Nachdem der Verlauf stimmt, soll der Schnitt erstellt werden. Klicken Sie die Schnittebene an, öffnen Sie mit einem Rechtsklick das Kontextmenü und wählen die Funktion 2D/3D-SCHNITT GENERIEREN... Sie bekommen ein Dialogfeld, in dem Sie die weiteren Einstellungen vornehmen können (siehe Abbildung 21.44).

Hier gibt es zunächst nur zu wählen, ob Sie eine Schnittdarstellung haben wollen oder ob der Volumenkörper aufgeschnitten in seiner momentanen Ansicht dargestellt werden soll. Mit dem Pfeil unten links kann das Dialogfeld vergrößert werden (siehe Abbildung 21.45).

Ansichten und Schnitte

Abbildung 21.44:
Dialogfeld zur Schnittgenerierung

Abbildung 21.45:
Erweitertes Dialogfeld zur Schnittgenerierung

Jetzt können Sie im Feld QUELLGEOMETRIE wählen, ob alle oder nur ausgewählte Objekte dargestellt werden sollen. Auch das Ziel können Sie wählen, ob der Schnitt als Block eingefügt werden soll, einen bestehenden ersetzen oder in eine Datei exportiert werden soll.

Mit der Schaltfläche SCHNITT-EINSTELLUNGEN… kommen Sie wieder zu der Palette, mit der Farbe und Muster für den Schnitt eingestellt werden können. Wie bei dem Befehl für die 2D-Ansicht wird der 2D-Schnitt als Block auf die aktuelle xy-Ebene gelegt. Beim 3D-Schnitt wird der Volumenkörper aufgeschnitten dargestellt (siehe Abbildung 21.46).

Abbildung 21.46:
2D- und 3D-Schnitt erzeugt

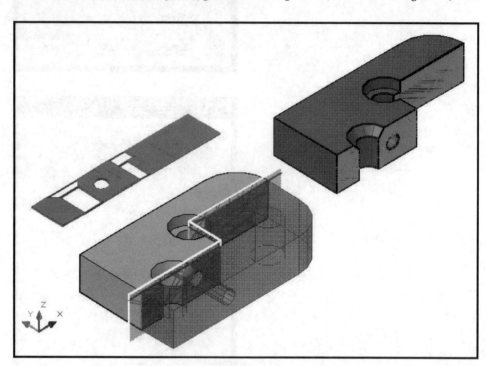

STEP

2D- und 3D-Schnitte durch einen Volumenkörper

1. Laden Sie die Zeichnung *A21-20.dwg* aus dem Ordner *Aufgaben*.
2. Erzeugen Sie 2D- und 3D-Schnitte durch das Volumen wie in Abbildung 21.46.
3. Die Lösung finden Sie ebenfalls im Ordner *Aufgaben* in der Datei *L21-20.dwg*.

TIPP

Schnitte entfernen

Das Schnittobjekt können Sie löschen, wenn Sie es nicht brauchen, es ändert am Volumenkörper und an den generierten Schnitten nichts.

21.10 Zeichnungen von Volumen erstellen

Nun soll daraus auch eine Zeichnung entstehen. In Kapitel 20.12 haben Sie schon gesehen, wie aus 3D-Modellen Ansichten auf dem Papier erstellt werden. Wenn das Modell

Zeichnungen von Volumen erstellen

aber aus Volumenkörpern besteht und Sie keine schattierten Darstellungen, sondern nur Strichzeichnungen benötigen, gibt es einfachere Methoden. Mit den Befehlen SOLPROFIL, SOLANS und SOLZEICH geht es weitgehend automatisch.

Befehl Solprofil

Beim Zeichnen von Volumenkörpern erleichtern Ihnen die Tesselationslinien an gebogenen Flächen die Orientierung. Wollen Sie jedoch eine Zeichnung erstellen mit Ansichten und Isometrien, ist diese Darstellungsweise nicht üblich. Mit dem Befehl SOLPROFIL können Sie eine Profildarstellung erzeugen, die nur die Ränder und die Silhouetten von Volumenkörpern enthält. Diesen Befehl können Sie im Layout verwenden, wenn Sie ein Ansichtsfenster erzeugt haben. Sie sollten die Volumenkörper, die Sie in dem Fenster darstellen wollen, schon skaliert und ausgerichtet sowie den Ansichtspunkt eingestellt haben.

- Multifunktionsleiste: Symbol im Register START, Gruppe MODELLIEREN (erweiterter Bereich)
- Menüleiste ZEICHNEN, Untermenü MODELLIEREN >, Untermenü EINRICHTEN > Funktion PROFIL
- Symbol im Werkzeugkasten VOLUMENKÖRPER

```
Befehl: Solprofil
Objekte wählen: Volumenkörper wählen
..
Objekte wählen: ↵
Verdeckte Profilkanten auf separatem Layer anzeigen [Ja/Nein] <J>: J
Profilkanten auf eine Ebene projizieren? [J/N] <J>: J
Tangentiale Kanten löschen? [Ja/Nein] <J>: Normalerweise N für Nein eingeben
5 Volumenkörper gewählt.
```

Wenn Sie die verdeckten Profilkanten nicht auf einen separaten Layer legen, wird für die sichtbaren Profillinien jedes ausgewählten Volumenkörpers ein Block generiert. Werden die Profilkanten auf separate Layer gelegt, werden für alle Volumenkörper zwei Blöcke erzeugt, einer für die sichtbaren und einer für die unsichtbaren Profilkanten. Die Blöcke kommen auf unterschiedliche Layer, *PV-nn* für die sichtbaren Kanten (V für View) und *PH-nn* für die unsichtbaren Kanten (H für Hide). nn steht für eine Bezeichnung, die automatisch vergeben wird.

Bei der nächsten Anfrage legen Sie fest, ob Sie das Profil auf einer Ebene haben wollen oder ob es dreidimensional generiert werden soll. Geben Sie hier JA ein. Zuletzt wählen Sie noch, ob Übergänge von geraden zu gewölbten Flächen mit tangentialen Kanten dargestellt werden sollen oder nicht. Normalerweise werden diese Kanten dargestellt, wählen Sie deshalb NEIN. Die tangentialen Kanten bleiben dann als sichtbare Linie erhalten. Wollen Sie im Ansichtsfenster nur die sichtbaren Kanten haben, frieren Sie in diesem Ansichtsfenster die Layer, auf denen die Original-Volumenkörper liegen, und die Layer, die mit PH beginnen, ein. Der Befehl SOLPROFIL ändert die Sichtbarkeit der Layer in dem Fenster nicht automatisch. Sie können aber auch für den Layer PH einen anderen Linientyp wählen und diese Linien gestrichelt darstellen.

Kapitel 21 • Flächen und Volumen erstellen und bearbeiten

Erstellung einer Profilansicht

1. Laden Sie die Armatur oder öffnen Sie die Datei *A21-21.dwg* aus dem Ordner *Aufgaben*. Schalten Sie die schattierte Darstellung aus.
2. Wechseln Sie auf das *Layout1* und wählen Sie bei der Seiteneinrichtung für dieses Layout wieder Ihren Übungsplotter als Ausgabegerät. Wählen Sie als Seitenformat das benutzerspezifische Format *A3 quer Übergröße*. Benennen Sie das Layout in *Profil_A3* um. Falls automatisch ein Ansichtsfenster erzeugt wurde, löschen Sie es wieder.
3. Fügen Sie den Zeichnungsrahmen am Nullpunkt mit dem Faktor 1 ein. Verwenden Sie *DIN_A3.dwg* aus dem Ordner *Aufgaben*.
4. Legen Sie einen neuen Layer *Afenster* an und schalten Sie ihn zum aktuellen Layer. Vergeben Sie für den Layer eine spezielle Farbe, die in der Zeichnung auffällt, beispielsweise Cyan.
5. Schalten Sie den Werkzeugkasten ANSICHTSFENSTER zu und erstellen Sie mit dem Symbol ein einzelnes Ansichtsfenster. Aktivieren Sie das Ansichtsfenster und stellen Sie darin eine isometrische Ansicht aus Richtung 240° und 20° Erhebung ein. Tragen Sie für dieses Fenster den Maßstab 7.5:1 im Abrollmenü des Werkzeugkastens ANSICHTSFENSTER ein.
6. Starten Sie jetzt den Befehl SOLPROFIL und wählen Sie alle Teile der Armatur. Lassen Sie die verdeckten Profilkanten auf einen anderen Layer legen und auf eine Ebene projizieren. Lassen Sie die tangentialen Kanten nicht löschen.
7. Aktivieren Sie das Ansichtsfenster wieder, falls es nicht mehr aktiv ist. Frieren Sie die Layer *0*, *Armatur* und *Deko* sowie *PH-XXX* in diesem Ansichtsfenster ein. Wechseln Sie in den Papierbereich mit einem Doppelklick auf dem Papier und schalten Sie den Layer *Afenster* aus.
8. Die Lösung sollte wie in Abbildung 21.47 aussehen. Sie finden Sie auch in der Datei *L21-21.dwg*.

Befehl Solans

Noch mehr Komfort und Automatik haben Sie mit dem Befehl SOLANS. Damit werden Ansichtsfenster und die Ausrichtung in den Fenstern automatisch erzeugt. Mit SOLZEICH wird für die Fenster, die mit SOLANS erstellt wurden, eine Profildarstellung erzeugt. Da die beiden Befehle sehr vielseitig sind, wollen wir die Wirkungsweise an einem Beispiel anschauen.

Zeichnungen von Volumen erstellen

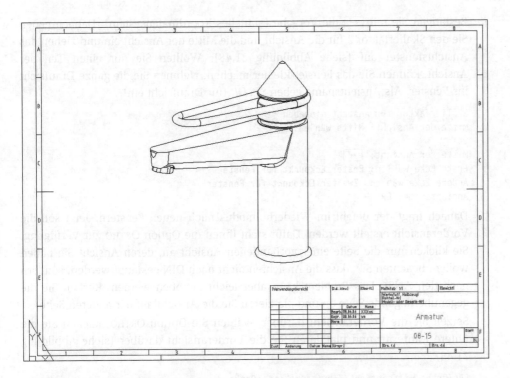

Abbildung 21.47:
Profilansicht der Armatur

1. Laden Sie die Zeichnung *A21-22.dwg* aus dem Ordner *Aufgaben*. Das 3D-Modell besteht aus einer einfachen Platte mit drei Bohrungen.
2. Schalten Sie auf das *Layout1* und Sie sehen, dass ein Rahmen im A4-Format eingefügt ist. Schalten Sie aber wieder zurück zum Modell.
3. Wählen Sie jetzt den Befehl SOLANS.

   - Multifunktionsleiste: Symbol im Register START, Gruppe MODELLIEREN (erweiterter Bereich)
   - Menüleiste ZEICHNEN, Untermenü MODELLIEREN >, Untermenü EINRICHTEN > Funktion ANSICHT
   - Symbol im Werkzeugkasten VOLUMENKÖRPER

   Befehl: **Solans**
   Bks/Ortho/Hilfsansicht/Schnitt/<eXit>:

   Der Befehl schaltet Sie automatisch ins Layout. Wenn dort noch kein Ansichtsfenster vorhanden ist, können Sie nur die Option BKS wählen, um ein Ansichtsfenster zu erzeugen.

   Bks/Ortho/Hilfsansicht/Schnitt/<eXit>: **BKS**
   Benannt/Welt/?/<Aktuelles>:

   Sie wählen damit ein Koordinatensystem aus. Die Ansicht dieses Koordinatensystems wird in dem neuen Fenster generiert. Das kann ein gespeichertes BKS, das Weltkoordinatensystem oder das aktuelle sein.

4. Bestätigen Sie mit ⏎ die Vorgabe (aktuelles Koordinatensystem). Danach geben Sie den Skalierfaktor 2 für die Ansicht und die Mitte der Ansicht ein und ziehen das Ansichtsfenster auf (siehe Abbildung 21.48). Wollten Sie nur einen Teil der Ansicht, können Sie das Fenster kleiner machen. Nehmen Sie die ganze Draufsicht ins Fenster. Als Ansichtsname geben Sie *DR* (für Draufsicht ein).

```
Skalierfaktor für Ansicht eingeben <1>: 2
Mitte der Ansicht: Mitte wählen
..
Mitte der Ansicht: ⏎
Erste Ecke wählen: Erster Eckpunkt für Fenster
Andere Ecke wählen: Zweiter Eckpunkt für Fenster
Ansichtsname: DR
```

5. Danach fragt der Befehl im Wiederholmodus nach neuen Fenstern. Jetzt soll die Vorderansicht erstellt werden. Dafür steht Ihnen die Option ORTHO zur Verfügung. Sie klicken nur die Seite einer vorhandenen Ansicht an, deren Ansicht Sie haben wollen. Beachten Sie, dass die Ansichten nicht nach DIN geklappt werden, sondern nach den ANSI. Das Problem kann aber leicht behoben werden, klicken Sie die gegenüberliegende Seite an und platzieren Sie die Ansicht auf der anderen Seite.

6. Setzen Sie die Vorderansicht darüber, wählen Sie Option ORTHO, klicken Sie die untere Kante an und platzieren Sie die Vorderansicht darüber (siehe Abbildung 21.48).

```
Bks/Ortho/Hilfsansicht/Schnitt/<eXit>: Ortho
Seite von Ansichtsfenster für Projektion wählen: Untere Kante anklicken
Mitte der Ansicht: Ansicht darüber platzieren
..
Mitte der Ansicht: ⏎
Erste Ecke wählen: Erster Eckpunkt für Fenster
Andere Ecke wählen: Zweiter Eckpunkt für Fenster
Ansichtsname: Vorne
```

7. Jetzt soll noch ein Schnitt erzeugt werden. Wählen Sie dazu die Option SCHNITT, geben Sie die Schnittebene vor und die Ansichtsseite. Der Rest ist schon Routine. Machen Sie einen Schnitt senkrecht durch die Bohrung mit der zylindrischen Senkung. Setzen Sie den Schnitt nach rechts und erstellen Sie die Ansicht von links. Skalieren Sie den Schnitt ebenfalls mit dem Faktor 2.

```
Bks/Ortho/Hilfsansicht/Schnitt/<eXit>: Schnitt
Erster Punkt der Schnittebene: Mit Objektfang Zentrum Mitte der zylindrischen
Senkung in der Draufsicht wählen
Zweiter Punkt der Schnittebene: Mit Objektfang Lot untere Kante der Platte wählen
Seite für Ansicht: Punkt links von der gestrichelten Schnittkante anklicken
Skalierfaktor für Ansicht eingeben <2>: 2
Mitte der Ansicht: Schnitt rechts von der Draufsicht platzieren
..
Mitte der Ansicht: ⏎
Erste Ecke wählen: Erster Eckpunkt für Fenster
Andere Ecke wählen: Zweiter Eckpunkt für Fenster
Ansichtsname: Schnitt
```

8. Die Zeichnung sollte jetzt wie in Abbildung 21.48 aussehen. Die Lösung finden Sie in Ihrem Übungsordner als Datei *L21-22.dwg*.

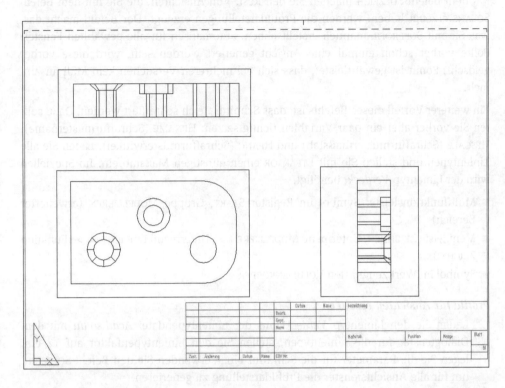

Abbildung 21.48: Zeichnungslayout weitgehend automatisch erzeugt

Als weitere Möglichkeit steht noch die Option HILFSANSICHT zur Verfügung. Eine Möglichkeit, die nach unseren Zeichnungsgepflogenheiten etwas ungewöhnlich ist. Damit können Sie eine schräge Ansichtsebene in ein Fenster legen und die Ansicht wird unter diesem Blickwinkel generiert.

Außer den sichtbaren Ergebnissen auf dem Bildschirm ist im Hintergrund einiges passiert. Es wurde ein Layer *Vports* angelegt. Auf dem befinden sich die Ansichtsfenster. Außerdem wurde für jedes Ansichtsfenster ein Satz Layer erzeugt (siehe unten). Alle Layer beginnen mit dem Ansichtsfensternamen und sie sind nur jeweils im eigenen Ansichtsfenster sichtbar, in allen anderen Ansichtsfenstern sind sie gefroren.

Layername	Inhalt
XXX-DIM	Layer für Bemaßungen in der Ansicht
XXX-HAT	Layer für Schraffuren in der Ansicht
XXX-HID	Layer für verdeckte Profilkanten in der Ansicht
XXX-VIS	Layer für sichtbare Profilkanten in der Ansicht

Befehl Solzeich

Mit dem Befehl SOLZEICH machen Sie den Rest. Von Ansichten, die Sie mit dem Befehl SOLANS erzeugt haben, werden die Profildarstellungen erzeugt. Der Befehl macht das, was Sie mit SOLPROFIL manuell erstellt haben, automatisch für alle gewählten Fenster. Sollte vorher schon einmal eine Ansicht generiert worden sein, wird diese vorher gelöscht. Somit ist gewährleistet, dass sich bei mehreren Versuchen kein Müll ansammelt.

Ein weiterer Vorteil dieses Befehls ist, dass Schnitte gleich schraffiert werden. Dazu sollten Sie vorher aber ein paar Variablen richtig setzen: HPNAME (Schraffurmustername), HPSCALE (Schraffurmustermaßstab) und HPANG (Schraffurmusterwinkel). Laden Sie alle Linientypen und stellen Sie mit LTFAKTOR einen günstigen Maßstab ein. Im Speziellen wird der Linientyp *Verdeckt* benötigt.

- Multifunktionsleiste: Symbol im Register START, Gruppe MODELLIEREN (erweiterter Bereich)
- Menüleiste ZEICHNEN, Untermenü MODELLIEREN >, Untermenü EINRICHTEN >, Funktion ZEICHNUNG
- Symbol im Werkzeugkasten VOLUMENKÖRPER

 Profile für Ansichten erzeugen

1. Laden Sie den Linientyp *Verdeckt* aus der Linientypendatei *Acadiso.lin* mit dem Dialogfenster für die Linientypen, stellen Sie den Linientypenfaktor auf 12 ein, legen Sie die Parameter für die Schraffur ein. Verwenden Sie den Befehl SOLZEICH, um für alle Ansichtsfenster die Profildarstellung zu generieren.

   ```
   Befehl: Ltfaktor
   Neuer Faktor <1.00>: 0.5
   Befehl: Hpname
   Neuer Wert für HPNAME <"xxx">: z. B.: ANSI31
   Befehl: Hpscale
   Neuer Wert für HPSCALE <1.0000>: 15
   Befehl: Hpang
   Neuer Wert für HPANG <0>: 0
   Befehl: Solzeich
   Zu zeichnendes Ansichtsfenster wählen:
   Objekte wählen: Alle Ansichtsfenster wählen
   Objekte wählen: ↵
   ```

2. Ordnen Sie den *XXX-Hid*-Layern den Linientyp *Verdeckt* zu, dann sind auch die verdeckten Kanten in der Vorderansicht sichtbar. Schalten Sie auch noch den Layer *Vports* aus und wechseln Sie ins Layout (siehe Abbildung 21.49). Auch diese Lösung finden Sie im Übungsordner. Sie hat den Dateinamen *L21-23.dwg*.

3D-Druck

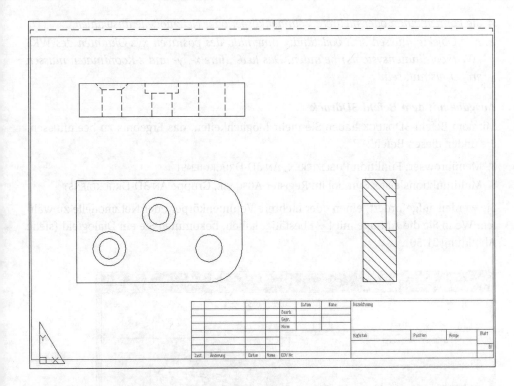

Abbildung 21.49:
Profilansichten mit verdeckten Kanten

21.11 3D-Druck

Wollen Sie aus Ihrem 3D-Modell einen Prototyp fertigen lassen, dann können Sie Volumenkörper oder Netzmodelle (siehe Kapitel 22) als Stereolithografie-Daten ausgeben. Diese werden zum Erstellen eines Objekts durch Ablagerung einer Folge dünner Schichten aus Kunststoff, Metall oder Kompositmaterial verwendet. So erhalten Sie reale Modelle für Designstudien, Modelle zum Test von Form, Passgenauigkeit und Funktion, hochwertige Produktattrappen, Architekturmodelle, Matrizen für das Vakuum-Tiefziehen usw. Zwei Möglichkeiten stehen Ihnen dafür zur Verfügung:

Ausgabe mit dem Befehl Export

Bei der Ausgabe mit dem Befehl EXPORT können Sie das Sterolithografie-Format wählen. Sie finden ihn:

- Menübrowser: Funktion EXPORTIEREN, ANDERE FORMATE
- Menüleiste DATEI, Funktion EXPORTIEREN

Wählen Sie als Dateityp das Format *Stereolithographie *.stl*. Die drei Volumenkörperdaten werden in eine facettierte Netzdarstellung aus einer Vielzahl von Dreiecken übersetzt und in der STL-Datei gespeichert. Verwenden Sie die Systemvariable FACETRES, um die Facettendichte für eine angemessene Detailtreue festzulegen.

Kapitel 21 • Flächen und Volumen erstellen und bearbeiten

- Sie können einen oder mehrere Volumenkörper oder Netzmodelle auswählen.
- Alle Objekte müssen sich vollständig innerhalb des positiven xyz-Oktanten des WKS (Weltkoordinatensystems) befinden. Das heißt, ihre x-, y- und z-Koordinaten müssen größer als null sein.

Ausgabe mit dem Befehl 3Ddruck

Mit dem Befehl 3DDRUCK haben Sie mehr Möglichkeiten, das Ergebnis zu beeinflussen. Sie finden diesen Befehl:

- Menübrowser: Funktion PUBLIZIEREN, AN 3D-DRUCKDIENST
- Multifunktionsleiste: Symbol im Register AUSGABE, Gruppe AN 3D-DRUCKDIENST

Sie werden aufgefordert, einen oder mehrere Volumenkörper oder Netzmodelle zu wählen. Wenn Sie die Anfrage mit ⏎ bestätigt haben, bekommen Sie ein Dialogfeld (siehe Abbildung 21.50).

Abbildung 21.50:
Dialogfeld zur Kontrolle der 3D-Ausgabe

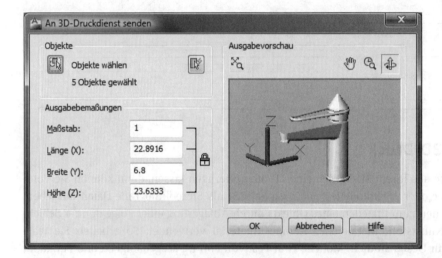

Die gewählten Objekte werden im Feld AUSGABEVORSCHAU angezeigt. Dort stehen Ihnen mit den vier Symbolen Funktionen für Zoom, Pan und Orbit im Vorschaufenster zur Verfügung.

Außerdem haben Sie im Feld OBJEKTE links ein Symbol, mit dem Sie die Objekte in der Zeichnung neu bestimmen können. Mit dem rechten Symbol kommen Sie zur Schnellauswahl, mit der Sie beispielsweise alle Volumenkörper der Zeichnung wählen könnten.

Im Feld AUSGABEBEMASSUNGEN können Sie den Maßstab für das Modell wählen bzw. Länge, Breite oder Höhe für das Modell eingeben. Die Einstellungen sind miteinander gekoppelt, wenn eine Größe geändert wird, ändern sich die anderen mit. Unterschiedliche Maßstäbe in X, Y und Z werden so vermieden. Wenn Sie auf OK klicken, können Sie den Speicherort und den Dateinamen vorgeben und die Datei wird erzeugt. Diese schicken Sie dann einem Dienstleister, der Ihnen das Modell erstellt.

Kapitel 22
Netz- und Flächenmodellierung

Mit AutoCAD 2010 kam eine neue 3D-Modellierungsmöglichkeit dazu: die Netzmodellierung. Damit lassen sich Gebilde aus Freiformflächen dynamisch am Bildschirm gestalten. Das eröffnet ganz neue Möglichkeiten zur Erstellung von freien Formen. Mit AutoCAD 2011 wurde die 3D-Funktionalität noch einmal erweitert. Jetzt sind noch Funktionen zur Modellierung von Flächen dazugekommen. Damit sind Ihrer Kreativität keine Grenzen mehr gesetzt.

Zunächst wollen wir uns in diesem Kapitel die Netzmodellierung exemplarisch an Beispielen ansehen, danach steigen wir in die Flächenmodellierung ein. Hierzu sollten Sie den Arbeitsbereich *3D-Modellierung* wählen.

Auch diese Möglichkeiten stehen Ihnen bei AutoCAD LT nicht zur Verfügung.

22.1 Grundkörper erstellen

Wie bei der Volumenmodellierung haben Sie auch bei der Netzmodellierung die Möglichkeit, Grundkörper zu erstellen. Wählen Sie diese:

Kapitel 22 • Netz- und Flächenmodellierung

- Multifunktionsleiste: Symbol in einem Flyout im Register NETZ, Gruppe GRUNDKÖRPER
- Menüleiste ZEICHNEN, Untermenü MODELLIEREN, Untermenü NETZE, Untermenü GRUNDKÖRPER, Funktionen für die einzelnen Grundkörper
- Symbol im Werkzeugkasten NETZ-GRUNDKÖRPER GLÄTTEN und Symbole in einem Flyout im Werkzeugkasten NETZ GLÄTTEN

Die Grundkörper können Sie wie die Volumen-Grundkörper in Kapitel 21.1 erstellen. In Abbildung 22.1 sehen Sie die verschiedenen Grundkörper. In den folgenden Abbildungen wurde der visuelle Stil *Schattierung mit Kanten* verwendet.

Abbildung 22.1:
Grundkörper als Netzobjekte

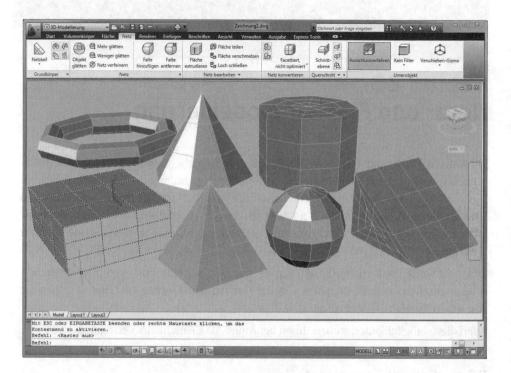

Die Objekte sehen noch ziemlich kantig aus. Das kann so gewünscht sein, weil einzelne Kanten oder Flächen noch nachbearbeitet werden sollen. Sie können die Oberflächen aber auch glätten. Es gibt Glättungsgrade von *Grad 0* (keine Glättung) bis *Grad 4* (optimale Glättung). Mit zwei Funktionen können Sie den Glättungsgrad ändern.

- Multifunktionsleiste: Symbole im Register NETZ, Gruppe NETZ
- Menüleiste ÄNDERN, Untermenü NETZBEARBEITUNG, Funktionen MEHR GLÄTTEN und WENIGER GLÄTTEN
- Symbole im Werkzeugkasten NETZ GLÄTTEN

Mit dem oberen Symbol können Sie den Glättungsgrad von wählbaren Netzmodellen heruntersetzen, mit dem unteren erhöhen. In Abbildung 22.2 sind die gleichen Objekte, aber mit einem Glättungsgrad von *Grad 4*. Sie können ein oder mehrere Objekte auch anwählen und den Glättungsgrad im Schnelleigenschaften-Fenster oder im Objekteigenschaften-Manager ändern.

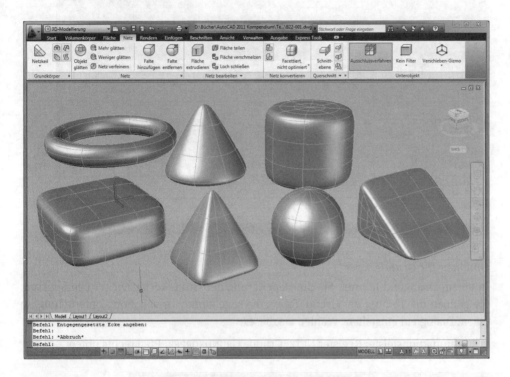

Abbildung 22.2: Grundkörper geglättet mit Ebene 4

- Multifunktionsleiste: Symbol im Register Netz, Gruppe Netz
- Menüleiste Ändern, Untermenü Netzbearbeitung, Funktion Netz verfeinern
- Symbol im Werkzeugkasten Netz glätten

Mit diesem Symbol lässt sich das Netz verfeinern, mit dem der Körper angenähert wird. Beachten Sie aber, dass die Bearbeitung bei einem feinen Netz sehr viel schwieriger oder gar nicht mehr möglich ist. In Abbildung 22.3 sind die Grundkörper mit einem verfeinerten Netz zu sehen.

- Multifunktionsleiste: Symbol im Register Netz, Gruppe Netz
- Menüleiste Zeichnen, Untermenü Modellieren, Untermenü Netze, Funktion Netz glätten
- Symbol im Werkzeugkasten Netz glätten

Mit diesem Symbol kann ein Volumenkörper in ein geglättetes Netzmodell umgewandelt werden. Wählen Sie dazu den Volumenkörper an und er wird in ein Netzmodell umgewandelt.

Abbildung 22.3:
Grundkörper mit Glättung Grad 4 und verfeinertem Netz

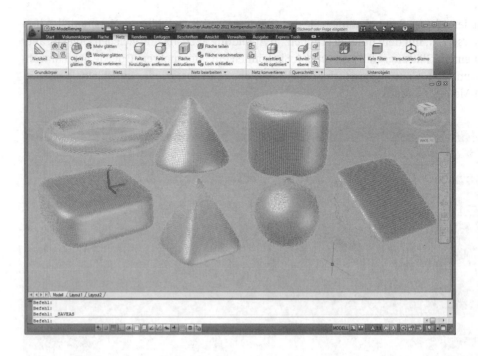

INFO

Optionen für Grundkörper

In einem Dialogfeld können Sie die Generierung der Grundkörper weiter beeinflussen. Sie können die Teilung der Grundkörper, die sogenannte Tessellations-Unterteilung, in einem Dialogfeld einstellen. Wählen Sie dieses:

- Multifunktionsleiste: Register NETZ, Gruppe GRUNDKÖRPER, Pfeil rechts unten

Abbildung 22.4:
Optionen für die Netz-Grundkörper

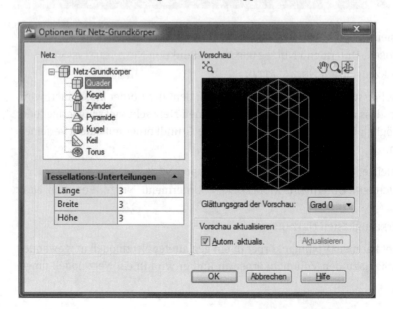

Wählen Sie den Netz-Grundkörper im Feld NETZ an und stellen Sie die gewünschte Unterteilung im Feld TESSELLATIONS-UNTERTEILUNGEN ein. Im Feld GLÄTTUNGSGRAD DER VORSCHAU stellen Sie nur die Glättung im Vorschau-Fenster ein, nicht die des resultierenden Grundkörpers. Beachten Sie auch hierbei, je höher Sie die Unterteilung wählen, desto aufwendiger wird die Bearbeitung.

Grundkörper erstellen

1. Erstellen Sie Grundkörper mit verschiedenen Einstellungen der Tessellations-Unterteilung.
2. Erhöhen und reduzieren Sie den Glättungsgrad und verfeinern Sie das Netz.
3. Zeichnen Sie Volumen-Grundkörper und wandeln Sie diese in Netzmodelle um.

22.2 Oberflächen aus Drähten erstellen

Mit weiteren Befehlen können Sie Oberflächen als Netzmodelle erstellen. Diese Netze lassen sich in Flächen konvertieren, mit denen Sie dann beispielsweise Volumenkörper schneiden können.

Aktion: Befehl Rotob

Mit dem Befehl ROTOB können Sie Rotationsoberflächen erstellen. Ein Profil, die sogenannte Grundlinie, rotiert um die Rotationsachse und erstellt dabei ein Netzmodell. Wählen Sie den Befehl:

- Multifunktionsleiste: Symbol im Register NETZ, Gruppe GRUNDKÖRPER
- Menüleiste ZEICHNEN, Untermenü MODELLIEREN, Untermenü NETZE, Funktion ROTATIONSNETZ

```
Befehl: Rotob
Aktuelle Drahtmodelldichte:   SURFTAB1=30   SURFTAB2=30
Zu rotierendes Objekt wählen: Objekt wählen
Objekt wählen, das Rotationsachse definiert: Objekt für Rotationsachse wählen
Startwinkel angeben <0>: Startwinkel eingeben
Eingeschlossenen Winkel angeben (+=guz, -=uz) <360>: Eingeschlossenen Winkel eingeben
```

Grundlinie kann sein: Linie, Bogen, Kreis, Ellipse, elliptischer Bogen, 2D- oder 3D-Polylinie. Sie können aber nur ein Objekt verwenden. Komplexe Konturen müssen Sie zuerst mit dem Befehl PEDIT zu einer Polylinie verbinden. Als Rotationsachsen eignen sich Linien und Polylinien. Bei Polylinien wird nur die Verbindungslinie zwischen Start- und Endpunkt berücksichtigt, dazwischen liegende Punkte werden ignoriert. Die Rotation können Sie durch den Startwinkel und den eingeschlossenen Winkel definieren. Die Systemvariable SURFTAB2 legt die Teilung des Netzes an Bogensegmenten entlang der Grundlinie fest. Die Systemvariable SURFTAB1 bestimmt die Teilung des Netzes entlang der Rotation. Je höher SURFTAB1 ist, desto eher ist das Objekt gerundet. Statt einer angenähert runden Oberfläche können Sie so auch ein vieleckiges Objekt erzeugen.

Abbildung 22.5:
Rotations-
oberflächen

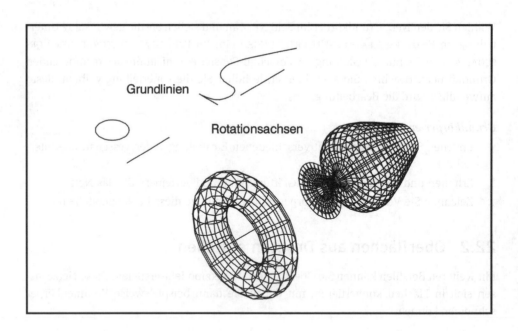

Erstellung von Rotationsoberflächen

1. Laden Sie die Zeichnung *A22-01.dwg* aus dem Ordner *Aufgaben*.
2. Erstellen Sie die Oberflächen mit dem Befehl ROTOB wie in Abbildung 22.5. Experimentieren Sie mit den Variablen SURFTAB1 und SURFTAB2, bis Sie zu dem gewünschten Ergebnis kommen.
3. Die Lösung finden Sie in der Datei *L22-01.dwg*.

Befehl Tabob

Mit dem Befehl TABOB erstellen Sie ein Netzmodell, das sich aus einer Grundlinie und einem Richtungsvektor bildet. Die Grundlinie wird dabei um die Länge und die Richtung dieses Vektors auseinandergezogen.

- Multifunktionsleiste: Symbol im Register NETZ, Gruppe GRUNDKÖRPER
- Menüleiste ZEICHNEN, Untermenü MODELLIEREN, Untermenü NETZE, Funktion TABELLARISCHES NETZ

```
Befehl: Tabob
Objekt für Grundlinie wählen: Grundlinie anklicken
Objekt für Richtungsvektor wählen: Objekt für Richtung anklicken
```

Als Grundlinie und Richtungsvektor können Sie wieder die gleichen Objekte wie beim Befehl ROTOB verwenden. Der Punkt, an dem Sie den Richtungsvektor anklicken, entscheidet über den Aufbau des Netzes. Liegt er in der Nähe der Grundlinie, wird das Netz in der Richtung des Vektors erzeugt. Liegt er an der anderen Seite, wird das Netz in der entgegengesetzten Richtung aufgebaut. Die Systemvariable SURFTAB1 legt die Teilung des Netzes an Bogensegmenten entlang der Grundlinie fest.

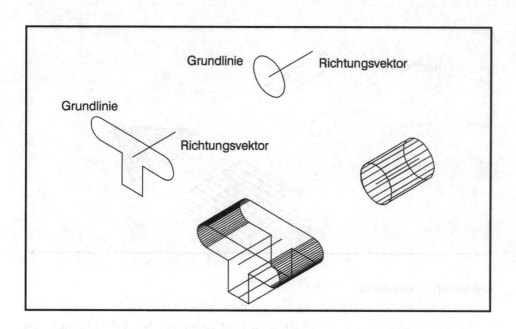

Abbildung 22.6:
Tabellarische Oberflächen

Oberflächen mit Tabob erstellen

1. Laden Sie die Zeichnung *A22-02.dwg* aus dem Ordner *Aufgaben*.
2. Erstellen Sie die Oberflächen mit dem Befehl TABOB wie in Abbildung 22.6. Stellen Sie SURFTAB1 vorher ein.
3. Die Lösung finden Sie in der Datei *L22-02.dwg*.

Befehl Regelob

Mit dem Befehl REGELOB können Sie Regeloberflächen erstellen, die zwei Objekte mit einem Netz verbinden.

- Multifunktionsleiste: Symbol im Register NETZ, Gruppe GRUNDKÖRPER
- Menüleiste ZEICHNEN, Untermenü MODELLIEREN, Untermenü NETZE, Funktion REGELNETZ

```
Befehl: Regelob
Aktuelle Drahtmodelldichte:   SURFTAB1=25
Erste Definitionslinie wählen: Erste Kante wählen
Zweite Definitionslinie wählen: Zweite Kante wählen
```

Als Kanten, die das Netz an den beiden Seiten begrenzen, können Sie Linien, Punkte, Bögen, Kreise, Ellipsen, elliptische Bögen, 2D- und 3D-Polylinien und Splines wählen. Sie werden in diesem Befehl als Definitionslinien bezeichnet. Berücksichtigen Sie dabei, dass Sie nur zwei geschlossene oder zwei offene Objekte miteinander verbinden können. Punkte können Sie ebenfalls verwenden. Wählen Sie offene Objekte, ist es wichtig, dass Sie beide an der gleichen Seite anwählen. Ist dies nicht der Fall, wird das Flächennetz verschränkt. Die Systemvariable SURFTAB1 legt die Teilung des Netzes entlang der Definitionslinien fest.

Abbildung 22.7:
Regeloberflächen

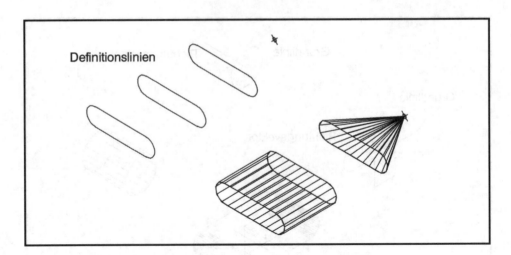

 Regeloberflächen erstellen
1. Laden Sie die Zeichnung *A22-03.dwg* aus dem Ordner *Aufgaben*.
2. Stellen Sie SURFTAB1 ein und erstellen Sie Oberflächen mit dem Befehl REGELOB wie in Abbildung 22.7.
3. Die Lösung finden Sie in der Datei *L22-03.dwg*.

Befehl Kantob

Mit dem Befehl KANTOB können Sie ein Netzmodell erstellen, das von vier Kanten begrenzt wird. Die Kanten können beliebig im Raum liegen, müssen sich aber an ihren Eckpunkten treffen.

- Multifunktionsleiste: Symbol im Register NETZ, Gruppe GRUNDKÖRPER
- Menüleiste ZEICHNEN, Untermenü MODELLIEREN, Untermenü NETZE, Funktion KANTEN-DEFINIERTES NETZ

```
Befehl: Kantob
Aktuelle Drahtmodelldichte:   SURFTAB1=25   SURFTAB2=25
Objekt 1 für Kante wählen:  Alle 4 Kanten nacheinander wählen
Objekt 2 für Kante wählen:
Objekt 3 für Kante wählen:
Objekt 4 für Kante wählen:
```

Als Kanten, die das Netz an vier Seiten begrenzen, können Sie wählen: Linien, Punkte, Bögen, Kreise, Ellipsen, elliptische Bögen, 2D- und 3D-Polylinien oder Splines. Bedingung ist, dass sie eine geschlossene Kontur bilden und sich an den Eckpunkten treffen. Die Systemvariable SURFTAB1 legt die Teilung an der ersten Kante fest. An der angrenzenden Kante wird entsprechend der Variablen SURFTAB2 geteilt.

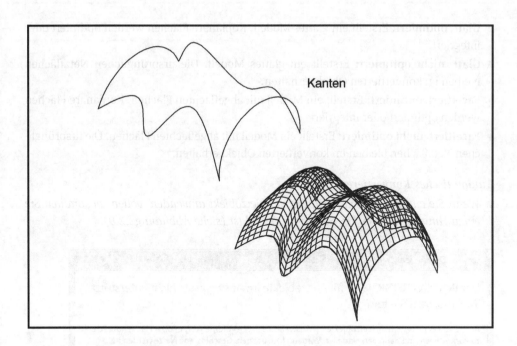

Abbildung 22.8:
Kantendefinierte Oberflächen

Kantendefinierte Oberflächen erstellen

1. Laden Sie die Zeichnung *A22-04.dwg* aus dem Ordner *Aufgaben*.
2. Stellen Sie SURFTAB1 und SURFTAB2 ein und erstellen Sie Oberflächen mit dem Befehl KANTOB wie in Abbildung 22.8.
3. Die Lösung finden Sie in der Datei *L22-04.dwg*.

22.3 Netzmodelle konvertieren

Geschlossene Netzmodelle, wie die Grundkörper, lassen sich in Volumen umwandeln und dann mit booleschen Verknüpfungen bearbeiten oder mit Flächen schneiden. Offene Netzmodelle lassen sich in Flächen (siehe Kapitel 21) umwandeln, mit denen Sie dann beispielsweise die Volumen schneiden können.

Konvertieren von Netzmodellen

Mit zwei Funktionen können Sie die Konvertierung vornehmen. Sie finden diese:

- Multifunktionsleiste: Symbol im Register NETZ, Gruppe NETZ KONVERTIEREN
- Menüleiste ÄNDERN, Untermenü NETZBEARBEITUNG, verschiedene Konvertierungs-Funktionen

Wählen Sie die Funktion, entsprechend dem zu konvertierenden Netzobjekt an und Sie bekommen ein Volumen oder eine Fläche. Die Form der konvertierten Objekte legen Sie vorher in dem Flyout fest. Vier Varianten stehen zur Verfügung:

- **Glatt, optimiert:** Erstellt ein glattes Modell. Koplanare Flächen werden optimiert oder integriert.
- **Glatt, nicht optimiert:** Erstellt ein glattes Modell. Die ursprünglichen Netzflächen bleiben im konvertierten Objekt erhalten.
- **Facettiert, optimiert:** Erstellt ein Modell mit abgeflachten Flächen. Koplanare Flächen werden optimiert oder integriert.
- **Facettiert, nicht optimiert:** Erstellt ein Modell mit abgeflachten Flächen. Die ursprünglichen Netzflächen bleiben im konvertierten Objekt erhalten.

Automatisches Konvertieren

- Wenn Sie einen Volumenbefehl auf ein Netzobjekt anwenden wollen, bekommen Sie einen Hinweis, dass es kein Volumenmodell ist (siehe Abbildung 22.9).

Abbildung 22.9: Hinweis zur Konvertierung

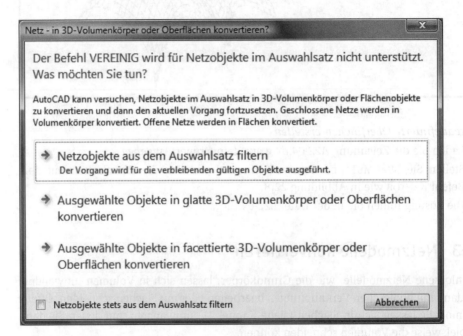

- Sie können wählen, was mit dem Objekt gemacht werden soll. Der Befehl wird entweder abgebrochen oder das Objekt wird in ein Volumen oder eine Oberfläche konvertiert.
- Umgekehrt ist es genauso. Wenn Sie einen Netzbefehl auf ein Volumenobjekt oder eine Fläche anwenden wollen, bekommen Sie auch hier einen Hinweis, dass es kein Netzobjekt ist (siehe Abbildung 22.10). Auch hier können Sie wieder wählen, was mit dem Objekt geschehen soll.

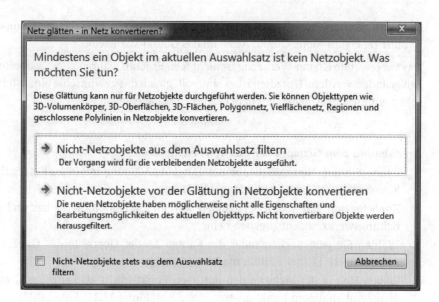

Abbildung 22.10:
Hinweis zur Konvertierung

Schnitte durch Netzmodelle

Von Netzmodellen lassen sich genauso wie von Volumenmodellen Schnittdarstellungen erstellen. Die Befehle ABFLACH, QUERSCHNITT, SCHNEBENE *(siehe dazu Kapitel 21.6) und* XKANTEN *(siehe dazu Kapitel 21.4) können verwendet werden.*

22.4 Arbeiten mit dem Gizmo-Werkzeugen

Die Gizmo-Werkzeuge sind sehr flexible Bearbeitungswerkzeuge, mit denen Sie Netzmodelle ändern können, ohne dazu einen Befehl anwenden zu müssen. Sie können auch bei der Bearbeitung von Volumenmodellen verwendet werden (siehe Kapitel 21.5). Sie können Scheitelpunkte, Kanten oder Flächen eines Netzobjektes bearbeiten. Die möglichen Bearbeitungsfunktionen sind Verschieben, Drehen und Skalieren.

Einstellung des Gizmo-Werkzeugs

Bevor Sie mit einem Gizmo-Werkzeug starten, sollten Sie den Filter einstellen. Damit geben Sie vor, ob Sie Scheitelpunkte, Kanten oder Flächen bearbeiten wollen:

- Multifunktionsleiste: Register START, VOLUMENKÖRPER oder NETZ, Gruppe UNTEROBJEKTE, Flyout-Menü FILTER, Auswahl des Filters

Wenn Sie den Filter eingestellt haben, können Sie im Netzmodell das gewünschte Unterobjekt wählen, eine Kante, eine Fläche oder einen Scheitelpunkt. Sie können auch mehrere Objekte nacheinander wählen.

Welcher Gizmo verwendet wird, können Sie ebenfalls an dieser Stelle vorgeben:

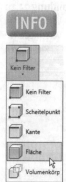

- Multifunktionsleiste: Register START, VOLUMENKÖRPER oder NETZ, Gruppe UNTER-OBJEKTE, Flyout-Menü GIZMO, Auswahl des Gizmo-Werkzeugs

Das vorgewählte Gizmo-Werkzeug ist nicht fest. Es kann während der Bearbeitung jederzeit geändert werden. Trotzdem ist es sinnvoll, gleich das gewünschte einzustellen. Doch sehen wir uns das Arbeiten mit dem Gizmo an Beispielen an:

Arbeiten mit dem Gizmo – Beispiel 1: Verschieben

1. Laden Sie das Netzmodell aus der Datei *A22-05.dwg* im Ordner *Aufgaben* – ein Kameragehäuse (siehe Abbildung 22.11).
2. Zunächst soll eine Kante verschoben werden. Stellen Sie den Filter und das Bearbeitungswerkzeug entsprechend ein.
3. Wählen Sie jetzt nacheinander die Kanten an der Oberseite des Gehäuses (siehe Abbildung 22.11, linkes Bild, markierte Kante).
4. Zeigen Sie mit der Maus an den mittleren Punkt (nicht klicken), das Gizmo-Werkzeug wird an diesen Punkt gesetzt (siehe Abbildung 22.11, linkes Bild).
5. Jetzt können Sie wie beim Befehl 3DSCHIEBEN (siehe Kapitel 20.14) entweder in einer Achsrichtung oder in einer Ebene verschieben. Zeigen Sie dazu auf die entsprechende Achse oder Ebene am Gizmo-Symbol und klicken Sie diese an. Haben Sie falsch geklickt, können Sie die Wahl mit [ESC] rückgängig machen. Der Befehl wird damit nicht abgebrochen, sondern nur die gewählte Achse oder Ebene, und Sie können neu wählen.
6. Wählen Sie in unserem Beispiel die z-Achse und schieben Sie nach unten (siehe Abbildung 22.11, mittleres Bild). Sie können frei schieben oder einen Wert eingeben, um den verschoben werden soll.
7. Haben Sie einen Punkt angeklickt oder einen Wert eingegeben, können Sie eine neue Achse wählen oder mit [ESC] den Gizmo beenden. In Abbildung 22.11, rechtes Bild, wird noch in der Richtung der x-Achse verschoben.

Abbildung 22.11: Verschieben in verschiedenen Richtungen

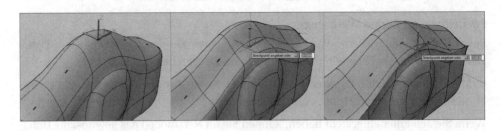

Arbeiten mit dem Gizmo – Beispiel 2: Drehen

1. Jetzt soll eine Fläche gedreht werden. Stellen Sie den Filter und das Bearbeitungswerkzeug entsprechend neu ein.
2. Schauen Sie von der Rückseite auf das Modell. Wählen Sie jetzt nacheinander die Fläche an der Rückseite des Gehäuses (siehe Abbildung 22.12, linkes Bild, markierte Flächen).
3. Zeigen Sie mit der Maus an den mittleren Punkt (nicht klicken), das Gizmo-Werkzeug wird an diesen Punkt gesetzt (siehe Abbildung 22.11, linkes Bild).
4. Jetzt können Sie wie beim Befehl 3DDREHEN (siehe Kapitel 20.14) einen der Ringe anwählen, um den gedreht werden soll. Haben Sie falsch geklickt, können Sie die Wahl mit ESC rückgängig machen. Der Befehl wird damit nicht abgebrochen, Sie können aber neu wählen.
5. Wählen Sie in unserem Beispiel den waagrechten Ring und drehen in dieser Richtung frei oder durch Eingabe eines Winkels (siehe Abbildung 22.12, rechtes Bild).
6. Haben Sie einen Winkel angeklickt oder einen Wert eingegeben, können Sie eine neue Drehrichtung wählen oder mit ESC den Gizmo beenden.

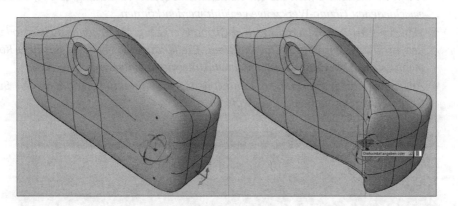

Abbildung 22.12:
Drehen um Achsen

Arbeiten mit dem Gizmo – Beispiel 3: Skalieren

1. Jetzt soll eine Fläche skaliert werden. Stellen Sie den Filter und das Bearbeitungswerkzeug entsprechend neu ein.
2. Schauen Sie wieder von vorne auf die Kamera. Wählen Sie jetzt die mittlere Fläche für das Objektiv (siehe Abbildung 22.13, linkes Bild, markierte Fläche). Das Gizmo-Werkzeug sitzt gleich an der richtigen Stelle, da es ja nur eine Fläche ist, die zu bearbeiten ist.
3. Jetzt muss die Ebene gefunden werden, in der skaliert wird. Wenn Sie mit der Maus an die richtige Stelle zeigen, wird die Ebene hervorgehoben (siehe Abbildung 22.13, linkes Bild). Klicken Sie diese dann an, nehmen Sie für unser Beispiel die xz-Ebene.
4. Ziehen Sie jetzt die Fläche größer oder geben Sie einen Faktor ein, beispielsweise 1.5. Die Fläche wird um diesen Faktor vergrößert (siehe Abbildung 22.13, rechtes Bild).

5. Haben Sie um einen Faktor gezogen oder einen Wert eingegeben, können Sie eine neue Skalierebene wählen oder mit [ESC] den Gizmo beenden.

Abbildung 22.13: Skalieren einer Fläche

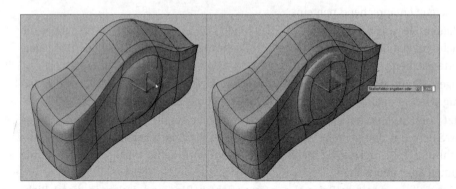

TIPP

Kontextmenü beim Gizmo-Werkzeug
- *Sie können während des Arbeitens mit dem Gizmo das Werkzeug wechseln. Mit einem Rechtsklick öffnen Sie ein Kontextmenü (siehe Abbildung 22.14), in dem die verschiedenen Gizmo-Werkzeuge gewählt werden können.*
- *Manchmal ist es schwierig, an dem Gizmo-Werkzeug die richtigen Achsen oder Ebenen zu finden, vor allem beim Skalieren. Die können Sie ebenfalls aus dem Kontextmenü (siehe Abbildung 22.14) in einem Untermenü wählen.*
- *Außerdem haben Sie in dem Kontextmenü noch Funktionen, mit denen Sie das Gizmo-Werkzeug neu ausrichten können.*

Abbildung 22.14: Kontextmenü beim Gizmo-Werkzeug

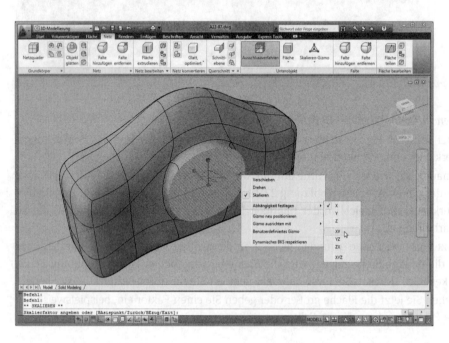

22.5 Weitere Bearbeitungsfunktionen für Netze

Wird ein Netzmodell geglättet, werden erst einmal alle Kanten geglättet. Wollen Sie aber scharfe Kanten haben, können Sie an diesen eine sogenannte Falte hinzufügen.

Falte hinzufügen

Sie können eine Falte an einer Kante oder an einer ganzen Fläche einfügen. Sie müssen also den Filter (Flyout-Menü im Register NETZMODELLIERUNG, Gruppe UNTEROBJEKT) auf Kante oder Fläche einstellen. Wählen Sie:

- Multifunktionsleiste: Symbol im Register NETZ, Gruppe NETZ
- Menüleiste ÄNDERN, Untermenü NETZBEARBEITUNG, Funktion FALTE

Wählen Sie dann eine Kante oder klicken Sie in eine Fläche, je nachdem, was Sie für einen Filter eingestellt haben. Hier müssen Sie die Taste [Strg] nicht drücken.

```
Zu faltende Netzunterobjekte auswählen: Fläche oder Kante wählen
Zu faltende Netzunterobjekte auswählen: Weitere Fläche oder Kante wählen oder mit [↵]
beenden
Faltwert angeben [Immer] <Immer>: Faltwert eingeben oder Option Immer mit [↵]
bestätigen
```

Der Faltwert gibt an, bis zu welchem Glättungsgrad die Falte erhalten bleiben soll. Wenn Sie hier beispielsweise 2 eingeben, wird bei einer Glättung größer als 2 die Falte gerundet. Mit der Option IMMER bleibt die Falte immer erhalten.

Falte entfernen

Eine Falte kann auch wieder entfernt werden. Auch hier ist es möglich, die Falte an einer Kante oder an einer ganzen Fläche zu entfernen. Dazu setzen Sie wieder den Filter und wählen dann:

- Multifunktionsleiste: Symbol im Register NETZ, Gruppe NETZ
- Menüleiste ÄNDERN, Untermenü NETZBEARBEITUNG, Funktion FALTE ENTFERNEN

Wählen Sie dann eine Kante oder klicken Sie in eine Fläche und die Falte wird entfernt. Das Netzmodell wird an dieser Stelle wieder geglättet.

Falten einfügen

1. Laden Sie das Netzmodell aus der Datei *A22-06.dwg* im Ordner *Aufgaben*, wieder das Kameragehäuse aber das unveränderte Original (siehe Abbildung 22.15, linkes Bild).
2. Fügen Sie eine Falte an der vorderen Fläche für das Objektiv ein (siehe Abbildung 22.15, rechtes Bild).

Abbildung 22.15:
Falte hinzufügen

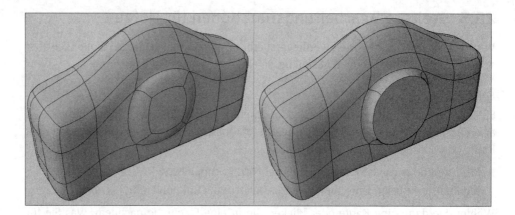

Netzfläche teilen

Um gezielter arbeiten zu können, ist es oft erforderlich, dass eine der Netzflächen geteilt werden muss. Auch dazu haben Sie eine Funktion zur Verfügung:

- Multifunktionsleiste: Symbol im Register NETZ, Gruppe NETZ BEARBEITEN
- Menüleiste ÄNDERN, Untermenü NETZBEARBEITUNG, Funktion FLÄCHE TEILEN

```
Zu teilende Netzfläche auswählen: In die zu teilende Fläche klicken
Ersten Teilungspunkt angeben: Punkt anklicken
Zweiten Teilungspunkt angeben: Zweiten Punkt anklicken
```

Die Fläche wird in zwei Flächen aufgeteilt (siehe Abbildung 22.16, linkes Bild).

Netzfläche extrudieren

Anstatt mit dem Gizmo eine Fläche zu verschieben, können Sie auch eine weitere Funktion verwenden. Die unterscheidet sich dadurch, dass damit in Richtung der Flächennormalen verschoben wird. Wählen Sie:

- Multifunktionsleiste: Symbol im Register NETZ, Gruppe NETZ BEARBEITEN
- Menüleiste ÄNDERN, Untermenü NETZBEARBEITUNG, Funktion FLÄCHE EXTRUDIEREN

```
Zu extrudierende Objekte wählen: In die Fläche mit gedrückter Taste [Strg] klicken
Zu extrudierende Objekte wählen: Weitere Flächen wählen oder mit [↵] beenden
Höhe der Extrusion angeben oder [Richtung/Pfad/Verjüngungswinkel] <15.0858>: Fläche
herausziehen oder Wert eingeben
```

Sie können die Fläche herausziehen oder einen Wert für die Extrusion eingeben (siehe Abbildung 22.16, rechtes Bild). Außerdem haben Sie noch Optionen, um die Richtung zu wechseln, um einen Verjüngungswinkel einzugeben oder entlang eines Pfades zu extrudieren.

Fläche teilen und extrudieren

1. Teilen und extrudieren Sie die Fläche wie in Abbildung 22.16.
2. Eine Musterlösung haben Sie im Ordner *Aufgaben*, die Datei *L22-06.dwg*.

Weitere Bearbeitungsfunktionen für Netze

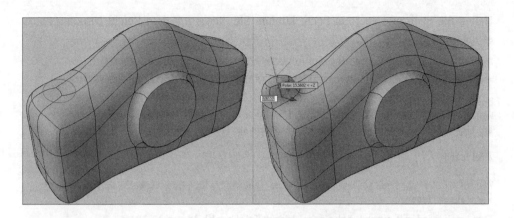

Abbildung 22.16:
Netzfläche teilen und extrudieren

Netzflächen verschmelzen, Löcher schließen und Flächen oder Kanten komprimieren

Mit weiteren Funktionen können Sie Netze bearbeiten. Eine Möglichkeit ist, dass Sie Flächen zu einer gemeinsamen Fläche verschmelzen können. Dafür haben Sie den Befehl NETZVERSCHMELZ. Sie finden ihn:

- Multifunktionsleiste: Symbol im Register NETZ, Gruppe NETZ BEARBEITEN
- Menüleiste ÄNDERN, Untermenü NETZBEARBEITUNG, Funktion FLÄCHE VERSCHMELZEN

```
Befehl: Netzverschmelz
Benachbarte Netzflächen für Verschmelzen auswählen: In Fläche klicken, der
Flächenfilter wird automatisch aktiviert
Benachbarte Netzflächen für Verschmelzen auswählen: weitere Fläche klicken
...
Benachbarte Netzflächen für Verschmelzen auswählen: Auswahl mit ⏎ abschließen
```

Die gewählten benachbarten Flächen (siehe Abbildung 22.17, links) werden zu einer Fläche verschmolzen (siehe Abbildung 22.17, rechts).

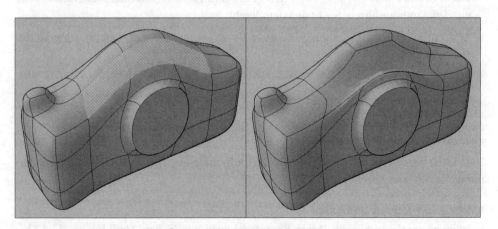

Abbildung 22.17:
Flächen verschmelzen

Haben Sie in Ihrem Netz ein Loch, können Sie dieses mit dem Befehl NETZABSCHLUSS schließen:

- Multifunktionsleiste: Symbol im Register NETZ, Gruppe NETZ BEARBEITEN
- Menüleiste ÄNDERN, Untermenü NETZBEARBEITUNG, Funktion LOCH SCHLIESSEN

```
Befehl: Netzabschluss
Wählen Sie verbundene Netzkanten, um eine neue Netzfläche zu erstellen: Kante
anklicken, der Kantenfilter wird automatisch aktiviert
Wählen Sie verbundene Netzkanten, um eine neue Netzfläche zu erstellen: Weitere Kante
anklicken
…
Wählen Sie verbundene Netzkanten, um eine neue Netzfläche zu erstellen: Auswahl mit
[↵] abschließen
```

Das Loch wird mit einer Fläche geschlossen (siehe Abbildung 22.18).

Abbildung 22.18: Loch im Netz schließen

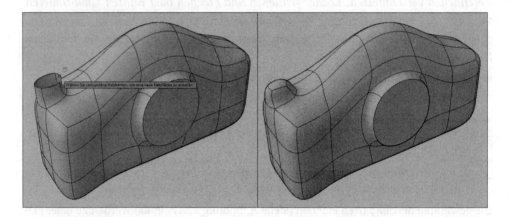

Mit dem Befehl NETZKOMPRIM lassen sich Scheitelpunkte ausgewählter Netzflächen oder -kanten zusammenführen. Sie finden den Befehl:

- Multifunktionsleiste: Symbol im Register NETZ, Gruppe NETZ BEARBEITEN (erweiterter Bereich)
- Menüleiste ÄNDERN, Untermenü NETZBEARBEITUNG, Funktion FLÄCHE ODER KANTE KOMPRIMIEREN

```
Befehl: Netzkomprim
Zu komprimierende Netzfläche oder -kante auswählen: Kante oder Fläche anklicken,
eventuell Filter neu einstellen
```

Die Fläche oder Kante wird entfernt und die Endpunkte in einem zentralen Punkt zusammengefasst (siehe Abbildung 22.19).

STEP

Flächen und Kanten bearbeiten

1. Experimentieren Sie mit Ihrem Kameragehäuse wie in den Abbildungen 22.17 bis 22.19.
2. Eine Musterlösung haben Sie dafür nicht. Probieren Sie es einfach aus.

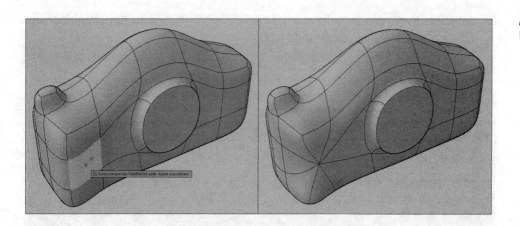

Abbildung 22.19:
Fläche komprimiert

22.6 Als Volumen weiterbearbeiten

Zum Schluss noch ein Ausflug in die Volumenbearbeitung. Aus dem Netz soll ein Volumen erzeugt und weiter bearbeitet werden.

Netz in Volumen umwandeln und weiter bearbeiten

1. Laden Sie das Netzmodell aus der Datei *A22-07.dwg* im Ordner *Aufgaben*, wieder das Kameragehäuse mit der Falte am Objektiv (siehe Abbildung 22.20, linkes Bild).
2. Stellen Sie die Konvertierungsoption auf GLÄTTEN, OPTIMIERT ein (Register NETZMODELLIERUNG, Gruppe NETZ KONVERTIEREN) und wählen Sie dann die Funktion IN VOLUMEN KONVERTIEREN. Das Modell sieht dann wie in Abbildung 22.20, rechtes Bild, aus.

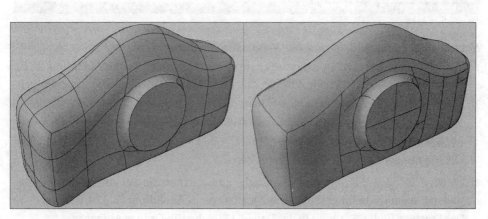

Abbildung 22.20:
Netzmodell in Volumenmodell umgewandelt

3. Setzen Sie das BKS auf die Objektivfläche und erstellen Sie einen Zylinder als Volumen-Grundkörper, der etwas kleiner als die Fläche ist. Lassen Sie ihn in die Kamera hineinragen.

4. Subtrahieren Sie den Zylinder von der Kamera und Sie haben die Einschrauböffnung für das Objektiv (siehe Abbildung 22.21).
5. Runden Sie die innere Kante im Gehäuse mit dem Radius 3 und die äußere mit dem Radius 1.
6. Eine Beispiellösung finden Sie im Ordner *Aufgaben* in der Datei *L22-07.dwg*.

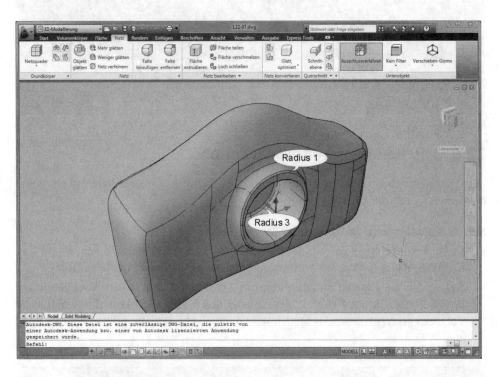

Abbildung 22.21:
Kamera mit Objektivausschnitt

Netz in Fläche umwandeln und mit Volumen schneiden

1. Laden Sie die Datei *A22-08.dwg* aus dem Ordner *Aufgaben* (siehe Abbildung 22.22, linkes Bild). Darin haben Sie eine Netzfläche und einen Quader als Volumenkörper.
2. Konvertieren Sie das Netz in eine Fläche. Verwenden Sie die Option GLÄTTEN, NICHT OPTIMIERT (siehe Abbildung 22.22, rechtes Bild).
3. Wählen Sie dann den Befehl KAPPEN und trennen Sie den Quader an der Oberfläche. Es soll nur der untere Teil erhalten bleiben.

- Löschen Sie noch die ursprüngliche Fläche und schalten Sie auf eine schattierte Darstellung, dann sollte Ihr geschnittener Quader wie in Abbildung 22.23 aussehen.
- Das Ergebnis finden Sie auch in der Datei *L22-08.dwg* im Ordner *Aufgaben*.

Als Volumen weiterbearbeiten

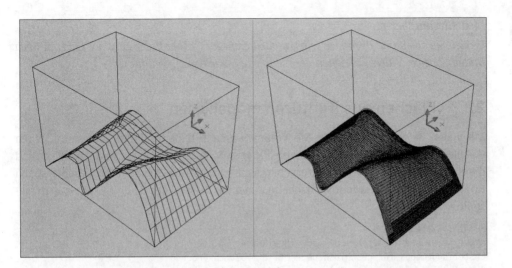

Abbildung 22.22:
Volumen und Netz

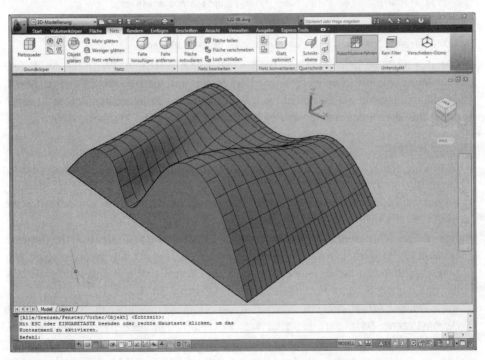

Abbildung 22.23:
Der geschnittene Quader

Sie sehen, Netz- und Volumenmodellierung sind beliebig miteinander kombinierbar. So haben Sie alle Möglichkeiten, auch komplexe Freiformflächen zu erstellen.

Modellierungsbeispiel

Wollen Sie das Kameragehäuse selbst modellieren? Im Ordner Videos auf der CD zum Buch finden Sie zwei Videos, in denen die komplette Modellierung gefilmt ist.

22.7 Flächen aus Konturen modellieren

Mit vielen Befehlen, mit denen Sie Volumen erstellt haben, können Sie auch Flächen erstellen. Das sind vor allem die Befehle EXTRUSION, ROTATION, SWEEP und ANHEBEN. Sind die Konturen nicht geschlossen, ergeben sich automatisch Flächen. Bei geschlossenen Konturen lässt sich der Modus umschalten, hier am Beispiel des Befehls EXTRUSION dargestellt:

```
Befehl: Extrusion
Aktuelle Dichte des Drahtmodells:  ISOLINES=4
Erstellungsmodus für geschlossene Profile =Volumenkörper
Zu extrudierende Objekte wählen oder [MOdus]: Option Modus wählen
Erstellungsmodus für geschlossene Profile [Volumenkörper/Fläche]
<Volumenkörper>: Volumenköper oder Fläche wählen
Zu extrudierende Objekte wählen oder [MOdus]: Objekte wählen
```

Der Modus bleibt so lange erhalten, bis Sie ihn wieder wechseln. Wenn Sie den Befehl aus der Multifunktionsleiste wählen, wird der Modus automatisch gewählt, je nachdem, aus welchem Register Sie den Befehl gewählt haben, aus dem Register VOLUMENKÖRPER oder FLÄCHE. Die Funktionen dieser Befehle finden Sie in Kapitel 21.2 beschrieben.

Flächen bearbeiten

- *Haben Sie den Schalter FLÄCHE ASSOZIATIVITÄT (Multifunktionsleiste FLÄCHE, Register ERSTELLEN) aktiviert, ändert sich die erstellte Fläche mit, wenn Sie die Ausgangskontur bearbeiten, beispielsweise an den Griffen ziehen. Ist der Schalter aus, besteht keine Assoziativität mehr zwischen Ausgangskontur und erstellter Fläche.*
- *Haben Sie den Schalter NURBS-ERSTELLUNG (Multifunktionsleiste FLÄCHE, Register ERSTELLEN) aktiviert, wird eine Nurbs-Fläche erstellt, bei der Sie besondere Bearbeitungsmöglichkeiten haben (siehe unten). Nurbs-Flächen sind allerdings nicht assoziativ, egal wie der Schalter FLÄCHE ASSOZIATIVITÄT eingestellt ist.*
- *Auch Flächen lassen sich mit booleschen Verknüpfungen bearbeiten. Sie können die Befehle VEREIN, DIFFERENZ und SCHNITTMENGE auf Flächen anwenden (siehe Kapitel 21.3).*
- *Beachten Sie aber, dass Sie dabei nur plan aufeinanderliegende Flächen bearbeiten können. Für Flächen, die sich durchdringen, gibt es andere Befehle (siehe unten).*

Flächen aus Konturen modellieren

Flächen aus Konturen erstellen

1. Die Aufgaben *A21-01.dwg*, *A21-02.dwg*, *A21-03.dwg* *A21-04.dwg*, *A21-05.dwg*, *A21-06.dwg* und *A21-06-1.dwg* aus Kapitel 21.2 können Sie mit den dort beschriebenen Befehlen noch einmal ausführen. Diesmal erstellen Sie aber Flächen.
2. Wählen Sie dazu die Befehle aus dem Register FLÄCHE der Multifunktionsleiste oder schalten Sie vorher den Modus um, wenn Sie mit der Menüleiste oder den Werkzeugkästen arbeiten.
3. Versuchen Sie es mit unterschiedlichen Einstellungen des Schalters FLÄCHE ASSOZIATIVITÄT und verändern Sie die Ausgangskonturen.

Planare Flächen erstellen

Mit dem Befehl PLANFLÄCHE erstellen Sie eine planare Fläche. Wählen Sie den Befehl:

- Multifunktionsleiste: Symbol im Register FLÄCHE, Gruppe ERSTELLEN
- Menüleiste ZEICHNEN, Untermenü MODELLIEREN, Untermenü FLÄCHEN, Funktion PLANAR
- Symbol im Werkzeugkasten FLÄCHENERSTELLUNG

```
Befehl: Plansurf
Erste Ecke oder [Objekt] angeben <Objekt>: Erste Ecke anklicken
Andere Ecke angeben: Gegenüberliegende Ecke anklicken
```

Es wird eine rechteckige Fläche zwischen den beiden Eckpunkten erstellt. Mit der Option OBJEKT bei der ersten Anfrage können Sie einen geschlossenen Linienzug, eine geschlossene Polylinie oder einen geschlossenen Spline wählen. Das gewählte Objekt wird in eine Fläche umgewandelt.

Flächennetz erstellen

Mit dem Befehl FLÄCHENETZ erstellen Sie eine Fläche, die aus einer Vielzahl von Konturen in zwei Richtungen besteht. Wählen Sie den Befehl:

- Multifunktionsleiste: Symbol im Register FLÄCHE, Gruppe ERSTELLEN
- Menüleiste ZEICHNEN, Untermenü MODELLIEREN, Untermenü FLÄCHEN, Funktion NETZ
- Symbol im Werkzeugkasten FLÄCHENERSTELLUNG

```
Befehl: Flächenetz
Kurven oder Flächenkanten in erste Richtung wählen: Kante in Reihenfolge anklicken
Kurven oder Flächenkanten in erste Richtung wählen: Nächste Kante anklicken
…
Kurven oder Flächenkanten in erste Richtung wählen: Mit [↵] beenden
Kurven oder Kurvenkanten in zweite Richtung wählen: Kante in Reihenfolge anklicken
Kurven oder Kurvenkanten in zweite Richtung wählen: Nächste Kante anklicken
…
Kurven oder Kurvenkanten in zweite Richtung wählen: Mit [↵] beenden
```

Es wird eine Fläche zwischen den Kurven aufgespannt (siehe Abbildung 22.24).

Abbildung 22.24:
Flächennetz aus Kanten

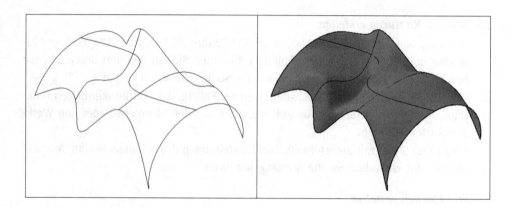

Ein Flächennetz erstellen

1. Laden Sie die Zeichnung *A22-09.dwg* aus dem Ordner *Aufgaben*.
2. Erstellen Sie ein Flächennetz wie in Abbildung 22.24.
3. Eine Lösung finden Sie in der Datei *L22-09.dwg*.

22.8 Flächen bearbeiten

Die weiter oben behandelten Netze lassen sich leichter mit den Gizmo-Werkzeugen bearbeiten. Der Vorteil der Flächen liegt in den Möglichkeiten, diese exakter zu bearbeiten. Eine ganze Reihe von Bearbeitungsbefehlen steht Ihnen dafür zur Verfügung. Die wichtigsten sollen gleich an Beispielen in diesem Kapitel vorgestellt werden.

Flächen stutzen und runden

1. Laden Sie die Zeichnung *A22-10.dwg* aus dem Ordner *Aufgaben* (siehe Abbildung 22.25, oben links).
2. Wählen Sie den Befehl FLÄCHESTUTZ, um Flächen an anderen Flächen zu stutzen:

    - Multifunktionsleiste: Symbol im Register FLÄCHE, Gruppe BEARBEITEN
    - Menüleiste ÄNDERN, Untermenü FLÄCHE BEARBEITEN, Funktion STUTZEN
    - Symbol im Werkzeugkasten FLÄCHENBEARBEITUNG

```
Befehl: Flächestutz
Flächen verlängern = Ja, Projektion = Automatisch.
Zu stutzende Flächen oder Regionen wählen oder [ERweitern/Projektionsrichtung]:
Waagrechte Fläche (Abbildung 22.25, oben links) anklicken
Zu stutzende Flächen oder Regionen wählen oder [ERweitern/Projektionsrichtung]:
Mit [↵] Auswahl beenden
Schneidende Kurven, Flächen oder Regionen wählen: Beide senkrechten Flächen anklicken
Schneidende Kurven, Flächen oder Regionen wählen: Mit [↵] Auswahl beenden
Zu stutzenden Bereich wählen [Zurück]: Waagrechte Fläche links und rechts außerhalb der
senkrechten Flächen anklicken
```

Flächen bearbeiten

3. Das Resultat sieht wie in Abbildung 22.25, oben rechts, aus. Jetzt dasselbe noch mal.

```
Befehl: Flächestutz
Flächen verlängern = Ja, Projektion = Automatisch.
Zu stutzende Flächen oder Regionen wählen oder [ERweitern/Projektionsrichtung]:
Senkrechte Flächen (Abbildung 22.25, oben rechts) anklicken
Zu stutzende Flächen oder Regionen wählen oder [ERweitern/Projektionsrichtung]:
Mit [↵] Auswahl beenden
Schneidende Kurven, Flächen oder Regionen wählen: Waagrechte Fläche anklicken
Schneidende Kurven, Flächen oder Regionen wählen: Mit [↵] Auswahl beenden
Zu stutzenden Bereich wählen [Zurück]: Senkrechte Flächen über oder unter der
waagrechten anklicken
```

4. Das Resultat sieht wie in Abbildung 22.25, unten links, aus. Jetzt die Flächen auf beiden Seiten miteinander verrunden. Dafür haben Sie den Befehl FLÄCHEABRUND:

   - Multifunktionsleiste: Symbol im Register FLÄCHE, Gruppe BEARBEITEN
   - Symbol im Werkzeugkasten FLÄCHENBEARBEITUNG

```
Befehl: Flächeabrund
Radius = 1.0000, Fläche stutzen = ja
Erste Fläche oder Region wählen, die abgerundet werden soll oder
[Radius/fläche Stutzen]: Option Radius wählen
Radius definieren <1.0000>: 0.5 eingeben
Erste Fläche oder Region wählen, die abgerundet werden soll oder
[Radius/fläche Stutzen]: Erste Fläche anklicken
Zweite Fläche oder Region wählen, die abgerundet werden soll oder
[Radius/fläche Stutzen]: Zweite Fläche anklicken
Drücken Sie die Eingabetaste, um das Abrunden der Fläche zu akzeptieren
oder [Radius/flächen Stutzen]: Mit [↵] Ergebnis übernehmen oder mit Option Radius den
Radiaus ändern
```

5. Dasselbe auf der anderen Seite noch einmal und das Ergebnis sieht wie in Abbildung 22.25, unten rechts, aus. Eine Musterlösung finden Sie in der Zeichnung *L22-10.dwg* im Ordner *Aufgaben*.

Stutzen aufheben

Mit dem Befehl FLÄCHESTUTZAUFHEB können Sie eine gestutzte Fläche wieder in ihren Originalzustand versetzen, das heißt das Stutzen wieder aufheben. Sie finden den Befehl:

- Multifunktionsleiste: Symbol im Register FLÄCHE, Gruppe BEARBEITEN
- Menüleiste ÄNDERN, Untermenü FLÄCHE BEARBEITEN, Funktion STUTZUNG AUFHEBEN
- Symbol im Werkzeugkasten FLÄCHENBEARBEITUNG

Abbildung 22.25:
Flächen stutzen und abrunden

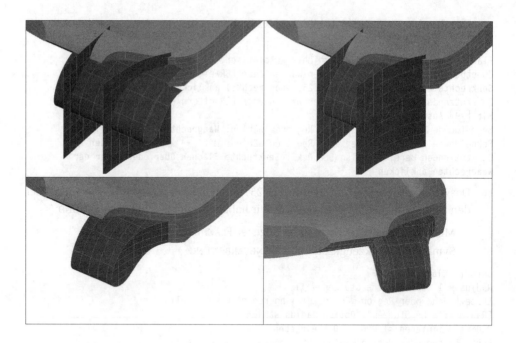

Flächen verlängern und formen

1. Laden Sie die Zeichnung *A22-11.dwg* aus dem Ordner *Aufgaben* (siehe Abbildung 22.26, oben links).
2. Wählen Sie den Befehl FLÄCHEVERLÄNG, um die vordere kurze Fläche zu verlängern:

- Multifunktionsleiste: Symbol im Register FLÄCHE, Gruppe BEARBEITEN
- Menüleiste ÄNDERN, Untermenü FLÄCHE BEARBEITEN, Funktion VERLÄNGERN
- Symbol im Werkzeugkasten FLÄCHENBEARBEITUNG

```
Befehl: Flächeverläng
Modus = ERweitern, Erstellung = Anhängen
Kanten von Flächen wählen, die verlängert werden sollen: Senkrechte Fläche an der
rechten Seite anklicken
Kanten von Flächen wählen, die verlängert werden sollen: Mit ⏎ Auswahl abschließen
Verlängerten Abstand angeben [Ausdruck/MOdi]: Verlängerungsabstand eingeben oder mit
der Maus klicken
```

3. Das Resultat sieht wie in Abbildung 22.26, oben rechts, aus. Jetzt dasselbe noch einmal auf der anderen Seite und Sie haben den gleichen Stand wie in Abbildung 22.26, unten links.
4. Jetzt erzeugen wir ein Volumen aus dem Raum, den die verschiedenen Flächen umschließen. Dazu haben Sie den Befehl FLÄCHEFORM:

- Multifunktionsleiste: Symbol im Register FLÄCHE, Gruppe BEARBEITEN
- Menüleiste ÄNDERN, Untermenü FLÄCHE BEARBEITEN, Funktion FORMEN
- Symbol im Werkzeugkasten FLÄCHENBEARBEITUNG

Flächen bearbeiten

```
Befehl: Flächeform
Netzkonvertierung eingestellt auf: Glatt und optimiert.
Flächen oder Volumenkörper wählen, die in einen Volumenkörper geformt werden
sollen: Alle Flächen wählen
Flächen oder Volumenkörper wählen, die in einen Volumenkörper geformt werden
sollen: Auswahl mit [↵] abschießen
```

5. Sie erhalten das Volumen (siehe Abbildung 22.26, unten rechts). Die Form des Volumens ist davon abhängig, was Sie zuvor im Flyout für die Volumenkonvertierung eingestellt haben (siehe Kapitel 22.3):

   - Multifunktionsleiste: Symbol im Register NETZ, Gruppe NETZ KONVERTIEREN
   - Menüleiste ÄNDERN, Untermenü NETZBEARBEITUNG, Funktionen für die verschiedenen Konvertierungsarten

6. Eine Musterlösung haben Sie auch im Ordner Aufgaben, die Datei *L22-11.dwg*.

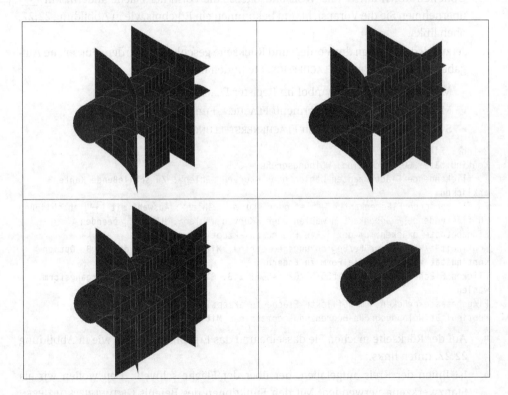

Abbildung 22.26:
Fläche verlängert und geformt

Flächen mischen, flicken und projizieren

1. Laden Sie die Zeichnung *A22-12.dwg* aus dem Ordner *Aufgaben* (siehe Abbildung 22.27, oben links).
2. Mit dem Befehl FLÄCHEMISCH können Sie Kanten verschiedener oder gleicher Flächen mit einer neuen Fläche überblenden. Sie finden den Befehl:

- Multifunktionsleiste: Symbol im Register FLÄCHE, Gruppe ERSTELLEN
- Menüleiste ZEICHNEN, Untermenü FLÄCHEN, Funktion MISCHEN
- Symbol im Werkzeugkasten FLÄCHENERSTELLUNG

```
Befehl: Flächemisch
Kontinuität = G1 - Tangente, Wölbungsgröße = 0.5
Erste Flächenkanten wählen, die gemischt werden sollen: Obere Kante anklicken
Erste Flächenkanten wählen, die gemischt werden sollen: Mit [↵] beenden
Kanten der zweiten Fläche wählen, die gemischt werden sollen: Untere Kante anklicken
Kanten der zweiten Fläche wählen, die gemischt werden sollen: Mit [↵] beenden
Eingabetaste drücken, um das Mischen der Fläche zu akzeptieren oder
Kontinuität/Wölbungsgröße]: Mit [↵] Voransicht übernehmen oder mit den Optionen die
Form verändern
```

3. Beim Wählen der Kanten wird automatisch der Kantenfilter eingeschaltet. Wenn Sie alles gewählt haben, wird eine Voransicht angezeigt. Sie können aber noch mit den Optionen KONTINUITÄT und WÖLBUNGSGRÖSSE die Form der Fläche ändern. Mit [↵] übernehmen Sie die Voransicht und bekommen ein Ergebnis wie in Abbildung 22.27, oben links.

4. Jetzt soll das Loch an der Vorder- und Rückseite geschlossen werden. Für solche Aufgaben gibt es den Befehl FLÄCHEFLICK. Sie finden ihn:

- Multifunktionsleiste: Symbol im Register FLÄCHE, Gruppe ERSTELLEN
- Menüleiste ZEICHNEN, Untermenü FLÄCHEN, Funktion FLICKEN
- Symbol im Werkzeugkasten FLÄCHENERSTELLUNG

```
Befehl: Flächeflick
Kontinuität = G0 - Position, Wölbungsgröße = 0.5
Zu flickende Flächenkanten wählen oder <Kurven wählen>: Zu schließende Kanten
anklicken
Zu flickende Flächenkanten wählen oder <Kurven wählen>: Auswahl mit [↵] abschließen
Zu flickende Flächenkanten wählen oder <Kurven wählen>: Mit [↵] beenden
Eingabetaste drücken, um geflickte Fläche zu akzeptieren oder
Kontinuität/Wölbungsgröße/Begrenzungsgeometrie]: Mit [↵] beenden oder z.B. Option
Kontinuität wählen, um die Form zu ändern
Flicken-Flächen-Kontinuität [G0/G1/G2] <G0>: z.B. G1 für eine andere Übergangsform
wählen
Eingabetaste drücken, um geflickte Fläche zu akzeptieren oder
Kontinuität/Wölbungsgröße/Begrenzungsgeometrie]: Mit [↵] beenden, wenn O.K.
```

5. Auf der Rückseite machen Sie dasselbe und das Ergebnis sieht aus wie in Abbildung 22.27, unten links.

6. Ist Ihnen der Kreis aufgefallen, der über der Fläche schwebt. Den wollen wir als Stanzwerkzeug verwenden. Mit den Funktionen des Befehls GEOMETRIEPROJIZIEREN ist dies möglich. Sie finden den Befehl:

- Multifunktionsleiste: Symbole im Register FLÄCHE, Gruppe GEOMETRIE PROJIZIEREN

7. Der Schalter AUTOMATISCH STUTZEN muss an sein. Ist er aus, wird die Geometrie nur projiziert, aber nichts aus der Fläche ausgeschnitten.

Flächen bearbeiten

8. Der Befehl GEOMETRIEPROJIZIEREN kann auf drei Arten verwendet werden:
   - Projizieren entlang der z-Achse des aktuellen BKS (oberstes Symbol)
   - Projizieren entlang der aktuellen Ansicht (mittleres Symbol)
   - Projizieren entlang eines Projektionsvektors, der durch zwei Punkte angegeben werden kann (unteres Symbol)

9. Nehmen wir für unseren Fall das oberste Symbol: Projizieren entlang der z-Achse des aktuellen BKS.

```
Befehl:Geometrieprojizieren
Auto-Flächenstutzung = 1
Kurven oder zu projizierende Punkte wählen oder [Projektionsrichtung]: _PRO
Projektionsrichtung definieren [Ansicht/Bks/Punkte] <Ansicht>: _UCS
Kurven oder zu projizierende Punkte wählen oder [Projektionsrichtung]: Kreis wählen
Kurven oder zu projizierende Punkte wählen oder [Projektionsrichtung]: Mit ⏎ Auswahl
beenden
Volumenkörper, Fläche oder Region als Ziel der Projektion wählen: Fläche wählen
1 Objekt(e) erfolgreich projiziert.
1 automatische Stutzungs-Operationen waren erfolgreich.
```

10. Löschen Sie den Kreis und erzeugen Sie eine Fläche in der Bohrung mit dem Befehl FLÄCHEMISCH (siehe oben) zwischen der oberen und unteren Bohrungskante.

11. Das Ergebnis sollte wie in Abbildung 22.27, unten rechts, aussehen. Falls nicht, Sie haben auch eine Musterlösung im Ordner *Aufgaben*: *L22-12.dwg*.

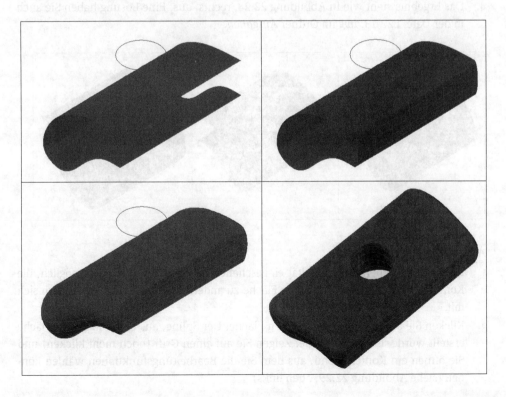

Abbildung 22.27: Flächen gemischt, geflickt und projiziert

Kapitel 22 • **Netz- und Flächenmodellierung**

Versetzen von Flächen

1. Laden Sie die Zeichnung *A22-13.dwg* aus dem Ordner *Aufgaben* (siehe Abbildung 22.28, links).

2. Schalten Sie den Schalter FLÄCHE ASSOZIATIVITÄT (Multifunktionsleiste FLÄCHE, Register ERSTELLEN) ein, denn es soll nachher die ursprünglich Kontur geändert werden.
3. Mit dem Befehl FLÄCHEVERSETZ können Sie eine parallele Fläche erzeugen. Sie finden den Befehl:
   - Multifunktionsleiste: Symbol im Register FLÄCHE, Gruppe ERSTELLEN
   - Menüleiste ZEICHNEN, Untermenü FLÄCHEN, Funktion VERSETZEN
   - Symbol im Werkzeugkasten FLÄCHENERSTELLUNG

```
Befehl: Flächeversetz
Benachbarte Kanten verbinden = Nein
Zu versetzende Flächen oder Regionen wählen: Fläche anklicken
Zu versetzende Flächen oder Regionen wählen: Mit ⏎ Auswahl beenden
Versatzabstand angeben oder [Umkehren/Beide seiten/VOlumenkörper/
VErbinden/Ausdruck] <0.0000>: Option Umkehren, um nach außen zu versetzen, Pfeile
zeigen die Richtung an (siehe Abbildung 22.28, Mitte)
Versatzabstand angeben oder [Umkehren/Beide seiten/VOlumenkörper/
VErbinden/Ausdruck] <0.0000>: Versatzabstand eingeben, z.B. 0.7
1 Objekt(e) zu versetzen.
1 Versatz-Operation(en) erfolgreich.
```

4. Das Ergebnis sieht wie in Abbildung 22.28, rechts, aus. Eine Lösung haben Sie auch in der Datei *L22-13.dwg* im Ordner *Aufgaben*.

Abbildung 22.28:
Versetzen von Flächen

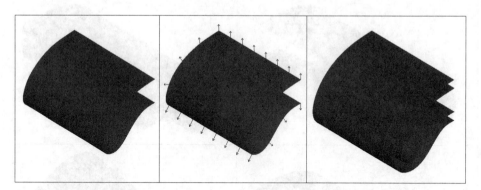

Ändern der Ausgangskontur

1. Da wir die Flächen-Assoziativität eingeschaltet haben, ist es jetzt auch möglich, die Kontur der inneren ursprünglichen Fläche zu ändern, und beide Flächen ändern sich mit.
2. Klicken Sie an den Rand der inneren Fläche. Der Spline, aus dem die innere Fläche erstellt wurde, bekommt Griffe. Zeigen Sie auf einen Griff (noch nicht klicken) und Sie öffnen ein Kontextmenü, aus dem Sie die Bearbeitungsfunktionen wählen können (siehe Abbildung 22.29, oben links).

Flächen bearbeiten

3. Wählen Sie beispielsweise die Funktion SCHEITELPUNKT STRECKEN und ziehen Sie den Griff an eine andere Stelle, und beide Flächen ändern sich mit (siehe Abbildung 22.29, oben rechts).
4. Sowohl bei den Splines zur Flächengenerierung als auch bei den Flächen bekommen Sie außer den normalen Griffen auch noch einen Dreiecksgriff, an dem Sie ein Kontextmenü aktivieren können. Daraus können Änderungsfunktionen für den Aufbau der Fläche gewählt werden (siehe Abbildung 22.29, unten).

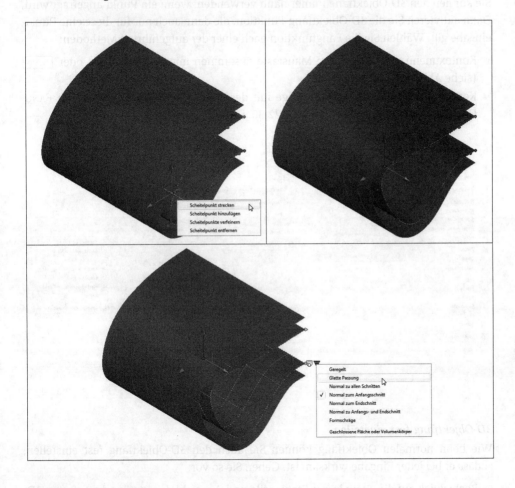

Abbildung 22.29: Änderungen an Konturen und Flächen

Ansichten und Schnitte

Ansichten und Schnitte von Netz- und Flächenmodellen können auf die gleiche Art und mit den gleichen Befehlen wie bei den Volumenkörpern generiert werden (siehe dazu Kapitel 21.9).

22.9 Der 3D-Objektfang

Um bei der 3D-Konstruktion Punkte auf bestehenden Objekten zu fangen, steht Ihnen neben dem normalen Objektfang auch ein spezieller 3D-Objektfang zur Verfügung. Die Handhabung ist genauso wie beim normalen Objektfang (siehe Kapitel 3.13).

Objektfang für eine Eingabe verwenden

Sie können den 3D-Objektfang immer dann verwenden, wenn ein Punkt angefragt wird. Dann aktivieren Sie die 3D-Objektfang-Funktion, die dann auch nur für diese eine Punkteingabe gilt. Wählen Sie die Fangfunktion nach einer der aufgeführten Methoden:

- Kontextmenü mit der rechten Maustaste zusammen mit der Taste ⇧ oder Strg (siehe Abbildung 22.30, links)
- Kontextmenü bei jeder Punktanfrage mit der rechten Maustaste, Untermenü FANG-ÜBERSCHREIBUNGEN (siehe Abbildung 22.30, rechts)

Abbildung 22.30: Kontextmenüs mit den 3D-Objektfang-Funktionen

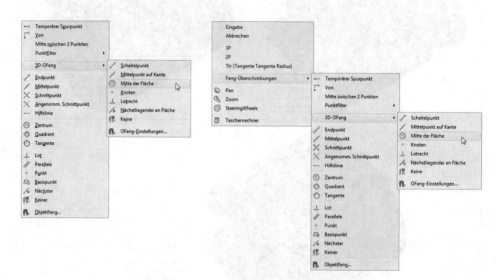

3D-Objektfang fest einstellen

Wie beim normalen Objektfang können Sie auch den 3D-Objektfang fest einstellen, sodass er bei jeder Eingabe wirksam ist. Gehen Sie so vor:

- Rechtsklick auf die Taste in der Statuszeile und Auswahl der gewünschten festen 3D-Objektfang-Funktionen oder die Funktion EINSTELLUNGEN... aus dem Kontextmenü

Sie bekommen das Dialogfeld des Befehls ZEICHEINST mit dem Register 3D-OBJEKTFANG (siehe Abbildung 22.31).

Der 3D-Objektfang

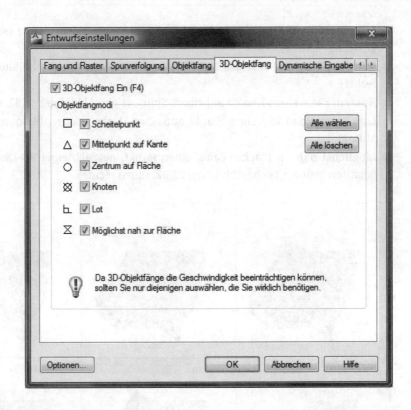

Abbildung 22.31:
Dialogfeld mit dem Register 3D-Objektfang

Zeichnen mit dem 3D-Objektfang

- Haben Sie den Objektfang einmal eingestellt, können Sie ihn mit einem Klick auf die Taste 3DOFANG in der Statuszeile oder mit der Funktionstaste [F4] ein- und ausschalten.
- Die Objektfang-Funktionen können Sie auch im Kontextmenü fest einstellen, das Sie per Rechtsklick auf der Taste 3DOFANG in der Statusleiste aktivieren können.
- Haben Sie eine oder mehrere Fangfunktionen fest eingestellt und brauchen eine andere Fangfunktion, wählen Sie die Fangfunktion nach einer der oben beschriebenen Methoden. Dann gilt der gewählte 3D-Objektfang für die eine Eingabe, für die folgenden gelten wieder die fest eingestellten Fangfunktionen.
- Haben Sie eine oder mehrere Fangfunktionen fest eingestellt und wollen einen Punkt ohne 3D-Objektfang eingeben, wählen Sie aus dem Kontextmenü für den Objektfang die Fangfunktion KEINE. Dann ist der fest eingestellte Objektfang für diese eine Eingabe nicht aktiv.

 3DOFANG

3D-Objektfangmodi

Doch welche Wirkung haben die einzelnen 3D-Objektfang-Funktionen?

- **Scheitelpunkt:** Fängt den nächsten Scheitelpunkt eines 3D-Objekts (siehe Abbildung 22.32, oben links).

- **Mittelpunkt auf Kante:** Fängt den Mittelpunkt einer Flächenkante (siehe Abbildung 22.32, oben Mitte).
- **Mitte der Fläche:** Fängt den Mittelpunkt einer Fläche (siehe Abbildung 22.32, oben rechts).
- **Knoten:** Fängt einen Knoten auf einem Spline (siehe Abbildung 22.32, unten links).
- **Lot:** Fängt einen lotrechten Punkt auf einer Fläche (siehe Abbildung 22.32, unten Mitte).
- **Möglichst nah an Fläche:** Fängt einen Punkt, der sich einer 3D-Objekt-Fläche am nächsten befindet (siehe Abbildung 22.32, unten rechts).

Abbildung 22.32:
3D-Objektfang-Funktionen

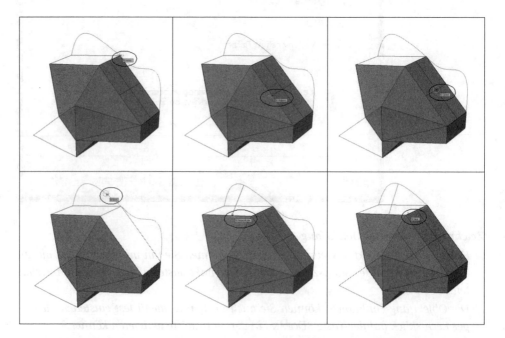

22.10 Nurbs-Flächen und Kontrollscheitelpunkte

Wie schon oben in Kapitel 22.7 erwähnt, können Sie schon bei der Erstellung von Flächen vorgeben, ob dabei Nurbs-Flächen oder normale Flächen generiert werden sollen. Der Begriff Nurbs steht für *Nonuniform Rational B-Spline Curve*. Ein B-Spline oder eine Fläche sind Objekte, die durch eine Reihe gewichteter Kontrollpunkte und mindestens einem Knotenvektor definiert sind. Das bedeutet für Sie in der Praxis, bei Nurbs-Flächen können Sie jeden Scheitelpunkt einer Fläche an Griffen ziehen und damit die komplette Fläche bearbeiten. Wie kommt man zu Nurbs-Flächen?

Nurbs-Flächen und Kontrollscheitelpunkte

Nurbs-Flächen erstellen bzw. in Nurbs-Flächen konvertieren

- Wie schon erwähnt, können Sie bei den Flächenbefehlen den Schalter NURBS-ERSTELLUNG einschalten und es entstehen bei Anwendung der Flächenbefehle Nurbs-Flächen.
- Mit dem Befehl KONVINNURBS lassen sich Flächen und Volumenkörper in Nurbs-Flächen umwandeln. Beachten Sie, dass bei Volumenkörpern nur die Hüllfläche bleibt (Multifunktionsleiste Gruppe FLÄCHE, Gruppe KONTROLLSCHEITELPUNKTE, und Symbol im Werkzeugkasten FLÄCHENBEARBEITUNG).
- Netzmodelle lassen sich nicht in Nurbs-Flächen umwandeln. Sollte das erforderlich sein, wandeln Sie diese zunächst in Volumen und dann in Nurbs-Flächen.

Nurbs-Flächen an Kontrollscheitelpunkten bearbeiten

Nurbs-Flächen können Sie mit allen oben beschriebenen Flächenbefehlen bearbeiten. Darüber hinaus gibt es weitere Funktionen zur Bearbeitung von Kontrollscheitelpunkten auf Flächen. Schauen wir uns dies auch gleich an Beispielen an.

1. Laden Sie die Zeichnung *A22-14.dwg* aus dem Ordner *Aufgaben* (siehe Abbildung 22.33, links).
2. Mit dem Schalter ANZEIGEN KS (Multifunktionsleiste FLÄCHE, Register KONTROLLSCHEITELPUNKT) können Sie die Kontrollscheitelpunkte einer wählbaren Fläche einschalten und mit dem Schalter AUSBLENDEN KS schalten Sie die Kontrollscheitelpunkte aller Flächen wieder aus. Schalten Sie die Kontrollscheitelpunkte für die Fläche ein.
3. Klicken Sie einen Kontrollscheitelpunkt an und Sie bekommen das Gizmo-Werkzeug zum Schieben an dieser Stelle (siehe Abbildung 22.33, Mitte).
4. Schieben Sie in einer Achse oder einer Ebene mit der Maus oder geben Sie einen Wert für die Verschiebung ein und die Fläche wird entsprechend angepasst (siehe Abbildung 22.33, rechts). Eine Musterlösung gibt es hier nicht, experimentieren Sie einfach weiter.

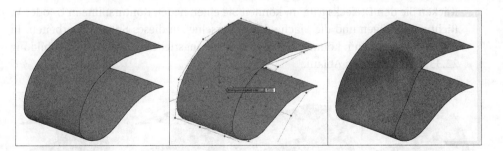

Abbildung 22.33: Bearbeiten an Kontrollscheitelpunkten

Nurbs-Fläche an einem definierten Punkt bzw. an einer definierten Konturlinie bearbeiten

Sie können auch einen definierten Punkt ansteuern, ohne dass dort ein Kontrollscheitelpunkt sitzt. Dazu gibt es den Befehl 3DBEARBLEISTE.

1. Laden Sie wieder die Zeichnung *A22-14.dwg* aus dem Ordner *Aufgaben* (siehe Abbildung 22.34, links) oder nehmen Sie eine beliebiges anderes Flächenbeispiel.
2. Mit dem Befehl 3DBEARBLEISTE können Sie einen beliebigen Punkt auf der Fläche bearbeiten. Sie finden den Befehl:

- Multifunktionsleiste: Symbol im Register FLÄCHE, Gruppe KONTROLLSCHEITELPUNKTE

```
Befehl: 3Dbearbleiste
Zu bearbeitende NURBS-Fläche wählen: Fläche anklicken
Wählen Sie Punkt auf NURBS-Fläche. Punkt auf der Fläche anklicken oder per Maß eingeben
(siehe Abbildung 22.34, zweites Bild von links)
Gizmo verschieben, um Punktposition zu ändern oder
[Basispunkt/Verschiebung/Rückgängig/beeNden] <beeNden>:
```

3. Jetzt können Sie den Punkt mit dem Gizmo-Werkzeug in Achs- oder Ebenenrichtung verschieben (siehe Abbildung 22.34, zweites Bild von rechts). Mit ⎡Esc⎦ lässt sich die Achs- oder Ebenenrichtung neu bestimmen und so über mehrere Schritte verschieben. Das Ergebnis sehen Sie in Abbildung 22.34, rechts.

Abbildung 22.34:
Fläche an definiertem Punkt bearbeiten

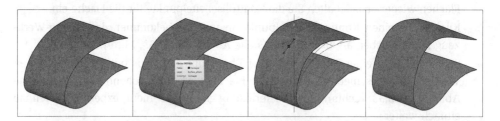

4. Klicken Sie den Dreiecksgriff an, können Sie einen neuen Kontursplinie in U- oder V-Richtung einfügen und die Fläche durch Verschieben dieses Splines bearbeiten. In einem Kontextmenü können Sie die Bearbeitungsrichtung wechseln. Abbildung 22.35 zeigt Ihnen den Ablauf.

Abbildung 22.35:
Fläche an definierter Konturlinie bearbeiten

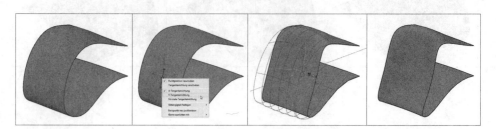

Nurbs-Flächen – Kontrollscheitelpunkte hinzufügen oder löschen
Eine weitere Funktion dient der exakten Bearbeitung von Flächen. Sie können Kontrollscheitelpunkte hinzufügen oder löschen, um an diesen die Fläche weiter zu bearbeiten.

1. Mit dem Befehl KSHINZU fügen Sie Kontrollscheitelpunkte hinzu und mit dem Befehle KSENTF entfernen Sie diese.
   - Multifunktionsleiste: Symbol im Register FLÄCHE, Gruppe KONTROLLSCHEITELPUNKTE
   - Menüleiste ÄNDERN, Untermenü FLÄCHE BEARBEITEN, Untermenü NURBS-FLÄCHENBEARBEITUNG Funktionen KS-HINZUFÜGEN bzw. KS-ENTFERNEN
   - Symbol im Werkzeugkasten FLÄCHENERSTELLUNG

2. Fügen Sie weitere Kontrollscheitelpunkte hinzu und ändern Sie auch die Richtung. Bearbeiten Sie die Fläche dann an diesen Punkten und entfernen Sie die Kontrollscheitelpunkte danach wieder. Eine Lösung gibt es hierfür nicht. Experimentieren Sie mit verschiedenen Flächen.

22.11 Analyse von 3D-Objekten

Flächen und Volumenkörper lassen sich mit den Analysefunktionen grafisch auswerten. Netzmodelle lassen sich nicht analysieren. Sollte das erforderlich sein, wandeln Sie diese in Volumen um. Drei Funktionen stehen Ihnen hierzu zur Verfügung:

- **Zebra-Analyse:** Mit der Zebra-Analyse können Sie prüfen, ob Flächenübergänge kontinuierlich sind oder ob Knickstellen enthalten sind.
- **Krümmungs-Analyse:** Damit können Sie die Stärke von Flächenkrümmungen farblich hervorheben
- **Formschräg-Analyse:** Mit dieser Analyse wird Ihnen die Möglichkeit der Entformbarkeit eines 3D-Modells angezeigt.
- Die Funktionen finden Sie in der Multifunktionsleiste:
- Symbole im Register FLÄCHE, Gruppe ANALYSE

Mit dem Befehl ANALYSEOPTIONEN können Sie die Optionen für die Darstellung einstellen. In einem Dialogfeld mit drei Registern können Sie die Optionen für jede Analyseart einstellen. Sie finden den Befehl an gleicher Stelle.

- Multifunktionsleiste: Symbole im Register FLÄCHE, Gruppe ANALYSE

Zebra-Analyse

1. Laden Sie die Zeichnung *A22-15.dwg* aus dem Ordner *Aufgaben* und starten Sie die Zebra-Analyse. Als Erstes wählen Sie das Objekt; das analysiert werden soll.
2. Drehen Sie das Objekt mit dem ViewCube oder dem Orbit und Sie sehen die Unstetigkeiten an den Flächen. Die sind überall dort, wo das Zebramuster nicht kontinu-

ierlich ist. Hier müsste noch nachgearbeitet werden, damit die Knickstellen weg sind (siehe Abbildung 22.36).
3. Starten Sie zusätzlich den Befehl ANALYSEOPTIONEN und ändern Sie die Darstellung. Drehen Sie das Objekt und sehen Sie sich alle Seiten an.

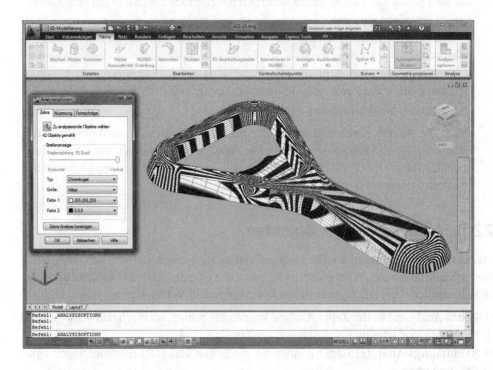

Abbildung 22.36: Flächen mit Zebra-Analyse

Krümmungs-Analyse

1. Laden Sie die Zeichnung *A22-16.dwg* aus dem Ordner *Aufgaben* und starten Sie die Krümmungs-Analyse. Zuerst wählen Sie das Objekt; das analysiert werden soll.
2. Sie bekommen eine farbliche Darstellung des Krümmungsgrads. Ist das Objekt nur in einer Farbe, sollte die Skalierung für die Farben eingestellt werden. Holen Sie das Dialogfeld des Befehls ANALYSEOPTIONEN auf den Bildschirm.
3. Wählen Sie darin eventuell noch mal das Objekt, in dem Sie auf den Schalter ZU ANALYSIERENDES OBJEKT WÄHLEN klicken und dann in der Zeichnung wählen. Klicken Sie auf den Schalter AUTO-BEREICH, dann werden die Farben automatisch angepasst (siehe Abbildung 22.37).

Formschräge-Analyse

1. Machen Sie die Formschräge-Analyse am gleichen Modell. In diesem Fall bekommen Sie eine farbliche Darstellung über die Entformbarkeit.
2. Hier wird der Winkel der Flächen grafisch in unterschiedlichen Farben dargestellt. Auch hier können Sie die Darstellung im Dialogfeld des Befehls ANALYSEOPTIONEN einstellen (siehe Abbildung 22.38).

Analyse von 3D-Objekten

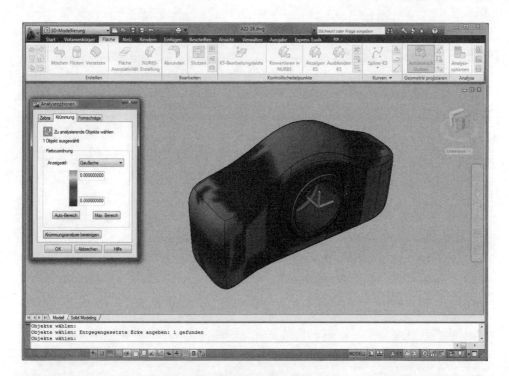

Abbildung 22.37:
Flächen mit Krümmungs-Analyse

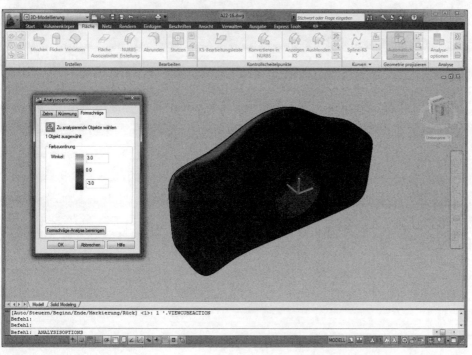

Abbildung 22.38:
Flächen mit Formschräge-Analyse

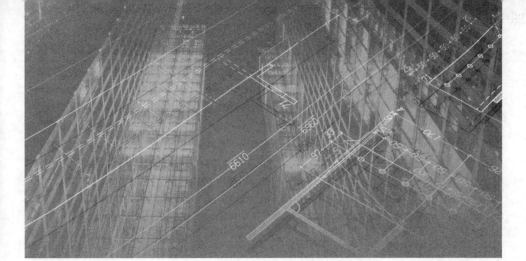

Kapitel 23
Rendern von 3D-Modellen

Wieder ein Kapitel, das Sie als Besitzer von AutoCAD LT überblättern können. Diese Funktionen haben Sie nur in der Vollversion von AutoCAD. Installieren Sie die Testversion und arbeiten Sie das Kapitel damit durch und Sie sehen, was Ihnen mit AutoCAD LT entgeht.

Nachdem Sie in den letzten Kapiteln gelernt haben, wie Sie 3D-Modelle erstellen und sie auch auf ein Zeichenblatt bekommen, werden Sie in diesem Kapitel sehen, wie Sie Ihr 3D-Modell optisch aufbereiten. Mit den Render-Funktionen erzeugen Sie fotorealistische Bilder, die Sie in Kataloge, Broschüren oder Prospekte übernehmen können. Auch der Renderer ist in AutoCAD 2007 komplett überarbeitet worden. Das wesentlich Neue ist, dass es sich um einen Echtzeit-Renderer handelt. Das bedeutet, dass Sie alles direkt am Bildschirm sehen können. Sie müssen die Render-Funktion nicht separat starten, sondern erhalten die fotorealistische Darstellung immer direkt auf dem Bildschirm. Das kann aber bei der Konstruktionsarbeit eher verwirrend sein und unnötig Leistung vom PC fordern. Deshalb können Sie die gerenderte Echtzeitdarstellung auch abschalten.

Grundsätzlich muss zwischen dem visuellen Stil und der gerenderten Darstellung unterschieden werden.

23.1 Rendern von 3D-Modellen

Sie haben in AutoCAD die Möglichkeit, realitätsnahe, farbig schattierte Darstellungen am Bildschirm in Echtzeit oder auch mit höherer Auflösung in einem Render-Fenster zu erzeugen und als Bilddatei abzuspeichern, die Sie dann wieder in ein Grafik- oder Bildbearbeitungsprogramm übernehmen können.

Was ist Rendern?

Mit den Rendering-Funktionen können Sie Ihre 3D-Modelle farbig schattiert plastisch darstellen. Die Farbe in der Zeichnung kann sich aber von dem Aussehen der realen Oberfläche unterscheiden. Deshalb können Sie den Objekten andere Farben oder auch Oberflächen zuweisen. Außerdem können Sie Lichter einsetzen, um den gewünschten Effekt zu erhalten. Beim Rendern kommen also zum Modell folgende Elemente dazu:

- Hintergrund für frei stehende Objekte, einfarbig, als Farbverlauf oder Bilddatei
- Umgebungsbedingungen wie Nebel oder Tiefenunschärfe
- Oberflächen, von einfachen Farben über Materialien bis zu Texturen, die der Oberfläche eine räumliche Struktur geben
- Lichter, vom einfachen diffusen Umgebungslicht über Spotlichter, bis zum richtigen Lichteinfall des Sonnenlichts zu einer bestimmten Uhrzeit an einem bestimmten geografischen Standort.

Render-Funktionen in der Multifunktionsleiste
Für die eigentlichen Render-Funktionen gibt es ebenfalls eine Gruppe in der Multifunktionsleiste, und zwar im Register RENDERN die Gruppe RENDERN.

Mit diesem Symbol in einem Flyout lösen Sie den Render-Vorgang aus. Das Bild wird mit den gewählten Einstellungen berechnet und das Ergebnis im Render-Fenster angezeigt (siehe Abbildung 23.5). In der Liste unter dem Bild haben Sie auch die vorher erstellten Bilder. Per Doppelklick können Sie diese erneut in das Render-Fenster holen. Im Abrollmenü DATEI können Sie die aktuelle Anzeige in einer Datei speichern. Geben Sie Dateinamen, Speicherort und Format im Dialogfeld ein. Je nach gewähltem Bildformat, bekommen Sie ein unterschiedliches Dialogfeld für die Optionen der Bildausgabe (siehe Abbildung 23.2, Beispiel TIFF-Format). Die Bilddatei wird dann im gewählten Format mit den eingestellten Optionen erstellt.

Wollen Sie aus Zeitgründen nicht das ganze Bild rendern, können Sie mit dem zweiten Symbol im Flyout einen Ausschnitt bestimmen, der zur Probe gerendert werden soll (siehe Abbildung 23.4). Damit starten Sie den Befehl RENDERSCHNITT:

```
Befehl: Renderschnitt
Zuschneidefenster für Rendering auswählen:
Zweiten Punkt eingeben:
```

Wählen Sie den zu rendernden Bereich mit zwei diagonalen Eckpunkten und Sie bekommen nur diesem Teil des Bildschirms in der Zeichnung gerendert. Wenn Sie den Bildschirm mit dem Befehl REGEN neu aufbauen, verschwindet der gerenderte Ausschnitt.

Rendern von 3D-Modellen

Einstellungen fürs Rendern

In einem Abrollmenü können Sie die Bildqualität des gerenderten Bilds auswählen. Möglich sind: *Entwurf*, *Niedrig*, *Mittel*, *Hoch* und *Präsentation*. Mit der letzen Einstellung in diesem Menü RENDER-VOREINSTELLUNGEN VERWALTEN bekommen Sie ein Dialogfeld auf den Bildschirm, mit dem Sie eine neue Render-Voreinstellung festlegen können (siehe Abbildung 23.1).

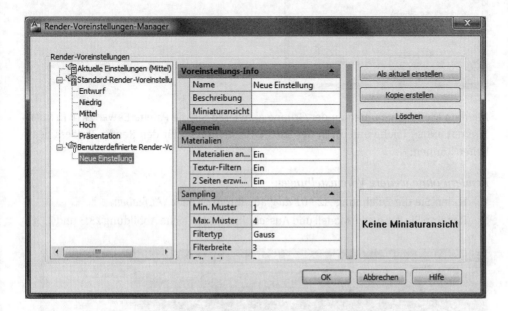

Abbildung 23.1: Render-Voreinstellungen verwalten

Wählen Sie hier eine der aufgeführten Standard-Render-Voreinstellungen in der Liste links und klicken die Schaltfläche ALS AKTUELL EINSTELLEN, wird diese Einstellung aktiviert. Haben Sie in der Liste *Aktuelle Einstellungen* markiert, können Sie diese in dem Feld in der Mitte verändern. Klicken Sie auf die Schaltfläche KOPIE ERSTELLEN wird die Voreinstellung, die Sie in der Liste links markiert haben, kopiert. Geben Sie einen Namen und eine Beschreibung ein, wird sie unter dem neuen Namen gespeichert. Die Voreinstellung kann geändert und zur aktuellen Voreinstellung gemacht werden. Außerdem erscheint sie dann auch in dem Abrollmenü und kann auch dort aktiviert werden. Mehr zu diesen Einstellungen weiter unten.

Zurück zur Multifunktionsleiste. Unter dem Menü für die Render-Qualität befindet sich ein Laufbalken, der den Render-Fortschritt während des Render-Vorgangs anzeigt.

Unter dem Laufbalken können Sie mit dem Symbol links wählen, ob das Bild ins Render-Fenster gerendert werden soll oder eine Datei erzeugt werden soll. Wenn Sie die Dateiausgabe eingeschaltet haben, können Sie auf das Symbol rechts mit den drei Punkten klicken und Dateinamen, Speicherort und Format wählen. Möglich sind alle gängigen Bildformate.

Je nach gewähltem Format, können Sie in einem weiteren Dialogfeld die Optionen einstellen (siehe Abbildung 23.2, Beispiel BMP-Format). Wenn Sie jetzt den Render-Vorgang auslösen, wird das Bild ins Render-Fenster gespeichert und gleichzeitig die Bilddatei erstellt.

Abbildung 23.2:
Optionen zum Speichern der Bilddatei

Mit dem Pfeil rechts unten an der Gruppe aktivieren Sie die Palette ERWEITERTE RENDER-EINSTELLUNGEN (siehe unten), in der Sie die Einstellungen für den Render-Prozess bearbeiten können.

Rendern ohne weitere Voreinstellungen
1. Laden Sie die Zeichnung *A23-01.dwg* aus Ihrem Ordner *\Aufgaben*.
2. Rendern Sie das ganze Modell und Ausschnitte davon (siehe Abbildung 23.3 und 23.4).

Abbildung 23.3:
Das Ergebnis im Render-Fenster

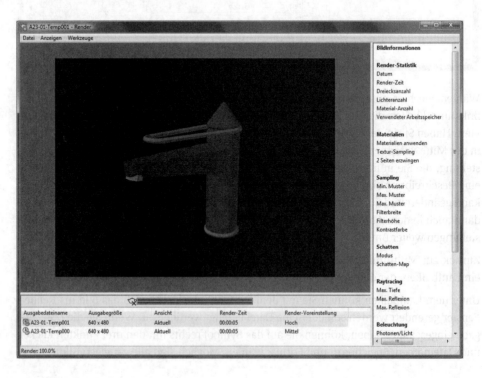

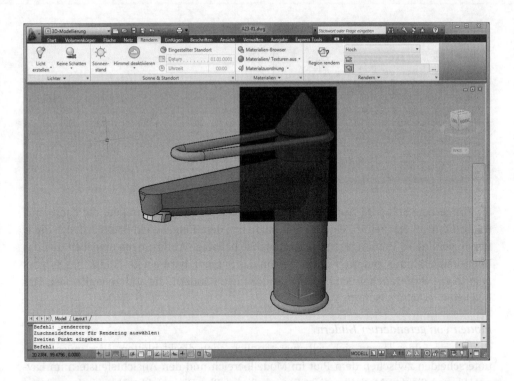

Abbildung 23.4:
Ausschnitt gerendert

Erweiterte Einstellungen

In der erweiterten Gruppe in der Multifunktionsleiste haben Sie weitere Bedienelemente.

- Zeigt das Render-Fenster mit dem zuletzt gerenderten Bild an und der Liste der gespeicherten gerenderten Bilder.

- Dieses Symbol ist nur dann aktiv, wenn Sie mit fotometrischer Beleuchtung arbeiten. Dann lässt sich hiermit in einem weiteren Fenster eine Vorschau zur Beleuchtungskontrolle anzeigen, die dann auch korrigiert werden kann. Was fotometrische Beleuchtung ist, erfahren Sie in Kapitel 23.7.

- Klicken Sie auf dieses Symbol, öffnen Sie ein Dialogfeld, in dem Sie die Umgebungsbedingungen für das Rendern einstellen können (siehe Abschnitt 23.3).

- Mit einem weiteren Schieberegler können Sie die Bildqualität des Render-Vorgangs einstellen.

- Im Menü rechts daneben wählen Sie die Auflösung des gerenderten Bildes. Wenn Sie den Eintrag BILDGRÖSSE DEFINIEREN... anklicken, bekommen Sie ein Dialogfeld, in dem Sie beliebige Auflösungen einstellen können (siehe Abbildung 23.5).

Abbildung 23.5:
Einstellung der Render-Auflösung

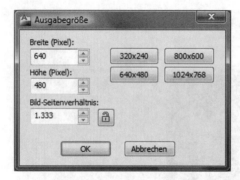

Sie können die Standard-Auflösungen wählen oder eine neue eintragen, die dann auch im Abrollmenü erscheint. Zeigt das Symbol neben dem Eingabefeld BILD-SEITENVERHÄLTNIS ein geöffnetes Vorhängeschloss, können Sie beliebige Auflösungen eingeben und das Bildseitenverhältnis ändern. Klicken Sie auf das Symbol, wird ein geschlossenes Symbol angezeigt. Jetzt brauchen Sie nur eine Auflösung zu ändern, die andere ergibt sich. Das Bildseitenverhältnis ist immer 4:3.

INFO

Plotten von gerenderten Bildern

Gerenderte Bilder lassen sich selbstverständlich auch direkt plotten. Hier müssen Sie unterscheiden zwischen dem Plot im Modellbereich und den Ansichtsfenstern im Layout. Plotten Sie den Modellbereich, können Sie im Plot-Dialogfeld wählen, wie geplottet werden soll (siehe Abbildung 23.6).

Abbildung 23.6:
Plotten gerenderter Bilder

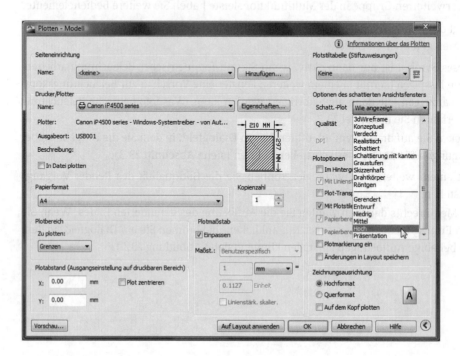

Rendern von 3D-Modellen

Im Abrollmenü SCHATT.-PLOT können Sie die Ausgabe wählen. Wählen Sie die Einstellung *Wie angezeigt*, wird das Modell so geplottet, wie es momentan am Bildschirm angezeigt wird. Sie können aber auch in einem wählbaren visuellen Stil oder in einer wählbaren Render-Qualität plotten. Das Bild wird gerendert und dann geplottet. Wählen Sie *Gerendert*, wird es in der im Modell gewählten Einstellung gerendert. Im Vorschau-Fenster können Sie sich die gerenderte Darstellung anzeigen lassen. Darunter können Sie die Ausgabequalität des Plots einstellen.

Plotten Sie ein Layout, können Sie in dem Abrollmenü SCHATT.-PLOT nichts wählen, da ja jedes Ansichtsfenster unterschiedliche Einstellungen haben kann. Nur die Ausgabequalität lässt sich einstellen. Die Ausgabe in den Fenstern können Sie im Eigenschaften-Manager einstellen (siehe Abbildung 23.7). Klicken Sie ein Ansichtsfenster im Papierbereich an seinem Rand an und aktivieren den Eigenschaften-Manager. Wählen Sie dann für das Fenster in der Rubrik SONSTIGES in dem Abrollmenü SCHATTIERUNGS-PLOT die Plotausgabe. Auch hier können Sie die Einstellung *Wie angezeigt*, einen visuellen Stil oder *Gerendert* wählen.

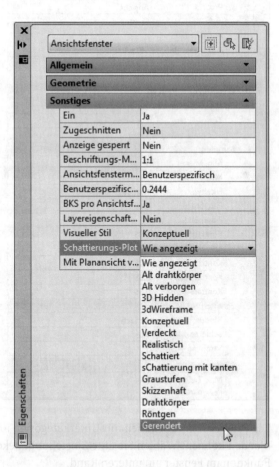

Abbildung 23.7:
Plotten von Ansichtsfenstern

Kapitel 23 • Rendern von 3D-Modellen

Render-Einstellungen

Mit dem Befehl REINST können Sie die aktuellen erweiterten Render-Einstellungen in einer Palette vornehmen (siehe Abbildung 23.8). Wählen Sie den Befehl:

- Multifunktionsleiste: Register RENDERN, Gruppe RENDERN, Pfeil rechts unten
- Menüleiste ANSICHT, Untermenü RENDER >, Funktion ERWEITERTE RENDER-EINSTELLUNGEN...
- Menüleiste EXTRAS, Untermenü PALETTEN >, Funktion ERWEITERTE RENDER-EINSTELLUNGEN
- Symbol im Werkzeugkasten RENDER

Abbildung 23.8:
Erweiterte Render-Einstellungen

Die Palette ist in Kategorien mit Unterkategorien unterteilt, die Sie beliebig aus- und einblenden können. Wählen Sie eine Einstellung, bekommen Sie eine Kurzanleitung zu der Funktion im Fenster am unteren Rand.

Die Einstellungen finden Sie zum großen Teil auch im Dialogfeld des RENDER-VOREINSTEL-LUNGS-MANAGERS wieder. Dort können Sie die Einstellungen unter einem Namen dauerhaft in der Zeichnung speichern, egal ob sie dort oder in der Palette eingestellt wurden.

23.2 Rendern mit Hintergrund

Die einfachste Möglichkeit, Ihre Bilder effektvoller zu gestalten, ist es, sie vor einem Hintergrund darzustellen. Wählen Sie einen farbigen Hintergrund, einen Farbverlauf oder eine Bilddatei. Diese Funktion haben Sie im Befehl AUSSCHNT zur Verfügung. Wählen Sie den Befehl:

- Multifunktionsleiste: Symbol im Register ANSICHT, Gruppe ANSICHTEN
- Menüleiste ANSICHT, Funktion BENANNTE ANSICHTEN…
- Symbol im Werkzeugkasten ANSICHT

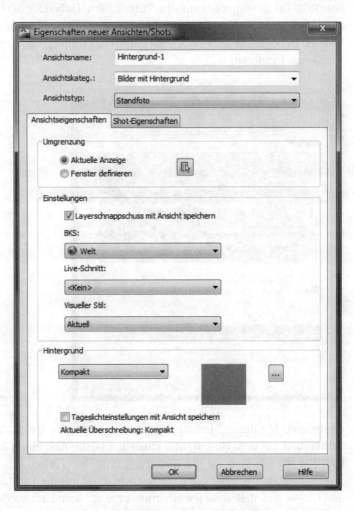

Abbildung 23.9:
Auswahl eines Hintergrunds für den Ausschnitt

Sie bekommen den ANSICHTS-MANAGER auf den Bildschirm. Klicken Sie auf die Schaltfläche NEU..., um eine neue Ansicht zu erstellen. Sie bekommen ein weiteres Dialogfeld (siehe Abbildung 23.9).

Im Feld HINTERGRUND können Sie den Ausschnitt mit einem Hintergrund versehen. Wählen Sie aus dem Abrollmenü einen Hintergrundtyp und Sie bekommen weitere Dialogfelder, je nach der Art des gewählten Hintergrunds (siehe Abbildung 23.10 bis 23.12). Drei Methoden zur Gestaltung Ihres Hintergrunds haben Sie zur Auswahl (siehe unten). Wählen Sie die gewünschte Art im Abrollmenü. Die Auswahl VORGABE verwendet keinen Hintergrund, es wird die Farbe des Zeichenbildschirms genutzt.

Kompakt: Bei dieser Methode wird ein einfarbiger Hintergrund verwendet, die eingestellte Farbe wird angezeigt (siehe Abbildung 23.10). Klicken Sie in das Farbfeld, können Sie die Farbe im Farbwähler einstellen. In dem schon von der Layersteuerung bekannten Dialogfeld, wählen Sie die Farbe aus, sei es als AutoCAD-Indexfarbe, TrueColor im HLS- oder RGB-Farbsystem oder aus den Farbbüchern. Haben Sie die Farbe gewählt, sehen Sie diese im Voransichtsfeld darunter. Im oberen Abrollmenü können Sie in jedem der abgebildeten Dialogfelder jetzt auch noch die Art des Hintergrunds ändern. Sie kommen dann zum jeweils anderen.

Abbildung 23.10:
Einfarbiger Hintergrund

Abstufung: Mit dieser Methode können Sie zwei oder drei Farben für einen vertikalen Farbverlauf auf dem Hintergrund einstellen (siehe Abbildung 23.11). Mit dem Schalter DREI FARBEN schalten Sie die Abstufung über drei Farben ein, ansonsten werden nur zwei verwendet. Klicken Sie dazu nacheinander auf die Farbfelder hinter OBEN, MITTE und UNTEN und stellen Sie jeweils eine Farbe mit dem Farbwähler ein. In der Voransicht wird der Verlauf sichtbar. Sie können die Abstufung auch drehen, dazu geben Sie im Feld DREHUNG einen Winkel ein.

Abbildung 23.11:
Hintergrund mit Farbabstufung

Bild: Soll eine Bilddatei als Hintergrund verwendet werden, klicken Sie auf die Schaltfläche DURCHSUCHEN. Suchen Sie die Datei in einem der möglichen Bildformate aus. Danach wird es im VORANSICHT-Fenster angezeigt (siehe Abbildung 23.12).

Abbildung 23.12:
Bilddatei als Hintergrund

Mit der Schaltfläche BILD ANPASSEN... kommen Sie zu einem weiteren Dialogfeld (siehe Abbildung 23.13).

Abbildung 23.13:
Anpassen der Bilddatei

Im Abrollmenü Bildposition können Sie wählen, wie das Bild angepasst werden soll. Mit der Einstellung ZENTRIERT wird das Bild zentriert auf den Hintergrund projiziert. Haben Sie die Einstellung STRECKEN gewählt, wird das Bild so gestreckt oder gestaucht, dass es auf den Hintergrund passt. Mit der Einstellung NEBENEINANDER wird ein kleines Bild so oft wiederholt, bis es den Bildschirm füllt. Mit den Schiebereglern können Sie das Bild in beiden Richtungen anpassen. Haben Sie die Einstellung VERSATZ gewählt, können Sie das Bild zentrieren, mit der Einstellung MASSSTAB dagegen skalieren. Ist der Schalter SEITENVERHÄLTNIS BEI SKALIERUNG BEIBEHALTEN eingeschaltet, gibt es keine Verzerrungen des Bilds.

Haben Sie den Hintergrund eingestellt und mit OK bestätigt, finden Sie im ersten Dialogfeld (siehe Abbildung 23.9) im rechten unteren Feld die Voransicht davon. Mit dem Symbol mit den drei Punkten rechts davon kann der Hintergrund noch mal bearbeitet werden. Bestätigen Sie auch dieses Dialogfeld mit OK, ist die Ansicht mit Hintergrund gespeichert. Machen Sie danach diese Ansicht zur aktuellen Ansicht, wird das Modell auch schon im Ansichtsfenster mit dem Hintergrund dargestellt (siehe Abbildung 23.14), selbstverständlich auch beim Rendern (siehe Abbildung 23.15).

Rendern mit Hintergrund

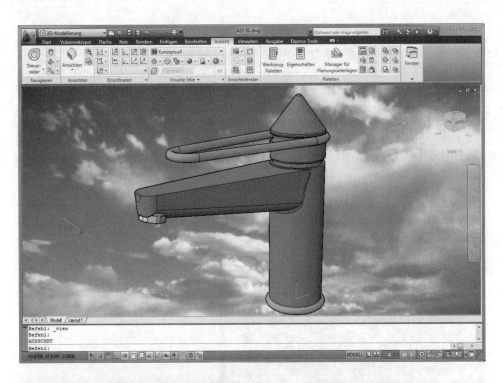

Abbildung 23.14:
Ausschnitt mit Bilddatei als Hintergrund

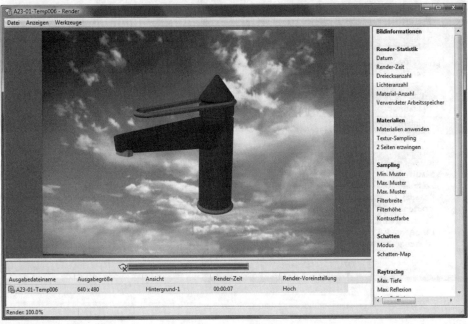

Abbildung 23.15:
Gerendertes Modell mit Hintergrund im Render-Fenster

Tageslichteinstellungen
- Haben Sie beim Speichern der Ansicht den Schalter TAGESLICHTEINSTELLUNGEN MIT ANSICHT SPEICHERN (siehe Abbildung 23.9) aktiviert, werden Einstellungen zum Sonnenstand (geografische Position, Datum und Uhrzeit, siehe Kapitel 23.7) mit in der Ansicht gespeichert.
- Haben Sie fotometrische Lichter gewählt (siehe Kapitel 23.7), können Sie eine weitere Hintergrundart wählen: SONNE & HIMMEL. In einem Dialogfeld (siehe Abbildung 23.16) können Sie die Eigenschaften von Sonne, Himmel und Horizont sowie den Sonnenstand einstellen.

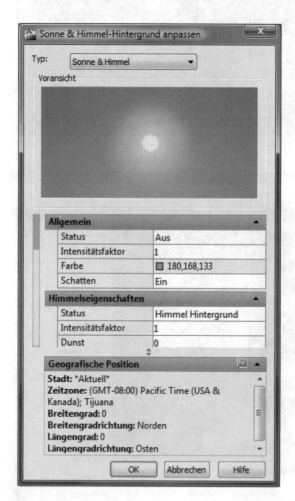

Abbildung 23.16: Einstellung von Himmel und Sonne

Rendern im Nebel

Rendern mit Hintergrund

1. Holen Sie wieder die Armatur auf den Bildschirm oder nehmen Sie wieder die Datei *A23-01.dwg* aus dem Ordner *Aufgaben*.
2. Definieren Sie als Hintergrund einen Farbverlauf und rendern Sie. Im Ordner *Hintergr* auf der CD zum Buch sind Bilddateien gespeichert. Nehmen Sie eine Datei als Hintergrund, zum Beispiel die Datei *Wolken1.bmp* oder *Wolken2.bmp,* und rendern Sie Ihr Bild davor.
3. Im Ordner *Bilder* auf der CD zum Buch finden Sie Render-Beispiele zu allen Übungen aus diesem Kapitel. Zu dieser Übung sind es die Dateien *B23-01-1.tif* bis *B23-01-3.tif.* Schauen Sie sich die Bilder mit einem Bildbearbeitungsprogramm oder mit dem View-Programm von Windows an.

23.3 Rendern im Nebel

Bei der Standardeinstellung haben Sie immer ideale Sicht. Sie können aber auch Umgebungsbedingungen wie Nebel und Sichtweite einstellen.

Befehl Umgrender

Mit dem Befehl UMGRENDER können Sie Nebel aktivieren und die Parameter für den Nebel und die Sichtweite einstellen.

- Multifunktionsleiste: Symbol im Register RENDERN, Gruppe RENDERN (erweiterter Bereich)
- Menüleiste ANSICHT, Untermenü RENDER >, Funktion UMGEBUNG RENDERN...
- Symbol im Werkzeugkasten RENDER

Sie bekommen ein Dialogfeld zur Einstellung der Umgebungsbedingungen (siehe Abbildung 23.17).

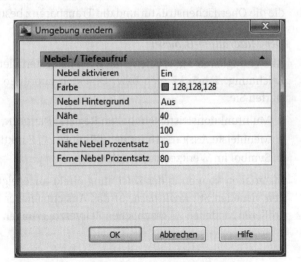

Abbildung 23.17: Einstellung der Umgebung

- **Nebel aktivieren:** Nebeleffekt ein- und ausschalten
- **Farbe:** Nebel kann auch farbig sein. Mit dieser Schaltfläche können Sie die Nebelfarbe aus der Farbpalette auswählen.
- **Nebel Hintergrund:** Wenn der Schalter aus ist, wird der Nebeleffekt nur auf das Modell angewendet, ansonsten auch auf das Hintergrundbild.
- **Nähe:** Legt fest, in welchem Abstand von der Kamera der Nebel beginnt.
- **Ferne:** Entfernung, bei welcher der Nebel endet.
- **Nähe Nebel Prozentsatz:** Nebelstärke in der Nähe.
- **Ferne Nebel Prozentsatz:** Nebelstärke in der Entfernung.

Rendern im Nebel

1. Laden Sie das 3D-Modell *A23-02.dwg* aus dem Ordner *Aufgaben* – wieder die Armatur, mehrfach in verschiedenen Entfernungen.
2. Rendern Sie mit verschiedenen Hintergründen aus dem Ordner *Hintergr* und verschiedenen Nebelparametern.
3. Beispiele sind im Verzeichnis *\Bilder* auf Ihrer CD gespeichert (*B23-02-1.tif* bis *B23-02-3.tif*). Schauen Sie sich die Bilder an.

23.4 Materialien

Die ersten Versuche waren noch nicht überzeugend, die Oberfläche flach, ohne Reflexionen, ohne Glanz und ohne Struktur, kaum besser als mit dem Schattierbefehl. Um realistische Bilder zu bekommen, müssen die Oberflächen bearbeitet werden. Im Moment werden sie nur in den Farben gerendert, in denen sie erstellt wurden. Sie können den Objekten aber auch Materialien zuordnen. Materialien unterscheiden sich von der Objektfarbe in AutoCAD dadurch, dass darin außer der Farbe, der Oberflächenglanz und die Transparenz definiert sind. Außerdem können Materialien auch Texturen enthalten, die die Oberflächenstruktur und die Transparenz bestimmen.

Der Materialien-Browser

Alle verfügbaren Materialien finden Sie im Materialien-Browser, aus dem Sie diese in die Zeichnung ziehen können bzw. Objekten zuordnen können. Den Materialien-Browser starten Sie:

- Multifunktionsleiste: Symbol im Register RENDERN, Gruppe MATERIALIEN
- Menüleiste ANSICHT, Untermenü RENDER >, Funktion MATERIALIEN-BROWSER...
- Symbol im Werkzeugkasten RENDER

Materialien können in der Zeichnung direkt angezeigt werden, aber nur dann, wenn Sie den visuellen Stil *Realistisch* für das Ansichtsfenster gewählt haben. Das kann aber bei größeren Modellen zu erheblichen Zeitverzögerungen beim Bildaufbau führen.

Materialien

In einem Flyout-Menü in der Multifunktionsleiste legen Sie fest, ob das Modell ohne Materialien, mit Materialien und mit Materialien und Texturen angezeigt werden soll (siehe Abbildung 23.18). Haben Sie Texturen und/oder Materialien ausgeschaltet, werden diese beim Rendern trotzdem verwendet.

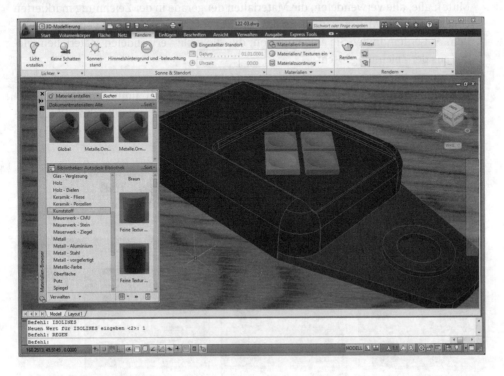

Abbildung 23.18: Modell mit Materialien und Hintergrund und dem Materialien-Browser

Materialien aus dem Materialien-Browser verwenden

- Im Materialien-Browser finden Sie im oberen Fenster alle Materialien, die Sie in dieser Zeichnung bereits verwendet haben, egal ob sie einem Objekt zugeordnet sind oder nicht.
- Im Fenster darunter finden Sie links den Inhalt der mit AutoCAD gelieferten Materialbibliothek *Autodesk-Bibliothek*, geordnet nach Kategorien, und rechts die einzelnen Materialien der markierten Kategorie.
- Sobald Sie ein Material in der Materialbibliothek anklicken, wird das Material in die Zeichnung kopiert aber noch keinem Objekt zugeordnet.
- Ziehen Sie ein Material mit gedrückter Maustaste auf ein Objekt und das Material wird dem Objekt zugeordnet.
- Sie können auch ein Objekt in der Zeichnung markieren und das Material im Materialien-Browser anklicken, das dann dem gewählten Objekt zugeordnet wird.

- Im oberen Abrollmenü des Materialien-Browsers können Sie ein neues Material erstellen (siehe Abbildung 23.19, links). Damit starten Sie den Materialien-Editor (siehe Kapitel 23.5).
- Mit dem Abrollmenü darunter können Sie die Anzeige ändern (siehe Abbildung 23.19, Mitte): alle, alle verwendeten, die Materialien der gerade in der Zeichnung markierten Objekte oder die Materialien, die in die Zeichnung kopiert, aber nicht verwendet wurden. Außerdem finden Sie eine Funktion, die alle nicht verwendeten Materialien wieder aus der Zeichnung löscht.
- Mit einem Rechtsklick auf einem Materialfeld öffnen Sie ein Kontextmenü (siehe Abbildung 23.19, rechts), in dem Sie Materialien bearbeiten, umbenennen, duplizieren und löschen können. Außerdem lassen sich die Objekte in der Zeichnung markieren, die mit diesem Material belegt sind.

Abbildung 23.19:
Die Bedienelemente des MaterialiensBrowsers, 1

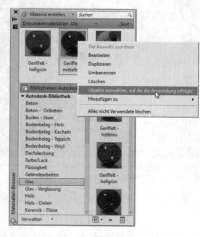

- Mit dem Abrollmenü rechts davon kann die Sortierung im oberen Feld geändert werden.
- Mit dem Schalter über dem Bibliotheksfenster kann die markierte Kategorie im gesamten Fenster angezeigt werden (siehe Abbildung 23.20, links) und wieder auf die Bibliotheksansicht zurückgeschaltet werden.
- Im Abrollmenü daneben lässt sich die Sortierung der Anzeige in der Bibliothek ändern.
- Im Abrollmenü am unteren Ende des Fensters lässt sich die Anzeige und am Schieberegler daneben die Größe des Voransichtsfensters ändern (siehe Abbildung 23.20, Mitte). Mit dem Symbol ganz rechts wird der Materialien-Editor gestartet (siehe Kapitel 23.5).
- Haben Sie wieder die Bibliotheksansicht im unteren Fenster, dann haben Sie links ein Abrollmenü (siehe Abbildung 23.20, rechts), in dem Sie neue Bibliotheken und darin Kategorien erstellen, umbenennen und löschen können.

Materialien

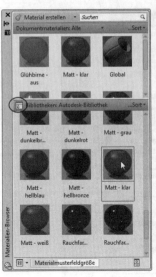 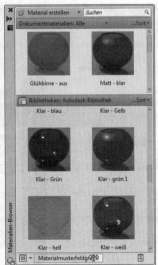 

Abbildung 23.20:
Die Bedienelemente des Materialien-Browsers,2

Materialien aus der Palette Layern zuweisen

Sie können aber auch mit dem Befehl MATANHANG einem Layer ein Material zuordnen. Das Material muss aber zuvor in der Zeichnung sein (siehe oben). Sie finden den Befehl:

- Multifunktionsleiste: Symbol im Register RENDERN, Gruppe MATERIALIEN (erweiterter Bereich)

Sie können in einem Dialogfeld die Zuordnungen vornehmen (siehe Abbildung 23.21).

Standardmäßig ist allen Layern das Material *Global* zugeordnet, das Standard-Material, das immer in der Zeichnung vorhanden ist. In der Liste links haben Sie die in der Zeichnung geladenen Materialien, rechts die Layer der Zeichnung. Ziehen Sie ein Material aus der linken Liste auf einen Layer in der rechten Liste und das Material wird diesem Layer zugeordnet. Mit dem Kreuz rechts in der Layerliste können Sie die Zuordnung wieder aufheben.

Lupe mit verschiedenen Materialien

1. Holen Sie ein anderes Modell auf den Bildschirm, eine Lupe eines Digitalisiertabletts aus dem Ordner *Aufgaben*: *A23-03.dwg*.
2. Weisen Sie den Einzelteilen oder den Layern Materialien zu und wählen Sie einen Hintergrund aus dem Ordner *Hintergr* aus.
3. Stellen Sie einen Ansichtspunkt ein und rendern das Modell. Beispiele finden Sie im Ordner *Bilder* als *B23-03-1.tif* und *B23-03-2.tif*. Außerdem haben Sie im Ordner *Hintergr* (nicht in *Aufgaben*) die Zeichnung *L23-03.dwg*, ein Modell das gerendert werden kann (siehe Abbildung 23.18).

Abbildung 23.21:
Layern Materialien zuweisen

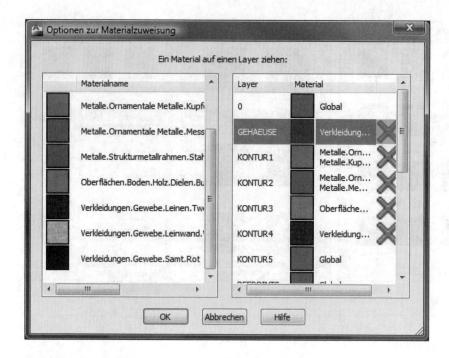

23.5 Materialien erstellen und bearbeiten

Neue Materialien erstellen oder vorhandene Materialien bearbeiten können Sie im Materialien-Editor. Sie können den Materialien-Editor starten:

- Multifunktionsleiste: Register RENDERN, Register MATERIALIEN, Pfeil rechts unten
- Start aus dem Materialien-Browser
- Menüleiste ANSICHT, Untermenü RENDER >, Funktion MATERIALIEN-EDITOR...
- Symbol im Werkzeugkasten RENDER

Der Materialien-Editor – vorhandenes Material ändern

Mit einem Doppelklick im Materialien-Browser können Sie den Materialien-Editor aufrufen und das gewählte Material bearbeiten (siehe Abbildung 23.22).

Die Einstellmöglichkeiten im Materialien-Editor sind je nach Kategorie des Materials sehr unterschiedlich. Sie können aber immer im Abschnitt *Allgemein* eine Farbe und ein Bildmuster für die Oberfläche, die sogenannte Textur, und weitere Einstellungen wählen. Ähnliche Einstellungen haben Sie dann, sofern in der Kategorie vorhanden, für das Reflexionsvermögen, für die Transparenz usw. (siehe Abbildung 23.23).

Materialien erstellen und bearbeiten

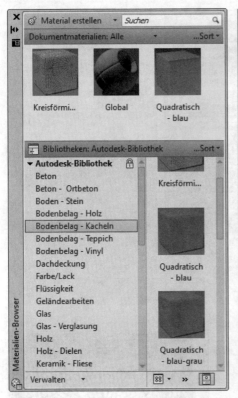 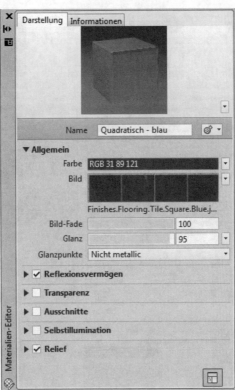

Abbildung 23.22: Materialien-Browser und Materialien-Editor

Mit dem blauen Pfeil rechts unten im Voransichtsfenster lässt sich ein Abrollmenü aktivieren, in dem die Form und die Qualität der Voransicht gewählt werden kann, z.B.: *Kugel, Würfel, Zylinder, Objekt, Vase, drapierter Stoff* usw. sowie bei der Qualität von *Schnellster Renderer* bis *mental – ray Produktionsqualität* (*mental ray* ist die Bezeichnung des Render-Verfahrens). Diese Darstellungsform und -qualität erscheint dann im Materialien-Editor und im Materialien-Browser.

In der Registerkarte INFORMATIONEN des Materialien-Editors bekommen Sie die Informationen.

Immer dann, wenn eine Bilddatei als Textur verwendet wurde (als Oberflächenmuster, als Reflexionsmuster usw.) und Sie zeigen auf das Musterfeld, wird das Muster in seiner ganzen Größe dargestellt (siehe Abbildung 23.24, links). Mit einem Klick auf das Musterfeld kommen Sie zum Textur-Editor, in dem Sie Helligkeit, Position und Skalierung der Textur bearbeiten können (siehe Abbildung 23.24, rechts).

Kapitel 23 • Rendern von 3D-Modellen

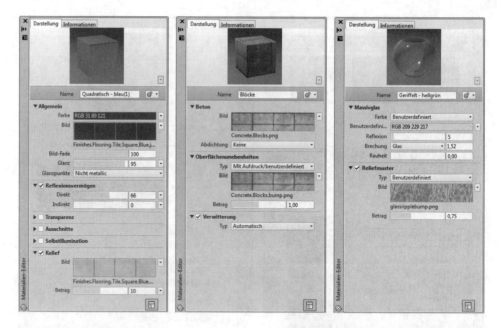

Abbildung 23.23:
Verschiedene Kategorien und deren Einstellmöglichkeiten

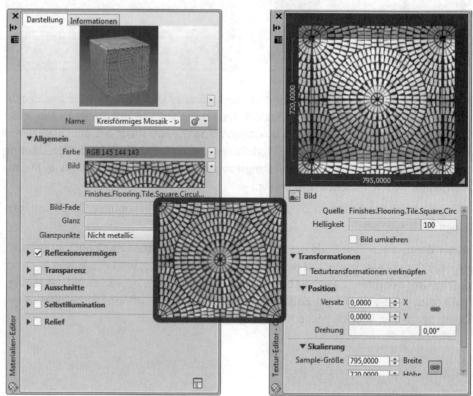

Abbildung 23.24:
Texturen bearbeiten

Materialien erstellen und bearbeiten

Mit einem weiteren Doppelklick im Materialien-Browser bekommen Sie ein anderes Material in den Materialien-Editor. Ein zuvor geändertes oder neu erstelltes Material wird nur in der Zeichnung gespeichert, in der es erstellt wurde. Sie können es aber in der Bibliothek oder auf einer Werkzeugpalette für alle weiteren Zeichnungen speichern (siehe unten).

Der Materialien-Editor – neues Material erstellen

Im Materialen-Editor haben Sie rechts unter dem Voransichtsfenster ein Abrollmenü (siehe Abbildung 23.25), aus dem Sie wählen können:

- **Duplizieren:** Kopie des Materials, das sich gerade zur Bearbeitung im Materialien-Editor befindet.
- **Als Allgemein duplizieren:** Kopie des Materials, das sich gerade zur Bearbeitung im Materialien-Editor befindet. Es kann dann aber ohne Voreinstellungen weiter bearbeitet werden.
- **Keramik, Beton, Holz usw.:** Anlegen eines neuen Materials mit einer Vorlage mit entsprechenden Voreinstellungen, die der Art des Materials entspricht.
- **Allgemein:** Anlegen eines neuen Materials ohne Vorlage und ohne Voreinstellungen. Alle Einstellungen können frei vorgenommen werden.

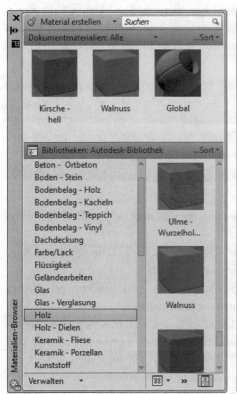

Abbildung 23.25: Neues Material im Materialien-Editor anlegen

Den Namen des Materials können Sie im Namensfenster bearbeiten. Das neue Material erscheint auch sofort im Materialien-Browser. Nehmen Sie die gewünschten Einstellungen vor und beachten Sie aber, dass Sie das Material dann nur in dieser Zeichnung haben (siehe weiter unten und nächster Abschnitt).

STEP

Definition von Materialien

1. Schauen Sie es an einem Beispiel an, laden Sie das Modell *A23-04.dwg* aus dem Ordner *Aufgaben*, eine Computermaus auf einer Platte.
2. Die einzelnen Teile der Maus sind auf verschiedenen Layern, denen Sie Materialien zuordnen können: *Boden*, *Kugel*, *Kabel* und *Maus*.
3. Erstellen Sie neue Materialien mit Bilddateien und rendern Sie die verschiedenen Darstellungen.
4. Gerenderte Beispiele haben Sie im Ordner *Bilder*: *B23-04-01.tif* bis *B23-04-03.tif*.

INFO

Neues Material speichern

Haben Sie ein bestehendes Material dupliziert oder ein neues erstellt und benötigen Sie dieses auch in anderen Zeichnungen, können Sie dieses in der Bibliothek speichern oder auf die aktive Werkzeugpalette exportieren. In vorherigen AutoCAD-Versionen konnten Materialien nur in den Werkzeugpaletten gespeichert werden. Seit Version 2011 gibt es den Materialien-Browser. Um alle Materialien zentral an einer Stelle verwalten zu können, ist es sinnvoll, diese nur noch in Bibliotheken und nicht auf Werkzeugpaletten zu speichern.

Bibliotheken können Sie in dem Abrollmenü am unteren Rand des Materialien-Browsers verwalten (siehe Abbildung 23.25). Die Standard-Bibliothek *Autodesk-Bibliothek* ist schreibgeschützt. Darin können Sie keine Änderungen vornehmen und auch kein eigenes Material speichern. Es gibt aber die Bibliothek *Eigene Materialien*, in der Sie speichern können, und Sie können weitere eigene Bibliotheken anlegen.

Mit einem Doppelklick auf einen Bibliotheksnamen wird diese aktiviert. In dem Abrollmenü haben Sie folgende Funktionen:

- **Bestehende Bibliothek öffnen:** Öffnen einer weiteren Bibliothek, die Sie als Datei vorliegen haben (Dateierweiterung *.aksklib).
- **Neue Bibliothek erstellen:** Erstellen einer eigenen Bibliothek, Dateiname und Speicherort kann vorgegeben werden (Dateierweiterung *.aksklib).
- **Bibliothek entfernen:** Entfernen der Bibliothek aus dem Materialien-Browser, die Bibliothek wird nicht gelöscht, sondern nur nicht mehr aufgelistet.
- **Kategorie erstellen bzw. entfernen:** Bibliotheken lassen sich in Kategorien gliedern (siehe Standard-Bibliothek), in denen gleichartige Materialien gruppiert werden können. Mit diesen Funktionen können Sie Kategorien anlegen und auch wieder entfernen.
- **Umbenennen:** Damit lassen sich markierte Kategorien umbenennen.

Materialien erstellen und bearbeiten

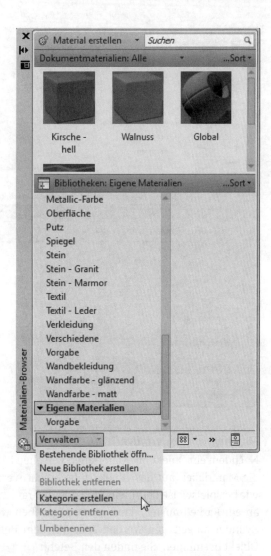

Abbildung 23.26:
Verwalten von Bibliotheken im Materialien-Browser

Wie wird jetzt ein neues Material in eine Bibliothek bzw. in eine Kategorie einer Bibliothek aufgenommen?

- Rechtsklick auf das Material im Voransichtsfenster und Auswahl von HINZUFÜGEN ZU aus dem Kontextmenü
- Auswahl der gewünschten Bibliothek aus dem Untermenü
- Auswahl der Kategorie in einem weiteren Untermenü oder Auswahl des Bibliotheksnamens, wenn es nicht in einer Kategorie gespeichert werden soll

Abbildung 23.27:
Aufnahme eines Materials in den Materialien-Browser

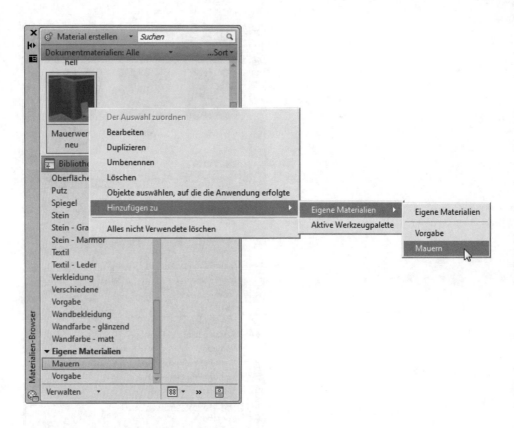

Mapping von Materialien

Nachdem ein Objekt mit Materialien versehen ist, kann auch noch bestimmt werden, wie die Materialien auf das Objekt aufgebracht werden sollen. Bei einer rauen Oberfläche, wie beispielsweise bei einem Putz oder bei rauem Leder, ist dies einfach. Denken Sie aber an ein Parkettmuster, dann muss angegeben werden, wie es auf beispielsweise einen Zylinder aufgetragen werden soll. Mit dem Befehl MATMAP können Sie dies für jedes Objekt bestimmen. Sie finden den Befehl:

- Multifunktionsleiste: Register RENDERN, Gruppe MATERIALIEN
- Menüleiste ANSICHT, Untermenü RENDER >, Untermenü MAPPING >, Funktionen für die einzelnen Mapping-Arten
- Flyout-Menü mit den einzelnen Mapping-Arten im Werkzeugkasten RENDER

Sie können wählen, wie Sie das Material auftragen wollen. In Abbildung 23.28 sehen Sie die verschiedenen Mapping-Arten von links nach rechts jeweils an einem Würfel, einem Zylinder und einer Kugel:

- **Ebenen-Mapping:** Das Material wird in einer Ebene aufgetragen, Die anderen Seiten sind angeschnitten, wie ein Teil aus Massivholz.
- **Quader-Mapping:** Das Material wird quaderförmig auf die Objekte projiziert, als wenn ein Quader von allen Seiten furniert wäre.

- **Zylinder-Mapping:** Das Material wird zylindrisch auf die Objekte projiziert.
- **Kugel-Mapping:** Das Material wird kugelförmig auf die Objekte projiziert.

Abbildung 23.28:
Verschiedene Mapping-Arten

Bei allen Arten bekommen Sie entweder das 3D-Drehwerkzeug oder das 3D-Verschiebewerkzeug (siehe Abbildung 23.39), je nachdem, welches Sie als letztes verwendet haben. Mit der Option VERSCHIEBEN oder DREHEN kann auch beliebig oft gewechselt werden.

Wenn Sie das Mapping nachträglich bearbeiten wollen, wählen Sie den Befehl MATMAP durch Eingabe auf der Tastatur. Sie können mit den Optionen die verschiedenen Mapping-Arten wählen.

```
Befehl: Matmap
Option auswählen
[Quader/Planar/Sphärisch/Zylindrisch/mapping Kopieren nach/mapping
zuRücksetzen]<Quaderförmig> : Option wählen oder mit ⏎ übergehen
Flächen oder Objekte wählen: Objekte oder Flächen wählen
Zuordnung akzeptieren oder [Verschieben/Drehen/ zuRücksetzen/zuordnungsmodus
Wechseln]:
```

Haben Sie eine Option gewählt oder geben Sie bei der ersten Anfrage ⏎ ein, können Sie mit den Optionen VERSCHIEBEN oder DREHEN das Mapping mit den entsprechenden Werkzeugen (siehe Abbildung 23.29) bearbeiten. Bei der Option VERSCHIEBEN können Sie mit den Griffen arbeiten oder die Achsen des dynamischen Koordinatensystems aktivieren und in die entsprechende Richtung schieben. Bei der Option DREHEN können Sie einen der Ringe aktivieren und um diese Achse drehen. Auch hier können Sie mit den Griffen arbeiten. Mit einem Rechtsklick können Sie aus dem Kontextmenü zwischen VERSCHIEBEN und DREHEN wechseln und Sie haben auch die Option ZURÜCKSETZEN zur Auswahl.

Abbildung 23.29:
3D-Werkzeuge um Mapping auszurichten

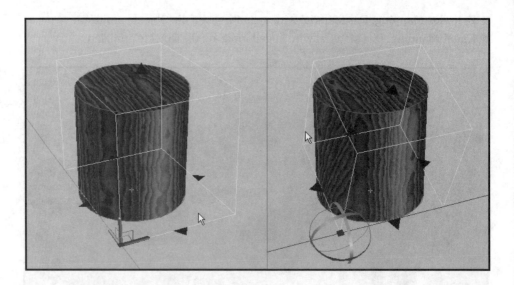

Außerdem haben Sie die Möglichkeit, ein Mapping von einem Objekt auf andere zu kopieren. Wählen Sie dazu die Option MAPPING KOPIEREN. Das erste Objekt, das Sie wählen, bestimmt die Mapping-Art der danach gewählten Objekte. Änderungen können Sie mit der Option MAPPING ZURÜCKSETZEN wieder zurücksetzen. Diese beiden Funktionen haben Sie in der Multifunktionsleiste, Register RENDERN, Gruppe MATERIALIEN (erweiterter Bereich).

Mapping aufbringen
1. Laden Sie das Modell *A23-05.dwg* aus dem Ordner *Aufgaben* – verschiedene Grundkörper noch ohne Material.
2. Bringen Sie ein stark strukturiertes Material auf, um die Effekte beim Mapping besser sehen zu können.
3. Testen Sie verschiedene Mapping-Arten und richten Sie diese aus.
4. Im Ordner *Aufgaben* finden Sie einen Lösung: *L23-05.dwg* (siehe auch Abbildung 23.28).

23.6 Arbeiten mit Kameras

Beim Rendern können Sie auch eine Kamera als Objekt im Modell platzieren und so den Render-Ausschnitt bestimmen. Das erfolgt mit dem Befehl KAMERA. Wählen Sie den Befehl:

- Multifunktionsleiste: Symbol im Register RENDERN, Gruppe KAMERA
- Menüleiste ANSICHT, Funktion KAMERA ERSTELLEN
- Symbol im Werkzeugkasten ANSICHT

Arbeiten mit Kameras

```
Befehl: Kamera
Aktuelle Kameraeinstellungen: Höhe=0 Brennweite=50 mm
Kameraposition angeben: Punkt für Kameraposition eingeben
Zielposition angeben: Punkt für Ziel eingeben
Option eingeben [?/Name/Position/Höhe/zIel/Brennweite/Zuschneiden/Ansicht/Exit]<Exit>:
eventuell weitere Option wählen oder [↵] zum Beenden
```

Platzieren Sie die Kamera, indem Sie einen Standort und einen Zielpunkt angeben. Beim Zielpunkt bekommen Sie den Ausschnitt schon angezeigt (siehe Abbildung 23.30). Mit der letzten Optionsliste können Sie den Standort noch einmal korrigieren. Vor allem die Höhe ist wichtig, da die Kamera, wenn Sie nur einen Punkt anklicken, in der Regel auf Höhe 0 steht. Die Höhe bleibt gespeichert und wird bei der nächsten Kamera als Vorgabe verwendet. Außerdem können Sie die Brennweite ändern. Wollen Sie eine Weitwinkelaufnahme haben, gehen Sie unter die standardmäßigen 50mm, bei Teleaufnahmen darüber. Die Brennweiten entsprechen denen der analogen Kleinbildkameras.

Auch hier haben Sie wie im 3D-Orbit die Option ZUSCHNEIDEN, mit der Sie das Modell auch geschnitten darstellen können. Haben Sie einen geschlossenen Raum, so können Sie die vordere Wand schneiden und können den Raum fotografieren. Mit der Option ANSICHT bekommen Sie die Kamerasicht auf den Bildschirm.

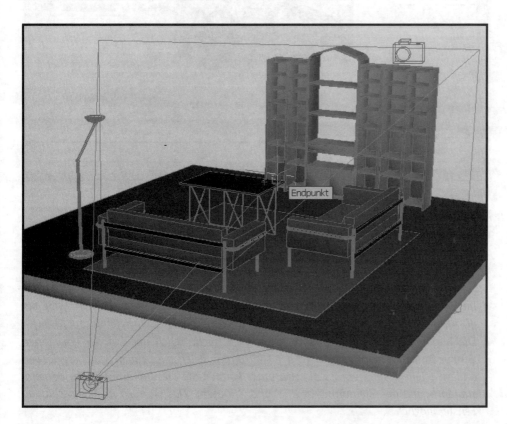

Abbildung 23.30:
Platzieren einer Kamera

Klicken Sie die Kamera an, bekommen Sie ein Fenster mit dem Blick durch den Sucher (siehe Abbildung 23.31). Darin können Sie einstellen, welchen visuellen Stil Sie im Sucher haben wollen. Mit einem Doppelklick rufen Sie zusätzlich das Eigenschaften-Fenster auf den Bildschirm. Die Brennweite des Kameraobjektivs ändern Sie am besten hier. Die Kameraposition ändern Sie mit dem 3D-Schiebewerkzeug im Modell und den Zielpunkt mit den Griffen. Die Brennweite könnten Sie auch mit den Griffen im Modell ändern, indem Sie den Zielbereich vergrößern oder verkleinern.

Abbildung 23.31:
Einstellung der Kamera mit Sucher- und Eigenschaften-Fenster

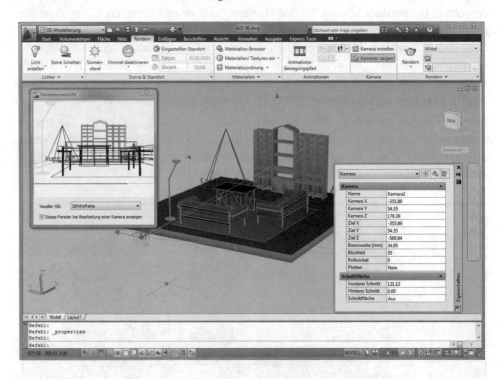

TIPP

Kamera verwenden

- Der Kamerablick wird als Ansicht gespeichert und er kann in den diversen Abrollmenüs per Namen wiederhergestellt werden.
- In der erweiterten Gruppe RENDERN (Register KAMERA) der Multifunktionsleiste lassen sich die Kamerasymbole im Modell ein- und ausschalten.
- Im Werkzeugpaletten-Fenster gibt es eine Palette mit vordefinieren Kameras, die per »Drag and Drop« in der Zeichnung platziert werden können (siehe Abbildung 23.32).
- Die Brennweite der Kamera können Sie auch nachträglich noch in der erweiterten Gruppe START im Register ANSICHT der Multifunktionsleiste an einem Schieberegler verändern (siehe Abbildung 23.31). Darunter können Sie die Koordinaten des Kamerastandorts und des Zielpunkts in X, Y und Z ändern. Das ist auch im Eigenschaften-Fenster möglich.

Lichter und Schatten

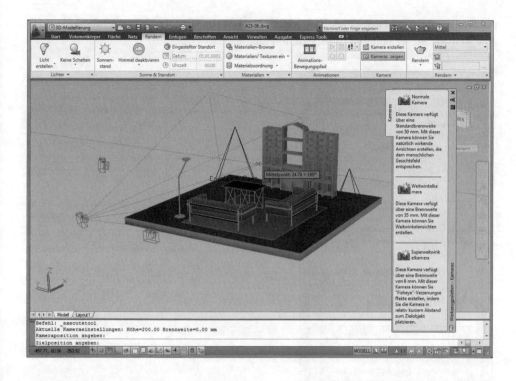

Abbildung 23.32:
Platzierung einer Kamera aus der Werkzeugpalette

Kameras platzieren

1. Laden Sie das Modell *A23-06.dwg* aus dem Ordner *Aufgaben* – Möbel auf einem Podest.
2. Sie können gerne Materialien aufbringen und Mappings definieren, aber es geht uns jetzt um Kameras. Platzieren Sie Kameras im Modell, zwei sind schon vorhanden. Testen Sie die Bildausschnitte (siehe Abbildung 23.32) und experimentieren Sie mit den Kameras.

23.7 Lichter und Schatten

Richtig plastische Bilder bekommen Sie nur dann, wenn Sie Lichter setzen und das 3D-Modell fachgerecht ausleuchten. Bis jetzt waren noch keine Lichter da, trotzdem war etwas zu sehen. Dann arbeitet der Renderer mit einer virtuellen Lichtquelle, die hinter dem Betrachter steht. Dieses Grundlicht kann nicht verändert werden. Sie können aber weitere hinzufügen.

Lichter in der Multifunktionsleiste

Auch die Platzierung und Einstellung der Lichter geht am besten mit der Multifunktionsleiste. Sie finden die Gruppen LICHTER und SONNE & STANDORT ebenfalls im Register RENDERN. Die Lichter finden Sie auch auf der Werkzeugpalette. In der Palette ALLGEMEINE LICHTER haben Sie die Standard-Lichtquellen (siehe Abbildung 23.33), die Sie von dort per Drag and Drop in der Zeichnung platzieren können. Darüber hinaus haben Sie noch eine Reihe weiterer Paletten mit speziellen Lichtern.

Abbildung 23.33:
Werkzeugpalette mit den allgemeinen Lichtern

In AutoCAD gibt es sechs verschiedene Lichtarten:

- **Vorgabebeleuchtung:** Dabei handelt es sich um ein allgemeines Umgebungslicht, das die Objekte von allen Seiten gleichmäßig beleuchtet. Dieses Licht ist immer vorhanden und aktiv, wenn Sie noch keine Lichter gesetzt haben. Wenn Sie eigene Lichter setzen wird dieses Licht je nach Einstellung automatisch deaktiviert oder Sie müssen es deaktivieren.
- **Sonnenlicht:** Das Sonnenlicht kann aktiviert werden. Um den aktuellen Sonnenstand zu simulieren können Sie die geografische Position, das Datum und die Uhrzeit wählen.
- **Punktlicht:** Ein Punktlicht ist ein Licht, das nach allen Seiten gleichmäßig abstrahlt Die Intensität eines Punktlichts nimmt mit der Entfernung ab, es sei denn, die Lichtabnahme ist ausgeschaltet.
- **Spotlicht:** Ein Spotlicht strahlt einen gerichteten Lichtkegel ab. Sie können die Richtung des Lichts und die Größe des Kegels steuern. Die Intensität des Spotlichts nimmt mit der Entfernung ab.

- **Fernlicht:** Von einem Fernlicht gehen parallele Strahlen in eine Richtung aus. Durch zwei Punkte wird die Richtung definiert. Ein Fernlicht wird in der Zeichnung nicht durch ein Symbol angezeigt. Die Intensität eines Fernlichts nimmt nicht ab. Es ist auf jeder Fläche genauso hell wie an der Lichtquelle selbst. Auch das Sonnenlicht ist ein Fernlicht.
- **Netzlicht:** Netzlichter sind fotometrische Lichtquellen, die definierte Abstrahlungen in den unterschiedlichen Richtungen haben. Diese direktionalen Lichtverteilungsinformationen werden in einer Datei für fotometrische Daten gespeichert. Hierfür wird das Standarddateiformat für fotometrische Daten verwendet. Sie können von verschiedenen Herstellern angebotene fotometrische Datendateien herunterladen.

Mit diesem Schalter kann die Vorgabebeleuchtung, die standardmäßig vorhanden ist, ein- und ausgeschaltet werden. Haben Sie noch kein anderes Licht platziert oder die Sonne eingeschaltet, bleibt die Vorgabebeleuchtung trotzdem aktiv, ansonsten wäre Ihr Modell nicht mehr sichtbar. Sie finden den Schalter in der Multifunktionsleiste, Register RENDERN, Gruppe LICHTER (erweiterter Bereich).

Mit den Schiebereglern können Sie unabhängig von der Vorgabebeleuchtung oder den selbst platzierten Lichtern, die allgemeine Helligkeit und den Kontrast einstellen.

Sobald Sie ein Licht platzieren oder die Sonne aktivieren (siehe unten) bekommen Sie eine Meldung (siehe Abbildung 23.34). Wenn die Vorgabebeleuchtung an ist, können Sonne oder Lichter nicht angezeigt werden. Klicken Sie dann auf VORGABEBELEUCHTUNG DEAKTIVIEREN, wenn Sie die Wirkung Ihrer Lichter sehen wollen.

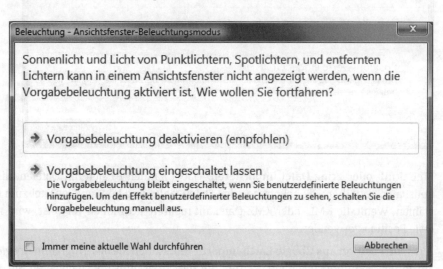

Abbildung 23.34: Vorgabebeleuchtung bei eigenen Lichtern

Das Sonnenlicht und der exakte Sonnenstand

Wie schon erwähnt, lässt sich die Sonne exakt positionieren, für jede gewünschte geografische Position, zum richtigen Datum und zur richtigen Uhrzeit. Damit können Sie beispielsweise in einem Gebäudemodell Sonneneinstrahlung und Abschattungen ermitteln. Schalten Sie zunächst die Sonne ein (wenn das nur immer so einfach wäre):

- Multifunktionsleiste: Symbol im Register RENDERN, Gruppe SONNE & STANDORT

Um die Sonne zu positionieren verwenden Sie den Befehl GEOPOSITION. Sie finden Ihn:

- Multifunktionsleiste: Symbol im Register RENDERN, Gruppe SONNE & STANDORT
- Menüleiste ANSICHT, Untermenü RENDER >, Untermenü LICHT >, Funktion GEOGRAFISCHE POSITION....
- Symbol in einem Flyout-Menü des Werkzeugkastens RENDER

Sie haben drei Möglichkeiten, die geografische Position zu bestimmen, die Sie aus einem Dialogfeld (siehe Abbildung 23.35) wählen können:

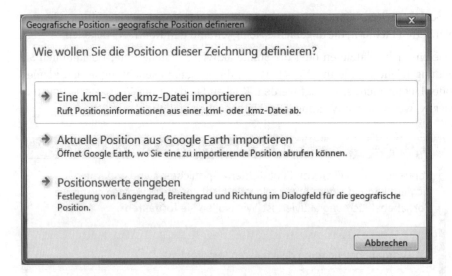

Abbildung 23.35: Möglichkeiten zur Bestimmung der geografischen Position

Eine .kml- oder .kmz-Datei importieren: Dabei handelt es sich um Dateien, die Positionsdaten enthalten: Sie bekommen den Dateiwähler und können die Datei zum Import wählen. Wenn die KML- oder KMZ-Datei auf mehrere Positionen verweist, wird nur die erste Position verwendet.

Aktuelle Position aus Google Earth importieren: Haben Sie das Programm *Google Earth* auf Ihrem Computer installiert, starten Sie das Programm und navigieren Sie auf die gewünschte Position (siehe Abbildung 23.36). Google Earth kann kostenlos aus dem Internet heruntergeladen werden.

Wählen Sie dann in AutoCAD diese Funktion und die aktuelle Position aus Google Earth wird übernommen.

Lichter und Schatten

Abbildung 23.36:
Geografische Position in Google Earth wählen

Abbildung 23.37:
Eingabe der geografischen Position

Positionswerte eingeben: Bei der dritten Möglichkeit bekommen Sie ein Dialogfeld, in dem Sie die Positionswerte eintragen können (siehe Abbildung 23.37).

Wählen Sie ganz oben das Format für die Daten und geben Sie diese darunter ein. Darunter wählen Sie die Zeitzone. Im Feld KOORDINATEN UND HÖHE geben Sie an, wo sich diese Position in der Zeichnung befinden soll. Wenn Sie auf das Pfeilsymbol klicken, verschwindet das Dialogfeld und Sie können den Punkt in der Zeichnung anklicken. In den meisten Fällen spielt dies keine Rolle, da solche geringfügigen Abweichungen nichts am Sonnenstand ändern. Wenn Sie nichts wählen, wird er an den Nullpunkt der Zeichnung gesetzt. Wichtiger ist das Feld NORDRICHTUNG. Hier können Sie den Winkel eingeben, unter dem in der Zeichnung Norden liegt. Auch hier können Sie mit dem Pfeilsymbol den Winkel aus der Zeichnung abgreifen.

Klicken Sie auf die Schaltfläche KARTE VERW., bekommen Sie ein weiteres Dialogfeld, mit dem Sie die Position in der Karte angeben können (siehe Abbildung 23.38).

Abbildung 23.38: Wahl der Position aus der Karte

Wählen Sie die Region und klicken Sie in die Karte. Haben Sie den Schalter NÄCHSTE GROSSSTADT aktiviert, werden die Daten der nächstgelegenen Großstadt übernommen. Sie können aber auch im Menü NÄCHSTE STADT die Stadt auswählen, die der gesuchten Position am nächsten liegt.

Egal wie Sie die Position bestimmen, die Position wird in der Zeichnung mit einem Symbol gekennzeichnet. Wenn Sie die Funktion noch einmal wählen, können Sie in einem Dialogfeld wählen, ob Sie die Position wieder löschen wollen, die gespeicherte Position bearbeiten oder neu bestimmen wollen.

Wenn Sie die Position bestimmt haben, können Sie sich in der Koordinatenanzeige links unten diese statt der Zeichnungskoordinaten anzeigen lassen. Klicken Sie in dem Feld rechts und wählen aus dem Kontextmenü GEOGRAFISCH. Sie sollten dann aber auch die Genauigkeit der Anzeige entsprechend hoch ansetzen (Menü FORMAT, Funktion EINHEITEN..., GENAUIGKEIT).

Die Eigenschaften der Sonne

Wenn die geografische Position festgelegt ist, können Sie die Eigenschaften der Sonne in einer Palette (siehe Abbildung 23.39) weiter bearbeiten. Machen Sie dies mit dem Befehl SONNENEIGENSCH. Den finden Sie:

- Multifunktionsleiste: Register RENDERN, Gruppe SONNE & STANDORT (Pfeil rechts unten)
- Menüleiste ANSICHT, Untermenü RENDER >, Untermenü LICHT >, Funktion SONNENEIGENSCHAFTEN

- Symbol in einem Flyout-Menü des Werkzeugkastens RENDER

Sie bekommen eine Palette, in der Sie die Sonne ein- und ausschalten können, ihre Intensität und Farbe verändern können und wählen können, ob Sie Schatten werfen soll oder nicht. Im Feld darunter stellen Sie Datum und Uhrzeit ein und wählen, ob sich die Zeitangabe auf die Sommerzeit bezieht. Wieder ein Feld darunter stellen Sie ein, ob Sie einen scharfen oder weichen Schatten haben wollen.

Mit dem einem Schalter in der Multifunktionsleiste, Register RENDERN, Gruppe SONNE & STANDORT, können Sie die Sonnenbeleuchtung ein- und ausschalten.

Gleich daneben haben Sie ein Flyout. Dort können Sie wählen, ob der Himmel in der Zeichnung ein- oder ausgeschaltet sein soll und wenn er eingeschaltet ist, ob die Sonne auch angezeigt werden soll.

Schieberegler für Datum und Uhrzeit

- *Mit den Schiebereglern in der Multifunktionsleiste (Register RENDERN, Gruppe SONNE & STANDORT) lassen sich Datum und Uhrzeit ändern. In den Feldern rechts daneben können auch Werte eingegeben werden.*
- *Wenn Sie den Regler für die Uhrzeit durchziehen, können Sie am Bildschirm die Beleuchtung über einen bestimmten Tag hinweg kontrollieren. Lassen Sie den Regler für die Uhrzeit konstant, können Sie den Regler für das Datum durchziehen. Dann können Sie den Sonnenstand zu einer bestimmten Uhrzeit übers Jahr hinweg kontrollieren.*

Schalten Sie dazu aber die Schattenanzeige in der Multifunktionsleiste (Register RENDERN, Gruppe LICHTER) nicht auf den vollständigen Schatten, sondern nur auf den Bodenschatten. Der vollständige Schatten kann nicht in Echtzeit berechnet werden.

Abbildung 23.39:
Die Eigenschaften der Sonne

Warum werden keine Schatten angezeigt?

- Das allgemeine Umgebungslicht erzeugt keine Schatten, da es theoretisch von allen Seiten gleichmäßig einfällt.
- Die Schattenanzeige ist ausgeschaltet.
- Im visuellen Stil sind die Schatten ausgeschaltet.
- Haben Sie die vollständige Schattenanzeige gewählt, wird eine sehr hohe Grafikleistung vorausgesetzt. In den Dialogfeldern des Befehls OPTIONEN kann die 3D-Anzeige verändert werden. Standardmäßig ist eingestellt, dass bei mangelnder Leistung der Schatten im Ansichtsfenster ausgeschaltet wird. In diesem Fall und in den letzten beiden müssten die Schatten im gerenderten Bild enthalten sein.

Lichter und Schatten

- Schatten können nur auf Objekten angezeigt werden. Haben Sie keinen Untergrund für Ihr Modell, können keine Schatten erzeugt werden. Legen Sie eine planare Fläche unter Ihr Modell.
- Bei jedem Licht kann angegeben werden, ob es Schatten erzeugen soll (siehe Abbildung 23.39 für die Sonne und weiter unten für die anderen Lichter).
- Für jedes dreidimensionale Objekt kann gewählt werden, ob es Schatten erzeugen, Schatten aufnehmen oder beides soll. Wählen Sie dies in einem Abrollmenü im Eigenschaften-Fenster (siehe Abbildung 23.40). Standardmäßig nehmen alle Objekte Schatten auf und erzeugen Schatten. Im speziellen Fall können Sie dies bei einzelnen Objekten ausschalten.

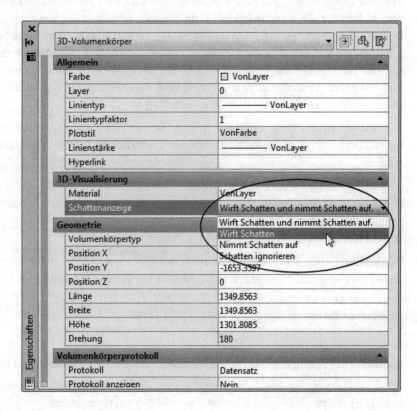

Abbildung 23.40: Schatten für 3D-Objekte ausschalten

Sonnenstand simulieren

1. Laden Sie das 3D-Modell *A23-07.dwg* aus dem Ordner *Aufgaben* – ein stilisiertes Haus. Rendern Sie zunächst ohne weitere Änderungen.
2. Stellen Sie dann die Nordausrichtung auf 0° im Weltkoordinatensystem und platzieren Sie die Sonne. Verwenden Sie das heutige Datum und verschiedene Uhrzeiten an Ihrem geografischen Standort und lassen Sie den Schatten berechnen.
3. Eine Musterlösung brauchen Sie dazu nicht. Je nach Ort und Zeit sieht die Lösung anders aus (siehe Abbildung 23.41).

Abbildung 23.41:
Schatten in Stuttgart am 20.06.2010 um 6:00 Uhr, 12:00 Uhr und 18:00 Uhr

> **INFO**

Lichter platzieren und einstellen

Mit dem Befehl LICHT können Sie beliebig viele und verschiedenartige Lichtquellen setzen. Haben Sie die Vorgabebeleuchtung eingeschaltet, werden Sie auch hier in einem Dialogfeld (siehe oben und Abbildung 23.34) darauf hingewiesen, dass Sie diese ausschalten müssen, um eine korrekte Beleuchtung zu erhalten. Schalten Sie diese also besser aus. Sie können die Vorgabebeleuchtung auch zunächst noch eingeschaltet lassen und erst dann, wenn alle Lichter platziert sind, diese manuell in der Multifunktionsleiste (Register RENDERN, Gruppe LICHTER) ausschalten.

Mit den entsprechenden Optionen wählen Sie, welche Lichtart Sie haben wollen. Sie haben aber auch separate Befehle für die verschiedenen Lichtarten. Die können Sie direkt wählen:

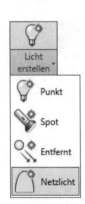

- Multifunktionsleiste: Flyout im Register RENDERN, Gruppe LICHTER
- Menüleiste ANSICHT, Untermenü RENDER >, Untermenü LICHT >, Funktionen für die unterschiedlichen Lichtarten
- Symbole in einem Flyout des Werkzeugkastens RENDER

Punktlicht: Geben Sie den Standort an. Da es sich um eine Lichtquelle handelt, die nach allen Seiten abstrahlt, ist keine weitere Angabe zur Platzierung erforderlich:

```
Befehl: Punktlicht Ausgangsort definieren <0,0,0>: Position wählen
Zu ändernde Option
eingeben[Name/Intensitätsfaktor/Status/FOtometrie/sChatten/Lichtabnahme/
filterFARbe/eXit] <eXit>:
```

Spotlicht: Ein Spotlicht ist auf einen Punkt hin ausgerichtet. Deshalb sind für die Positionierung ein Ausgangs- und ein Zielpunkt erforderlich:

```
Befehl: Spotlicht Ausgangsort definieren <0,0,0>: Position wählen
Zielposition angeben <0,0,-10>: Zielpunkt wählen
Zu ändernde Option
eingeben[Name/Intensitätsfaktor/Status/FOtometrie/Hotspot/FALloff/sChatten/
Lichtabnahme/filterFARbe/eXit] <eXit>:
```

Fernlicht: Bei der Platzierung eines Fernlichts erhalten Sie eine Warnmeldung in einem Dialogfeld (siehe Abbildung 23.42), wenn Sie fotometrische Lichter (siehe unten) eingeschaltet haben. Es kann dabei zu Überbelichtungen kommen.

Lichter und Schatten

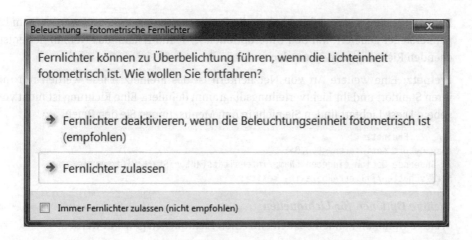

Abbildung 23.42:
Warnmeldung bei Fernlichtern

Ein Fernlicht platzieren Sie mit zwei Punkten oder einem Vektor aus zwei Richtungsangaben:

Befehl: **Fernlicht**

Lichtrichtung definieren VON <0,0,0> oder [Vektor]: **1. Punkt eingeben**
Lichtrichtung definieren BIS <1,1,1>: **2. Punkt eingeben**
Zu ändernde Option eingeben[Name/Intensitätsfaktor/Status/FOtometrie/sChatten/
filterFARbe/eXit] <eXit>:

Oder:

Lichtrichtung definieren VON <0,0,0> oder [Vektor]: **Option Vektor wählen**
Vektorrichtung definieren <0.0000,-0.0100,1.0000>: **Richtung durch Eingabe einer Koordinate bestimmen**
Zu ändernde Option eingeben[Name/Intensitätsfaktor/Status/FOtometrie/sChatten/
filterFARbe/eXit] <eXit>:

Der Vektor ergibt sich als gedachte Linie vom Nullpunkt zum eingegebenen Punkt. In allen Fällen wird eine Optionsliste eingeblendet (teilweise unterschiedlich bei den einzelnen Lichtarten). Folgende Optionen sind möglich:

Netzlicht: Geben Sie den Standort und das Lichtziel ein:

Befehl: **Netzlicht**
Ausgangsort definieren <0,0,0>:
Zielposition angeben <0,0,-10>:
Zu ändernde Option eingeben [Name/Intensitätsfaktor/Status/FOtometrie/
netZ/sChatten/filterFARbe/eXit] <eXit>:

Zur Angabe der Lichtverteilung kann eine Datei mit den Daten für die Verteilung gewählt werden. Außerdem ist es möglich, die Lichtquelle in x-, y- und z-Richtung auszurichten:

Zu ändernde Option eingeben [Name/Intensitätsfaktor/Status/FOtometrie/
netZ/sChatten/filterFARbe/eXit] <eXit>: **Option Netz wählen**
Zu ändernde Netzoption eingeben [Datei/X/Y/Z/Exit] <Exit>: **Option Datei wählen**
Netzdatei eingeben<>: **Dateiname eingeben (mit '~' Dateiwähler aktivieren)**

Dateien für die Lichtverteilung haben die Dateierweiterung *.*IES* und werden vom Lampenhersteller geliefert. Mit den Unteroptionen X, Y und Z kann das Netz in der entsprechenden Richtung gedreht werden.

Freinetz: Eine weitere Art von Netzlichtern ist das Freinetz. Diese werden nur durch ihren Standort und ihr Lichtverteilungsdiagramm definiert. Eine Richtung ist nicht vorgegeben. Diese Lichtart finden Sie nicht in den Menüs, tippen Sie den Befehl ein.

```
Befehl: Freinetz
Ausgangsort definieren <0,0,0>:
Zu ändernde Option eingeben [Name/Intensitätsfaktor/Status/FOtometrie/
netZ/sChatten/filterFARbe/eXit] <eXit>:
```

Weitere Optionen für Lichtquellen

Weitere Optionen können bei den einzelnen Lichtquellen gewählt werden:

Name: Sie können jeder Lichtquelle einen Namen geben, unter dem sie nachher in der Lichtliste geführt wird.

Intensitätsfaktor: Geben Sie einen Wert ein, der relativ zu den anderen Lichtquellen gewertet wird. Hat ein Licht den Faktor 1 und ein anderes den Faktor 2, dann ist dieses doppelt so hell.

Status: Mit dem Status können Sie das Licht ein- und ausschalten. Standardmäßig ist es ein, Sie können es aber auch später noch in der Lichtliste bei Bedarf ausschalten.

Fotometrie: Mit dieser Option geben Sie die Intensität in physikalischen Einheiten ein. Diese Option wirkt sich nur dann aus, wenn Sie fotometrische Lichtquellen gewählt haben (siehe unten).

```
Zu ändernde Option eingeben[Name/Intensitätsfaktor/Status/FOtometrie/sChatten/
filterFARbe/eXit] <eXit>: Option FOtometrisch
Zu ändernde fotometrische Option eingeben [Intensität/Farbe/eXit] <I>:
```

Jetzt können Sie mit weiteren Unteroptionen Intensität oder Farbe ändern:

```
Zu ändernde fotometrische Option eingeben [Intensität/Farbe/eXit] <I>: Option
Intensität
Intensität (Cd) oder Option eingeben [Fluss/Illuminanz] <1500>:
```

Geben Sie die Intensität in einer wiederum per Unteroption zu wählenden Größen ein.

```
Zu ändernde fotometrische Option eingeben [Intensität/Farbe/eXit] <I>: Option Farbe
Farbname oder Option eingeben [?/Kelvin] <D65>:
```

Sie können die Farbe in Kelvin eingeben oder wählen mit der Option einen Lampentyp.

Hotspot und Falloff: Einstellung des Winkels für den Bereich, in dem das Spotlicht mit der maximalen Helligkeit leuchtet (Hotspot), und des Winkels für den Bereich, in dem die Lichtintensität auf 0 abfällt (Falloff).

Schatten: Angabe, ob das Licht Schatten werfen soll, standardmäßig ist dieser Wert auf ein gesetzt.

Lichtabnahme: Steuert, wie die Lichtintensität über die Entfernung abnimmt. Je weiter ein Objekt von der Lichtquelle entfernt ist, desto dunkler wird das Objekt angezeigt. Sie können mit dieser Option festlegen, ob das Licht linear, quadratisch oder gar nicht mit der Entfernung abnehmen soll und mit welchem Faktor es abnehmen soll.

Filterfarbe: Hier können Sie die Farbe eines vorgeschalteten Filters in den AutoCAD-üblichen Farbwerten eingeben.

Alle Parameter lassen sich auch noch nachträglich im Eigenschaften-Fenster ändern (siehe unten).

Die Lichter, die Sie in der Zeichnung (bis auf Fernlichter) platziert haben, werden mit einem Symbol im Modell angezeigt. Diese Symbole (nicht die Lichter) lassen sich durch einen Schalter in der Multifunktionsleiste (Register RENDERN, Gruppe LICHTER, erweiterter Bereich) ein- und ausschalten.

Lichter bearbeiten

Mit den Griffen kann bei einem Spotlicht der Standort, das Lichtziel und den Winkel von Hotspot und Falloff bearbeitet werden (siehe Abbildung 23.43).

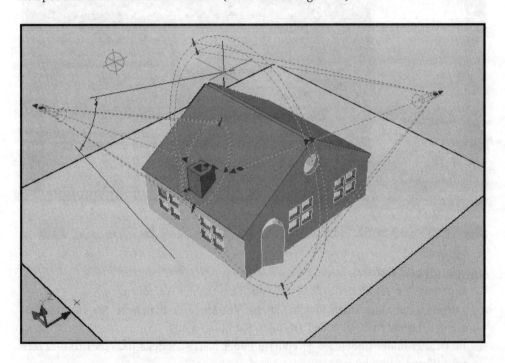

Abbildung 23.43:
Spotlicht mit Griffen einstellen

In der Lichtliste bekommen Sie alle in der Zeichnung vergebenen Lichter aufgelistet (siehe Abbildung 23.44). Die Sonne erscheint hier nicht, sie hat eine eigene Palette (siehe oben und Abbildung 23.39). Die Lichtliste bekommen Sie wie folgt:

- Multifunktionsleiste: Register RENDERN, Gruppe LICHTER (Pfeil rechts unten)
- Menüleiste ANSICHT, Untermenü RENDER >, Untermenü LICHT >, Funktionen LICHT-LISTE
- Menüleiste EXTRAS, Untermenü PALETTEN >, Funktion BELEUCHTUNG

- Symbol im Werkzeugkasten RENDER

Sie bekommen eine Palette, in der alle Lichter in einer Liste aufgeführt sind (siehe Abbildung 23.44, links). Mit einem Doppelklick auf ein Licht in der Liste oder das Symbol in der Zeichnung bekommen Sie das Eigenschaften Fenster, in dem Sie alle Parameter verändern können (siehe Abbildung 23.44, rechts).

Abbildung 23.44:
Lichtliste und Eigenschaften-Fenster mit einem Spotlicht

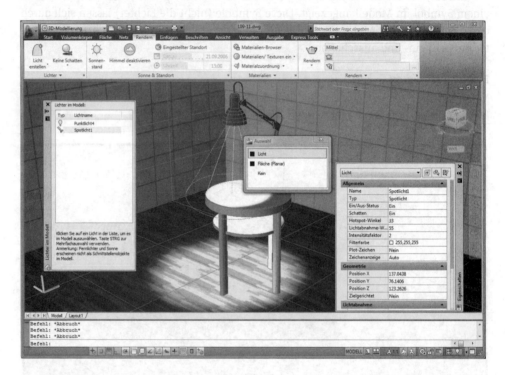

Materialien und Lichter

1. Laden Sie ein 3D-Modell *A23-08.dwg* aus dem Ordner *Aufgaben*.
2. Vergeben Sie Materialien für die Objekte des Modells. Platzieren Sie verschiedene Lichter. Leuchten Sie das Teil aus allen Richtungen aus.
3. Im Ordner *Bilder* finden Sie gerenderte Bilder dieses Modells (*B23-06-1.tif* und *B23-06-2.tif* und Abbildung 23.45).

Lichter und Schatten

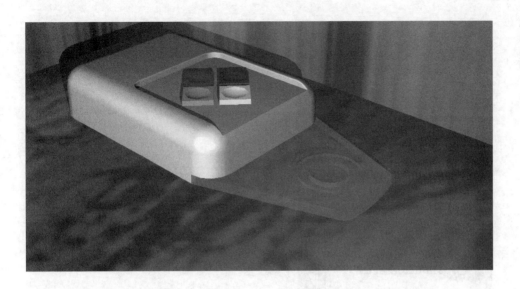

Abbildung 23.45:
Gerendertes 3D-Modell mit Materialien und Lichtern

Fotometrische Lichtquellen

Seit AutoCAD 2008 lassen sich auch *Fotometrische Lichtquellen*. Darunter versteht man Lichtquellen, die ihren physikalischen Eigenschaften entsprechend definiert sind, wie Intensität, Farbtemperatur usw.

Welche Methode verwendet wird, ist abhängig von der Systemvariablen LIGHTINGUNITS. Diese Variable stellen Sie am besten in der Multifunktionsleiste ein: Register VISUALISIEREN, Gruppe LICHTER, erweiterter Bereich. Dort finden Sie ein Menü, mit dem Sie die Einheiten wählen können. Mit der Einstellung ALLGEMEINE EINHEITEN werden keine physikalischen Einheiten für die Lichter verwendet. Es gelten nur die relativen Werte der Lichter zueinander. Fotometrische Lichteinheiten werden verwendet, wenn Sie die Einstellungen SI-EINHEITEN (für Einheiten im internationalen SI-System) oder AMERIKANISCHE EINHEITEN auswählen. Dann können Sie die Werte für die Intensität und Farbe der Lichter in physikalischen Größen eingeben.

Sie können also beispielsweise eine 40-Watt-Glühlampe oder eine 26-Watt-Kompakt-Leuchtstoffröhre in Ihrem Modell platzieren und so die Wirkung von Leuchtmitteln mit den exakten Daten feststellen.

Sie können im Werkzeugpaletten-Fenster die Palettengruppe FOTOMETRISCHE LICHTER wählen. Dort haben Sie verschiedene Paletten mit den einzelnen Lampenarten (siehe Abbildung 23.46). Klicken Sie den entsprechenden Lampentyp an und platzieren Sie die Lampe in der Zeichnung. Haben Sie eine solche Lichtquelle platziert, öffnen Sie mit einem Doppelklick auf das Symbol auch hierfür den Eigenschaften-Manager.

Abbildung 23.46:
Platzierung von fotometrischen Lichtquellen

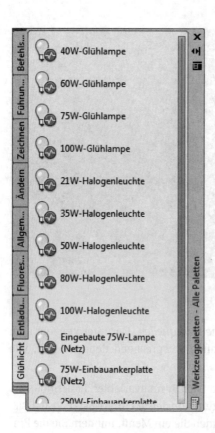

23.8 Animationen in AutoCAD

Eine weitere Möglichkeit, Ihre 3D-Modelle zu präsentieren, haben Sie mit den Animationsfunktionen von AutoCAD. Sie können einen Spaziergang durch Ihr Modell machen oder darüber hinwegfliegen und dabei einen Film aufnehmen. Der lässt sich in den Standard-Windows-Formaten abspeichern und auf jedem PC wiedergeben. AutoCAD muss darauf nicht installiert sein.

Spaziergang und Überflug

Mit dem Befehl 3DNAV können Sie den Spaziergang machen und mit dem Befehl 3DFLUG machen Sie den Überflug. Wählen Sie die Befehle:

- Multifunktionsleiste: Symbole in einem Flyout im Register RENDERN, Gruppe ANIMATION
- Menüleiste ANSICHT, Untermenü 2D- UND 3D-NAVIGATION >, Funktion NAVIGATION bzw. FLUG
- Symbole im Werkzeugkasten 2D- UND 3D-NAVIGATION

Alles klar? So wird's gemacht. Mit den Pfeiltasten oder durch Ziehen mit der Maus bewegen Sie sich durchs Modell. Haben Sie den Befehl 3DNAV gewählt, bewegen Sie sich auf konstanter Höhe, mit dem Befehl 3DFLUG steuern Sie auch die Höhe.

```
Befehl: 3DNav oder 3DFlug
Mit ESC oder EINGABETASTE beenden oder rechte Maustaste klicken, um das Kontextmenü zu
aktivieren.
```

Wenn Sie sich jetzt durchs Modell bewegen, bekommen Sie ein weiteres Fenster, das POSITIONSLOKALISIERER-Fenster. Das unterstützt Sie bei der Orientierung auf Ihrem Spaziergang bzw. beim Überflug. Es zeigt das Modell und den Blickwinkel der Kamera (siehe Abbildung 23.47). Versuchen Sie es zuerst ohne Aufnahme.

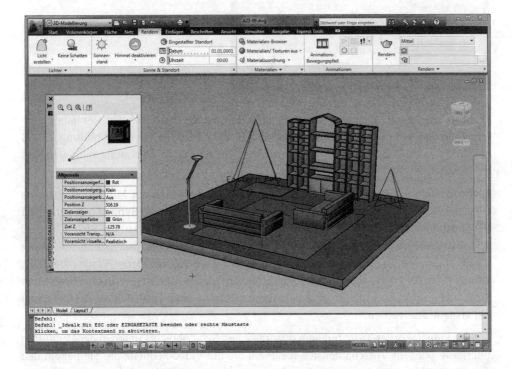

Abbildung 23.47: Navigation durchs Modell

Bevor Sie die Aufnahme machen, sollten Sie sich zunächst einmal die Voreinstellungen ansehen. Mit dem Befehl 3DNAVFLUGEINST bekommen Sie das Dialogfeld für die Einstellungen (siehe Abbildung 23.48).

- Multifunktionsleiste: Symbole in einem Flyout im Register RENDERN, Gruppe ANIMATION
- Menüleiste ANSICHT, Untermenü 2D- UND 3D-NAVIGATION >, Funktion EINSTELLUNGEN FÜR 2D- UND 3D-NAVIGATION...
- Symbole im Werkzeugkasten 2D- UND 3D-NAVIGATION

Abbildung 23.48:
Dialogfeld für die Navigations- und Flugeinstellungen

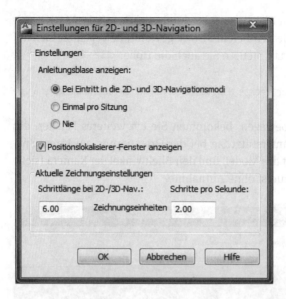

Oben stellen Sie ein, ob und wie oft Sie eine Anleitung in einem Hilfe-Fenster haben wollen. Darunter können Sie das POSITIONSLOKALISIERER-FENSTER (siehe Abbildung 23.47) ein- und ausschalten. Darunter stellen Sie die Schrittlänge in Zeichnungseinheiten und die Geschwindigkeit in Schritten pro Sekunde ein.

Die Aufzeichnung starten Sie mit den Videorekorder-Tasten in der Multifunktionsleiste (Register RENDERN, Gruppe ANIMATION). Die Taste mit dem runden Symbol links unten ist der Startknopf für die Aufnahme. Rechts oben ist die Pause-Taste. Mit der Pfeiltaste links oben wird die bisher erzeugte Aufnahme in einem Vorschaufenster (siehe Abbildung 23.49) abgespielt. In dem Vorschaufenster haben Sie die Videorekorder-Tasten ebenfalls. Dort können Sie auch Szenen aneinandersetzen, indem Sie den Regler an eine bestimmte Stelle ziehen und dort erneut eine Aufnahme machen. Auch lässt sich für die Vorschau der visuelle Stil wählen.

Mit der Videorekorder-Taste mit dem quadratischen Symbol rechts unten in der Multifunktionsleiste oder im Vorschaufenster speichern Sie die Video-Sequenz ab. Sie bekommen den Dateiwähler zum Speichern. Dort haben Sie die Schaltfläche ANIMATIONSEINSTELLUNGEN..., mit der Sie ein weiteres Dialogfeld öffnen (siehe Abbildung 23.50). Dort stellen Sie ein, mit welchem visuellen Stil oder in welcher Render-Auflösung der Film erstellt werden soll. Außerdem können Sie das Video-Format und die Bildfrequenz für den Film wählen. Erst wenn Sie den Speichervorgang starten, wird der Film in der endgültigen Auflösung berechnet, was bei längeren Sequenzen und hoher Render-Auflösung sehr lange dauern kann. Ein Laufbalken informiert Sie über den Fortschritt.

Animationen in AutoCAD

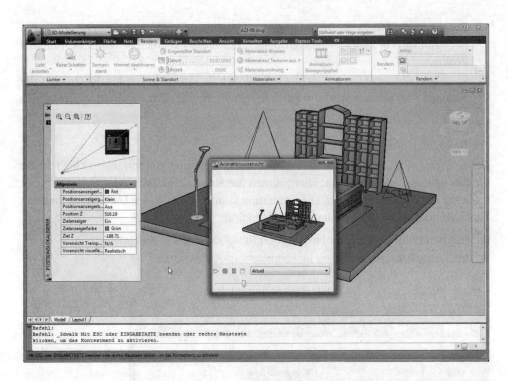

Abbildung 23.49:
Voransicht der Animation

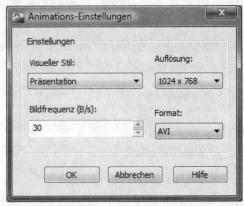

Abbildung 23.50:
Dialogfeld für die Animations-Einstellungen

Der Fahrplan für die Erstellung der Animation

Hier noch mal der Fahrplan für die Erstellung einer solchen Animation:

1. Laden Sie ein 3D-Modell, z. B. die Datei *A23-09.dwg* aus dem Ordner *Aufgaben*, und stellen Sie die gewünschte Ansicht ein.
2. Machen Sie die Voreinstellungen mit dem Befehl 3DNAVFLUGEINST (siehe Abbildung 23.48).
3. Wählen Sie den Befehl 3DNAV oder 3DFLUG. Üben Sie zunächst mit den Pfeiltasten oder der Maus die Wege ein.

4. Drücken Sie dann die Aufnahme-Taste und nehmen Sie die Szene auf. Kontrollieren Sie dann im Voransichtsfenster. Überschreiben Sie eventuell ab einer bestimmten Position.
5. Speichern Sie den Film ab. Nehmen Sie dabei die Einstellungen für die Qualität der Sequenz vor. Danach wird die Filmsequenz berechnet. Das kann unter Umständen längere Zeit in Anspruch nehmen.

Die Bewegungspfad-Animation

Neben dieser »Freihand-Aufnahme« gibt es auch noch eine komfortablere Möglichkeit: die Bewegungspfad-Animation. Hier können Sie eine Kamerafahrt oder einen Kameraschwenk mit Pfaden definieren. Die Animation können Sie in einem Dialogfeld einstellen (siehe Abbildung 23.51). Wählen Sie die Funktion:

- Multifunktionsleiste: Symbol im Register RENDERN, Register ANIMATION
- Menüleiste ANSICHT, Funktion BEWEGUNGSPFAD-ANIMATIONEN...

Abbildung 23.51:
Dialogfeld für die Bewegungspfadanimation

Wählen Sie einen Pfad oder einen Punkt jeweils für Kamera und Ziel. Der Pfad muss in der Zeichnung vorhanden sein. Pfad kann sein: Linie, Bogen, elliptischer Bogen, Ellipse, Kreis, Polylinie, 3D-Polylinie oder Spline. Mit den Schaltern rechts der Auswahl kommen Sie zur Zeichnung und können dort das entsprechende Objekt wählen.

Auf der rechten Seite wählen Sie die Bildfrequenz in Bildern pro Sekunde und die Anzahl der Bilder oder die Dauer in Sekunden. Einer der Werte ergibt sich aus den anderen beiden. Auch hier können Sie wie bei der vorherigen Methode den visuellen Stil oder eine

Render-Qualität, das Video-Format und die Auflösung wählen. Haben Sie einen eckigen Pfad gewählt, können Sie vorgeben, dass in den Ecken eine Verzögerung in der Bewegung sein soll. Damit werden ruckartige Bewegungen vermieden. Mit dem Schalter UMKEHREN lässt sich die Richtung der Bewegung umkehren.

Zuletzt haben wir noch einen Schalter: BEI VORANSICHT KAMERAVORANSICHT ANZEIGEN. Ist dieser aktiviert, bekommen Sie das Fenster mit der Kamerasicht, wenn Sie auf die Schaltfläche VORANSICHT... klicken (siehe Abbildung 23.52). Ist er aus, wird nur die Fahrt der Kamera angezeigt.

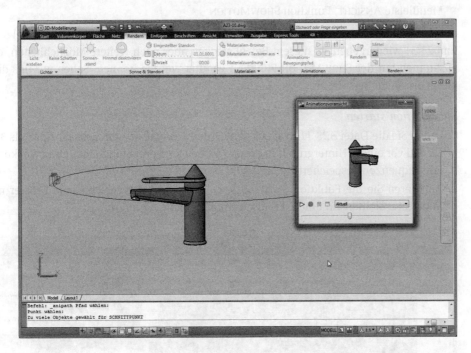

Abbildung 23.52: Voransicht der Animation

Wenn Sie das Fenster beenden, kommen Sie wieder zum Dialogfeld. Mit OK wird die Animation erstellt. Im Dateiwähler zum Speichern können Sie mit der Schaltfläche ANIMATIONSEINSTELLUNGEN... in dem Dialogfeld (siehe Abbildung 23.50) die Einstellungen noch ändern. Beachten Sie, dass hohe Auflösungen und vor allem gerenderte Bilder zur Berechnung sehr lange dauern können. Ein Laufbalken zeigt Ihnen den Fortschritt an.

Kamerafahrt ums Modell

1. Laden Sie das 3D-Modell in der Datei *A23-10.dwg* aus dem Ordner *Aufgaben* und stellen Sie die gewünschte Ansicht ein.
2. Der Kreis um das Modell ist der Kamerapfad.
3. Wählen Sie im Dialogfeld den Kreis als Pfad für die Kamera und einen Punkt in der Mitte der Armatur als Ziel.
4. Lassen Sie die Animation rechnen. Im Ordner *Bilder* haben Sie zwei Beispiele: *L23-10-01.avi* und *L23-10-02.avi*.

23.9 Präsentationen mit ShowMotion

Eine weitere Möglichkeit, sehr einfach und schnell ansprechende Präsentationen zu erstellen, ist die ShowMotion-Funktion. Dabei handelt es sich nicht um Render-Funktionen, es werden auch keine Video-Sequenzen erstellt. Sie können aber Ihre Modelle damit in AutoCAD als Präsentation animieren.

Wählen Sie ShowMotion nach einer dieser Methoden:

- Symbol in der Navigationsleiste
- Menüleiste ANSICHT, Funktion SHOWMOTION

Mit ShowMotion lassen sich gespeicherte Ansichten (Befehl AUSSCHNT, siehe Kapitel 5.17 und 23.3) wiedergeben. In diesem Befehl stecken aber noch weitere Möglichkeiten, die zusammen mit der SHOWMOTION-Funktion genutzt werden können. Sehen wir uns dies gleich an einem Beispiel an.

ShowMotion starten

- Laden Sie die Datei *A23-11.dwg* aus dem Ordner *Aufgaben* – ein Schraubstock als 3D-Modell vor einem Hintergrund. In diesem Modell sind drei Standbilder und zwei kurze Filmsequenzen gespeichert.
- Aktivieren Sie die Funktion SHOWMOTION. Sie haben jetzt verschiedene Fenster mit Miniaturansichten am unteren Bildschirmrand (siehe Abbildung 23.53).

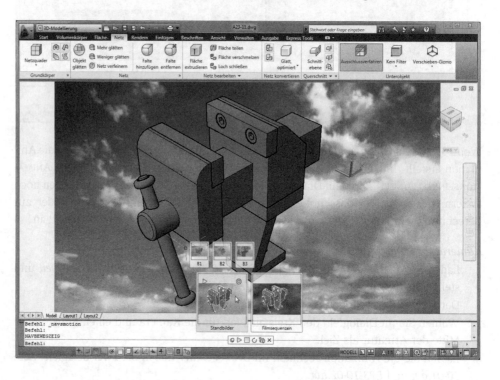

Abbildung 23.53: ShowMotion-Fenster auf dem Bildschirm, 1

- Zeigen Sie mit der Maus (ohne Klick) auf ein Fenster in der unteren Reihe, wird diese Reihe vergrößert. Dabei handelt es sich um gespeicherte Ansichten (mit dem Befehl AUSSCHNT erzeugt), die unter einer bestimmten Kategorie gespeichert wurden, im linken unteren Fenster in der Kategorie *Standbilder* und im rechten unteren Fenster in der Kategorie *Filmsequenzen*.
- In Abbildung 23.54 wird auf das linke Fenster gezeigt, das Fenster wird farbig unterlegt und die Ansichten dieser Kategorie werden in den kleinen Bildern darüber angezeigt. Zeigen Sie auf das rechte, werden die Ansichten dieser Kategorie darüber angezeigt.
- Zeigen Sie mit der Maus auf ein Fenster in der oberen Reihe, wird diese Reihe vergrößert. Dabei handelt es sich um die Ansichten, die in dieser Kategorie gespeichert wurden. In Abbildung 23.54 sind es in diesem Fall Filmsequenzen, die unter der Kategorie *Filmsequenzen* gespeichert wurden.

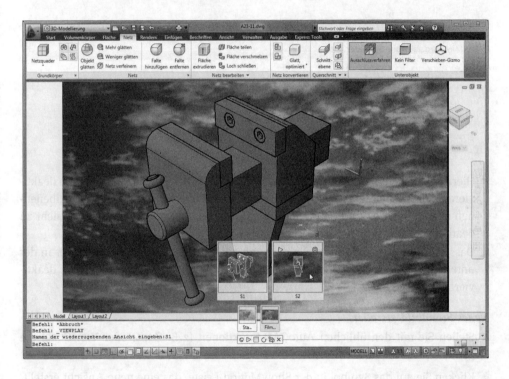

Abbildung 23.54:
ShowMotion-Fenster auf dem Bildschirm, 2

- Klicken Sie auf ein Fenster mit einer Miniaturansicht in der oberen Reihe oder auf den Wiedergabeknopf in dem Fenster, wird diese Ansicht wiedergegeben. Bei einem Fenster in der unteren Reihe werden der Reihe nach alle Ansichten dieser Kategorie wiedergegeben.

- In der Leiste unter den Fenstern mit den Miniaturansichten haben Sie eine Reihe von Symbolen. Die Funktionen von links nach rechts:
  - Festpinnen der Fenster mit den Miniaturansichten.
  - Abspielen aller gespeicherten Ansichten. Wenn die Wiedergabe gestartet ist, wechselt die Funktion. Dann steht Ihnen dort die Pause-Taste zur Verfügung.
  - Stoppen der Wiedergabe.
  - Wiedergabemodus auf Endlosschleife einstellen. Kann nur mit dem Stopp-Symbol oder der Taste ESC oder ↵ beendet werden.
  - Erstellen einer neuen Ansicht.
  - Beenden von ShowMotion.
- Mit einem Rechtsklick in einem Fenster mit einer Ansicht (obere Reihe) öffnen Sie ein Kontextmenü, aus dem Sie weitere Funktionen wählen können (siehe Abbildung 23.55).

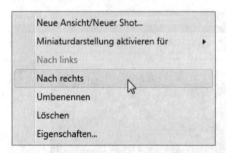

Abbildung 23.55: Kontextmenü auf einer Ansicht

- Hier haben Sie Funktionen, um eine neue Ansicht einzufügen, eine Ansicht zu deaktivieren oder wieder zu aktivieren, die markierte Ansicht zu verschieben, umzubenennen oder zu löschen und mit dem Eintrag EIGENSCHAFTEN... die markierte Ansicht zu bearbeiten.
- Dasselbe Kontextmenü öffnen Sie auch mit einem Rechtsklick auf ein Fenster in der unteren Reihe, den Kategorien. Hier ist lediglich der Eintrag EIGENSCHAFTEN... deaktiviert.

Neues Standbild erstellen

- Stellen Sie mit den üblichen AutoCAD-Funktionen (z.B. ZOOM oder VIEWCUBE) die gewünschte Ansicht ein.

- Klicken Sie auf das Symbol in der ShowMotion-Leiste, das eine neue Ansicht erstellt, und Sie bekommen ein Dialogfeld. Es ist das Dialogfeld, das Sie auch beim Befehl AUSSCHNT bekommen, wenn Sie eine neue Ansicht speichern wollen (siehe Abbildung 23.56), nur mit der Registerkarte SHOT-EIGENSCHAFTEN, die wir uns noch nicht angeschaut haben.

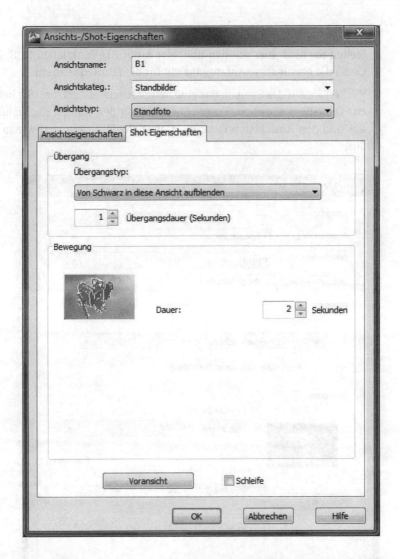

Abbildung 23.56:
Erstellen eines neuen Standbilds

- Tragen Sie einen Namen für die Ansicht ein und wählen Sie eine Kategorie, in die die Ansicht eingefügt werden soll. Wählen Sie den Ansichtstyp STANDFOTO.
- Sie können jetzt im Register ANSICHTSEIGENSCHAFTEN die Ansicht noch bearbeiten, beispielsweise den Bildausschnitt ändern oder einen anderen Hintergrund wählen. Wählen Sie einen Übergang, die Übergangsdauer und die Anzeigezeit des Bildes. Mit dem Schalter VORANSICHT können Sie das Ergebnis kontrollieren, eventuell auch in einer Schleife mit mehreren Wiederholungen, was aber bei einem Standbild wenig Sinn macht. Klicken Sie auf OK und die Ansicht erscheint mit einem weiteren Fenster in der gewählten Kategorie.
- Mit den Funktionen im Kontextmenü können Sie es noch an die gewünschte Stelle bringen. Lassen Sie Bilder ablaufen und prüfen Sie das Ergebnis.

Neue Filmsequenz erstellen

- Stellen Sie auch hier mit den üblichen AutoCAD-Funktionen (z.B. Zoom oder View-Cube) die gewünschte Anfangsansicht für die Filmsequenz ein.

- Klicken Sie auf das Symbol, das eine neue Ansicht erstellt, und Sie bekommen das gleiche Dialogfeld wie oben. Tragen Sie auch hier den Namen ein, wählen eine Kategorie aus und den Ansichtstyp Filmisch. Das Dialogfeld sieht jetzt wie in Abbildung 23.57 aus.

Abbildung 23.57: Erstellen einer neuen Video-Sequenz

- Sie können noch Änderungen im Register ANSICHTSEIGENSCHAFTEN vornehmen. Wählen Sie einen Übergang und die Übergangsdauer wie oben.
- Im Abrollmenü BEWEGUNGSTYP stehen Ihnen verschiedene Bewegungsabläufe zur Verfügung:
    - **Vergrößern:** Zoomt das Objekt heran.
    - **Verkleinern:** Zoomt vom Objekt weg.
    - **Link verfolgen:** Bewegt das Objekt von links nach rechts.
    - **Rechts verfolgen:** Bewegt das Objekt von rechts nach links.
    - **Kran auf:** Bewegt die Kamera mit einem Kran nach oben.
    - **Kran ab:** Bewegt die Kamera mit einem Kran nach unten.
    - **Betrachten:** Dreht die Kamera um ihre Achse.
    - **Orbit:** Dreht das Objekt um seine Achse.
- Je nach Bewegungstyp lassen sich unterschiedliche Parameter für die Bewegung vorgeben. Stellen Sie diese ein und kontrollieren Sie das Ergebnis mit der Schaltfläche VORANSICHT, eventuell in einer Schleife. Wenn alles in Ordnung ist, wird die Sequenz mit OK übernommen.

Gespeicherte Animation aufzeichnen

- Gehen Sie genauso vor. Stellen Sie die Anfangsansicht ein.
- Klicken Sie auf das Symbol, das eine neue Ansicht erstellt, und geben Sie Namen und Kategorie ein. Wählen Sie als Ansichtstyp AUFGEZEICHNETE NAVIGATION (siehe Abbildung 23.58).
- Wählen Sie wieder einen Übergang und die Übergangsdauer wie oben.
- Wenn Sie jetzt auf die Schaltfläche AUFNAHMESTART klicken, können Sie sich im Modell bewegen, gesteuert mit gedrückter linker Maustaste. Wenn Sie die Taste wieder loslassen, kommen Sie zum Dialogfeld zurück und die Bewegung ist gespeichert. Kontrollieren Sie die Aufzeichnung mit der Schaltfläche VORANSICHT einmal oder in einer Schleife. Mit OK wird die Sequenz gespeichert.

Sequenzen aufnehmen und wiedergeben

1. Laden Sie die Datei *A23-11.dwg* aus dem Ordner *Aufgaben* noch einmal neu oder nehmen Sie ein beliebiges anderes 3D-Modell.
2. Starten Sie die Funktion SHOWMOTION und nehmen Sie Standbilder und Filmsequenzen auf, eventuell geordnet in Kategorien.
3. Lassen Sie die Bewegungen abspielen und sortieren Sie sie eventuell neu und lassen dann die komplette Präsentation ablaufen.

Abbildung 23.58:
Erstellen einer neuen Navigation

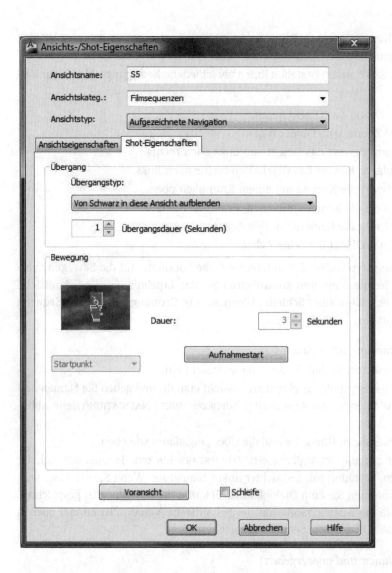

Präsentation wiedergeben

- Wenn Sie den Pin lösen (linkes Symbol in der unteren Bedienleiste), die Präsentation starten und in die Zeichenfläche klicken, verschwinden die Miniaturansichten und der komplette Bildschirm steht der Präsentation zur Verfügung.
- Wenn Sie jetzt noch die Präsentation in einer Endlosschleife starten, lässt sich diese beliebig lange abspielen.
- Leider gibt es keine Möglichkeit, die Präsentationen in einem der üblichen Video-Formate aufzuzeichnen und auf einem PC ohne AutoCAD abzuspielen.

Teil 4
AutoCAD intern

985	Dynamische Blöcke	24
1013	Werkzeugpaletten, Werkzeugkästen, Menüs und Multifunktionsleiste	25
1053	Plansätze	26

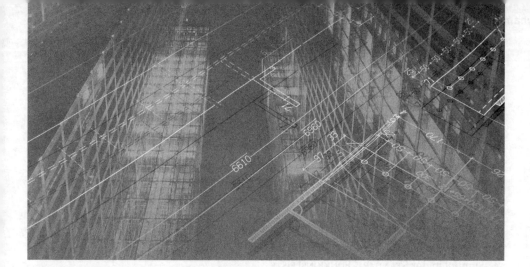

Kapitel 24
Dynamische Blöcke

Wie Sie in Kapitel 11 gesehen haben, lassen sich Objekte aus der Zeichnung zu Blöcken zusammenfassen. Blöcke lassen sich aber beim Einfügen nur bedingt variieren. Lediglich die Einfügefaktoren und der Drehwinkel können bei der Einfügung festgelegt werden. Brauchen Sie dagegen eine Schraube in verschiedenen Längen, einen Tisch mal mit zwei oder vier Stühlen usw., dann müssten Sie bis AutoCAD 2005 bzw. AutoCAD LT 2005 für jede Variante einen eigenen Block erstellen.

Seit AutoCAD 2006 gibt es dynamische Blöcke. Damit lösen Sie dieses Problem. Mit einem speziellen Blockeditor können Sie Blöcke erstellen oder bereits erstellten Blöcken dynamische Eigenschaften zuordnen. Dynamische Blöcke werden genauso eingefügt wie normale Blöcke. Nach dem Einfügen können sie aber mit den Griffen bearbeitet werden. Die Erzeugung dynamischer Blöcke erfolgt grafisch, ohne Variantenprogrammierung oder Ähnliches. Den Blockeditor zur Erstellung dynamischer Blöcke gibt es seit der Version 2007 auch in AutoCAD LT.

24.1 Der Blockeditor für dynamische Blöcke

Um dynamische Blöcke zu erstellen, gehen Sie wie folgt vor:

- Starten Sie den Blockeditor und erstellen Sie den Block im Blockeditor, alle Zeichen- und Editierfunktionen stehen Ihnen genauso wie im normalen Programm zur Verfügung. Machen Sie aus dem Block durch Eingabe der Parameter und Aktionen einen dynamischen Block.
- Haben Sie bereits einen normalen Block in einer Zeichnung, können Sie diesen durch Doppelklick im Blockeditor öffnen. Machen Sie aus dem Block durch Eingabe der Parameter und Aktionen einen dynamischen Block.

- In beiden Fällen können Sie den Block dann in der aktuellen Zeichnung speichern. Wollen Sie den Block auch in anderen Zeichnungen verwenden, speichern Sie ihn mit dem Befehl WBLOCK (siehe Kapitel 11.3) in einer Datei ab oder ziehen Sie ihn aus dem Design-Center (siehe Kapitel 13.8) in die aktuelle Zeichnung.

Register Bbearb

Mit dem Befehl BBEARB starten Sie den Blockeditor zur Bearbeitung von Blöcken. Sie finden den Befehl wie folgt:

- Multifunktionsleiste: Symbol im Register EINFÜGEN, Gruppe BLOCK
- Menüleiste EXTRAS, Funktion BLOCKEDITOR
- Symbol in der STANDARD-FUNKIONSLEISTE
- Doppelklick auf einen Block in der Zeichnung

Nachdem Sie den Befehl gewählt haben, können Sie in einem Dialogfeld wählen, was bearbeitet werden soll: einer der Blöcke in der Zeichnung oder die komplette aktuelle Zeichnung (siehe Abbildung 24.1). Wählen Sie den Eintrag < *Aktuelle Zeichnung* >, wird die komplette Zeichnung in den Blockeditor übernommen. Tragen Sie in der ersten Zeile einen noch nicht vorhandenen Namen ein, erstellen Sie einen neuen Block mit diesem Namen im Blockeditor.

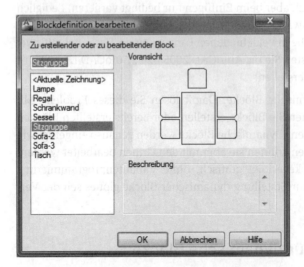

Abbildung 24.1: Wahl des zu bearbeitenden Blocks

Wählen Sie den gewünschten Block in der Liste links und klicken auf OK. Der Block wird in den Blockeditor übernommen. Wie beim Bearbeiten von Blöcken in der Zeichnung (siehe Kapitel 11.14) wird alles, was Sie jetzt zeichnen, zum Block hinzugefügt und alles, was Sie jetzt löschen, aus dem Block entfernt.

Im Arbeitsbereich *2D-Zeichnung & Beschriftung* bzw. *3D-Modellierung* wird ein temporäres Register in der Multifunktionsleiste eingeblendet (siehe Abbildung 24.2). Im Arbeitsbereich *AutoCAD klassisch* wird eine zusätzliche Werkzeugleiste zur Blockbearbeitung eingeblendet.

Der Blockeditor für dynamische Blöcke

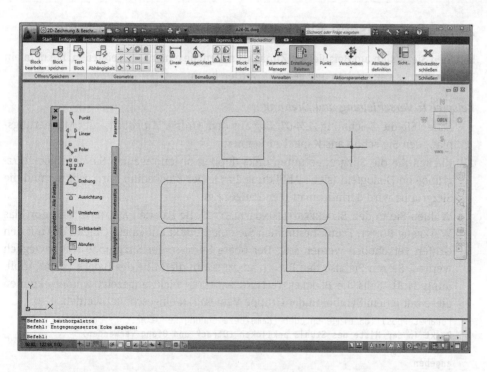

Abbildung 24.2:
Block im Blockeditor, Arbeitsbereich 2D-Zeichnung & Beschriftung

In beiden haben Sie zusätzlich die Blockerstellungspaletten, die Sie dann brauchen, wenn Sie Blöcke dynamisch machen wollen. Doch dazu später mehr.

Bei den Arbeitsbereichen *2D-Zeichnung & Beschriftung* oder *3D-Modellierung* haben Sie drei Symbole in der Multifunktionsleiste, Register BLOCKEDITOR, Gruppe ÖFFNEN/SPEICHERN.

Blockdefinition bearbeiten: Damit beenden Sie die Bearbeitung am aktuellen Block. Haben Sie Änderungen vorgenommen, werden Sie gefragt, ob die Änderungen gespeichert werden sollen. Danach können Sie im Dialogfeld zur Blockauswahl (siehe Abbildung 23.1) einen neuen Block zur Bearbeitung wählen (Befehl BBEDIT).

Blockdefinition speichern: Mit diesem Symbol speichern Sie den geänderten Block in der Zeichnung. Der Blockeditor wird nicht verlassen (Befehl BSPEICH).

Blockdefinition speichern unter: Mit diesem Symbol im erweiterten Bereich speichern Sie den geänderten Block in der Zeichnung unter einem anderen Namen. Es erscheint das Dialogfeld zur Blockauswahl, in dem Sie in der ersten Zeile den neuen Namen eintragen können. Der Blockeditor wird auch bei diesem Befehl nicht verlassen (Befehl BSPEICH-ALS).

Ganz rechts in der Multifunktionsleiste in der Gruppe SCHLIESSEN haben Sie das Symbol BLOCKEDITOR SCHLIESSEN. Damit beenden Sie den Blockeditor. Haben Sie Änderungen am Block vorgenommen, wird angefragt, ob die Änderungen gespeichert werden sollen. Danach wird wieder zum Zeichnungsfenster gewechselt und der geänderte Block wird an allen Stellen ersetzt, an denen er eingefügt war.

24.2 Dynamische Blöcke: Verschiebung und Drehung

Schauen Sie es sich am Beispiel an. Zunächst sollen Sie einen Block erstellen, bei dem ein Teil des Blocks verschoben und gedreht werden kann.

Beispiel 1: Verschiebung und Drehung

1. Laden Sie die Zeichnung *A24-01.dwg* aus dem Ordner *Aufgaben* – der Möblierungsplan, den Sie schon aus Kapitel 11 kennen.
2. Klicken Sie die Sitzgruppe unten links doppelt an und wählen Sie den Block *Sitzgruppe* im Dialogfeld (siehe Abbildung 24.1). Der Blockeditor wird geöffnet und die Sitzgruppe wird darin formatfüllend angezeigt.

3. Wählen Sie in den BLOCKERSTELLUNGSPALETTEN die Palette PARAMETER und dort das Werkzeug PUNKT. Damit bestimmen Sie einen Punkt auf einem Objekt, der mit den Griffen verschoben werden soll. Der obere Stuhl in der Sitzgruppe soll beweglich werden. Setzen Sie also den PUNKTPARAMETER in die Mitte des Blocks (siehe Abbildung 24.3). Falls die BLOCKERSTELLUNGSPALETTEN nicht angezeigt werden, können diese mit einem Symbol in der Gruppe VERWALTEN eingeschaltet werden.

   ```
   Parameterposition eingeben oder [Name/Bezeichnung/Kette/bEschreibung/Palette]:
   Punkt in der Mitte des Stuhls anklicken (Otrack und Ofang verwenden)
   Bezeichnungsposition angeben: Position für die Bezeichnung mit der Bezugslinie
   angeben
   ```

4. Wählen Sie jetzt das Werkzeug DREHUNGSPARAMETER. Der obere Stuhl soll auch noch drehbar sein, und zwar um seinen linken unteren Eckpunkt. Setzen Sie also den Parameter DREHUNG an diese Stelle (siehe Abbildung 23.4).

   ```
   Basispunkt angeben oder [Name/Bezeichnung/Kette/bEschreibung/Palette/Wertesatz]:
   Drehpunkt an der linken unteren Ecke des Stuhls setzen
   Radius des Parameters angeben: Position für den Drehkreis angeben (nur zur
   Information)
   Vorgabedrehwinkel angeben oder [Basiswinkel] <0>: Vorgabewert eingeben oder ⏎
   für 0
   ```

5. Wählen Sie jetzt in den BLOCKERSTELLUNGSPALETTEN die Palette AKTIONEN und dort das Werkzeug VERSCHIEBEN. Wählen Sie als Parameter den vorher gesetzten PUNKTPARAMETER aus. Die Objekte für die Aktion sind der Stuhl und die Parameter.

   ```
   Parameter wählen: Punktparameter anklicken
   Auswahlsatz für Aktion angeben
   Objekte wählen: Objekte des Stuhls und Parameter wählen
   Objekte wählen: ⏎ um Auswahl zu beenden
   Aktionsposition angeben oder [Multiplikator/Versatz]: Punkt für Markierung setzen
   ```

6. Wählen Sie jetzt das Werkzeug DREHUNG. Die Objekte für die Aktion sind wieder der Stuhl und die Parameter.

   ```
   Parameter wählen: Drehungsparamter anklicken
   Auswahlsatz für Aktion angeben
   Objekte wählen: Objekte des Stuhls und Parameter wählen
   Objekte wählen: ⏎ um Auswahl zu beenden
   Aktionsposition angeben oder [Basistyp]: Punkt für Markierung setzen
   ```

7. Nachdem Sie die Parameter gesetzt haben, wird jeder mit einem Info-Symbol [I] versehen. Das soll Sie darauf aufmerksam machen, dass damit noch keine Aktion verbunden ist. Wenn Sie den Parameter mit einer Aktion verbinden, verschwindet das Info-Symbol und Sie bekommen ein Symbol für die Aktion in der Zeichnung. Das Ergebnis sollte wie in Abbildung 24.3 aussehen. Beenden Sie den Blockeditor und speichern Sie das Ergebnis.

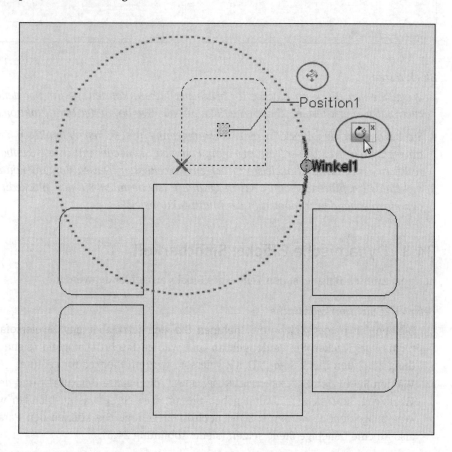

Abbildung 24.3:
Block mit Parametern und Aktionen für Verschiebung und Drehung

8. Fügen Sie den Block ein oder bearbeiten Sie den Block an der Stelle, an der er eingefügt war. Klicken Sie ihn an. Er bekommt an den beiden Stellen mit den Parametern hellblaue Griffe. An diesen Stellen kann jetzt der Stuhl verschoben und gedreht werden (siehe Abbildung 24.4). Dazu muss der Block nicht aufgelöst werden. Die Lösung finden Sie in der Zeichnung *L23-01.dwg* im Ordner *Aufgaben*.

Abbildung 24.4:
Dynamischen Block bearbeiten, Drehung und Verschiebung

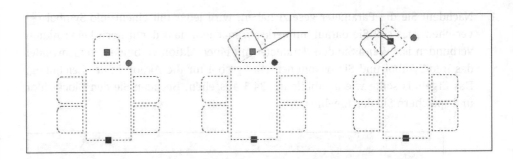

Block testen

- Wenn Sie den Block im Blockeditor bearbeitet haben, können Sie ihn vor dem Speichern auch zuerst testen. Klicken Sie dazu auf das Symbol in der Multifunktionsleiste.

- Sie bekommen den Block in einer Testumgebung mit seinen endgültigen Bearbeitungspunkten. Aus dieser Testumgebung kommen Sie wieder mit einem Symbol ganz rechts in der Multifunktionsleiste zurück zum Blockeditor. Diesen Vorgang können Sie mehrmals ausführen. Wenn alles in Ordnung ist, beenden Sie den Blockeditor mit den entsprechenden Symbolen in der Multifunktionsleiste.

24.3 Dynamische Blöcke: Sichtbarkeit

In einem zweiten Beispiel sollen Teile eines Blocks ausgeblendet werden.

Beispiel 2: Sichtbarkeitsstatus

1. Bleiben Sie in der Zeichnung, nehmen Sie sich jetzt aber das Zweiersofa oben rechts vor. Klicken Sie es doppelt an und wählen Sie im Dialogfeld (siehe Abbildung 24.1) den Block *Sofa-2*. Das Zweiersofa wird im Blockeditor geöffnet.

2. Wählen Sie in den BLOCKERSTELLUNGSPALETTEN die Palette PARAMETER und dort das Werkzeug SICHTBARKEIT. Damit geben Sie an, dass Sie etwas ausblenden wollen. Was ausgeblendet werden soll, ist noch nicht gefragt. Sie können den Parameter also an eine beliebige Stelle setzen (siehe Abbildung 24.5).

3. Klicken Sie den Parameter für den Sichtbarkeitsstatus doppelt an oder wählen Sie das Symbol rechts oben in der Symbolleiste des Blockeditors bzw. in der Multifunktionsleiste, Register BLOCKEDITOR, Gruppe SICHTBARKEIT (siehe Abbildung 24.8). Sie bekommen das Dialogfeld SICHTBARKEITSSTATUS (siehe Abbildung 24.6). Dort finden Sie bis jetzt nur einen Eintrag. Klicken Sie auf die Schaltfläche UMBENENNEN... und tragen Sie den Namen *Komplett* ein.

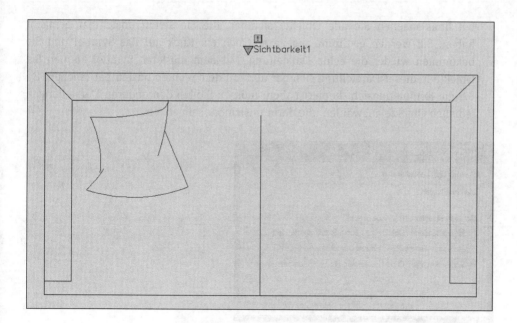

Abbildung 24.5:
Block mit Sichtbarkeitsstatus

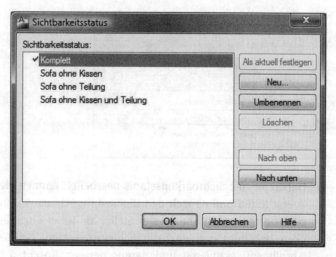

Abbildung 24.6:
Dialogfeld für den Sichtbarkeitsstatus

4. Klicken Sie dann auf die Schaltfläche NEU... und tragen Sie im nächsten Dialogfeld einen neuen Sichtbarkeitsstatus ein, z. B. *Sofa ohne Kissen* (siehe Abbildung 24.7). Lassen Sie zunächst den Status der Objekte unverändert (unterster Eintrag) und klicken Sie auf OK. Legen Sie so noch weitere Einträge an: *Sofa ohne Teilung* und *Sofa ohne Teilung und Kissen*.

5. Wählen Sie jetzt die verschiedenen Sichtbarkeitsstatus im Abrollmenü in der Multifunktionsleiste (Gruppe SICHTBARKEIT, siehe Abbildung 24.8) der Reihe nach an. Bei jedem Status wählen Sie die Objekte, die unsichtbar sein sollen. Verwenden Sie dazu die Symbole in der Multifunktionsleiste (siehe Abbildung 24.8). Mit dem Sym-

bol links machen Sie alle Objekte sichtbar, die Sie schon unsichtbar gemacht haben. Sie werden gedimmt angezeigt. Noch ein Klick auf das Symbol und Sie bekommen wieder die echte Darstellung. Mit dem mittleren Symbol können Sie Objekte in dieser Darstellung sichtbar und mit dem rechten unsichtbar machen. Da Sie die Komplettansicht kopiert haben, müssen Sie bei den anderen Darstellungen lediglich Objekte auswählen, die darin unsichtbar sein sollen.

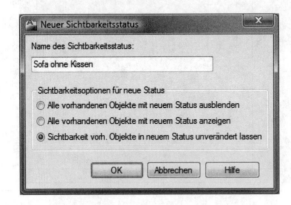

Abbildung 24.7:
Neuen Sichtbarkeitsstatus anlegen

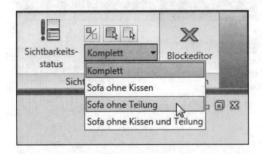

Abbildung 24.8:
Bedienelemente für den Sichtbarkeitsstatus

6. Haben Sie alle Sichtbarkeitsstatus bearbeitet, können Sie den Block speichern oder zuerst testen und danach den Blockeditor schließen. Fügen Sie jetzt den Block ein oder bearbeiten Sie ihn an der Stelle, an der er eingefügt ist. Wenn Sie ihn anklicken, bekommt er einen zusätzlichen dreieckigen Griff. Aus diesem können Sie ein Abrollmenü aktivieren und daraus den gewünschten Sichtbarkeitsstatus wählen (siehe Abbildung 24.9). Auch dieses Beispiel ist schon fertig in der Zeichnung *L24-01.dwg* im Ordner *Aufgaben*.

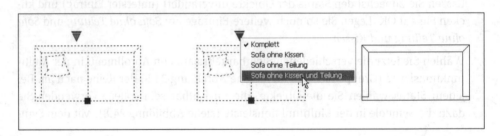

Abbildung 24.9:
Dynamischen Block bearbeiten, Sichtbarkeitsstatus

24.4 Dynamische Blöcke: Streckung und Spiegelung

Das nächste Beispiel zeigt Ihnen, wie Sie Streckfunktionen einbauen können, und zwar so, dass das Strecken nur in bestimmten Schritten möglich ist. Zusätzlich soll noch eine Spiegelung eingebaut werden.

Beispiel 3: Streckung und Spiegelung

1. Bleiben Sie auch hierzu in der Zeichnung. Jetzt nehmen Sie den Tisch in der Mitte in den Blockeditor. Klicken Sie ihn doppelt an und wählen Sie im Dialogfeld (siehe Abbildung 24.1) den Block *Tisch*.
2. Wählen Sie in der Palette PARAMETER der BLOCKERSTELLUNGSPALETTEN das Werkzeug LINEARER. Damit können Sie eine Strecke bemaßen, die sich ändern soll, in unserem Fall die Länge des Tischs (siehe Abbildung 24.12).

   Startpunkt angeben oder
   [Name/Bezeichnung/Kette/bEschreibung/baSis/Palette/Wertesatz]:
   Ersten Maßpunkt am Bezugspunkt anklicken, der Punkt, der beim Strecken unverändert bleiben soll
   Endpunkt angeben: Zweiten Maßpunkt anklicken
   Bezeichnungsposition angeben: Standort Maßlinie klicken

3. Klicken Sie das gerade platzierte Maß an und drücken Sie die rechte Maustaste. Im Kontextmenü finden Sie den Eintrag GRIFFANZEIGE. In einem Untermenü wählen Sie, wo nachher an dem Block der Griff zur Bearbeitung angezeigt werden soll. Wählen Sie 1 und er wird oben angezeigt. Im Kontextmenü finden Sie auch den Eintrag BEZEICHNUNG ÄNDERN, mit dem Sie dem Maß auch einen sprechenden Namen geben können, z.B. *Länge*, *Breite* usw.
4. Klicken Sie das Maß noch einmal an und aktivieren Sie den OBJEKTEIGENSCHAFTEN-MANAGER, z.B. mit der Tastenkombination [Strg] + [1] (siehe Abbildung 24.10). In der Kategorie WERTESATZ können Sie hier zusätzlich noch festlegen, wie sich die Streckung ändern soll: keine Vorgabe, eine Änderung in festgelegten Inkrementen oder in festen Schritten. Wir wollen feste Schritte verwenden, wählen Sie dazu in dem Abrollmenü ABST. TYP den Eintrag *Liste*. Darunter finden Sie die Werteliste. Klicken Sie auf das Symbol mit den drei Punkten und Sie kommen zum Dialogfeld ABSTANDSWERT HINZUFÜGEN (siehe Abbildung 24.10). 120.00 ist der gezeichnete Wert. Tragen Sie in das Feld HINZUZUFÜGENDE ABSTÄNDE drei zusätzliche Werte ein, 100, 140 und 160, und klicken Sie jedes Mal auf die Schaltfläche HINZUFÜGEN und die Werte sind in der Liste.
5. Setzen Sie jetzt noch einen Parameter zur Spiegelung. Wählen Sie das Werkzeug UMKEHRPARAMETER. Dazu müssen Sie wie beim Befehl SPIEGELN eine Spiegelachse mit zwei Punkten definieren (siehe Abbildung 24.11).

   Basispunkt von Spiegelachse angeben oder
   [Name/Bezeichnung/bEschreibung/Palette]: Ersten Punkt der Spiegelachse eingeben
   Endpunkt der Spiegelachse angeben: Ersten Punkt der Spiegelachse eingeben
   Bezeichnungsposition angeben: Position für die Bezeichnung angeben

Abbildung 24.10:
Festlegung des Wertebereichs für die Streckung

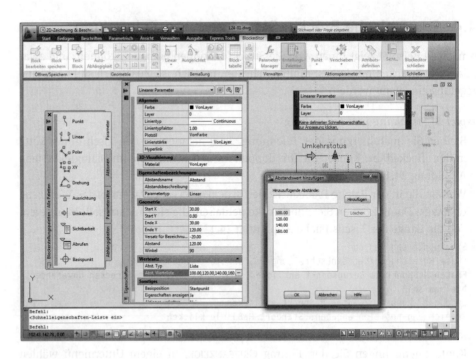

6. Nachdem die Parameter definiert sind, benötigen Sie jetzt noch die Aktionen. Wechseln Sie in die Palette AKTIONEN in den BLOCKERSTELLUNGSPALETTEN und wählen Sie die Aktion STRECKEN. Gehen Sie so vor (siehe auch Abbildung 24.11):

```
Parameter wählen: Das Maß anklicken
Mit Aktion zu verknüpfenden Parameterpunkt angeben oder Eingabe von
[Startpunkt/Zweiter punkt] <Zweiter punkt>: Pfeil am oberen Ausgangspunkt des
Maßes anklicken
Erste Ecke des Streckungsrahmens angeben oder [KPolygon]: Streckungsbereich mit
zwei Punkten angeben
Entgegengesetzte Ecke angeben: Zweiten Punkt angeben
Zu streckende Objekte angeben
Objekte wählen: Objekte anklicken oder Fenster aufziehen, das die zu streckenden
Objekte enthält
...
Objekte wählen: [↵] um Auswahl zu beenden
Aktionsposition angeben oder [Multiplikator/Versatz]: Position für das Symbol
anklicken
```

7. Wählen Sie jetzt die Aktion UMKEHREN, klicken Sie den Parameter an und wählen Sie den kompletten Tisch mit allen Parametern und Aktionen an (siehe Abbildung 24.11).

```
Befehl: _BActionTool Umkehren
Parameter wählen: Umkehrparameter anklicken
Auswahlsatz für Aktion angeben
Objekte wählen: Objekte anklicken oder Fenster aufziehen, das die zu spiegelnden
Objekte enthält
...
Objekte wählen: [↵] um Auswahl zu beenden
Aktionsposition angeben: Position für das Symbol anklicken
```

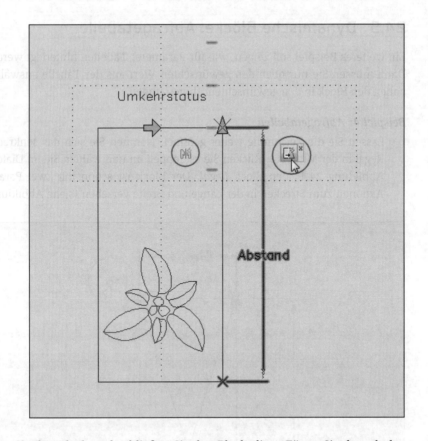

Abbildung 24.11:
Block mit Parametern und Aktionen für Strecken und Umkehren

8. Speichern Sie den Block und schließen Sie den Blockeditor. Fügen Sie danach den Block ein oder bearbeiten Sie ihn an der Stelle, an der er schon eingefügt ist. Klicken Sie ihn an. An einem Griff können Sie den Block in Stufen ziehen und am anderen um die vertikale Achse spiegeln (siehe Abbildung 24.12). Die Lösung dazu finden Sie ebenfalls in der Zeichnung *L24-01.dwg* im Ordner *Aufgaben*.

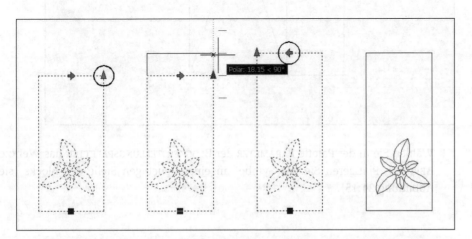

Abbildung 24.12:
Dynamischen Block bearbeiten, Strecken und Umkehren

24.5 Dynamische Blöcke: Abfragetabelle

Ein weiteres Beispiel soll zeigen, wie für Parameter Tabellen hinterlegt werden können. Dann müssen Sie nur noch den gewünschten Wert aus der Tabelle auswählen und Sie haben den Block in den gewünschten Abmessungen.

Beispiel 4: Abfragetabellen

1. Lassen Sie die Zeichnung weiter geöffnet. Nehmen Sie sich das senkrecht stehende Regal in der Mitte vor. Klicken Sie es doppelt an und wählen Sie im Dialogfeld (siehe Abbildung 24.1) den Block *Regal*. Der Block ist schon mit zwei Parametern und Aktionen zum Strecken in der Länge und Breite versehen (siehe Abbildung 24.13).

Abbildung 24.13:
Block mit zwei Streckaktionen

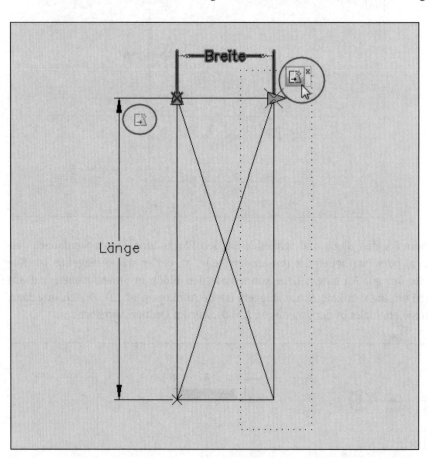

2. Wählen Sie in der Palette PARAMETER der BLOCKERSTELLUNGSPALETTEN das Werkzeug ABRUFEN. Platzieren Sie das Symbol an einer beliebigen Stelle des Blocks (siehe Abbildung 24.15).

Dynamische Blöcke: Abfragetabelle

3. Wählen Sie jetzt die Schaltfläche ABRUFEN in der Palette AKTIONEN. Wählen Sie den vorher platzierten Parameter und setzen Sie das Symbol ebenfalls in die Nähe des Blocks (siehe Abbildung 24.15). Danach erscheint das Dialogfeld EIGENSCHAFTEN-ABRUFTABELLE (siehe Abbildung 24.14).

4. Klicken Sie auf die Schaltfläche EIGENSCHAFTEN HINZUFÜGEN... und wählen Sie dort die Parameter, die Sie in die Wertetabelle aufnehmen wollen. Holen Sie sich so nacheinander die Parameter LÄNGE und BREITE. Tragen Sie die möglichen Kombinationen für Länge und Breite in die Tabelle links im Feld EINGABE-EIGENSCHAFTEN ein. Im Feld ABRUF-EIGENSCHAFTEN rechts können Sie eine Bezeichnung eingeben, mit der die Variante gewählt wird. Stellen Sie jetzt noch das unterste Feld der rechten Liste auf den Eintrag UMGEKEHRTEN ABRUF ERMÖGLICHEN um. Damit wird die Abruftabelle aktiviert. Ihr Block im Blockeditor sieht jetzt wie in Abbilddung 24.15 aus.

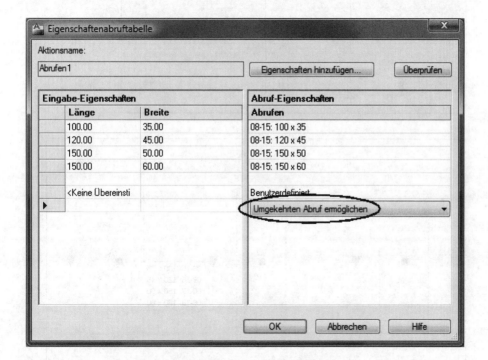

Abbildung 24.14: Tabelle definieren

5. Speichern Sie den Block und schließen Sie den Blockeditor. An einem Griff können Sie jetzt an dem eingefügten Block eine Tabelle aktivieren und daraus die gewünschte Variante wählen (siehe Abbildung 24.16). Auch dazu haben Sie die Lösung in der Zeichnung *L24-01.dwg* im Ordner *Aufgaben*.

Abbildung 24.15:
Block mit Streckaktionen und Abrufaktion

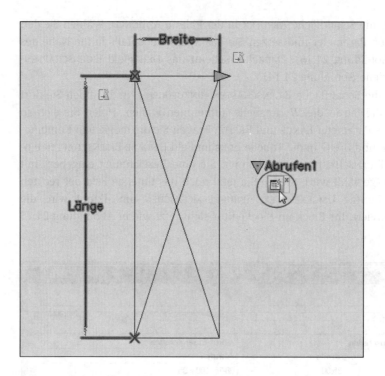

Abbildung 24.16:
Dynamischen Block bearbeiten, Variante aus Tabelle wählen

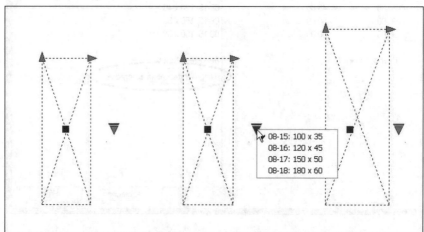

24.6 Dynamische Blöcke: Skalieren

Ein Beispiel für Skalierung zeigt, wie sich ein Block insgesamt in der Größe ändern lässt. Eine weitere Möglichkeit soll dabei gezeigt werden: das Ändern eines Parameters in festen Inkrementen innerhalb bestimmter festgelegter Grenzen.

Dynamische Blöcke: Skalieren

Beispiel 5: Skalieren in festen Inkrementen

1. Laden Sie die Zeichnung *A24-02.dwg* aus dem Ordner *Aufgaben* und nehmen Sie das untere Symbol, den Block *Sessel-1*, in den Blockeditor.
2. Bemaßen Sie die Länge des Sessels mit einem linearen Parameter (siehe Abbildung 24.18). Klicken Sie das Maß an und bestimmen Sie im Kontextmenü, dass die Griffanzeige in eine Richtung gehen soll.
3. Aktivieren Sie mit der Tastenkombination [Strg] + [1] den OBJEKTEIGENSCHAFTEN-MANAGER. In der Kategorie WERTESATZ legen Sie den Wertebereich und das Inkrement fest. Wählen Sie im Abrollmenü ABST. TYP den Eintrag *Inkrement* und tragen Sie darunter das Inkrement von 10 und den minimalen Wert 39 sowie den maximalen Wert 101 ein (siehe Abbildung 24.17).

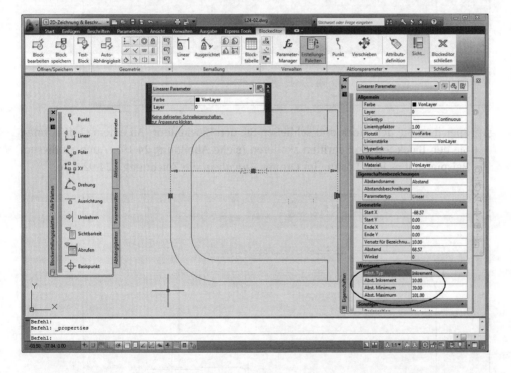

Abbildung 24.17: Festlegen eines Inkrements für einen Parameter

4. Danach definieren Sie die Funktion SKALIEREN. Wählen Sie dazu den Parameter und den kompletten Sessel. Setzen Sie das Symbol an eine beliebige Stelle (siehe Abbildung 24.18).

```
Parameter wählen: Das Maß anklicken
Auswahlsatz für Aktion angeben
Objekte wählen: Kompletten Sessel wählen
...
Objekte wählen: [↵] um Auswahl zu beenden
Aktionsposition angeben oder [Basistyp]: Position für das Symbol anklicken
```

Abbildung 24.18:
Block mit Parameter und Skalieraktion

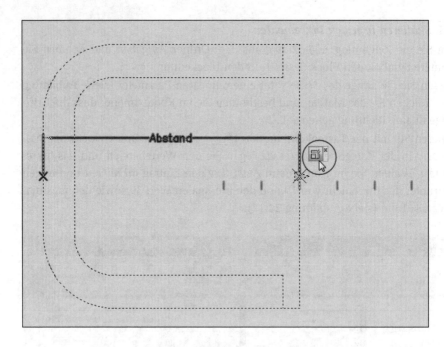

5. Speichern Sie den Block und schließen Sie den Blockeditor. An einem Griff können Sie den Block jetzt in Schritten skalieren (siehe Abbildung 24.19). Auch zu diesem Beispiel gibt es eine Lösung im Ordner *Aufgaben*, die Zeichnung *L24-02.dwg*.

Abbildung 24.19:
Dynamischer Block, Skalierung in festen Inkrementen

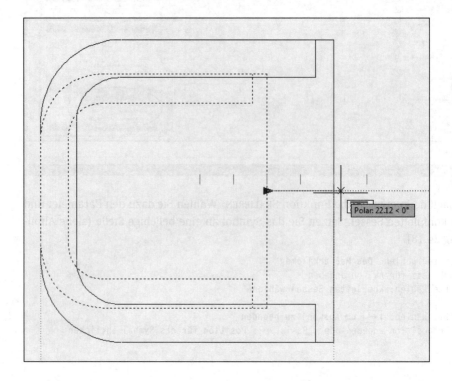

24.7 Dynamische Blöcke: Anordnung

Als letztes Beispiel wollen wir eine matrixförmige Anordnung erzeugen. Mit den Griffen können Sie so einen dynamischen Block in eine Anordnung ziehen.

Beispiel 6: Matrixförmige Anordnung erzeugen

1. Lassen Sie die Zeichnung geöffnet und nehmen Sie jetzt den Sessel darüber in den Blockeditor, er hat den Namen *Sessel-2*.
2. Wählen Sie in der Palette PARAMETER der BLOCKERSTELLUNGSPALETTEN das Werkzeug XY. Setzen Sie diesen Parameter an den Sessel (siehe Abbildung 24.20).

3. Starten Sie jetzt in der Palette AKTIONEN die Aktion ANORDNEN. Wählen Sie dazu den Parameter und den kompletten Sessel. Für Zeilen und Spalten geben Sie einen Abstand von 100 ein. Setzen Sie das Symbol an eine beliebige Stelle (siehe Abbildung 24.20).

```
Parameter wählen: Den XY-Parameter anklicken
Auswahlsatz für Aktion angeben
Objekte wählen: Kompletten Sessel wählen
...
Objekte wählen: [↵] um Auswahl zu beenden
Zeilenabstand eingeben oder Zelle angeben (---): 100 als Maß angeben
Abstand zwischen Spalten angeben (|||):100 als Maß angeben
Aktionsposition angeben: Position für das Symbol anklicken
```

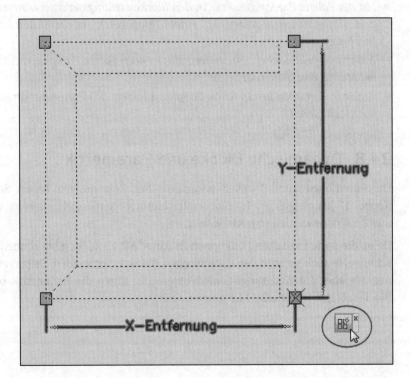

Abbildung 24.20: Block mit Parameter und Anordnungsaktion

4. Speichern Sie den Block und schließen Sie den Blockeditor. An den Griffen können Sie eine matrixförmige Anordnung aufziehen (siehe Abbildung 24.21). Das Beispiel finden Sie auch in der Zeichnung *L24-02.dwg*.

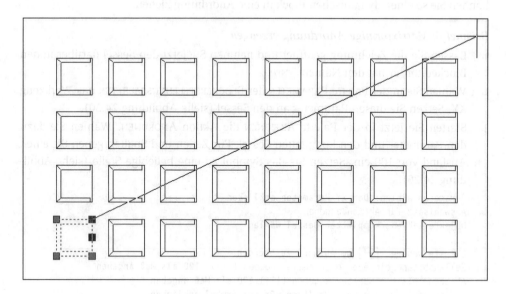

Abbildung 24.21:
Dynamische Blöcke bearbeiten, Anordnung

- *Mit der Palette PARAMETERSÄTZE in den Blockerstellungspaletten können Sie Parameter und Aktion in einem setzen. Mit einem Doppelklick auf die Aktion können Sie diese bearbeiten.*
- *Außer den behandelten Parametern gibt es noch polare Parameter, Ausrichtungsparameter und Basispunktparameter.*
- *Außer in den oben behandelten Beispielen lassen sich Parameter und Aktionen beliebig kombinieren.*

24.8 Dynamische Blöcke und Parametrik

Die Funktionen zum Erstellen parametrischer Zeichnungen haben Sie ja schon in Kapitel 17 kennengelernt. Im Blockeditor können Sie diese ebenfalls verwenden. Dynamische Blöcke werden so noch flexibler.

Da es die parametrischen Funktionen in AutoCAD LT nicht gibt, können Sie diese logischerweise auch nicht in den dynamischen Blöcken verwenden. Selbstverständlich können Sie aber die Änderungsmöglichkeiten, die Ihnen die Parametrik bei eingefügten Blöcken bietet, in AutoCAD LT nützen.

Dynamische Blöcke und Parametrik

Arbeitsablauf beim Erstellen von dynamischen Blöcken mit Parametrik
Gehen Sie beim Erstellen von dynamischen Blöcken mit Abhängigkeiten am besten so vor:

- Zeichnen Sie die Geometrie außerhalb des Blockeditors
- Bilden Sie den Block mit dem Befehl BLOCK
- Wechseln Sie dann in den Blockeditor und vergeben Sie dort die Abhängigkeiten (geometrische Abhängigkeiten und Bemaßungsabhängigkeiten). Es stehen Ihnen hier mehr Hilfsmittel zur Verfügung.
- Testen Sie den Block in der Testumgebung des Blockeditors. Wenn alles in Ordnung ist, wechseln Sie wieder aus der Testumgebung zum Blockeditor und speichern dann den Block.
- Exportieren Sie den Block mit dem Befehl WBLOCK, wenn Sie ihn auch in anderen Zeichnungen benötigen.

Besonderheiten bei der Vergabe von Abhängigkeiten im Blockeditor
Wenn Sie einen Block parametrisch machen wollen, haben Sie einen Anzeigemodus, bei dem Sie immer die Kontrolle haben, ob die Geometrie vollständig mit Abhängigkeiten versehen ist. Schalten Sie die ABHÄNGIGKEITSSTATUS-KONTROLLE ein:

- Multifunktionsleiste: Symbol im temporären Register BLOCKEDITOR, Gruppe VERWALTEN

Ist der Schalter aktiviert, werden die Objekte in unterschiedlichen Farben, je nach Abhängigkeitsstatus, angezeigt. Ist er dagegen aus, werden die Objekte in ihren normalen Farben dargestellt. Welche Farben verwendet werden, können Sie im Dialogfeld BLOCKEDITOR-EINSTELLUNGEN bestimmen (siehe Abbildung 24.22). Wählen Sie dieses Dialogfeld:

- Multifunktionsleiste: Symbol im temporären Register BLOCKEDITOR, Gruppe VERWALTEN, Pfeil rechts unten

Hier können Sie im Feld ABHÄNGIGKEITSSTATUS die Farben für nicht bestimmte Objekte, teilweise, vollständig sowie falsch bestimmte Objekte auswählen. Idealzustand ist, dass alle Objekte in Magenta dargestellt werden, dann ist die Geometrie vollständig bestimmt.

Besonderheiten bei der Vergabe von Bemaßungsabhängigkeiten im Blockeditor
Geometrische Abhängigkeiten können Sie im Blockeditor genauso vergeben wie in der Zeichnung. Die Symbole für die Abhängigkeiten finden Sie übrigens auch auf der Werkzeugpalette (siehe Abbildung 24.23). Bei den Bemaßungsabhängigkeiten steht Ihnen ebenfalls der gleiche Satz von Befehlen zur Verfügung. Nur läuft die Vergabe der Bemaßungsabhängigkeiten etwas anders ab. Hier ein Beispiel für die Platzierung eines linearen Maßes:

```
Ersten Abhängigkeitspunkt angeben oder [Objekt] <Objekt>: Punkt anklicken
Zweiten Abhängigkeitspunkt angeben: Zweiten Punkt anklicken
Position der Maßlinie angeben: Maß platzieren
```

```
Wert oder Name mit Wert eingeben <d1=127.8183>: Wert eingeben, hier nicht im eigenen
Fenster, sondern im Befehlszeilenfenster
Anzahl der Griffe eingeben [0/1/2] <1>: siehe unten
```

Abbildung 24.22: Blockeditor-Einstellungen

Sie können bei der Wertabfrage einen Maßtextes auch eine Formel eingeben, beispielsweise: d1/2 oder d1*4 usw. Sie können aber auch einen Variablennamen eingeben, gefolgt von einem Wert oder einem Ausdruck, beispielsweise: Länge = 100, Breite = d1/2 oder Höhe = d1*4 usw. Die Bemaßungsabhängigkeit bekommt dann diesen Variablennamen und den Wert.

Bei der letzten Anfrage nach der Anzahl der Griffe geht es darum, dass Sie angeben, ob das Maß beim eingefügten Block als Griff zur Bearbeitung angezeigt werden soll. Geben Sie 1 ein, wird der Griff gegenüber dem zuerst gewählten Punkt angezeigt. Beim Wert 2 werden auf beiden Seiten des Maßes Griffe angezeigt. Geben Sie 0 an, können Sie den eingefügten Block an diesem Maß nicht ändern.

Den Maßtext können Sie per Doppelklick danach wieder ändern. Die Anzahl der Griffe können Sie im Objekteigenschaften-Manager (siehe Abbildung 24.23) ändern oder Sie klicken das Maß an und aktivieren mit der rechten Maustaste das Kontextmenü. Dort können Sie unter anderem auch die Anzahl der Griffe ändern.

Dynamische Blöcke und Parametrik

Dynamische Blöcke parametrisch erstellt

1. Nehmen wir ein einfaches Beispiel, laden Sie die Zeichnung *A24-03.dwg* aus dem Ordner *Aufgaben*. Sie enthält nur ein Rechteck und einen Kreis als Block mit dem Blocknamen *Beispiel*. Klicken Sie den Block doppelt an und wählen im Dialogfeld BLOCKDEFINITION BEARBEITEN den Block *Beispiel* zur Bearbeitung und Sie kommen zum Blockeditor.

2. Vergeben Sie geometrische Abhängigkeiten und Bemaßungsabhängigkeiten. Schalten Sie die ABHÄNGIGKEITENSTATUS-KONTROLLE ein und achten Sie darauf, dass alle Objekte die Farbe Magenta haben (siehe Abbildung 24.23).

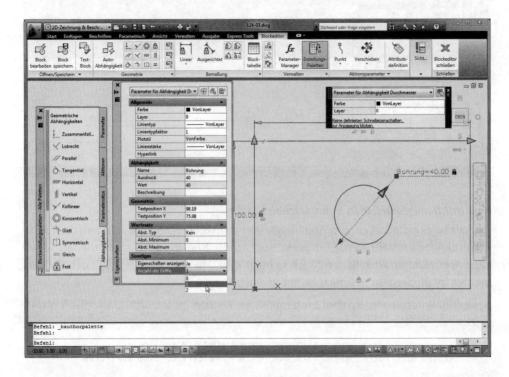

Abbildung 24.23: Parametrischer Block im Blockeditor

3. Testen Sie den Block in der Testumgebung. Falls alles in Ordnung ist, beenden Sie den Blockeditor und gehen zurück zur Zeichnung.

4. Klicken Sie den eingefügten Block an und bearbeiten Sie ihn an den Griffen (siehe Abbildung 24.24). Sie können die Werte der Bemaßungsabhängigkeiten auch im Schnelleigenschaften-Fenster oder im Objekteigenschaften-Manager bearbeiten (siehe Abbildung 24.24).

5. Falls Ihre Lösung nicht funktioniert, eine Musterlösung finden Sie in der Datei *L24-03.dwg* im Ordner *Aufgaben*.

Abbildung 24.24:
Eingefügten dynamischen Block bearbeiten

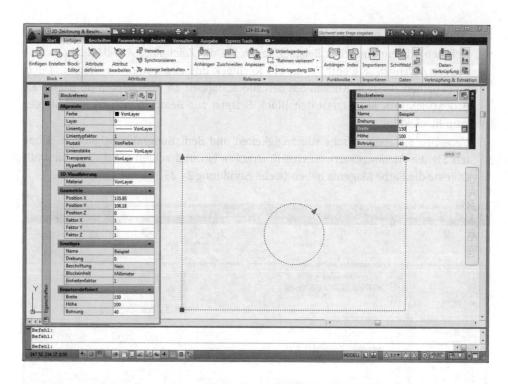

Konstruktionsgeometrie in dynamischen Blöcken

Oftmals ist es erforderlich, um Abhängigkeiten sinnvoll vergeben zu können, dass Hilfskonstruktionen erstellt werden müssen, sogenannte Konstruktionsgeometrie. Diese soll dann aber nicht im eingefügten Block sichtbar sein. Mit einer Funktion können Sie Geometrien im Blockeditor in Konstruktionsgeometrie umwandeln:

- Multifunktionsleiste: Symbol im temporären Register BLOCKEDITOR, Gruppe VERWALTEN

```
Objekt wählen oder [alle Zeigen/alle Ausblenden]: Objekte anklicken
Objekt wählen oder [alle Zeigen/alle Ausblenden]: weitere Objekte anklicken
..
Objekt wählen oder [alle Zeigen/alle Ausblenden]: mit ⏎ beenden
Option eingeben [Konvertieren/Wiederherstellen] <Konvertieren>: Konvertieren
```

Wählen Sie die Objekte an, sie werden im Blockeditor gestrichelt dargestellt und beim eingefügten Block nicht mehr.

Konstruktionsgeometrie

1. Laden Sie die Zeichnung *A24-04.dwg* aus dem Ordner *Aufgaben*. Sie enthält einen eingefügten dynamischen Block. Klicken Sie den Block an und sehen Sie sich die Funktionen an.
2. Klicken Sie dann den Block doppelt an und wählen im Dialogfeld BLOCKDEFINITION BEARBEITEN den Block *Winkel* zur Bearbeitung und Sie kommen zum Blockeditor.

3. Lassen Sie sich auch die geometrischen Abhängigkeiten zur Information alle anzeigen (siehe Abbildung 24.25).
4. Konvertieren Sie den Inkreis im oberen Sechskant, die Mittellinie am abgewinkelten Arm und die Linie am Gelenk des Winkels in Konstruktionsgeometrie. Die Linien sind jetzt gestrichelt. Testen Sie den Block in der Testumgebung. Dort dürften sie nicht sichtbar sein.

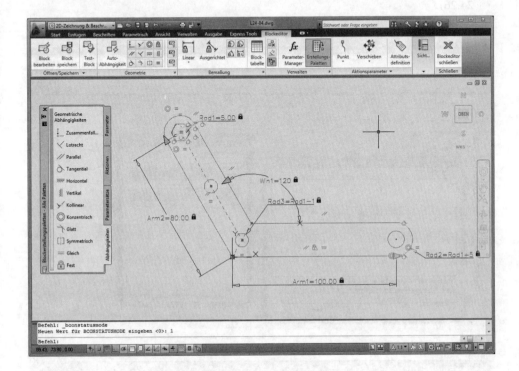

Abbildung 24.25: Konstruktionsgeometrie im Block

Blocktabellen in dynamischen Blöcken

Blocktabellen sind ein weiteres Werkzeug, mit dem sich dynamische Blöcke übersichtlich bearbeiten lassen. Darin lassen sich alle Bemaßungsabhängigkeiten in einer Tabelle zusammenfassen. Es können beliebig viele Wertekombinationen definiert werden und diese dann beim eingefügten Block abgerufen werden. Sehen wir es an diesem Beispiel gleich an. Bearbeiten Sie den Winkel also wieder im Blockeditor und wählen den Befehl BTABELLE an:

- Multifunktionsleiste: Symbol im temporären Register BLOCKEDITOR, Gruppe BEMASSUNG

1. Wählen Sie den Befehl BTABELLE und legen Sie das Symbol an einer beliebigen Stelle in der Nähe des Objekts ab (siehe Abbildung 24.26). Einen Griff müssen Sie angeben:

   Parameterposition angeben oder [Palette]: **An beliebiger Stelle ablegen**
   Anzahl der Griffe eingeben [0/1] <1>: **1 eingeben**

2. Jetzt erscheint das Dialogfeld BLOCKEIGENSCHAFTENTABELLE (siehe Abbildung 24.26). Falls Sie das Dialogfeld wegklicken, können Sie es jederzeit mit dem Befehl BTABELLE wieder einblenden.

3. In die BLOCKEIGENSCHAFTENTABELLE können Sie jetzt die Bemaßungsparameter holen, die Sie in der Tabelle haben möchten. Klicken Sie dazu auf das Symbol links oben. Es erscheint ein weiteres Dialogfeld mit den Parametern des Blocks (siehe Abbildung 24.26).

Abbildung 24.26:
Parameter für die Blocktabelle

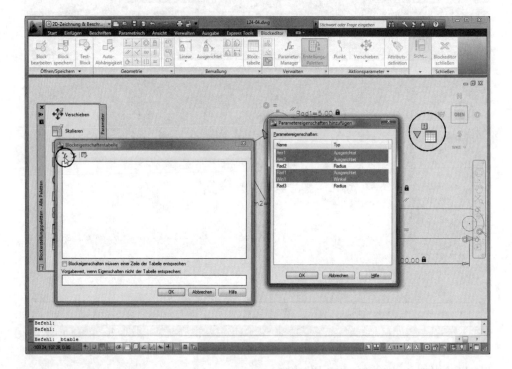

4. Markieren Sie die gewünschten Parameter. In unserem Beispiel sollen dies sein: *Arm1*, *Arm2*, *Rad1* und *Win1*. Die anderen sind von diesen abhängig. Klicken Sie auf OK und Sie werden in die Blockeigenschaftentabelle übernommen. Fügen Sie noch eine Bezeichnungsspalte hinzu (siehe Abbildung 24.27). Klicken Sie dazu auf das zweite Symbol links oben. Geben Sie als Name *Bezeichnung* ein und beim Typ wählen Sie *Zeichenfolge*.

5. Die Spalten in der Tabelle können Sie per »Drag an Drop« umstellen. Befüllen Sie die Tabelle mit Werten (siehe Abbildung 24.28) und testen Sie dann den Block.

6. Wenn alles in Ordnung ist, schließen Sie den Blockeditor und testen Sie den eingefügten Block. Sie können den Griff der Blockeigenschaftentabelle aktivieren und eine Ausführung wählen (siehe Abbildung 24.29).

Dynamische Blöcke und Parametrik

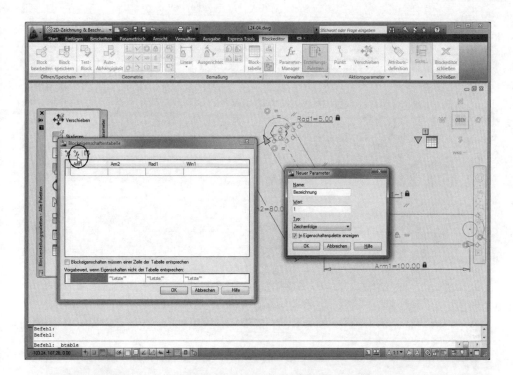

Abbildung 24.27:
Parameter übernommen und Benutzerparameter hinzugefügt

Abbildung 24.28:
Blocktabelle ausgefüllt

Bezeichnung	Arm1	Arm2	Rad1	Win1
Winkel-4711	100	80	5	120
Winkel-4712	120	100	6	120
Winkel-4713	150	120	10	120
Winkel-4714	100	80	5	150
Winkel-4715	120	100	6	150
Winkel-4716	150	120	10	150
Winkel-4717	100	80	5	90
Winkel-4718	120	100	6	90
Winkel-4719	150	120	10	90

Abbildung 24.29:
Blockvariante wählen

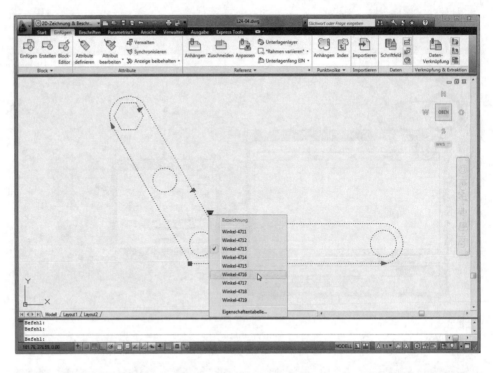

Abbildung 24.30:
Variante aus der Eigenschaftentabelle wählen

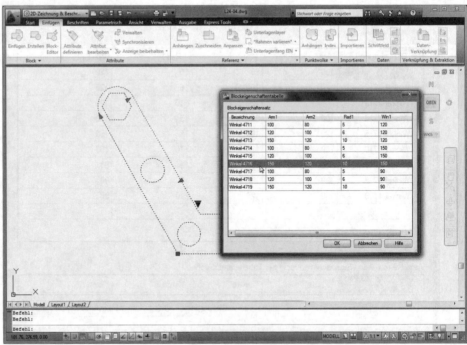

7. Mit dem Eintrag EIGENSCHAFTENTABELLE bekommen Sie die Tabelle mit allen Maßen auf den Bildschirm und Sie können sich die gewünschten Werte aussuchen (siehe Abbildung 24.30). Markieren Sie eine Zeile in der Tabelle und klicken Sie auf OK, wird diese Ausführung in der Zeichnung aktiviert.
8. Auch im Schnelleigenschaften-Fenster und im Objekteigenschaften-Manager kommen Sie an diese Auswahlmöglichkeiten.

Es bleiben also keine Wünsche mehr offen. Wenn Sie den Zeichnungsbestand für Ihre Standardbauteile mit dynamischen parametrischen Blöcken aufbauen, können Sie sich viel manuelle Zeichenarbeit ersparen und die Fehleranfälligkeit wird deutlich reduziert.

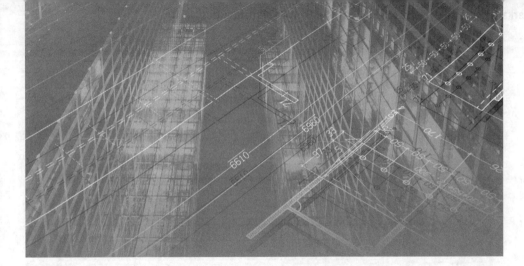

Kapitel 25
Werkzeugpaletten, Werkzeugkästen, Menüs und Multifunktionsleiste

Die Bedieneroberfläche von AutoCAD ist nicht starr. Der versierte Benutzer hat die Möglichkeit, die Bedienelemente nach seinen Wünschen und Anordnungen zu gestalten. Die einfachste Möglichkeit für schnelle Anpassungen haben Sie mit den Werkzeugpaletten. Aber auch die Werkzeugkästen und die Menüs können Sie ohne Programmierkenntnisse mit etwas Übung schnell ändern und anpassen.

25.1 Werkzeugpaletten

Das Werkzeugpaletten-Fenster (siehe Kapitel 13.11) ist das Bedienelement, das Sie auf einfache Weise konfigurieren und nach Ihren Anforderungen bestücken können.

Inhalt einer Werkzeugpalette

Das Werkzeugpaletten-Fenster kann beliebig viele Werkzeugpaletten enthalten, die sich benutzerspezifisch anpassen lassen. Das heißt, jeder Benutzer, der sich an dem Arbeitsplatz anmeldet, hat seine eigenen Werkzeugpaletten. Die Werkzeugpaletten werden in der senkrechten Registerleiste an der linken oder rechten Seite angezeigt.

Eine Werkzeugpalette kann mit Elementen aus dem AutoCAD-Design-Center (siehe Kapitel 13.7) gefüllt werden. Gehen Sie dazu wie folgt vor:

- Öffnen Sie das AutoCAD-Design-Center und das Werkzeugpaletten-Fenster. Wählen Sie im AutoCAD-Design-Center die gewünschte Datei im Register ORDNER und wählen Sie in der Inhaltsansicht die Kategorie BLÖCKE. Sie bekommen alle Blöcke, die in dieser Zeichnung sind, angezeigt. Aktivieren Sie im Werkzeugpaletten-Fenster die Palette, in der Sie einen Block einfügen wollen.

- Ziehen Sie den gewünschten Block mit gedrückter Maustaste aus der Inhaltsansicht in die Werkzeugpalette und lassen Sie an der Stelle los, an der das Symbol eingefügt werden soll (siehe Abbildung 25.1). Sie haben nun das Symbol in der Werkzeugpalette zur Verfügung.

Abbildung 25.1:
Bestücken einer Werkzeugpalette aus dem Design-Center

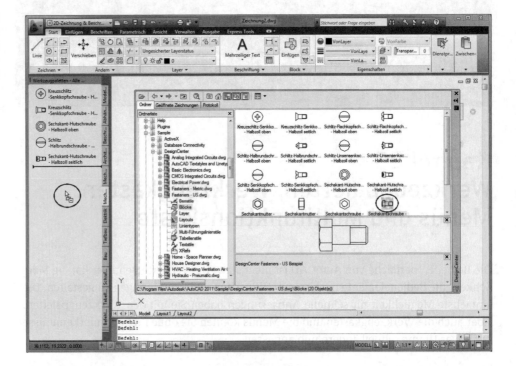

- Wenn Sie ein Symbol in der Inhaltsansicht markiert haben und die rechte Maustaste drücken, bekommen Sie ein Kontextmenü. Wählen Sie dort den Eintrag WERKZEUGPALETTE ERSTELLEN, wird eine neue Werkzeugpalette mit dem Namen *Neue Palette* erstellt, deren Namen Sie ändern können. Der Block wird in die neue Werkzeugpalette kopiert.
- Haben Sie in der Ordnerliste eine Zeichnung markiert, können Sie ebenfalls mit der rechten Maustaste ein Kontextmenü aktivieren. Wählen Sie daraus den Eintrag WERKZEUGPALETTE ERSTELLEN, wird eine neue Werkzeugpalette erstellt, die den Namen der Zeichnung bekommt. Alle Blöcke dieser Zeichnung werden in die neue Werkzeugpalette kopiert (siehe Abbildung 25.2).
- Haben Sie einen Block in einer geöffneten Zeichnung, den Sie in einer Werkzeugpalette haben möchten, geht es noch einfacher. Markieren Sie den Block, sodass er Griffe bekommt. Klicken Sie ihn an einer beliebigen Stelle an, aber nicht an einem Griff, und halten Sie die Maustaste gedrückt. Ziehen Sie ihn mit gedrückter Maustaste auf die Werkzeugpalette an die Stelle, an der Sie ihn haben möchten. Lassen Sie jetzt die Maustaste los und der Block wird an dieser Stelle mit seinem Symbol eingefügt.

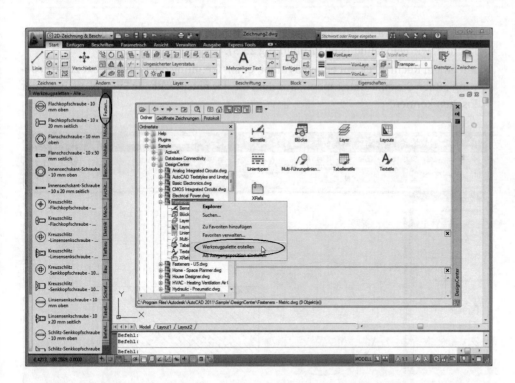

Abbildung 25.2:
Blöcke einer Zeichnung in die Werkzeugpalette übernehmen

- Eine Werkzeugpalette können Sie auch direkt aus dem Windows-Explorer füllen. Ziehen Sie eine Zeichnungsdatei mit gedrückter Maustaste auf die Werkzeugpalette und lassen Sie sie an der gewünschten Stelle los, dann haben Sie die Zeichnungsdatei mit einem Voransichtsbild in der Palette. Die können Sie von dort als Block einfügen.
- Haben Sie in einer geöffneten Zeichnung ein Schraffurmuster, eine Füllfarbe oder eine Farbabstufung, die Sie gerne in der Werkzeugpalette haben wollen, dann müssen Sie diese nur anklicken, sodass sie markiert wird. Klicken Sie die Schraffur an einer Linie bzw. die Fläche am Rand an (nicht am blauen Griff) und halten Sie die Maustaste gedrückt. Ziehen Sie die Fläche mit gedrückter Maustaste auf die richtige Stelle in der Werkzeugpalette. Lassen Sie jetzt die Maustaste los und das Schraffurmuster wird dort mit der Voransicht eingefügt (siehe Abbildung 25.3).
- Genauso einfach bekommen Sie einen Befehl in die Werkzeugpalette. Markieren Sie ein Objekt in der Zeichnung und ziehen Sie es auf die gerade beschriebene Methode an die richtige Stelle in der Werkzeugpalette. Das Symbol des Befehls, mit dem das Objekt erstellt wurde, wird auf der Werkzeugpalette angezeigt und der Befehl kann dort gewählt werden. Haben Sie einen Zeichen- oder Bemaßungsbefehl gewählt, wird ein Flyout-Menü mit allen Zeichen- bzw. Bemaßungsbefehlen eingefügt (siehe Abbildung 25.3).
- In einer Werkzeugpalette können Sie zur Gliederung des Inhalts Trenner hinzufügen. Gehen Sie dazu mit dem Mauszeiger an die gewünschte Stelle, aktivieren Sie das Kontextmenü mit der rechten Maustaste und wählen Sie daraus den Eintrag TEXT HINZU-

FÜGEN oder TRENNUNG HINZUF. Eine Trennlinie oder ein Text, den Sie noch bearbeiten können, wird eingefügt (siehe Abbildung 25.3).

- Mit einem Rechtsklick auf einem Symbol, einer Trennung oder einem Text zur Gliederung öffnen Sie ein Kontextmenü, aus dem Sie das entsprechende Symbol auch wieder löschen können.

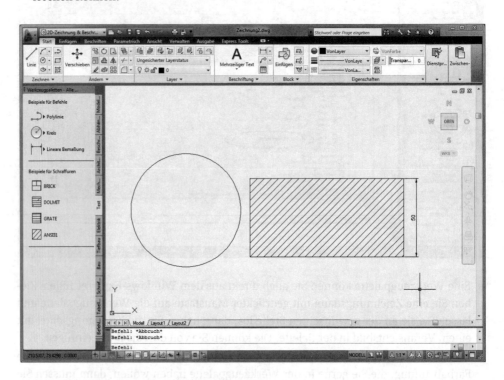

Abbildung 25.3: Werkzeugpalette aus Zeichnungsobjekten gefüllt

Anpassung der Werkzeuge

Mit einem Rechtsklick auf einem Symbol in einer Werkzeugpalette bekommen Sie im Kontextmenü die Funktion EIGENSCHAFTEN... Damit können Sie in einem Dialogfeld einstellen, mit welchen Parametern das Werkzeug verwendet wird.

Bei Blöcken sind dies Skalierung und Drehwinkel (siehe Abbildung 25.4). Wählen Sie im Feld EINGABEAUFFORDERUNG den Eintrag *Ja*, wird der Einfügewinkel bei der Blockeinfügung am Bildschirm abgefragt. Außerdem können Sie im Abrollmenü AUFLÖSEN mit der Auswahl *Ja* wählen, dass der Block in den Ursprung zerlegt wird.

Bei Schraffurmustern können Sie den Schraffurtyp, den Musternamen, den Winkel und die Skalierung ändern (siehe Abbildung 25.5, links). Wählen Sie dagegen beim WERKZEUGTYP die Einstellung *Abstufung*, können Sie einen Farbverlauf in den weiteren Feldern definieren (siehe Abbildung 25.5, rechts). Mit diesem Werkzeug können Sie dann Farbverläufe erstellen.

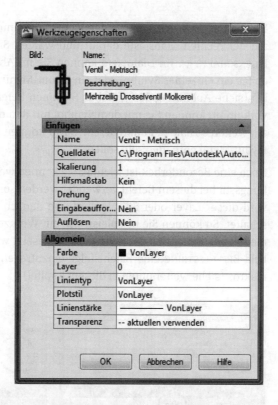

Abbildung 25.4:
Eigenschaften eines Werkzeugs

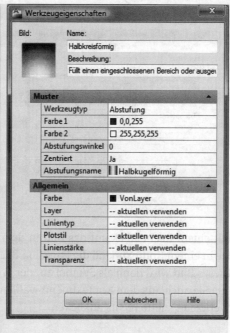

Abbildung 25.5:
Eigenschaften von Werkzeugen zum Schraffieren mit Muster und Farbverlauf

Wollen Sie ein Werkzeug, bei dem ein Befehl hinterlegt ist, ändern, klicken Sie ebenfalls mit der rechten Maustaste darauf und wählen Sie aus dem Kontextmenü den Eintrag EIGENSCHAFTEN... Im Dialogfeld können Sie im Abrollmenü FLYOUT VERWENDEN wählen, ob Sie ein einzelnes Symbol oder ein Flyout-Menü auf dem Werkzeugsymbol haben wollen (siehe Abbildung 25.6). Haben Sie einen Befehl gewählt, der in einem Flyout-Menü vorkommt, können Sie mit dem Symbol mit den drei Punkten im Feld FLYOUT-OPTIONEN ein weiteres Dialogfeld aktivieren. Darin können Sie die Befehle aktivieren, die in dem Flyout-Menü enthalten sein sollen.

Noch eine Besonderheit ist wichtig: Sie können wählen, welcher Layer, Text- oder Bemaßungsstil bei diesem Befehl verwendet werden soll. Verwenden Sie das Werkzeug, dann wird dieser Layer oder Stil aktiviert und danach wieder auf den vorherigen zurückgeschaltet. So können Sie beispielsweise ein Werkzeug für Bemaßung oder Schraffur definieren, bei dem gleich der richtige Layer gesetzt wird. Außerdem ist es auch möglich, im Feld BEFEHLSSTRING eine Befehlsfolge einzutragen. Die Syntax entspricht der bei Menümakros (siehe weiter unten in diesem Kapitel).

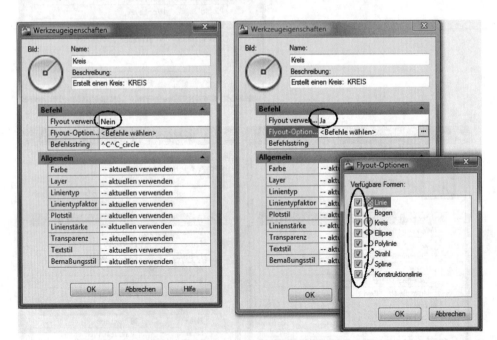

Abbildung 25.6: Eigenschaften von Werkzeugen mit Befehl oder Flyout-Menü

Mit einem Rechtsklick auf das Bild in dem Dialogfeld WERKZEUGEIGENSCHAFTEN können Sie in einem Kontextmenü die Funktion BILD WÄHLEN... und damit eine Bilddatei wählen. Dieses Bild wird dann als Symbol auf der Werkzeugpalette abgelegt. Diese Funktion können Sie auch aus dem Kontextmenü wählen, das Sie öffnen, wenn Sie ein Symbol auf der Werkzeugpalette rechts anklicken.

Werkzeugpaletten

Anpassung des Werkzeugpaletten-Fensters

Verschieben Sie ein Symbol mit gedrückter Maustaste in der Werkzeugpalette, können Sie es an eine andere Stelle schieben. Mit einem Rechtsklick in einer Werkzeugpalette (nicht auf einem Symbol) finden Sie im Kontextmenü außerdem die Funktionen zum Löschen und Umbenennen einer Werkzeugpalette. Mit der Funktion NEUE PALETTE wird eine neue Werkzeugpalette angelegt. Dieser können Sie dann mit der Funktion PALETTE UMBENENNEN den gewünschten Namen geben. Mit dem Eintrag BEFEHLE ANPASSEN... kommen Sie zum Dialogfeld für die Benutzeranpassung (siehe Kapitel 25.2). Mit dem Eintrag PALETTEN ANPASSEN... bekommen Sie das Dialogfeld des Befehls ANPASSEN, in dem Sie die Werkzeugpaletten bearbeiten können (siehe Abbildung 25.7).

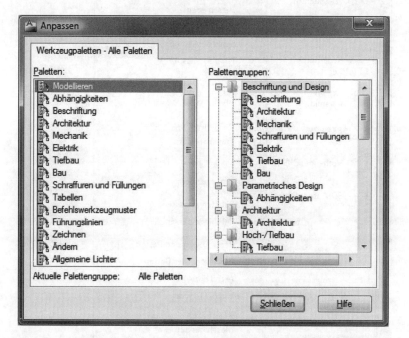

Abbildung 25.7: Dialogfeld zur Bearbeitung der Werkzeugpaletten

Hier können Sie in der linken Liste Werkzeugpaletten erstellen, umbenennen, löschen, exportieren und importieren. Mit einem Rechtsklick auf der entsprechenden Werkzeugpalette öffnen Sie ein Kontextmenü, aus dem Sie die Funktionen wählen können. Eine einmal erstellte und bestückte Werkzeugpalette können Sie in eine Datei exportieren (*.xtp) und später auch wieder dazuladen. Wollen Sie die Anordnung der Werkzeugpaletten ändern, markieren Sie die Werkzeugpalette, verschieben sie mit gedrückter Maustaste und lassen sie an der gewünschten Stelle los. Sie wird dort eingefügt.

Außerdem lassen sich Werkzeugpaletten hierarchisch in Gruppen und Untergruppen gliedern. Auch hierzu können Sie alles mit einem Rechtsklick in der rechten Liste PALETTENGRUPPEN ausführen. Sie können daraus Funktionen zum Erstellen, Umbenennen und Löschen wählen. Außerdem haben Sie einen Eintrag, um die markierte Gruppe zur aktuellen Gruppe zu machen. Wenn Sie so Gruppen erstellt haben, können Sie aus der linken

Liste einzelne Werkzeugpaletten in die entsprechende Gruppe ziehen. Achtung, wenn Sie Werkzeugpaletten aus der linken Liste löschen und Sie haben diese auch in einer Gruppe verwendet, werden sie auch daraus gelöscht.

Wenn Sie das Dialogfeld beendet haben, können Sie mit einem Rechtsklick auf der Titelleiste des Werkzeugpaletten-Fensters oder am unteren Ende der Register ein Kontextmenü aufrufen, aus dem Sie die jeweilige Gruppe aktivieren können (siehe Abbildung 25.8).

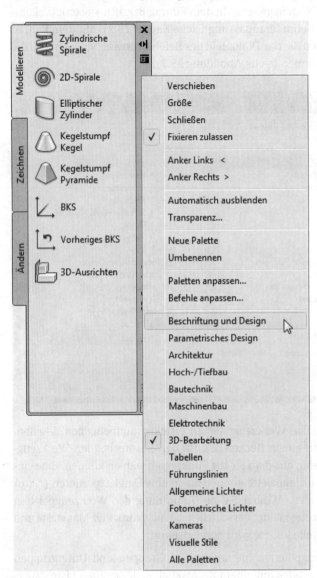

Abbildung 25.8: Auswahl der Palettengruppe

25.2 Werkzeugkästen

Symbole in den Funktionsleisten und den Werkzeugkästen lassen sich schnell und ohne große Systemkenntnisse ändern. Dazu brauchen Sie keine Dateien zu editieren. Sie müssen AutoCAD nicht einmal verlassen, Sie können alles direkt in AutoCAD erledigen.

Sicherung der Originalkonfiguration

Änderungen an den Werkzeugkästen werden in die Anpassungsdatei Acad.cuix bzw. Acadlt.cuix (bei AutoCAD LT) eingetragen. Bis AutoCAD 2009 hatten die Anpassungsdateien ein anderes Format mit der Dateierweiterung *.cui. Sie können diese Änderungen wieder rückgängig machen, wenn Sie die Originaldatei neu laden. Sie sollten also für alle Fälle die Original-Anpassungsdateien kopieren und in einem separaten Verzeichnis sichern. Die Datei finden Sie im Ordner C:\Dokumente und Einstellungen\UserName\Anwendungsdaten\ Autodesk\AutoCAD2011\R18.1\deu\Support bzw. C:\Dokumente und Einstellungen\UserName\Anwendungsdaten\Autodesk\AutoCAD LT 2011\ R16\ deu\Support bei AutoCAD LT. User Name steht für den am PC momentan angemeldeten Benutzer.

Bei Windows Vista finden Sie die Datei im Ordner *C:\Users\Benutzername\Appdata\ Roaming\Autodesk\AutoCAD 2011\R18.1\Deu\Support* bzw. bei AutoCAD LT im Ordner *C:\Users\Benutzername\Appdata\Roaming\Autodesk\AutoCAD LT 2011\R17\ Deu\Support.*

Befehl Schnellcui

Änderungen an bestehenden Werkzeugkästen führen Sie am besten mit dem Befehl SCHNELLCUI aus. Sie wählen den Befehl so:

- Rechtsklick auf ein beliebiges Werkzeugsymbol und aus dem Kontextmenü die Funktion ANPASSEN... wählen

Sie bekommen ein Dialogfeld mit der Liste aller Befehle, die Ihnen in AutoCAD zur Verfügung stehen (siehe Abbildung 25.9).

Hiermit können Sie einfache Änderungen an Werkzeugkästen vornehmen, Befehle in Werkzeugkästen einfügen und daraus löschen. Gehen Sie so vor:

1. Markieren Sie einen Befehl in der Liste und ziehen Sie ihn mit gedrückter Maustaste heraus.
2. Zeigen Sie mit dem Cursor an die Stelle in einem existierenden Werkzeugkasten, an der Sie den Befehl haben wollen, und lassen Sie die Taste los. Der Befehl wird an der Stelle eingefügt.
3. Wenn das Dialogfeld aktiv ist, können Sie aus einem bestehenden Werkzeugkasten ein Symbol mit gedrückter Maustaste aus dem Werkzeugkasten herausziehen.
4. Lassen Sie die Maustaste auf der Zeichenfläche los, wird das Symbol aus dem Werkzeugkasten gelöscht.

Abbildung 25.9:
Liste der Befehle für die Werkzeugkästen

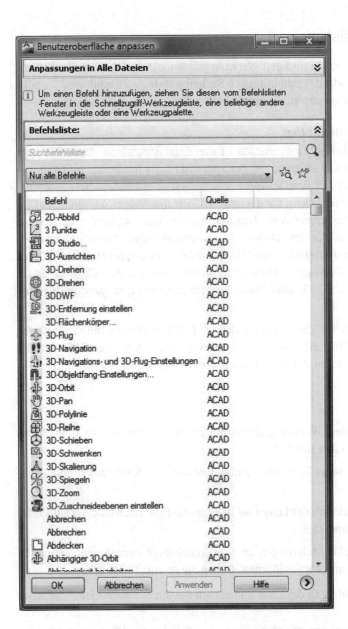

- Befehle ohne Symbole in der Liste, erzeugen ein leeres Feld im Werkzeugkasten. Wie Sie doch Bilder auf diese Symbole legen können erfahren Sie weiter unten.
- Um die Suche zu erleichtern, können Sie die Befehlsliste filtern. Wählen Sie dazu aus dem Abrollmenü eine Kategorie bzw. das Abrollmenü, in dem dieser Befehl vorkommt (siehe Abbildung 25.10).
- Sie können auch in das untere Eingabefeld einen Suchbegriff eingeben, einen Befehl oder eine Zeichenfolge eines Befehls. Die Liste wird dann gefiltert. Es werden dann nur noch die Befehle angezeigt, in denen diese Zeichenfolge vorkommt (siehe Abbil-

dung 25.10). Mit dem Symbol rechts vom Eingabefeld wird die Filterung beendet und wieder die komplette Liste angezeigt.

- Mit dem Pfeil ganz unten rechts und mit den Pfeilen oben rechts lässt sich das Dialogfeld vergrößern. Es ist dann identisch mit dem Dialogfeld des Befehls ABI (siehe unten).

Abbildung 25.10:
Filtern der Befehlsliste

Befehl Abi bcw. Cui

Alle Änderungen an der Bedieneroberfläche lassen sich seit der Version 2006 in einem Dialogfeld vornehmen: Werkzeugkästen, Abrollmenüs, Tablettmenüs, Kontextmenüs usw. Seit Version 2009 kann auch die Multifunktionsleiste angepasst werden. Das Dialogfeld können Sie mit dem Befehl ABI bzw. CUI aktivieren. Sie finden den Befehl:

- Multifunktionsleiste: Symbol im Register VERWALTEN, Gruppe BENUTZERANPASSUNG
- Menü EXTRAS, Untermenü ANPASSEN >, Funktion BENUTZEROBERFLÄCHE...

Das Dialogfeld ist die erweiterte Version des vorherigen (siehe Abbildung 25.9 und 25.10). Sie finden oben links alle Bedienelemente, die Sie ändern können (siehe Abbildung 25.11). Da mehrere Anpassungen geladen sein können (dazu später mehr), können Sie im Abrollmenü darüber wählen, in welcher Anpassungsdatei geändert werden soll. Haben Sie *Alle Anpassungsdateien* gewählt, werden die Bedienelemente aller geladenen Anpassungsdateien angezeigt.

Unter der Kategorie WERKZEUGKÄSTEN finden Sie alle Werkzeugkästen aufgelistet, die im Programm definiert sind. In jedem Werkzeugkasten sind wiederum die Symbole aufgelistet, die der Werkzeugkasten enthält (siehe Abbildung 25.11). Haben Sie einen Werkzeugkasten in der Liste links markiert, dann sehen Sie diesen im Feld VORANSICHT rechts mit seinen Symbolen.

Abbildung 25.11: Anpassen der Benutzeroberfläche

25.3 Werkzeugkästen anlegen und ändern

Gehen Sie wie folgt vor, wenn Sie einen Werkzeugkasten neu erstellen wollen:

1. Mit einem Rechtsklick auf den Eintrag WERKZEUGKÄSTEN in der Liste links oben öffnen Sie ein Kontextmenü. Wählen Sie dort den Eintrag NEUER WERKZEUGKASTEN. Ein neuer Werkzeugkasten wird erstellt und wird an die Liste ganz unten angehängt. Er bekommt den Namen *WerkzeugkastenX*. Mit einem Rechtsklick auf dem neuen Werkzeugkasten können Sie im Kontextmenü die Funktion UMBENENNEN wählen und ihm einen neuen Namen geben.

2. Wählen Sie in der Befehlsliste darunter den Befehl aus, den Sie in Ihrem Werkzeugkasten haben wollen, und ziehen Sie ihn mit gedrückter Maustaste auf den Namen des Werkzeugkastens in der oberen Liste. Schon ist dieser Befehl im neuen Werkzeugkasten. Haben Sie schon mehrere Befehle eingefügt, können Sie neue Symbole gleich an der gewünschten Stelle platzieren. Die Anordnung können Sie noch ändern, indem Sie die Befehle an eine andere Stelle ziehen. Auf die gleiche Art können Sie auch einen der vorhandenen Werkzeugkästen erweitern.

Sie können die Befehle auch auf die gewünschte Stelle in der Werkzeugkastenvoransicht (siehe Abbildung 25.11, links oben) ziehen. Dort können Sie auch die Symbole umsortieren. Ziehen Sie sie mit gedrückter Maustaste an die gewünschte Stelle. Wenn Sie ein Symbol mit gedrückter Maustaste aus dem Werkzeugkasten herausziehen, wird es daraus entfernt.

- *Mit einem Rechtsklick auf einem Befehl in einem Werkzeugkasten in der oberen Liste können Sie ihn auch wieder aus dem Werkzeugkasten löschen. Wählen Sie die Funktion LÖSCHEN im Kontextmenü. Auf die gleiche Art können Sie auch einen ganzen Werkzeugkasten löschen. Mit dem Eintrag TRENNZEICHEN EINFÜGEN bekommen Sie eine Trennlinie im Werkzeugkasten, und zwar nach dem markierten Symbol.*

- *Sie können einen vorhandenen Werkzeugkasten in einen anderen Werkzeugkasten hineinziehen und an der gewünschten Stelle ablegen. Dieser Werkzeugkasten ist dann als Flyout-Menü in dem anderen Werkzeugkasten eingefügt.*

- *Mit einem Rechtsklick auf einem Werkzeugkasten können Sie aus dem Kontextmenü die Funktion NEUER FLYOUT wählen. Ein neuer Werkzeugkasten wird angelegt, der gleichzeitig auch als Flyout im markierten Werkzeugkasten ist. Er kann wie oben beschrieben befüllt, umbenannt und auch wieder gelöscht werden.*

Erstellung eines eigenen Werkzeugkastens

1. Erstellen Sie einen eigenen Werkzeugkasten ZEICHNEN 2. Wählen Sie den Befehl ABI und erzeugen Sie den Werkzeugkasten durch Rechtsklick auf den Eintrag WERKZEUGKÄSTEN in der linken oberen Liste des Dialogfelds.

2. Ziehen Sie Befehle aus der unteren Befehlsliste in den Werkzeugkasten und platzieren Sie eventuell auch Trennzeichen. Der Werkzeugkasten könnte dann wie in Abbildung 25.12 aussehen.

3. Klicken Sie im Dialogfeld auf die Schaltfläche ANWENDEN und beenden Sie das Dialogfeld mit der Schaltfläche OK.
4. Aktivieren Sie den Werkzeugkasten. Klicken Sie dazu auf ein beliebiges Symbol und aktivieren Sie den Werkzeugkasten ZEICHNEN 2 aus dem Kontextmenü, falls er noch nicht aktiv ist.

Abbildung 25.12:
Der neue Werkzeugkasten *Zeichnen 2*

Ein Flyout-Menü in einem Werkzeugkasten

Zur Erinnerung: Ein Flyout-Menü ist ein Symbol in einem Werkzeugkasten, das einen Pfeil in der rechten unteren Ecke hat. Klickt man ein solches Symbol an und hält die Maustaste fest, wird eine weitere Symbolleiste aktiv.

1. Wählen Sie wieder den Befehl ABI und markieren Sie den neuen Werkzeugkasten ZEICHNEN 2 in der Liste links oben.
2. Ziehen Sie den Werkzeugkasten TEXT in den Werkzeugkasten ZEICHNEN 2 und lassen Sie ihn an der gewünschten Stelle los. Aktivieren Sie den Werkzeugkasten und Sie haben dort das neue Flyout wie in Abbildung 25.13.

Abbildung 25.13:
Werkzeugkasten *Zeichnen 2* mit Flyout-Menü Text

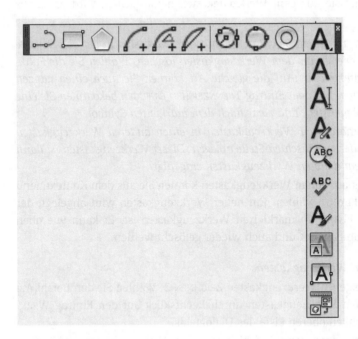

Neuer Werkzeugkasten mit neuen Symbolen
Wollen Sie neue Befehlssymbole in einen Werkzeugkasten einfügen, dann gehen Sie so vor:

1. Erstellen Sie einen Werkzeugkasten KREISE mit den Kreisbefehlen und zwei Funktionen zum Zeichnen eines Kreises in und um ein Dreieck.
2. Wählen Sie den Befehl CUI und erstellen Sie den Werkzeugkasten KREIS in der Liste links oben. Wählen Sie in der Befehlsliste darunter die Kategorie ZEICHNEN und ziehen Sie verschiedene Zeichenbefehle in den neuen Werkzeugkasten.
3. In der Befehlsliste finden Sie auch die Kategorie STEUERELEMENTE. Dort sind die Abrollmenüs, die in diversen Werkzeugkästen zu finden sind. Nehmen Sie in diesen Werkzeugkasten die LAYER-STEUERUNG auf, sodass Sie damit auch den aktuellen Layer wechseln können (siehe Abbildung 25.14).
4. Klicken Sie jetzt auf das Symbol BEFEHL ERSTELLEN (siehe Abbildung 25.14) über der Befehlsliste. Der Befehl BEFEHL1 wird in der Liste neu angelegt.
5. Klicken Sie den Eintrag BEFEHL1 in der Befehlsliste unten an und drücken die rechte Maustaste. Wählen Sie aus dem Kontextmenü die Funktion UMBENENNEN und tragen beispielsweise den Befehlsnamen *Inkreis in Dreieck* ein.
6. Auf der rechten Seite des Dialogfelds bekommen Sie jetzt angezeigt, welches Werkzeugbild auf dem Symbol liegt und mit welchem Befehl es belegt ist.
7. Tragen Sie in das Feld NAME die Beschreibung *Inkreis in Dreieck* ein. Dieser Text wird als Überschrift im Tool-Tipp angezeigt (siehe Abbildung 15.14). Tragen Sie im Feld BESCHREIBUNG eine nähere Beschreibung der Funktion ein, z.B.: *Zeichnet einen Inkreis in ein Dreieck*. Im Feld DATEI FÜR ERWEITERTE HILFE können Sie eine XAML-Datei angeben, in der weitere Erläuterungen für den Befehl gespeichert sind (Näheres zu XAML-Dateien finden Sie in der AutoCAD-Hilfe). Diese Datei wird angezeigt, wenn Sie ca. eine Sekunde mit der Maus ohne Aktion auf das Symbol zeigen. Der Eintrag, der in dem Feld BEFEHLS-ANZEIGENAME eingetragen wird, erscheint ebenfalls im Tool-Tipp. Tragen Sie hier *Inkreis* ein. Das Wichtigste zum Schluss: Im Feld MAKRO tragen Sie das Makro ein, das ablaufen soll, wenn Sie das Symbol anklicken. Tragen Sie hier ein:

`^C^Ckreis 3p tan \tan \tan`

8. Mehr zur Syntax der Makros finden Sie im Abschnitt 25.4. Nehmen Sie es zunächst einmal so hin, Sie erfahren gleich mehr dazu.
9. Jetzt sollte das Symbol noch ein Werkzeugbild erhalten. Markieren Sie eins in der Bildergalerie oben rechts und es wird auf das Symbol gelegt. Achtung, falls Sie einen Standard-Befehl markiert haben und Sie klicken auf ein Symbol in der Bildergalerie, wird auch er mit dem anderen Werkzeugbild belegt und erscheint dann anders in den Werkzeugkästen, in denen er verwendet wurde.

Abbildung 25.14:
Belegung eines Symbols ändern

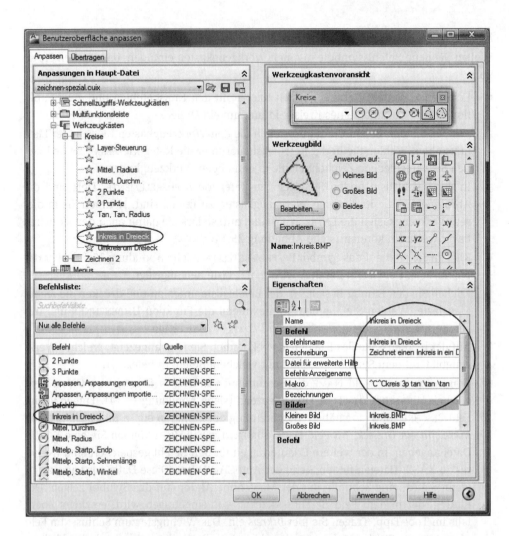

10. Wenn Sie kein passendes Bild finden, nehmen Sie eins, das dem gewünschten am nächsten kommt oder wählen Sie gar keines und klicken Sie auf die Schaltfläche BEARBEITEN... Das Dialogfeld des Werkzeugeditors erscheint (siehe Abbildung 25.15). Haben Sie im vorherigen Dialogfeld (siehe Abbildung 25.14) BEIDES angekreuzt, wird dieses Werkzeugbild sowohl für die großen als auch die kleinen Symbole verwendet (siehe Anhang A.4). Haben Sie GROSS oder KLEIN angekreuzt, wird das Werkzeugbild nur für die großen bzw. kleinen Symbole verwendet.

11. Sie können aber auch im Feld rechts unten direkt Bilddateien im BMP-Format wählen, auch hier wieder für große und kleine Symbole getrennt.

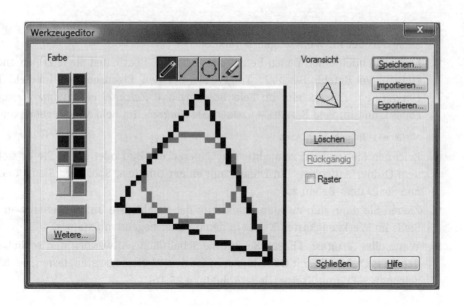

Abbildung 25.15:
Werkzeugeditor zur Erstellung eines Symbols

Werkzeugbilder zeichnen

In dem Fenster haben Sie folgende Möglichkeiten: In der Mitte haben Sie das Symbol in vergrößerter Darstellung. Dort können Sie ein Bild für das Symbol zeichnen. Darüber haben Sie vier Zeichenwerkzeuge: einen Stift, für einzelne Punkte, ein Linien- und ein Kreiswerkzeug und einen Radiergummi. An der rechten Seite können Sie die Zeichenfarbe wählen.

Links oben sehen Sie das Ergebnis Ihrer Zeichenversuche auf dem Symbol in Originalgröße. Darunter haben Sie den Schalter RASTER. Damit können Sie ein Hilfsraster zum Zeichnen ein- und ausschalten. Darunter ist die Schaltfläche LÖSCHEN. Damit löschen Sie alles, was schon auf dem Symbol ist. Mit der Schaltfläche IMPORTIEREN... können Sie eine Bilddatei wählen, die auf das Symbol gelegt werden soll. Mit der Schaltfläche RÜCKGÄNGIG machen Sie die letzte Aktion rückgängig.

Mit der Schaltfläche EXPORTIEREN... können Sie Ihr Ergebnis in einer Bilddatei speichern, SPEICHERN speichert das Bild in der Anpassungsdatei unter einem wählbaren Namen. Diesen Namen können Sie dann im Dialogfeld (siehe Abbildung 25.14) bei den Bildern eintragen. Mit SCHLIESSEN beenden Sie Ihre Zeichenarbeit.

Zeichnen Sie ein Symbol (siehe Abbildung 25.15). Klicken Sie dann auf SPEICHERN... und geben einen Bildnamen ein. Klicken Sie dann auf SCHLIESSEN und das Symbol erscheint in der Bildergalerie. Markieren Sie den Befehl im Werkzeugkasten in der Liste links oben, klicken Sie das neue Bild in der Bildergalerie an und es wird dem Befehl zugeordnet. Wollen Sie ein Werkzeugbild verwenden, das als Bitmap-Datei bereits gespeichert ist, können Sie im Feld EIGENSCHAFTEN in der Kategorie BILDER nacheinander auf die beiden Bildfelder klicken. Am rechten Rand erscheint dann das Symbol mit den drei Punkten. Klicken Sie darauf, können Sie eine Bilddatei im Dateiwähler suchen. Im Ordner *Aufgaben* finden Sie Bilder für die beiden Befehle.

12. Ziehen Sie den fertigen Befehl von der Befehlsliste unten im Explorer an die richtige Stelle darüber im Werkzeugkasten KREISE.
13. Legen Sie noch einen neuen Befehl an – BEFEHL2. Bearbeiten Sie jetzt den anderen eingefügten Befehl: BEFEHL2. Tragen Sie bei den Eigenschaften im Feld NAME *Umkreis um Dreieck* ein, im Feld BESCHREIBUNG *Zeichnet einen Umkreis um ein Dreieck* und im Feld BEFEHLS-ANZEIGENAME *Umkreis*. Im Feld MAKRO geben Sie ein:

```
^C^Ckreis 3p sch \sch \sch
```

14. Zeichnen Sie im Werkzeugeditor auch hierzu ein Bild oder holen Sie es sich aus dem Ordner *Aufgaben*. Ein Dreieck mit einem Umkreis. Speichern Sie es und ordnen Sie es dem Befehl zu.
15. Ziehen Sie dann den zweiten Befehl von der Befehlsliste unten ebenfalls an seine Stelle im Werkzeugkasten KREISE in den darüber liegenden Explorer.
16. Wenn alles fertig ist, klicken Sie auf die Schaltfläche ANWENDEN und schließen Sie dann das Dialogfeld mit OK. Aktivieren Sie den Werkzeugkasten, testen Sie ihn und zeichnen Sie damit Kreise (siehe Abbildung 25.16).

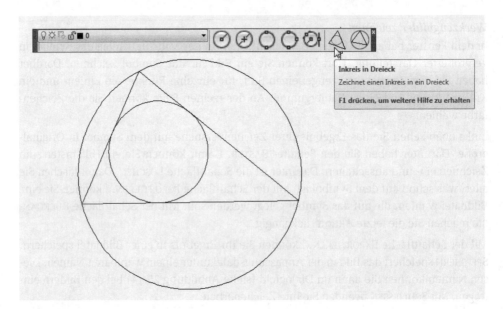

Abbildung 25.16: Der neue Werkzeugkasten mit ersten Zeichenversuchen

Syntax für Makros

Die Regel für die Erstellung eines Makros ist einfach: Schreiben Sie in das Makro, was Sie eingeben würden, wenn Sie den Befehl komplett auf der Tastatur eingeben würden. Dazu kommen noch Sonderzeichen, die den Befehlsablauf steuern. Wichtigstes Steuerzeichen ist das, mit dem das Makro angehalten und auf eine Benutzereingabe gewartet wird. Die wichtigsten Sonderzeichen für die Makros haben Sie in der Tabelle 25.1.

Tabelle 25.1:
Sonderzeichen in Makros

Zeichen	Funktion
;	steht für die Eingabe von Return.
Leerzeichen	Steht für die Eingabe von Return.
\	Warten auf Benutzereingabe.
_	Befehle und Optionen in englischer Sprache, z. B. _LINE oder _CIRCLE.
-	Aufruf eines Befehls mit Dialogfeld ohne Dialogfeld (siehe Kapitel 24.6), z. B. -LAYER oder -STIL.
+	Aufruf eines Befehls mit dem vorgegebenen Register. Die nachfolgende Zahl (0 bis n) gibt an, welches Register aktiviert werden soll, z. B. +BKSMAN 0, +AUSSCHNT 1.
=*	Aktivierung des aktuellen Bild-, Kontext- oder Abrollmenüs. Zum Beispiel bringt $P0=* das Objektfang-Kontextmenü auf den Bildschirm, aktiviert der Eintrag $P5=* das Abrollmenü 5 oder bringt $I=* das Bildkachelmenü auf den Bildschirm.
*	* am Beginn einer Menüfunktion bewirkt, dass die Menüfunktion im Wiederholmodus läuft.
$	Laden eines Untermenüs oder Aktivierung eines DIESEL-Makros; zum Beispiel $P5=POP5-NEU lädt das Untermenü POP5-NEU oder $I=SYMBOLE lädt das Untermenü SYMBOLE.
'	Ausführung eines transparenten Befehls.
^B	Fang ein/aus.
^C	Befehlsabbruch, steht am Beginn der meisten Menüfunktionen und bricht einen laufenden Befehl ab, wird immer zweimal verwendet (^C^C), da manche Befehle nur durch zweimaligen Abbruch beendet werden.
^D	Koordinaten ein/aus bzw. Umschaltung der Anzeigeart.
^E	Umschaltung der isometrischen Zeichenebene.
^G	Raster ein/aus.
^H	Rücktaste.
^O	Orthomodus ein/aus.
^P	Menümeldungen ein/aus.
^V	Umschaltung des aktuellen Ansichtsfensters.
^Z	Null-Zeichen; unterdrückt, dass am Ende einer Menüfunktion ein Leerzeichen übergeben wird.

Beispiele für Makros

Plinie\b;5;5   Aktiviert den Befehl PLINIE und setzt nach Abfrage des ersten Punkts die Breite auf 5.

-Layer;s;Kontur;;   Macht den Layer *Kontur* zum aktuellen Layer, ohne dass dazu das Dialogfeld erforderlich ist.

+Bksman 1   Aktiviert das Dialogfeld des Befehls BKSMAN mit dem zweiten Register (0, 1 und 2 ist möglich).

$pop5 = *   Aktiviert das Abrollmenü 5 aus der Menüzeile.

25.4 Schnellzugriff-Werkzeugkasten

Im SCHNELLZUGRIFF-WERKZEUGKASTEN werden nicht alle verfügbaren Symbole angezeigt. Mit dem Pfeil am rechten Rand können Sie weitere vordefinierte Befehle aktivieren (siehe Abbildung 25.17).

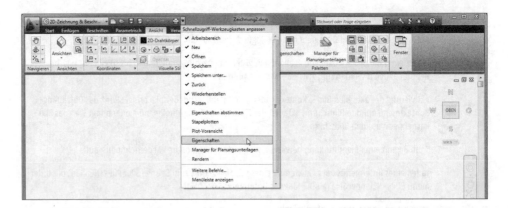

Abbildung 25.17: Ausgeblendete Symbole einblenden

Der Schnellzugriff-Werkzeugkasten kann darüber hinaus wie die anderen Werkzeugkästen auch mit weiteren Befehlen gefüllt werden. Sie bekommen das Dialogfeld des Befehls SCHNELLCUI (siehe Kapitel 25.2 und Abbildungen 25.9 bis 25.11). Aktivieren Sie diesen so:

- Rechtsklick im SCHNELLZUGRIFF-WERKZEUGKASTEN und Auswahl SCHNELLZUGRIFF-WERKZEUGKASTEN ANPASSEN
- Abrollmenü am rechten Rand aktivieren und Auswahl WEITERE BEFEHLE...

Sie können dann wie bei den anderen Werkzeugkästen Befehle aus der Befehlsliste per Drag and Drop im Schnellzugriff-Werkzeugkasten an einer beliebigen Stelle ablegen. Wollen Sie ein Symbol entfernen, klicken Sie es rechts an und wählen aus dem Kontextmenü die Funktion AUS SCHNELLZUGRIFF-WERKZEUGKASTEN ENTFERNEN.

Mehrere Schnellzugriff-Werkzeugkästen

Sie können auch mehrere Schnellzugriff-Werkzeugkästen erstellen. Im Arbeitsbereich (siehe Kapitel 25.7) können Sie festlegen, welcher in dem jeweiligen Arbeitsbereich aktiv sein soll. Gehen Sie so vor, um einen neuen Schnellzugriff-Werkzeugkasten zu erstellen.

- Befehl CUI aktivieren (siehe Kapitel 25.3)
- Im Dialogfeld des Befehls CUI (siehe Abbildung 25.11) Rechtsklick auf den Eintrag SCHNELLZUGRIFF-WERKZEUGKÄSTEN und Eintrag NEUER SCHNELLZUGRIFF-WERKZEUGKASTEN aus dem Kontextmenü auswählen.
- Sie bekommen darunter einen neuen Eintrag, den Sie auch bei Bedarf umbenennen können. Die Standardbefehle sind darin schon enthalten.
- Ziehen Sie jetzt beliebige Befehle aus der Befehlsliste an die gewünschte Stelle (siehe Abbildung 25.18).

Wie Sie den entsprechenden Schnellzugriff-Werkzeugkasten im Arbeitsbereich aktivieren, finden Sie in Kapitel 25.7.

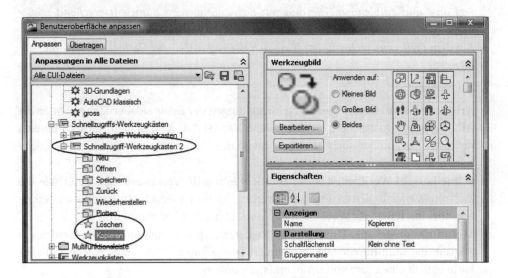

Abbildung 25.18:
Neuer Schnellzugriff-Werkzeugkasten mit zusätzlichen Befehlen

25.5 Die komplette Benutzeroberfläche

Das Anpassen der Werkzeugpaletten und der Werkzeugkästen ist nicht das Einzige, was Sie an der Oberfläche von AutoCAD ändern und anpassen können, wenngleich diese beiden Möglichkeiten am einfachsten und schnellsten gehen. Wenn Sie sich das Dialogfeld des Befehls CUI genauer ansehen, dann finden Sie im Explorerfeld links oben die anpassbaren Komponenten (siehe Abbildung 25.19).

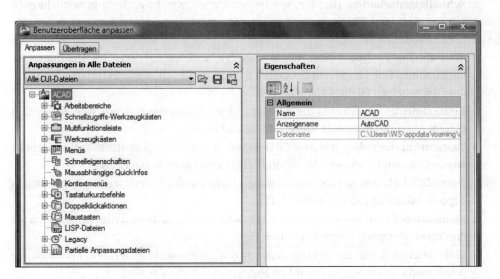

Abbildung 25.19:
Anpassbare Komponenten der Bedieneroberfläche

Dialogfeld ändern

- Mit den Schaltflächen mit den Doppelpfeilen können Sie einzelne Elemente im Dialogfeld aus- und einblenden. Die anderen Elemente werden dann entsprechend größer dargestellt.
- Mit dem Pfeil ganz rechts unten lässt sich der rechte Teil des Dialogfeld aus- und einblenden.

Anpassbar sind:

- **Arbeitsbereiche:** Einmal gemachte Einstellungen der Benutzeroberfläche können als Arbeitsbereich gespeichert werden (siehe Kapitel 2.4) und sind in diesem Bereich definiert. Sie können auch an dieser Stelle des Dialogfelds definiert werden (siehe Kapitel 25.6).
- **Schnellzugriff-Werkzeugkasten:** Der Schnellzugriff-Werkzeugkasten kann wie die anderen Werkzeugkästen angepasst werden. Es gelten jedoch ein paar Besonderheiten, aber das haben Sie ja schon in Kapitel 25.2 bis 25.4 kennengelernt.
- **Multifunktionsleisten, Untereintrag Registerkarten:** In diesem Bereich werden die Register der Multifunktionsleiste definiert (siehe Kapitel 25.9). Eine solche Registerkarte enthält einen Satz von Gruppen (siehe unten).
- **Multifunktionsleisten, Untereintrag Gruppen:** Hier werden die einzelnen Gruppen der Multifunktionsleiste definiert (siehe Kapitel 25.9), die dann zu Registern zusammengestellt werden.
- **Werkzeugkästen:** Wie Werkzeugkästen geändert und erstellt werden, haben Sie bereits in den Kapiteln 25.2 und 25.3 kennengelernt.
- **Menüs:** Abrollmenüs der Menüleiste sind in diesem Abschnitt definiert und können dort geändert, erweitert und komplett neu gestaltet werden (siehe Kapitel 25.8).
- **Schnelleigenschaften:** Hier können Sie bestimmen, welche Änderungsmöglichkeiten für die einzelnen Objekttypen im Schnelleigenschaften-Fenster angeboten werden (siehe Kapitel 25.10).
- **Mausabhängige QuickInfos:** Hier können Sie bestimmen, welche Informationen für die einzelnen Objekttypen im QuickInfo angezeigt werden, wenn Sie mit der Maus auf das Objekt zeigen (siehe Kapitel 25.10).
- **Kontextmenü:** Alle Menüs, die mit der rechten Maustaste aktiviert werden, sind in diesem Abschnitt festgelegt (siehe Kapitel 25.11).
- **Tastaturkurzbefehle:** Viele AutoCAD-Befehle können über Tastaturkürzel ausgeführt werden. Die sind in diesem Abschnitt beschrieben (siehe Kapitel 25.11).
- **Doppelklickaktionen:** Hier wird definiert, was passieren soll, wenn Sie ein Objekt doppelt anklicken (siehe Kapitel 25.11).
- **Maustasten:** Selbst die Maustasten lassen sich ändern, in diesem Abschnitt finden Sie die Originalbelegung (siehe Kapitel 25.11).
- **LISP-Dateien:** Sollen zusätzliche Makroprogramme ausgeführt werden, müssen diese geladen sein. In diesem Abschnitt ist angegeben, welche das sind.

- **Legacy:** Veraltete Bedienelemente aus früheren AutoCAD-Versionen, die in der neuen Oberfläche nicht mehr verwendet werden. Wir werden Sie deshalb auch hier aussparen.
- **Partielle CUIX-Dateien:** Die Menükonfigurationen werden in Anpassungsdateien gespeichert, die die Dateierweiterung *.cuix haben. Neben der Haupt-CUIX-Datei können weitere Anpassungsdateien geladen werden. Hier finden Sie aufgelistet, welche geladen sind (siehe Kapitel 25.6).

25.6 Anpassungsdateien

In AutoCAD gibt es eine Haupt-Anpassungsdatei *Acad.cuix* (bzw. *Acadlt.cuix* bei AutoCAD LT). Daneben kann es weitere partielle Anpassungsdateien geben, die dazugeladen werden können. Diese haben ebenfalls die Dateierweiterung *.cuix. Sie können beliebige Abschnitte der Konfiguration enthalten, Werkzeugkästen, Abrollmenüs, Arbeitsbereiche usw.

Sicherung der Originalkonfiguration
Bevor Sie jetzt mit dem Experimentieren beginnen, sollten Sie die Originaldateien *Acad.cuix* bzw. *Acadlt.cuix* kopieren und in einem separaten Verzeichnis sichern. Sie können die Änderungen jederzeit wieder rückgängig machen, wenn Sie die Originaldatei wieder an die ursprüngliche Stelle zurückkopieren. **Wichtig: Beachten Sie hierzu die Hinweise im Anhang A.6!**

Laden und Entladen von partiellen Anpassungsdateien
Um eine partielle Anpassungsdatei zu laden, haben Sie folgende Möglichkeiten:

- Auswahl der Funktion ÖFFNEN aus dem Abrollmenü im Explorer-Fenster (oben links, siehe Abbildung 25.20)
- Symbol rechts neben dem Abrollmenü
- Rechtsklick auf dem Eintrag PARTIELLE ANPASSUNGSDATEIEN und Auswahl der Funktion PARTIELLE ANPASSUNGSDATEI LADEN aus dem Kontextmenü

Im Dateiwähler können Sie die Anpassungsdatei wählen, die Sie dazuladen wollen. Anpassungsdateien haben die Dateierweiterung *.cuix bzw. *.cui. In früheren AutoCAD-Versionen waren diese Informationen in Menüdateien gespeichert. Im Abrollmenü DATEITYP können Sie wählen, ob Sie eine Anpassungsdatei oder eine Menüdatei (Dateierweiterung *.mnu, *.mns und *.mnc) aus einer früheren AutoCAD-Version laden wollen. Danach stehen Ihnen alle Funktionen aus dieser Anpassungsdatei zur Verfügung. Im Abrollmenü des Explorers können Sie wählen, welche Inhalte Sie sich anzeigen lassen wollen: die der Haupt-Anpassungsdatei, der verschiedenen partiellen Anpassungsdateien oder den Inhalt aller Anpassungsdateien (ALLE CUI-DATEIEN).

Eine partielle Anpassungsdatei können Sie so wieder entfernen:

- Rechtsklick auf eine partielle Anpassungsdatei im Bereich PARTIELLE ANPASSUNGSDATEIEN und Auswahl der Funktion NAME.CUIX ENTFERNEN aus dem Kontextmenü

Danach stehen Ihnen die Funktionen nicht mehr zur Verfügung.

Laden von partiellen Anpassungsdateien

1. Laden Sie die partiellen Anpassungsdateien *Katalog.cuix* und *Zeichnen-Spezial.cuix* aus dem Ordner *Aufgaben*.
2. Wenn Sie jetzt das Dialogfeld beenden, haben Sie bei der klassischen Oberfläche ein weiteres Menü in der Menüleiste (Anpassungsdatei *Katalog.cuix*). Wie Sie das selbst erstellen können, dazu mehr in den nächsten Abschnitten (siehe Abbildung 25.19). Falls Sie die Menüzeile nicht haben, stellen Sie die Systemvariable MENUBAR auf 1, dann wird sie unabhängig vom Arbeitsbereich angezeigt.
3. Außerdem haben Sie die Werkzeugkästen (siehe Abbildung 25.20) aus Kapitel 25.3 dazugeladen (Anpassungsdatei *Zeichnen-Spezial.cuix*).

Abbildung 25.20:
Partielle Anpassungsdateien und deren Inhalte

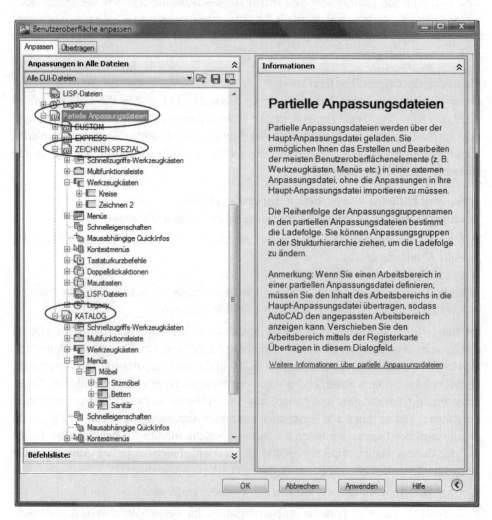

Wie Sie schon in Kapitel 2.4 gesehen haben, können Sie Werkzeugkästen aus einem Kontextmenü aktivieren. Das öffnen Sie per Rechtsklick auf einem beliebigen Symbol. Was aber, wenn mehrere Anpassungsdateien geladen sind? Per Rechtsklick bekommen Sie immer nur die Werkzeugkästen aus der gleichen Anpassungsdatei. Was ist aber, wenn aus der neu geladenen Anpassungsdatei noch keiner auf dem Bildschirm ist? Mit einem Rechtsklick auf der freien Fläche neben einem Werkzeugkasten öffnen Sie ein Kontextmenü mit den verschiedenen Anpassungsdateien. In dem entsprechenden Untermenü können Sie dann die Werkzeugkästen der Anpassungsdatei ein- und ausschalten (siehe Abbildung 25.21, unten).

Bei den Arbeitsbereichen mit der Multifunktionsleiste können Sie im Register ANSICHT, Gruppe FENSTER in einem Abrollmenü die Werkzeugkästen der verschiedenen Anpassungsdateien in Untermenüs finden. Hier können diese aktiviert werden (siehe Abbildung 25.21, oben).

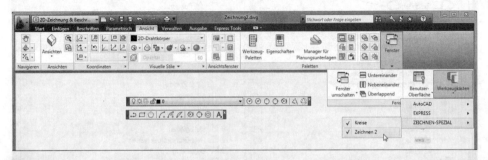

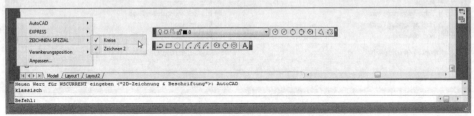

Abbildung 25.21: Werkzeugkästen aus verschiedenen Anpassungsdateien dazugeladen

Anpassungsdateien importieren und exportieren

Neben der Möglichkeit, partielle Anpassungsdateien zu laden, können Sie auch Teile aus einer Anpassung fest in die aktuelle Anpassungsdatei importieren oder Teile aus einer Anpassungsdatei in eine neue exportieren. Wählen Sie dazu:

- Multifunktionsleiste: Symbole im Register VERWALTEN, Gruppe BENUTZERANPASSUNG
- Menü EXTRAS, Untermenü ANPASSEN >, Funktionen ANPASSUNGEN IMPORTIEREN bzw. ANPASSUNGEN EXPORTIEREN
- Auswahl des Befehls CUI (siehe oben) und Klick auf die Registerkarte ÜBERTRAGEN

Abbildung 25.22:
Anpassungen importieren oder exportieren

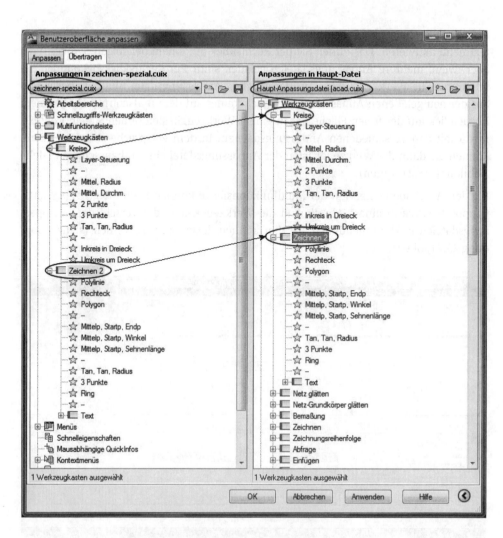

Sie bekommen das Dialogfeld des Befehls CUI, diesmal aber mit dem zweiten Register (siehe Abbildung 25.22). Gehen Sie beim Importieren wie folgt vor:

- Auf der linken Seite können Sie im Abrollmenü die Funktion ÖFFNEN... wählen und eine Anpassungsdatei im Dateiwähler öffnen. Die zuletzt geöffneten finden Sie noch im Abrollmenü aufgelistet.
- Wählen Sie im Abrollmenü auf der rechten Seite die Datei *Haupt-Anpassungsdatei (acad.cuix)*. Ziehen Sie Werkzeugkästen oder einzelne Funktionen aus Werkzeugkästen von der linken Seite auf die entsprechende Stelle auf der rechten Seite. Nachdem Sie die Anpassungsdatei bearbeitet haben, klicken Sie auf das Symbol zum SPEICHERN (rechts neben dem Abrollmenü) oder auf die Schaltfläche ANWENDEN und die Elemente sind aus einer Anpassungsdatei oder einer älteren Menüdatei in die aktuelle Datei importiert.

Beim Exportieren gehen Sie analog vor:

- Auf der linken Seite haben Sie im Abrollmenü die Datei *Haupt-Anpassungsdatei (acad.cuix)* geöffnet. Auf der rechten Seite haben Sie eine neue CUI-Datei.
- Ziehen Sie jetzt Elemente von der linken Seite an die entsprechende Stelle auf der rechten Seite. Nachdem die neue Datei so ist, wie Sie sie haben wollen, klicken Sie auf das Symbol zum SPEICHERN (rechts neben dem Abrollmenü) und die übertragenen Elemente werden in eine neue Datei exportiert.
- Selbstverständlich können Sie links mehrere Dateien nacheinander anwählen und Elemente in die neue Datei nach rechts schieben. Es ist auch möglich, rechts und links jeweils eine Anpassungsdatei zu wählen und Objekte hin- und herzuschieben.
- Es gibt auch noch die Befehle MENÜ und MENÜLAD aus früheren Versionen.
- Mit dem Befehl MENÜ können Sie eine Menüdatei (bis AutoCAD 2005, *.mnu oder *.mns) oder eine Anpassungsdatei (*.cuix) laden. Diese wird dann als Hauptanpassungsdatei verwendet und ersetzt eine bereits vorhandene.
- Mit dem Befehl MENÜLAD lassen sich ebenfalls Menüdateien (bis AutoCAD 2005, *.mnu oder *.mns) oder Anpassungsdateien (*.cui) laden (siehe Abbildung 25.23). Diese werden dann als partielle Anpassungsdateien dazugeladen. Mit demselben Befehl lassen sie sich auch wieder entfernen. Den Befehl können Sie nur auf der Tastatur eintippen. Mit der Schaltfläche DURCHSUCHEN... können Sie im Dateiwähler die Datei auswählen und mit der Schaltfläche LADEN als partielle Anpassungsdatei laden. In der Liste sind die geladenen Anpassungsdateien. Markieren Sie darin eine Datei, wird sie mit der Schaltfläche ENTFERNEN auch wieder gelöscht.

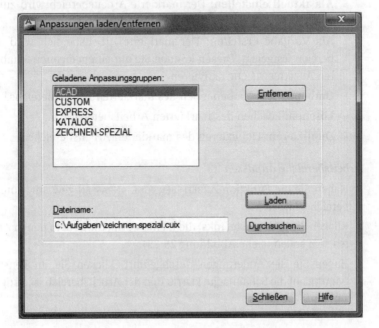

Abbildung 25.23: Anpassungsdateien laden oder entfernen

25.7 Arbeitsbereiche

Wie Sie die aktuellen Einstellungen des Bildschirms als Arbeitsbereich speichern können, haben Sie in Kapitel 2.4 schon kennengelernt. Sie werden in der Anpassungsdatei gespeichert und können danach mit dem Befehl ABI im Dialogfeld bearbeitet werden. Sie können aber auch Arbeitsbereiche komplett hier erstellen oder vorhandene duplizieren und nachbearbeiten. Gehen Sie so vor:

Arbeitsbereiche verwalten

- Aktivieren Sie den Befehl CUI wie oben beschrieben und markieren Sie im Dialogfeld im Explorer rechts oben den Eintrag ARBEITSBEREICHE. Klicken Sie auf die rechte Maustaste und Sie bekommen ein Kontextmenü.
- Mit dem Eintrag NEUER ARBEITSBEREICH legen Sie einen neuen Arbeitsbereich mit dem Namen *Arbeitsbereich1* an, der aber nur ein Minimum an Funktionen enthält.
- Markieren Sie den neuen Arbeitsbereich und wählen per Rechtsklick aus dem Kontextmenü die Funktion UMBENENNEN und geben Sie dem Arbeitsbereich den gewünschten Namen.
- In dem Kontextmenü finden Sie weitere Funktionen (siehe Abbildung 25.24):
  - **Arbeitsbereich anpassen:** Sie starten den Modus zum Anpassen des markierten Arbeitsbereichs (siehe unten).
  - **Neuer Arbeitsbereich:** Erstellen eines neuen Arbeitsbereichs. Sie bekommen einen fast leeren Arbeitsbereich.
  - **Als aktuell einstellen:** Der markierte Arbeitsbereich wird zum aktuellen Arbeitsbereich.
  - **Als Vorgabe erstellen:** Der markierte Arbeitsbereich wird als Vorgabe-Arbeitsbereich festgelegt. Diesen können Sie mit einem eigenen Symbol im Werkzeugkasten ARBEITSBEREICHE aktivieren.
  - **Umbenennen:** Umbenennen des markierten Arbeitsbereichs.
  - **Löschen:** Löschen des markierten Arbeitsbereichs.
  - **Duplizieren:** Duplizieren des markierten Arbeitsbereichs.

Arbeitsbereiche anpassen

- Haben Sie die Funktion ARBEITSBEREICHE ANPASSEN gewählt, können Sie den Arbeitsbereich bearbeiten.
- Klicken Sie in der Liste links, die Elemente an, die in dem neuen Arbeitsbereich enthalten sein sollen (siehe Abbildung 25.25).
- Haben Sie die Änderungen durchgeführt, klicken Sie im Fenster ARBEITSBEREICHSINHALTE auf die Schaltfläche FERTIG und der Arbeitsbereich ist fertig.

- Danach können Sie auch im Fenster links einen Arbeitsbereich markieren und im Fenster ARBEITSBEREICHSINHALTE (rechts) Elemente markieren und per Rechtsklick mit der Funktion AUS ARBEITSBEREICH ENTFERNEN aus dem Arbeitsbereich entfernen.
- Sie können den neuen Arbeitsbereich, wenn Sie das Dialogfeld mit OK beendet haben, wie die anderen Arbeitsbereiche in den Menüs wählen.

Abbildung 25.24:
Kontextmenü zur Verwaltung von Arbeitsbereichen

Arbeitsbereiche erstellen

1. Erstellen Sie neue Arbeitsbereiche und passen Sie diese an.
2. Testen Sie die Arbeitsbereiche in AutoCAD.

Abbildung 25.25:
Arbeitsbereich anpassen

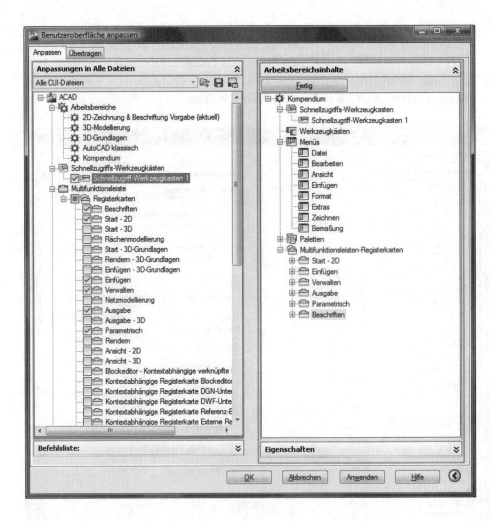

25.8 Menüleiste

Die Menüs in der Menüleiste sind ebenfalls nicht starr. Es können bestehende geändert oder neue angelegt und mit Befehlen gefüllt werden. Das Erstellen und Ändern erfolgt genauso wie bei Werkzeugkästen im Dialogfeld des Befehls CUI. Außerdem können Sie Menüs auch beliebig in Untermenüs gliedern. Klicken Sie den Eintrag MENÜ an, können Sie per Rechtsklick aus dem Kontextmenü ein Menü erstellen. Klicken Sie das neue Menü per Rechtsklick an, können Sie dort wieder ein Untermenü erstellen. Klicken Sie dann dieses wieder an, können Sie darin wieder ein Untermenü erstellen usw.

Eine weitere Besonderheit gilt hier: Wird beim Namen eines Menüs, Untermenüs oder eines Menüeintrags ein »&«-Zeichen vor einen Buchstaben gesetzt, kann mit der Alt-Taste und diesem Buchstaben das Menü aktiviert werden, also Alt + D für das Menü DATEI. Sehen wir es uns an einem fertigen Menü an:

Menüleiste

Menü anlegen und ändern

- Aktivieren Sie den Befehl CUI und laden Sie die partielle Anpassungsdatei *Katalog.cuix*. Wählen Sie im Explorer links oben diese Datei zur Bearbeitung im Abrollmenü aus (siehe Abbildung 25.26). Sehen Sie sich die Struktur des Menüs an. Die Namen, die für Menüs bzw. Untermenüs oder den Menüeintrag vergeben sind, entsprechen denen, die in der Menüzeile bzw. im Menü angezeigt werden.

- Die eigentlichen Funktionen bestehen jeweils aus einem benutzerspezifischen Befehl. Mit dem Befehl EINFÜGE (das Zeichen »-« startet den Befehl ohne Dialogfeld) wird jeweils ein Block aus dem Ordner *Aufgaben* an einem variablen Einfügepunkt mit den Faktoren 1 und einem variablen Drehwinkel eingefügt. Das Makro dazu lautet:

^C^C-Einfüge c:/Aufgaben/s-stz-01;\1;1;\

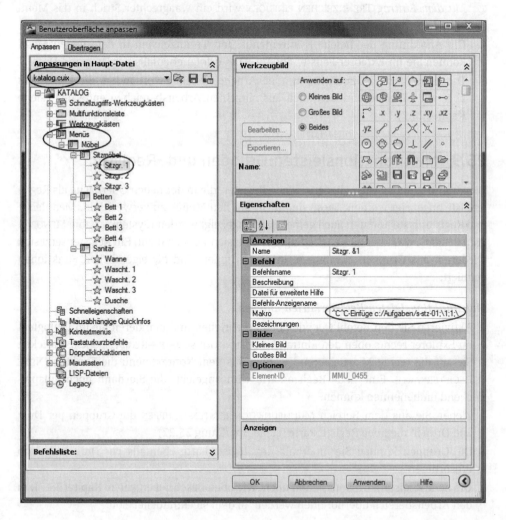

Abbildung 25.26: Menüstruktur im Explorer und Belegung eines Feldes

Menüs bearbeiten
1. Neue Menüs legen Sie ähnlich wie Werkzeugkästen an: Markieren Sie den Eintrag MENÜS und aktivieren Sie mit einem Rechtsklick das Kontextmenü. Daraus wählen Sie den Eintrag NEUES MENÜ und ein neues Menü wird angelegt. Benennen Sie es um. Geben Sie ihm den Namen, der in der Menüzeile angezeigt werden soll.
2. Füllen Sie das Menü mit Befehlen per Drag and Drop aus der Befehlsliste links unten. Wollen Sie eigene Makros haben, erstellen Sie sich benutzerdefinierte Befehle (wie bei den Werkzeugkästen, siehe Kapitel 25.3).
3. *Mit dem Eintrag* NEUES UNTERMENÜ können Sie innerhalb eines Menüs ein Untermenü erzeugen, das Sie dann ebenfalls per Drag and Drop aus der Befehlsliste befüllen können. Damit wird das Menü übersichtlicher.
4. *Mit dem Eintrag* TRENNZEICHEN EINFÜGEN wird ein waagrechter Strich in das Menü eingefügt. Dadurch erhalten Sie eine bessere Optik für das Menü.
5. Die Anordnung der Befehle, Untermenüs und Trennzeichen in dem neuen Menü können Sie im Explorer-Fenster ändern. Dies erfolgt ebenfalls per Drag and Drop.
6. Das neue Menü ist zunächst in allen Arbeitsbereichen vorhanden. Sie können es aber wie oben beschrieben auch aus einzelnen Arbeitsbereichen entfernen (siehe Kapitel 25.7).

25.9 Multifunktionsleisten-Gruppen und -Register

Die Multifunktionsleisten gliedern sich in Register, die in der neuen Oberfläche als Registerleiste angezeigt werden. Diese sind nicht mit den Menüs zu verwechseln. Menüleiste und Registerleiste könnten auch gemeinsam angezeigt werden (Systemvariable MENUBAR auf 1 setzen), was aber nicht unbedingt der Übersichtlichkeit dient. Ein Register setzt sich wiederum aus Gruppen zusammen. In den Gruppen sind die eigentlichen Funktionen definiert.

Multifunktionsleisten-Registerkarten anlegen
- Aktivieren Sie den Befehl CUI wie oben beschrieben und markieren Sie im Dialogfeld im Explorer rechts oben den Eintrag MULTIFUNKTIONSLEISTEN-REGISTERKARTEN. Klicken Sie auf die rechte Maustaste und wählen aus dem Kontextmenü die Funktion NEUE REGISTERKARTE. Eine neue Registerkarte wird angelegt, die Sie dann noch entsprechend umbenennen können.
- Ziehen Sie aus dem Bereich MULTIFUNKTIONSLEISTEN-GRUPPEN die Gruppen per Drag and Drop in die neue Registerkarte (siehe Abbildung 25.27).
- Die Gruppen können Sie innerhalb der Registerkarte ebenfalls per Drag and Drop umsortieren.
- Die neue Registerkarte muss dann noch, wie oben beschrieben (siehe Kapitel 25.7), in den Arbeitsbereich übernommen werden, in dem sie auftauchen soll.

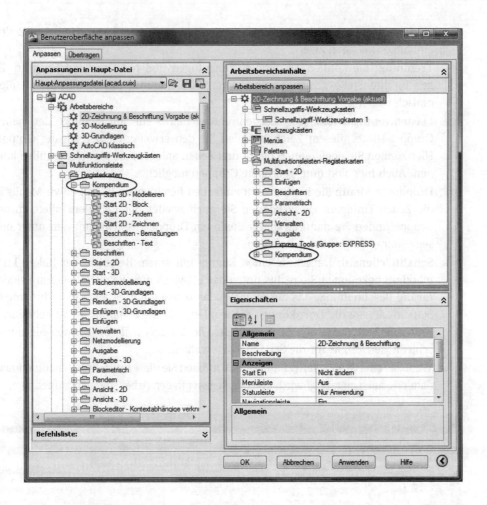

Abbildung 25.27: Zusammenstellung von Registerkarten und Aufnahme in den Arbeitsbereich

Struktur der Multifunktionsleisten-Gruppen

- Wie ein Werkzeugkasten oder ein Menü können Sie auch eine Multifunktionsleisten-Gruppe anlegen und bestücken.
- Die Gruppen haben aber eine komplexere Struktur, sodass Sie diese besser untergliedern können. Sie können Zeilen hinzufügen und diese mit Befehlen aus der Befehlsliste oder mit benutzerdefinierten Befehlen füllen.
- Weitere Elemente zur Gliederung sind:
  - **Zeilen:** Damit fügen Sie eine neue Zeile ein. Mindestens eine Zeile enthält jede Gruppe. Diese wird automatisch angelegt, wenn Sie eine neue Gruppe erstellen. Maximal zwei Zeilen sind möglich und im erweiterten Bereich noch einmal drei Zeilen. Die Zeilen können Sie mit Befehlen aus der Befehlsliste, mit benutzerdefinierten Befehlen oder mit Flyouts füllen.
  - **Untergeordnete Gruppe:** Dabei handelt es sich um eine Zeile mit Einzug, die hinter einem Befehl stehen kann. Dabei wird das erste Symbol größer angezeigt und

die untergeordneten kleiner. Eine untergeordnete Gruppe kann wiederum Zeilen enthalten (maximal zwei).

- **Trennung:** Sie können Trennlinien hinzufügen und per Drag and Drop an die gewünschte Stelle schieben. Das Menü wird dadurch mit senkrechten Linien optisch besser gegliedert.
- **Leistentrennzeichen:** Das Leistentrennzeichen steht am Schluss der neuen Gruppe. Hinter diesem Zeichen finden Sie den erweiterten Bereich der Gruppe. Hier können Sie noch einmal bis zu drei Zeilen anlegen, die Sie wieder füllen können. Auch hier sind untergeordnete Gruppen möglich.
- **Dropdown-Menü:** Sie können statt einfachen Befehlen auch Dropdown-Menüs in die Zeilen einfügen. Diese können Sie auch wieder mit Befehlen füllen. In der Gruppe finden Sie dann an dieser Stelle ein Dropdown-Menü mit den unter diesem Eintrag aufgeführten Befehlen.
- **Schaltflächenstil:** Haben Sie einen Eintrag mit einem Befehl in der linken Liste markiert, bekommen Sie rechts unten das Eigenschaften-Feld. Neben den Feldern für die Beschreibung, das ausgeführte Makro usw. gibt es auch ein Abrollmenü SCHALTFLÄCHENSTIL. Dort können Sie wählen, wie die Schaltfläche aussehen soll: *Groß mit Text (vertikal), Groß mit Text (horizontal) usw*. So können Sie unterschiedliche Designs für die Schaltflächen wählen.
- Wenn Sie eine Gruppe fertig haben, dann müssen Sie diese in ein Register aufnehmen, damit sie auch angezeigt wird, und das Register in den Arbeitsbereich aufnehmen.

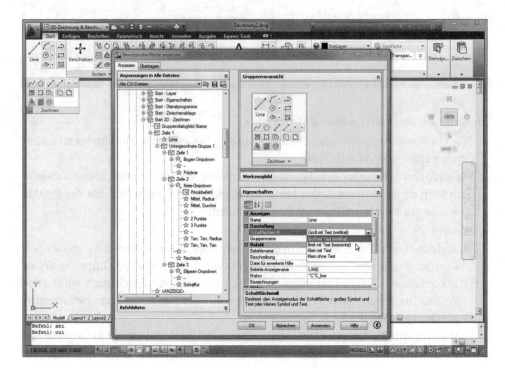

Abbildung 25.28: Multifunktionsleisten-Gruppe am Bildschirm und im Explorer

Multifunktionsleisten-Gruppe erstellen
1. Erstellen Sie eine eigene Gruppe mit Ihren bevorzugten Zeichen und Änderungsbefehlen und nehmen Sie diese in ein neues Register auf.
2. Nehmen Sie das Register in den gewünschten Arbeitsbereich auf.
3. Testen Sie dieses Register in AutoCAD.

Werkzeugkästen in Multifunktionsleisten-Gruppen konvertieren
- Haben Sie sich eigene Werkzeugkästen erstellt, die Sie auch gerne als Multifunktionsleisten-Gruppen haben wollen, dann können Sie diese konvertieren.
- Markieren Sie den Werkzeugkasten und aktivieren das Kontextmenü mit der rechten Maustaste. Wählen Sie daraus den Eintrag IN MULTIFUNKTIONSLEISTEN-GRUPPEN KONVERTIEREN und Sie haben den Werkzeugkasten als Multifunktionsleisten-Gruppe.
- Jetzt müssen Sie diese nur noch in ein Register aufnehmen und das Register wiederum in einen Arbeitsbereich.

25.10 Schnelleigenschaften und mausabhängige QuickInfos

In der Kategorie SCHNELLEIGENSCHAFTEN können Sie wählen, was im Schnelleigenschaften-Fenster (siehe Kapitel 13.1) angezeigt werden soll. Das Fenster erscheint, wenn Sie ein Objekt in der Zeichnung anklicken und es markiert wird, vorausgesetzt die Funktion ist eingeschaltet. Sie können für jeden Objekttyp separat festlegen (siehe Abbildung 25.29), was angezeigt werden soll. Gehen Sie so vor:

Schnelleigenschaften anpassen
- Wählen Sie den Befehl CUI und markieren im Explorer-Fenster links oben den Eintrag SCHNELLEIGENSCHAFTEN. Sie bekommen im rechten Fenster die Objektliste und die Eigenschaften.
- Haben Sie noch kein Objekt gewählt, können Sie in der rechten Spalte unter dem Begriff ALLGEMEIN die Eigenschaften wählen, die bei allen Objekten im Schnelleigenschaften-Fenster zur Änderung angeboten werden sollen. Mit der Schaltfläche ÜBERSCHREIBUNGEN LÖSCHEN werden alle Abweichungen, die Sie für einzelne Objekttypen gemacht haben, entfernt und wieder auf den Standard gesetzt.
- Kicken Sie einen Objekttyp an, z. B. Kreis (siehe Abbildung 25.29), bekommen Sie in der Spalte unter dem Eintrag ALLGEMEIN die Eigenschaften, die im Schnelleigenschaften-Fenster zur Änderung bei diesem Objekttyp zur Änderung angeboten werden. Dabei wird die Vorgabe von oben übernommen. Sie kann aber durch die Einstellung bei einem Objekttyp überschrieben werden.
- Alles was unter dem Bereich ALLGEMEIN steht, wird im erweiterten Schnelleigenschaften-Fenster angezeigt. Auch diese Liste können Sie nach Ihren Vorstellungen bearbeiten.

Abbildung 25.29:
Anzeige des Schnelleigen-schaften-Fensters bearbeiten

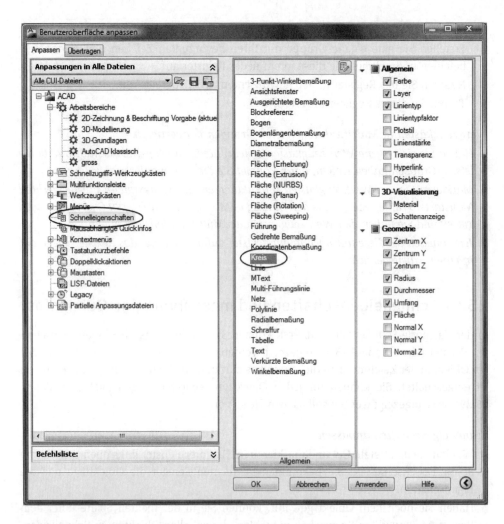

- Mit einem Rechtsklick in der Objektliste (rechtes Fenster, linke Spalte) öffnen Sie ein Kontextmenü. Daraus können Sie mit dem Eintrag VON OBJEKTLISTE ENTFERNEN das markierte Objekt aus dieser Liste entfernen. Dafür wird auch kein Schnelleigenschaften-Fenster angezeigt.
- Wählen Sie den Eintrag OBJEKTLISTE BEARBEITEN..., bekommen Sie ein weiteres Dialogfeld, in dem Sie die Objekttypen anwählen können, für die das Schnelleigenschaften-Fenster angezeigt werden soll.

 Mausabhängige QuickInfos anpassen
In der Kategorie MAUSABHÄNGIGE QUICKINFOS (siehe Kapitel 4.7) können Sie wählen, welche Informationen im Fenster angezeigt werden sollen, das dann erscheint, wenn sich der Cursor über einem Objekt befindet, ohne das es angewählt ist. Voraussetzung für die Einblendung des Fensters ist auch hier, dass diese Funktion aktiviert ist (siehe Befehl

OPTIONEN, Anhang A.4). Gehen Sie bei der Anpassung genauso vor wie beim Schnelleigenschaften-Fenster (siehe Abbildung 25.30). Der Unterschied besteht nur darin, dass es bei den mausabhängigen QuickInfos keinen erweiterten Bereich gibt. Alles, was Sie wählen, wird immer sofort angezeigt. Auch hier können Sie Objekttypen aus der Liste entfernen, für die dann nichts angezeigt wird, und Sie können Objekttypen in die Liste aufnehmen, für die dann das Fenster ebenfalls angezeigt wird.

Abbildung 25.30: Mausabhängige QuickInfos bearbeiten

25.11 Sonstiges

Weitere Elemente befinden sich in der *Haupt-Anpassungsdatei (acad.cuix)*. Aktivieren Sie auch dazu wieder den Befehl CUI und blättern Sie im Explorer auf der linken Seite.

Kapitel 25 • Werkzeugpaletten, Werkzeugkästen, Menüs und Multifunktionsleiste

Kontextmenüs

■ Im Eintrag KONTEXTMENÜS finden Sie alle Kontextmenüs, die bei den unterschiedlichen Funktionen aktiv werden können. Sie sind genauso aufgebaut wie die anderen Menüs. Auch hier kann es Menüs und Untermenüs geben. Abbildung 25.31 zeigt das Standardmenü, das Sie mit der rechten Maustaste öffnen, wenn kein Befehl aktiv ist.

Abbildung 25.31: Struktur des Kontextmenüs

Maustasten

■ Im Eintrag MAUSTASTEN ist die Belegung der Maustasten festgelegt (siehe Abbildung 25.32). Die erste Maustaste ist fest belegt mit dem Klicken, das kann nicht geändert werden. Die restlichen Tasten (maximal 10) sind vierfach belegt. Die Belegung erfolgt in Kombination mit anderen Tasten:

- Klicken
- ⇧ und Klicken

Sonstiges

- ⟨Strg⟩ und Klicken
- ⟨⇧⟩ und ⟨Strg⟩ und Klicken

- Auch hier können beispielsweise Kontextmenüs aufgerufen werden. In Abbildung 25.32 sehen Sie, dass mit der Taste ⟨⇧⟩ und der zweiten Maustaste ein Makro aktiviert wird:

$P0 = SNAP $p0 = *

- Das Kontextmenü *P0* für den Objektfang wird mit den Fangfunktionen belegt und mit *$p0 = ** wird es aktiviert.

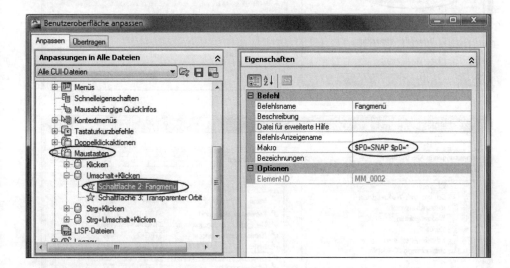

Abbildung 25.32:
Belegung der Maustasten

Doppelklickaktionen

Unter dem Eintrag DOPPELKLICKAKTIONEN finden Sie die AutoCAD-Objekte aufgelistet. Darunter finden Sie den Befehl, der aufgerufen wird, wenn Sie ein Objekt doppelt anklicken (siehe Abbildung 25.33).

Tastaturkurzbefehle

- Sie können Befehlen, die Sie häufig verwenden, Tastaturkürzel zuordnen. Tastaturkürzel sind Tasten und Tastenkombinationen, die Befehle starten. Mit der Tastenkombination ⟨Strg⟩ + ⟨O⟩ (siehe Abbildung 25.33) öffnen Sie zum Beispiel eine Datei und mit ⟨Strg⟩ + ⟨S⟩ speichern Sie sie. Tasten für temporäre Überschreibung aktivieren oder deaktivieren vorübergehend eine der im Dialogfeld ENTWURFSEINSTELLUNGEN festgelegten Zeichnungshilfen (z.B. Orthomodus, Objektfangmodi oder Polarmodus).
- Im Abschnitt TASTATURKURZBEFEHLE finden Sie die Belegungen der Taste in der Explorer-Darstellung links oben. In diesem Abschnitt gibt es zwei Unterabschnitte: TASTATURKÜRZEL und TASTEN FÜR TEMPORÄRE ÜBERSCHREIBUNG für die einzelnen Funktionen.

Abbildung 25.33:
Belegung der Doppelklickaktionen

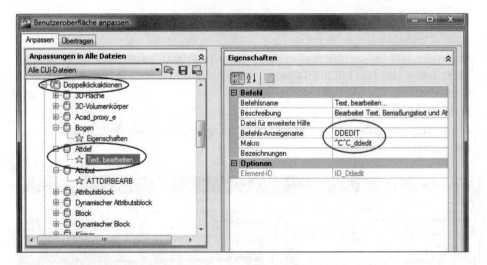

Abbildung 25.34:
Festlegung der Tastaturkurzbefehle

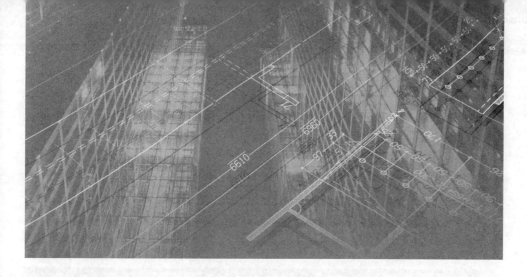

Kapitel 26
Plansätze

Das Resultat des Zeichnens mit AutoCAD ist der fertige Plan. Sie haben in Kapitel 15 und 16 kennengelernt, wie Sie das Layout von Plänen erstellen können. Der MANAGER FÜR PLANUNGSUNTERLAGEN ist ein Bedienelement, das es seit AutoCAD 2005 gibt und das Sie beim Erstellen und Verwalten von Plänen unterstützt.

Wieder ein Kapitel, das Ihnen verschlossen bleibt, wenn Sie mit AutoCAD LT arbeiten. Diese Funktionen gibt es nur in AutoCAD.

26.1 Manager für Plansatzunterlagen

Mit dem MANAGER FÜR PLANUNGSUNTERLAGEN verwalten Sie Pläne in einem Plansatz. Unter einem *Plan* versteht man ein Layout in einer Zeichnungsdatei. Eine Zeichnungsdatei kann also mehrere Pläne beinhalten und muss andererseits keinen Plan enthalten. Ein *Plansatz* ist wiederum eine Sammlung von Plänen.

Sie können Layouts aus beliebigen Zeichnungen als nummerierten Plan in einen Plansatz importieren. Die Plansätze können dann als eine Einheit verwaltet, übertragen, publiziert und archiviert werden.

Befehle zum Start
Der MANAGER FÜR PLANUNGSUNTERLAGEN ist ein weiteres Fenster in AutoCAD, das Sie wie den OBJEKTEIGENSCHAFTEN-MANAGER oder das Werkzeugpaletten-Fenster auf der Zeichenfläche oder am Rand des Zeichenfensters platzieren können. Er wird mit dem Befehl PLANSATZ gestartet. Sie finden den Befehl:

- Multifunktionsleiste: Symbol im Register ANSICHT, Gruppe PALETTEN
- Menüleiste EXTRAS, Untermenü PALETTEN >, Funktion MANAGER FÜR PLANUNGSUNTERLAGEN
- Symbol in der STANDARD-FUNKTIONSLEISTE
- Tastenkombination [Strg] + [4]

Mit dem Befehl PLANSATZAUSBL schließen Sie das Fenster wieder. Den Befehl wählen Sie auf die gleiche Art oder einfacher, indem Sie auf das Kreuz in der Titelleiste klicken.

Wenn Sie gestartet haben, bekommen Sie das Fenster auf den Bildschirm (siehe Abbildung 26.1).

Abbildung 26.1: Fenster des Managers für Plansatzunterlagen

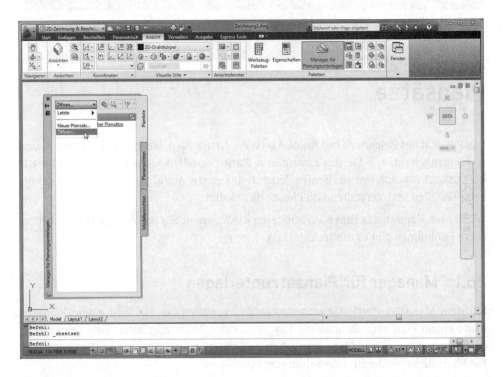

Das Fenster ist zunächst leer, da Sie noch keinen Plansatz geöffnet oder erstellt haben. Folgende Elemente finden Sie dort:

Abrollmenü Plansatz: In dem Abrollmenü am oberen Rand des Fensters können Sie:

- einen bestehenden Plansatz öffnen, Funktion ÖFFNEN... (siehe Kapitel 26.2),
- einen neuen Plansatz anlegen, Funktion NEUER PLANSATZ... (siehe Kapitel 26.3),
- zwischen geöffneten Plansätzen wechseln und
- in einem weiteren Untermenü einen der zuletzt geöffneten Plansätze wieder öffnen, Untermenü LETZTE >.

Register Planliste: In diesem Register bekommen Sie eine Liste aller Pläne des Plansatzes angezeigt.

Registerkarte Planansichten: In diesem Register bekommen Sie die Liste aller Ansichten, die in einem Layout eingefügt wurden.

Registerkarte Modellansichten: Im letzten Register bekommen Sie die Zeichnungsdateien angezeigt, die als Ressourcen für den Plansatz dienen.

26.2 Arbeiten mit Plansätzen

Um mit Plansätzen zu arbeiten, haben Sie zwei weitere Befehle: PLANSATZÖFFN und NEUPLANSATZ. Sie können diese Befehle sowohl aus dem Abrollmenü des MANAGER FÜR PLANSATZUNTERLAGEN aktivieren (siehe oben) als auch aus den Menüs:

- Menübrowser, Funktion ÖFFNEN, Unterfunktion PLANSATZ
- Menüleiste DATEI, Funktion PLANSATZ ÖFFNEN... (Befehl PLANSATZÖFFN)
- Menüleiste DATEI, Funktion NEUER PLANSATZ... (Befehl NEUPLANSATZ, siehe Kapitel 26.3)
- Menüleiste EXTRAS, Untermenü ASSISTENTEN >, Funktion NEUER PLANSATZ... (Befehl NEUPLANSATZ, siehe Kapitel 26.3)

Bestehenden Plansatz öffnen

Um die Funktionen kennenzulernen, öffnen Sie zunächst einen gespeicherten Plansatz. Im nächsten Abschnitt werden Sie dann einen neuen Plansatz anlegen. Beim Öffnen gehen Sie wie folgt vor:

1. Starten Sie den MANAGER FÜR PLANUNGSUNTERLAGEN und wählen Sie aus dem Abrollmenü die Funktion ÖFFNEN...
   Alle Informationen zu einem Plansatz sind in einer Datei mit der Erweiterung *.dst gespeichert. Sie bekommen also das Fenster zum Öffnen einer Datei.
2. Wählen Sie einen mit AutoCAD gelieferten Beispiel-Plansatz: Sie finden ihn auch im Ordner *Aufgaben*, und zwar *C:\Aufgaben\Manufactering*. Wählen Sie die Datei *manufactering sheet set.dst* und klicken Sie auf OK. Die Informationen zum Plansatz werden in den MANAGER FÜR PLANUNGSUNTERLAGEN geladen (siehe Abbildung 26.2).

Plansatz bearbeiten, Register Planliste

Wie schon oben erwähnt, bekommen Sie im Register PLANLISTE alle Pläne des Plansatzes angezeigt (siehe Abbildung 26.2), in diesem Beispiel in verschiedene untergeordnete Sätze unterteilt: *Assemblies*, *Parts* usw. Zur Erinnerung: Ein Plan ist ein Layout in einer Zeichnungsdatei. Jeder Plan hat eine Nummer und einen Namen. Der Name entspricht standardmäßig dem Dateinamen der Zeichnungsdatei, der aber geändert werden kann. Zeigen Sie mit der Maus auf einen Plan, wird die Voransicht angezeigt mit den Detailinformationen zu dem Plan (siehe Abbildung 26.2, rechts). Klicken Sie einen Plan doppelt an, wird die Zeichnungsdatei geöffnet und das entsprechende Layout aktiviert.

Markieren Sie einen Eintrag, öffnen Sie mit einem Rechtsklick ein Kontextmenü, aus dem Sie alle Funktionen zur Verwaltung des Plansatzes oder einzelner Pläne wählen können (siehe Abbildung 26.3).

Abbildung 26.2:
Manager für Planungsunterlagen, Planliste mit Detail- und Voransichtsfenster

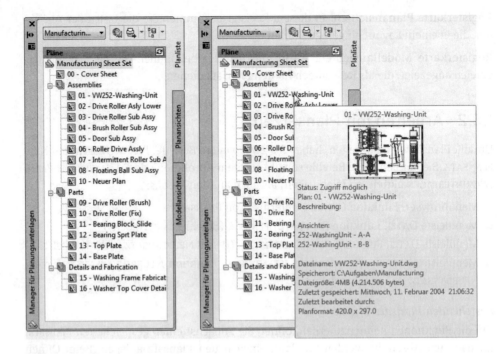

Abbildung 26.3:
Kontextmenü zur Bearbeitung von Plänen

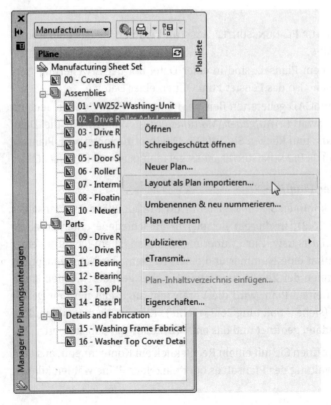

Markieren Sie den obersten Eintrag in der Plansatzliste, den Namen des Plansatzes, und wählen aus dem Kontextmenü die Funktion EIGENSCHAFTEN..., bekommen Sie ein Dialogfeld mit der Liste aller Parameter des Plansatzes (siehe Abbildung 26.4).

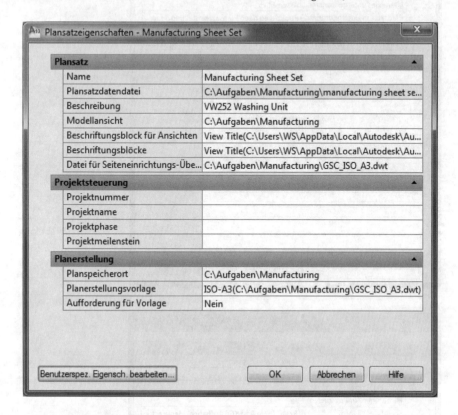

Abbildung 26.4:
Eigenschaften des Plansatzes

Hier finden Sie Namen, Beschreibung und Pfade für den Plansatz. Im Abschnitt *Planerstellung* finden Sie den Pfad, in dem neue Pläne abgelegt und welche Vorlagen für neue Zeichnungen verwendet werden.

Ist der Plansatz in untergeordnete Sätze unterteilt wie in diesem Beispiel, dann können Sie mit einem Rechtsklick auf einen untergeordneten Satz ebenfalls im Kontextmenü die Funktion EIGENSCHAFTEN... wählen. Jetzt bekommen Sie die Parameter zu diesem untergeordneten Satz angezeigt (siehe Abbildung 26.5).

Und genauso können Sie sich die Eigenschaften eines einzelnen Plans anzeigen lassen, wenn Sie diesen markieren (siehe Abbildung 26.6).

Abbildung 26.5:
Eigenschaften eines untergeordneten Satzes

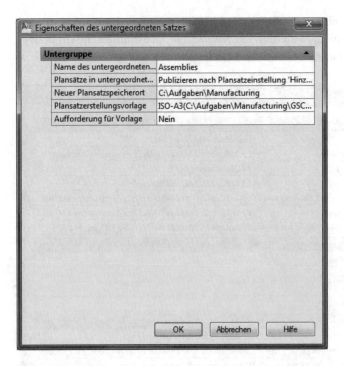

Abbildung 26.6:
Eigenschaften eines Plans

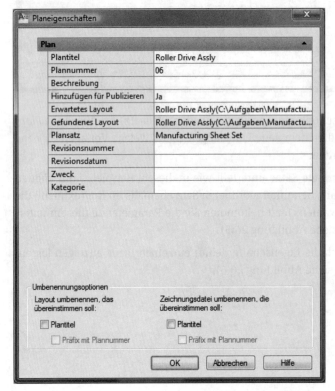

Aus den verschiedenen Kontextmenüs können Sie neue untergeordnete Sätze erstellen und löschen, Pläne umbenennen und neu nummerieren, Pläne entfernen und neue anlegen sowie Layouts aus Zeichnungsdateien als Pläne importieren.

Neuer Plan: Wählen Sie diese Funktion aus dem Kontextmenü, können Sie in einem Dialogfeld diesem Plan eine Nummer und einen Titel geben (siehe Abbildung 26.7). Da der Speicherort und die Vorlage für den Plan in den Eigenschaften des Plansatzes festgelegt sind, werden diese Informationen hier nur angezeigt. Haben Sie dagegen festgelegt, dass die Vorlage abgefragt werden soll (siehe Abbildung 26.4, letzte Zeile), bekommen Sie zuerst ein Dialogfeld zur Wahl der Vorlage.

Abbildung 26.7: Dialogfeld zur Erstellung eines neuen Plans

In diesem Fall wird eine neue Zeichnungsdatei im angegebenen Ordner mit der voreingestellten Vorlage erstellt. Haben Sie den Schalter ÖFFNEN IM ZEICHNUNGSEDITOR aktiviert, wird die Zeichnung gleich geöffnet

Layout als Plan importieren: Wählen Sie dagegen diese Funktion aus dem Kontextmenü, können Sie ein oder mehrere Layouts aus einer vorhandenen Zeichnung auswählen und diese als Plan in den aktuellen Plansatz oder in einen untergeordneten Satz importieren. In einem Dialogfeld können Sie Zeichnungsdatei und Layout auswählen (siehe Abbildung 26.8).

Wählen Sie mit der Schaltfläche ZEICHNUNGEN SUCHEN die Zeichnungsdatei und markieren Sie in der Liste die Layouts, die Sie als Plan importieren wollen.

Neuen Plan erstellen

Erstellen Sie in dem untergeordneten Satz *Assemblies* einen neuen Plan mit dem Namen *Neuer Plan.* Tragen Sie die Daten wie in Abbildung 26.7 ein.

Plansatz bearbeiten, Register Modellansichten

Die Modellansichten sind die Zeichnungsdateien, die Sie zum Erstellen von Plänen verwenden können. Aktivieren Sie das Register MODELLANSICHTEN, bekommen Sie diese aufgelistet, wenn Sie auf den Pfad in der Liste doppelt klicken. Erweitern Sie die Ansicht, werden Ihnen unter der jeweiligen Zeichnungsdatei die benannten Ausschnitte in dieser Zeichnung angezeigt (siehe Abbildung 26.9).

Abbildung 26.8:
Dialogfeld zum Importieren eines vorhandenen Layouts als neuen Plan

Abbildung 26.9:
Manager für Plansatzunterlagen, Modellansichten mit Detail- und Voransichtsfenster

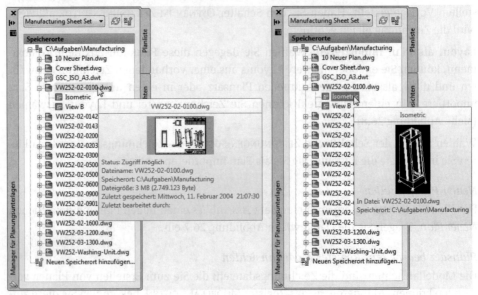

Klicken Sie hier einen Eintrag doppelt an, wird die entsprechende Zeichnung geöffnet. Markieren Sie einen benannten Ausschnitt, wird dieser in der Voransicht angezeigt. Sie können jetzt einen benannten Ausschnitt auf einem beliebigen Plan platzieren, indem Sie ihn einfach aus dem Plansatz-Manager auf eine geöffnete Zeichnung ziehen. Beim Platzieren in der Zeichnung können Sie mit einem Rechtsklick ein Kontextmenü einblenden, aus dem Sie den Maßstab wählen können. Der Ausschnitt wird als Ansichtsfenster im Layout platziert. Die Grenzen des Ansichtsfensters selbst werden wieder als benannter Ausschnitt im Layout in der Zeichnung gespeichert.

Ziehen Sie die Zeichnung selbst auf den neuen Plan, wird der gesamte Modellbereich als Ansichtsfenster eingefügt.

Wird der benannte Ausschnitt nicht in die Zeichnung eingefügt, in der er definiert ist, wird er als externe Referenz mit der Zeichnung verknüpft. Genauso ist es, wenn Sie eine ganze Zeichnung in einer anderen platzieren.

Wollen Sie Dateien aus einem weiteren Ordner als Modellansichten verwenden, können Sie auf den Eintrag NEUEN SPEICHERORT HINZUFÜGEN... klicken und diesen mit dem Dateiwähler aussuchen. Auch die Zeichnungen dieses Ordners bekommen Sie dann aufgelistet. In einem Kontextmenü, das Sie mit einem Rechtsklick öffnen, können Sie Speicherorte auch wieder entfernen.

Ansichtsfenster auf einem Plan erstellen

1. Aktivieren Sie das Register PLANLISTE. Klicken Sie in der Liste Ihren oben erstellten Plan doppelt an und er wird geöffnet.
2. Aktivieren Sie das Register MODELLANSICHTEN. Auch dort finden Sie den neu angelegten Plan. Markieren Sie dort eine Zeichnung. Verwenden Sie aber nicht einen Doppelklick, sie würde sonst geöffnet. Klicken Sie auf das »+«, wird die Ansicht erweitert und Sie bekommen die benannten Ausschnitte angezeigt.
3. Markieren Sie die Zeichnung *VW-252-02-0100.dwg* und lassen Sie sich die benannten Ausschnitte anzeigen. Ziehen Sie die beiden Ausschnitte *Isometric* und *View B* nacheinander auf den Plan. Bevor Sie die endgültige Position anklicken oder in die entsprechenden Felder eintragen, aktivieren Sie mit der rechten Maustaste das Kontextmenü zur Auswahl des Maßstabs. Wählen Sie jeweils 1:20 (siehe Abbildung 26.10).

Plansatz bearbeiten, Register Planansichten

Im Register PLANANSICHTEN bekommen Sie alle Ausschnitte aufgelistet, die im Plansatz auf einem Layout eingefügt wurden (siehe Abbildung 26.11), aber nur die, die im MANAGER FÜR PLANUNGSUNTERLAGEN eingefügt wurden. Mit den Symbolen oben rechts können Sie die Anzeige zwischen der ANSICHT NACH PLAN und der ANSICHT NACH KATEGORIE umschalten (siehe Abbildung 26.11).

Kapitel 26 • Plansätze

Abbildung 26.10:
Ausschnitte aus den Modellansichten platzieren

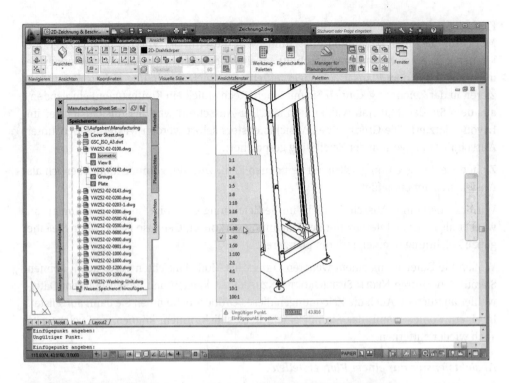

Abbildung 26.11:
Manager für Planungsunterlagen, Planansichten mit Detail- und Voransichtsfenster

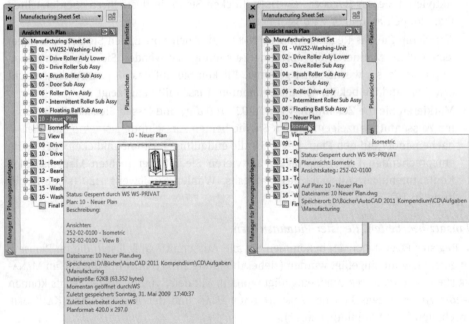

Arbeiten mit Plansätzen

Die Darstellung entspricht der des vorherigen Registers. Die Sortierung erfolgt in Kategorien. Diese lassen sich bei der Erstellung eines Ausschnitts festlegen (siehe Kapitel 5.17). Im Dialogfeld des Befehls AUSSCHNTT zur Bestimmung eines neuen Ausschnitts können Sie eine Kategorie eintragen (siehe Abbildung 26.12).

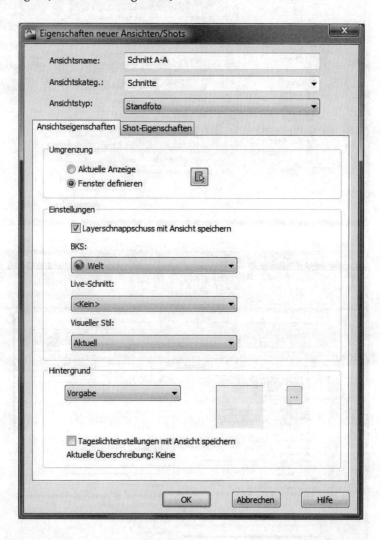

Abbildung 26.12:
Neuen Ausschnitt bestimmen mit Kategoriebezeichnung

Außerdem kann die Kategorie auch danach in der Liste des Dialogfelds des Befehls AUSSCHNTT noch geändert werden (siehe Abbildung 26.13).

Publizieren von Plansätzen

Plansätze können insgesamt oder als eine Auswahl davon publiziert oder geplottet werden. Da sie alle relevanten Informationen wie Layout, Seiteneinrichtung usw. enthalten, läuft dieser Vorgang automatisch. Mit den Symbolen am oberen Rand des MANAGERS FÜR PLANUNGSUNTERLAGEN können Sie diese Vorgänge starten.

Abbildung 26.13:
Ändern der Kategorie in der Ausschnittliste

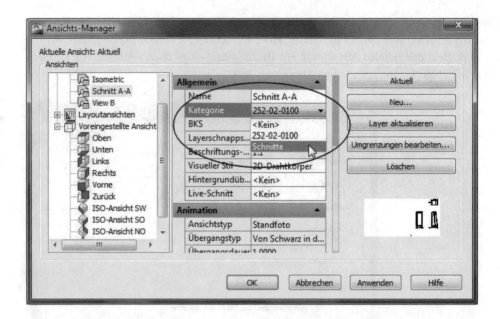

Abbildung 26.14:
Plotten und Publizieren

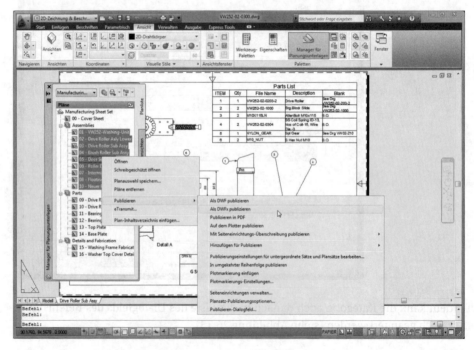

Geplottet oder publiziert werden die in der Planliste markierten Pläne. Einmal markierte Pläne lassen sich in einer Auswahl speichern, um sie später erneut zu publizieren. Mit dem Abrollmenü ganz rechts können Sie eine Auswahl erstellen bzw. zum Publizieren auswählen.

26.3 Erstellen eines neuen Plansatzes

Wollen Sie einen neuen Plansatz erstellen, wählen Sie den Befehl NEUPLANSATZ. Wählen Sie den Befehl auf eine dieser Arten:

- Menübrowser, Funktion NEU, Unterfunktion PLANSATZ
- Menü im MANAGER FÜR PLANUNGSUNTERLAGEN
- Menüleiste DATEI, Funktion NEUER PLANSATZ...
- Menü EXTRAS, Untermenü ASSISTENTEN >, Funktion NEUER PLANSATZ...

Mithilfe eines Assistenten können Sie den Plansatz erstellen. In einem ersten Dialogfeld wählen Sie, ob Sie mit einem Beispielplansatz beginnen oder vorhandene Zeichnungen in einen Plansatz aufnehmen wollen (siehe Abbildung 26.15).

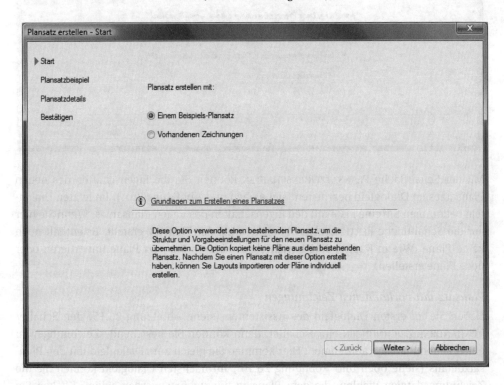

Abbildung 26.15: Assistent zum Erstellen eines neuen Plansatzes

Plansatz mit einem Beispielplansatz erstellen
Haben Sie diese Option gewählt, können Sie in einem zweiten Dialogfeld den Beispielplansatz wählen, mit dem Sie beginnen wollen. Im dritten Dialogfeld für die Plansatzdetails tragen Sie einen Namen für den neuen Plansatz ein, einen optionalen Beschreibungstext für den Plansatz und den Speicherort für die Dateien des Plansatzes (siehe Abbildung 26.16).

Abbildung 26.16:
Plansatzdetails angeben

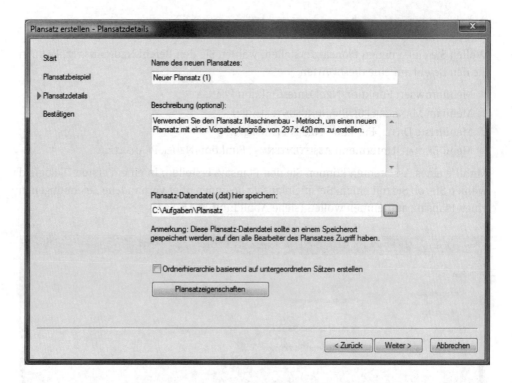

Mit der Schaltfläche PLANSATZEIGENSCHAFTEN können Sie die Eigenschaften des neuen Plansatzes im Dialogfeld bearbeiten (siehe oben und Abbildung 26.4). Im letzten Dialogfeld bekommen Sie eine Liste mit den Eigenschaften des neuen Plansatzes. Wenn Sie hier auf die Schaltfläche FERTIG STELLEN klicken, wird der Plansatz erstellt. Er enthält noch keine Pläne. Wie in Kapitel 26.2 beschrieben, können Sie jetzt Pläne importieren oder neue Pläne erstellen.

INFO

Plansatz mit vorhandenen Zeichnungen

Haben Sie im ersten Dialogfeld des Assistenten (siehe Abbildung 26.15) den Schalter VORHANDENE ZEICHNUNGEN eingeschaltet, dann können Sie bestehende Zeichnungen in einen neuen Plansatz aufnehmen. Hier kommen Sie gleich zum Dialogfeld mit den Plansatzdetails (siehe oben und Abbildung 26.16). Im nächsten Dialogfeld können Sie die Zeichnungsdateien wählen, die dem Plansatz hinzugefügt werden sollen. Klicken Sie dazu auf die Schaltfläche DURCHSUCHEN und wählen Sie einen Ordner aus. Alle Layouts in den Zeichnungsdateien dieses Ordners werden dem Plansatz hinzugefügt und in die Liste aufgenommen (siehe Abbildung 26.17).

Erstellen eines neuen Plansatzes

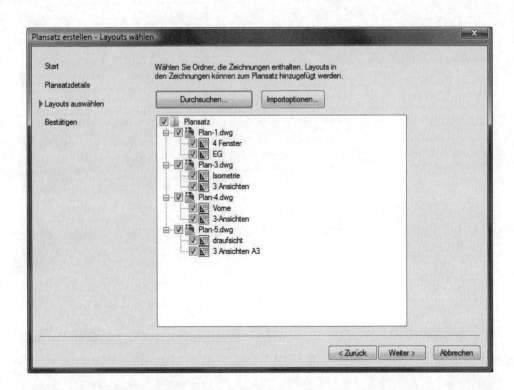

Abbildung 26.17:
Layouts für neuen Plansatz

In dieser Liste können Sie noch einzelne Layouts oder Zeichnungen abwählen, indem Sie auf das entsprechende Häkchen klicken.

Auch bei dieser Option bekommen Sie im letzten Dialogfeld die Liste mit den Eigenschaften und dem Inhalt des neuen Plansatzes. Wenn Sie jetzt auf die Schaltfläche FERTIG STELLEN klicken, wird der Plansatz mit den gewählten Layouts erstellt.

Neuen Plansatz erstellen

1. Erstellen Sie einen neuen Plansatz aus bestehenden Zeichnungen.
2. Nennen Sie den Plansatz *Kompendium* und wählen Sie die Zeichnungen aus dem Ordner *Aufgaben\Plansatz* für den neuen Plansatz.
3. Erstellen Sie neue Pläne und fügen Sie Ansichten ein.

Teil 5
Anhang und Referenz

1071	Installation und Optionen	A
1105	Zusatzprogramme	B
1125	Befehle und Systemvariablen	C

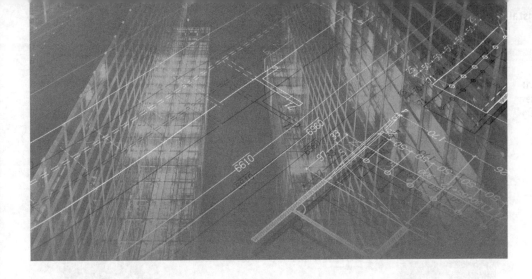

Anhang A
Installation und Optionen

Wenn Ihnen ein fertig installierter und konfigurierter AutoCAD-Arbeitsplatz zur Verfügung steht, braucht Sie der erste Teil dieses Kapitels nicht zu interessieren. Auf jeden Fall sollten Sie sich aber den Teil mit den Voreinstellungen genauer ansehen.

A.1 Installieren von AutoCAD/AutoCAD LT

Die Installation von AutoCAD 2011 und AutoCAD LT 2011 ist weitgehend identisch, deshalb hier die Beschreibung, die für beide Programme gilt. Wenn auch die Abbildungen bei AutoCAD LT teilweise etwas anders aussehen, so ist der Ablauf inhaltlich gleich.

Neuinstallation

AutoCAD 2011 und AutoCAD LT 2011 werden auf jeweils zwei DVDs geliefert: einer 32-Bit- und einer 64-Bit-Version. Legen Sie die Programm-DVD ein, die Ihrem Betriebssystem entspricht. Haben Sie die falsche DVD eingelegt, erhalten Sie nach dem Start des Setup-Programms eine Fehlermeldung (siehe Abbildung A.1).

Haben Sie die richtige DVD eingelegt, erfolgt die Installation weitgehend automatisch. Es sind nur wenige Angaben erforderlich. Gehen Sie wie folgt vor:

- Nach kurzer Zeit sehen Sie den Startbildschirm für die Installation (siehe Abbildung A.2).
- Wollen Sie das Programm auf einem einzelnen Arbeitsplatz installieren, wählen Sie den Menüpunkt PRODUKTE INSTALLIEREN. Klicken Sie sich nacheinander durch die folgenden Bildschirme. Zu jedem Bildschirm werden Ihnen entsprechende Informationen und Hilfen angeboten.

Abbildung A.1:
Meldung falsches Betriebssystem

Abbildung A.2:
Startbildschirm für die Installation

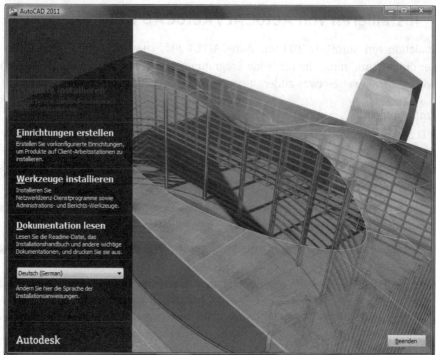

Installieren von AutoCAD/AutoCAD LT

Wollen Sie eine Netzwerkinstallation durchführen, können Sie das nur dann machen, wenn Sie eine Netzlizenz haben, ansonsten bekommen Sie keine Lizenzdatei vom Hersteller. Für AutoCAD LT gibt es keine Netzlizenz. Falls Sie eine Netzlizenz für AutoCAD haben, gehen Sie wie folgt vor:

- **Schritt 1:** Installieren Sie den *Network License Manager* und das *Network License Activation-Dienstprogramm*. Wählen Sie dazu den Punkt WERKZEUGE INSTALLIEREN aus dem Startbildschirm (siehe Abbildung A.2). Nach einem Info-Bildschirm können Sie im nächsten Bildschirm wählen, was installiert werden soll (siehe Abbildung A.3). Der oberste Eintrag ist erforderlich, der Rest ist optional. Gehen Sie auch hier nach den Anweisungen des Assistenten vor. Den *Network License Manager* sollten Sie auf einem Windows-Server oder auf einem Windows-Arbeitsplatz, der immer eingeschaltet ist, installieren. Das Lizenzfile können Sie mit dem *Network License Activation-Dienstprogramm* vom Hersteller anfordern.

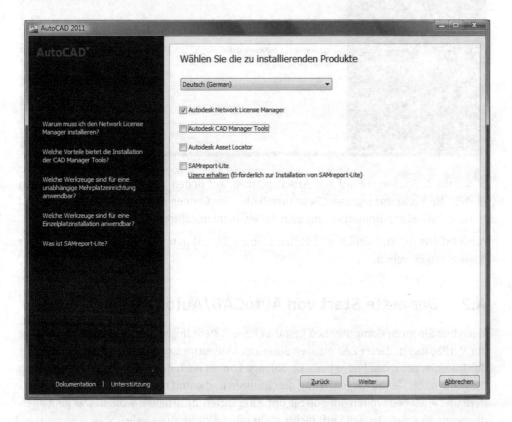

Abbildung A.3: Werkzeuge für die Netzwerk-Lizenz-Installation

- **Schritt 2:** Wählen Sie danach im Startbildschirm den Punkt EINRICHTUNGEN ERSTELLEN. Damit erstellen Sie ein *Installations-Image* auf dem Server oder auf einer beliebigen Arbeitsstation. Nach dem Info-Bildschirm kommen Sie zu einem weiteren, in dem Sie den Installations-Ort und den Namen des Images angeben können (siehe Abbildung A.4).

Abbildung A.4:
Speicherort und Name des Installations-Image

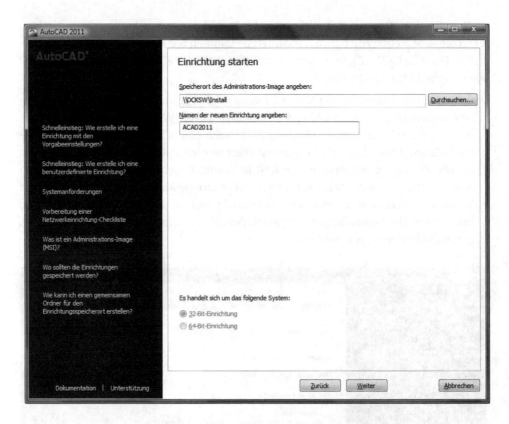

- **Schritt 3:** Starten Sie auf den Arbeitsplätzen, auf denen AutoCAD installiert werden soll, die Verknüpfung zur Client-Installation im Ordner des *Installations-Image* und AutoCAD wird automatisch auf dem Arbeitsplatz installiert.

Ausführliche Informationen und Hilfen können Sie auf den einzelnen Bildschirmen der Assistenten einsehen.

A.2 Der erste Start von AutoCAD/AutoCAD LT

Nachdem Sie Ihren Computer neu gestartet haben, steht Ihnen das Programm für 30 Tage zur Verfügung. In dieser Zeit müssen Sie einen Aktivierungscode beantragen: online über das Internet, per E-Mail oder per Fax. Solange kommt nach dem Start ein Fenster, in dem Sie wählen, ob Sie die Registrierung durchführen und damit den Aktivierungscode anfordern und eingeben wollen oder ob Sie ohne Registrierung arbeiten wollen. Das geht allerdings nur 30 Tage. Danach läuft nichts mehr ohne Aktivierungscode.

Haben Sie bei AutoCAD eine Netzwerkinstallation durchgeführt, läuft das Programm nur dann, wenn der Netzwerk-Lizenz-Manager ein gültiges Lizenzfile hat.

Der erste Start von AutoCAD/AutoCAD LT

Erster Start von AutoCAD

Wenn Sie AutoCAD 2011 bzw. LT 2011 starten, ist es ohne weitere Konfiguration lauffähig. Das Programm startet mit den Grundeinstellungen, die Sie später mit dem Befehl OPTIONEN korrigieren können.

Beim Start von AutoCAD bzw. AutoCAD LT erscheint zunächst der BEGRÜSSUNGSBILDSCHIRM (siehe Abbildung A.5).

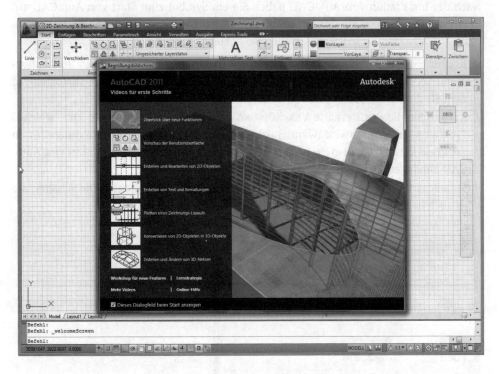

Abbildung A.5:
AutoCAD 2011 mit dem Begrüßungsbildschirm

Klicken Sie auf eines der senkrecht angeordneten Bilder, wird jeweils ein Video mit den ersten Schritten zur Bedienung von AutoCAD angezeigt.

Links unten können Sie mit verschiedenen Links weitere Lernprogramme starten:

- **Workshop für neue Features:** Erläuterung der neuen Funktionen dieser Version (siehe auch Kapitel 2.14).
- **Lernstrategie:** Autodesk Homepage mit weiteren Tutorien und Videos.
- **Mehr Videos:** Download von Lernprogrammen.
- **Online-Hilfe:** Start des Online-Hilfe-Systems von AutoCAD (siehe auch Kapitel 2.14).

Wenn Sie den Begrüßungsbildschirm beim Programmstart nicht mehr haben wollen, dann schalten Sie links unten die Funktion DIESES DIALOGFELD BEIM START ANZEIGEN aus. Wenn Sie ihn danach doch noch einmal haben wollen, können Sie ihn im Menü HILFE mit dem Eintrag BEGRÜSSUNGSBILDSCHIRM... wieder starten.

A.3 Optionen beim Start von AutoCAD

AutoCAD kann mit verschiedenen Optionen gestartet werden, wenn Sie beim Programmaufruf einen Schalter setzen. Mit den Schaltern haben Sie die Möglichkeit, AutoCAD mit bestimmten Voreinstellungen zu starten.

Verknüpfung ändern

Nach der Installation von AutoCAD haben Sie ein Symbol zum Start von AutoCAD auf dem Desktop. Ändern Sie die Verknüpfung mit dem Symbol AUTOCAD 2011 DEUTSCH bzw. AUTOCAD LT 2011 DEUTSCH. Gehen Sie dazu wie folgt vor:

- Klicken Sie das Symbol an und drücken Sie dann die rechte Maustaste. Im Kontextmenü können Sie den Eintrag EIGENSCHAFTEN wählen. Sie erhalten ein Dialogfeld, in dem Sie die Verknüpfung bearbeiten können.
- Klicken Sie die Registerkarte VERKNÜPFUNG an. Dort sehen Sie im Feld ZIEL, welches Programm ausgeführt wird, wenn Sie das Symbol anklicken (siehe Abbildung A.6). In dem Feld können Sie dem Programm zusätzlich einen Schalter für den Start von AutoCAD anhängen.
- Tabelle A.1 zeigt, welche Schalter in AutoCAD zur Verfügung stehen. Die Schalter, die es auch in AutoCAD LT gibt, sind mit (LT) gekennzeichnet.

Abbildung A.6: Verknüpfung bearbeiten

Schalter	Funktion	Beschreibung
/b (LT)	Skriptname	Bezeichnet ein Skript, das nach dem Start des Programms ausgeführt wird. Vorausgesetzt wird dafür der Dateityp SCR.
/t (LT)	Vorlage	Erstellt eine neue Zeichnung auf der Grundlage einer Vorlage. Vorausgesetzt wird dafür der Dateityp DWT.
/c (LT)	Konfiguration	Gibt den Pfad der zu verwendenden Hardware-Konfigurationsdatei an. Sie können ein Verzeichnis oder eine bestimmte Datei angeben. Vorausgesetzt wird der Dateityp CFG.
/v (LT)	Ansichtsname	Legt eine bestimmte Ansicht der Zeichnung beim Starten fest.
/ld	Anwendung	Lädt eine bestimmte ARX- oder DBX-Anwendung. Verwenden Sie folgendes Format: *<Pfad>\<Dateiname>.arx*. Wenn der Pfad- oder Dateiname Leerzeichen umfasst, muss er in doppelte Anführungszeichen eingeschlossen werden. Wenn keine Pfadinformationen vorhanden sind, wird der Programmsuchpfad verwendet.
/s	Support-Ordner	Gibt andere Support-Ordner als den aktuellen Ordner an. Im Pfad können Sie maximal 15 Ordner angeben. Die Ordnernamen sind durch Semikolon getrennt.
/r	Zeigegerät	Stellt das Standard-Zeigegerät wieder her. Es wird eine neue Konfigurationsdatei (*acad2011.cfg*) erstellt.
/nologo	kein Logo	Startet das Programm ohne Anzeige des Logo-Bildschirms.
/p	Profil	Gibt ein benutzerdefiniertes Profil zum Starten des Programms an.
		Das ausgewählte Profil gilt nur für die aktuelle Sitzung des Programms. Mit der Option /p können Sie nur die Profile angeben, die im Dialogfeld OPTIONEN aufgelistet sind. Ist das Profil nicht vorhanden, wird das aktuelle Profil verwendet.
/nohardware	Beschleunigung	Deaktiviert die Hardwarebeschleunigung beim Starten.
/nossm	Plansatz	Unterdrückt die Anzeige des Fensters des Managers für Planungsunterlagen beim Start.
/set	Plansatz	Lädt den benannten Plansatz beim Start. Verwenden Sie folgendes Format: *<Pfad>\<Plansatzdatendatei>.dst*.
/w (LT)	Arbeitsbereich	Gibt an, welcher Arbeitsbereich beim Starten wiederhergestellt werden soll.
/pl	Plotten	Publiziert eine Zeichnungssatz-Beschreibungs-Datei im Hintergrund. Verwenden Sie folgendes Format: *<Pfad>\<Zeichnungssatz-Beschreibungs-Datei>.dsd*

Tabelle A.1:
Schalter zum Start von AutoCAD

Tragen Sie beispielsweise

```
"C:\Programme\AutoCAD 2011\acad.exe" /t din_a3 /p werner /nologo
```

ein, wird AutoCAD mit der Vorlage *DIN_A3.dwt* aus dem Vorlagenverzeichnis gestartet, das Profil *Werner* (siehe unten) wird aktiviert und beim Start wird kein Logo angezeigt.

So können Sie auch Zusatzapplikationen mit eigenem Konfigurations- und Supportverzeichnis starten, ohne dass Sie die Original-AutoCAD-Installation verändern müssen. Ein Beispiel dazu:

```
"C:\Programme\AutoCAD 2011\acad.exe" /c c:\Appl /s c:\Appl\Supp
```

Soll beim Start immer eine Skript-Datei automatisch ablaufen, können Sie beispielsweise eintragen:

```
"C:\Programme\AutoCAD 2011\acad.exe" /b c:\demo\start
```

Nachdem Sie das Ziel verändert haben, klicken Sie auf OK und starten AutoCAD mit dem geänderten Symbol.

Wenn Sie in einer Pfadangabe Leerzeichen haben, setzen Sie den kompletten Pfad in Anführungszeichen.

```
"C:\Programme\AutoCAD 2011\acad.exe" /P "C:\WS Profil\werner.arg"
```

A.4 Optionen in AutoCAD

Alle Konfigurations- und Programmeinstellungen von AutoCAD werden mit dem Befehl OPTIONEN ausgeführt. Im Folgenden werden die Einstellungen in AutoCAD beschrieben. In AutoCAD LT sind sie identisch, lediglich im Dialogfeld gibt es ein Register weniger und in den vorhandenen Registern fehlen einige der Einstellmöglichkeiten aus AutoCAD.

INFO

Befehl Optionen

Sie finden den Befehl:

- Menüleiste EXTRAS, Funktion OPTIONEN...
- Funktion OPTIONEN am unteren Rand des Menübrowsers
- Rechtsklick auf der Zeichenfläche, wenn kein Befehl aktiv ist, und Auswahl von OPTIONEN... aus dem Kontextmenü
- Rechtsklick, wenn der Mauszeiger im Befehlszeilenfenster oder im Textfenster steht, und Auswahl von OPTIONEN... aus dem Kontextmenü

Sie erhalten ein Dialogfeld mit verschiedenen Registerkarten (siehe Abbildungen A.7 und folgende).

TIPP

- *Bei den Einstellmöglichkeiten in den verschiedenen Registern finden Sie häufig vor dem Wert ein Zeichnungssymbol. Diese Einstellung wird in der Zeichnungsdatei gespeichert und kann somit von Zeichnung zu Zeichnung verschieden sein.*
- *Wenn Sie diese Einstellung oder den Wert in allen Zeichnungen gleich haben wollen, sollten Sie ihn in der Vorlage einstellen.*
- *Die anderen Einstellungen werden in der AutoCAD-Konfigurationsdatei oder in der Windows-Registrierdatenbank gespeichert.*

INFO

Registerkarte Dateien

In der Registerkarte DATEIEN legen Sie fest, mit welchen Dateien AutoCAD arbeitet bzw. in welchen Ordnern AutoCAD nach Dateien sucht. Im Dialogfeld befindet sich ein Fenster, in dem wie im Windows-Registrireditor alle Einträge ausgelistet sind. Klicken Sie auf das + vor einen Eintrag, werden die Elemente dieses Eintrags angezeigt. Damit die Liste übersichtlich bleibt, werden sie eingerückt angezeigt (siehe Abbildung A.7). Jetzt haben Sie ein – vor dem Eintrag. Wenn Sie darauf klicken, werden die Elemente dieses Eintrags wieder ausgeblendet. Manche Einträge verzweigen sich weiter.

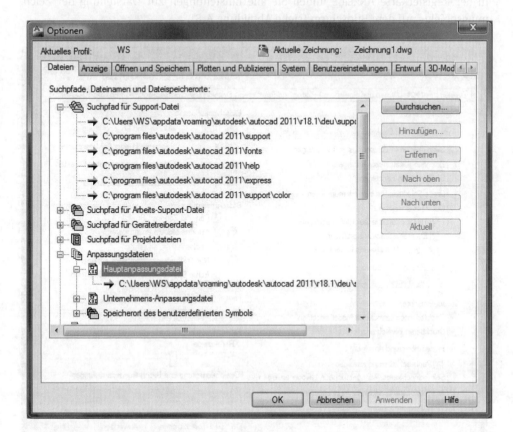

Abbildung A.7: Befehl Optionen, Register Dateien

Um eine Datei oder einen Pfad hinzuzufügen, klicken Sie das + vor einem Eintrag in der Liste an. Ein Eintrag ist entweder mit einem Ordnersymbol oder einem Dateisymbol gekennzeichnet. Bei manchen Einträgen kann eine Datei aufgenommen werden, bei manchen sind ein oder mehrere Ordner möglich. Abhängig davon werden die Schaltflächen an der rechten Seite freigegeben:

- **Durchsuchen...:** Zum Blättern im Verzeichnisbaum nach einem Ordner oder einer Datei. Wählen Sie den Ordner oder die Datei, die Sie in diesem Eintrag haben wollen.
- **Hinzufügen...:** Hinzufügen eines Eintrags. Der Eintrag ist zunächst ohne Namen. Klicken Sie auf DURCHSUCHEN... und suchen Sie einen Ordner oder eine Datei aus dem Verzeichnisbaum aus. Wenn nur ein Eintrag möglich ist, ist die Schaltfläche deaktiviert.
- **Entfernen:** Entfernt den markierten Eintrag aus der Liste.
- **Nach oben bzw. Nach unten:** Verschiebung der Markierung in der Liste nach oben oder unten.
- **Aktuell:** Macht den markierten Eintrag in der Liste zum aktuellen Eintrag.

Registerkarte Anzeige

In der Registerkarte ANZEIGE finden Sie alle Einstellungen zur Darstellung der Zeichnungsobjekte auf dem Bildschirm (siehe Abbildung A.8).

Abbildung A.8:
Befehl Optionen,
Register Anzeige

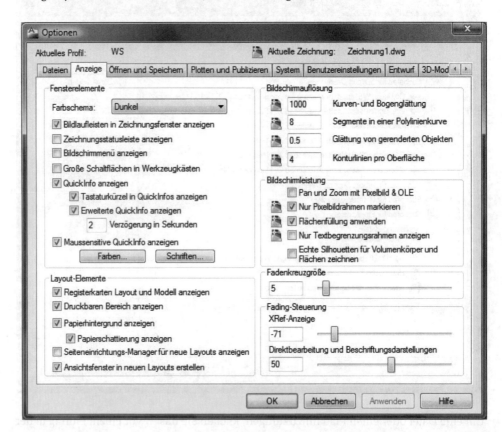

- **Fensterelemente:** In diesem Bereich können Sie im oberen Abrollmenü das Farbschema wählen. Zur Auswahl stehen HELL und DUNKEL. Das betrifft die Ränder um das AutoCAD-Fenster und die Multifunktionsleiste. Zudem können Sie hier die Bildlaufleisten am rechen und unteren Rand des Zeichnungsfensters und das Bildschirmseitenmenü (ein Relikt aus der Vergangenheit von AutoCAD) ein- und ausschalten. Mit dem Schalter GROSSE SCHALTFLÄCHEN IN WERKZEUGKÄSTEN können Sie den Werkzeugkästen große Symbole verpassen, was allerdings optisch nicht sehr ansprechend wirkt. Mit dem Schalter QUICKINFO ANZEIGEN schalten Sie die Info-Fenster zu, die dann erscheinen, wenn Sie auf ein Bedienelement zeigen (Menü, Werkzeugkästen und Multifunktionsleiste). Ist der Schalter ERWEITERTE QUICKINFO ANZEIGEN aktiviert, wird das Info-Fenster nach der eingestellten Zeit um die ausführlicheren Informationen erweitert. Der Schalter MAUSSENSITIVE QUICKINFO ANZEIGEN bewirkt, dass, wenn Sie mit der Maus über ein Objekt fahren, das Fenster mit den Eigenschaften angezeigt wird.

- **Farben...:** Klicken Sie auf diese Schaltfläche, können Sie in einem weiteren Dialogfeld (siehe Abbildung A.9) die Farbe für die einzelnen Bildschirmelemente wählen. Wählen Sie den KONTEXT und das Schnittstellenelement und suchen sich die Farbe im Abrollmenü FARBE aus. Mit dem Eintrag FARBE WÄHLEN... kommen Sie zum Dialogfeld zur Farbauswahl. In AutoCAD LT haben Sie weniger Möglichkeiten, da dort die 3D-Funktionen fehlen.

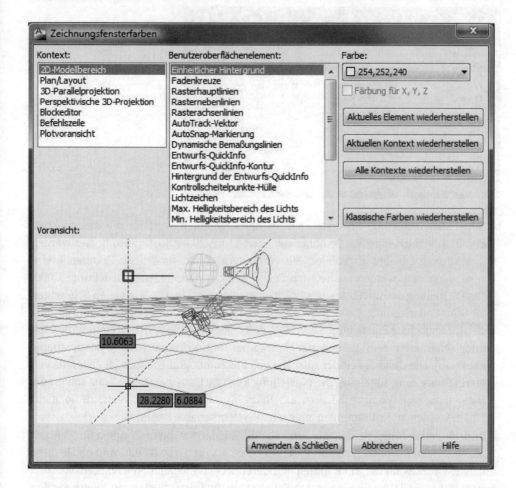

Abbildung A.9:
Dialogfeld für die Farben

- **Schriften...:** Einstellung der Schrift für das Befehlszeilenfenster in einem weiteren Dialogfeld (siehe Abbildung A.10).
- **Layout-Elemente:** Wählen Sie, ob Sie die Registerkarten für den Modellbereich und die verschiedenen Layouts am unteren Bildschirmrand haben wollen (Schalter REGISTERKARTEN LAYOUT UND MODELL ANZEIGEN). Im Layout können Sie einstellen, ob Sie die Ränder für den bedruckbaren Bereich anzeigen wollen (Schalter DRUCKBAREN BEREICH ANZEIGEN), den Papierhintergrund in einer anderen Farbe haben wollen (Schalter PAPIERHINTERGRUND ANZEIGEN) und einen Schatten des Papierrands haben wollen

(Schalter PAPIERSCHATTIERUNG ANZEIGEN). Zwei weitere Schalter beeinflussen den Programmablauf: Wählen Sie, ob Sie den Befehl SEITENEINR automatisch beim Anlegen eines neuen Layouts starten wollen (Schalter SEITENEINRICHTUNGS-MANAGER FÜR NEUE LAYOUTS ANZEIGEN) und ob Sie in einem neuen Layout automatisch ein Ansichtsfenster haben wollen (Schalter ANSICHTSFENSTER IN NEUEN LAYOUTS ERSTELLEN).

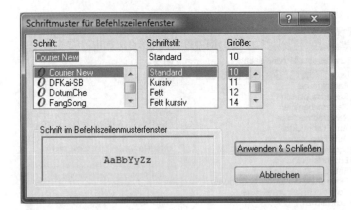

Abbildung A.10: Schriftart für das Befehlszeilenfenster

- **Bildschirmauflösung:** Im ersten Feld können Sie einen Wert für die KURVEN- UND BOGENGLÄTTUNG eingeben. Je höher der Wert (1 bis 20.000) ist, desto besser werden kreisförmige Objekte abgebildet. Sie verhindern damit, dass beim Zoomen Kreise eckig dargestellt werden (siehe auch Befehl AUFLÖS). Empfohlene Einstellung: 1.000. Die Einstellung SEGMENTE IN EINER POLYLINIENKURVE gibt an, mit wie vielen Segmenten die Kurvendarstellung beim Befehl PEDIT angenähert wird (Systemvariable SPLINESEGS). Die nächste Einstellung, GLÄTTUNG VON GERENDERTEN OBJEKTEN, steuert die Glättung schattierter und gerenderter Festkörper mit Krümmungen (Systemvariable FACETRES). Die Genauigkeit der Ausgabe von Stereolithografiedateien ist ebenfalls von dieser Einstellung abhängig. Die Einstellung KONTURLINIEN PRO OBERFLÄCHE steuert die Darstellung von Volumenkörpern am Bildschirm. Je höher der Wert, desto mehr Linien werden an Krümmungen angezeigt (Systemvariable ISOLINES).
- **Bildschirmleistung:** Stellen Sie ein, ob Sie Bilddateien beim Zoomen in Echtzeit anzeigen lassen wollen (Schalter PAN UND ZOOM MIT PIXELBILD & OLE) und ob Sie diese bei der Objektwahl nur am Rahmen markieren wollen (Schalter NUR PIXELBILDRAHMEN MARKIEREN). Schalten Sie den ersten Schalter aus und den zweiten ein, wenn Sie den Bildaufbau bei Bilddateien beschleunigen wollen. Drei weitere Schalter steuern die Darstellung in der Zeichnung: gefüllte Flächen ein- und ausschalten (Schalter FLÄCHENFÜLLUNG ANWENDEN, Befehl FÜLLEN), Text nur mit einem Begrenzungsrahmen anzeigen (Schalter NUR TEXTBEGRENZUNGSRAHMEN ANZEIGEN, Befehl QTEXT) und Umrisse in der Drahtdarstellung eines Volumenkörpers immer anzeigen, unabhängig von der Zahl der Konturlinien (Schalter ECHTE SILHOUETTEN FÜR VOLUMENKÖRPER UND FLÄCHEN ZEICHNEN, Systemvariable DISPSILH).

Optionen in AutoCAD

- **Fadenkreuzgröße:** Steuert die Größe des Fadenkreuzes. Es kann ein Wert zwischen 1 und 100 % des Gesamtbildschirms angegeben werden. Bei einem Wert von 100 % wird es über den ganzen Bildschirm angezeigt.
- **Fading-Steuerung:** Bestimmt die Abblendintensität von externen Referenzen und Beschriftungsobjekten.

Registerkarte Öffnen und Speichern

In der Registerkarte ÖFFNEN UND SPEICHERN finden Sie die Einstellungen für die Verwaltung von Dateien (siehe Abbildung A.11).

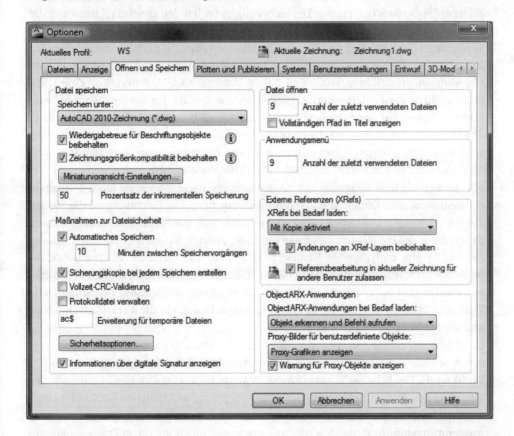

Abbildung A.11: Befehl Optionen, Register Öffnen und Speichern

- **Datei speichern:** Stellen Sie in dem Abrollmenü ein, unter welchem Dateiformat standardmäßig gespeichert werden soll (Abrollmenü SPEICHERN UNTER) und ob eine Voransicht mit der Zeichnung gespeichert werden soll (Schalter MINIATURVORANSICHT-EINSTELLUNGEN). Das Feld PROZENTSATZ DER INKREMENTELLEN SPEICHERUNG legt den Wert von nicht genutztem Platz fest, der in einer Zeichendatei toleriert wird (Systemvariable ISAVEPERCENT). Wenn Sie den Wert für diese Option auf 0 setzen, wird jede Speicherung als vollständige Speicherung durchgeführt. Für eine optimale Systemleistung wird ein Wert von 50 empfohlen.

- **Maßnahmen zur Datensicherheit:** Legen Sie fest, ob eine automatische Sicherung erfolgen soll (Schalter AUTOMATISCHES SPEICHERN). Zusätzlich geben Sie an, in welchem Zeitintervall dies erfolgen soll (Feld MINUTEN ZWISCHEN SPEICHERVORGÄNGEN). Die Sicherungsdatei hat die Dateierweiterung *.sv$. Wenn Sie nach einem Systemabsturz die automatische Sicherung benötigen, müssen Sie diese Datei in eine Zeichnungsdatei mit der Dateierweiterung *.dwg umbenennen. Den Pfad der automatischen Sicherung stellen Sie im Register DATEIEN ein.

  Geben Sie außerdem an, ob Sie beim Speichern zusätzlich die letzte Variante der Zeichnungsdatei als Sicherungsdatei (*.bak) haben wollen (Schalter SICHERUNGSKOPIE BEI JEDEM SPEICHERN ERSTELLEN). Die Sicherungsdatei hat den gleichen Namen wie die zugehörige Zeichnungsdatei und wird im gleichen Ordner gespeichert. Falls Sie die Sicherungsdatei benötigen, sollten Sie die Dateierweiterung umbenennen. Geben Sie außerdem an, ob Sie eine CRC-Prüfung (zyklische Redundanzprüfung) beim Öffnen von Dateien durchführen wollen (Schalter VOLLZEIT-CRC-VALIDIERUNG). Eine CRC-Prüfung dient der Fehlerkontrolle. Wollen Sie die Inhalte des Textfensters protokollieren, schalten Sie den Schalter PROTOKOLLDATEI VERWALTEN ein. Im untersten Feld, ERWEITERUNG FÜR TEMPORÄRE DATEIEN, können Sie eintragen, welche Dateierweiterung temporäre Dateien haben sollen. In einem Netzwerk kann so zugeordnet werden, von welchem Benutzer die temporären Dateien stammen.

  Mit der Schaltfläche SICHERHEITSOPTIONEN können Sie in einem weiteren Dialogfeld ein Kennwort zum Öffnen von Zeichnungen angeben. Alle Zeichnungen, die Sie auf diesem Arbeitsplatz erstellen, können Sie dann nur mit diesem Kennwort öffnen. Geben Sie hier kein allgemeines Kennwort vor, können Sie auch beim Speichern der Zeichnung ein individuelles Kennwort eingeben. Der Schalter ZEICHNUNGSEIGENSCHAFTEN VERSCHLÜSSELN bewirkt, dass auch die Zeichnungseigenschaften verschlüsselt werden und im Windows-Explorer nicht angezeigt werden. Mit der Schaltfläche WEITERE OPTIONEN können Sie in einem weiteren Dialogfeld die Verschlüsselungsart und die Schlüssellänge bestimmen.

- **Datei öffnen:** Im Feld ANZAHL DER ZULETZT VERWENDETEN DATEIEN kann eingestellt werden, wie viele zuletzt geöffnete Dateien im Abrollmenü DATEI aufgelistet werden sollen (0 bis 9). Der Schalter VOLLSTÄNDIGEN PFAD IM TITEL ANZEIGEN bewirkt, dass in der Titelleiste des Zeichnungsfensters der vollständige Pfad der aktuellen Zeichnung angezeigt wird. Ist er aus, wird nur der Zeichnungsname angezeigt.

- **Anwendungsmenü:** Geben Sie hier an, wie viele zuletzt geöffnete Dateien und wie viele zuletzt ausgeführte Befehle (aus den Menüs) im Anwendungsmenü gespeichert und zur Auswahl angezeigt werden sollen.

- **Externe Referenzen:** Im Abrollmenü XREFS BEI BEDARF LADEN kann eingestellt werden, dass nur der Teil der externen Zeichnung geladen wird, der für die momentane Anzeige benötigt wird. Dazu sollten Sie die Funktion aktivieren. Der Bildaufbau wird dadurch beschleunigt. In diesem Fall können andere Benutzer aber nicht mehr auf die Zeichnung zugreifen. Wenn Sie die Kopie aktivieren, ist dieser Nachteil beseitigt. Haben Sie den Schalter ÄNDERUNGEN AN XREF-LAYER BEIBEHALTEN aktiviert, werden

Änderungen an den Layern von externen Referenzen erhalten – auch dann, wenn Sie die Zeichnung schließen. Der Schalter REFERENZBEARBEITUNG IN AKTUELLER ZEICHNUNG FÜR ANDERE BENUTZER ZULASSEN legt fest, ob die Zeichnung bearbeitet werden kann, wenn sie durch eine oder mehrere andere Zeichnungen referenziert wird.

- **ObjectARX-Anwendungen:** Das Abrollmenü OBJECTARX-ANWENDUNGEN BEI BEDARF LADEN steuert, ob und wie ARX-Anwendungen geladen werden, wenn die aktuelle Zeichnung benutzerspezifische Objekte enthält. Das Abrollmenü PROXY-BILDER FÜR BENUTZERDEFINIERTE OBJEKTE steuert die Anzeige von benutzerspezifischen Objekten in Zeichnungen. Mit dem Schalter WARNUNG FÜR PROXY-OBJEKTE ANZEIGEN legen Sie fest, ob beim Öffnen einer Zeichnung mit benutzerspezifischen Objekten eine Warnung angezeigt werden soll.

Registerkarte Plotten und Publizieren

In der Registerkarte PLOTTEN UND PUBLIZIEREN finden Sie die Einstellungen fürs Plotten (siehe Abbildung A.12).

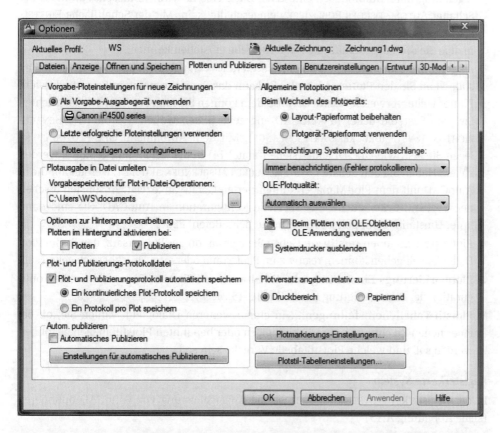

Abbildung A.12: Befehl Optionen, Register Plotten und Publizieren

- **Vorgabe-Plot-Einstellungen für neue Zeichnungen:** Wählen Sie hier den Vorgabeplotter für neue Zeichnungen aus der Auswahl der konfigurierten Plotter. Mit der

Schaltfläche PLOTTER HINZUFÜGEN ODER KONFIGURIEREN... kommen Sie zum Plotter-Manager (siehe Kapitel 15.4). Außerdem können Sie wählen, ob Sie bei neuen Zeichnungen ein Gerät als Vorgabegerät haben wollen (Schalter ALS VORGABE-AUSGABEGERÄT VERWENDEN) oder die letzte Plotkonfiguration verwenden wollen (Schalter LETZTE ERFOLGREICHE PLOTEINSTELLUNGEN VERWENDEN).

- **Plotausgabe in Datei umleiten:** Falls Sie die Plotausgabe in eine Datei umleiten, können Sie hier den Vorgabespeicherort wählen. Im Feld darunter wird der aktuelle Ordner angezeigt. Mit dem Symbol dahinter können Sie einen neuen Ordner bestimmen.
- **Optionen zur Hintergrundverarbeitung:** Wählen Sie hier, ob Sie plotten oder publizieren oder beides im Hintergrund ausführen lassen wollen.
- **Plot- und Publizierungs-Protokolldatei:** Hier können Sie festlegen, ob Sie ein Protokoll vom Plotten und Publizieren haben wollen und ob das Protokoll kontinuierlich oder nur pro Plot erstellt werden soll.
- **Autom. publizieren:** In diesem Feld können Sie einstellen, dass beim Speichern der Zeichnungsdatei automatisch eine DWF-Datei erstellt wird. In diesem Fall muss der Schalter AUTOMATISCHES PUBLIZIEREN eingeschaltet sein. Mit der Schaltfläche EINSTELLUNGEN FÜR AUTOMATISCHES PUBLIZIEREN... kommen Sie zu einem weiteren Dialogfeld, in dem Sie die Vorgaben für die DWF-Ausgabe einstellen können.
- **Allgemeine Plotoptionen:** Wählen Sie hier, was mit dem Papierformat geschehen soll, wenn Sie den Plotter wechseln. Es kann das Papierformat vom Layout oder vom Plotter weiterverwendet werden. Außerdem können Sie angeben, welche Nachrichten Sie vom Systemdrucker in AutoCAD angezeigt haben wollen (Abrollmenü BENACHRICHTUNG SYSTEMDRUCKERWARTESCHLANGE). Mit dem Abrollmenü OLE-PLOTQUALITÄT legen Sie fest, wie OLE-Objekte (siehe Kapitel 14) in der Zeichnung geplottet werden sollen. Haben Sie den Schalter SYSTEMDRUCKER AUSBLENDEN aktiviert, werden nur die in AutoCAD mit dem Plot-Manager konfigurierten Geräte angezeigt. Ansonsten erscheinen Systemdrucker auch ohne spezielle Konfiguration in AutoCAD. Sie sind dann unter Umständen doppelt im Abrollmenü beim Befehl PLOT.
- **Plotversatz angeben relativ zu:** Geben Sie hier an, ob der Plotversatz, den Sie im Plot-Dialogfeld eingeben können, relativ zum Papierrand oder zum Druckbereich gelten soll.
- **Plotmarkierungs-Einstellungen...:** Damit kommen Sie zum Dialogfeld für die Konfiguration der Plotmarkierung (siehe Kapitel 15.2).
- **Plotstil-Tabelleneinstellungen...:** In einem weiteren Dialogfeld wählen Sie, ob bei einer neuen Zeichnung mit farbabhängigen oder benannten Plotstiltabellen begonnen werden soll und welche Plotstiltabelle Vorgabe sein soll.

INFO

Registerkarte System

In der Registerkarte SYSTEM können Sie die Anzeigeleistung von AutoCAD optimieren (siehe Abbildung A.13).

- **3D-Leistung:** Mit der Schaltfläche LEISTUNGSEINSTELLUNGEN kommen Sie zu weiteren Dialogfeldern, in denen Sie das Anzeigeverhalten des Bildschirms im 3D-Modus optimieren können.

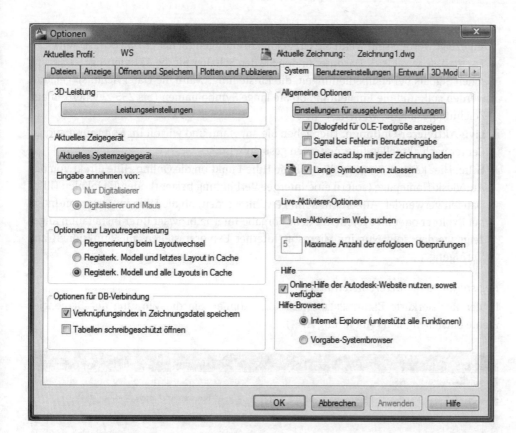

Abbildung A.13:
Befehl Optionen,
Register System

- **Aktuelles Zeigegerät:** Im Abrollmenü können Sie zwischen dem aktuellen Systemzeigegerät und einem Wintab-kompatiblen Digitizer wählen. Benutzen Sie ein Grafiktablett, müssen Sie dieses in Windows mit einem Wintab-Treiber installieren. Dann können Sie hier den Wintab-kompatiblen Treiber verwenden. In diesem Fall können Sie wählen, ob Sie nur mit dem Grafiktablett oder mit Maus und Grafiktablett arbeiten wollen.
- **Optionen zur Layoutregenerierung:** Hier können Sie wählen, ob beim Layoutwechsel regeneriert werden soll oder ob besser das letzte Layout bzw. alle Layouts in einem Zwischenspeicher gehalten werden sollen. Regenerierungen werden dann überflüssig, der Bildaufbau beim Layoutwechsel wird erheblich beschleunigt. Es wird aber mehr Arbeitsspeicher benötigt.
- **Optionen für DB-Verbindung:** Mit dem Schalter VERKNÜPFUNGSINDEX IN ZEICHNUNGSDATEI SPEICHERN können Sie wählen, ob der Datenbankindex in der Zeichnungsdatei gespeichert werden soll. Wählen Sie diesen Schalter, um die Leistung während der Verknüpfungsauswahl zu verbessern. Der Schalter TABELLEN SCHREIBGESCHÜTZT ÖFFNEN legt fest, ob Datenbanktabellen im schreibgeschützten Modus in der Zeichnungsdatei geöffnet werden.

- **Allgemeine Optionen:** Legen Sie hier fest, ob ein Dialogfeld für die Eigenschaften angezeigt werden soll, wenn Sie OLE-Objekte einfügen (Schalter DIALOGFELD FÜR OLE-TEXTGRÖSSE ANZEIGEN). Darunter finden Sie den Schalter für die Aktivierung des akustischen Signals bei Fehlbedienungen, die Einstellung, wann die Datei *Acad.lsp* geladen werden soll, und die Einstellung, ob Sie lange Symbolnamen (bis 255 Zeichen) in der Zeichnung zulassen wollen.
- **Live-Aktivierer-Optionen:** Hier geben Sie an, wann und wie oft im Kommunikations-Center nach aktuellen Informationen gesucht wird.
- **Hilfe:** Hier können Sie einstellen, ob die Hilfe-Funktion die Online-Hilfe direkt von der Autodesk-Homepage (sofern eine Internet-Verbindung besteht) oder die lokalen Hilfe-Dateien verwendet. Außerdem kann gewählt werden, ob die Hilfe im Microsoft Internet Explorer oder im System mit dem Vorgabe-Internetbrowser Ihrer Installation angezeigt werden soll. Nur im Microsoft Internet Explorer stehen alle Funktionen zur Verfügung.

Registerkarte Benutzereinstellungen

In der Registerkarte BENUTZEREINSTELLUNGEN können Sie die Wirkung der Bedienelemente einstellen (siehe Abbildung A.14).

Abbildung A.14: Befehl Optionen, Register Benutzereinstellungen

- **Windows-Standardverhalten:** Mit dem Schalter KONTEXTMENÜS IM ZEICHENBEREICH legen Sie fest, ob Sie die Kontextmenüs der rechten Maustaste haben wollen. Klicken Sie auf die Schaltfläche RECHTSKLICK-ANPASSUNG..., bekommen Sie ein weiteres Dialogfeld. Dort wählen Sie, wann die rechte Maustaste ein Kontextmenü bringen soll und wann sie mit ⏎ belegt sein soll (siehe Abbildung A.15). Außerdem können Sie einen zeitabhängigen Rechtsklick aktivieren. Klicken Sie in diesem Fall kurz auf die rechte Maustaste, bewirkt dies ein ⏎. Klicken Sie länger als die eingestellte Zeit, bekommen Sie die Kontextmenüs.

Abbildung A.15: Dialogfeld Rechtsklick-Anpassung

Zurück zum übergeordneten Dialogfeld:

- **Einfügungsmaßstab:** In diesen Abrollmenüs können Sie wählen, welche Vorgabeeinheiten die Zeichnung sowie eingefügte Blöcke und externe Referenzen haben sollen (siehe Kapitel 11.2, 11.4, 11.9, 13.7 und 13.8). Diese Einstellungen gelten dann, wenn keine Einheiten gewählt wurden.
- **Schriftfelder:** Geben Sie an, ob Sie Schriftfelder mit einem Hintergrund versehen wollen. In diesem Fall kreuzen Sie den Schalter HINTERGRUND VON SCHRIFTFELDERN ANZEIGEN an. Mit der Schaltfläche SCHRIFTFELD-AKTUALISIERUNGSEINSTELLUNGEN... kommen Sie zu einem Dialogfeld, in dem Sie angeben können, bei welchen Aktionen die Werte der Schriftfelder aktualisiert werden sollen.
- **Priorität für Dateneingabe von Koordinaten:** Diese Auswahl steuert, wie AutoCAD auf die Eingabe von Koordinaten auf der Tastatur reagiert. Normalerweise soll beim

Eintippen einer Koordinate der Objektfang benachbarte Punkte nicht einfangen. Dies war bis AutoCAD 13 noch anders, hier hatte der Objektfang Priorität. Somit konnte es bei aktivem Objektfang zu Fehlern kommen. Wählen Sie TASTATUREINGABE oder TASTATUREINGABE AUSSER SKRIPTEN, um diese Fehler zu vermeiden.

- **Assoziativbemassung:** Hier geben Sie an, ob neue Maße assoziativ erstellt werden sollen oder nicht. Lassen Sie den Schalter NEUE BEMASSUNGEN ASSOZIATIV MACHEN auf jeden Fall eingeschaltet, wenn Sie die Vorteile der assoziativen Bemaßung nutzen wollen.
- **Hyperlink:** Wählen Sie, ob Sie den Hyperlink-Cursor und das Kontextmenü dafür haben wollen und ob Sie das Hyperlink-QuickInfo anzeigen lassen wollen.
- **Rückgängig/Wiederholen:** Haben Sie den Schalter BEFEHLE FÜR ZOOM UND PAN KOMBINIEREN eingeschaltet, werden mehrere aufeinanderfolgende Zoom- und Pan-Befehle wie ein Befehl gewertet, wenn Sie RÜCKGÄNGIG oder WIEDERHOLEN verwenden. Ist der Schalter ÄNDERUNG DER LAYEREIGENSCHAFT KOMBINIEREN eingeschaltet, werden die verschiedenen Aktionen, die Sie im LAYEREIGENSCHAFTEN-MANAGER machen, wie ein Befehl zurückgenommen.
- **Blockeditoreinstellungen…:** Mit dieser Schaltfläche kommen Sie zu einem weiteren Dialogfeld, in dem Sie die Einstellungen für den Blockeditor vornehmen können (siehe Abbildung A.16).

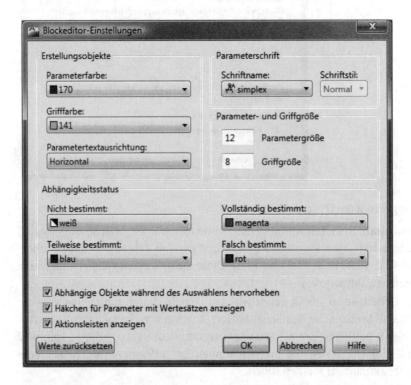

Abbildung A.16: Einstellungen für den Blockeditor

- **Erstes Einrichten…:** Klicken Sie auf diese Schaltfläche, können Sie die Einstellungen für das erste Einrichten (siehe unten) vornehmen.

- **Linienstärke-Einstellungen...:** Mit dieser Schaltfläche kommen Sie zu den Vorgabeeinstellungen für die Linienstärken (siehe Kapitel 4.5).
- **Maßstabsliste bearbeiten...:** Klicken Sie auf diese Schaltfläche, kommen Sie zu einem Dialogfeld, in dem Sie die Standardmaßstäbe bearbeiten können (siehe Abbildung A.17). Diese werden in verschiedenen Abrollmenüs beim Plotten und beim Skalieren von Ansichtsfenstern angezeigt.

Abbildung A.17:
Liste der Standardmaßstäbe bearbeiten

Registerkarte Entwurf

In der Registerkarte ENTWURF geben Sie die Grundeinstellungen für das Zeichnen vor (siehe Abbildung A.18).

- **AutoSnap-Einstellungen und AutoSnap-Markierungsgröße:** Hier finden Sie die Einstellungen für den Objektfang (siehe Kapitel 3.13). Wenn der Schalter MARKIERUNG eingeschaltet ist, werden die Symbole an den Geometriepunkten angezeigt und Sie können sie mit der ⇥-Taste durchblättern. Nur so ist der AUTOSNAP sinnvoll. Der Schalter MAGNET bewirkt, dass die Symbole auch dann angezeigt werden, wenn sich das Fadenkreuz nur in der Nähe befindet. Der Schalter AUTOSNAP-QUICKINFO ANZEIGEN bewirkt, dass an den Fangpunkten die QuickInfos angezeigt werden. Der Schalter AUTOSNAP-ÖFFNUNG ANZEIGEN blendet zusätzlich ein Fangfenster ein, wie es in AutoCAD 12 und 13 verwendet wurde. Zu viele Anzeigen machen den Bildschirm unübersichtlich, deshalb sollte darauf verzichtet werden. Im Abrollmenü FARBEN können Sie die Farbe der Markierungssymbole wählen. Mit dem Regler AUTOSNAP-MARKIERUNGSGRÖSSE kann die Größe der Markierungssymbole für den AutoSnap eingestellt werden. Haben Sie die AutoSnap-Öffnung eingeschaltet, können Sie an dem Schieberegler GRÖSSE DER ÖFFNUNG die Größe des Fensters einstellen.

Abbildung A.18:
Befehl Optionen, Register Entwurf

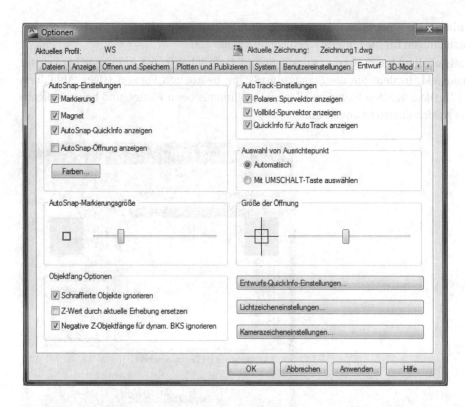

- **Obkjektfang-Optionen:** Haben Sie den Schalter SCHRAFFIERTE OBJEKTE IGNORIEREN aktiviert, werden Endpunkte von Schraffuren nicht vom Objektfang gefangen. Mit dem Schalter Z-WERT DURCH AKTUELLE ERHEBUNG ERSETZEN bewirken Sie, dass bei einem mit dem Objektfang gefangenen Punkt mit z-Koordinate diese auf die aktuelle Erhebung gesetzt wird. Da diese in der Regel 0 ist, wird der gefangene Punkt auf die xy-Ebene projiziert. Mit dem Schalter NEGATIVE Z-OBJEKTFÄNGE FÜR DYNAM. BKS IGNORIEREN legen Sie fest, dass die Objektfangfunktionen Geometrie mit negativen z-Werten ignorieren, wenn mit dem dynamischen BKS gearbeitet wird.
- **AutoTrack-Einstellungen (Objektfangspuren):** Mit dem Schalter POLAREN SPURVEKTOR ANZEIGEN bestimmen Sie, dass bei den Winkeln des polaren Rasters Hilfslinien angezeigt werden. Ist der Schalter VOLLBILD-SPURVEKTOR ANZEIGEN aktiviert, werden die Hilfslinien immer über den ganzen Bildschirm angezeigt. Ist der Schalter QUICK-INFO FÜR AUTOTRACK ANZEIGEN eingeschaltet, rastet der AutoTrack nur dann ein, wenn Sie kurz auf dem Punkt bleiben, auf dem eingerastet werden soll. Ansonsten rastet der AutoTrack sofort ein.
- **Auswahl von Ausrichtepunkt:** Haben Sie AUTOMATISCH eingestellt, rastet der AutoTrack dann ein, wenn Sie kurz auf dem gewünschten Punkt bleiben. Haben Sie die Einstellung MIT UMSCHALT-TASTE AUSWÄHLEN gewählt, bekommen Sie den Ausrichtepunkt nur dann, wenn Sie kurz die ⇧-Taste drücken, wenn Sie auf dem Punkt sind.

Optionen in AutoCAD

- **Größe der Öffnung:** Hiermit steuern Sie den Fangbereich für den AutoSnap. Je größer das Fenster ist, desto weiter wird die Umgebung des Fadenkreuzes nach Fangpunkten abgesucht.
- **Entwurfs-QuickInfo-Einstellungen...:** Mit diesem Schalter kommen Sie zu einem weiteren Dialogfeld (siehe Abbildung A.19). Geben Sie hier Farbe, Größe und Transparenz der QuickInfos bei der dynamischen Eingabe vor. Ist der Schalter BETRIEBS-SYST.-EINSTELL. FÜR ALLE ENTWURFS-QUICKINFOS ÜBERSCHREIBEN ein, werden die Einstellungen des Betriebssystems überschrieben. Wollen Sie die Einstellungen nur für die QuickInfos bei der dynamischen Eingabe verwenden, dann schalten Sie EINST. NUR FÜR QUICKINFOS ZUR DYNAMISCHEN EINGABE VERWENDEN ein.

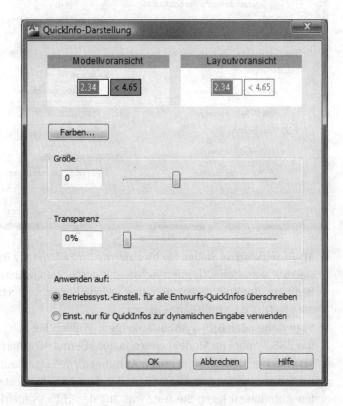

Abbildung A.19: QuickInfo-Einstellungen

- **Lichtzeicheneinstellungen und Kamerazeicheneinstellungen:** Geben Sie hier die Größe und Farbe von Lichtern und Kameras beim Rendern in der Zeichnung vor. Die Einstellung erfolgt jeweils in einem weiteren Dialogfeld.

Register 3D-Modellierung

In diesem Register werden die Optionen für die 3D-Modellierung eingestellt (siehe Abbildung A.20). Dieses Register fehlt in AutoCAD LT ganz.

Abbildung A.20:
Befehl Optionen, Register 3D-Einstellungen

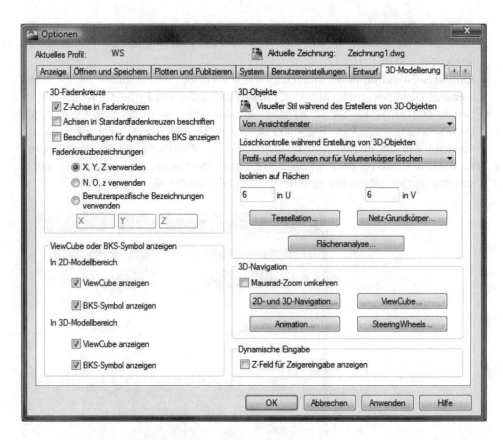

- **3D-Fadenkreuze:** Stellen Sie hier ein wie Ihr Fadenkreuz in der perspektivischen Darstellung aussehen soll, mit z-Achse, mit beschrifteten Achsen, auch bei dynamischen Benutzerkoordinatensystemen, und welche Bezeichnungen Sie haben wollen, X, Y, Z oder N, O, Z oder eine ganz eigene.
- **ViewCube oder BKS-Symbol anzeigen:** Wählen Sie hier, ob Sie den ViewCube und das BKS-Symbol im Modellbereich in der 2D- und 3D-Oberfläche haben wollen.
- **3D-Objekte:** Geben Sie im ersten Abrollmenü den standardmäßig verwendeten visuellen Stil an. *ByViewport* nimmt den, der dem Ansichtsfenster zugeordnet ist. Im zweiten Abrollmenü legen Sie fest, was aus den Hilfsgeometrien zum Erstellen von 3D-Objekten geschehen soll. Sollen sie gelöscht werden, wenn das 3D-Objekt erstellt ist oder nicht. An zwei Schiebereglern stellen Sie ein, wie dicht die U- und V-Linien zur Anzeige von Flächen und Netzen sein sollen. Mit den Schaltflächen TESSELLATION… und NETZ-GRUNDKÖRPER… können Sie die Voreinstellungen für die Netzmodelle (siehe Kapitel 22) vornehmen. Wollen Sie 3D-Flächen analysieren, können Sie mit der Schaltfläche FLÄCHENANALYSE… ein weiteres Dialogfeld aktivieren (siehe Abbildung A.21) in dem Sie die Darstellungen bei der Zebra-Analyse, bei Flächenkrümmung und bei Formschrägen einstellen können (siehe dazu auch Kapitel 22).

Optionen in AutoCAD

Abbildung A.21: Darstellungsoptionen für die Funktionen zur Flächenanalyse

- **3D-Navigation:** In diesem Feld können Sie die Wirkung des Mausrads umkehren und zwar, ob beim Her- oder Wegdrehen vergrößert wird. Außerdem haben Sie vier Schaltflächen. Die beiden linken steuern das Verhalten bei der Navigation und der Animation in weiteren Dialogfeldern (siehe Kapitel 23.9). Mit der Schaltfläche VIEWCUBE... bekommen Sie ein Dialogfeld, mit dem Sie das Verhalten und das Aussehen des ViewCubes einstellen können (siehe Kapitel 20.12). Mit der Schaltfläche STEERINGWHEELS... können Sie in einem weiteren Dialogfeld das Verhalten und das Aussehen des SteeringWheels (Navigationsrad) einstellen (siehe ebenfalls Kapitel 20.12).
- **Dynamische Eingabe:** In diesem Feld haben Sie einen Schalter: Z-FELD FÜR ZEIGEREINGABE ANZEIGEN. Haben Sie diesen Schalter aktiviert, können Sie bei der dynamischen Eingabe auch den Z-Wert eingeben.

Registerkarte Auswahl

In der Registerkarte AUSWAHL wählen Sie die Einstellungen für den Objektfang und die Griffe (siehe Abbildung A.22).

- **Pickbox-Größe:** Ganz oben geben Sie mit einem Schiebregler die Größe der Pickbox vor.
- **Auswahlvoransicht:** Werden Objekte mit dem Fadenkreuz überfahren, werden sie hervorgehoben dargestellt. Sie können die Hervorhebung aktivieren, wenn ein Befehl aktiv ist und/oder wenn kein Befehl aktiv ist. Dazu dienen die beiden Schalter. Mit der Schaltfläche EINSTELLUNGEN FÜR VISUELLE EFFEKTE... kommen Sie zu einem weiteren Dialogfeld (siehe Abbildung A.23).

Abbildung A.22:
Befehl Optionen, Register Auswahl

Abbildung A.23:
Einstellungen für die visuellen Effekte

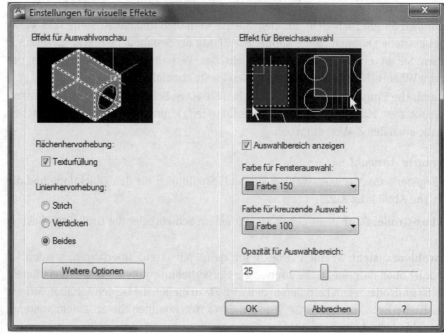

Wählen Sie die Art der Hervorhebung im Feld EFFEKT FÜR AUSWAHLVORSCHAU: Flächenhervorhebung bei 3D-Flächen und bei 2D-Objekten gestrichelte oder verdickte Darstellung oder beides. Mit der Schaltfläche *Weitere Optionen* können Sie in einem weiteren Dialogfeld bestimmte Objekte von der Hervorhebung ausnehmen. Das kann wichtig sein bei Zeichnungen mit großen Flächen mit dichter Schraffur. Überfahren Sie diese mit dem Fadenkreuz, kann es zu störenden Verzögerungen kommen, bis die Schraffur hervorgehoben ist. Im Feld EFFEKT FÜR BEREICHSAUSWAHL können Sie wählen, ob das Auswahlfenster bei der Objektwahl farbig hinterlegt werden soll (siehe Kapitel 3.10). Außerdem können Sie Farben und Transparenz für die Fenster einstellen.

- **Auswahlmodi:** Im übergeordneten Dialogfeld können Sie hier die Einstellung für die Objektwahl (siehe Kapitel 3.10) vornehmen.
- **Multifunktionsleisten-Optionen:** Mit der Schaltfläche STATUS DER KONTEXTABHÄNGIGEN REGISTERKARTE... kommen Sie zu einem weiteren Dialogfeld (siehe Abbildung A.24), in dem Sie einstellen können, wie sich die Multifunktionsleiste beim Anklicken von speziellen Objekten ändern soll.

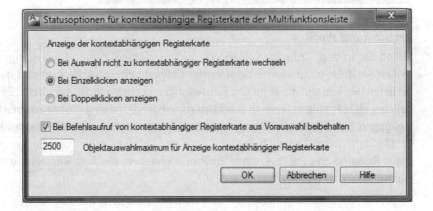

Abbildung A.24: Verhalten der Multifunktionsleiste

- **Griffe:** Einstellung für die Griffe (siehe Kapitel 13). Auf der rechten Seite des Dialogfelds stellen Sie mit dem Schieberegler GRIFF-GRÖSSE die Größe der Griffe ein. Darunter können Sie mit der Schaltfläche GRIFF-FARBEN... ein weiteres Dialogfeld aktivieren, in dem Sie die Farben für die unterschiedlichen Griffarten einstellen können (siehe Abbildung A.25). Sie können die Griff-Farben für nicht ausgewählte und ausgewählte Griffe in Abrollmenüs einstellen. Außerdem lässt sich die DYNAMISCHE GRIFF-FARBE einstellen. Das sind die Griffe, die bei markierten Objekten in einer speziellen Farbe angezeigt werden, wenn Sie mit der Maus darüberfahren.

Mit dem Schalter GRIFFE ANZEIGEN im übergeordneten Dialogfeld schalten Sie die Griffe ein und aus. Mit dem darunter liegenden Schalter GRIFFE IN BLÖCKEN ANZEIGEN können Sie Griffe auch innerhalb von Blöcken aktivieren. Normalerweise hat ein Block nur einen Griff, und zwar am Einfügepunkt. Ist dieser Schalter eingeschaltet, hat jedes Objekt im Block ebenfalls Griffe. Sie können die Griffpositionen innerhalb des Blocks zwar nicht ändern, aber andere Objekte auf diese Griffe ziehen. Ist der Schalter GRIFFTIPPS ANZEIGEN aktiviert, werden Tool-Tipps bei der Bearbeitung eines Griffs angezeigt. Damit die Zeichnung vor lauter Griffen nicht verschwindet, können Sie die Anzeige von Griffen im Feld OBJEKTAUSWAHLBEGRENZUNG FÜR ANZEIGE VON GRIFFEN auf den eingetragenen Wert beschränken.

Abbildung A.25:
Einstellung der Griff-Farben

Registerkarte Profil

Haben Sie in den vorherigen Registern die unterschiedlichsten Einstellungen gemacht, wollen Sie diese nicht wieder bei nächster Gelegenheit überschreiben und damit wieder verlieren. Sie können die aktuellen Einstellungen in einem Profil speichern. Es lassen sich beliebig viele Profile anlegen und bei Bedarf wieder aktivieren. Damit können Sie die Einstellungen für unterschiedliche Benutzer, Konfigurationen oder Zusatzapplikationen in Profilen speichern. Lediglich die konfigurierten Drucker gelten für alle Benutzerprofile. In der Registerkarte PROFIL können Sie Profile erstellen, löschen, kopieren, umbenennen, exportieren usw. (siehe Abbildung A.26).

Folgende Möglichkeiten haben Sie mit den Schaltflächen auf der rechten Seite dieser Registerkarte:

- **Aktuell:** Markiertes Profil zum aktuellen Profil machen. Die Einstellungen des Profils werden übernommen. Alle Änderungen, die Sie dann in den Voreinstellungen machen, werden in dem Profil gespeichert und sind auch beim nächsten Start wieder so eingestellt. Achtung: Starten Sie AutoCAD mit einem bestimmten Profil (siehe Anhang A.3), wird dieses Profil aktiviert, egal welches zuletzt aktiv war.
- **In Liste...:** Das markierte Profil wird kopiert. In einem Dialogfeld können Sie den Namen und eine Beschreibung für das neue Profil eingeben. Damit können ähnliche Varianten eines bestehenden Profils erzeugt werden. Kopieren Sie das Profil, machen Sie es zum aktuellen und ändern Sie die Voreinstellungen entsprechend.
- **Umbenennen...:** Ruft ein Dialogfeld auf, in dem Sie den Namen und die Beschreibung des markierten Profils ändern können. Verwenden Sie diese Option, wenn Sie ein vorhandenes Profil umbenennen, dessen aktuelle Einstellungen aber behalten möchten.

- **Löschen:** Löscht das markierte Profil.
- **Exportieren...:** Exportiert das markierte Profil in eine Profil-Datei. Diese Datei kann auf demselben oder einem anderen Computer wieder importiert werden. Somit lassen sich Einstellungen übertragen. Profil-Dateien haben die Dateierweiterung *.arg*.
- **Importieren...:** Importiert eine über Export erstellte Profil-Datei. Wählen Sie die Profil-Datei mit dem Dateiwähler aus. Tragen Sie dann im Dialogfeld einen Namen und eine Beschreibung ein (siehe Abbildung A.21). Das Profil aus dieser Datei wird dann in der Zeichnung unter diesem Namen geführt. Existiert der Profilname bereits, können Sie das Profil mit dem neuen überschreiben. Das aktuelle Profil kann allerdings nicht überschrieben werden.
- **Zurücksetzen:** Setzt die Werte im markierten Profil auf die Vorgabeeinstellungen zurück.

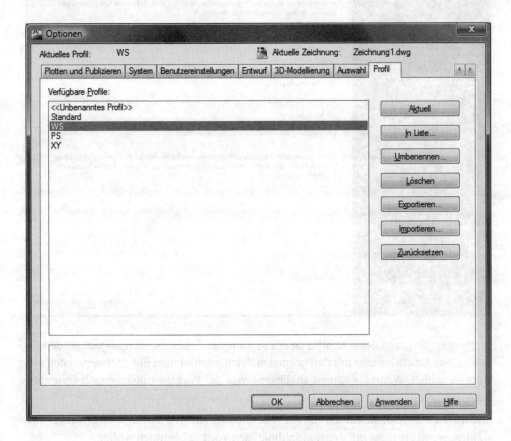

Abbildung A.26: Befehl Optionen, Register Profil

Sie können AutoCAD auch mit Angabe einer Profildatei starten (siehe Anhang A.3):
C:\Programme\AutoCAD 2011 Deu\acad.exe /P "C:\WS Profil\werner.arg"

Erstes Einrichten

Wenn Sie AutoCAD 2011 bzw. LT 2011 das erste Mal gestartet haben, können Sie mit dem Befehl OPTIONEN, Register BENUTZEREINSTELLUNGEN, Schaltfläche ERSTES EINRICHTEN… Grundeinstellungen für die weitere Programmverwendung mit einem Assistenten festlegen (siehe Abbildungen A.27 bis A.29). Im ersten Fenster wird die Branche abgefragt, für die Sie das Programm verwenden (siehe Abbildung A.27). Entsprechend Ihrer Auswahl werden Werkzeugpaletten und Web-Inhalte voreingestellt.

Abbildung A.27: Erstes Einrichten, Abfrage Branche

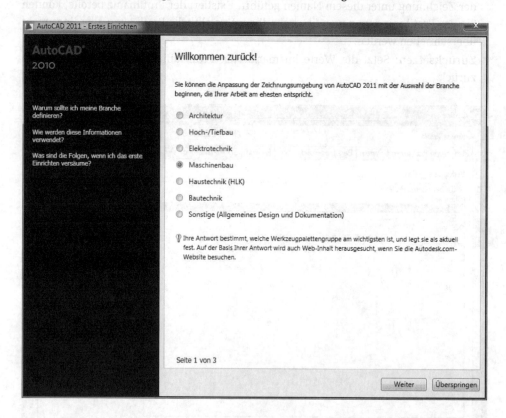

Im zweiten Fenster (siehe Abbildung A.28) wird der Arbeitsbereich abgefragt, den Sie neben dem Arbeitsbereich mit den normalen Zeichenfunktionen üblicherweise noch verwenden wollen. Wenn Sie keinen anklicken, wird der Vorgabearbeitsbereich *Erstes Einrichten* angelegt.

Im dritten Fenster (siehe Abbildung A.29) können Sie eine Zeichnungsvorlagendatei auswählen, wenn Sie nicht mit der standardmäßigen Vorlage beginnen wollen.

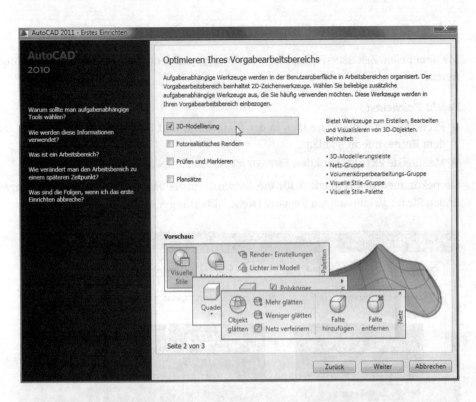

Abbildung A.28:
Abfrage des verwendeten Arbeitsbereichs

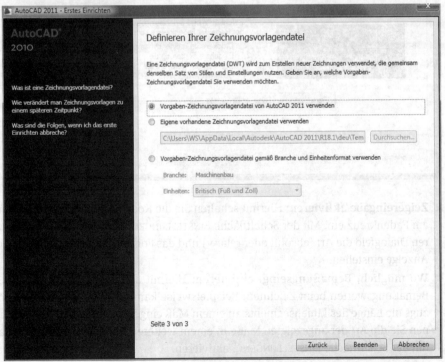

Abbildung A.29:
Auswahl einer Zeichnungsvorlage

A.5 Dynamische Eingabe konfigurieren

Mit dem Befehl ZEICHEINST können Sie die Funktionen der dynamischen Eingabe konfigurieren.

Befehl Zeicheinst

- Rechtsklick auf die Taste DYN in der Statusleiste und Funktion EINSTELLUNGEN... aus dem Kontextmenü wählen
- Menüleiste EXTRAS, Funktion ENTWURFSEINSTELLUNGEN...

Sie bekommen das Dialogfeld für die Entwurfseinstellungen. Die dynamische Eingabe finden Sie im gleichnamigen Register (siehe Abbildung A.30).

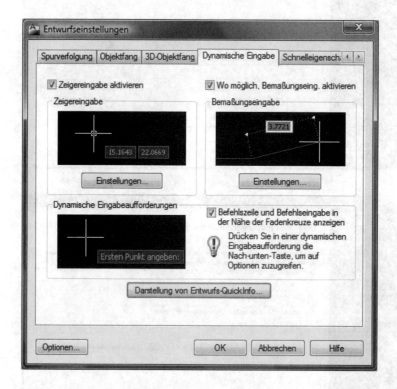

Abbildung A.30: Einstellungen für die dynamische Eingabe

- **Zeigereingabe aktivieren:** Hiermit schalten Sie die Koordinatenanzeige und -eingabe am Fadenkreuz ein. Mit der Schaltfläche EINSTELLUNGEN... können Sie in einem weiteren Dialogfeld die Art (absolut oder relativ) und das Format (kartesisch oder polar) der Anzeige einstellen.
- **Wo möglich, Bemaßungseing. aktivieren:** Hiermit aktivieren Sie die Eingabe von Bemaßungswerten beim Zeichnen. Beispielsweise kann beim Zeichnen eines Linienzugs die Länge des Liniensegments an einem Maß eingegeben werden. Auch hier können Sie die Art der angezeigten Maße in einem weiteren Dialogfeld einstellen, das Sie mit der Schaltfläche EINSTELLUNGEN... aktivieren.

- **Dynamische Eingabeaufforderungen:** In diesem Feld können Sie mit dem Schalter die Befehlszeile und die Befehlszeileneingabe am Fadenkreuz aktivieren.

Mit der Schaltfläche DARSTELLUNG VON ENTWURFS-QUICKINFO kommen Sie zur Einstellung der QuickInfos (siehe Anhang A.4, Abbildung A.19).

A.6 Dokumente und Einstellungen

Verschiedene Dateien werden in AutoCAD benutzerbezogen im Systemordner *Dokumente und Einstellungen* gespeichert. Bei der Installation werden diese Dateien zunächst im AutoCAD-Programmordner abgelegt. Das ist der Ordner:

C:\Programme\AutoCAD 2011\UserDataCache bzw.

C:\Programme\AutoCAD LT 2011\UserDataCache

Wird ein Benutzer angelegt, werden die Unterordner dieses Ordners in den Ordner *Dokumente und Einstellungen* kopiert.

Bei **Windows XP** werden die Unterordner

Data Links (nicht in AutoCAD LT vorhanden), *Plot Styles*, *Plotters* und *Support*

in den Ordner

C:\Dokumente und Einstellungen\Benutzername\Anwendungsdaten\Autodesk\AutoCAD 2011\R18.1\Deu

bzw. bei AutoCAD LT in den Ordner

C:\Dokumente und Einstellungen\Benutzername\Anwendungsdaten\Autodesk\AutoCAD LT 2011\R16\Deu

kopiert. Die Unterordner

Template und *Textures* (nicht in AutoCAD LT vorhanden)

werden in den Ordner

C:\Dokumente und Einstellungen\Benutzername\Lokale Einstellungen\Anwendungsdaten\Autodesk\AutoCAD 2011\R18.1\Deu

bzw. bei AutoCAD LT in den Ordner

C:\Dokumente und Einstellungen\Benutzername\Lokale Einstellungen\Anwendungsdaten\Autodesk\AutoCAD LT 2011\R16\Deu

kopiert.

Bei **Windows Vista** oder **Windows 7** werden die Unterordner

Data Links (nicht in AutoCAD LT vorhanden), *Plot Styles*, *Plotters* und *Support*

in den Ordner

C:\Users\Benutzername\Appdata\Roaming\Autodesk\AutoCAD 2011\R18.1\Deu

bzw. bei AutoCAD LT in den Ordner

C:\Users\Benutzername\Appdata\Roaming\Autodesk\AutoCAD LT 2011\R16\Deu kopiert. Die Unterordner *Template* und *Textures* (nicht in AutoCAD LT vorhanden) werden in den Ordner

C:\Users\Benutzername\Appdata\Local\Autodesk\AutoCAD 2011\R18.1\Deu

bzw. bei AutoCAD LT in den Ordner

C:\Users\Benutzername\Appdata\Local\Autodesk\AutoCAD LT 2010\R16\Deu

kopiert.

Ändern Sie die Menüdateien, legen Sie einen neuen Plotstil an, konfigurieren Sie einen Plotter in AutoCAD oder führen andere Änderungen an diesen Dateien durch, dann gelten die Änderungen nur für den aktuellen Benutzer. Möchten Sie aber, dass diese Änderungen für alle Benutzer gelten, müssen Sie die geänderten Dateien in die Ordner der anderen Benutzer kopieren.

Sollen die Änderungen auch für alle später neu angelegten Benutzer gelten, dann kopieren Sie die geänderten Daten in die entsprechenden Unterordner des Ordners *UserDataCache*.

Beachten Sie, dass einige der Ordner versteckte Ordner sind, die unter Umständen nicht angezeigt werden. Ändern Sie dies im Windows-Explorer, wenn Sie darauf zugreifen wollen. Wählen Sie dazu im Windows-Explorer im Abrollmenü EXTRAS die Funktion ORDNEROPTIONEN. Klicken Sie im Dialogfeld auf das Register ANSICHT. Blättern Sie in der Liste zum Eintrag VERSTECKTE DATEIEN UND ORDNER. Wählen Sie dort ALLE DATEIEN UND ORDNER ANZEIGEN (siehe Abbildung A.31). Jetzt sehen Sie auch die versteckten Ordner.

Abbildung A.31:
Versteckte Dateien und Ordner anzeigen

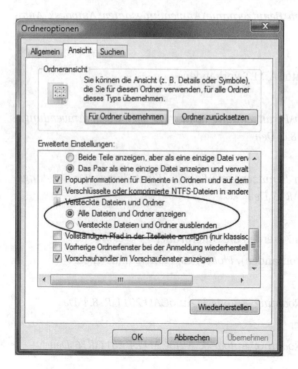

Anhang B
Zusatzprogramme

Mit AutoCAD werden verschiedene Zusatzprogramme installiert. Außerdem können Sie AUTODESK DESIGN REVIEW, ein Programm zur Anzeige von DWF-Dateien ohne AutoCAD, mit installieren.

B.1 Stapelweise Standardsprüfung

Wollen Sie eine ganze Serie von Zeichnungen mit Zeichnungsstandards vergleichen, steht Ihnen außerhalb von AutoCAD ein Dienstprogramm zur Verfügung. Alles zu Zeichnungsstandards finden Sie in Kapitel 19.

Stapelweise Standardsprüfung starten
Sie finden das Prüfprogramm im Startmenü:

- Wählen Sie aus dem Windows Startmenü: START, ALLE PROGRAMME, AUTODESK, AUTOCAD – 2011 DEUTSCH, STAPELWEISE STANDARDSPRÜFUNG.

Alle Funktionen des Programms können Sie in einem Dialogfeld ausführen (siehe Abbildung B.1).

Alle Bedienfunktionen können Sie aus der Leiste mit den Symbolen wählen. Gehen Sie wie folgt vor:

Dateien auswählen
Aktivieren Sie das Register ZEICHNUNGEN.

- **Zeichnung hinzufügen:** Klicken Sie auf dieses Symbol und suchen Sie im Dateiwähler die Zeichnungsdateien aus, die Sie überprüfen wollen. Mit den Tasten ⇧ und Strg können Sie mehrere Dateien markieren.

Anhang B · Zusatzprogramme

- **Entfernen:** Markieren Sie die Dateien in der Liste, die Sie aus der Auswahl entfernen wollen und klicken Sie auf diese Schaltfläche.

- **Prüfreihenfolge ändern:** Mit diesen Symbolen können Sie die markierten Dateien in der Liste nach oben oder unten verschieben und damit die Reihenfolge der Prüfung verändern.

- **Externe Referenzen der aufgeführten Zeichnungen überprüfen:** Ist dieser Schalter ein, werden auch die externen Referenzen der gewählten Zeichnungen mit überprüft.

Abbildung B.1: Stapelweise Standardsprüfung, Register Zeichnungen

Standards wählen

Aktivieren Sie dann das Register STANDARDS (siehe Abbildung B.2). Darin können Sie wählen:

- **Jede Zeichnung anhand der zugehörigen Standardsdateien überprüfen:** Jede Zeichnung wird mit der Zeichnungsstandardsdatei verglichen, die ihr zugeordnet ist. Ist keine zugeordnet, wird auch keine Überprüfung durchgeführt.

- **Alle Dateien anhand der folgenden Standardsdateien überprüfen:** Haben Sie diesen Schalter aktiviert, werden die Zeichnungen mit bestimmten Standardsdateien verglichen. Es lassen sich mehrere Zeichnungsstandards wählen und diese auch hierarchisch anordnen. Wenn ein Objekt im obersten Standard definiert ist, gilt dieser. Wenn dort nichts festgelegt ist, gilt der nächste usw.

Mit den Symbolen in der Mitte können Sie Standards laden, entfernen und anordnen. Sie gelten analog zu denen im Register ZEICHNUNGEN.

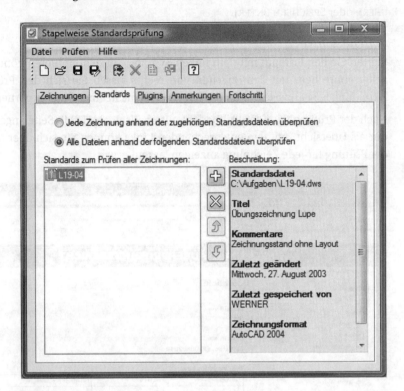

Abbildung B.2:
Stapelweise Standardsprüfung, Register Standards

Die restlichen Register

- **Plugins:** In diesem Register bekommen Sie angezeigt, welche Objekte überprüft werden. Hier können Sie noch bestimmte Kategorien von der Prüfung ausnehmen, beispielsweise die Zeichnung nur auf Layer prüfen.
- **Anmerkungen:** Bei dem Prüflauf wird ein Bericht angefertigt. Im Register ANMERKUNGEN können Sie einen Anmerkungstext über Sinn und Zweck der Prüfung eintragen, der dann mit in den Bericht aufgenommen wird.
- **Fortschritt:** Haben Sie die stapelweise Prüfung gestartet, bekommen Sie im Register FORTSCHRITT angezeigt, was überprüft wurde und welche Standardsabweichungen festgestellt wurden.

Standardsprüfdatei erstellen

Haben Sie alle Bedingungen für die Überprüfung festgelegt, müssen Sie die Einstellungen speichern, bevor der Prüflauf gestartet wird. Dies erfolgt in einer *Standardspüfdatei* (*.chx)*. Damit können Sie diesen Prüflauf auch später in der gleichen Form noch einmal durchführen. Haben Sie nicht gespeichert, dann wird dies beim Prüflauf verlangt.

Mit den Symbolen können Sie einen neuen Prüflauf definieren, eine gespeicherte Standardsprüfdatei laden oder die Einstellungen in einer Standardsprüfdatei speichern (SPEICHERN oder SPEICHERN UNTER).

 Prüflauf starten

 Starten Sie den Prüflauf mit dem linken Symbol. Mit dem mittleren können Sie ihn vorzeitig abbrechen, mit dem zweiten von rechts lassen Sie sich den Prüfbericht (siehe Abbildung B.3) anzeigen und mit dem ganz rechts in einer Datei exportieren.

Nach der Prüfung wird der Prüfbericht automatisch als HTML-Seite angezeigt. Zunächst nur als Übersicht, mit den entsprechenden Links können Sie sich aber auch die Details der Prüfung für jede Zeichnung anzeigen lassen.

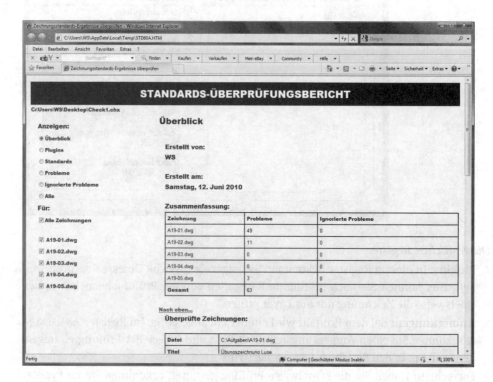

Abbildung B.3: Stapelweise Standardsprüfung, Prüfbericht

B.2 Der Referenzmanager

 Wenn Sie Ihren Zeichnungsbestand neu organisiert und Zeichnungen in einen anderen Pfad gespeichert haben, kann es zu Fehlermeldungen kommen, wenn Sie Ihre Zeichnungen laden. Es kann sein, dass externe Referenzen, Bilddateien, PDF-Unterlagen usw. nicht mehr gefunden werden. Jetzt können Sie zwar jede Zeichnung laden, überprüfen und korrigieren, was aber sehr mühsam ist. Die bequemeren Möglichkeiten bietet Ihnen der Referenzmanager, leider nur in der Vollversion AutoCAD 2011.

Sie finden den Referenzmanager im Startmenü:

- Wählen Sie aus dem Windows-Startmenü: START, ALLE PROGRAMME, AUTODESK, AUTO-CAD – 2011 DEUTSCH, REFERENZMANAGER.

Alle Funktionen des Programms können Sie in einem Dialogfeld ausführen (siehe Abbildung B.4).

- **Zeichnungen hinzufügen:** Mit dieser Schaltfläche bekommen Sie den Dateiwähler und können sich die Zeichnungen aussuchen, die Sie überprüfen möchten. Mit einer weiteren Abfrage können Sie festlegen, ob bei geschachtelten XRefs alle Ebenen oder nur die oberste Ebene überprüft werden soll. Danach erscheinen die Zeichnungen in der Liste links. Sind die Zeichnungssymbole mit einem roten Strich durchgestrichen, ist in der Zeichnung ein Fehler entdeckt worden.

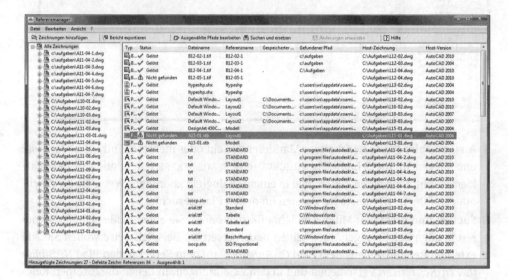

Abbildung B.4:
Der Referenzmanager

In der Liste rechts finden Sie die Dateien, die in der Zeichnung zugeordnet sind: Schriftdateien, externe Referenzen, Plotstil und Plotkonfigurationen. Aufgelistet werden der Typ und der Status. Klicken Sie links den Eintrag *Alle Zeichnungen* an, bekommen Sie rechts die Referenzen aller Zeichnungen (siehe Abbildung B.4), klicken Sie links eine Zeichnung an, bekommen Sie rechts nur die Referenzen dieser Zeichnung angezeigt. Klicken Sie in der linken Liste auf das »+« vor der Zeichnung oder doppelt auf den Zeichnungsnamen, wird die Struktur der Zeichnung eingeblendet. Jetzt können Sie dort wieder ein Symbol markieren, beispielsweise den Eintrag *Schrift*, dann sehen Sie in der rechten Liste nur die Zeichensätze, die in der markierten Zeichnung verwendet wurden (siehe Abbildung B.5).

Dort wo in der Spalte STATUS ein *Nicht gelöst* mit einem gelben Warnschild dahinter steht, wurde eine Referenz nicht gefunden. Wird in der Spalte STATUS *Gelöst* mit einem grünen Häkchen angezeigt, ist alles in Ordnung. Die entsprechende Datei wurde gefunden.

Dahinter steht der Dateiname und der Referenzname in der Zeichnung, beispielsweise die externe Referenz *A11-94-1.dwg* wird in der Zeichnung im Stil *L11-04.dwg* verwendet. Dahinter stehen der gespeicherte Pfad, der gefundene Pfad und die Host-Zeichnung; das ist die Zeichnung, in der die Datei verwendet wird (siehe Abbildung B.5).

Abbildung B.5:
Zeichensätze in einer Zeichnung

- **Ausgewählte Pfade bearbeiten:** Markieren Sie ein oder mehrere Einträge in der Liste und klicken auf die Schaltfläche AUSGEWÄHLTE PFADE BEARBEITEN, können Sie den markierten Einträgen einen neuen Pfad in einem Dialogfeld zuordnen. Wenn Sie die Zeichnungen öffnen, werden diese Dateien im neuen Pfad gesucht.
- **Suchen und ersetzen:** Mit dieser Schaltfläche können Sie einen Pfad suchen und diesen in allen Zeichnungen durch einen neuen ersetzen. Beispielsweise wollen Sie alle externen Referenzen aus dem Pfad *C:\Aufgaben* auf dem Server in den Pfad *N:\Bibliotheken\Referenzen* verschieben und in den Zeichnungen, in denen die externen Referenzen verwendet wurden, den Pfad korrigieren. Dann füllen Sie das Dialogfeld wie in Abbildung B.6 aus.

Abbildung B.6:
Suchen und ersetzen von Pfaden

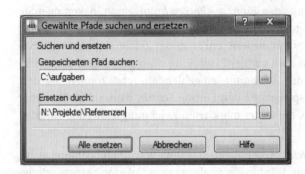

- **Änderungen anwenden:** Haben Sie Pfade geändert, dann können Sie die Änderungen mit dieser Schaltfläche in den Zeichnungen speichern.
- **Bericht exportieren:** Wollen Sie ein Protokoll der Änderungen, dann klicken Sie auf diese Schaltfläche. Das Protokoll wird in einer Excel-Datei (CSV-Format) erstellt.

Mit einem Rechtsklick in der linken Liste können Sie mit den Einträgen ZEICHNUNGEN ANZEIGEN und REFERENZEN ANZEIGEN im Kontextmenü die Darstellung ändern. Schalten Sie auf REFERENZEN ANZEIGEN um, wird links die Struktur der Referenzen aufgelistet. Markieren Sie beispielsweise den Referenztyp *Schrift* und darin die Textdatei *Romans*, finden Sie in der Liste rechts die Zeichnungen, in denen diese Schrift verwendet wurde (siehe Abbildung B.7).

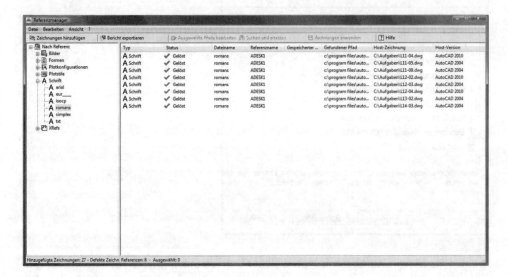

Abbildung B.7:
Anzeige nach Referenzen

B.3 Benutzerdefinierte Einstellungen migrieren

Sie haben alle Möglichkeiten des Programms genützt und AutoCAD entsprechend Ihren Anforderungen optimal angepasst. Jetzt kommt eine neue Version und alles soll wieder neu gemacht werden?

Nicht so bei AutoCAD und auch nicht bei AutoCAD LT! Bei der Installation stellt das Programm fest, dass eine vorherige Version installiert ist, und fragt an, ob die benutzerdefinierten Einstellungen migriert werden sollen (siehe Abbildung B.8). Haben Sie diese Funktion bei der Installation nicht ausgeführt, kann sie auch nachträglich gestartet werden. Wählen Sie dazu aus dem Startmenü:

- Wählen Sie aus dem Windows-Startmenü: START, ALLE PROGRAMME, AUTODESK, AUTOCAD – 2011 DEUTSCH, BENUTZERDEFINIERTE EINSTELLUNGEN MIGRIEREN, VON FRÜHEREM RELEASE MIGRIEREN.

Die Funktionen des Programms können Sie in einem Dialogfeld ausführen (siehe Abbildung B.8).

Abbildung B.8:
Migrieren der Einstellungen aus einer Vorgängerversion

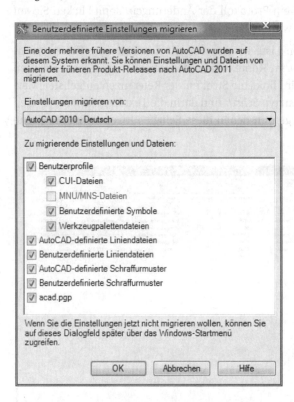

Wählen Sie in dem Abrollmenü, von welcher Version Sie migrieren möchten. Dort werden die Versionen angezeigt, die auf Ihrem PC installiert sind. Kreuzen Sie in der Liste darunter an, was Sie migrieren wollen. Mit OK wird die Migration gestartet. Wenn Sie danach AutoCAD wieder starten, haben Sie die neuen Einstellungen.

Benutzerdefinierte Einstellungen exportieren: Haben Sie einen Arbeitsplatz entsprechend Ihren Vorstellungen angepasst und wollen diese Einstellungen auf andere Arbeitsplätze übertragen, stehen Ihnen zwei weitere Dienstprogramme zur Verfügung. Sie können zum einen die benutzerdefinierten Einstellungen exportieren. Wählen Sie dazu:

- Windows-Startmenü; START, ALLE PROGRAMME, AUTODESK, AUTOCAD 2011 – DEUTSCH, BENUTZERDEFINIERTE EINSTELLUNGEN MIGRIEREN, BENUTZERDEFINIERTE EINSTELLUNGEN EXPORTIEREN

Sie bekommen ein Dialogfeld, in dem Sie lediglich noch wählen können, ob die Dateien in Netzlaufwerken mit einbezogen werden sollen (siehe Abbildung B.9). Wenn Sie mit OK bestätigen, werden alle angepassten Dateien in einer ZIP-Datei gespeichert.

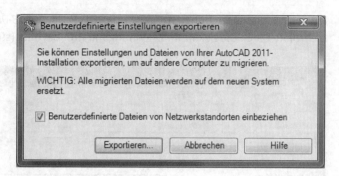

Abbildung B.9:
Benutzerspezifische Einstellungen exportieren

Benutzerdefinierte Einstellungen importieren: Die beim Export erzeugte Datei mit den Benutzereinstellungen können Sie an einem anderen Arbeitsplatz importieren. Wählen Sie dazu:

- Windows-Startmenü: START, ALLE PROGRAMME, AUTODESK, AUTOCAD 2011 – DEUTSCH, BENUTZERDEFINIERTE EINSTELLUNGEN MIGRIEREN, BENUTZERDEFINIERTE EINSTELLUNGEN IMPORTIEREN

Das Programm läuft ohne weitere Anfragen ab und zeigt Ihnen am Ende ein Protokoll an, aus dem eventuelle Fehler ersichtlich sind.

B.4 Autodesk Design Review

Mit dem Programm Autodesk Design Review 2011 können Sie 2D- und 3D-DWF-Dateien betrachten, markieren, darin messen und maßstabsgerecht ausdrucken. Das Programm wird automatisch bei der Installation von AutoCAD mit installiert. Das Programm kann aber auch für alle Arbeitsplätze, auf denen kein AutoCAD installiert ist, kostenlos von der Autodesk-Homepage heruntergeladen werden. Somit kann es an Arbeitsplätzen ohne AutoCAD ohne Lizenzgebühren verwendet werden. Damit lassen sich außerdem DWG- und DXF-Dateien sowie eine ganze Reihe von Bild- und Animationsdateien öffnen. Es ist somit der ideale Viewer für AutoCAD- und Bilddateien. Starten Sie Autodesk Design Review 2011:

- Startmenü: START, ALLE PROGRAMME, AUTODESK, AUTODESK DESIGN REVIEW 2011

Anzeige von 2D-Plänen

Das Programm hat wie AutoCAD einen Menübrowser, in dem Sie alle Funktionen zum Laden, Drucken usw. finden. Da es sich nur um einen Viewer handelt, können Sie geöffnete Dateien nicht im Originalformat speichern, sondern lediglich DWF- und DWFX-Dateien. Sie können damit aber AutoCAD-DWG-Dateien im DWF- oder DWFX-Format speichern und somit auch solche Dateien aus AutoCAD-Zeichnungen ohne AutoCAD erstellen.

Laden Sie aus dem Ordner *Aufgaben* die DWF-Datei *A18-02.dwf*. Sie bekommen eine Mehrblatt-Datei, die bekannte Zeichnung mit drei Layouts (siehe Abbildung B.10).

Abbildung B.10:
2D-DWF-Datei in Design Review

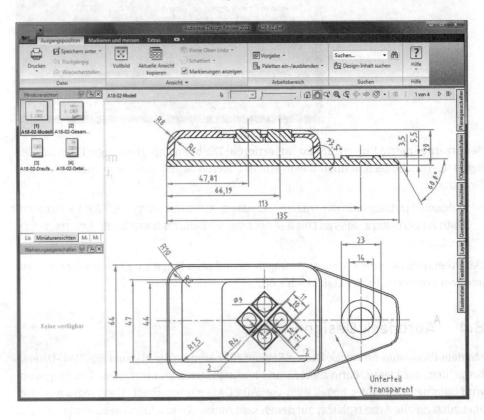

Mit den Pfeilen in der Symbolleiste oder mit einem Klick auf die Miniaturansichten links oben lassen sich die einzelnen Blätter anzeigen. Wie Sie beim Publizieren (siehe Kapitel 18.3) schon gesehen haben, können Sie nicht nur mehrere Layouts, sondern auch beliebig viele Zeichnungen in einer Mehrblatt-DWF-Datei publizieren.

Mit den Symbolen in der oberen Leiste oder aus dem Kontextmenü (mit Rechtsklick auf der Zeichnung) können Sie die gleichen Funktionen wie in AutoCAD wählen, einschließlich des Navigationsrads. Sie können aber auch mit dem Mausrad ebenfalls wie in AutoCAD navigieren.

Rechts neben dem Zeichnungsfenster finden Sie eine Registerleiste, in der die Objekte der DWF-Datei aufgeführt sind. Mit einem Klick auf ein Register, wird dieses eingeblendet. So lassen sich beispielsweise Layer in der DWF-Datei aus- und einblenden, gespeicherte Ansichten aktivieren usw. (siehe Abbildung B.11).

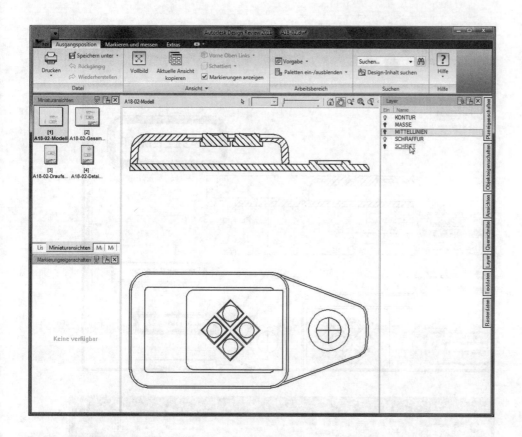

Abbildung B.11:
Layer-Leiste mit ausgeblendeten Layern

Markierung von Plänen

Wie Sie in Kapitel 18.4 gesehen haben, lassen sich Markierungen in AutoCAD zu der entsprechenden Zeichnung hinzuladen. In Autodesk Design Review werden sie erstellt. Laden Sie die Zeichnung *A18-04.dwf*, die enthält Markierungen. Schalten Sie dazu auf das Register MARKIEREN UND MESSEN der Multifunktionsleiste (siehe Abbildung B.12). Mit den Registern unterhalb des linken oberen Fensters lässt sich der Inhalt des Fensters umschalten. Klicken Sie auf MARKIERUNGEN, bekommen Sie diese in dem Fenster aufgelistet.

Anzeige von 3D-Modellen

Laden Sie die Zeichnung *A18-03.dwf*, ein 3D-Modell aus verschiedenen Einzelteilen.

Hier haben Sie die gleichen Werkzeuge zur Darstellung wie in AutoCAD: das Navigationsrad und den Orbit sowie in der Zeichenfläche den ViewCube (siehe Abbildung B.13). Im Register AUSGANGSPOSITION, Gruppe ANSICHT der Multifunktionsleiste haben Sie weitere Funktionen, um die Ansicht einzustellen.

Klicken Sie auf das Register MODELL unterhalb des linken oberen Fensters, können Sie die Einzelteile des 3D-Modells zu- und abschalten.

Abbildung B.12:
Markierungen erstellen und bearbeiten

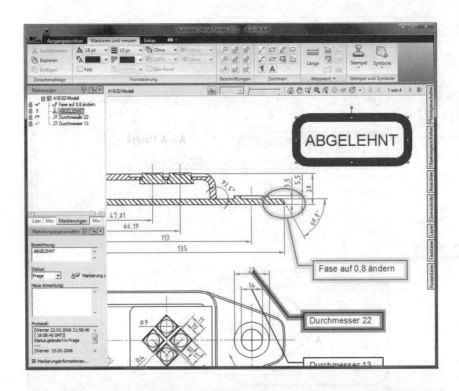

Abbildung B.13:
3D-Modell in Design Review

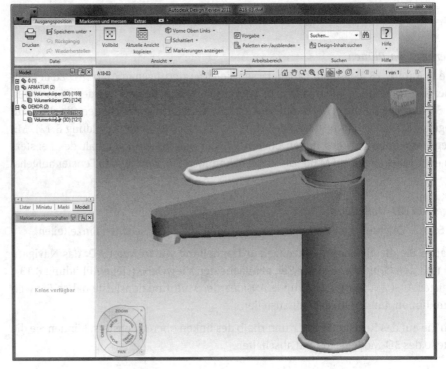

Im Register EXTRAS, Gruppe 3D-WERKZEUGE der Multifunktionsleiste finden Sie Werkzeuge, um Einzelteile des Modells zu verschieben und Schnitte durch das Modell zu legen (siehe Abbildung B.14). Die Schnitte bleiben in der Datei gespeichert und Sie können das Fenster QUERSCHNITTE mit der rechten Registerleiste einblenden und Schnitte aktivieren und deaktivieren.

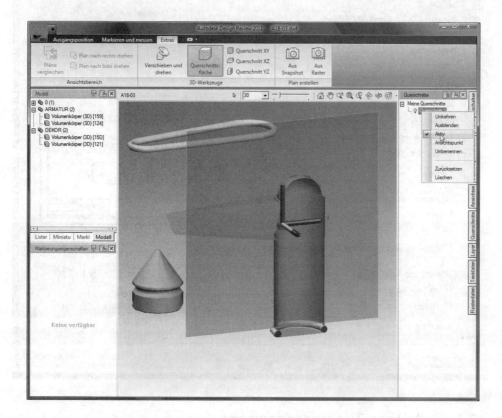

Abbildung B.14:
Modell zerlegt und geschnitten

Mit einem Symbol im Werkzeugkasten SCHNELLZUGRIFF bzw. mit Funktionen im Menübrowser lässt sich die Zeichnung plotten. Sie bekommen ein Dialogfeld (siehe Abbildung B.15).

Wählen Sie den Drucker und verändern eventuell noch dessen Eigenschaften und wählen dann Papierformat und -ausrichtung sowie Farb-, Schwarz-Weiß- oder Graustufenplot. Danach stellen Sie den Plotbereich ein: die ganze Seite oder die aktuelle Ansicht in Autodesk Design Review. Wählen Sie jetzt, was geplottet werden soll: nur der aktuelle Plan oder bestimmte Seiten. Jetzt fehlt noch die Zahl der Exemplare und der Maßstab (fester Maßstab oder an Seite angepasst). Stellen Sie auch diese Werte ein. Wenn Sie mehrere Pläne gewählt haben und Sie unterschiedliche Einstellungen wollen, können Sie mit den Pfeiltasten unter dem Voransichtsbild weiterschalten und die Einstellung für die anderen Pläne vornehmen. Zu guter Letzt klicken Sie auf OK und der Plan oder mehrere Pläne werden gedruckt.

Abbildung B.15:
Plot-Dialogfeld in Design Review

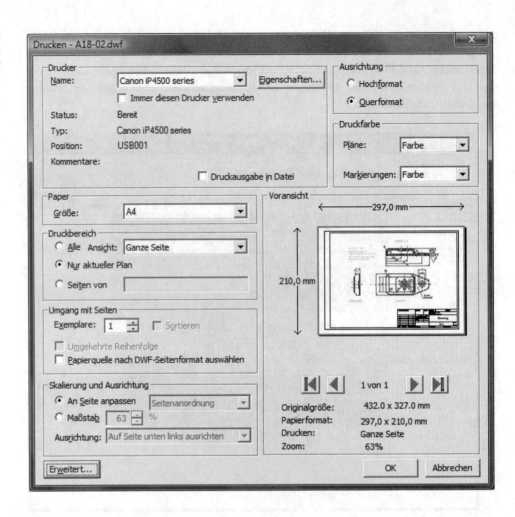

B.5 Weitere Zusatzprogramme

Auf der Autodesk-Homepage www.autodesk.de finden Sie noch eine Reihe nützlicher Programme und Tools, die Sie ebenfalls auf der Übungs-CD zu diesem Buch finden.

DWG-TrueView
Mit dem Programm DWG-TrueView können Sie DWG- und DXF-Dateien ohne AutoCAD öffnen. Sie haben die gleiche Oberfläche wie in AutoCAD und können auf Layouts, Ansichten und Layer zugreifen. Auch die Druckfunktionen sind mit denen in AutoCAD identisch. So lassen sich Zeichnungen maßstabsgerecht plotten. Trotzdem ist davon abzuraten, DWG-Dateien außer Haus zu geben – auch dann, wenn Sie mit dem DWG-Viewer eingesehen und gedruckt werden können. Vor allem bei 3D-Modellen geben Sie alle Informationen außer Haus.

DWF-Writer

Wenn Sie den DWF-Writer installieren, haben Sie danach einen weiteren Drucker auf Ihrem Arbeitsplatz. Damit können Sie aus allen Anwendungen DWF-Dateien erstellen. Wie beim Erstellen von PDF-Dateien drucken Sie das Dokument mit dem Drucker *Autodesk DWF Writer*. Geben Sie nur noch den Namen der Datei an, in der die Informationen gespeichert werden sollen.

B.6 AutoCAD Express Tools

In AutoCAD 2011 ist eine große Anzahl sehr nützlicher Zusatzprogramme enthalten. Falls Sie beim Setup von AutoCAD die Installation der Express Tools gewählt haben, sind diese Programme installiert. Sonst können Sie diese auch nachträglich hinzufügen, indem Sie erneut das Setup auf der CD starten und die Funktionen dazu installieren. Nach erfolgreicher Installation erscheint ein zusätzliches Register EXPRESS TOOLS (siehe Abbildung B16, oben, alle Gruppen erweitert) in der Multifunktionsleiste bzw. ein Menü EXPRESS in der AutoCAD-Menüleiste (siehe Abbildung B16, unten, mit den verfügbaren Werkzeugkästen). Leider hat man sich nicht die Mühe gemacht, die Funktionen zu übersetzen. Das Abrollmenüs EXPRESS und der Programmdialog sind in englischer Sprache.

So können Sie die Funktionen wählen:

- Multifunktionsleiste: Register EXPRESS TOOLS
- Menüleiste EXPRESS, Untermenüs für die einzelnen Funktionen
- Werkzeugkästen EXPRESS TOOLS

Sollte das Menü EXPRESS bei Ihnen in der Menüzeile nicht sichtbar sein, obwohl sie installiert sind, dann tippen Sie in der Befehlszeile *Expresstools* ein. Die Express-Tools-Bibliotheken werden geladen und das Menü EXPRESS wird in die Menüleiste bzw. im Menübrowser eingefügt.

Folgende Untermenüs im Abrollmenü EXPRESS bzw. folgende Werkzeugkästen oder Flyout-Menüs stehen zur Verfügung:

Untermenü bzw. Gruppe Blocks

- **List Xref/Block Properties:** Listet Objekttyp, Blocknamen, Layer-Namen, Farbe und Linientyp eines verschachtelten Objekts in einem Block oder in einer XRef auf.
- **Copy Nestet Objects:** Kopiert Objekte, die in einer XRef oder einem Block verschachtelt sind.
- **Trim to nestet Objects:** Stutzt Objekte, wobei Elemente eines Blocks als Schnittkanten verwendet werden können. Ein alter Hut, der seit AutoCAD 2002 schon in den normalen AutoCAD-Funktionen funktioniert.
- **Extend to nestet Objects:** Dehnt Objekte, wobei Elemente eines Blocks als Grenzkanten verwendet werden können. Auch das ist nichts Neues.
- **Explode Attributes to Text:** Wandelt Attribute in Text um.

Anhang B • Zusatzprogramme

- **Convert Shapes to Block:** Wandelt Symbole in Blöcke um. Symbole sind einfache geometrische Objekte, die in Symboldateien definiert werden. Sie wurden in früheren Versionen häufig statt Blöcken verwendet.
- **Export Attribute Information:** Exportiert die Attribute ausgewählter Blöcke in eine einfache Textdatei.
- **Import Attribute Information:** Importiert die geänderte Textdatei in die vorher exportierten Attribute.
- **Convert Block to Xref:** Konvertiert einen Block in der Zeichnung in eine externe Referenz. Der Block wird in einer Datei mit wählbarem Namen und Pfad gespeichert und als XRef eingefügt.
- **Replace Block with another Block:** Ersetzt einen wählbaren Block in der Zeichnung durch einen anderen Block.

Abbildung B.16: Express Tools in der Multifunktionsleiste und in der Menüleiste

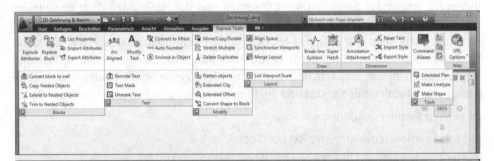
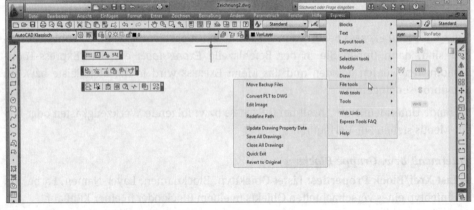

Untermenü bzw. Gruppe Text

- **Remote Text:** Ferne Textobjekte (RText-Objekte) werden wie normaler Text bzw. Textabsätze platziert. Der Text wird jedoch aus einer ASCII-Textdatei oder in einem Texteditor eingegeben.
- **Fit Text:** Passt den gewählten Text ein, indem ein neuer Startpunkt bzw. Endpunkt gewählt werden kann.

- **Text Mask:** Mit dieser Funktion kann ein unsichtbarer Kasten um einen bestehenden Text gezogen werden, der den Hintergrund verdeckt. So bleiben Texte lesbar, ohne dass Linien gestutzt werden müssen, die durch den Text laufen.
- **Unmask Text:** Entfernt eine Maske wieder von einem Textobjekt.
- **Explode Text:** Zerlegt einen Text in Linien- und Bogensegmente. Diese Funktion eignet sich, einen Text einem Schriftzug anzupassen.
- **Convert Text to MText:** Wandelt eine oder mehrere Textzeilen in MText.
- **Arc-aligned Text:** Richtet einen eingegebenen Text an einem gewählten Bogen oder Kreis aus. Dabei können im Dialogfeld die Formatierungs-Einstellungen vorgenommen werden.
- **Justify Text:** Neuausrichtung eines Textes, ist seit AutoCAD 2002 bereits im Befehl ZENTRTEXTAUSR enthalten.
- **Rotate Text:** Drehen mehrerer Textobjekte in wählbarem Winkel oder in ihre Normallage um ihren Einfügepunkt.
- **Enclose Text with Objects:** Einrahmen von wählbaren Texten in ein Rechteck, Oval oder einen Kreis.
- **Automatic Text numbering:** Automatische Nummerierung von Texten. Startnummer und Inkrement sowie Position der Nummer sind wählbar.
- **Change Text Case:** Umwandlung der Textschreibweise in Groß- oder Kleinschreibung, Invertierung von Groß- und Kleinschreibung usw.

Untermenü bzw. Gruppe Modify

- **Multiple Object stretch:** Diese Funktion arbeitet wie der Befehl STRECKEN, er ermöglicht es jedoch, mehrere Kreuzen-Fenster oder Kreuzen-Polygone anzugeben.
- **Move/Copy/Rotate:** Verschiebt, kopiert, dreht und skaliert Objekte in einem Befehl.
- **Extended Clip:** Schneidet XRefs bzw. Bilder an Polylinien, Kreisen, Bögen, Ellipsen oder Textobjekten zu.
- **Convert Shape to Block:** Konvertiert ein Symbol in einen Block (siehe oben).
- **Draw Order by Color:** Dialogfeld zur Bestimmung der Anzeigereihenfolge nach der Farbe. Diese können in einer Liste angeordnet werden.
- **Delete duplicate objekts:** Löschen übereinander liegender Objekte. In einem Dialogfeld können die Regeln dazu vorgegeben werden.
- **Flatten:** Projektion eines 3D-Objekts auf die aktuelle Ansichtsebene.
- **Multiple Copy:** Mehrfach-Kopierbefehl mit erweiterten Optionen.
- **Extended Offset:** Befehl VERSETZ für mehrere Objekte.

Untermenü bzw. Gruppe Layout

- **Align Space:** Korrigiert Zoom-Faktor und Ausrichteposition in verschiedenen Ansichtsfenstern.
- **Synchronize Viewports:** Ansichtsfenster mit einem Master-Ansichtsfenster synchronisieren. Änderungen des Zoom-Faktors im Master Ansichtsfenster werden in den anderen nachgeführt.

- **List Viewport Scale:** Anzeige des Maßstabs eines Ansichtsfensters.
- **Merge Layouts:** Fasst verschiedene Layouts zu einem gemeinsamen Layout zusammen.

Untermenü bzw. Gruppe Draw
- **Break Line Symbol:** Zeichnen einer Unterbrechungslinie.
- **Super Hatch...:** Die Funktion arbeitet ähnlich wie die normale Schraffur. Es können aber als Schraffurmuster Bilder, Blöcke, XRefs oder Wipeout-Objekte (aus Bildern ausgeschnittene Objekte) verwendet werden.

Untermenü bzw. Gruppe Dimension
- **Attach Leader to Annotation:** Hängt eine Führungslinie an MText, Toleranzen oder Blöcke an.
- **Detach Leader to Annotation:** Löst die Führungslinie von MText, Toleranzen oder Blöcken.
- **Global Attach Leader to Annotation:** Weist Führungslinien global MText, Toleranzen oder Blöcken zu.
- **Dimstyle Export...:** Exportiert benannte Bemaßungsstile und alle zugehörigen Einstellungen in eine Datei *(*.dim)*.
- **Dimstyle Import...:** Importiert benannte Bemaßungsstile aus einer Datei *(*.dim)* in die aktuelle Zeichnung.
- **Reset Dim Text Value:** Wiederherstellung eines überschriebenen Maßtextes.

Untermenü bzw. Gruppe Tools
- **Command Alias Editor...:** Editor zur Bearbeitung der Datei *Acad.pgp* (siehe Kapitel 24).
- **System Variable Editor...:** Editor zur Bearbeitung der Systemvariablen.
- **Make Linetype:** Speichert einen Linientyp in einer Linientypdatei. Dabei kann ein Objekt aus Linien, Texten und Symbolen in der Zeichnung gewählt werden, das den Linientyp darstellt.
- **Make Shape:** Symbole (nicht zu verwechseln mit Blöcken) können nur relativ aufwendig in einer Textdatei definiert werden. Das Verfahren wurde in diesem Buch nicht beschrieben. Mit dieser Funktion wird eine Symboldatei mit der Symboldefinition aus gezeichneten Objekten automatisch erstellt.
- **Real-Time UCS:** Dreht das Benutzerkoordinatensystem dynamisch mit dem Mauszeiger.
- **Attach Xdata:** Weist einem ausgewählten Objekt erweiterte Elementdaten (Extended Entity-Daten, Xdaten) zu.
- **List Object Xdata:** Listet die einem Objekt zugewiesenen Xdaten (Extended Entity-Daten) auf.
- **Extended Plan:** Befehl DRSICHT mit erweiterten Funktionen.

- **DWG Editing Time:** Stoppuhr setzen, zurücksetzen und anzeigen. Gemessen wird die Bearbeitungszeit. Die Stoppuhr hält nach einer bestimmten Zeit der Inaktivität an, deren Größe vorgegeben werden kann. So lässt sich eine realistischere Bearbeitungszeit ermitteln als mit dem Befehl ZEIT.

Untermenü bzw. Gruppe Web Tools
- **Show URLs:** Zeigt eine Liste aller Hyperlinks in der aktuellen Zeichnung in einer Liste an. Per Doppelklick wird das Objekt in der Zeichnung angezeigt, dem dieser Hyperlink zugeordnet ist. Außerdem kann der Hyperlink editiert und ersetzt werden.
- **Change URLs:** Änderung eines Hyperlinks durch Anklicken des Objekts, dem der Hyperlink zugeordnet ist.
- **Find and Replace URLs:** Suchen und ersetzen von Hyperlinks in der Zeichnung.

Funktionen auf der Befehlszeilenebene
Eine Reihe weiterer Funktionen sind nicht in das Menü integriert. Sie können nur auf der Tastatur eingegeben werden:

- **Block?:** Listet die Objekte in einer Blockdefinition auf.
- **Bcount:** Ermittelt für jeden Block in den ausgewählten Objekten oder in der gesamten Zeichnung die Anzahl der Einfügungen und zeigt sie in tabellarischer Form an.
- **Extrim:** Stutzt alle Objekte an einer Kante, die durch Polylinie, Linie, Kreis, Bogen, Ellipse, Text, Mtext oder Attribut definiert werden kann.
- **Gatte:** Ersetzt global Attributwerte für alle Blockeinfügungen eines bestimmten Blocks.
- **Mpedit:** Funktionen wie Befehl PEDIT, aber auf mehrere Polylinien anwendbar.
- **Overkill:** Löscht Objekte, die sich unnötig überlagern.
- **Tframes:** Schaltet die Anzeige von Wipeout- und Bildrahmen ein oder aus. Wenn die Rahmen eingeblendet sind, werden sie mit diesem Befehl ausgeblendet und umgekehrt.

Anhang C
Befehle und Systemvariablen

Im der AutoCAD-Hilfe finden Sie alle Befehle von AutoCAD ausführlich beschrieben, sodass hier auf eine komplette Befehlsreferenz verzichtet wird. Diese finden Sie aber als PDF-Datei auf der CD zu diesem Buch.

C.1 Befehle verwenden

Eine Reihe von AutoCAD-Befehlen arbeitet auf unterschiedliche Arten. Werden die Befehle ohne Zusatz mit ihrem Namen aufgerufen, können die Funktionen des Befehls in Dialogfeldern gewählt werden. Setzt man dagegen vor den Befehlsnamen das Zeichen – (Bindestrich), werden sie im Befehlszeilenfenster abgearbeitet. In Menümakros, Skript-Dateien oder in AutoLisp-Befehlen werden diese Befehle immer im Befehlszeilenfenster abgearbeitet, hier muss kein Zeichen vorangestellt werden.

Ruft ein Befehl ein Dialogfeld mit mehreren Registerkarten auf, kann er aus dem Menü mit dem richtigen Register aufgerufen werden. Starten Sie ihn mit dem vorangestellten Zeichen »+« und einer angehängten Zahl für das entsprechende Register (0 bis n), z.B.: +AFENSTER 0 oder +AFENSTER 1.

Transparente Befehle sind durch ' (Apostroph) gekennzeichnet. Transparente Befehle können während der Arbeit mit einem anderen Befehl aufgerufen werden, ohne den laufenden Befehl abbrechen zu müssen. Nach dem Beenden des transparenten Befehls wird der unterbrochene Befehl fortgesetzt.

Die Systemvariable FILEDIA legt fest, ob bei Befehlen, die einen Dateinamen erfordern, der Dateiwähler verwendet wird:

- **Filedia = 0:** Dialogfelder werden nicht angezeigt. Sie können aber den Dateiwähler anfordern, wenn Sie bei der Eingabeaufforderung für den Befehl eine Tilde (~) eingeben. Dasselbe gilt für AutoLISP- und ADS-Funktionen.
- **Filedia = 1:** Dateiwähler wird angezeigt. Wenn der Befehl aber in einer Skript-Datei oder in einem AutoLisp-Programm verwendet wird, gibt AutoCAD eine normale Eingabeaufforderung aus.

C.2 Befehle im Hilfe-Fenster

Zu jedem Befehl bekommen Sie ausführliche Unterstützung in der AutoCAD-Hilfe. Wählen Sie dazu im Hilfe-Fenster den Begriff BEFEHLE (siehe Abbildung C.1).

Abbildung C.1: Startseite der AutoCAD-Hilfe

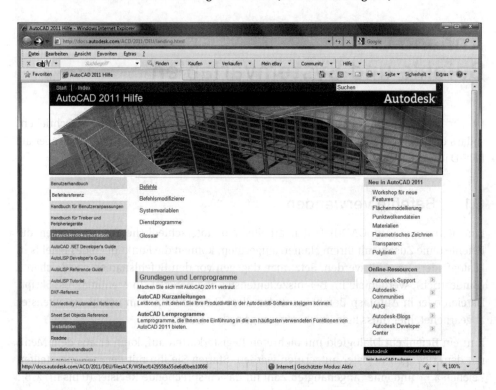

Sie bekommen in einem weiteren Fenster eine Themenliste mit den Befehlen, gruppiert nach dem Anfangsbuchstaben des Befehls. Klicken Sie auf den entsprechenden Buchstaben, bekommen Sie im nächsten Fenster die Liste der Befehle mit diesem Anfangsbuchstaben (siehe Abbildung C.2).

Klicken Sie auf den entsprechenden Befehl, kommt die Erläuterung zu dem Befehl (siehe Abbildung C.3).

Befehle im Hilfe-Fenster

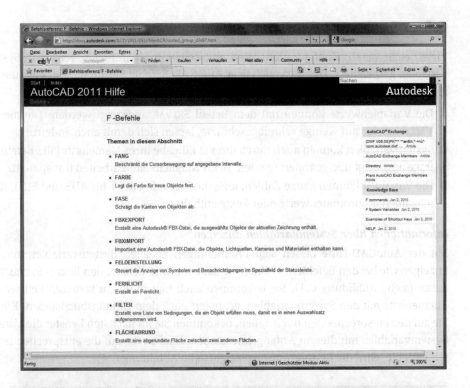

Abbildung C.2:
Befehlsliste für einen Anfangsbuchstaben in der AutoCAD-Hilfe

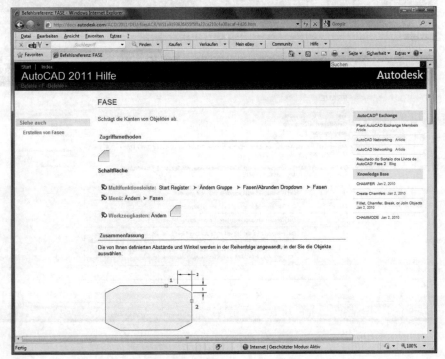

Abbildung C.3:
Beschreibung zu einem Befehl im Hilfe-Fenster

C.3 Systemvariablen

Viele Zeichenmodi, Konfigurationsdaten und Zeichnungsparameter werden in Systemvariablen gespeichert. Die Wirkung vieler AutoCAD-Befehle beruht darauf, dass die entsprechende Systemvariable geändert wird.

- Die Variablenwerte können mit dem Befehl SETVAR angezeigt werden. Die meisten Variablen, bis auf wenige schreibgeschützte, lassen sich damit auch ändern.
- Systemvariablen können auch durch direkte Eingabe ihres Namens auf die Befehlsanfrage angezeigt und geändert werden. Beide Möglichkeiten arbeiten transparent.
- Die Variablen können ganze Zahlen, logische Werte (0 oder 1 für AUS und EIN), Kommazahlen, Koordinatenwerte oder Texte enthalten.

INFO

Informationen über Systemvariablen anzeigen

Mit der AutoCAD-Hilfe lassen sich Erläuterungen zu allen Systemvariablen genauso anzeigen wie bei den Befehlen. Wählen Sie dazu im Hilfe-Fenster den Begriff SYSTEMVARIABLEN (siehe Abbildung C.1). Sie bekommen auch hier in einem weiteren Fenster eine Themenliste mit den Systemvariablen, gruppiert nach dem Anfangsbuchstaben. Klicken Sie auf den entsprechenden Buchstaben, bekommen Sie im nächsten Fenster die Liste der Systemvariablen mit diesem Anfangsbuchstaben. Klicken Sie auf die entsprechende Systemvariable, wird die Erläuterung angezeigt (siehe Abbildung C.4).

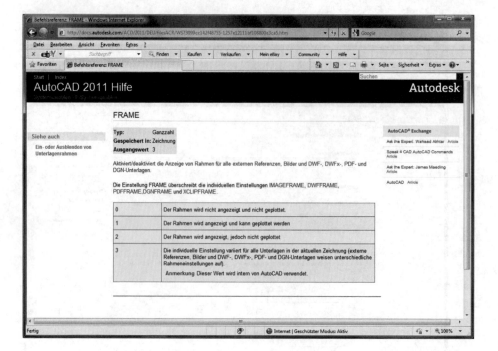

Abbildung C.4: Beschreibung zu einer Systemvariablen im Hilfe-Fenster

Stichwortverzeichnis

!

%%c 253
%%d 253
%%nnn 253
%%o 254
%%p 253
%%u 254
(Strg) + 1 542
(Strg) + 3 576
(Strg) + 4 1054
(Strg) + C 594, 595
(STRG) + K 741
(Strg) + R 663
(Strg) + V 595
(Strg) + X 594
*.pat 320
*.wmf 717
 92
2D- und 3D-Schnitte 873
2D-Ansicht 870
3 Punkte
    Befehl Kreis 84
3D-Ansichten 781
3Dausrichten 827
3Dbearbleiste 920
3Dconnexion 819
3D-Drehen 822
3D-Druck 883
3Ddruck 884
3D-DWF 716
3ddwf 730
3D-DWFx 716
3D-Editierfunktionen 783
3Dflug 970
3dforbit 814
3D-Koordinatenformate 773
3D-Maus 819
3D-Modellierung
    Befehl Optionen 1093
3Dnav 970
3D-Objektfang 916
3dorbit 813
3dorbitfortl 815
3Dreihe 825
3Drotate 822
3D-Schieben 821
3dschnitt 815
3DS-Format 718
3Dskal 823
3D-Spiegeln 823
3dspiegeln 823
3D-Techniken 771

A

Abdecken 331
Abflach 870
Abfrage 230
Abfragetabelle 996
Abgestimmte Layer 757
Abhängiger Orbit 813
Abhängigkeiten beim Zeichnen 693
Abhängigkeiten-Einstellungen 694, 701
Abhängigkeitenleisten 694
Abhängigkeitsstatus-Kontrolle 1003
Abhängigkeitsstatus 1003
Abi 1023
Abrufparameter 996
Abrunden 185, 264

Stichwortverzeichnis

Abrundkante 846
Absatztext 395
    Ausrichtung 401
    Spalten 402
Abschluss
    Befehl Dlinie 293
Absolute Koordinaten 92
Abstand 817
    Befehl Fase 187
    Befehl Versetz 178
    Konstruktionslinie 190
Abstand messen 231
Abstandsangabe 101
Abstandstoleranz 323
Abstuf 326
Abstufung 326
Acad.dwt 173
Acad.fmp 715
Acadiso.dwt 173
Acadlt.dwt 173
Acadltiso.dwt 173
Achsen
    Befehl Apunkt 781
Achsenendpunkt
    Befehl Ellipse 276
Achslinie
    Befehl Dlinie 293
ACIS-Format 717
Adaptives Raster 114, 804
Adcenter 564
Adcschließen 564
Addieren
    Fläche 234
Addselected 554
Adobe 734
Ähnliche auswählen 553
Afenster 645, 649, 659, 795
Afmax 667
Afmin 667
Afzuschneiden 660
Aktionsmakros 581
Aktionsrekorder 581
Aktualisieren
    Bemaßung 379

Aktuelle Farbe 153
Aktuelle Linienstärke 154
Aktuelle Objektskalierung 152
Aktuelle Transparenz 155
Aktueller Layer 139
Alle
    Objektwahl 107
Allewiederherst 738
Als Block einfügen 595
Alt + F4 77
Alternativeinheiten 365
AltGr + Q 92
Analyseoptionen 922
Angenommener Schnittpunkt 124, 788
Anhang 487, 516, 529, 532, 534
Anheben 838
Animationen 970
Anordnung 1001
Anpassung
    Werkzeugpaletten-Fenster 1016, 1019
Anpassungsdateien 1035
Anpassungsdaten
    Befehl Splinedit 274
Anschlüsse Plotter 626
Ansichtsfenster 795
    Layout 657
    minimieren 667
    Modellbereich 645
Ansichtsfensterabstand 658
Ansichtsoptionen 579
Anzeige
    Befehl Optionen 1080
Apunkt 780
Arbeitsbereich 51, 1040
Arbeitsbereicheinstellungen 52
Assoziativ
    Schraffur 321
Assoziative Bemaßung 237
Attdef 463
Attdia 468
Attedit 472
Attext 484
Attreq 468

Attribut 462
    Anzeige 469
    definieren 463
    Definition ändern 466
    Eingabe 467
Attributanzeige 469
Attributsextraktion 484
Attsync 476
Attzeig 469
Aufgaben.exe 28
Aufgezeichnete Navigation 981
Auflisten 235
Auflösung 29
Aufpräg 858
Aufprägen 864
Ausblenden 112
Ausgewähltes hinzufügen 553
Ausgezogen
    Befehl Sbem 345
Ausrichten 826
    Befehl Dtext 248
    Befehl Mtext 396
Ausschneiden 594
Ausschnitte 217
Ausschnt 217, 783
Auswahl
    Befehl Optionen 1095
Auswahl anzeigen
    Schraffur 317
Autoabhäng 690
AutoCAD-Bildschirm 31
AutoCAD-Design-Center 564
Autodesk Design Review 731
Autodesk-Bibliothek 941, 948
Automatische Speicherung 158
Automatisches DWF-Publizieren 1086
AutoSnap 121
AutoSpool 623
AutoStack 400

B

Backup-Datei 158
BAK 158
Bakonvertier 705
Basis 456
Basislinie
    Befehl Sbem 345
Basislinienabstand 356
Basispunkt
    Befehl Block 451
    Griffe 559
    Objektfang 124
Battman 473
Bbearb 986
Bearbeiten
    Befehl Sbem 347
Bedienelemente 31
Beenden 77
Befehl 381
    3Dausrichten 827
    3Dbearbleiste 920
    3Ddruck 884
    3ddwf 730
    3Dflug 970
    3dforbit 814
    3Dnav 970
    3dorbit 813
    3dorbitfortl 815
    3Dreihe 825
    3Drotate 822
    3D-Schieben 821
    3dschnitt 815
    3Dskal 823
    3dspiegeln 823
    Abdecken 331
    Abflach 870
    Abi 1023
    Abrunden 185, 264
    Abrundkante 846
    Abstuf 326
    Adcenter 564
    Adcschließen 564

Stichwortverzeichnis

Addselected 554
Afenster 645, 649, 659, 795
Afmax 667
Afmin 667
Afzuschneiden 660
Allewiederherst 738
Analyseoptionen 922
Anhang 487, 516, 529, 532, 534
Anheben 838
Apunkt 780
Attdef 463
Attedit 472
Attext 484
Attsync 476
Attzeig 469
Aufpräg 858
Ausrichten 826
Ausschneiden 594
Ausschnt 217, 783
Autoabhäng 690
Bakonvertier 705
Basis 456
Battman 473
Bbearb 986
Befehlszeile 58
Befehlszeileausbl 58
Bemausg 240
Bembasisl 242
Bembogen 343
Bemdurchm 244
Bemedit 378
Bementassoz 376, 676
Bemgeom 230
Bemlinear 238
Bemmittelp 351
Bemordinate 341
Bemplatz 382
Bemradius 244
Bemreassoz 376, 676
Bemstil 354
Bemtedit 378
Bemüberschr 379
Bemverklinie 381
Bemverkürz 344

Bemweiter 242
Bemwinkel 245
Bereinig 461
Berwechs 671
Beschrzurück 447
Bildanpassen 523
Bildqualität 524
Bildrahmen 525
Bildschberein 223
Bildzuordnen 516
Bildzuschneiden 525
BKS 197, 788
BKSman 202, 791
Block 450
Blockeinfüg 595
Blocksymbol 573
Bogen 193
Bruch 298
Clipeinfüg 595
Convertctb 643
Convertpstile 643
Copyclip 594
Cui 1023
Datenextrakt 476, 735
Datenverkn 433
Ddedit 255, 410, 466
Ddptype 295
Ddvpoint 782
Dehnen 183
Dgnanhang 532
Dicke 842
Differenz 337, 844
Dlinie 292
Drehen 207
Dtext 248
Dwfanhang 529
Dwgeigen 589
Dxbin 719
Eattedit 470
Eiganpass 554
Eigenschaften 542
Einfüge 457
Einheit 91
Ellipse 275

Stichwortverzeichnis

Erhebung 778
Etransmit 744
Export 716, 883
Exportdwf 725
Exportdwfx 725
Exportlayout 674
Exportpdf 722
Extrusion 833
Farbe 153
Fase 186, 264
Fernlicht 965
Flächeabrund 909
Flächeflick 912
Flächeform 910
Flächemisch 911
Flächenetz 907
Flächestutz 908
Flächestutzaufheb 909
Flächeverläng 910
Flächeversetz 914
Freinetz 966
Füllen 261, 328
Gefastekante 845
Geometrieprojizieren 912
Gruppe 507, 510
Gschraff 225, 313, 325
Helix 837
Hoppla 112
Id 230
Import 716
Imwebpublizieren 749
Inflächkonv 842
Inhalteinfüg 597
Inkörpkonv 842
Jpgexp 721
Kamera 952
Kantob 892
Kappen 847
Klickziehen 853
Klinie 189
Kopiebasisp 594
Kopieren 206
Kopieverknüpfen 595
Kreis 84

Ksentf 921
Kshinzu 921
Ksich 156
Länge 216
Layer 137
Laykonv 759
Layout 651
Licht 964
Limiten 97
Linie 82
Linientyp 150
Liste 235
Löschen 104
Lstärke 148, 154
Masseig 335, 870
Matanhang 943
Matmap 950
Mbereich 662
Menü 1039
Menülad 1039
Messen 296
Mführausr 385
Mführsammeln 386
Mführung 383
Mführungsstil 387
Mledit 290
Mlinie 289
Mlstil 285
Mtext 395
Netzabschluss 902
Netzlicht 965
Neu 79
Neuzall 222, 670
Neuzeich 222
Objeinf 597
Öffnen 38
Oleverkn 601
Optionen 110, 1078
Origeinfüg 596
Pan 61
Pbereich 662
Pdfanhang 534
Pedit 265
Planfläche 907

Stichwortverzeichnis

Plinie 260
Plot 608
Plotdetailszeig 615
Plotstil 641
Plottermanager 621
Pngout 721
Polygon 277
Prüfbem 350
Prüfstandards 765
Prüfung 739
Publizieren 726
Punkt 295
Punktlicht 964
Punktwolkenindex 537
Punktwolkenzuordnung 536
Querschnitt 872
Quit 77
Rechteck 85
Rechtschreibung 411
Refbearb 502
Refclose 505
Refset 505
Regelob 891
Regen 222
Regenall 223, 670
Region 334
Reihe 300
Reinst 932
Renderschnitt 926
Revdate 282
Revwolke 281
Ring 277
Rotation 835
Rotob 889
Sauswahl 549
Sbem 345
Schieben 209
Schnebene 873
Schnellcui 1021
Schnellkal 308
Schnittmenge 337, 844
Schraffedit 227
Schriftfeld 417
Seiteneinr 618

Selectsimilar 553
Setvar 353
Shade 794
Sichals 156
Skaltext 410
Skizze 279
Solans 878
Solprofil 877
Solzeich 882
Sonneneigensch 961
Spiegeln 209
Spirale 278
Spline 272
Splinedit 274
Spotlicht 964
Standards 764
Status 236
Stil 407
Strahl 190
Strecken 213
Stutzen 180
Suchen 414
Sweep 836
Tabelle 422
Tabellenstil 428
Tabob 890
Teilen 297
Textnachvorn 330
Tifexp 721
Toleranz 348
Transparenz 524
Überlag 848
Üfenster 63
Umbenenn 563
Umdreh 272
Umgrender 939
Umgrenzung 332
Ursprung 261, 460
Varia 212
Verbinden 299
Verdeckt 793
Vereinig 336, 844
Versetz 178, 264
Volkörperbearb 860

Voransicht 619
Wahl 109
Wblock 454
Werkzpaletten 576
Werkzpalettenschl 576
Wherst 738
Wmfopt 717
Xbinden 497
Xkanten 865
XRef 519
Xzuordnen 487
Xzuschneiden 498
Z 103
Zchngwdherst 739
Zeicheinst 113, 116, 122, 306, 916, 1102
Zeichreihenf 329
Zeit 236
Zentrtextausr 411
Zlösch 103
Zoom 59
Zurücknehmen 103
Zuschneiden 499
Befehlsabbruch 55
Befehlsdialog 53
Befehlskürzel 54
Befehlsreferenz 1126
Befehlszeile 58
Befehlszeileausbl 58
Befehlszeilenfenster 53, 58
    transparent 53
Begrüßungsbildschirm 75, 1075
Beispielplansatz 1065
Bemaßungsabhängigkeiten 698
Bemaßungseingabe 102
Bemaßungslinie 356
Bemaßungsskalierung 365
Bemaßungsstil 237, 354, 369
Bemaßungsunterbrechung 381
Bemaßungsvariablen 353
Bemausg 240
Bembasisl 242
Bembogen 343
Bembruch 381
Bemdurchm 244

Bemedit 378
Bementassoz 376, 676
Bemgeom 230
Bemlinear 238
Bemmittelp 351
Bemordinate 341
Bemplatz 382
Bemradius 244
Bemreassoz 376, 676
Bemstil 354
Bemtedit 378
Bemüberschr 379
Bemverklinie 381
Bemverkürz 344
Bemweiter 242
Bemwinkel 245
Benannte Ansichten 933
Benannte Ansichtsfenster 648
Benannte Ausschnitte 217
Benannte Objekte 495
    Binden 497
Benannte Plotstiltabellen 634
Benanntes BKS 202
Benutzerdefinierte Einstellungen 1111, 1112
Benutzereingabe 586
Benutzereinstellungen
    Befehl Optionen 1088
Benutzerkoordinatensymbol 793
Benutzerkoordinatensystem 90, 197, 788
Benutzermeldung 586
Benutzeroberfläche 1024, 1033
Benutzerspezifisch
    Papiergrößen 629
    Schraffurmuster 320
Bereich wechseln 671
Bereinig 461
Berwechs 671
Beschriften 247
Beschriftungsmaßstab 443, 681
Beschriftungsobjekte 438, 681
Beschrzurück 447
Bewegungspfad-Animation 974
Bewegungstyp 981

Bezug
    Befehl Drehen 208
    Befehl Varia 212
    Griffe 560
Bezugsmaße 242
Bezugspunkt
    Befehl Sbem 347
Big Font 408
Bild
    bearbeiten 522
    zuschneiden 525
Bildanpassen 523
Bilddateien 515
Bildlaufleisten 65
Bildqualität 524
Bildrahmen 525
Bildschberein 223
Bildschirm bereinigen 223
Bildzuordnen 516
Bildzuschneiden 525
Binden
    Befehl XRef 496
BKS 90, 197, 788
BKSman 202, 791
BKS-Manager 202
BKS-Symbol 199
Block 449, 450
    bearbeiten 502
    zuschneiden 498
Blockattribut-Manager 473
Blockdefinition 449
Blockeditor
    dynamische Blöcke 985
Blockeditor-Einstellungen 1003
Blockeinfüg 595
Blockeinheiten 453
Blockreferenz 449
Blocksymbol 573
Blocktabellen 1007
BMP 717
BMP-Format 717
Bogen 193
    Befehl Dlinie 294
Bogenlängen 343

Boolesche Operationen 336
Brechen 298
Breite
    Befehl Mtext 397
    Befehl Pedit 266
    Befehl Plinie 260
Breitenfaktor
    Befehl Stil 408
Brennweite 817
Bruch 298
    Befehl Dlinie 293

C

CAD-Standards 764
CD zum Buch 27
CDF 484
Clipeinfüg 595
Comma Delimited Format 484
Continuous 151
Convertctb 643
Convertpstile 643
Copyclip 594
Cui 1023

D

Darstellung
    Werkzeugpaletten-Fenster 579
Data Exchange Format 711
    Attribute 485
Dateien
    Befehl Optionen 1078
Dateiformattreiber 620
Dateireferenzen 490
Dateityp 157
Datenaustausch 709
Datenextrakt 476, 735
Datenextraktion 476, 735
Datenverkn 433
Datenverknüpfungen 433
    aktualisieren 437

Datenverknüpfungen schreiben 437
Datum 961
Ddedit 255, 410, 466
Ddptype 295
Ddvpoint 782
Defpoints 142
Dehnen 183
Delobj 842
Delta
    Befehl Länge 216
Design Review 1113
Design Web Format 723
Details anzeigen
    Linientyp 152
Dgnanhang 532
DGN-Datei unterlegen 532
DGN-Format 719
Dialogfeld Schraffur 314
Dialogfelder 56
Dicke 842
Differenz 337, 844
Digitale Signatur 737
Dimassoc 237, 375, 675
Dimmfaktor 504
Dlinie 292
Dokumente und Einstellungen 1103
Doppelklickaktionen 1051
Doppellinien 292
Drag and Drop 593
Drawing Interchange Binary 719
Drawing Standard 763
Drehen 207
    Befehl Mtext 396
    Bemlinear 239
    Griffe 559
Drehung
    Befehl Ellipse 276
Drehungsaktion 988
Drehungsparameter 988
Dtext 248
Dtexted 253, 256
Durch Punkt
    Befehl Versetz 178

Durchmesser
    Befehl Kreis 84
Durchmessermaße 244
Durchmesserzeichen 253
Dwfanhang 529
DWF-Dateien unterlegen 529
DWF-Format 723
DWF-Writer 1119
DWG 158
Dwgeigen 589
DWG-TrueView 1118
dws 763
DXB-Datei 734
DXB-Format 719
Dxbin 719
DXF
    Attribute 485
DXF-Dateien 711
DXX-Format 718
Dynamisch
    Befehl Länge 216
Dynamische Abhängigkeiten 702
Dynamische Bemaßung 700
Dynamische Blöcke 985
Dynamische Eingabe 57, 1102
Dynamische Rechtschreibprüfung 251, 404
Dynamischer Griff 558
Dynamisches Benutzerkoordinatensystem 858

E

Eattedit 470
Ebenen-Mapping 950
Echtzeit-Pan 61
Echtzeit-Zoom 59
Effekte
    Befehl Stil 408
Eiganpass 554
Eigenreferenz 450
Eigenschaften 542
    anpassen 554
Eigenschaftenfilter 159
Einbetten 596

Stichwortverzeichnis

Einfüge 457
Einfügebasispunkt 456
Einfügen
    Befehl XRef 496
Einfügungsmaßstab 453
Einheit 91
Einheitenformat 91
Einheitenkonvertierung 311
Einpassen
    Befehl Dtext 248
Einpassungsoptionen
    Bemaßung 362
Einzeiliger Text 248
Elektronisches Plotten 734
Ellipsenbogen 276
E-Mail-Anhang 744
Encapsulated-PostScript-Format 718
Endpunkt 123
    Befehl Bogen 194
Englische Befehlsnamen 54
Entfernen
    Objektwahl 109
Entf-Taste 109
Entwurf
    Befehl Optionen 1091
Entwurfseinstellungen 113, 116, 121, 804, 1102
ePlot (DWF) 734
EPS-Format 718
Erhebung 774, 778
Ersatzschriften 714
Ersetzen 414
Erstes Einrichten 1100
Erweiterte Einstellungen
    Rendern 929
Erweiterter Angenommener Schnittpunkt 124
Erweiterter Schnittpunkt 123
Esc-Taste 56
Etransmit 744
Export 716, 883
Exportdwf 725
Exportdwfx 725
Exportieren 716
    Layerstatus 755
Exportlayout 674

Exportpdf 722
Express Tools 1119
Externe Referenzen 486
Extrusion 833

F

F1 73
F10 118
F11 130
F2 53
F8 101
F9 118
Falte entfernen 899
Falte hinzufügen 899
Fang 113
    Befehl Dlinie 293
Fangtyp und -stil 117
Fang-Überschreibungen 121, 916
Farbabhängige Plotstiltabellen 633
Farbbücher 144
Farbe 153
    Layer zuweisen 143
Fase 186, 264
Fasen
    Polylinien 264
Fasenabstand 187
Favoriten
    Hyperlink 743
Fenster
    Objektwahl 106
Fensterelemente 1080
Fernlicht 965
Fildedia 1125
Fillmode 328
Filmisch 980
Fläche
    bearbeiten 860
Fläche Assoziativität 906
Fläche messen 233
Fläche oder Kante komprimieren 902
Flächeabrund 909
Flächeflick 912

Stichwortverzeichnis

Flächeform 910
Flächemisch 911
Flächen 906
Flächen verdicken 842
Flächennetz 907
Flächenstil 804
Flächestutz 908
Flächestutzaufheb 909
Flächeverläng 910
Flächeversetz 914
Flug 970
Flyout-Menü 44
Fontalt 714
Form- und Lagetoleranzen 348
Formschräge-Analyse 922
Formularansicht
   Plotstiltabelle 636
Fortlaufender Orbit 815
Fotometrische Lichtquellen 969
FPolygon
   Objektwahl 107
Freier Orbit 814
Freihandzeichnen 88
Freinetz 966
Füllen 261, 328

Gefastekante 845
Gefüllte Flächen 325
Geöffnete Dokumente 72
Geografische Position 958
Geometrieprojizieren 912
Geometrische Abhängigkeiten 689
Gerät- und Dokumenteinstellungen 626
Gesamt
   Befehl Länge 216
Gizmo 854, 895
Glättungsgrad
   Netz 887
Gliederung 25
Globaler Skalierfaktor 152, 670
Google Earth 958

Gradzeichen 253
Grafikkarte 29
Grenzkante 183
Griffe 557
   in Blöcken 450
   kalt 558
   OLE-Objekte 600
   Polylinie 270
   Spline 275
   Volumenkörper 851
Grundeinstellungen 137
Grundkörper 830
   Netze 885
Gruppe 507, 510
Gruppenfilter 163
Gruppenmanager 510
Gruppenwahl 512
Gruppieren 512
Gschraff 225, 313, 325

Halbbreite
   Befehl Plinie 260
HDI-Treiber 620
Heißer Griff 558
Helix 837
Highlight 106
Hilfe 73
Hilfslinie
   Bemaßung 356
   Objektfang 126
Hintergrund 933
Hinzufügen
   Objektwahl 109
Höhe
   Befehl Mtext 396
   Befehl Stil 408
Hoppla 112
Horizontal
   bemlinear 238
Hpang 882
HP-GL-Dateien 734

Stichwortverzeichnis

Hpname 882
Hpscale 882
HSL 144
Hyperlinks 741

Id 230
Import 716
Importieren
    Layerstatus 755
Imwebpublizieren 749
Inflächkonv 842
Info-Center 76
Inhalteinfüg 597
Inkörpkonv 842
Inkreis
    Befehl Polygon 277
Inkrementwinkel 116
Inselerkennungsstil 324
Installation 1071
Isokreis
    Befehl Ellipse 307
Isolieren 112
Isolines 829
Isometrisch 115
Isometrischer Fang 306
Isometrisches Zeichnen 306

Jpgexp 721

Kalter Griff 558
Kamera 952
Kante
    aufprägen 859
    bearbeiten 863
    Befehl Stutzen 181
    extrahieren 865

Kantendarstellung 804
Kantob 892
Kappen 816, 847
Kartesische Koordinaten 92, 773
Kegel 831
Kegelstumpf 831
Keil 830
Keiner
    Objektfang 124
Kennwort 737
Kettenmaß 242
Klicken und ziehen 853
Klickziehen 853
Klinie 189
KML-Datei 958
KMZ-Datei 958
Kompass 781
Komplexe Linientypen 283
Komprimieren 902
Konstruktionsgeometrie 1006
Konstruktionslinie 189
Kontextmenüs 1050
Kontrollscheitelpunkte 919
Konventionen 27
Konvertieren
    Plotstile 642
Konvertieren von Netzmodellen 893
Konvertierungsprogramm 759
Koordinaten
    Befehl Sbem 345
Koordinatenanzeige 90
Koordinatenbemaßung 341
Koordinatenfilter 786
Koordinatenformate 92
Koordinatensystem 90
Kopie verknüpfen 595
Kopiebasisp 594
Kopieren 206
    Griffe 559
Kopieverknüpfen 595
KPolygon
    Objektwahl 107
Kreis 84
Kreisbogen
    Befehl Plinie 261

Kreuzen
  Objektwahl 106
Krümmungs-Analyse 922
Ksentf 921
Kshinzu 921
Ksich 156
Kugelkoordinaten 773
Kugel-Mapping 951
Kurve Angleichen
  Befehl Pedit 266
Kurve Löschen
  Befehl Pedit 267
Kurvenlinie
  Befehl Pedit 267

L

Laden
  Linientyp 151
Layer
  isolieren 168
  konvertieren 759
  Werkzeuge 170
Layereigenschaften-Manager 137
Layerfilter 159
Layerschnappschuss 218
Layerstatus 140
Layerstatus-Manager 753
Laykonv 759
Layout 651
  3D-Modelle 797
  in Modell exportieren 674
Letztes
  Objektwahl 107
Licht 955, 964
Lightingunits 969
Limiten 97
Limitenkontrolle 97
Lineare Maße 238
Linie 82
Linienstärke 154
  Layer zuweisen 148
Linientyp 150, 670
  Befehl Pedit 266

  laden 146
  Layer zuweisen 145
Linientypfaktor
  Ansichtsfenster 670
Liste 235
Live-Schnitt-Einstellungen 874
Löschen 104
Lot 124
Lstärke 148, 154

M

Makros 1030
Manager
  für Plansatzunterlagen 1053
Manager für visuelle Stile 801
Mapping 950
Markierungen 731
Markierungssatz-Manager 731
Masseeigenschaften 870
Masseig 335, 870
Masseneigenschaften 335
Matanhang 943
Material ändern 944
Material erstellen 947
Material speichern 948
Materialien 940
Materialien-Browser 940
Materialien-Editor 944
Matmap 950
Mausabhängige QuickInfos 1048
Mausrad 66
Maussensitive QuickInfos 165
Maustaste 1050
  links 65
  rechts 65
Mbereich 662
Mbuttonpan 66
MDE 591
Mechanical Desktop 710
Menubar 41
Menü 1039
Menübrowser 41
Menülad 1039

Stichwortverzeichnis

Menüleiste 41, 1042
Messen 296
Methode
    Befehl Fase 187
Mführausr 385
Mführsammeln 386
Mführung 383
Mführungsstil 387
Migrieren 1111
Miniaturansichten 39
Mirrtext 210
Mitte zwischen zwei Punkten 124
Mittellinie 351
Mittelpunkt 123
    Befehl Bogen 194
Mledit 290
Mlinie 289
Mlstil 285
Modellbereich 662
Mtext 395
    Bemlinear 239
Multi-Führungslinien 383
Multi-Führungslinien-Stil 387
Multifunktionsleiste 46, 1044
    Gruppen 1045
    Registerkarten 1044
Multilinie 284, 289
Multilinienstil 285
Multiple Design Environment 591

Nächster
    Objektfang 124
Navigation 970
Navigations- und Flugeinstellungen 971
Navigationsleiste 68, 819
Navigationsrad 66, 810
Nebel 939
Neigungswinkel
    Befehl Stil 408
Netz in Volumen 903

Netz verfeinern 887
Netzabschluss 902
Netzfläche
    extrudieren 900
    teilen 900
Netzflächen verschmelzen 901
Netzlicht 965
Netzmodellierung 885
Netzwerkinstallation 1073
Netzwerk-Plotterserver 624
Neu 79
Neue Zeichnung 79
Neuinstallation 1071
Neuzall 222, 670
Neuzeich 222
Neuzeichnen 222
Nurbs-Flächen 918

Object Linking and Embedding 596
Objeinf 597
Objekteigenschaften-Manager 542, 665
Objektfang 119
    fest einstellen 121
Objektfangspur 130
Objektfangspur-Einstellungen 130
Objekthöhe 775, 777
Objekt-Layer 165
Objektwahl 105
Öffnen 38
    Befehl Pedit 266
Öffnen und Speichern
    Befehl Optionen 1083
OLE 596
OLE-Client 596
OLE-Server 596
Oleverkn 601
OLE-Verknüpfung 601
Optionen 55, 110, 1078
    Kontextmenü 56
Ordner
    Design Center 565

Origeinfüg 596
Originalkoordinaten 592
Orthogonales Zeichnen 101
Ortho-Modus 101
Otrack 130

P

Paletten 50
Palettengruppen 1019
Pan 61
Pantone 144
Papierbereich 662
Papiereinheiten 610
Papierformat 95, 610
   filtern 632
Parallel 799
Parallele
   Objektfang 127
Parallelprojektion 799
Parameter-Manager 705
Parametrik in Blöcken 1002
Parametrisches Zeichnen 689
Partielle Anpassungsdateien 1035
Partielles Laden 603
Partielles Öffnen 602
Pbereich 662
PDF 734
Pdfanhang 534
PDF-Ausgabe 721
PDF-Datei unterlegen 534
Pedit 265
Pellipse 275
Perspektive 799
Perspektivische Projektion 799
Pfeilspitze
   Bemaßung 357
Pickbox-Größe 112
Pick-Taste 65
Pixelschattierung 638
Planansichten 1061
Planare Flächen 907
Planfläche 907

Planliste 1055
Plansatz 1053
Plinie 260
Plot 608
   Befehl Optionen 1085
Plotabstand 610
Plotausgabe in Datei 610
Plotbereich 610
Plotdetails 615
Plotdetailszeig 615
Plot-Manager 621
Plotmarkierung 616
Plotmaßstab 95, 610
Plotoptionen 611
Plotprotokoll 615
Plotstil 641
   Layern zuweisen 149
Plotstil-Manager 634
Plotstiltabelle 611, 633
Plotstiltabellen-Editor 636
Plotten 608
   gerenderte Bilder 930
   Layouts 681
Plotten von 3D-Modellen 805
Plotter
   hinzufügen 622
Plotter-Manager 621
Plottermanager 621
Plottermodelldatei 630
PMP 630
Pngout 721
Pointclouddensity 537
Polar 116
Polare Anordnungen 302
Polare Entfernung 117
Polare Koordinaten 93
Polarfang 115, 820
Polygon 277
Polygonal
   Ansichtsfenster 660
Polykörper 831
Polylinie 259
   bearbeiten 265

Stichwortverzeichnis

Position
    Befehl Dtext 248
Positionen synchronisieren 447
Positionslokalisierer-Fenster 971
Positionswerte 960
PostScript-Format 718
Präsentationen 976
Primäreinheiten 364
Profil 877
    Befehl Optionen 1098
Projektion
    Befehl Stutzen 181
Protokoll
    Design Center 568
Proxy-Begrenzungsrahmen 710
Proxy-Grafiken 710
Proxy-Objekte 710
Prozent, Länge 216
Prüfbem 350
Prüfmaß 350
Prüfstandards 765
Prüfung 739
Psltscale 670
Publizieren 726
Punkt 124, 295
Punktfilter 134
Punktlicht 964
Punktparameter 988
Punktstil 295
Punktwolken 536
Punktwolken-Dichte 537
Punktwolkenindex 537
Punktwolkenzuordnung 536
Pyramide 830
Pyramidenstumpf 830

Q

Quader 830
Quader-Mapping 950
Quadrat 124
Querschnitt 872

QuickInfo 41
Quit 77

R

Radius
    Befehl Abrunden 185
    Befehl Bogen 195
    Befehl Kreis 84
Radius messen 231
Radiusbemaßung verkürzt 343
Radiusmaße 244
RAL 144
Raster 113, 804
Rasterdateiformate 734
Rechteck 85
Rechteckige Anordnungen 301
Rechte-Hand-Regel 773, 788
Rechtschreibprüfung 411
Rechtschreibung 411
Refbearb 502
Refclose 505
Referenz bearbeiten 502
Referenzmanager 1108
Referenzmaße 703
Refset 505
Regelob 891
Regen 222
Regenall 223, 670
Regenerieren 223
Region 334
Reihe 300
Reinst 932
Relative Koordinaten 92
Relativpunkte 129
Render-Auflösung 930
Render-Einstellungen 932
Render-Fenster 928
Rendern 925
Renderschnitt 926
Revdate 282
Revisionsdaten 283
Revisionsmarkierungen 281

Revwolke 281
RGB 144
Richtung
  Befehl Bogen 194
Richtung wechseln
  Befehl Pedit 266
  Befehl Splinedit 275
Ring 277
Röntgeneffekt 802
Rotation 835
Rotob 889
Rückspulwerkzeug 67

S

Sauswahl 549
Sbem 345
Schatten 802
Schattiertes Ansichtsfenster 611
Scheitelpunkte
  Befehl Pedit 268
Schieben 209
  Griffe 559
Schließen
  Befehl Pedit 266
Schnebene 873
Schnellansicht Zeichnungen 71, 668
Schnellansicht-Layouts 668
Schnellauswahl 549
Schnellbemaßung 345
Schnellcui 1021
Schnelleigenschaften 166, 1047
Schnelleigenschaften-Fenster 539
Schnellkal 308
Schnellzugriff 42
Schnellzugriff-Werkzeugkasten anpassen 1032
Schnittanzeige 815
Schnittebene 873
Schnittflächen
  aktivieren 816
  anpassen 816
Schnittkanten 181
Schnittmenge 337, 844

Schnittpunkt 123
  angenommener 788
Schräg
  Befehl Bemedit 378
Schraffedit 227
Schraffieren 225
Schraffur 313
Schraffurmuster 227
Schraffuroptionen 321
Schraffurursprung 321
Schriftfeld 417
Schriftname 408
Schriftstil 408
SDF 484
Sehnenlänge
  Befehl Bogen 194
  Befehl Plinie 261
Seite
  Befehl Polygon 277
  einrichten 618
Seiteneinr 618
Seiteneinrichtung 609, 613
Selectsimilar 553
Separate Schraffuren 323
Setvar 353, 1128
Shade 794
ShowMotion 976
SHX 407
Sichals 156
Sichtbarkeit
  Ansichtsfenster 672
Sichtbarkeitsparameter 990
Sichtbarkeitsstatus 990
Skalieren 212
  Griffe 559
Skalierfaktor
  Befehl Varia 212
  Linientypen 151
Skalierung
  Bemaßung 363
Skalierungsaktion 999
Skaltext 410
Skizze 279
Solans 878

Solprofil 877
Solzeich 882
Sonderzeichen 253
Sonneneigensch 961
Sonneneigenschaften 961
Sonnenlicht 958
Space Delimited Format 484
Spalten 402
Speichern
   Zeichnung 156
Speichern unter 157
Sperren
   Ansichtsfenster 659
Spiegelachse 209
Spiegeln 209
   Griffe 559
Spirale 278, 837
Splframe 267
Spline 272
Splinedit 274
Spotlicht 964
Standard-Ansichtsfenster 647, 658
Standardfarben 143
Standards 764
Standardsprüfung 1105
Standfoto 979
Stapelplotten 726
Stapelweise Standardsprüfung 1105
Start mit Vorlage 173
Starten von AutoCAD 31
Startpunkt
   Befehl Bogen 194
Startup 80
Status 236
Statusumschalter 89
SteeringWheel-Einstellungen 812
SteeringWheels 66, 813, 814, 815
Stil 407
   Befehl Dtext 250
   Befehl Mtext 396
   Bemaßung 354, 369
Stilüberschreibungen 372
STL-Format 718
Stoppuhr 236

Strahl 190
Strecken 213
   Griffe 558
Streckungsaktion 994
Strg + E 306
Strg + F4 73
Strg + Tabulator-Taste 70
Stückliste 482
Stutzen 180
Stutzen von Flächen 908
Subtrahieren
   Fläche 234
Suchen 414
Suchen und ersetzen 414
Surftab1 889, 890, 891, 892
Surftab2 889, 892
Sweep 836
Sweepen 836
System
   Befehl Optionen 1086
Systemdrucker 625
Systemvariablen 1128

T

Tabelle 422
Tabellenansicht
   Plotstiltabelle 636
Tabellenstil 428
Tabob 890
Tageslichteinstellungen 938
Tan, Tan, Tan
   Befehl Kreis 85
Tangente 124
   Befehl Pedit 266
Taschenrechner 308
Tastaturkürzel 1051
Tastaturkurzbefehle 1051
Tasten für temporäre Überschreibung 1051
Tastenbelegung Maus 65
Teilen 297
Temporärer Spurpunkt 133
Tesselationslinien 829

Text
    ausrichten, Befehl Bemedit 378
    bearbeiten 410
    Bemlinear 240
Textänderungen 255, 410
Textausrichtung
    Bemaßung 360
Textdarstellung
    Bemaßung 359
Texteditor 395
Textfenster 53
Textnachvorn 330
Textplatzierung
    Bemaßung 360
Textposition
    Bemaßung 363
Textstile 407
Thickness 777
Tifexp 721
Tilemode 651
Toleranz 348
    Bemaßung 366
Toleranzformat
    Bemaßung 366
Toleranzzeichen 253
Torus 831
Transparente Befehle 1125
Transparenz 50, 155, 524
    Layer zuweisen 149
True-Color 144
True-Type-Schrift 407
TrueType-Schrift 714
TTR
    Befehl Kreis 85

Ucsortho 782
Überlag 848
Überlagerung 848
Überschreiben
    Befehl Bemüberschr 379
Übersichtsfenster 63

Überstreichen 254
Üfenster 63
Uhrzeit 961
Umbenenn 563
Umbenennen 563
Umdreh 272
Umgrender 939
Umgrenzung 332
    entfernen, Schraffur 317
    Schraffur 316
Umkehraktion 994
Umkehrparameter 993
Umkreis
    Befehl Polygon 277
Umschalt-Taste 109
Unbenannte Gruppe 512
UNC-Name 624
Uniform Resource Locator, URL 741
Unterstreichen 254
URL 741
Ursprung 261, 460
    Befehl BKS 198

Varia 212
Verankerungspositionen 45
Verbinden 299
    Ansichtsfenster 649
    Befehl Pedit 266
Verdeckt 793
Vereinig 336, 844
Vereinigung 844
Verjüngungswinkel 840
Verknüpfen 596
Verknüpfung 31, 1076
Verschiebungsaktion 988
Versetz 178, 264
Versetzen 178
    Polylinien 264
Versetzt
    Befehl Sbem 345
Vertikal

Stichwortverzeichnis

bemlinear 238
ViewCube 807
Visretain 495
Visuelle Stile 799
Volkörperbearb 860
Volumen messen 235
Volumenkörper trennen 864
VonBlock 450
    Bemaßung 356
VonLayer 150, 153, 155
    ändern 167
Vonp 129
Voransicht 619
Vordefiniert
    Schraffurmuster 320
Vorgabe
    Linienstärke 154
Vorgabebeleuchtung 956
Vorher
    Objektwahl 107
Vorlage 79, 173
Vorlagenbeschreibung 158
Vorlagendatei
    Attribute 485
Vorschau 612
Vorwort 19

W

Wahl 109
Wandstärke 864
Wblock 454
Wechselnde Auswahl 110
Weltkoordinatensystem 90
Werkzeugbild 1027
    zeichnen 1029
Werkzeugeditor 1028
Werkzeugkästen 43, 1021
Werkzeugpalette 576, 1013
    Inhalt ändern 1013
Werkzpalettenschl 576

Wherst 738

Wiederherstellen 738
Winkel
    Befehl Bogen 194
    Befehl Fase 187
    Befehl Stil 408
    Bemlinear 240
Winkel messen 232
Winkelangabe 102
Winkelbemaßung 245
Winkeleinstellungen
    Polarfang 116
WKS 90
Wmfopt 717
Wörterbücher 412
Workshop für neue Features 76

X

X-Abstand
    Fang 115
    Raster 114
Xbinden 497
Xclipframe 501
Xdaten
    Befehl Bemordinate 342
Xfadectl 504
Xkanten 865
XRef 519
XY-Parameter 1001
Xzuordnen 487
Xzuschneiden 498

Y

Y-Abstand
    Fang 115
    Raster 114
Ydaten
    Befehl Bemordinate 342

Z

Z 103
Zaun
    Objektwahl 107
Zbereich 659
Zchngwdherst 739
Zebra-Analyse 921
Zeicheinst 113, 116, 122, 916, 1102
Zeichenhilfen 88
Zeichensätze 714
Zeichentechniken 79
Zeichnung
    öffnen, Design Center 568
Zeichnungsausrichtung 612
Zeichnungseigenschaften 589
Zeichnungseinheiten 95
Zeichnungsfenster
    anordnen 70
    schließen 72
Zeichnungslayout 605
Zeichnungslimiten 95
Zeichnungsrahmen 605
Zeichnungsreihenfolge 329
    Schraffur 324
Zeichnungsstandard 763
Zeichnungsvorlage 157
Zeichnungswiederherstellungs-Manager 739
Zeichreihenf 329
Zeilenabstand
    Befehl Mtext 396
Zeit 236
Zellenstile 424
Zentrtextausr 411
Zentrum 124
Zlösch 103
Zoom 59
    Alle 62
    Dynamisch 62
    Faktor 61
    Fenster 60, 61
    Grenzen 60, 62
    Mitte 62
    Objekt 62
    Übersichtsfenster 64
    Vorher 60, 61
Zoomfactor 66
Zuschneiden 498, 499
Zwischenablage 593
Zylinder 830
Zylinderkoordinaten 773
Zylinder-Mapping 951

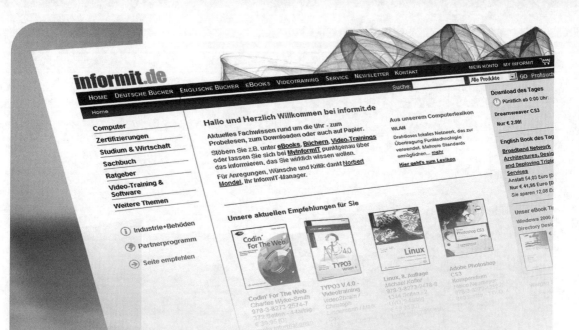

informit.de, Partner von Markt+Technik, bietet aktuelles Fachwissen rund um die Uhr.

www.informit.de

In Zusammenarbeit mit den Top-Autoren von Markt+Technik, absoluten Spezialisten ihres Fachgebiets, bieten wir Ihnen ständig hochinteressante, brandaktuelle deutsch- und englischsprachige Bücher, Softwareprodukte, Video-Trainings sowie eBooks.

wenn Sie mehr wissen wollen …

www.informit.de